Institut für Religionsunterricht und
Katechese im Erzbistum Paderborn
Abt. Paderborn / Domplatz 15
4790 Paderborn
Tel. 05251 / 207-359

P

Fel 25

REDAKTIONSBERICHT
ZUM
EINHEITSGESANGBUCH
„GOTTESLOB"

Institut für Religionsunterricht und
Katechese im Erzbistum Paderborn
Abt. Paderborn / Domplatz 15
4790 Paderborn
Tel. 05251 / 207-359

Redaktionsbericht zum Einheitsgesangbuch „Gotteslob"

herausgegeben von
Weihbischof Dr. Paul Nordhues, Paderborn
und Bischof Dr. Alois Wagner, Rom

VERLAG BONIFATIUS-DRUCKEREI PADERBORN
KATHOLISCHE BIBELANSTALT STUTTGART

Herausgegeben im Auftrag der Liturgiekommissionen der Deutschen Bischofskonferenz, der Berliner Bischofskonferenz und der Österreichischen Bischofskonferenz sowie der Liturgiekommissionen der Bistümer Bozen-Brixen, Lüttich und Luxemburg

---

CIP-Titelaufnahme der Deutschen Bibliothek
Redaktionsbericht zum Einheitsgesangbuch „Gotteslob" / [hrsg. im Auftrag d. Liturgiekomm. d. Dt. Bischofskonferenz ...]. Paul Nordhues u. Alois Wagner. – Paderborn: Verl. Bonifatius-Dr.; Stuttgart: Kath. Bibelwerk, 1988
  ISBN 3-87088-465-7 (Verl. Bonifatius-Dr.) Gewebe
  ISBN 3-920609-33-6 (Kath. Bibelanstalt) Gewebe
NE: Nordhues, Paul [Hrsg.]; Gotteslob

ISBN 3 87088 465 7 (Bonifatius)
ISBN 3 920609 33 6 (Kath. Bibelanstalt)

© 1988 by Verlag Bonifatius-Druckerei Paderborn

Gesamtherstellung: Bonifatius-Druckerei Paderborn

Inhalt

Verzeichnis der Abkürzungen 10
Vorwort 13
Verzeichnis der Kommissionsmitglieder 20

1 Generalbericht 25
1.1 Die Grundkonzeption des EGB, *Josef Seuffert* 26
1.1.1 Gemeinsames Gebet- und Gesangbuch 26
1.1.2 Rollenbuch der Gemeinde 29
1.1.3 Geistliches Hausbuch 33
1.1.4 Der theologisch-spirituelle Hintergrund 34
1.2 Die Schwierigkeiten, ein Gesangbuch zu machen, *Josef Seuffert* 36
1.2.1 Nur wenige Grundlagen 36
1.2.2 Der lange Schatten der Kindheitserfahrung 37
1.2.3 Große Gegensätze 37
1.2.4 Ganz neue Perspektiven 37
1.2.5 Die Mode klopft an die Tür 38
1.2.6 Stiefkind der „Fachleute": das Elementare 39
1.2.7 Der Zwang zur Entscheidung 40
1.2.8 Zu viele Köche? 40
1.2.9 Was von oben kommt 41
1.2.10 Gott vergelt's 41
1.3 Der Werdegang des EGB, *Josef Seuffert* 43
1.4 Die Kommission für den Gebetsteil 1963-1967, *Günter Duffrer* 49
1.4.1 Konstituierung einer „Gebetskommission" für das EGB . . 49
1.4.2 Die Sitzungen der Kommission 51
1.5 Die Hauptkommission, *Josef Seuffert* 69
1.5.1 Die Neuorganisation der Kommissionsarbeit im Jahre 1967 69
1.5.2 Die Struktur der Kommission für das EGB 69
1.5.3 Spätere Änderungen dieses Strukturpapiers 71
1.5.4 Die Mitglieder der Hauptkommission 72
1.5.5 Die Sitzungen der Hauptkommission 75

1.6 Die Redaktionskommission 1972-1974
Josef Seuffert 112
1.6.1 Die Bildung der Redaktionskommission 112
1.6.2 Redaktionelle Arbeit vor Bildung der
Redaktionskommission 114
1.6.3 Die Arbeit der Redaktionskommission. 114
1.7 Die Bischöfliche Kommission zur Überprüfung
des EGB-Manuskripts, *Josef Seuffert* 122
1.8 Die Konferenzen der Diözesanvertreter,
Josef Seuffert. 124
1.8.1 Die Teilnehmer der Konferenzen 124
1.8.2 Die Sitzungen der Diözesanvertreter. 126
1.9 Das Sekretariat für das EGB, *Josef Seuffert* 142
1.10 Der Aufbau des EGB, *Josef Seuffert*. 146
1.10.1 Erster Austausch über den Aufbau. 146
1.10.2 Exposé: Inhalt des EGB 152
1.10.3 Der endgültige Aufbauplan 155

2 Berichte der Subkommissionen 159

2.1 Subkommission I A „Lieder", *Erhard Quack u. a.* . . . 161
2.1.1 Arbeitsablauf in der Liedkommission 162
2.1.2 Inhaltliche und stilistische Gruppierung der Lieder. . . . 173
2.1.3 Ergänzende Abhandlungen 190
2.1.4 Arbeitskreis 5 „Gesänge von heute", *Winfried Offele*. . . 217
2.2. Subkommission I B „Nichtliedmäßige" Gesänge,
Hans Niklaus. 239
2.2.1 Die Mitglieder der Subkommission I B 239
2.2.2 Überblick über die Arbeit der SK I B 239
2.2.3 Die Kehrverse im EGB, *Josef Seuffert* 283
2.3 Subkommission II „Psalmodie und Gemeinde-
horen", *Fritz Schieri*. 289
2.3.1 Vorbericht „Psalmen", *Josef Seuffert*. 289
Hauptbericht der Subkommission II, *Fritz Schieri* 293
2.3.2 Rahmenbedingungen für die Arbeit 293
2.3.3 Arbeitsverlauf. 296
2.3.4 Arbeitsergebnisse 306
2.3.5 Erfahrungen und Zusammenfassung. 310
2.3.6 Anhang I: Die Melodieformeln der Psalmodie im GL . . 340

2.3.7	Anhang II: Verzeichnis der für die Psalmen und Cantica geeigneten Psalmtöne	341
2.3.8	Anhang III: Literaturverzeichnis zum Redaktionsbericht der SK II	346
2.3.9	Anlage I: Denkschrift Gemeinde-Psalmodie in deutscher Sprache	347
2.3.10	Anlage II: Deutsche Gemeinde-Psalmodie	358
2.3.11	Anlage III: Psalmodie und Gemeindehoren, *Johannes Aengenvoort*	361
2.4	Subkommission III „Wortgottesdienste" *Josef Seuffert*	365
2.5	Subkommission IV „Andachten", *Josef Seuffert*	368
2.5.1	Die Subkommission „Andachten" 1963-1966	368
2.5.2	Der Versuch der Arbeit mit einer neuen Subkommission 1967-1972	369
2.5.3	Die Arbeit der Redaktionskommission 1972-1974	372
2.6	Subkommission V „Litaneien und akklamatorische Gesänge", *Franz Schmutz*	376
2.6.1	Vorbericht, *Josef Seuffert*	376
	Hauptbericht der Subkommission V, *Franz Schmutz*	378
2.6.2	Konstituierung der Subkommission	378
2.6.3	Arbeitsergebnisse der Subkommission V	380
2.6.4	Anhang I: Berichte der Subkommission V „Litaneien" in der EGB-Hauptkommission	385
2.6.5	Anhang II: Arbeitsrichtlinien für die Subkommission V	394
2.7	Subkommission VI „Sakramente, Sakramentalien", *Josef Seuffert*	396
2.8	Subkommission VII „Buße und Beichte", *Hans Bernhard Meyer SJ*	399
2.8.1	Allgemeines zur Kommission	399
2.8.2	Die Sitzungen der Kommission	399
2.9	Subkommission VIII „Persönliche Gebete", *Maria Luise Thurmair*	411
2.9.1	Mitarbeiter	411
2.9.2	Bericht über die Arbeit	412
2.9.3	Zum Inhalt der „Persönlichen Gebete"	414
2.9.4	Grundsätze, die bei der Auswahl der Gebete bestimmend waren	419

2.9.5	Zur Spiritualität des Gebetsteils	420
2.10	Subkommission IX „Kindergottesdienste", *Josef Seuffert*	422
2.10.1	Vorbereitende Konferenz	422
2.10.2	Mitglieder der Subkommission IX	423
2.10.3	Sitzungen der Subkommission IX	424

3 Beipublikationen ... 435

3.1	Die Probepublikationen EGB 1-8, *Josef Seuffert*	437
3.1.1	EGB 1 – Antwortpsalmen im Advent (PP 1)	438
3.1.2	EGB 2 – Gemeindevesper (PP 2)	439
3.1.3	EGB-3-Gesänge zur Eucharistiefeier während des Jahres (PP 3)	441
3.1.4	EGB 4 – Buße und Beichte (PP 4)	444
3.1.5	EGB 5 – Die Feier der Karwoche (PP 5)	447
3.1.6	EGB 6 – Gesänge für die Osterzeit (PP 6)	450
3.1.7	EGB 7 – Gesänge für Advent und Weihnachten (PP 7)	453
3.1.8	EGB 8 – Gesänge für die Fastenzeit (PP 8)	457
3.2	Die Vorauspublikation „Gesänge zur Meßfeier aus dem Einheitsgesangbuch", *Josef Seuffert*	461
3.3	Beihefte zum EGB, *Josef Seuffert*	469
3.3.1	„Gib mir ein Lied", Gesänge aus unserer Zeit (EGB 10)	469
3.3.2	Gesänge zur Taufe (EGB 11)	469
3.3.3	Gesänge zum Begräbnis (EGB 12)	470
3.4	Das Kantorenbuch zum Gotteslob, *Josef Seuffert*	474
3.5	Das Chorbuch für einstimmigen Gesang zum Gotteslob, *Josef Seuffert*	479
3.6	Das Orgelbuch zum Gotteslob, *Erwin Horn*	482
3.6.1	Die Kommission für das Orgelbuch	482
3.6.2	Richtlinien für die Kompositionen	490
3.6.3	Richtlinien für die Herausgabe des Buches	499
3.7	Das Vesperbuch zum Gotteslob, *Josef Seuffert*	503

4 Nummernbericht ... 507

4.1	Einleitung	509
4.2	Verzeichnis der Abkürzungen	510

Inhalt 9

4.3	Berichte zu GL 1-791	512
5	Die Autoren der GL-Stammausgabe.	841
5.1	Alphabetisches Verzeichnis zu den Herkunfts- angaben im GL und im RB – Einleitung, *Markus Jenny, P. Hubert Sidler*	843
5.2	Verzeichnis der Abkürzungen	844
5.3	Alphabetisches Verzeichnis.	845
6	Anhang: Die Diözesananhänge zum EGB Gotteslob der deutschsprachigen Diözesen. . .	911
6.1	Die Diözesananhänge zum Einheitsgesangbuch – Vorwort, *Georg Wagener*	913
6.2	Einleitung	914
6.3	Vorstellung der einzelnen Diözesananhänge	915
6.4	Zahl der Lieder, nichtliedmäßigen Gesänge, Kehrverse und lateinischen Gesänge in den Diözesananhängen (DT)	939
6.4.1	Lied	939
6.4.2	Nichtliedmäßiger Gesang	940
6.4.3	Kehrvers.	941
6.4.4	Gesamtüberblick	941
6.5	Vergleich der Anhänge innerhalb der einzelnen Abschnitte des Kirchenjahres.	943
6.6	Aufstellung der bereits im Stammteil vorhandenen Lieder.	946
6.7	Aufstellung der mindestens fünfmal und öfter in den Diözesananhängen auftauchenden Lieder . . .	949
6.8	Alphabetisches Verzeichnis der Lieder und Kehrverse in den Diözesananhängen.	953
6.9	Verzeichnisse	1048
6.9.1	Quellen	1048
6.9.2	Sekundärliteratur	1049
6.9.3	Korrespondenz	1050

Verzeichnis der Abkürzungen

Einigen Hauptkapiteln sind eigene Abkürzungsverzeichnisse vorangestellt.

ACV	= Allgemeiner Cäcilienverband
AK	= Arbeitskreis
AK 5	= Arbeitskreis 5 „Gesänge von heute"
ALT	= Arbeitsgemeinschaft Liturgische Texte (ökumenisch)
AÖL	= Arbeitsgemeinschaft für ökumenisches Liedgut
APs	= Antwortpsalm
BK	= Bischöfliche Kommission zur Überprüfung des Rohmanuskripts
Ch	= Chorbuch für einstimmigen Gesang zum Gotteslob; auch: Kommission für dieses Buch
Comm.	= Communio
DGsb	= Diözesangesangbuch
d. J.	= dieses Jahres
DS	= Denkschrift „Gemeindepsalmodie in deutscher Sprache"
DT	= Diözesanteil
DV	= Diözesanvertreter
E	= Einheitslieder der deutschen Bistümer 1947
EGB	= Einheitsgesangbuch
EGB 1	= Probepublikation: „Antwortpsalmen im Adent"
EGB 2	= Probepublikation: „Gemeindevesper"
EGB 3	= Probepublikation: „Gesänge zur Eucharistiefeier während des Jahres"
EGB 4	= Probepublikation: „Buße und Beichte"
EGB 5	= Probepublikation: „Die Feier der Karwoche"
EGB 6	= Probepublikation: „Gesänge für die Osterzeit"
EGB 7	= Probepublikation: „Gesänge für Advent und Weihnachten"
EGB 8	= Probepublikation: „Gesänge für die Fastenzeit"
EGB 10	= „Gib mir ein Lied", Gesänge aus unserer Zeit
EGB 11	= „Gesänge zur Taufe"
EGB 12	= „Gesänge zum Begräbnis"
EKG	= Evangelisches Kirchengesangbuch 1950

Enth.	= Enthaltung bei der Stimmabgabe
Fg	= Fassung
G	= Gesang (nichtliedmäßig)
Ggst.	= Gegenstimme
GK	= Kommission für den Gebetsteil 1963-1967
GKL	= Gemeinsame Kirchenlieder 1973
GL	= Gotteslob
Grad.	= Graduale
Gsb	= Gesangbuch
GÜ	= Gemeinsame Übersetzerkommission der evangelischen und katholischen Kirche
GÜ/R	= GÜ-Revisionskommission
GzB	= Gesänge zur Bestattung 1978
HK	= Hauptkommission
IAH	= Internationale Arbeitsgemeinschaft für Hymnologie
Intr.	= Introitus
Jh	= Jahrhundert
K	= Kantorenbuch zum Gotteslob; auch: Kommission für dieses Buch
KGB/KKG	= Katholisches Kirchengesangbuch der Schweiz 1966
KL	= Kirchenlied 1938
KL II	= Kirchenlied II 1967
korr	= korresspondierend
Kv	= Kehrvers
L	= Lied
lG	= lateinischer Gesang
Lit.	= Literatur
Lj	= Lesejahr
LK	= Kommission für den Liedteil 1963-1967
M	= Melodie
Magn.	= Magnificat
MGG	= Enzyklopädie „Die Musik in Geschichte und Gegenwart"
N	= Notationskommission
Nr	= Nummer
OBK/OK	= Kommission für das Orgelbuch zum Gotteslob
Off.	= Offertorium
OÖ	= Oberösterreich
ö	= ökumenischer Gesang

PP	= Probepublikation (siehe EGB 1-8)
Prot.	= Protokoll
Ps	= Psalm
R	= Rechte
Ref	= Referent
Resp.	= Responsorium; Antwortgesang im Stundengebet
RK	= Redaktionskommission
ROL	= Regelbuch für die Orations- und Lektionstöne in deutscher Sprache
RKG	= Gesangbuch der evangelisch-reformierten Kirchen der deutschsprachigen Schweiz
RT	= Rezitationston
S	= Seite
SK	= Subkommission
SK I A	= Subkommission I A „Lieder"
SK I B	= Subkommission I B „Nichtliedmäßige Gesänge"
SK II	= Subkommission II „Psalmodie und Gemeindehoren"
SK III	= Subkommission III „Wortgottesdienste"
SK IV	= Subkommission IV „Andachten"
SK V	= Subkommission V „Litaneien"
SK VI	= Subkommission VI „Sakramente, Sakramentalien"
SK VII	= Subkommission VII „Buße und Beichte"
SK VIII	= Subkommission VIII „Persönliche Gebete"
SK IX	= Subkommission IX „Kindergottesdienst"
ST	= Stammteil
Str	= Strophe(n)
T	= Text; auch: Textkommission (Schreibweise, Rechtschreibung)
TOP	= Tagesordnungspunkt
V	= Vorlage(n), auch: Vers(e)
VA	= Vorakzent
Vat.	= Vatikanische Ausgabe des Kyriale Romanum 1912
VB	= Vesperbuch zum Gotteslob
VDG	= Vorlage „Deutsche Gemeinde-Psalmodie"
VP	= Vorauspublikation „Gesänge zur Meßfeier aus dem EGB" 1972
WB	= Werkbuch zum Gotteslob
ZA	= Zielakzent
Zl	= Zeile

Vorwort

Die Reformen, die Papst Johannes XXIII. vom Konzil gefordert hat, haben in keinem Bereich der Kirche und ihrer Pastoral so sichtbare und einschneidende Formen angenommen, wie sie sich aus der Konstitution über die heilige Liturgie ergeben haben. Die Konstitution, die am 4. Dezember 1963 veröffentlicht wurde, ist im wesentlichen ein „Rahmengesetz", das präzisiert und in Einzelreformen verwirklicht werden muß. Gegenüber den Auffassungen, die Liturgie sei ein heiliges und unabänderliches Erbe, das zu hüten sei, setzte sich die Reformbewegung auf dem Konzil durch, die vor allem in Frankreich und Deutschland bereits zu neuen Erkenntnissen und Praktiken geführt und Rom auch schon zu bestimmten Einzelreformen veranlaßt hatte. Die Hinwendung zur Schrift, die neuen Aussagen und Erkenntnisse in Christologie, Ekklesiologie und Liturgik, das Verständnis für die Bedeutung der Muttersprache, das Drängen der jungen Kirche in der Mission und viele andere Anstöße brachten auch im Konzil die Reformbewegung in Gang und führten zu dieser Konstitution, die Emil J. Lengeling als unter dem Einfluß des Heiligen Geistes bereits gereifte Ernte bezeichnete und die als Rahmengesetz schließlich weitere Reformen anstieß und verlangte, an die zunächst nicht gedacht war und die auch nicht für möglich gehalten wurden, aber später zur Verwirklichung gelangten. Es ist überflüssig, zu betonen, daß diese Reform das eigentliche Erbe nicht in Frage stellte. Im Gegenteil: Es trat wirkkräftiger hervor.

Die Aussagen über den österlichen Charakter der Liturgie führten zu der Forderung, diesen in allen Riten zu betonen. Die Hinwendung zur Heiligen Schrift bedingte den Wunsch nach schriftgemäßen Texten und ausgiebiger Verwendung der Heiligen Schrift. Das bisher so starke rubrizistische Gefüge sollte vereinfacht und der Ortskirche wie den einzelnen Liturgen mehr Freiheit in der Gestaltung der liturgischen Feier zugestanden werden, wobei das Grundgefüge und Wesentliche der Liturgie natürlich verpflichtend bleiben mußten. Das Verlangen, neben der lateinischen Sprache auch die Volkssprache zuzulassen und diese als liturgische Sprache anzuerkennen, wurde unüberhörbar artikuliert, wobei die Absicht bestand, die „Doppelgleisigkeit" bei der Feier der Liturgie zu vermeiden und den Priester in der Sprache des Volkes und somit dem Volk verständlich sprechen zu lassen. Diese und viele andere ausgesprochene und angedeutete Erwartungen, die im Gefolge der Liturgischen Konstitution geäußert wurden, haben eine Bewegung in Gang gebracht, die weit über die Rahmenbestimmungen der Konstitution hinausging, die aber doch ihrem Sinn und Geist, nämlich das Wesen der Liturgie zu verdeutlichen und die bessere Mitfeier der Gläubigen zu ermöglichen, entsprach.

Schon die Vorbereitung der Liturgiekonstitution, ihre Beratung und die von ihr gegebenen Anstöße machten den deutschen Bischöfen klar, wie nötig es würde, die deutschen Diözesangesangbücher zu überarbeiten und der zu erwartenden Reform anzupassen. Die Vollversammlung der Deutschen Bischöfe in Fulda vom 28.-30. 8. 1962 faßte deshalb den Beschluß, ein neues Gesangbuch erarbeiten zu lassen, und zwar als Einheitsgesangbuch für alle Diözesen der Bundesrepublik Deutschland.

Ein erster, die Möglichkeit der Verwendung der Muttersprache berücksichtigender Schritt bestand darin, daß bald die Erlaubnis gegeben wurde, die in den geltenden Gesangbüchern vorhandenen wörtlichen Übersetzungen liturgischer Texte oder ihre Paraphrasen beim Gottesdienst in Gemeinschaft von Priester und Volk zu gebrauchen, ohne daß also dem Priester die Auflage verblieb, das vom Volk gesprochene bzw. gesungene Wort auch lateinisch zu sprechen. Die damals geltenden Gesang- und Gebetbücher erhielten dadurch die Anerkennung als liturgische Bücher.

Als sich nach Verabschiedung der Liturgiekonstitution dann die Gesamtheit der zu erwartenden Reformen abzeichnete, faßte die Deutsche Bischofskonferenz während der 3. Konzilssession 1964 in Rom den endgültigen Beschluß, ein deutschsprachiges, für alle deutschen Diözesen geltendes Gesang- und Gebetbuch herauszubringen, um eben die Liturgiereform auch im Raum der Gemeinde zu verwirklichen. Die Absicht, dies mit Hilfe des „Einheitsgesangbuches" zu versuchen, wurde bestärkt, um nicht jeder Diözese die Erarbeitung eines neuen Gesangbuches zuzumuten, aber auch um der Notwendigkeit zu entsprechen, angesichts der im deutschen Raum herrschenden Freizügigkeit (z. B. Wohnungswechsel, Arbeitsplatzwechsel, Urlaubsaufenthalt, Dienst bei der Bundeswehr) ein überall und durch jeden nutzbares Buch zu schaffen. Deshalb sollten zum Einheitsgesangbuch außer den Liedern und persönlichen Gebeten auch die

Vorwort

liturgischen Grundtexte für die Messe und alle anderen Sakramente, ein Großteil der Psalmen in der Einheitsübersetzung, Teile des Stundengebetes und eine Vielzahl von Andachten gehören. Bald wurden zwei Kommissionen gebildet (die Gebetskommission unter Bischof Dr. H. Volk – Mainz; die Liedkommission unter Bischof Dr. W. Kempf – Limburg), um die Arbeit zu beginnen. Der Beschluß wurde zunächst von den deutschen Bischöfen gefaßt, also im Bereich des geteilten Deutschlands. Die österreichischen Oberhirten schlossen sich am 29. März 1966 dem Vorhaben an, ebenso die Bischöfe von Bozen-Brixen, Luxemburg, Lüttich und Straßburg, soweit ein deutsches Gesangbuch für den Anteil deutschsprachiger Katholiken in den bezeichneten Diözesen nötig war. Die Bischöfe der deutschsprachigen Schweiz entsandten Mitarbeiter in die einzelnen Kommissionen und hatten später einen Vertreter in der Hauptkommission, allerdings ohne Stimmrecht, weil die Frage der Übernahme des Buches offen war. Nach Erscheinen des Einheitsgesangbuches beschlossen die deutschsprachigen schweizerischen Bischöfe, nach fünf Jahren das Buch zu übernehmen. Der Beschluß wurde aber nicht durchgeführt. Jetzt wird ein eigenes Schweizer Gesangbuch unter Verwendung der Gesänge des Einheitsgesangbuches und der ökumenischen Lieder erarbeitet. Die katholische Kirche in Rumänien hat das Einheitsgesangbuch, mit einem Sonderanhang versehen, übernommen, ohne an der Erarbeitung beteiligt gewesen zu sein.
Die Arbeit der beiden Kommissionen geriet gleich zu Beginn in wachsende Schwierigkeiten. Der Sekretär, der nur seine halbe Arbeitskraft einsetzen konnte, war überlastet. Die Sichtung des Materials, die Verarbeitung der neuen liturgischen Riten und Texte, die Schaffung der gewünschten Psalmodie, die Prüfung des neuen Liedguts, die Erstellung zeitgemäßer Andachten und persönlicher Gebete z. B. waren mit den vorhandenen Kräften nicht zu bewerkstelligen. Nachdem der Sekretär hauptamtlich geworden war und die beiden Kommissionen auf zehn Subkommissionen mit einer Hauptkommission erweitert waren, ging die Arbeit zielstrebig und ohne allzu große Schwierigkeiten vorwärts. Einzelne Sonderkommissionen (z. B. für das neue Lied der Jugend), die Konferenz der Diözesanvertreter und eine besondere bischöfliche Kommission förderten später nicht nur die Arbeit, sondern auch die Kontakte zu den Diözesen und Bischofskonferenzen.
Anfangs und während der Erarbeitung des Einheitsgesangbuches gab

es natürlich weitere Schwierigkeiten, nicht zuletzt auch dadurch bedingt, daß die Furcht bestand, es werde das Eigengut der Diözesen verlorengehen. Alle Diözesen bzw. die Diözesen der einzelnen Länder haben aber ihre Anhänge erstellt, so daß die zuvor geäußerte Befürchtung hinfällig wurde.

Im Lauf der Arbeit zeigte es sich, daß viele Lieder, die aus dem evangelischen Raum stammen, einer Bearbeitung bedurften. Diese Notwendigkeit und außerdem die Anstöße aus der ökumenischen Bewegung führten schließlich dazu, die „Arbeitsgemeinschaft für ökumenisches Liedgut" am 8. Dezember 1969 in Hildesheim zu gründen. Ihr ist es zu danken, daß nun ökumenisches Liedgut für katholische und evangelische Gesangbücher vorliegt. Die Fortsetzung der Arbeit in der ökumenischen Arbeitsgemeinschaft soll dazu dienen, weiteres ökumenisches Liedmaterial für alle Fälle bereitzustellen, besonders für das zu schaffende neue evangelische Gesangbuch. Im Einheitsgesangbuch sind bereits ca. 90 ökumenische Lieder enthalten.

Nach 10jähriger Arbeit konnte endlich am 17. März 1975 das Gesangbuch in München durch Kardinal Döpfner der Öffentlichkeit übergeben werden. Das Orgelbuch, von einer besonderen Kommission bearbeitet, stellte Kardinal König ein Jahr später am Aschermittwoch 1976 in Wien vor. Seitdem haben Gesangbuch (bis Ende 1987 mit ca. 16 Mio. Exemplaren verbreitet) und Orgelbuch eine weite Verbreitung gefunden. Viele Beibücher (Kantorenbuch, Chorbuch, Vesperbuch u.a.m.) und Werkbücher (Predigten, Katechesen, Chorsätze, Gitarrenbegleitung, Begleitsätze für Kinder- und Jugendmusik, Begleitsätze für Blaskapellen, Werkbuch zum Gotteslob, Familiengottesdienste, Stichwortregister u.a.m.) haben zur Einführung, Nutzung, Verbreitung und Verankerung des Buches im Kirchenvolk beigetragen.

Durch das Einheitsgesangbuch waren auch die Bestrebungen erfüllt, die im Allgemeinen Deutschen Cäcilienverband lebendig waren und des öfteren in dem Wunsch zum Ausdruck kamen, man möge ein allgemeingültiges deutsches Gesangbuch schaffen. Professor Dr. Hermann Müller – Paderborn (1868-1932), langjähriger Generalpräses des Deutschen Cäcilienverbandes, vertrat dieses Anliegen des öfteren. Es kam aber zunächst nur zur Diskussion über einen bestimmten Kanon von Einheitsliedern. Die Debatte wurde im 1. Weltkrieg vorwärtsgetrieben, als man feststellen mußte, daß die aus verschiedenen Diözesen und Ländern stammenden Soldaten zur Feier der Gottesdienste kein einheitliches Liedgut mitbrachten. Nach langem Hin und Her kam 1916 wenigstens ein Kanon von 23 Einheitsliedern zustande, der sich aber in den späteren Gesangbüchern des deutschen Sprachraumes nicht überall oder nur schwach durchsetzte. Nach dem 2. Weltkrieg wurde dieser Kanon auf 74 Lieder erweitert. Alles in allem: schon eine wichtige Vorarbeit für das heutige deutsche Einheitsgesangbuch! Alle Einheitslieder mußten aber überarbeitet werden, weil Österreich diesen Wunsch ausspracht und weil die Lieder infolge unterschiedlicher Entwicklung in den einzelnen Diözesen auf endgültige Einheitsfassungen in Text und Melodie festgelegt werden mußten.

Die eigentlichen Arbeiten am Einheitsgesangbuch, das den Titel „Gotteslob" erhielt, haben bis zu ihrem Abschluß die Mitarbeiter sehr stark in Anspruch genommen, um nicht zu sagen erschöpft. Diese Ermüdungserscheinungen und die Pflicht, sich wieder der eigentlichen Berufsaufgabe hinzugeben, ließen den Auftrag von Kardinal Döpfner, einen Redaktionsbericht zum „Gotteslob" zu erarbeiten, zwar nicht in Vergessenheit geraten, aber doch in den Hintergrund treten. Nach langen Mühen und langer Arbeitszeit kann nun dieser Bericht vorgelegt werden. Die Herausgeber erfüllen damit auch einen verbliebenen Auftrag der 1974 aufgelösten Hauptkommission, deren Erbe die Liturgischen Kommissionen des deutschen Sprachraums verwalten. In Verbindung mit den Liturgiekommissionen der Deutschen, Berliner und Österreichischen Bischofskonferenzen und den Liturgiekommissionen der Bistümer Bozen-Brixen, Lüttich und Luxemburg wird nun der Bericht herausgegeben.

Nach Abschluß der langwierigen und schwierigen Arbeit gebührt heute allen Mitarbeitern ein herzlicher Dank, vor allem denen, die die einzelnen Abschnitte mit ihrem Namen unterzeichnet haben. Josef Seuffert verdient besonderen Dank; er hat die größte Arbeitslast getragen. Die Autoren übernehmen die Verantwortung für ihre Stücke. Ihre Namen und Adressen finden sich im Personenregister auf S. 20ff. Die Harmonisierung der einzelnen Beiträge wurde versucht. Ob sie in allem gelungen ist und ob unnütze Doppelungen oder gar Widersprüche vermieden worden sind, mag der Benutzer des Buches feststellen. Einige Wiederholungen wurden bewußt zugelassen, um den Gebrauch des Buches zu erleichtern.

Zum Aufbau des Redaktionsberichtes ist folgendes zu sagen: Den

statistischen Angaben zu Anfang folgt der Generalbericht, dem sich die Berichte der einzelnen Kommissionen anschließen. Den Ausarbeitungen über einzelne Voraus-, Probe- und Folgepublikationen zum Einheitsgesangbuch schließt sich der Bericht über die einzelnen Stücke des Buches (Nummernbericht) an. An ihn schließt sich das wichtige von Professor Dr. M. Jenny, Ligerz (Schweiz), bearbeitete Verzeichnis der Autoren der einzelnen Gesangbuchstücke an. Zugefügt ist im Anhang ein Abschnitt über die Diözesananhänge; er wurde in einem Seminar von Professor DDr. Heinrich Rennings, Paderborn, von cand. theol. H. J. Wagener erarbeitet. Die Berichte über die Diözesananhänge dürften deshalb von Bedeutung sein, weil, abgesehen von drei Diözesen, die übrigen Bistümer sich trotz wiederholter Bitten nicht dazu bereitfanden, ihren Anhang im Sonderdruck herauszubringen. Folglich kann nur dann eine Gesamtübersicht über alle Anhänge gewonnen werden, wenn man sich alle Diözesanausgaben des Einheitsgesangbuches beschafft. Und das ist umständlich und kostspielig. Der Abschnitt gibt also eine Übersicht, schildert allerdings nicht die Entwicklung und Auswahlkriterien. Er ist anderen Charakters als die übrigen Berichte, verdient aber, festgehalten zu werden.
Die Abkürzungen sind auf S. 10ff. verzeichnet. Soweit ein Autor weitere Abkürzungen verwendet, sind diese im Bericht selbst angegeben und erklärt. Eigene Schreibweisen der Autoren wurden belassen, wenn sie keine Verständnisschwierigkeiten mit sich bringen.
Obwohl Klarheit und Vollständigkeit angestrebt wurden, läßt sich nicht behaupten, im Redaktionsbericht sei alles enthalten und zu finden. Eine Beschränkung auf das Nötigste und Wichtigste war erforderlich. Trotzdem dürfte die Zusammenstellung zur Orientierung genügen und für spätere Weiterarbeit am Einheitsgesangbuch oder für die einmal notwendig werdende Neubearbeitung wichtig sein. Spätere Kommissionen für ein Einheitsgesangbuch brauchen nicht beim Nullpunkt zu beginnen, wie es bei der Erarbeitung des ersten deutschen Einheitsgesangbuches nötig war. Zum ersten Mal ist einem deutschen Gesangbuch ein wissenschaftliches Begleitwerk dieser Art beigegeben.
Von der Erstellung eines Stichwortverzeichnisses und eines Namensregisters wurde abgesehen. Beide Verzeichnisse wären zu umfangreich geworden und hätten trotzdem in vielen Fällen nicht den Erwartungen entsprochen.

Zum Schluß sei für die Finanzierung durch die Katholische Bibelanstalt Stuttgart und aus den Lizenzerlösen des Gesangbuchverkaufs gedankt. Dank gebührt ebenso dem Verlag und der Druckerei für alle Mühewaltung und Christof E. Hahn, der das Endmanuskript erstellen half.

Paderborn – Rom, Pfingsten 1988

† Paul Nordhues
† Alois Wagner

Verzeichnis der Kommissionsmitglieder

Die folgende Liste enthält die Namen aller Mitglieder in den verschiedenen Kommissionen, die am Einheitsgesangbuch mitgearbeitet haben. Titel und Wohnort beziehen sich auf die Zeit der Mitarbeit.

Abkürzungen

AK 5	– Arbeitskreis 5 ‚Gesänge von heute'
AÖL	– Arbeitsgemeinschaft für ökumenisches Liedgut
BK	– Bischöfliche Kommission zur Überprüfung des Rohmanuskripts
Ch	– Redaktionskommission für das Chorbuch zum „Gotteslob"
GK	– Kommission für den Gebetsteil 1963-1967
HK	– Hauptkommission
K	– Redaktionskommission für das Kantorenbuch zum „Gotteslob"
korr	– Korrespondierend
LK	– Kommission für den Liedteil 1963-1967
N	– Notationskommission
OK	– Kommission für das Orgelbuch
Ref	– Referent
SK I A	– Subkommission IA ‚Lieder'
SK I B	– Subkommission IB ‚Nichtliedmäßige Gesänge'
SK II	– Subkommission II ‚Psalmodie und Gemeindehoren'
SK III	– Subkommission III ‚Wortgottesdienste'
SK IV	– Subkommission IV ‚Andachten'
SK V	– Subkommission V ‚Litaneien'
SK VI	– Subkommission VI ‚Sakramente, Sakramentalien'
SK VII	– Subkommission VII ‚Buße und Beichte'
SK VIII	– Subkommission VIII ‚Persönliche Gebete'
SK IX	– Subkommission IX ‚Kindergottesdienst'
T	– Textkommission (Schreibweise, Rechtschreibung)

Kommissionsmitglieder

Prof. Dr. Adolf Adam, Mainz GK; SK Litaneien Ref
Direktor Bernhard Ader, Rottenburg OK
Prof. Dr. Johannes Aengenvoort, Essen SK II; K Ref; N
Prof. Dr. Karl Amon, A-Graz HK
Pfr. C. Arpagaus, CH-Pleif HK
Bischof Dr. Hugo Aufderbeck, Erfurt GK; HK; BK; SK III Ref
Prof. Max Baumann, Berlin LK
Pfr. Paul Beier, A-Maria Wörth GK; LK; SK I A Ref; RK
Pfr. Franz Bentler, DDR-Perleberg SK III
Prälat Karl Berg, A-Salzburg GK; LK; HK
Pfr. Dr. Rupert Berger, Bad Tölz SK VI Ref; RK
Dr. Joop Bergsma, Hildesheim SK I A; Ch
Felicitas Betz, Hamburg GK; SK Einzelgebete; SK VIII
Rektor Gustav Biener, Arnsberg OK
Kantor Bierwisch, Aachen SK I A
Dr. Günter Birkner, CH-Reckingen SK I A
Pfr. Thomas Blatter, CH-Seon SK IX
Pfr. Josef Bommer, CH-Zürich SK VII
Domchordirektor Rudolf Brauckmann, Augsburg SK I A
Dr. Alfons Brüls, B-Würtzfeld HK; BK
Dr. Helmut Büsse, Regensburg SK IX
Pfarrer Johannes Cramer, DDR-Halle SK III
Prof. Linus David, CH-Luzern AK 5
Prof. Dr. Friedrich Dörr, Eichstätt SK I A
Ordinariatsrat Dr. Günter Duffrer, Mainz GK; SK I B; RK
Guido Erzer, CH-Birsfelden, OK
Prof. Dr. Balthasar Fischer, Trier GK; SK Psalmen
Pater Hildebert Fleischmann OSB, A-Seckau GK; SK Psalmen
Weihbischof Karl Flügel, Regensburg HK
Prälat Martin Fritz, DDR-Magdeburg SK III
Domkapellmeister Walter Graf, A-St. Pölten LK; SK I A; AÖL
Dozent Dr. Wilhelm Gössmann, München SK I A korr
Pater Kolumban Gschwend OSB, I-Bozen SK V
Bischöfl. Rat Dr. Josef Gülden, DDR-Leipzig GK; HK; SK III; SK V; SK VIII
Prof. Dr. Ferdinand Haberl, Regensburg LK; HK; SK I A; SK V
Prof. Dr. Anton Hänggi, CH-Freiburg GK

Prof. Dr. Philipp Harnoncourt, A-Graz   GK; SK I B; SK II
Prof. Dr. Herkenrath, Köln   SK IV Ref
Pfr. Alois Hörmer, A-St. Pölten   GK; SK VI korr
Pater Dr. Norbert Höslinger, A-Klosterneuburg   GK; SK III; SK IV
Pfr. Dr. Ernst Hofmann, Stuttgart   SK I A; AK 5; T
Prof. Dr. Hans Hollerweger   SK VI
Regionalkantor Erwin Horn, Würzburg   OK Ref
Direktor Franz Huber, Freiburg   GK; SK Andachten Ref; SK IV Ref; SK V; SK VIII
Prof. Dr. Helmut Hucke, Grafenbruch   SK II; K
Dr. Heinz Hülsmeyer, Münster   SK IX korr
Dr. Markus Jenny, CH-Ligerz   SK I A
Pfr. Anton Kalteyer, Rüsselsheim   SK IX
Ing. Walter Karlberger, A-Wien   AK 5
Bischof Dr. Wilhelm Kempf, Limburg   LK Vors; HK
Prälat Kindermann, DDR-Schwerin   SK III
Pfr. Dr. Alfons Kirchgässner, Frankfurt   SK VII
Pfr. Josef Klein, Seckmauern   SK II; K
Pater Dr. Richard Kliem, Bremen   SK II; T
Prof. Josef Knapp, I-Brixen   HK; BK; SK I A
Prof. Dr. Knauber, Freiburg   SK IV
Dr. Kurt Knotzinger, A-Kirchberg   Ch
Dr. Sigisbert Kraft, Karlsruhe   AK 5
Pfr. Walter Krawinkel, Berlin (Ost)   HK; SK III; SK VII
Prof. Hermann Kronsteiner, A-Wien   LK; HK
Domkapellmeister Josef Kronsteiner, A-Linz   SK I B; SK II; SK V
Franz Augustinus Kropfreiter, A-St. Florian   OK
Dr. Wolfgang Langer, München   SK IX Ref
Johann Lauermann, A-Felixdorf   AK 5
Prof. Dr. Emil Lengeling, Münster   GK
Pfr. Konrad Liebster, DDR-Werdau   SK I A; AÖL
Domkapellmeister Karl Linke, Essen   SK I A; AK 5 Ref
Oberstudienrat Dr. Walter Lipphardt, Frankfurt   SK I A; AÖL
Dr. Anneliese Lissner, Monheim-Baumberg   SK IX; RK
Prof. Hans Lonnendonker, Saarbrücken   HK; SK I A
Pfr. Wolfgang Luckhaupt, DDR-Leipzig   SK III
Regens Leonhard Lüftenegger, A-Salzburg   GK; HK; SK I A; SK VIII
Pater Prof. Dr. Wilhelm Lueger, Bonn   LK; SK I A

Kommissionsmitglieder 23

Weihbischof Dr. Hubert Luthe, Köln BK
Weihbischof Eduard Macheiner, A-Salzburg GK; HK 2. Vors.
Prof. Dr. Hans Bernhard Meyer, A-Innsbruck SK VII Ref
Conrad Misch, Frankfurt SK IX
Toni Mitterhofer, A-Schwaz SK V korr
Dipl.-Psychologe Franz Josef Mohr, München SK IX
Musikdirektor Gregor Müller, CH-Bris SK I A
Pater Maurus Neuhold OSB, A-Seckau SK II
Direktor Hans Niklaus, Mainz SK I B Ref; Ch
Prof. Dr. Franz Nikolasch, A-Salzburg SK VII
Weihb. Dr. Paul Nordhues, Paderborn GK; HK 1. Vors.; RK; BK; AÖL
Kantor Winfried Offele, Essen SK I A; AK 5 Ref
Prof. Dr. Johannes Overath, Köln LK
Religionslehrer Karl Günther Peusquens, Köln SK IV
Domorganist Peter Planyavsky, A-Wien OK
Direktor Gerhard Podhadsky, A-Röthis
Domkapellmeister Johann Pretzenberger, A-St. Pölten LK
Kirchenmusikdirektor Theodor Pröpper, Balve LK; SK IA
Domkapellmeister Erhard Quack, Speyer, LK; HK; SK I A Ref; SK II; N; AK 5
Domkapellmeister Heinrich Rahe, Osnabrück LK; HK; SK I A
Pater Dr. Timotheus Rast OSB, CH-Einsiedeln SK VII
Dr. Heinrich Rennings, Trier GK; SK I B
Pfr. Walter Risi, CH-Arosa SK III; SK IV
Kirchenmusikdirektor Heinrich Rohr, Mainz SK I A; SK II
Prof. Dr. Adolf Rüdiger, München SK V
Dr. Helga Rusche, Münster SK VII
Pfr. Dr. Josef Anton Saladin, CH-Riedholz HK SK I A
Prof. Dr. Ralf Sauer, Vechta SK IX
Dr. Josef Schabasser, A-Wien HK
Dr. Nikolas Schalz, Luxemburg HK; SK I B; AK 5
Prof. Fritz Schieri, München SK II Ref
Prof. Johannes Schlick, Eichstätt LK; SK I A
Sr. Hildegardis Schmidt, Olpe Sekretariat
Rektor Heribert Schmitz, Essen SK IV
Franz Schmutz, A-Linz GK; SK V Ref; SK VIII
Pfr. Johannes Schneider, A-Klagenfurt GK
Prof. Dr. Theodor Schnitzler, Köln GK; SK I A korr; SK IV; SK V; SK VIII

Domkapitular Karl Schollmeier, DDR-Erfurt   LK; HK; SK I B; SK II; SK III; AÖL
Pfr. Walter Schomus, B-Rocherat   HK
Domorganist Heino Schubert, Essen   LK; SK I B; Ch
Pater Anselm Schwab OSB, A-Salzburg   GK
Kaplan Paul Schwaller, CH-Schachen   GK
Pater Dr. Basilius Senger OSB, Gerleve   SK IV
Pfr. Josef Seuffert, Trier   GK; SK Psalmen Ref; Sekretär; AÖL
Pater Dr. Hubert Sidler OFMCap, CH-Sursee   SK I A; AÖL; N
Pfr. Stephan Simeon, CH-Oberbözberg   SK I B; Ch; OK
Cordelia Spaemann, Stuttgart   SK V
Bischof Dr. Otto Spülbeck, DDR-Meißen   GK; HK
Pfr. Hans Steffens, Aachen   SK IV
Bischof Dr. Bernhard Stein, Trier   HK; BK
Bischof Dr. Josef Stimpfle, Augsburg   HK; BK
Pfr. Heinz Summerer, München   AK 5
Regionalbischof Ernst Tewes, München   GK; HK; SK IV
Kirchenmusikdirektor Rudolf Thomas, München   SK V
Dr. Maria Luise Thurmair, München   GK; SK I A; SK VIII Ref; T; AÖL
Dr. Klemens Tilmann, München   GK; SK VIII
Pfr. Gerhard Timmer, F-Truchtersheim   HK
Pfr. Martin Tschurtschentaler, A-Innsbruck   SK IX
Abt Dr. Raimund Tschudy OSB, CH-Einsiedeln   HK
Prof. Robert Trottmann, CH-Zürich   GK; HK; BK; RK
Elisabeth Unkel, München   SK IX
Alois Vergainer, A-Wien   AK 5
Bischof Prof. Dr. Hermann Kardinal Volk, Mainz   GK Vors; HK; BK
Weihbischof Dr. Alois Wagner, A-Linz   HK 2. Vors; BK; RK
Dr. Johannes Wagner, Trier   GK; HK
Domkapellmeister Anton Wesely, A-Wien   SK II; K
Pater Dr. Walter Wiesli, CH-Immensee   SK II
Pfr. Wilhelm Willms, Heinsberg   SK V
Domkapitular Heinrich Wismeyer, München   LK; SK I A
Prof. Erna Woll, Augsburg   AK 5
Musikdirektor Bruno Zahner, CH-Kreuzlingen   SK II
Pater Diethard Zils, Düsseldorf   AK 5

1. Generalbericht

1.1 Die Grundkonzeption des EGB

Josef Seuffert

Schon sehr früh im Lauf des Werdegangs von *Gotteslob* wurde in der Hauptkommission entschieden, daß sich die Grundkonzeption des Buches nicht in seinem Aufbau unübersehbar spiegeln solle, etwa nach dem Schema: Kirche lebt im Gottesdienst – Kirche lebt in der Familie. Es wurde vielmehr beschlossen, das Buch nach praktischen Gesichtspunkten aufzubauen, weil es niemand von vorn nach hinten gebraucht, sondern jeweils einzelne Stücke oder Abschnitte aufgeschlagen werden. Daher läßt sich die im folgenden dargestellte Konzeption sozusagen nur im holografischen Blick auf das Buch wiederfinden.

Der Auftrag, ein Einheitsgesangbuch zu erstellen, konkretisierte sich in drei Richtungen:

1. Gebet- und Gesangbuch für alle Katholiken, deren Muttersprache Deutsch ist.
2. Rollenbuch für die Grundrolle Gemeinde entsprechend der Liturgiereform durch das Zweite Vatikanische Konzil.
3. Geistliches Hausbuch für den einzelnen und für die Familie.

1.1.1 Gemeinsames Gebet- und Gesangbuch

Beim *Gotteslob* handelt es sich nicht mehr um einen Grundstock von Texten und Gesängen, der in allen diözesanen Büchern der gleiche ist. Es ist auch als Stammteil ein in sich vollständig brauchbares Buch. Diese Konzeption wurde bei einer Konferenz der Diözesanvertreter im Jahre 1964 ausdrücklich bestätigt. Der Slogan hieß damals: So viel Gemeinsamkeit wie möglich, so wenig Eigengut wie nötig.

Dies wird optisch dadurch deutlich, daß der Stammteil in allen Diözesen nach Nummern, Seitenzählung und Druckbild gleich ist. Alle Diözesen haben sich verpflichtet, den Stammteil unverändert zu übernehmen. Es wäre auch denkbar gewesen, den diözesanen Eigenteil in den Stammteil einzuarbeiten. Dies hätte jedoch erhebliche Kosten verursacht und außerdem das Erscheinen in den Bistümern verzögert. Eine solche Einarbeitung hätte jedoch die Konzeption nicht geändert.

Gelegentlich sind Zweifel geäußert worden, ob es richtig gewesen ist,

Grundkonzeption

eine so weitgehende Einheit herbeizuführen. Wenn man jedoch bedenkt, daß jedes denkbare nachkonziliare Gesangbuch völlig neu konzipiert werden mußte (vgl. die Darlegung unter 1.1.2), zerstreuen sich diese Zweifel.
Der weitgehende Auftrag führte zu dem großangelegten Versuch, die Traditionen von über vierzig Bistümern zueinander zu bringen. Diese Traditionen kamen weniger aus dem Volkscharakter der verschiedenen Stämme, sondern mehr aus der Gesangbuchgeschichte der Bistümer. Diese war stärker von dem Willen der Kommissionen geprägt, die in den letzten 200 Jahren gearbeitet haben, als die meisten vermuten. Da jedoch ein Gesangbuch durch den Gebrauch dem Menschen vertraut wird, waren die Traditionen nichtsdestoweniger tief verwurzelt. So war es von vornherein klar, daß auf alle Bistümer Opfer zukommen würden.
Betrachtet man die pastorale Situation von heute, dann erscheint jedoch ein einheitliches Gesangbuch als sehr sinnvoll und damit das Opfer gerechtfertigt. Die gute Aufnahme des Buches durch die Gemeinden zeigt, wie groß das Verständnis für diese Notwendigkeit ist. Zwei Konsequenzen ergaben sich aus diesem Verfahren. Die eine war von vornherein klar: Jedes Bistum braucht seinen Eigenteil. Die andere ergab sich im Lauf der Erarbeitung: Die Vorauspublikation eines Drittels des Bestandes an Gesängen erleichterte den Übergang zum *Gotteslob*. „Gesänge zur Meßfeier" erreichte daher auch eine Auflage von über 2 Millionen.
Der Eigenteil des Bistums sollte die diözesane Tradition wahren. Dies war jedoch lediglich eine Meinung, eine logische Folge aus der Konzeption des gemeinsamen Teils. Es war jedoch kein Beschluß der Bischofskonferenzen; denn eine Abstimmung darüber oder auch nur eine Meinungsbildung der Bischöfe wäre als Eingriff in die Hoheit des Diözesanbischofs gewertet worden.
So zeigen denn die Anhänge der Diözesen eine bunte Vielfalt. In jedem Anhang spielt natürlich die diözesane Überlieferung eine gewisse Rolle. Dazu gesellen sich jedoch Früchte anderer Gedanken. So finden sich Vorstellungen der fünfziger Jahre etwa im Anhang von Mainz, solche der sechziger Jahre in dem von Limburg. Köln greift bis in die vierziger Jahre zurück und bringt eine größere Anzahl von Melodien in früheren Fassungen. Eichstätt bringt auffällig viel Neues. Dies sind jedoch nur einige vage Andeutungen. (Vgl. den Beitrag „Die Diözesananhänge", S. 913ff.)

Die Vorauspublikation „Gesänge zur Meßfeier" wurde beschlossen, als sich zeigte, daß die Probepublikationen nicht in dem Maß genutzt wurden, wie man es erwartet hatte. Offenbar waren die meisten Gemeinden nicht zu Experimenten zugunsten eines gemeinsamen Buches bereit. Man fürchtete zu sehr die Vorläufigkeit der Text- und Melodiefassungen. Größere Verbreitung erhielten EGB 2 – Gemeindevesper und EGB 3 – Gesänge zur Eucharistiefeier während des Jahres. Das Echo aus den Gemeinden, die Probepublikationen benutzten, war überraschend positiv. Die Vorauspublikation war anders konzipiert. Sie enthielt endgültig verabschiedete Stücke. Und nun griff eine große Zahl der Gemeinden zu, wie die Auflage beweist. Zwei bis drei Jahre konnte so *Gotteslob* vorbereitet werden. Auf diese Weise gelang ein fast nahtloser Übergang.

Bedeutete nun der Plan eines gemeinsamen Buches auch, daß es auch das Gesangbuch der Kinder werden sollte? Diese Frage wurde frühzeitig diskutiert und dann mit Ja beantwortet. *Gotteslob* soll auch in die Hand der Kinder kommen, die lesen können. Dabei stand die alte Erfahrung Pate, daß das Verwachsensein mit dem Gesangbuch für jeden Christen eine große Bedeutung hat und daß sich in der Kinderzeit die Eindrücke besonders tief einprägen. Ein Werkbuch für den Kindergottesdienst, das auf *Gotteslob* ausgerichtet ist, wird das Buch für den Gruppengottesdienst der Kinder erschließen. Im Gemeindegottesdienst benutzen die anwesenden Kinder ohnehin das Buch wie alle andern.

Schwieriger war das Problem des Gottesdienstes für die Jugend zu integrieren, da auf diesem Gebiet alles im Fluß ist. Die Lebensdauer der meisten „jugendgemäßen" Gesänge ist sehr gering; ihr textlicher Ansatz entstammt sehr häufig den Gedanken der Aufklärung. Der Mißerfolg der Lieder der ersten Aufklärung mahnte hier zur Vorsicht. So kam es zu der Publikation „EGB 10 – Gib mir ein Lied", die der genannten Art von Gruppengottesdienst dienen will. Etwa ein Drittel dieser Gesänge wurde auch in den Stammteil von *Gotteslob* aufgenommen.

Wie bekannt, war die Frage, ob *Gotteslob* auch in der Schweiz eingeführt wird, noch nicht entschieden. Das bedeutet jedoch nicht, daß die Schweiz bei der Erarbeitung ausgeklammert gewesen wäre. Sie war im Gegenteil voll integriert. In allen Kommissionen saßen Vertreter aus der deutschsprechenden Schweiz. Denn *Gotteslob* ist für den gesamten Sprachraum konzipiert. Auch wenn es sich in der

Grundkonzeption 29

Schweiz nicht durchsetzt, ändert dies nichts an der Grundkonzeption. Auch die praktischen Probleme sind für die Schweiz kaum unterschieden von denen in anderen Bereichen des Sprachgebietes. Die Tradition des Schweizer Gesangbuches von 1966 ließe sich leicht in einem Anhang mittleren Umfangs unterbringen.

Zu den Überlegungen über die gemeinsamen Fassungen für das gesamte Sprachgebiet kam auch sehr früh schon der Blick auf die nichtkatholischen Gesangbücher. Wie bekannt haben die evangelischen Landeskirchen in Deutschland seit 1949 ein Einheitsgesangbuch. Auch die reformierten Gemeinden der Schweiz besitzen ein solches. So war der Wunsch nur logisch, die überall verbreiteten Lieder auch in gemeinsamen Fassungen zu singen. Es wurde die Arbeitsgemeinschaft für ökumenisches Liedgut im deutschen Sprachbereich (AÖL) gebildet. Sie veröffentlichte 1973 das Liederbuch „Gemeinsame Kirchenlieder – Gesänge der deutschsprachigen Christenheit". Das Geleitwort trägt die Unterschrift aller Kirchenleitungen der deutschsprechenden Christenheit. Im *Gotteslob* trägt ein Drittel der Lieder bei der Nummer ein ö. Das weist sie als ökumenische Lieder aus. Inzwischen sind aber eine noch größere Anzahl von Liedern und Gesängen aus dem *Gotteslob* in die Zahl der ökumenischen Gesänge aufgenommen worden.

1.1.2 Rollenbuch der Gemeinde

Dem Wort „Rollenbuch" erging es wie anderen wichtigen Wörtern: Es wurde schnell zu einer Art Schlagwort. Wie immer in solchen Fällen, hat das zur Folge, daß man zu wenig darüber nachdenkt, was das Wort denn eigentlich bezeichnet. So hat man Rollenbuch meist nur negativ definiert, nämlich so: Ein Rollenbuch enthält nicht die Stücke der anderen Rollen, sondern nur das, was für die jeweilige Rolle wichtig ist. Diese Definition ist zwar richtig, und sie läßt sich auf jede Art von Rollenbuch anwenden. Im speziellen Fall des Einheitsgesangbuches aber ist sie verkürzend. Denn der Auftrag des Konzils zielte nicht auf ein Auseinandernehmen der Rollen, sondern auf eine sinnvolle Zusammenfügung, vor allem aber auf ein Ernstnehmen der Rolle der Gemeinde. Und dies setzte für *Gotteslob* die entscheidenden Akzente. Bei der Reflexion über die Liturgiereform steht meist im Vordergrund die Einführung der Muttersprache. Das ist zwar richtig in bezug auf die Gebete des Priesters, jedoch nicht in bezug auf den Gesang der Gemeinde im deutschen Sprachgebiet. Denn bei uns wurde in den meisten Gottesdiensten (in manchen Gegenden bereits seit 200 Jahren) bereits deutsch gesungen. Für die Gemeinderolle setzte die Liturgiereform zwei andere viel einschneidendere Akzente, die, Gott sei's geklagt, vielen noch gar nicht aufgefallen sind.

1.1.2.1 Das Meßformular entsteht am Ort

Es gibt nicht mehr die „eigentliche Liturgie", hinter der der Gemeindegesang herhinkt. Vor allem für die Gesänge des Propriums enthält das Meßbuch keine vorgeschriebenen Texte mehr. Neben dem Meßbuch und dem Lektionar gibt es keine verbindliche Ordnung der Gesänge. Ihre Auswahl obliegt denen, die für den konkreten Gottesdienst verantwortlich sind.

So lautet der Eröffnungsgesang der Messe am Tag zu Weihnachten nicht mehr „Puer natus est nobis". Dieser Gesang ist nur ein Angebot unter vielen, so sinnvoll er auch ist. Die konkrete Entscheidung für den Eröffnungsgesang fällt nicht unter dem Gesichtspunkt, wie nah er textlich dem „eigentlichen" Introitus steht. Sie resultiert vielmehr aus der Beantwortung der Frage: Welcher Gesang eröffnet für diese hier versammelte Gemeinde am besten den Festgottesdienst am Weihnachtstag. Dies ist also eine völlig andere Optik als vor der Liturgiereform.

Der Gesang der Gemeinde hat nach der Reform eine größere Dignität. Das hat im Gefolge eine größere Verantwortung bei denen, die den Gottesdienst gestalten. Man kann nicht mehr denken, daß hinter dem konkret Gesungenen ja noch das Eigentliche steht; denn, was gesungen wird, ist das Eigentliche.

So steht die Frage der sinnvollen Auswahl der Gesänge im Mittelpunkt der Gottesdienstvorbereitung. Und so stand im Mittelpunkt der Arbeiten am Einheitsgesangbuch die Bemühung, eine genügende Anzahl von Gesängen zur Auswahl anzubieten. Daher hat *Gotteslob* ein viel breiteres Spektrum theologischer Inhalte als je ein Gesangbuch davor.

Um diese breite Verwendungsmöglichkeit zur Geltung zu bringen, erschien sehr bald ein Werkbuch als unbedingt notwendig. Denn zum Auffinden des Passenden gehört eine umfassende Kenntnis der Möglichkeiten. So versucht das Werkbuch zum „Gotteslob", jeweils im

Grundkonzeption 31

ersten Teil diesen Dienst zu leisten, indem es, ausgehend von der Leseordnung und dem Meßbuch, Hinweise auf passende Gesänge gibt. Dies wurde in der Anfangszeit vielleicht nicht als besonders hilfreich empfunden, da eine große Zahl der Gesänge noch nicht bekannt waren. Aber von Jahr zu Jahr wurde es sinnvoller, das Werkbuch zu benutzen. Es hilft, die vier Grundrollen des Gottesdienstes zusammenzuführen.

1.1.2.2 Die Rolle des Kantors lebt wieder auf

Ebenso bedeutsam wurde für die Konzeption des Einheitsgesangbuches die Rolle des Kantors. Der solistische Sänger war fast ganz aus unserm Gottesdienst verschwunden. Lediglich der Priester sang noch allein. Nun hat die Liturgiereform sich nicht nur auf diese Urrolle besonnen; sie hat sie auch dort wieder beheimatet, wo der Gesang in der Messe seine älteste Tradition hat: zwischen den Lesungen. Die Wiedereinführung des Antwortpsalms brachte wohl die einschneidendste Erneuerung im Meßgesang. Sie ist jedoch nur logisch, wenn man von der Gemeindemesse her denkt und nicht von der päpstlichen Messe her wie frühere Meßbücher. Dem päpstlichen Gottesdienst standen ausgezeichnete Solisten zur Verfügung. Sie trugen die reichen Gradualverse vor. Der einfache solistische Psalmengesang in der normalen Gemeinde fand keine Überlieferer und starb mit der zunehmenden Klerikalisierung des Gottesdienstes aus. Die Einführung des Antwortpsalms geschah nicht aus Historismus, sondern aus dem Ernstnehmen der normalen Gemeinde.

Wir stehen nun allerdings vor der Frage, wie wir dem gerecht werden. Es geht nur auf zwei Wegen: Erstens brauchen wir Kantoren, die in der Lage sind, solistisch den Antwortpsalm vorzusingen und den Gesang der Gemeinde zu führen, und zweitens brauchen wir ein Angebot für diese Kantoren, damit sie Unterlagen zum Singen haben. *„Gotteslob"* kann nur das Zweite ermöglichen. Diese Bemühung ist aber ohne das Erste vergeblich. So ist es eine große Aufgabe, Kantoren zu schulen. Denn daß es genügend begabte Sänger gibt, daran kann es keinen Zweifel geben. Die Frage ist nur, ob die Möglichkeit in der Breite genutzt wird. Ob alle Verantwortlichen das verstanden haben, ist zu bezweifeln.

Die EGB-Kommission stand vor der Frage, wie sie dem Anliegen am besten gerecht werden könne. Man hätte sich von vorneherein auf die allgemeinen Antwortpsalmen für jede Zeit des Kirchenjahres beschränken können. Dies erschien aber nach längerer Diskussion nicht zulässig, weil man dann unterstellt hätte, daß der „eigentliche" Antwortpsalm nur für wenige zugänglich sei. So kam man zu dem Plan, den Gesang jedes im Lektionar stehenden Antwortpsalms in der Gemeinde zu ermöglichen. Dieser Plan wurde verwirklicht. In *Gotteslob* selbst stehen eine genügende Anzahl Responsa (Kehrverse), so daß man zu jeder Lesung ein passendes findet. Viele davon braucht man (nach kurzer Zeit) nicht (mehr) aufzuschlagen. Dem Buch korrespondiert ein „Kantorenbuch zum *Gotteslob*", das 150 Antwortpsalmen enthält, viele davon mit einer zweiten Fassung. So kann man zu jedem Sonn- und Feiertag, zu jedem Heiligenfest und jeder Messe ad diversa den passenden Antwortpsalm finden. Zu den Wochentagen enthält das Werkbuch Hinweise und Ergänzungen. Dieses Kantorenbuch wurde nicht offiziell von den Bischöfen herausgegeben. Damit wird dokumentiert, daß die Gestaltung des solistischen Gesangs auch anders denkbar ist als in diesem Buch. Nicht jedoch ist gesagt, daß die Kantorenrolle nicht so offiziell ist wie der Gemeindegesang. Denn die Integrierung dieser Rolle gehört zur Grundkonzeption von *Gotteslob*. Da diese Grundkonzeption von den Bischöfen als den Herausgebern getragen wird, stehen sie auch hinter der Forderung nach dem solistischen Kantor. Es ist die logische Folge der Liturgiereform. Bewußt wird der Kantor als „Grund"-Rolle verstanden. D. h., diese Rolle wird ausgeweitet durch den Chor und durch den Organisten. Auch auf diese kommen neue Aufgaben zu. Der Sängerchor wird von der Liturgiereform unter *einen* Begriff gefaßt. Zwischen einstimmigem und mehrstimmigem Gesang wird nicht mehr unterschieden, was die vortragenden Gruppen betrifft. So soll also ein Kirchenchor auch in der Lage sein, einstimmig zu singen und zwar ebenso gut wie mehrstimmig. Diese Aufgabenerweiterung ist zu begrüßen. Außerdem soll der Sängerchor sich mehr als Partner der Gemeinde verstehen. Dieses Rollenverständnis des Chores liegt ebenfalls der Gestaltung des *Gotteslob* zugrunde. Es enthält daher nicht nur Responsa zum Antwortpsalm, sondern auch Gemeindeverse und Gemeindestrophen zu anderen Gesängen. Dementsprechend wurde auch ein „Chorbuch für einstimmigen Gesang zum *Gotteslob*" herausgegeben. Und es erscheinen nach und nach auch Publikationen für den mehrstimmigen Gesang.

1.1.2.3 Weitere Akzente aus der Liturgiereform

Aus einem Auftrag der Liturgiereform resultieren auch die Gottesdienste des Stundengebetes in *Gotteslob:*Laudes, Vespern und Komplet. Vor allem bei der Gestaltung der Vespern war zu beachten, daß die Gemeinde diese nicht täglich und auch nicht sonntäglich singt. Man konnte also in der Psalmenauswahl nicht den Vierwochenpsalter zugrunde legen. Die Auswahl geschah nach den unter 1.1.2.1 genannten Prinzipien. Die Form allerdings ist identisch mit dem Stundengebet der Kleriker.

Inzwischen ist das geplante „Vesperbuch zum Gotteslob" erschienen und zwar auf der Grundlage des Vierwochenpsalters.

Zu erwähnen sind in diesem Zusammenhang auch Wortgottesdienst, Kommunionfeier, Bußgottesdienst, Begräbnisfeier und die Feier der Sakramente.

1.1.3 Geistliches Hausbuch

Die Gesangbuchentwicklung führte dazu, daß die Bücher mehr und mehr auch zum Gebetbuch des einzelnen wurden. Diese Entwicklung wurde in *Gotteslob* fortgeführt. Das Stichwort „Rollenbuch" verstellte keineswegs den Blick auf die Notwendigkeit eines Grundbestandes an persönlichen Gebeten und katechetischer Hinführung. Im Gegenteil, heute erscheint es besonders wichtig, mit einem Gesangbuch auch dem einzelnen und der Familie zu dienen. Denn für die meisten ist es das einzige religiöse Buch, das sie besitzen bzw. aufschlagen, ganz abgesehen davon, daß es wichtig ist, Glauben und geistliche Ausrichtung in den Gottesdienst mitzubringen.

So beginnt das Buch mit einem sorgfältig ausgewählten Abschnitt „Persönliche Gebete". Er umfaßt nur 62 Seiten, leistet aber einen unaufgebbaren Dienst.

Der Andachtsteil ist so aufgebaut, daß die Stücke auch dem Gebet in der Familie dienen können, etwa in der Form der Kurzandacht, und selbstverständlich dem Gebet des einzelnen. Die Psalmenauswahl enthält nicht nur die Feiertexte, sondern auch existentielle Stücke des Psalmenbuches. Der betende Mensch wird gerne danach greifen. Vergessen darf man auch nicht, daß die Texte der Lieder sich zum persönlichen Gebet eignen.

Einen besonderen Akzent setzen die katechetischen Einführungen zu

den einzelnen Abschnitten. Auf diese Weise wird unaufdringlich eine Glaubenslehre geboten, die nicht ungenutzt bleiben sollte.
Auch auf die verschiedenen Formen der Gemeindekatechese kann man sich von *Gotteslob* eine helfende Wirkung erhoffen. Im Religionsunterricht sollte es ohnehin seinen festen Platz haben. Der Abschnitt „Die Feier der Gemeindemesse", Nr. 353, ist ganz in diesem Sinn konzipiert.
Dem geistlichen Leben des einzelnen kann *Gotteslob* auch insofern dienen, als durch seinen Gebrauch sich bestimmte Texte einprägen, die zum geistlichen Besitz werden.

1.1.4 Der theologisch-spirituelle Hintergrund

Man könnte den geistlichen Hintergrund des Einheitsgesangbuches vielleicht so formulieren: *Offene katholische Spiritualität. Gotteslob* ist nicht einer spirituellen Richtung verhaftet (z.B. Devotio moderna, Gegenreformation), sondern geprägt von pluralen Strömungen. Dies zeigt schon die Herkunftszeit der Lieder.
Jedoch ist das Buch nicht konturlos. Es wurde versucht, jenseits von Modeströmungen (Aufklärung der 60er Jahre, Nostalgiewelle der 70er Jahre) die geistlichen Konturen der Kirche des 20. Jahrhunderts zu spiegeln:
1. Biblische Ausrichtung. Die Bibelnähe des Buches fällt sofort ins Auge: 65 Psalmen (manche in Abschnitte geteilt), 10 neutestamentliche Hymnen, viele Kehrverse mit Kerntexten aus der Bibel, biblische Bilder und Aussagen in vielen Liedern und Gebeten, Schriftbezogenheit der Andachten.
2. Eucharistisch-sakramentale Ausrichtung. Dies ist ebenso deutlich. Naher Bezug zu den liturgischen Büchern für die Hand des Priesters.
3. Gotteslob als geistliche Aufgabe der Gemeinde und des einzelnen. Diese Ausrichtung gab dem Buch den Namen. „Gott loben, das ist unser Amt". Es zielt darauf hin, daß auch das Leben im Alltag Lob ist.
4. Ausrichtung am Hauptgebot. Stärkung der Bindung an Gott, den dreifaltigen, an Jesus, den Menschensohn. – Stärkere Betonung der Nächstenliebe und Caritas als in früheren Büchern.
5. Ökumenische Ausrichtung. Katholische Offenheit, die das Mißverständnis (auch unbewußt) vermeidet, wir seien eine Konfession unter anderen und müßten uns daher zuerst abgrenzen. Daher eine

Grundkonzeption 35

vorwiegend positive Aussage über den Glauben der Kirche in ganzer Breite.

6. Ekklesiologische Ausrichtung. Diese hängt mit allen vorhergehenden Punkten zusammen, zeigt aber doch deutliche Akzente (Abschnitt Gemeinschaft der Heiligen: Maria – Engel und Heilige – Leben aus dem Glauben – Kirche – Tod und Vollendung). Christozentrik versteht sich nach dem Gesagten von selbst.

Zusammenfassend läßt sich heute schon folgendes sagen: Nachdem der Rauch des Streites, den ein Gesangbuch bei seinem Erscheinen immer umgibt, sich verzogen hat, ist zu erkennen, daß *Gotteslob* in seiner Konzeption ganz im logischen Zusammenhang der Entwicklung in unserem Jahrhundert steht. Es wäre auch erstaunlich, wenn es wesentlich anders wäre; denn die Arbeit an dem Buch war sehr breit angelegt. Sicher haben die beteiligten Personen dem Buch einen gewissen Stempel aufgedrückt. So ist das immer. Aber dies geschah im Kontext der Liturgiereform, im Kontext der Theologie des II. Vatikanums und aufgrund der Tradition deutschsprachiger Gesangbücher.

1.2 Die Schwierigkeiten, ein Gesangbuch zu machen

Josef Seuffert

Seit Gesangbücher von Bischöfen offiziell herausgegeben werden, gibt es mit ihnen Schwierigkeiten, vor allem nach dem Erscheinen der Bücher. Die Diözesanarchive geben davon Zeugnis. Von den Schwierigkeiten, die es beim Zustandekommen in den Kommissionen gab, haben wir nur geringe Kunde, da keine Redaktionsberichte vorliegen. Darum erscheint es sinnvoll, darüber zu berichten, welche Schwierigkeiten es bei der Zusammenstellung des *Gotteslob* gab.

1.2.1 Nur wenige Grundlagen

Wenn man mit der Arbeit beginnt, stellt man erstaunt fest, daß es kaum Literatur über Gesangbücher gibt. Es gibt zwar Liedsammlungen mit großem kritischen Apparat, aber kaum eine Arbeit über Gesangbücher, wie sie bei uns üblich sind. Das Wort Hymnologie war bis vor kurzem für Katholiken ein Fremdwort. Überhaupt stellen wir bei den Theoretikern der Kirchenmusik eine durchgängige Unterbewertung des Gemeindegesangs fest. Daher ist es auch verständlich, daß der (auch musikalische) Aufbruch in der katholischen Jugendbewegung der zwanziger und dreißiger Jahre vielen Kirchenmusikern suspekt war.

Ähnliches stellt man im Fach Liturgik fest. Es gibt ganze Bibliotheken über die verordnete römische Liturgie, aber kaum Informationen darüber, wie die Gemeinden die Jahrhunderte hindurch tatsächlich Gottesdienst gefeiert haben. Vergebens sucht man ausreichende Informationen über die Geschichte der Andachten oder über die Geschichte des Psalmengesangs in der Gemeinde.

Das Fehlen solcher Grundlagen ist die Ursache so manchen überflüssigen Streites. Streit ist notwendig, aber mancher Streit ist sinnlos.

Will man also nicht nur auf der eigenen begrenzten Meinung aufbauen, bleibt nichts anderes übrig, als sich die Gesangbücher selbst vorzunehmen. Das ist eine sehr zeitraubende Arbeit. Aber sie ist unerläßlich, soll nicht alles von der Beliebigkeit abhängen.

Die Schwierigkeiten

1.2.2 Der lange Schatten der Kindheitserfahrung

Jeder Christ, der lebendig in seiner Gemeinde lebt, ist verwachsen mit „seinem" Gesangbuch. Es hat ihn von Kindheit an geprägt. Dies ist ein unverzichtbares Element der konkreten Gläubigkeit. Aber es ist auch ein Grund dafür, daß mit jedem neuen Gesangbuch eine Krisensituation entsteht. Das gilt auch, wenn das neu eingeführte Buch besser ist als sein Vorgänger.
Wenn nun Leute, die den jeweiligen „genetischen Code" ihres vertrauten Gesangbuches mitbringen, sich zusammensetzen, um gemeinsam ein neues Buch zu machen, dann sind erhebliche Schwierigkeiten vorprogrammiert, auch wenn diese Leute schon selbst am Gesangbuchmachen beteiligt waren. Darum war für alle Kommissionsmitglieder die Relativierung der eigenen Erfahrung eine harte Arbeit.

1.2.3 Große Gegensätze

Wenn vierzig Diözesen Gemeinsamkeit suchen, ist mit großen Gegensätzen zu rechnen. Diese werden von den einzelnen Beteiligten zuerst als sachliche Widersprüche empfunden. Emotionale Hintergründe spielen aber eine große Rolle. Darum ist es nicht leicht, auf Verdächtigungen zu verzichten. Daß man alles auf verschiedene Weise richtig machen kann, will erst gelernt sein.
Ein großer Streitpunkt, der die Kommission fast gespalten hätte, war z.B. die Frage, wie das Einheitsgesangbuch aufgebaut sein sollte. Als die Arbeit an den ökumenischen Fassungen begann, wurden neue Gegensätze deutlich. Mancher schien unüberbrückbar, vor allem bei einer Reihe von Kernliedern.
Daß bei Musikern große Gegensätze selbstverständlich sind, sei nur erwähnt. Kein Mensch kann ohne bestimmte Vorstellungen Musik machen, die etwas taugt. Diese bestimmten Vorstellungen prallen dann natürlich aufeinander.

1.2.4 Ganz neue Perspektiven

Bei Liedern gibt es vielerlei Erfahrungen, die zusammengetragen werden können, die dann aufeinanderprallen. Der Prozeß der Einigung findet jedoch sozusagen in gewohnter Umgebung statt. Ganz

anders ist es, wenn man sich auf ein Gebiet begibt, auf dem nur wenige Erfahrung haben.
Die Liturgiereform des Zweiten Vatikanums führte die Kommission in solche Gebiete. Sie sind im vorhergehenden Beitrag „Die Grundkonzeption des Einheitsgesangbuches" beschrieben. Am deutlichsten wurde die Schwierigkeit bei der Suche nach einer geeigneten Psalmodie und nach geeigneten Formen für den Antwortpsalm und andere nichtliedmäßige Gesänge. Es ist auch selbstverständlich, daß man Zeit braucht, um diese neuen Formen in der Gemeinde zu verwurzeln. Da der Gemeindegesang in der Muttersprache ein konstitutiver Teil der Liturgie ist und nicht nur der Versuch einer Annäherung, ergaben sich auch für die Liedauswahl ungewohnte Anforderungen, besonders an die thematische Breite des Angebotes. Dies hat aber dem *Gotteslob* sichtbar gutgetan.

1.2.5 Die Mode klopft an die Tür

„Wer zu sehr von heute ist, ist morgen schon von gestern." Dieser Satz von Hermann Kardinal Volk weist auf ein weiteres Problem hin. Ein Gesangbuch wird immer für morgen gemacht. Aber man kennt die zukünftige Entwicklung nicht. Man ist ein Kind seiner Zeit. Die Erfahrung lehrt, daß jede Zeit ihre Mode hat, die meist bald vergeht. Es ist darum eine große Kunst, zeitgemäß zu sein, ohne der Tagesmode zu verfallen. Die EGB-Kommission gab sich redliche Mühe. Einige „Moden" zwischen 1963 und 1973 seien genannt Es gab die Gott-ist-tot-Theologie; Gott galt höchstenfalls als Chiffre für das bessere Ich. Eine große Zahl von Texten aus diesem geistigen Untergrund war verbreitet. Die Christologie war zum Jesuanismus verkommen. Daraus entstanden noch mehr Texte von großer Plausibilität. Von daher wurden viele Lieder, besonders aber der Gebets- und Andachtsteil als zu „adorativ" und völlig rückständig bezeichnet. „Das neue Buch soll endlich mit der Aufklärung ernst machen und von der Anbetungsmanie lassen." So formulierte ein Theologieprofessor. Eine Folge davon, die alle Kommissionsmitglieder erstaunte, war, daß diese Kreise das süßliche Jesusbild des späten 19. Jahrhunderts ganz annehmbar fanden, falls es nicht in eucharistische Anbetung mündete. Auf der anderen Seite war die Gruppe derer, die die Liturgiereform ablehnen, schnell bei der Hand mit dem Vorwurf, das neue Buch zerstöre durch modische Theologie den alten Glauben.

Wie schwierig es ist, aus dem Aktuellen Bleibendes herauszufiltern, zeigt der Blick auf die über 30 „Lieder von heute" im *Gotteslob*. Nur wenige wurden bisher von den Gemeinden angenommen. Das muß wohl so sein. Es gab schon immer viel Neues, und weniges davon übersteht die „Vitalphase". So ist es auch heute.

1.2.6 Stiefkind der „Fachleute": das Elementare

Bei der Fülle von Urteilen und Forderungen, die an die Kommission herangetragen wurden, fiel sehr bald auf, daß viele Kritiker keinen Zugang zum Elementaren hatten. Sie konnten zwischen primitiv und elementar nicht unterscheiden. So verfiel alles Einfache dem Verdikt: „zu primitiv". Viele kennen den Spruch: „Hier ein Tönchen, dort ein Tönchen, fertig ist das Antiphönchen." Er ist typisch für diese Haltung. Aber Musik und Sprache erwachsen aus dem Elementaren. Und ein Gesangbuch braucht das Elementare selbst. Nur so ist es hilfreich. Es geht zuerst darum, anzuerkennen, daß es das Elementare gibt, und daß es für jede Kultur, die diesen Namen verdient, unverzichtbar ist, erst recht aber für den „Kult".

Viel schwieriger ist es dann, die Grenze zwischen elementar und primitiv zu finden. Aber dieser Streit ist lohnend. Er beherrschte die Arbeit der Kommission von Anfang an.

In Graz gibt es ein Institut für musikalische Wertforschung. Es stellte etwa die Frage: Kann man wissenschaftlich nachweisen, daß Mozart besser ist als Stamitz? Diese Frage wurde vom Institut mit ja beantwortet. Also machte die EGB-Kommission zusammen mit der Internationalen Arbeitsgemeinschaft für Hymnologie (IAH) in Graz eine Studientagung zu der Frage: Lassen sich für die Beurteilung kurzer Stücke (vom Ruf bis zur Liedmelodie) Bewertungsmaßstäbe finden? Nach drei Tagen war die Antwort: nein. (Ein Computer kann kurze Strukturen nicht wertend erfassen.) So mußte die Kommission weiter mit dem ständigen Streit leben.

Es ist sehr eigenartig, daß die „großen" Dichter und Komponisten in Gesangbüchern kaum zu finden sind. Daraus aber zu schließen, Gesangbücher wären subaltern, wäre töricht. Sie sind eine eigene „Größe" innerhalb einer Kultur.

1.2.7 Der Zwang zur Entscheidung

Meinungen auszutauschen kann sehr interessant sein. Der Austausch kann Erkenntnisse vertiefen. Wenn man ein Gesangbuch macht, kann man es nicht beim Meinungsaustausch belassen. Es sind Entscheidungen fällig auf Punkt und Komma, auf bestimmte Noten und Notenwerte. Das ist ein heilsamer Zwang, der jedoch Mut erfordert. In unserem geistigen Umfeld finden wir heutzutage zwar viele (oft radikale) Meinungen, aber wenig Neigung zu Entscheidungen. Viele Fragen werden in einem endlosen Geschwätz zerredet, wobei die Widersprüche oft nur vertieft werden. Julien Freund spricht von einem „Komplott gegen die Kategorie der Entscheidung". Das hat zur Folge: Wer entscheidet, macht sich unbeliebt. Das bekamen die Mitglieder der Gesangbuchkommission voll zu spüren. Oft duckten sie sich unter den Salven der Kritik, aber sie mußten weiter versuchen, die Debatten tapfer zu einer Reife zu führen, die Entscheidungen ermöglichte. Und es ist auch nicht verwunderlich, daß, als das Manuskript fertig vorlag, bei der Bischofskonferenz beantragt wurde, noch einmal von vorne anzufangen.

Entscheidungen sind nur möglich, wenn man kompromißfähig ist. Außerdem sollte man in der Lage sein, auch dann zu Entscheidungen zu stehen, wenn man überstimmt wurde. Die Mitglieder der Kommission haben bei vielen tausend Einzelentscheidungen beide Tugenden gelernt. Es ist verständlich, daß dies denen, die das Buch fertig präsentiert bekommen, schwerer fällt. Aber lernen kann diese Tugenden jeder.

1.2.8 Zu viele Köche?

Die große Zahl der Mitglieder der Kommission birgt eine Gefahr, die man nicht übersehen darf. Das Buch hätte ein gesichtsloser fauler Kompromiß werden können. Unter den vielen kritischen Stellungnahmen findet sich kein Vorwurf in dieser Richtung. Es war jedoch während der Arbeit gelegentlich nötig, die Gefahren offen auszusprechen und durch Grundsatzdiskussionen zu Konturen zu finden. Vor allem der Redaktionskommission war es aufgetragen, aus der Fülle der einzelnen Stücke ein Buch mit Gesicht und Farbe zu machen. Auf der anderen Seite durfte man keinesfalls eine homogene Zusammensetzung der Kommissionen anstreben, obwohl eine gewisse

Die Schwierigkeiten 41

Homogenität jedem Gesangbuch nützt. Die heftigen Diskussionen von Anfang bis Ende beweisen, daß die Hauptkommission eine solch bequeme Zusammensetzung nicht im Sinn hatte. Mit wenigen einzelnen Ausnahmen verlief die Arbeit der Kommissionen jedoch in einer freundschaftlichen Atmosphäre. Sie trug sehr viel zur Vermeidung von konturlosen Entscheidungen bei.

1.2.9 Was von oben kommt

Ein gemeinsames Gesangbuch ist nur möglich, wenn Verbindlichkeit für alle erreicht wird. Solche Verbindlichkeit ist nur durch Beschluß der „leitenden Gremien" zu erreichen. Das sind für die katholische Kirche die Bischofskonferenzen. So geschah es auch mit dem Gotteslob. Dies ist heutzutage wohl ein Nachteil für ein solches Buch. Denn die Skepsis gegen das, was von oben kommt, ist weit verbreitet, vor allem, wenn es sich um etwas handelt, das die tägliche Praxis in den Gemeinden betrifft. An sich gehört es zum Christentum, paradoxe Situationen auszuhalten und sogar aus ihnen Leben zu zeugen. Aber unsere Generation ist in diesem Punkt sicher schwach. Das führte im Fall des gemeinsamen Gesangbuches zu einer anderen paradoxen Situation, die es in der Gesangbuchgeschichte vorher nicht gab. Bei der Einführung neuer Gesangbücher spielte die junge Generation immer eine tragende Rolle. Denn je älter einer ist, umso mehr ist er mit dem Vorhergehenden verwachsen. Das ist am Ende unseres Jahrhunderts völlig anders. Die Gründe sind vielfältig. Aber ein Grund ist gewiß, daß das neue Buch von oben kam. Das läßt sich vielfach belegen.

Auch für den Gesangbuchmacher ist es unter diesem Aspekt nicht so einfach. Er möchte natürlich, daß seine Arbeit gut und brauchbar ist und daß sie sich deswegen durchsetzt, und nicht nur, weil sie von oben verordnet ist. Aber, wie gesagt, das Ziel der Einheit läßt sich nur durch Erklärung der Verbindlichkeit erreichen. Auch einer Synode bliebe nichts anderes übrig, als das Odium auf sich zu nehmen, sich für etwas Bestimmtes zu entscheiden.

1.2.10 Gott vergelt's

Am Ende dieser Marginalien zum Gesangbuchmachen noch ein Hinweis. Die Mitglieder der Kommission machten folgende Erfahrung: Da hat man sich zehn Jahre redlich bemüht, man hat Zeit und Lebenskraft geopfert. Man hat engagiert gestritten und manches zehnmal durchgearbeitet. Und man ist überzeugt, daß etwas Gutes entstanden ist. Und dann kommen nur Fragen, Unverständnis, Kritiken, Verdächtigungen, Unterstellungen und kaum Freude oder Dank.

Es sollen keine Vorwürfe erhoben werden. Im Gegenteil. Es muß wohl so sein. Das kann schon ein wenig trösten. Also ein klassischer Fall von „Gott vergelt's".

Bisher hat noch jedes Gesangbuch dem Gottesdienst und dem Glauben der Menschen gedient. Beim *Gotteslob* ist es nicht anders. Was will man mehr?

1.3 Der Werdegang des EGB

Josef Seuffert

1962

28.-30. August: Die Plenarkonferenz der Bischöfe der Diözesen Deutschlands in Fulda beschließt: „Die Herausgabe eines einheitlichen Gesang- und Gebetbuches für die deutschen Diözesen erscheint aus vielen Gründen unaufschiebbar notwendig. Die Bischöfe von Limburg, Mainz und Rottenburg werden gebeten, die notwendigen Vorarbeiten inhaltlicher und juristischer Art zu planen und der nächsten Konferenz im März 1963 geeignete Vorschläge für eine Kommission von Fachleuten vorzulegen."

1963

4.-6. März: Außerordentliche Plenarkonferenz der Bischöfe der Diözesen Deutschlands in Hofheim, Taunus: „Die Bischöfe von Limburg und Mainz mögen für die diesjährige Plenarkonferenz eine Gesamtkonzeption des vorgesehenen einheitlichen Gesang- und Gebetbuches vorbereiten und gleichzeitig Persönlichkeiten vorschlagen, die mit der Erarbeitung betraut werden können."
28.-29. August: Plenarkonferenz der Bischöfe der Diözesen Deutschlands in Fulda: „Die Konferenz beschließt, für die Erarbeitung des geplanten einheitlichen Gebet- und Gesangbuches je eine Kommission für den Gebetsteil und den Liedteil zu berufen." Es folgen 11 Namen für die Gebetskommission und 9 Namen für die Liedkommission. Weiter heißt es im Protokoll: „Die einzelnen Diözesen werden je einen Verbindungsmann für beide Kommissionen benennen, damit sie laufend über den Stand der Arbeiten informiert werden und ihre Wünsche und Anregungen zur Sprache bringen können. – Die Federführung liegt für den Gebetsteil bei Mainz, für den Liedteil bei Limburg."
16. September: 1. Sitzung der Liedkommission in Frankfurt.
19.-20. September: 1. Sitzung der Gebetskommission in Mainz.

1964

26.-29. Januar: 2. Sitzung der Gebetskommission in Puchberg (Österreich). Anwesend sind auch Vertreter der mitteldeutschen Kirchensprengel, Österreichs und der Schweiz.
25. Februar: 2. Sitzung der Liedkommission in Frankfurt.
9. April: 3. Sitzung der Liedkommission in Frankfurt.
7.-11. September: 3. Sitzung der Gebetskommission in Puchberg.
23.-26. November: 4. Sitzung der Gebetskommission zusammen mit den Diözesanvertretern in Einsiedeln, Schweiz.

1965

15.-19. März: 5. Sitzung der Gebetskommission und 4. Sitzung der Liedkommission in Puchberg. Es finden zwei gemeinsame Sitzungen der beiden Kommissionen statt. Gemischte Subkommissionen werden gebildet.
5. Juli: Die Schweizerische Bischofskonferenz erteilt den Auftrag zur Drucklegung des Katholischen Kirchengesangbuches der Schweiz (KGB). Der Grundbeschluß wurde bereits im Juli 1957 gefaßt. Ab November 1966 wurde das Buch ausgeliefert.

1966

29. März: Beschluß der Österreichischen Bischofskonferenz, vollverantwortlich am Einheitsgesangbuch mitzuarbeiten. Vorausgegangen war ein entsprechender Beschluß der Liturgischen Kommission Österreichs nach einer längeren Meinungsbildung.
20.-23. April: 6. Sitzung der Gebetskommission und 5. Sitzung der Liedkommission in Puchberg. Ein größerer Teil der Tagungszeit ist der gemeinsamen Arbeit beider Kommissionen gewidmet. Eine Neustrukturierung der Arbeit am Einheitsgesangbuch bahnt sich an.
24.-28. Oktober: 7. Sitzung der Gebetskommisson und 6. Sitzung der Liedkommission in Puchberg.

1967

1. März: Errichtung eines Sekretariates für das EGB in Trier. Halbamtlich besetzt mit Pfarrer Josef Seuffert, Trier. Diese Stelle wurde von der Vollversammlung der Deutschen Bischofskonferenz Ende September 1966 in Fulda beschlossen.

25.-28. April: Gemeinsame Sitzung der beiden Kommissionen in Puchberg. Beratung eines neuen Statutes für die EGB-Kommission: Hauptkommission, Subkommissionen, Sekretariat. Die entsprechenden Beschlüsse dazu werden von den Liturgischen Kommissionen im Auftrag der Bischofskonferenzen gefaßt.
7.-11. November: Studientag „Neue Aufgaben volkssprachlichen Singens im Gottesdienst" in Puchberg.

1968

28.-31. Januar: 1. Sitzung der Hauptkommission. Vorsitzender ist Weihbischof Dr. Paul Nordhues, Paderborn. Stellvertretender Vorsitzender ist Weihbischof Eduard Macheiner, Salzburg.
Mai: Denkschrift „Deutsche Psalmodie" der „Werkgemeinschaft für Lied und Musik". Sie wurde nach gründlicher Debatte Grundlage der Arbeit der entsprechenden Subkommissionen.
1. Juli: 2. Zusammenkunft der Diözesanvertreter in Paderborn.
21.-24. Oktober: 2. Sitzung der Hauptkommission.

1969

1. Januar: Die Stelle des EGB-Sekretärs wird vollamtlich. Das Splitting EGB-Sekretariat/„Gottesdienst"-Hauptschriftleitung ist beendet.
Mai: 1. Aussendung von Liedfragebögen an die Diözesen.
18.-21. November: 3. Sitzung der Hauptkommission. Neuer stellvertretender Vorsitzender: Weihbischof Dr. Alois Wagner, Linz.
Dezember: Die 1. Probepublikation „Antwortpsalmen im Advent" erscheint.
8. Dezember: 1. Sitzung der Arbeitsgemeinschaft für ökumenisches Liedgut (AÖL) in Hildesheim

1970

Januar: 2. Probepublikation: Gemeindevesper.
19. Juni: 3. Zusammenkunft der Diözesanvertreter in München.
19.-20. November: 4. Sitzung der Hauptkommission in Zürich.
Dezember: 3. Probepublikation: Gesänge zur Eucharistiefeier während des Jahres.

1971

März-April: Probepublikationen: 4. Buße und Beichte, 5. Die Feier der Karwoche, 6. Gesänge für die Osterzeit.

9. Mai: Wunsch der Liturgischen Kommission Bozen-Brixen an den Bischof, das EGB für Südtirol zu übernehmen.

23.-26. Juni: 5. Sitzung der Hauptkommission in Puchberg.

20.-23. September: Die Deutsche Bischofskonferenz nimmt einen ausführlichen Bericht zur Konzeption und zum Stand der Arbeiten zustimmend zur Kenntnis.

10. November: 4. Zusammenkunft der Diözesanvertreter in Ellwangen.

November: 7. Probepublikation: Advent und Weihnachten.

1972

Januar: 8. Probepublikation: Fastenzeit.

20.-23. Januar: 6. Sitzung der Hauptkommission in Batschuns, Vorarlberg.

21.-24. Februar: Bei der Vollversammlung der Deutschen Bischofskonferenz berichten vier Referenten und der Sekretär ausführlich.

9.-12. Juli: 7. Sitzung der Hauptkommission in Nußdorf, Attersee. Bildung der Redaktionskommission.

September: Die Vorauspublikation: „Gesänge zur Meßfeier" erscheint.

18.-21. September: Die Vollversammlung der Deutschen Bischofskonferenz beschließt: Die Hauptkommission möge nach Verabschiedung der EGB-Vorlagen auf ihrer Sitzung im Dezember 1972 dafür Sorge tragen, daß das Gesamtmanuskript bis zum 1. 1. 1973 den Bischöfen zur Einsicht und Kritik zugesandt wird.

3.-6. Dezember: 8. Sitzung der Hauptkommission in Schönberg bei Innsbruck. Verabschiedung des Rohmanuskripts.

1973

Januar: Das Rohmanuskript wird allen Bischöfen zugeschickt.

25.-28. Februar: 9. Sitzung der Hauptkommission.

12.-15. März: Die Vollversammlung der Deutschen Bischofskonferenz beschließt: „Nach der Diskussion über das Rohmanuskript des Einheitsgesangbuches (EGB) beschließt die Bischofskonferenz die Annahme des Rohmanuskriptes als Grundlage für die abschließende Bearbeitung des EGB."

10. Mai: 5. Zusammenkunft der Diözesanvertreter in Paderborn.

17.-19. Juni: 10. und letzte Sitzung der Hauptkommission.
Pfingsten: Das ökumenische Liederbuch „Gemeinsame Kirchenlieder" erscheint.
Juli-August: Fertigstellung des Verabschiedungsmanuskriptes.
24.-27. September: Die Vollversammlung der Deutsche Bischofskonferenz stimmt dem Manuskript des EGB grundsätzlich zu. Sie ernennt eine Bischöfliche Kommission zur Klärung der noch anstehenden Fragen.
29.-31. Oktober: 1. Sitzung der Bischöflichen Kommission in Puchberg.
Dezember: Ausschreibung an die Verlage zur Kalkulation. Die Angebote liegen in wenigen Wochen vor.

1974

14.-15. Januar: 2. Sitzung der Bischöflichen Kommission in Puchberg.
Januar: Entscheidung über den Hauptverlag für das EGB: Katholische Bibelanstalt in Stuttgart.
Februar: Der erste Teil des Manuskriptes ist druckfertig bearbeitet.
27. Februar: Beginn der Arbeiten am Orgelbuch.
3.-7. März: Die Deutsche Bischofskonferenz nimmt das EGB endgültig an. Als Titel wird den übrigen beteiligten Bischöfen vorgeschlagen: „Gotteslob, Katholisches Gebet- und Gesangbuch".
März: Entscheidung über Textsatz, Notenschrift, Seitenspiegel usw. 16 Probeseiten sind fertig.
Mai: Beginn der Satz- und Notenstricharbeiten.
Juni: Beginn des Korrekturlesens.
Juni: Fertigstellung der revidierten ökumenischen Psalmenübersetzung. Sie wird umgehend in das Manuskript eingearbeitet.
August: Zwei Publikationen zum EGB erscheinen: EGB 10 – Gib mir ein Lied, Gesänge aus unserer Zeit. – EGB 12 – Gesänge zum Begräbnis.
September: Beschluß der Bischöfe des deutschen Sprachgebietes über das Meßbuch; auch über die Texte der Krankensalbung und der Trauung. Sofortige Fertigstellung der entsprechenden EGB-Abschnitte.
Oktober: Abschluß der ersten Korrektur des Stammteils. – Beginn der Satzarbeiten am Kantorenbuch. – Fertigstellung des Manuskriptes für das Werkbuch, erste Lieferung.

November: 242 Seiten werden als druckreif erklärt.
Dezember: Die ersten Filme zur Herstellung der Druckvorlagen gehen an die Verleger der Diözesanausgaben. – Beginn der Satzarbeiten am Chorbuch für den einstimmigen Gesang.

1975

10. Februar: Letzte Druckreiferklärung. Der Druck ist in vollem Gang.
17. März: Kardinal Döpfner übergibt in München das *Gotteslob* der Öffentlichkeit.

1976

3. März: Kardinal König übergibt in Wien das Orgelbuch der Öffentlichkeit.

1.4 Die Kommission für den Gebetsteil 1963-1967

Günter Duffrer

1.4.1 Konstituierung einer „Gebetskommission" für das EGB

Die Gottesdienst-Reform des II. Vat. Konzils brachte die Chance für die deutschsprachigen Länder und Diözesen, ein Einheitsgesangbuch zu schaffen.
Noch bevor am 4. 12. 1963 die Liturgie-Konstitution verabschiedet wurde, begann man mit der Arbeit. Eine erste Sitzung wurde für den 19. und 20. September 1963 nach Mainz einberufen unter dem Vorsitz des Bischofs von Mainz, Prof. Dr. Hermann Volk.
Unter dem Gesichtspunkt der Mitarbeit im Konzil, der fachlichen Qualifikation oder langjährigen Mitarbeit in liturgischen Gremien wurden zu dieser ersten Sitzung folgende Teilnehmer eingeladen:

Bischof Hermann Volk, Mainz (Vorsitz)
Weihbischof Paul Nordhues, Paderborn
Prälat Theodor Schnitzler, Köln
Prälat Johannes Wagner, Trier
Prof. Adolf Adam, Mainz
Prof. Balthasar Fischer, Trier
Prof. Emil Lengeling, Münster
Dr. Joseph Gülden, Leipzig
Dr. Franz Huber, Freiburg
Ordinariatsrat Ernst Tewes, München
Felicitas Betz, Wolfratshausen-Waldram
Dr. Maria Luise Thurmair, München.

Man wollte mit dieser Kommission zunächst den Gebetsteil des neuen Einheitsgesangbuches (EGB) angehen.
Am 16. 9. 1963 konstituierte sich auch eine Liedkommission zum EGB. Beide Kommissionen für den Gebetsteil und für den Liedteil tagten zunächst getrennt, ab 1965 gemeinsam, wie in diesem Bericht

ersichtlich (vgl. 1.4.2.3). Die Entwicklung der Arbeit am EGB ergab eine so starke Verflechtung von Text und Lied, daß die erste Konzeption einer getrennten Bearbeitung aufgegeben wurde. Andererseits mußten Einzelbereiche gesondert behandelt werden. Darum trat ab 1967 das Statut für die Arbeit in Subkommissionen mit der Klammer einer Hauptkommission in Kraft.
Auf der oben erwähnten ersten Sitzung in Mainz (19./20. 9. 1963) zeichnete sich jetzt konkreter die Möglichkeit ab, das Projekt eines Einheitsgesangbuches anzugehen. Das galt besonders für die im Konzil bereits verabschiedeten Texte und Beschlüsse bzw. das zu erwartende Liturgie-Dokument. Vorarbeiten sollten aber jetzt schon beginnen und durch regelmäßige Sitzungen fortgeführt werden. Es ist beschlossen, eine frühzeitige Beteiligung der deutschsprachigen Gruppen, besonders Österreich, Schweiz und Südtirol zu erreichen. Außerdem sollten Kontakte mit Elsaß-Lothringen und Luxemburg angebahnt werden. Das EGB erfordert die Einheitlichkeit bestimmter Texte, besonders der Heiligen Schrift. Darum auch hier Parallelschaltung mit der Arbeit an der Einheitsübersetzung. Die Aussprache über den Inhalt des Gebetsteils ergab folgende mögliche Gruppen von Texten:

1. Grundgebete
2. Privatgebete
3. Vesper
4. Komplet
5. Wortgottesdienst
6. Psalmen
7. Andachten
8. Litaneien
9. Fürbitten
10. Meßfeier
11. Sakramente
12. Sakramentalien

Diese Zusammenstellung erfolgte ohne Rücksicht auf eine Rangordnung oder auf eine spätere Ordnung im EGB. Eine Entscheidung, ob das EGB auch Einführungen zu einzelnen Teilen, etwa zu den Sakramenten, erhalten soll, wird hier noch nicht getroffen. Damit beschäftigt sich später die dafür zuständige Subkommission. Jedenfalls will man den Bezug zum Einheitskatechismus ständig im Auge behalten.

Die Kommission für den Gebetsteil   51

1.4.2 Die Sitzungen der Kommission

1.4.2.1 Erste Sitzung der „Gebetskommission" vom 26.-29. 1. 1964, Puchberg, OÖ

Nach der konstituierenden Sitzung in Mainz tagt die Gebetskommission zum ersten Mal in voller Besetzung in dem von ihr auch in den folgenden Jahren bevorzugten Tagungshaus Puchberg bei Wels. Im Hinblick auf die Gesamtbeteiligung aller deutschsprachigen Länder erweitert sich der Teilnehmerkreis um folgende Personen:

Für die Bundesrepublik:
Bundeskurat Josef Seuffert, Düsseldorf
Klemens Tilmann, München

Für die DDR:
Domkapitular Karl Schollmeier, Erfurt
Bischof Otto Spülbeck, Bautzen/Meißen
Weihbischof Hugo Aufderbeck, Erfurt

Für Österreich:
P. Norbert Höslinger, Klosterneuburg
P. Hildebrand Fleischmann, Seckau / statt dessen P. Maurus Neuhold
Pfr. Johannes Schneider, Klagenfurt
P. Anselm Schwab OSB, Salzburg
Regens Leonhard Lüftenegger, Salzburg
Pfr. Paul Beier, Maria Wörth
Dr. Philipp Harnoncourt, Graz
Franz Schmutz, Linz/Donau
Alois Hörmer, St. Pölten

Für die Schweiz:
Kaplan Paul Schwaller, Schachen
Prof. Anton Hänggi, Freiburg/Schweiz

Als Fortführung der konstituierenden Sitzung in Mainz stellt man in dieser ersten allgemeinen Sitzung in Puchberg folgende Überlegungen an:

Was den *Gesamt-Inhalt* des Einheitsgesangbuches betrifft, kommt man bald überein, daß es sich um ein einheitliches Buch mit diözesanen Proprien handeln muß. Damit wird das Ziel erreicht: Gleiche Nummern, gleiche Texte. Es wird auch darauf hingewiesen, daß das EGB nicht nur übersetzte römische Liturgie, sondern gewachsenes Deutsches Gut enthalten soll.

Zu den Litaneien: Prof. Dr. Adam, Mainz, legt in einem Grundsatzreferat ausführlich die Problematik dar. Im allgemeinen wird der Gebetswert einer Litanei hoch eingeschätzt als Meditation unter Einbeziehung der Gemeinde. Man ist sich auch einig, daß man auf Singbarkeit achten sollte, weil die Bedeutung der Litaneien und ihrer Form dadurch noch erhöht wird. Litaneien sind, wie oben ersichtlich, vielfach gewachsene Formen der Volksfrömmigkeit, die man nicht vernachlässigen darf.
Zur Weiterarbeit wird eine Subkommission gegründet:
Vgl. den Bericht der SK V: Litaneien 2.6.

Zum Thema Fürbitten: Ordinariatsrat Ernst Tewes, München, legt grundsätzliche Gedanken dar. Gemäß der Konstitution über die heilige Liturgie des Konzils sind Fürbitten ein offizieller Bestandteil der Liturgie. Man muß allerdings den Wunsch deutlich aussprechen, daß sie nicht ritualisiert werden. Freie Gestaltung muß möglich sein, jedoch unter Approbation des Bischofs zur Vermeidung von Wildwuchs. Als eigentlicher, aber nicht ausschließlicher Ort der Fürbitten wird die sonntägliche Eucharistiefeier genannt.

Verschiedene Typen von Fürbitten werden vorgeschlagen:
1. Litanei: (Bitten in der „Ut"-Form, mit Einleitung und Schluß)
2. Prozessionsform: Christusrufe – „ut"-Bitten – Schlußform
3. Karfreitagsform (Großform der Fürbitten)
4. „Pro-ut"-Form (wie im Begräbnisritus)
5. Ektenieform: große Intentionsangabe, kurze Kyrie-Antwort.

Was den Inhalt angeht, werden die großen Gruppen genannt, die in der Liturgie-Konstitution im Art. 53 vorgeschlagen sind.
Hinzukommen können: Thematische Fürbitten in einem besonderen Anliegen. Werktags-Fürbitten können kürzer sein als Sonntags-Fürbitten. Vor unzeitgemäßer Sprache wird gewarnt. Zum Vortrag wird sowohl Sprechen wie auch Singen genannt.

Die Kommission für den Gebetsteil 53

Es wird eine Subkommission für die Fürbitten gegründet:
Ordinariatsrat Tewes (Vorsitz)
(in Verbindung mit Geistl. Rat Gülden)
Frau Betz
Dr. Harnoncourt, Graz
Kaplan Schwaller (Schweiz).

Zum Thema Grundgebete und Einzelgebete: Prälat Prof. Dr. Schnitzler legt Einheitstexte aus verschiedenen Gebetbüchern vor, wie sie bereits vor den Bemühungen um ein EGB entstanden waren. Felicitas Betz beschreibt die Aufgabe einer Sammlung von Gebeten im EGB, dazu hat sie eine Auswahl von Texten vorgelegt. An Hand dieser Texte macht sie deutlich, daß sich mit der gewandelten Situation des heutigen Menschen auch das Beten gewandelt hat. Als Elemente dieser Wandlung des Gebetsstiles werden genannt:
a) Die weltweite Sicht des Menschen. Beim Gebet spürt man heute mehr, daß alle Menschen mitbetroffen sind. So entsteht auch im Beten eine erweiterte Perspektive im Zusammenhang mit Volk Gottes und Menschheit. Der individuelle Heilsweg verliert seine beherrschende Stellung. Das gilt auch für das persönliche Gebet. Dennoch: Trotz der Hinwendung an das Große, Umfassende gibt es:
b) Drängen zur Tiefe, zum Person-Werden. Darum soll das persönliche freie Gebet gepflegt werden. Auch Kinder sollen es lernen. Das Formel-Gebet verlangt ja mehr Konzentration, ist schwerer als freies Gebet.
c) Gottbegegnung in der Welt. Eine weitere Überlegung zur Frage Grundgebete und Einzel-Gebete: Der Christ lebt vielfach in einer Gespaltenheit. Der jenseitige Gott ist für ihn unerreichbar. Die tägliche Arbeit lenkt ab von Gott. Gott muß aber wieder in der Welt entdeckt werden. Gott in uns, in der Arbeit, im Mitmenschen. Das Leben soll Gebetscharakter annehmen.
Die Kommission kam zu folgenden Ergebnissen.
Die vorgelegte Auswahl enthält viele wertvolle Gebete, allerdings bleibt der Gesamteindruck bestehen, daß die Texte oft zu akademisch und „liturgisch" sind. Außerdem werden viele inhaltliche Lücken festgestellt. Man sollte einen engen Anschluß an den Katechismus anstreben. Gewarnt wird vor einseitiger Interpretation unserer Zeit. Um zu überzeugen braucht es ein umfassenderes Glaubensbewußtsein.

Zur Prüfung und Bearbeitung werden *zwei Subkommissionen* ernannt:
1. Subkommission: Einzelgebete
Frau Thurmair (Vorsitz) mit Frau Betz
Ordinariatsrat Tewes in Verbindung mit Dr. Klemens Tilmann
Dr. Huber, Freiburg, in Verbindung mit Prof. Knauber
Kaplan Schwaller (Schweiz)
Konsistorialrat Leonhard Lüftenegger, Salzburg.
2. Subkommission: Grundgebete
Was diese Kommission angeht, so hat man vorgeschlagen, hier eine Entscheidung auf höchster Ebene anzustreben (Ökumenische Fragen).
Als Periti wurden genannt:
Prälat Schnitzler
Dr. Klemens Tilmann
Prof. Schürmann
Prof. Schlier
Prof. Hänggi (Schweiz).
Aus dieser ersten Überlegung entstanden bekanntlich die auf ökumenischer Basis einheitlichen Grundgebete: Vaterunser, Gloria, Credo, Sanctus.

Zu den Psalmen: Ausführlich dargestellt im „Vorbericht Psalmen" 2.3.1.

Zum Thema Andachten: Direktor Dr. Huber, Freiburg/Breisgau, behandelt zunächst Gründe, die gegen die Aufnahme von Andachten in das Gesangbuch sprechen:
– Wegen ihres begrenzt lokalen Charakters sollte man sie evtl. nur ins Proprium nehmen.
– Wird die Andacht neben den neuen Gottesdienstformen, Vesper und Wortgottesdienst, auch weiter bestehen? Deutlicher Rückgang der Besucher.
– Andererseits: die Andacht ist ein unentbehrlicher Teil der Volksfrömmigkeit. Vesper und Wortgottesdienst sind für sie kein vollständiger Ersatz.
– Eine gute Gestaltung der Andacht ist Voraussetzung für ihr Fortbestehen.
Darum sollte man sich bei der formalen Gestaltung der Andachten an

Die Kommission für den Gebetsteil 55

der Liturgie orientieren, sie aber nicht kopieren. Was inhaltliche Gestaltung angeht, so plädiert Huber für eine größere Schriftnähe, für das stärkere Herausstellen des Christus-Geheimnisses, Tod und Auferstehung, für deutlicheres Kirchenbewußtsein und Weltverantwortung. Im allgemeinen sollen die Anliegen der Zeit stärker zur Sprache kommen.
Eine besondere Note verleiht dieser Diskussion Bischof Aufderbeck (DDR-Erfurt) mit seiner Erfahrung zur sog. geistlichen Stunde. Wenn auch eine solche Form nicht direkt ins Gotteslob aufgenommen wurde, so lohnt es sich, aus dem Protokoll zu zitieren:
„Verlauf der Geistlichen Stunde:
1. Der Priester spricht (etwa 10 Minuten) über das geistliche Leben.
2. Eine durch den Priester geführte Meditation.
3. Gebet vor dem Sanctissimum (Ziborium).
Solche Stunden können an besonders hervorgehobenen Tagen des Kirchenjahres gehalten werden, evtl. an den Quatembertagen. Sie sind nicht gleichzusetzen mit der allgemeinen Andacht oder Vesper, weil sie nur einen „Kernkreis" ansprechen und ansprechen sollen."
Es wird eine Subkommission Andacht gegründet: Vgl. Bericht über die SK IV 2.5.

1.4.2.2 Zweite Sitzung der „Gebetskommission", 7.-11. 9. 1964, Puchberg OÖ

Wortgottesdienste im EGB
Weihbischof Aufderbeck berichtet von Erfahrungen in der DDR. Er unterscheidet ausdrücklich zwischen sonntäglichem und werktäglichem Wortgottesdienst. Dabei legt er einen Entwurf vor für den sonntäglichen Wortgottesdienst (Stationsgottesdienst) ohne Priester. Dieser Entwurf fand später Eingang in der Nummer 370 im *Gotteslob* und sollte Ausgangspunkt werden für weitgehende Diskussionen ab Mitte der 70er Jahre zu der Frage „Sonntäglicher Gottesdienst ohne Priester".
Vorschlag eines ersten Entwurfs: Aufbau des EGB
Vgl. S. 146.
In diesem Stadium der EGB-Arbeit denkt man an den Austausch mit den Vertretern der Diözesen, um zum Ganzen und zu Einzelfragen die Wünsche der Diözesen zu hören und die Meinungen und Fragen der EGB-Kommission darzulegen. Eine solche Tagung wird geplant für

den 23. bis 26. 11. 1964 in Einsiedeln in der Schweiz. Sie findet dann auch zu dem oben erwähnten Zeitpunkt statt. (Vgl. Bericht S. 126.) Beachtenswert ist, daß die Schweiz eine Übergangslösung bis zum Erscheinen des EGB plant, um in der speziellen schweizerischen Situation (es bestehen keine Diözesan-Gesangbücher) eine Lösung zu finden. Kaplan Schwaller legt 2 Faszikel zur Begutachtung vor: einen vorläufigen Aufbau und einen Entwurf für die Adventszeit; Litaneien und Andachten werden zurückgestellt bis zum Erscheinen des EGB. Die Schweizer Vorlage wird von der Kommission befürwortet und gutgeheißen. Den Schweizer Teilnehmern stehen Teilergebnisse der EGB-Kommission ad experimentum zur Verfügung.

1.4.2.3 Erste gemeinsame Sitzung mit der Liedkommission vom 15.-19. März 1965, Puchberg, OÖ

Die bisher getrennt tagenden Kommissionen für die Texte einerseits und für das Lied andererseits sollen vom jetzigen Zeitpunkt an am gleichen Ort tagen, bzw. gemeinsame Sitzungen halten.
Vom 15.-19. März 1965 tagen die beiden Kommissionen für den Gebetsteil und für den Liedteil zum ersten Mal parallel in Puchberg. Auf dieser Tagung gibt es sowohl getrennte Sitzungen der beiden Kommissionen wie auch gemeinsame Sitzungen. Es ist deshalb sinnvoll, in diesem Bericht an dieser Stelle noch einmal die Mitglieder der beiden Kommissionen aufzuführen.

Kommission für den Gebetsteil:

Für Deutschland:
Bischof Hermann Volk, Mainz (Vorsitz)
Bischof Otto Spülbeck, Bautzen/Meißen
Weihbischof Hugo Aufderbeck, Erfurt
Weihbischof Paul Nordhues, Paderborn
Felicitas Betz, Hamburg
Maria Luise Thurmair, München
Prälat Theodor Schnitzler, Köln
Prof. Adolf Adam, Mainz-Finthen
Prof. Balthasar Fischer, Trier
Prof. Emil Lengeling, Wolbeck

Die Kommission für den Gebetsteil 57

Domkapitular Karl Schollmeier, Erfurt
Ordinariatsrat Ernst Tewes, München
Geistl. Rat Josef Gülden, Leipzig
Klemens Tilmann, München
Franz Huber, Freiburg i. Br.
Josef Seuffert, Düsseldorf
Günter Duffrer, Mainz

Für Österreich:
P. Anselm Schwab OSB, Salzburg, St. Peter
P. Norbert Höslinger, Klosterneuburg
P. Hildebrand Fleischmann OSB, Seckau/Steiermark
Regens Leonhard Lüftenegger, Salzburg
Pfr. Paul Beier, Maria Wörth
Pfr. Johannes Schneider, Klagenfurt
Franz Schmutz, Linz
Dr. Philipp Harnoncourt, Graz

Für die Schweiz:
Kaplan Paul Schwaller, Schachen

Kommission für den Liedteil:

Bischof Wilhelm Kempf, Limburg
Prof. Ferd. Haberl, Regensburg
Stud.-Rat Walter Lipphardt, Frankfurt/M.
Musikdir. Theodor Propper, Balve
Domkapellmeister Dr. Heinrich Rahe, Osnabrück
Domkapellmeister Erhard Quack, Speyer
Prof. Johannes Schlick, Eichstätt
Domkapitular Karl Schollmeier, Erfurt
Domkapitular Prälat Wismeyer, München
Prof. Max Baumann, Berlin-Friedenau
Domorg. Heino Schubert, Essen
Prof. Friedrich Dörr, Eichstätt

Man tagt am gleichen Ort, aber nicht alle Sitzungen werden gemeinsam gehalten.
Parallel zu der Darstellung eines Entwurfs zum Aufbau des EGB legt

Bischof Kempf einen *Entwurf zum Aufbau des Liedteils* vor. (Vgl. S. 147)
In der *Diskussion* zu diesem Entwurf macht die Kommission für den Gebetsteil darauf aufmerksam, daß vom Text und Inhalt her die Gesänge erhebliche Lücken aufweisen.
Es handelt sich vor allem um folgende Themen:
Taufe / Nachfolge Christi / Eschatologie / Kirche als Gemeinschaft in Christus und als Volk Gottes / Lieder aus dem Geist der Quadragesima (ohne allzu düsteren Klang) – „beata passio" / Patronatslieder / Biblische Lieder (Beispiel: „Wachet auf...").
Bei der späteren Bildung von Subkommissionen, die ebenfalls gemischte Kommissionen sein werden mit Teilnehmern der Textkommission und der Liedkommission, wird zu diesem Problem eine eigene Subkommission gebildet. Es handelt sich um eine sog. „Lücken"-Kommission, die, wie am Schluß dieses Berichtes deutlich wird, Wert legen soll auf die Überprüfung der Propriumstexte bezüglich ihres theologischen Hauptakzentes, um in diesem Zusammenhang die vorhandenen Lieder und Gesänge zu überprüfen.
Als Beispiel für die dringende Notwendigkeit, in diesem Stadium Gebets-(Text)-Kommission und Lied-Kommission zusammenzulegen, möge eine ausführliche Darstellung des Protokolls der Sitzung vom 15.-19. 3. 1965 dienen. An dieser Stelle wird deutlich, wie man an die Frage wörtlicher oder paraphrasierter Texte herangegangen ist. Das scheint bedeutsam für die weitere Entwicklung, besonders in der freizügigen Behandlung von Gottesdienstgestaltungen im Hinblick auf feststehende Teile der Eucharistiefeier, zu sein.

Kultfähigkeit paraphrasierter Gesänge / Bemerkenswerte Diskussionsbeiträge: In der Diskussion wird herausgestellt, daß man bezüglich des kultischen Wertes paraphrasierter Texte einen Unterschied machen muß zwischen Proprium und Ordinarium.
Eine Paraphrasierung erscheint z. B. bei den drei Prozessionsgesängen: Introitus, Offertorium und Communio (bei denen die Liturgie durch ihre Wahl eines Psalmverses und der Antiphon ja auch in gewisser Weise paraphrasiert) leichter als etwa beim Graduale und den anderen Zwischengesängen.
Noch schwieriger ist die Paraphrasierung von Ordinariumstexten, wobei wiederum innerhalb der einzelnen Teile: Kyrie, Gloria, Credo, Sanctus und Agnus Dei, Unterschiede gemacht werden müssen. Am

Die Kommission für den Gebetsteil

schwierigsten ist die Paraphrasierung beim Sanctus. „Sanctus-Gesänge", welche nur allgemein zum Lobpreis auffordern, also etwa ein Text: „Singt heilig, heilig, heilig...", erfüllen nicht die spezielle Aufgabe des „Sanctus" als ein unmittelbares Einstimmen in das priesterliche Hochgebet.
Bischof Volk mahnt dringend, bei der Auswahl der Lieder darauf zu achten, daß ihr Text möglichst dicht an den liturgischen Text herankommt. Dabei wird von seiten der Liedkommission (Quack) der Wunsch geäußert, daß Mitglieder der Gebets-Kommission den Text der Lieder auf ihre Kultnähe, ihren theologischen Gehalt und ihre Vollziehbarkeit mit überprüfen. Damit ist auch die Textfrage der Einheitslieder neu gestellt. Sie sollen, bedingt durch die augenblickliche Situation der allgemeinen Erneuerung, entgegen einem früheren Beschluß der Liedkommission erneut überprüft werden. In der zweiten gemeinsamen Sitzung wird eine gemischte Kommission für diese Aufgabe bestellt. Die Antwort auf die oben gestellte Bitte, paraphrasierte Texte in Rom als kultfähig zu beantragen, muß also dahingehend beantwortet werden, da es zunächst unsere Aufgabe ist, solche Texte auszuwählen oder herzustellen. Solche Texte müßten dann von der Liturg. Kommission überprüft werden, bevor ihre Liturgiefähigkeit beantragt werden kann. Es wird jedoch ausdrücklich festgestellt (Bischof Volk), daß das Lied nicht schlechthin an die Stelle des Prosa-Gesanges treten kann. Darum wird die dringende Bitte nach Komposition von Prosatexten ausgesprochen. Die Liedkommission stimmt diesem Vorschlag zu, weist aber auch auf die Auswertung des reichen Liedschatzes hin.
Beide Kommissionen stellen schließlich Gemeinsamkeit fest in dem Ziel: Im fertigen EGB sollen sich in den Meßreihen (seien es wörtliche oder paraphrasierte Texte) möglichst keine Gesänge finden, die nicht als kultfähig erklärt sind.

Aufstellung gemischter Subkommissionen
SK für die Überprüfung der Ordinariums-Liedreihen in ihrer textlichen Fassung:
Für die Liedkommission: Dr. Lipphardt, Frankfurt
Für die Gebetskommission: Ordinariatsrat Tewes, München

SK für die Überprüfung der Propriumstexte auf ihren theologischen Hauptakzent: (Es handelt sich um die „Lücken-Kommission")

Für die Liedkommission: Prof. Schlick, Eichstätt
Für die Gebetskommission: Dr. Duffrer, Mainz

SK für Singbarkeit der Litaneien:
Für die Liedkommission: Prof. Dr. Haberl, Regensburg
Für die Gebetskommission: Prof. Dr. Adam, Mainz

SK für den Aufbau des EGB:
Für die Liedkommission: Domkapellmeister Quack, Speyer
Für die Gebetskommission: Dir. Dr. Huber, Freiburg

SK für die Psalmen
Für die Liedkommission: Domkapellmeister Quack, Speyer
Für die Gebetskommission: Kurat Seuffert, Düsseldorf

SK für die Überarbeitung der Texte der Einheitslieder:
Für die Liedkommission: Prof. Dr. Haberl, Regensburg
Für die Gebetskommission: Ord.-Rat Tewes, München

Die Subkommission für die sogenannten „nichtliedmäßigen Gesänge" wird später ins Leben gerufen, weil sie notwendig wurde, besonders auch für die Ordinariumsreihen.

1.4.2.4 Zweite Gemeinsame Sitzung mit der Liedkommission vom 20.-23. 4. 1966, Puchberg, OÖ

Auf der gemischten Sitzung der Kommission für den Gebetsteil und der Kommission für den Liedteil vom 20.-23. April 1966 in Puchberg gibt Herr Weihbischof Eduard Macheiner, Salzburg, Referent für Liturgie bei der Österreichischen Bischofskonferenz bekannt, daß auf der Konferenz der Österreichischen Bischöfe die Mitarbeit Österreichs an den Arbeiten für das EGB offiziell beschlossen wurde. Bischof Macheiner wurde von der Bischofskonferenz beauftragt, an den Sitzungen der EGB-Kommission teilzunehmen. Die bisherigen Beobachter aus Österreich werden somit ab sofort Mitglieder der Kommission. Mit dieser Entscheidung will sich Österreich jedoch nicht binden, das EGB später tatsächlich übernehmen. Auch auf dieser Tagung gibt es separate Sitzungen für den Gebetsteil einerseits und den Liedteil andererseits.

Aufbau des EGB: (Vgl. S. 148)
Die weitere Arbeit der EGB-Kommission:
Die Begriffe „Gebets-Kommission" und „Text-Kommission" stehen im weiteren Verlauf der Darstellung in gleicher Bedeutung. Als Pendant zur „Lied-Kommission" erschien es besser und richtiger, die Bezeichnung „Text-Kommission" zu wählen.
Verschiedentlich wird in der Textkommission und im Plenum die Notwendigkeit der Errichtung einer hauptamtlichen Stelle (Sekretariat) für die weitere Arbeit erörtert. Das erscheint besonders deshalb wichtig, weil die neue Situation des offiziellen Beitritts Österreichs die Arbeit wesentlich erweitern wird. Man überlegt die Errichtung eines solchen Sekretariates evtl. im Raume Salzburg unter Freistellung eines hauptamtlichen geistlichen Leiters.
Mehrfach, besonders von österreichischer Seite, wird die Beteiligung der Text-Kommission an der Arbeit der Lied-Kommission als wünschenswert bezeichnet. Die Arbeit verschränkt sich immer mehr, so daß die Zusammenarbeit der beiden Kommissionen unerläßlich ist. Für die Einheitslieder besteht eine gemischte Kommission. Im Herbst soll entschieden werden, ob die Zusammenarbeit, der Texte wegen, auf alle Lieder ausgedehnt werden soll.
Die Text-Kommission ist der Meinung, man solle so schnell als möglich den Gebets- und Litanei-Teil des EGB abschließen, als Faszikel drucken und ad experimentum zur Verfügung oder wenigstens zur Diskussion zu stellen. Damit sollen auch berechtigte Wünsche, besonders von seiten des Klerus, nach besserer Information über die Arbeit der Kommission erfüllt werden.
Im Protokoll dieser Tagung wird eine Anmerkungsglosse freigegeben, die auch hier nicht fehlen sollte. Frau Thurmair beruhigt einen besorgten Zwischenrufer, der eine Litanei-Anrufung „alle Väter und Mütter" vermißt, mit der Feststellung, diese seien bereits genannt in „alle heiligen Märtyrer".

Neuordnung der Subkommissionen
Bischof Kempf drängt auf intensive Arbeit der im Jahre 1965 gebildeten Subkommissionen. Die Arbeitsbereiche werden genau abgegrenzt. Hierbei ergeben sich folgende Modifikationen gegenüber den zuvor genannten Subkommissionen:
1. *SK für die Überprüfung der Ordinariums-Liedreihen und -Gesänge in ihrer textlichen Fassung.*

(Die personelle Zusammensetzung bleibt unverändert.)
2. *SK für die Überprüfung der Propriums-Liedreihen und -Gesänge in ihrer textlichen Fassung.*
(Die personelle Zusammensetzung bleibt unverändert.)
3. Die SK 3 – Litaneien – bleibt unverändert.
4. Die SK 4 für „Aufbau" entfällt nun.
5. Die SK 5 – Psalmen – bleibt unverändert und erhält die Nr. SK 4.
6. Die SK 6 wird in ihrer Bezeichnung der SK 1 angeglichen, erhält die Nr. SK 5 und heißt: *SK für die Überprüfung des übrigen Bestandes der Lieder und Gesänge in ihrer textlichen Fassung.* (Die personelle Zusammensetzung bleibt erhalten.)
Alle SK sollen möglichst bald mit der Arbeit beginnen. Die SK 1, 2 und 5 umfassen die Überprüfung der Texte sämtlicher von der Liedkommission vorzulegenden und vorgelegten Lieder und Gesänge. Deutsche Meßgesänge bedürfen der Zustimmung der Liturgischen Kommission.

1.4.2.5 Dritte gemeinsame Sitzung mit der Liedkommission vom 24.-28. 10. 1966, Puchberg, OÖ

Neues Mitglied für die Schweiz: Assistent Robert Trottmann.
Prälat Wagner berichtet über die „Arbeit der postkonziliaren liturgischen Kommission in Rom."
Daraus wird klar, daß die dort erreichten Fortschritte im Augenblick noch nicht entscheidend für die Arbeit am EGB verwendet werden können. Die beiden Instruktionen „De musica sacra" und „De cultu eucharistico" liegen zwar vor, sind aber noch nicht veröffentlicht. Zum Teil fertiggestellte Arbeiten des Rituale, wie Erwachsenen-Taufritus und Beerdigungsritus, sind nur auf schmaler Basis „ad experimentum" verwendbar. Die Arbeiten am Ritus der Kirchweihe werden sich noch lange hinausziehen, so daß es jetzt zweckmäßig erscheint, einen deutschen Ritus als Interium zu erstellen.
Die letzte Papstrede vor dem „Consilium" läßt den Schluß zu, daß der Hl. Vater wichtige liturgische Fragen der kommenden römischen Bischofssynode, die für Oktober 1967 in Rom geplant ist, vorlegen will. Für den deutschen Sprachraum und den Osten ist Bischof Spülbeck von Meißen in dem engsten Beirat des Consilium Liturgicum.
Das neue Schweizer Kirchengesangbuch: Assistent Trottmann vom

Die Kommission für den Gebetsteil 63

liturgischen Institut der Schweiz gibt einen Bericht. Dabei weist er vor allem auf die ausführliche Stellungnahme der Zürcher Zeitung hin vom 8. Oktober 1966. Diese ausführliche Rezension stammt von dem reformierten Pfarrer und Universitätsdozenten für Hymnologie und Sekretär der Internationalen Forschungsgemeinschaft für Hymnologie Markus Jenny, Zürich.
Die zusätzlichen Ausführungen von Trottmann zeigten die schwierige Situation in der Schweiz, die ein schnelles Handeln erforderlich machte. Ein späterer Anschluß an das deutschsprachige EGB wird als selbstverständlich betrachtet.
Die Beurteilung des SKG von seiten der EGB-Kommission ist durchweg positiv. Man ist der Ansicht, daß das SKG für die Weiterarbeit am EGB eine wertvolle Hilfe sein kann.
Einzelfragen zum SKG, etwa, warum keine gregorianische Psalmodie verwendet wird, oder, warum nicht alle Lieder mit Melodien ausgedruckt sind, klären sich z.T. daraus, daß sich die ursprüngliche Konzeption eines Interim-Buches bereits weitgehend auf die Planung ausgewirkt hatte, als man beschloß, aus der Zwischenlösung eine endgültige zu machen. Manche Änderungen konnten dann nicht mehr vorgenommen werden. Zu der Psalmodie wird erklärt, daß man auf keine Tradition zurückgreifen konnte, wie sie in weiten Teilen Deutschlands besteht. Darum wagte man neue Versuche in der vorliegenden Form.
Beschluß: In diesem Zusammenhang beschließt die Kommission einstimmig, daß im kommenden EGB alle Gesänge mit Noten versehen sein sollen.

1.4.2.6 Vierte – letzte – Sitzung mit der Liedkommission vom 25.-28. 4. 1967, Puchberg, OÖ

Teilnehmer:
Deutschland:
Bischof Hermann Volk   Dr. Günter Duffrer
Bischof Wilhelm Kempf   Dr. Josef Gülden
Bischof Otto Spülbeck   Prälat Ferdinand Haberl
Weihbischof Hugo Aufderbeck   Dir. Franz Huber
Prof. Adolf Adam   Prof. Emil Lengeling
Dr. Joop Bergsma   Dir. Hans Niklaus
Frau Felicitas Betz   Dir. Pröpper

Domkapellm. KM Erhard Quack Domkapitular Ernst Tewes
Domkap. Dr. Heinrich Rahe   Dr. Maria Luise Thurmair
Direktor Heinrich Rohr   Prof. Klemens Tilmann
Prof. Johannes Schlick   Prälat Johannes Wagner
Domkapitular Karl Schollmeier Domkapellm. Wismeyer

Österreich:
Weihbischof Eduard Macheiner Regens Leonhard Lüftenegger
Prof. Karl Amon   Prof. Josef Kronsteiner
Prälat Karl Berg   Dir. Podhradsky
P. Norbert Höslinger   Franz Schmutz
Domkapellm. Walter Graf   P. Anselm Schwab

Schweiz:
Kaplan Paul Schwaller   Robert Trottmann

Luxemburg:
Nicolas Schalz

Sekretär:
Pfr. Josef Seuffert

entschuldigt:
Weihbischof Paul Nordhues   Prälat Theodor Schnitzler
Prof. Balthasar Fischer   Dr. Philipp Harnoncourt
Dr. Heinrich Rennings   Prof. Dr. Schabasser
Prof. Baumann   Prof. Anton Hänggi
Dr. Lipphardt   Domorg. Heino Schubert

ohne Antwort:
Msgr. Hörmer   Prälat Pretzenberger
P. Prof. Dr. W. Lueger   Pfr. Schneider

Auf der gemeinsamen Sitzung der Kommissionen für den Textteil und den Liedteil vom 25.-28. 4. 1967 im Volksbildungsheim Puchberg bei Wels/OÖ wurde ein Statut für die Weiterarbeit am EGB verabschiedet. Nach vierjähriger Arbeit war eine Überprüfung der Arbeitsmethodik notwendig, zumal sich seit Herbst 1966 Österreich bekanntlich offiziell an der Arbeit beteiligte. Der Sitzung lag ein Memorandum

Die Kommission für den Gebetsteil 65

vor, das Dr. Philipp Harnoncourt ausgearbeitet hatte und das bereits Grundlage eines Gesprächs in der Österreichischen Liturgischen Kommission gewesen war. Um die Diskussion im Plenum zu vereinfachen, hatten die bischöflichen Mitglieder der EGB-Kommission diesen Tagesordnungspunkt besprochen. Das konkrete Ergebnis dieser Beratung legte Exzellenz Volk der Kommission vor. Der Text des neuen Statuts: S. 69.
Da es sich bei dieser Tagung vom 25.-28. 4. 1967 um die letzte Zusammenkunft der bisherigen Kommission für den Gebetsteil und für den Liedteil handelt und von da an nach dem neuen Statut in Subkommissionen und in der Hauptkommission weitergearbeitet wurde, werden die wichtigsten Ergebnisse dieser Tagung hier aus dem Protokoll zitiert:

Bericht von der 8. Plenarsitzung des Consiliums ad exsequendum in Rom im April 1967
Prälat Wagner berichtet über den Fortgang der Arbeiten, soweit darüber Informationen möglich sind. Mehrere Eucharistiegebete wurden behandelt. In der Breviertfrage wurden Fortschritte erzielt, ebenso in der Arbeit am Text der Kindertaufe. Der Papst hat in einer Ansprache Kardinal Lercaro, der in dem Buch „Das zerrissene Gewand" hart angegriffen worden war, nachdrücklich in Schutz genommen. Nach wie vor sei oberstes Prinzip der Liturgiereform die „participatio populi". In der gleichen Ansprache wandte sich der Papst gegen Entsakralisierung und gegen wilde Experimente.

Die Bedeutung der Instruktion über die Musik in der Liturgie für die Arbeit am EGB
Prälat Wagner zeigt Konsequenzen, die sich aus der genannten Instruktion direkt für die Gesangbucharbeit ergeben.
a) In das EGB müssen lateinische Ordinarien für die Gemeinde, was allerdings von Anfang an geplant war.
b) Bei den sogenannten Ordinariumsgesängen hat der Text Vorrang. Deshalb können diese Gesänge auch gesprochen ihre Funktion erfüllen. Darum ist die baldige Erstellung der offiziellen deutschen Ordinariumstexte wünschenswert.
c) Nach Artikel 32 kommt eine große Freiheit in den sogenannten Prozessionsgesängen auf uns zu. Nach Approbation durch die terri-

toriale Autorität sind mehrere Formen möglich. Funktion und Stellenwert der Gesänge erfordern eine bestimmte Qualität.
d) Nach Artikel 33 soll die Gemeinde auch am Gesang des Propriums beteiligt werden. Das erfordert, daß entsprechende Gesänge durch das EGB bereitgestellt werden.
e) Das Graduale hat eine besondere Stellung. Als integrierender Bestandteil des Wortgottesdienstes ist seine Gestaltung dem römischen Ausschuß „De lectionibus in Missa" zugewiesen worden. Da es sich um ausgewählte Psalmtexte handeln wird, ist die Diskussion um die deutsche Psalmodie unausweichlich.
f) Überlieferte Gesänge mit abweichendem Text (Ordinarium) können approbiert werden (außer Symbolum). Der akklamatorische Charakter des Sanctus muß gewahrt bleiben.
g) Die Einführung der Gemeindehoren Laudes und Vesper erfordert ebenfalls die Diskussion der Psalmodie.
h) Bei den reichen Möglichkeiten, die für Meßgesänge gegeben sind, kann das EGB nur einen Bruchteil des Möglichen und Guten aufnehmen. Neben dem EGB muß Raum für die freie Initiative sein. Für das EGB muß mit großer Sorgfalt ausgewählt werden.
In der Diskussion wurde auf Ungereimtheiten in der Instructio hingewiesen und auf die Tatsache, daß sie den ekklesiologischen Aussagen des Konzils an manchen Stellen nicht entspricht.

Bericht der Subkommission für Meßgesänge
Exz. Spülbeck gab einen Kurzbericht über die Sitzung der Subkommission, die am Vortag separat konferierte. Sie kam zu folgenden Ergebnissen: Die Auswahl von geeigneten Meßgesängen muß schnellstens in Angriff genommen werden. Die bisherige Arbeitsmethode, daß zuerst Musiker die Melodien und dann andere Experten die Texte prüfen, wird als untauglich und zu zeitraubend erkannt. Eine Gesamtkommission soll gleichzeitig alle Aspekte prüfen. Es empfiehlt sich eine Aufgabenteilung: A) die Auswahl von Liedern, B) die Auswahl nichtliedmäßiger Gesänge.
Bischof Kempf ergänzt den Bericht. Möglichst rasch soll ein Heft erstellt werden, das liturgiefähige Gesänge enthält, da die Gesangbücher den Ansprüchen nicht genügen können. Das Heft soll Lieder und nichtliedmäßige Gesänge enthalten. Wegen geeigneter Texte für die zweite Gruppe ist an eine öffentliche Ausschreibung gedacht.
Zum Schluß wurde nach ausführlicher Debatte über die zu errichten-

den Subkommissionen und deren personelle Besetzung, besonders der Subkommission I, vom Plenum folgende Meinung vertreten:

Endgültige Beschreibung der Subkommissionen für die Weiterarbeit
Subkommission I: Lieder und Gesänge
Sektion A: Lieder (auch Meßlieder)
Sektion B: Nichtliedmäßige Gesänge (auch Meßgesänge)
Subkommission II: Psalmodie
Subkommission III:: Gemeindehoren
Subkommission IV: Wortgottesdienste und Andachten
Subkommission V: Litaneien
Subkommission VI: Sakramente und Sakramentalien (außer Buße)
Subkommission VII: Buße und Beichte (Bußandacht)
Subkommission VIII: Einzelgebete
Subkommission IX: Kinderproprium
Als Referenten der Subkommissionen wurden vorgeschlagen:
SK I: A: Pfarrer Beier, Stellvertr.: Domkapellmeister Quack
SK I: B: Direktor Niklaus; Stellvertr. Domkapitular Schollmeier
SK II: Prof. Schieri
SK III: kein Vorschlag
SK IV: Dir. Huber; Stellvertr.: Rat Gülden
SK V: Herr Schmutz
SK VI: kein Vorschlag
SK VII: kein Vorschlag (evtl. Prof. Exeler)
SK VIII: Frau Thurmair
SK IX: Prof. Tilmann
Als X. Fragenkreis, der einer dringlichen Behandlung bedarf, wurden „Technische Fragen" genannt.
Darunter sind nicht nur drucktechnische Fragen zu verstehen, sondern auch Fragen des Umfangs, des Verhältnisses EGB-Diözesanproprium und anderes. Zu diesem Problemkreis wurde noch keine Subkommission gebildet. Zunächst soll das Sekretariat die Fragen im Auge behalten.

Schlußbemerkung
Der Verfasser hat in seiner Eigenschaft als Teilnehmer und zugleich als Protokollant der Arbeit von 1963-1967 sowie als Mitglied späterer Kommissionen bis zur Beendigung der Gesangbucharbeit vorstehenden Bericht erstellt.

Mit der Verabschiedung des neuen Statuts auf der Sitzung vom 25.-28. 4. 67 wurde die Arbeit in der Hauptkommission und in den entsprechenden Subkommissionen weitergeführt und regelmäßig koordiniert.

Anmerkung:
Der Bericht über die Arbeit der Lied-Kommission von 1963-1967 ist in dem Bericht der Subkommission I A S.161ff eingearbeitet.

1.5 Die Hauptkommission

Josef Seuffert

1.5.1 Die Neuorganisation der Kommissionsarbeit im Jahre 1967

Ab 1963 hatten im Auftrag der Deutschen Bischofskonferenz zwei Kommissionen nebeneinander gearbeitet. Dies erwies sich mehr und mehr als nachteilig. Beide Kommissionen tagten daher ab 1965 zur gleichen Zeit am gleichen Ort und hatten gelegentlich gemeinsame Sitzungen. Das räumte die Schwierigkeiten jedoch nicht aus dem Weg. Die Kommissionen selbst konnten sich aber nicht selbst eine neue Struktur geben.
1966 gab es zwei Ereignisse, die ohnehin eine Neuordnung der Kommissionsarbeit erforderten. Am 29. 3. 1966 beschloß die Österreichische Bischofskonferenz die vollverantwortliche Mitarbeit am Einheitsgesangbuch. Im gleichen Jahr wurde beschlossen, am 1. 1. 1967 ein Sekretariat zur Koordinierung der Kommmissionsarbeit einzurichten. Eine Vielzahl von Gesprächen innerhalb der Liturgischen Kommissionen und der Gesangbuchkommissionen führte zu Vorschlägen, die dann während der Sitzung der beiden Kommissionen vom 25. bis 28. 4. 1967 zusammengetragen wurden. Den Bischofskonferenzen wurde durch die Liturgischen Kommissionen ein Vorschlag unterbreitet, der auch gebilligt wurde.
Mit der Konstituierung der Hauptkommission im Januar 1968 trat die neue Struktur offiziell in Kraft. Die Arbeit wurde bis dahin jedoch nicht unterbrochen. Ab 1. 3. 1967 war das Sekretariat halbamtlich besetzt. Es hatte seinen (vorläufigen) Sitz in Trier.
Der folgende Abschnitt enthält den von den Bischofskonferenzen angenommenen Text im vollen Wortlaut.

1.5.2 Die Struktur der Kommission für das EGB

Im Auftrag der Bischofskonferenzen konstituieren die Liturgischen Kommissionen der Länder eine „*Kommission für das EGB*". Sie besteht aus:

A. Hauptkommission
B. Subkommissionen
C. Sekretariat.

A. Die Hauptkommission

1. Aufgaben der Hauptkommission sind: Planung der gesamten Arbeit, Aufgabenstellung für die Subkommissionen und Beschlußfassung über die Vorlagen.
2. Die *Mitgliederzahl* der Hauptkommission beträgt etwa 20 und soll die Zahl 25 nicht überschreiten. Deutschland hat 12 Sitze, Österreich 5, die Schweiz evtl. 3. Die Kommission ist offen für offizielle Vertreter aus anderen deutschen Sprachgebieten.
3. *Mitglieder* sind die bischöflichen Mitglieder der Liturgischen Kommissionen der Länder und eigens dazu berufene Personen. Die Hauptkommission legt den Bischofskonferenzen zweimal im Jahr einen Bericht über den Stand der Arbeiten und Teilergebnisse vor, am Ende der Arbeit das Gesamtergebnis. Sie informiert auf geeignete Weise die Bistumsreferenten.
4. *Vorsitz:* Der 1. Vorsitzende der Hauptkommission ist der Vorsitzende der Liturgischen Kommission Deutschlands. 2. Vorsitzender ist der Vorsitzende der Liturgischen Kommission Österreichs, 3. Vorsitzender evtl. der Vorsitzende der Liturgischen Kommission der Schweiz.

An den Sitzungen der Hauptkommission nehmen die Referenten der Subkommissionen teil.

B. Die Subkommissionen

1. Die Hauptkommission setzt für die Bearbeitung von Einzelaufgaben Subkommissionen ein. An der Spitze jeder Subkommission steht ein Referent. Er wird von der Hauptkommission ernannt. Die Subkommission wählt einen stellvertretenden Referenten und einen Protokollführer.
2. Die Vorlagen werden den Mitgliedern der Subkommission so rechtzeitig zugeleitet, daß eine schriftliche Stellungnahme und eine Auswertung vor der jeweiligen Sitzung möglich ist.

Die Bischöfe der Hauptkommission werden über jede Sitzung einer Subkommission informiert und können daran teilnehmen. Der Sekretär wird zu allen Sitzungen der Subkommissionen eingeladen.

Der Referent leitet die Sitzung der Subkommission.
3. Über jede Sitzung wird ein Protokoll angefertigt, das auch die Abstimmungsergebnisse und gegebenenfalls die Meinung von Minderheiten enthält. Das Protokoll wird über das Sekretariat den Mitgliedern der Subkommission und den Mitgliedern der Hauptkommission (auch den Referenten der anderen Subkommissionen) zugestellt.
4. Der Referent legt in der Hauptkommission das Ergebnis vor, referiert und erläutert. Er hat Sitz in der Hauptkommission.
5. Subkommissionen mit verwandter Thematik tagen gemeinsam, wenn sich die Notwendigkeit ergibt.

C. Das Sekretariat

Das Sekretariat der Kommission für das EGB hat folgende Aufgaben:
1. Vorbereitung der Sitzungen der Hauptkommissionen und die Aufarbeitung der Ergebnisse. Erstellung des Protokolls.
2. Pflege des Kontakts mit den Bistümern und umgekehrt. Vorbereitung des halbjährlichen Berichtes und Zusendung der Protokolle.
3. Der Sekretär wird zu den Sitzungen der Subkommissionen eingeladen und nimmt nach Möglichkeit teil. Er informiert sich umfassend über den Stand der Arbeiten. Das Sekretariat kann für Vorarbeiten und Büroarbeiten durch die Subkommissionen in Anspruch genommen werden. Es leitet Material, das sie betrifft, zu.
4. Registrierung und Archivierung der gesamten Kommissionsarbeit.
5. Finanzielle Abrechnung der Sitzungen der Hauptkommission und der Subkommissionen.

1.5.3 Spätere Änderungen dieses Strukturpapiers

Bei der Verwirklichung des Strukturpapiers ergaben sich einige Schwierigkeiten. Es erwies sich z. B. nicht als sinnvoll, daß die Vorsitzenden der Liturgischen Kommissionen auch den Vorsitz in der EGB-Kommission übernahmen, da gleichzeitig umfangreiche verantwortungsvolle Aufgaben durch die Liturgiereform auf sie zukamen. Ebenso erwies sich der halbjährige Bericht an die Bischofskonferenzen als nicht verwirklichbar. So wurde der Text bis Herbst 1968 geändert und klarer gefaßt.

Die dritte Fassung vom 23. 10. 1968 hat folgende Änderungen:
A 3. Die HK legt den Bischofskonferenzen *jährlich* einen Bericht...
A 4. Der 1. Vorsitzende der HK wird von der Deutschen Bischofskonferenz ernannt, der 2. Vorsitzende von der Österreichischen Bischofskonferenz; 3. Vorsitzender wird gegebenenfalls ein Vertreter der Schweiz.
Als Punkt A 5 wurde eingefügt:
5. Abstimmungsmodus: Normalerweise gilt die einfache Mehrheit. Bei wichtigen Beschlüssen ist eine möglichst große Mehrheit anzustreben. Gegen den qualifizierten Einspruch der Vertreter eines Landes kann kein Beschluß gefaßt werden. Qualifizierend ist eine einstimmige Veto-Entscheidung aller Vertreter dieses Landes. – Die Beschlußfähigkeit der HK ist gegeben, wenn die Hälfte der Mitglieder anwesend ist. Die Vorsitzenden können Beschlüsse (außer Grundsatzentscheidungen) auf brieflichem Wege herbeiführen. Dabei gilt der Mehrheitsgrundsatz.
B 2. Bei Abstimmungen gilt die einfache Mehrheit der Mitglieder. Bei Stimmengleichheit entscheidet die Stimme des Referenten. Beschlußfähig ist eine Subkommission, wenn die Hälfte der Mitglieder anwesend ist.
Aus B 2 ausgegliedert wurde der Abschnitt 2. Als B 4 erhielt er folgenden Wortlaut: Die Bischöfe der HK sowie die Sekretäre der Liturgischen Kommissionen der drei Länder bzw. die Leiter der drei Institute werden über jede Sitzung einer Subkommission informiert und können daran teilnehmen. – Der Sekretär wird zu allen Sitzungen der Subkommissionen eingeladen. – Experten können vom Referenten im Einvernehmen mit dem Sekretariat zu den Sitzungen eingeladen werden.
B 4 wurde zu B 5. Ergänzung: Der Referent... hat Sitz in der HK und in Angelegenheiten seiner Subkommission Stimmrecht.
B 5 wurde zu B 6. Ergänzung: Der Sekretär kann im Auftrag des Vorsitzenden gemeinsame Sitzungen der Referenten einberufen.

1.5.4 Die Mitglieder der Hauptkommission

Bei der konstituierenden Sitzung der HK im Januar 1968:
1. Vorsitzender: Weihbischof Dr. Paul Nordhues, Paderborn
2. Vorsitzender: Weihbischof Dr. Eduard Macheiner, Salzburg

Die Hauptkommission 73

Stimmberechtigte Mitglieder aus Deutschland:
Bischof Dr. Wilhelm Kempf, Limburg
Bischof Dr. Otto Spülbeck, Bautzen
Bischof Dr. Bernhard Stein, Trier
Bischof Dr. Josef Stimpfle, Augsburg
Bischof Prof. Dr. Hermann Volk, Mainz
Weihbischof Dr. Hugo Aufderbeck, Erfurt
Weihbischof Dr. Paul Nordhues, Paderborn
Geistl. Rat Dr. Josef Gülden, Leipzig (1/2 Stimme)
Domkapitular Karl Schollmeier, Erfurt (1/2 Stimme)
Domkapellmeister Erhard Quack, Speyer
Prälat Prof. Dr. Ferdinand Haberl, Regensburg (1/2 Stimme)
Domkapitular Msgr. Dr. Heinrich Rahe, Osnabrück (1/2 Stimme)
Domkapitular Ernst Tewes, München
Prälat Dr. Johannes Wagner, Trier

Stimmberechtigte Mitglieder aus Österreich:
Weihbischof Dr. Eduard Macheiner, Salzburg
Prof. Dr. Karl Amon, Graz
Prof. Hermann Kronsteiner, Wien
Regens Leonhard Lüftenegger, Salzburg
Prof. Dr. Josef Schabasser, Wien

Gäste aus dem übrigen deutschen Sprachgebiet:
Schweiz: Sekretär Robert Trottmann, Freiburg CH (die beiden anderen Vertreter waren noch nicht benannt).
Diözese Brixen: Prof. Josef Knapp, Brixen
Diözese Luxemburg: Kaplan Nicolas Schalz, Fouhren
Diözese Straßburg: Pfarrer G. B. Timmer; Straßburg

Referenten der Subkommissionen:
Pfarrer Paul Beier, Maria Wörth (SK I A)
Direktor Franz Huber, Freiburg (SK IV)
Direktor Hans Niklaus, Mainz (SK I B)
Prof. Fritz Schieri, Dachau (SK II)
Franz Schmutz, Linz (SK V)
Dr. Maria-Luise Thurmair, München (SK VIII)

Sekretär:
Pfarrer Josef Seuffert, Trier

Änderungen:
Im Lauf der Jahre gab es in der Zusammensetzung der Hauptkommission folgende Änderungen:

Stimmberechtigte Mitglieder:
ab der 3. Sitzung für (inzwischen) Erzbischof Macheiner: Weihbischof Dr. Alois Wagner, Linz (2. Vorsitzender)
für Bischof Kempf: Weihbischof Karl Flügel, Regensburg
ab der 4. Sitzung für den verstorbenen Bischof Spülbeck: Msgr. Walter Krawinkel, Berlin.
Prälat Haberl siedelte nach Rom über. Msgr. Rahe erhielt dadurch eine volle Stimme. Ab der 9. Sitzung war dann Prof. Hans Lonnendonker, Saarbrücken, Mitglied der HK.
Die Diözese Bozen-Brixen trat 1972 offiziell den Gesangbucharbeiten bei. Damit war ab der 6. Sitzung Prof. Dr. Josef Knapp stimmberechtigtes Mitglied.

Gäste:
Die Schweiz ernannte als weitere Vertreter Abt Dr. Raimund Tschudi, Einsiedeln, und Pfr. Dr. Josef Anton Saladin, Solothurn (Generalpräses des Cäcilienverbandes); für die Rätoromanische Schweiz wurde Pfr. G. Arpagaus, Pleif, ernannt.
Die Diözese Lüttich (zwei deutschsprachige Dekanate) wurde zunächst durch Pfr. Schomus vertreten, später durch Dr. Alfons Brüls, St. Vith.

Referenten:
Ab der 3. Sitzung neu: Dozent Wolfgang Langer, Forstinning, (SK IX), und Prof. Dr. Hans Bernhard Meyer SJ, Innsbruck (SK VII). Direktor Huber schied aus.
Ab der 5. Sitzung neu: Pfr. Prof. Dr. Rupert Berger, Bad Tölz (SK VI).
Ab der 6. Sitzung neu: Prof. Dr. Hermann Herkenrath, Köln (SK IV).
Ab der 4. Sitzung schied Pfr. Beier aus, ab der 7. Sitzung Dozent Langer.

Die Hauptkommission

1.5.5 Die Sitzungen der Hauptkommission

Die Hauptkommission für das Einheitsgesangbuch hat 10 Sitzungen zwischen 1968 und 1973 gehalten:
1. 28.-31. 1. 1968 in Puchberg bei Wels
2. 21.-24. 10. 1968 in Zürich
3. 18.-21. 11. 1968 in Zürich
4. 19.-20. 11. 1970 in Zürich
5. 23.-26. 6. 1971 in Puchberg
6. 20.-23. 1. 1972 in Batschuns in Vorarlberg
7. 9.-12. 7. 1972 in Nußdorf am Attersee
8. 3.- 6. 12. 1972 in Innsbruck
9. 25.-28. 2. 1973 in Puchberg
10. 17.-19. 6. 1973 in Puchberg

1.5.5.1 Erste Sitzung der Hauptkommission, 28.-31. Januar 1968

Die Sitzung fand statt im Volksbildungsheim Puchberg bei Wels. Der von der Deutschen Bischofskonferenz ernannte 1. Vorsitzende Weihbischof Dr. Paul Nordhues stellt fest, daß die Kommission entsprechend den Beschlüssen der Bischofskonferenzen und der Liturgischen Kommissionen zusammengetreten ist. Durch Feststellung der Anwesenheit konstituiert sich die Hauptkommission für das Einheitsgesangbuch.
Der Vorsitzende umreißt die gestellte Aufgabe und die Arbeitsmethoden, mit denen das Ziel erreicht werden soll. Die Weichenstellung ist geschehen, jetzt gilt es voranzukommen.
Da mit dieser Sitzung die EGB-Arbeit nicht erst beginnt, besteht eine erste Aufgabe darin, sich einen Überblick über die bisherige Arbeit zu verschaffen. Der Sekretär gibt einen ausführlichen Bericht, der gründlich diskutiert wird. Später berichten die Referenten der Subkommissionen I A Lieder, I B nichtliedmäßige Gesänge, II Psalmodie, IV Wortgottesdienste und Andachten und VIII Einzelgebete, ebenfalls mit ausführlicher Diskussion. Diese Subkommissionen hatten ihre Arbeit bereits nach der neuen Struktur aufgenommen. Das war möglich, weil die bischöflichen Mitglieder der beiden vorangegangenen Kommissionen sich auf der Sitzung im April 1967 bereits auf die Zusammensetzung dieser Sub-

kommissionen geeinigt hatten. So konnten wichtige Arbeiten ohne Verzögerung weitergeführt werden.
Auf dieser konstituierenden Sitzung wurden dann die Mitgliederlisten der Subkommissionen besprochen und die offizielle Ernennung der Mitglieder vorgenommen. Die Namenslisten sind in den Berichten der Subkommissionen zu finden.

Folgende Subkommissionen wurden gebildet:
Subkommission I: Lieder und Gesänge.
28 Mitglieder und 4 korrespondierende Mitglieder werden ernannt. Die Subkommission wird in zwei Sektionen geteilt. Sektion A: Lieder, Sektion B: nichtliedmäßige Gesänge. Die Referenten sind Pfarrer Paul Beier (I A) und Direktor Hans Niklaus (I B).
Subkommission II: Psalmodie.
12 Mitglieder werden ernannt. Referent ist Prof. Fritz Schieri.
Subkommission III: Gemeindehoren.
Diese SK wurde personell noch nicht besetzt.
Subkommission IV: Wortgottesdienste und Andachten.
5 Mitglieder werden ernannt. Referent ist Direktor Franz Huber.
Subkommission V: Litaneien.
6 Mitglieder werden ernannt. Referent ist Franz Schmutz.
Subkommission VI: Sakramente und Sakramentalien.
Diese SK wurde personell noch nicht besetzt.
Subkommission VII: Buße und Beichte.
Es wird eine vorbereitende Gruppe unter Prof. Dr. Hans Bernhard Mayer SJ gebildet, die bei der nächsten Sitzung inhaltliche und personelle Vorschläge unterbreiten soll.
Subkommission VIII: Einzelgebete.
8 Mitglieder werden ernannt. Referentin ist Frau Dr. Maria Luise Thurmair.
Subkommission IX: Kinderproprium.
Sekretär Seuffert soll eine vorbereitende Gruppe zusammenrufen. Er nimmt Kontakt mit dem Katechetischen Institut in München auf. Inhaltliche und personelle Vorschläge werden in der nächsten Sitzung unterbreitet.

Die Besprechung des Papieres „Struktur der EGB-Arbeit", s. S. 69, führt zu Ergänzungen und Änderungen, die auf S. 71 dargestellt sind. Ungeklärt ist die Frage, welche urheberrechtlichen Konsequenzen die

Die Hauptkommission 77

Mitarbeit in der EGB-Kommission hat. Ein diesbezüglicher Vertrag mit allen Mitarbeitern muß vorbereitet werden, da auch bei Auftragsarbeiten Urheberrechte entstehen.
Jedem Mitarbeiter war es klar, daß die Einführung des Einheitsgesangbuches unabhängig von seiner konkreten Gestalt für die beteiligten Diözesen bei der Einführung größere Schwierigkeiten bringen würde als sonst bei einem Gesangbuchwechsel. Daher wurde ausführlich über Vorauspublikationen diskutiert. Es gab zwei Möglichkeiten: Publikationen ad experimentum und Veröffentlichung endgültig verabschiedeter Teile. Zunächst sollte die erste Form verwirklicht werden. Alle Subkommissionen wurden beauftragt, sich über mögliche Vorauspublikationen Gedanken zu machen. Das Sekretariat klärt die verlagsrechtlichen und verlagstechnischen Fragen.
Auch über die Frage von Ausschreibungen wurde eine grundsätzliche Debatte geführt. Daß sie nötig seien, bezweifelte niemand. Größere Ausschreibungen behält sich die HK vor. Kleinere Ausschreibungen können die Subkommissionen veranstalten, auch in Zusammenarbeit mit der Zeitschrift „Gottesdienst".
Prälat Wagner gibt einen Bericht über den Stand der Liturgiereform. Es liegen noch wenige endgültige Texte vor. Das erschwert in wichtigen Bereichen die EGB-Arbeit erheblich. Vor allem die endgültige Fassung der deutschen Texte des sogenannten „Ordinariums" fehlt.
Ein weiterer Punkt war die Zusammenarbeit mit den Diözesen. Inzwischen haben fast alle Diözesen der Kommission gegenüber einen Diözesanvertreter ernannt. Der Sekretär bemüht sich um persönliche Kontakte. Dies ist jedoch dadurch erschwert, daß er zugleich Hauptschriftleiter von „Gottesdienst" ist. – Es wird beschlossen, daß alle Vorlagen der Subkommissionen, die ein gewisses Reifestadium erreicht haben, den Diözesanvertretern zur Stellungnahme zugesandt werden, und zwar pro Diözese in 5-10 Exemplaren. Bei Ablehnung eines Vorschlags soll diese begründet werden; es sollen möglichst Gegenvorschläge eingereicht werden. Bei Annahme juxta modum sind Änderungsvorschläge erwünscht. – Alle Aussendungen laufen über das Sekretariat. – Eine erste Aussendung könnte eine Reihe Litaneien und Andachten sowie ein Aufbaukonzept enthalten. – In absehbarer Zeit soll eine Sitzung der Diözesanvertreter einberufen werden.

1.5.5.2 Zweite Sitzung der Hauptkommission, 21.-24. Oktober 1968

Die Sitzung fand statt in der Paulusakademie in Zürich.
Die Sitzung beginnt mit Berichten. Weihbischof Nordhues berichtet von der Sitzung der Fuldaer Bischofskonferenz. Die Bischofskonferenzen haben derzeit das EGB als ständigen Tagesordnungspunkt. Nachdem Sekretär Seuffert die Hauptschriftleitung der Zeitschrift „Gottesdienst" Ende des Jahres abgibt, steht er ganz für die EGB-Arbeit zur Verfügung.
Bischof Spülbeck berichtet über die 11. Plenarsitzung des römischen Liturgierates.
Der Sekretär gibt einen Überblick über den Stand der Arbeiten. Es gibt einige Probleme. Die SK I war bei einer Sitzung nur kurze Zeit beschlußfähig. Eine weitere Sitzung mußte wegen zu weniger Anmeldungen abgesagt werden. Die Ursache ist in der großen Zahl der Mitglieder zu sehen (28), die ein Fernbleiben psychologisch erleichtert. Eine Trennung nach selbständigen Aufgabengebieten erscheint erwünscht. Die HK kann sich diesem Vorschlag des Sekretärs jedoch noch nicht anschließen. – Die Arbeit an Liedern und Gesängen ist insofern nicht ins Stocken geraten, als die verschiedenen Arbeitskreise der SK I umfangreiche Arbeiten hinter sich haben. Es mangelt lediglich an der Diskussion im Plenum der Subkommission. – Ein weiteres Problem ergibt sich in der SK IV Andachten und Wortgottesdienste. Es fand keine Sitzung statt. Der Referent hat den Auftrag, mehrere Andachten für die Aussendung an die Diözesen fertigzustellen, nicht erfüllt. Im Auftrag der HK versuchte der Sekretär in den folgenden Monaten, die SK IV wieder an die Arbeit zu bringen, was nicht gelang. (S. Bericht über die SK IV unter 2.5.)
Ausführlich berichtet der Sekretär über die Sitzung der Diözesanvertreter aus der Bundesrepublik am 1. Juli 1968 in Paderborn. Die großen Meinungsverschiedenheiten über die Frage des Aufbaus eines EGB erfordern eine intensive Debatte in der EGB-Kommission (s. letzter Tagesordnungspunkt). – Die kritischen Stellungnahmen der Diözesen zu den ausgesandten Texten gehen nur zögernd ein. (Diese Enthaltsamkeit der Diözesen ändert sich schlagartig mit der Aussendung der ersten Liederbogen.) – Der Sekretär wird versuchen, im Lauf des Jahres 1969 alle Diözesen zu besuchen.
Das Sekretariat hat Kontakte aufgenommen mit dem kirchlichen

Die Hauptkommission 79

Beauftragen für das Fernsehen. Die Bereitschaft, bei der Bekanntmachung von EGB-Arbeiten zu helfen, ist vorhanden. (Diese Hoffnung erfüllte sich jedoch in keiner Weise.) – Das ZDF hat eine Sendung über das EGB zu gegebener Zeit in Aussicht gestellt. (Dieser Plan wurde verwirklicht.)
Es wird vorgeschlagen, das Sekretariat in den Raum Frankfurt zu verlegen, da Trier als Standort ungünstig ist. Trotz großer Zustimmung kann dieser Plan in der Folgezeit nicht realisiert werden.
Ausführlich diskutiert die HK über Rechtsfragen. Die Verlagsrechtskommission der Deutschen Bischofskonferenz hat sowohl im Plenum als auch in einer eigenen Arbeitsgruppe mehrmals getagt. Vorgesehen ist, daß der Verband der Diözesen Deutschlands der Rechtsträger für das EGB wird. Ein Entwurf des Vertrages mit den Mitarbeitern der EGB-Kommission wird durchgesprochen und geringfügig geändert. Nach damals geltendem Recht war der Abdruck schon vorhandener Stücke in Gesangbüchern kostenlos möglich. Die HK ist der Meinung, man solle für Abdrucke ebenso Honorare zahlen wie für Originalbeiträge. Der Sekretär teilt mit, daß gegen die Gesetzesregelung eine Verfassungsbeschwerde anhängig ist. (Tatsächlich hat das Bundesverfassungsgericht später den kostenfreien Abdruck in Gesangbüchern für verfassungswidrig erklärt.)
Auf dieser Sitzung werden die Voraussetzungen für Probepublikationen soweit geklärt, daß das Sekretariat bei Vorlage eines Manuskripts die Herausgabe sofort in Angriff nehmen kann.
Eine große Ausschreibung von Propriumstexten wurde vorbereitet. Verschiedene Arbeitsgruppen befassen sich damit. Trotzdem kommt sie dann doch nicht zustande, vor allem weil sich die Vorstellung von muttersprachlichen Meßgesängen im Lauf der Reform rapide wandelte. Außerdem war eine zu große Zahl von Kommissionen beteiligt, die schwer zu koordinieren waren. Ausschreibungen im kleineren Umfang brachten später gute Erfolge. Eine Ausschreibung in der Zeitschrift „Gottesdienst" hat nur ein mageres Ergebnis. Im einzelnen geben die Berichte der Subkommissionen Auskunft.
Die auf der 1. Sitzung vorbereitete personelle Besetzung der Subkommissionen VII Buße und Beichte sowie IX Kinderproprium wird vorgenommen.
Aus der Arbeit der bestehenden Subkommissionen ergeben sich folgende Diskussionspunkte bzw. Beschlüsse:
SK I Sektion A – Lieder. Neben der Arbeit am traditionellen Liedgut

werden Arbeitskreise das neue deutsche Liedgut und das ausländische Liedgut sichten. In einer Resolution wird die Bildung eines offiziellen interkonfessionellen Gremiums vorgeschlagen, das die Frage ökumenischer Fassungen vor allem der Kernlieder behandeln soll. Dazu sind Kontakte auf höchster Ebene notwendig.

SK I Sektion B – nichtliedmäßige Gesänge. Eine Vorlage über lateinische Ordinariumsstücke wird besprochen und gebilligt. Eine umfassende Sammlung deutscher Ordinarien liegt vor. Jede weitere Debatte ist aber erst sinnvoll, wenn der endgültige Einheitstext vorliegt. – Die Sammlung anderer Gesänge wird bis Ende November abgeschlossen. Dann kann eine Vorsichtung erfolgen. Das Material ist sehr umfangreich.

SK II – Psalmodie. Die Vorlage „Deutsche Gemeindepsalmodie" wird vorgelegt und nach langer Debatte mit einer Änderung (Möglichkeit der Akzentverschiebung) einstimmig angenommen. Dies war wohl der wichtigste Beschluß auf dieser Sitzung. – Die SK II wird beauftragt, sich nun intensiv mit der Vorsängerpsalmodie zu befassen. Auf Wunsch der SK II wird auch der Auftrag ausgesprochen, nun eine Vesper zu erarbeiten. Ursprünglich sollte das Aufgabe der noch nicht gebildeten SK III sein. Aber die baldige Vorauspublikation einer Vesper erscheint dringend, damit die beschlossene Gemeindepsalmodie erprobt werden kann.

SK V – Litaneien. Der Auftrag wird präzisiert, die SK personell erweitert.

SK VIII – Einzelgebete. Die Aufgabe der SK ist im großen und ganzen beendet. Nun müssen noch die Stellungnahmen bearbeitet werden. Nach einem guten Einführungstext wird noch gesucht.

Die auf der ersten Sitzung besprochenen Änderungen des Papiers „Struktur der EGB-Kommission" sind eingearbeitet. Das neue Papier erhält den Titel: Geschäftsordnung der Kommission für das Einheitsgesangbuch (EGB).

Schließlich wird weiter über Fragen des Aufbaus diskutiert. Das führt zur Bildung der Subkommission X: Aufbau des EGB. Mitglieder sind alle Referenten und die Herren Gülden, Lüftenegger, Schnitzler, Schwaller.

Die Hauptkommission 81

1.5.5.3 Dritte Sitzung der Hauptkommission, 18.-21. November 1969

Die Sitzung fand statt in der Paulusakademie in Zürich.
Nach einjähriger Pause trat die HK wieder zusammen. Diese lange Zeit wurde gewählt, um den Subkommissionen Gelegenheit zu geben, ihre Arbeiten ein gutes Stück voranzutreiben.
In der Zwischenzeit haben sich die drei personell besetzten Subkommissionen konstituiert: SK VII Buße und Beichte, SK IX Kinderproprium, SK X Aufbau des EGB.
Die „Arbeitsgemeinschaft für Ökumenisches Liedgut" (AÖL) ist gegründet. Sie tritt am 8. 12. 1969 zu ihrer ersten Sitzung zusammen. Für die katholische Kirche ist die EGB-Kommission mit der Mitarbeit in der AÖL beauftragt.
Die erste Probepublikation zum EGB liegt vor: „Antwortpsalmen im Advent".
Das ZDF strahlt am 6. 1. 1970 einen Film unter dem Titel „Verlegenheit nach Noten" aus. Er hat die Schwierigkeit gemeinsamer Liedfassungen zum Thema.
Zwischengesangbücher haben die Diözesen Hildesheim und St. Pölten herausgegeben.
Im Berichtsjahr fanden 31 Sitzungen von Subkommissionen statt. Der Sekretär konnte 27 Kontaktbesuche in Diözesen machen, in manchen mehrmals. Für 12 Diözesen konnten noch keine Termine gefunden werden.
Nach den Berichten wird eine umfangreiche Tagesordnung absolviert. Allmählich findet die HK ihren Arbeitsstil. Zu Beschlüssen kommt es vorwiegend anhand der Berichte aus den Subkommissionen.
SK I Lieder und Gesänge. Der entscheidendste Beschluß war die Aufteilung dieser SK in zwei selbständige SK. Dies bringt in Zukunft eine wesentliche Erleichterung der EGB-Arbeit. Die HK stimmt den neuen Mitgliederlisten (nach den Wünschen der Mitarbeiter) zu.
Pfarrer Beier ist als Leiter der Sektion A zurückgetreten. Referent der nun selbständigen SK I A wird Domkapellmeister i. R. Erhard Quack.
Die SK I B (Referent bleibt Direktor Hans Niklaus) wird beauftragt, bis zur nächsten Sitzung etwa ein Dutzend Textvorschläge für Commune-Gesänge zu machen, da eine große Ausschreibung sich verzögert.
SK II Psalmodie und Gemeindehoren. Zwei Diskussionspunkte erfor-

dern viel Zeit. Es entspinnt sich eine Grundsatzdiskussion über die textliche Gestaltung von Antwortpsalmen Es ist vor allem schwer zu klären, ob die Liturgischen Kommissionen oder die EGB-Kommission dafür zuständig ist. Daraufhin wird die Frage der Antwortpsalmen auf die Tagesordnung der gleichzeitig tagenden Kontaktsitzung der Liturgischen Kommissionen gesetzt. Es kommt schließlich in beiden Gremien zu koordinierenden Beschlüssen, die einem Auseinanderdriften der Arbeiten vorbeugen sollen. Eine Kontaktkommission soll die aufkommenden Fragen erörtern.
Die SK II legt eine „Sonntagsvesper für die Gemeinde" vor. Nach einem kurzen Bericht wird diese zunächst in der Unterkirche gesungen. Dann folgt eine Aussprache, die zu einigen Modifikationen führt. Am Ende wird die SK II beauftragt, die Vesper unter dem Titel „Gemeindevesper" als Probepublikation herauszugeben.
Die SK I A, I B und II werden beauftragt, Probepublikationen mit Meßgesängen per annum, für die Advents- und Weihnachtszeit und für die Osterzeit vorzubereiten.
SK V Litaneien. Einige Voten und Anfragen der SK sind in einer Drucksache zusammengefaßt. Hervorzuheben ist der Beschluß, eine Standardmelodie für alle Litaneien zu erarbeiten. – Am Ende der Debatte wird die SK personell neu zusammengesetzt.
SK VII Buße und Beichte. Der Referent gibt einen ersten Bericht anhand der Sitzungsprotokolle. Eine Zusammenarbeit mit anderen SK erscheint notwendig. Die SK VII wird ermächtigt, eine Probepublikation „Buße und Beichte" herauszugeben.
SK IX Kinderproprium. Der von den Vorsitzenden bestellte Referent Dozent Wolfgang Langer wird bestätigt. Er gibt einen Bericht über die ersten Sitzungen der SK. Die SK möchte nicht nur kindgemäße Stücke aussuchen, sondern auch die Ergebnisse der übrigen Arbeit am EGB hinsichtlich ihrer Verwendbarkeit für Kinder überprüfen. Außerdem möchte sie eine Agende für Kindergottesdienste erarbeiten. Ein eigenes Gesangbuch für Kinder hält die SK nicht für sinnvoll.
SK X Aufbau des EGB. Der Sekretär berichtet über zwei Sitzungen, auf denen heftig diskutiert wurde, jedoch ohne einvernehmliches Ergebnis. Da noch gar nicht festliegt, was im einzelnen in das EGB soll, dürfte ein Aufbauvorschlag auch schwierig sein. Am Ende der Diskussion wird die SK X aufgelöst.

1.5.5.4 Vierte Sitzung der Hauptkommission, 19. und 20. November 1970

Die Sitzung fand statt in der Paulusakademie in Zürich. Wieder ist ein Jahr vergangen. Zunächst nimmt die HK einen Bericht über die Probepublikationen entgegen. EGB 2 – „Gemeindevesper" ist erschienen samt Orgelheft, Chorsätzen und Schallplatte. – EGB 3 – „Gesänge zur Eucharistiefeier während des Jahres" ist im Druck (Gemeindeheft, Vorsängerheft, Orgelheft). – EGB 4 – „Buße und Beichte" liegt der HK als Drucksache vor. Sie wird im Laufe der Sitzung eingehend besprochen. – EGB 5 – „Die Feier der Karwoche" ist Anfang Dezember im Manuskript fertig. Es wird allen Mitgliedern der HK zur Stellungnahme zugeschickt. – EGB 6 – „Gesänge für die Osterzeit" ist fertig bearbeitet und bereits im Satz.
Weitere Planungen: Ein Heft zu Advent und Weihnachten, ein weiteres zur Fastenzeit. Auch der Arbeitskreis 5 der SK I A „Gesänge von heute" arbeitet an einer Probepublikation, ebenso die SK IX „Kindergottesdienst".
Im Anschluß daran wird über die Terminierung der EGB-Arbeiten diskutiert. Bis Anfang 1972 werden alle Probepublikationen vorliegen.
Die HK faßt folgenden einstimmigen Beschluß: Die Subkommissionen werden gebeten, ihre Manuskripte bis zum 1. Juli 1972 abzuschließen; das abgeschlossene Konzept soll der HK dann auf der Herbstsitzung 1972 vorliegen.
Das Liturgische Institut in Trier wird gebeten, verabschiedete liturgische Texte, vor allem die der sakramentalen Riten, unverzüglich an das EGB zu geben. Die auf der letzten Sitzung gebildete SK VI konnte ihre Arbeit noch nicht aufnehmen, da noch keine Texte vorliegen.
Dann kommt einer der heikelsten Punkte der EGB-Arbeit zur Sprache und wird ausführlich diskutiert: Kommissionsmitglieder als Autoren. Der Sekretär berichtet ausführlich über die Sachlage. Trotz eines ausgeklügelten Abstimmungsverfahrens wurden in EGB 3, 5 und 6 unverhältnismäßig viele Stücke von Mitarbeitern der Subkommissionen aufgenommen. Das muß, auch wenn jede Manipulation ausgeschlossen war, zu Mißverständnissen führen und ist sehr gefährlich für das Ansehen der EGB-Kommission. Es ist zu erwarten, daß EGB 4 – Buße und Beichte, kaum Anstoß erregen wird, obwohl es fast vollständig von Mitgliedern der Kommission gemacht ist.

Die anwesenden Referenten schildern die Arbeitsweise der Subkommissionen. Sie wird von der HK als korrekt und tadelsfrei bezeichnet. Der Sekretär teilt mit, daß er alle Autoren/Mitglieder befragt hat. Alle sind bereit, ihre Mitgliedschaft in den Subkommissionen aufzugeben. Auch der Sekretär ist bereit, aus seinem Amt zu scheiden. Dagegen wird eingewendet, daß auf die Mitarbeit kreativer Fachleute nicht verzichtet werden kann, zumal es in vielen Fällen notwendig ist, Rohfassungen zur Reife zu bringen. Die HK nimmt das Rücktrittsangebot nicht an. Sie billigt ausdrücklich die bisherige Arbeit. In Zukunft sollen für die Auswahl und Bewertung der einzelnen Stücke unabhängige Jurys herangezogen werden bzw. die diözesanen Gutachten maßgebend sein. – Die Subkommissionen haben sich genau an diese Richtlinien gehalten. Und so ging es weiter: Für EGB 7 – „Advent und Weihnachtszeit" wurden den Diözesen durch die SK I B und II Beurteilungsblätter für Kehrverse zugeschickt. Aus je 6 bis 10 anonym abgedruckten Stücken war das jeweils geeignetste herauszusuchen. Dies geschah mit Hilfe eines Punktsystems. Das Ergebnis war verblüffend. Die drei zur EGB-Kommission gehörenden Autoren Rohr, Schieri, Seuffert hatten einen noch höheren Prozentsatz „gewonnen" als bei den vorausgehenden Publikationen. Auf diese Weise war das Odium also nicht zu beseitigen. Man mußte es auf sich nehmen. Später wurden die drei genannten bei Ausschreibungen nicht mehr beteiligt. In der SK I A gab es bei den Liedern ähnliche Probleme, die hier aber nicht dargestellt werden können.

Zurück zur 4. Sitzung der HK. Rechtzeitig zur Sitzung lag eine Doppelnummer der Zeitschrift „Gottesdienst" vor, die ausführlich über die EGB-Arbeit berichtete. Anhand dieser Ausgabe gaben die Referenten ihre Berichte und machten ihre Vorlagen.

SK I A – Lieder: ca. 100 verabschiedete Lieder liegen vor. Sie können in der Sitzung nicht einzeln besprochen werden. Daher werden die Mitglieder der HK gebeten, schriftlich Stellung zu nehmen. Einige Lieder werden als Beispiel besprochen. Es zeigt sich, daß kaum Problemfälle vorhanden sind. Auch die Abstimmungslage durch die Diözesen ist klar. Das wird später anders werden. Als Termin der Stellungnahme wird der 1. 2. 1971 vereinbart. In der nächsten Sitzung wird darüber berichtet.

SK I B – Nichtliedmäßige Gesänge. Es liegt ein Blatt mit 23 Halleluja-Melodien vor. Sie werden auf 20 reduziert und verabschiedet. – Außerdem legt die SK sieben neue Texte vor, die zur Komposition

Die Hauptkommission 85

ausgeschrieben werden sollen. Nach längerer Debatte werden die Texte zur Ausschreibung an je fünf Komponisten freigegeben. Bei einer Ausschreibung in der Zeitschrift „Gottesdienst" hatte sich eine Anzahl Komponisten gemeldet, die bereit waren, einstimmige Kompositionsversuche einzusenden.
SK II – Psalmodie und Gemeindehoren. Der ökumenische Psalmtext ist fertiggestellt. Nach einer Probezeit von zwei Jahren wird er endgültig verabschiedet. Die HK gibt der SK II den Auftrag, nun die Psalmenauswahl wieder aufzugreifen. Dabei soll nicht nur die gottesdienstliche Verwendung bedacht werden, sondern auch das persönliche Gebet des Christen.
SK III – Wortgottesdienste. In der DDR ist bereits ein ganzer Jahreszyklus für priesterlose Gottesdienste erarbeitet und erprobt. Wie weit sich dies im EGB niederschlägt, ist nicht abzusehen. Die HK bittet die SK, einmal unabhängig von der sonntäglichen Notlage den Begriff Wortgottesdienst zu klären und Vorschläge zu machen.
SK IV – Andachten. Immer noch ist kein Referent gefunden. Es werden neue Namen genannt.
SK VII – Buße und Beichte. Der Referent führt in den vorliegenden Bußfaszikel ein. Dann wird die Drucksache Abschnitt für Abschnitt durchgesprochen und abgestimmt. Änderungswünsche werden protokolliert und später eingearbeitet. Schließlich wird der Text einstimmig angenommen. Im Frühjahr wird er als Probepublikation EGB 4 erscheinen. Einziger Mangel: Die deutsche Absolutionsformel liegt noch nicht vor.
SK IX – Kindergottesdienst. Ein Papier zur Struktur des Kindergottesdienstes wird vorgelegt, besprochen und gutgeheißen. Es soll ein Teil der zu erstellenden Agende sein.
Referentenkonferenz. Im Einvernehmen mit den Vorsitzenden hatte der Sekretär die Referenten der Subkommissionen zu zwei Sitzungen zusammengerufen. Die HK bestätigt nun diese „Referentenkonferenz" als Teil der EGB-Kommission. Die RK macht Vorschläge zur besseren Koordinierung und Rationalisierung der Subkommissionsarbeit. Diese führen nach Diskussion zu folgenden Beschlüssen: Trennung der SK I in zwei Subkommissionen (s.o.), Zusammenlegung der SK II und SK III Psalmodie und Gemeindehoren; Trennung der SK IV in SK III Wortgottesdienste und SK IV Andachten; Auflösung der SK X und Übertragung der Diskussion über den Aufbau an die RK. Die RK soll weitere Publikationen vorbesprechen. Es wird beschlossen,

klar zwischen „Publikationen zur Erprobung" und eigentlichen „Vorauspublikationen" zu unterscheiden. Letztere dürfen nur endgültig verabschiedete Stücke enthalten.
Die Beschlüsse anhand der Vorschläge der Referentenkonferenz hatten personelle Neu- und Umbesetzung zur Folge. Die neue SK III Wortgottesdienste erhielt als Referenten Weihbischof Aufderbeck, Erfurt. Die Mitglieder waren vorwiegend aus der DDR. Direktor Huber war, Domkapitular geworden, als Referent der SK IV Andachten zurückgetreten. Ein neuer Referent war intensiv gesucht, aber noch nicht gefunden worden. Das Protokoll nennt Namen weiterer Kandidaten.
SK VI Sakramente, Sakramentalien Diese SK wird neu gebildet. Als Referent wird Pfarrer Dr. Berger, Bad Tölz, ernannt. Die SK IX wird umbenannt: Kindergottesdienst (statt Kinderproprium).
Den Referenten der SK wird in der HK auch Stimmrecht in Verfahrensfragen zugestanden.
Die katholischen Mitglieder der AÖL (Arbeitsgemeinschaft für Ökumenisches Liedgut) werden entsprechend dem Beschluß der Bischofskonferenzen ernannt. Katholischer Vorsitzender der AÖL wird Weihbischof Dr. Paul Nordhues. Mitglieder sind die Damen und Herren Thurmair, Graf, Lipphardt, Quack, Schollmeier, Sidler. Seuffert wird katholischer Sekretär der AÖL.
Auch über die geplante große Ausschreibung wird nochmals diskutiert. Für die Vertonung des neuen Einheitstextes von Gloria, Credo, Apostolicum, Sanctus und Agnus Dei soll eine Ausschreibung vorbereitet werden (SK I B und RK).
Die Diözesanvertreter sollen zu einer Sitzung am 19. 6. 1970 eingeladen werden.
Niklaus und Seuffert erläutern ein Exposé zum Inhalt des EGB (nicht Aufbau). Es wurde von einer kleinen Gruppe im Auftrag der Vorsitzenden erarbeitet. Das Exposé wird durchgesprochen und einstimmig angenommen. Es wird zur Grundlage für die Arbeit der Subkommissionen (s. S. 152).
Beim Schlußwort gibt der Vorsitzende einen allgemeinen Eindruck wieder: Eine Fülle guter Arbeit ist geleistet worden; es zeichnen sich Konturen des EGB ab.

Die Hauptkommission

1.5.5.5 Fünfte Sitzung der Hauptkommission, 24. und 25. Juni 1971

Sitzung fand statt im Volksbildungsheim Puchberg bei Wels.
Die Sitzungsabstände werden nun kürzer, da die Arbeit in den Subkommissionen immer mehr zu verabschiedungsreifen Ergebnissen kommt. Auf die 6 Probepublikationen sind vielfältige Reaktionen zu verzeichnen. Im Anschluß an die üblichen Berichte zu Beginn der Sitzung wird vor allem das Problem der Einführung des EGB diskutiert. Mit der Zustimmung zum einheitlichen Gesangbuch waren euphorische Erwartungen verbunden. Nun wird allmählich allen klar, daß die Umstellung große Bemühungen seitens der Verantwortlichen erfordern wird.

Einen breiten Raum nimmt in dieser Sitzung die Behandlung der Lieder ein. Die SK I A – Lieder berichtet über das Ergebnis der zweiten Aussendung an die Diözesen. Von 43 Melodien wurden 27 mit mehr als zwei Dritteln der Stimmen angenommen, 13 mit mehr als der Hälfte. Lediglich drei Lieder brachten keine klaren Ergebnisse: (Abstimmungszahlen: angenommen / bedingt angenommen / abgelehnt).
O allerhöchste Speise – 13/8/9, also bedingt angenommen
Ehre sei dir Christe – 12/12/4, also bedingt angenommen
Freu dich, alle Christenheit – 8/7/13, also abgelehnt.
Bei den Texten kam es zu folgendem Ergebnis: Von 43 Texten wurden 18 mit mehr als zwei Dritteln angenommen, 14 mit mehr als der Hälfte, 9 bedingt und 2 abgelehnt Die abgelehnten Texte sind: „Nun kommt der Heiden Heiland" und „Schon bricht des Tages Glanz hervor".

Die HK befaßt sich mit den bedingt angenommenen Stücke im einzelnen, trifft einige Einzelentscheidungen und erteilt konkrete Aufträge an die SK I A. Über das genaue Verfahren gibt der Bericht dieser SK Auskunft.
Im zweiten Gang dieser Lieddiskussion legt die SK I A eine Liste mit 170 Liedern vor, deren Text und Melodiebearbeitung von der SK abgeschlossen ist. Weitere 50 Lieder sind in der Diskussion. Außerdem steht bald eine Vorlage des Arbeitskreises „Lieder von heute" zu erwarten. Es folgt eine ausgedehnte Debatte über den Liedteil. Als Ziel werden etwa 250 Lieder angesehen. Zwei Lieder werden aus der Liste gestrichen.
Der dritte Teil der Diskussion befaßt sich mit den deutschen Einheits-

liedern 1947. Zu Beginn bestätigt die HK, daß die ungeprüfte Übernahme dieser Lieder den anderen Partnern im deutschen Sprachbereich nicht zuzumuten ist. Außerdem erfordert die Arbeit am ökumenischen Liedgut Kompromißbereitschaft. Die SK I A berichtet ausführlich über den derzeitigen Stand.

23 E-Lieder sind unverändert (davon 8 AÖL)
19 E-Lieder sind textlich geändert (davon 7 AÖL)
3 E-Lieder sind melodisch geändert
14 E-Lieder sind textlich und melodisch geändert (davon 6 AÖL)
14 E-Lieder sind mit 2/3 Mehrheit nicht aufgenommen.

Im Anschluß an diesen Bericht wendet sich die Debatte den einzelnen geänderten Fassungen zu. Die Abstimmung fiel bei den einzelnen Liedern sehr unterschiedlich aus. Allen Beteiligten war die Bedeutung dieser Debatte klar. Auch in den folgenden Sitzungen wurde sie weitergeführt. Über das endgültige Ergebnis gibt ein eigener Bericht Auskunft (s. S. 190ff.).

SK I B – nichtliedmäßige Gesänge: Die Ausschreibung der neuen deutschen Einheitstexte des Ordinariums ist erfolgt. Die Jury ist von den Vorsitzenden benannt. – Die Liste der bisher bearbeiteten Gesänge wird besprochen, in einigen Punkten geändert und angenommen.

SK II – Psalmodie und Gemeindehoren: Die SK legt mehrere Listen über ihre Arbeitsergebnisse und Planungen vor. Sie werden einzeln besprochen. Eine ausführliche Darlegung über die Antwortpsalmen führt zum Beschluß, daß das EGB etwa 40-50 Kehrverse enthalten müsse, um alle Antwortpsalmen des Kirchenjahres zu ermöglichen. – Es folgt eine Aussprache über die Psalmenauswahl und über die Versauswahl in einzelnen Psalmen. 50 Psalmen werden als zu wenig angesehen. Es dürfen bis zu 80 sein. Dies entspricht auch dem Ergebnis der Konferenz der Diözesanvertreter 1964. Im EGB soll jeder Psalm mit nur einem Psalmton erscheinen. Das erleichtert den Gemeinden die Annahme. Für Vorsänger und Chor ist eine größere Variation wünschenswert. Jeder Psalm soll einen Stammkehrvers erhalten, manche wegen ihrer Bedeutung zwei Stammkehrverse.

SK III – Wortgottesdienst: Aufgrund des Berichtes wird beschlossen, daß ins EGB ein Modell für den priesterlosen sonntäglichen Gottesdienst aufgenommen werden soll. – Einige Wortgottesdienste, die ausgearbeitet sind, sollen anstelle von Andachten aufgenommen werden. Dieser Beschluß wird später rückgängig gemacht. Lediglich

Die Hauptkommission 89

zwei Bußgottesdienste haben im EGB die Form des Wortgottesdienstes. Die Andachten enthalten jedoch zahlreiche Schriftstellen.
SK IV – Andachten: Die SK ist immer noch ohne Referent. Da die Arbeit im Sekretariat kaum zu bewältigen ist, kann der Sekretär auch keine Sitzung einberufen, die er selber vorbereitet und leitet. Es wird weiter intensiv gesucht.
SK V – Litaneien: Nach dem Bericht des Referenten werden einige Beschlüsse gefaßt. Die Vorlage kann dann wohl in der nächsten Sitzung eingebracht und behandelt werden.
SK VI – Sakramente und Sakramentalien: Die SK legt einen ersten Bericht vor. Sie hat mit der Taufe begonnen und wird sich mit Trauung und Begräbnis befassen. Auch Vorlagen für die Krankensalbung, Krankenkommunion, Wegzehrung und Sterbegebete sollen erarbeitet werden. Große Bedeutung werden die katechetischen Texte haben.
SK VII – Buße und Beichte: Die Probepublikation EGB 4 wurde insgesamt gut aufgenommen. Schriftliche Stellungnahmen liegen noch kaum vor. Sie werden gesammelt und ausgewertet. Es ist wünschenswert, daß neben dem Gesangbuch ein eigenes Bußbüchlein erscheint. Dieser Beschluß der HK wurde bis heute nicht realisiert. Entgegen den damaligen Erwartungen sind aber fast alle Stücke der Probepublikation im EGB zu finden. – Da die SK IX (Kindergottesdienst) sich außerstande erklärt hat, eine Vorlage zur Kinderbeichte zu machen, soll diese von der SK VII erarbeitet werden. Dazu können geeignete Mitarbeiter herangezogen werden.
SK VIII – Einzelgebete: Das vorhandene Material soll als Probepublikation herauskommen. Dazu sind Ergänzungen nötig. Es war jedoch unmöglich, das Manuskript in kurzer Zeit fertigzustellen, so daß es zu dieser Probepublikation nicht kam. – In der Debatte zum Einführungstext entscheidet sich die HK für den aus dem Bamberger Zwischengesangbuch. Die SK VIII soll ihn noch bearbeiten.
SK IX Kindergottesdienst: Außer einem Bericht kann die SK noch keine weiteren Arbeitsergebnisse vorlegen.
Eine weitere Debatte befaßte sich mit Inhalt und Aufbau des EGB. Die Referentenkonferenz legt eine Drucksache vor auf der Grundlage des Exposés, das in der vorhergehenden Sitzung einstimmig angenommen wurde. Nach Besprechung wird das Verzeichnis neu geschrieben und den Diözesanvertretern im November übergeben und erläutert. Dies ist auch für die Gestaltung der Diözesananhänge wichtig.

– Außerdem legt die Referentenkonferenz einen Aufbauplan vor, der nach Diskussion angenommen wird. Er soll den Bischofskonferenzen vorgelegt werden. Dieser Aufbauplan wurde später nicht mehr geändert, nur geringfügig variiert. Jedoch gab es noch eine Reihe engagierter Debatten.

Schließlich befaßte sich die HK noch mit der Vorbereitung einer ersten Vorauspublikation, also eines Heftes, das bereits endgültige Texte und Melodien enthalten sollte. Der schriftlich vorliegende Plan war in der Referentenkonferenz schon ausführlich beraten worden. Der Vorschlag für den Aufbau der Meßreihen wird einstimmig angenommen Auch die Aufnahme von Gebetstexten und eines Wortgottesdienstes wurde beschlossen. Die beiden Beschlüsse wurden später zurückgenommen. Die Konkretisierung der Beschlüsse soll von den Herren Beier (SK I A/Österreich), Duffrer (SK I B) und Seuffert (Sekretär) vorgenommen werden Auf der nächsten Sitzung soll die Verabschiedung erfolgen. – Zugleich mit dem Gemeindeheft soll ein Vorsängerbuch und ein Orgelbuch erscheinen. Das Orgelbuch sollen die Herren H. Kronsteiner, Rahe und Thomas zusammenstellen Richtlinien dafür werden kurz besprochen.

Zu Beginn und an anderen Stellen der Tagesordnung berichtet der Sekretär über die inzwischen eingegangenen Stellungnahmen zu den Probepublikationen. Sie sind noch nicht sehr zahlreich. Aber ein überraschender Trend ist unübersehbar. Kritiken aus Gemeinden, die die Publikationen erprobt haben, sind überwiegend positiv. Kritiken von einzelnen, die die Publikationen „durchgesehen" haben, sind überwiegend negativ. – Von der Möglichkeit der Erprobung machen nur wenige Gemeinden Gebrauch. Nach Rückfragen wird als Grund der Nichterprobung meist angegeben, man wolle die Gemeinden nicht mit vorläufigen Ergebnissen belasten. Daher ist zu hoffen, daß eine Vorauspublikation besser aufgenommen wird. Diese Hoffnung bewahrheitet sich.

1.5.5.6 Sechste Sitzung der Hauptkommission, 20.-23. Januar 1972

Die Sitzung fand statt im Bildungshaus Batschuns in Vorarlberg.
Der Arbeitsanfall im Sekretariat war in der Zwischenzeit derart angewachsen, daß er von einem Sekretär nicht mehr zu bewältigen war. Versuche, einen zweiten Sekretär aus Österreich zu finden,

Die Hauptkommission 91

waren vergeblich. Nach eineinhalb Jahren übernahm ab Januar 1972 Schwester Hildegardis Schmidt, Olpe, eine halbe Stelle im Sekretariat. Dies brachte zunächst eine gute Entlastung. Aber schon im Lauf des Jahres 1972 übertrug der Orden Sr. Hildegardis eine neue Leitungsaufgabe, so daß diese Hilfe ein Intermezzo blieb, jedoch in der letzten Phase der Kommissionsarbeit.
In der Zwischenzeit war den Bischofskonferenzen anhand mehrerer Drucksachen ausführlich berichtet worden. Auch die Diözesanvertreter hatten sich in einer zweitägigen Sitzung mit den anstehenden Fragen befaßt. – Es ist zu erwarten, daß die AÖL ihre erste Publikation noch im Frühjahr 1972 fertigstellt.
Die Diözese Brixen beteiligt sich offiziell am EGB. Damit ist Prof. Knapp stimmberechtigtes Mitglied der HK.
Die eingehenden Kritiken nehmen an Zahl zu, was zu begrüßen ist. Jedoch nimmt der Prozentsatz der pauschalen Äußerungen leider nicht ab. Differenzierte Stellungnahmen sind hilfreich. Der Sekretär weist auf eine neue Entwicklung hin. Nach wie vor haben viele Kritiken einen aufklärerischen Ausgangspunkt (vor allem Kritik an Texten aus früheren Jahrhunderten). Nun kündigt sich, ganz entsprechend der Entwicklung anfangs des 19. Jahrhunderts, eine nostalgische Welle an, die sich auch in Stellungnahmen zu Probepublikationen niederschlägt. Auch in neuen Jugendliedern tauchen erste romantisch gefärbte Texte auf. Die HK diskutiert kritische Stellungnahmen im Zusammenhang mit den Berichten und Vorlagen der Subkommissionen.
SK I A – Lieder: Die Liste der bis Ende 1971 fertig bearbeiteten Lieder wird vorgelegt und zur Abstimmung gestellt. Die Aussprache befaßt sich intensiv vor allem mit den Texten aufgrund von Einsprüchen verschiedener Mitglieder der HK und von Prof. Fischer, Trier. Es schälen sich in der Debatte 6 Lieder heraus, die allesamt zum AÖL-Kanon gehören. Ein Ad-hoc-Ausschuß behandelt in einer Abendsitzung die aufgeworfenen Fragen weiter.
Aufgrund des Berichtes dieses Ausschusses wird die Debatte am nächsten Vormittag fortgesetzt und dann abgestimmt. Folgende Lieder wurden besprochen: 1. Es kommt ein Schiff geladen. Einstimmig wird die Aufnahme beschlossen. Dagegen gab es zunächst erhebliche Bedenken. Erwünschte Änderungen sollen in der Sitzung der AÖL vorgenommen werden. – 2. Macht hoch die Tür. Für die „Zweiglein der Gottseligkeit" konnte auch der Ausschuß keine bessere Formulie-

rung vorlegen. Das Lied soll jedoch unbedingt in das EGB. Vielleicht findet die AÖL eine Formulierung. – 3. Nun bitten wir den Heiligen Geist. In das EGB soll nur die erste Strophe der AÖL-Fassung aufgenommen werden. Die SK I A wird beauftragt, weitere Strophen zu suchen. Mißlingt dies, soll das Lied einstrophig bleiben. – 4. Komm Heiliger Geist, Herre Gott. Dieses vorreformatorische Lied wird unverändert in das EGB aufgenommen. – 5. Wie schön leuchtet der Morgenstern. Die Mehrheit ist für Textverbesserungen. Falls dies in der AÖL mißlingt, soll die SK I A Versuche machen. Die HK kann erst später endgültig über dieses Lied befinden. – 6. Aus tiefer Not schrei ich zu dir. In das EGB soll von der AÖL-Fassung nur die erste Strophe übernommen werden. Die SK I A soll weitere geeignete Strophen suchen.

Am Ende der Debatte wird die Liedliste unter Einbeziehung der vorhergehenden Einzelabstimmungen einstimmig bei einer Enthaltung angenommen.

SK I B – Nichtliedmäßige Gesänge. Die Ausschreibung der Ordinariumstexte ergab eine Fülle von Einsendungen. Die Entscheidung der Jury liegt vor. Zwei von der Jury favorisierte Stücke wurden in EGB 8 publiziert. Das führte zu heftiger Kritik an diesen Stücken. Die SK I B wird beauftragt, sich intensiv mit dem Jury-Ergebnis zu befassen und das Ergebnis der Beratungen den Diözesen zur Begutachtung vorzulegen. – Die Frage der Ordinariumsstücke mit dem bisherigen Text wird diskutiert. Es werden Verwirrungen befürchtet, wenn beide Texte nebeneinander gebraucht werden. Paraphrasen sind nach wie vor möglich. Die HK beschließt: In das EGB sollen nur Gesänge mit dem ökumenischen Einheitstext und keine mit dem bisherigen Einheitstext. – Über die Kehrverse entspinnt sich eine längere Diskussion. Viele Kritiker halten ihre Anzahl für zu hoch. Dem kann die HK nicht zustimmen. Ein zweiter Kritikpunkt ist die Länge der Kehrverse. Den einen erscheinen sie zu lang, den andern zu kurz. (Diese Frage betrifft auch die SK II.) Die HK ist der Meinung, daß das EGB eine gesunde Mischung enthalten soll.

SK II – Psalmodie und Gemeindehoren: Der erste Diskussionspunkt ist die Nähe der Vespern zum kommenden deutschen Brevier. Eine Stellungnahme erhebt den Vorwurf zu großer Breviernähe, eine andere ebenso engagiert den Vorwurf zu großer Abweichung. Die HK bestätigt ihren Beschluß: strukturelle Identität mit der Breviervesper, aber freie Auswahl der Psalmen und anderer Texte nach den Bedürf-

nissen der Gemeinden. – Die Anzahl der Gemeindehoren im EGB: 8 Vespern, 1 Laudes, 1 Komplet mit 2 Psalmenreihen.
SK III – Wortgottesdienste: Bis zur nächsten Sitzung soll das Modell für den priesterlosen Gottesdienst am Sonntag vorgelegt werden. – Nach längerer Debatte entscheidet die HK, daß in das EGB keine ausgearbeiteten Wortgottesdienste anderer Art aufgenommen werden sollen. Ein Hinweis auf die Struktur genügt. Konkrete Vorschläge können dann in Werkbüchern unter Benutzung von Einzelstücken aus dem EGB gemacht werden.
SK IV – Andachten: Inzwischen hat sich Prof. Herkenrath, Köln, bereit erklärt, als Referent für die SK IV zu fungieren. Der Sekretär wird sich intensiv um die Arbeit dieser SK kümmern.
SK V – Litaneien: Die vorgelegten Drucksachen werden besprochen. Die Diskussion kann jedoch bei den Einzelheiten nicht zu Ende geführt werden. Daher werden die Litanei vom heiligsten Sakrament, die Lauretanische Litanei, die Allerheiligen-Litanei und die Litanei vom Leiden Jesu bedingungsweise angenommen, vorbehaltlich einzelner Änderungen. Die Mitglieder werden bis zum 1. 3. 1972 schriftlich Stellung nehmen. Auf der nächsten Sitzung wird dann berichtet und endgültig beschlossen.
SK VI – Sakramente, Sakramentalien: Ein Gemeindeheft zur Taufe (EGB 11, Vorauspublikation) und zum Begräbnis (EGB 12, Vorauspublikation) sind in Vorbereitung. Immer noch fehlen endgültige liturgische Texte. Bis Mai soll die SK VI jedoch ein Rahmenkonzept für ihre Arbeit vorlegen.
SK VII – Buße und Beichte: Ausführlich wird über die Stellungnahmen gesprochen, die inzwischen zur Probepublikation EGB 4 „Buße und Beichte" vorliegen. Die SK VII wird beauftragt, aufgrund dieser Aussprache jene Teile zu überarbeiten, die in das EGB kommen sollen.
SK VIII – Einzelgebete: Bis Mai wird der Vorschlag „Persönliche Gebete" zur Verabschiedung vorliegen.
SK IX – Kindergottesdienst: Der Referent ist kurzfristig wegen der Übernahme einer Professur zurückgetreten. Ein neuer kann nicht vorgeschlagen werden. (Mehrere Personen wurden gebeten.) Der Sekretär soll sich um die Weiterarbeit kümmern.
Für die Vorauspublikation „Gesänge zur Meßfeier" – liegt der Vorschlag des Redaktionsteams auf dem Tisch. Er wird durchgesprochen. Nach einer Reihe von Einzelabstimmungen beschließt die HK am

Schluß: „Die HK beschließt die Herausgabe der Vorauspublikation gemäß Drucksache 1452 mit den beschlossenen Ergänzungen. Alle Stücke sind endgültig für das EGB vorgesehen vorbehaltlich der nachträglichen Streichung einzelner Stücke."
Bei dieser Sitzung nahm auch die Behandlung der Rechtsfragen einen breiten Raum ein.
Schließlich werden noch Strukturfragen besprochen. Es wurden einige Beschlüsse gefaßt, die wichtige Entscheidungen waren. Etwa der Beschluß, daß das EGB ein „Rollenbuch" für die Hand der Gemeinde sein soll, ein Buch, das in Verbindung steht mit Missale, Lektionar und Rituale. Eine Folge dieses Beschlusses war, daß die Herausgabe von Vorsängerbüchern unerläßlich wurde. – Der Beschluß, das EGB solle keine Meßgesangsreihen enthalten, wurde später nicht aufrechterhalten. Es blieb aber bei dem Beschluß, die Andachten in einem geschlossenen Teil abzudrucken. – Für das Jahr 1972 wurden noch zwei Sitzungen geplant. So war zu hoffen, ein Rohmanuskript bis Ende 1972 fertig zu haben. Dafür sollte für die nächste Sitzung die Bildung einer Redaktionskommission vorbereitet werden.

1.5.5.7 Siebte Sitzung der Hauptkommission, 9.-12. Juli 1972

Die Sitzung fand statt in Nußdorf am Attersee, Oberösterreich.
Das Protokoll dieser Sitzung umfaßt 30 Seiten. Zu Beginn beschreibt der Vorsitzende, Weihbischof Nordhues, als Ziel dieser Sitzung, die Weichen so zu stellen, daß im Dezember das Manuskript des EGB verabschiedet werden kann. Inzwischen hat sich die Deutsche Bischofskonferenz ausführlich mit Fragen des EGB befaßt. Fünf Mitglieder der Kommission waren zu einem Hearing nach Freising gebeten worden. Auch die Bischofskonferenz bittet um einen baldigen Abschluß der Arbeit. Dies wird auch von Österreich und aus der DDR gewünscht. Die grundsätzliche Kritik am EGB verschärft sich. Das „Offertenblatt" hat im Juniheft aufgefordert, bei den Ordinariaten gegen das EGB zu protestieren. Dieser Aufforderung sind nur ganz wenige gefolgt. Schwere Vorwürfe werden in einem Brief aus Aachen-Köln erhoben. Damit muß sich die HK ausführlich befassen.
Eine Diözese stellt den Antrag, die HK möge verbindliche Richtlinien für den Diözesananhang herausgeben. Dies wird jedoch von vielen Diözesen als Eingriff in ihre Hoheit angesehen.
Ein umstrittenes Problem der EGB-Arbeit wird von der Bischofskon-

Die Hauptkommission 95

ferenz her diskutiert. Die westdeutschen Bischöfe haben sich für die Aufnahme von Meßliedreihen ausgesprochen. Nach längerer Diskussion wird die künftige Redaktionskommission beauftragt, innerhalb des Rohmanuskripts im Dezember Vorschläge einzubringen. Über allgemeine Reihen ist man sich einig. Ob auch Reihen zum Kirchenjahr angeboten werden sollen, möge die Redaktionskommission zunächst beraten. Außerdem sollen auch Ordinariumsreihen aufgenommen werden.

Ausführlich berichtet der Sekretär über die eingehenden Stellungnahmen. Das EGB ist das erste Gesangbuch der Geschichte, das schon vor seinem Erscheinen, während der ganzen Werdephase der Kritik ausgesetzt wird. Das geschieht bewußt. Da die meisten Menschen nur mit einem oder zwei Gesangbüchern Erfahrung haben, da das Liedgut der Kindheit meist normierend wirkt, da es über das Zustandekommen von Gesangbüchern kaum Literatur gibt, ist subjektive Kritik nur zu verständlich. Die Mitglieder der EGB-Kommission mögen das aus ihrer eigenen Erfahrung beim Lernprozeß der EGB-Arbeit nicht als verletzend ansehen. Tatsächlich gibt es nur wenig negative Kritik ohne Unterstellungen. Im übrigen ergibt sich ein Bild, das man vom Streit kennt, der früher *nach* dem Erscheinen eines neuen Diözesangesangbuches regelmäßig ausbrach. Jedes Ordinariat hat wohl in seinen Archiven Unterlagen dazu. Es gibt drei Gruppen von Einstellungen dem Buch gegenüber: 1. Die positiv eingestellte Gruppe, die das Buch sofort einführt, meist mit erheblichem pastoralen Gewinn. Aus dieser Gruppe kommen die differenziertesten Urteile, die sehr hilfreich sind.

2. Die indifferente Gruppe, die alles auf sich zukommen läßt. Sie nimmt das Buch an, wenn es kommt, engagiert sich aber nicht sonderlich. Aus dieser Gruppe kommen verständlicherweise kaum Stellungnahmen. Sie muß aber als stark eingeschätzt werden.

3. Die negativ eingestellte Gruppe, die sich nur schwer aus der Normierung des alten Gesangbuches löst. Wer sich aus dieser Gruppe zum Schreiben aufrafft, läßt meist Dampf ab. Es geht bis zur Prophezeiung, daß das neue Gesangbuch die Kirche zerstört.

Es hat große Vorteile, daß das EGB vor seinem Erscheinen so offen zur Diskussion gestellt wird. Ein Nachteil darf nicht außer acht bleiben. Mancher, der sich in dieser Phase negativ fixiert hat, wird sich später nur schwer davon lösen können. So wird vielleicht die Gruppe drei länger als früher bei fertigen Büchern brauchen, bis sie

das EGB einführt. – Alles Gesagte gilt für Seelsorger und Kirchenmusiker gleichermaßen.
Positive und negative Kritik verteilt sich gleichmäßig auf das ganze Sprachgebiet. Vermutete Schwerpunkte (alle Bayern sind gegen das EGB) gibt es nicht. Aus einer Stadt kamen von Nachbarpfarreien am gleichen Tag kritische Briefe. Der eine verdammt die Probepublikation EGB 3 in Bausch und Bogen, der andere berichtet von der Einführung und bedankt sich ausdrücklich für das hilfreiche Heft, mit dem man endlich etwas anfangen kann.
Die in der letzten Sitzung geschilderte Tendenz hat sich weiter verstärkt. Die Vorwürfe des Purismus und der Zerstörung des Alten nehmen zu gegenüber den Vorwürfen, das ganze EGB sei zu altmodisch.
In der Diskussion ist man sich einig, daß man viel Mühe auf die Einführung des neues Buches verwenden müsse, weil auch das Konzil keineswegs innerlich angenommen ist. Mit diesem Problem ist das EGB eng verflochten.
Nach den Berichten wendet sich die HK der Arbeit der Subkommissionen zu.
SK I A – Lieder: In 19 Sitzungen hat die SK 240 Lieder zur Vorlage an die HK verabschiedet. Davon zählen 87 zum ökumenischen Kanon, 62 sind frühere deutsche Einheitslieder, 28 sind „Lieder von heute". Dann legt die SK die Auswertung der dritten Aussendung an die Diözesen vor. Sie umfaßte 66 Lieder und hatte folgendes Ergebnis: Text: 58 angenommen, 3 abgelehnt, 5 juxta modum; Melodie: 50 angenommen, 10 abgelehnt, 6 juxta modum. In den nächsten Wochen geht die vierte Aussendung an die Diözesen mit 74 Liedern.
Zunächst wird dann über die Lieder entschieden, für die aus der letzten Sitzung die Beschlußfassung noch ausstand. Anschließend werden Lieder besprochen, die keine klare Zustimmung durch die Diözesen erfuhren, die aber nach Meinung der SK I A doch in das EGB sollten. Dabei waren die Änderungswünsche der Diözesen berücksichtigt worden. Es werden vor allem auch die Lieder besprochen, bei denen die Voten für Text und Melodie unterschiedlich waren.
Im nächsten Arbeitsgang kommen die AÖL-Lieder an die Reihe, die noch nicht für das EGB akzeptiert sind. Dabei werden 6 Lieder angenommen und 6 Lieder (nicht als ö-Lieder) abgelehnt.
Nochmals wendet sich dann die Diskussion den deutschen Einheitslie-

dern von 1947 zu. Die Unruhe in der Öffentlichkeit ist groß. Für die Bischofskonferenzen soll eine Dokumentation vorbereitet werden. Die SK I A hat die bisher nicht aufgenommenen E-Lieder noch einmal durchgesprochen. Sie schlägt vier weitere Lieder zur Aufnahme vor. Die HK spricht die ganze Liste durch. Es bleiben einige ungeklärte Fälle. Der Sekretär wird den Bischöfen die Liste schicken mit der Frage, ob nach ihrer Meinung diese Lieder im EGB stehen sollen.

SK I B – Nichtliedmäßige Gesänge: Die HK nimmt eine Liste mit 41 neutestamentlichen Gesängen entgegen (teilweise sind sie von der SK II verantwortet). Sie sind bereits alle in den Probepublikationen veröffentlicht. – Dann wird die Drucksache mit den Kehrversen besprochen, angenommen und an die künftige Redaktionskommission überwiesen, die ggf. noch Streichungsvorschläge machen kann. Ein Kehrvers (Zum Paradies) wird an die SK zurückverwiesen. Weitere Punkte: Te Deum, deutsch. Es wird ein einheitlicher Text mit dem Brevier gewünscht. Er soll sehr schnell erstellt werden. – Sonnengesang des hl. Franz. Der Text wird angenommen und zur Ausschreibung freigegeben. – Lateinische Gesänge. Die vorgelegte Liste wird angenommen. – Deutsche marianische Antiphonen. Die beiden Vorlagen werden angenommen. – Eine längere Debatte gibt es bei den Gesängen nach den neuen ökumenischen Texten der Meßfeier. Die SK I B hat weisungsgemäß eine Aussendung an die Diözesen gemacht, wobei auch Überarbeitungen von Gesängen mit dem früheren Einheitstext berücksichtigt wurden. Die Stellungnahmen wurden ausgewertet. Der Bericht darüber liegt vor. Nach Debatte wird jeweils einzeln abgestimmt. Für einige Stücke reicht die Zeit nicht mehr. Daher können die Mitglieder der HK schriftlich ablehnen, wenn für ein Stück der Liste der SK I B keine klare diözesane Mehrheit vorliegt. Die übrigen Stücke werden gemäß dem Votum der Diözesen angenommen.

SK II – Psalmodie und Gemeindehoren: Eine umfangreiche Drucksache mit Psalmen, Psalmodie und Stammkehrversen wird vorgelegt und besprochen. Bei vier Kehrversen werden Textänderungen beschlossen. Eine kleine Anzahl Psalmen kann erst in der Dezembersitzung angenommen werden. – Dann wird eine umfangreiche Drucksache zu den Antwortpsalmen vorgelegt (Sonntagslektionare und Feste). Sie enthält auch die jeweils passenden Kehrverse des EGB. Auf dieser Grundlage kann das „Vorsängerbuch II" (später „Kantorenbuch") bearbeitet werden.

Die nächste Drucksache enthält Vespern, Laudes und Komplet. Die Psalmenauswahl wird begründet. Die Übereinstimmung mit dem Brevier ist größer als zunächst vermutet. Die HK stimmt der Auswahl zu und stimmt dann über die einzelnen Vorlagen samt Antwortgesang und Magnifikat-Antiphon ab. Nur schwer ringt man sich zu dem Entschluß durch, daß der Hymnus am Anfang stehen soll. Für einige Kehrverse sind die Melodien noch in der Ausschreibung. Es soll geprüft werden, ob sie alle noch nötig sind (Redaktionskommission).

SK III – Wortgottesdienste: Das Modell für den priesterlosen Gottesdienst liegt vor. Nach Vorschlag von Bischof Aufderbeck soll der Name „Kommunionfeier" sein. Zu dieser Überschrift sollen die Bischöfe um Zustimmung gebeten werden. Der Text wird angenommen.

SK IV – Andachten: Der Referent ist nicht anwesend. Ein Protokoll dieser SK wird gutgeheißen. Sie wird aufgefordert, bis zur Dezembersitzung ihre Texte vorzulegen und diese vorab auch der künftigen Redaktionskommission zuzustellen.

SK V – Litaneien: Die Texte werden zur Beschlußfassung vorgelegt. Vier Litaneien werden durchgesprochen und mit Vorschlägen zur Überarbeitung grundsätzlich verabschiedet (vom heiligsten Sakrament, Lauretanische Litanei, Allerheiligen-Litanei, vom Leiden Christi). Bis zum 15. 9. sind Vorschläge einzureichen. – Eine Gotteslitanei, deren erster Entwurf scharfe Stellungnahmen auslöste, wird wesentlich überarbeitet vorgestellt, jedoch nicht als eigentlicher Litaneitext angesehen. Der Text wird als brauchbar bezeichnet, jedoch nicht endgültig für das EGB angenommen. – Die Namen-Gottes-Litanei wird mit einigen Änderungen angenommen. – Die Litanei vom Heilswirken Gottes (später „Lobpreis" statt Litanei) wird grundsätzlich angenommen bei einigen Überarbeitungswünschen. – Die Jesus-Litanei und die Litanei für Verstorbene können im einzelnen nicht mehr durchgesprochen werden. Da sie jedoch schon öfter behandelt wurden, werden sie grundsätzlich akzeptiert. Stellungnahmen zu einzelnen Formulierungen werden ebenfalls bis zum 15. 9. erwartet. – Der Text „Ave, du neue Eva" wird an die SK zurückverwiesen. Es wird ein zweiter Entwurf erbeten.

SK VI – Sakramente, Sakramentalien: Die erbetene Planung liegt vor. Sie wird gutgeheißen. Die fertigen Textentwürfe werden kurz

Die Hauptkommission

besprochen und im ganzen begrüßt. Von Firmritus und Krankensalbung fehlen noch die deutschen liturgischen Texte.
SK VII – Buße und Beichte: Der nochmals überarbeitete Text hat nun eine große Reife. Einteilung und Überschriften werden besprochen und beschlossen. Im Abschnitt Bußfeier sollen zwei konkrete Beispiele zu finden sein. – Ein Kinderbeichtspiegel scheint der SK VII ebenso wie schon der SK IX zum derzeitigen Zeitpunkt nicht möglich. Nach Bericht über diese Stellungnahmen in den Bischofskonferenzen beauftragten in der Folgezeit die Vorsitzenden zwei Autoren, je eine Vorlage zur Kinderbeichte und zur Jugendbeichte zu machen. Diese Vorlagen wurden dann der Redaktionskommission zur Bearbeitung übergeben. – Die Gebetstexte aus der Probepublikation werden der SK IV und der SK VIII überwiesen. Vor allem in den Gebetsteil sollen sie eingearbeitet werden. Der Dekalog soll in den Gebetsteil aufgenommen werden. Später wurde diese Entscheidung revidiert. Der Dekalog wurde zur Grundlage des ersten Gewissensspiegels. – Auf die Kirchengebote soll in geeigneter Weise hingewiesen werden.
SK VIII – Einzelgebete: Der vorliegende Faszikel, der einige neue Texte enthält, wird verabschiedet und an die künftige Redaktionskommission überwiesen. Bußgebete müssen noch eingearbeitet werden.
SK IX – Kindergottesdienst: Ein Teil verabschiedeter Gesänge wird vorgelegt, der Rest für Dezember versprochen. Die Mitglieder der SK IX sind der Meinung, daß die Ernennung eines Referenten nicht mehr sinnvoll sei, da nur noch eine Plenumssitzung vorgesehen ist.

Aus Köln und Aachen war ein Brief mit gravierenden Vorwürfen eingegangen. Damit mußte sich dei HK befassen. Es wurde eine Antwort formuliert, die im vollen Wortlaut in das Protokoll aufgenommen wurde:
„TOP XIII – Stellungnahmen zum Brief der Kommission für Liturgie und Kirchenmusik, Köln, und der Unterkommission für Kirchenmusik, Aachen, vom 15. 5. 1972 an verschiedene Adressen in den westdeutschen Diözesen.
Nach Diskussion des Sachverhaltes nimmt die HK in folgender Weise Stellung. Diese Stellungnahme soll allen Empfängern des o. g. Briefes von den Vorsitzenden durch das Sekretariat zugesandt werden.
1. Die Hauptkommission stellt fest: Der Köln-Aachener Brief wurde geschrieben, ohne daß man sich zunächst mit ihr in Verbindung

gesetzt hat. Ein entsprechender Hinweis des Sekretärs im vorausgegangenen Briefwechsel (Drucksache 1491) wurde ignoriert. Auch die Vereinbarung vom 14. 5. 1972 zwischen den Weihbischöfen Buchkremer, Aachen, Frotz, Köln, und Nordhues, Paderborn, mit der Versendung des Briefes zu warten, bis ein klärendes Gespräch zwischen den Vertretern der HK und den Weihbischöfen Buchkremer und Frotz stattgefunden hat, wurde nicht eingehalten. Das für den 17. 6. 1972 angesetzte Gespräch wurde folglich von seiten des Sekretariates abgesagt.

2. Offenbar wird das EGB von den Absendern praktisch als eine westdeutsche Angelegenheit angesehen. Das erweist die Adressatenliste. Die Anliegen der übrigen Gebiete des deutschen Sprachraums bzgl. des EGB und speziell der E-Lieder werden nicht beachtet.

3. Die Behauptung, daß die ‚Stellungnahmen der Diözesen zu den bisher ausgesandten Liedern nicht immer korrekt berücksichtigt wurden', trifft nicht zu. Die HK weist noch einmal darauf hin, daß gemäß der Satzung, die von den Bischofskonferenzen gegeben wurde, den diözesanen Voten ebenso wie den Beschlüssen der Subkommissionen kein letztes Entscheidungsgewicht zukommt. Dieses liegt allein bei der HK. Sie entscheidet über die Vorlage an die Bischofskonferenzen. Zur Entscheidungsfindung dienen ihr die verschiedenen Voten und Vorarbeiten.

4. Die HK weist die Behauptung zurück, daß ‚eine neutrale Auswertung der Diözesangutachten... nicht gewährleistet sei'.

5. Die HK fordert, daß die Absender diese ehrenrührigen Behauptungen (vgl. Nr. 3 und 4) gegenüber den Empfängern des Briefes und gegenüber der HK zurücknehmen.

6. Die HK nimmt mit Befremden Kenntnis von den vorausgegangenen Briefen aus Aachen an den Sekretär vom 14. 3. 1972 (Kantor Bierwisch) und vom 17. 3. 1972 (Unterkommission für Kirchenmusik) und an den Vorsitzenden vom 20. 3. 1972 (Kantor Bierwisch). Die HK spricht den beiden Vorsitzenden, dem Sekretär, den Referenten erneut ihr Vertrauen aus. Sie verlangt, daß die in den Briefen enthaltenen ehrenrührigen Behauptungen, für die kein Beweis erfolgt, von den Absendern gegenüber den Vorsitzenden zurückgenommen werden.

7. Zu den weiteren Behauptungen nimmt die HK wie folgt Stellung:

Die Hauptkommission

a) Bei der Feststellung der gemeinsamen E-Lieder muß der gesamte Sprachraum berücksichtigt werden. Innerhalb desselben gibt es nicht 43, sondern höchstens 15 einheitliche Fassungen.
b) Der Rekurs auf den Beschluß der zunächst westdeutschen EGB-Liedkommission vom 9. 4. 1964 ist nicht zulässig, da bei Gründung der internationalen EGB-Kommission 1967 dieser Beschluß ausdrücklich aufgehoben wurde, ebenso der (ebenfalls von der obengenannten Kommission gefaßte) Beschluß, keine ökumenischen Rücksichten bei der Auswahl des Liedgutes zu nehmen.
c) Die HK weist darauf hin, daß die Arbeitsgemeinschaft für ökumenisches Liedgut im Auftrag der Kirchenleitungen des deutschen Sprachgebietes gearbeitet hat. Das Ergebnis wurde ordnungsgemäß allen Bischofskonferenzen zugeleitet. Die westdeutsche Bischofskonferenz hat es sogar beraten; jedes einzelne Lied wurde den Bischöfen zugänglich gemacht. – Die HK steht zum Prinzip des Kompromisses aus ökumenischen Gründen. Nur so können von den anderen christlichen Gemeinschaften ähnliche Opfer erwartet werden.
d) Mit Billigung der Hauptkommission können in Probepublikationen auch Gesänge angeboten werden, die nicht schon zuvor den Diözesen vorgelegt wurden. Das folgende Votum der Diözesen bleibt davon unberührt; es hat in vielen Fällen zu Änderungen geführt.
e) Nach ausdrücklichem Beschluß der Hauptkommission kann auf die Mitarbeit von Autoren in den Subkommissionen nicht verzichtet werden; es versteht sich jedoch, daß sie an der Abstimmung über ihre eigenen Werke nicht beteiligt sind.
f) Die statistischen Angaben des genannten Briefes sind zu undifferenziert und können daher zu Irreführungen werden, da sie zwischen geringfügigen und größeren Änderungen sowie zwischen Text- und Melodieänderungen nicht unterscheiden. So hat z. B. Herr Peusquens inzwischen dem Sekretariat mitgeteilt, daß die Absender auch das Lied ‚Zu Betlehem geboren' zu den geänderten Liedern zählen, da Strophe 6 gestrichen wurde und die 4. und 5. Strophe umgestellt wurden.
Es liegt auf der Hand, daß eine solche Änderung den Gemeinden keine Schwierigkeiten macht. Von den alten deutschen E-Liedern werden ca. 25 ohne wesentliche Änderung von Text und Melodie übernommen. Bei weiteren 25 ist nur der Text mehr oder weniger neugefaßt.
Außer den E-Liedern sind ca. weitere 40 Lieder in den meisten

Diözesen in der vorgelegten Fassung bekannt; es ist daher nicht zu befürchten, daß bei Einführungen des EGB zu wenig gemeinsames Liedgut vorhanden sein wird.
Die Gemeinden werden somit Lieder für die verschiedenen Anlässe vorfinden, die sie von Anfang an benutzen können.
Dazu kommen die Lieder in den vorgesehenen Diözesananhängen. Für das Lernen neuer und das Umlernen geänderter Lieder bleibt genügend Zeit. Die Schwierigkeiten, die mit der Einführung eines neuen Gesangbuches zwangsläufig verbunden sind, können auf diese Weise gemeistert werden.
g) Durch die Vorauspublikation ‚Gesänge zur Meßfeier' (die Hälfte der Lieder kann sofort gesungen werden) können die Gemeinden sich jetzt schon auf das EGB einstellen, so daß die befürchteten Schwierigkeiten noch bedeutend verringert werden können. Die Vorauspublikation erscheint jetzt in der Bonifacius-Druckerei Paderborn.
8. Die HK weist die Vorschläge zur Umstrukturierung der EGB-Kommission und des EGB-Konzeptes zurück. Die Abstimmungen der letzten Jahre in der Deutschen und Österreichischen Bischofskonferenz, in der Berliner Ordinarienkonferenz, in den entsprechenden Diözesanvertretergremien und in den Diözesankommissionen von Brixen haben allesamt das derzeitige Konzept eines wirklichen ‚Einheits-Gesangbuches' bestätigt. Es ist befremdlich, daß die Diözesanvertreter von Aachen und Köln, die im November 1971 in Ellwangen diesem Beschluß zugestimmt haben, sich nun in ihrem Brief vom 15. 5. 1972 dagegenstellten.
Die Verzögerung des EGB auf einige Jahre dient u.E. der Sache in keiner Weise. Die Mehrzahl der Bistümer wartet auf das baldige Erscheinen des EGB. An diözesanen und regionalen Anhängen wird bereits gearbeitet.
9. Die HK stellt fest, daß der Liedfachmann aus dem Raum Aachen-Köln, der der S K I A angehörte, seit 1967 an keiner Sitzung teilgenommen hat. Er hat sich auch niemals schriftlich zu dem reichlich zugesandten Material geäußert. Daß dieses Mitglied nicht der Kommission für Liturgie und Kirchenmusik im Bistum Köln angehörte, ist nicht erheblich, da dies für einen großen Teil der EGB-Mitglieder zutrifft, die trotzdem die Tradition ihrer Region vertreten.
10. Die HK stellt fest, daß weder Köln noch Aachen jemals konkrete Vorschläge an sie herangetragen haben.
Diözesen, die sich innerhalb der diözesanen Voten und Tagungen und

gegenüber der SK I A mit ihren Meinungen nicht durchsetzen können, haben natürlich das Recht, ihren Standpunkt an die HK heranzutragen, am besten in Form von Anträgen bzw. Änderungsanträgen. Die HK hält deswegen den genannten Brief nicht für einen konkreten Weg zur Meinungsbildung.
11. Die HK stellt fest, daß der Brief mit ‚gez. Weihbischof Dr. A. Frotz, Vorsitzender der Kommission für Liturgie und Kirchenmusik' versandt wurde, ohne daß der Genannte seine Zustimmung und Unterschrift gegeben hatte."

Als letzter Tagesordnungspunkt stand die Bildung von Redaktionskommissionen zur Debatte. Die Beratung war durch eine Besprechung unter den bischöflichen Mitgliedern der HK vorbereitet worden. Im einzelnen wurden gebildet:
1. Redaktionskommission. Dies wird die wichtigste Arbeitskommission für den Abschluß der Arbeiten sein. Ihr Auftrag: Sie soll bis zur Dezembersitzung ein Rohmanuskript des EGB erstellen. Arbeitsgrundlage sind 1. die Beschlüsse der HK zum Aufbau des EGB, 2. die von den Subkommissionen erarbeiteten Einzelstücke, die von der HK verabschiedet sind. – Wegen der Wichtigkeit dieser Arbeit gehören die beiden Vorsitzenden der EGB-Kommission zur Redaktionskommission. Insgesamt gehören der Kommission sieben Mitglieder an: Weihbischof Nordhues, Weihbischof Wagner, Dr. Duffrer, Pfarrer Beier, Frau Dr. Lissner, Pfr. Dr. Berger, Dr. Trottmann und der Sekretär.
2. Notationskommission. Sie hat den Auftrag, nach den Vorstellungen der verschiedenen Subkommissionen Grundsätze zu formulieren und der nächsten HK-Sitzung mit Beispielen vorzulegen. – Später sind dann alle Einzelstücke nach diesen Grundsätzen einzurichten.
Mitglieder: Quack, Aengenvoort, Sidler, evtl. Schabasser bzw. Graf.
3. Textkommission. Sie hat den Auftrag, einheitliche Grundsätze für Satzzeichen und Schreibweise aufzustellen sowie die Übereinstimmung der Texte mit den Quellen zu überprüfen. Darüber wird der HK berichtet. Nach der Festlegung der Prinzipien wird dann das gesamte Manuskript gestaltet.
Mitglieder: M. L. Thurmair, Hofmann und Kliem.
4. Orgelbuchkommission. Sie hat den Auftrag, entsprechend den Maßgaben des Autorenrechts einfache Orgelsätze zu den Melodien des EGB zu erstellen. Vorhandene Orgelsätze sollen geprüft werden. Die HK erwartet jeweils einen Bericht.

Mitglieder: H. Kronsteiner, Rahe, Thomas, Rohr und evtl. Brauckmann.
5. Vorsängerbuchkommission A – Kantorenstücke. Sie hat den Auftrag, ein Manuskript mit Antwortpsalmen für alle Sonn- und Festtage sowie mit Hallelujaversen zu erstellen. Die HK erwartet jeweils einen Bericht.
Mitglieder: nicht endgültig besetzt. Genannt werden Harnoncourt, Offele, Aengenvoort.
6. Vorsängerbuchkommission B – Scholastücke. Sie hat den Auftrag, ein Manuskript mit Gesängen zur Eucharistiefeier, zum Wortgottesdienst und zu anderen Gelegenheiten zu erstellen. Die HK erwartet jeweils einen Bericht.
Mitglieder: Niklaus, Schubert, Simeon.
7. Kinderagendenkommission. Entsprechend den Beschlüssen und den Vorarbeiten soll ein Werkbuch für den Kindergottesdienst erstellt werden. Die HK erwartet jeweils einen Bericht.
Mitglieder: Kalteyer, Lissner, Misch (andere können zur Mitarbeit herangezogen werden).
Als letztes beschließt die HK, ihre nächste Sitzung um einen Tag zu verlängern.

1.5.5.8 Achte Sitzung der Hauptkommission, 3.-6. Dezember 1972

Die Sitzung fand statt in Schönberg bei Innsbruck.
Hauptaufgabe dieser Sitzung ist die Durchsicht und Verabschiedung des Rohmanuskripts zur Weitergabe an die Bischofskonferenzen. Inzwischen ist die Vorauspublikation in hoher Auflage verkauft. Das Bild der Stellungnahmen ist gleichbleibend: vom grünen Tisch vorwiegend Ablehnung, aus der Praxis vorwiegend Zustimmung. Es gibt neue Vorstöße, das ganze Projekt EGB zu Fall zu bringen. Die häufigste Frage vor dem Kauf der Vorauspublikation: Bleiben die so, wie sie da drin stehen? Das macht verständlich, warum die Probepublikationen nur eine Gesamtauflage von ca. einer halben Million hatten. Die Vorauspublikation wird es auf insgesamt 2,2 Millionen bringen. Ausführlich muß nochmals die Autorenschaft von EGB-Kommissions-Mitgliedern besprochen werden, da die Vorwürfe wiederholt auftauchen.
Ebenso häufig wie die Frage nach der Verbindlichkeit der Vorauspu-

Die Hauptkommission 105

blikation wird die Frage nach dem Erscheinungstermin des EGB gestellt. Der Sekretär legt einen Zeitplan vor, der nach seiner Ansicht realistisch ist, wenn keine großen Pannen vorkommen. Danach kann das EGB in der Fastenzeit 1975 ausgeliefert werden. So geschah es dann auch.

Aus dem Allgemeinen Cäcilienverband (ACV) kommen Vorwürfe, er wäre von den Arbeiten ausgeschlossen. Der anwesende Generalpräses, zugleich Schweizer Präses des ACV, stellt sich persönlich uneingeschränkt hinter die Arbeit am EGB. Es wird festgestellt, daß die Generalpräsides des ACV (Overath, Lueger, Saladin) von Anfang an der EGB-Kommission angehört haben. Dies trifft auch für den österreichischen Präses (Josef Kronsteiner) und den derzeitigen Leiter der deutschen Sektion (Lonnendonker) zu. Außerdem gehören der EGB-Kommission eine Reihe Diözesanpräsides des ACV an. – Prof. Lonnendonker, Saarbrücken, wird zum Mitglied der HK berufen.

Weihbischof Nordhues hatte zu verschiedenen Grundfragen des EGB Fragebögen mit 20 Fragen an alle westdeutschen Bischöfe geschickt. Die Auswertung der Antworten wird jetzt vorgetragen. 20 Diözesen haben den Fragebogen zurückgeschickt. Es ging um Fragen nach Verlag, nach drucktechnischen Daten, Diözesananhang und Einzelheiten des Inhaltes. Mit großer Mehrheit wünschen die Bischöfe einen Beichtspiegel für Kinder. Eine Dreiviertelmehrheit spricht sich für den Abdruck aller vier Hochgebete aus. Nicht eindeutig sind die Antworten nach den Kirchengeboten. Da von einigen heftige Kritik an der Aufnahme einiger Texte von Huub Osterhuis vorgebracht wurde, enthielt der Fragebogen auch eine Frage in dieser Richtung. Dafür war eine Zweidrittelmehrheit der Bischöfe. Eine Diözesanvertretung hatte vorgeschlagen, nur ein EGB mit Liedern zu veröffentlichen, das übrige den Diözesen zu überlassen. Alle Bischöfe waren dagegen.

Nochmals werden alle Änderungen in den Einheitsliedern von 1947 überprüft. Die HK stellt fest, daß die Änderungen eine Verbesserung darstellen und daß die Umstellungsschwierigkeiten zu bewältigen sind. Die Stellungnahme wird den Bischofskonferenzen zugeleitet. Dann berichtet die SK I A über die 4. Aussendung an die Diözesen. 35 Lieder wurden mit klarer Mehrheit angenommen, bei 30 ist die Stellungnahme zu Text oder Melodie, bei manchen auch zu beiden zweifelhaft oder ablehnend. In manchen Fällen konnte die SK den

Vorschlägen aus den Diözesen folgen. In anderen hat sie nach neuer Beratung keine neue Fassung gemacht. Die Fälle werden im einzelnen dargestellt und besprochen. Insgesamt werden mit Nacharbeiten aus früheren Aussendungen 35 Lieder einzeln besprochen und entschieden. 23 werden angenommen.
Dann wird das Rohmanuskript vorgestellt und erläutert. Zum Gesamtaufbau wird ein Antrag der Redaktionskommission zur Ordnung des Kirchenjahres abgelehnt. Es war vorgeschlagen worden, mit dem Osterfestkreis zu beginnen. Auch bei den liturgischen Büchern konnte sich dieser Vorschlag nicht durchsetzen. Dagegen wurde der Antrag angenommen, die Vespern bei den einzelnen Festzeiten abzudrucken und nicht im Psalmteil.
Es folgt die Besprechung der einzelnen Blöcke des Manuskripts. Einzelne Modi zu allen Stücken müssen bis zum 5. 2. 1973 bei der Redaktionskommission sein.
1. *Persönliche Gebete* (85 Seiten). Nach einigen Änderungen einstimmig verabschiedet.
2. *Christliches Leben aus den Sakramenten* (78 Seiten). Hierbei wird länger verweilt, weil der Teil noch am unfertigsten ist. Es fehlen noch Firmung und Krankensalbung. Manche Texte sind erster Entwurf. So gibt es eine größere Zahl von Einzelbeschlüssen. Diese eingeschlossen, wird am Ende der Teil einstimmig verabschiedet.
3. *Das Leben der Gemeinde im Kirchenjahr* (104 Seiten). Es werden einige Lücken festgestellt. Die Redaktionskommission stellt daher einige Anträge, die teilweise zur Aufnahme weiterer Lieder führen, etwa „Liebster Jesu, wir sind hier". Für mehrere E-Lieder, die von der SK I A nicht vorgeschlagen waren, wurde die Meinung der Bischöfe eingeholt. Große Mehrheiten gab es für „Alles meinem Gott zu Ehren", jedoch mit Textänderung und „Gelobt seist du, Herr Jesus Christ" ohne Textänderung. Das Lied „Jesus, dir leb ich" fand bei den Bischöfen keine Mehrheit, aber auch keine völlige Ablehnung. Die HK sprach sich gegen die Aufnahme aus.
Am Ende wird der Abschnitt einstimmig verabschiedet.
4. *Der Aufbau der Meßfeier* (22 Seiten). Nach gründlicher Durchsprache dieses ebenfalls neuen Textes und Änderungsvorschlägen wird der Teil einstimmig verabschiedet.
5. *Kommunionfeier* (4 Seiten) wird einstimmig verabschiedet.
6. *Gesänge zur Meßfeier* (9 Seiten lateinische Gesänge). Nach Ergänzung einstimmig verabschiedet.

Die Hauptkommission 107

7. *Deutsche Ordinariumsgesänge* (11 Seiten) wird einstimmig verabschiedet.
8. *Meßreihen* (19 Seiten) wird nach Ergänzungen verabschiedet.
9. *Gesangsteil 2. Teil* (38 Seiten) wird einstimmig verabschiedet.
10. *Advent* (14 Seiten) wird einstimmig verabschiedet.
11. Gesondert wird der Abschnitt *Buße und Beichte* besprochen (52 Seiten). Der Text wurde erneut überarbeitet. Einige Fragen werden zur Diskussion gestellt. Nach längerer Debatte wird der Abschnitt mit einigen Änderungen einstimmig verabschiedet.
12. *Wortgottesdienst, Stundengebet, Andachten*. Dem vorhandenen Bestand wird zugestimmt. Es fehlen noch völlig die Andachten. Aus der SK IV kam keine Reaktion, der Referent ist nicht anwesend. Der Vorsitzende und der Sekretär werden beauftragt, mit dem Referenten zu sprechen. Dies geschah bald nach der Sitzung. Es ergab sich, daß die SK IV wieder arbeitsunfähig geworden war. So erhielt die Redaktionskommission den Auftrag, den Andachtsteil zu erstellen.
13. *Litaneien*. Die Texte konnten noch nicht zur Verabschiedung vorgelegt werden. Sie werden in der nächsten Sitzung der HK endgültig verabschiedet. Das Rohmanuskript enthält eine entsprechende Anmerkung.

Somit konnte noch im Dezember 1972, nachdem am Nikolaustag das Rohmanuskript verabschiedet war, die Vervielfältigung vorgenommen werden. Anfang Januar hatten es alle Bischöfe in Händen. Die HK legt ihre nächste Sitzung schon für zehn Wochen später fest.

1.5.5.9 Neunte Sitzung der Hauptkommission, 25.-28. 2. 1973

Die Sitzung fand statt im Volksbildungsheim Puchberg bei Wels. Das Rohmanuskript hat zu einer großen Anzahl von Modi geführt. Die Redaktionskommission hat ihre Arbeit daran aufgenommen.
– Die Kritik von seiten der Traditionalisten wird lauter. Ausdrücke werden verwendet wie: Verächtlichmachung der Marienverehrung, des Glaubensgutes, Diabolik. Darüber lohnt aber nicht zu diskutieren, zumal von der anderen Seite das EGB als zu adorativ gegenüber dem Jesus von Nazaret bezeichnet wird. – Länger diskutiert die HK über die Anzahl der Kehrverse. Siehe dazu den eigenen Beitrag 2.2.3.

Als Nacharbeit zum Rohmanuskript wird über die Litaneien entschieden. Die schon in der 7. Sitzung grundsätzlich angenommenen

Litaneien werden endgültig verabschiedet. Es sind dies: Litanei vom heiligsten Sakrament; Lauretanische Litanei; Allerheiligen-Litanei; Litanei vom Leiden Christi; Namen-Gottes-Litanei; Lobpreis vom Heilswirken Gottes; Jesus-Litanei; Litanei für die Verstorbenen. Neu werden vorgelegt und nach Diskussion verabschiedet: Christus-Rufe und Laudes Hincmari. Für letzteres soll ein neuer Name gefunden werden (später: Lobpreis und Fürbitte).

Die Redaktionskommission hat allen ihren Sitzungen einen Tag vorgeschaltet und Andachten gesucht und bearbeitet. Nach den Wünschen der Diözesen müßte das EGB 17 bis 18 Andachten enthalten. 7 Andachtstexte liegen vor. Sie werden durchgesprochen und grundsätzlich angenommen. Die HK-Mitglieder werden gebeten, sehr schnell Modi dazu einzusenden, damit die Texte zu einer möglichst großen Reife geführt werden können. 10 Andachten sind noch in Arbeit. Sie werden auf der nächsten und letzten Sitzung der HK vorgelegt.

Aus dem Bereich der SK I A werden noch bei 37 Liedern notwendige Entscheidungen gefällt.

Aus dem Bereich der SK I B wird über zehn Stücke endgültig entschieden, darunter über den litaneiartigen Gesang „Sei hier zugegen".

Aus dem Bereich der SK II wird über eine Reihe ausstehender Stammkehrverse entschieden, dazu über zwei neutestamentliche Gesänge.

Die SK IX legt 15 Gesänge vor, von denen einer abgelehnt wird.

Schließlich wird ein Entwurf für eine Beichtandacht für Kinder besprochen. Er wird mit Änderungswünschen versehen. Eine gründliche Überarbeitung scheint nötig. – Die Modi zur Erwachsenenbeichte werden an den Referenten der SK VII weitergegeben.

Es folgt die Behandlung einiger Einzelanträge von Diözesen und Mitgliedern der HK. Sie betreffen einzelne Lieder oder die Drucktechnik. Hervorzuheben ist der Antrag, das Lied „Stille Nacht" aufzunehmen. Dem wurde nach längerer Debatte zugestimmt.

Dann folgt ein ausführliches Gespräch über ein Memorandum, das die Landesarbeitsgemeinschaft Deutschland des ACV verschickt hat. Da der Unterzeichner Prof. Lonnendonker anwesend ist, kommt ein gutes Gespräch zustande, zumal in der Zwischenzeit auf eine Antwort des Vorsitzenden hin eine Präzisierung zum

Memorandum verschickt worden war. Aufgrund der Aussprache wird eine Antwort abgefaßt und an die gleichen Stellen verschickt. Zum Schluß richtet die HK an die Bischofskonferenz und die einzelnen Bischöfe den Antrag, das Rohmanuskript zu verabschieden.

1.5.5.10 Zehnte und letzte Sitzung der Hauptkommission, 17.-19. Juni 1973

Die Sitzung fand statt im Volksbildungsheim Puchberg bei Wels. Inzwischen haben die Bischofskonferenzen sich mit dem Rohmanuskript befaßt. Die Deutsche Bischofskonferenz hat es als Grundlage für die abschließende Arbeit angenommen. Die fehlenden Stücke sollen baldmöglichst bearbeitet und den Bischöfen zugeleitet werden. Bis zum 1. Juni 1973 sollen Modi eingereicht werden. Drei weitere Bischöfe sollen bei der Auswertung der Modi auf der nächsten Sitzung der HK mitwirken. Die HK soll durch die Redaktionskommission das druckfertige Manuskript erstellen lassen. Vor der Drucklegung wird es den Bischöfen zur Beschlußfassung zugeleitet.
Die Österreichische Bischofskonferenz hat das Rohmanuskript verabschiedet. Auch von den österreichischen Bischöfen sind Modi bis zum 1. Juni erbeten. Hauptwunsch: Baldiges Erscheinen des EGB.
Auch die DDR wünscht das baldige Erscheinen des Buches.
Inzwischen hat auch eine mehrtägige Sitzung der westdeutschen Diözesanvertreter stattgefunden, auf der das gesamte Rohmanuskript besprochen wurde. Es gab heiße Debatten, aber große Mehrheiten bei den Abstimmungen.
Bis zum 1. Juni sind ca. 3000 Modi eingegangen. Die Redaktionskommission hat sie in drei Sitzungen bearbeitet und legt acht Redaktionsberichte vor. Entsprechend dem Beschluß der Deutschen Bischofskonferenz sind die Weihbischöfe Dr. Augustinus Frotz, Köln, und Ernst Gutting, Speyer, anwesend. Der dritte, Weihbischof Buchkremer, Aachen, mußte sich entschuldigen.
Unter den neuen Modi ist eine Reihe radikaler in diffamierender Sprache. Sie sind nicht hilfreich. Die meisten jedoch sind sehr hilfreich. Die Redaktionskommission macht aufgrund der Modi eine Zahl von Änderungsvorschlägen. Meist beziehen sie sich auf den Textteil, da der Gesangsteil vorher schon ausgiebig in den Diözesen diskutiert wurde.
Die Redaktionskommission beantragt, daß sie weiter Modifizierungs-

vorschläge machen kann, auch nach der letzten Sitzung. Sonst könnten eindeutige Verbesserungen und Ergänzungen behindert werden. Die Zustimmung der HK müßte dann auf schriftlichem Weg eingeholt werden. Die HK stimmt dem zu.
Zunächst werden die Litaneien behandelt anhand des Redaktionsberichtes. Zusätzlich wird die Allerheiligen-Litanei in der Form der Osternacht aufgenommen. Sie soll auch im Zusammenhang der Osternacht abgedruckt werden. – Eine Reihe von Änderungen wird vorgenommen, und die Texte werden dann endgültig verabschiedet.
An zweiter Stelle stehen die Andachten, an denen ja noch am meisten gearbeitet werden mußte. Man beginnt mit der Modifizierung der schon grundsätzlich verabschiedeten Texte und wendet sich dann den neuen Vorlagen zu. Sie werden verabschiedet mit der Maßgabe, kurzfristig Modi an die Redaktionskommission zu schicken, die ihrerseits den Mitgliedern der HK die Texte zur Stellungnahme zuschickt. Insgesamt sollen 17 Andachten in das EGB. Streichungen sollen nur im Notfall vorgenommen werden, zumal eine Reihe Wünsche nach Vermehrung der Zahl vorliegen.
Zwei Redaktionsberichte zum Gebetsteil werden besprochen und eine Reihe Änderungen vorgenommen.
Dann wird der Redaktionsbericht „Lieder und Gesänge" aufgerufen. Es kommt zunächst zu einer längeren Grundsatzdebatte. Es geht dabei um die Formulierung im Beschluß der Deutschen Bischofskonferenz, das Rohmanuskript sei „Grundlage für die abschließende Bearbeitung". Können so schwerwiegende Änderungen wie der Ausstieg aus manchen ökumenischen Fassungen damit gedeckt werden? Die HK verneint dies. Auch bei der Vorauspublikation steht man im Wort, daß nichts geändert wird. – Bei der Anzahl der Kehrverse wird eine radikale Kürzung vorgeschlagen. Nochmals wird dargelegt, daß es unter 150 Kehrversen nicht bleiben kann, wenn man den Auftrag des Konzils erfüllen will. Das Gesangbuch für das englischsprechende Kanada, das gerade erschienen ist, hat eine sehr hohe Zahl von Kehrversen, obwohl diese dort noch kaum bekannt waren. Der Vorsitzende stellt fest, daß es nur den Weg gibt: Modi einbringen, streichen, ändern, ergänzen.
In der Einzeldebatte geht es dann zunächst um die Kehrverse. Die Redaktionskommission schlägt 14 Kehrverse zur Streichung vor.

Die Hauptkommission 111

Nach Debatte wird dieser Antrag bei einer Gegenstimme und 2 Enthaltungen abgelehnt. Zu insgesamt 37 Liedern und Gesängen werden Einzelbeschlüsse gefaßt.
Zum Teil neu sind auch die Texte zu den Sakramenten und katechetischen Einführungen, wegen der Abhängigkeit von den offiziellen Texten der Riten. Allgemein wird festgestellt, daß die katechetischen Einführungen nicht fehlen dürfen, da für viele das EGB das einzige religiöse Buch sein wird, das sie haben.
Auch zu diesen Redaktionsberichten sind Modi dringend erwünscht. Die geänderten Fassungen werden den Mitgliedern dann zugesandt.
Zum Bußteil wird ein Text zu den Zehn Geboten vorgelegt und gebilligt. Auch im schon vorhandenen Textbestand gibt es aufgrund der Modi einige Änderungen. – Die zwei Entwürfe für Beichtandachten für Kinder werden durchgesprochen und zur Versendung an die Bischöfe als Ergänzung des Rohmanuskripts verabschiedet.
Schließlich wird der Herausgabe von EGB 10 – Gib mir ein Lied, Gesänge von heute, zugestimmt.
Für die Fertigstellung des Manuskripts faßt die HK folgenden Beschluß: Die HK spricht der Redaktionskommission das Vertrauen aus, das Manuskript für die Bischofskonferenzen zusammenzustellen. Letzte Modi können bis zum 4. Juli eingereicht werden. Verbindliche Manuskripte, in denen alle Fehler ausgemerzt sind, müssen von den Subkommissionen bis zum 20. Juli eingereicht werden. Nach Approbation durch die Bischofskonferenzen werden evtl. Modi der Bischofskonferenzen durch eine erweiterte Redaktionskommission eingearbeitet. Dazu findet eine eigene Sitzung statt, die vom 7.-9. 11. in Österreich tagen soll.
Die beschlossene letzte Überarbeitung kam dann durch Beschluß der Deutschen Bischofskonferenz auf eine andere Art zustande. (Siehe die folgenden Berichte.)
Am Ende der Sitzung ergreift Kardinal Volk das Wort und dankt den beiden Vorsitzenden für die Art, wie sie ihr schweres Amt ausgeübt haben.

1.6 Die Redaktionskommission 1972-1974

Josef Seuffert

1.6.1 Die Bildung der Redaktionskommission

Mitglieder

Weihbischof Nordhues, Paderborn   Ordinariatsrat Duffrer, Mainz
Weihbischof Wagner, Linz   Frau Lissner, Düsseldorf
Pfarrer Beier, Maria Wörth   Herr Trottmann, Schweiz
Pfarrer Berger, Bad Tölz   Pfarrer Seuffert, Trier

Sitzungen
Wegen des besseren Überblicks sind die dazwischenliegenden Sitzungen der Entscheidungsgremien angegeben.
1. 10. Oktober 1972 in Mainz
2. 12.-17. November 1972 in Bad Tölz
   Hauptkommission (8. Sitzung)
3. 6.-9. Februar 1973 in Bad Tölz
   Hauptkommission (9. Sitzung)
   (Deutsche Bischofskonferenz)
   Diözesanvertreter
4. 4.-7. Juni 1973 in Maria Wörth
   Hauptkommission (10. Sitzung)
5. 4.-6. Juli 1973 in Maria Wörth
6. 16.-18. August 1973 in Bad Tölz
   (Deutsche Bischofskonferenz)
7. 29.-31. Oktober 1973 in Puchberg
   Bischöfliche Kommission
8. 29.-30. November 1973 in Puchberg
9. 14.-17. Dezember 1973 in Zürich
10. 10.-12. Januar 1974 in Bad Tölz
    Bischöfliche Kommission
11. 18.-21. Februar 1974 in Bad Tölz
    (Deutsche Bischofskonferenz, endgültige Verabschiedung)
12. 28. März 1974 in Stuttgart

Die Redaktionskommission 113

13. 24.-28. April 1974 in Bad Tölz
14. 19.-21. Mai 1974 in Bad Tölz
15. 24.-28. Juni 1974 in Maria Wörth
16. 22.-24. November 1974 in Bad Tölz

Auf der 7. Sitzung der Hauptkommission wurden über 400 Seiten Manuskripte für das *Gotteslob* verabschiedet. Damit war der allergrößte Teil der Stücke für das Einheitsgesangbuch verabschiedet. Es galt nun daraus ein Buch zu machen. Zur Erfüllung dieser Aufgabe wurde eine Redaktionskommission gebildet. Der Auftrag lautete: „Die Redaktionskommission soll bis zur Dezembersitzung ein Rohmanuskript des EGB erstellen. Arbeitsgrundlage sind 1. die Beschlüsse der Hauptkommission zum Aufbau des EGB, 2. die von den Subkommissionen erarbeiteten Einzelstücke. – Vorlage an die Hauptkommission: Entwurf eines Inhaltsverzeichnisses. Rohmanuskript mit allen Einzelstücken."
Die umfangreiche Arbeit, die Noten und Texte druckreif zu machen, wurde zwei anderen Kommissionen übertragen. Es wurden gebildet:

Die Notationskommission

Auftrag: „Die Vorstellungen der beteiligten Subkommissionen über Notation koordinieren und konkretisieren, Grundsätze formulieren. – Vorlage an die Hauptkommission: Grundsätze mit einer ausreichenden Zahl von Beispielen."
Als Mitglieder der Notationskommission wurden berufen: Domkapellmeister Quack, Dozent Aengenvoort, Pater Sidler, dazu evtl. Domkapellmeister Graf oder Professor Schabasser bzw. Professor Lonnendonker.

Die Textkommission

Auftrag: „Erarbeitung einheitlicher Prinzipien für Satzzeichen und Schreibweise. Überprüfung der Übereinstimmung mit den Quellen. – Vorlage an die Hauptkommission: Prinzipien, Vorlage der sich ergebenden Probleme, Beispiele."
Als Mitglieder der Textkommission wurden berufen: Frau Thurmair, Pfarrer Hofmann, Pater Kliem.
Später wurde den beiden letzteren Kommissionen auch noch die Zuständigkeit für die Quellenangaben übertragen.

1.6.2 Redaktionelle Arbeit vor Bildung der Redaktionskommission

Fragen zur Gestalt des künftigen Buches gab es von Anfang an. Sie sind vor allem im Zusammenhang mit den Fragen des Aufbaus gestellt worden. (Siehe den Beitrag „Der Aufbau des *Gotteslob*", Seite" 146ff.)
Außerdem mußten die Probepublikationen redigiert werden. Dies geschah ohne starre Prinzipien. Für sehr große Sorgfalt blieb auch keine Zeit. Falls nicht eine einzelne Subkommission für die Herausgabe einer Probepublikation zuständig war, nahm sich die Referentenkonferenz der Fragen an. Es zeigte sich, daß es günstig war, daß sich die Referenten der einzelnen Subkommissionen gelegentlich trafen, um gemeinsam Probleme zu besprechen. Dies geschah in der Regel einen Tag vor den Sitzungen der Hauptkommission. Dabei wurden wichtige Vorarbeiten auch für die künftige Redaktionskommission geleistet.
Die Referentenkonferenz kam 6mal zusammen:
8. 7. 1969 in Morsbach, Schweiz
17. 11. 1969 in Reineck, Schweiz
13.-14. 3. 1970 in München (vor allem Koordinierungsfragen mit den Liturgischen Kommissionen)
19.-20. 6. 1970 in München (vor allem Exposé zum EGB)
18. 11. 1970 in Zürich
22.-23. 6. 1971 in Puchberg.
Insgesamt 25 Drucksachen sind das Ergebnis dieser Arbeit. Das Kürzel dieser Drucksachen ist „RK". Dieses Kürzel wurde für die Redaktionskommission beibehalten.

1.6.3 Die Arbeit der Redaktionskommission

1.6.3.1 Die Erstellung des Rohmanuskripts

Im Juli 1972 wurde die Redaktionskommission gebildet. Ihr erster Auftrag war die Erstellung eines Rohmanuskriptes. Während der Ferien wurden im Sekretariat die Vorarbeiten geleistet im ständigen Kontakt mit den beiden Vorsitzenden. Die Einzelstücke (im Verabschiedeten Zustand) wurden von den Subkommissionen verschieden pünktlich zugesandt. Am 10. Oktober 1972 kam die Redaktionskom-

Die Redaktionskommission

mission zu einer ersten Sitzung zusammen, und zwar nur einen Tag. Es wurden die Grundsätze besprochen und eine mehrtägige Sitzung vorbereitet. Das Sekretariat hatte weitere vier Wochen Zeit, das umfangreiche Material vorzuordnen.
Mitte November 1972 kam die Redaktionskommission für fünf Tage zusammen. Das Ergebnis war ein Rohmanuskript von 553 Seiten. Es wurde zunächst nur in einer für die Hauptkommission ausreichenden Zahl vervielfältigt. Es fehlte noch eine Reihe von Stücken, die von der Hauptkommission noch nicht verabschiedet waren. Der Ort dieser Stücke im Rohmanuskript war von der Redaktionskommission bereits festgelegt.
Bei der 8. Sitzung der Hauptkommission Anfang Dezember 1972 wurde nach der Beschlußfassung über restliche Einzelstücke ausführlich das Rohmanuskript besprochen. Die RK hatte vorgeschlagen, das Kirchenjahr mit der Fastenzeit zu beginnen und mit der Weihnachtszeit abzuschließen, daran anschließend den Teil für Maria und Heilige. Die Hauptkommission beschloß, bei der eingebürgerten Ordnung zu bleiben Außerdem wurde beschlossen, die Vespern nicht im Rahmen des Psalmenteils zusammenzufassen, sondern jeweils bei der Festzeit einzuordnen. Dann wurden die einzelnen Blöcke des Rohmanuskripts besprochen und verabschiedet: Persönliche Gebete, Christliches Leben aus den Sakramenten, Das Leben der Gemeinde im Kirchenjahr, Der Aufbau der Meßfeier, Kommunionfeier, Gesänge zur Meßfeier (lateinisch), Deutsche Ordinariumsgesänge, Meßreihen, Weitere Gesänge, Wortgottesdienst und Stundengebet. Anschließend wurde ausführlich der Abschnitt „Buße und Beichte", der vorher übergangen worden war, besprochen. Während der Beratungen wurden auch die noch fehlenden Teile benannt: Firmung, Krankensalbung, Ordo missae, wofür die neuen liturgischen Texte noch nicht vorlagen; Litaneien, welche die Subkommission V erst in der nächsten Sitzung der Hauptkommission vorlegen konnte; Andachten, da die zweite Subkommission „Andachten" inzwischen ihre Arbeit ohne Vorlage eingestellt hatte. Trotz der Lücken wurde das Rohmanuskript entsprechend den Beschlüssen im Dezember 1972 mit Hilfe der Bischöflichen Kanzleien in Mainz und Trier vervielfältigt und den Bischöfen zugeschickt. Grund: Der Band ergibt trotzdem ein Bild des kommenden Buches; das Material ist umfangreich genug. Bis zum 5. Februar 1973 sollten die Modi eingereicht sein, damit die RK sie

besprechen und der Hauptkommission entsprechende Vorschläge machen konnte.

1.6.3.2 Bearbeitung der Modi

Die Modi (Änderungsvorschläge) sollten im Format DIN A6 (Postkarte) eingereicht werden und sich immer auf ein ganz bestimmtes Stück des Rohmanuskripts beziehen. Nur so war eine Auswertung möglich. Bis zum 5. Februar 1973 war bereits eine große Zahl solcher Zettel eingegangen. Es war jedoch deutlich, daß noch viele später eintreffen würden. Die RK verschaffte sich daher bei ihrer Sitzung vom 6.-9. Februar 1973 einen Überblick. Die Einzelmodi wurden zurückgestellt. Zusammengefaßt wurden grundsätzliche kritische Äußerungen. Darüber wurde bei der 9. Sitzung der Hauptkommission Ende Februar berichtet. Die anschließende Diskussion ergab, daß die Hauptkommission bei den Grundlinien blieb, die sie beschlossen hatte. Ein neuer Termin für die Einreichung von Modi wurde festgelegt: der 1. Juni 1973. Dieser Termin wurde dann auch von der Deutschen Bischofskonferenz ausdrücklich bestätigt.

Bis zum 1. Juni 1973 waren etwa 3000 Modi eingegangen Die RK besprach sie ausführlich und fertigte acht Redaktionsberichte an (zu den verschiedenen Abschnitten des Rohmanuskriptes), in denen Änderungsvorschläge aufgrund der Modi gemacht wurden. Die letzte Sitzung der Hauptkommission im Juni 1973 befaßte sich in der Hauptsache mit diesen Vorlagen. Zu dieser Sitzung waren drei weitere Mitglieder der Deutschen Bischofskonferenz eingeladen worden.

1.6.3.3 Andachten

Bei der Verabschiedung des Rohmanuskripts fehlten die Andachten noch völlig. Im Gegensatz zu den Litaneien, bei denen die Vorlagen nur noch nicht ganz verabschiedungsreif waren, war weder ein Text an die Diözesen noch an die Hauptkommission gegangen. Daher gab die Hauptkommission der Redaktionskommission den Auftrag, den Andachtsteil zusätzlich zur Redaktionsarbeit zu erstellen, und zwar so schnell wie möglich. Die Redaktionskommission erweiterte daraufhin ihre Sitzungszeit um jeweils einen Tag und behandelte in dieser Zeit den Andachtsteil. Entwürfe wurden der Hauptkommission sofort zur Stellungnahme zugeschickt und im zweiten Stadium dann den Bischö-

Die Redaktionskommission

fen und den Diözesanvertretern, die in Form von Modi Stellung nahmen. Einzelheiten sind dem Bericht über die Andachten zu entnehmen.

1.6.3.4 Das Verabschiedungsmanuskript

Zum Rohmanuskript gab es so viele Veränderungen und Ergänzungen, daß die Zusammenstellung eines Manuskriptes zur Verabschiedung durch die Bischofskonferenzen notwendig wurde. Die Hauptkommission gab auf ihrer letzten Sitzung der RK dazu den Auftrag. Diese Arbeit leistete die RK in zwei Sitzungen. Wegen der leichteren Handhabbarkeit bestand das Verabschiedungsmanuskript aus drei Bänden. Insgesamt umfaßt es 707 Seiten. Wiederum wurde es in den Bischöflichen Kanzleien in Mainz und Trier gedruckt. Die Bischöfe erhielten es rechtzeitig vor den Herbstkonferenzen 1973.

1.6.3.5 Die Bischöfliche Kommission für Fragen des EGB

Die Hauptkommission hatte auf ihrer letzten Sitzung der RK das Vertrauen ausgesprochen und ihr den Auftrag gegeben, noch notwendig werdende Änderungen im Sinn der Richtlinien der Hauptkommission vorzunehmen. Zwei weitere Bischöfe sollten in der RK mitarbeiten. Es wurde jedoch ein anderer Weg eingeschlagen.
Bei der Herbstsitzung der Deutschen Bischofskonferenz wurde das Verabschiedungsmanuskript noch nicht endgültig angenommen. Das Rohmanuskript war bereits als Grundlage der Fertigstellung des endgültigen Manuskriptes akzeptiert. Da Befürchtungen in Richtung einer theologischen Schieflage des EGB geäußert wurden, entschloß sich die Bischofskonferenz zur Bildung einer „Bischöflichen Kommission für Fragen des EGB". Diese Kommission sollte das Verabschiedungsmanuskript nochmals Seite um Seite durchsprechen. Zu diesem Arbeitsgang wurden nochmals Modi erbeten. (Siehe den eigenen Bericht über diese Kommission Seite 112f.)
Die Aufgabe der RK war es, die Modi zu ordnen. Nach der Beratung der Bischöflichen Kommission führte sie deren Aufträge aus. Das Ganze wurde in einer Drucksache zusammengefaßt und den Bischöfen zugeschickt. Auf diese Weise war ein zweites Verabschiedungsmanuskript nicht nötig. In der Frühjahrssitzung der Deutschen Bischofskonferenz wurde das Einheitsgesangbuch dann endgültig verabschiedet. In Österreich und in den anderen beteilig-

ten Diözesen gestaltete sich der Verabschiedungsvorgang nicht so schwierig.

1.6.3.6 Das druckreife Manuskript

Nun war noch die schwierige Arbeit zu bewältigen, eine druckreife Vorlage zu erstellen. Dies geschah in enger Zusammenarbeit zwischen Redaktionskommission, Notationskommission, Textkommission, Notenschreibbüro, Setzerei, Verlag und Sekretariat. Unter den Verlagen hatte eine Ausschreibung stattgefunden. Die Angebote (einschließlich einiger Probedruckseiten) wurden von der Verhandlungskommission geprüft. Den Zuschlag erhielt die Katholische Bibelanstalt. Sie wurde vertreten durch Herrn Rauchecker. Die Bibelanstalt änderte ihre Satzung, um den Auftrag ausführen zu können. Mit der Produktion der Druckvorlagen wurde der Schwabenverlag in Stuttgart-Fildern beauftragt. Er vergab die Herstellung der Notenvorlagen an Frau Ingeborg Vaas, Ulm, und die Herstellung des Textsatzes an die zum Schwabenverlag gehörende Süddeutsche Verlagsgesellschaft, Ulm, vertreten durch Herrn Armin Vaas.

Einige drucktechnische Grundsätze waren schon von der Hauptkommission beschlossen worden. Ein Beschluß der Hauptkommission aus diesem Bereich wurde nicht verwirklicht. Wegen der leichteren Erlernbarkeit war beschlossen worden, bei den Liedern jeweils drei Strophen unter die Notenzeile zu setzen. Ein unschönes Schriftbild nahm man dafür in Kauf. Es ergaben sich jedoch Schwierigkeiten in zweierlei Hinsicht. Einmal wäre der Umfang des Buches gewachsen (von den Mitarbeitern aus der DDR nicht gewünscht); es hätte beim Umbruch erhebliche Schwierigkeiten gegeben. Zum anderen hätte die Lesbarkeit des Textes gelitten und damit auch seine Betbarkeit. Lieder sind ja auch Gebetstexte. So fiel dann die Entscheidung im Einvernehmen mit den Vorsitzenden für die jetzt vorliegende Lösung. Hier wird deutlich, was auch für den Aufbau des Buches und eigentlich für alle Bereiche gilt: Jede konkrete Lösung hat Vorteile und Nachteile. Aber es mußte entschieden werden.

Eine weitere Schwierigkeit ergab sich aus der Tatsache, daß ausgerechnet das Kernstück des Buches noch nicht vorlag, der Ordo missae. Erst im Herbst 1974 wurde er von den Bischöfen des deutschen Sprachgebietes in Salzburg verabschiedet. Solange konnte man nicht warten. Man fand dann eine Lösung des Problems, die manchen verwundert hat, die aber ihre eigene Logik besitzt und ihren Ursprung nicht verrät. Für den Stammteil des *Gotteslob* standen 800 Nummern zur Verfügung. Das war voll ausreichend, wenn man nicht jedem Gebet und Gemeindevers eine eigene Nummer gab. Eine Durchnumerierung des Verabschiedungsmanuskriptes ergab, daß man mit den gregorianischen Meßgesängen bei der Nummer 401 beginnen konnte. Die Folge davon ist, daß im Bereich davor eine Reihe von Nummern nicht vorhanden ist. Das kann nur den stören, der das Buch von Anfang an durchblättert. Für die Benutzung einzelner Stücke hat es keine Bedeutung. Man kann sogar sagen: Aus der Not kann eine Tugend werden. Denn die fehlenden Nummern könnten im Lauf der Zeit durch Beschlüsse der Bischofskonferenzen ausgefüllt werden, falls sich die Notwendigkeit ergibt, neue Stücke für den Gemeindegottesdienst zur Verfügung zu stellen. Das ist auch deshalb möglich, weil die Seitenzahlen nur eine untergeordnete Rolle spielen. Sie fallen als Verständigungsmittel im Gottesdienst aus.

Das Manuskript wurde im Lauf des Jahres 1974 Abschnitt für Abschnitt bearbeitet und durch die Redaktionskommission für druckreif erklärt. Abschnittsweise ging es auch in den Satz und zum Notenschreiben. Daher konnte schon frühzeitig mit dem Lesen der Korrekturen begonnen werden. Die erste Korrektur wurde von 15 Personen gelesen (RK, Notationskommission, Textkommission). An der zweiten Korrektur waren noch acht Personen aus diesem Kreis beteiligt. Die dritte Korrektur wurde von drei Personen gelesen. Danach erfolgte die Druckreiferklärung für die Herstellung der Druckvorlagen.

Die Arbeit verlief reibungslos und ohne größere Panne. Dies ist bei einem so anspruchsvollen Werk eigens hervorzuheben. So konnte binnen Jahresfrist nach der Verabschiedung die Stammausgabe des *Gotteslob* fertiggestellt werden.

Als das Buch längst fertig war, ergab sich eine Divergenz zum Meßbuch. Sie betrifft die Nummer 364, 3. Der Redaktionskommission lag das Verabschiedungsmanuskript des Meßbuches vor. Damit wurde gearbeitet, da ja die rubrikalen Hinweise zum Teil für die Gemeinde überflüssig sind, aber zugefügte Erklärungen hilfreich sein können. Als dann die Meldung kam, daß das Meßbuch verabschiedet wurde „wie Vorlage", wurde der Abschnitt „Die Feier der Gemeindemesse" zum Druck vorbereitet. Nun war auf irgendeine Weise in letzter Minute die Antwort beim Friedensgruß „Und mit deinem

Geiste" im Meßbuch melodisch geändert worden. Das Verabschiedungsmanuskript war also abgeändert, aber die EGB-Kommission erfuhr nichts davon. So kam die Abweichung guten Glaubens in das *Gotteslob*. Ein Musiker muß die Fassung im *Gotteslob* für angemessener halten als die im Meßbuch.

1.6.3.7 Einzelheiten

Unter den vielen hundert Einzelheiten, die von der Redaktionskommission behandelt wurden, sind einige von besonderem Interesse. Sowohl die Subkommission VII „Buße und Beichte", wie die Subkommission IX „Kindergottesdienst" sahen sich nicht in der Lage, eine Beichtandacht für Kinder zu erstellen. Sie hielten es beide für zu schwierig, eine befriedigende Lösung zu finden, und schlugen deshalb vor, im EGB darauf zu verzichten. Damals begann gerade die Sakramentenvorbereitung in der Form, die heute „Gemeindekatechese" genannt wird. Tatsächlich war alles im Fluß. Eine Umfrage bei den Bischöfen ergab jedoch, daß eine Beichtandacht für Kinder unbedingt aufgenommen werden müsse. Dabei wurde die Meinung geäußert, je nach Entwicklung der Dinge könne man den Text im EGB im Lauf der Jahre austauschen, da der Text ja immer nur vom einzelnen benutzt würde. Da die Zeit drängte, erbaten Vorsitzender und Sekretär bei einigen bekannten Fachleuten Vorlagen. Es gingen dann Entwürfe von Günter Weber und Elmar Gruber ein. Diese wurden durch die RK der Hauptkommission vorgelegt. Der Entwurf Gruber eignete sich mehr für Jugendliche. Günter Weber machte einen Vorschlag für jüngere Kinder. Beide Entwürfe wurden sprachlich und inhaltlich geändert und ergänzt. Die Hauptkommission nahm sie auf ihrer letzten Sitzung im Juni 1973 an. Danach wurden sie nach Einarbeitung der Modi als Ergänzung zum Rohmanuskript verschickt und in das Verabschiedungsmanuskript aufgenommen.

Aus der Zusammenschau des Materials ergaben sich einige Lücken in der Liedauswahl. Dazu kamen einzelne Wünsche aus den Diözesen. Außerdem hatte der Vorsitzende bei den Bischöfen eine Umfrage über die Aufnahme einst verbreiteter Lieder gemacht, die aber damals weder in der Kommission noch bei den Diözesanvertretern eine Mehrheit fanden, jedenfalls vor 1970 nicht. Dazu zählten: Fest soll mein Taufbund; Alles meinem Gott zu Ehren; Jesus, dir leb ich und andere. Die RK faßte die Wünsche zusammen und legte sie der

Hauptkommission vor. Da die Subkommission I A als einzige noch eine Sitzung hatte, konnte diese die Vorlagen für die Beschlußfassung erarbeiten. Auf diese Weise kamen Lieder in das *Gotteslob* wie: Liebster Jesu, wir sind hier; O Jesu Christe, wahres Licht; Alles meinem Gott zu Ehren; Gelobt seist du, Herr Jesus Christ. Zu Ostern 1974 übersandte die Gottesdienstkongregation im Auftrag des Papstes Paul VI. an alle Bischöfe ein Büchlein mit dem Titel „Jubilate Deo". Es enthielt 21 leichte gregorianische Gesänge. In dem Büchlein war die Bitte ausgesprochen, die Gesänge zum Gemeingut aller Katholiken in der Welt werden zu lassen. Zehn der Gesänge waren ohnehin im Manuskript des EGB enthalten, vier mit der Melodie, jedoch mit deutschem Text, also zweidrittel. Schnellstens versandte das Sekretariat einen Fragebogen an die Mitglieder der Bischöflichen Kommission und an die Mitglieder der Redaktionskommission. Da die Satzarbeiten schon begonnen hatten, konnten nicht mehr alle Titel untergebracht werden. Aber z. B. „Tu es Petrus", „Ubi caritas" und „Ave Maris stella" kamen auf diese Weise noch in das EGB. Nicht aufgenommen wurde das lateinische „Te Deum", „O salutaris hostia" und „Parce Domine".

Auch die begleitenden Arbeiten waren ständig im Blickfeld der Redaktionskommission: Orgelbuch, Kantorenbuch und Chorbuch für den einstimmigen Gesang. Alle drei Bücher sollten ja möglichst gleichzeitig mit der Stammausgabe herauskommen. Die Hauptkommission hatte ebenso den Wunsch, daß von Anfang an das Werkbuch für die Benutzung zur Verfügung stünde. Die Konzeption des Werkbuches wurde in der RK besprochen und dann die Arbeit von der Redaktion entsprechend organisiert. Auch die Bände des Werkbuches kamen rechtzeitig auf den Markt, so daß man von Anfang an damit arbeiten konnte.

1.7 Die Bischöfliche Kommission zur Überprüfung des EGB-Manuskripts

Josef Seuffert

Die Auseinandersetzungen um das Einheitsgesangbuch nahmen im Lauf der Zeit zu. Das ist zunächst verwunderlich, aber doch verständlich, wenn man berücksichtigt, wie verschieden die Voraussetzungen sind, mit denen jemand konkret an Gesangbuchfragen herangeht. Dies ist in dem Beitrag Die Schwierigkeiten, ein Gesangbuch zu machen geschildert. Es kam so weit, daß einflußreiche Kräfte versuchten, das ganze Projekt zum Scheitern zu bringen. Andere forderten eine neu zusammengesetzte Kommission. Für solche Pläne gab es zwar in keinem Gremium Mehrheiten, aber Rauch stieg trotzdem auf. So gab es auch in der Deutschen Bischofskonferenz gelegentliche Auseinandersetzungen. Es wurden Fragen an die theologische Seriosität der EGB-Vorlagen gestellt. Dies führte schließlich dazu, daß bei der Annahme des Verabschiedungsmanuskripts auf der Herbstvollversammlung der Deutschen Bischofskonferenz 1973 in Fulda eine Bischöfliche Kommission gebildet wurde. Der Wortlaut des Protokolls:

„Eine Bischöfliche Kommission, bestehend aus Kardinal Volk, den Bischöfen Stein, Stimpfle und Aufderbeck sowie den Weihbischöfen Nordhues, Wagner (Linz) und Luthe, behandelt die noch anstehenden theologischen und pastoralen Fragen zum EGB. Das Ergebnis der Beratungen wird der Redaktionskommission zugeleitet."

Die übrigen am EGB Beteiligten stimmten der Bildung dieser Kommission zu und ernannten ihre Vertreter: Dr. Brüls, Lüttich; Prof. Knapp, Bozen-Brixen; als Gäste Prof. Trottmann und ACV-Präses Saladin, beide Schweiz.

Die *Arbeitsweise* der Bischöflichen Kommission war folgende: Im EGB-Sekretariat wurden die Modi der Bischöfe gesammelt und geordnet. Die Kommission ging dann in zwei Sitzungen das gesamte Verabschiedungsmanuskript Seite für Seite durch. Dabei wurden auch die 566 neuen Modi mit einbezogen.

Es ergab sich eine große Zahl von einzelnen Änderungen, vor allem in der Formulierung der katechetischen Texte. Teilweise wurde sofort entschieden, teilweise wurden Aufträge an die Redaktionskommission formuliert.

Die Bischöfliche Kommission 123

Diese führte diese Aufträge aus und legte das Ergebnis innerhalb einiger Wochen vor. Es wurde in der zweiten Sitzung der Bischöflichen Kommission begutachtet und entschieden.
Der *zeitliche Ablauf* war folgender:
1. Sitzung der Bischöflichen Kommission: 29.-31. Oktober 1973 in Puchberg. Band 1 und 2 des Verabschiedungsmanuskripts werden bearbeitet.
In zwei Sitzungen der Redaktionskommission werden die Aufträge der Bischöflichen Kommission ausgeführt: 15.-17. 12. 1973 in Zürich und 10.-13. 1. 1974 in Bad Tölz.
2. Sitzung der Bischöflichen Kommission: 14.-15. Januar 1974 in Puchberg. Band 3 des Verabschiedungsmanuskripts wird bearbeitet. Die Vorlage der Redaktionskommission wird überprüft.
Danach erfolgt die Erstellung eines Redaktionsberichtes an die Bischofskonferenzen bzw. die Bischöfe der beteiligten Länder als Ergänzung zum Verabschiedungsmanuskript. Versand Ende Januar 1974.
Der Redaktionsbericht hat 59 Seiten und enthält über 300 Änderungen verschiedener Art. Manchmal ist nur ein Wort geändert, manchmal ist ein ganzes Stück ausgetauscht.
Er enthält auch eine Reihe Ergänzungen, die zum Teil aus dem Auftrag der Hauptkommission herrühren, teilweise aufgrund von Modi und teilweise durch die Bischöfliche Kommission veranlaßt wurden. Dazu gehören: 18 Gebete im Gebetsteil, Dank für die Taufe (50,2), Gebet zur Firmerneuerung (52, 5), Beichte der Kinder (65), Schülerbeichte (66), Weisungen der Kirche (67), Dienste in der Kirche (69), Der Ordensstand (70), Das Sakrament der Ehe (72), Die Krankensalbung (76), Die Wegzehrung (78), Sterbegebete (79), Die Feier der heiligen Messe (351), Psalm 110 mit Kehrvers (684).
Mit der Modifikation durch diesen Redaktionsbericht wurde das Einheitsgesangbuch dann endgültig angenommen.

1.8 Die Konferenzen der Diözesanvertreter

Josef Seuffert

Von Anfang an war der Kontakt der EGB-Kommission mit den Diözesen gewollt und geplant. Die Gebetskommission hat bereits nach ihrer dritten Sitzung Vertreter der Diözesen zu einer ausführlichen Diskussion eingeladen. Daran nahmen dann auch zwei Mitglieder der Liedkommission teil (vgl. den nachfolgenden Bericht).
Nach Einrichtung des Sekretariates ersuchte der Sekretär alle Bistümer, einen Vertreter als Kontaktperson zur EGB-Kommission zu ernennen. Diese hatten eine doppelte Aufgabe: 1. den genannten Kontakt zur EGB-Kommission, 2. die Bildung einer diözesanen Arbeitsgruppe zur Besprechung und Beurteilung der von der EGB-Kommission zugesandten Vorlagen.
Nach der konstituierenden Sitzung der Hauptkommission im Januar 1968 wurden die Diözesanvertreter zu einer zweiten Sitzung eingeladen (vgl. den nachfolgenden Bericht).
Es fanden noch drei weitere Sitzungen statt.

1.8.1 Die Teilnehmer der Konferenzen

Die folgende Liste enthält alle Namen, die sich aus den Protokollen der Sitzungen ergeben. Wer den Vorsitz in den diözesanen Kommissionen führte, ergibt sich daraus nicht.

Bundesrepublik Deutschland:
Aachen: Pfarrer Hans Steffens, Kantor August Leufgens.
Augsburg: Oberstudienrat Johannes Dischinger.
Bamberg: Domkapitular Lorenz Schmer; Domkapitular Kreuser.
Berlin (West): Domvikar Peter Tanzmann.
Eichstätt: Prof. Dr. Friedrich Dörr; Domkapellmeister Prof. Johannes Schlick.
Essen: Domvikar Ferdinand Schulte-Berge; Prof. Dr. Josef Jenne; Kaplan Heribert Schmitz.
Freiburg: Domkapitular Dr. Franz Huber; Ordinariatsrat Gabel.
Fulda: Dr. Raphael v. Rhein; Domchordirektor Karl Fritz.

Die Diözesanvertreter

Hildesheim: Prof. Dr. Erich Ribartsch; Direktor Dr. Johannes Bergsma.
Köln: Religionslehrer Karl Günter Peusquens; Regens Rudolf Peifer; Kaplan Josef Witt; M. Lexis.
Limburg: Weihbischof Walter Kampe; Domkapellmeister Hans Bernhard; Kantor Heine.
Mainz: Ordinariatsrat Dr. Günter Duffrer; Direktor Hans Niklaus.
München: Weihbischof Ernst Tewes; Kirchenmusikdirektor Rudolf Thomas; Dr. Maria Luise Thurmair; Pfarrer Kirchberger.
Münster: Pfarrer Heinrich Schleiner; Domvikar Dr. Johannes Ossing; Kaplan Theodor Maas-Ewert.
Osnabrück: Domkapitular Stephan Vosse; Domkapitular Dr. Heinrich Rahe.
Paderborn: Weihbischof Dr. Paul Nordhues; Subregens Dr. Heribert Schmitz; Dr. Günter Lange.
Passau: Generalvikar Dr. Dachsberger; Pfarrer Johannes Maria Mosler; Pater Norbert Weber.
Regensburg: Generalvikar Dr. Hofmann; Prof. Dr. Ferdinand Haberl; Pfarrer Karl Wölfl.
Rottenburg: Domdekan Dr. Hubert Wurm; Domkapitular Dr. Herre; Pfarrer Karl Rupp; Dozent Werner Groß.
Speyer: Domkapitular Josef Schwarz; Domkapellmeister Erhard Quack.
Trier: Subdirektor Heribert Mönch; H. Mayers.
Würzburg: Domkapitular Richard Schömig; Domkapellmeister Franz Fleckenstein; Pfarrer Erich Wolbert; Regionalkantor Erwin Horn.

DDR:
Berlin (Ost): Pfarrer Walter Krawinkel.
Görlitz: Dr. Paul Ramatschi.
Magdeburg: Prälat Martin Fritz.
Meiningen: Karl Ebert.
Meißen: Bischöflicher Rat Dr. Josef Gülden.
Erfurt: Kanonikus Karl Schollmeier.
Schwerin: Msgr. Friedrich Kindermann.

Österreich:
Eisenstadt: Geistl. Rat Johann Bauer.
Feldkirch: Dr. Georg Weber.

Graz: Bischöfl. Sekretär Dr. Johann Trummer; Prof. Dr. Philipp Harnoncourt.
Gurk-Klagenfurt: Pfarrer Paul Beier.
Innsbruck: Chordirektor Dr. Peter Webhofer; Adolf Ammann; Prof. Dr. Hans Bernhard Meyer.
Linz: Weihbischof Dr. Alois Wagner; Liturgiereferent Franz Schmutz.
Salzburg: Weihbischof Eduard Macheiner; Generalvikar Karl Berg; Pastoralamtsleiter Bruno Regner.
St. Pölten: Domkapellmeister Dr. Walter Graf.
Wien: Domkapitular Dr. Otto Taschner; Msgr. Fritz Dollmanits.

Belgien:
Lüttich: Pfarrer Walter Schomus.

Frankreich:
Straßburg und Metz: Archidiakon Georges Klein.

Italien:
Bozen-Brixen: Prof. Dr. Josef Knapp.

Luxemburg: Nicolas Schalz

Schweiz:
Prof. Dr. Anton Hänggi; Pfarrer Wendelin Caminada; Kaplan Paul Schwaller.

1.8.2 Die Sitzungen der Diözesanvertreter

1.8.2.1 Erste Zusammenkunft vom 23. bis 26. November 1964 in Einsiedeln CH

Das Protokoll vermerkt: „Die Tagung hat das Ziel, die Vertreter der Diözesen über den Stand der Arbeiten im Einheitsgesangbuch (Gebetsteil) zu informieren, zugleich auch eine allgemeine Einführung in die Instruktion (über die Liturgie 29. 9. 1964) und die römischen Beschlüsse der deutschen Bischöfe zu geben. Auch einige Mitglieder für das Lied im Einheitsgesangbuch und der Kirchenmusik waren eingeladen. Einige der Eingeladenen konnten an der Tagung nicht teilnehmen." Hier ist nur über den Teil, der das Einheitsgesangbuch betrifft, zu berichten.

Zuerst wurden drei allgemeine Fragen erörtert:
1. Ist ein Kindergesangbuch erwünscht? Dr. Klemens Tillmann referiert und spricht sich dafür aus. Es werden Gründe dafür und dagegen vorgebracht. Eine Meinungsbildung ergibt: Ungefähr die Hälfte der Anwesenden ist für ein eigenes Kindergesangbuch. (Später gab es eine klare Entscheidung gegen diesen Plan.)
2. In welchem Verhältnis stehen Einheitsgesangbuch und Proprium der Diözesen? Es gibt zwei Möglichkeiten: kleiner EGB-Teil mit dem notwendigsten gemeinsamen Gut, dazu ein großes Diözesanteil; oder ein EGB, das umfassend angelegt ist mit einem kleineren Diözesanteil, der nur das Bistumsspezifische enthält. Die Tendenz der Aussprache geht eindeutig in Richtung der zweiten Möglichkeit. – Als Gesamtumfang für ein Gesangbuch werden 1000 Seiten als angemessen angesehen.
3. Wie wird das Buch aufgebaut? Die Grundmöglichkeiten werden erörtert. Jedes Einteilungsprinzip hat seine Vorteile und seine Nachteile. Die erste Vorlage der Kommission wird mit einigen Anmerkungen versehen. Einig ist man sich, daß die wichtigsten Stücke so im Buch zu plazieren sind, daß sie bequem aufgeschlagen werden können, so wie im Meßbuch etwa der Ordo Missae in der Mitte zu finden ist.
Dann wendet sich die Konferenz den einzelnen Arbeitsgebieten zu.
4. Litaneien
Der Referent Prof. Adam, Mainz, trägt die Pläne vor (8 Litaneien). Man meint, es dürften mehr sein. Auch dem Plan einer heilsgeschichtlichen Litanei (vgl. GL 284) und einer besonderen Christus-Litanei (vgl. GL 564) wird zugestimmt. – Alle Litaneien sollen singbar sein.
5. Einzelgebete
Die Referentin Frau Dr. Thurmair, München, legt die Grundsätze vor, die gutgeheißen werden. Es werden einzelne Wünsche geäußert. Einig ist man sich über die Bedeutung der Einzelgebete für den persönlichen Gebrauch.
6. Andachten
Der Referent Direktor Huber, Freiburg i. Br., leitet die allgemeine Aussprache ein. Sie ergibt, daß nach wie vor Andachten in traditioneller Form gebraucht werden. Nachdrücklich wird der Wunsch geäußert, daß sich das theologische Gedankengut des Konzils auch in den Andachten wiederfindet.

7. Wortgottesdienst
Es berichten Bischof Volk, Mainz, und Weihbischof Aufderbeck, Erfurt. Damals stand diese neue Form des Gottesdienstes stark im Mittelpunkt der Diskussion. Es gab aber noch keine klaren Vorstellungen, welches Angebot im EGB enthalten sein solle. Allgemein herrschte Einigkeit, daß nichteucharistische Gottesdienste für jede Gemeinde wichtig sind. Die Eucharistie-Kopflastigkeit unserer Gottesdienstordnungen ist nicht gut.

8. Psalmen
Der Referent Bundeskurat Seuffert, Düsseldorf, berichtet über den Stand der Überlegungen. Psalmen sind ein unaufgebbarer Gebetsschatz, sie kehrten nach dem Krieg mehr und mehr in die Gesangbücher zurück. Das EGB sollte etwa 70 Psalmen enthalten. Sie sollten zum Singen eingerichtet werden. 43 Psalmen sind bereits ausgewählt. Die Bistumsvertreter stimmen diesen Ausführungen zu.

9. Beichtandacht
Direktor Huber, Freiburg i. Br., erläutert die Problematik. Die Beichte ist in eine Krise geraten. Es gibt herbe Kritik an Beichtspiegeln und Bußpraxis. Die Aussprache bestätigt die herrschende Unsicherheit. Daher soll der Bußteil im EGB auch stark katechetisch angelegt sein.

In einer abschließenden Zusammenkunft bei der auch die Mitglieder der Liturgischen Kommission wieder anwesend waren, gab es in der Debatte noch einige Themen, die für ein Gesangbuch wichtig sind: die verschiedenen Formen der Meßfeier, die Rolle des deutschen Liedes in der Meßfeier.

1.8.2.2 Zweite Zusammenkunft am 1. Juli 1968 in Paderborn

Über dreieinhalb Jahre waren vergangen. Inzwischen war die Hauptkommission gebildet worden. Der EGB-Sekretär hatte an alle Generalvikare geschrieben und sie um die Ernennung eines Diözesanbeauftragten gebeten. Die Subkommissionen hatten gemäß der neuen Struktur die Arbeit aufgenommen bzw. weitergeführt. Die ersten Ergebnisse der Arbeit sollten nun den Diözesen zur Begutachtung vorgelegt werden. Da erschien es angemessen, die benannten Vertreter zusammenzurufen zu Bericht und Gespräch, auch zum gegenseitigen Kennenlernen. Der Termin kam im Juli 1968 zustande. Bis dahin hatte das Sekretariat schon einige Texte zur Begutachtung versandt.

Nach der Begrüßung durch den Vorsitzenden, Weihbischof Nordhues, erstattete Sekretär Seuffert einen allgemeinen Bericht, der später in Gottesdienst Nr. 15/16, Jahrgang 1968, veröffentlicht wurde. Anschließend berichteten die Referenten der Subkommissionen, die ihre Arbeit bereits aufgenommen hatten: SK I A Pfarrer Beier (Lieder), SK I B Direktor Niklaus (nichtliedmäßige Gesänge); SK II Prof. Schieri (Psalmodie), SK V Franz Schmutz (Litaneien), SK VIII Frau Dr. Thurmair (Einzelgebete). Auch diese Berichte lagen schriftlich vor.

Danach wurden die Berichte in der Reihenfolge diskutiert. Die meisten Äußerungen waren bei dieser Sitzung noch allgemeiner Art. Es wurden viele Informationsfragen gestellt und dann den Berichten im ganzen zugestimmt. Die Mentalität der damaligen Zeit wurde bei der Diskussion der Litaneien (den einzigen konkret vorliegenden Texten) deutlich. So wurde vorgeschlagen, auf die Lauretanische Litanei zu verzichten, weil sie nicht mehr ankomme, und eine moderne Marienlitanei zu versuchen, wobei die eine oder andere Anrufung der Lauretanischen Litanei verwendet werden könne.

Auch bei der Besprechung der Lieder für das EGB wurde gewünscht, daß den Texten im Hinblick auf ihre Verwendbarkeit größte Aufmerksamkeit zugewendet werden solle. (Häufig genanntes Beispiel: „Die Zweiglein der Gottseligkeit".) Durch den Beitritt Österreichs war es nicht mehr möglich, die Einheitslieder von 1947 unverändert zu übernehmen. Ausdrücklich sprach sich die Konferenz dafür aus, diese E-Lieder sorgfältig nach Text und Melodie zu überprüfen. Dies führte in der Folgezeit bekanntlich zu großem Ärger. Die von der EGB-Kommission für die Lieder und Psalmen angestrebten engen ökumenischen Kontakte wurden gutgeheißen.

Schließlich wurde über mögliche Publikationen zur Erprobung gesprochen. Dieser Plan der Kommission wurde lebhaft begrüßt. Vor allem die Vorauspublikation einer Vesper wurde gewünscht. (Sie erschien dann als 2. Probepublikation.)

Am Ende der Zusammenkunft wurde dann noch über den Aufbau des kommenden Buches gesprochen. Das Schema der früheren Gebetskommission lag vor, während der Sitzung legte ein Bistumsvertreter ein gegensätzliches Schema vor. Zu einer Einigung kam es nicht. Es wurde vorgeschlagen, daß eine eigene Subkommission sich des Problems annehmen solle, was dann auch geschah (vgl. Bericht „Aufbau des EGB"). Die Diözesanvertreter sollten ihre Anmerkungen bis zum

1. 10. einsenden. Bis dahin kam jedoch im Sekretariat keine einzige Meinungsäußerung an.
Zum Abschluß wurde verabredet, sich etwa alle zwei Jahre zu treffen. Bald nach dieser Sitzung wurde der Faszikel „Einzelgebete" an die Diözesen versandt mit der Bitte um Stellungnahme. Nur zwei Stellungnahmen erreichten das Sekretariat bis zum vereinbarten Termin, eine davon telefonisch. Ähnlich erging es den Litaneien und anderen Aussendungen. Das änderte sich schlagartig, als ab 1969 die Versendung der Liedbogen begann. Jetzt erfolgte eine sehr große Anzahl von Rücksendungen. Endlich war das Engagement der Diözesen voll gewonnen. Aufgrund dessen ging es bei den folgenden Zusammenkünften wesentlich temperamentvoller zu.

1.8.2.3 Dritte Zusammenkunft am 19. Juni 1970 in München

Zu Beginn gaben Weihbischof Nordhues und Sekretär Seuffert einen Überblick über den Fortgang der Arbeiten. In der Zwischenzeit war viel vorangekommen. Die Arbeitsgemeinschaft für ökumenisches Liedgut (AÖL) hatte ihre Arbeit aufgenommen. Die ersten drei Probepublikationen sind in der Endredaktion. Im Berichtszeitraum haben 60 Sitzungen der Subkommissionen stattgefunden. Der Sekretär hat 30 Diözesanbesuche gemacht.

Es folgen die Berichte der Subkommissionen wie bei der vorhergehenden Zusammenkunft. Zwei SK kamen neu dazu: SK VII Buße und Beichte, SK IX Kindergottesdienste.

Vor der Diskussion der Berichte wurde dann ein Einspruch des Kölner Vertreters behandelt. Er verlangte als Protokollergänzung der letzten Sitzung: „Änderungen an E-Liedern sollen nur vorgenommen werden, wenn sie unumgänglich sind." Dem wurde zugestimmt, da dies auch die Auffassung der EGB-Kommission war. – Anschließend wurde ein sehr kritischer Brief aus Köln gegen die SK I A (Lieder) und gegen das Sekretariat verlesen. Es drohte eine stürmische Debatte. Aber als ein Lied als Beispiel genannt wurde, dessen verschiedene damals verbreitete Fassungen offenbar dem Diskutanten aus Köln nicht einmal bekannt waren, kam es schnell zu einem Antrag auf Ende der Debatte, weil man Wichtigeres zu tun habe. Dem wurde mit überwältigender Mehrheit zugestimmt. (Vgl. den Bericht: Die Schwierigkeit, ein Gesangbuch zu machen.)

Die Diskussion befaßte sich vor allem mit der Frage der Publikationen

zur Erprobung, wobei verschiedene Möglichkeiten erwogen wurden. Die Gedanken gingen dann in die Realisierung ein. – Neu war bei dieser Sitzung das Problem der Antwortpsalmen. Der Vorschlag, nicht nur die Commune-Antwortpsalmen aufzunehmen, sondern ein breiteres Angebot zu machen, wurde gutgeheißen.
Am Ende wurde vereinbart, schon 1971 eine Sitzung zu halten, die sich vor allem mit der Gestaltung der Diözesananhänge befaßt. Dagegen kamen aber später Einsprüche einiger Diözesen mit der Begründung, der Diözesananhang sei allein Sache des jeweiligen Bistums und könne daher kein Diskussionsgegenstand sein.

1.8.2.4 Vierte Zusammenkunft am 14./15. November 1971 in Ellwangen

Dieser Erfahrungsaustausch fand mitten im Höhepunkt der Arbeiten am EGB statt. An die Diözesen war eine Fülle von Aussendungen gegangen, vor allem eine große Zahl von Liedern. Die Hauptkommission hatte sich im Mai 1971 vorwiegend mit den Liedern befaßt, vor allem mit den Vorschlägen, die bei den Diözesen keine eindeutige Zustimmung erfahren hatten. Eine große Ausschreibung der neuen (ökumenischen) Textfassungen von Gloria, Credo, Apostolicum, Sanctus und Agnus Dei hatte stattgefunden, die Jury-Entscheidung lag vor, aber niemand war recht glücklich damit. Es wurde daher eine Aussendung an die Diözesen gemacht. Die Probepublikationen 4-6 waren im Frühjahr 1971 erschienen. Die Arbeitsgemeinschaft für ökumenisches Liedgut (AÖL) hatte die Arbeiten für die Herausgabe des Büchleins „Gemeinsame Kirchenlieder" praktisch beendet. Es gab also eine Fülle von Stoff für die Debatten.
Es konnte bei der Zusammenkunft der Diözesanvertreter nicht um einzelne Stücke gehen. Dazu war der schriftliche Weg geeigneter, da die Konferenz zu groß war. So sollte ein Gesamtbild des kommenden Buches vermittelt werden, damit die Diözesen sich an die Planung ihres Anhangs machen könnten. Dem dienten die einführenden Referate von Weihbischof Nordhues und Sekretär Seuffert.
Daraufhin entspann sich eine noch grundsätzlichere Debatte über die Frage, ob ein Einheitsgesangbuch überhaupt nötig sei und ob nicht ein kleiner gemeinsamer Liedkanon genüge. Vor allem Diözesen aus dem Nordwesten und Südosten der Bundesrepublik machten sich für diese Lösung stark. Leider waren diese Debatten durch Verdächtigungen

gegenüber der EGB-Kommission, vor allem der SK I A, getrübt, so daß Zeit vertan wurde. Am Ende stand die Bestätigung der 1964 von den Diözesanvertretern angenommenen Konzeption für das Einheitsgesangbuch, und zwar mit sehr großer Mehrheit.
Dann wandte sich die Debatte den Liedfassungen zu, vor allem den Änderungen, die durch die ökumenische Einigung notwendig wurden. Hier ging es noch temperamentvoller zu. Belastend war vor allem, daß es keine Sicherheit gab, ob die evangelische Seite die ökumenischen Fassungen in ihre Bücher aufnehmen würde, obwohl die AÖL-Publikationen mit allen Unterschriften der christlichen Kirchenleitungen im deutschen Sprachgebiet erscheinen sollte (und tatsächlich auch erschienen ist). Das Ergebnis der Debatte: Der EGB-Kommission wurde mit großer Mehrheit das Vertrauen ausgesprochen.
Es blieb dann nur noch wenig Zeit, die übrigen Teile des geplanten Buches zu besprechen. Zwei Dinge sind noch anzumerken. Die Anzahl der Kehrverse blieb weiterhin umstritten, weil noch nicht alle akzeptiert hatten, daß der Psalm nach den Weisungen des Konzils als Gemeindepsalm (Stundengebet) und Antwortpsalm einen festen Platz im Gottesdienst der Gemeinde erhalten würde. Aber auch hier war die Mehrheit für die vorgetragene Konzeption. Die Auswahl der Kehrverse geschah ohnehin größtenteils durch die Vorbewertung der Diözesen (vgl. die entsprechenden Berichte). Das Zweite betrifft die Andachten. Zunächst war daran gedacht, nur wenige Andachten in den Stammteil aufzunehmen. Nun hatten einige Diözesen bereits mit den Arbeiten am Anhang begonnen. Dabei merkten sie, wie schwierig (damals) die Zusammenstellung von Andachten war. Daher wurde die dringende Bitte geäußert, eine größere Zahl von Andachten in den Stammteil aufzunehmen.
Diese vierte Zusammenkunft war die letzte, zu der alle Diözesanbeauftragten eingeladen wurden. Denn es ging jetzt mehr und mehr um die Einzelentscheidungen, für die andere Arbeitsstrukturen maßgebend waren. Außerdem befaßten sich die Bischofskonferenzen eingehender mit dem EGB. – Der Sekretär machte trotz starker Überlastung weiter Besuche in den Diözesen.
Im Januar 1973 wurde allen Diözesen das Rohmanuskript zugesandt. Damit befaßte sich die Deutsche Bischofskonferenz im März 1973. (Die Österreichische Bischofskonferenz und die übrigen beteiligten Bischöfe gaben ihr Votum etwas später ab.) Das Rohmanuskript

wurde „als Grundlage für die abschließende Bearbeitung des EGB" angenommen. In diesem Zusammenhang beschloß die Deutsche Bischofskonferenz unter Punkt 29.2 d. ihres Protokolls: „Vertreter der HK und die Diözesanvertreter für das EGB werden baldmöglichst zu einer dreitägigen Sitzung über Fragen des EGB eingeladen." Da die übrigen beteiligten Gebiete dazu keine Notwendigkeit sahen, wurden also nur die Diözesanvertreter aus der Bundesrepublik zu der im folgenden beschriebenen Tagung eingeladen.

1.8.2.5 Zusammenkunft der westdeutschen Diözesanvertreter vom 9. bis 11. Mai 1973 in Paderborn

Es waren 21 Diözesanvertreter anwesend und 7 Mitglieder der EGB-Kommission.

Zunächst führte Weihbischof Nordhues anhand des Protokolls der Bischofskonferenz in den Sinn der Tagung ein. Die Tagesordnung sollte nach den Wünschen der DV gestaltet werden.

Vor Festlegung einer Tagesordnung wurden einige Grundsatzfragen gestellt, etwa ob der Beschluß der Bischofskonferenz eine Annahme des Rohmanuskripts bedeute oder nicht. Es wurde geklärt, daß die Grundsatzfragen ausdiskutiert sind und daß das Rohmanuskript daher die Grundlage der Fertigstellung ist. Der Weg der Weiterarbeit geht über Modi an die Redaktionskommission. Das kann natürlich auch wesentliche Punkte betreffen, aber nicht die Grundkonzeption.

Für den weiteren Verlauf der Diskussion wird nun das Protokoll zitiert:

„3. Es erhob sich die Frage nach dem Zweck und der Kompetenz dieser Tagung der DV (DV Essen).

Antwort (Nordhues und Seuffert): Zweck dieser Tagung: gemeinsame Überlegungen, Informationen, Meinungsbildung, Einreichung von Modi.

Was die Kompetenz betrifft, so war von Anfang an, nach der Geschäftsordnung des EGB, die Arbeit nicht auf der Basis der Diözesen aufgebaut. Die Tagungen der DV galten immer als Informationstagungen. Der Effekt liegt darin, was dabei an sachlicher Meinungsbildung für die Hauptkommission herauskommt. Also: die Tagung der DV kann keine für das EGB bindenden Beschlüsse fassen, hat aber meinungsbildende Kraft und kann, soweit sich in ihr Modi kundtun, auch auf die Redaktion des EGB einwirken.

4. Welches Gewicht werden die eingesandten Modi haben? (DV Limburg) Antwort: Nach Meinung der Redaktionskommission, in der kein Referent vertreten ist, haben die Modi eine wichtige Funktion. Sie werden ordnungsgemäß bearbeitet. Eine Beantwortung jedes einzelnen Briefes ist natürlich nicht möglich. Die Basis des Vertrauens ist für die Arbeit des EGB unerläßlich.
5. Liegen von den evangelischen Gliedkirchen feste Zusagen vor, daß sie die AÖL-Lieder in ihre Gesangbücher aufnehmen? (DV Freiburg) Antwort: Die Lage ist bei den Evangelischen insofern schwieriger, weil die Kultushoheit bei den einzelnen Gliedkirchen liegt. Es ist zu erwarten, daß bei einer Überarbeitung des EKG die AÖL-Lieder in das EKG aufgenommen werden. Die AÖL-Lieder kommen in die Schulbücher und in das EGB.
6. DV Essen bezieht sich auf den Brief von Essen, Köln und Aachen vom 22. 3., wonach bei der Diözesanvertretertagung auch über die theologischen, pastoralen und kirchenmusikalischen Grundlagen des EGB diskutiert werden solle. Dies ging aus der Einladung nicht deutlich genug hervor. Er präzisierte: theologische Grundlagen: anfechtbare Stellen, wichtige fehlende Bereiche; pastorale: das EGB unter dem Gesichtspunkt der Verwendbarkeit in den Gemeinden; kirchenmusikalische: wie weit Änderungen des Liedguts unter pastoralen und kirchenmusikalischen Gesichtspunkten vertretbar seien. Es wurde beschlossen diesen Grundsatzdiskussionen je am konkreten Objekt Raum zu geben.
Für die Tagesordnung werden jetzt folgende Punkte vorgeschlagen:
I. Bericht des Sekretärs
II. Diskussion über die AÖL-Lieder
III. Diskussion über die geänderten E-Lieder
IV. Erfahrungsberichte über die VP
V. Aussprache über Kehrverse, Vespern, lateinische gregorianische Gesänge, Vertonung der ökumenischen Texte.
VI. Diskussion über den Textteil:
Persönliche Gebete, Sakramente, katechetische Texte.
ad I: Seuffert legt noch einmal dar, daß das EGB nicht eine Liedtradition für ewige Zeiten festlegen wolle, sondern daß es ein möglichst vollständiges Gesangbuch für *heute* werden solle, mit einem möglichst großen gemeinsamen Teil, und einem möglichst kleinen Diözesananhang. Nach aller Arbeit der letzten 10 Jahre ist zu hoffen, daß es ein gutes und brauchbares Buch wird. Die Erfahrungen mit der VP

bestätigen diese Vermutung. Es wird versucht, das Buch auf einen Umfang von 750-800 Seiten zu verringern, bei gleichbleibender Gesamtkonzeption. Die Kehrverse, die wie in jedem Antiphonale nicht eigene geprägte Gesangsweisen bieten, sondern bis zu 80% Kehrverse mit Modellcharakter sind, sollen auch noch um einige reduziert werden, wobei die Auswahl mit Rücksicht auf die Funktion der Kehrverse geschehen wird.

ad IV: In einem *Erfahrungsaustausch über die Vorauspublikation* wird aus einigen Gemeinden sehr positiv berichtet (z.B. Mainz), andererseits hingewiesen auf die große Zahl der nebenamtlichen Organisten und auf das Fehlen des Orgelbuches (Rottenburg) und schließlich bemerkt, daß es ganze Diözesen gibt, in denen dieses Heft – aus welchen Gründen auch – nicht verbreitet worden ist (z.B. Regensburg). Es wird auf den Beschluß der Bischofskonferenz hingewiesen, die VP in allen Diözesen einzuführen.

ad II u. III: *E-Lieder*. Nach der Pause während der Nachmittagssitzung beschließt die Versammlung, sich zunächst mit den *E-Liedern* zu beschäftigen. Herr Quack gibt eine Einleitung über deren Geschichte. Auch die im Jahre 1947 herausgegebenen E-Lieder wurden nur von wenigen Diözesen ohne Abstrich in ihre Gesangbücher übernommen (1954: 6 von 18 Diözesen). Durch die Wandlungen im religiösen und liturgischen Leben und im musikalischen Stil sind auch die E-Lieder revisionsbedürftig geworden. Allerdings war der Eingriff 1947 viel gravierender als der jetzige. Herr Quack nennt noch einmal die schon publizierten Zahlen der gestrichenen und der mehr oder weniger veränderten E-Lieder. Die Änderungen bei den Texten sind zwar umfangreicher, aber sie sind – besonders bei vorheriger Information – auch leichter zu verkraften als die Änderung der Melodie.

In der folgenden Einzelkritik sollte darauf geachtet werden, daß eine Änderung bei den ökumenischen Liedern oder bei Liedern der Vorauspublikation nicht mehr möglich sei.

503 *O Lamm Gottes unschuldig*
Antrag Köln auf Streichung, weil zu stark geändert, um es noch neu einüben zu können. Antrag abgelehnt: 3:17:1.

508 *Christe, du Lamm Gottes*
Das ‚Amen' am Ende wurde als Schwächung empfunden. Quack berichtete, daß die jetzige Form die ursprüngliche ist und daß die Verdoppelung des „Gib uns deinen Frieden" erst seit einigen Jahr-

zehnten im katholischen Raum eingeführt wurde. Die ökumenische Rücksicht gab hier den Ausschlag.

408 Lobe den Herren
a) Antrag Köln auf Änderung von ‚Adelers' in ‚Ad'lers' wurde angenommen (für ‚Adelers': 3, gegen 17, Enth. 1).
b) Antrag Köln auf Streichung von Strophe 4, u. a. wegen des Ausdrucks ‚mit Strömen der Liebe geregnet' ergab: für Streichung 10, dagegen 5, Enth. 6.

519 O wunderbare Speise
Ausgehend von dem Antrag Köln, auch die frühere E-Melodie als Zweitfassung aufzunehmen, entstand eine sehr lange Debatte mit recht unterschiedlichen Meinungen über den musikalischen und pastoralen Wert der beiden Melodien. Wegen des Alternativvorschlages, die alte Melodie in den Diözesananhang aufzunehmen, entstand über die Erlaubtheit des letzteren auf Wunsch des Essener Vertreters eine Grundsatzdebatte. Von einer verbietenden Rechtsverbindlichkeit könne keine Rede sein (Köln), aber wohl von einer moralischen Konsequenz (Wb. Nordhues). Die Befürworter einer Verdoppelung sprachen von 10 oder auch nur 5 (Essen) Liedern, von 2-3 Notfällen oder im Gegensatz dazu von regionalen Gründen (Köln). Andere vertraten das Ergebnis der Meinungsumfrage bei den Bischöfen, warnten vor einem Dammbruch (Duffrer), wiesen hin auf die Erfahrung seit 1947 (Seuffert). Der Antrag, in außergewöhnlichen bzw. pastoral begründeten Ausnahmefällen eine Aufnahme in den Anhang zuzulassen, kam nicht mehr zur Abstimmung, weil der weitergehende Antrag von Weihbischof Nordhues, grundsätzlich keine Zweitfassung der im Prinzip gleichen Melodie in den Diözesananhang aufzunehmen, angenommen wurde mit 11 dafür, 6 dagegen, 4 Enth.
Am Donnerstag, dem 10. Mai (der Vertreter von Würzburg ist dazugekommen) wurde die Diskussion über Nr. 519 fortgesetzt. Nach längerer Debatte wird der weitestgehende Antrag (Freiburg), die EGB-Melodie zu streichen zugunsten der E-Fassung, abgelehnt (2:10:10). Auch der Antrag (Köln), die E-Melodie als Zweitfassung in den Stammteil des EGB aufzunehmen, findet keine Mehrheit (6:13:3). Dafür wird der Vermittlungsvorschlag von Münster angenommen, die E-Fassung nur ins Orgelbuch zu nehmen (15:6:1). Dieser Antrag wird also an die HK weitergeleitet.
Über den Text von 519, früher ‚O heilge Seelenspeise', jetziger Text ‚O wunderbare Speise', wird noch ausführlich verhandelt. Frau

Thurmair berichtet, daß gleich zu Anfang der Arbeit der Auftrag gegeben wurde, ‚Seelenspeise' zu ändern, u. a. weil die Eucharistie den ganzen Menschen speist, diese ganzheitliche Sicht auch für die Auferstehung wichtig ist, und weil in der lateinischen Fassung: ‚o esca viatorum' steht. Der Vertreter von Regensburg teilt mit, daß der alte Text auf Beschluß des Bischofs in den Diözesananhang aufgenommen wird. Die Gründe gegen ‚Seelenspeise' wären nicht überzeugend. Es gibt in der Versammlung hierüber keine Abstimmung.

323 *Es ist ein Ros entsprungen*
a) Zur Melodie: Antrag Münster, die alte Fassung ins Orgelbuch aufzunehmen, wird angenommen (11:9:2).
b) Zum Text: Die Auseinandersetzung geht noch um die letzte Zeile der 2. Strophe: früher ‚und blieb doch reine Magd'; jetzt ‚welches uns selig macht'. Regensburg beantragt, den alten Text wieder einzusetzen.
Seuffert berichtet über die Gründe, die in der AÖL zu dieser Änderung geführt haben. Die evangelische Fassung nannte Christus, und nicht Maria das Röslein. Die evangelischen Vertreter haben sich überzeugen lassen und die Strophe als marianische Aussage übernommen. Dieser Gewinn ist nicht zu unterschätzen. Dafür wurde unsererseits auf den Satz verzichtet ‚und blieb doch reine Magd'. Es gibt eine längere Debatte. Köln: Das Volk kennt den alten Text auswendig. Köln: kein Verdacht im Hinblick auf die Kommission, aber pastoral zu fragen, wie eine solche Änderung auf die Gläubigen wirkt. Mehrere Teilnehmer unterstreichen dagegen die ökumenische Bedeutung eines gemeinsamen Marienliedes gerade in der Weihnachtszeit.
Die Abstimmung ergibt eine Ablehnung des Antrags, die letzte Zeile in der alten Fassung zu lassen (4:17:1).
ad V: *Die Kehrverse und ihre Zahl im EGB* bildeten einen der Hauptbesprechungspunkte des Donnerstagvormittags. Seuffert beschrieb und begründete die Entstehung der im Manuskript angebotenen Kehrverse. Angefangen hat die Frage nach Kehrversen im Zusammenhang mit der Psalmenauswahl. Bei der ersten Diözesanvertreter-Konferenz wurde die Zahl 70 für angemessen gehalten. Weil jeder Psalm für den Gemeindegesang einen Stammkehrvers enthalten soll, ergab dies zunächst einen Bedarf von 70 Kehrversen. Dazu kamen für 8 Vespern, Laudes und Komplet 30 Kehrverse. Weiter wurde als neue Art des Zwischengesangs der Antwortpsalm eingeführt. Für den Kehrvers als Responsum der Gemeinde ergab sich eine

neue zentrale Funktion. Auch bei einer Zusammenfassung textlich verwandter Kehrverse zu einem Text waren 40 Kehrverse nötig. Die Planung der übrigen nichtliedmäßigen Gesänge im Zusammenhang mit der Feststellung theologischer Lücken im Liedgut wünschte für Eröffnungsgesänge 50, Bereitung 10, Kommunion 20, für Danksagung 10 und für Sakramente und Sakramentalien 10. Das ergibt eine Gesamtzahl von 250 Kehrversen. Diese Zahl war für das EGB zweifellos zu viel. Als Lösung der Verringerung wurde versucht, die gleichen Kehrverse für mehrere Funktionen vorzusehen. Zielsetzung: Beschränkung auf 150 Kehrverse. Melodien jetzige Zahl: 164. Die Redaktionskommission überlegt zur Zeit die weitere Reduzierung, allerdings nicht unter 150.

Über Namen und Form läßt sich streiten. Kehrvers oder Gemeindevers? Mal sind es Rahmenverse, mal Akklamationen, mal Responsa. Es gibt sie als selbständige Gemeindestrophen oder als Rufe mit nur 7-8 Silben (die meisten zwischen 14 und 23 Silben). In der Frage der Länge der Stücke gehen die Meinungen in den Diözesen stark auseinander. Im EGB ist eine Vielzahl von Formen vertreten.

In der Diskussion wurden Erfahrungen aus den Diözesen berichtet: Kantor (bzw. Schola oder Chor) und Gemeinde, die Zahl der tatsächlich gesungenen Kehrverse, die Art der Einübung.

Mehrere Vertreter möchten auch die Zahl 150 noch stark reduzieren. Auch die Qualität eines großen Teiles der angebotenen Kehrverse wurde scharf kritisiert. Bei Einzelbeispielen schieden sich allerdings die Geister an Fragen der Melodielehre. Es wurde darauf hingewiesen, daß eine Kürzung der Zahl keinen sehr großen Platzgewinn einbrächte und daß es nicht notwendig sei, daß alle Gemeinden alles singen könnten. Nur müßte auch für Gemeinden mit Kantoren ein gutes Angebot vorhanden sein. Die Anregungen der Debatte und die noch eingehenden Modi werden von der Redaktionskommission berücksichtigt werden. Auch auf die Erstellung des Vorsängerheftes kann noch Einfluß genommen werden.

In der Frage der *Vesper* berichtet Seuffert zunächst von der alten Diskussion über deren Zahl und Struktur. – Zu beachten seien: der Auftrag der Liturgiereform, die Tradition im deutschen Sprachraum, die große musikalische Möglichkeit für den Kirchenchor, die Abwechslung der liturgischen Form. Für den Abdruck innerhalb des Kirchenjahres spricht die Verwendung von Einzelstücken in anderen Gottesdiensten der gleichen Jahreszeit. Im ganzen stehen 72 Psalmen und Psalmteile im EGB. Die Zahl der Vespern beträgt 10. Der Wunsch, die Anzahl der Vespern zu kürzen (Essen), fand nicht genügend Echo, um sich durchsetzen zu können. Auch die Überlegungen, die Vespern bei den Psalmen abzudrucken, waren schon früher von der HK diskutiert und abgelehnt.

Die vorgesehenen *lateinischen Gesänge* wurden von Seuffert aufgezählt. Ecce lignum fehlt noch. Asperges me sollte wegen der verschiedenartigen Verbreitung besser in den Anhang. Das Kyrie vom Requiem kommt noch hinzu, auch die Dialogformen lateinisch und deutsch, ebenfalls das Rorate coeli. Hinsichtlich Alma und Ave regina ergab eine meinungsbildende Abstimmung keine Mehrheit (4:6:8). Auch ein weiteres lateinisches Credo erreichte die Aufnahme nicht (7:11:2). Einstimmig bei einer Enthaltung wurde das Ite missa est gewünscht.

Die Vertonung der ökumenischen Texte der Ordinarien
Die HK hatte beschlossen, daß ins EGB nur Vertonungen der ökumenischen Texte kommen sollten. Da die Ausschreibung nicht die erhoffte Fülle ergab, wurden auch Komponisten bereits bekannter Ordinarien (z. B. Rohr, Schubert, Schröder) gebeten, ihre Werke dem ökumenischen Text anzupassen. Das wird Schwierigkeiten ergeben in den Diözesen, die die betreffenden Stücke bereits auswendig singen.

Die Diskussion über diesen Punkt führte zu folgender Meinungsbildung:

a) Von den bekannten, eingesungenen Ordinarien (Gloria und Sanctus von Rohr, Schröder und Schubert) sollen beide Fassungen in den Stammteil. Antrag 2:16:3 abgelehnt.

b) Bei den gesamten Stücken sollen nur die alten Fassungen in den Stammteil. Antrag 6:13:4 abgelehnt.

c) Die unter a) genannten 5 Stücke sollen auch in dem Diözesananhang stehen dürfen. Antrag 3:13:5 abgelehnt.

ad. *VI: Diskussion über den Textteil.* DV Essen stellt vorweg die Frage nach der Funktion des Buches. Soll es neben dem Rollenbuch der Gemeinde auch ein christliches Lebens- und Gebetbuch sein, so habe das Konsequenzen auf die katechetischen Einleitungen. (Frage der Zehn Gebote, der Einseitigkeit mancher theologischer Aspekte, des unterscheidend Christlichen in den Gebeten.)

Antwort: Das EGB soll zunächst Rollenbuch der Gemeinde sein (daher auch keine Vorsängerstücke); was das ‚Haus- und Lebensbuch'

angeht, soll es eine eiserne Ration bringen. Der Gebetsteil soll nicht mehr als 50 Seiten umfassen und wirklich nur den inneren Kern bringen. Auch im katechetischen Teil soll (mit Ausnahme der Buße) große Kürze angestrebt werden. Einzelne Stücke, etwa auch der Andachten, sind auch für kleine Gruppen (Familie u. ä.) gedacht. Bei den katechetischen Texten wird die möglichste Ausgewogenheit der theologischen Akzente angestrebt.
Einzelfragen zum Textteil:
1. *Zum Gebetsteil:*
a) Aachen protestiert gegen Verwendung von Oosterhuis-Texten und Liedern. Bei allem Verständnis für die Lage der Diözese Aachen berichtet Seuffert, daß ein entsprechender Antrag bei der HK keine Mehrheit gefunden habe, daß sie auch Texte von O. nur nach ihrer Qualität beurteile. Es sollen aber, so die Meinung der HK, im Gebetsteil lebende Autoren bei den Stücken nicht genannt werden. (Im Liedteil werden die Autoren bei den Liedern genannt, die Quellen im Anhang nachgewiesen.) Kehrverse und kleinere Stücke werden vorn eine allgemeine Quellenangabe (z. B. TM 15 oder Qu 15) erhalten und im Anhang unter der entsprechenden Chiffre dann die Namen der Autoren.
b) Der Antrag, das Gebet S. 185 (für einen Verstorbenen) zu streichen, wurde mit 8:10:2 abgelehnt.
2. *Zum Sakramententeil* ergaben sich Fragen zu S. 202 (mit ihm zusammen Kinder Gottes, Taufritus) und S. 228 (wird der Inhalt der deprekativen Vergebungsbitte in der Bußandacht nicht als sakramentale Formel verstanden werden?). Diese Fragen werden aus dem Befund der vorliegenden Modi geklärt.
3. *Zu den Litaneien*
a) Zur Allerheiligenlitanei wurde der Antrag gestellt (DV Köln), auch die liturgische Fassung der Allerheiligenlitanei für die Osternacht ins EGB aufzunehmen. Angenommen mit 14:0:6.
b) Bei allen anderen Litaneien fehlen zu Beginn die trinitarischen Anrufungen. Antwort: In den römischen Litaneien gibt es 3 Einführungen, von denen eine trinitarisch ist; die RK wird zusehen, daß die Einführungen ausgewogen auf die einzelnen Litaneien verteilt werden.
c) Debatte über die Namen-Gottes-Litanei. Die HK wollte von vornherein unter den Litaneien auch Preisungen und neue Formen. Ob die Gotteslitanei ins EGB oder nur ins Vorsängerbuch kommt, ist noch nicht entschieden.

d) Eine Herz-Jesu-Litanei fehlt, weil keine brauchbare vorlag. Der Antrag, ob eine Herz-Jesu-Litanei modifiziert eingebracht werden solle, wird mit 17:1:2 bejaht.
Vor Eintritt in die Tagesordnung am 11. Mai wurde der DV Essen gefragt, ob die theologischen und pastoralen Grundlagen nun genügend diskutiert worden seien. Essen antwortete, seine Einwände seien nun vorgebracht, aber sie stellten keine Gefährdung des EGB dar.
Es wurden dann noch folgende Punkte behandelt:
Vom *Sonnengesang* waren den Diözesanvertretern drei Kompositionen zugesandt worden unter den Decknamen Portiuncula, Antiphonale und Fiori. Nach einer einstimmigen Abstimmung für Annahme des Textes (Sonderwünsche können als Modi noch eingereicht werden), wurde der HK Antiphonale zur Aufnahme vorgeschlagen (13:5:3).
Über die *Texte,* besonders der Lieder, gab es eine lange Diskussion. Der Vorwurf des Historizismus wurde zurückgewiesen. Als wichtig stellte sich der Unterschied heraus, ob Lieder mit alten, zum Teil antiquierten Texten innerhalb einer Tradition weiter gesungen oder neu eingeführt werden.
Es wurde gewarnt vor Bildersturm und Monotonie. Auf den Hinweis, daß auch bei den AÖL-Liedern zwar nicht geändert, aber Einzelstrophen gestrichen werden könnten, gab es zu einigen Liedstrophen Anträge zur Streichung als Empfehlung an HK bzw. RK.
Hinsichtlich der Frage einer *Zweitmelodie im Diözesananhang* wird gebeten, umgehend Herrn Quack mitzuteilen, zu welchen Liedern dies gewünscht wird, damit dem HK, wenn es sich im ganzen nur um ganz wenige Lieder handelt, diese Frage vorgelegt werden kann.
Seuffert läßt die Diözesen bitten, die vorläufige Liste ihrer Anhänge mit den vorgesehenen Liedfassungen einzusenden.
Im Meßordo möge die HK auch den lateinischen Text (doppelspaltig oder auf der anderen Seite) mitdrucken lassen. Modi zu den *Andachten* (der noch fehlende Rest wird bald verschickt) mögen bis zum 1. Juli Seuffert mitgeteilt werden. Die Quellen der Andachtsteile mögen angegeben werden von der zuständigen Kommission.
Das Inhaltsverzeichnis des Anhangs kann jedes Bistum, wenn es will, selbst in das Verzeichnis des Gesamtinhalts einarbeiten.
Die Diözesanvertreter erbitten vom nächsten Manuskript über die Exemplare der Bischöfe hinaus ein oder einige Exemplare mehr, unmittelbar an ihre Anschrift."

1.9 Das Sekretariat für das EGB

Josef Seuffert

Schon bald nach Beginn der Arbeiten am Einheitsgesangbuch wurde deutlich, daß man ohne ein Sekretariat, das mit Hauptamtlichen besetzt ist, nicht auskommen würde. Da auch ein Schriftleiter für eine „Liturgische Korrespondenz" gesucht wurde, errichtete man zunächst eine halbe Stelle für das Einheitsgesangbuch, dazu sollte eine halbe Sekretärinnenstelle kommen.
Josef Seuffert, bis dahin Bundeskurat der KJG in Düsseldorf, wurde von seinem Bischof freigestellt. Er übernahm am 1. März 1967 den Posten des EGB-Sekretärs gleichzeitig mit dem des Hauptschriftleiters für die zu gründende Zeitschrift „Gottesdienst".
Die erste Zeit verging mit Büroeinrichtung in Trier, Sammeln von Protokollen und anderen Informationen und vielen Gesprächen zur Vorbereitung der Sitzung im April 1967, auf der die neue Struktur der Arbeit am Einheitsgesangbuch besprochen wurde.
Auf dieser Sitzung wurde die Arbeit des Sekretariates wie folgt beschrieben:
„1. Hauptkommission: Es bereitet die Sitzungen der Hauptkommission vor, erstellt das Protokoll und arbeitet die Ergebnisse auf.
2. Bistümer: Es pflegt den Kontakt mit den Bistümern, bereitet Berichte und Tagungen vor und sendet die Protokolle der Hauptkommission sowie Beratungsergebnisse zur Beurteilung zu.
3. Subkommissionen: Der Sekretär wird zu den Sitzungen der Subkommissionen eingeladen und nimmt nach Möglichkeit teil. Er informiert sich umfassend über den Stand der Arbeiten. Das Sekretariat kann für Vorarbeiten und Büroarbeiten durch die Subkommissionen in Anspruch genommen werden. Es leitet Material, das sie betrifft, zu.
4. Registrierung und Archivierung: Im Sekretariat werden alle Unterlagen über die Arbeiten am EGB gesammelt, geordnet und archiviert.
5. Finanzen: Über das Sekretariat läuft die finanzielle Abrechnung der Sitzungen der Hauptkommission und der Subkommissionen."
Für den Sitz des Sekretariates war Salzburg im Gespräch. Trier galt nur als Zwischenlösung. Später wurde (wegen der günstigen Verkehrslage) Frankfurt in Aussicht genommen. Aber der Vorteil der Verbindung mit dem Liturgischen Institut in Trier wurde als so groß

Das Sekretariat 143

angesehen, daß es nicht zu einem Ortswechsel kam, als die Personalunion mit der Schriftleitung „Gottesdienst" Ende 1968 beendet wurde. Der Büroort Trier blieb aber bis zum Schluß ein Problem, weil alle Außentermine (im Jahr 1970 waren es 88) mit längeren Reisen verbunden waren.

Sekretärinnen

Am 1. September 1967 begann Frau Ludwig als Sekretärin im EGB-Sekretariat (bis 31. 12. 1968 halbe Stelle). Sie schied am 15. Februar 1970 wegen Krankheit aus. Frau Karajanev war vom 16. Februar bis 4. Oktober 1970 Sekretärin. Dann ging sie in Schwangerschaftsurlaub, konnte aber nach dessen Ablauf die Arbeit nicht wieder aufnehmen. Ihre Nachfolgerin wurde Frau von der Bank, die am 1. März 1971 die Arbeit aufnahm und bis zum Ende der EGB-Arbeiten im Dienst blieb.

Drucksachen

In den achteinhalb Jahren wurden vom Sekretariat über 1000 Drucksachen hergestellt und versandt. Der Umfang war bis zu 100 Seiten. Im Jahr 1972 waren es allein 222 Drucksachen (ohne das Rohmanuskript). Der Jahresdurchschnitt liegt bei 179 Drucksachen.

Um einen besseren Überblick zu bekommen, wurden ab 1. 7. 1969 alle Drucksachen nach einem doppelten System numeriert. Jedes Stück bekam eine EGB-Nr., angefangen mit EGB 1001, und eine Unternummer, angefangen etwa mit SK I A 101. Nur so konnte man sich auf die Dauer zurechtfinden. Auf jeder Drucksache ist auch der Monat der Fertigstellung angegeben.

Außentermine

Der Sekretär war mehr als die Hälfte der Zeit nicht im Büro anwesend. Neben den Sitzungen der Hauptkommission nahm er mit wenigen Ausnahmen an allen Sitzungen der Subkommissionen teil (bis zu 4 in einem Monat), er machte im Jahr bis zu 20 Besuche in Diözesen, traf sich pro Monat wenigstens einmal mit dem Vorsitzenden. Dazu kamen die Verhandlungen mit verschiedenen Verlagen.

Publikationen

Alle Publikationen wurden vom Sekretariat betreut (insgesamt waren es 28). Das bedeutete: Herstellung des druckreifen Manuskripts, Verhandlungen über Schriftbild usw., Korrekturlesen, Verhandlungen über Autorenrechte, Vorbereitung der Verträge.

Zuschriften

Zuschriften erhielt das Sekretariat in Fülle. Zum Teil waren es Ergebnisse von Ausschreibungen, die an die zuständigen SK nach Bearbeitung weitergeleitet wurden. Die Bearbeitung bestand darin, die Einsendungen zu numerieren und die Zuordnung zum Einsender sicherzustellen, da die Anonymität gewahrt werden mußte. Viele Zuschriften kamen mit Vorschlägen für das EGB. Sie hatten, wie zu erwarten, verschiedene Qualität. So wurde z. B. vorgeschlagen (nicht aus dem Bistum Mainz), daß auf die Mainzer Fastnachtsmelodie „Heile, heile Gänsje" ein Kommunionlied für Kinder aufgenommen werden solle mit dem Text: „Jesus, lieber Jesus, komm doch in mein Herz!" Natürlich reimte es sich auf „Schmerz".

Ansonsten war es ein bunter Strauß von Wünschen, Verdächtigungen, Ermutigungen, Vorwürfen, Anfragen, Besserwisserei. Es war nicht immer einfach zu antworten.

Archivierung

Wegen der Fülle der Arbeiten mußte der Blick immer nach vorne gerichtet sein. Es wurde zwar Ordner um Ordner gefüllt, aber an eine systematische Archivierung konnte erst nach Abschluß der Arbeiten gedacht werden. Diese Archivierung konnte nur in ganz geringem Maß durchgeführt werden, weil der Sekretär schon zum 1. Oktober 1975 in seine Diözese zurückgerufen wurde. Damals waren noch nicht das Orgelbuch, das Kantorenbuch und das Chorbuch erschienen. Das Büro blieb zunächst bestehen, wurde aber dann für andere Aufgaben gebraucht. So stehen heute 369 Ordner voll Material in Trier, die auf eine genauere Ordnung warten.

Assistent des Sekretärs

Die Fülle der Arbeit war kaum zu bewältigen. Ohne die Hilfe der Kommissionsmitglieder wäre vieles liegengeblieben. Darum stimmte die HK (und die Bischofskonferenz als Geldgeber) der Suche nach einem weiteren Mitarbeiter zu. Es sollte ein Österreicher sein. Über ein Jahr zog sich die Suche hin. Sie blieb schließlich ohne Ergebnis. Nun wurde in der Bundesrepublik gesucht. Schwester Hildegardis Schmidt aus Olpe war bereit, mit einer halben Stelle in das EGB-Sekretariat einzutreten. Bald nach der Übernahme der Aufgabe wurde sie vom Orden in ein höheres Amt berufen und mußte aufhören. Auch weitere Versuche schlugen fehl. Inzwischen war die Arbeit so weit gediehen, daß es keinen Sinn mehr hatte, weiter zu suchen.

Verlagsrechtsfragen

Ein so großes Werk wie ein Einheitsgesangbuch wirft auch rechtliche Fragen auf. Schon beim ersten Beschluß der Deutschen Bischofskonferenz wurde der Bischof von Rottenburg beauftragt, sich dieser Fragen anzunehmen. Der Beitritt Österreichs führte 1968 zur Bildung einer gemischten Kommission, die von beiden Bischofskonferenzen benannt wurde. Diese Kommission kam zwanzigmal zusammen. Der EGB-Sekretär war zwar nicht Mitglied, aber ständiger Teilnehmer bei diesen Sitzungen. Manche Einigung kam nur mühsam zustande. Diese Verhandlungskommission wurde nach dem Erscheinen des Gotteslob in die „Ständige Kommission für Fragen des Gotteslob" umgewandelt und auch anders besetzt.

1.10 Der Aufbau des EGB

Josef Seuffert

In einem Gesangbuch kann nichts in der Schwebe bleiben. Man muß sich festlegen auf Text und Melodie. Und jedes einzelne Stück braucht seinen bestimmten Ort. Auch manche Entscheidungen, die man lieber nicht treffen würde, müssen getroffen werden. Denn man kann alles auf verschiedene Weise (richtig) machen. Wenn man sich aber für die eine Weise entscheidet, dann hat man die Liebhaber der anderen Weise gegen sich und umgekehrt. Diese Erfahrung der Gesangbuchmacher bezieht sich vor allem auch auf den Aufbau des jeweiligen Buches. Daher ist es verständlich, daß die Frage des Aufbaus schon sehr früh behandelt wurde, daß sie aber auch lange umstritten war.

1.10.1 Erster Austausch über den Aufbau

Schon die dritte Sitzung der Gebetskommission befaßte sich mit dem Aufbau. Das Protokoll enthält unter TOP VIII ein vorläufiges Ergebnis der Diskussion:

Ein erster Austausch über den Aufbau ergibt als ganz vorläufig:
1. Umfang etwa 1000 Seiten. Zusätzlich Proprium etwa 200 Seiten.
2. Aufbau
  1. Taufe
  2. Firmung
  3. Morgen – Abend – Kirchenjahr
  4. Eucharistie
     - Ordinarien (lateinisch und deutsch)
     - Proprien (deutsch und lateinisch nach dem Kirchenjahr)
     - Meßlieder und Liedrufe
  5. Ordinarium Missae
     - Gläubigen-Gebet (allgemeines Gebet)
     - Präfationen
  6. Sonn- und Festtagsmessen (ohne Lesungen)
  7. Kindermesse
  8. Krankenkommunionen und Krankensalbung
  9. Buße
  10. Priesterweihe

Der Aufbau des EGB 147

11. Ehe
12. Sakramentalien und Benediktionen
13. Divinum Officium
    – Mette, Laudes, Vesper, Komplet, Psalterium
14. Wortgottesdienst
    Beschreibung mit Variationsmöglichkeiten, Modelle und Formen
15. Lieder
16. Andachten
17. Litaneien (Fürbitten und Preisungen)
18. Einzelgebete
19. Tod und Vollendung
20. Proprium

Die Kommission sieht vor, den einzelnen Abschnitten Vorbemerkungen (deutende Hinweise) vorauszuschicken.

Dieser Entwurf war zugleich eine Zusammenstellung dessen, was der Stammteil enthalten sollte.
Anhand dieses Protokolls gab es vielfältige Gespräche und Auseinandersetzungen. So wurde etwa der Vorschlag gemacht, das Buch zweizuteilen: Kirche im Gottesdienst und Kirche zuhause (Ecclesiola). Dies wurde aber fallengelassen, als deutlich wurde, daß viele Stücke in beiden Bereichen gebraucht werden können.

Die Liedkommission hatte sich ihrerseits Gedanken zur Ordnung des Liedteils gemacht. Bei der ersten gemeinsamen Sitzung beider Kommissionen legte Bischof Kempf den Entwurf vor.

A) *Lateinische Gesänge (Kleines Kyriale)*

B) *Deutsche Gesänge*
I. Deutsche Gesänge zur Meßfeier
II. Psalmen
III. Lieder des Kirchenjahres, einschließlich Marien-, Engel- und Heiligenlieder
IV. Heiliges Leben
V. Deutsches Stundengebet

ad I 1. *Feststehende Texte* (Ordinariumsgesänge)
   a) wörtliche (5-6 Reihen)
   b) paraphrasierte (7 Reihen)

2. *Wechselnde Texte* (Propriumsgesänge)
   a) wörtliche
   b) paraphrasierte (Zeitlieder)
ad II 1. *Psalmen*
       2. *Psalmenlieder*
ad III 1. *Festzeiten:*
       Advent / Fasten-Passion / Ostern – Himmelfahrt – Pfingsten /
       Dreifaltigkeit / Fronleichnam / Herz Jesu (Christuslieder) /
       Marienlieder / Engel und Heilige
ad IV 2. *Heiliges Leben:*
       Tageslauf / Sakramente / Lob und Dank / Bekenntnis (Kirche) / Vertrauen und Bitte / Tod und christliche Vollendung
ad V   *Deutsches Stundengebet* (keine näheren Erläuterungen).

In der Diskussion zu diesem Entwurf macht die Kommission für den Gebetsteil darauf aufmerksam, daß vom Text und Inhalt her die Gesänge erhebliche Lücken aufweisen. Es handelt sich vor allem um folgende Themen:
Taufe / Nachfolge Christi / Eschatologie / Kirche als Gemeinschaft in Christus und als Volk Gottes / Lieder aus dem Geist der Quadragesima (ohne allzu düsteren Klang) – „beata passio" / Patronatslieder / Biblische Lieder (Beispiel: „Wachet auf...").
Auch hier wird deutlich, daß der Aufbau zusammen mit dem wünschenswerten Inhalt diskutiert wurde.

Am Ende der Debatte wurde eine gemischte Subkommission gebildet:
4. Subkommission für den Aufbau des EGB. Mitglieder wurden: Domkapellmeister Quack, Speyer; Pfarrer Beier, Maria Wörth; Direktor Huber, Freiburg; Domkapitular Schollmeier, Erfurt.
Bei der nächsten gemeinsamen Sitzung im April 1966 wurde die Frage des Aufbaus in zwei Druchgängen behandelt mit folgendem Ergebnis:
„In einer zweiten gemeinsamen Sitzung der Lied- und Textkommission wird der Aufbau des EGB besprochen. Zwei Vorschläge kristallisieren sich heraus. Von österreichischer Seite (Salzburg) wird gewünscht, das Kirchenjahr als durchgehendes Ordnungsprinzip zugrunde zu legen, so daß bei jeder Kirchenjahreszeit auch alle Gottesdienst-Elemente, also Lieder, hl. Messe, Andachten etc. unterzubringen wären. Der andere Vorschlag will die einzelnen Elemente, z.B. Lieder, Andachten, Psalmen zusammenbringen, jedoch auch

Der Aufbau des EGB

nach dem Kirchenjahr geordnet, wie es die letzten Gesangbücher alle tun. Beide Vorschläge werden nach langer Diskussion zur Abstimmung gestellt.
Das Ergebnis lautet:
Erster Vorschlag: Kirchenjahr als durchlaufendes Ordnungsprinzip: 5 Stimmen.
Zweiter Vorschlag: Kirchenjahr als Ordnungsprinzip innerhalb thematischer Blöcke: 20 Stimmen, davon 3 österreichische, 1 Enthaltung.
Der angenommene Vorschlag wird in seinen Grundzügen festgelegt. Inzwischen gibt Weihbischof Macheiner nach einer internen Besprechung der österreichischen Teilnehmer bekannt, daß der zunächst nicht einhellig angenommene Vorschlag des Aufbaues (s. obige Abstimmung) jetzt von allen österreichischen Teilnehmern akzeptiert wird."

Auf der dritten gemeinsamen Sitzung wird dann von beiden Kommissionen ein für ihren Bereich zutreffender Aufbauplan vorgelegt. So entsteht ein Gesamtplan, der schließlich einstimmig angenommen wird; nur wird der Punkt III Eucharistiefeier mit den dazugehörenden Unterpunkten von der Abstimmung ausgenommen, weil hier die Reform der Messe durch die römischen Stellen noch abgewartet werden muß.
Der Plan lautet wie folgt:

I. Taufe und Firmung

II. Liedteil
A) Heiliger Tag
1. Morgenlieder – Tischlieder
2. Abendlieder
(Marianische Antiphonen kommen zum Stundengebet)
B) Heiliges Jahr
1. Weihnachtsfestkreis
2. Osterfestkreis
3. Christus, der fortlebende Mittler
4. Christus in seinen Heiligen
5. Christus in seiner Kirche
C) Leben und Vollendung in Christus
D) Psalmenlieder

III. Eucharistiefeier
1. Deutsche Propriumslieder
2. Deutsche Ordinariumslieder
3. Lateinische Ordinariumsgesänge
4. Ordo Missae mit „oratio communis" seu fidelium
5. Proprium de tempore (evtl. zum Singen eingerichtet)
6. Proprium Sanctorum (evtl. zum Singen eingerichtet)
   Asperges, Vidi aquam
   Responsorien
   Hallelujarufe
   Vaterunser
   Ite missa est

IV. Außereucharistische Gemeindefeiern
1. Stundengebet (Mette, Laudes, Vesper, Komplet, Hymnen)
2. Psalmen
3. Wortgottesdienste
4. Litaneien – Preisungen – Fürbitten

V. Übrige Sakramente und Sakramentalien
1. Buße
2. Priesterweihe
3. Trauung
4. Krankengottesdienst
5. Begräbnis

VI. Gebete zu Hause

VII. Christ in der Welt

Diese Abstimmung hatte zur Folge, daß die Arbeit der Subkommission 4 für beendet erklärt wurde.
Nach der Neustrukturierung der EGB-Arbeit 1967/1968 wurde den Diözesanvertretern das Aufbauschema vorgelegt. Bei ihrer Zusammenkunft am 1. Juli 1968 gab es folgendes Ergebnis:
„Schriftlich liegt das von der alten EGB-Kommission beschlossene Aufbauschema vor. Sekretär Seuffert berichtet anhand der Protokolle, wie es zu diesem Beschluß kam.
In der folgenden Debatte werden eine Reihe Punkte der Vorlage

kritisiert. Pfarrer Beier legt ein detailliertes Schema vor, das vom gegenteiligen Prinzip ausgeht (Kirchenjahr als Grundschema). Nach längerer Diskussion wird der Wunsch ausgesprochen, die Hauptkommission möge eine eigene Arbeitsgruppe beauftragen, die sich mit den Fragen des Aufbaus befaßt. Sie könne sich aus den Referenten der Subkommissionen und dem Sekretär zusammensetzen. Die Diözesen werden gebeten, das Ergebnis der Beratungen zu diesem Punkt bis spätestens 1. Oktober an das Sekretariat einzuschikken. Allerdings solle nicht darauf gedrängt werden, noch in diesem Jahr endgültige Entscheidungen der Hauptkommission herbeizuführen."

Daraufhin bildete die Hauptkommission im Oktober 1968 eine Subkommission X. Aufbau des EGB. Ihr gehörten alle Referenten der übrigen Subkommissionen an, dazu Rat Gülden, Leipzig; Regens Lüftenegger, Salzburg; Prälat Schnitzler, Köln; Kaplan Schwaller, Schachen. – Die Hauptkommission gab der Subkommission die Weisung mit auf den Weg: Praktische Gesichtspunkte müssen im Vordergrund stehen.
Nach einem Jahr, im November 1969, ist unter TOP 12 im Protokoll der Hauptkommission zu lesen:
„Bericht der Subkommission X:
Sekretär Seuffert berichtet über die beiden Sitzungen der SK X im Juli in Morschach und am Tag vor der Sitzung der Hauptkommission in Rheineck. Beide Sitzungen dauerten je einen halben Tag. Dabei wurde das von einer Vorbereitungskommission zusammengestellte Material geprüft und diskutiert. Die beiden möglichen Aufbauprinzipien: Sachgruppen – Kirchenjahrsgruppen wurden nach Vorteilen und Nachteilen untersucht. Man kam aber zu keinem eindeutigen Ergebnis. Eine Vorlage an die Hauptkommission war noch nicht möglich Bevor ein Aufbauvorschlag erstellt werden kann, muß erst ein Strukturplan erarbeitet werden, der alles enthält, was in das EGB aufgenommen werden soll."
Anschließend wurde die SK X aufgelöst und ihre Aufgabe der Referentenkonferenz übertragen. Um die gegensätzlichen Meinungen zu überwinden, wurde beschlossen, zuerst ein Exposé über den Inhalt ohne Rücksicht auf den Aufbau zu erstellen und dann neu an die Frage des Aufbaus heranzugehen. Dieses Exposé liegt im Mai 1970 vor und wird im November von der Hauptkommission beraten und

gutgeheißen. Da darin viele Beratungen in den verschiedensten Gremien und viele Gespräche unter vielerlei Beteiligten der Kommissionen und der Diözesen sich niedergeschlagen haben, drucken wir das Exposé hier ganz ab.

1.10.2 Exposé: Inhalt des EGB

Das Gesangbuch soll es ermöglichen, daß die Gemeinde ihre Rolle beim Gottesdienst funktionsgerecht erfüllen kann. Dementsprechend müssen im Mittelpunkt Gesänge für die sonntägliche Eucharistiefeier stehen. An zweiter Stelle stehen Texte und Gesänge für die übrigen Gottesdienste, an dritter Stelle Texte für den einzelnen.

1.10.2.1 Eucharistiefeier

A *Eröffnungsgesänge*
Sie sollen teils Liedform, teils nichtliedmäßige Form haben.

Advent	6-8
Weihnachten	4-6
Epiphanie – Taufe Jesu	2
Fastenzeit (Taufe, Buße, Kirche)	8-10
Kreuz und Passion	2-4
Die Karwoche wird durchgestaltet	
Ostern – Osterzeit	8-10
Himmelfahrt	2
Pfingsten – Hl. Geist – Firmung	3-5
Dreifaltigkeit	2
Fronleichnam – Eucharistie	3-5
Herz Jesu	2
Christus der Herr – Christkönig	3-5
per annum (Lob – Dank – Bitte – Vertrauen – Glaube – Bekenntnis – Zeugnis – Mission – Wort Gottes...)	20
Parusie	2-4
Marienfeste	5
Josef	1
Apostel	2
Heilige	3-5
Engel	2

Der Aufbau des EGB 153

Kirchweihe – Kirche	4
Taufe	2
Brautmesse	2
Totenmesse	2-4

Themen: Friede, Einheit, Dienst, Nächstenliebe, Großmut, Priestertum, geistl. Berufe, Bergpredigt, Erntedank, Dank für die Frucht der Arbeit, Not o.a. 10

Das wären also 90-110 Eröffnungsgesänge. Ein Teil der übrigen Lieder und Gesänge wird auch zur Eröffnung verwendbar sein.

B *Kyrie-Gesänge*

Kyrie-Rufe griechisch	3-5
Kyrie-Rufe deutsch	5-7
erweiterte Kyriegesänge verschiedener Art	10-12
(Leisen	6)
Kyrie mit Bußakt verbunden	2-3

Ein Teil dieser Kyriegesänge erfüllt die Funktion des Eröffnungsgesanges.

C *Gloria*

lateinisch	2-3
deutsch	5
Liedform	3-5
Mischform	2

D *Antwortpsalmen*

40-50 Kehrverse sollten reichen, dazu ein reiches Psalmenangebot für den Vorsänger (in einem eigenen Heft).

E *Halleluja-Rufe*	23

F *Credo*

lateinisch	1
deutsch	1
Apostolicum	1
Liedform	2
Mischform	2

Es ist zu überlegen, ob nicht eine Reihe Nachevangeliumslieder aufgenommen werden sollten.

G *Gabenbereitung*

Lieder bisheriger Art	2-3
nichtliedmäßige Form	5
festzeitgeprägte Gesänge	6

H *Sanctus*
lateinisch 2
deutsch 5-6
I *Agnus Dei*
lateinisch 2
deutsch 6-8 (verschiedene Formen)
K *Kommunion-Gesang*
nichtliedmäßige Formen 20
Refrainlieder und Rufe 5-6
Kehrstrophen 2
Lieder 4-6
L *Dankhymnus*
Lieder 12
nichtliedmäßige Formen 6

Die für die Gemeinde wichtigen Stücke des Ordo Missae einschließlich der Melodien müssen im EGB enthalten sein.

1.10.2.2 Allgemeiner Liedteil; Lieder und Gesänge

1.10.2.3 Stundengebet

Vespern:
allgemeine Sonntagsvesper
je eine für Advent, Weihnachten, Fastenzeit, Osterzeit, Pfingsten, Kirchweihe, Maria, Apostel und Heilige. Das Magnificat soll in mehreren Tönen angeboten werden.
Laudes: 1 Sonntagslaudes — Komplet
Invitatorium (Ps 95 mit verschiedenen Kehrversen)
Te Deum

1.10.2.4 Wortgottesdienste

Dazu können die Eröffnungs- und Antwortgesänge aus Eucharistiefeier und Stundengebet verwendet werden. Allenfalls sollten noch einige invitatoriale Eröffnungsgesänge Platz haben. Im übrigen sollten die Wortgottesdienste in einer Agende veröffentlicht werden. Im EGB Struktur eines einfachen Wortgottesdienstes.

Für den priesterlosen Gemeindegottesdienst am Sonntag ist evtl. ein Ordo abzudrucken. Im übrigen wird auch er in einer Agende ausgeführt werden müssen.

1.10.2.5 Andachten – Prozessionen – Wallfahrten

Es ist zu überlegen, wieviele ausgeführte Andachten ins EGB aufzunehmen sind. Zu denken wäre an: Advent (O-Antiphonen), Jahresschluß, Bußandacht, Kreuzweg, Marienandacht, Sakrament, Herz Jesu, Rosenkranz, Hl. Geist (Pfingstnovene), Bittandacht, Weltgebetsoktav. Für Prozessionen und Wallfahrten sollen vor allem Litaneigesänge zur Verfügung stehen.
Gesänge zum sakramentalen Segen werden 3-4 benötigt.

1.10.2.6 Sakramente und Sakramentalien

Taufe: Ritus und Gesänge verschiedener Art
Trauung: Ritus und Gesänge verschiedener Art
Beerdigung: Ritus und Gesänge verschiedener Art
Krankenkommunion und Krankensalbung: Ritus
Buße: Besinnung auf mein Leben, Bußgebete, Bußgottesdienste (Agende) Ritus der Beichte, ca. 3 Gewissensspiegel, Gesänge verschiedener Art.
Segnungen: Kinder, Kerzen, Aschenkreuz, Tisch, Speisen, Fahrzeuge, Häuser, Werkstätten, Wettersegen, Kräutersegen.

1.10.2.7 Persönliche Gebete

1.10.3 Der endgültige Aufbauplan

Am Exposé wurde in zwei Richtungen weitergearbeitet. Im Juni 1971 wird der Hauptkommission ein „Inhaltsverzeichnis des EGB" vorgelegt. Es ist eine weitere Konkretisierung des Exposés. Außerdem legt die Referentenkonferenz einen Aufbauplan vor. Die Hauptkommission nimmt ihn an und beschließt, ihn den Bischöfen vorzulegen. Es ist unschwer zu sehen, daß dieser Grundplan dann auch verwirklicht wurde.
 1. Gebete
 2. Sakramente und Sakramentalien
 3. Kirchenjahr (Festzeiten)
 4. Ordo Missae
 5. Kirchenjahr (per annum)
 6. Maria und Heilige
 7. Besondere Themen

8. Gemeindevesper, Laudes, Komplet
9. Psalter
10. Anhang der Diözesen
Die Andachten und Litaneien sind deswegen nicht angeführt, weil sie zunächst in die thematischen Abschnitte integriert werden sollten. Den Bischöfen wurde eine umfangreiche Information über den Stand der Beratungen zugesandt. Bei der Herbstsitzung der Deutschen Bischofskonferenz konnte der EGB-Sekretär ausführliche Erläuterungen dazu geben. Für eine Debatte blieb jedoch keine Zeit. Sie wurde auf die kommende Vollversammlung verschoben. Es gingen jedoch einige schriftliche Stellungnahmen ein. Außerdem gingen die Beratungen innerhalb der Kommission weiter. Die Diözesanvertreter berieten die gleichen Unterlagen im November.
Im Januar 1972 faßte die Hauptkommission einige ergänzende Beschlüsse. So: Das EGB soll keine Texte enthalten, die für den Benutzer nicht nötig sind (Prinzip des Rollenbuches). Dem EGB müssen eine Anzahl Publikationen zugeordnet werden (Orgelbuch, Vorsängerbuch etc.). Geschlossene Wortgottesdienste sollen nicht in das EGB aufgenommen werden, nur ein kurzes Wort zur Struktur. Die Andachten sollen als geschlossener Teil aufgenommen werden. Die Gemeindehoren sollen im Rahmen des Psalmteils abgedruckt werden.
Zu einer heftigen Auseinandersetzung führte der folgende Beschluß: „Das EGB soll keine Meßgesangsreihen enthalten. Sie sollen dem Anhang der Diözesen überlassen werden." Schließlich standen sich zwei Voten diametral gegenüber. Die eine Diözese: Wenn keine Meßreihen enthalten sind, nimmt unser Bistum das EGB nicht an. Die andere Diözese: Wenn Meßreihen enthalten sind, nimmt unser Bistum das EGB nicht an.
Bei der Frühjahrsvollversammlung der Deutschen Bischofskonferenz stellte der Sekretär der EGB-Kommission in seinem Bericht den Streitpunkt dar. Danach sprach sich als erster der Bischof der Diözese, aus der die absolute Ablehnung kam, für Meßreihen aus. Damit war das Veto in dieser Richtung hinfällig.
Die Hauptkommission revidierte dann im Juli 1972 ihren Beschluß mit folgendem Wortlaut: „Nach Diskussion des Problems wird festgestellt, daß man unter Meßliedreihen Verschiedenes verstehen kann. Im einzelnen wird beschlossen: Die Redaktionskommission soll das Problem der Meßliedreihen diskutieren und bis Dezember innerhalb

des Rohmanuskripts Vorschläge einbringen. – Es sollen Meßliedreihen, die ein Blättern erübrigen, aufgenommen werden, und zwar allgemeine Reihen. Über spezielle Reihen zum Kirchenjahr soll die Redaktionskommission zuerst beraten. – Es sollen auch ‚Ordinariumsreihen' aufgenommen werden."

Nun waren die Beschlüsse zum Aufbau des EGB so gefaßt, daß die Redaktionskommission an ihre Arbeit gehen konnte, das Rohmanuskript zusammenzustellen.

In der Redaktionskommission ergaben sich noch eine Fülle von Einzelfragen der Zuordnung. Sie führten im Rohmanuskript zu zwei Abweichungen von den Beschlüssen. Die eine betraf die Ordnung des Kirchenjahres. Da wurde vorgeschlagen, mit dem österlichen Festkreis zu beginnen, also mit dem Aschermittwoch, und mit dem Weihnachtsfestkreis zu enden. Das lehnte die Hauptkommission ab. Den anderen Vorschlag, die Vespern in Verbindung mit den einzelnen Festzeiten zu drucken, nahm die Hauptkommission an.

Das Verabschiedungsmanuskript hatte dann die inzwischen vertraute Struktur des *Gotteslob*:

I. Persönliche Gebete Nr. 1-35 (62 Seiten)
II. Christliches Leben aus den Sakramenten Nr. 41-91 (104 Seiten)
III. Das Leben der Gemeinde im Kirchenjahr Nr. 101-568 (362 Seiten). In der Mitte dieses Abschnittes: Die Feier der Heiligen Messe.
IV. Gemeinschaft der Heiligen Nr. 569-664 (70 Seiten)
V. Wortgottesdienst, Stundengebet, Andacht Nr. 665-791 (278 Seiten).

2. Berichte der Subkommissionen

2.1 Subkommission I A „Lieder"

Erhard Quack

unter Mitarbeit von *Ernst Hofmann, Markus Jenny, Winfried Offele, Josef Seuffert, Hubert Sidler, Maria Luise Thurmair*

Verzeichnis der Abkürzungen im Redaktionsbericht der SK I A

ACV	= Allgemeiner Cäcilien-Verband
AK	= Arbeitskreis
ALT	= Liturgische Texte in ökumenischer Fassung (Arbeitsgemeinschaft Liturgische Texte)
AÖL	= Arbeitsgemeinschaft für ökumenisches Liedgut
ARB	= Arbeitsgruppe Redaktionsbericht
B	= Wilhelm Bäumker, Das katholische deutsche Kirchenlied 1886-1911 (Nachdruck 1962)
DGsb	= Diözesangesangbuch
E	= Einheitslieder der deutschen Bistümer 1947
e	= Einheitslieder der nordwestdt. Bistümer nach 1947
EGB	= Einheitsgesangbuch
EGB 10ff	= Publikationen zum EGB 1970-1974
EKD	= Evangelische Kirche in Deutschland
EKG	= Evangelisches Kirchengesangbuch, Stammausgabe 1950
Fg	= Fassung
GKL	= Gemeinsame Kirchenlieder 1973
GL	= Gotteslob 1975
Gsb	= Gesangbuch
GzB	= Gesänge zur Bestattung 1978
HEK	= Handbuch der deutschen evangelischen Kirchenmusik, Band I 1 Die einstimmigen Weisen 1941
HK	= Hauptkommission
Jh	= Jahrhundert
KKG	= Katholisches Kirchengesangbuch der Schweiz 1966
KL	= Kirchenlied 1938
KL II	= Kirchenlied Zweiter Teil 1967

M	= Melodie
ML	= Walther Lipphardt, Marienlied 1954
MMH	= Monumenta monodica medii aevi, Band I Hymnen 1956
NPB	= Neues Psalmenbuch 1971
Nr	= Nummer
ö	= Ökumenische Text- und Melodie-Fassung
P	= Pierre Pidoux, Le Psautier Hugenot, Vol. I Les Melodies 1962
PP	= Probepublikationen zum EGB
R	= Rechte
RKG	= Gesangbuch der evangelisch-reformierten Kirchen der deutschsprachigen Schweiz 1965
SK	= Subkommission
Str	= Strophe
T	= Text
V	= Vorlage(n)
VP	= Vorauspublikation Gesänge zur Meßfeier aus dem EGB 1972
WB	= Werkbuch zum Gotteslob
Z	= Johannes Zahn, Die Melodien der deutschen evangelischen Kirchenlieder 1889-1893
Zl	= Zeile

2.1.1 Arbeitsablauf in der Liedkommission

Die Arbeit der Liedkommission erstreckte sich über die Jahre 1963-1973. Sie vollzog sich in zwei Perioden: Die erste Phase von 1963 bis 1966 war mit sechs Sitzungen (I-VI) eine Zeit des Tastens und Suchens nach der rechten Konzeption für ein Einheitsgesangbuch und nach einer praktikablen Arbeitsmethode; in der zweiten Phase von 1966 bis 1973 mit 22 Sitzungen (1-22) wurde in planmäßiger Zusammenarbeit mit der Hauptkommission (HK) und den Diözesanbeauftragten der Liedteil fertiggestellt.

2.1.1.1 Periode 1963-1966

Konstituierung. Der Beschluß der Fuldaer Bischofskonferenz 1962, „ein einheitliches Gesangbuch für alle deutschen Diözesen in mög-

Subkommission I A – Lieder

lichst kurzer Zeit vorzubereiten", führte zur Bildung der Kommission für ein neues Einheitsgesangbuch (EGB). Sie bestand aus einer Sektion für den Gebetsteil unter dem Vorsitz von Bischof Dr. Hermann Volk, Mainz, und einer Sektion für den Liedteil, die von Bischof Dr. Wilhelm Kempf, Limburg, geleitet wurde. In die Liedkommission wurden berufen:
Professor Max Baumann, Berlin
Oberstudienrat Dr. Walther Lipphardt, Frankfurt/M.
Prälat Dr. Johannes Overath, Köln
Kirchenmusikdirektor Theodor Pröpper, Balve
Domkapellmeister Erhard Quack, Speyer
Domkapellmeister Dr. Heinrich Rahe, Osnabrück
Professor Johannes Schlick, Eichstätt
Domorganist Heino Schubert, Essen
Prälat Heinrich Wismeyer, München.

In der ersten Arbeitsperiode fanden folgende Sitzungen der Liedkommission statt:
I. 16. September 1963 in Frankfurt/M.
II. 25. Februar 1964 in Frankfurt/M.
III. 9. April 1964 in Frankfurt/M.
IV. 15.-19. März 1965 in Puchberg
V. 21.-23. April 1966 in Puchberg
VI. 24.-28. Oktober 1966 in Puchberg
Die Protokolle der einzelnen Sitzungen (im Archiv des Liturgischen Instituts Trier) geben Rechenschaft über den Verlauf und das Ergebnis der Arbeit.
Die erste Sitzung fand, wie aus der Übersicht hervorgeht, am 16. September 1963 in Frankfurt/M. statt. Auf den folgenden Sitzungen wurde beschlossen, die Kommission zu erweitern, vor allem Mitarbeiter aus Österreich, der Schweiz und anderen deutschen Sprachgebieten heranzuziehen. 1964 wurde Pfarrer Paul Beier, Maria Wörth, als Beauftragter der österreichischen Diözesen Mitglied der Kommission. 1965 trat P. Dr. Wilhelm Lueger, Bonn, an die Stelle von Johannes Overath. Professor Dr. Friedrich Dörr, Eichstätt, Kaplan Paul Schwaller, Schachen/Luzern, Professor Fritz Schieri, München, und Diözesanmusikdirektor Heinrich Rohr, Mainz, wurden zunächst als Berater, später als Mitglieder in die Arbeit einbezogen. Ab 1966 wurden auch Ordinariatskanzler Dr. Karl Berg, Salzburg, Domka-

pellmeister Josef Kronsteiner, Linz, Domkapellmeister Johannes Pretzenberger, St. Pölten, und Domkapitular Karl Schollmeier, Erfurt, Mitglieder der Kommission.

Über die *Arbeitsmethode* bildeten sich verschiedene Meinungen. Während eine Gruppe die E- und e-Lieder unangetastet übernehmen wollte, war eine andere Gruppe für eine sorgfältige Revision aller Lieder nach Text (T) und Melodie (M). Dies schien aus verschiedenen Gründen geboten. Vor allem sollten die Ergebnisse der liturgischen Reform des Konzils berücksichtigt werden, dann aber auch jüngere Forschungen der Hymnologie, die heutige Seelsorgepraxis und die ökumenischen Bestrebungen. Auch war durch den Beitritt Österreichs und der Schweiz zur EGB-Arbeit eine unbesehene Übernahme der E-Lieder nicht mehr möglich. Obwohl die Mehrheit der Kommission auf der III. Sitzung beschlossen hatte, die E-Lieder nicht zu verändern, wurde im späteren Verlauf der Arbeit doch die Notwendigkeit erkannt, da und dort mit aller Vorsicht Korrekturen vorzunehmen. Sie sind im Redaktionsbericht zu den einzelnen Liedern begründet.

Zur Vorbereitung der Sitzungen wurden Arbeitsgruppen gegründet, die sich mit Teilgebieten zu befassen hatten, z. B. für Ordinariumslieder, Propriumslieder und für den Aufbau des Buches. Die Erkenntnis, daß bei der Auswahl und Fassung der Lieder neben den musikalischen und sprachlichen auch pastorale und liturgische Probleme zu berücksichtigen seien, führte auf der IV. Sitzung zur Bildung gemischter Arbeitsgruppen aus Mitgliedern der Gebets- und Liedkommission. Näheres S. 59ff. Diese bearbeiteten folgende Teilgebiete:

a) Aufbau des Liedteils: Ein Entwurf von Pfarrer Beier wurde als Grundlage der weiteren Arbeit akzeptiert. Zu den einzelnen Sparten wurde von der Dreiergruppe Beier, Quack, Schlick Vorschläge eingereicht, die durch die übrigen Kommissionsmitglieder ergänzt wurden. Die von Beier erstellte Übersicht der Lieder in den deutschsprachigen Kirchengesangbüchern, die 535 Lieder umfaßt, diente als erste Grundlage für die Auswahl.

b) Einheitslieder 1947: Die Notwendigkeit der Revision wurde jetzt allgemein anerkannt und führte zu einer Modifizierung des früheren Beschlusses der unveränderten Übernahme. Die Gruppe Haberl, Quack, Pröpper befaßte sich mit der Überprüfung. Zu den E-Liedern wurden konkrete Vorschläge unterbreitet. Doch wurden diese Lieder in der Folgezeit nach der Stellungnahme der Diözesanbeauftragten

noch mehrmals bearbeitet. Änderungen konnten nur mit einer 2/3-Mehrheit der SK beschlossen werden.
c) Ordinariumsliedreihen: Von der Gruppe Beier, Lipphardt, Pröpper, Quack, Schlick wurden aus dem traditionellen Liedgut sieben Reihen zusammengestellt, die textlich und melodisch den liturgischen Maßstäben entsprachen. Gloria- und Credolieder enthalten in geraffter Form den liturgischen Inhalt; Sanctuslieder schließen sich eng an den Text an; Kyrie- und Agnuslieder durften textlich erweitert sein. Die Vorlagen wurden nach mehrfacher Überarbeitung und Reduzierung auf fünf Reihen angenommen.
d) Propriumsgesänge: Eine gemischte Arbeitsgruppe (Beier, Duffrer, Niklaus, Schollmeier, Schwaller) befaßte sich mit den verschiedenen Möglichkeiten in Lied- und Kehrversformen. Die Zwischengesänge wurden zunächst ausgeklammert. Eine Entscheidung war zu diesem Zeitpunkt noch nicht möglich. Die verschiedenen Versuche auf diesem Gebiet (Neues Psalmenbuch, Singende Gemeinde, Singendes Gottesvolk) wurden studiert und auf ihre Verwendungsmöglichkeit geprüft.
e) Psalmlieder: Die vielfältige Verwendbarkeit als Propriumslied in der Messe und in anderen Gottesdienstformen machte es wünschenswert, eine größere Anzahl von Psalmliedern in das EGB aufzunehmen. Dabei sollten einerseits die wichtigsten Psalmen mit unterschiedlicher Thematik (Lob, Dank, Vertrauen, Bitte, Buße), andererseits auch die verschiedenen Psalmbereimungen aus der Tradition (Ulenberg, Luther, Genfer Psalter, Harpffen Davids und neuere Psalmdichtungen) berücksichtigt werden. Lipphardt, Rahe und Schlick übernahmen die Sichtung des Materials.

2.1.1.2 Periode 1966-1973

Neustrukturierung der EGB-Kommission. Die Erfahrungen der dreijährigen Arbeit am EGB gaben Anlaß zum Überdenken der grundsätzlichen wie der organisatorischen Probleme in den Sektionen für den Gebets- und den Liedteil. Angeregt durch eine Denkschrift von Dr. Philipp Harnoncourt, Graz, vom November 1966, „Erwägungen und Vorschläge zur Arbeit am EGB", wurde eine Neustrukturierung ins Auge gefaßt, die die bisherige Kommissionsarbeit ablösen sollte. Die liturgischen Kommissionen von Deutschland und Österreich bestellen einen gemeinsamen „Exekutiv-Ausschuß", die Hauptkommission (HK), der die Planung, die Aufgabenverteilung und die Entscheidung über die erarbeiteten Vorlagen zukommt. Die Teilgebiete der Arbeit obliegen neun Subkommissionen (SK), die von je einem Referenten geleitet werden. Für die Koordinierung der Arbeit der Subkommissionen untereinander und mit der HK wird ein ständiges Sekretariat für das EGB in Trier errichtet, das von Pfarrer Josef Seuffert verwaltet wird. Er nimmt, soweit möglich, an den Sitzungen der SK teil.

Die SK I Lieder und Gesänge besteht aus zwei Sektionen: A Lieder, B nichtliedmäßige Gesänge. Die Mitgliederzahl der ganzen SK wurde auf 26 festgesetzt. Zunächst tagten beide Sektionen gemeinsam in einer Arbeitsgruppe. Nach zweijähriger Arbeit ergab sich jedoch infolge des umfangreichen Stoffes und der großen Mitgliederzahl die Notwendigkeit, in beiden Sektionen getrennt zu arbeiten.

Zur SK I A gehören folgende Mitglieder
Pfarrer Paul Beier, Maria Wörth (Referent)
Domkapellmeister Erhard Quack, Speyer (Stellvertreter)
Domkapellmeister Dr. Walter Graf, St. Pölten
Professor Josef Knapp, Brixen
Kirchenmusikdirektor Theodor Pröpper, Balve
Professor Johannes Schlick, Eichstätt
Pfarrer Konrad Liebster, Schirgiswalde
Oberstudienrat Dr. Walther Lipphardt, Frankfurt/M.
Diözesanmusikdirektor Heinrich Rohr, Mainz
P. Dr. Hubert Sidler, Sursee/Schweiz (ab 1967)
Frau Dr. Maria Luise Thurmair, München
Prälat Heinrich Wismeyer, München.

Beratende Mitglieder
Pfarrer Hymnologe Dr. Markus Jenny, Zürich
Musikwissenschaftler Dr. Günther Birkner, Reckingen
Pfarrer Dr. Ernst Hofmann, Stuttgart

Korrespondierende Mitglieder
Pfarrer Dr. Johannes Bergsma, Hildesheim
Regens Leonhard Lüftenegger, Salzburg
Prälat Professor Dr. Theodor Schnitzler, Köln.

Subkommission I A – Lieder

In die Leitung der Kommissionsarbeit teilten sich Beier und Quack in der Weise, daß letzterer die Aussprache leitete und ersterer die Ergebnisberichte erstellte. Wegen Arbeitsüberlastung gab Beier ab 1970 das Referat an Quack ab.
Im Laufe der Jahre ergaben sich einige personelle Änderungen: Für Pröpper, der 1970 aus Altersgründen ausschied, wurde Domchordirektor Rudolf Brauckmann, Paderborn, berufen. Rohr schied 1970 auf eigenen Wunsch aus. Anstelle des verstorbenen P. Lueger wurde 1972 Professor Hans Lonnendonker, Saarbrücken, (Landespräses des ACV) Mitglied; zugleich Kantor Bierwisch, Aachen, der jedoch nur an einer Sitzung teilnahm.
Nach Gründung des Arbeitskreises (AK) 5 „Gesänge von heute" wurde dessen Vorsitzender, Domkapellmeister Karl Linke, Essen, 1969 in die SK I A berufen. Nach dessen Ausscheiden trat im März 1972 Kantor Winfried Offele, Essen, an seine Stelle.

Sitzungen der Subkommission I A
1. 27.-28. April 1967 in Puchberg/Österreich
2. 20.-21. Juni 1967 in Puchberg
3. 6.-7. November 1967 in Puchberg
4. 25.-27. Juni 1968 in Puchberg
5. 13.-20. November 1968 in Münsterschwarzach
6. 2.-5. Februar 1969 in Freising
7. 20.-24. April 1969 in Delemont/Schweiz
8. 28. Sept.-2. Okt. 1969 in Freising
9. 10.-14. Januar 1970 in Münsterschwarzach
10. 24.-28. April 1970 in Neustadt/Weinstr.
11. 3.-7. Juli 1970 in Zürich/Witikon
12. 30. Sept.-4. Okt. 1970 in Salzburg/Maria Plain
13. 11.-16. Januar 1971 in Zürich
14. 28. Febr.-4. März 1971 in Mainz
15. 13.-19. Juni 1971 in Puchberg
16. 3.-7. Oktober 1971 in Ellwangen/Schönenberg
17. 24.-26. Januar 1972 in Batschuns
18. 10.-13. April 1972 in Brixen
19. 26.-29. Juni 1972 in Zürich
20. 16.-18. Oktober 1972 in Stuttgart/Hohenheim
21. 20.-23. November 1972 in Puchberg
22. 22.-25. Januar 1973 in Stuttgart

Bestimmende Faktoren
Die Arbeiten der SK I A in der zweiten Periode wurden von drei bedeutsamen Faktoren geprägt: 1. von der Instruktion über die Musik in der Liturgie 1967, 2. von der Zusammenarbeit mit den Diözesen, 3. von der ökumenischen Liedarbeit.
1. Die Weisungen der römischen „*Instruktion über die Musik in der Liturgie*" vom 5. 3. 1967 waren nicht nur für den Stellenwert und die Ausübung der gesamten Kirchenmusik in der Liturgie von entscheidender Bedeutung; sie ermöglichten insbesondere, den großen Schatz aus der Tradition des deutschen Kirchenliedes sinnvoll in die gottesdienstliche Feier einzugliedern. Die Erlaubnis, die liturgischen Texte zur Eröffnung, zur Gabenbereitung und zur Kommunion durch andere zu ersetzen (Instr. 32), und die Empfehlung, die Gemeinde auch am Gesang des Propriums zu beteiligen, erweiterten den Raum für das deutsche Kirchenlied in der Messe beträchtlich. Zugleich wurden damit höhere Ansprüche gestellt an den theologischen und liturgischen Gehalt der Texte und an die musikalische Form, die der liturgischen Funktion entsprechen soll. Diese Gesichtspunkte waren einerseits für die Auswahl und die Revision der Texte und Melodien, andererseits für die Schaffung neuer Lieder, welche die Lücken ausfüllen sollten, richtungweisend.
2. An zweiter Stelle hat die *Zusammenarbeit mit den Diözesen* den Liedteil des Buches wesentlich mitgeprägt. Ein Einheitsgesangbuch für alle deutschsprachigen Bistümer sollte nicht nur von einer Gruppe von Experten erstellt werden. Darum wurde den einzelnen Diözesen in mehrfacher Form die Möglichkeit zur Mitgestaltung des Liedteils gegeben. In jeder Diözese wurde ein Ausschuß und ein Beauftragter für Fragen des EGB bestellt. Alle Arbeitsergebnisse der SK I A wurden den Diözesen zur Begutachtung zugesandt. Insgesamt erfolgten vier Aussendungen an die Diözesanbeauftragten, und zwar:
1. Aussendung Mai 1969: 58 Lieder
2. Aussendung September 1970: 43 Lieder
3. Aussendung Herbst 1971: 66 Lieder
4. Aussendung Frühjahr 1972: 74 Lieder.
Jeder Aussendungsbogen enthielt Text (T) und Melodie (M) des Liedes mit kurzer Erläuterung; dazu kam ein Formular zur Begutachtung: angenommen / bedingt angenommen / abgelehnt. Vorschläge und Begründungen sollten mit eingereicht werden. Ferner war es möglich, weitere Lieder vorzuschlagen. Die Gutachten wurden von

der SK in einer abschließenden Lesung bearbeitet und führten zu mancherlei Modifikationen. Pattsituationen zwischen SK-Beschlüssen und Diözesangutachten wurden der HK zur Entscheidung vorgelegt. Im Verlauf der EGB-Arbeit wurden die Diözesanbeauftragten dreimal zu einer Versammlung eingeladen, auf denen sie ihre Fragen und Meinungen persönlich mit dem Vorsitzenden der EGB-Kommission, dem Sekretär und den Referenten der SK besprechen konnten (s. 1.8 S. 124ff.).

3. Die schon früher ins Auge gefaßte *ökumenische Zusammenarbeit* nahm konkrete Gestalt an. Auf der Sitzung mehrerer AKs der SK (September 1968 in München/Petersberg) wurde eine Liste von 24 „Kernliedern" erstellt, die als Grundstock für einen gemeinsamen Liedkanon dienen sollte (z. B. „O Heiland, reiß die Himmel auf", „Gelobet seist du, Jesu Christ", „Christ ist erstanden", „Nun bitten wir den Heiligen Geist", „Gott sei gelobt und gebenedeiet", „Großer Gott, wir loben dich"). Die SK I A regte an, die Kirchenleitungen möchten sich um die Errichtung einer ökumenischen Liedkommission bemühen. Im Auftrag der Fuldaer Bischofskonferenz trug Weihbischof Nordhues auf der Synode der EKD in Berlin/Spandau 1968 diesen Wunsch vor. So kam es zur Bildung der „Arbeitsgemeinschaft für ökumenisches Liedgut im deutschsprachigen Raum" (AÖL), die sich am 8. Dezember 1969 in Hildesheim konstituierte. Katholischerseits wurden von der HK folgende Mitglieder delegiert

Weihbischof Dr. Paul Nordhues, Paderborn (Vorsitzender)
Erhard Quack, Speyer (Stellvertreter)
Walther Lipphardt, Frankfurt/M.
Walter Graf, St. Pölten
P. Hubert Sidler, Sursee/Schweiz
Maria Luise Thurmair, München
Josef Seuffert, Trier.

Die Auswahl der Lieder richtete sich zunächst auf solche, die von Anfang an gemeinsames Gut waren (z. B. „Christ ist erstanden", „Nun bitten wir den Heiligen Geist"), sich jedoch im Lauf der Jahrhunderte zu verschiedenen Fassungen in Text und Melodie entwickelten. Darüber hinaus stellte sich die Frage, welche Lieder evangelischer Herkunft durch ihre theologische Aussage und ihre musikalische Form geeignet seien, Lücken in unserem Liederschatz zu füllen und unseren Liedbestand zu bereichern. Als Beispiele seien aus den verschiedenen Sparten je einige Lieder genannt:

1. *Meßlieder:* Allein Gott in der Höh sei Ehr/Wir glauben Gott im höchsten Thron/Heilig, heilig (Steinau)/O Lamm Gottes unschuldig.
2. *Kirchenjahr:* Mit Ernst, o Menschenkinder/Wachet auf, ruft uns die Stimme/Lobt Gott, ihr Christen, alle gleich/Lobpreiset all zu dieser Zeit/O Mensch, bewein dein Sünde groß/Herzliebster Jesu/Wir danken dir, Herr Jesu Christ/Nun freut euch hier und überall.
3. *Lob, Dank, Vertrauen:* Lobe den Herren/Nun danket alle Gott/Was Gott tut, das ist wohlgetan/Wer nur den lieben Gott läßt walten.
4. *Christuslieder:* Wie schön leuchtet der Morgenstern/Du höchstes Licht/Mein schönste Zier.
5. *Kirche:* Sonne der Gerechtigkeit/O Jesu Christe, wahres Licht.
6. *Tod und Vollendung:* Der Herr bricht ein/Wenn mein Stündlein vorhanden ist/Christus, der ist mein Leben.
7. *Psalmlieder:* Nun jauchzt dem Herren alle Welt/Nun saget Dank/Aus tiefer Not schrei ich zu dir/Mein ganzes Herz erhebet dich.

Die ökumenische Zusammenarbeit war nicht nur für die Auswahl der Lieder von Bedeutung, sondern berührte auch die Frage der Revision von T und M sowie die Notation.

An Liedern, die schon seit Jahrhunderten gemeinsamer Besitz sind, wurden typische Unterschiede in der T- und M-Gestaltung zwischen den Konfessionen festgestellt. Daher war es notwendig, Prinzipien für eine einheitliche Fassung zu finden und Kompromisse zu schließen. Die Revisionsgrundsätze sind an anderer Stelle dargelegt (S. 200ff.) und aus den Berichten über die einzelnen Lieder (S. 512-840) abzulesen. AÖL und SK I A regten sich gegenseitig an, sowohl bezüglich der Liedwahl wie auch der Revision von T und M. Als Ergebnis haben wir in *Gotteslob* 89 Lieder, die mit einem ö, d. h. ökumenisch, bezeichnet sind. Darüber hinaus finden sich weitere 16 ökumenische Gesänge des *Gotteslob* in „Lieder und Gesänge zur Bestattung", die von der AÖL herausgegeben wurden.

Arbeitsmethoden:
Zusammenfassend sei eine Darstellung der Arbeitsmethode der SK I A gegeben. Da nicht alle Teilfragen von der gesamten SK geklärt werden konnten, wurden Arbeitskreise (AK) mit der Behandlung der Teilprobleme beauftragt, und zwar:
AK 1 Melodien (Genealogie, Verbreitung, Varianten, Vorschläge) *Quack,* Graf, Lipphardt, Sidler, Wismeyer, Birkner.
AK 2 Texte (Urtext, spätere Fassungen, Verbreitung, Vorschläge) *Thurmair,* Beier, Hofmann, Jenny, Schlick.

Subkommission I A – Lieder

AK 3 Ordinariumslieder (Auswahl geeigneter Stücke aus den Diözesangesangbüchern und anderen Publikationen, Suche nach neuen T auf vorhandene M, Vorlage von Meßliedreihen) *Quack, Lipphardt, Pröpper, Schlick.*

AK 4 Psalmlieder (für den liturgischen Gebrauch geeignete Lieder, Auswahl aus der historischen und der neueren Literatur, Beschaffung neuer Psalmdichtungen) *Lipphardt,* Jenny, Quack.

AK 5 Lieder von heute: Der AK 5 war kein Glied der SK. Er sollte vielmehr eine Sammlung von Liedern für die Gottesdienste der Jugend zusammenstellen, wovon einiges auch in das EGB aufzunehmen sei. Daher wurden als Mitglieder des AK Spezialisten ausgewählt, die größtenteils nicht der SK angehörten. Die Verbindung mit der SK wurde gewährleistet durch die Mitgliedschaft des jeweiligen Leiters in der SK und durch die Mitarbeit des Referenten der SK im AK. (S. Bericht über die Tätigkeit des AK 5 S. 218ff.) Von 108 Liedern, die der AK 5 für die Sammlung „Gib mir ein Lied" (EGB 10) ausgewählt hat, wurden 34 in GL übernommen.

Die Arbeitskreise erstellten für jedes Lied einen Berichtsbogen, dessen Vorderseite T und M und dessen Rückseite ein Formular für Bewertung und Vorschläge der SK enthielt. Diese Bogen dienten als Grundlage für die Behandlung in deren Sitzungen. Ein Lied konnte frühestens nach der zweiten Lesung verabschiedet werden. Jedoch bedurfte es meistens weiterer Lesungen. Nach der Verabschiedung durch die SK gingen die Bogen an die Diözesanbeauftragten zur Stellungnahme. Nach Verarbeitung der Diözesangutachten durch die SK wurden für die HK Ergebnisbogen erstellt zur endgültigen Annahme oder Ablehnung. Eine Reihe von Liedern mußte nach den Vorschlägen der HK von der SK noch einmal überarbeitet und erneut vorgelegt werden. So hat jede Liedbehandlung ihre eigene Geschichte.

Die aus der vorliegenden Literatur ausgewählten Lieder konnten nicht alle Lücken im Liedgut schließen. So mußten neue T und M auf dem Weg der *Ausschreibung* oder der *Beauftragung* gefunden werden. Als zweckmäßig erwies sich die gezielte Ausschreibung, die sich jeweils an einige (3-5) Personen richtete, die für Texte oder Melodien geeignet schienen. Die Bewertung der anonymen Einsendungen geschah nach einem Punkte-System. Kommissionsmitglieder der SK, die sich an der Ausschreibung beteiligten, konnten bei der Beurteilung nicht mitwirken.

Eine Reihe von Texten ist auf dem Weg der Beauftragung einzelner oder durch Teamarbeit des AK 2 entstanden. Hier handelt es sich meistens um Übertragungen aus Fremdsprachen oder altertümlichen Fassungen und um Paraphrasen von Psalmen, Cantica und Ordinariumstexten. Auch die Ergebnisse der Ausschreibungen und Beauftragungen bzw. Teamarbeiten wurden von der SK und der HK geprüft und verabschiedet. Auf diesem Weg gelangten folgende Lieder in das GL:

aus Ausschreibungen
T 139 Hört, es singt und klingt mit Schalle
TM 147 Sieh, dein Licht will kommen
T 241 Komm, Heilger Geist, der Leben schafft
T 242 Komm, allgewaltig heilger Hauch
TM 274 Dich will ich rühmen, Herr und Gott
M 458 Herr Gott im Himmel, dir sei Ehre
T 542 Sakrament der Liebe Gottes
T 544 Das Geheimnis laßt uns künden
TM 552 Alles Leben ist dunkel
T 553 Du König auf dem Kreuzesthron
M 620 Das Weizenkorn muß sterben
T 639 Ein Haus voll Glorie schauet (Str. 2ff.)
T 640 Gott ruft sein Volk zusammen
M 642 Eine große Stadt ersteht

aus Aufträgen
T 106 Kündet allen in der Not
T 104 Tauet, Himmel, aus den Höhn
T 137 Tag an Glanz und Freuden groß
T 164 Erbarme dich, erbarm dich mein
T 244 Komm herab, o Heiliger Geist
T 250 Komm, o Tröster, Heilger Geist
T 261 Den Herren will ich loben
T 279 Dreifaltiger verborgner Gott
T 289 Herr, deine Güt ist unbegrenzt
T 292 Herr, dir ist nichts verborgen
T 490 Was uns die Erde Gutes spendet
T 533 Dir Vater Lobpreis werde
T 545 Lobe, Zion, deinen Hirten
T 550 O lieber Jesu, denk ich dein

Subkommission I A – Lieder 173

T 605 Gott, aller Schöpfung heilger Herr
TM 610 Gelobt sei Gott in aller Welt
M 611 In Jubel, Herr, wir dich erheben
T 612 Gott sei durch euch gepriesen
T 634 Dank sei dir, Vater
T 635 Ich bin getauft und Gott geweiht

aus Teamarbeiten (Texte)
143 Nun freut euch, ihr Christen
197 Ruhm und Preis und Ehre sei dir
216 Singt das Lob dem Osterlamme
222 Nun freue dich, du Christenheit
227 Danket Gott, denn er ist gut
264 Mein ganzes Herz erhebet dich
291 Wer unterm Schutz des Höchsten steht
450 Wir glauben an Gott Vater
464 Gott in der Höh sei Preis und Ehr
476 Dir Gott im Himmel Preis und Ehr
578 Meerstern, sei gegrüßet
609 Sankt Josef, Sproß aus Davids Stamm
675 Christus, du Sonne unsres Heils

2.1.2 Inhaltliche und stilistische Gruppierung der Lieder

Die Lieder des EGB sind nach Inhalt wie auch nach zeitlicher und stilistischer Herkunft verschiedenen Gruppen zuzuordnen, die in einem sinnvollen Ausgleich zueinander stehen sollen. Darüber geben folgende Aufstellungen Rechenschaft. Die Einreihung bezüglich des Textes bezieht sich auf die ursprüngliche Fassung. Jüngere Überarbeitungen wurden in den Quellenangaben zu den einzelnen Liedern berücksichtigt. Völlige Neudichtungen wurden in die entsprechende Gruppe eingeordnet.

2.1.2.1 Inhaltliche Gruppierung

Advent 13
Weihnachtszeit 16
Österliche Bußzeit 8
Passion 13
Osterzeit 16
Pfingsten/Heiliger Geist 9
Lob und Dank 23
Vertrauen und Bitte 20
Fronleichnam 5
Christus 16
Maria 19
Engel und Heilige 9
Leben aus dem Glauben 11
Kirche 12
Tod und Vollendung 11
Morgenlieder 6
Abendlieder 7
Psalmlieder (innerhalb verschiedener Gruppen) 28
Meßliedreihen (6) und einzelne deutsche Meßlieder:
Eröffnung 12
Gloria 5
Credo 4
Gabenbereitung 4
Sanctus 12
Agnus Dei 13
Kommunion 8
Dankgesang 3

2.1.2.2 Herkunft nach Zeit- und Stilperioden

Die Lieder wurden aus sämtlichen Epochen des Kirchenlieds ausgewählt, um die reiche Tradition des volkssprachlichen Kirchengesangs zu wahren. Dabei versteht es sich von selbst, daß die einzelnen Perioden verschieden stark hervortreten, je nach dem Reichtum ihres Liedschaffens hinsichtlich Text und Melodie, je auch nach ihrer Nähe zur gottesdienstlichen Feier. Folgende Übersicht bringt das zum Ausdruck:

Subkommission I A — Lieder

Zeit	Text und Melodie	nur Text	nur Melodie
Vor 1500	13	1	19
16. Jh	27	7	27
17. Jh	37	8	21
18. Jh	3	2	7
19. Jh	4	13	2
20. Jh bis 1950	11	15	2
20. Jh ab 1950	41	60	8

Die Kurve gottesdienstlich brauchbarer Kirchenlieder steigt an vom Mittelalter bis zum 17. Jahrhundert. Im 18. und 19. Jahrhundert haben wir ein Tief, wobei zu bedenken ist, daß eine große Zahl der auch in jener Zeit entstandenen Lieder weder textlich noch melodisch den heutigen Erfordernissen gerecht wird. Ein neuer Liederfrühling bahnt sich mit der Jugendbewegung an und setzt sich in der zweiten Hälfte unseres Jahrhunderts verstärkt fort. Dabei ist zu beachten, daß auch Texte und Melodien aus früheren Jahrhunderten immer wieder lebendig werden.

Im einzelnen ergibt sich folgendes Bild:

vor 1500

Text und Melodie
130 Gelobet seist du, Jesu Christ
131 Sei uns willkommen, Herre Christ
142 In dulci jubilo
187 Da Jesus an dem Kreuze stund
213 Christ ist erstanden
222 Nun freue dich, du Christenheit
223 Wir wollen alle fröhlich sein
224 Vom Tode heut erstanden ist
247 Komm, Heiliger Geist, Herre Gott
248 Nun bitten wir den Heiligen Geist
494 Gott sei gelobet und gebenedeiet
499 Ehre sei dir, Christe
654 Mitten wir im Leben sind

nur Text
114 Es kommt ein Schiff, geladen

nur Melodie
108 Komm du Heiland aller Welt
116 Gott, heilger Schöpfer aller Stern
135 Singen wir mit Fröhlichkeit
139 Hört, es singt und klingt mit Schalle
197 Ruhm und Preis und Ehre sei dir
216 Singt das Lob dem Osterlamme
241 Komm, Heilger Geist, der Leben schafft
244 Komm herab, o Heilger Geist
279 Dreifaltiger verborgner Gott
310 Verleih uns Frieden gnädiglich
450 Wir glauben an Gott Vater
474 Nun jauchzt dem Herren alle Welt
544 Das Geheimnis laßt uns künden
545 Lobe, Zion, deinen Hirten
546 Gottheit tief verborgen
578 Meerstern, sei gegrüßet
582 O Maria, sei gegrüßt
675 Christus, du Sonne unseres Heils
696 Bevor des Tages Licht vergeht

16. Jahrhundert

Text und Melodie
109 Aus hartem Weh die Menschheit klagt
110 Wachet auf, ruft uns die Stimme
132 Es ist ein Ros entsprungen
134 Lobt Gott, ihr Christen alle gleich
136 Ein Kind ist uns geboren heut
138 Es kam ein Engel hell und klar
146 Ein Kind geborn zu Betlehem
163 Aus tiefer Not schrei ich zu dir
166 O Mensch, bewein dein Sünde groß
178 Wir danken dir, Herr Jesu Christ
181 O hilf, Christe, Gottes Sohn
225 Erschienen ist der herrlich Tag
229 Ihr Christen, hoch erfreuet euch
265 Nun lobet Gott im hohen Thron
293 Auf dich allein ich baue

Subkommission I A – Lieder

303 In Gottes Namen fahren wir
305 Gott der Vater, steh uns bei
307 O ewger Gott, wir bitten dich
457 Allein Gott in der Höh sei Ehr
470 O Lamm Gottes unschuldig
473 Im Frieden dein, o Herre mein
482 Christe, du Lamm Gottes
554 Wie schön leuchtet der Morgenstern
557 Du höchstes Licht, du ewger Schein
559 Mein schönste Zier und Kleinod bist
566 Hebt euer Haupt, ihr Tore all
581 Ave Maria klare

nur Text
116 Gott, heilger Schöpfer aller Stern
130,2-7 Gelobet seist du, Jesu Christ
218 Gelobt sei Gott im höchsten Thron
269 Nun saget Dank und lobt den Herren
310 Verleih uns Frieden gnädiglich
579 Maria, Himmelskönigin
667 Die helle Sonn leucht' jetzt herfür

nur Melodie
104 Tauet, Himmel, aus den Höhn
113 Mit Ernst, o Menschenkinder
141 Ich steh an deiner Krippe hier
164 Erbarme dich, erbarm dich mein
220 Das ist der Tag, den Gott gemacht
227 Danket Gott, denn er ist gut
262 Nun singt ein neues Lied dem Herren
264 Mein ganzes Herz erhebet dich
275 König ist der Herr
291 Wer unterm Schutz des Höchsten steht
292 Herr, dir ist nichts verborgen
302 Erhör, o Gott, mein Flehen
456 Ehre dir, Gott im heilgen Thron
462 Zu dir, o Gott, erheben wir
467 Wir glauben an den einen Gott
469 Heilig ist Gott in Herrlichkeit
480 Wir weihn der Erde Gaben

489 Gott ist dreifaltig einer
490 Was uns die Erde Gutes spendet
515 O Heiland, Herr der Herrlichkeit
517 Herr Jesus, öffne unsern Mund
549 O Herz des Königs aller Welt
552 Du König auf dem Kreuzesthron
556 Völker aller Land
577 Maria, Mutter unsres Herrn
605 Gott, aller Schöpfung heilger Herr
608 Ihr Freunde Gottes allzugleich

17. Jahrhundert

Text und Melodie
105 O Heiland, reiß die Himmel auf
140 Zu Betlehem geboren
179 O Haupt voll Blut und Wunden
180 Herzliebster Jesu
182 O du hochheilig Kreuze
186 Es sungen drei Engel ein' süßen Gesang
188 O Traurigkeit, o Herzeleid
219 Die ganze Welt, Herr Jesu Christ
226 Nun freut euch hier und überall
230 Gen Himmel aufgefahren ist
258 Lobe den Herren, den mächtigen König
259 Erfreue dich, Himmel
263 Dein Lob, Herr, ruft der Himmel aus
266 Nun danket alle Gott
267 Nun danket all und bringet Ehr
294 Was Gott tut, das ist wohlgetan
295 Wer nur den lieben Gott läßt walten
516 Herr Jesu Christ, dich zu uns wend
520 Liebster Jesu, wir sind hier
547 Das Heil der Welt, Herr Jesu Christ
551 Schönster Herr Jesu
555 Morgenstern der finstern Nacht
558 Ich will dich lieben, meine Stärke
572 Salve! Maria, Königin
576 Freu dich, du Himmelskönigin

Subkommission I A – Lieder

580 Ave Maria, gratia plena
582 O Maria, sei gegrüßt
583 Ave Maria zart, du edler Rosengart
585 Laßt uns erfreuen herzlich sehr
588 Sagt an, wer ist doch diese
595 Maria, breit den Mantel aus
614 Wohl denen, die da wandeln
616 Mir nach, spricht Christus, unser Held
643 O Jesu Christe, wahres Licht
657 Ach wie flüchtig, ach wie nichtig
662 Christus, der ist mein Leben
671 Lobet den Herrn, alle die ihn ehren

nur Text
107 Macht hoch die Tür, die Tor macht weit
113 Mit Ernst, o Menschenkinder
141 Ich steh an deiner Krippe hier
474 Nun jauchzt dem Herren, alle Welt
503 O wunderbare Speise auf dieser Pilgerreise
549 O Herz des Königs aller Welt
608 Ihr Freunde Gottes allzugleich
668 Morgenglanz der Ewigkeit (1. Str.)

nur Melodie
112 Herr, send herab uns deinen Sohn
114 Es kommt ein Schiff, geladen
167 O höre, Herr, erhöre mich
218 Gelobt sei Gott im höchsten Thron
250 Komm, o Tröster, Heilger Geist
304 Zieh an die Macht, du Arm des Herrn
306 O Gott, streck aus dein milde Hand
464 Gott in der Höh sei Preis und Ehr
468 O Gott, nimm an die Gaben
502 Christe, du Lamm Gottes
518 Herr Jesus, König ewiglich
546 Gottheit tief verborgen
567 Der Herr bricht ein um Mitternacht
584 Christi Mutter stand mit Schmerzen
587 Maria aufgenommen ist
588 Alle Tage sing und sage

634 Dank sei dir, Vater, für das ewge Leben
635 Ich bin getauft und Gott geweiht
661 Den Menschen, die aus dieser Zeit
667 Die helle Sonn leucht' jetzt herfür
705 Hinunter ist der Sonne Schein

18. Jahrhundert

Text und Melodie
257 Großer Gott, wir loben dich
615 Alles meinen Gott zu Ehren
703 In dieser Nacht sei du mir Schirm und Wacht

nur Text
144 Jauchzet, ihr Himmel
567 Der Herr bricht ein um Mitternacht

nur Melodie
107 Macht hoch die Tür, die Tor macht weit
245 Komm, Schöpfer Geist, kehr bei uns ein
491 Heilig, heilig (Steinau)
541/42 Sakrament der Liebe Gottes
573 Gegrüßet seist du, Königin
594 Maria, dich lieben ist allzeit mein Sinn
668 Morgenglanz der Ewigkeit

19. Jahrhundert

Text und Melodie
145 Stille Nacht, heilige Nacht
256 O du mein Volk, was tat ich dir
472 O Jesu, all mein Leben bist du
639 Ein Haus voll Glorie schauet

nur Text
112 Herr, send herab uns deinen Sohn
158 Lobpreiset all zu dieser Zeit
220 Das ist der Tag, den Gott gemacht
245 Komm, Schöpfer Geist, kehr bei uns ein
304 Zieh an die Macht, du Arm des Herrn
537 Beim letzten Abendmahle

Subkommission I A – Lieder

560 Gelobt seist du, Herr Jesu Christ
573 Gegrüßet seist du, Königin
579 Maria, Himmelskönigin
584 Christi Mutter stand mit Schmerzen
587 Maria aufgenommen ist
589 Alle Tage sing und sage
661 Den Menschen, die aus dieser Zeit

nur Melodie
183 Wer leben will wie Gott auf dieser Erde
577 Maria, Mutter unsres Herrn

20. Jahrhundert bis 1950

Text und Melodie
111 Die Nacht ist vorgedrungen
161 Gottes Lamm Herr Jesu Christ
169 O Herr, aus tiefer Klage
260 Singet Lob unserm Gott
481 Heilig, heilig, heilig ist Gott, der Herr der Mächte
493 Lob sei dem Herrn, Ruhm seinem Namen
540 Sei gelobt, Herr Jesus Christ
590-92 Maria, sei gegrüßt mit deinem lieben Sohn
612 Herr, sei gelobt durch deinen Knecht
637 Laßt uns loben, Brüder, loben
656 Wir sind nur Gast auf Erden

nur Text
157 Der du die Zeit in Händen hast
241 Der Geist des Herrn erfüllt das All
268 Singt dem Herrn ein neues Lied
276 Wir glauben Gott im höchsten Thron
290 Gott wohnt in einem Lichte
302 Erhör, o Gott, mein Flehen
467 Wir glauben an den einen Gott
468 O Gott, nimm an die Gaben
480 Wir weihn der Erde Gaben
489 Gott ist dreifaltig einer
565 Komm, Herr Jesus, komm zur Erde
607 Laßt uns den Engel preisen

611 In Jubel, Herr, wir dich erheben
638 Nun singe Lob, du Christenheit
644 Sonne der Gerechtigkeit

nur Melodie
454 Herr, erbarme dich unser
560 Gelobt seist du, Herr Jesu Christ

20. Jahrhundert ab 1950

Text und Melodie
 74 Gott, der nach seinem Bilde
147 Sieh, dein Licht will kommen
165 Sag ja zu mir, wenn alles nein sagt
168 O Herr, nimm unsre Schuld
184 Wir schlugen ihn
185 Du schweigst, Herr
270 Kommt herbei, singt dem Herrn
272 Singt das Lied der Freude über Gott
273 Singet dem Herrn ein neues Lied
274 Dich will ich rühmen, Herr und Gott
277 Singet, danket unserm Gott
297 Gott liebt diese Welt
299 Manchmal kennen wir Gottes Willen
300 Solang es Menschen gibt auf Erden
301 Herr, deine Güte reicht, so weit der Himmel ist
308 Gott, mein Gott, warum hast du mich verlassen
458 Herr, Gott im Himmel, dir sei Ehre
486 Preis und Ehre Gott dem Herren
519 Komm her, freu dich mit uns
521 Herr, gib uns Mut zum Hören
538 O heilger Leib des Herrn
539 Wir alle essen von einem Brot
550 O lieber Jesu, denk ich dein
552 Alles Leben ist dunkel
568 Komm, Herr Jesu, komm, führ die Welt zum Ende
610 Gelobt sei Gott in aller Welt
617 Nahe wollt der Herr uns sein
618 Brich dem Hungrigen dein Brot
619 Was ihr dem geringsten Menschen tut

Subkommission I A – Lieder

620 Das Weizenkorn muß sterben
621 Ich steh vor dir mit leeren Händen, Herr
622 Hilf, Herr meines Lebens
623 Worauf sollen wir hören
624 Auf dein Wort, Herr, laß uns vertrauen
636 Segne dieses Kind und hilf uns, ihm zu helfen
641 Gleichwie mich mein Vater gesandt hat
642 Eine große Stadt ersteht
655 Wir sind mitten im Leben zum Sterben bestimmt
663 Weder Tod noch Leben trennen uns von Gottes Liebe
701 Angelangt an der Schwelle des Abends
702 Bevor die Sonne sinkt

nur Text
104 Tauet, Himmel, aus den Höhn
106 Kündet allen in der Not
108 Komm, du Heiland aller Welt
136 Ein Kind ist uns geboren heut
137 Tag an Glanz und Freuden groß
139 Hört, es singt und klingt mit Schalle
143 Nun freut euch, ihr Christen
164 Erbarme dich, erbarm dich mein
167 O höre, Herr, erhöre mich
183 Wer leben will wie Gott auf dieser Erde
197 Ruhm und Preis und Ehre sei dir
208 O Licht der wunderbaren Nacht
216 Singt das Lob dem Osterlamme
224 Vom Tode heut erstanden ist
227 Danket Gott, denn er ist gut
241 Komm, Heilger Geist, der Leben schafft
242 Komm, allgewaltig heilger Hauch
244 Komm herab, o Heilger Geist
248 Nun bitten wir den Heiligen Geist 2-4
250 Komm, o Tröster, Heilger Geist
261 Den Herren will ich loben
262 Nun singt ein neues Lied dem Herren
264 Mein ganzes Herz erhebet dich
275 König ist der Herr
279 Dreifaltiger verborgner Gott

291 Wer unterm Schutz des Höchsten steht
292 Herr, dir ist nichts verborgen
298 Herr, unser Herr, wie bist du zugegen
306 O Gott, streck aus dein milde Hand
450 Wir glauben an Gott Vater
456 Ehre dir, Gott im heilgen Thron
462 Zu dir, o Gott, erheben wir
464 Gott in der Höh sei Preis und Ehr
469 Heilig ist Gott in Herrlichkeit
476 Dir Gott im Himmel Preis und Ehr
483 Wir rühmen dich, König der Herrlichkeit
490 Was uns die Erde Gutes spendet
515 O Heiland, Herr der Herrlichkeit
517 Herr Jesus, öffne unsern Mund
518 Herr Jesus, König ewiglich
533 Dir Vater Lobpreis werde
542 Sakrament der Liebe Gottes
544 Das Geheimnis laßt uns künden
545 Lobe, Zion, deinen Hirten
546 Gottheit tief verborgen
553 Du König auf dem Kreuzesthron
556 Völker aller Land
578 Meerstern, sei gegrüßet
594 Maria, dich lieben ist allzeit mein Sinn
605 Gott, aller Schöpfung heilger Herr
609 Sankt Josef, Sproß aus Davids Stamm
613 Gott sei durch euch gepriesen
634 Dank sei dir, Vater, für das ewge Leben
635 Ich bin getauft und Gott geweiht
639 Ein Haus voll Glorie schauet 2-5
640 Gott ruft sein Volk zusammen
660 Nun lässest du, o Herr
675 Christus, du Sonne unsres Heils
696 Bevor des Tages Licht vergeht
704 Christus, du bist der helle Tag

nur Melodie
157 Der du die Zeit in Händen hast
268 Singt dem Herrn ein neues Lied

271 Das ist ein köstlich Ding
276 Wir glauben Gott im höchsten Thron
278 Ich will dir danken, Herr
311 Mit lauter Stimme ruf ich zum Herrn
565 Komm, Herr Jesus, komm zur Erde
611 In Jubel, Herr, wir dich erheben

2.1.2.3 Psalmlieder und Cantica-Lieder

Unter den 265 Liedern, die von der SK I A für *Gotteslob* ausgewählt wurden, finden sich 28 Psalm- und Cantica-Lieder. Es sind in der Mehrzahl gereimte Paraphrasen über die biblischen Texte. Sie bilden in GL keine geschlossene Gruppe, sondern sind je nach ihrem liturgischen Stellenwert eingeordnet.

Psalm Lied (GL-Nr)
- 19 Dein Lob, Herr, ruft der Himmel aus (263)
- 24 Hebt euer Haupt, ihr Tore all (566)
- 25 Zu dir, o Gott, erheben wir (462)
- 31 Auf dich allein ich baue (293)
- 34 Lob sei dem Herrn, Ruhm seinem Namen (493)
- 36 Herr, deine Güt ist unbegrenzt (289)
- 47 Völker aller Land, schlaget Hand in Hand (556)
- 51 Erbarme dich, erbarm dich mein (164)
- 61 Erhör, o Gott, mein Flehen (302)
- 91 Wer unterm Schutz des Höchsten steht (291)
- 92 Das ist ein köstlich Ding (271)
- 95 Kommt herbei, singt dem Herrn (270)
- 98 Nun singt ein neues Lied dem Herren (262)
- 99 König ist der Herr (275)
- 100 Nun jauchzt dem Herren, alle Welt (474)
- 108 Ich will dir danken, Herr (278)
- 117 Nun lobet Gott im hohen Thron (265)
- 118 Nun saget Dank und lobt den Herren (269)
- 119 Wohl denen, die da wandeln (614)
- 130 Aus tiefer Not schrei ich zu dir (163)
- 136 Danket Gott, denn er ist gut (227)
- 138 Mein ganzes Herz erhebet dich (264)
- 139 Herr, dir ist nichts verborgen (292)
- 145 Dich will ich rühmen, Herr und Gott (274)

148 Erfreue dich, Himmel (259)
148 Singt das Lied der Freude über Gott (272)
Magnificat: Den Herren will ich loben (261)
Lobgesang Simeons: Nun lässest du, o Herr (660)

2.1.2.4 Kirchenlieder nach lateinischen Texten

Von frühen Jahrhunderten an bilden lateinische Hymnen, Sequenzen, Antiphonen und Litaneien eine Grundlage, auf der durch Übersetzungen und freie Bearbeitungen volkssprachliche Gesänge entstanden. Diese Tradition wurde in GL erhalten und fortgesetzt, wie folgende Liste von 40 Liedern zeigt.

108 Komm, du Heiland aller Welt (Veni Redemptor gentium, 4. Jh)
116 Gott, heilger Schöpfer aller Stern (Conditor alme siderum, 10. Jh)
135 Singen wir mit Fröhlichkeit (Resonet in laudibus, 14. Jh)
136 Ein Kind ist uns geboren heut (Natus est nobis hodie, 15. Jh)
137 Tag an Glanz und Freuden groß (Dies est laetitae, um 1320)
139 Hört, es singt und klingt mit Schalle (Quem pastores laudavere, 15. Jh)
143 Nun freut euch, ihr Christen (Adeste fideles, um 1790)
146 Ein Kind geborn zu Betlehem (Puer natus in Betlehem, 14. Jh)
179 O Haupt voll Blut und Wunden (Salve caput cruentatum, vor 1250)
197 Ruhm und Preis und Ehre (Gloria, laus et honor, um 815)
206 O du mein Volk, was tat ich dir (Popule meus)
216 Singt das Lob dem Osterlamme (Victimae paschali laudes, vor 1050)
224 Vom Tode heut erstanden ist (Surrexit Christus hodie, 1372)
230 Gen Himmel aufgefahren ist (Caelos ascendit hodie, 16. Jh)
241 Komm, Heilger Geist (Veni Creator Spiritus, um 1000)
242 Komm, allgewaltig heiliger Hauch (Veni Creator Spiritus)
244 Komm herab, o Heilger Geist (Veni Sancte Spiritus, um 1200)
245 Komm, Schöpfer Geist (Veni Creator Spiritus)
247 Komm, Heiliger Geist, Herre Gott (Veni Sancte Spiritus)
261 Den Herren will ich loben (Magnificat)
279 Dreifaltiger verborgner Gott (O lux beata Trinitas, um 1000)
310 Verleih uns Frieden gnädiglich (Da pacem Domine, 9. Jh)
542 Sakrament der Liebe Gottes (Tantum ergo sacramentum)

Subkommission I A — Lieder 187

544 Das Geheimnis laßt uns künden (Pange lingua gloriosi, 1263-64)
545 Lobe, Zion, deinen Hirten (Lauda Sion Salvatorem, 1263-64)
546 Gottheit tief verborgen (Adore te devote, 13. Jh)
549 O Herz des Königs aller Welt (Summi regis cor aveto, vor 1250)
550 O lieber Jesu, denk ich dein (Jesu dulcis memoria, 12. Jh)
572 Salve, Maria Königin (Salve Regina)
573 Gegrüßet seist du, Königin (Salve Regina, 11. Jh)
576 Freu dich, du Himmelskönigin (Regina caeli, 12. Jh)
577 Maria, Mutter unsres Herrn (Alma Redemptoris mater)
578 Meerstern, sei gegrüßet (Ave maris stella, 9.Jh)
579 Maria, Himmelskönigin (Ave Regina caelorum, vor 1100)
584 Christi Mutter stand mit Schmerzen (Stabat mater, vor 1306)
589 Alle Tage sing und sage (Omni die dic Mariae, vor 1140)
654 Mitten wir im Leben sind (Media vita in morte sumus, 11. Jh)
675 Christus, du Sonne unsres Heils (Iam Christe sol justitae, 6. Jh)
696 Bevor des Tages Licht vergeht (Te lucis ante terminum, 5./6. Jh)
704 Christus, du bist der helle Tag (Christe qui lux es et dies, 6. Jh)

2.1.2.5 Lieder aus evangelischen Gesangbüchern

Im Zug der Liturgiereform erhielt das deutsche Kirchenlied in der Liturgie einen legitimen Platz. Der plötzlich größere Bedarf wurde teils durch Neuschöpfungen, teils durch Übernahme aus dem evangelischen Liedgut gedeckt. Die Bibelnähe vieler Liedtexte und die ökumenischen Tendenzen begünstigten diesen Vorgang. Von diesen 70 Liedern waren 40 schon vor GL in katholischen Gesangbüchern.

107 Macht hoch die Tür, die Tor macht weit
110 Wachet auf, ruft uns die Stimme
111 Die Nacht ist vorgedrungen
113 Mit Ernst, o Menschenkinder
130, 2-7 Gelobet seist du, Jesu Christ
134 Lobt Gott, ihr Christen alle gleich
138 Es kam ein Engel hell und klar
141 Ich steh an deiner Krippe hier
144 Jauchzet, ihr Himmel
157 Der du die Zeit in Händen hast
163 Aus tiefer Not schrei ich zu dir
166 O Mensch, bewein dein Sünde groß
168 O Herr, nimm unsre Schuld

178 Wir danken dir, Herr Jesu Christ
179 O Haupt voll Blut und Wunden
180 Herzliebster Jesu
181 O hilf, Christe, Gottes Sohn
218 Gelobt sei Gott im höchsten Thron
225 Erschienen ist der herrlich Tag
226 Nun freut euch hier und überall
230 Gen Himmel aufgefahren ist
258 Lobe den Herren, den mächtigen König
264 Mein ganzes Herz erhebet dich
266 Nun danket alle Gott
267 Nun danket all und bringet Ehr
269 Nun saget Dank und lobt den Herren
271 Das ist ein köstlich Ding
273 Singet dem Herrn ein neues Lied
276 Wir glauben Gott im höchsten Thron
277 Singet, danket unserm Gott
278 Ich will dir danken, Herr
294 Was Gott tut, das ist wohlgetan
295 Wer nur den lieben Gott läßt walten
297 Gott liebt diese Welt
299 Manchmal kennen wir Gottes Willen
301 Herr, deine Güte reicht, so weit der Himmel ist
304 Zieh an die Macht, du Arm des Herrn
308 Gott, mein Gott, warum hast du mich verlassen
310 Verleih uns Frieden gnädiglich
457 Allein Gott in der Höh sei Ehr
470 O Lamm Gottes unschuldig
473 Im Frieden dein, o Herre mein
474 Nun jauchzt dem Herren, alle Welt
482 Christe, du Lamm Gottes
516 Herr Jesu Christ, dich zu uns wend
520 Liebster Jesu, wir sind hier
521 Herr, gib uns Mut zum Hören
539 Wir alle essen von einem Brot
554 Wie schön leuchtet der Morgenstern
557 Du höchstes Licht, du ewger Schein
559 Mein schönste Zier und Kleinod bist
567 Der Herr bricht ein um Mitternacht

Subkommission I A – Lieder 189

614 Wohl denen, die da wandeln
618 Brich dem Hungrigen dein Brot
641 Gleichwie mich mein Vater gesandt hat
643 O Jesu Christe, wahres Licht
644 Sonne der Gerechtigkeit
655 Wir sind mitten im Leben zum Sterben bestimmt
657 Ach wie flüchtig, ach wie nichtig
658 Wenn mein Stündlein vorhanden ist
659 O Welt, ich muß dich lassen
662 Christus, der ist mein Leben
666 All Morgen ist ganz frisch und neu
667 Die helle Sonn leucht' jetzt herfür
668 Morgenglanz der Ewigkeit
669 Aus meines Herzens Grunde
671 Lobet den Herren alle, die ihn ehren
702 Bevor die Sonne sinkt
704 Christus, du bist der helle Tag
705 Hinunter ist der Sonne Schein

Außerdem 13 Melodien evangelischer Herkunft:
136 Ein Kind ist uns geboren heut
227 Danket Gott, denn er ist gut
250 Komm, o Tröster, Heilger Geist
261 Den Herren will ich loben
275 König ist der Herr
302 Erhör, o Gott, mein Flehen
489 Gott ist dreifaltig einer
490 Was uns die Erde Gutes spendet
556 Völker aller Land
605 Gott, aller Schöpfung heilger Herr
634 Dank sei dir, Vater
660 Nun lässest du, o Herr
704 Christus, du bist der helle Tag

2.1.2.6 Die verschiedenen Gattungen der Lieder

Die Lieder in *Gotteslob* gehören in bezug auf die Form verschiedenen Gattungen an. Zwischen ihnen gibt es fließende Übergänge, so daß ein Gesang sowohl der einen wie auch einer anderen Gruppe zugezählt werden kann oder verschiedenen Gruppen angehört, z. B.

gleichzeitig Stollenlied und Refrainlied ist. Folgende Aufstellung gibt eine kurze Charakterisierung der einzelnen Gattungen und nennt die Zahl der vertretenen Gesänge. In den Redaktionsberichten zu den einzelnen Liedern ist die Gattung am Ende der Titelzeile genannt.

Cantio: ursprünglich lateinischer geistlicher Gesang volksliedhaften Charakters. 7

Hymnus: ursprünglich lateinischer geistlicher Gesang in metrischer Strophenform. 18

Kehrstrophenlied: der zu wiederholende Teil hat den Umfang einer Strophe. 3

Kehrverslied: beginnt mit einem vorgesungenen Vers, der von allen zu Beginn und am Ende der Strophe wiederholt wird. 10

Leise: alte, auf das Kyrie eleison der Allerheiligenlitanei zurückgehende Liedform, die sich mit dem Schlußruf Kyrieleis(on) erhalten hat. 9

Lied: im allgemeinen zwei- oder dreiteilige Liedform, selten reichere großstrophige Formen. 114

Litanei: auf im Text wechselnde Anrufe wird eine gleichbleibende oder variierte Antwort gegeben. 2

Refrainlied: Der Schlußteil hat gleichbleibenden Text und eignet sich als Antwort der Gemeinde auf den vorausgehenden Vorsängerteil. 25

Ruflied: Kurzform, meist aus zwei Zeilen bestehend. 20

Sequenz: ursprünglich lateinischer geistlicher Gesang in metrischen Doppelstrophen. 3

Stollenlied: Die Melodie des ersten Teils der zwei- oder mehrteiligen Form wird mit wechselndem Text wiederholt. 65

2.1.3 Ergänzende Abhandlungen

2.1.3.1 Das Problem der Einheitslieder 1947 (E)

Die Einheitslieder von 1947 (E) sollten zunächst Ausgangspunkt und Grundstock eines erweiterten Lieder-Kanons sein. Jedoch zeigte sich im Verlauf der Arbeit, daß sie nicht ohne Überprüfung in *Gotteslob* übernommen werden konnten. Dafür gab es folgende Gründe:
1. Das EGB wurde für den ganzen deutschen Sprachraum geplant; die E-Lieder waren nur für Deutschland verbindlich. Von den 74

Subkommission I A — Lieder

Nummern hatten die österreichischen Diözesen nur 45, die Schweiz nur 21 in der gleichen Fassung übernommen. So konnte bei dem neuen EGB nur von einer schmalen Basis gemeinsamer Lieder ausgegangen werden.

2. Nicht alle E-Lieder haben sich durchgesetzt; gegen manche wurden erhebliche Bedenken geäußert.

3. Nachdem sich in den letzten Jahrzehnten die liturgische, kulturelle und musikalische Situation grundlegend geändert hatte, bedurften die E-Lieder einer Revision, die den heutigen Anforderungen Rechnung trägt.

4. Die Zusammenarbeit mit der „Arbeitsgemeinschaft für ökumenisches Liedgut" bedeutete Bereitschaft zu Kompromissen und Änderungen um der Einheit willen.

Folgende Übersicht gibt Aufschluß über die Situation der E-Lieder in *Gotteslob.* (Mit ö ist die Aufnahme in den ökumenischen Lieder-Kanon bezeichnet.)

1. Unverändert aufgenommene Lieder (27):
Geringfügige Änderungen sind hier nicht berücksichtigt.
(Nr E 1947)

- 2 Aus meines Herzens Grunde ö
- 8 O Jesu, all mein Leben bist du
- 10 Wir glauben an den einen Gott
- 11 Wir weihn der Erde Gaben
- 12 Heilig, heilig
- 15 Nun danket all und bringet Ehr ö
- 16 In dieser Nacht
- 18 Aus hartem Weh die Menschheit klagt
- 19 Gott, heilger Schöpfer aller Stern ö
- 20 O Heiland, reiß die Himmel auf ö
- 22 Es kam ein Engel hell und klar ö
- 24 In dulci jubilo ö
- 26 Zu Betlehem geboren
- 30 Da Jesus an dem Kreuze stund
- 33 O Traurigkeit, o Herzeleid
- 37 Laßt uns erfreuen herzlich sehr
- 38 Freu dich, du Himmelskönigin
- 44 Komm, Schöpfer Geist
- 53 O Herz des Königs aller Welt

54 Gelobt seist du, Herr Jesu Christ
57 Ave Maria klare
58 Ave Maria zart
59 Gegrüßet seist du, Königin
63 Unüberwindlich starker Held
66 Nun lobet Gott im hohen Thron ö
67 Lobe den Herren, den mächtigen König ö
70 In Gottes Namen fahren wir

2. Nur textliche Änderungen (25):
(Rh = geringfügige rhythmische Änderungen)
 1 Alles meinem Gott zu Ehren
 3 Zu dir, o Gott, erheben wir (Rh)
 4 Gott in der Höh sei Preis und Ehr ö
 5 Du hast, o Herr, dein Leben (neuer T)
 6 Laßt uns erheben Herz und Stimm (neuer T)
17 Bevor des Tages Licht vergeht ö
23 Gelobet seist du, Jesu Christ ö
28 O Haupt voll Blut und Wunden ö
31 Christi Mutter stand mit Schmerzen
35 Freu dich, du werte Christenheit (neuer T)
36 Nun singt dem Herrn ein neues Lied (neuer T)
39 Ihr Christen, hoch erfreuet euch
41 Komm, Heilger Geist, o Schöpfer du ö (neuer T)
42 Komm, o Geist der Heiligkeit ö (neuer T)
45 Allein Gott in der Höh sei Ehr ö
48 Gott sei gelobet und gebenedeiet ö
50 Jesus, du bist hier zugegen (neuer T)
52 Ich will dich lieben, meine Stärke
62 Maria zu lieben (neuer T)
64 Ihr Freunde Gottes allzugleich (Rh)
65 Großer Gott, wir loben dich ö
68 Ein Haus voll Glorie schauet (neuer T)
71 Gott der Vater, wohn uns bei
72 Wer heimlich seine Wohnestatt (neuer T)
73 Wie mein Gott will (neuer T)

3. Nur melodische Änderungen (1):
32 O du hochheilig Kreuze (M aus dem Schweizer Gsb)

Subkommission I A — Lieder

4. Textliche und melodische Änderungen (12):
 7 O du Lamm Gottes, unschuldig ö
 13 O du Lamm Gottes
 14 O heil'ge Seelenspeise
 21 Es ist ein Ros entsprungen ö
 34 Christ ist erstanden ö
 40 Christ fuhr gen Himmel ö
 43 Nun bitten wir den Heiligen Geist ö
 47 Preise, Zunge, das Geheimnis
 51 Schönster Herr Jesu ö
 60 Sagt an, wer ist doch diese
 74 Mitten in dem Leben sind ö

5. Aufnahme ins EGB abgelehnt (10):
 9 Dein Gnad, dein Macht
 25 Mit süßem Jubelschall
 27 Heilige Namen
 28 Tu auf, tu auf, du schönes Blut
 46 Gelobt sei Gott der Vater
 49 O Christ, hie merk
 55 Ich glaub an Gott in aller Not
 56 Jesus, dir leb ich (Text Nr. 6,1)
 61 Mein Zuflucht alleine
 69 Fest soll mein Taufbund immer stehn

Begründung der Ablehnung *(Hubert Sidler):*
9 „Dein Gnad, dein Macht" Die Original-M steht in „Harpffen Davids", Augsburg 1669 zum Psalmlied „Zu dir thu ich mein Seel erhebn" (Bäumker IV 384). KL 1938 hat die M an mehreren Stellen geändert und sie dem metrisch nicht völlig gleichen Neu-T angepaßt. In dieser Form kam das Lied auch in E 1947. Die Notation erschwert jedoch die sprachrichtige Betonung; darum fügten etliche Gsb Taktunterteilungen bei (Münster, St. Pölten, Passau, Bamberg, Essen, KL 1962). Trotzdem wirkt die M-Fassung stockend und wurde daher von der SK und der HK abgelehnt.
25 „Mit süßem Jubelschall" Auf diese von Heinrich Bone stammende rein deutschsprachige Fassung des „In dulci jubilo" wurde verzichtet, um die Konkurrenz mit dem weitverbreiteten „Nun singet und seid froh" (GKL 12) zu vermeiden.

27 „Heilige Namen, allzeit beisammen" Dieser T nach dem „Himmlisch Psalmgärtlein" des Wilhelm Nakatenus 1662, biedere Knittelvers-Kunst, hat seinen Dienst getan und fehlt darum schon in mehreren Gsb seit 1952 (Eichstätt, Graz, Bamberg, Aachen, Schweiz). Die M verursachte bei der Intonation durch die Orgel häufig Verwechslung mit der von „Schönster Herr Jesu". Aus diesen Gründen wurde das Lied von der HK im Juli 1972 abgelehnt.

28 „Tu auf, tu auf, du schönes Blut" Dieses Gedicht von Friedrich Spee 1638 ist eine eindringliche, gereimte Bußpredigt, jedoch belastet mit heute unverständlichen Ausdrücken und Bildern, die sich ohne Zerstörung des Ganzen nicht modernisieren lassen (vgl. die T-Bearbeitung in den Gsb Wien, Schweiz, Passau). Die wertvolle M bot erfahrungsgemäß mit der fallenden Sexte bei „Wann willst" für das Volk zu große Schwierigkeit. Nachdem der T von den Diözesen 1972 mehrheitlich abgelehnt worden war, wurde das Lied nach langer Diskussion 1973 von der HK gestrichen, auch im Hinblick auf andere treffliche Bußlieder in GL.

46 „Gelobt sei Gott der Vater" Um die Aufnahme bzw. Ablehnung dieses alten Wallfahrts- und Prozessionsliedes wurde im Verlauf mehrerer Jahre wiederholt gerungen; die Forderung nach T-Revision war schon lange erhoben worden. Manche neuere Gsb brachten das Lied nicht mehr, so Innsbruck 1941, Salzburg 1950, Graz 1954, Linz 1956, Brixen 1964, St. Pölten 1968; andere nur mit Strophe 1, so München 1968, Passau und Bamberg 1970, Aachen 1971. Die SK plante den Rückgriff auf den gedanklich weit geschlosseneren Urtext München 1586 und dessen M-Gestalt (Bäumker I 302). Jedoch gelang keine überzeugende Einigung, weder in der SK noch zwischen den Diözesanbeauftragten. Daher wurde das Lied im Juli 1972 gestrichen.

49 „O Christ, hie merk" Bei allem Respekt vor dem Dichter Friedrich Spee läßt sich eine solche Formulierung heute nicht mehr verkraften: Archaismen, gezwungene Wortkünsteleien. Darum wurde dieses Expositionslied in etliche neuere Gsb nicht mehr aufgenommen, so Eichstätt 1952, München 1968, Bamberg, Essen, Aachen. Laut Entscheid der HK vom Juli 1972 entfällt das Lied.

55 „Ich glaub an Gott in aller Not" Dieses Lied aus dem Eichsfelder Gsb 1724 war durch J. Mohrs Gsb „Jubilate" 1877 wiedererweckt worden und in die E gekommen. Jedoch wurde er von einem Drittel der Gsb seit 1940 abgewiesen: Innsbruck, Eichstätt, Graz, Linz, Brixen, Schweiz, St. Pölten, München, Bamberg, Passau, Aachen.

Weder KL noch die SK konnte sich zur Konservierung dieses Textes
entschließen. Die HK hat im Juli 1972 die Ablehnung bestätigt.

56 „Jesus, dir leb ich" Gemäß Entscheid der HK vom Juli 1972 wurde
zu diesem Lied die Meinung der Diözesen eingeholt. Auf deren
Votum von 13 Ja und 14 Nein hin lehnte die HK im Dezember 1972 das
Lied mehrheitlich ab.

61 „Mein Zuflucht alleine" Eine ganz persönliche Aussage eines
einzelnen aus höchster seelischer Bedrängnis. Aber stellenweise
dogmatisch unhaltbar: „Mein Zuflucht *alleine;* daß sie mich regiere,
mit Gnaden mich ziere" oder maßlos übertreibend für ein Gemeinschaftslied in Strophe 4: „in stetigem Leiden, ohn einige Freuden".
Sprachlich mehrfach veraltet und unverständlich: „Maria ich
meine..., all Fleisch und Geblüte".
Mehrfache Versuche einer Neufassung zeigten, daß sich dieses barocke Gedicht nicht modernisieren läßt. Mindestens ein Drittel der
neueren Gsb hat es darum nicht aufgenommen: Innsbruck, Salzburg,
Eichstätt, Graz, Brixen, Linz, Wien, St. Pölten, Bamberg, Passau,
Köln 1971, Schweiz. Die Melodie, eine kunstvolle barocke „Aria" von
zwei bruchlos zu singenden Bogen, überfordert die Atemtechnik des
Volkes. Aus diesen Gründen entschied sich auch die HK im Juli 1972
gegen die Aufnahme.

69 „Fest soll mein Taufbund immer stehn" war E-Lied seit 1916 und
vor allem wegen seiner romantischen Melodie beliebt, damals noch
mit drei weiteren Strophen, die aber schon mindestens seit 1940 in
vielen Gsb entweder gestrichen oder durch andere ersetzt wurden.
Neuere Gsb haben auf das Lied verzichtet, so Eichstätt 1952, München 1968. Das *Gotteslob* enthält zeitgemäßere Bekenntnislieder,
z.B. 635 „Ich bin getauft". Aus diesen Erwägungen erklärte auch die
HK im Juli 1972 das Lied als abgelehnt.

2.1.3.2 Das Verfahren bei der Auswahl der Lieder
Ernst Hofmann

Vorbemerkung: Die Ausgangslage
Als die Liedkommission im Jahre 1963 ihre Tätigkeit begann, gab es
kein System von Richtlinien, nach dem man bei der Beurteilung eines
Liedes von Anfang an hätte vorgehen können. Die Aufgabe war neu
und die Arbeit an ihr in Kommissionsform wenig erprobt. Maßstäbe
für die Bewertung und der Modus des Zuwerkegehens entwickelten

sich jedoch im Lauf der Arbeit verhältnismäßig rasch aus den Vorstellungen und Grundsätzen, die von den Mitgliedern der Kommission eingebracht und vertreten wurden.

Ihre personelle Zusammensetzung (siehe Mitarbeiterverzeichnis S. 166) war darauf abgestellt, daß alle Fachgebiete und Aspekte, die in Betracht zu ziehen waren, zu Wort und Wirkung kommen konnten: Theologie, insbesondere Dogmatik, Pastoraltheologie und Liturgik, Kirchenmusik und Hymnologie, Sprachwissenschaft, vor allem Germanistik und Poetik, je mit ihrer Zuständigkeit für die religiöse, glaubensmäßige, gottesdienstliche, dichterische und musikalische Qualität eines Liedes. Mit dem Blick auf die gestellte Aufgabe führte dann das Zusammenspiel der Persönlichkeiten, Zuständigkeiten und Argumente zum jeweils abschließenden Votum, das durch Abstimmung festgestellt wurde.

A. Prinzipien und Gesichtspunkte für die Aufnahme

Die Fragen, mit denen jedes Lied ins Kreuzverhör genommen wurde, bezogen sich generell auf folgende Punkte:

I. Den Text betreffend

1. Ist die Glaubensaussage richtig? Ist sie für ein EGB, das ja kein vollständiges Glaubenslehrbuch sein kann, wichtig genug?
2. Ist die Darstellung des Glaubensgutes allgemein verständlich und liedgemäß oder aber schwierig und lehrstückhaft? Von hinreichendem Niveau oder allzu anspruchslos? (Dabei ist schlicht nicht ohne weiteres gleich schlecht.)
3. Besitzt der Text Gebetscharakter, atmet er Frömmigkeit? Ist diese echt oder gekünstelt oder abwegig? Geistliche Lyrik eignet sich nicht von selbst als Kirchenliedgut.
4. Besitzt der Text dichterische Qualität und sprachlichen Rang? Ist er Lied oder gereimte Katechese oder dünne Emphase?
5. Ob zeitgenössisch oder älter oder alt: Hat das Lied Gültigkeit für heute und vielleicht noch morgen?
6. Welchen Platz nimmt unter den genannten Gesichtspunkten ein Liedtext in der Tradition und lebendigen Praxis nichtkatholischer Kirchen heute ein? Ist er nicht schon bisher gemeinsamer Besitz christlicher Konfessionen?

II. Die Melodie betreffend

1. Hat das Opus Liedcharakter? Ist die Melodie musikalisch vertretbar?

Subkommission I A – Lieder

2. Ist das Lied im Gottesdienst singbar, der Musikalität und dem Schwierigkeitsgrad nach?
3. Eignet sich der Gesang für gemeinsames Singen einer Gemeinde bzw. für Wechselgesang zwischen Vorsänger und Gemeinde? Entspricht dies seiner musikalischen Kunstgattung? Ist er etwa für Einzelstimme oder Chor komponiert?
4. Gehört die Melodie zum gemeinsamen gottesdienstlichen Gut christlicher Kirchen?

B. Regeln für die Bearbeitung
War ein Lied als Ganzes annehmbar, erhoben sich häufig spezielle Fragen an Text und Melodie.
1. Nicht wenige Lieder lagen in unterschiedlichen Fassungen sowohl des Textes wie der Melodie vor. Bei der Entscheidung über die zu wählende Melodie wurde über die allgemeinen Prinzipien hinaus mit Vorrang in Betracht gezogen, wie weit die eine oder die andere Melodie bzw. Melodiefassung eingebürgert ist. Entsprechend bekam bei den Textfassungen nicht unter allen Umständen der Wortlaut des Originals den Vorzug.
2. Wenn Änderungen an Wortlaut oder Weise sich nahelegen wollten, wurde gefragt: Sind solche zulässig? angebracht? überhaupt befriedigend zu schaffen? im Zweifelsfall lohnend? In welchem Verhältnis steht eine Formulierung des Originals zu der heute geläufigen, vielleicht weithin eingesungenen Textversion? Desgleichen bei Melodie-Varianten.
3. Wenn im Blick auf den Originalbestand eine Kürzung der Strophenzahl in Betracht kam: Gewinnt oder verliert dadurch die Thematik bzw. die Reichhaltigkeit? Soll hier lieber mehr angeboten und die Auswahl dem jeweils Zuständigen anheimgestellt werden? Sind mehr Strophen vielleicht dem privaten Beten (oder Singen) des Liedes von Nutzen? Gibt die eine oder andere Passage etwa der persönlichen Frömmigkeit und Ergriffenheit treffend Ausdruck?

C. Sonderfälle
1. Hatten sich für eine Thematik bzw. Liedergruppe zu viele Lieder gut qualifiziert, mußten manche ausgeschieden werden, auch wenn man sie im Stammteil ungern vermißt. Für solche Lieder bot der jeweilige Diözesananhang gegebenenfalls ein Unterkommen.
2. Wenn sich für einen Bedarfsfall nichts voll Überzeugendes fand,

auch nicht nach etwaiger spezieller Ausschreibung, wurde auf die Verwirklichung des Vorhabens verzichtet, oder man handhabte möglichenfalls die Kriterien notgedrungen minder streng. Auch daher rührt es, daß die für das EGB ausgewählten Lieder nicht alle in gleichem Maß den zu stellenden Ansprüchen gerecht werden.

3. Prinzipiell waren der Thematik der aufzunehmenden Lieder keine Grenzen gesetzt. Als aber in dem wachsenden Fundus so gut wie alle Haupt- und Nebenbereiche des christlichen Glaubens und Lebens zutage traten, stellte sich unterwegs und vor allem zum Abschluß die Frage, mit welchem Gewicht und gegenseitigem Zahlenverhältnis die verschiedenen Liedgruppen einander zugeordnet werden sollen. Und wo sollte von Fall zu Fall, von Lied zu Lied, im Blick auf die gewünschte Mannigfaltigkeit der Inhalte und Formen die Grenze gezogen werden? Hätte man nicht zum Beispiel für den Advent oder bei den Heiligenliedern ein Lied von Johannes dem Täufer bringen sollen? Für diesen Entscheidungsbereich konnte es keine detaillierten Richtlinien geben, während der große Rahmen sich von selbst abzeichnete.

4. In einigen Fällen sah sich die Kommission in dem Dilemma, ein Lied angesichts seiner Gestalt ablehnen zu müssen, es jedoch wegen seines pastoralen Stellenwertes erhalten zu sollen. Die Lösung lag dann entweder in einer gründlichen Umarbeitung wie bei „Ein Haus voll Glorie schauet" (Nr. 639) oder in einem völlig neuen Text wie bei „Maria, dich lieben" (Nr. 594) oder im Verzicht auf das Lied, so bei „Fest soll mein Taufbund immer stehn", oder in einer maßgeblichen Weisung, das Lied in der bisherigen Fassung aufzunehmen.

D. Zur Handhabung der Prinzipien und Regeln

1. An Hand der genannten Grundsätze und Gesichtspunkte hat die Subkommission 593 Lieder durchgearbeitet. Sie waren bei einer ersten Sichtung des heutigen lebendigen deutschen Liedguts und dann im Lauf der Arbeit in Vorschlägen verschiedenster Herkunft als bemerkenswert erachtet worden. Davon kamen 265 in den Stammteil; eine Vielzahl der übrigen fand in den Diözesananhängen ihren Platz. Dies wird des näheren in einer anderen Arbeit darzustellen sein (s. GS. 913ff.).

2. Bei den zu behandelnden Liedern nahm in der Kommission das Verfahren jeweils einen anderen, eigenen, oft langwierigen und mühsamen Verlauf. Hiervon konnte im vorliegenden Redaktionsbe-

richt der SK und bei der Behandlung der einzelnen Lieder kaum mehr als das erzielte Gesamtergebnis festgehalten werden.
3. Bei der Stellungnahme zum vorliegenden Stoff gab es im einzelnen typische Unterschiede. Eine Gruppe von Liedern konnte mit großer Einmütigkeit akzeptiert werden. Bei vielen anderen gerieten die gemeinsamen Gesichtspunkte und die unterschiedlichsten Argumente in Widerstreit, der zu einer Verständigung geführt werden mußte. Manches Lied, dessen Eignung im gründlichen Meinungsaustausch umstritten blieb, wurde für einen zweiten, manchmal dritten Durchgang zurückgestellt; in der Zwischenzeit hatte sich eine für die betreffende Aufgabe gebildete Arbeitsgruppe um die Weiterentwicklung des Projekts zu bemühen, etwa durch Änderungsvorschläge. Äußerstenfalls wurde zwischen konkurrierenden Fassungen, die gleichwertig erschienen, zum Beispiel bei Übertragungen aus dem Urtext, dadurch entschieden, daß man Strophen oder längere Partien beider Texte nebeneinanderstellte und sie nach Punktsystem detailliert bewertete.
4. Die letzte Entscheidung der Kommission fiel – immer unter Berücksichtigung der Voten der Diözesen und sonstiger Meinungsäußerungen – durch Abstimmung. Demzufolge gab angesichts der Ja- und Neinstimmen und der Enthaltungen („unentschieden") oft eine ganz geringe Mehrheit den Ausschlag. Auch aus diesem Sachverhalt erklärt sich das Fehlen des einen und anderen qualifizierten Liedes und umgekehrt. – In besonders wichtigen oder in kontrovers bleibenden Fällen gab die Kommission ihre Stellungnahme zur endgültigen Spezialentscheidung an die Hauptkommission weiter. Von dieser und der letztzuständigen Bischöflichen Kommission ergingen auch Entscheidungen, die der dezidierten Meinung der Subkommission zuwiderliefen (Nr 217 und 568).

Schlußvermerk
Die Vielzahl und Vielschichtigkeit der Maßstäbe, Regeln und Aspekte, mit denen jedem Lied zu begegnen war, brachte es mit sich, daß das Ergebnis, der vorliegende Fundus, in mancher Hinsicht unausgeglichen ist. Andererseits dürfte es dem Beurteiler von heute schwerfallen, etwa im Blick auf ein einzelnes Lied, das aufgenommen wurde oder das fehlt, die zugrundeliegende Beurteilung mit all ihren Komponenten und Zusammenhängen adäquat nachzuvollziehen und gültig zu werten.

Natürlich waren bei den Stellungnahmen des einzelnen Kommissionsmitglieds immer auch Imponderabilien des Ermessens mitbestimmend oder zuletzt ausschlaggebend. Und eine im Lauf der Jahre entstandene Betriebsblindheit und Konformität war unvermeidbar mit im Spiel.

Rückblickend stellen die Mitglieder der SK selbst an bestimmten Arbeits- und Entscheidungsvorgängen fest, daß das Gremium als Ganzes und die einzelnen im Lauf der langen Zeit einerseits mehr und mehr in die Tätigkeit hineingewachsen sind, andererseits zu Beginn der Arbeit in mancher Hinsicht mit anderen Maßstäben und Methoden zu Werke gingen als in einem späteren und im abschließenden Stadium. Dies hat sich je nachdem, von Fall zu Fall, verschieden ausgewirkt, sowohl vorteilhaft wie nachteilig. Man konnte insbesondere nicht von Anfang an den Überblick und die Erfahrung einsetzen, die erst erworben werden mußten, um sich fruchtbar auszuwirken. Umgekehrt gab es gegen Ende der Arbeit manchen Arbeitsgang, der sich aus der gewonnenen Gesamtschau zusätzlich nahelegte.

2.1.3.3 Gesichtspunkte der Text-Revision
Maria Luise Thurmair

Für die *Auswahl* der Liedtexte stellten wir folgende Forderungen:
Die Lieder sollten
in ihrer theologischen Aussage richtig sein,
den Anforderungen der Liturgie entsprechen,
künstlerisch wertvoll sein,
für den heutigen Menschen vollziehbar sein,
für das gesamte deutsche Sprachgebiet gelten,
in möglichem Umfang ökumenisch sein.
Die der Kommission vorliegenden Liedtexte stammen aus sechs Jahrhunderten. Bei ihrer Beurteilung wurden die Veränderungen deutlich, die sich inzwischen vollzogen hatten:
die Veränderung der Sprache, die sich fortwährend wandelt;
die verschiedenen Strömungen in der Frömmigkeitshaltung (Pietismus, Aufklärung, ichbezogene und gemeinschaftsbezogene Frömmigkeit usw.);
das theologische Verständnis der Glaubenswahrheiten, das sich in manchem differenziert hat;
das gewandelte Kirchenbewußtsein.

Subkommission I A − Lieder 201

Unter Berücksichtigung dieser Voraussetzungen ist die SK I A bei der Beurteilung und Veränderung der Texte des überkommenen Liedgutes nach folgenden Gesichtspunkten vorgegangen:

Auf Unvollziehbares wurde verzichtet
Es gibt Texte aus den verschiedenen Epochen, die nicht mehr tragbar sind, weil es vielen Gottesdienstbesuchern unmöglich ist, sich mit ihnen zu identifizieren („O Christ, hie merk"; „Tu auf, tu auf, du schönes Blut"; die triumphalistischen Strophen von „Ein Haus voll Glorie schauet"; „Fest soll mein Taufbund immer stehn"; „Mein Zuflucht alleine"). Solche Texte ließen sich nicht „modernisieren". Aus diesem Grund haben die SK I A und die HK auf 10 E-Lieder und andere ältere Lieder verzichtet.

Literarisch Wertvolles wurde vorsichtig bearbeitet
Die literarische Qualität der Texte erforderte besondere Rücksichtnahme, seien es anonyme Texte aus dem 14. und 15. Jahrhundert oder geistliche Dichtungen hervorragender Poeten wie Martin Luther, Friedrich Spee, Paul Gerhard, Angelus Silesius und anderer. An solchen Texten wurden nur insoweit Veränderungen vorgenommen, als es für das heutige Verständnis unerläßlich schien. Hier handelt es sich nicht in erster Linie um ein ästhetisches Prinzip, sondern um die Transparenz des Textes, der in der poetischen Form mehr Aussagekraft besitzt als in einer geglätteten Umgangssprache. Beispiele:
130 Gelobet seist du, Jesu Christ 4,4
131 Sei uns willkommen 1,4
179 O Haupt voll Blut und Wunden 2,2
228 Christ fuhr gen Himmel 2,4
494 Gott sei gelobt und gebenedeiet (Refrainstrophe)
554 Wie schön leuchtet der Morgenstern 1-7
558 Ich will dich lieben (Schlußzeilen von 1-7)

Gebrauchsdichtung wurde, wenn nötig, stärker verändert oder neu gefaßt
Bei vielen Liedern, die Gebrauchsdichtungen von unterschiedlicher Qualität sind, wurden größere Veränderungen oder Neufassungen vorgenommen:
503 O wunderbare Speise 1,1 und 3
594 Maria, dich lieben (Neudichtung)

615 Alles meinem Gott zu Ehren 2; 3
643 O Jesu Christe, wahres Licht 2; 3,3; 4,2.4
644 Sonne der Gerechtigkeit 2,3-4; 3,2; 5,2-4; 6,4; 7
668 Morgenglanz der Ewigkeit (2-4 Neudichtung)

Psalmlieder, Hymnen und Sequenzen
Zeitgemäße Um- oder Neudichtungen waren vor allem bei jenen Psalmliedern, Hymnen und Sequenzen gefordert, deren antiquierte oder konventionelle Sprache den Heutigen nicht mehr zu treffen vermag. Beispiele:
Psalmlieder:
291 Wer unterm Schutz des Höchsten steht
292 Herr, dir ist nichts verborgen
293 Auf dich allein ich baue
Hymnen und Sequenzen:
108 Komm, du Heiland aller Welt
137 Tag an Glanz und Freuden groß
197 Ruhm und Preis und Ehre sei dir
216 Singt das Lob dem Osterlamme
241, 242, 245 Veni Creator Spiritus
244 Veni Sancte Spiritus
542-544 Pange, lingua
545 Lauda Sion

Die Erfordernisse des Gemeindegottesdienstes mußten berücksichtigt werden
Die Lieder mußten auf ihre Brauchbarkeit beim Gemeindegottesdienst geprüft werden. Es stellte sich die Frage, ob die für bestimmte Funktionen vorgesehenen Kirchenlieder den speziellen Erfordernissen, die damit gegeben sind, auch entsprachen; ob sie den rechten Stellenwert hatten, schließlich, ob genug Lieder für die verschiedenen Funktionen des Gemeindegottesdienstes vorhanden waren. Ein Lied zum Gloria z.B. durfte nicht ein allgemeines Loblied sein, sondern sollte eine möglichst genaue Paraphrase darstellen und einstrophig sein. Das Sanctus sollte die Akklamation zur Präfation bilden und nicht eine Paraphrase der Präfation sein (wie dies bei „Laßt uns erheben Herz und Stimm" der Fall war). Ferner mußten Kommunionlieder und Dankgesänge zur Kommunion bereitgestellt werden. Aus diesen Gründen wurden folgende Lieder geändert:

Subkommission I A – Lieder

462 Zu dir, o Gott, erheben wir
464 Gott in der Höh sei Preis und Ehr
468 O Gott, nimm an die Gaben
469 Heilig ist Gott in Herrlichkeit
476 Dir Gott im Himmel Preis und Ehr (zu 457)

Rücksicht auf wertvolle Melodien
Manche Texte hätten für sich allein wahrscheinlich keine Aufnahme ins EGB gefunden, wenn sie nicht mit einer Melodie verbunden gewesen wären, die unverzichtbar war. Durch ihre Melodie können diese Lieder eine echte gottesdienstliche Funktion erfüllen. Beispiele:
107 Macht hoch die Tür als Eröffnungsgesang im Advent
142 In dulci jubilo als Ausdruck weihnachtlicher Freude
554 Wie schön leuchtet der Morgenstern als Kommunion-Dank und als Epiphanielied

Ökumenische Rücksichten
Viele Lieder aus dem evangelischen Bereich, die durch Kirchenlied 1938 bei uns verbreitet wurden, fanden durch die AÖL eine gemeinsame Fassung in „Gemeinsame Kirchenlieder". Diese Fassung ist in mehreren Fällen unter Ausschaltung der Bearbeitungen im 19. und 20. Jh zur Urfassung zurückgekehrt. Wir finden also in einigen Fällen eine ältere Redeweise als die bisher gewohnte und häufig eine größere Anzahl von Strophen. Beispiele:
130 Gelobet seist du, Jesu Christ 4,4; 5
134 Lobt Gott, ihr Christen alle gleich 1,1; 2
225 Erschienen ist der herrlich Tag 1,1.4; 4,4
267 Nun danket all und bringet Ehr 5; 6
657 Ach wie flüchtig, ach wie nichtig (alle Strophenanfänge und Strophe 3,4.5)
Die Lieder erhalten in dieser Fassung eine stärkere Aussagekraft und intensivieren das gesungene Gebet.

Exkurs zu „Gesichtspunkte der Text-Revision"
Ordinariumsgesänge der Meßfeier in Liedform
Ernst Hofmann

Will man die Ordinariumsgesänge der Meßfeier deutsch singbar machen, gibt es zwei Möglichkeiten: die wörtliche Wiedergabe des lateinischen Textes in einer dafür passenden freien Melodie oder das Umsetzen des Inhalts in eine Liedfassung mit entsprechender Singweise. Das Erstgenannte fällt in das Arbeitsgebiet der SK I B. Beim Versuch, die Ordinariumsgesänge in Liedform zu bringen, müssen besondere Probleme gemeistert werden. Diese Gottesdienstelemente sind je nach Text und Melodie, Gattung und Herkunft recht verschieden geartet. Kyrie und Agnus haben Litaneiform; das Sanctus ist eine (antwortende) Akklamation, das Gloria ein Hymnus, das Credo ein Symbolon, ein Bekenntnistext. Somit galt es, für GL Lieder, die dem jeweils gerecht wurden, aus dem vorhandenen Gut auszuwählen oder neu zu schaffen.

Näherhin kann bei *Kyrie* und *Agnus* entweder der Litaneicharakter betont werden, indem man die Rufe ungefähr wörtlich beibehält und vielleicht durch Tropen erweitert wie in Nr 103, 129, 162 und sonst. Oder man schafft für die Aussage des Rufgesangs eine den Inhalt erweiternde Liedform für Text und Melodie, so für das Agnus bei „O Lamm Gottes unschuldig" (Nr 470, um 1522) oder „Gottes Lamm Herr Jesu Christ" (Nr 161, 1945/1970).

Bei *Gloria* und *Credo* bringt die Länge des Textes eine besondere Aufgabe mit sich. Übernimmt man den Inhalt vollständig, so entsteht, insbesondere wenn Gloria und Credo als Lieder gesungen werden wollen, im Ganzen des Wortgottesdienstes leicht ein Übergewicht an Gesang. Deshalb eignet sich für das Gloria- und das Credolied am besten die einstrophige Form. Bietet man mehrere Strophen an, wird erfahrungsgemäß aus dem einen oder anderen Grund das Lied selten ganz gesungen und so der spezifische Inhalt entstellt.

Für das *Gloria* wurde dem z. B. Rechnung getragen gegenüber „Allein Gott in der Höh sei Ehr" (Nr 457), indem man den Inhalt konzentrierte und die drei Strophen auf eine reduzierte, während die eingebürgerte Melodie auch für diese Fassung beibehalten wurde. Das bringt allerdings den Mißstand mit sich, daß beim Intonieren mit der Orgel nicht klar wird, ob der ursprüngliche Text gemeint ist oder der neue „Dir Gott im Himmel Preis und Ehr" (Nr 476). Jener wurde auch deswegen in GL mitaufgenommen, weil der Gesang zu den ö-Liedern gehört. Für das *Credo* entsprechen dem genannten Erfordernis die einstrophigen „Wir glauben an Gott Vater" (Nr 450), „Wir glauben an den einen Gott" (Nr 467) und „Gott ist dreifaltig einer" (Nr 489).

Beim *Sanctus/Benedictus* liegen die Dinge wiederum anders. Einmal hat der Gesang an seinem jetzigen Ort die Funktion einer Akklamation, einer unmittelbaren und angekündigten (deshalb durch keinerlei Intonation oder gar Zwischenspiel abzutrennenden) Antwort auf die Präfation. Zum andern besteht er aus authentischen Bibeltexten: der Huldigung der Serafim nach Jes 6,3 (und der vier Wesen nach Offb 4,8) und den Zurufen der Volksmenge beim festlichen Einzug Jesu in Jerusalem (Mt 21,8 par). Deshalb kann auch das dreimalige Heilig als kaum verzichtbar gelten. Dieses Prinzip wurde nicht durchgehalten bei „Heilig ist Gott in Herrlichkeit" (Nr 469). Das verlangt vom Liedtext einen möglichst engen Anschluß an den liturgischen Wortlaut. Diesem neuen Heiliglied stand zudem als Vorgänger und Gegenbeispiel gegenüber „Laßt uns erheben Herz und Stimm", ein charakteristisches Dokument aus der Zeit „Stille Messe mit Gemeindeliedern", auch Singmesse genannt. Dort mußte an der betreffenden Stelle des Meßgeschehens nicht nur die Heilig-Akklamation, sondern auch schon die vorausgehende Präfation in das Lied einbezogen und für die Gemeinde mitvollziehbar gemacht werden. Nr 469 wahrt den Zusammenhang mit früher dadurch, daß es die eingesungene Melodie übernahm.

Unter den vorstehenden Gesichtspunkten stellt GL neben den zahlreichen nichtliedgemäßigen Gesängen für das Meßordinarium einen stattlichen und mannigfaltigen Fundus von Liedern bereit.

2.1.3.4 Gesichtspunkte der Melodie-Revision
Variantenbildung
Gotteslob enthält unter seinen Lied-Melodien Stücke aus den verschiedenen Perioden des deutschen Kirchenliedes vom 11. Jahrhundert bis zur Gegenwart. Bei der Überlieferung und Verbreitung dieser Lieder von Epoche zu Epoche und von Ort zu Ort blieben die Melodien in ihrer Form ebensowenig unberührt wie die Texte. Die Lieder waren immer Gegenstand lebendiger religiöser und musikalischer Praxis und paßten sich daher der jeweiligen Situation an; d.h., daß die Überlieferung Hand in Hand geht mit einer fortlaufenden Variantenbildung melodischer und rhythmischer Art. Die Veränderungen, die sich in Verzierungen wie auch in Vereinfachungen bekunden können, sind ebensosehr durch den Zeitstil, die herrschende Musizierpraxis wie auch durch landschaftliche Gepflogenheiten bedingt; in nicht geringem Umfang spielten dabei auch die Fähigkeiten und der persönliche Geschmack der Herausgeber, Autoren und

Bearbeiter der Gesangbücher eine Rolle. Als Ergebnis dieser Wandlungen haben wir differenzierte Fassungen in fast allen Diözesangesangbüchern des deutschen Sprachraumes.

Streben nach Vereinheitlichung
Schon frühzeitig machten sich gegen diese Zersplitterung Tendenzen geltend, die auf eine Vereinheitlichung des kirchlichen Liedgutes hinzielten. Als Karl Severin Meister 1862 sein Sammelwerk „Das katholische deutsche Kirchenlied in seinen Singweisen von den frühesten Zeiten bis gegen Ende des 17. Jahrhunderts" herausgab, drückte er im Vorwort die Hoffnung aus, daß das Buch eine Fundgrube für ein „allgemeines deutsches Liederbuch" werden könne. Ebenso war Wilhelm Bäumker mit seiner vierbändigen Sammlung „Das katholische deutsche Kirchenlied" 1886 von dem Wunsch geleitet, der Vereinheitlichung zu dienen. Als Voraussetzung dafür sah er damals schon die Notwendigkeit, daß sich die Bischöfe über die „Einführung eines allgemeinen Gesangbuches einigen und eine Kommission mit der Herausgabe betrauen" sollten. Indessen dauerte es noch einige Jahrzehnte, bis 1916 die deutschen Bischöfe zum ersten Mal die Herausgabe von 23 Einheitsliedern veranlaßten.
Von größerer Bedeutung als dieser offizielle Schritt war die Singearbeit der Jugendbewegung in den ersten Jahrzehnten unseres Jahrhunderts. Sie förderte nicht nur vieles alte Liedgut zutage, sondern besann sich auch auf ursprüngliche gemeinsame Fassungen und fand ihren Niederschlag in zahlreichen Publikationen, vor allem in dem weitverbreiteten „Kirchenlied, Auslese geistlicher Lieder" 1938. Auf dieses Einheitsliederbuch der katholischen Jugend folgten dann 1947 die von einer bischöflichen Kommission bearbeiteten „Einheitslieder der deutschen Bistümer". Mit mancherlei Abstrichen wurden die 74 Lieder von den meisten Diözesangesangbüchern übernommen.
Diese relativ schmale Basis an gemeinsamem Liedgut konnte nach dem 2. Weltkrieg nicht mehr ausreichen, da Flüchtlingsströme, fortschreitende Industrialisierung und Tourismus eine ungeahnte Fluktuation der Bevölkerung mit sich brachten. So kam es denn notgedrungen dazu, daß 1963 eine Kommission vom Episkopat beauftragt wurde, ein Einheitsgesangbuch für das ganze deutsche Sprachgebiet zu erarbeiten. Zu den äußeren Gründen für dieses Unterfangen kamen noch innere Notwendigkeiten, die durch die Liturgiereform des 2. Vatikanischen Konzils, durch die ökumenischen Bestrebungen

und durch den kulturellen Wandel hinsichtlich des musikalischen Stils und Geschmacks gegeben waren, wie schon dargestellt wurde.
Die Neigung zu rhythmischer Ausprägung und zu instrumentaler Bereicherung zeigte sich sowohl in Neuschöpfungen wie auch in einem Rückgriff auf ältere, rhythmisch lebendigere Fassungen. Da sich innerhalb des deutschen Sprachbereichs verschiedene Liedlandschaften gebildet haben, mußten auch diese bei einer Revision berücksichtigt werden. So stand die EGB-Kommission vor einem umfangreichen Arbeitspensum, das sowohl die Auswahl der Gesänge wie deren zeit- und funktionsgemäße Fassung nach Text und Melodie zum Gegenstand hatte.

Leitgedanken der Melodie-Revision
Aus der Fülle der Probleme, die sich aus der unterschiedlichen Überlieferung ergaben, seien hier die wichtigsten Gesichtspunkte der Melodie-Revision herausgelöst und an einer Reihe von Beispielen erläutert. Eine Lösung, die den genannten Voraussetzungen entsprechen sollte, mußte folgende Punkte ins Auge fassen:
1. Zunächst war eine Bestandsaufnahme erforderlich, um zu erkennen, welche Fassungen in den kirchlichen Gesangbüchern der deutschsprachigen Diözesen verbreitet sind. Dabei wurde den alten E-Liedern ein besonderes Gewicht beigemessen. Auch „Kirchenlied" wurde gemäß seiner weiten Verbreitung gebührend berücksichtigt.
2. Die mit anderen Konfessionen gemeinsamen Lieder wurden hinsichtlich ihrer Fassung verglichen. Die parallel laufenden Bestrebungen der „Arbeitsgemeinschaft für ökumenisches Liedgut" (AÖL) leisteten dabei wertvolle Dienste. Für die alten gemeinsamen Kernlieder wurden tragbare Kompromisse gesucht. Im übrigen wurde den Fassungen je nach ihrer Herkunft das größere Gewicht zugebilligt, ohne daß daraus eine Konfessionsfrage entstanden wäre. In jedem Fall wurde der vom musikalischen und praktischen Standpunkt her günstigeren Lösung der Vorzug gegeben.
3. Bei allen Liedern wurde die Urfassung und die historische Entwicklung untersucht, nicht etwa um einer älteren Fassung grundsätzlich den Vorzug zu geben, sondern um daraus Anregungen und Hinweise für eine gute Fassung zu gewinnen.
4. Differierende Fassungen wurden hinsichtlich ihres musikalischen Wertes und ihrer Nähe zum gegenwärtigen Stilempfinden miteinander verglichen.

5. Eine bedeutsame Rolle spielte die Frage der praktischen Ausführbarkeit. Dabei wurde klar, daß nicht in jedem Fall die einfachste oder simplifizierte Fassung die brauchbarste sei, sondern daß etwa ein Melisma, eine Punktierung, eine Synkope die Melodie charakteristischer und einprägsamer machen könnten und daß die reichere Fassung vielleicht vorzuziehen sei.
6. Auch die Fragen des Tonumfangs und der Tonhöhenlage wurden in diesem Zusammenhang geprüft. In den meisten Fällen war für die Revision einer Melodie nicht nur der eine oder andere Gesichtspunkt, sondern ein ganzer Komplex von Argumenten maßgebend.

Beispiele
An typischen Beispielen sei nun gezeigt, wie durch das Ineinandergreifen verschiedener Grundsätze Lösungen zustande kamen. Diese Beispiele werden in vier Gruppen dargestellt, innerhalb derer die Melodien unter ähnlichen Gesichtspunkten revidiert wurden.

Zur *ersten* Gruppe zählen einige Melodien, bei denen im Hinblick auf die historische Grundlage sowie im Interesse der musikalischen Qualität wie auch der besseren Sangbarkeit Korrekturen angebracht waren:

464 Gott in der Höh sei Preis und Ehr. Die Melodie weist in ihren drei Teilen ursprünglich analoge rhythmisch-melodische Schlußbildungen auf: ♩ ♩ ♩ | ♩ ♩ ♩ | ♩ Nach barocker Manier geht hier im vorletzten Takt der kleine Dreier in den großen Dreier über. In KL und E war im Mittelteil diese Analogiebildung durch den metrisch andersartigen Text gestört. Mit der liturgisch notwendigen Textrevision konnte auch die alte rhythmische Struktur wieder hergestellt werden. Da der Melodieverlauf unverändert ist, dürfte das Umlernen nicht schwierig sein.
469 Heilig ist Gott in Herrlichkeit. In KL und E wurde dieser Ulenbergweise ein Text verpaßt (Laßt uns erheben Herz und Stimm), der die Wiederholung der zwei ersten Zeilen und der drei Schlußzeilen notwendig machte. Darin liegt eine Verkennung des formalen Aufbaus der Melodie nach dem Schema A a b c / B d e. Der erste Teil schließt nicht mit Glied b, sondern mit c auf der Dominante. Diese Gliederung kommt auch in den analogen Schlußmotiven „Hosanna" in c und e zum Ausdruck. Der liturgisch

bedingte neue Text wird der Melodie in ihrem ursprünglichen Aufbau gerecht.

491 Heilig, heilig. Das Lied ist in den Diözesangesangbüchern in mancherlei Varianten verbreitet, die jedoch die motivische Gliederung nicht entsprechend berücksichtigen. In der Neufassung ist den Parallelbildungen nach dem Schema A a b c / B a' c Rechnung getragen. Die Zeile „Hochgelobt sei..." entspricht dem ersten Melodieglied; die beiden „Hosianna" sind gleich.

551 Schönster Herr Jesu. Die Schwierigkeit liegt in der Schlußzeile, wie folgende Gegenüberstellung zeigt:

Die Urfassung (KL) ist zwar sehr originell und reizvoll, jedoch für den Gemeindegesang zu schwierig. Die E-Fassung wirkt demgegenüber durch die Tonleiterbewegung einförmig. Die Neufassung sucht einen guten Kompromiß. Sie bringt das für die Schlußbildung charakteristische Subsemitonium und weitere motivische Elemente der beiden früheren Fassungen; zudem ist sie leicht ausführbar.

In der *zweiten* Gruppe finden sich alte Melodien, die im 18. Jahrhundert rhythmisch simplifiziert, d.h. meist auf isometrischen Takt gebracht wurden und nun wieder ihre ursprüngliche rhythmische Lebendigkeit erhalten haben. Diese „Rehabilitierung" zeigt sich schon in KL und E bei Liedern wie „Wachet auf, ruft uns die Stimme", „Wie schön leuchtet der Morgenstern", „Freu dich, du Himmelskönigin", „Laßt uns erfreuen herzlich sehr" usw. Die Neigung unserer Zeit zu rhythmischer Profilierung veranlaßte die Kommission, auch bei weiteren Melodien die alte Form wieder herzustellen, zumal diese durch verschiedene Liederbücher schon weit verbreitet ist. Beispiele dafür sind:

133 Es ist ein Ros entsprungen. Die Melodie steht so im Speyerer Gesangbuch 1599, in KL, EKG und in vielen Weihnachtsliederbüchern. Da die polymetrische Weise mit E melodisch übereinstimmt, bereitet das Umlernen kaum Schwierigkeiten.

503 O wunderbare Speise. Die Melodie ist in dieser Form durch H. Isaacs „Innsbruck, ich muß dich lassen" bekannt. Das lange Schlußmelisma wurde für den kirchlichen Volksgesang vereinfacht. Die rhythmisierte Form profiliert die Melodie und verdeutlicht die Aussage der Worte. Bei der Einführung erweist sich der Rhythmus als stimulierendes Element, das den Gesang beschwingt.

O wun-der-ba-re Spei-se   auf die-ser Pil-ger-rei-se,   o Man-na Him-mels-brot

608 Ihr Freunde Gottes allzugleich. Während die Diözesangesangbücher vor 1940 die Melodie noch ausschließlich in Vierteln notierten, bringt E beim Refrain schon die Halben ins Spiel. GL stellt wie zuvor schon KL vollends die rhythmische Urgestalt wieder her, die der Melodie Leben und Kraft verleiht. Da nun die Halbe als Grundschlag dominiert, ist ein lebhaftes Tempo erforderlich, um den textgemäßen Ausdruck zu erzielen. Der melodisch unveränderte Duktus erleichtert die Umstellung auf die neue Form:

Helft uns in die-sem Er-den-tal, daß wir durch Got-tes Gnad und Wahl
zum Him-mel kom-men all-zu-mal.

462 Zu dir, o Gott, erheben wir. Hier wird in der ersten und letzten Phrase das alte rhythmische Profil wieder hergestellt, um die rhythmische Einförmigkeit der KL-Fassung zu vermeiden und dem Wort Nachdruck zu verleihen.

Zu dir, o Gott, er-he-ben wir   und schenk uns dein Er-bar-men.

Die Wiederholung des Abgesangs bei E widerspricht der ursprünglichen Struktur der Melodie und wurde daher vermieden.

105 O Heiland, reiß die Himmel auf. Die für die Weise und die Textdarstellung charakteristischen Synkopen am Schluß der zwei ersten Zeilen stehen schon im Rheinfelsischen Gesangbuch 1666, in KL und in vielen geistlichen Liederbüchern. Die musikalisch entsprechende Synkope der Schlußzeile wurde aus EKG in GKL (ö) und in GL übernommen.

Bei der *dritten* Gruppe handelt es sich um Melodien, die aus der evangelischen Tradition stammen. Sie wurden in der Hauptsache aus EKG übernommen, dem eine äußerst sorgfältige Melodieredaktion eigen ist. In den meisten Fällen gehen sie auf die Urform zurück und verdienen an musikalischer Qualität meist den Vorzug vor späteren Varianten. Alle hier angeführten Melodien wurden in dieser Fassung in den ökumenischen Liederkanon übernommen:

138 Es kam ein Engel hell und klar. Die ursprüngliche Fassung der letzten Phrase belebt die Melodie und macht die Schlußbildung überzeugender.

662 Christus, der ist mein Leben. (537 Beim letzten Abendmahle) Das Modell der ursprünglichen Fassung a b a' b' weist Analogiebildungen auf, die in den späteren Varianten nicht mehr beachtet wurden. Die Urform verdient daher den Vorzug. Hinzu kommt noch die ökumenische Rücksichtnahme.

295/296 Wer nur den lieben Gott läßt walten. Eines der wenigen Beispiele, in denen GL zwei Fassungen zuläßt. Die 4/4-Takt-Weise ist in den katholischen Gesangbüchern viel verbreitet; EKG enthält die Melodie im 6/4-Takt. Sie wurde mit Rücksicht auf ökumenische Gottesdienste aufgenommen.

134 Lobt Gott, ihr Christen alle gleich. KL und viele Diözesangesangbücher enthalten die Melodie mit den Zierfiguren in der zweiten und vierten Zeile. GKL und GL haben auf die einfachere Fassung zurückgegriffen.

473 Im Frieden dein, o Herre mein. Von den drei Varianten der Schlußfigur über „lassen" haben sich GKL und GL für die einfachste entschieden, da die beiden anderen dem Volksgesang erfahrungsgemäß Schwierigkeiten bereiten können.

Die Pausen zwischen den drei Teilen der Melodie entsprechen dem natürlichen Atembedürfnis.

Die *vierte* Gruppe enthält Melodien, bei denen auf ökumenischer Basis Kompromisse erzielt wurden.

213 Christ ist erstanden. Die katholische Fassung ist choralartig, mit äqualistischen Notenwerten dargestellt, während die evangelische metrisch notiert ist. Der Unterschied zeigt sich am deutlichsten bei „Kyrieleis" und in der verschiedenen Melodieführung des Halleluja. Der Kompromiß liegt darin, daß man sich auf die metrische Fassung aus EKG und auf die melodische Führung des Halleluja aus E einigte.

248 Nun bitten wir den Heiligen Geist. Im Gegensatz zur choralen E-Fassung ist die ökumenische Fassung mensural notiert, vermeidet jedoch die große rhythmische Breite der zwei ersten Zeilen von EKG; sie steht also E näher. Die melodische Diktion der letzten Zeile wurde von EKG übernommen. Man vergleiche die rhythmischen Fassungen der ersten Zeile:

470 O Lamm Gottes unschuldig. In EKG gibt es zwei Fassungen, von denen sich keine durchsetzen konnte, da beide kaum überwindbare Schwierigkeiten enthalten. Die katholischerseits verbreitete KL-Fassung ist ebenfalls rhythmisch kompliziert. GKL (ö) erstellte eine neue Fassung, die leichter ausführbar ist, wie folgende Gegenüberstellung der rhythmischen Strukturen zeigt:

2.1.3.5 Prinzipien der Notationsweise

Bei der Notierung der Gesänge im EGB stellten sich eine Reihe von Problemen, die miteinander verquickt sind, und die zu einer möglichst übersichtlichen Lösung geführt werden mußten.

Zunächst ist festzustellen, daß die Gesänge sehr verschiedenartig sind, sowohl in bezug auf ihre stilistische Zugehörigkeit, die einen Zeitraum von über tausend Jahren umfaßt, wie auch hinsichtlich ihrer formalen Anlage, die vom metrisch gebundenen Zwei- und Vierzeiler bis zum rezitativischen Prosagesang und den melismatischen Weisen des Gregorianischen Chorals reicht.

Jede Zeit hat ihre eigene Notationsweise, die dem Stil und der Ausführung der Gesänge angemessen ist. Es geht nun aber nicht darum, diese Notationspraktiken zu konservieren, sondern sie in eine heute anwendbare Form zu transponieren, durch die es möglich ist, auch die Gesänge früherer Epochen lebendig zu erhalten oder wieder zu erwecken.

Die Lösung soll einerseits wissenschaftlichen Maßstäben standhalten, andererseits doch möglichst allgemein verständlich sein, so daß nicht nur der musikalische Fachmann, sondern auch der Pfarrer, oder wer sonst immer mit der Gemeinde Lieder einübt, damit zurechtkommt. Die verschiedenen Subkommissionen, die Gesänge für das EGB bereitstellten, und vor allem die Notationskommission haben sich mit diesen Problemen befaßt und – zum Teil in Personalunion mit der Arbeitsgemeinschaft für ökumenisches Liedgut – Gesichtspunkte für die Notation erarbeitet. Vergleicht man die neueren Gesangbuchausgaben miteinander, so stellt man fest, daß ihre Notationsweisen, sei es hinsichtlich Notenformen, Taktangabe, Phrasierungszeichen usw. vielfach differieren. Eine Ideallösung, die alle Wünsche befriedigt, gibt es nicht. So stellt auch die Notationsweise im EGB nur eine von verschiedenen Möglichkeiten dar, die vor allem mit Rücksicht auf den Gebrauch in der Gemeinde gewählt wurde.

Im einzelnen hat sich die Behandlung der Notation mit folgenden Punkten zu befassen: 1. Liniensystem, Schlüssel, Notenformen, Vorzeichen; 2. rhythmische Fixierung a) der gregorianischen und freirhythmischen Stücke, b) der mensural notierten Weisen; 3. Gliederung der Melodien; 4. Tonhöhe; 5. Textunterlegung.

1. Fünfliniensystem, Violinschlüssel und ovale Notenform (mit oder ohne Hals) werden für Gesänge aller Art verwendet. Der Verzicht auf die antike Notation beim Gregorianischen Choral, die an sich der rhythmischen und melodischen Bewegung dieser Melodien besser entspricht, ist durch die Verwendbarkeit in der Gemeinde geboten. Der G-Schlüssel wird nur am Anfang eines Stückes gesetzt, die Vorzeichen hingegen zum Beginn jeder Zeile.

2. Vielfältige Probleme gibt es bei der rhythmischen Fixierung. Hier sind zunächst zwei große Gruppen zu unterscheiden: a) freirhythmische Melodien, bei denen die Tondauer nicht genau zu präzisieren ist. Zu ihnen gehören die gregorianischen Melodien und die im Sprechrhythmus auszuführenden Stücke hymnischen wie auch rezitativischen Charakters, z. B. „Komm, Heilger Schöpfer aller Stern" (116), Sequenzen (216, 244), Vater unser (362), Psalmodie (708ff). Für sie wird die halslose Notation verwendet, die das ovale Punktum als Einheitswert hat und auf rhythmische Vorzeichnung verzichtet. Bei Ligaturen werden die Notenköpfe ohne Bindebögen eng aneinandergereiht. Aufeinanderfolgende Melismen über einer Silbe sind durch kleine Zwischenräume von etwa einer halben Notenbreite getrennt; bei der Mora vocis beträgt der Zwischenraum eine ganze Notenbreite. Das Quilisma wird durch eine gezackte Note bezeichnet. Dehnungen von unbestimmter Dauer werden nur soweit als nötig durch ein Querstrichlein über der Note eingetragen (z. B. Mora vocis); wenn sie sich jedoch aus der natürlichen Textdeklamation ergeben (z. B. Schlußdehnungen) werden sie nicht notiert. Exakte Verdoppelungen werden durch die Doppelnote (●●) dargestellt. Rezitationspartien werden, wenn sie mehr als drei Silben umfassen, nicht durch Einzelnoten, sondern durch die Longa ◉ bezeichnet. In der Psalmodie werden wiederholbare Einzelnoten durch seitliche Begrenzungsstriche gekennzeichnet ◢ . b) Melodien, bei denen die Dauer der Töne und Pausen genau fixiert ist: für sie werden die üblichen Zeichen der

Mensuralnotation (Achtel, Viertel, Halbe usw.) verwendet. Innerhalb dieser Gruppe muß wieder zwischen Melodien mit Gleichtakt und solchen mit Wechseltakt unterschieden werden. Grundsätzlich werden alle Melodien, bei denen eine regelmäßige Takteinteilung zu erkennen ist, mit Taktstrichen notiert, auch wenn diese in der alten Notation fehlen (142 „In dulci jubilo"). Der Takt wird in diesem Fall immer mit einer Bruchzahl vorgezeichnet (3/2, 4/4 usw.).
Bei unregelmäßiger Taktgliederung wird der Taktstrich nur dann gesetzt, wenn die rhythmischen Schwerpunkte eindeutig sind und der Taktwechsel leicht überschaubar ist (z. B. 220 „Das ist der Tag, den Gott gemacht"); bei mehrdeutigem, unübersichtlichem und häufigem Taktwechsel hingegen wird auf Taktstriche verzichtet (so bei den meisten Liedern aus dem Genfer Psalter und bei vielen Ordinariumsgesängen). Bei den Kehrversen wurden im allgemeinen keine Taktstriche gesetzt, da sich in der Kurzform die rhythmische Bewegung kaum voll entfalten kann und somit eine Einordnung in diese oder jene Gruppe wenig sinnvoll ist.
Von einer Taktbezeichnung in Bruchzahlen wird bei wechseltaktigen Gesängen abgesehen, da die Angabe von zwei oder drei Brüchen für den musikalischen Laien verwirrend ist. Wo keine Taktstriche stehen, wird jedoch das Tempuszeichen gesetzt: allabreve ¢ bei zügigem Schlag der Halben, C bei ruhigem Schlag der Halben. Es handelt sich bei C also nicht um ein Zeichen für den ⁴⁄₄-Takt. Es wird vor allem dann gesetzt, wenn die Melodie hauptsächlich aus Viertelnoten besteht. Die Unterscheidung zwischen ¢ und C ist ein notwendiger Anhaltspunkt für das Tempo.
Um Mißverständnisse hinsichtlich der rhythmischen Bewegung möglichst auszuschließen, ist bei allen mensuralnotierten Stücken zu Beginn der Grundschlag (♩ ♩ ♩)angegeben als Maß für die Schlagbewegung. Wechselnder Grundschlag wird mit zwei durch Schrägstrich getrennte Noten vermerkt (♩/♩.) . Mit Hilfe dieser Bezeichnungen kann auch der musikalische Laie sich in der rhythmischen Bewegung zurechtfinden. Es erübrigt sich fast, zu sagen, daß der Grundschlag sich nicht mit dem Nenner der Taktbezeichnung decken muß: So fungiert z. B. im ⁶⁄₄-Takt meistens die punktierte Halbe und im ⁴⁄₄-Takt die Halbe als Grundschlag (z. B. 464 „Gott in der Höh sei Preis und Ehr" ♩. , 134 „Lobt Gott, ihr Christen alle gleich" ♩). Es ist noch darauf hinzuweisen, daß bei älteren Gesängen die Notierung in Halben und Vierteln vorherrscht, wogegen die neueren rhythmischen

Lieder mit Vorzug in kürzeren Werten notiert sind. Dementsprechend ist auch die Grundschlagbezeichnung verschieden. Schließlich muß noch gesagt werden, daß zwischen allen genannten Gruppen fließende Übergänge bestehen, so daß man oft verschiedener Meinung darüber sein kann, ob ein Lied dieser oder jener Gruppe zuzuordnen sei.

3. Für die Ausführung der Lieder ist weiterhin eine überschaubare *Gliederung* der Melodie von Bedeutung. Obwohl eine solche an der linearen Bogenspannung und an der rhythmischen Struktur zu erkennen ist, sind Gliederungszeichen dennoch nicht entbehrlich. Bei der halslosen Notation werden die im Gregorianischen Choral üblichen Zeichen der Divisio minima, minor, major und finalis verwendet. Bei den mensuralnotierten Stücken dienen häufig die Pausen zugleich auch der formalen Gliederung, so z.B. stets bei den Liedern des Genfer Psalters und bei Ulenberg. Wenn jedoch keine Pausen zwischen den Phrasen stehen und diese lückenlos aneinandergereiht sind (z.B. 457 „Allein Gott in der Höh sei Ehr"), wird die Gliederung durch das Phrasierungszeichen, ein Schrägstrichlein auf der fünften Linie, kenntlich gemacht. Dem Singenden wird es so leichter, die musikalischen und inhaltlichen Einheiten zusammenzufassen und den Atem von einer Phrase zur andern zu spannen. Es muß jedoch klar sein, daß dieses Zeichen nicht mit einer rhythmischen Pause verwechselt werden darf und daß das Atemholen immer auf Kosten der vorausgehenden Note erfolgen muß.

Lieder mit Stollenwiederholung werden grundsätzlich mit Wiederholungszeichen und Doppeltext unter der Stollenmelodie dargestellt, damit der formale Aufbau sofort in die Augen springt. Ausgenommen von dieser Regel sind Lieder, deren Stollenenden rhythmisch verschieden sind (z.B. 163 „Aus tiefer Not"). Hier werden die beiden Teile ausgeschrieben, um eine Notierung mit 1̄⃞ und 2̄⃞ zu vermeiden.

4. Von vielen Seiten wurde die Bitte ausgesprochen, die Lieder nicht zu hoch zu notieren. Diesem Wunsch wurde entsprochen. Die Lieder liegen durchwegs in einer mittleren Stimmlage; viele sind einen Ton tiefer gesetzt, als es bisher üblich war. Im allgemeinen gehen die Melodien nicht über d^2 und nicht unter b. Bei der Gemeindepsalmodie liegt der Rezitationston nicht über a, sondern eher einen Ganz- oder Halbton tiefer.

5. Für die graphische Darstellung der Gesänge spielt auch die Frage

der Textunterlegung eine Rolle. Bisher war es in den meisten Diözesangesangbüchern üblich, nur *eine* Strophe zu unterlegen. Diese Praxis gewährleistet zwar eine gute Übersicht über Melodie und Text, erschwert aber das Absingen der nicht unterlegten Strophen, solange die Melodie nicht im Ohr sitzt. Dem von vielen Diözesen vorgetragenen Wunsch nach Unterlegung weiterer Strophen wurde durch eine differenzierte Behandlung Rechnung getragen: Bei den meisten Liedern wurde nur eine Strophe unterlegt, in seltenen Fällen mehr Strophen, um das Singen zu erleichtern (z. B. 136 „Ein Kind ist uns geboren heut"). Diese Regel wurde jedoch mit Rücksicht auf das Gesamtbild des Liedes und auf die Seiteneinteilung elastisch gehandhabt.

Bei den nichtunterlegten Strophen werden die Textzeilen fortlaufend gedruckt, jedoch durch ein Schrägstrichlein voneinander getrennt, um die poetische Struktur zu verdeutlichen.

Diese Darlegungen mögen zeigen, daß man sich in *Gotteslob* um eine Notierung bemüht hat, die in erster Linie von den praktischen Erfordernissen eines „Rollenbuches für die Gemeinde" bestimmt war. Daher waren hier – ebenso wie bei der Liedauswahl und bei der Melodie- und Textfassung – mancherlei Kompromisse unumgänglich. Es wird niemand erwarten können, daß in diesem Buch alle eigenen Wünsche und Vorstellungen erfüllt werden; doch ist zu hoffen, daß es auf dem weiten Gebiet des deutschen Sprachraumes den Gemeindegesang in der Liturgie zu vereinheitlichen und zu fördern vermag.

2.1.4 Arbeitskreis 5 „Gesänge von heute"
Winfried Offele

2.1.4.1 Neue Gemeindegesänge

Im folgenden geht es um einen Bereich der EGB-Arbeit, der erst spät hinzugenommen wurde: das Prüfen neuerer Gemeindegesänge, die seit Anfang der sechziger Jahre mit jener Welle aufgekommen waren, die man – ein wenig schief – „rhythmische Kirchenmusik" nennt. Erst 1970, d. h. drei Jahre vor Arbeitsabschluß der Subkommissionen, die bis dahin schon sieben Jahre lang über den Gesangsteil des zu erstellenden Buches beratschlagt hatten, wurde dieser Bereich in die EGB-Arbeit einbezogen.

Ihn abzugrenzen war nicht leicht; denn er umfaßt nicht nur die sog. „rhythmischen Lieder", die man genauer und gerechter „gottesdienstliche Lieder mit nach außen gekehrtem Rhythmus" nennt, sondern alles das, was von ihrer Welle einerseits bewegt und getragen wurde, andererseits aber auch sie bewegte und trug: Lieder, die teils vom Jazz, teils vom Beat, teils von mannigfacher internationaler Folklore beeinflußt sind – Vertonungen von Texten, die in bisher nicht üblicher Weise Alltagsprobleme, Glaubenshöhen und -tiefen, Suche nach Lebenssinn, nach Gotteserfahrung besonders im menschlichen Miteinander zur Sprache bringen, eine breite Palette verschiedenster Inhalte und Formen, Lieder mitten aus dem Leben, aber häufig auch hart an der Grenze der christlichen Botschaft, fragende Lieder bis hin zur Verzagtheit, aber auch ermunternde Lieder bis hin zur Ekstase, textlich weit gespannt von unverblümter Umgangssprache bis zu verschlüsselter Lyrik, musikalisch ebenfalls nach beiden Seiten ausschlagend: bis zum Simplen, bis zum Artifiziellen.

Wäre das *Gotteslob* 1970 oder kurz danach erschienen, stünde kein einziges Lied aus diesem Bereich in ihm. Das wäre auch ganz natürlich und verständlich. Denn die ersten Versuche auf diesem Gebiet waren nicht nur befremdlich, gewagt und unausgereift, sondern teils sehr dilettantisch, teils sogar chaotisch. Darum hatte die Deutsche Bischofskonferenz 1965 auch sog. Jazzmessen verboten.

Erst Ende der sechziger Jahre begann sich abzuzeichnen, daß die Welle der „rhythmischen Kirchenmusik" keine törichte und schädliche Verirrung war, wie es Liturgikern und Kirchenmusikern zunächst scheinen mußte, sondern der Durchbruch eines neuen Denkens über Liturgie und Kirchenmusik überhaupt, das sich unüberhörbar in einem Singen und Sagen niederschlug, welches nicht nur einfach neu, sondern umwälzend andersartig war.

Man kann heute sagen, daß dieser Durchbruch historisch bewirkt war und daher ebenfalls historisch wirkmächtig werden mußte – mit einer von innen kommenden Notwendigkeit und darin begründeter Unaufhaltsamkeit. Ein geschichtlich angestautes Nachholbedürfnis kam zur Entladung. Die Not, die zu wenden war (Not-Wendigkeit!), bestand in einer seit Jahrzehnten existierenden gewissen Unausgeglichenheit des Gemeindegesangs. Die regelmäßig Gottesdienst-Mitfeiernden hatten sich zwar an sie gewöhnt, aber Distanzierte, Skeptische, Außenstehende und natürlich große Teile der Jugend, die ja keine Jugend wäre, wenn sie nicht kritisch fragte, stießen sich daran.

Arbeitskreis 5 – Gesänge von heute

Worin bestand das Dilemma? Lieder, die im katholischen Volk verwurzelt waren, trugen zumeist eine Patina von vorgestern und liefen oft thematisch und formal neben der Liturgie und neben heutiger Ausdrucksweise her. Gesänge, die liturgienah und sprachlich heutigem Denken und Empfinden angepaßt waren, also jüngere Lieder und Wechselgesänge, wirkten musikalisch zumeist allzu verhalten.
Mußten sich volkstümliche und zeitgemäße Lieder von ihrem Wesen her ausschließen? Es gab doch Melodien, die „die Spatzen von den Dächern pfiffen". Mußte man, wenn es um Lieder für den Mund der Gemeinde ging, unbedingt den hohen Maßstab des gregorianischen Chorals oder des klassischen Kirchenliedes hymnologischer Blütezeiten anlegen? Sollte man nicht zunächst bewußt einfache, aber darin eben eingängige und ansteckende Lieder bevorzugen – solche, die erst einmal die Singelust wecken und darüber den Menschen zum Gotteslob bereiten?
Die heißen und grundlagenerschütternden Diskussionen der ersten sechziger Jahre, daneben das verwirrende Bild widersprüchlichster Versuche neuer Texte und Melodien, Hand in Hand damit ein überbordendes Experimentieren mit der Liturgie und in ihr – das alles ließ die EGB-Verantwortlichen große Zurückhaltung üben. Die bizarren Blüten, die die neue Bewegung noch etwa 1965 trieb, ließen nicht ahnen, welche durchaus bekömmlichen und nahrhaften Früchte sie schließlich doch für die Kirchenmusik als Ganzes erbrachten.
Als sich in den späten sechziger Jahren aus der Menge neuer Lieder von fragwürdiger Qualität einige Kompositionen herauskristallisierten, die aufhorchen ließen, erkannten SK I A und SK I B, daß dieser Bereich für das *Gotteslob* nicht unausgewertet bleiben durfte. Sie erkannten zugleich, daß diese Auswertungsarbeit, die so lange abgewiesen und damit aufgeschoben worden war, nun, da die EGB-Arbeit ihrem Ende zustrebte und daher alle Kräfte erforderte, nicht von den bereits eingespannten Mitarbeitern allein bewältigt werden könnte. Sie sandten daher für diesen Fischfang in unbekannte Gewässer Leute aus, die bisher noch nicht in EGB-Kommissionen gearbeitet, aber im Bereich dieser Lieder einige Kenntnis und Erfahrung gewonnen hatten.
Dies war allein schon aus Zeit- und Ökonomiegründen klug, mehr aber aus dem sachlichen Grund, daß es nicht aus der Ferne und vom Hörensagen über die neuen Versuche zu urteilen galt, sondern aus relativ engagiertem, aber doch auch kritischem Umgang mit ihnen. So gründete die SK I A auf ihrer Sitzung den AK 5 („Arbeitskreis für

Gesänge von heute"). Ihm gehörten im Laufe seiner Existenz von Februar 1970 bis Februar 1973 folgende Personen, z. T. nur zeitweise, z. T. ständig, an:
Linus David, Professor, Chur/Schweiz
Sigisbert Kraft, Pfarrer (altkatholisch), Karlsruhe
Johann Lauermann, Professor, Felixdorf/Österreich
Karl Linke, Domkapellmeister, Essen
Winfried Offele, Kantor, Essen
Erhard Quack, Domkapellmeister i. R., Speyer, Leiter der SK I A
Nicolas Schalz, Kaplan, Luxemburg
Heinz Summerer, Jugendpfarrer, München
Hans Tölg, Pfarrer, Rüsselsheim
Alois Vergeiner, Kirchenfunk des ORF (Österreichischer Rundfunk), Wien/Österreich
Erna Woll, Honorarprofessor der Universität Augsburg
Diethard Zils, Dominikaner, Düsseldorf
Josef Seuffert, Pfarrer, EGB-Sekretär (ohne Stimmrecht)

Der AK 5 hielt 11 Sitzungen:
1. am 21. Februar 1970 in Essen
2. am 3. und 4. Juni 1970 in Mainz
3. am 21. und 22. September 1970 in Mainz
4. am 20. und 21. April 1971 in Mainz
5. am 30. Juni und 1. Juli 1971 in Mainz
6. am 7. und 8. Dezember 1971 in Mainz
7. am 16. und 17. Februar 1972 in Mainz
8. am 25. und 26. April 1972 in Mainz
9. am 7. und 8. Juni 1972 in Mainz
10. am 26. und 27. Oktober 1972 in Mainz
11. am 19. und 20. Februar 1973 in Mainz.

Die ersten fünf Sitzungen leitete Karl Linke. An den weiteren konnte er zunächst wegen Krankheit, dann wegen Arbeitsüberlastung nicht mehr teilnehmen. Vertretungsweise leitete die 6. Sitzung Erhard Quack, die 7. Nicolas Schalz. Von der 6. Sitzung an war auch Winfried Offele Mitglied des AK 5. Als auf der 8. Sitzung dem AK 5 ein schriftlicher Bescheid des Leiters Karl Linke vorlag, er gebe den Vorsitz ab, wählten die AK-5-Mitglieder Winfried Offele zu seinem Leiter. In dieser Funktion bekam Offele nun auch Sitz und Stimme in der SK I A, an deren 19., 20. und 22. (letzter) Sitzung er teilnehmen konnte.

Arbeitskreis 5 – Gesänge von heute 221

Seine Bereitschaft, im Ak 5 mitzuarbeiten, hatte Offele auf Anfrage schon im März 1971 dem EGB-Sekretariat mitgeteilt, war aber zur nächstanstehenden AK-5-Sitzung, der 5., noch nicht eingeladen. Dies und die späte Abgabe des Vorsitzes durch Karl Linke ist von Bedeutung, weil sich dadurch erklärt, warum erst so spät AK-5-Vorschläge in größerer Zahl und mit größerem Nachdruck in die übergeordneten Kommissionen gelangten. Es galt ja, z. B. in der SK I A für die vom AK 5 eingebrachten Lieder ein Wort einzulegen, Erfahrungen mit ihnen mitzuteilen und ihre besondere Eigenart ohrenfällig zu machen. Vielerorts war das Singen, besonders der Jugend, vor Aufkommen der „rhythmischen Lieder" verstummt. Tradierte Kirchenlieder, Spiegelbilder einer vermeintlichen Welt „von gestern", wurden in einem übersteigerten Drang nach neuen „Tönen" im weitesten Sinn abgelehnt. Deutsch getextete Negro-Spirituals, dann Neukompositionen in der Beeinflussung von Jazz, Beat und Folklore schienen die einzige Möglichkeit zu sein, die aus Trotz oder Resignation, vielleicht aber auch aus Übersättigung Verstummten zum Singen zu bringen.
Doch bis sich z. B. die SK I A entschloß, ein vom AK 5 vorgeschlagenes Lied der Hauptkommission zur Aufnahme in den EGB-Stammteil vorzuschlagen, mußte sie überzeugt sein, daß dieses Lied nicht nur an der Basis erprobt, nicht nur thematisch willkommen, nicht nur liturgisch verantwortbar, sondern auch eine anhaltende Bereicherung für das EGB sein würde. Von welchem neuartigen Lied konnte man dies mit einiger Sicherheit sagen?
Da es sich um eine Entwicklung handelte, die noch ganz im Fluß war, hatten alle, die sich mit deren Nutzbarmachung für das EGB befaßten, einen schweren Stand. Für den AK 5 kam erschwerend hinzu, daß er unter Zeitdruck arbeiten mußte und daß die Mitglieder z. T. wechselten. Für den zweiten Leiter (Offele) erwies sich als hinderlich, daß er den Anfang der Arbeit nicht miterlebt hatte und auch nachher nur bruchstückhaft über die ersten fünf Sitzungen informiert war.
Der vorrangige Auftrag des AK 5 war es, der SK I A oder B, je nach Gattung des Stückes, Gesänge für die Aufnahme in den EGB-Stammteil vorzuschlagen. Doch dem AK 5 war klar, daß das Gesangbuch der angestrebten Einheitlichkeit nicht vorwiegend Gesangbuch der Neuartigkeit würde sein können. Denn „ein neues Lied singen" und „wie aus einem Munde singen" sind zwei schwer zu vereinbarende Vorsätze. Neues Lied ist immer erst Lied einzelner, die vorpreschen; Gemeinsamkeit aber muß wachsen, braucht also Rückhalt in der

Tradition. Es war deshalb von vornherein klar, daß die AK-5-Lieder im EGB-Stamm nur einen kleinen Teil würden ausmachen können. Einige der auszuwertenden Lieder schienen dem AK 5 von ihrer künstlerischen und religiösen Substanz wie auch von ihrer Gemeindefähigkeit her so beschaffen, daß er sie an die SK I A oder B empfehlend weiterleitete, d. h. für den Stammteil vorschlug. Andere, z. B. im Text stark aktualisierende oder in der Vertonung sehr experimentelle Lieder leitete der AK 5 nicht an die genannten Gremien weiter, sondern füllte mit ihnen in Eigenverantwortung das Heft EGB 10 „Gib mir ein Lied", Morus-Verlag, Berlin / Fährmann-Verlag, Wien 1974.

Dieses Heft sollte ein Beiheft zum EGB sein, damit jene Gemeinden oder Gemeinschaften, die nach guten neueren Liedern suchen, hier einen Fundus für die nächsten Jahre vorfänden.

Bis zuletzt war die Frage offen, ob EGB 10 nur jene Gesänge enthalten solle, die vom AK 5 den Gemeinden empfohlen, aber von SK I A, SK I B oder der Hauptkommission nicht zum Abdruck im EGB-Stammteil freigegeben wurden. Somit wäre EGB 10 im strengen Sinne ein Beiheft geworden, keine Zusatzpublikation. Doch man wollte es herausbringen, bevor der Stammteil erschien. Nun zu warten, welche vom AK 5 vorgeschlagenen Gesänge schließlich die Hauptkommission als letztverantwortliche in den Stammteil brächte und welche nicht, war also nicht möglich. In die Vorauspublikation „Gesänge zur Meßfeier aus dem Einheitsgesangbuch" (1972) konnten noch keine Lieder dieses Bereichs aufgenommen werden (siehe dortiges Nachwort). Um das nachzuholen, also Lieder schon vorweg bekannt zu machen, die man später aus dem endgültigen Gemeindegesangbuch singen würde, druckte man alle AK-5-Lieder in „Gib mir ein Lied" ab. Wegen des späten Anlaufs der AK-5-Arbeit, wegen ihres zunächst schleppenden Vorwärtskommens und schließlich wegen schwieriger Urheberrechtsfragen kurz vor Druck kam dieser Effekt jedoch kaum zustande. Erst 1974 erschien „Gib mir ein Lied", und schon 1975 erschien die Stammausgabe des *Gotteslob*. „Gib mir ein Lied" enthält 108 Gesänge; 35 davon enthält auch *Gotteslob*.

Abkürzungen in den folgenden Listen für die Liederbücher:
BfG = „Bausteine für den Gottesdienst", Liedheft / gmel = „Gib mir ein Lied" (EGB 10) / GsF = „Gott schenkt Freiheit" / j. n. u. = „Jubelt nicht unbedacht" / LG = „Liturgische Gezangen", Hilversum 1972 /

Arbeitskreis 5 – Gesänge von heute

NgL I – „Neue geistliche Lieder", Heft 1 / NgL II = „Neue geistliche Lieder", Heft 2 („Ökumene konkret") / NPB = „Neues Psalmenbuch", Volksausgabe / sch = „Schalom", Ökumenisches Liederbuch

1) „Neue geistliche Lieder" (NgL I)
herausgegeben von Oskar Gottlieb Blarr, Christine Heuser, Uwe Seidel, Gustav Bosse Verlag, Regensburg 1967
2) „Bausteine für den Gottesdienst" (Liedheft BfG)
herausgegeben von Jochen Schwarz, Hänssler-Verlag, Stuttgart 1968
3) „Gott schenkt Freiheit" (GsF)
herausgegeben von Dieter Trautwein, Burckhardthaus-Verlag, Gelnhausen 1968
4) „Neue geistliche Lieder II" (Ökumene konkret, NgL II)
herausgegeben von Oskar Gottlieb Blarr, Christine Heuser, Uwe Seidel, Gustav Bosse Verlag, Regensburg, Jugenddienst Verlag, Wuppertal 1970 (Nachfolgeheft von NgL I, Vorwort von Arnim Juhre und Diethard Zils)
5) „Schalom, Ökumenisches Liederbuch" (sch)
herausgegeben von der Arbeitsgemeinschaft der Evangelischen Jugend Deutschlands (Jochen Schwarz) in Verbindung mit dem Referat für Liturgie der Bischöflichen Hauptstellen für Jugendseelsorge (Diethard Zils) und der Werkgemeinschaft Lied und Musik (Johannes Aengenvoort †). Weitere Mitglieder des Redaktionskreises u. a. Gerhard Valentin †, Kurt Rommel, Dieter Trautwein und Herbert Beuerle. Burckhardthaus-Verlag GmbH, Gelnhausen/Berlin, Verlag J. Pfeiffer, München 1971
6) „Neues Psalmenbuch, Volksausgabe" (NPB)
„Deutsches Gesangbuch zu Meßfeier und Wortgottesdienst",
herausgegeben von Helmut Hucke, Erhard Quack, Karlheinz Schmidthüs, Christophorusverlag Herder, Freiburg 1971.
(Der AK 5 wertete den mit „Lieder und Gesänge" überschriebenen Anhang des NPB von Nr. 301 bis Nr. 385 aus. Diese Sammlung ist in ihren Melodien zwar bei weitem nicht der „rhythmischen Kirchenmusik" zuzurechnen, aber z. T. textlich neuartig.)
Die in Klammern gesetzten Abkürzungen dieser Liederbücher finden weiter unten in den Listen Verwendung.
Auch „Kirchenlied II" (KL II, herausgegeben von Adolf Lohmann, Georg Thurmair und Josef Diewald, Christophorusverlag Freiburg 1967) wurde vom AK 5 gesichtet. Da es jedoch ganz in der stilistischen

Nachfolge von „Kirchenlied I" (1938) steht und nicht die Merkmale der neueren geistlichen Lieder trägt, wie oben geschildert, stellte sich sehr bald heraus, daß es nicht Sache des AK 5 war, Lieder aus ihm weiterzuverbreiten. Die SK I A hat es um so gründlicher durchgesehen und Teile aus ihm in den *Gotteslob*-Stammteil gebracht. Über diese genannten Liederbücher hinaus waren neuere Meßzyklen auszuwerten, wie etwa die sehr verbreiteten „Duisburger Messen" (Texte von Lutz Hoffmann, Franz Mausberg, Karl Norres und Leo Schuhen auf Melodien von Negro-Spirituals) oder die „Pfarrkirchner Messen" (Text: Max Huber, Musik: Franz Schiller) aus dem bayerischen Raum. Außerdem gab es bereits um 1970 eine Menge qualitativ unterschiedlicher Sammlungen, die teils von einzelnen Gesangsgruppen, teils Bischöflichen Jugendämtern herausgegeben wurden. Unter diesen ist die Sammlung „Jubelt nicht unbedacht", Bistum Essen 1969, Nachtrag 1972, besonders zu nennen, weil sie als erste im deutschsprachigen Raum Kirchenmusiker und Jugendseelsorger an einen Tisch gebracht hatte. Sie enthielt Gesänge, auf die sich sowohl die Vertreter der Kirchenmusik (Karl Linke, Winfried Offele, Johannes van Woggelum) als auch die Vertreter der Jugendpastoral (Franz-Josef Steprath, Jugendpfarrer; Paul Teske, Gemeindepfarrer; Heinrich Wehry, Diözesanjugendseelsorger) einigen konnten. Dies war auch ein Grund, warum zunächst Karl Linke und dann Winfried Offele die Leitung des AK 5 angetragen wurde.
Seit 1965 tauchte in solchen Liederheften, die aus Nachdrucken bestanden, immer häufiger der Name Peter Janssens auf. Er selbst gab seine Stücke mehr in Partituren und Einzelsingheften heraus, weniger in Zusammenstellungen. Vorwiegend durch den Bosse-Verlag wurde Oskar Gottlieb Blarr bekannt; vorwiegend durch den Hänssler-Verlag Rolf Schweizer. Diese drei Namen stehen für drei verschiedene Stilrichtungen, die ihre Spuren hinterließen. Viele der späteren Liedermacher sind in die Fußstapfen mindestens eines dieser drei wichtigsten Anführer neuen Singens getreten, bevor sie ihren eigenen Weg fanden. Janssens, Blarr und Schweizer galt es im AK 5 auszuwerten.
In Editionen des Fidula-Verlages, Boppard, gab es Kompositionen besonders von Erna Woll. Als Texter hatten sich in Frankfurt Lothar Zenetti und in Krefeld Wilhelm Willms profiliert. Zenettis Gedichtsammlung „Texte der Zuversicht" (Pfeiffer-Verlag, München) und die späteren Willms-Bücher „Der geerdete Himmel" (1974), „Roter

Faden Glück" (1974), „Aus der Luft gegriffen" (1976), „Von Perle zu Perle" (1978), alle Verlag Butzon & Bercker, Kevelaer, geben ein Bild von der Art dieser Texte.
Ein wichtiger auszuwertender Bereich waren die Texte von Huub Oosterhuis und die Musik von Bernard Huijbers. Leider lag zur Zeit der Arbeit des AK 5 noch nicht der Liedband „Du bist der Atem meiner Lieder" (1976) vor, in dem viele Oosterhuistexte, zumeist von Huijbers vertont, in der Übersetzung von Peter Pawlowsky zu finden sind. Dieser hatte sie in enger Zusammenarbeit mit den beiden Niederländern erstellt. Der AK 5 mußte auf die niederländische Liedersammlung in Ringbuchform „Liturgische Gezangen", Gooi & Sticht, Hilversum, 1972, und die Gebetbücher „Ganz nah ist dein Wort", Herder & Co., Wien 1967, und „Im Vorübergehn", Herder & Co., Wien 1969, zurückgreifen. Diese Gebetbücher, ersteres mit Übersetzungen von Pawlowsky, letzteres mit Übersetzungen von ihm und Nikolaus Greitemann, enthielten zwar viele in den Niederlanden seit Jahren gesungene Lieder deutsch, aber nur zum Lesen bzw. Vortragen. Zum Singen waren sie noch nicht eingerichtet; das hieß vor allem: Die Versfüße stimmten nicht mit dem Holländischen überein. Der AK 5 nahm daher mancherlei Verbindung mit Leuten auf, die in beiden Sprachen und in dieser Materie zu Hause waren. Die des Holländischen mächtigen AK-5-Mitglieder Nicolas Schalz und Diethard Zils sowie Lothar Zenetti leisteten hier große Hilfe.
Schließlich war von Bedeutung, daß kurz vor Beginn der AK-5-Arbeit auch ein anderes Gremium gegründet worden war, die AÖL (Arbeitsgemeinschaft für ökumenisches Liedgut), von der in anderen Kapiteln dieses Redaktionsberichtes die Rede ist. Auch sie befaßte sich teilweise mit neueren Liedern, so daß es vorkam, daß AK 5 und AÖL nebeneinander die gleiche Arbeit taten und zu verschiedenen Ergebnissen und Empfehlungen an die SK I A kamen.
Erhard Quack, Vorsitzender der SK I A, der zusammen mit anderen SK-I-A-Mitgliedern von der EGB-Kommission in die AÖL entsandt war, berichtete im AK 5 von dem, was die AÖL an neuen Liedern, ggf. in den dort bevorzugten oder in anderen Fassungen, zur Aufnahme in den EGB-Stammteil vorschlagen wolle. Auch Pfarrer Sigisbert Kraft, altkatholisch, war gleichzeitig AK-5- und AÖL-Mitglied.
Die Lieder durchliefen zwei Lesungen. Wenn ein in 1. Lesung vorgelegtes neues Lied der Mehrheit ungeeignet oder überflüssig

schien, fiel es fort. Schien es geeignet, bekam es eine Arbeitsnummer, damit es in der nächsten Sitzung weiterbehandelt werde. Denn in vielen Fällen gab es an Einzelheiten der Lieder etwas auszusetzen, z. B. eine theologisch nicht haltbare Formulierung in einem ansonsten guten Text, eine poetisch schwache Stelle in einem Text, der jedoch thematisch wichtig schien, eine Diskrepanz im Wort-Ton-Verhältnis oder auch, da ja diese Lieder meist harmonisch konzipiert waren und daher einer angedeuteten Harmonisierung durch Akkordsymbole bedurften, eine Vereinfachung der Harmonien.
Bei den meisten der zu behandelnden Lieder waren solche Änderungswünsche noch zu verantworten; denn sie waren noch weithin unbekannt: Lieder kleiner Gruppen im Stadium der Erprobung. Einige allerdings waren schon so verbreitet, daß ein nachträgliches Ändern weite Kreise verunsichert hätte und daher unterblieb, auch wenn sachliche Gründe für ein Verbessern vorlagen.
Ein jeder im AK 5 ging in der Zwischenzeit allein mit sich und dem Lied zu Rate. Evtl. machte er zur Vorlage bei der nächsten Sitzung Verbesserungsvorschläge geltend. Diese wurden wiederum diskutiert. In einigen Fällen wurden Vertonungen entweder als zu schwierig oder in ihrer Art unpassend, d.h. mit der Intention und der Atmosphäre des Textes unvereinbar, vom AK 5 in 2. Lesung abgelehnt. In solchen Fällen wurden die Texte neu zur Vertonung ausgeschrieben. Dadurch kam wieder neues Material auf den Tisch, und zugleich entstand neuer Kontakt zu Textern und Komponisten. Ebenso wichtig wie die Sitzungen war daher der Briefwechsel des AK 5 mit den über das ganze Sprachgebiet verteilten Autoren.
Einige Lieder, die der AK 5 an die SK I A oder B weitergeleitet hatte, wurden von dieser mit Änderungswünschen an den AK 5 zurückverwiesen – ein Rückschlag für den AK 5, der ja glaubte, das Lied sei in der von ihm befürworteten Form optimal. Einsprüche des Texters gegen eine neue Vertonung, Verweigerung von Änderungswünschen seitens des Texters oder Komponisten – all das konnte den Verhandlungsgang eines Liedes zu einem Hin und Her zwischen den Gremien und zwischen Autoren und Gremien machen.
Vielleicht wünscht man sich zu diesen Punkten Beispiele, damit man sich besser vorstellen kann, welche Einzelheiten an konkreten Liedern es gewesen sein können, die dem AK 5 verbesserungsbedürftig schienen. Zugegeben: Durch solche Beispiele würde ein erhellender Sonnenstrahl durch die Wolken dieser Andeutungen dringen. Aber

Arbeitskreis 5 – Gesänge von heute 227

dieser Sonnenstrahl würde ungleichmäßig beleuchten, würde zu Blendungen und Irritierungen führen, würde zwar einiges ins rechte Licht rücken, aber anderes ungebührlich in den Schatten stellen. Dies würde auch viel zu weit führen, weil die Probleme schwierig und komplex sind, z. B. ob eine Wortwahl im Lied wirklich modern oder nur modisch ist, ob ein poetisch gewagtes Bild oder Sprachspiel für die Stärkung im Glauben konstruktiv oder eher destruktiv ist, ob eine synkopale Wendung in der Vertonung überzeugt oder ob sie Masche ist, ob der melodische Bogen atmen läßt usw.
Konkreter zu werden, wäre Sache eines Buches, das viele neue geistliche Lieder der letzten Jahre untersucht und vergleicht. In diesen Ausführungen gilt es, zwar etwas Hintergrund zu vermitteln, aber ansonsten nur über die Arbeit des AK 5 zu berichten.
Die wichtigsten Lieder, die den AK 5 von der 6. Sitzung an durchlaufen haben, sollen nun die folgenden Listen zeigen. Die Nennung auch derjenigen von ihnen, die auf der Strecke geblieben sind, ergibt ein Bild, wieweit Lieder, die in Vergessenheit geraten sind, und Lieder, die das EGB beiseite gelassen hat, sich decken.
Der Einfachheit halber ist in den Listen kein einziger Negro-Spiritual genannt; denn vor der 6. Sitzung hatte der AK 5 die Grundsatzentscheidung getroffen, keine Negro-Spirituals in EGB 10 und erst recht nicht ins Einheitsgesangbuch zu bringen. Die Richtigkeit dieser Entscheidung wurde zwar auch nach der 6. Sitzung angezweifelt, Spirituals waren auch dann noch nicht vom Tisch, sondern lagen erneut vor; aber die Mehrheit des AK 5 befand schließlich, die Entscheidung sei richtig gewesen, und erneuerte sie.
Die 1. Liste führt jene Gesänge auf, bei denen sich in 2. Lesung herausstellte, daß Verbesserungswünsche nicht erfüllbar waren und daher das betreffende Lied nicht weiter zur Diskussion stand.
Die 2. Liste nennt diejenigen Gesänge, die der AK 5 von sich aus lediglich dem Beiheft zugedacht hat und die daher nur dort und nicht im Stammteil stehen.
Die 3. Liste nennt die Gesänge, die am Einspruch von SK I A oder B gescheitert sind. Der AK 5 hatte sie dorthin weitergeleitet, aber dort wurden sie für den Stammteil abgelehnt, gelangten also erst gar nicht an die Hauptkommission.
Die 4. Liste nennt die Gesänge, die „alle Hürden genommen haben", nämlich jene 38 Nummern, die heute im *Gotteslob* stehen.

2.1.4.2 Gesänge, auf die der AK 5 in 2. Lesung verzichtet hat

1) Aus all den vielen Völkern
T: Huub Oosterhuis / M: Bernard Huijbers
2) Aus dem grenzenlosen Himmel
T: Huub Oosterhuis, deutsch Diethard Zils / M: Floris van der Putt
3) Aus Traum und Tränen sind wir gemacht (Hochzeitslied)
T: Lothar Zenetti / M: Erna Woll
4) Das Kreuz des Jesus Christus
T: Lothar Zenetti / M: Fritz Storfinger
5) Der vorgibt, Gott zu sein
T: Huub Oosterhuis, deutsch Nicolas Schalz / M: Bernard Huijbers
6) Diesen Tag, Herr, leg ich zurück in deine Hände
T/M: Martin Gotthard Schneider
7) Du bist gekommen. Was ändert sich?
T: Dieter Trautwein / M: Gerd Watkinson
8) Du bist reich, gesund und satt
T: Franz Hartmann / M: Winfried Offele
9) Du hast uns, Herr, gerufen
T/M: Kurt Rommel
Der AK 5 verwies dieses Lied an die SK IX (Kindergottesdienste). Von dort gelangte es in den Stammteil: heute GL 505.
10) Ewigkeit im Augenblick
T: Wilhelm Willms nach dem Buch der Prediger / M: Hans Jörg Böckeler
11) Feuer wirft der Menschensohn
T: Neues Testament / M: Peter Janssens
12) Gott sendet uns ins Leben
T: Huub Oosterhuis / M: Melchior Vulpius 1609 (GL 537 und 662)
13) Heilig
T: Liturgie / M: Otmar Faulstich
14) Herr, dein Wort ist gute Nachricht
T: Hans Bernhard Meyer / M: Peter Janssens
15) Herr, erbarme dich
T: Liturgie / M: Wilhelm Meinold
16) Herr, wenn dein Reich kommt
T: nach Jes 2,4 / M: Peter Janssens

Arbeitskreis 5 – Gesänge von heute 229

17) Herr, gib uns die Einheit wieder
T: Bund für evangelisch-katholische Wiedervereinigung / M: Richard Rudolf Klein
18) Herr, laß uns hören, was du sagst
T: Dieter Trautwein / M: Dieter Trautwein und Rudolf Siemoneit
19) Herr, mach mich zu einem Werkzeug deines Friedens
T: aus „Souvenir Normand", Franz von Assisi zugeschrieben / M: Josef Seuffert
20) Hier ist die Stadt gebaut
T: Huub Oosterhuis / M: Bernard Huijbers
21) Ich bin bei euch jeden Tag
T: Dieter Linz / M: Dieter Hechtenberg
22) Ich möchte gerne Brücken bauen
T: Kurt Rommel / M: Paul Bischoff
23) Ich rede, wenn ich schweigen sollte
T: Kurt Rommel / M: Paul Bischoff
24) Keiner braucht sich mehr zu fürchten
T: Peter Gleiß 1968 / M: Manfred Knoch 1968
25) Kommt Gott als Mensch in Dorf und Stadt
T/M: Dieter Trautwein
26) Lamm Gottes, du nimmst hinweg
T: Hans Bernhard Meyer nach dem Agnus Dei / M: Peter Janssens
27) Laß den Brüdern uns begegnen
T: Otmar Schulz 1967 / M: Seminargruppe Frankfurt 1967
28) Laß uns in deinem Namen, Herr
T/M: Kurt Rommel
29) Neu schafft alles Gottes Geist
T: Max Huber / M: Franz Schiller
30) O Herr, mach mich zu einem Werkzeug deines Friedens
T: aus „Souvenir Normand", Franz von Assisi zugeschrieben / M: Rolf Schweizer
31) Sag nicht, wir gingen immer so
T: Wolfgang Fietkau / M: Karl Wilhelm Wiesenthal
32) So wie die Menschen leben
T: Huub Oosterhuis / M: Bernard Huijbers
33) Und suchst du meine Sünde
T: Schalom Ben-Chorin / M: Paul Ernst Ruppel
34) Vater unser, der du bist im Himmel
T: Ernst Arfken nach dem Vaterunser / M: Westindische Volksweise

35) Vater unser im Himmel
T: Liturgie / M: Peter Janssens (aus „Entfesselt das Wort")
36) Von guten Mächten wunderbar geborgen
T: Dietrich Bonhoeffer / M: Johannes Petzold
37) Wahrheit, die nur weh tut, ist nicht wahr genug
T: Dieter Trautwein 1966 / M: Seminargruppe Frankfurt 1966
38) Weil Gott in tiefster Nacht erschienen
T/M: Dieter Trautwein
39) Wende das Böse, tue das Gute
T: nach Psalm 34,13 / M: Peter Janssens
40) Wenn der Frühling grünes Gras wachsen läßt im Wind
T: Hildegard Rauchfuß / M: Winfried Offele
41) Wenn wir uns dein Wort verkünden
T: Lothar Zenetti / M: Ingrid Hirschfeldt
42) Wenn wir jetzt weitergehen
T/M: Kurt Rommel (Schlußstrophen zu „Du hast uns, Herr, gerufen")
Der AK 5 verwies auch diese Strophen wie „Du hast uns, Herr" an die SK IX (Kindergottesdienste). Von dort gelangten sie in den Stammteil: heute GL 514.
43) Wer kann mir sagen, wo Jesus Christus geboren ist
T/M: Gerd Watkinson
44) Wer wälzt den Stein vom Grabe fort
T: Wilhelm Willms / M: Winfried Offele
45) Wir sind nicht irgendwer
T: Dieter Trautwein zu 1 Petr 1,14-19 / M: Gerhard Kloft 1965
46) Wir suchen dich nicht, wir finden dich nicht
T: Albrecht Goes / M: Oskar Gottlieb Blarr
47) Wo ist Kirche? Wo der Herr sein Wort uns schenkt
T/M: mündlich vermittelt

2.1.4.3 Gesänge, die der AK 5 nur für EGB 10 beschloß

1) gmel 2: Wir kommen und gehen, Wolken im Wind
T: Lothar Zenetti 1971 / M: Wolfgang Biersack 1971
2) gmel 3: Wer wird uns hören, wer wird uns antworten?
T: Lothar Zenetti 1972 / M: Erna Woll 1972
3) gmel 4: Mit dem Baum des Lebens schleppte er sich ab
T: Willem Barnard, deutsch: Diethard Zils / M: Coos van Overbeck

4) gmel 5: Bist du der Morgenstern der Bibel?
T/M: Erna Woll 1968
5) gmel 7: Weil einer an mich glaubt, so wie ich bin
T: Lothar Zenetti 1972 / M: Erna Woll 1972
6) gmel 8: Laßt uns das Lied singen vom Tod und vom Leben
T: Lothar Zenetti 1972 / M: Erna Woll 1972
7) gmel 9: Wie ein Traum wird es sein
T: Lothar Zenetti 1970 / M: Herbert Beuerle 1970
8) gmel 10: Wenn das Rote Meer grüne Welle hat
T: Wilhelm Willms 1971 / M: Peter Janssens 1971
9) gmel 12: Komm, Herr, meines Suchens Hoffnung
T/M: Erna Woll 1968
10) gmel 13: Der Himmel, der ist, ist nicht der Himmel, der kommt
T: Kurt Marti 1971 / M: Rolf Schweizer 1971
11) gmel 14: Woher kommen wir, du und ich, woher?
T: Lothar Zenetti 1972 / M: Erna Woll 1972
12) gmel 15: Der Herr ist in seinem heiligen Tempel
T: Christine Heuser 1965 / M: Peter Janssens 1965
13) gmel 16: Gehe ein in deinen Frieden
T: 1. Str. aus Israel, freie Übertragung: Helmut König,
2. Str. Christine Heuser 1967 / M: aus Israel
14) gmel 17: Ich bitte dich, Herr, um die große Kraft
T: Ernst Ginsberg 1964: / M: Rolf Schweizer 1968
15) gmel 23: Das Kreuz ist aufgerichtet (ö)
T: Kurt Ihlenfeld / M: Helmut Barbe
16) gmel 26: Ohren gabst du mir, hören kann ich nicht
T: Paul Ernst Ruppel 1965 / M: Magdalena Schauß-Flake 1965
17) gmel 29: Zwischen Babel und Jerusalem
T: Wilhelm Willms 1972 / M: Erna Woll 1972
18) gmel 30: Seht, sie bauen Babels Turm
T: Olov Hartmann 1970, deutsch: Markus Jenny 1971 / M: Sven Erich Bäck 1970
19) gmel 31: Der Weg hinab nach Jericho
T: Arnim Juhre / M: Choral Brother Ogo
20) gmel 32: Mädchen du in Israel
T: Diethard Zils / M: Albe Vidakovic
21) gmel 33: Heut sollt ihr seine Herrlichkeit schauen
T: Huub Oosterhuis, deutsch: Helmut Hucke / M: Bernard Huijbers

22) gmel 35: In tiefer Nacht trifft uns die Kunde
T: Huub Oosterhuis, deutsch: Peter Pawlowsky / M: Erhard Quack
(NPB Nr. 310)
23) gmel 36: Seht, der Stein ist weggerückt
T: Lothar Zenetti 1971 / M: Karl Fink 1971
24) gmel 37: Für schwache Menschen ist er erreichbar
T: Huub Oosterhuis und Michel van der Plas,
deutsch: Lothar Zenetti 1973 / M: Bernard Huijbers
25) gmel 38: Herr, unser Gott, ganz nah und fern zugleich
T: Diethard Zils / M: Ignace de Sutter
26) gmel 42: Du hast gesagt, du seist das Licht der Blinden
T: Hans Dieter Stolze / M: Winfried Offele 1972
27) gmel 45: Gott hat nicht Macht, nicht Ruhm noch Größe
T: Diethard Zils nach Huub Oosterhuis / M: aus Holland
(M: „Sag ja zu mir", gmel 21, GL 165)
28) gmel 49: Herr, wir leben in Sünde und Schuld
T/M: Erna Woll 1971
29) gmel 50: Gott ist anders, als ihr denkt
T: Nach Meister Ekkehard / M: Ignace de Sutter
30) gmel 57: Singet dem Herrn ein neues Lied
T: Arnim Juhre 1967 nach Ps. 98 / M: Oskar Gottlieb
Blarr 1967 (NgL I Seite 47)
31) gmel 63: Lobe den Herrn, meine Seele
T: aus Ps. 103 / M: Heinz Kratochwil 1970
32) gmel 66: Du hast die Welt hervorgebracht
T/M: Diethard Zils 1971
33) gmel 68: Dein Geist kommt wie der Wind
T: Willem Barnard, deutsch: Diethard Zils / M: Coos van Overbeck
34) gmel 70: Herr, du bist Liebe
T: Franz Hartmann 1972 / M: Winfried Offele 1972
35) gmel 72: Bedenken wir dankbar die Taten des Herrn
T: Huub Oosterhuis, deutsch: Diethard Zils (LG Nr. 56) / M: Johann
Lauermann 1973
36) gmel 74: Siehe, wie gut und wie schön
T/M: aus Israel
37) gmel 75: Kein Paradies können wir dir geben
T: Lothar Zenetti 1972 / M: Erna Woll 1972
38) gmel 77: Ihr sollt da sein füreinander
T: Lothar Zenetti 1972 / M: Erna Woll 1972

39) gmel 80: Was wir bieten, sind wir selbst
T: Alois Albrecht 1971 / M: Peter Janssens 1971
40) gmel 81: Eine Schale mit Brot, ein Becher mit Wein
T: Diethard Zils / M: Henk Jongerius
41) gmel 84: Heilig, heilig, Herr aller Mächte
T: Liturgie / M: Rudolf Kelber 1970
42) gmel 85: Vater unser im Himmel
T: Liturgie / M: Rudolf Kelber 1970
43) gmel 90: Am Abend vor seinem Leiden
T: aus Holland, deutsch: Diethard Zils 1972 / M: Diethard Zils 1972
44) gmel 91: Andere Lieder wollen wir singen
T: Alois Albrecht 1971 / M: Peter Janssens
45) gmel 92: Wir danken dir, Vater, für das Leben
T: Didache (Zwölfapostellehre) IX / M: Bernard Huijbers
46) gmel 95: Der Geist wird uns lehren, was der Herr gesagt hat
T: Lutz Hoffmann, Franz Mausberg, Karl Norres, Leo Schuhen 1966 /
M: Peter Janssens 1966
47) gmel 96: Komm, Schöpfer Geist, erfüll die Herzen
T: Christine Heuser 1969 / M: Oskar Gottlieb Blarr 1967 nach einer
altanglikanischen Hymne
48) gmel 97: Überall weht Gottes Geist
T: Lutz Hoffmann, Franz Mausberg, Karl Norres, Leo Schuhen 1966 /
M: Peter Janssens 1966
49) gmel 98: Menschensohn, du bist mit den Armen der Welt
T/M: Peter Janssens
50) gmel 99: Heute ist der Tag, den der Herr gemacht hat
T: Kurtmartin Magiera 1964 / M: Heino Schubert 1964
51) gmel 102: Wir hocken hinter unsern Mauern
T: Christine Heuser 1965 / M: Peter Janssens 1965
52) gmel 106: Einfach zuhören, was Gott in dir spricht
T: Diethard Zils / M: Wim ter Burg

2.1.4.4 Gesänge, die der AK 5 für den Stammteil empfahl, von SK I A oder B jedoch abgelehnt wurden

1) Alle Menschen, höret auf dies neue Lied (gmel 79)
T: Simon Jelsma 1966, deutsch: Sigisbert Kraft 1973 / M: Wim ter Burg
1966

2) Christe, du littest wie wir (gmel 87)
T: Christine Heuser 1965 / M: Peter Janssens 1965
3) Dach überm Kopf, Menschen zu bergen (gmel 71)
T: Huub Oosterhuis, deutsch: Lothar Zenetti / M: Niederländische Volksweise
4) Die ganze Welt hast du uns überlassen (gmel 103)
T: Christa Weiß / M: Hans Rudolf Siemoneit 1965
5) Die Stadt ist uns gegeben, die Stadt rings um uns her (gmel 67)
T: Huub Oosterhuis, deutsch: Lothar Zenetti / M: Bernard Huijbers
6) Du bist ein Menschensohn, du kommst von fern (gmel 53)
T: Huub Oosterhuis 1969, deutsch: Nicolas Schalz 1970 / M: Erhard Quack 1970
7) Er will bei uns wohnen (gmel 39)
T/M: Erna Woll
8) Gott liebt die Welt mir ihrer Schuld (gmel 48)
T: Dieter Frettlöh 1963 / M: Paul Ernst Ruppel 1966
9) Halleluja, geht hinaus in die Welt (gmel 108)
T: Hans Bernhard Meyer 1971 / M: Peter Janssens 1971
10) Heilig, heilig, heilig (gmel 83)
T: Liturgie / M: Peter Janssens, aus „Wir können nicht schweigen": 1970
11) Herr, wie sind deine Werke so groß und viel (gmel 18)
T: Gerhard Valentin / M: Rolf Schweizer 1968
12) Lobe den Herrn, meine Seele (gmel 60)
T: Ps 103,1-4; 2.-4. Str. Paulus Stein / M: Rolf Schweizer
13) Lobsinget Gott in seinem Heiligtum (gmel 58)
T/M: Rolf Schweizer
14) Mitten in dem Tod (gmel 11)
T: Muus Jakobse, deutsch EGB 1972 / M: Rik Veelenturf
15) Singt dem Herrn, alle Völker und Rassen (gmel 62)
T: Hans Bernhard Meyer 1971 / M: Peter Janssens 1971
16) Überall bist du unsichtbar gegeben (gmel 44)
T: Huub Oosterhuis, deutsch: Diethard Zils 1972 / M: Bernard Huijbers
17) Vater im Himmel, wir rufen zu dir (gmel 86)
T: Paulus Stein 1968 / M: Rolf Schweizer 1968
18) Vom Himmel zur Erde (gmel 55)
T: Christine Heuser 1965 / M: Peter Janssens 1965

Arbeitskreis 5 – Gesänge von heute 235

19) Wir bitten, Herr, um deinen Geist (gmel 94)
T: Dieter Trautwein 1964 / M: Hans Rudolf Siemoneit 1964
20) Wir sprechen verschiedene Sprachen (gmel 69)
T: Lothar Zenetti / M: Winfried Offele 1971

2.1.4.5 Gesänge aus dem AK 5, die in den Stammteil gekommen sind

1) Auf dein Wort, Herr, laß uns vertrauen (gmel 73, GL 624)
T: Herbert Schaal / M: Kehrvers aus Israel, Verse: Winfried Offele 1971
2) Bevor die Sonne sinkt (gmel 28, GL 702, auch von der AÖL kommend)
T: Christa Weiß und Kurt Rommel 1967 / M: Martin Striebel und Kurt Schmid 1967
3) Brich dem Hungrigen dein Brot (gmel 93, GL 618, auch von der AÖL kommend)
T: Martin Jentzsch 1951 / M: Gerhard Häußler 1953
4) Das ist ein köstlich Ding, dem Herren danken (gmel 56, GL 271)
T: Ps 92,2-6.9 / M: Rolf Schweizer 1966
(BfG Nr. 21, NgL I Seite 61, j. n. u. Nr. 205)
5) Das Weizenkorn muß sterben (gmel 88, GL 620)
T: Lothar Zenetti 1971 / M: Johann Lauermann 1972
6) Gleichwie mich mein Vater gesandt hat (gmel 104, GL 641)
T: Joh 20,21, Lk 4,18 / M: Paul Ernst Ruppel 1963
(BfG Nr. 4, NgL I Seite 35, j. n. u. Nr. 303)
7) Gott, der nach seinem Bilde (gmel 78, GL 74)
T: Huub Oosterhuis, deutsch: Nikolaus Greitemann und Peter Pawlowsky 1967 / M: Erhard Quack 1971
(NPB Nr. 342, LG Nr. 106: „God, die in het begin")
8) Gott liebt diese Welt (gmel 47, GL 297 ö)
T/M: Walter Schulz 1962
(GsF Nr. 4, BfG Nr. 32, NgL Seite 12, j.n.u. Nr. 204)
9) Gott, mein Gott, warum hast du mich verlassen (gmel 34, GL 308)
T/M: Friedemann Gottschick 1965 (NgL I Seite 21, j.n.u. Nr. 122)
10) Herr, deine Güte reicht, so weit (gmel 43, GL 301 ö)
T: Ps 36,6, Str. 2-5 Gerhard Valentin 1965 / M: Herbert Beuerle (sch Nr. 30)

11) Herr, gib uns Mut zum Hören (gmel 105, GL 521)
T/M: Kurt Rommel 1964
(j.n.u. Nr. 4, sch Nr. 7)
12) Herr, unser Herr, wie bist du zugegen (gmel 46, GL 298)
T: Huub Oosterhuis 1965, deutsch: Peter Pawlowsky und Nikolaus Greitemann 1969 / M: Niederländische Volksweise
(NPB Nr. 354, LG Nr. 80: „Heer, onze Heer, hoe zijt Gij aanwezig")
13) Herr, wir bringen in Brot und Wein (gmel 82, GL 534)
T: Hans Bernhard Meyer 1970 / M: Peter Janssens 1970
(j.n.u. 268)
Der AK 5 und die SK I B beschlossen, diesen Gesang abzudrucken. Sein Aufbau ist kein anderer als z.B. die neuen Wechselgesänge GL 271 („Das ist ein köstlich Ding") oder GL 273 („Singet dem Herrn ein neues Lied") von Rolf Schweizer. In gmel ist der Gesang vollständig abgedruckt, in GL jedoch nur sein Refrain, wodurch er zu einem Torso wird. In GL steht dieser Torso zwischen Kehrversen, so, als könne man zu ihm wechselnde freirhythmische Verse singen.
Es dürfen jedoch nur die von Janssens komponierten, typischen stark rhythmischen Verse zu ihm gesungen werden. Diese stehen zwar im „Chorbuch für einstimmigen Gesang"; ihr Fehlen in der Gemeindeausgabe bedeutet aber ein großes Handicap fürs Singen, weil dieser Gesang Gruppen anspricht, die sonst kaum aus dem genannten Chorbuch singen, und weil er zum Refrain gehört wie der Rumpf zum Kopf.
Der AK-5-Vorsitzende hat brieflich gegen diese unsachgemäße Kürzung protestiert, als er sie im Rohmanuskript des EGB entdeckte, konnte aber nicht verhindern, daß dieser Gesang für den *Gotteslob*-Stammteil, wie in GL 534 zu sehen, halbiert wurde.
14) Hilf, Herr meines Lebens (gmel 100, GL 622 ö)
T: Gustav Lohmann 1962, Str. 3: Markus Jenny 1970 / M: Hans Puls 1962
(BfG Nr. 27, NgL I Seite 37, GsF Nr. 5, sch Nr. 186, j.n.u. Nr. 308)
Der AK 5 stimmte der Hinzufügung der 3. Strophe zu, da die AÖL das Lied in die SK I A gebracht und diese der AÖL-Fassung zugestimmt hatte.
15) Ich steh vor dir mit leeren Händen, Herr (gmel 1, GL 621)
T: Huub Oosterhuis 1964, deutsch: Lothar Zenetti 1973 / M: Bernard Huijbers
(LG Nr. 146: „Ik sta voor U in leegte en gemis")

Arbeitskreis 5 – Gesänge von heute

Der Komponist, der EGB-Sekretär und der AK-5-Vorsitzende hatten am 6. Dezember 1973 vereinbart, daß das Lied wie in LG 146 mit Taktstrichen abgedruckt werden solle, da sonst seine rhythmische Struktur nicht klar wird. Trotzdem steht das Lied sowohl in EGB 10 wie im Stammteil ohne Taktstriche. So entschied die Notationskommission.

16) Ich will dir danken, Herr, unter den Völkern (gmel 61, GL 278)
T: Ps 108,4-6 / M: Paul Ernst Ruppel 1964
(BfG Nr. 6, sch Nr. 37, j. n. u. Nr. 226)
17) Komm her, freu dich mit uns, tritt ein (gmel 65, GL 519)
T/M: Charles Heap 1970 nach einem amerikanischen Lied
(NPB Nr. 363)
18) Kommt herbei, singt dem Herrn (gmel 41, GL 270)
T: Diethard Zils nach Ps 95 / M: Volkslied aus Israel
(j. n. u. Nr. 223)
19) Manchmal kennen wir Gottes Willen (gmel 27, GL 299)
T: Kurt Marti und Arnim Juhre 1966 / M: Felicitas Kukuck 1967
(GsF Nr. 16, NgL Seite 17, sch Nr. 9, j.n.u. Nr. 2)
20) Mit lauter Stimme ruf ich zum Herrn (gmel 20, GL 311)
T: Ps 142, in GL nur Verse 1-4a und 6 / M: Peter Janssens 1965
Ohne den AK 5 zu befragen, wurde im Stammteil die musikalische Wiederholung des 1. Teils („Kein Ort, wohin ich mich flüchten könnte" bis „auf daß ich Dank deinem Namen sage") fortgelassen. Im EGB 10 steht diese Kyrielitanei vollständig. (Die Kürzung geht auf eine Entscheidung der AÖL zurück.)
21) Nahe wollt der Herr uns sein (gmel 52, GL 617)
T: Huub Oosterhuis 1964, deutsch: Nicolas Schalz 1971 / M: Bernard Huijbers 1964
(NPB Nr. 301, LG Nr. 82: „Omdat Hij niet ver wou zijn")
22) O Herr, nimm unsre Schuld (gmel 19, GL 168 ö)
T/M: Hans Georg Lotz 1964
Der AK 5 übernahm das von der AÖL an die SK I gegebene und dort aufgenommene Lied auch für EGB 10.
23) Sag ja zu mir, wenn alles nein sagt (gmel 21, GL 165)
T: Diethard Zils 1970 / M: aus Holland
(j.n.u. 103)
24) Segne dieses Kind (gmel 76, GL 636)
T: Lothar Zenetti 1971 / M: Erna Woll 1971
25) Sei hier zugegen (gmel 51, GL 764)

T: Huub Oosterhuis, deutsch: Lothar Zenetti / M: Bernard Huijbers
26) Singet, danket unserm Gott (gmel 64, GL 277)
T: Kurt Rommel 1963 / M: Horst Weber 1963
(sch Nr. 44, j.n.u. Nr. 219)
27) Singet dem Herrn ein neues Lied (gmel 59, GL 273)
T: Ps 98,1-2, Str. 2-4: Paulus Stein 1963 / M: Rolf Schweizer 1963
(BfG Nr. 30, GsF Nr. 33, j.n.u. Nr. 213)
28) Singt das Lied der Freude über Gott (gmel 54, GL 272)
T/M: Dieter Hechtenberg 1968 (T nach Ps 148) (j.n.u. Nr. 231)
29) Solang es Menschen gibt auf Erden (gmel 40, GL 300)
T: Huub Oosterhuis 1959, deutsch: Dieter Trautwein 1966/1972 /
M: Tera de Marez Oyens-Wansink 1959
(GsF Nr. 21, NgL I Seite 24, j. n. u. Nr. 207, LG Nr. 160: „Zolang er mensen zijn op aarde")
30) Was ihr dem geringsten Menschen tut (gmel 101, GL 619)
T: Herbert Schaal 1968/1972 / M: aus Island
(j.n.u. Nr. 324)
31) Weder Tod noch Leben (gmel 6, GL 663)
T: Lothar Zenetti 1971 / M: Erna Woll 1971
32) Wer leben will wie Gott auf dieser Erde (gmel 24, GL 183)
T: Huub Oosterhuis 1965, deutsch: Johannes Bergsma 1969 / M: bei
Ch. E. H. Coussemaker 1856
(LG Nr. 57: „Wie als een God wil leven hier op aarde")
33) Wir alle essen von einem Brot (gmel 89, GL 539)
T: Lothar Zenetti 1969 / M: Ingrid Hirschfeldt 1969
(j.n.u. Nr. 291)
34) Wir schlugen ihn (gmel 25, GL 184)
T: Wilhelm Willms 1971 / M: Winfried Offele 1971
(j.n.u. Nr. 113)
35) Wir sind mitten im Leben zum Sterben bestimmt (gmel 22, GL 655)
T: Lothar Zenetti 1970 / M: Herbert Beuerle 1970
36) Worauf sollen wir hören (gmel 107, GL 623)
T: Lothar Zenetti 1971 / M: Peter Kempin 1971
auf dem Wege über die SK IX (Kindergottesdienste):
37) Du hast uns, Herr, gerufen (GL 505)
T/M: Kurt Rommel
38) Wenn wir jetzt weitergehen (GL 514)
T/M: Kurt Rommel

2.2 Subkommission I B „Nichtliedmäßige Gesänge"

Hans Niklaus

2.2.1 Die Mitglieder der Subkommission I B

Vollmitglieder
Direktor Dr. Johannes Bergsma, Goslar
Ordinariatsrat Dr. Günter Duffrer, Mainz
Dr. Philipp Harnoncourt, Graz
Domkapellmeister Prof. Josef Kronsteiner, Linz
Direktor Hans Niklaus, Mainz (als Referent)
Domchordirektor Dr. Heinrich Rahe, Osnabrück
Nicolas Schalz, Fouhren (Vianden), Luxemburg
Prof. Fritz Schieri, Dachau
Domkapitular Karl Schollmeier, Erfurt
Domorganist Heino Schubert, Essen
Pfr. Stephan Simeon, Savoguin, Schweiz (ab 1967)

Korrespondierende Mitglieder:
Domkapellmeister Erhard Quack, Speyer
Dr. Heinrich Rennings, Trier
Diöz. Kirchenmusikdirektor Heinrich Rohr, Mainz

2.2.2 Überblick über die Arbeit der SK I B

Die Sitzungen der Subkommission I B
Zusammen mit der Sektion I A:
   1. 27. 4.-28. 4. 67 Puchberg/Österreich
   2. 20. 6.-21. 6. 67 Puchberg
   3. 6.11.- 7.11. 67 Puchberg
   4. 25. 6.-27. 6. 68 Puchberg
   5. 17.11.-20.11. 68 Münsterschwarzach
   6. 2. 2.- 5. 2. 69 Freising
   7. 20. 4.-24. 4. 69 Delémont/Schweiz
   8. 28. 9.- 2.10. 69 Freising

Als selbständige SK:
9. 23. 2.-25. 2. 70 Mainz
10. 10. 5.-13. 5. 70 Delemont
11. 18.10.-21.10. 70 Zürich-Witikon
12. 7. 2.-10. 2. 71 Würzburg-Himmelspforten
13. 7. 5.- 9. 5. 71 Innsbruck
14. 16. 9.-18. 9. 71 Essen-Werden
15. 20. 2.-25. 2. 72 München – Georgianum
16. 11. 6.-14. 6. 72 Batschuns/Vorarlberg
17. 11. 2.-13. 2. 73 München – Kardinal-Wendel-Haus

Über die Einsetzung der SK I B bei der Neuordnung der Kommission für das EGB vgl. das Prot. d. Sitzg. v. 25.-28. 4. 67. Dort heißt es noch „Sektion A" und „Sektion B" der SK I; die ersten 8 Sitzungen wurden auch gemeinsam gehalten. Im gleichen Protokoll steht unter der Überschrift: „5. Approbation von Gesängen nach Artikel 32 der Instruktion über die Musik in der Liturgie" die Anweisung: „Die Sektion B erhielt als erste Aufgabe die Auswahl einiger geeigneter Ordinarien".

Die SK „Meßgesänge" hatte im Protokoll ihrer (letzten) Sitzung am 25. 4. 67 stehen:

„3. Die SK war einhellig der Meinung, daß ein Vorabdruck einiger, bereits gesicherter Ergebnisse ihrer Arbeit möglichst bald in einer geeigneten Form der Öffentlichkeit zugänglich gemacht wird, um so schon praktische Erfahrungen zu sammeln. Diese Hefte sollen sowohl strophische Lieder als auch nichtliedmäßige Proprium- und Ordinariumsgesänge enthalten.

Da sich bei der bisherigen Arbeit der SK bereits gezeigt hat, daß in dem bestehenden Schatz des deutschen Kirchenliedes nicht alle notwendigen Gesänge zu finden sind, werden allgemeine Ausschreibungen vorgeschlagen.

4. Zwei konkrete und umfangreiche Aufgabengebiete ergeben sich für die Prozessionsgesänge der Messe: A die Liedform; B nichtliedmäßige Gesänge.

5. ... B. Es wird allgemein bejaht, daß für die Propriumsgesänge der Messe nicht nur liedmäßige Formen verwendet werden können. Da ein erstes Auswahlheft sehr bald erscheinen soll, wurde vorgeschlagen, sowohl für die Liedform wie für die Nicht-Liedform möglichst auf vorhandene Gesänge zurückzugreifen...

6. Bischof Kempf macht den Vorschlag, auch für sog. Zeitproprien ein Ausschreiben ergehen zu lassen. Die Richtlinien für die Zeitproprien (Hochfeste, Festkreise, Tempus per annum) sollen folgende Forderungen enthalten:
a) möglichst Schrifttexte
b) theologische Exaktheit
c) sprachliche Formung und „Verdichtung"
d) Sangbarkeit
e) Zuordnung zu einer bestimmten liturgischen Funktion
f) Entsprechung zum Lebensgefühl des heutigen Menschen.
Diese neu zu schaffenden Texte sollen auch geeignet sein für große musikalische Formen. Bei der Ausschreibung sollen den Autoren möglichst Hilfen gegeben werden in Form von Hinweisen liturgischer und theologischer Art."
Aus diesen Zitaten ist zu erkennen, daß die Arbeit der SK I B nicht ein Neubeginn, sondern die Weiterführung der bisherigen Arbeit am EGB mit erweiterten Aufgaben war. Es geht auch daraus hervor, daß es nicht nur galt, Bestehendes zu sammeln, sondern auch das Fehlende zu beschaffen. Wichtig ist zu wissen, daß zu diesem Zeitpunkt viele Entscheidungen über künftige Texte (auch z. B. der Psalmen und des Meßordinariums) noch nicht vorlagen.

2.2.2.1 Die 1.-3. Sitzung der Kommission

1. Sitzung der SK I A und B, Puchberg bei Wels, Österreich, 27. u. 28. April 1967
2. Sitzung, Puchberg, 20. u. 21. Juni 1967
3. Sitzung, Puchberg, 6. u. 7. November 1967
Bei der 1. Sitzung der ebenfalls neu konstituierten Hauptkommission, die vom 28.-31. 1. 68 in Puchberg stattfand, berichtete der Referent der SK I B über die bisherige Arbeit:

1. Auswahl deutscher Ordinarien
Um einen möglichst umfassenden Überblick über die bereits in Diöz.-Gesangbüchern, deren Anhängen und Beiheften, aber auch sonst bei Verlagen vorhandenen deutschen Ordinariumsgesänge zu gewinnen, hat die SK diese gesammelt und auf bisher 139 Fragebogen zur Stellungnahme an die Mitglieder gegeben. Insgesamt wurden 278 solcher Fragebogen bearbeitet und das Ergebnis (listenmäßig zusammengestellt) der SK, der HK und den Diözesen mitgeteilt.

Die Fragebogen enthielten folgende Angaben und Fragen:

Vorderseite

Kommission für das EGB FRAGEBOGEN (Nr.)
Subkommission I B
Nichtliedmäßige Gesänge
Text: (Autor)* Melodie:
veröffentlicht in: Verlag:
(ggf. Titel des Gesamtwerks,
Name der Messe u. a.)
(Abdruck des betr. Gesangs in der veröffentlichten Form)

Rückseite

Stellungnahme des Bearbeiters:
I. Melodie: sehr gut – gut – mit Einschränkung – schwach
II. Sprache: sehr gut – gut – mit Einschränkung – schwach
III. Theolog. Inhalt: * sehr gut – gut – mit Einschränkung – schwach
(IV. betr. nur E-Lieder; entfällt hier)
V. Sind Sie für die Aufnahme in das EGB?
a) Melodie: ja – mit Einschränkung – nein
b) Text: ja – mit Einschränkung – nein
VI. Liturgischer Stellenwert: *
* Stellungnahme zu diesem Punkt kann bei Ordinariumsteilen entfallen.
Bearbeiter: Datum
Termin für die Rücksendung des Fragebogens zur Auswertung:

In dem Begleitschreiben zur ersten Gruppe Ordinariumsgesänge (Nr. 1-139) vom 18. 5. 68 steht u. a.: „Alle Herren, die selbst deutsche Ordinariums-Gesänge veröffentlicht haben, erhalten nur 1 Exemplar zur Information. (Alle anderen erhielten 2 Expl.) In der Sitzung vom 7. 11. 67 waren sich alle Mitglieder der SK I darüber einig, daß diejenigen Herren, die selbst Meßordinarien komponiert haben, bei der Stellungnahme auf den Fragebogen und den Abstimmungen über die Auswahl sich nicht beteiligen (Prot. d. HK v. 28.-31. 1. 68 Anl. 5)."
Dieser Punkt kam später wiederholt zur Sprache. Man wollte aber nicht auf das Fachwissen und die spezielle Erfahrung dieser Komponisten bei der Arbeit am EGB verzichten.
Für die weitere Arbeit der SK I B und die vorgesehenen Ausschrei-

bungen ist die Regelung der Textfragen, besonders beim Sanctus und Gloria, dringend (vgl. Prot. d. Sitzg. der Liturg. Räte vom 12. 6. 67 in Heppenheim und Prot. d. Sitzg. der SK Meßgesänge v. 25. 4. 67).

2. Nichtliedmäßige Gesänge für das Kirchenjahr
(Zum Proprium Missae, für Wortgottesdienste, Laudes, Vesper usw.) Solche Gesänge finden sich bisher verhältnismäßig wenig in den Diöz.-Gesangbüchern. Eine Arbeitsgruppe (Bergsma, Duffrer, Niklaus), die vom 17.-19. 12. 67 zusammen mit Sekretär Seuffert in Neustadt i. Odenwald tagte, behandelte als Vorarbeit für die SK über 400 Einzelblätter, von denen nach Ausscheiden der Ordinariumsteile (s. o.) und der aus anderen Gründen nicht zu behandelnden Teile (Liedformen, Psalmen etc.) nur 33 kurze Gesänge übrigblieben, die den Mitgliedern der SK vorgelegt werden.
In den letzten Jahren sind in Anhängen, Beiheften, Vorsängerbüchern u. ä. zu den Diöz.-Gesangbüchern nicht wenige Gesänge veröffentlicht worden, die in die Arbeit der SK I B einbezogen werden müssen, zumal sie sich zum Teil schon bewährt haben. Zwar steht in dem Archiv von Pfarrer Beier und den Beständen des Bischöfl. Institutes für Kirchenmusik, Mainz, ein guter Grundstock zur Verfügung, dieser ist aber nicht mit Sicherheit vollständig. Das Sekretariat wird daher gebeten, zu veranlassen, daß alle Diözesen je 2 Exemplare (wegen des Zerschneidens für die Herstellung der Fragebogen) ihres Gesangbuches und aller dazu erschienenen Beihefte usw. zur Verfügung zu stellen. Schon jetzt läßt sich sagen, daß Mangel herrscht an bestimmten Gesängen, z. B. Hymnen und Antwortgesängen für Wortgottesdienste, Laudes, Vesper usw. Auch hierfür sollte man genau bestimmte Aufgaben ausschreiben.
Die Arbeitsweise, bestimmte Teilaufgaben durch kleine Arbeitsgruppen vorzuarbeiten, sodann als Fragebogen den Mitgliedern der SK zuzuschicken und abschließend in der gemeinsamen Sitzung darüber zu beschließen, scheint sich zu bewähren.

3. Auswahl lateinischer Ordinariumsgesänge
Schreiben des Referenten der SK I B v. 18. 5. 68:
Sehr geehrte Mitglieder der Subkommission I B!
In dem Protokoll der 1. Sitzung der Hauptkommission vom 28. bis 31. Jan. 1968 heißt es Seite 5 unter 8.b): „Die Sektion B wird beauftragt, eine Reihe lateinischer Ordinariumsgesänge vorzuschlagen. Direktor

Niklaus erarbeitet mit einer kleineren Vorbereitungsgruppe einen Vorschlag, der in der Sitzung der SK I Anfang April durchgesprochen wird."
Auf Vorschlag des Referenten wurde die Vorbereitungsgruppe aus den Herren Präl. Dr. Haberl, Domkapellm. J. Kronsteiner, P. Dr. Sidler mit Zustimmung der Hauptkommission gebildet; später wurden noch Herr Dr. Hucke und Herr Domkapitular Schollmeier zugezogen. (Diese Vorbereitungsgruppe wird im folgenden Text stets „Arbeitsgruppe" genannt.)
Beiliegend erhalten Sie die Vorschläge dieser Arbeitsgruppe, über die bei der nächsten Sitzung in Puchberg (Ende Juni d.J.) abgestimmt werden kann. Es ist wichtig, bei der unmittelbar darauf stattfindenden Konferenz mit den Vertretern der Diözesen (1. Juli 68 in Paderborn), einige konkrete Ergebnisse der Arbeit für das EGB vorlegen zu können.
Tabelle A enthält die Vorschläge der einzelnen Herren der Arbeitsgruppe.
Der Vorschlag Sidler stellt den Inhalt des Schweizer Gesangbuches an gregorian. Ordinariumsgesängen dar; dabei wurde auch z. B. aus leichten Einzelstücken des Kyriale simplex (Nr. 19, 15, 16, 23) ein Ordinarium zusammengestellt.
Der knappste Vorschlag ist, nur die „Weltchoralmesse" (Kyriale rom. 16, 15, 18, 18) und das Credo III, evtl. noch die I. Messe aufzunehmen (Schollmeier).
Tabelle B führt die in den Vorschlägen enthaltenen Gesänge einzeln auf, denn wir sind nicht gehalten, nur komplette Ordinariums-Reihen aufzunehmen, sondern können auch Einzelgesänge (z. B. das Kyrie des Requiem) vorschlagen. Vgl. hierzu Schweizer Gsb. Nr. 396f.
Das Gloria A, „die vermutlich älteste überlieferte Gloriaweise", ist als Anlage beigefügt, weil es in keiner der üblichen Choralausgaben steht.

2.2.2.2 Vierte Sitzung der SK I A und B, Puchberg, 25.-27. Juni 1968

1. Lateinische Ordinariumsgesänge
Den von einer Arbeitsgruppe erarbeiteten Vorschlag hatte die SK I beraten und wie folgt abgestimmt:

Subkommission I B – Nichtliedmäßige Gesänge

	Ja	Nein	Enthaltung
„Weltchoralmesse" (Kyrie XVI, Gloria XV, Sanctus XVIII, Agnus Dei XVIII)	15	—	—
Ordinarium I (Lux et origo)	15	—	—
Kyrie:			
aus der Allerheiligenlitanei	14	—	1
aus dem Requiem	7	5	3
Kyrie VIII	8	6	1
Kyrie X	13	2	—
Kyrie XI	12	2	1
Kyrie XVII/2.	11	4	—
Kyrie XVIII	15	—	—
Gloria:			
Gloria VIII	15	—	—
Gloria X	2	13	—
Gloria XI	1	14	—
Kyriale simplex 10	2	13	—
Kyriale simplex	5	9	1
Gloria A	—	15	—
Sanctus:			
Sanctus VIII	1	9	3
Sanctus X	14	1	—
Sanctus XVI	5	10	—
Sanctus XVII	9	1	3
Kyriale simplex 16	4	1	7
Agnus Dei:			
Agnus Dei VIII	8	3	2
Agnus Dei X	8	2	3
Agnus Dei XVI	5	7	1
Agnus Dei XVII	5	5	3
Kyriale simplex 23	12	—	—
Agnus Dei aus dem Requiem (XVIII) bis zur Klärung des Textes zurückstellen			
Credo:			
Credo III	13	—	—
Sollen zwei Credofassungen aufgenommen werden?	9	3	1
Für Credo I	8		
Für Credo II	5		

Der HK werden für die Aufnahme in das EGB also vorgeschlagen:
2 vollständige Ordinariumsreihen: „Weltchoralmesse" und I (lux et origo).
7 Kyrie: VIII, X, XI, XVII/2, XVIII, Requiem und Allerheiligenlitanei
1 Gloria: VIII
3 Sanctus: X, XVII, Kyriale simplex 16
4 Agnus Dei: VIII, X, XVII, Kyriale simplex 23
2 Credo: I, III
Dieser Vorschlag wird von der HK bei ihrer 2. Sitzg. im Okt. d. J. angenommen.

2. *Propriumsgesänge* (Theolog. Grundgedanken zum Commune de tempore)
Für kommende Ausschreibungen neuer Texte für „Zeitproprien" sollten von der SK I die theologischen Grundgedanken als Hilfe für die Autoren erarbeitet werden. Die damit befaßte Arbeitsgruppe (Bergsma, Duffrer, Niklaus, Seuffert) legte die bisherigen Ergebnisse (Advent bis einschl. Fastenzeit) als Entwurf vor. Mit Zustimmung der SK wird diese Arbeit in der begonnenen Weise fortgesetzt. Die Gruppe arbeitete in 2 Sitzungen (9. u. 10. 6. 68 in Mainz; 29.-31. 8. 68 in Trier) eine „Zusammenstellung theologischer Grundgedanken für Zeitproprien" aus, die der SK vorgelegt wurde.
Diese Zusammenstellung enthält Gedanken und Hinweise zu Advent, Weihnachten, Erscheinung des Herrn, Sonntage nach Erscheinung, Fastenzeit, Kreuz, Ostersonntag, Osterzeit, Pfingsten/Hl. Geist und drei Gruppen der nachpfingstlichen Sonntage. – Als Beispiel hier die Aufstellung für den Advent:

ADVENT
Introitus:

Wir in der Gemeinde – richten uns auf, freuen uns, erwarten, hoffen –	Grad. 1. Adv. Ps 24; Allel. 3. Adv. Ps 79; Com. 3. Adv. Jes 35,4; Jes 45 „Tauet..."
Der Herr naht, kommt; in ihm Erlösung, Heil, Befreiung.	Intr. Quat. Sa. Ps 79; Grad. 4. Adv. Ps 144;

Offertorium
Die Bereitung des einzelnen und der Gemeinde – in Buße, Entäußerung, Armut, Einkehr, Stille, Gebet – bereit, den Herrn aufzunehmen.
„Siehe, ich bin die Magd des Herrn" (Lk 1)

Off. 1. Adv. Ps 24;
Off. 2. u. 3. Adv. Ps 84;
Grad. u. Off. Qu. Frei. Ps 84;
Joh. d. T.

Communio
Der Herr ist nahe –
„Siehe, ich komme" –
„Jerusalem (Volk Gottes), schau, welche Freude dir kommt" –
„Komm, Herr Jesus, komm" –
Im Empfangen ihn erwarten, „bis er wiederkommt".
„Die Spannung im Kommen des Herrn"

Jes 30,30;
Com. 1. Adv. Ps 84,13;
Com. 2. Adv. Bar 5,5; 4,36;
Com. 3. Adv. Jes 35,4;
Grad. Qu. Mi. Ps 23

Die gleiche Gruppe wird beauftragt, eine Sichtung des vorhandenen Materials im Hinblick auf seine liturgische Verwendung vorzunehmen und die vorhandenen Lücken festzustellen. Diese sollen dann bei der öffentlichen Ausschreibung besonders beachtet werden.

3. Ausschreibungen
Der HK sollen für ihre Sitzung im Okt. d. J. Unterlagen für öffentliche Ausschreibungen zur Verfügung gestellt werden. Der HK wird ein Vorschlag vorgelegt, der einen Ausschreibungstext enthält sowie die o. g. „Theolog. Grundgedanken" und eine Darlegung über Funktion und Formen der Gesänge (s. dazu Prot. d. 2. Sitzg. d. HK, 21.-24. 10. 68, Zürich, Paulusakademie, S. 4f.).

2.2.2.3 Fünfte Sitzung der SK I A und B, Münsterschwarzach, 17.-20. November 1968

Bei dieser Sitzung berichtet Sekretär Seuffert über die 2. Sitzg. d. HK im Okt. d. J. in Zürich. Für die Sektion B der SK I ist wichtig, daß ihr Vorschlag betr. latein. Ordinariumsgesänge angenommen wurde. Die Sammlung deutscher Ord. soll solange eingestellt werden, bis die neuen offiziellen Texte vorliegen.

Erneut wurde die Notwendigkeit betont, die vorhandenen Lücken im Liedgut festzustellen (thematische Aufstellung). Man vgl. dazu auch den Bericht der SK I A.

2.2.2.4 Sechste Sitzung der SK I A und B, Freising, 2.-5. Februar 1969

1. Deutsche Ordinarien
Die Auswertung von (bisher) 265 Fragebogen lag vor. Die SK beschließt, für die nächste Sitzung daraus 6 Kyrie, 4 Gloria, 4 Sanctus und 6 Agnus Dei zur Vorausveröffentlichung auszuwählen, indem eine „rangmäßige" Numerierung von 1-6 bzw. 1-4 dem Referenten eingereicht wird.
Eine besondere Schwierigkeit bereitet das Credo. Die Diskussion über das Nizänum wurde nicht zu Ende geführt, es bildete sich jedoch die Erkenntnis heraus, daß die Gestaltung des langen Credos durch die Komponisten und sein Singen durch die Gemeinde mit beträchtlichen Schwierigkeiten verbunden sind; es empfehle sich daher für den Gesang eher das Apostolicum. Die Frage wurde für die nächste Sitzung vertagt.

2. Thematische Lücken im Liedgut
Die Aufstellung des AK liegt vor zur Stellungnahme. Ebenso die Zusammenstellung theolog. Grundgedanken, die bereits der HK im Okt. 68 vorgelegen hatte. Vor endgültigen Beschlüssen muß hier die Neugestaltung des Missale Romanum abgewartet werden.

3. Funktion und Formen der Gesänge des sog. Ordinariums
Die von der HK als Hilfe bei Ausschreibungen gewünschte Zusammenstellung (s. o.) lag als Anl. 3 dem Prot. bei:

Kyrie
Rufe zu Christus, dem Herrn, in dessen Namen sich die Gemeinde versammelt und der in ihrer Mitte gegenwärtig ist.
Formen:
1. Neunmaliger Ruf griechisch-lateinisch
2. Neunmaliger Ruf deutsch
3. Texteinschübe zum Kyrieruf, entweder allgemein gehalten oder mit Fest- und Zeitcharakter
4. Verbindung von Eröffnungsgesang und Kyrie, etwa wie in den alten „Leisen".

Subkommission I B – Nichtliedmäßige Gesänge

Gloria
Hymnus zum Lobpreis der Dreifaltigkeit und Christi, mit gleichbleibendem Text oder zumindest Inhalt. Sprechen ist nicht angemessen.
Formen:
1. Das lateinische Gloria
2. Vertonung des deutschen Einheitstextes
3. Andere Fassung des Textes im Wechselgesang
4. Gemeindelied, großstrophisch, mehrstrophisch auch im Wechselgesang.

Credo
Bekenntnis des Glaubens. Kann auch gesprochen werden.
Formen:
1. Das lateinische Credo
2. Vertonung des deutschen Einheitstextes des nizänischen Textes
3. Das apostolische Glaubensbekenntnis
4. Vortrag eines Bekenntnistextes durch Kantor oder Schola mit Akklamation der Gemeinde
5. Gemeindelied mit gerafftem Text.

Sanctus
Akklamation im Hochgebet. Als Akklamation zur Präfation soll seine Melodie sich an die der Präfation anschließen. Viele verschiedene Gesänge sind nicht vonnöten.
Formen:
1. Gemeindegesang (akklamatorisch)
2. Wechselgesang zwischen Kantor oder Sängerchor und Gemeinde.

Agnus Dei
Begleitgesang zur Brotbrechung.
Formen:
1. Litanei im Wechselgesang (wörtlicher Text)
2. Rufe mit Textausweitung
3. Gemeindelied (Dreizahl der Strophen ist nicht vonnöten).

2.2.2.5 Siebte Sitzung der SK I A und B, Delemont/Schweiz,
20.-24. April 1969

Über Tagungen „Das neue Lied in der Kirche" (Loccum 17.-19. 3. 69) und „Gemeinsames christliches Liedgut" (Willingen 17.-19. 3. 69) berichten die Teilnehmer (Niklaus, Quack, Seuffert). Danach wird eine sehr lebhafte und inhaltsreiche Debatte über den Begriff „Hymnus" geführt, die für die Arbeit beider Sektionen von Bedeutung ist.

1. Zusammenfassung der Generaldebatte „Hymnus":
a) Zunächst versuchen Birkner, Schlick, Lipphardt und Jenny eine *Klarstellung auf historischer* Grundlage zu geben:
In den ersten christlichen Jahrhunderten ist „Hymnus" nicht eine besondere Gattung des Kirchengesanges; die Bezeichnung wird synonym für cantus oder canticum gebraucht. Gloria und Te Deum sind Hymnen dieser Zeit.
Seit Ambrosius wird unter „Hymnus" eine poetische Form verstanden, vor allem jene vierzeiligen Strophen, die als Versfuß den jambischen Dimeter benützen; später kommen noch andere einfache Strophenformen hinzu. Im Vordergrund steht die sprachliche Gestalt. Die Hymnendichtung kennt zunächst nur die Unterscheidung langer und kurzer Silben (Prosodie), ohne die Akzentverhältnisse zu berücksichtigen. Die mittelalterlichen Cantiones hingegen sind akzentbestimmt. Diese Unterscheidung geht aber zunehmend verloren. Die musikalische Vortragsweise war ursprünglich (nach dem Zeugnis des Augustinus) sicher durch strengen Dreiertakt gekennzeichnet, doch erfolgte schon bald die rhythmische Planierung. Mit dieser geht die zunehmende Hervorhebung der sprachlichen Akzente Hand in Hand. Im Hochmittelalter wird das Wort „Hymnus" für alle strophisch gegliederten Gesänge verwendet, die nicht geistliches Volkslied sind. Auch die Sequenzen, so mannigfaltig ihre Formen auch sein mögen, gelten als Hymnen. Eine Definition für „Hymnus" läßt sich aus der Geschichte nicht gewinnen. Die Bedeutung des Wortes kann immer nur aus dem Zusammenhang erschlossen werden.
b) Die geschichtlichen Erläuterungen helfen uns für die konkret gestellten Aufgaben nicht weiter. Es wird daher im Gespräch der Versuch unternommen, *inhaltliche, formale* (sprachlich und musikalisch) *und funktionale Kriterien* für den Begriff „Hymnus" festzustellen:

aa) Inhalt: Die Themen müssen von gewichtiger heilsgeschichtlicher Bedeutung für die Kirche sein. Der Hymnus ist dabei in erster Linie Lob-, Preis- und Dankgesang; Bitte, Reue und Buße bleiben aber nicht ausgeschlossen.

bb) Funktion: Der Hymnus ist niemals Begleitgesang; er muß daher in sich geschlossen sein und für sich allein bestehen können.

cc) Sprachliche Form: Der Hymnus stellt besondere Anforderungen an die Qualität seiner sprachlichen Form; der Text muß auch als Dichtung bestehen können.

dd) Musikalische Form: Eine dem Text speziell angemessene Singweise ist erwünscht. Aus dem eindeutigen Vorrang des Textes ergibt sich jedoch, daß für den Hymnus auch ein Wort-Ton-Verhältnis möglich ist, in welchem die Singweise lediglich ein melodisches Modell darstellt.

c) Gemäß diesen Kriterien wären für die *Verwendung* von Hymnen im Gottesdienst etwa folgende *Grundregeln* aufzustellen:

aa) Die Liturgie der Kirche bedarf des Hymnus im Sinne der angegebenen Kriterien. Die poetisch-künstlerische Reflexion des Menschen über das Heilshandeln Gottes (bzw. über den je speziell gefeierten Ausschnitt daraus) und die poetisch-künstlerische Darstellung der Antwort des Menschen auf das Heilshandeln Gottes gehören zur Vollständigkeit des feierlichen Gottesdienstes mindestens der großen Feste. Hier vor allem ist der spezielle Beitrag jeder Zeit zur Liturgie immer – auch noch nach deren Erstarrung im Mittelalter! – geleistet worden. Wir brauchen daher vor allem neue, ganz aus dem Geist der Gegenwart geprägte Hymnentexte (und -melodien).

bb) Im Ablauf einer Feier bedarf der Hymnus eines bevorzugten Platzes. Seine inhaltliche und formale Dichte schließen in der Regel seine Verwendung als Gesang zur Eröffnung aus, zumal wenn er „Propriums"-Charakter hat. Dieser Forderung entspricht die künftig in Laudes und Vesper für den Hymnus vorgesehene Stelle nicht. Wenigstens an den Hochfesten müßte der Hymnus an seinem alten Platz stehen.

cc) Hymnen im Offizium: Nicht alle lateinischen Hymnen des traditionellen Offiziums sind als Hymnen im Sinne der angegebenen Kriterien anzusehen. Daher kann ihre Funktion häufig (ganz sicher in den kleinen Horen sowie in vielen de-tempore- und Commune-Offizien) auch durch ein Kirchenlied erfüllt werden, das nicht Hymnus ist. Ein Gesang wird jedenfalls nicht dadurch zum Hymnus, daß er an einer Stelle verwendet wird, an der im Offizium ein Hymnus steht. Ebenso ist ein Text auch nicht schon deswegen als Hymnus anzusprechen, weil er eine wörtliche Übersetzung eines lateinischen Hymnus darstellt oder auf eine traditionelle Hymnen-Melodie gesungen werden kann.

2. Halleluja-Melodien:
Es entsteht eine Debatte, ob in das kommende EGB auch reichere, melismatische Halleluja-Melodien aufgenommen werden sollen. Diese würden in durchschnittlichen Gemeinden doch kaum gesungen. Sie sollten aber doch im EGB nicht fehlen, damit sich die Gemeinde so auch am Choral-Proprium beteiligen könne. Auch entspricht dem Jubilus des Halleluja die reichere melismatische Form besonders gut. Einige traditionelle gregorian. Weisen sind leicht und auch bereits eingesungen. Schließlich nehmen die Melodien kaum Platz ein (1 Zeile!).
Man entscheidet sich dafür:
Das EGB soll etwa 12 ganz leichte Halleluja-Melodien enthalten (einstimmig).
Das EGB soll etwa 5-8 schlicht-melismatische Weisen enthalten (1 Enth.).
Das EGB soll einige reich-melismatische Weisen enthalten (2 Ggst. – 1 Enth.), (II., IV., V. Ton).

3. Auswahl von Kyrie-Gesängen für die Vorauspublikation:
Es werden zunächst 5 Kyrie ermittelt. In die endgültige Abstimmung in der nächsten Sitzung sollen auch noch die Kyrie der letzten Ordinarien-Aussendung und voraussichtlich die Kyrie der Ord.-Liedreihen kommen.

4. Credo:
Über das Credo wird weiter beraten: Wenn die beiden Symbola auch in der Regel gesprochen und nicht gesungen werden, so muß doch das Singen im amtlichen (deutschen) Wortlaut möglich sein. Paraphrasen für das Credo finden wenig Zustimmung, werden künftig auch kaum nötig sein, da die Häufigkeit des Credo stark eingeschränkt werden dürfte (Rennings). Solange nicht klar ist, ob und wann für die Symbola ökumenische Textfassungen erstellt werden, ist es nicht sinnvoll, verbindliche Abstimmungen durchzuführen. Credo-Weisen sind für

Subkommission I B – Nichtliedmäßige Gesänge 253

die Vorauspublikation nicht notwendig. Es gibt daher keine Abstimmung.

5. Lücken im Liedgut:
Die vorgesehenen Ausschreibungen dürfen nicht nur die Liedform vorsehen. Es soll eine Reihe verschiedener Formen (je nach dem liturgischen Gebrauch) vorgesehen werden und (mit Beispielen!) durch die Ausschreibung angeregt werden.
Wichtigstes Ziel der Ausschreibung sei das Finden bisher unbekannter guter Autoren oder auch Arbeits-Teams.
Die SK I stellte (einstimmig) folgenden Antrag an die HK:
„Die Subkommission I ersucht die Hauptkommission auf Grund des Elaborates ‚Lücken im Liedgut' einer Ausschreibung von neuen Gesängen (Texten und Melodien) zuzustimmen." Der AK wird beauftragt, die Ausschreibung vorzubereiten und den Mitgliedern zuzusenden, damit in der nächsten Sitzung darüber abgestimmt werden kann. Die Mitglieder können auch Vorschläge machen, an wen Einladungen zum Wettbewerb bzw. die Ausschreibung geschickt werden soll.

2.2.2.6 Achte Sitzung der SK I A und B, Freising, 28. September bis 2. Oktober 1969

1. Vorauspublikationen
Die Konferenz der Referenten (7.-9. 7. 69 Morschach) hatte sich mit der Herausgabe von Vorauspublikationen befaßt, als erste ein Adventsheft. Die SK I beschließt (ohne Gegenstimme, 1 Enth.):
„Vorauspublikationen brauchen zur Publikation die Zustimmung der zuständigen Subkommissionen". Damit soll verhindert werden, daß noch nicht fertig beratene Lieder und Gesänge veröffentlicht werden. Das Adventsheft enthält deshalb nur die 5 Antwortpsalmen für den Advent (SK II).
Für das vorgesehene Osterheft wird das die SK I B betreffende Material vom Referenten den Mitgliedern zugestellt und bei der nächsten Sitzung beraten.

2. Halleluja-Melodien
Der SK liegt eine Zusammenstellung von 180 Halleluja-Melodien vor. Nach Ausmerzen von Wiederholungen und Reduzierung gleichartiger

oder sich stark ähnelnder Melodien sowie Ausscheidung aller aus Liedern stammender Melodien wird eine neue Liste unter Beachtung der in der vorigen Sitzung getroffenen Einteilung unter Angabe von Modus und Typus erstellt. Die Halleluja-M stammen aus 22 verschiedenen Veröffentlichungen und von 25 verschiedenen Autoren (außer den gregorianischen Melodien).

3. Ordinariumsgesänge
Besprechung weiterer deutscher Ordinariumsgesänge (Fragebogen Nr. 266-278). Beim Gloria steht noch nicht der neue deutsche Einheitstext zur Verfügung, deshalb sind hier noch keine endgültigen Beschlüsse möglich. Es werden zunächst Gloria-Lieder besprochen (Sache der SK I A), bei denen man nicht auf den wörtlichen Text festgelegt ist.

4. Ausschreibungen
Eine große graphische Übersicht (Duffrer) zeigt für 45 Themen (Kirchenjahr und thematische Inhalte), welche Gesänge schon vorhanden sind. Diese sind nach ihrem Stellenwert (Eucharistiefeier, Wortgottesdienst usw.) gegliedert. Es zeigt sich noch zahlreicher Bedarf (z.B. für Epiphanie, Fastenzeit, viele thematische Inhalte). Um die dafür notwendigen nichtliedmäßigen Gesänge zu erhalten, wird die SK I B beauftragt, zu jedem Thema mehrere Gesänge aus der schwer überschaubaren Fülle aller Kompositionen auszuwählen und der Gesamtkommission vorzulegen.

5. Aufteilung der bisherigen SK I
Aus verschiedenen Gründen, nicht zuletzt wegen des immer größer gewordenen Umfangs der zu erledigenden Arbeiten (z.B. neue Lieder!), erscheint es für den Fortgang der Arbeit besser, die bisher gemeinsam tagende SK I zu teilen und die bisherigen Sektionen A und B zu selbständigen Subkommissionen zu machen. Auch die nicht mehr für erforderlich gehaltene große Zahl der Mitglieder der Gesamt-SK kann reduziert werden und so den Arbeitsablauf beschleunigen. Alle anwesenden Mitglieder der SK waren für diesen Vorschlag, der von der HK auf ihrer nächsten Sitzung zu entscheiden war.
Bei der 3. Sitzg. der HK (18.-21. November 69 in Zürich) wird ein entsprechender Antrag gestellt und genehmigt.
Auf der gleichen Sitzung der HK werden auch die gewünschten

Subkommission I B — Nichtliedmäßige Gesänge

Vorschläge der SK I für die geplanten Ausschreibungen (als Hilfe für die Autoren) vorgelegt. Wegen der besonderen Bedeutung, die diese Ausarbeitungen für die Arbeit der SK I B, aber auch für den Umgang mit dem heutigen *Gotteslob* haben, werden die beiden Abhandlungen „Funktion und Formen der Gesänge" (Drucksache 1062) und „Inhalte gewünschter Gesänge" (Drucksache 1061) hier dokumentiert. (Man vergleiche vor allem das „Chorbuch zum Gotteslob")

Funktion und Formen der Gesänge

Eröffnungsgesang
Zur Funktion
Wort und Musik müssen dem Sinn des Eröffnungsaktes entsprechen: nämlich die Gemeinde in den Gottesdienst und seine jeweilige Thematik einzuführen (Fest, liturgische Zeit, besonderer Anlaß, Schriftlesungen des Tages).
Formen
1. Rahmenstrophe (Troparion) des Chores, die in einen Kehrvers der Gemeinde mündet, verbunden mit Vorsänger-(Chor-)strophen.

Beispiel:
Chor: Troparion:
               Was sucht ihr unter den Toten den, der lebt?
               Hört, was der Engel verkündet am leeren Grab:
               Das Lamm, das für uns geopfert ward,
               erstrahlt in seiner Herrlichkeit, alleluja.
               Singt es allen Menschen:
Gemeinde: Kehrvers:
               Christus ist auferstanden.
               Er ist wahrhaft auferstanden, alleluja.
Chor: Psalm 118 (Strophe 6):
               Stimme des Jubels und der Erlösung
               in den Zelten der Gerechten.
               Die Rechte des Herrn tut Macht,
               die Rechte des Herrn ist erhoben,
               die Rechte des Herrn tut Macht.
Gemeinde: Kehrvers: Christus ist auferstanden...

Chor:	Psalm 118 (Strophe 8):
	Der Stein, den die Bauleute verwarfen,
	der ist zum Eckstein geworden.
	Vom Herrn ist dies geworden,
	wunderbar in unseren Augen.
	Dies ist der Tag, den der Herr gemacht hat,
	lasset uns jauchzen, uns freuen an ihm!
Gemeinde:	Kehrvers: Christus ist auferstanden, ...
Chor:	Ehre sei dem Vater und dem Sohne
	und dem Heiligen Geiste.
	Wie es war im Anfang, so auch jetzt und allezeit
	und in Ewigkeit. Amen.
Gemeinde:	Kehrvers: Christus ist auferstanden, ...
Chor:	Troparion: Was sucht ihr unter den Toten...
Gemeinde:	Christus ist auferstanden,...

2. Chor- bzw. Vorsängerstrophen mit Kehrvers (Antiphon) der Gemeinde.

Beispiel:

Chor:	Kehrvers:
(Kantor)	Zu dir, Herr, erhebe ich meine Seele,
	mein Gott, auf dich vertraue ich.
Gemeinde:	Kehrvers: Zu dir, Herr,...
Chor:	Psalm 25:
(Kantor)	Meine Seele erhebe ich zu dir,
	mein Herr du und mein Gott.
	Auf dich vertrau ich:
	laß mich doch nicht zuschanden werden,
	daß nicht die Feinde über mich jubeln dürfen.
Gemeinde:	Kehrvers: Zu dir, Herr,..
Chor:	Derer, die auf dich hoffen, wird keiner zuschanden;
(Kantor)	sondern es werden zuschanden, die frevelnd die
	Treue brechen.
	Tu mir, Herr, deine Wege kund,
	und deine Pfade lehre mich.
Gemeinde	Kehrvers: Zu dir, Herr,...
Chor:	Ehre sei dem Vater und dem Sohne
(Kantor)	und dem Heiligen Geiste.

	Wie es war im Anfang, so auch jetzt und allezeit und in Ewigkeit. Amen.
Gemeinde:	Kehrvers: Zu dir, Herr,...
Beispiel:	Anderer Text mit Gegenstrophen der Gemeinde.
Chor:	Heute sollt ihr seine Herrlichkeit schauen, hier, unser Gott. Heute ist uns der Heiland geboren: Christus der Herr.
Gemeinde:	Wiederholt die Strophe.
Chor:	Gott hat gesprochen: Du bist mein Sohn, ich habe dich heute gezeugt, König bist du vom Tag deiner Geburt.
Gemeinde:	Heute strahlt ein Licht, kommt, laßt es uns schauen, hier, unser Gott. Heute ist uns der Heiland geboren: Christus der Herr.
Chor:	Licht vom Licht, aus den Menschen genommen, Kind für uns geboren, Sohn uns gegeben, sein Name soll sein: Friede auf Erden.
Gemeinde:	Friede auf Erden für alle Menschen, Ehre sei Gott, Heute ist uns der Heiland geboren, Christus der Herr.
Chor:	So wie der Grund des Meeres bedeckt ist mit Wasser, so soll die Erde mit Frieden bedeckt sein, dies ist der Tag, den der Herr gemacht hat.
Gemeinde:	Laßt uns verkünden, singt es voll Freude: hier, unser Gott. Heute ist uns der Heiland geboren, Christus der Herr.

3. Kirchenlied nach Möglichkeit im strophischen Wechsel zwischen Chor und Gemeinde. Die Form des Kehrversliedes ist besonders geeignet.

Erfahrungsgemäß sind als Eröffnungsgesänge großstrophische Lieder mit differenziertem Strophenbau (A) besser geeignet als geschlossene kurze Liedformen (z. B. Vierzeiler) mit gleichförmigem Versbau (B).

Beispiele:
Großstrophisches Lied mit differenziertem Strophenbau
A) Mitten in dem Leben sind wir vom Tod umfangen.
  Wer ist's, der uns Hilfe bringt, daß wir Gnad erlangen?
  Das bist du, Herr, alleine.
  Uns reuet unsre Missetat, die dich, Herr, erzürnet hat.
  Heiliger Herre Gott!
  Heiliger starker Gott!
  Heiliger barmherziger Heiland!
  Du ewiger Gott!
  Laß uns nicht versinken in des bittern Todes Not!
  Kyrie eleison!

Geschlossene kurze Liedform mit gleichförmigem Versbau
B) Wir sind nur Gast auf Erden
  und wandern ohne Ruh
  mit mancherlei Beschwerden
  der ewigen Heimat zu.

  Die Wege sind verlassen,
  und oft sind wir allein.
  In diesen grauen Gassen
  will niemand bei uns sein.

4. Leisen: Kirchenlieder, die in den Kyrie-Ruf oder einen anderen Ruf münden.

Beispiele:
„Gelobet seist du, Jesus Christ"
„Christ ist erstanden"
„Nun bitten wir den Heiligen Geist"
„Mitten in dem Leben"
In diesem Fall braucht das Kyrie nicht zusätzlich wiederholt zu werden.

5. Akklamatorische oder litaneiartige Formen in Verbindung mit dem Kyrie.

Beispiel:
Chor: Du ewiger König der Herrlichkeit.
Alle: Christus, Herr, wir rufen dich!
Chor: Quell des Lichtes, Spender der Seligkeit.
Alle: Christus, Herr, wir rufen dich!
Chor: Heil und Leben, Weg und Wahrheit.
Alle: Christus, Herr, wir rufen dich!
Chor: Du bist gekommen, uns zu retten.
Alle: Christus, Herr, erbarme dich.
Chor: Du schenkst uns Gnade über Gnade.
Alle: Christus, Herr, erbarme dich.
Chor: Du nennst uns alle deine Freunde.
Alle: Christus, Herr, erbarme dich.
Chor: Du Sohn, den der Vater verherrlicht.
Alle: Christus, Herr, wir loben dich.
Chor: Du unser Herr und Meister.
Alle: Christus, Herr, wir loben dich.
Chor: Durch ihn danken wir dem Vater.
Alle: Christus, Herr, wir loben dich.

Gesang zur Gabenbereitung:
Zur Funktion
Gesang zur Bereitung der Gaben, gegebenenfalls zum Opfergang; Gesang zu Beginn der Eucharistiefeier. Wort und Musik sollen dem Fest, der liturgischen Zeit, dem liturgischen Akt entsprechen. Es kann aber auch ratsam sein, während der Gabenbereitung nicht zu singen, sondern geeignete Orgelmusik vorzutragen oder Stille zu halten.
Formen
1. Chor- oder Sologesang.
2. Kirchenlied: Zeitlieder, Lieder zur Gabenbereitung (bei denen im Text nicht die eigentliche Darbringung des Hochgebetes vorweggenommen werden sollte), geeignete Psalmlieder (z. B. „Zu dir, o Gott erheben wir").
3. Psalmodische- oder Wechselgesangsformen, besonders dann, wenn Gabenprozession oder Opfergang gehalten werden.

Kommuniongesang
Zur Funktion
Begleitgesang zur Kommunion des Priesters und zum Kommunion-

gang der Gemeinde. Der Text soll entweder auf den Akt der Kommunion Bezug nehmen (nicht bloß auf eine nur verehrende Anbetung des Altarsakramentes) oder eventuell eine Verknüpfung mit dem Evangelium der Messe ausdrücken (vgl. die Kommunionantiphon des römischen Meßbuches).

Formen
Damit die Kommunikanten am Gesang teilnehmen können und der Gemeinschaftscharakter der Kommunion zum Ausdruck gebracht wird, empfehlen sich Wechselgesangsformen mit einprägsamen Kehrversen. Die Kehrverse zum Kommuniongesang sollen nicht rufhaften Charakter haben, sondern in liedhafter Entfaltung der Besinnung Raum geben und die Meditation anregen.

1. Vorsänger-, (Chor-)strophen mit Kehrvers der Gemeinde, auch mit Rahmenstrophe (vgl. Eröffnungsgesang 2).
Texte: Psalmentexte oder andere.

Beispiele:
Unter den Psalmen sind insbesondere Ps 23; 34 und 145 als Kommuniongesänge geeignet. Beispiel eines nichtbiblischen Wechselgesangs: Verdeutschungen des Hymnus „Ubi caritas et amor", u. a. „Seht, uns führt zusammen Christi Liebe".

2. Kirchenlieder, nach Möglichkeit Kehrverslieder.
Beispiele:
„O heil'ge Seelenspeise"
„Lob sei dem Herrn, Ruhm seinem Namen"
„Preise, Zunge, das Geheimnis" (Pange lingua)

Beispiele ungeeigneter Kommunionlieder:
„O Christ, hie merk"
„Jesu, du bist hier zugegen"
„Kommt her, ihr Kreaturen all'"

Gesang nach der Kommunion
Zur Funktion
Gemeinsames Lob und Dankgesang der liturgischen Versammlung. Lob und Dank brauchen sich nicht auf den Empfang der eucharisti-

schen Speise zu beschränken, sondern umfassen die gesamte Dankfeier (Eucharistie). Damit der Gemeinschaftscharakter in Erscheinung tritt, soll der Gesang erst beginnen, wenn der Priester an seinen Platz zurückgekehrt ist.

Formen
1. Kirchenlied, auch im Wechsel mit Kantor oder Chor.

Beispiele:
„Gott sei gelobet und gebenedeiet"
„Im Frieden dein"
„Dein Gnad, dein Macht und Herrlichkeit"
„Nun danket all und bringet Ehr"

2. Dankpsalmen oder -cantica, mit oder ohne Kehrvers der Gemeinde.

Inhalte gewünschter Gesänge

Vorbemerkung: Es wird versucht, bei den Kirchenjahreszeiten auf besonders spürbare Lücken hinzuweisen. Bewußt ist also eine klare Beschränkung vorgenommen worden.

Advent
Die endzeitliche Erwartung, die den Advent prägt, trägt in sich auch die Erwartung und Wachsamkeit *jetzt*. Die Ankunft Christi heute: Er ist unentwegt im Wiederkommen. Die „kairos"-Theologie (Wie ein Dieb in der Nacht, ...wann der Bräutigam kommt): die reale Chance der Christusbegegnung sehen und nutzen. Konkret geht es dabei um den Anspruch der heutigen Situation, um den Menschen, der mich heute braucht (vgl. Adveniat), um den Menschen, den ich heute brauche. Also Vorurteile überwinden, Chancen sehen und suchen, Phantasie und Mut aufbringen bei der Ausführung.
Mögliche Form: Strophen mit jeweiligen Situationen, Refrain mit der theologischen Aussage.

Weihnachten – Epiphanie
Die in Jesus realisierte Annahme der Menschheit durch Gott umfaßt in sich auch als Konsequenz Gleichheit der Rassen und Völker (Jesus

war ein Jude; die Legende der drei Könige); Vorurteile abbauen (Gastarbeiter).
Anspruch auf Gerechtigkeit und Freiheit bei Verschiedenheit der Gesellschaftsstrukturen und der wirtschaftlichen Unterschiede.
Inkarnation realisiert sich heute, wenn Völker, Rassen, Systeme Frieden halten, Frieden stiften, Verständigung suchen.
Der einzelne Christ realisiert dies in seiner Umwelt und offenbart so Gottes Herrlichkeit (Joh 1,10).

Fastenzeit
Buße als Bewußtwerden der Schuld der Menschheit, zu der ich gehöre, zu der ich mich bekenne und deren Schuld wir mittragen und bekennen. Die schuldhafte Verstrickung akzeptieren, um Vergebung bitten und Vergebung schenken.
Die Kettenreaktion der gegenseitigen Vergebung unterbricht die Kettenreaktion der gegenseitigen Schuld.
Buße ist meine Vergebungsbereitschaft, meine vergebende Tat.
Zugleich glauben wir an die Integration der gegenseitigen Vergebung in die Vergebung Gottes: Wenn wir vergeben, entsteht neues Leben in Christus.
Wir vergeben also nicht, um uns die Gottheit geneigt zu machen, sondern um das Leben Gottes in Christus auf Erden weiterzugeben.

Ostern
Der Mensch Christus nimmt uns Menschen durch den Tod mit in die Auferstehung, in ein neues Leben. Das neue Leben existiert in einer Vielfalt von Gegenwartsweisen Christi (vgl. Mt 28: Ich bin bei euch alle Tage; Phil 4,5: Freut euch..., der Herr ist nahe. Liturgiekonstitution Art. 7; Enzyklika Mysterium Fidei).
Die österliche Aufgabe der Kirche, der Christen: dieses neue Leben in Worten und Taten sichtbar zu machen und in den von Christus gestifteten Zeichen zu verdeutlichen (1 Joh 3,14: Wir sind vom Tod zum Leben übergegangen, weil wir die Brüder lieben).
Mit der Menschheit wird die ganze Schöpfung umgewandelt.

Pfingsten
Schrifttext: 1 Kor 12 (die Geistesgaben und der Leib Christi), 13 (das Hohelied der Liebe) und 14 (Sprachen- und Prophetengaben).
Der Geist bewirkt die Einheit der Kirche und wirkt in allen Ämtern,

nicht nur in den leitenden Diensten, der Geist wirkt in den vielfältigen Charakteren durch zahllose Formen von Charismen.
Durch uns will der Geist „Vater aller Armen", „Tröster in Verlassenheit" sein usw. (vgl. Pfingstsequenz).
Aus der Verbundenheit in dem einen Geist ergibt sich:
a) das schon Vorhandensein einer Ökumene
b) das unaufhörliche Drängen auf weitere Einigung der Christen, auch innerhalb der Einzelgemeinde.

Taufe
Bei der Taufe fängt das Leben des Kindes in der Gemeinde Christi an, die Eingliederung in das Volk Gottes. Der neue Mensch in Christus wird zunächst noch von der Gemeinde getragen, in der Hoffnung, daß er einmal die Gemeinde mittragen wird. Das Kind wird von Gott schon angesprochen, das Heil ihm schon zugesagt, obwohl die Antwort, d.h. der Glaube, noch aussteht.
Gewünscht: Tauflied für Kindertaufen
Inhalt: einfach und sofort zu verstehen.

Biblische und thematische Lieder

A) Biblische Lieder
1. Perikopenlieder, z.B. Gleichnis vom Reiche Gottes
   Bergpredigtlieder
   Seligpreisungen
   Johanneische: Ich bin...
   „Lied von der Stunde"
2. Christuslieder   In Christus erscheint uns Gott
   Das neue Gebot
   Armut
   Gehorsam
   Uns in allem gleich, außer in der Sünde
   Alpha und Omega
   Herrschaft Christi über Kirche und Welt
   Wort des Vaters, Wort Gottes
3. Hymnen aus den Briefen
4. Alttestamentliche Bilder
5. Schöpfung – und apokalyptische Lieder

B) Thematische Lieder
1. Friede und Versöhnung, Menschenrechte.
2. Freiheit und Wahrhaftigkeit, Engagement für Notleidende und Unterdrückte, Aufbegehren gegen Unrecht.
3. Menschlichkeit und Mitmenschlichkeit, Dienst (Entwicklungshilfe), Hochherzigkeit, Großmut.
4. Das moderne Weltbild (in allen Texten) u. a. die technische Welt: daraus Lob Gottes, Schöpfung durch den Menschen (bisher stark die agrarische Welt).
5. Angst und Hoffnung (weltliche und christliche Sicht).

2.2.2.7 Neunte Sitzung der SK I B, Mainz, 22.-25. Februar 1970

1. Halleluja-Melodien
Die Beratung wird mit der endgültigen Auswahl von 14 leichten, 5 schlicht-melismatischen und 4 großen gregorianischen Weisen abgeschlossen.

2. Meßtexte
Nachdem die Zeitschrift „Gottesdienst" die neuen Meßtexte veröffentlicht hat (in Nr. 1/2 1970), wurden diese von der SK auf ihre musikalische Eignung hin durchgesprochen und einzelne Änderungswünsche an das Liturg. Institut in Trier gerichtet.

3. Probepublikation „per annum"
Es werden als Beitrag der SK I B einige Kehrverse und die dazugehörigen Vorsängerteile ausgewählt sowie aus den vorliegenden deutschen Meßordinarien ein Kyrie und Gloria (Kronsteiner), Sanctus (H. Schubert) und Agnus Dei (Schroeder).
Verschiedene Formen von Kyriegesängen wurden ausführlich besprochen; ebenso die Thematik der Kommuniongesänge (Einheit, Friede, Gemeinde, Mahl) und des Dankhymnus (Magnificat, Lobgesang der drei Jünglinge, Ps 116 und Ps 150; als weniger geeignet wird angesehen: Te Deum und Lobgesang der Zacharias).

4. Zeitproprien
„Die SK I B wird beauftragt, etwa 12 Vorschläge für Gesänge zu Commune-Messen auszuarbeiten und bei der nächsten Sitzung der HK vorzulegen" (Prot. 3. Sitzg. d. HK).

Der AK Duffrer wird beauftragt, anhand der früher vorgelegten „Theolog. Grundgedanken" eine Rohform in der nächsten Sitzung vorzulegen. Bei bestehender Freiheit der Formulierung soll Schriftnähe angestrebt werden.

5. Ausschreibung der Vertonung des neuen Einheitstextes des Ordinarium Missae

„Für die Vertonung des neuen Einheitstextes des Ordinarium Missae soll eine Ausschreibung vorbereitet werden. Zuständig ist die SK I B mit der Referentenkonferenz" (Prot. 3. Sitzg. d. HK).

Die SK I B bespricht verschiedene Punkte der Ausschreibung, des Verfahrens und zu gebender Hilfen. Die einzureichenden Werke sollen die Leistungsfähigkeit einer mittleren Gemeinde nicht überfordern und nach Möglichkeit auch einstimmig ausführbar sein. Eine einfache Orgelbegleitung soll mit vorgelegt werden. Die Jury soll 5 Mitglieder und 3 Vertreter haben, die nicht der EGB-Kommission angehören.

2.2.2.8 Zehnte Sitzung der SK I B, Delémont/Schweiz, 10.-13. Mai 1970

1. Erweiterte Formen des Kyrie

Es liegt ein 15seitiger Faszikel mit Beispielen verschiedener erweiterter Kyrie-Gesänge vor (Drucks. 1155). Die Sammlung wurde zusammengestellt, um möglichst viele Formen anzubieten. Deshalb beschränkt sie sich nicht auf strenge Kyrie-Tropen, bei denen auf die Melodie des Tropentextes auch immer „Kyrie eleison" oder „Christe eleison" gesungen werden kann, sondern bietet auch andere Kyrie-Formen, wobei die Funktion des Eröffnungsliedes nicht unbedingt die akklamatorische Form erfordert. Die Dreier- bzw. Neuner-Form ist nicht zwingend. Ein melodisch auskomponierter einheitlicher Text mit anschließender Akklamation der Gemeinde kann eine gute Lösung sein.

Die Mitglieder der SK sollen weitere Formen suchen und einsenden. Aus dem Faszikel werden der „Bußkommission" einige Gesänge übersandt, wobei die Texte nicht unbedingt zwingend sind, sondern entsprechend geändert werden können.

Aus der Drucks. 1125 „Gesänge zu 10 Messen per annum" werden der Bußkommission weitere 2 Kv mit V-Teilen vorgeschlagen.

2. Vorschläge (Text-Vorlagen) an die HK zu 12 Zeit-Proprien
Aus einer Vorlage der Gruppe Duffrer werden 8 Texte als Beispiele für verschiedene Formen von Propriumsgesängen ausgewählt. Die SK ist einstimmig der Meinung, daß in den „Theolog. Grundgedanken" die Inhalte der gewünschten 12 Zeit-Proprien vollständig beschrieben werden.

3. Probepublikation „per annum"
Diese PP ist von den SK I A, I B und II zu erstellen. Drucks. 1132 bietet ein Exposé des Inhalts. Über die einzelnen Gesänge wird abschließend beraten und abgestimmt.
Weil die Psalmtexte der Vorsängerteile dieser Gesänge noch den bisherigen Übersetzungen entnommen sind, werden die Komponisten gebeten, ihre Werke auf die neue Textfassung der GÜ (Gemeinsame Übersetzung der kath. und ev. Kirchen) umzustellen.

2.2.2.9 Elfte Sitzung der SK I B, Paulus-Akademie, Zürich-Witikon/Schweiz, 18.-21. Oktober 1970

1. Auf der Tagesordnung stehen Gesänge für die Osterzeit und für Pfingsten, die den Kommissionsmitgliedern vorlagen. Einzelne Änderungswünsche sollen den betr. Komponisten mitgeteilt werden. Zu den Eröffnungsgesängen wird gefragt, welche Texte benötigt werden. Vorgeschlagen werden:
Glaube an den Auferstandenen,
„Sie erkannten ihn beim Brotbrechen",
aus den Abschiedsreden des Herrn,
Texte von Christi Himmelfahrt,
Texte vom Hl. Geist.
Es soll auch ein Text dabei sein für die Feier der Erstkommunion, der sich nicht nur für den „Weißen Sonntag" eignet. Zu den vorliegenden Kommunion- und Dankgesängen werden weitere Vorsängerverse verlangt, die den Psalmen, aber auch dem Hildesheimer und Schweizer Gesangbuch entnommen werden könnten.
2. Aus den bereits angenommenen Ordinariumsgesängen wird der HK eine Auswahl zur Benutzung in Voraus- bzw. Probepublikationen benannt. Ebenso einige Hallelujarufe. Die Komponisten E. Woll, F. Offele und Wfr. Schade sollen gebeten werden, zusätzliche Verse zu komponieren.

Subkommission I B – Nichtliedmäßige Gesänge 267

Fürbitten: wie im Chorheft der Gemeinde-Vesper.
3. Um das Heft für die Karwoche zusammenzustellen, soll eine Kommission unter dem Vorsitz von Direktor Niklaus gebildet werden.
4. Es wird überlegt, was der Hauptkommission vorgelegt werden soll.
1) Ein Blatt mit 23 Halleluja-Melodien.
2) Sieben Texte, die als Gesänge zur Eucharistiefeier an Komponisten zur Ausschreibung kommen sollen. Die Texte gelten als Rohentwurf.
3) Der Referent will der Hauptkommission eine Liste vorlegen, auf der die noch zu bearbeitenden Anliegen verzeichnet sind.
Es geht sowohl um liedmäßige als auch um nichtliedmäßige Gesänge. Geplant sind drei Eröffnungsgesänge für den Advent, für die Fastenzeit allgemeine Gesänge und solche, die sich auf bestimmte Sonntage beziehen, möglicherweise fünf liedmäßige und sechs nichtliedmäßige Eröffnungsgesänge. Die Sichtung des Materials ist ein Arbeitsgang, der vorausgehen muß.
Für den Advent sind geplant: vier Eröffnungsgesänge und eine Kyrie-Litanei; für Weihnachten zwei Eröffnungsgesänge und für Epiphanie ein Eröffnungsgesang.
Es werden die Introitus-Texte der vier Adventsonntage durchgesprochen und Möglichkeiten erwähnt, um zu guten Ergebnissen zu kommen. Es soll ein Rundschreiben von Mainz aus mit zu vertonenden Texten an Komponisten geschickt werden, die nicht zur Kommission gehören. Vier Komponisten sollen ausgewählt werden. Eine Vielfalt von Formen wird erstrebt. Hier soll den Komponisten größte Freiheit gelassen werden. Zur Bearbeitung der Texte soll eine Mitarbeiterin des Rundfunks hinzugezogen werden.
Herr Seuffert will Texte für Advents-Gesänge zusammenstellen (Rorate coeli, Regem venturum Dominum, Ave Maria, Magnificat); Herr Schollmeier will einen Komponisten mit der Vertonung beauftragen.
Für Weihnachten und Advent sollen je zwei Dankgesänge erarbeitet werden. Aus dem „Lobgesang der drei Jünglinge" kann evtl. eine Auswahl getroffen werden (als Danksagungsgesang). Kommuniongesänge müssen noch geschaffen werden für die Adventsonntage, ebenso für Weihnachten und Epiphanie. Offertorien fehlen noch für Weihnachten und Epiphanie.
Sekretär Seuffert regt an, daß neue Gesänge nichtliedmäßiger Art

erarbeitet werden sollten mit „neuen Strukturen". Die SK I B soll zwölf Komponisten einen diesbezüglichen Auftrag erteilen, und diese Gesänge sollten dann der Öffentlichkeit zur Erprobung vorgelegt werden. Die Texte können aus dem Missale genommen werden; es können auch originale Schrifttexte sein. Es müsse unbedingt ein Strukturplan vorgelegt werden, um zu einem guten Ergebnis zu gelangen. Es sei auch schon viel Material vorhanden, das gesichtet und vorgelegt werden müsse. Es entsteht eine Diskussion über Psalmenübersetzungen. Die Kompositionen im „Neuen Psalmbuch" seien ganz auf die Goldbergsche Übersetzung zugeschnitten. Direktor Niklaus schlägt vor, nicht mehr aus dem „Neuen Psalmbuch" die Texte zu nehmen.

Es wurde noch über die Vertonung der Halleluja-Verse aus dem Anhang zum Lektionar gesprochen, die in der Vertonung von Herrn Thomas vorliegen.

2.2.2.10 Zwölfte Sitzung der SK I B, Würzburg (Himmelspforten), 7.-10. Februar 1971

1. Anstelle des erkrankten Referenten (Niklaus) leitet Sekretär Seuffert die Sitzung. Zu Beginn regt Harnoncourt an, daß vor Erscheinen der neuen EGB-Publikationen (Hefte) eine eingehende Information über Inhalt und Zweck in den Amtsblättern der Diözesen erscheinen sollte, „um bei Volk und Klerus den Boden für die positive Aufnahme dieser Publikationen zu bereiten".

2. Vorbereitung des Heftes „Advent, Weihnachten". Besprechung des Verfahrens: Das umfangreiche Material wird unter Beachtung der „Funktion" im Gottesdienst einzeln durchgesprochen (Eröffnungsgesang, Kyrie usw.). Es sollen ca. 4-7 Kehrverse jeder Gruppe den Diözesen zur Auswahl vorgelegt werden. Es sollen nur einstimmige Melodien eingesandt werden. Die Komponisten gestehen zu, daß die Melodien der Kehrverse auch in anderen Kompositionen verwendet werden dürfen. (Zur Erläuterung: Der Kehrvers kann z.B. zum Bestandteil einer Chorstrophe werden.)

Die grundsätzlich zu wahrende Anonymität der Einsendungen erscheint nicht bei allen vorliegenden Einsendungen gewahrt (wenn z.B. bereits veröffentlichte Gesänge aus der verbreiteten Druckausgabe kopiert werden). Bei den Vorbereitungen zum Heft „Fastenzeit" ist ein entsprechendes Verfahren vorzusehen (Schieri).

Die Debatte und Abstimmung ergibt (mit wenigen Text- oder Notationsänderungswünschen) die Vorlage für Advent (Eröffnungsgesänge, Kyrielitaneien, Gesänge zur Gabenbereitung, zur Kommunion, Dankgesänge) und ebenso für Weihnachten und Epiphanie. Es befinden sich darunter eine ganze Reihe Melodien aus dem Schweizer Kirchengesangbuch und österreichischen Veröffentlichungen (H. Kronsteiner).

3. Gesänge zur Taufe. Es erfolgt zunächst eine Einführung in den Problemkreis (Duffrer). Danach sind formal erwünscht:

Lieder, Psalmen, Akklamationen, Troparien (auch für Sologesang ausführbar), jeweils für einfache Verhältnisse und für solistisches Singen.

Zu Aufbau und Verlauf des Ritus': Die Begrüßung sollte an einem anderen Platz stattfinden als der Wortgottesdienst; daher Möglichkeit zum Gesang während der Prozession. Bei der Taufwasserweihe sind Akklamationen am Platz, ebenso nach der Taufe (z. B. Halleluja); nach dem Credo ein Bekenntnislied. Dies sind *mögliche* Stellen zum Singen. Es muß nicht immer überall gesungen werden.

Manches Geeignete ist schon vorhanden (z. B. die Psalmen 23, 27, 34, 85, 103, das Magnificat, einige Lieder), es wird den SK I A und II benannt. Weitere Vorschläge sollen aus dem KKB gemacht werden (Simeon). Das vorgelegte Material wird durchgesprochen und darüber abgestimmt.

4. Der AK Duffrer erhält den Auftrag, Propriumstexte zusammenzustellen, die zur Komposition ausgeschrieben werden.

2.2.2.11 Dreizehnte Sitzung der SK I B, Innsbruck, 7.-9. Mai 1971

1. Wegen der Verzögerung der Aussendung an die Diözesen (Auswahl der Kehrverse für die Probepublikationen) muß der Termin für die Beurteilung auf den 1. 6. 1971 verschoben werden. Auch die (von Niklaus und seinen Mitarbeitern in Mainz bereits fertiggestellten) Vorsängerhefte zu den vorliegenden Heften der Probepublikationen sind noch nicht versandt. Solche und ähnliche Schwierigkeiten sind die Folge einer längeren Vakanz der Sekretärinnenstelle; die jetzige Mitarbeiterin arbeitet sich erst allmählich ein. Zur rascheren Bewältigung aller auch in der nächsten Zeit anfallenden Arbeiten ist ein neuer Mitarbeiter, der sachkundig sein müßte, dringend erforderlich. Die

SK I B richtet deshalb an die HK die dringende Bitte, das Sekretariat schnellstens instandzusetzen, um effektiver arbeiten zu können. Wenn das nicht geschieht, wird der Termin für die Fertigstellung des Buches nicht eingehalten werden können. (Vgl. den Bericht über das Sekretariat S. 142ff.)

2. Wegen der Häufung der anstehenden Arbeiten erklären sich die Mitglieder der SK I B bereit, einmal eine ganze Woche zur Verfügung zu stehen. Das wird für den Februar 1972 in Österreich vorgesehen. Einzelne Entscheidungen, die für die PP EGB 7 (Advent und Weihnachtszeit) noch ausstehen, sollen von einer Arbeitsgruppe (Niklaus, Rahe, Schieri, Schollmeier) während der Tagung der HK vom 23.-26. 6. 1971 getroffen werden, um die Herausgabe nicht zu verzögern.

3. *Halleluja-Melodien.*

Die Hauptkommission hat drei kurz-melismatische Hallelujamelodien aus der von SK I B vorgelegten Liste gestrichen. Damit ist die Zahl melismatischer Gesänge (abgesehen von einigen gregorianischen, die aber für die Mehrzahl der Gemeinden nicht in Frage kommen dürften) stark vermindert. Absicht der ersten Vorlage war, neben einer Mehrzahl syllabischer Melodien eine kleinere Zahl melismatischer zu geben, um an der einzigen Stelle, wo im deutschsprachigen Gemeindegesang noch Melismatik möglich und sinnvoll ist, diese fundamentale Singmöglichkeit lebendig zu erhalten. Die SK bleibt auch jetzt bei dieser ihrer Ansicht und weist darauf hin, daß es sich ja nur um ganz geringen Raumbedarf (eine Zeile pro Melodie) handelt. Sie verzichtet hingegen auf eine der früher vorgeschlagenen Melodien, deren Initium einer syllabischen Hallelujaweise zu ähnlich ist, und bittet die HK, die beiden anderen Melodien wieder aufzunehmen.

4. Honorierung der Autoren von Gesängen im EGB

Die SK I B ist einstimmig der Auffassung, daß es sich beim Abdruck von Musik um die Übernahme einer geistigen Leistung handelt, die angemessen zu honorieren ist; sie bittet die HK, hierin jedenfalls nach dem HK-Beschluß vom November 1970 zu verfahren.

5. Bisherige Erfahrungen mit den Probepublikationen

Sekretär Seuffert gibt einen eingehenden Bericht über die bisher eingelaufenen schriftlichen und mündlichen Stellungnahmen. Es entspinnt sich eine lebhafte Diskussion, während der die Teilnehmer von ihren Erfahrungen mit den Heften berichten und auch die Kritik in verschiedener Hinsicht mitteilen. Einiges davon wird bei den nächsten

Heften berücksichtigt werden. Auffallend ist, daß Bistümer mit neuen Liederbüchern in der Aufnahme und Verbreitung der EGB-Probepulikationen sehr zurückhaltend sind.

6. Ausschreibung zur Komposition der ökumenischen Ordinariumstexte

Es wird ein genauer Ausschreibungstext formuliert; er soll am 24. 5. in „Gottesdienst" erscheinen (zugleich mit der Veröffentlichung der neuen Texte). Jetzt schon soll eine Ankündigung der Ausschreibung über KNA und andere Kanäle erfolgen mit dem Hinweis, daß Texte und Bedingungen beim Sekretariat eingeholt werden können. Termin der Einsendungen: 1. 10. 1971. Zusammensetzung der Jury: Trexler (DDR), Wilhelm Keller (Österreich), Ewerhart (Bundesrepublik), Pfiffner (Schweiz), Maas-Ewerd (Bundesrepublik).

Jeder dieser Herren wird von Niklaus angeschrieben. Bei Verhinderung sollen eintreten (in gleicher Reihenfolge): Bialas (Bundesrepublik), Bisegger (Schweiz), Bernhard (Bundesrepublik), Lueger (Bundesrepublik), Krieg (Österreich).

Dabei ist auf eine angemessene Vertretung aller Bereiche des deutschen Sprachraumes zu achten. Als Vertreter der SK I B wird Niklaus an der Jurierung teilnehmen (ohne Stimmrecht).

7. Vorbereitung von EGB 7 (Advent – Weihnachten – Epiphanie)

Beurteilung von Kehrversen durch die Diözesen jetzt bis 1. 6. 1971; Fertigstellung des Manuskripts bis 1. 8. 1971.

Da die Diözesanstellungnahmen noch nicht vorliegen, wird nach folgendem Arbeitsmodus verfahren (einstimmiger Beschluß der SK I B):

Geben die Diözesen einem der jetzt von der SK I B ausgewählten drei Stücke die Mehrheit, so wird dieses angenommen.

Geben sie einem von I B nicht in den Dreiervorschlag aufgenommenen Stück eine klare Mehrheit, so macht eine Arbeitsgruppe der SK unter Würdigung der SK-Diskussion und der Diözesan-Entscheidung einen schriftlichen Vorschlag an alle Mitglieder, über den dann schriftlich mehrheitlich beschlossen wird.

Die genannte Arbeitsgruppe tagt während der HK-Tagung im Juni 1971 in Puchberg/Oberösterreich (s.o. 2.).

8. Vorüberlegungen zum Heft EGB 8 „Fastenzeit". An die Mitglieder der betreffenden Subkommissionen ergeht demnächst die Aufforderung, Material bis zum 1. 7. 1971 zu übersenden. Nach dessen Sichtung tritt am 11./12. 7. 1971 die Arbeitsgruppe für Texte zusam-

men (Bergsma, Duffrer, Niklaus, Seuffert), stellt Lücken fest und erarbeitet Textvorlagen unter Berücksichtigung des neuen Missale und der Leseordnung. Jeder Text soll dann an fünf Komponisten gesandt werden zur Vertonung; die Ergebnisse werden dann bei der Septembertagung der SK I B durchgearbeitet.

9. Meßgesangreihen. Aufgrund zahlreicher Wünsche aus den Diözesen soll sowohl im Adventsheft (EGB 7) wie im Heft für die Fastenzeit (EGB 8) am Anfang eine geschlossene Meßgesangsreihe stehen. SK I B stimmt dem als Versuch einstimmig zu; im Beitext soll ausdrücklich auf diesen Versuchscharakter hingewiesen werden.

10. Inhaltsverzeichnis des EGB. Auf Wunsch der Vorsitzenden soll der HK im Juni ein Inhaltsverzeichnis vorgelegt werden. Für den Bereich der SK I B übernimmt der Referent die Aufgabe, zusammenzustellen, was bisher in den PP erschienen ist.

11. Über den Aufbau des EGB entsteht eine Diskussion, nachdem man aus der Drucksache HK 160/EGB 1306 festgestellt hatte, daß erst ein kleiner Teil des erforderlichen Inhalts bearbeitet wurde und daß in den noch nicht bearbeiteten Teilen textliche und musikalische Lücken bestehen. Offene Fragen sind z. B. so wichtige Stücke wie Ostersequenz, Te Deum, Ave verum, Adoremus, überhaupt Anbetungsgesänge. Soll ein eigener Teil mit ökumenischen Gottesdiensten gemacht werden? Diese Vielzahl noch offener Fragen bestätigt den Entschluß zu einer ganzen Arbeitswoche (s.o. 2.).

Vorläufiges Ergebnis der Diskussion: Nach der Kirchenjahreszeit Zusammengehöriges soll auch im EGB zusammenstehen, damit das Blättern beim Gebrauch soweit wie möglich reduziert werde; primärer Gesichtspunkt muß jedenfalls die praktische Verwendungsfähigkeit des Buches sein.

2.2.2.12 Vierzehnte Sitzung der SK I B, Essen-Werden, 16.-18. 9. 1971

1. Zu den im Protokoll SK I B 13. Sitzung (s.o.) angesprochenen Punkten wird festgestellt:

a) Der dringend erforderliche Mitarbeiter im Sekretariat steht immer noch aus (Anmerkung des Referenten: Er ist auch nie gekommen!);

b) die beiden von der HK gestrichenen Halleluja-Melodien können wieder aufgenommen werden;

c) die Herren der Jury für die Vertonung der neuen Meßtexte

(Ordinariumstexte) haben zugesagt und werden vom 7.-10. 11. 1971 in Essen tagen;
d) das Heft EGB 7 „Advent und Weihnachtszeit" ist im Druck;
e) die geschlossene Meßgesangsreihe ist in EGB 7 als Versuch angeboten.

Es ist bekannt, daß der ab 20. 9. 1971 in Fulda tagenden Bischofskonferenz ein Antrag vorliegt, jeden Teil des Kirchenjahres im EGB mit einer solchen Meßgesangsreihe zu beginnen.

2. Sekretär Seuffert berichtet, daß der Bischofskonferenz ein umfangreiches Resümee der bisherigen Arbeit für das kommende EGB vorgelegt werden wird. Dabei schien es besonders notwendig, die von der Liturgiereform geforderte Funktion des Kantors (und des Lektors) herauszustellen, weil in verschiedenen Diözesen die Tendenz festzustellen ist, diese Aufgabe im Gottesdienst unterzubewerten oder als Illusion zu betrachten. In diesem Zusammenhang muß auch das Angebot an Kehrversen gesehen werden, das sich gliedert in:
a) Stamm-Kehrverse zu den Psalmen,
b) Kehrverse zu den Antwortpsalmen,
c) Kehrverse zu anderen Gesängen.

Besonders die Gruppe c) der Kehrverse muß als notwendig begründet werden, da sie z. T. umstritten sind. Sie werden aber aus verschiedenen Gründen für erforderlich gehalten (z. B. wegen thematischer Lücken im Liedgut; um Schrifttexte singen zu können; um die Gemeinde in das Singen des Chores einzugliedern). Der Bericht an die Bischofskonferenz enthält einen Überblick über die bisherige Arbeit der SK IB auf folgenden Gebieten:

a) Gregorianische Gesänge. Verabschiedet sind Kyrie I, VIII, X, XI, XVII/II, XVIII, Requiem, Allerheiligen-Litanei; Gloria I, VII, XV; Credo I, III; Sanctus I, X, XVII, XVIII; Agnus Dei I, VIII, XVII, XVIII.

b) Deutsche Ordinariumsgesänge, ausgewählt aus einer sehr großen Zahl vorhandener Kompositionen und z. T. bereits in den PP veröffentlicht. Nachdem jetzt der neue ökumenische Text vorliegt, hat die EGB-Kommission die Texte zur Komposition öffentlich ausgeschrieben (s.u.); Termin: 1. 10. 1971. Die Arbeit der dafür berufenen Jury kann nicht vor Januar 1972 beendet sein.

c) Andere nichtliedmäßige Gesänge, die zum großen Teil schon in den bereits vorliegenden PP stehen oder die in dem im Oktober

erscheinenden Heft EGB 7 „Advent und Weihnachtszeit" stehen werden, sind in dem Bericht aufgelistet. Es handelt sich um Eröffnungsgesänge, erweiterte Kyriegesänge, Gesänge zur Gabenbereitung, zur Kommunion, Dankhymnus nach der Kommunion, aber auch für Bußgottesdienste, Lichtmeß u. a. Gelegenheiten.
d) Zweiundzwanzig Hallelujarufe, darunter drei mit reichen gregorianischen Melodien, sind verabschiedet.
3. Öffentliche Ausschreibung zur Komposition der neuen ökumenischen Texte.
In der Zeitschrift „Gottesdienst" Nr. 11/12 vom 24. 5. 1971 stand die nachfolgende Ausschreibung:
Die Kommission für das Einheitsgesangbuch (EGB) schreibt das *Apostolische* und das *Nizänische Glaubensbekenntnis*, das *Gloria*, das *Sanctus* und das *Agnus Dei* in der neuen ökumenischen Textfassung zur Komposition aus.
Teilnahmeberechtigt ist jeder Komponist mit Ausnahme der Mitglieder der Jury.
Für die Komposition ist zu beachten:
1. Der Wortlaut und die Interpunktion der vorliegenden ökumenischen Textfassung sind verbindlich.
2. Die Gemeinde ist angemessen zu beteiligen.
3. Sämtliche Stücke müssen einstimmig ausführbar sein.
4. Jedes Stück steht für sich.
5. Es brauchen nicht alle Stücke komponiert und eingesandt zu werden. Es steht dem Komponisten frei, welche Texte er komponieren will. (Kyrie-Kompositionen werden in dieser Reihe nicht erwartet, da kein neuer Text vorliegt.)

Hinweise zu den einzelnen Gesängen:
1. Beide *Glaubensbekenntnisse* sollen möglichst einfach, sprachnah und kurz komponiert werden – keine Textwiederholungen, zusätzliche Akklamationen der Gemeinde sind möglich.
2. Für den Hymnus *Gloria* sind verschiedene Formen möglich:
   a) alternatim wie bisher,
   b) Gliederung nach den fünf Textabschnitten (1-2, 3-7, 8-10, 11-17, 18-23),
   c) freie Gliederung (auch mit Akklamationen der Gemeinde).
3. Beim *Sanctus* hat die durchkomponierte Gemeindestrophe den Vorzug. Es ist wünschenswert, daß dieser Gesang zur vorausgehenden gesungenen Präfation paßt.

4. Das *Agnus Dei* als Begleitgesang zur Brotbrechung kann in verschiedenen Formen komponiert werden:
   a) litaneiartig,
   b) mit Intonation des Kantors,
   c) strophisch abwechselnd.

Einsendungsbedingungen:
1. Jeder Gesang ist auf ein gesondertes Notenblatt zu schreiben.
2. Die Einsendung geschieht anonym. Jeder Einsender wählt sich ein Kennwort.
3. Jedes Blatt ist mit diesem Kennwort oben links zu versehen.
4. Der Einsender legt einen verschlossenen Umschlag bei, der außen das Kennwort trägt, innen auf einem Blatt die volle Adresse und das Kennwort.
5. Die Absenderangabe auf dem Einsendeumschlag soll keine Rückschlüsse auf den Autor zulassen.
6. Einsendeschluß ist der 1. Oktober 1971 (Poststempel).

Jury und Autorenrechte:
1. Die Jury wird zusammengesetzt aus Musikwissenschaftlern, praktischen Kirchenmusikern und Liturgiewissenschaftlern. Ihre Zusammensetzung wird nach Eingang der Zusagen in „Gottesdienst" bekanntgegeben.
2. Gegen die Entscheidung der Jury ist ein Einspruch nicht möglich.
3. Von der Jury angenommene Stücke werden von der EGB-Kommission publiziert und in der üblichen Weise honoriert. Die Werknutzungsrechte gehen an die EGB-Kommission über, wenn diese es wünscht.
4. Nicht angenommene Stücke gehen an den Autor zurück.

Adresse:
Alle Einsendungen sind zu richten an
Sekretariat für das EGB, D-55 Trier, Postfach 371.

Die SK I B gibt dazu den Juroren noch folgende Ergänzungen bekannt:
a) Die eingereichten Stücke sollen einzeln und nicht als Ordinariumsreihe beurteilt werden.
b) Zu bevorzugen sind Stücke mit ungewöhnlichen Formen, d.h. mit neuen, vertretbaren Gliederungen, wie etwa beim Gloria.
c) Beim Sanctus wird der gesamte Text als Gemeindestrophe bevorzugt.

d) Beim Agnus Dei ist die dreifache Form nicht zwingend.
e) Im allgemeinen ist darauf zu achten, daß der Gemeinde ihr Einsatz leichtfällt.
f) Die Jury soll aus den eingereichten Stücken die folgende Anzahl favorisieren: Gloria 3 (+2 als Reserve), Sanctus 5 (+3 Reserve), Agnus Dei 3 (+2 Reserve), Apostolicum 2 (+1 Reserve), Nicän. Credo 2 (+ 1 Reserve).
Weitere Punkte der Tagesordnung:
4. Wegen der neuen Texte sind verschiedene Umarbeitungen an bereits vorhandenen deutschen Ordinariums-Kompositionen notwendig. Die betreffenden Autoren werden angeschrieben und um Antwort bis 1. 11. 1971 gebeten, ob sie dazu bereit sind. Die umgearbeiteten Stücke brauchen der Jury nicht mehr vorgelegt zu werden.
5. Für die in Vorbereitung befindliche PP EGB 8 „Fastenzeit" liegen die Stellungnahmen der Diözesen vor, sie werden durchgesprochen und sämtliche von den Diözesen bevorzugten Stücke auch von der Kommission angenommen, weitere Stücke beigefügt.
6. Die SK I B beurteilt noch einige neue Kompositionen für Totenmessen und Beerdigung, die teils angenommen, teils zur nochmaligen Überarbeitung (besonders wegen Textformulierungen) an die Autoren zurückgesandt werden.

2.2.2.13 Fünfzehnte Sitzung der SK I B, Georgianum München, 20.-25. 2. 1972

1. Seit der vorigen (14.) Sitzung der SK I B hatten zwei für ihre Arbeit wichtige Sitzungen der Diözesanvertreter und der HK stattgefunden, über die Sekretär Seuffert berichtet. Die Vertreter der deutschen Diözesen hatten sich im November 1971 in Ellwangen einstimmig und ohne Enthaltung für das Erscheinen des EGB im geplanten Sinn ausgesprochen. (Bei dieser Sitzung waren die Diözesen Berlin, Hildesheim und Würzburg nicht vertreten). Bei der Sitzung der HK im Januar 1972 in Batschuns waren u. a. Fragen der Autorenrechte, der Übernahme ökumenischen Liedguts aus der bevorstehenden Veröffentlichung der AÖL, des österreichischen Anhangs u.v.m. besprochen worden. Zu einem Entschluß, Meßliedreihen nur in die Diözesanteile zu übernehmen, beschloß die SK I B folgenden Antrag einstimmig und ohne Enthaltungen:
„Die SK I B bittet die HK, erneut über die Frage der Aufnahme von

Meßreihen in das EGB zu beraten. Auch die SK I B ist wie die HK der Meinung, daß die freie Auswahl möglichst genau passender Stücke für den Gottesdienst im neuen EGB erhalten bleibt. Dieses Prinzip wird aber nicht beeinträchtigt durch die Aufstellung je einer Meßgesangsreihe für die Festzeiten. Viele Zuschriften und Stellungnahmen von praktischen Seelsorgern aus verschiedenen Diözesen lassen erkennen, daß Meßreihen dringend erwünscht sind. Die Handhabung des EGB wird dadurch erleichtert und eine Erziehung der Gemeinde zum funktionalen Singen gewährleistet. Dagegen wird die Gefahr einer indifferenzierten Liedauswahl, u. U. sogar das Verteilen mehrerer Strophen eines einzigen Liedes auf die ganze Meßfeier, verhindert. Durch die sich in Vorbereitung befindliche Publikation, die durchweg solche Meßreihen enthält, erwartet außerdem jeder Benutzer ein Gleiches für das endgültige EGB.
Die SK I B empfiehlt deshalb dringend die Rückkehr zu dem früheren Beschluß."
Dem stimmt die HK bei ihrer 7. Sitzung (9.-12. 7. 1972 Nußdorf/ Attersee) zu.
2. Für die SK I B war auch die Mitteilung wichtig, daß die HK einstimmig beschlossen hatte, in das EGB nur die neuen ökumenischen Texte für das Meßordinarium aufzunehmen; d. h., daß frühere, bereits aufgenommene Kompositionen mit dem seitherigen Einheitstext von den Autoren geändert werden sollen, soweit das nicht schon geschehen war.
Das Ergebnis der Ausschreibung zur Vertonung der neuen Texte der Ordinariumsteile waren über 300 Einsendungen, die der Jury vorlagen, die vom 7.-9. 11. 1971 in Essen-Werden zusammengetreten war (lediglich einen Teil davon hatte Prof. Trexler, DDR, erhalten). Ihr gehörten an: Dr. Ewerhart, Münster, Prof. Keller, Salzburg, KMD Pfiffner, Basel, Prof. Trexler, Leipzig; als evtl. erforderliche Vertreter hielten sich bereit Domkapellmeister Bernhard, Limburg, und Prof. Dr. Kleinheyer, Regensburg; als Vertreter der SK I B (ohne Stimmrecht) war Dir. Niklaus, Mainz, zugegen. Die Einsendungen lagen gemäß der Ausschreibung anonym und mit Kennworten versehen vor. Die Jury einigte sich in der ersten Sitzung auf die folgende Arbeitsweise: „Jedes Blatt, das von wenigstens einem Mitglied der Jury vorgeschlagen wird, wird durchgesungen und besprochen. Nach dieser ersten Lesung werden die engere Auswahl und die Reservestücke bestimmt, die dritte Lesung bestimmt dann mit einstimmigen Ent-

scheidungen die endgültige Benennung. Die Reihenfolge der Stücke stellt zugleich eine Rangordnung der Empfehlung an die Subkommission dar.
Bei der Auswahl der eingesandten Kompositionen werden die von der SK I B gegebenen Gesichtspunkte beachtet, insbesondere melodische Gestalt, Gesamtform, musikalische Originalität, Ausführbarkeit durch die Gemeinde, Textgestaltung und Deklamation" (zitiert nach dem Protokoll der Jury-Sitzung v. 7.-9. 11. 1971).

3. Unter Berücksichtigung der Jury-Ergebnisse nahm dann die SK I B die weitere Auswahl der Gesänge für Agnus Dei, Sanctus, Gloria, apostolisches und nicänisches Credo vor und legte fest, ob und wie viele solcher Gesänge noch benötigt werden

4. Die SK VI erhielt für das zu erstellende Begräbnis-Heft entsprechende Gesänge mitgeteilt; weitere benötigte Stücke (besonders für die „Verabschiedung durch die Gemeinde") müssen noch erarbeitet werden. Dazu bekommt die Textgruppe den Auftrag, eine Textvorlage zu erstellen. Diese Gesänge (z.B. „In Paradisum") sollen möglichst die Form einer Adaption erhalten.

5. Nach Einsicht in die Vorschläge der Bistümer gibt es eine Reihe Entscheidungen bezüglich der Aufnahme lateinischer Gesänge. Wegen der Notation der Choralstücke einigte man sich einstimmig auf die Art der Notierung in „Canticum mundi" (Veritas Wien) als Ausgangsbasis, doch sollen hierzu noch die Meinungen der SK I A (Lieder) und II (Psalmen) erfragt werden.

6. Unter dem Sammelbegriff „Sonstige Gesänge" liegen der SK I B eine große Zahl einzelner Stücke vor, die z.T. aus früheren Veröffentlichungen gesammelt sind, z.T. von den Diözesen eingesandt wurden oder als Einzelvorlage an die EGB-Kommission gelangt sind. Einige werden von der SK I B angenommen und der HK zur Aufnahme vorgeschlagen (z.B. die deutschen Fassungen von „Salve Regina" und „Regina coeli"). Eine deutsche Fassung des „Vidi aquam" wird wegen der Liedform an die SK I A überwiesen; besonders intensiv befaßt sich die SK I B mit den Vorlagen zum „Te Deum", zum Sonnengesang des hl. Franziskus, zu den Laudes Hincmari; dringend erwünscht wäre ein Anbetungsgesang auf der Grundlage des gregorianischen „Ave Verum". Mit diesen Themen befaßt sich, vorbereitend für die nächste Sitzung, die sogenannte Textgruppe (siehe folgende Sitzung).

2.2.2.14 Sechzehnte Sitzung der SK I B, Batschuns, Vorarlberg, 11.-14. Juni 1972

1. Nach Besprechung und Verabschiedung des Protokolls der 15. Sitzung und Berichten und Informationen des Sekretärs fährt die SK I B mit der Auswahl von Ordinariumsgesängen fort. Das Verfahren wird erneut durch Abstimmung bestätigt: Jede Nr. wird gesungen und dann abgestimmt über Aufnahmeantrag oder Ablehnungsantrag eines Mitgliedes, wobei nicht jedes Stück ganz durchgesungen werden muß. Bei Aufnahmeanträgen ist die absolute Mehrheit der Anwesenden erforderlich (ein Stück, das zwar keine Gegenstimme bekommt, aber mehr Enthaltungen als Ja-Stimmen, gilt als abgelehnt).

2. Den Mitgliedern liegt das umfangreiche Protokoll einer Arbeitssitzung der sogenannten Textgruppe vor, die am 15./16. 5. in Mainz zusammenkam (Bergsma, Duffrer, Niklaus, Seuffert). Neben der Aufstellung von zwei Listen für die HK (bisher von der SK I B verabschiedete nichtliedmäßige Gesänge und noch nicht publizierte, aber zuletzt verabschiedete Gesänge), die der SK I B noch vorgelegt werden müssen, hatte sich die Arbeitsgruppe vor allem mit den als „sonstige Gesänge" zusammengefaßten, aber thematisch sehr verschiedenen Stücken zu befassen, die zumeist in ihrer lateinischen Fassung bekannt (Te Deum) oder wegen ihres hohen Wertes (Sonnengesang) erwünscht waren. In ihrem Bericht an die SK I B stellte die Textgruppe fest, daß bisher schon 35 neutestamentliche Texte in den Probepublikationen veröffentlicht worden sind.

Die Möglichkeit, neutestamentliche Schrifttexte wörtlich singen zu können, ist einer der Hauptgründe, warum das kommende EGB solche nichtliedmäßigen Gesänge enthalten muß. Die Textgruppe stellt fest, daß noch folgende Themen und Gesänge fehlen: Karwoche („Die Kinder der Hebräer", „O du mein Volk", „Dein Kreuz, o Herr, verehren wir"), Christus (Herz Jesu, Christkönig, Fronleichnam, Anbetung), Dreifaltigkeit, Marienfeste, Apostel und Heilige, Kirchweihe, Firmung, Trauung. Sie schlägt der SK I B eine ganze Reihe geeigneter Schrifttexte vor und bittet bis zur nächsten Sitzung um Sammlung von vorliegenden Gesängen oder Vorschläge für Neuschöpfungen (z. B. die „Ich bin...-Aussagen" Jesu: Brot, Licht, Hirt, Auferstehung, Weg, Wahrheit, Leben, Weinstock; die Seligpreisungen u. a.).

3. Auf der Grundlage dieses Arbeitspapiers wird zunächst der Son-

nengesang des hl. Franziskus besprochen, dessen Urtext zugrunde lag bei der Übersetzung. Die SK I B bringt einige Änderungen an, nimmt den Text dann zur Ausschreibung an und fügt mehrere Vorschläge für die Gliederung und formale Gestaltung bei, etwa die Verwendung der 10. Strophe „Lobt und preist meinen Herrn..." als Kehrvers der Gemeinde.

4. Das „Te Deum", der Lobpreis der Dreifaltigkeit durch die Kirche, wird ebenfalls sehr intensiv besprochen. Die hier wohl zum erstenmal in dieser Form gegliederte Struktur wird einstimmig angenommen: Lobpreis Gottes durch die Schöpfung (1.-6. Vers), Lobpreis der Dreifaltigkeit durch die Kirche (7.-13.), Lobpreis Christi (christolog. Str. I, 14.-19.), Fürbitten (christolog. Str. II, 20.-23.), Abschlußverse (24.-28.), Schlußvers (29.).

5. Einstimmiger Antrag der SK I B an die HK, von der Akklamation „Deinen Tod, o Herr," wenigstens zwei Melodien im EGB zu bringen.

6. Das Protokoll der 16. Sitzung und die Anlage dazu enthalten die Bewertungstabellen für die Ordinariumsgesänge, sowohl durch die Diözesen wie durch die SK I B. Diese sind nur verifizierbar, wenn man auch die dazugehörigen Unterlagen einsehen kann, was den Rahmen dieser Veröffentlichung bei weitem sprengen würde.

2.2.2.15 Siebzehnte (und letzte) Sitzung der SK I B, München, 11-13. 2. 1973

1. Im bisher vorliegenden Rohmanuskript (RMS) des EGB werden einzelne irrtümlich fehlende Stücke festgestellt und zum Nachtragen benannt. Ein Credo und ein Gloria waren von der HK nicht angenommen und gestrichen worden.

2. Die SK I B beläßt es bei der Aufnahme von drei Melodien für das apostolische Credo (Antwort auf den Vorschlag, nur ein Apostolicum aufzunehmen). Die Frage, ob nicht zu viele Sanctus-Melodien im EGB stehen, wird negativ beantwortet; es sollen jedoch mehrere Stücke des gleichen Autors (Kyrie, Sanctus, Agnus Dei) möglichst als Reihe zusammengefaßt werden.

3. Es werden weitere Einzelstücke besprochen und das „Salve Mater" (Gruß dir, Mutter) sowie „Ihr Christen, singet hoch erfreut" angenommen. Letzteres soll mit den Vorsängerversen ins Stammbuch, weil es auch strophisch, ohne Vorsänger gesungen werden kann. Vor

der Besprechung der weiteren Zusendungen (soweit sie die SK I B angehen) wird ausdrücklich vermerkt, daß eine Reihe angesehener Komponisten angeschrieben worden war, die Auswertung der aus den Diözesen eingegangenen Stellungnahmen aber nur wenige Stücke eindeutig favorisiert. Deutlich favorisiert ist „Angelangt an der Schwelle des Abends", ein Text aus dem Stundenbuch, eines der Stücke, mit denen der Gemeinde die Teilnahme am Stundengebet der Kirche ermöglicht wird. In einem anderen Fall („Herr, du bist mitten unter uns") schließt sich die SK I B der überwiegenden Meinung der Diözesen an, daß sich dieser Text zum Komponieren nicht gut eignet; die vier vorliegenden Einsendungen sind nicht überzeugend und werden abgelehnt; ebenso vier Einsendungen zu „Wir glauben an die Gemeinschaft der Heiligen"; ebenso fünf Einsendungen zu „Wenn der Herr das Haus nicht baut". Zum Teil werden Vorsängerverse für geeignet gehalten, in das spätere Kantorenbuch bzw. Chorbuch für das einstimmige Singen aufgenommen zu werden. Für diesen Fall bittet die SK I B die RK, einen geeigneten Kv aus dem bereits angenommenen Bestand auszuwählen. „Herr, du willst eine Kirche": Alle drei Melodien werden abgelehnt, Text kommt in den Andachtsteil.

4. Sonnengesang: Die vorliegende Einsendung wird einstimmig und ohne Enthaltung abgelehnt. Nach eingehender Beratung wird festgestellt: Die Kommission kommt zu keinem Ergebnis. Wegen der Bedeutung des Sonnengesangs möchte die SK I B den Text nochmals ausschreiben, unter Bekanntgabe mindestens der drei vorliegenden komponierten Struktur-Formen. Dabei soll besonders geachtet werden auf das Problem der Länge des Textes und auf die Notwendigkeit, die Gemeinde zu beteiligen. Der Text soll den Komponisten so vorgelegt werden, daß die vom Inhalt und Aufbau des Gesanges geforderten Zäsuren deutlich werden.

Diese Ausschreibung wird den Diözesanvertretern bekanntgegeben, die ihrerseits Interessenten darauf aufmerksam machen sollen, die Bedingungen in Trier zu erfragen.

Termin für die Einsendungen der Komposition: 1. September 1973.

NB. Von der HK am 27. 2. 1973 abgelehnt.

5. „Ich bin die Auferstehung und das Leben" – von drei Zusendungen wird eine ausgewählt. Zum Thema „Caritas – Brüderlichkeit" werden die beiden Stücke übernommen, die von den Diözesen eindeutig bevorzugt waren.

6. Für die Erstellung der beiden Vorsängerbücher ist nach Meinung der SK I B nicht erforderlich, auch zwei Kommissionen zu bilden. Die Frage bleibt offen. – Die erste Kommission ist bereits durch die SK II (Psalmen) benannt; für die zweite werden benannt: Schubert, Simeon und Rüdiger. Außerdem soll versucht werden, den Autor mit dem Pseudonym „Kohelet" für die Mitarbeit zu gewinnen. Bergsma ist zur korrespondierenden Mitarbeit bereit.
7. Zur Notation wurden von der SK II bereits Prinzipien formuliert, denen die SK I B sich anschließt. Zur Frage der Ligaturen besteht die Meinung: Gruppierungen müssen im Notenbild deutlich zu erkennen sein. Über Bindebogen und Ictus kam es zu keiner Einigung; entscheiden soll die kommende Notations-Kommission. Für diese benennt sie SK I B die Herren Niklaus und Schieri.
8. Die Litanei „Sei hier zugegen" wird durchgesungen und mit einer Gegenstimme bei zwei Enthaltungen angenommen. Um falsche Ligaturen zu vermeiden, werden dem Textautor einige Textänderungen vorgeschlagen. Der Schluß soll wie im Original dreistimmig gedruckt werden.
9. Die Gemeinde-Akklamation „Im Kreuz ist Heil, im Kreuz ist Leben" wird (einem Antrag der Erzdiözese Freiburg folgend) mit der Melodie von „Christus gestern" für den Karfreitag angenommen. Weitere Texte zum Thema „Dein Kreuz verehren wir" werden im Vorsängerbuch verwendet.
10. Die eingesandten Stücke zu den Improperien sind unzureichend. Die HK wird gebeten, eine Nachlieferung zu akzeptieren.
11. Die SK beschließt: „Die HK wird gebeten, die SK I B zu beauftragen, das „Te Deum" erneut auszuschreiben. Als Vorlage soll der von der SK I B erarbeitete Text gelten. Wenn der Guardini-Text jedoch erhalten bleibt, soll die Stropheneinteilung des Textes beibehalten werden. Der Guardini-Text muß aber auf jeden Fall überarbeitet werden."
Damit endet offiziell die Arbeit der SK I B. Die Frage bleibt offen, ob die Kommission in einer außerordentlichen Zusammenkunft den Sonnengesang, das „Te Deum" und evtl. die Improperien behandeln soll.
Die Aufgabe der SK I B „Nichtliedmäßige Gesänge" war schwierig, weil sie sich mit einer Art kirchlichen Singens zu befassen hatte, die für weite Gebiete des deutschen Sprachraums (und die meisten Kirchenmusiker, vor allem die meisten Komponisten!) neu oder jedenfalls

ungewohnt war. Das kommende EGB sollte neben gregorianischen Meßgesängen, soweit sie für die Gemeinde in Frage kommen, und neben dem bisher schon üblichen, strophischen Kirchenlied auch Gesänge enthalten, die die Mitfeier der Gottesdienste mit den wörtlichen liturgischen Texten in der Muttersprache ermöglichen (z. B. die Gesänge des wörtlichen Meßordinariums), wie das in manchen Diözesen bereits eingeführt war. Neben Rufformen, die lateinisch oder deutsch von altersher üblich waren (z. B. Kyrie eleison), sollten auch größere, hymnische Gesänge (z. B. Gloria, Te Deum) in der Muttersprache zur Verfügung stehen. Vor allem aber können so wörtliche Schrifttexte gesungen werden (z. B. als Kehrverse, als neutestamentlicher Gesang in Wortgottesdiensten u. a. m.). So wird die Hl. Schrift häufiger und eindrucksvoller ins Bewußtsein der singenden Gemeinde gebracht.

2.2.3 Die Kehrverse im EGB (Gilt auch für SK II)
Josef Seuffert

Ein für die meisten Diözesen völlig neues Element im *Gotteslob* sind die Kehrverse, auch Gemeindeverse genannt. In der „Gebets-Kommission" war es von Anfang an unbestritten, daß das EGB Kehrverse enthalten müsse, da in dieser Kommission schon bei der ersten Sitzung deutlich wurde, daß das neue Buch eine große Anzahl Psalmen enthalten würde. In der „Liedkommission" war die Frage dagegen umstritten, da einige der Kirchenmusiker der damals sogenannten deutschen Gregorianik ablehnend gegenüberstanden. Aber schon in der ersten gemeinsamen Diskussion um diesen Punkt ergab sich eine klare Mehrheit für die Aufnahme von Kehrversen.
Der Auftrag, ein Gesangbuch für heute zu machen, wäre auch gar nicht realisierbar gewesen, denn das II. Vatikanische Konzil hatte auf der einen Seite die Wiedereinführung des Antwortpsalms zur Folge, auf der anderen Seite fordert es die Beteiligung der Gemeinde am Stundengebet der Kirche, vor allem den Gesang der Vesper und der Laudes. Beides ist ohne Kehrverse nicht möglich. Das Wort „Kehrvers" ist im übrigen zutreffender als das Wort „Antiphon".
Bei der Debatte über die Konkretisierung der verschiedenen Formen schälten sich drei Grundfunktionen eines Kehrverses heraus. Diese wurden dann auch formuliert, protokolliert und auch von den

Bischofskonferenzen akzeptiert. Die Deutsche Bischofskonferenz erhielt im September 1971 eine ausführliche Information, die zustimmend zur Kenntnis genommen wurde. Daraus wird im folgenden zitiert:
„Drei Gruppen von Kehrversen werden gebraucht:

Stammantiphonen zu den Psalmen

Die Psalmen für den Gemeindegesang werden fast alle einen Kehrvers haben, mit dem sie in der Regel gesungen werden. Außerdem werden für die Vespern zu den Festzeiten einige Kehrverse zum Kirchenjahr benötigt.

Kehrverse zu den Antwortpsalmen

Der Antwortpsalm nach der Lesung erscheint als ein vorzügliches neues Element im Gottesdienst. Er eignet sich um so besser, je mehr er zu der konkreten Lesung paßt. Die EGB-Kommission will sich daher nicht auf die allgemeinen Antwortpsalmen des Lektionars beschränken. Sie möchte alle Antwortpsalmen, die in den drei Lesejahren vorgesehen sind, ermöglichen. Da es unmöglich erscheint, der Gemeinde alle vorgesehenen Kehrverse zuzumuten, wird sie Kehrverstexte mit gleichem und ähnlichem Inhalt zu einem Wortlaut zusammenfassen, so daß zu einem Kehrvers bis zu acht Antwortpsalmen im Lauf des dreijährigen Zyklus gesungen werden können.

Kehrverse zu anderen Gesängen

Neben den unter 1. und 2. genannten Psalmodiegesängen, die von der Liturgiekonstitution des II. Vaticanums gefordert werden, werden auch Kehrverse für andere Funktionen benötigt: Eröffnungsgesänge, Kommuniongesänge, Dankgesänge u. a. Würden diese fehlen, ginge man an der Entwicklung der letzten Jahrzehnte vorbei. Insbesondere auch die neueren Gesänge, die mehr rhythmisch betont sind, müßten entfallen.
Die Aufnahme solcher kirchenjahrsbezogener und thematischer Kehrverse hat folgende Vorteile:
a) Thematische Lücken in unserem Liedgut, die sich kaum alle durch Lieder füllen lassen, können durch andere Gesänge gefüllt werden. Insbesondere für thematisch bestimmte Wortgottesdienste

stehen dann passende Gesänge zur Verfügung, die sonst nur schwer zu finden sind.
b) Gesungene Schrifttexte oder schriftnahe Texte können aufgenommen werden. (Man denke nur an die Bedeutung der Jesajatexte für den Advent oder an den Mangel geeigneter Gesänge zum Thema ‚Buße'.)
c) Die Integration der Gemeinde in den Gesang des Chores ist in hohem Maße möglich. Zu dem gleichen Kehrvers sind ganz verschiedenartige Kompositionen für den Chor denkbar. Dies trifft sowohl auf die Stimmbesetzungen (einstimmig, mehrstimmig für gleiche oder gemischte Stimmen) wie auf die Kompositionstechnik und den Schwierigkeitsgrad der Komposition zu. So kann den verschiedenen Voraussetzungen in den Gemeinden Rechnung getragen werden. Gleichzeitig wird die Gemeinde nicht durch jeweils neue Kehrverse und neue Zusatzzettel überfordert."

Es erhob sich im Anschluß an diese Überlegungen die Frage, wie viele Kehrverse denn nun nötig würden. Zwei Subkommissionen vor allem hatten sich mit dem Problem auseinanderzusetzen. Für die erste Gruppe „Psalmen und Antwortpsalmen" war die Subkommission II Psalmodie und Gemeindehoren zuständig. Für die dritte Gruppe der übrigen Gesänge die Subkommission I B nichtliedmäßige Gesänge. Da schon sehr früh der Beschluß gefaßt worden war, etwa 70 Psalmen in das neue Buch aufzunehmen, waren damit auch schon 70 Kehrverse nötig. Bei den Antwortpsalmen ergab sich folgendes Bild: Allein in den Lektionaren I-III (Festtage und Sonntage Lesejahr A-C) gab es 178 Leseformulare, bei denen nur wenige Kehrverse identisch waren. Es war unmöglich, eine so große Anzahl von Kehrversen vorzusehen. Zwei Lösungen dieses Problems waren möglich: 1. Die Beschränkung auf die allgemeinen Antwortpsalmen, die während einer ganzen Kirchenjahreszeit verwendet werden könnten; 2. die Reduzierung der Anzahl der benötigten Kehrverse auf ein zumutbares Maß. Die EGB-Kommission entschloß sich nach ausführlicher Debatte für die zweite Lösung. In einer umfangreichen Drucksache wurden die Kehrverse der Lektionare zusammengestellt und dazu Vorschläge für Gemeindeverse, die gleiche Inhalte im gleichen Wortlaut wiedergaben. Dabei wurden viele der bereits beschlossenen Stammkehrverse der Psalmen verwendet. Dieses Verfahren wurde auch von den liturgischen Kommissionen gutgeheißen und dann von den Bischofskonferenzen akzeptiert.

Die Subkommission I B machte ihrerseits eine Aufstellung der Gesänge, die ihrer Meinung nach für den sonstigen Bedarf notwendig waren.
Das Ganze wurde dann anhand dieser Vorlagen diskutiert mit dem Ergebnis: die Mindestanzahl der benötigten Kehrverse ist 150-170. Manchem, der an dieser Diskussion nicht beteiligt war, erschien dies zu viel, aber wer sich mit der Sache befaßte, konnte keine bessere Lösung anbieten. Es wurde auch die Möglichkeit diskutiert, sich nur auf wenige Kehrvers-Melodien zu beschränken, aber allen Melodien mehrere Texte zu unterlegen. So war es im Einheitsgesangbuch der englischsprechenden kanadischen Katholiken für die Antwortpsalmen entschieden worden. Das Ergebnis dieser Diskussion war ein sowohl als auch. Es gibt im *Gotteslob* 25 Kehrvers-Melodien, auf die mehrere Texte gesungen werden können.
Erwähnt werden muß auch noch, daß aus anderen Subkommissionen, etwa für Bußgottesdienst und Begräbnis, Bedarf an Kehrversen angemeldet wurde.
Beim Zusammentragen des Rohmanuskriptes ergab es sich, daß die Anzahl von 170 Kehrversen um 10% überschritten war. Die Redaktionskommission bekam den Auftrag, einen Streichungsvorschlag zu erarbeiten. Dieser Vorschlag wurde in der nächsten Sitzung auch eingebracht, aber nach ausführlicher Debatte dann doch nicht angenommen, weil die Kehrverse ja wenig Platz wegnehmen und die Brauchbarkeit des Buches vielleicht doch etwas geschmälert worden wäre. Damals wurden lateinische Stücke wie Asperge me noch nicht mitgezählt. Deshalb liegen die folgenden Zahlen insgesamt etwas höher als die bisher mitgeteilten. Bei diesen folgenden Zahlen halten wir uns an das Verzeichnis im Registerband des Werkbuches zum *Gotteslob*. Danach ergibt sich folgendes Bild:
Das *Gotteslob* enthält 216 Kehrverse.
Davon sind 74 Originalbeiträge.
Vorher schon veröffentlicht waren 142.
22 Kehrverse sind gregorianisch bzw. nach gregorianischen Modellen gestaltet.
Von der Subkommission I B wurden 97 Kehrverse eingebracht,
von der Subkommission II 106,
von anderen Subkommissionen 13.
Insgesamt enthält das *Gotteslob* 180 Kehrvers-Melodien.

Eine Debatte über viele Jahre gab es auch über die Länge der Kehrverse. Die einen plädierten für kurze rufartige Stücke, die man leicht nachsingen kann, die anderen für längere Stücke mit der Begründung, das sei auf die Dauer für die singende Gemeinde erfreulicher. Die Gesangbuch-Kommission hat hier keine einseitige Entscheidung gefällt, sondern sowohl die eine wie die andere Form akzeptiert. Die Silbenlänge der Kehrverse schwankt von 6 Silben bis 69 Silben.
6 Silben: Amen, Halleluja. Nr. 686
69 Silben: Zum Paradies. Nr. 84
Weitere längere Kehrverse: 50 Silben: Vidi aquam Nr. 424,2; 40 Silben: Ewige Freude. Nr. 664,1; 39 Silben: Ich bin die Auferstehung und das Leben Nr. 86; 33 Silben: Tauet, ihr Himmel Nr. 117,1; 32 Silben: Sei unser Heil Nr. 700,1.
Über ⅔ der Kehrverse im *Gotteslob* haben zwischen 10 und 20 Silben. Wegen der Zuordnung zu den Psalmtönen findet man bei den Kehrversen die entsprechenden Tonarten. Zu den meisten Stücken kann man jedoch wegen der gegebenen Verwandtschaften mehrere Psalmodien verwenden. Diese sind im *Gotteslob* jeweils unter dem Kehrvers einschließlich des Rezitationstons angegeben.
Im einzelnen sind die Kehrverse folgenden Tonarten zuzuordnen: (Dabei ist zu beachten, daß die Zuordnung in einigen Fällen nicht eindeutig sein kann. Das Gesamtbild wird dadurch jedoch nicht gestört.)
Dorisch authentisch (I): 38
Lydisch plagal und Dur plagal (VI): 37
Dorisch plagal (II): 29
Phrygisch plagal (IV): 26
Mixolydisch plagal (VIII): 25
Mixolydisch authentisch (VII): 16
Lydisch authentisch (V): 11
Phrygisch authentisch (III): 10
Tonus peregrinus (IX): 10
Dur authentisch: 6
Sonstige: 8
Die Texte der Kehrverse sind zum überwiegenden Teil der Heiligen Schrift entnommen oder sehr schriftnah. Aus dem Alten Testament sind 116 Texte. Darunter befinden sich auch solche, die im Neuen Testament zitiert werden. Beispiel: „Mein Gott, mein Gott, warum

hast du mich verlassen?" Aus dem Neuen Testament sind 39 Texte. Die restlichen 61 Texte sind keine direkten Zitate. Beispiel: „Der Herr steht vor der Tür. Wohl dem, der ihm öffnet." Oder: „Danket dem Herrn, er hat uns erhöht; Großes hat er an uns getan."
Kehrverse werden nur ganz selten für sich allein als Ruf gesungen. Sie haben Partnerstücke. Solche zugeordneten Stücke gibt es im *Gotteslob,* im Kantorenbuch und im Chorbuch I 557. Im Schnitt ist jeder Kehrvers also fast dreimal verwendet. Nicht mitgezählt wurde hierbei das Vesperbuch zum *Gotteslob* und die Stücke im Werkbuch zum *Gotteslob.*

2.3 Subkommission II „Psalmodie und Gemeindehoren"

Fritz Schieri

2.3.1 Vorbericht „Psalmen"
Josef Seuffert

Bei der ersten Sitzung der Gebetskommission im September 1963 wurde als einer der elf zu behandelnden Arbeitsbereiche das Thema „Psalmen" festgelegt. Prof. Dr. Balthasar Fischer wurde gebeten, bei der folgenden ausführlichen Arbeitssitzung zum Problemkreis Psalmen zu referieren.
Auf dieser Sitzung im Januar 1964 wurden die Grundentscheidungen für die künftige Arbeit gefällt. Das Protokoll berichtet darüber:

Referat: Prof. Balthasar Fischer, Trier: Die Psalmen
Zunächst werden Leitsätze genannt.
1. Das EGB soll eine große Zahl Psalmen enthalten. Hier wird biblisches Beten gepflegt. Psalmen sind Wort Gottes.
2. Eine Auswahl von Psalmen existiert bereits in fast allen Diözesangesangbüchern, jedoch in sehr verschiedenem Umfang.
3. Die Singbarkeit muß vor allen Textüberlegungen stehen. Psalm und Lied sind wesentlich verschieden. Ein Hymnus kann durch ein Lied ersetzt werden, ein Psalm kann nicht durch ein entsprechendes Psalmenlied ersetzt werden. Psalmenlieder machen das Singen der Psalmen nicht überflüssig. Das Singen der Psalmen muß meditativ sein.
4. Das EGB muß Gebetshilfen zum Psalmengebet bieten.
Darum ist die Psalmenpredigt notwendig.
Psalmenbeten geschieht in zwei Gebetsweisen:
1. Psalm als Vox Christi (Augustinus)
2. Psalm als Gebet „ad Christum"
Einzelverse sollten als Stoßgebet evtl. im Text drucktechnisch hervorgehoben werden.

Diskussion zum Referat
Der Gebetswert der Psalmen wird gründlich diskutiert und mit Erfahrungen belegt. Er ist damit gegeben, daß in den Psalmen das

Wort Gottes in der Form von Gebet vorliegt. Wenn auch das Beten der Psalmen anspruchsvoll ist, so sind die Psalmen doch ein Gebetsschatz, auf den – wie alle meinen – nicht verzichtet werden soll. Ihr Gebetswert liegt vor allem in der redlichen Beschreibung des Menschen vor Gott, in ihrer Qualifikation durch die Kirche und in ihrem meditativen Charakter.

Es genügt aber nicht, sie den Gläubigen einfach vorzusetzen. Mögliche Gebetshilfen müßten ausgenützt werden.

Das Psalmenbeten in den Familien könnte das Beten in den Gottesdiensten erleichtern. Das Singen erhöht die gottesdienstliche Intensität. Die bisherigen Erfahrungen sind verschieden, die Praxis auch.

Ergebnis und Zusammenfassung:
1. Wir brauchen viele Psalmen im EGB.
2. Die Psalmen müssen zum Singen eingerichtet sein. Die Verwendung im Gottesdienst ist bei der Übersetzung zu beachten.
3. Es müssen Formen für responsoriales und antiphonisches Singen gefunden werden.
4. Die Singweise muß die geistliche Bedeutung der Psalmen zur Geltung bringen.

Es wird eine Subkommission gegründet:
Bundeskurat Seuffert, Düsseldorf (Vorsitz)
Prof. Fischer, Trier
Dr. Duffrer, Mainz
Kaplan Schwaller (Schweiz)
P. Fleischmann (Österreich).

Die genannte Subkommission machte sich an die Arbeit. Als erstes wurde eine umfangreiche Dokumentation über die Psalmen in den im Gebrauch befindlichen Diözesangesangbüchern erstellt. Dann wurde der Versuch gemacht, zu jedem der vorkommenden Psalmen einen Stammkehrvers aus dem Psalmtext selbst zu finden, wobei sich alle Mitglieder der Gebetskommission korrespondierend beteiligten. Dabei wurde zunächst die Übersetzung von Romano Guardini zugrunde gelegt, da die Arbeit an der Einheitsübersetzung gerade erst begonnen hatte.

Auf der dritten Sitzung der Gebetskommission im September 1964 legte die Subkommission eine erste Auswahlliste zur Beschlußfassung

Subkommission II – Psalmodie und Gemeindehoren

vor. Zunächst wurde beschlossen, bis zu 70 Psalmen in das neue Buch aufzunehmen. Die Dokumentation hat ergeben, daß in den diözesanen Büchern die Zahl der Psalmen nach dem Erscheinungsjahr kontinuierlich zugenommen hatte. Einigkeit herrschte auch darüber, daß ein Vorsängerbuch notwendig würde, in dem der Schatz der Psalmen ebenfalls stark zur Geltung kommen sollte. Daß der Antwortpsalm wieder eingeführt würde, war damals noch nicht entschieden. Daher diskutierte man bei dieser Sitzung noch über die Möglichkeit, sogenannte „Psalmenmessen" (die damals verbreitet waren) aufzunehmen. Im Gesangbuch selbst sollten die Psalmen in einem kleinen „Psalterium" zusammengefaßt werden, außerdem aber in den Laudes und in verschiedenen Vespern. Die Subkommission „Einzelgebete" wurde beauftragt, in ihre Vorlage „Stoßgebete" aus den Psalmen aufzunehmen.
Über die Aufnahme folgender Psalmen wurde Einstimmigkeit erzielt: (In Klammern sind die Nummern des *Gotteslob* gesetzt. Dabei ist zu erkennen, daß einige Psalmen dann doch keine Aufnahme fanden.)
2 (709), 4 (697), 8 (710/629), 19 (713/714), 22 (715-717), 23 (718), 27 (719), 34 (723), 45 (nicht aufgenommen), 46 (650), 47 (727), 51 (85/190), 63 (676), 65 (731), 67 (732), 72 (152/153), 84 (649), 85 (123), 91 (698), 93 (738), 95 (nicht aufgenommen, Invitatorium), 98 (484), 100 (741), 103 (742/83), 104 (743/744/253), 111 (685), 112 (630), 113 (693), 115 (745), 117 (748), 118 (235/236), 122 (692), 126 (753), 130 (191), 134 (697), 138 (nicht aufgenommen), 139 (755), 145 (757/758), 146 (759), 150 (678).
In der Folgezeit war die Liste dieser 43 Psalmen die Grundlage der weiteren Arbeit an der Auswahl. Bei dieser Sitzung wurde bereits festgestellt, daß sich bei einer Reihe von Psalmen eine Versauswahl empfiehlt.
Zwei Sitzungen später wurde die Auswahl ergänzt durch weitere 15 Psalmen (5. Sitzung der Gebetskommission im März 1965). Diese Liste sei hier schon vorweggenommen, so daß ein besserer Überblick möglich ist:
25 (nicht aufgenommen), 29 (nicht aufgenommen), 33 (722), 42/43 (726), 57/108 (730/601), 80 (735), 90 (736), 97 (nicht aufgenommen), 116 (746/747), 119 (750/751), 128 (nicht aufgenommen), 147 (760/254), 148 (761), 149 (nicht aufgenommen).
Die Gründe für die Revision der Beschlüsse für einige Psalmen sind vor allem in der wachsenden Bedeutung des vorgesungenen Psalms

durch die Wiedereinführung des Antwortpsalms zu suchen. Die nicht aufgenommenen Psalmen sind allesamt im Kantorenbuch, im Chorbuch bzw. im Vesperbuch zum Gotteslob zu finden.
Kehren wir zum chronologischen Ablauf zurück. Bei der Sitzung zusammen mit den Diözesanvertretern im Herbst 1964 referierte Bundeskurat Seuffert ausführlich über den Stand der Planung. Die Diskussion drehte sich um einige Kernprobleme und hatte folgendes Ergebnis:
1. Es sollen etwa 70 Psalmen in das Einheitsgesangbuch.
2. Alle Psalmen sollen zum Singen eingerichtet werden.
3. Die Übersetzung muß singbar (nach Sprachform und Inhalt) sein.
4. Psalmenlieder sind erwünscht, ersetzen aber nicht den Psalm im Wortlaut der Heiligen Schrift.
Die 5. Sitzung der Gebetskommission fand im März 1965 parallel mit der Liedkommission statt. Zunächst diskutierte die Gebetskommission anhand des Berichtes der Subkommission ausführlich das Thema Psalmenübersetzung. Die ersten Proben zur Einheitsübersetzung lagen vor. Damit war man nicht sehr glücklich. Die Subkommission wurde beauftragt, über das Liturgische Institut in Trier Verbindung mit dem Übersetzer Prof. Groß, Trier, aufzunehmen. – Außerdem beriet die Kommission die Frage, ob in der bisher getroffenen Auswahl die ganze Breite der Thematik des Psalters entsprechend berücksichtigt ist. – Die Frage der Kürzung einzelner Psalmen wurde diskutiert. Die Subkommission wurde beauftragt, Vorschläge zu machen. – Die Vorlage mit den Vorschlägen für Kehrverse wurde nicht behandelt. Dies sollte erst im Zusammenhang mit der Umstellung der Arbeit in der Folgezeit geschehen.
Während der Tagungszeit fanden zwei gemeinsame Sitzungen der Gebetskommission mit der Liedkommission statt. Bei der ersten wurde grundsätzlich über das Singen von Psalmen diskutiert, auch nochmals über Psalmenlieder. Das Ergebnis war das gleiche wie bei den Diözesanvertretern. Bei der zweiten Sitzung wurden in Konsequenz der Grundsatzdebatte mehrere gemischte Subkommissionen gebildet, unter anderem eine Subkommission für die Singbarkeit der Psalmen. Dazu wurden von der Liedkommission benannt: Domkapellmeister Quack, Speyer; Prof. Schieri, München; Diözesanmusikdirektor Rohr, Mainz. Die beiden letzteren waren nicht Mitglied der Liedkommission und kamen durch diese Berufung zum ersten Mal in Kontakt mit der Arbeit am Einheitsgesangbuch.

In der Folgezeit tagte nur noch die gemischte Subkommission. Sie nahm sich aller Probleme gemeinsam an. In Trier fand ein ausführliches Gespräch mit Prof. Groß statt. Die Planung, es fortzusetzen, wurde nicht realisiert, da inzwischen auch bei der Einheitsübersetzung die Arbeit umgestellt war. Man leistete die Übersetzung nun ökumenisch. Die spätere Subkommission II (siehe den folgenden Bericht) war in diese Arbeit einbezogen.

Hauptbericht der Subkommission II
Fritz Schieri
2.3.2 Rahmenbedingungen für die Arbeit

Aufgabe
Erstellung der für das EGB geeigneten *Psalmodie* in deutscher Sprache. Erweiterter Arbeitsauftrag seit November 1969: Psalmodie und Gemeindehoren.

Mitglieder der Subkommission II
Dr. Johannes Aengenvoort, Essen*
Prof. Dr. Philipp Harnoncourt, Graz, auch SK I B
Prof. Dr. Helmut Hucke, Frankfurt/M.*
Pfarrer Josef Klein, Seckmauern/Odenwald
P. Dr. Richard Kliem OP, Walberberg b. Köln*
P. Maurus Neuhold OSB, Seckau/Steiermark
Domkapellmeister Erhard Quack, Speyer, auch SK I A und HK
KMD Heinrich Rohr, Mainz
Prof. Fritz Schieri, Dachau, Referent, auch SK I B
Domkapitular Karl Schollmeier, Erfurt, auch HK
Domkapellmeister Anton Wesely, Wien
P. Dr. Walter Wiesli SMB, Immensee
Musikdirektor Bruno Zahner, Kreuzlingen
Die Mehrzahl der Mitglieder war von der EGB-Hauptkommission nominiert worden; die mit * bezeichneten Mitglieder wurden auf Vorschlag des Referenten als Mitglieder kooptiert.

Sitzungen
1) 15.-17. 10. 1967 München
2) 3.- 5. 3. 1968 München

3) 23.-25. 6. 1968 München
4) 30. 9.-2. 10. 1968 Heppenheim
5) 23.-25. 2. 1969 Heppenheim
6) 15.-18. 6. 1969 Heppenheim
7) 19.-21. 10. 1969 Würzburg
8) 5.- 7. 2. 1970 Würzburg
9) 28.-30. 5. 1970 Mainz
10) 25.-27. 10. 1970 München
11) 7.- 9. 3. 1971 Würzburg
12) 6.- 8. 6. 1971 Würzburg
13) 10.-12. 10. 1971 München
14) 4.- 7. 3. 1972 Walberberg
15) 3.- 6. 6. 1972 München
16) 9.-12. 9. 1972 München
17) 12.-16. 1. 1973 Würzburg

Bei jeder Sitzung war Sekretär Seuffert anwesend. Domkapitular Schollmeier konnte an keiner Sitzung teilnehmen, wurde jedoch ständig informiert und erteilte schriftliche Zustimmung.
An einzelnen Sitzungen nahmen als Gäste teil:
an 3) Herr Trottmann vom Liturgischen Institut der Schweiz,
an 5) Pfarrer Dr. Saladin als ACV-Landespräses der Schweiz,
an 8) Kirchenrat Goltzen als Mitglied der Psalmenübersetzungskommission,
an 9) Direktor Niklaus als Referent der SK I B.
Prof. Dr. Hucke war durch eine Gastprofessur in den USA längere Zeit an der Teilnahme verhindert.
Zusätzlich zu den Plenarsitzungen tagte 1969/70 fünfmal in kleiner Besetzung ein *Arbeitskreis Psalmtexte*.

Ökumenische Psalmenübersetzung
Der Referent war beauftragt, bei den Sitzungen der alttestamentlichen Gruppe der „Gemeinsamen Übersetzerkommission der evangelischen und katholischen Kirche" (GÜ) die Singbarkeit der neuen Texte zu garantieren. Er wirkte mit bei Sitzung

		GÜ/Psalmen
A) 30. 11.-2. 12. 1967	Frankfurt a. M.	= Sitzung 4
B) 25.-28. 2. 1968	Würzburg	= Sitzung 5
C) 28.-30. 6. 1968	Frankfurt a. M.	= Sitzung 6

Subkommission II — Psalmodie und Gemeindehoren

			GÜ/Psalmen
D)	31. 10.- 3. 11. 1968	Würzburg	= Sitzung 7
E)	27. 2.- 2. 3. 1969	Hedemünden/Weser	= Sitzung 8
F)	15.-18. 5. 1969	Braunshardt	= Sitzung 9
G)	18.-21. 9. 1969	Landau/Pfalz	= Sitzung 10*
H)	3.- 6. 1. 1970	Würzburg	= Sitzung 11**
I)	25.-28. 2. 1970	Bernhausen	= Sitzung 11a
K)	17.-21. 6. 1970	Braunshardt	= Sitzung 12
L)	15.-19. 9. 1970	Wiesbaden	= Sitzung 12a***

Im August 1970 nahm er an zwei Tagungen mit dem Psalmodie-Arbeitskreis der deutschen Benediktiner in Scheyern teil. Nach der auf Sitzung L) vereinbarten Erprobungsphase von mindestens 2 Jahren dienten folgende Sitzungen der *Psalter-Revision* (in kleinerem Teilnehmerkreis, überwiegend katholisch, jedoch mit Einverständnis der evangelischen Kirche):

M)	19.-24. 9. 1973	Scheyern	P)	8.-12. 2. 1974	Scheyern
N)	29. 11.- 3. 12. 1973	Beuron	Q)	22.-27. 2. 1974	Stuttgart
O)	17.-21. 1. 1974	Freising	R)	1.- 7. 4. 1974	Beuron

Sonstige Arbeitstagungen
Prof. Schieri nahm ferner seit 1968 an den Sitzungen der EGB-Hauptkommission (mit regelmäßigen Berichten über die Arbeit der SK II) teil sowie an der Referentenkonferenz und an Informationstagungen für die Diözesanbeauftragten. Zusammen mit Prof. Dr. Harnoncourt war er Mitglied der SK I B (nichtliedmäßige Gesänge im EGB). Zweimal jährlich leitete er mehrtägige Studientreffen des liturgisch-musikalischen Arbeitskreises der Werkgemeinschaft Lied und Musik e. V., auf denen wichtige Vorarbeiten zur Frage des Psallierens in deutscher Sprache geleistet wurden.

---

* Referent wurde vertreten durch Dr. Aengenvoort und KMD Rohr.
** Referent wurde vertreten durch Dr. Aengenvoort.
*** Sitzung gemeinsam Dr. Aengenvoort und Referent.

2.3.3 Arbeitsverlauf

2.3.3.1 Vorgeschichte

21. 2. 1964 Brief Seuffert an Schieri: Bericht über Subkommission „Psalmen" unter Leitung Seufferts im Rahmen der EGB-Kommission und Bitte um Unterstützung bei der Arbeit
11./12. 7. 1965 Studientreffen Mainz
7.- 9. 3. 1966 Studientreffen Trier
10.-12. 4. 1966 Studientreffen Mainz
Thematik dieser Treffen: Diskussion der Probleme und Grundsätze einer deutschen Psalmenübersetzung u. a. über brauchbare und unbrauchbare rhythmische Kurse, Behandlung des starken Schlusses und des Initiums für Cantica; allgemeine Überlegungen zu Stil, Form, Melodie eines deutschen Psalmengesangs.
29. 7. 1966 Brief des Liturgischen Instituts Trier (Dr. Rennings) an die Teilnehmer dieser Studientreffen (Hucke, Kahlefeld, Lipphardt, Niklaus, Quack, Rohr, Schieri, Seuffert) sowie zur Information an Prof. Dr. Groß als Beauftragten für den Psalter im Rahmen der Einheitsübersetzung der Heiligen Schrift.
3. 5. 1967 Brief Seuffert an Schieri: Neuordnung der EGB-Arbeit: Anfrage nach Übernahme der Leitung der Subkommission „Psalmodie"
26. 5. 1967 Brief Schieri an Seuffert: Zusage als Referent der SK II; Fragen zur Organisation der Arbeit
29. 5. 1967 Brief Seuffert an Schieri: Klärung der Organisationsfragen; Vervollständigung der Mitarbeiterliste
19./21. 9. 1967 Einladung zur 1. Sitzung der SK II

2.3.3.2 Arbeitsverlauf (nach Sitzungen und Inhalten):

1. SK-II-Sitzung München vom 15. bis 17. 10. 1967
Berichte über Vorgeschichte und Vorarbeiten; Klärung der Aufgabenstellung der SK II: Entwicklung einer allgemein brauchbaren und gültigen Gemeinde-Psalmodie einschl. der zugehörigen Kehrverse sowie von Vorsänger-Psalmodien; Grundfragen der Psalmenübersetzung; Überblick über vorhandene volkssprachliche Psalmodien in Deutschland, Österreich, Schweiz (neues Kirchengesangbuch mit speziell zum Singen geschaffener Psalmenübersetzung), in den Niederlanden, u. a. sowie bei Lutheranern und Altkatholiken; Planung der weiteren SK-Arbeit.

Subkommission II – Psalmodie und Gemeindehoren 297

A) GÜ-Sitzung Frankfurt/Main vom 30. 11. bis 2. 12. 1967
Beauftragung des Referenten durch Bischof Volk „mit der Vertretung der liturgisch-musikalischen Aspekte bei der zu schaffenden Übersetzung" der Psalmen am 17. 7. 1967 (Mitteilung von Msgr. Dr. Knoch am 26. 7. 1967 nach vorausgegangenem entsprechendem Briefwechsel). Prof. Dr. Heinrich Groß, Trier (später Regensburg), hatte auftragsgemäß den ganzen Psalter aus dem Urtext übersetzt; in 3 Tagungen (1963 bis 1966) war man bis zur 3. Fassung dieses Textes gekommen. Die Kommission (Pastor Fricke, Prof. Dr. Groß, OKR Gundert, P. Dr. Haggenmüller OSB, Prof. Dr. Lengeling, Frau Christa Reinig, Prof. Schieri, OKR Weismann, Prof. Dr. Westermann) war von beiden Kirchen beauftragt, zunächst 30 Psalmen zum gemeinsamen Gebrauch zu übersetzen. Das Einbringen liturgischer und musikalischer Gesichtspunkte stieß auf Schwierigkeiten; erst allmählich fand man zu einer angemessenen Arbeitsmethode.
In Sitzung A) wurden folgende Stücke der Vorlage (Groß) bearbeitet: Ps 1, 2, 4, 8, 19, 22, 23, 24 und 42,1-6.
Weitere Besprechungspunkte waren: die Situation in den Kirchen hinsichtlich der Psalmen; Überarbeitung der „Loccumer Richtlinien" für einheitliche Eigennamen und Abkürzungen im Bibelgebrauch.

Sitzung 1 der Hauptkommission vom 28. bis 31. 1. 1968 in Puchberg/ O. Ö.
Sekretär Seuffert berichtet (in Abwesenheit des Referenten) über den Beginn der SK-II-Arbeit. Die HK hält die Erstellung der Gemeinde-Psalmodie für vordringlich.

B) GÜ-Sitzung Würzburg vom 25. bis 28. 2. 1968
Fortführung der Arbeiten unter Mitwirkung von P. Beron OSB: Ps 4 (revidiert), 46, 50, 51, 68, 72, 73, 90, 91, 96, 97, 100, 103, 104, 110, 117, 134; sowie zusammen mit der NT-Übersetzergruppe: Magnificat, Benedictus und Nunc dimittis.

2. SK-II-Sitzung München vom 3. bis 5. 3. 1968
Berichte über die zwischenzeitlichen Sitzungen, insbes. GÜ und HK; Bestandsaufnahme aller erreichbaren Gemeinde-Psallierweisen im deutschen Sprachgebiet; Diskussion des Heftes XX/1 der Zeitschrift „Musik und Altar" (Beiträge der SK-Mitglieder Aengenvoort, Harnoncourt, Hucke, Kliem und Schieri zum Thema Gemeinde-Psalmo-

die); Forderungen an die neue Übersetzung: klare Verszählung, im Regelfall zweiteilige Versgliederung, hebräische Psalmzählung; erste drucktechnische Überlegungen.
Grundentscheidung: Gemeinde-Psalmodie muß tenoral sein und aus den tradierten Melodieformeln entwickelt werden.
Sonstiges: Überlegungen zur Vertonung des neuen Vaterunser-Textes und der deutschen Kanontexte.

Anlage I: Denkschrift „Gemeinde-Psalmodie in deutscher Sprache" (vorgelegt im Mai 1968 vom Arbeitskreis für liturgisch-musikalische Fragen der Werkgemeinschaft Lied und Musik) s. S. 347ff.

3. SK-II-Sitzung München vom 23. bis 25. 6. 1968
Kritische Stellungnahme zur Denkschrift (s. 2.3.9); Vorbereitung einer Vorlage zur Frage der Gemeinde-Psalmodie an die HK; Antrag an die HK betr. Erstellung einer Gemeinde-Vesper als Versuch; Fragen der Psalmenauswahl und Dringlichkeitsliste der durch die GÜ in jedem Falle noch zu übersetzenden Psalmen.
Beschluß: nur 1 Schlußkadenz für jeden Psalmton der Gemeinde-Psalmodie.

C. GÜ-Sitzung Frankfurt/Main vom 28. bis 30. 6. 1968
Beendigung der Arbeit an den 30 Psalmen (= erster Auftrag): Ps 130, 136, 139, 145, 150. Nach Vorlage der Dringlichkeitsliste der SK II (mit Benennung von ca. 40 weiteren für das EGB erforderlichen Psalmen) wird weitergearbeitet:
Ps 25, 34, 65, 84, 85, 95, 98, 111, 116.
Überprüfung der Perikopentexte Jes 60,1-6 und Joel 2,12-19. Sonstiges: Biblische Maße, Münzen und Gewichte (mit P. Dr. Schwank OSB); Bereitschaft zu einzelnen nachträglichen Änderungen an bereits bearbeiteten Texten, wenn es von der SK II gewünscht wird.

Sitzung der Diözesanvertreter in Paderborn am 1. 7. 1968
u. a. Bericht über die bisherige SK-II-Arbeit und Diskussion

4. SK-II-Sitzung Heppenheim vom 30. 9. bis 2. 10. 1968
Fertigstellung der Vorlage an die HK (s. 3. Sitzung und Anlage b); Kontakte zu SK I B wegen der Kehrversfrage; Überlegungen zur

Vesper und zu freieren Psalmübertragungen; Kriterien für Vorsänger-Psalmodie, Typologie einer solchen.

Anlage II: Vorlage „Deutsche Gemeinde-Psalmodie"
(1. 10. 1968, vorgelegt von der SK II an die HK; s. 2.3.10)

Sitzung 2 der Hauptkommission vom 21. bis 24. 10. 1968 in Zürich
Seuffert legt (in Vertretung von Schieri) die SK-II-Vorlage zur „Deutschen Gemeindepsalmodie" vor; sie findet einhellige Zustimmung (kleine Modifikation in der Frage der Akzentverlagerung beim starken Schluß: der vorletzte Wortakzent soll nur bei *zwei*silbiger Fügung auf den Vorschlußton verschoben werden, z.B. „...ihr Völker, *lóbet Gótt,* „nicht aber bei *mehr*silbigen Fügungen wie „...ihr Völker, *lóbet den Hérrn").*
Beauftragung der SK II mit der Erarbeitung einer Gemeinde-Vesper, die möglichst bald publiziert werden soll. Endfassungen von Magnificat, Benedictus und Nunc dimittis. Restliche Festlegung der Eigennamenschreibung (mit Ausnahmeliste).
Hier ist auf eine größere Schwierigkeit hinzuweisen, die die Arbeit der SK II von Anfang an belastet hat: die Unkenntnis über die definitive rituelle und textliche Gestalt des neuen deutschen Breviers. Die von der SK angestrebte weitestgehende Übereinstimmung war zum Zeitpunkt der EGB-Vorbereitung in vielen Einzelheiten unerreichbar (z.B. Eröffnung der Hore; Variabilität der kleinen Doxologie; Textgestalt mancher Cantica; Vaterunser mit oder ohne Doxologie u.a.m.).

D) GÜ-Sitzung Würzburg von 31. 10. bis 3. 11. 1968
Folgende Stücke wurden unter Mitwirkung von Kirchenrat Goltzen, der zum bisher Erarbeiteten eingehende Stellungnahmen eingereicht hatte, behandelt:
Ps 27, 47, 92, 93, 112, 113, 118, 122, 126, 127, 128, 147, 148 und 119, 1-48; Nachträge zu früheren Protokollen;
Lk 2,1-20 (auf Wunsch der evangelischen Gutachter und gemeinsam mit der NT-Arbeitsgruppe).
Beschluß: Zum besseren Psallieren kann es überall „Herren" statt „Herrn" heißen (z.B. Ps 128,1).
Frage des Makarismos („Selig sind...").

5. SK-II-Sitzung Heppenheim vom 23. bis 25. 2. 1969
Bericht über die Sitzung 2 der HK; Vorschlag weiterer dringlich benötigter Psalmen an die GÜ; Detailplanung der Gemeindevesper entsprechend dem Auftrag der HK: Hymnus, Psalmen, Canticum, Responsorium breve, Vaterunser usw.

E) GÜ-Sitzung Hedemünden vom 27. 2. bis 2. 3. 1969
Unter Hinzuziehung des Germanisten Prof. Dr. Tschirch wurden bearbeitet:
Ps 9, 12, 13, 16, 18, 28, 29, 30, 31, 32, 62, 67 sowie Nachträge zu Ps 12, 91 und 96.
Sekretär Seuffert unterrichtete die Kommissionen über den Stand der Arbeit am EGB, Prof. Lengeling über das Brevier und den Ordo Lectionum. Prof. Westermann referierte über den Makarismos im AT. Nochmals behandelt wurden Fragen der Eigennamenschreibung.

F) GÜ-Sitzung Braunshardt vom 15. bis 18. 5. 1969
Wieder mit Prof. Tschirch wurden revidiert:
Ps 33, 37, 45, 55, 63, 122 (2. Fassung), 131, 149; Nachträge zu Ps 111, 113; Referate zum Makarismos im NT und aus germanistischer Sicht; Plenaraussprache (beide Kommissionen) und Festlegung verschiedenartiger Wiedergabe (AT: „Wohl dem...", NT: „Selig..."); Plenaraussprache über die Frage „Christus – Messias – Gesalbter".

6. SK-II-Sitzung Heppenheim vom 15. bis 18. 6. 1969
Bericht über die Arbeitsgruppe Psalmtexte (Aengenvoort); Fertigstellung des Vespertextes, Vergabe der Psalmtöne und Kehrversaufträge; Fragen des Psalmliedes in Abgrenzung zur SK I A (Quack) sowie der Halleluja- und sonstigen Kehrversmelodien (Vorschläge an SK I B); Bericht über Stand und Desiderate der GÜ-Arbeit (Schieri).

Referentenbesprechung 8./9. 7. 1969 in Morschach/Schweiz
Wunsch nach Heft mit Antwortpsalmen zum Advent 1969

G) GÜ-Sitzung Landau vom 18. bis 21. 9. 1969
Für den verhinderten Referenten nahm Dr. Aengenvoort an der Psalmenübersetzungsgruppe, KMD Rohr an der Canticaübersetzungsgruppe teil. Es wurden erarbeitet:

Ps 36, 39, 41, 48, 54, 56, 57, 66, 71, 78 und 80; Eph 1,3-10; Phil 2,5-11; Kol 1,12-20; Offb 4,11; 5,9.10.12; 11,17.18; 12,10b-12a; 15,3-4; 19,1.2.4-8.
Im Plenum wurden nochmals die Textfassung des Weihnachtsevangeliums, die Wiedergabe des Makarismos, die Perikopenordnung und die Eigennamenschreibung behandelt.

7. SK-II-Sitzung Würzburg vom 19. bis 21. 10. 1969
Weiterarbeit an der Gemeindevesper: Entscheidung über die Kehrverse (= Auswahl aus den Einsendungen); Auftragserteilung an 20 Komponisten zur Vertonung der Cantica Offb 19 und Phil 2; Erprobung der vorhandenen Vesperteile; Antwortpsalmen zum Advent („EGB 1"); Planung weiterer Probepublikationen; Berichte über Sitzungen des AK Psalmtexte und anderer EGB-Gremien.

Sitzung 3 der Hauptkommission vom 18. bis 21. 11. 1969 in Zürich
Bericht Schieri über SK II; Diskussion des Themas Antwortpsalm; Erprobung der Vesper-Vorlage (Zustimmung mit kleinen Korrekturen). Erweiterung der Aufgabenstellung für die SK II: Psalmodie und Gemeindehoren; Planung weiterer Vorauspublikationen.

H) GÜ-Sitzung Würzburg vom 3. bis 6. 1. 1970
Unter Mitwirkung Dr. Aengenvoorts wurden bearbeitet:
Ps 44, 62, 69, 70, 74, 75, 76, 81, 83, 86, 89, 99, 102, 105, 106 und 107 (teilweise); außerdem Eph 1,3-10 (kleine Änderungen). Der Psalter soll fertiggestellt werden und zu den ersten Veröffentlichungen der gemeinsamen Übersetzung gehören.

8. SK-II-Sitzung Würzburg vom 5. bis 7. 2. 1970
Bericht des Sekretärs über Sitzung 3 der HK; Einarbeitung der dort gewünschten Korrekturen in die Gemeinde-Vesper; Entscheidung über die Cantica (Ausschreibung); Diskussion über Notationsfragen, Orgelbegleitung und mehrstimmige Sätze; Erprobung der Vesper in endgültiger Gestalt; Auswahl der Psalmen und Kehrverstexte für die Antwortpsalmen der Probepublikation „per annum".
Anschließend Sitzung des Arbeitskreises Psalmtexte.

Anlage III: Bericht Dr. Aengenvoort über SK II in der Zeitschrift „Gottesdienst" Nr. 20/21 Nov 1970 (s. 2.3.11 S. 361)

J) GÜ-Sitzung Bernhäuser Forst in Stetten/Fildern bei Stuttgart vom 25. bis 28. 2. 1970
Es wurden erarbeitet:
Ps 15, 17, 40, 107 (in endgültiger Fassung), 108, 115, 119 (davon 1-48 in 2. Lesung), 121, 123, 125, 133, 135, 138, 143 und 146

9. SK-II-Sitzung Mainz vom 28. bis 30. 5. 1970
Nach Berichten über die laufenden Projekte und über Tagungen werden schwerpunktmäßig die Kehrverse der nächsten Probepublikationen behandelt: alle eingesandten Stücke werden gesungen und über jedes einzelne (bei voller Anonymität des Autors) geheim abgestimmt. Sodann wurde nach Aufhebung der Anonymität dem Autor des Kehrverses die Komposition der zugehörigen Vorsängerpsalmodie übertragen.

Arbeitskreis Probepublikationen am 8./9. 6. 1970 in Schwarzenberg bei Scheinfeld/Mainfranken
Im Auftrag der SK II werden die Vorsängerpsalmodien (s. Sitzung 9) überprüft und druckfertig gemacht.

K) GÜ-Sitzung Braunshardt bei Darmstadt vom 17. bis 21. 6. 1970
Unter Mitwirkung von Dr. Aengenvoort (statt Schieri), KR Goltzen und Prof. Tschirch wurden überarbeitet:
Ps 3, 5, 6, 7, 10, 14, 20, 21, 26, 35, 38, 49, 52, 53, 58, 59, 60, 61, 64, 77, 79, 82, 87, 88, 93, 94, 101, 109, 114, 120, 124, 129, 132, 137, 140, 141, 142, 144 und ein Nachtrag zu Ps 99,6.
Letztmals wurden die „Loccumer Richtlinien" behandelt.

L) GÜ-Abschlußsitzung Wiesbaden vom 15. bis 19. 9. 1970
Unter Teilnahme aller Kommissionsmitglieder (von SK II Dr. Aengenvoort und Schieri) und Hinzuziehung des P. Ambrosius Schmidt OSB vom exegetischen Arbeitskreis der liturgischen Konferenz der Benediktiner im deutschen Sprachraum, welcher sich unterdessen sehr gründlich mit dem ökumenischen Psalter befaßt hatte, wurden alle 150 Psalmen nochmals gründlich durchgesehen und in Einzelheiten geändert, dazu Überschriften und Bemerkungen eingesetzt sowie die Leit- oder Stammkehrverse und die Strophengliederung (Zäsuren) bezeichnet. Damit hat die Arbeitsgruppe ihren Auftrag erfüllt.
Beschlossen wurde: Sammlung aller Reaktionen auf den neuen Psal-

Subkommission II – Psalmodie und Gemeindehoren 303

ter und Zusendung an die Kommissionsmitglieder; Drucklegungsregeln und Verweisstellen; Unterpunktierung („Herren"); Redaktionsablauf; Revisionsverfahren.
Schlußwort des (katholischen) Vorsitzenden Groß und Dankeswort des (evangelischen) Exegeten Westermann.

10. SK-II-Sitzung München vom 25. bis 27. 10. 1970
Erarbeitung des SK-II-Anteils an folgenden Probepublikationen:
PP 3 – Eucharistiefeiern während des Jahres
PP 5 – Die Feier der Karwoche
PP 6 – Gesänge für die Osterzeit.
Für die Antwortpsalmen und Gemeindehoren in diesen Heften werden die nötigen Festlegungen getroffen und entsprechende Ausschreibungen veranlaßt. Die erforderlichen Halleluja-Melodien werden einer von der SK I B erstellten Liste entnommen.

Sitzung 4 der Hauptkommission am 19./20. 11. 1970 in Zürich
Anstelle des verhinderten Referenten berichtet KMD Rohr über die Ergebnisse der SK-II-Arbeit: EGB 1 und 2 sind erschienen, 3 bis 6 in Vorbereitung. Der ökumenische Psalter ist fertig.
Die HK beauftragt die SK, sich nun verstärkt wieder der Psalmenauswahl und -bearbeitung fürs EGB zuzuwenden.

11. SK-II-Sitzung Würzburg vom 7. bis 9. 3. 1971
Vorbereitung von EGB 7 – Advent/Weihnachten/Epiphanie.
Entscheidung über Psalmenauswahl und -einteilung im EGB.
Berichte über HK, Sitzung 4, und über die Probepublikationen in Verkauf und Druck.

12. SK-II-Sitzung Würzburg vom 6. bis 8. 6. 1971
Inhaltsverzeichnis EGB: Antwortpsalmen aus den Probepublikationen bzw. in Vorbereitung; Gemeinde-Horen in Planung.
Kehrverse zu den Antwortpsalmen (Auswahl aus den Vorschlagslisten).
Überlegungen zu weiteren Vespern, zu Laudes und Komplet.
Psalmenauswahl nach Versen, Überschrift und Verwendung bzw. Thema; Stammkehrverse; Psalmparaphrasen (Beispiele).

Sitzung 5 der Hauptkommission am 24./25. 6. 1971 in Puchberg/O. Ö.
Arbeitsbericht des Referenten SK II (vgl. die obigen Sitzungsberichte); Inhaltsverzeichnis EGB; „Vorauspublikation" wird beschlossen. HK hält 40 bis 50 Antwortpsalmen und insgesamt 70 bis 80 Psalmen im EGB für angemessen; sie sollen grundsätzlich nur für einen Psalmton eingerichtet werden.

13. SK-II-Sitzung München vom 10. bis 12. 10. 1971
Fertigstellung von EGB 8 (Fastenzeit); endgültige Festlegung der Stammkehrverse zu den EGB-Psalmen 1 bis 103; Ausschreibung der erforderlichen Neuvertonungen.

Sitzung 6 der Hauptkommission vom 20. bis 23. 1. 1972 in Batschuns bei Feldkirch/Vorarlberg
Die HK wünscht etwa acht Vespern im EGB, dazu eine Laudes und die Komplet.

14. SK-II-Sitzung Walberberg vom 4. bis 7. 3. 1972
Entwicklung einfacherer Vorsänger-Psalmodien zu den bereits erschienenen Gesängen als Alternative; Weiterarbeit an Vespern und Laudes.

15. SK-II-Sitzung München vom 4. bis 6. 6. 1972
Berichte des Sekretärs über den Fortgang der EGB-Arbeit, auch über die Proteste gegen Einzelheiten (z. B. gegen die Mitarbeit von Autoren in SK II); Stammkehrverse zu den EGB-Psalmen 104 bis 150 (vgl. 13. Sitzung); volkstümliche Psalmodie zu Ps 51; Erarbeitung der Komplet; Behandlung aller Notationsfragen; Neuausschreibung von Kehrversen; Redaktionsplanung.

Sitzung 7 der Hauptkommission vom 9. bis 12. 7. 1972 in Nußdorf am Attersee/O. Ö.
Referent konnte nur kurz anwesend sein und wurde von P. Dr. Kliem vertreten: eingehende Berichterstattung über Psalmen mit Stammkehrversen, Antwortpsalmen, Gemeindehoren und Notationsfragen. Bildung von Kommissionen für Redaktion, Notation, Textschreibung, Orgelbuch, Kantorenbuch, einstimmiges Chorbuch, Kinderagende.

Subkommission II – Psalmodie und Gemeindehoren

16. SK-II-Sitzung München vom 9. bis 12. 9. 1972
Endgültige Fertigstellung aller Gemeindehoren des EGB; Überlegungen zu Notation, Redaktion, Vorsängerbüchern, Orgelbuch.

Sitzung 8 der Hauptkommission vom 3. bis 6. 12. 1972 in Schönberg bei Innsbruck
U. a. Entscheidung, daß die Vespern im EGB bei der jeweiligen Festzeit stehen sollen. Aufbau des EGB.

17. SK-II-Schlußsitzung Würzburg vom 12. bis 16. 1. 1973
Abschließende Behandlung der Notationsprobleme (in Abstimmung mit den anderen Subkommissionen); Entscheidung über die restlichen Kehrverse und Cantica; Abschluß der SK-Arbeit; Zusammensetzung der Vorsängerbuchkommission: Aengenvoort, Hucke, Klein, Rupp, Wesely.

Sitzungen 9 und 10 der HK vom 25. bis 28. 2. 1973 bzw. 17. bis 20. 6. 1973 in Puchberg
Abschluß der EGB-Arbeit.

Psalmenrevisionskommission (= GÜ/R) Regensburg 20. bis 22. 7. 1973
Entsprechend dem bei der letzten GÜ-Plenarsitzung Wiesbaden 1970 (L) Vereinbarten, wurde nach über zweijähriger Erprobungsphase der Psalter einer Revision unterzogen. Auf Veranlassung des Bibelwerks arbeitete eine kleinere Gruppe (Pastor Fricke, Prof. Dr. Groß, P. Dr. Haggenmüller, Sr. Hasenmüller, Dr. Schmalzriedt und Lic. Sitarz) an Psalm 1 bis 13.
Der Referent der SK II wurde ab der 2. Sitzung beigezogen mit dem Auftrag, wiederum für gute Singbarkeit zu sorgen.

M) GÜ/R-Sitzung vom 19. bis 23. 9. 1973 in Scheyern
Unter dem Eindruck der Notwendigkeit, bald für das EGB den endgültigen Psaltertext verfügbar zu haben, wurde die Revision auf die dringlichsten Fälle beschränkt. Überprüfung der Ps 14 bis 33 und 35.

N) GÜ/R-Sitzung vom 29. 11. bis 3. 12. 1973 in Beuron
Bevorzugte Revision der weiteren im EGB vorkommenden Psalmen:

34, 36, 37, 38, 39, 40, 41, 42, 43, 46, 47, 49, 50, 51, 52, 53, 57, 63, 65, 67, 71 und 72; Nachträge zu den bisher behandelten Psalmen.

O) GÜ/R-Sitzung vom 17. bis 21. 1. 1974 in Freising
Vertreten durch Dr. Aengenvoort wurden bearbeitet: Ps 77, 80, 84, 85, 90, 91, 92, 93, 94, 96, 98, 100, 103, 104, 111, 112, 113, 115, 117, 122 und 130. Nachträge zum bisher Behandelten.

P) GÜ/R-Sitzung vom 8. bis 12. 2. 1974 in Scheyern
Vertreten durch Dr. Aengenvoort wurden revidiert: Ps 110, 116, 118, 119, 121, 126, 134, 136, 137, 139, 142, 145, 146, 148, 150.

Q) GÜ/R-Sitzung vom 22. bis 27. 2. 1974 in Stuttgart
Hier wurden die restlichen EGB-Psalmen überarbeitet: 44, 45, 48, 54, 55, 56, 58, 59, 60, 61, 62, 64, 66, 68, 69, 70, 73, 75, 76, 78, 108, 133, 147. Nachträgliche Änderungen auch durch Einsendungen von verschiedenen Seiten.

R) GÜ/R-Sitzung vom 1. bis 7. 4. 1974 in Beuron
Wiederum mit Dr. Aengenvoort wurden hier die übrigen Psalmen überprüft sowie die Redaktionsmodalitäten festgelegt.
In schriftlichem Austausch unter den Kommissionsmitgliedern wurde nun noch Korrektur gelesen, Kleinigkeiten der Schreibweise harmonisiert und eine Tabelle der für den einzelnen Psalm geeigneten Psalmtöne (s. 2.3.7) erstellt.

2.3.4 Arbeitsergebnisse

Für das Einheitsgesangbuch *Gotteslob* wurden von der SK II erarbeitet:

1. Die deutsche Gemeinde-Psalmodie
Hierzu gehört die Festlegung auf neun Grund-Modelle (s. Anhang I und Anlage I), im Anschluß an die deutsche Psalliertafel von Heinrich Rohr, ferner die Entwicklung einiger Sonderformen (GL Nr. 85, 3; 677, 2 + 724, 2; 723, 2).
Die Ausarbeitung strenger und einheitlicher Textunterlegungsregeln steht in engem Zusammenhang mit der Ökumenischen Psal-

terübersetzung, die sprachrhythmisch einfach und gut singbar gestaltet ist.

2. Gemeinde-Horen

GL-Nr.	Vesper	1. Ps	2. Ps	3. Ps	Resp.	Canticum (LK)
121	Adventszeit	24	85	Jes 35	Typ A	Magnificat 127
150	Weihnachtszeit	96	72 A/B	Kol 1	Typ B	Magnificat (= 127)
189	Fastenzeit	51	130	1. Petr 2	Typ A	Magnificat (= 689)
234	Osterzeit	118 A/B	118 C	(= 174/686)	Typ B	Magnificat (= 127)
252	Vom Hl. Geist	104 C	147	(= 686)	Typ B	Magnificat (= 689)
599	Marienfeste	85	57	(= 154)	Typ A	Magnificat (= 127)
628	Heiligenfeste	8	112	Mt 5	Typ C	Magnificat (= 689)
648	Kirchweih	84	46	(= 686)	Typ A	Magnificat (= 689)
682	Sonntagsvesper I	110	111	Offb 19	Typ C	Magnificat 689
	Sonntagsvesper II	122	113	Phil 2	–	–
673	Laudes	63	Dan 3	150	Typ A	Benedictus
695	Komplet	4	134	91	Typ C	Nunc dimittis

Dazu Eröffnung (683), Invitatorium (674), Vaterunser und Entlassung (691). Die zugehörigen Kehrverse wurden von der SK II ausgewählt; Halleluja-Melodien sind von SK I B, Hymnen von SK I A übernommen.

Das Responsorium breve (Antwortgesang nach der Lesung) tritt in drei Typen auf, von denen zwei an römische Melodiemodelle angelehnt wurden (s. S. 333ff).

Die übrigen nicht dem Psalter entnommenen Texte sind teils psalmodisch gestaltet, teils frei auskomponiert („Cantica" s. S 337ff).

3) Psalmenauswahl
Es wurden folgende Psalmen bzw. geschlossene Psalmabschnitte und psalmähnliche Texte für den Gemeindegesang ausgewählt (vgl. GL S. 14). Die Zuweisung bestimmter „Töne" berücksichtigt den Inhalt und die sprachlich-rhythmische Gestaltung des einzelnen Psalms.

1. Ton:		2. Ton:		3. Ton:		4. Ton:	
Ps	Nr.	Ps	Nr.	Ps	Nr.	Ps	Nr.
12	711	2	709	22A	715	1	708
40	725	19B	714	22B	716	27	719
50	729	42f	726	22C	717	32	721
92	737	49	728	57	601	51	190
104A	743	63	676	57	730	85	123
116B	747	77	734	67	732	85	600
142	756	80	735	Magn	127	90	736
145B	758	96	151	Ndim	90	103	83
Jes	124	96	740	Ndim	700	103	742
		110	684			112	630
		119A	750			113	693
		126	753			139	755
		137	754			146	759
		148	761				
		Ben	89				

Subkommission II — Psalmodie und Gemeindehoren

5. Ton:		6. Ton:		7. Ton:		8. Ton:	
Ps	Nr.	Ps	Nr.	Ps	Nr.	Ps	Nr.
33	722	18	712	8	710	4	697
34	723	23	718	8	629	19A	713
84	649	71	733	46	650	24	122
100	741	72A	152	94	739	28	720
117	748	72B	153	104C	253	47	727
147	254	104B	744	116A	746	65	731
		111	685	130	82	91	698
		118AB	235	130	191	93	738
		118C	236	145A	757	98	484
		119B	751	150	678	122	692
		147	760			134	697
						Ben	681

9. Ton:		10. Ton:		11. Ton:	
Ps	Nr.	Ps	Nr.	Ps	Nr.
(36	724)*	34	723	51	85**
40	725	(= tonus		(= volkstümliche	
115	745	irregularis)		Psalmodie)	
121	752				
(Dan	677)*				
Magn	689				

(= tonus peregrinus)
* = Variante des 9. Tons
** = freie Übersetzung

Weitere Psalmtexte finden sich in den Andachten GL Nr. 774, 5; 777, 2 bis 5; 783, 1; 787, 2; 788, 3, und 4. Einzelverse (an vielen Stellen) bleiben hier unerwähnt.
Psalmlieder gehörten zum Arbeitsbereich der SK I A.

4. Kehrverse
der Gemeindehoren und Psalmen (s. Punkt 2 und 3) sowie zu den Antwortpsalmen (s. Kantorenbuch).
Es handelt sich um insgesamt ca. 120 Kehrverse, die großenteils von der SK II neu erarbeitet werden mußten (vgl. die Einzelbesprechungen in 4). Die Hallelujamelodien wurden von SK I B übernommen.

5. Vorsänger-Psalmodien
Ein Teil davon wurde bereits für die Probepublikationen in Auftrag gegeben (Vorsängerhefte zu PP 1, 3, 5, 6, 7, 8 und VP). Unter Berücksichtigung der inzwischen neu übersetzten bzw. revidierten Texte wurden sie dann ins „Chorbuch I" und ins „Kantorenbuch" übernommen und hier z.T. weiter ausgebaut. Da sich ein Teil der Solopsalmodien in der vor dem Erscheinen des GL liegenden Erprobungsphase als zu schwer erwiesen hatte, wurde vielen Antwortpsalmen des Kantorenbuchs eine einfache Zweitfassung beigegeben: So stehen dort neben auskomponierten Stücken von ca. 40 Autoren die Modellweisen der SK-II-Mitarbeiter Aengenvoort, Rohr, Schieri und Seuffert; in K S. 283ff. findet man eine zusammenfassende Darstellung dieser zur Improvisation anregenden Solopsalmodien. Auf die „Einführung" ins Kantorenbuch, sehr instruktiv verfaßt von Johannes Aengenvoort, sei nachdrücklich hingewiesen.
Alle Vertonungen in Ch und K wurden nach den von der SK II ausgearbeiteten Textierungsregeln im Einvernehmen mit den Komponisten durchgestaltet.

2.3.5 Erfahrungen und Zusammenfassung

2.3.5.1 Kommentare zu Anlage I und II

Die Denkschrift „Gemeinde-Psalmodie in deutscher Sprache" (DS) und die Vorlage „Deutsche Gemeinde-Psalmodie (VDG) wurden, wie in 2.3.3 berichtet, bereits 1968 erstellt. Aus der Sicht des vollendeten *Gotteslob* ist von besonderem Interesse, wie sich die damals niedergelegten Grundsätze und Grundentscheidungen im weiteren Arbeitsverlauf modifiziert haben. Was im folgenden nicht kommentiert wird, blieb unverändert.

1: Kommentar zu Anlage I (DS):
zu I) Den drei Grundformen des Psallierens entsprechen folgende drei EGB-Ausgaben:
1) Kantorenbuch (K) mit Solopsalmodie der Antwortpsalmen;
2) Chorbuch (Ch) mit Schola- bzw. Chorpsalmodie für die übrigen Meßgesänge und Sakramente;
3) Gotteslob (GL) mit Gemeindepsalmodie (Horen, Psalmen u. ä.).

Inhaltlich liegen gewisse Überschneidungen vor, indem sich einige Modelle der Gemeindepsalmodie auch in Ch finden, einige Modelle der Chorpsalmodie auch in K.

zu IV/Tabelle) Bei der Endfassung der Gemeindepsalmodie in GL und Ch sind folgende Einzelheiten verändert:

a) Das *Initium* wird nunmehr überall dort verwendet, wo es auch in der römischen Tradition vorkommt, d.i. also am Psalmbeginn und nach Kehrversen, bei den lukanischen Cantica an jedem Versanfang.

b) Alle 1. Rezitationstöne werden für dreiteilige Psalmverse mit *Flexa* ausgestattet, d.h. mit melodischer Beuge a-g (bei I, IV, VI, VII und IX) bzw. a-fis (bei den übrigen Tönen).

c) Bei Formeln mit einakzentiger *Mediatio* (II, IV, VI, VIII) ist die Hauptakzentnote syllabisch zu bezeichnen (•), da bei der GÜ-Textfassung keine Repetierbarkeit erforderlich ist.

d) Folgende Gemeindepsalmodien (Eigenmelodien) sind zu *ergänzen:*

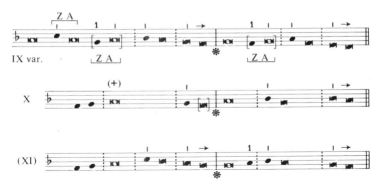

zu V) *Regel 1)* gilt in GL nur dann, wenn der vorletzte Akzent auf der drittletzten Silbe liegt (= Rhythmus II 1) = Beispiel 1a). 1b) bleibt wie im lateinischen Psallieren bei silbenzählender Textbehandlung = 2. Beispielzeile: „So künde ich denn *die* Sätzung des Hérrn" (= III 1, ebenso bei IV 1 etc.).

Regel 2) entfällt ganz, da diese Rhythmen (III 1 bzw. III 2) in der ökumenischen Psalmenübersetzung vermieden sind (abgesehen von „Sonderfällen" bei zweiakzentigen Kadenzformeln, s. w. u.).

Regel 3) gilt in GL nur für den Fall von *drei* Silben zwischen den beiden letzten Akzenten im Rahmen zweiakzentiger Formeln (= IV

III = Beispiel 3a); die anderen Rhythmen (V II bzw. III 2 II = Beispiel 3b) und Komplizierteres) kommen im GÜ-Psalter nicht vor.

zu VI) und VII) Die Zuordnung *Kehrvers: Psalmodie* wurde in GL wie hier vorgeschlagen gehandhabt. Hierdurch erklärt sich auch, weshalb bei vielen GL-Kehrversen mehrere Psalliermöglichkeiten angegeben sind, z. B. bei Nr. 117,4: IIb, IIIb, VIIIb, VIIg.

zu VIII) Änderungen im *Druckbild* des GL:

zu 1): Die Stropheneinteilung wird nicht durch größeren Durchschuß gekennzeichnet, sondern durch einen Gedankenstrich nach dem letzten Vers der Strophe (z. B. Nr. 122, 2 = Ps 24 mit Zäsuren nach Vers 2, 6, 10). Dieses Verfahren spart Platz.

zu 2): Die geradzahligen Verse werden etwas eingerückt. Dadurch ist dem gemeindemäßigen Alternieren eine gute optische Hilfe gewährt.

zu 4): Nur zwei Zeichen unter dem Text werden verwendet: die Unterstreichung für den Formelbeginn und die eckige Klammer (anstelle eines Bogens) für die Silbenzusammenfassung. Diese Zeichen waren drucktechnisch am leichtesten zu erstellen.

zu IX) Frage 4) war nicht lösbar; alles übrige wurde vollzogen.

2. Kommentar zu Anlage II (VDG):

zu 3) Die Tabelle der Psalmodie-Modelle wird hier nicht mehr beigegeben, da sie mit der DS/Tabelle zu Punkt IV identisch ist (s. Anlage I).

zu 4) Ebenso wird auf die Textbeispiele verzichtet; sie decken sich mit den DS/Beispielen zu Punkt VIII der Anlage I.

zu 5) Die ursprüngliche Absicht, die Psalterübersetzung so zu gestalten, daß jeder Psalm in jedem Ton gesungen werden kann, war nicht realisierbar. In der endgültigen Textfassung können nur einige Psalmen in allen, die meisten immerhin in mehreren Tönen psalliert werden.

zu 7) vgl. Kommentar zu DS/VIII

zu 8) vgl. Kommentar zu DS/VI d) und die frei komponierten Cantica im GL (Nr. 154, 192, 631, 686 und 694 = 174)

2.3.5.2 Zur Sprachgestaltung der Ökumenischen Psalterübersetzung

Psalmen und Cantica sind von ihrem Wesen und Ursprung her Gesänge. Bei Verwendung in der Liturgie müssen sie auch in unserer Sprache gesungen werden können.
Der gemeinsamen Übersetzerkommission war ihre Übertragung aus dem Urtext aufgegeben. Zur Forderung nach philologisch-exegetischer Richtigkeit trat die nach einfachem gutem Deutsch und nach Singbarkeit durch eine Menschengruppe (Gemeinde).
Bei der GÜ-Arbeit und in den nachfolgenden Erprobungsphasen erwies sich bald, daß die für das Singen nach Modellen des tenoralen Typs erforderlichen strengen Rhythmusregeln schlichte Formulierungen ohne allzu individuell gestaltete Aussage verlangen. Die Ursache des Unbehagens am muttersprachlichen Psallieren liegt nicht in den Melodieformeln, sondern in einer Sprachgestaltung, bei der die musikalisch-rhythmischen Erfordernisse nicht hinreichend berücksichtigt sind. Das gilt auch für poetisch wertvolle Übersetzungen wie von Guardini oder Buber; sie waren leider für einen gemeindlichen Psalmengesang weithin nicht zu gebrauchen. Wichtige Prinzipien bisheriger Psalmenübertragungen konnten aber beibehalten werden: Grundform blieb der zweiteilige Vers, meist mit einer der Arten des parallelismus membrorum und nur selten in die Dreiteiligkeit ausweichend (a/a b); die Verszeilen sind rhythmisch und längenmäßig variabel; mehrere Verse werden zu Strophen zusammengefaßt.
Dem zweiteiligen Vers entspricht die musikalische Grundstruktur:
Initium – Tenor 1 – Mediatio * Tenor 2 – Terminatio;
bei Dreiteiligkeit wird Tenor 1 durch eine Flexa, d. i. eine im Vergleich zur Mediatio schwache Zäsur, unterbrochen.
Das sprachliche Hauptproblem war, bei der neuen Übersetzung die Zahl der rhythmischen Kurse am Zeilenschluß so zu begrenzen, daß jedes Holpern oder Nachklappern unterbunden wurde. Zunächst galt es, alle Fügungen mit mehr als zwei Silben nach dem letzten Hauptakzent auszumerzen (scherzhaftes Modellwort: „Réisetasche" = 3 Silben nach der Hauptakzentsilbe). Im Hinblick auf zweiakzentige Formeln sollte überdies der vorletzte Akzent nicht allzu weit vor dem letzten zu stehen kommen. (Dadurch, daß in diesem Fall jeder der beiden Akzente Hauptakzent sein kann, ergab sich hier eine gegenüber einakzentigen Fügungen erweiterte Flexibilität, s. w. u.)

Diese Probleme und ihre allmähliche Lösung im Verlauf der GÜ-Arbeit seien am Beispiel des *90. (89.) Psalms* verdeutlicht:

Psalm 89 (90) Lateinische (pianische) Fassung: Kursus
1) Domine, tu fuisti refúgium nóbis *   III II
   a generatióne in gēnerātiónem.   2 II
2) Priusquam montes gignerentur et nasceretur térra et órbis, * III II
   et ab aeterno in aetérnum tū es, Déus.   2 II
3) Reverti jubes mortáles in púlverem, *   III III
   et dicis: „Revertemini, fílii hóminum".   III III
4) Nam mille anni in oculis tuis tamquam dies hestérnus
   sūnt qui transívit, *   1 2 II
   et tamquam vigília noctúrna.   IV II
etc.

Lateinische Sprachrhythmen spielten an sich bei der GÜ-Kommission keine Rolle. Hier sind sie zitiert, um das Prinzip und die Einfachheit des Latein zu zeigen. In dieser Sprache ist Psallieren fast reibungslos möglich.

Nur selten findet sich der (im Deutschen so häufige) starke Schluß:
Ps 90 (91), 11a: Quia angelis suis mandávit de tḗ, *   III I (1)
100 (101), 2b: quando vénies ad mḗ?   IV I (1)
14 (15), 6a: Qui fácit háec, *   II I
1,6a: Non sic ímpii, nōn síc; *   IV I

Im Deutschen sollte es nach Auffassung der SK II im wesentlichen nur diese Rhythmen geben:

/ . / . = II II bzw. – . / . = 2 II
/ .. / . = III II bzw. – .. / . = 3 II
/ ... / . = IV II bzw. – ... / . = 4 II +

Zeichenerklärung: Römische Ziffer bedeutet: Silbenzahl einer Silbengruppe und Hauptakzent auf ihrer 1. Silbe; z. B. II = Hauptakzent auf der vorletzten Silbe einer zweisilbigen Gruppe.
Arabische Ziffer bedeutet: dasselbe für Nebenakzent. Vers 1 im lateinischen Psalm 89 (90) besteht also in Zeile a aus III II = dreisilbige und zweisilbige Gruppe mit Hauptakzenten, in b aus 2 II = zweisilbige Gruppen, deren erste jedoch deutlich schwächer akzentuiert ist; anders definiert: Der vorletzte Hauptakzent liegt hier weiter vorne (7 Silben vor dem letzten Hauptakzent!).
Vgl. die eingehende Darstellung dieser Probleme und ihre systematische Behandlung in ROL, S. 51ff. (nebst zahlreichen Textbeispielen).

/ . /.. = II III bzw. − . /.. = 2 III
/.. /.. = III III bzw. −.. /.. = 3 III
/.../.. = IV III bzw. −.../.. = 4 III
/ . /   = II I   bzw. − . /   = 2 I
/.. /   = III I   bzw. −.. /   = 3 I
/.../   = IV I   bzw. −.../   = 4 I

Die angekreuzten Fälle gehen zwar über die Regeln der Editio Vaticana hinaus, sind jedoch beim lateinischen Psallieren vor dem 19. Jahrhundert, besonders auch im Mittelalter, häufig belegt. Im Verlauf der GÜ-Arbeit zeigte sich, daß man mit nur geringfügigen Erweiterungen der „lateinischen" rhythmischen Möglichkeiten auskommt, um auch in unserer Sprache gut zu psallieren.

Zunächst aber galt es, vorhandene Übersetzungen zu untersuchen und von ihnen zu lernen.

Psalm 90 (89)   Übersetzung: Romano Guardini

1) Herr, eine *Zúflucht wārst Du ūns* **   *II 3*
   von einem zum ánderen Geschlécht.   III I
2) Ehe die Bérge *gebóren würden,* /   (III *IV*)
   hervorgebracht Érde und Wélt, *   III I
   von Ewigkeit her zu Ewigkeit *hín, o Gōtt, bist Dū!*   *II 2 1*
3) Du heißest die Ménschen zum *Stáube kēhren;* *   III *IV*
   dann sprichst Du: „Kommet nun néu, ihr *Ménschenkînder!"* II *IV*
4) Denn vor Deinen Augen sind tausend Jahr
   wie der Tag von *géstern, der schön vergángen,* *   *III 2* II
   wie eine *Wáche während der* Nácht.   *II 3* I
5) Du schwémmst sie hinwég. /   (III I)
   Dem Traum am *Mórgen wērden sie gléich;* *   *II 3 1*
   dem grünenden Kráut: III I
6) In der Frühe grünt es und blüht; *   III I
   am Abend wird es geschnítten und wélkt.   III I
7) Wahrlich, durch Deinen *Zórn sind wir dahíngeschwūnden,* * *IV IV*
   sind erschüttert durch Dēinen Grímm.   *III 2 1*
8) Du hast unsere *Sünde vor Dēine Áugen gestéllt,* *   *III 2 IV*
   unsere heimliche Schúld vor Dein Ángesîcht.   III III

---

* Problematische Rhythmen sind durch Kursiv-Druck kenntlich gemacht.

9) Unter der Glut Deines Zorns sind all unsre Táge vergangen,*   III II
und einem Seufzer gleich haben wir unsere Jáhre verbrácht.   III I
10a) Denn unsers Lebens Súmme sind sĩebzig Jáhr, *   III II I
und sind wir *rüstig, können* es áchtzig sēin.   *II 3 III*
10b) Und all ihr Prangen ist Mühsal und Níchtigkeit, *   III III
denn flüchtig gehn sie vorbei, und wir flíegen dahín.   III I
11) Wer wägt Deines Zórnes Gewált, *   III I
beherzigt in frommer Fúrcht Dēinen Grímm?   III I
12) Unsere Tage zu zählen, léhre uns, *   II III
daß wir zur Wéisheit des *Hérzens gelängen.*   III *III 2*
13) Kehre Dich zu uns, Herr! Wie lánge *wārtest Du nōch?* *   II *III 1*
Sei Deinen Knéchten gnä́dig!   II II
14) Eilends sättige uns mit Dēiner Huld, *   *V 2 I*
daß wir uns freuen mögen und *júbeln in ūnseren* Tágen.   *III 3* II
15) Laß so viel Tage uns *fröhlich sein, als Dú uns geprüft,* *   *IV 3 I*
so viel *Jáhre, als wir Únheil gesēhen.*   *IV III 1*
16) Laß Deine Werke Deinen Knéchten *óffenbar wērden,* *   II *III 2*
Deine *Hérrlichkeit ihren* Kíndern.   *III 2* II
17) Die Güte des Herrn, unseres Góttes, sei über ūns,/   *(III 2 1)*
und das Werk unserer Hánde *fördere ūns,* *   II *III 1*
ja fördre das Wérk ūnserer Hánde!   I 3 II

Hier steht also in vielen Fällen der letzte Hauptakzent *vor* der drittletzten Silbe:

IV (= viertletzte Silbe) in Vers 2a), 3a), 3b), 7a), 8a), 13a), 15b) und 17b);

V (= fünftletzte Silbe) in Vers 1a), 2c), 12b) und 16a);

VI (= sechstletzte Silbe) in Vers 5b) und 17a).

Dazu kommen Probleme mit dem *vorletzten Akzent* in Vers 4a), 4b), 5b), 7a), 8a), 10b), 14a), 14b), 15a), 15b) und 16b).

Selbst wenn man sich im Hinblick auf einakzentige Psallierformeln auf die Analyse des letzten Hauptakzents beschränkt, kommt man zu einer Fülle unguter und praktisch nur mühsam singbarer Formulierungen, wie sie für den Guardini-Psalter wie auch für andere frühere Übersetzungen charakteristisch sind:

Subkommission II – Psalmodie und Gemeindehoren 317

2a) ...	ge - bo -	ren wurden	... geboren	wur - den
3a) ...	zum Stau -	be kehren	... zum Staube	keh - ren
3b) ...	ihr Men -	schenkinder	... ihr Menschen -	kin - der
7a) ...	da - hin -	geschwunden	... dahinge -	schwun-den
8a) ...	vor Au -	gen gestellt	... vor Augen ge -	stellt
13a) ...	lange war -	test du noch?	... wartest du	noch?
15b) ...	als wir Un -	heil gesehn	... wir Unheil ge -	sehn
17b) ...	Hände för -	dere uns	... fördere	uns
1a) ...	eine Zu -	flucht warst du uns	... eine Zuflucht	warst du uns
			... Zuflucht warst du	uns
12b) ...	des Her -	zens gelangen	... Herzens ge -	lan - gen
16a) ...Knechten of -	fenbar werden	... Knechten offenbar	wer - den
5b) ...Traum am Mor -	gen werden sie gleich.	... Traum am Morgen werden sie	gleich

Auf diese Weise müßte psalliert werden: es ist evident, daß die erste Art ein unangenehmes Klappern (bei richtigem Akzentsitz), die zweite Art durch falschen Akzentsitz peinliche Sinnentstellungen zur Folge hat; geradezu lächerlich wirkt z. B. Vers 3a) mit der Betonung des Wortes „kehren".

Psalm 90   Übersetzung: Heinrich Groß/Dritte Fassung
1) O Herr, *Zúflúcht bist du uns gewēsen* *   II 4 2
   von Geschlécht zu Geschlécht.   III I
2) Ehe die Bérge *würden,/*   (3 *II* 2)
   die *Érde entständ und das* Weltäll, *   *III* 3 II
   von Ewigkeit zu *Éwigkeit, bist dū, o Gōtt!*   IV 2'1
3) Du läßt zum Staub zurückkehren die Ménschen; *   I 3 II
   du sprichst: „Kehrt zurück, ihr *Ménschenkínder!"*   II *II* 2
4) Denn tausend Jahre sind vor dir wie der gestrige *Tág,*
   *der schön ver*gángen, *   *II* 2 II
   wie eine Wáche in der Nácht. *   IV I
5) Du streust sie aus, sie sind wie Schláf am Mórgen; *   II II
   gleichen dem Grás, das vergéht.   III I
6) Am Morgen grünt es und blüht, *   II II
   am Abend wird es geschnítten und wélkt.   III I
7) Wir sind am Énde durch dēinen Zórn, *   III 2 I
   sind verstört durch dēinen Grímm.   II 2 I
8) *Híngestellt häst du vor dich ūnsere* Sünden, *   III 3 1 3 II

unsere heimliche Schuld in das Lícht dēines Ángesichts.	III III
9) Denn all unsere Tage gehen hín únter dēinem Zórn, *	III 2 I
die Jahre *énden wir wîe ēinen* Séufzer.	*IV 2 II*
10) Unsere Lebenszeit währt nur síebzig Jáhre, *	II II
wenn es hóch kōmmt, áchtzig.	II II
Ihr Glanz ist Műhsal und Beschwér, *	IV I
rasch geht es vorbéi, wir flîegen dahín.	II 3' I
11) Wer kennt die Gewált dēines Zórnes, *	III II
hegt Fúrcht vor dēinem Grímm?	II 2 I
12) Lehre uns, die Táge zu zählen, *	III II
dáß unser Hérz wéise wērde!	*3 I II 2*
13) Kehre dich uns *zú, o Hērr!* Wie lánge noch? *	*II 2 III*
Laß es dir *léid sein um dēine* Knéchte!	*III 2 II*
14) Sättige uns am Mórgen mit dēiner Húld! *	III 2 I
Dann wollen wir jubeln und uns *fréuen áll ūnsere* Táge!	*II 1'3 II*
15) Erfreue uns so viele *Táge, wie dū uns* gebéugt hast,	**III 3* II*
so viele *Jáhre, wie wir Léid erfūhren.*	*IV II 2*
16) An deinen Knechten *zéige sich dein* Wálten, *	*IV II*
deine *Hérrlichkeit an īhren* Kíndern!	*IV 2 II*
17) Die Güte des Herrn, unseres Góttes, sei *über úns!*	*III 2'1*
Das Werk unserer Hände lénke von óben, *	III II
ja lenke das *Wérk ūnserer* Hånde!	*I 3 II*

Zu Beginn der Mitarbeit der SK-II-Beauftragten bei der GÜ-Kommission lag der von Prof. Dr. Groß im Auftrag der Kirchen übersetzte Psalter in der am obigen Beispiel gezeigten Fassung vor. Auch hierbei traten die an Guardini gerügten Mängel zutage, wenngleich seltener. Der Weg in Richtung auf eine einfache und damit auch singfähige Übersetzung war also bereits eingeschlagen.

Die Arbeit der vielen Sitzungen bestand in der Hauptsache darin, von diesem Ausgangspunkt aus ohne Verluste an Urtextnähe und an exegetischer und philologischer Richtigkeit eine germanistisch und rhythmisch gleich einwandfreie Endfassung zu gewinnen. Mit der zwischenzeitlich erfolgten Festlegung des Psalms 90 auf den 4. Ton konnten im Beispiel die Fragen zweiakzentiger Rhythmik vernachlässigt werden, da dieser Ton in beiden Formeln nur über einakzentige Rhythmen verfügt. Von den früheren schlechten Rhythmen blieb lediglich Vers 2a) übrig (vgl. Guardini), der aber als erste Zeile eines dreiteiligen Verses unberücksichtigt bleiben konnte. (In GL 736 ist an

dieser Stelle auch noch auf den Schrägstrich, d.h. auf die Flexa verzichtet worden.) Alle Verse entsprechen somit streng den „erlaubten" Rhythmen.
Im einzelnen wurde aus folgenden Gründen geändert:
1a) „Zúflucht" als einziges Wort mit Hauptakzent muß an den Schluß
2a) s.o. „gebóren" = größere Treue zum Urtext
2c) Umstellung aus rhythmischen Gründen
3a) natürlichere Wortstellung (beide Fassungen singbar)
3b) „Ménschenkînder" unmöglich (s. Guardini), da Rhythmus IV („Reisetasche")
4a) germanistisch besser, zugleich zweiakzentig gut singbar
5a) Inhaltskorrektur (Vorlage unklar)
5b) dto.
6a) Umstellung primär aus Gründen sprachlicher Verbesserung (beides singbar)
7a) Inhaltlich klarer ausgedrückt, dto. 7b)
8a) Verringerungen des Abstands der Hauptakzente, dadurch rhythmisch profilierter
8b) u.a. Unterpunktierung des „unsere" im Dienste größerer Freiheit beim Singen (s.a. Vers 1a im GL)
9b) wie 8a)
10ab) germanistische Verbesserungen
10c) inhaltliche Klärung („Ihr *Glanz* ist Mühsal"?)
11b) Vereinfachung „fürchtet sich" statt „hegt Furcht"
12ab) Änderungen aus rhythmisch-musikalischen Gründen
13ab) verständlicheres Deutsch
15b) „Únglück erlítten" hat etwas stärkeren 2. Akzent als „Léid erführen"
16ab) wie 13ab)
17a) Umstellung aus rhythmischen Gründen
17b) Übersetzungsänderung; „unsrer" im Zusammenhang besser singbar

Psalm 90   Ökumenische Übersetzung / Endfassung
                            = *Gottesleb* Nr. *736* (4. Ton)
1) Herr, du wärst únsere Zúflúcht *   1 3 II
   von Geschlécht zu Geschlécht.   III I
2) Ehe die Bérge ge*bóren würden*, (/)   (III *II 4*)
   die Érde entstánd und das Wéltall, *   III 3 II

bist du, o Gott, von Éwigkeit zu Éwigkeit. IV III
3) Du läßt die Menschen zurückkehren zum Stáub * I 3 I
und sprichst: „Kommt wíeder, ihr Ménschen!" III II
4) Denn tausend Jahre sind für dich(/)
wie der Tag, der géstern vergángen ist, * III III
wie eine Wáche in der Nácht. IV I
5) Von Jahr zu Jahr säst du die Ménschen āus; * III III
sie gleichen dem spróssenden Grás. III I
6) Am Morgen grünt es und blüht, * III I
am Abend wird es geschnítten und wélkt. III I
7) Denn wir vergéhen durch dēinen Zórn, * III 2 I
werden verníchtet durch dēinen Grimm. III 2 I
8) Du hast unsere Sünden vōr dich híngestēllt, * II 2 III
unsere geheime Schuld in das Lícht dēines Ángesīchts. I 2 III
9) Denn all unsere Tage gehn hín ūnter dēinem Zórn, * I 2 2 I
wir beenden unsere Jáhre wîe einen Séufzer. II 3 II
10) Unser Leben währt síebzig Jáhre, * II II
und wenn es hóch kōmmt, sind es áchtzig. IV II
11) Das Beste daran ist nur Mühsal und Beschwér, * IV I
rasch geht es vorbei, wir flíegen dahín. III I
12) Wer kennt die Gewált dēines Zórnes * I 2 II
und fürchtet sich vor dēinem Grímm? IV 2 I
13) Unsere Tage zu zählen, léhre uns!* II III
Dann gewínnen wir ein wēises Hérz. IV 2 I
14) Herr, wénde dich ūns doch éndlich zú! * III 2 II I
Hab Mítleid mit dēinen Knéchten! III 2 II
15) Sättige uns am Mórgen mit dēiner Húld! * III 2 I
Dann wollen wir jubeln und uns freuen áll ūnsre Táge. I 2 II
16) Erfreue uns so viele Táge, wie dū uns gebéugt hast, * III 3 II
so viele Jahre, wie wir Únglück erlītten. III II
17) Zeig deinen Knéchten dēine Táten * II 2 II
und ihren Kindern deine erhábene Mácht! III I
18) Es komme über uns die Güte des Hérrn, ūnsres Góttes! (I 2 II)
Laß das Werk unsrer Hánde gedéihen, * III II
ja, laß gedeihen das Wérk ūnsrer Hände! III II

An diesem Detailvergleich zeigt sich, daß die rhythmisch-musikalisch
bedingten Änderungen nur die kleinere Zahl aller Änderungen
ausmachen. Germanistische, exegetische und andere Ursachen bean-

Subkommission II – Psalmodie und Gemeindehoren

spruchen mehr Raum. In jedem Fall aber war durch das Mitwirken der SK-II-Beauftragten garantiert, daß neue Formulierungen sofort auf ihre musikalische Brauchbarkeit untersucht und erst nach Zustimmung verabschiedet wurden.

Als zweites Testbeispiel sei der *46. (45.) Psalm* geboten, diesmal nur im Vergleich der 3. Groß-Fassung mit dem Endergebnis.

Psalm 46 (45)	Übersetzung: Heinrich Groß / 3. Fassung
2) Gott ist uns Zúflūcht und Stärke, *	III II
als Helfer in Drángsal hōch bewährt.	II 2 I
3) Darum bangen wir nícht, wenn die Érde wānkt *	3' III
und die Berge stürzen in die Tíefe des Méeres.	III II
4) Mögen auch tosen und *schäumen sēine Wásserwōgen*, *	II 2 II 2
und Berge erzíttern *vor sēinem* Úngestüm.	III 2 III
5) Ein Strom, dessen Arme die *Góttesstädt er*fréuen, *	IV II
ist des Höchsten hēilige Wóhnung.	II 3'II
6) Gott ist in ihrer Mitte, so wánkt sie nímmer, *	II II
Gott hilft ihr, wenn der Mórgen ánbricht.	II II
7) Völker toben, Réiche wánken, *	II II
es dröhnt sein Donner, da zerschmilzt die Érde.	II II
8) Der Herr der *Héerscharen īst mit úns,* *	III 2 1'
eine *Búrg ist uns der Gött* Jákobs.	IV 1 II
9) Kommt und schaut die Táten des Hérrn, *	III I
der Er*stáunliches wīrkt auf* Érden!	III 2 II
10) Den Kriegen setzt er ein Ende bis an der Érde Grénzen; *	II II
den Bogen zerbricht er, zerschlägt die Lanzen, im	
Feuer verbrénnt er die Schílde.	III II
11) „Laßt davon ab und erkénnt, daß ich Gótt bîn, –	III I 1
erhában über die Völker, erhában auf Érden!"	III II
Ehre sei dem *Váter und dem* Sóhne *	IV II
und dem Héiligen Géiste;	III II
wie es war im Anfang, so auch jétzt und állezēit *	II III
und in Éwigkeit. Ámen.	III II

Psalm 46	Ökumenische Übersetzung / Endfassung
	= *Gotteslob* Nr. *650* (7. Ton)
(2)* 1) Gott ist uns Zúflucht und Stärke, *	III II

	ein bewährter Hélfer in āllen Nṓten.	III 2' II
(3) 2)	Darum fürchten wir uns nicht, wenn die Érde auch wánkt, *	III I
	wenn Berge stürzen in die Tíefe des Méeres,	III II
(4) 3)	wenn seine Wasserwogen tósen und schäumen *	III II
	und vor seinem Ungestüm die Bérge erzíttern.	III II
(–) 4)	Der Herr der Héerschāren īst mit ūns, *	III 2 1'
	der Gott Jákobs ist ūns(e)re Búrg.	III 2 I
(5) 5)	Die Wasser eines Stromes erquícken die Góttesstädt, *	III III
	des Hṓchsten hēilige Wṓhnung.	II 3' II
(6) 6)	Gott ist in ihrer Mitte, darum wird sie níemals wánken; *	II II
	Gott hilft ihr, wenn der Mórgen ánbrícht.	II II
(7) 7)	Völker toben, Réiche wánken, *	II II
	es dröhnt sein Donner, da zerschmílzt die Érde.	II II
(8) 8)	= 4)	
(9) 9)	Kommt und schaut die Táten des Hérrn, *	III I
	der Furchtbares vollbríngt auf der Érde.	III II
(10) 10)	Er setzt den Kríegen ein Ende *	III II
	bis an die Grénzen der Érde;	III II
(–) 11)	er zerbricht die Bogen, zerschlägt die Lánzen, *	II II
	im Feuer verbrénnt er die Schílde.	III II
(11) 12)	„Laßt ab und erkénnt, daß ich Gótt bin, *	III I 1
	erhában über die Völker, erhában auf Érden!"	III II
(12) 13)	= 4) = 8)	
(–) 14)	Ehre sei dem Váter und dem Sóhn *	IV I
	und dem Héiligen Géist,	III I
(–) 15)	wie im Anfang, so auch jétzt und álle Zēit *	II II 1
	und in Éwigkeit. Ámen.**	III II

* Vorgesetzte Zahlen = philologische Zählung (s. Druckausgaben des Psalters)
** Zwischenzeitlich war die veränderte Formulierung der Doxologie verbindlich eingeführt worden.

Da dieser Psalm von der SK II für den 7. Ton vorgesehen wurde, können an ihm die speziellen Probleme zweiakzentiger Formeln erläutert werden. Zunächst galt es, die Schlußrhythmen auszubessern: 3a) „nicht, wenn die Érde wānkt" mit Nebenakzent auf „nīcht" wird durch Einfügen von „auch" zur Kadenz mit 2 Hauptakzenten (III I) 4a) „Wásserwōgen" = Schlußrhythmus IV, durch Wortumstellung beseitigt, außerdem auch germanistisch besser.

10) Dieser an übergroßer Zeilenlänge leidende Vers wird durch Auflösung in vier Zeilen knapper und damit musikalisch besser. Sodann wurden die vorletzten Akzente konzentriert:
4b) durch Umstellung wird das schwachbetonte „sēine" aus der Kadenzzone entfernt und der gute Rhythmus „Bérge erzíttern" eingeführt.
4cd) Aus formalen Gründen wird der Refrain von Vers 8) und 12) auch ans Ende der ersten Strophe gesetzt.
5a) besserer Rhythmus durch Umstellung (vorletzter Akzent = III)
8a) Ursprüngliche Formulierung: „Mit uns ist der Hérr der Héerschären,"; die steile Fügung in der Kadenz sollte jedoch vermieden werden. Die Endformulierung hat zwar nur 1 Hauptakzent im Kadenzbereich („Héerscharen"); bei zweiakzentigen Formeln genügt das, wenn ein tragfähiger Nebenakzent vorhanden ist („ūns"). Bei einakzentiger Formel wäre dieser Rhythmus allerdings nicht singbar; er sollte „Sonderfall" bleiben.
9b) „vollbríngt" ist stärker als „wírkt"; „auf der Érde" ersetzt das etwas altmodische „auf Érden" (s. aber Vers 11b).
14a) „Váter und dem Sóhn" = zweiakzentig günstiger (IV I) als „Váter und dem Sóhne" (*IV* II)
15a) „álle Zēit" wird wie bisher „állezēit" gesungen.

2.3.5.3 Die Rhythmik der Gemeindepsalmodie im *Gotteslob*

In Anlehnung an die Methodik des „Regelbuchs für die Orations- und Lektionstöne in deutscher Sprache" (= ROL, s. Literaturverzeichnis) sei nun eine systematische Darstellung der rhythmischen Möglichkeiten der Gemeindepsalmodie vorgelegt. Von den in ROL entwickelten Rhythmus-Typen kommen hier, abgesehen vom Flexa-Typ, nur solche des Typs 2 vor. „Formeln dieses Typs zeigen die kräftigste melische Schlußwirkung" (ROL, S. 50) und entsprechen damit der Forderung einer Psalmodie nach liedhafter Zeilengestaltung, wie es einem Psalm als Gesangstück angemessen ist.
Im einzelnen handelt es sich (vgl. Tabelle ROL, S. 51) um:

Typ	Vornoten-zahl	Vorletzter Hauptakzent		Letzter Hauptakzent	Vorkommen in der Gemeindepsalmodie
0	–	○ - - -		- - - ♩	Flexa (in allen Tönen)
2	–	○ - - -		- - - ♩	IIm, Vm, VIIIm, Xm
"	1	○ - - -		♩ ♩	VIm
"	2	○ - - -		♩ ♩ ♩	IVm
2	2	○ - - -		♩ ♩ ♩	It, IIt, IIIt, VIIIt, IXT
"	3	○ - - -		♩ ♩ ♩ ♩	IVt, VIt
2+2	0+0	○ ♩		♩	Im, IIIm, Vt, VIIm,
2+2	1+0	○ ♩ ♩		♩	VIIt, IXm, Xt, XIm, XIt

Auf die Variante des 9. Tons (GL 677,2 und 724,2) sowie auf ähnliche Rhythmuselemente in Typ A und B der Responsoria brevia sei hier nicht eingegangen (s. 333 ff.).
An gemeinsamen Regeln für die Formelanwendung ergibt sich (vgl. ROL, S. 54ff.):

1) *Flexa-Typ:*

2,2a Die Könige der Erde stehen áuf, /
90,18a ... Güte des Herrn, unseres Gót-tes! /   II
1,1 ... der nicht dem Rat der Frév-ler fólgt, /   III
84,1a ... Wohnung, Herr der Héer-schāren! /   III
Ben, 7a ... wirst Prophet des Hóch-sten hēißen; /   IV
71,12a ... mich viel Angst und Nót erfáhren. /   IV
93,4a Fluten er- hé-ben sich, Hērr, /   IV

Subkommission II – Psalmodie und Gemeindehoren

2) *Einakzentige Formeln:*

a) Mediatio

					0 bis 2/2⁻		
II	I	90,13a	Herr, wende dich uns doch	énd -	lich	zú!	
III	I	90, 6a	Am Morgen	grúnt	es	und	blúht,
IV	I	90,10c	... daran ist nur	Múhsal	und	Be -	schwér,
IV	I	90,3a	... die Menschen zu-rúckkeh- ren		zum	Stáub	
V	I	90,7a	Denn wir ver - géhen durch	dēi -	nen	Zórn,	
II	II	90,10a	Unser Leben währt	síeb -	zig	Jáh -	re,
III	II	90,17c	Laß das Werk unsrer	Hán - de	ge -	déi -	hen,
III	II	90,11a	Wer kennt die Ge -	wált dēi -	nes	Zór -	nes
IV	II	90,16a	Zeig deinen Knéchten	dēi -	ne	Tá -	ten
V	II	91,4b	unter seinen Schwingen	fín-dest	du	Zú -	flúcht,
VI	II	90,15a	... so viele Táge, wīe dū	ūns	ge -	béugt	hást,
II	III	90,12a	Unsere Tage zu	záh -	len,	léh -	re ūns!
III	III	90,4b	... wie der Tag, der	gé-stern	ver -	gán -	gen ist,
IV	III	90,8a	Du hast unsere	Súnden	vor	dich	hín - gestéllt,
V	III	96,3a	Erzählt bei den Vólkern von	sēi -	ner	Hérr -	lichkeit,

b) Terminatio

2 bis 3/2

II	I	103,19b	seine königliche	Mácht	be -	hérrscht das	Áll,
III	I	90,1b	von	Ge -	schlécht zu	Ge -	schlécht.
IV	I	90,4b	wie ei -	ne	Wá -	che in der	Nácht.
V	I	90,7b	werden ver-nich -	tet		durch dēinen	Grimm.
II	II	46,6c	... ihr, wenn der	Mór -	gen	án -	bricht.
III	II	90,3b	... „Kommt wíe -	der,	ihr	Mén -	schen!"
III	II	90,14b	... freuen, áll	ūns -	re	Tá -	ge.
IV	II	90,10b	... es hóch kommt, sīnd		es	ácht -	zig.
V	II	90,9b	... Jáhre wīe	ei -	nen	Séuf -	zer.
II	III	142,6c	mein Anteil im	Lánd	der	Lé -	benden.
III	III	90,8b	... in das	Lícht dēi -	nes	Án -	gesíchts.
IV	III	90,2c	... von É - wig -	keit	zu	É -	wigkeit.
IV	III	103,3a	und áll	dēi -	ne	Ge - bré -	chen hēilt;
V	III	8,2a	... bréitest du	dēi -	ne	Hó -	heit āus.
VI	III	Nunc dimittis, 3b					
			und Hérrlichkeit für	dēin	Vólk	Ís -	raēl. —

Subkommissionen

3) Zweiakzentige Formeln (Mediatio und Terminatio)

a) Normalfälle:

							0/2 + 0/2	
II II	I	50, 15a	Rufe mich	án	am	Tág der	Nót;	+
III II	I	33, 3b	... in die	Sái -	ten und	júbelt	láut!	
III	I	43, 3b	wenn die	Er -	de	auch	wánkt,	+
		Dox.	und dem	Héi - li -		gen	Géist,	
IV	I	40, 2a	... ja ich	hóff - te auf		den	Hérrn.	+
		22, 28b	und werden	um - kēhren		zum	Hérrn:	+
= II 2	I	121, 2a	Meine	Híl - fe		→kōmmt vom	Hérrn,	+
V	I	46, 4d	der Gott	Já - kobs ist		→únsre	Búrg.	
= III 2								
VI	I	104, 27b	... du ihnen	Spéi - se gibst zur		→réchten	Zéit.	
= II 2 2	I							
II	II	46, 7a	... toben,	Réi - che		wán -	ken,	+
III	II	46, 2a	... ist uns	Zú - flúcht und		Stár -	ke,	+
IV	II	34, 3b	... es	hó - ren und sich		fréu -	en.	
		33, 2b	... auf der	zéhn - sāitigen		Hár -	fe!	
II	III	50, 1b	er	rúft der		Ér -	de zū	+
III	III	46, 5a	... er -	quík - ken die		Gót -	tesstādt,	+
IV	III	90, 2c	... von	É - wigkeit zu		É -	wigkeit.	
		103, 3b	und	áll déine Ge		bré -	chen hēilt;	

b) Sonderfälle:

A) 3	I	22, 6a	... und	wūr - den		be -	→fréit,	+
		67, 7a	... gab	séi - nen		Er -	→trág.	+
2	II	22, 2b	... hast du	mích ver -		lás -	sen,	+
		12, 5a	... Zunge	sīnd wir		mäch -	tig;	+
		130, 2a	Herr, höre	méi - ne		Stím -	me!	
3	II	130, 3b	Herr, wer	kŏnn - te be -		sté -	hen?	
		104, 33a	... singen, so -	lān - ge ich		lé -	be,	+
		116, 6b	... und er	brāch - te mir		Híl -	fe.	
2	III	8, 2c	... du	déi - ne		Hó -	heit āus.	
		150, 1a	... Góttin	séi - nem		Héi -	ligtum,	
3	III	13, 5d	weil ich	íh - nen er -		lé -	gen bin	
B) III	1	50, 8a	... Opfer	rú -		ich	→dích,	+
		116, 7a	... zur	Rú - he,		mein	→Hérz!	+
		40, 4a	... neues	Líed in		den	→Múnd,	+
IV	1	142, 8a	Die Gerechten	schá - ren sich		um	→mích,	+
V	1	Magn., 3a	... hat	Gró - ßes an		→mir ge -	→tān,	+
II	2	116, 17a	... des	Dán - kes		brin -	gen	
III	2	33, 12b	... zum	Érb - teil er -		wählt	hat.	

2.3.5.4 Beobachtungen und Erfahrungen aus der Arbeit der SK II

1) Nochmals zur Gemeinde-Psalmodie:

a) Verwendbarkeit: Jeder kann ohne besondere Anstrengung psallieren, wenn der Psalmton zum Text richtig gewählt ist (s.u.), vorausgesetzt, daß der Sänger zu Inhalt, Stil und Form dieses betenden Singens (oder singenden Betens) Ja sagt. Die Melodiemodelle ermöglichen muttersprachlichen Psalmengesang ohne Unbehagen.

b) Tonhöhe: Der Rezitationston für die Gemeinde ist im GL grundsätzlich nicht über a'/a notiert; somit ist stimmliche Überanstrengung ausgeschlossen. Die zugehörigen Kehrverse erreichen nur selten den (auch für sonstige Gesänge im GL gültigen) Spitzenton d"/d'.

c) Rezitationsdauer: Zeilen mit kurzem Tenor sind sprachlich-musikalisch robuster als solche mit langem Tenor. Je mehr Hauptakzentsilben auf den Rezitationston fallen, um so unprofilierter wird die Verszeile. Man vergleiche:

Hier ist Beispiel c) aus dem genannten Grund am schlechtesten; am besten ist b), während bei a) der Rezitationston mit nur 1 Silbe zu kurz ist, um sich entfalten zu können.

d) Initium: Das in den anfänglichen Entwürfen nur fakultativ vorgesehene Initium wurde im GL regelmäßig verwendet. Die Gründe dafür sind komplex: In Zeilen mit Initium wird die Tenorlänge verkürzt (vgl. Punkt c); außerdem gewinnt das Psalmodiemodell durch Initialtöne eine melodische Abrundung zu den Schlußtönen der Terminatio und in vielen Fällen einen besseren Übergang vom Kehrvers zur Psalmodie. Leider konnte nicht bei allen Psalmversen für einen guten Initialrhythmus gesorgt werden, so daß manchmal

Deklamationsprobleme entstehen. Wenn im obigen Beispiel c) ein Initium gesungen wird, entsteht ein schlechter Anfangsrhythmus, da der Rezitationston mit einer Nebenakzentsilbe erreicht wird:
d) Hérr, du wärst únsre Zúflucht von Geschlécht *zu* Ge-schlécht! *
Beim Vergleich mit a) fällt sofort auf, daß dort kein schlechter Rhythmus zu spüren ist: Offenbar entscheidet die Rezitationsdauer über den Gesamteindruck. Genauer gesagt: Der bei a) durch die Melodieformel ausgezeichnete Hauptakzent („Zúflucht") absorbiert den Nebenakzent am Tenorbeginn, während bei d) mehrere Hauptakzente auf den Tenor fallen, wodurch ein Gleiches nicht möglich ist. Ein weiteres Beispiel mit ähnlichen Problemen:

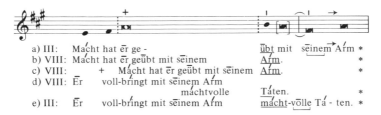

a) III: Mácht hat ēr ge -   ǖbt mit seinem Árm *
b) VIII: Mácht hat ēr geübt mit seinem   Árm.   *
c) VIII: _   + Mácht hat ēr geübt mit seinem Árm.   *
d) VIII: Ēr   voll-bríngt mit seinem Árm
                           máchtvolle   Táten.   *
e) III: Ēr   voll-bríngt mit seinem Árm   mácht-vōlle Tá - ten. *

Der Vers ist bei a) gut, bei b) schlecht rhythmisiert, und zwar aus den gleichen Gründen wie beim vorigen Beispiel. Bei dieser Übersetzung (Guardini) kann man nur bessern, wenn man auf das Initium verzichtet (c). Die ökumenische Übersetzung ist in den Cantica so gestaltet, daß in jedem Fall nur gute Initialrhythmen vorkommen (= d und e). Man vergleiche die Anfangszeile der allgemeinen Doxologie, wo das Problem in voller Schärfe auftritt:

a) III: Éh - re sēi dem   Vá - ter und dem Sóhn *
b) VIII: Éh - re sēi dem Váter und dem   Sóhn   *
c) VIII: + Éhre sēi dem Váter und dem Sóhn   *

e) Flexa: Auch die Flexa war ursprünglich nicht bindend vorgesehen. Wenn sie nun in GL bei dreiteiligen Psalmversen erscheint, so aus der Erfahrung, daß auch sie zur Tenorverkürzung beiträgt und dazu den Vers gut gliedert (vgl. 2.3.5.3 „Flexa-Typ").

f) Mediatio und Terminatio: Mittelkadenzformeln sind sprachrhythmisch empfindlicher als Finalformeln. Die Gründe dafür liegen primär in den melodischen Strukturen: Die Mediatio-Töne sind in aller

Regel als Hochtöne des ganzen Modells besonders sensibilisiert, während die Terminatio-Töne sich nach unten bewegen. „Hochspannung – Entspannung" dürfte die innere Dynamik treffend bezeichnen. Ein Beispiel:

IV ... zum Erb - teil er - wählt hat.* = schlecht (m)

IV ... zum Erb - teil er - wählt hat. = erträglich (t)

Eine weitere Beobachtung ist von großer Bedeutung: Zweiakzentige Formeln sind flexibler als einakzentige.

VII ... zum Erb - teil er - wählt hat. = gut (m wie t)

Bei zweiakzentigen Formeln ist es möglich, daß beide Akzente etwa gleich stark sind oder daß einer dominiert (hier: „Erbteil" trägt den Hauptakzent). Nur durch diese Flexibilität sind die in 2.3.5.3 systematisch dargestellten „Sonderfälle" möglich. Man wende die dort angegebenen Fälle B) auf einakzentige Formeln an: Die völlige Unmöglichkeit ist evident, jedenfalls bei Mittelformeln. Immerhin sind auch hier je nach Gewichtsverteilung und je nach Melodie zwischen den einzelnen Beispielen gewisse feine Unterschiede hinsichtlich der rhythmischen Qualität erkennbar.

g) Spezialfälle der Gemeindepsalmodie im GL: In einigen Stücken ist man von den üblichen 9 Modellen der Tabelle abgewichen:
284 bringt zu einer Paraphrase des 136. Psalms abwechselnd den 4. und 3. Psalmton (RT g und b). Ist der Inhalt des Psalms hier ins Neutestamentliche ausgeweitet, so weist die Verknüpfung des plagalen mit dem authentischen Phrygius über die Gemeindepsalmodie hinaus in den Bereich der Solopsalmodie (vgl. Kantorenbuch, „Kombinationsmodelle"). Der schon im originalen Ps 136 angelegte Wechsel zwischen Vorsänger und Gemeinde innerhalb eines Verses ist ein Sonderfall im Psalter.
677,2 und 724,1 gehören gleichfalls hierher (s. 2.3.5.1) Notenbei-

spiele). Der alter Tradition entstammende und regional im ganzen Mittelalter sehr beliebte „tonus peregrinus" (für genauere Information über den 9. Ton, vor allem historisch, sei das ausgezeichnete Buch von Rhabanus Erbacher [s. Literaturverzeichnis S. 346] empfohlen) ist hier in einer den Normalfall (z.B. 725) übersteigenden Ausprägung seiner Charakteristika an zwei bedeutsamen Stellen ins GL eingebracht. Wichtig ist dabei besonders der Hochton c"/c' (als Zusatzakzent vor der Kadenzformel), die Verwendung der Formel I m beim starken Schluß (Nr. 724, Str. 3: „deine Huld" als mediatio correpta), der Einbau einer anderen Art Flexa (724, Str. 2 und 6) und die Zweiakzentigkeit der Terminatio nebst Zusatzakzent (724, Str. 1, 3 und 5 = f-g...).

723,1 verwendet den „tonus irregularis" der römischen Tradition als Modell X. Das „Unregelmäßige" zeigt sich vor allem an der fallenden Mittelkadenz und an der hochliegenden Schlußkadenz; beides steht in drastischem Gegensatz zur sonstigen Melodiebildung der Psalmodie.

85,3 schließlich bringt eine volkstümliche Psalmodie, wie sie in vielen Landschaften Westeuropas, auch im deutschen Sprachraum, üblich war oder ist. Der Text des 51. Psalms wurde hier auf die Zweiakzentigkeit beider Formeln hin paraphrasiert. Die Absicht war, eine Psalmodie wiederzugewinnen, die so einfach ist, daß sie beim Gang zum Begräbnis allgemein auswendig gesungen werden kann.

2) Bemerkungen zu den Kehrversen:
a) Der Kehrvers zum *Antwortpsalm* der Messe muß möglichst kurz und prägnant sein, so daß er auch ohne Text- und Notenvorlage nach einmaligem Vorsingen durch den Kantor sofort von allen nachgesungen werden kann. Die meisten für den Antwortpsalm vorgesehenen GL-Kehrverse genügen dieser Forderung. Somit sollte es keine unüberwindliche Schwierigkeit bieten, mit Gemeinden aller Art regelmäßig den Antwortpsalm zu singen und dabei wechselnde Kehrverse zu verwenden. (Selbstverständlich wird man bei der ersten Einführung des neuen Gesangs nicht jeden Sonntag neue Melodien bringen; auch hier bedarf es allmählicher Gewöhnung und kluger Dosierung.)
b) Beim Kehrvers der *Gemeindehoren* (wie auch bei sonstigen Kehrversen) gilt im GL eher das gegenteilige Prinzip: Er soll nicht zu kurz und zu akklamativ sein, sondern so beschaffen, daß stimmliche und

musikalische Entfaltung möglich ist, d. h. mehrteilig, antiphonenartig, kantabel. Hier ist auch ein größerer Raum für stilistische Vielfalt, z. B. für die Ausprägung musikalischer Modi und für die Möglichkeit des Einbaus in größere Formen (Chorstrophe, Troparion, Motette). Zur tonalen Relation zwischen Kehrvers und Psalmodie vgl. „Musik und Altar" 1968/1, besonders die Ausführungen von Johannes Aengenvoort: Genaue Modusbeachtung im Sinne der spätmittelalterlichen Musiktheorie wird heute für nicht nötig gehalten; wichtig bleibt freilich ein gemeinsames Grundgerüst zwischen allen Teilen, also die Vermeidung von tonalen Sprüngen oder Modulationen.

3) Bemerkungen zur Vorsänger-Psalmodie:
Im Chorbuch wie im Kantorenbuch sind teilweise neukomponierte, auf den jeweiligen Text hin konzipierte, zum anderen modellhafte Psalmodien enthalten. Allen ist gemeinsam, daß sie nach den für die Gemeindepsalmodie entwickelten strengen *Textunterlegungsregeln* (2.3.5.2 u. 3) überprüft und an ihnen ausgerichtet wurden. Allerdings gilt wie für alles Psallieren auch hier, daß die gedruckte Vorlage und die beste Komposition nicht viel bewirkt, wenn nicht die Ausführenden den Text lebendig, verständlich und natürlich vortragen. Was im „Regelbuch" hinsichtlich der Orations- und Lektionstöne gesagt wurde (s. ROL, S. 13f.), gilt mutatis mutandis auch hier: „Ein bloßes Herunterlesen des Textes widerspricht dem heiligen Geschehen ebenso wie jedes Subjektivieren, Dramatisieren, Pathetisieren. Wer die Gesetze des lebendigen Sprechens und Singens nicht oder nicht ausreichend beherrscht, verfehlt den Sinn seines Tuns: Die Botschaft kommt bei den Hörenden nicht an, das Gebet wird nicht vollzogen. – Gründliche Vorbereitung ist darum unerläßlich. Dabei soll sich der Vortragende die Situation des Hörers intensiv vergegenwärtigen. Es genügt nicht, den Text still für sich zu lesen, er muß vielmehr in der rechten Weise laut gesprochen und gesungen werden. Man muß sich zunächst darüber klar werden, wie der Text gegliedert ist, sodann, wie die Akzente liegen und schließlich, wie die Melodieformeln des gewählten Tons anzupassen sind. Bedeutungsvoll ist hier die sichere Unterscheidung von Haupt- und Nebenakzenten: Es kommt ja im deutschen Satz nicht wie im lateinischen auf den schlechthin letzten Akzent an, sondern stets nur auf den letzten Hauptakzent, dem sich die nachfolgenden Silben, betont oder unbetont, unterordnen müssen. ... Zur guten Vorbereitung gehört auch die Überwindung des

Vortrags aller Silben in gleicher Länge. Die deutsche Sprache verlangt gebieterisch die Berücksichtigung langer und kurzer wie leichter und schwerer Silben, Worte und Satzteile in mannigfacher Abstufung. Wichtig sind auch kleine, den Sinnzusammenhängen angemessene Pausen. ...Die Fähigkeit des Sängers, gut mit seiner Muttersprache umgehen zu können, ist wichtiger als eine ‚schöne Stimme' oder spezielle musikalische Fachkenntnisse. Denn nirgends handelt es sich hier um den Vortrag von ‚Melodien', sondern in allem, als Gebet wie als Verkündigung, regiert allein das Wort."
Unter diesen Aspekten sei ganz besonders auf das *Kantorenbuch* aufmerksam gemacht: Hier sind die Antwortpsalmen des Kirchenjahres in sehr verschiedenartiger Weise vertont, von anspruchsvollen Melodien, die den stimmgewandten Solisten voraussetzen, bis hin zu einfachen Modellen, die gleichwohl intensiver Sprachgestaltung bedürfen. Eingedenk der Verschiedenartigkeit der Fähigkeiten und Erfordernisse sind die meisten Psalmen in doppelter Fassung geboten.
Die A-Fassung war zur Komposition ausgeschrieben worden. Für die B-Fassung (vgl. a.a.O., S. 283ff und Vorwort S. 6f) konnte man teilweise auf bereits bekannte und erprobte Formen zurückgreifen (Modell I von Heinrich Rohr und III von Josef Seuffert), zum anderen ergab sich Neues im direkten Zusammenhang mit der Arbeit der Subkommission II. So kombinierte Johannes Aengenvoort aus den Elementen der GL-Gemeindepsalmodie neue weitgeschwungene und flexible Gebilde (Modell IV): z.B. Nr. 1 aus III m (RT g) + I m (RT h) + IX m und t (RT h und a), jeweils erweitert um repetitionsfähige Initiumstöne und um einen fakultativen Zusatzakzent (ZA).
Auch Modell II (Fritz Schieri) erwuchs aus SK-II-Erfahrungen: Es vermeidet Akzentverschiebungen durch konstante Zweiakzentigkeit aller Formeln und fast ausschließliche Verwendung des Rhythmustyps *1;* allzulanges Psallieren wie Initial-Rhythmusprobleme werden durch einen fakultativen Zusatzakzent umgangen; das Modell ist formal flexibel (zwei- bis siebenteilig, Normalfall vierteilig) und tonal an jeden Kehrvers anschließbar durch überwiegend pentatonische Grundbestandteile. Auf die eingehende Darstellung dieser „Allzweck-Psalmodie" in „Musik und Altar" 1972/1 darf verwiesen werden (s. Literaturverzeichnis).

Subkommission II – Psalmodie und Gemeindehoren 333

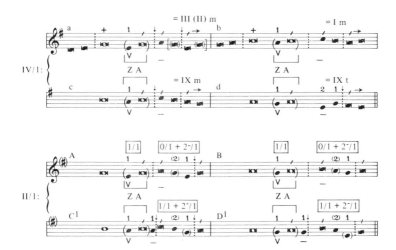

4) Bemerkungen zu den weiteren SK-II-Stücken im GL:
a) Antwortgesänge der Gemeindehoren:
Die klassische Form des Responsorium breve (vgl. MGG XI, Sp. 316ff), wurde beibehalten. Am psalmodie-nächsten ist *Typ A*, der uns in GL 125, 193, 602, 651 und 679 begegnet. (Hierher gehören auch die Kehrverse 173,2 und 646,2 sowie ihre Erweiterungen im Chorbuch und ebenda auch 193, jeweils mit mehreren Versen).

334 Subkommissionen

						Form:
125	erbar-	me,	dich	un -	ser.	ab/ab/db/cd/ab
193	dein Wort ist	Licht	und	Le -	ben.	ab/ab/cdb/cd/ab
602	du bist	voll	der	Gna -	de.	= 193
651	in	euch	wohnt	Gottes	Geist.	= 125
173,2	kann Gottes	Reich	nicht	schau -	en.	(= Kehrvers, s. Verse)
646,2	ein Volk,	Gott	zu	ei -	gen.	(= " ")

Verse, einteilig

125	+	Du	kommst in		die	Welt.
193	+	Wer die	Wahr -	heit tut, kommt	ans	Licht.*)
602	Du bist	ge -	seg -	net unter den	Frau -	en.
651	+	Ihr seid	auf -	erbaut in	Chri -	stus.
679	Du sit -	zest zur	Rech -	ten des	Va -	ters.
	+	Du	kommst in		unsre	Welt.
	Du bist	geboren aus Ma -	ri -	a, der	Jung -	frau.
	Du rufst	uns in das	Reich	des	Va -	ters.
	Du warst	gehorsam bis zum	Tod	am	Kreu -	ze.
	Du bist	vom	Tod	er -	stan -	den.
	Du sen -	dest uns den	Geist	der	Wahr -	heit.
	Du bist	eins mit dem	Va -	ter und	dem	Geist.
	Du gibst	dich uns als	Brot	des	Le -	bens.
	+	Du bist	gü -	tig von	Her -	zen.
	In dir	rühmen sich	al -	le	Hei -	ligen.
	Du bringst	den	To -	ten das	Le -	ben.
	+	Du	Freund	der	Sün -	der.
	+	Du bist	un -	ser	Frie -	de.

*) Alternative: Wer die Wahr - heit tut, kommt ans Licht.

Verse, zwei- und dreiteilig

173,2	Wahr -	lich, ich sa -	ge dir:	/ Wer nicht geboren wird
(Ch)	Der	Wind weht, wo er	will;	/ du weißt nicht, woher
	So	sehr hat Gott die Welt ge-liebt,		/ daß er seinen Sohn da -
193,2	Dies	ist	mein Ge -	
,3	Der	größ- te unter euch sei		
,4	Eh -	re sei dem Vater und		
646,2	Ein	Leib und ein		
	Ihr	seid Christi		
	Be -	müht euch, des Geistes		
	Ei -	ner ist euer		
	Er	ist das Haupt des Leibes		

Subkommission II — Psalmodie und Gemeindehoren

Die Doxologie der fünf Antwortgesänge dieses Typs im GL stellt insofern einen Sonderfall dar, als bei ihr der erste Initiumston repetitionsfähig ist: „Singt das Lob des" ... (weiter letzte Zeile der obigen Beispiele). Das bedeutet einen Unterschied zur sonstigen Initiumsrhythmik im GL, zeigt aber auch einen Weg, wie rhythmische Schwierigkeiten beim Initium (vgl. S. 327 f.) überwunden werden können.

Im übrigen hält sich alles, wie die Beispiele zeigen, an die Textunterlegungsregeln der Gemeindepsalmodie. Zwei kleine Ausnahmen, bei 193 und 602 („Wáhrheit tut, kommt ans Lícht" / „ségnet unter den Fráuen" = Rhythmus V I/V II) erklären sich aus der Vereinigung zweier Formeln (cd).

Bei *Typ B* des Responsorium breve liegen die Verhältnisse wesentlich einfacher: Es handelt sich fast nur um eine einzige Melodiezeile, die durch mehr liedhafte Hallelujas ergänzt wird.

+) Diese Kehrverse sind nichtpsalmodisch notiert, also in Viertel- und Halbenoten. Im Chorbuch sind sie mit komponierten Versen versehen, die hier unberücksichtigt bleiben können.

Typ C ist weiter von psalmodischen Formen entfernt. Zum Vergleich seien seine drei Fassungen untereinandergestellt:

Subkommission II – Psalmodie und Gemeindehoren

b) Neukomponierte Cantica:
Auch hier sind verschiedene Grade der Verwandtschaft mit dem Grundtyp der Gemeindepsalmodie festzustellen, jeweils bedingt durch die Art der textlichen Vorlage. Am psalmodie-nächsten sind die Cantica 686 und 192, freier schon 154, ganz frei und an der Grenze zum Liedhaften 631 und 174 = 694. Die Melodiemodelle sind:

In der Probepublikation 2, Nr. 6, war dem a-Teil noch eine Flexa = (a)-g/a ... beigegeben, die dann durch Kürzung des Textes im GL überflüssig wurde. Im übrigen beachte man die Variantenbildung beim Initium sowie den in der Psalmodie sonst nicht erscheinenden Rhythmus des Typs 1 in der a-Kadenz.

Auffallend ist die (textgegebene) freie Formgestaltung, die in den einzelnen Strophen zu folgenden verschiedenen Ergebnissen führt:
1) a+b+d, 2) ab+cd, 3) a+b+cd, 4) a+b+c+d.

Hier kann überhaupt nur der Grundzug des Gesamtablaufs angegeben werden; die Variantenbildung innerhalb der Strophen ist sehr stark, besonders in der 5. Strophe mit ihren vielen Motivwiederholungen und -ausweitungen. Am konstantesten erweist sich die Schlußformel. *631* und *694* mögen der Analyse des Lesers überlassen bleiben.

c) *Eröffnung der Sonntagsvesper (683)*

In EGB 2, Nr. 1 hieß es noch: Héiligen Géiste, ...
Die Doxologie ist frei geformt; mit der lateinischen Vorlage hat sie die subsemitonale Finalis gemeinsam.

d) *Vaterunser und Vesperschluß (691)*

Das (im Vergleich zu den Vaterunsermelodien der Messe bewußt einfach gehaltene) *Herrengebet* gehorcht folgendem Formelmaterial:

Subkommission II – Psalmodie und Gemeindehoren

7) sondern erlöse uns von dem Bö - sen.   Denn dein ist das Reich . . . .

Aufforderung („Läßt uns béten, . . .) und Doxologie sind frei gestaltet, zwar im gleichen Modus, aber ohne Verwendung obiger Formeln.
Dabei ist die Doxologie ausgesprochen kantabel gehalten und erinnert nur noch von ferne an Psalmodisches bzw. an Kantillation.

Auch der *Schlußsegen* ist alten Modellen sprachgerecht nachgebildet, die *Akklamation* „Gehet hin in Frieden" / „Dank sei Gott dem Herrn" wie in der Messe dem „Ite missa est" der Editio Vaticana XV.

5) Sonstige psalmodieähnliche Gesänge in GL
Nicht zum Arbeitsbereich der SK II gehörten, aber gleichen Prinzipien gehorchen die *Litaneien* im GL sowie ein Teil der *Ordinariumsgesänge:* Nr. 199; 281,2; 353,6; 360,7 (Praefationston); 362; 363; 455; 479; 495; 497; 498; 563; 564; 706 (Te Deum); 762; 766; 769; 770.

2.3.6 Anhang I
Die Melodieformeln der Psalmodie im GL

2.3.7 Anhang II
Verzeichnis der für die Psalmen und Cantica geeigneten Psalmtöne

Ps	I	II	III	IV	V	VI	VII	VIII	IX	Vorschlag	GL
1	+	+	+	+	+	+	+	+	+	*IV*,A	708
2	−	+	−	+	−	+	−	+	−	*II*	709
3	−	+	−	+	+	+	−	+	−	V,II	−
4	−	+	−	+	−	+	−	+	−	*VIII*	697
5	−	+	−	+	−	+	−	+	−	VIII	−
6	+	+	+	+	+	+	+	+	+	III,A	−
7	+	+	+	+	+	+	+	+	+	I,A	−
8	+	+	+	+	+	+	+	+	+	*VII*,A	629,710
9	+	+	+	+	−	+	+	VI	−		
10	+	+	+	+	+	+	+	+	+	III,A	−
11	+	(+)	+	(+)	(+)	(+)	+	(+)	+	VII,I	−
12	(+)	+	(+)	+	+	+	(+)	+	(+)	I,IV,V	711
13	(+)	+	(+)	+	−	+	−	+	(+)	VI	−
14	−	+	−	+	−	+	−	+	−	II	−
15	+	−	+	−	−	−	+	−	+	VII	(626,3)
16	−	+	−	+	−	+	−	+	−	VI	−
17	(+)	+	(+)	+	−	+	−	+	(+)	IV	−
18	−	+	−	+	−	+	−	+	−	VI	712
19A	+	+	+	+	−	+	−	+	+	*VIII*	713
19B	−	+	−	+	−	+	−	+	−	*II*	714
20	(+)	+	(+)	+	(+)	+	(+)	+	(+)	VIII	−
21	(+)	+	(+)	+	(+)	+	(+)	+	(+)	IV	−
22A	−	+	−	+	−	+	−	+	−	*III*	715
22B	+	+	+	+	−	+	−	+	+	*III*	716
22C	+	+	+	+	−	+	−	+	+	*III*	717
23	+	+	+	+	+	+	+	+	+	*VI*,A	718
24	−	+	−	+	−	+	−	+	−	*VIII*	122
25	−	+	−	+	−	+	−	+	−	IV	−
26	(+)	+	(+)	+	−	+	−	+	(+)	VIII	−
27	+	+	+	+	−	+	−	+	+	*IV*	719
28	−	+	−	+	−	+	−	+	−	*VIII*	720
29	+	+	+	+	+	+	+	+	+	VII	−
30	+	−	+	−	−	−	+	−	+	I	−

Ps	I	II	III	IV	V	VI	VII	VIII	IX	Vorschlag	GL
31	−	+	−	+	−	+	−	+	−	VIII	−
32	−	+	−	+	−	+	−	+	−	*IV*	721
33	+	+	+	+	+	+	+	+	+	*V*,A	722
34	−	+	−	+	+	+	−	+	−	*V/X*,VIII	723
35 *A*	−	+	−	+	−	+	−	+	−	IV 1-3.9- 16.22-28	
35 *B*	−	−	−	−	−	−	+	−	−	VII 4-8.17-21	
36	+	−	+	−	−	−	−	−	+	*IXvar.*	724
37	−	+	−	+	−	+	−	+	−	VI	−
38	+	+	+	+	−	+	−	+	+	II	−
39	+	+	+	+	−	+	−	+	+	I,IV	−
40 A	+	−	+	−	−	−	+	−	+	*I/IX*,(2-12)	725
40 *B*										VII (13-18)	−
41	+	−	+	−	−	−	−	−	+	III	−
42/43	−	+	−	+	−	+	−	+	−	*II*	726
44	+	+	+	+	−	+	−	+	+	I,IV	−
45	(+)	+	(+)	+	(+)	+	(+)	+	(+)	VIII,V	−
46	+	+	+	+	+	+	+	+	+	*VII*,I	650
47	+	+	+	+	−	+	−	+	+	*VIII*,I	727
48	+	+	+	+	+	+	+	+	+	VII,III	−
49	(+)	+	(+)	+	−	+	−	+	(+)	*II*	728
50	+	−	+	−	−	−	−	−	+	*I*	729
51	−	+	−	+	−	+	−	+	−	*IV*	190
51var.	+	+	+	+	+	+	+	+	+	*XI*	85
52	−	+	−	+	−	+	−	+	−	IV	−
53	−	+	−	+	−	+	−	+	−	II	−
54	−	+	−	+	(+)	+	−	+	−	VIII	−
55	−	+	−	+	−	+	−	+	−	II	−
56	(+)	(+)	(+)	(+)	(+)	(+)	+	(+)	(+)	VII,IV	−
57	+	−	+	−	−	−	+	−	+	*III*,VII	730
58	+	(+)	+	(+)	(+)	(+)	(+)	(+)	+	I	−
59	(+)	+	(+)	+	−	+	−	+	(+)	VI	−
60	+	+	+	+	−	+	−	+	+	II,III	−
61	(+)	+	(+)	+	−	+	−	+	(+)	VIII	−
62	+	+	+	+	−	+	−	+	+	I,II	−
63	−	+	−	+	−	+	−	+	−	*II*	676
64	+	+	+	+	+	+	+	+	+	I,A	−
65	+	+	+	+	−	+	−	+	+	VIII	731

Subkommission II – Psalmodie und Gemeindehoren   343

Ps	I	II	III	IV	V	VI	VII	VIII	IX	Vorschlag	GL
66	+	+	+	+	−	+	−	+	+	VI,III	
67	+	(+)	+	(+)	(+)	(+)	+	(+)	+	*III*,VII	732
68	−	+	−	+	−	+	−	+	−	IV	−
69	−	+	−	+	−	+	−	+	−	II	−
70	(+)	−	(+)	−	(+)	−	+	−	(+)	VII	−
71	−	+	−	+	(+)	+	−	+	−	*VI*	733
72A	−	+	−	+	(+)	+	−	+	−	*VI*,V	152
72B	−	+	−	+	+	+	−	+	−	*VI*,V	153
73	+	+	+	+	−	+	−	+	+	I,IV	−
74	+	+	+	+	+	+	+	+	+	VII,A	−
75	+	+	+	+	−	+	−	+	+	I,VI	−
76	+	+	+	+	+	+	+	+	+	VI,III	−
77	(+)	+	(+)	+	(+)	+	(+)	+	(+)	*II*,I	734
78	+	(+)	+	(+)	−	(+)	−	(+)	+	VI, I	−
79	−	+	−	+	−	+	−	+	−	IV	−
80	−	+	−	+	−	+	−	+	−	*II*	735
81	−	+	−	+	−	+	−	+	−	VIII	−
82	+	+	+	+	+	+	+	+	+	II,V	−
83	+	(+)	+	(+)	(+)	(+)	(+)	(+)	+	III	−
84	−	+	−	+	+	+	−	+	−	*V*,II	649
85	−	+	−	+	−	+	−	+	−	*IV*	123,600
86	−	+	−	+	−	+	−	+	−	VIII	−
87	+	(+)	+	(+)	(+)	(+)	+	(+)	+	II,IX	−
88	+	+	+	+	−	+	−	+	+	I,IV	−
89	−	+	−	+	−	+	−	+	−	IV	−
90	−	+	−	+	−	+	−	+	−	*IV*	736
91	−	+	−	+	−	+	−	+	−	*VIII*	698
92	+	+	+	+	−	+	−	+	+	*I*	737
93	+	+	+	+	+	+	+	+	+	*VIII*,A	738
94	+	−	+	−	−	+	−	+	−	*VII*,I	739
95	−	+	−	+	+	+	−	+	−	V	−
96	−	+	−	+	−	+	−	+	−	*II*	151,740
97	+	+	+	+	+	+	+	+	+	VII,VI,A	−
98	−	+	−	+	−	+	−	+	−	*VIII*	484
99	+	+	+	+	−	+	−	+	+	VIII,VI	−
100	−	+	−	+	(+)	+	−	+	−	*V*,VI	741
101	−	+	−	+	−	+	−	+	−	I,IV	−

Ps	I	II	III	IV	V	VI	VII	VIII	IX	Vorschlag	GL
102	−	+	−	+	−	+	−	+	−	VI	−
103	−	+	−	+	−	+	−	+	−	*IV*	83,742
104A	+	+	+	+	−	+	−	+	+	*I*,VI	743
104B	−	+	−	+	−	+	−	+	−	VI	744
104C	(+)	+	(+)	+	(+)	+	+	+	(+)	*VII*,VI	252
105	−	+	−	+	−	+	−	+	−	VIII	−
106	−	+	−	+	−	+	−	+	−	VIII	−
107	(+)	(+)	(+)	(+)	+	(+)	+	(+)	(+)	VII,III	−
108	+	−	+	−	−	−	−	−	+	III	−
109	−	+	−	+	−	+	−	+	−	IV	−
110	(+)	+	(+)	+	−	+	−	+	(+)	*II*	684
111	+	+	+	+	−	+	−	+	+	*VI*,IX	685
112	+	(+)	+	(+)	−	(+)	−	(+)	+	*IV*,I	630
113	(+)	+	(+)	+	−	+	−	+	(+)	*IV*,IX	693
114	+	+	+	+	−	+	−	+	+	IX,IV	−
115	+	+	+	+	+	+	+	+	+	*IX*,A	745
116A	+	−	+	−	−	−	+	−	+	*VII*,I	746
116B	+	−	+	−	−	−	−	−	+	*I*	747
117	−	+	−	+	+	+	−	+	−	V,VI	748
117L	+	+	+	+	+	+	+	+	+	*VI* latein.	749
118A	−	+	−	+	+	+	(+)	+	+	*VI*,V	235,2
118B	−	+	−	+	−	+	−	+	−	VI	235,4
118C	−	+	−	+	−	+	−	+	−	VI	236
119A	−	+	−	+	−	+	−	+	−	*II*	750
119B	−	+	−	+	−	+	−	+	−	VI	751
120	+	(+)	+	(+)	+	(+)	+	(+)	+	III	−
121	+	+	+	+	+	+	+	+	+	*IX*,A	752
122	−	+	−	+	(+)	+	−	+	−	VIII	692
123	(+)	+	+	+	(+)	+	(+)	+	(+)	VIII,III	−
124	+	+	+	+	+	+	+	+	+	II,VII,A	−
125	+	+	+	+	+	+	+	+	+	I,A	−
126	(+)	+	(+)	+	(+)	+	(+)	+	(+)	*II*,I	753
127	+	−	+	−	−	−	+	−	+	VII,IX	−
128	−	+	−	+	−	+	−	+	−	VIII	−
129	+	(+)	+	(+)	(+)	(+)	+	(+)	(+)	I,A	−
130	+	+	+	+	+	+	+	+	+	*VII*,IV,A	82,191
131	+	+	+	+	−	+	−	+	+	VI,IX	−

Subkommission II – Psalmodie und Gemeindehoren

Ps	I	II	III	IV	V	VI	VII	VIII	IX	Vorschlag	GL
132	−	+	−	+	−	+	−	+	−	VIII	−
133	+	+	+	+	+	+	+	+	+	IX,A	−
134	+	+	+	+	+	+	+	+	+	*VIII,A*	697,3
135	+	+	+	+	(+)	+	(+)	+	+	IX,A	−
136 var.	−	+	−	+	+	+	−	+	−	*IV/(III)*	284
137	−	+	−	+	(+)	+	−	+	−	*II*	754
138	+	+	+	+	+	+	+	+	+	VII,VIII,A	−
139	−	+	−	+	−	+	−	+	−	*IV*	755
140	+	+	+	+	+	+	+	+	+	VII,A	−
141	+	+	+	+	−	+	−	+	+	I,IV	−
142	+	+	+	+	−	+	−	+	+	*I*	756
143	+	+	+	+	−	+	−	+	+	III	−
144	−	+	−	+	−	+	−	+	−	IV	−
145A	+	(+)	+	(+)	(+)	(+)	+	(+)	+	*VII*	757
145B	+	(+)	+	(+)	(+)	(+)	+	(+)	+	*I,VII*	758
146	−	+	−	+	−	+	−	+	−	IV	759
147	+	+	+	+	−	+	−	+	+	V,VI	254,760
148	−	+	−	+	−	+	−	+	−	II	761
149	+	+	+	+	+	+	+	+	+	V	−
150	+	+	+	+	+	+	+	+	+	*VII*	678
Cantica:											
Jes	+	+	+	+	(+)	+	(+)	+	+	*I,IXvar.*	124
Dan	+	+	+	+	+	+	+	+	+	*IXvar., A*	677
Magn	+	(+)	+	(+)	+	(+)	+	(+)	+	*IX,III*	127,689
Ben	(+)	+	(+)	+	+	+	(+)	+	(+)	*II,VIII*	89,681
Ndim	+	(+)	+	(+)	(+)	(+)	(+)	(+)	+	*III*	90,700

Zeichenerklärung: + = gut psallierbar; ( ) = weniger gut psallierbar;
  − = schlecht psallierbar; Kursives = im GL enthalten;
  „Vorschlag" = günstigste Psalliermöglichkeit; A = alle Töne möglich

2.3.8 Anhang III
Literaturverzeichnis zum Redaktionsbericht der SK II

Ch   Chorbuch für einstimmigen Gesang zum Gotteslob, Bd. I, Verlag Josef Pfeiffer München/Styria Graz 1975
- Simon Dach, Handbuch des Kantorendienstes, Verlag Bonifatius-Druckerei Paderborn 1977ff.; insbesondere Bd. I S. 172 (dort weitere Literaturangaben)

DS   Denkschrift „Gemeinde-Psalmodie in deutscher Sprache", Privatdruck der Werkgemeinschaft Lied und Musik e. V., Arbeitskreis für liturgisch-musikalische Fragen, Haus Altenberg Mai 1968 (= Anlage I)
- Rhabanus Erbacher, Tonus peregrinus – Aus der Geschichte eines Psalmtons, Vier-Türme-Verlag Münsterschwarzbach 1971 (– Münsterschwarzacher Studien H. 12)

Gd   Zeitschrift „Gottesdienst", Verlag Herder Freiburg i. Br. und Wien, Verlag Benziger Einsiedeln; 1970, H. 20-21; darin Johannes Aengenvoort, Bericht über die SK II (= Anlage III)
- Philipp Harnoncourt, Gesamtkirchliche und teilkirchliche Liturgie, Verlag Herder Freiburg i. Br. 1974; insbesondere „Bemühungen um ein Einheitsgesangbuch für das deutsche Sprachgebiet" und Psalmodie-Hinweise S. 407ff. und 427f.

K   Kantorenbuch zum Gotteslob, Verlag Styria Graz/Christophorus-Verlag Freiburg i. Br. 1976; insbesondere die Einführung von Johannes Aengenvoort
- Leiturgia, Handbuch des evangelischen Gottesdienstes, Bd. IV, Johannes-Stauda-Verlag Kassel 1961; insbesondere Otto Brodde, Evangelische Choralkunde S. 343ff.

MGG   Enzyklopädie „Die Musik in Geschichte und Gegenwart", Bärenreiter-Verlag Kassel und Basel 1944ff; insbesondere Altargesang I/379, Psalm X/1668 und Responsorium XI/313

MuA   Zeitschrift „Musik und Altar", Christophorus-Verlag Freiburg i. Br.; 1968, H. 1 Die Gemeindpsalmodie, u. zw. von Mitgliedern der SK II: Helmut Hucke, Grundformen des Psalmodierens; Philipp Harnoncourt, Überlegungen zur Gemeindepsalmodie; Fritz Schieri, Vorwort sowie Die Melodie-Modelle für die Gemeindepsalmodie; Johannes Aengenvoort, Psalmtöne und musikalische Modi; Richard Kliem, Über den Rhythmus der Modelle für die Gemeindepsalmodie; 1972, H. 1; darin Fritz Schieri, Eine neue Psalmodie (vgl. dazu K S. 285 u. a. sowie Ch. S. 31f., 59f., 101f., 148f., 154f. und 183)

ROL Erhard Quack und Fritz Schieri, Regelbuch für die Orations- und Lektionstöne in deutscher Sprache, hrsg. vom Liturgischen Institut Trier, Christophorus-Verlag Freiburg i. Br. 1969; insbesondere Methodik und Notation (S. 14 weitere Literaturangaben); Neuauflage in Vorbereitung (1988)

VDG Deutsche Gemeinde-Psalmodie, Vorlage der SK II, Drucksache 9 an die EGB-Hauptkommission Oktober 1968 (= Anlage II)

2.3.9 Anlage I
Denkschrift
Gemeinde-Psalmodie in deutscher Sprache

Werkgemeinschaft Lied und Musik e. V., Sitz Haus Altenberg
Arbeitskreis für liturgisch-musikalische Fragen

Im Fortschreiten der liturgischen Erneuerung sollen auch die Gemeinden nach Möglichkeit stärker am Gesang der Psalmen beteiligt werden können. Diese Denkschrift will hierzu Wege aufzeigen, die sowohl vor der Tradition bestehen wie dem heutigen Menschen zugänglich sein können; ihr Inhalt ist das Ergebnis langjähriger Studien, Erprobungen und Diskussionen. Genauere Begründung der vorgelegten Thesen findet sich in der Zeitschrift „Musik und Altar", Heft 1 des Jahrgangs 1968.

I

Man unterscheidet drei Grundformen des Psalmodierens (a.a.O., S. 2ff.):

1. Vortragspsalmodie. Ihr Gegenstand ist der Vortrag des Textes, die Verkündigung; währenddessen geschieht nichts anderes. Ein Vorsänger trägt den Psalm oder ausgewählte Verse vor; die ganze Versammlung hört zu und antwortet im allgemeinen mit einem kurzen Kehrvers, der eher den Charakter einer Akklamation als eines Gesanges hat.

2. Prozessionspsalmodie. Sie ist einem Ritus zugeordnet. Der Sänger-

chor trägt Psalmen oder Psalmverse vor; die Zuhörer antworten mit einem Kehrvers, der größeren Umfang und eher liedhafte Struktur verlangt.
3. Offiziumspsalmodie. Hier werden ganze Psalmen ohne Unterbrechung durch Kehrverse gesungen. Sie steht nicht in Verbindung zu einem anderen Ritus, sondern ist in sich geschlossener Teil eines Gottesdienstes. In der Regel handelt es sich um wechselchöriges Singen des Psalms durch die Gemeinde.
Auch in der Muttersprache ist die Unterscheidung dieser drei Grundformen geboten, und zwar sowohl in der Art des Psallierens wie in den Kehrversen. Die vorliegende Denkschrift befaßt sich lediglich mit der dritten Gattung, mit dem Psalmengesang der Gemeinde.

II

Während für Solo- und Chorpsalmodie mannigfaltige, auch interpretatorisch anspruchsvolle Formen angeboten und versucht werden können, eine Gemeindepsalmodie (s. „Musik und Altar", a.a.O., S. 5ff.) muß elementar und leicht vollziehbar sein; denn hier handelt es sich unmittelbar um eine ganz wesentliche Form der actuosa participatio populi am Gottesdienst. Aus dringenden pastoralen und liturgischen Gründen brauchen wir daher eine offizielle Form der Gemeindepsalmodie, die bereits im Einheitsgesangbuch aller Bistümer des deutschen Sprachgebietes angeboten werden muß. Hier ist Einheit ebenso notwendig wie bei den Akklamationen der Messe und beim Vaterunser. Unbestritten sei, daß es darüber hinaus auch noch Psallierweisen in partikulärer Verbreitung geben kann.

III

Zur Frage der Verwendung der traditionellen Psallierweisen oder Neukomposition ist zu sagen: Die überlieferten „Psalmtöne" stellen einen so hohen Traditionswert dar, daß man ohne zwingenden Grund nicht auf sie verzichten darf. Sie sind elementare Rezitationsformen, die in ihrer Grundstruktur nicht an bestimmte Sprachen oder Sprachräume gebunden sind. Es ist darum falsch, sie als typisch lateinisch und daher der deutschen Sprache nicht angemessen zu bezeichnen.
Eine Gemeinde-Psalmodie darf die Ausführenden nicht auf das Musikalische ablenken, sondern muß zur Meditation sammeln; sie darf sich auch bei ständiger Wiederholung nicht abnützen. Die überlieferten „Töne" haben diese Erfordernisse in jahrhundertelan-

gem Gebrauch in verschiedenen Sprachen optimal erfüllt. Ihre Einfachheit darf daher keinesfalls als Dürftigkeit mißdeutet werden. Eine unbesehene Übernahme der in der lateinischen Offiziumspsalmodie angewandten Akzentregeln ist freilich abzulehnen. Die Anpassung tradierter Formeln an die Betonungsgesetze der deutschen Sprache ist aber durchaus möglich (s. w. u.: V).
Auch Neukompositionen sind möglich, wenn sie den genannten Bedingungen genügen. Da aber nach Sichtung und Erprobung aller erreichbaren Neuerscheinungen vergleichbar gute neue Lösungen bisher nicht vorliegen, besteht kein Grund, die tradierten Modelle aufzugeben.

IV

In der beigefügten Tabelle sind folgende Melodie-Modelle für die Verwendung als Gemeindepsalmodie vorgesehen (traditionelle Bezeichnungen): IG, II germ., IIIA, IVE, V, VI, VIID, VIIIG und „tonus peregrinus" (IX) in einfacher Form.
Bei der Auswahl sollte die Vielfalt der traditionellen Modi erhalten bleiben; jeder Modus soll durch ein einziges Modell ohne Varianten vertreten werden. Ferner ist auf Ligaturen grundsätzlich verzichtet worden; jedes Initium ist fakultativ, Modell VII ohne Initium.

Erklärung der Tabelle (s. nächste Seite):
Alle „Töne" sind mit gemeinsamem Rezitationston a notiert.

�	= Rezitationston (R. T.), beliebig repetitions- und betonungsfähig
◾	= repetitionsfähiger Ton, innerhalb von Kadenzen hauptbetonungsfähig nur, wenn mit Akzentzeichen versehen
[◾]	= eingeklammerte Note entfällt beim starken Schluß in Mittelkadenzen (Correpta)
•	= nicht repetitionsfähiger Ton (syllabisch), innerhalb der Kadenzen nur mit Akzentzeichen hauptbetonungsfähig
•̇ 1̇	= Zählung der Vornoten, d. h. der Vorbereitungsnoten vor dem folgenden Hauptakzent
´	= Hauptakzent auf diese Note bzw. auf ihrer ersten Silbe
´→	= Hauptakzent wird beim starken Schluß auf die nächste Note verschoben

♩ ♩ ♩ = Hauptakzentsilbe liegt auf einer der durch die Klammer bezeichneten Noten (s. einakzentige Formeln, Vorakzent)
3 2 1

(● ●) = Initiumstöne ad lib., betonungsindifferent

Mediato = Mittelkadenz, Formel am Ende der ersten Vershälfte

Terminatio = Schlußkadenz, Formel am Ende des Psalmverses

Vorakzent = bei zweiakzentigen Formeln vorletzter Akzent, bei einakzentigen auf dem R. T. bzw. auf einer der Vornoten (VA)

Zielakzent = letzter Hauptakzent einer Formel (ZA)

(s. „Musik und Altar", a.a.O., S. 10ff. und S. 24f.).

Tabelle zu Punkt IV (Die Modelle für die Gemeinde-Psalmodie)

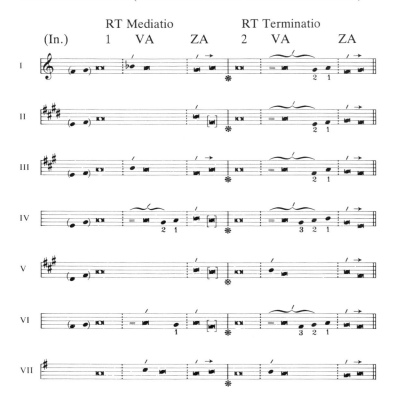

Subkommission II – Psalmodie und Gemeindehoren 351

V

Zur Rhythmik der Modelle und zur Textbehandlung ist zu sagen: Jeder Halbvers wird durch eine rhythmisch-melische Kadenz (Mediatio, Terminatio) abgeschlossen. Diese Kadenzen sind nicht silbenzählend, sondern akzentbezogen zu verstehen. Gemäß der Eigenart der deutschen Sprache lassen sich die Akzenttöne innerhalb der Modelle nicht mit jedem Wortakzent, sondern nur mit einem Hauptakzent verbinden, da sonst Fehlbetonungen entstehen. Es ergeben sich daher Unterschiede in den Textunterlegungsregeln gegenüber der lateinischen Praxis:

1. Der starke (männliche) Schluß in einakzentigen Schlußformeln verschiebt den Akzent vom vorletzten auf den letzten Formelton und zieht den vorletzten Sprachakzent mitsamt den weiteren Silben auf den vorletzten Formelton. Auf diese Weise wird die rhythmisch-melodische Struktur der Kadenz besser erhalten.

2. Wenn nach dem letzten Hauptakzent mehr als zwei Silben folgen, so beginnt der letzte Formelton mit der Silbe vor dem letzten Nebenakzent.

3. Zwischen den beiden letzten Hauptakzenten können mehr als zwei Silben vorkommen; das hat eine größere Distanz zwischen den Akzenttönen zweiakzentiger Kadenzen zur Folge.

Bei künftigen Übersetzungen der Psalmen für den Gemeindegesang sollen die unter 2. und 3. genannten Fälle vermieden oder auf ein Mindestmaß beschränkt werden. Die mit der Übersetzung von zunächst 30 Psalmen für den ökumenischen liturgischen Gebrauch beauftragte gemeinsame Übersetzerkommission der evangelischen und der katholischen Kirche (alttestamentliche Gruppe) arbeitet bereits nach diesen Grundsätzen.

Einige charakteristische Beispiele zu Punkt V

Genauere Begründung und zahlreiche weitere Beispiele s. „Musik und Altar" 1968/I, S. 12ff.

VI

Hinsichtlich der Tonalität der vorgeschlagenen Psalmodiemodelle ist zu beachten (vgl. a.a.O., S. 27ff.): Sie bestehen nur aus kleinen melodischen Wendungen mit wenigen Tonschritten; da sie tonal mehr oder weniger offen sind, können sie verschiedenen Tonbereichen zugeordnet werden. Es ist nicht nötig, ein Modell ausschließlich mit einer bestimmten „Kirchentonart" zu verbinden. (Die Zählung nach „Kirchentonarten" wird aus praktischen Gründen jedoch beibehalten.)

Manche Töne sind untereinander verwandt und deshalb austauschbar, z. B. I, VI, IX und II, III, VIII. Für den Anfang im Psallieren kann eine Gemeinde darum zunächst mit wenigen Modellen auskommen.

VII

Psalmton und Kehrvers oder Rahmenvers müssen tonal zusammenpassen; dafür genügt tonartliche Verwandtschaft. Zum Psallieren in Verbindung mit einem bestimmten Refrain stehen meist mehrere Psalmtöne zur Verfügung. Umgekehrt können auch zu jedem Psalmton Kehrverse verschiedener Tonart sinnvoll ausgewählt werden. Dadurch werden die Möglichkeiten in der Verwendung der Psalmen und der Kehrverse bereichert.

Einige einfache Beispiele dazu:

Zum Alleluja der Osterlaudes kann man außer im Modell VI auch in I od. IX psallieren, mit anderem R. T. auch in II, III, IV, V oder VIII.

Zum Modell VI (s. o. im 2. Notensystem) kann man außer lydischen Melodien (z. B. Alleluja der Osterlaudes) auch dorische (z. B. „Ein reines Herz erschaffe mir, Gott" aus dem „Kleinen Psalter" von Heinrich Rohr/Nr. 50) oder solche in Dur (z.B. den ersten Teil des Liedes „Lobe den Herren, den mächtigen König"), sogar manche phrygische (z.B. „Du Jesus an dem Kreuze stund") singen (a.a.O., S. 27ff.).

VIII

Das Druckbild des Textes von zum Singen eingerichteten Psalmen muß so gestaltet sein, daß die Verständigung der am Gesang Beteiligten so einfach und leicht wie möglich gemacht wird. Das bedeutet im einzelnen:

1. Der Druck der Psalmen ist nach Singversen vorzunehmen, und zwar am besten so, daß nach dem Asteriskus eine neue Zeile beginnt. Zwischen den Versen soll sich ein geringer Durchschuß befinden; ein größerer Durchschuß macht die Einteilung in Strophen deutlich.

2. Durchlaufende Verszählung ist notwendig (und zwar ohne Rücksicht auf die philologische Zählung). Auch bei Textkürzungen wird durchgezählt.

3. Die Versmitte wird durch den Asteriskus (*) bezeichnet, die zusätzliche Zeile bei dreiteiligen Versen durch Schrägstrich (/).

4. Zur Bezeichnung der musikalischen Formel sind Zeichen unter (und ggfs. über) dem Text am günstigsten, da durch sie das Schriftbild am wenigsten gestört wird. Bewährt haben sich folgende Zeichen: Unterstreichung der Silbe zur Kennzeichnung des Formelbeginns; Bogen zur Zusammenfassung von Silben auf dem gleichen Ton (supervenientes). Diese zwei Zeichen sollten, allenfalls erweitert um übliche Akzentzeichen über den Silben, für die Drucklegung genügen.

Beispiele:

A) Psalm 110 (Textfassung: Gemeinsame Übersetzerkommission der evangelischen und katholischen Kirche, Stand 1968) eingerichtet zum Singen im Modellton VII (= Mediatio und Terminatio zweiakzentig)

1) So spricht der Herr zu meinem Hérrn: /
    Setze dich zu meiner Rechten,
    und ich lege deine Feinde dir als Schemel unter die Füße.
2) Das Zepter deiner Macht strecke der Herr aus vom Zion:
    „Herrsche inmitten deiner Feinde!"
3) Dein ist die Herrschaft am Tage deiner Macht in heiligem Schmuck,
    ich habe dich gezeugt vor dem Mórgenstern
    gleich dem Tau in der Frühe.
4) Der Herr hat geschworen, nie wird es ihn reuen:
    „Du bist Priester auf ewig nach der Ordnung Melchisedeks!"
5) Der Herr tritt dir zur Rechten,
    zerschmettert Könige am Tag seines Zornes.
6) Er hält Gericht unter den Völkern, er häuft die Toten,
    die Häupter zerschmettert er weithin auf Erden.
7) Er trinkt aus dem Bach am Wege,
    so kann er das Haupt neu erheben.
    Ehre sei dem Vater und dem Sohne
    und dem Heiligen Geiste;
    wie es war im Anfang, so auch jetzt und allezeit
    und in Ewigkeit. Amen.

B) Psalm 96 (Textfassung: Gemeinsame Übersetzerkommission)
Einrichtung für Modell VI (alle Kadenzen einakzentig)

1) Singet dem Herrn ein neues Lied,
    singt dem Herrn alle Lande!)
2) Singt dem Herrn und preist seinen Namen,
    kündet sein Heil von Tag zu Tag!
3) Denn groß ist der Herr und hoch zu preisen,
    mehr zu fürchten als alle Götter.
4) Alle Götter der Heiden sind nichtig,
    der Herr aber hat den Himmel gemacht.
5) Hoheit und Pracht vor seinem Antlitz,
    Macht und Glanz in seinem Heiligtum.

Subkommission II – Psalmodie und Gemeindehoren

6) Bringet dem Herrn, ihr Stämme der Völker,
   bringt dem Herrn Ehre und Macht!
7) Bringt dem Herrn die Ehre seines Namens,
   spendet Gaben und tretet in seine Höfe ein!
8) Vor dem Herrn werft euch nieder in heiligem Schmuck,
   erbebt vor ihm, alle Lande!
9) Kündet bei den Völkern: „Der Herr ist König!
   Den Erdkreis hat er gegründet, daß er nicht wankt.
   Er richtet die Nationen nach Recht.
10) Der Himmel freue sich, die Erde frohlocke,
    es brause das Meer und was es erfüllt!
11) Es jauchze die Flur und was darauf wächst!
    Jubeln sollen alle Bäume des Waldes:
12) vor dem Herrn, wenn er kommt,
    wenn er kommt, die Erde zu richten.
13) Er richtet den Erdkreis gerecht,
    die Nationen nach seiner Treue.
14) Ehre sei dem Vater und dem Sohne
    und dem Heiligen Geiste;
15) wie es war im Anfang, so auch jetzt und allezeit
    und in Ewigkeit. Amen.

Anmerkung: Ursprünglicher Vers 3) ist ausgefallen; dennoch wird gleichmäßig weitergezählt. Ursprünglicher Vers 13) ist vierzeilig, wird aber hier als zwei Verse gezählt. Fraglich ist, ob die Doxologie in die Zählung einbezogen werden soll.

IX

Zusammenfassung:
Für den Psalmengesang der Gemeinde in nichtliedhafter Form wird eine Auswahl aus den traditionellen Psalmtönen vorgeschlagen. Sie verwendet neun einfache und praktikable Modelle, deren Anwendungsbereich allerdings gegenüber der Tradition stark erweitert wird: rhythmisch durch die Aufstellung neuer, der Eigenart der deutschen Sprache angepaßter Textbehandlungsregeln – tonal durch die Aufhebung der unbedingten Bindung eines Modells an eine bestimmte „Kirchentonart".
Dadurch ist, in Verbindung mit einer einfachen und bewährten Gestaltung des Druckbildes eines Textes, die Praktizierbarkeit dieser

Psalmodie im gesamten deutschen Sprachgebiet und auch in bescheidensten Verhältnissen sichergestellt; zugleich wird der Anschluß an die bereits vorhandenen Traditionen des Psallierens in lateinischer und deutscher Sprache gewahrt, eine wichtige Vorarbeit für das EGB geleistet und eine gute Grundlage für die Behandlung der Probleme einer muttersprachlichen Prozessions- und Vortragspsalmodie gelegt.

Folgende mit dem Thema dieser Denkschrift zusammenhängende Fragen konnten hier nicht behandelt werden:
1. Auswahl bestimmter Psalmen bzw. Psalmteile für den Gemeindegesang;
2. Zuteilung der ausgewählten Psalmen bzw. Psalmteile an bestimmte Psallier-Modelle;
3. Verwendungsfähigkeit der hier vorgeschlagenen Modelle auch für Vorsänger- bzw. Chorpsalmodie;
4. Entwicklung einer Schreib- und Druckform, die einen Text für alle Psalmtöne verwendbar macht.

Im Auftrag des Arbeitskreises für liturgisch-musikalische Fragen der Werkgemeinschaft Lied und Musik e. V. vorgelegt im Mai 1968 von
gez. Prof. Fritz Schieri

2.3.10 Anlage II
Deutsche Gemeinde-Psalmodie
Vorlage an die EGB-Hauptkommission

1. Diese Vorlage befaßt sich mit der *Gemeinde-Psalmodie* als einer der Grundformen des Psallierens. Hier handelt es sich um eine ganz wesentliche Art der actuosa participatio populi. Aus dringenden pastoralen und liturgischen Gründen brauchen wir für das EGB einheitliche Formen der Gemeinde-Psalmodie. Die Einheit ist hier ebenso notwendig wie bei den Akklamationen der Messe und beim Herrengebet, wiewohl es auch Psallierweisen in partikulärer Verbreitung geben kann. Eine Gemeinde-Psalmodie muß elementar und leicht vollziehbar sein, während Vorsänger und Chor mannigfaltige, auch schwierigere Formen verwenden können.
2. Soll man *neue oder traditionelle Psallierweisen* verwenden? Die überlieferten „Psalmtöne" stellen einen hohen Traditionswert dar,

auf den man ohne zwingenden Grund nicht verzichten sollte. Sie sind ihrer Grundstruktur nach elementare Rezitationsformen, die nicht an bestimmte Sprachen oder Sprachräume gebunden sind. Es ist darum unzutreffend, sie als typisch lateinisch und der deutschen Sprache nicht angemessen zu bezeichnen; lateinisch ist lediglich ihre Ausprägung in speziellen Kadenz- und Akzentregeln seit dem Mittelalter.

Eine unbesehene Übernahme der in der lateinischen Offiziumspsalmodie angewandten Akzentregeln ist daher abzulehnen. Dagegen ist die Anpassung tradierter Formen an den Rhythmus der deutschen Sprache durchaus möglich, wenn die sprachliche Form bestimmten Anforderungen gerecht wird. Außerdem müssen alle Formeln streng syllabisch behandelt werden; z.T. sind sie auch melodisch zu modifizieren.

Eine Gemeinde-Psalmodie soll leicht ausführbar sein und darf sich trotzdem bei ständiger Wiederholung nicht abnützen. Die überlieferten „Töne" haben diese Anforderungen in jahrhundertelangem Gebrauch in verschiedenen Sprachen erfüllt. Sie haben sich als klassische Melodiegestalten erwiesen; ihre Einfachheit darf nicht als Dürftigkeit mißverstanden werden.

Auch Neukompositionen sind möglich, wenn sie den genannten Bedingungen genügen. Die Subkommission hat alle erreichbaren Neuerscheinungen aus dem deutschen Sprachgebiet geprüft. Sie hat festgestellt, daß vergleichbar gute neue Lösungen bisher nicht vorliegen.

3. Die Subkommission schlägt daher für das EGB die in der *Tabelle* aufgezeichneten neun Melodiemodelle vor, welche sich an folgende Töne der Tradition anlehnen: I g, II germ., III a, IV E, V, VI, VII d, VIII G und „tonus peregrinus" (IX).*

4. Die *Textbehandlung* wird an Beispielen aufgezeigt, welche die verschiedenen rhythmischen Möglichkeiten enthalten (s. Anlage).**
Die Texte sind den von der „Gemeinsamen Übersetzerkommission" der evangelischen und katholischen Kirche erarbeiteten Psalmen (Stand Sommer 1968) entnommen.Die Beispiele zeigen, daß alle Kadenzen nicht silbenzählend, sondern akzentbezogen zu verstehen sind; sie sind nach überschaubaren und praktikablen Regeln erstellt worden.

* Hier folgt die gleiche Tabelle wie in Anlage I (S. 350f)
** Hier folgen die gleichen Textbeispiele wie in Anlage I (S. 356f)

5. Grundsätzlich kann *jeder Psalm auf alle vorgelegten Psalmtöne* gesungen werden; das bedeutet, daß eine Gemeinde mit wenigen Psalmtönen auskommt. Im EGB sollte jeder Psalm mit einem bestimmten „Ton" verbunden sein.
Zu jedem Psalmton können tonartlich verschiedene *Kehrverse* ausgewählt werden, da manche Psalmtöne miteinander verwandt und deshalb austauschbar sind.
6. Zur weiteren *Information* und zur Diskussion um die zugrundeliegenden Probleme vgl. die Denkschrift „Gemeinde-Psalmodie in deutscher Sprache" der Werkgemeinschaft Lied und Musik vom Mai 1968 und das Heft I/1968 der Zeitschrift „Musik und Altar".
7. Der Psalmentext muß im *Druck* so eingerichtet sein, daß er sich leicht singen läßt. Das bedeutet:
a) Der Druck der Psalmen ist nach Singversen vorzunehmen, und zwar am besten so, daß nach dem Asteriskus eine neue Zeile beginnt. Zwischen den Versen soll sich ein geringer Durchschuß befinden; ein größerer Durchschuß macht die Einteilung in Strophen deutlich.
b) Notwendig ist die durchlaufende Verszählung (und zwar ohne Rücksicht auf die philologische Zählung). Auch bei Textkürzungen wird durchgezählt.
c) Die Versmitte wird durch den Asteriskus (✶) bezeichnet, die zusätzliche Zeile bei dreiteiligen Versen durch Schrägstrich (/).
d) Zur Bezeichnung der musikalischen Formel sind Zeichen unter (und ggfs. über) dem Text am günstigsten, da durch sie das Schriftbild am wenigsten gestört wird. Bewährt haben sich folgende Zeichen: Unterstreichung der Silbe zur Kennzeichnung des Formelbeginns; Bogen zur Zusammenfassung von Silben auf dem gleichen Ton. Diese zwei Zeichen sollten, allenfalls erweitert um übliche Akzentzeichen über den Silben, für die Drucklegung genügen. Die Beispiele der Anlage sind nach diesen Grundsätzen geschrieben und bezeichnet worden.
8. Neben der in dieser Vorlage angebotenen Form der Gemeinde-Psalmodie sollen für bestimmte Psalmen (und verwandte Texte) mit Rücksicht auf ihre literarische Form oder wegen ihrer Verwendung in der Liturgie *Eigenmelodien* in das EGB aufgenommen werden Die Subkommission wird diese Frage weiter verfolgen.

Heppenheim/Haus am Maiberg, den 1. Oktober 1968

2.3.11 Anlage III
Psalmodie und Gemeindehoren

Bericht der EGB-Subkommission II*
Johannes Aengenvoort

Auftrag: „Deutsche Psalmodie"
1967 beschloß die EGB-Hauptkommission eine eigene Fachkommission für deutschen Psalmengesang zu bilden. Sie gab dieser Subkommission II den Auftrag, Singweisen zu entwickeln und der Hauptkommission zur Beschlußfassung anzubieten, die für den Vortrag der Psalmen in deutscher Sprache geeignet sind. Man hatte dabei sowohl jene Psalmen bzw. Psalmausschnitte im Auge, die für den Gemeindegesang in das EGB selbst aufgenommen werden sollen, wie jene, die bereitgestellt werden müssen, damit die für das EGB vorgesehenen Kehrverse korrespondierend mit diesen Psalmen bzw. Psalmausschnitten gesungen werden können. Der Auftrag für die Subkommission II lautet also: Erarbeitung einer Gemeinde- und einer Vorsängerpsalmodie.

Auftrag: „Gemeindehoren"
Im Verlauf der Arbeit ließ sich die Hauptkommission überzeugen, daß die Gemeindepsalmodie, die vornehmlich in der vom Konzil empfohlenen Teilnahme der Gläubigen am Stundengebet der Kirche ihren Ort hat, mit dem Ganzen solcher Gebetsstunden wie mit den zugehörigen Kehrversen textlich und musikalisch eine Einheit bilden muß. Deshalb erweiterte die Hauptkommission später ihren Auftrag dahin, daß die Subkommission II auch *ganze Gemeindehoren* erarbeiten und für die dazu benötigten Hymnen (Lieder) und Kehrverse mit den Subkommissionen I A (Lieder) und I B (nichtliedmäßige Gesänge) eng zusammenarbeiten soll. Aus ähnlichen Gründen wurde eine Einflußnahme auf die *Textgestaltung* ermöglicht. Die Zusammenarbeit ist seitdem gesichert durch die Zugehörigkeit einzelner Mitglieder zu den Subkommissionen I A und I B, zur evangelisch-katholischen Übersetzerkommission für die Psalmen und neutestamentlichen Cantica und zur „Kommission für poetische Texte", die von den

---
* Veröffentlicht in der Zeitschrift „Gottesdienst", 4. Jahr, 1970, Heft 20-21 (November), Herder.

Liturgischen Kommissionen der deutschsprachigen Bischofskonferenzen eingesetzt wurde.

Einwände und Vorurteile
Ausgangsposition für die Arbeit waren zahlreiche Experimente, Veröffentlichungen und Vorarbeiten in deutscher Psalmodie, die, teils schon in die dreißiger Jahre zurückreichend, durch die Initiative von einzelnen, von örtlich oder soziologisch begrenzten Gruppen oder auch aufgrund offizieller Beauftragung (Liturgisches Institut, Diözesangesangbücher) bereits vorlagen. Als belastende Hypothek war mit dieser Geschichte verbunden ein weitverbreitetes Unbehagen an sprachwidrigen Betonungen bei der psalmodischen Textdeklamation und ein traditionell verwurzeltes Vorurteil, im Deutschen sei Gemeindegesang nur in strophisch-liedhafter Form möglich.Situation und Gegenstand stellten die Subkommission also vor die Aufgabe, die *berechtigten* Einwände durch eine sprachgerechte *rhythmische*, das *Vorurteil* dagegen durch eine musikantisch eingängige melodische Lösung gegenstandslos zu machen.

Zusammensetzung und Arbeitsweise der Kommission
Die Subkommission hat vierzehn Mitglieder und wird geleitet von Fritz Schieri, Professor an der Staatlichen Hochschule für Musik München.
Folgende Fachkenntnisse und berufliche Erfahrungen sind in ihr vertreten:
Praktische Kirchenmusik (5, darunter zwei Domkapellmeister), Musikwissenschaft (2), Komposition (5), Dozenten von Musikhochschulen (3), Liturgik (4), Gemeinde- und Jugendseelsorge (3), Sprechkunde (1); zwei Mitglieder sind Ordensleute (OSB, OP) mit spezieller Erfahrung in der Praxis des lateinischen und des deutschen Stundengebets.
Die deutschsprachigen Länder sind wie folgt vertreten: Bundesrepublik: 8 (4 nördlich, 4 südlich der Mainlinie); Österreich: 3; Schweiz: 2; DDR: 1.
Die Subkommission hat sich seit Herbst 1967 in ziemlich regelmäßigen Abständen von drei bis fünf Monaten, mittlerweile neunmal, zu dreitägigen Sitzungen zusammengefunden. Dabei wurden jeweils Untersuchungen, die einzelne, kleinere Arbeitsgruppen oder alle zwischenzeitlich vorbereitet hatten, ausgetauscht, überprüft und weitergeführt, noch ungelöste und neu aufgetauchte Probleme fixiert

und zur weiteren zwischenzeitlichen Bearbeitung in Auftrag gegeben. Zur Beschlußfassung reif gewordene Alternativen wurden durch Abstimmung entschieden, meist mit großer Stimmenmehrheit, vielfach sogar einstimmig.

Gemeinsame Ausgangsbasis
Die Arbeit begann mit der Feststellung, daß alle Mitglieder übereinstimmend eine nichtliedmäßige deutsche Psalmodie in Modellform für möglich halten; dabei verstand man unter „Psalmodiemodellen" versweise wiederholbare Melodien, die rhythmisch so variabel sind, daß sie sich dem wechselnden Textrhythmus der Verse befriedigend anpassen. Zunächst wurden alle erreichbaren bisherigen Publikationen von deutscher Psalmodie gesammelt, gesichtet, auf ihre Strukturprinzipien hin untersucht, dementsprechend in Kategorien eingeteilt, ihre Brauchbarkeit für Gemeinde- und Vorsängerpsalmodie und im Hinblick darauf ihre Vorzüge und Mängel festgestellt, angefangen von verschiedenen Versuchen, die durch die Gregorianik überlieferten Psalmtöne zu verwenden, über vielfache Neubildungen von Melodiemodellen bis zu mehr oder weniger modellfreien individuellen Psalmvertonungen.

Gemeindpsalmodie
Aus Gründen größerer Dringlichkeit wandte man sich nun zunächst der Entwicklung einer Gemeindpsalmodie zu. Man entschied sich dafür, ihr die überlieferten Psalmtöne zugrunde zu legen, weil unter allen übrigen Publikationen melodisch und gemeindegemäß vergleichbar gute Lösungen nicht zu finden waren. Voraussetzung für diese Entscheidung war eine neue Psalliertafel, die kurz vorher vom „Arbeitskreis für liturgisch-musikalische Fragen" der „Werkgemeinschaft Lied und Musik" erarbeitet worden war, verbunden mit Untersuchungsergebnissen, die endlich exakt angeben, welche Betonungsstrukturen ein poetischer Text bei Versmitte und -schluß vermeiden muß, damit er gut singbar ist. Die neue Psalliertafel, die nach weiterer Überarbeitung der Hauptkommission vorgelegt und von ihr angenommen wurde, erreicht durch Verzicht auf Ligaturen (Bindung mehrerer Töne auf einer Silbe) und durch modifizierte Akzentregeln, daß neun traditionelle Psalmtöne mit deutschem Text sprachgerecht gesungen werden können, wenn der Text jenen Erkenntnissen entsprechend gestaltet ist.

Gemeindevesper
Nach Fertigstellung der Gemeindepsalmodie wandte man sich den Vorarbeiten für die Vorauspublikation einer Gemeindevesper zu. Das neutestamentliche Canticum, das neuerdings anstelle des dritten Psalms gesungen werden soll, erfordert etwas reichere Psallierweisen, damit sein höherer Rang deutlich wird. Dafür lieferten Komponisten verschiedene Lösungsversuche, aus denen die besten ausgewählt wurden. Ähnlich wurden die Kehrverstexte und -melodien erarbeitet.

Vorsängerpsalmodie
Noch während der Arbeit an der Gemeindevesper, die sich mit der Problemstellung „Canticumspsalmodie" schon auf die Vorsängerpsalmodie zubewegte, kamen neue Aufträge in dieser Richtung: Für die Antwortpsalmen der neuen Leseordnung sollten Singweisen angeboten werden. Man wählte für das Adventheft charakteristische Beispiele aus schon vorliegenden Publikationen. Ein zweites Heft „Das Jahr hindurch" wird neue Auftragsvertonungen bieten.

Zwischenbilanz
Zieht man mitten im Gang der Arbeit schon einmal Bilanz, so ergibt dies folgendes Bild:
– Fertiggestellt wurden bisher: Psalliertafel und -regeln für die Gemeindepsalmodie – Probepublikation „Antwortpsalmen im Advent" (November 69) – Probepublikation „Antwortpsalmen das Jahr hindurch" (Dezember 70) – Probepublikation „Gemeindevesper" (September 70).
Zu erarbeiten sind jetzt noch (soweit erkennbar): Weitere Modelle für die Vorsängerpsalmodie, darunter auch Modelle, die, ohne Ausschreibung in Noten, durch eine Psalliertafel und mit Hilfe von Druckzeichen im Text zu handhaben sind. – Weitere Hefte „Antwortpsalmen" für die übrigen Abschnitte des Kirchenjahres als Vorauspublikationen zu einem künftigen Vorsängerbuch zum EGB.
– Weitere Vespern, dazu Metten, Laudes und Komplet für die Gemeinde- Psalmenauswahl für das EGB und das Vorsängerheft.
– Einige *neue* Gemeindepsalmodie-Modelle für bestimmte charakteristische Psalmen und Situationen.

2.4 Subkommission III „Wortgottesdienste"

Josef Seuffert

Ursprünglich war eine eigene Subkommission „Gemeindehoren" vorgesehen. Sie hatte im Plan die Nr. III. Es stellte sich jedoch heraus, daß es sinnvoller war, mit der Zusammenstellung von Vespern usw. die SK II zu beauftragen. So wurde bei der 3. Sitzung der HK die SK II umbenannt in Psalmodie und Gemeindehoren (vgl. den Bericht dieser SK).

Dagegen schlug die Referentenkonferenz vor, die SK IV „Andachten und Wortgottesdienste" zu trennen. Dem entsprach die HK. So wurde im November 1969 die Subkommission III – Wortgottesdienste gebildet.

Als Referent wurde Bischof Aufderbeck, Erfurt, bestellt. Die Mitglieder sollten vorwiegend aus der DDR kommen, dazu je ein Vertreter aus den übrigen Gebieten und evtl. Dr. Knoch vom Kath. Bibelwerk.

Bei der 4. Sitzung der HK berichtete Rat Gülden über einen Jahreszyklus für priesterlose Sonntagsgottesdienste, der in der DDR erarbeitet wurde. Damals dachte man auch an eine große Zahl thematischer Modelle für Wortgottesdienste.

Am 25. März 1971 fand dann eine erste offizielle Sitzung der SK III in Erfurt statt. Anwesend waren:

Bischof Aufderbeck, Erfurt
Pfr. Bentler, Perleberg
Pfr. Cramer, Halle
Bischöfl. Rat Gülden, Leipzig
Prälat Kindermann, Schwerin
Prof. DDr. Löwenberg, Erfurt
Pfr. Luckhaupt, Leipzig
Domkapitular Schollmeier, Erfurt

Vertreter aus den anderen Gebieten konnten nicht teilnehmen.

Nach allgemeinen Erörterungen über die theologische und die konkrete Struktur eines Wortgottesdienstes galt die Hauptbemühung der Beratung der Struktur eines Wortgottesdienstes mit Kommunionausteilung.

Dazu wurde eine Vorlage erarbeitet (Drucksache 1331). Hier die Zusammenfassung der Überschriften:
Eröffnung – 1. Lied, 2. Gruß, 3. Einführendes Wort, 4. Kyrieruf.
I. Schriftlesung – 1. Vorbereitungsgebet, 2. Vorspruch und Lesung, 3. Zwischengesang, 4. Vorspruch und Evangelium, 5. Homilie, 6. Glaubensbekenntnis oder Credolied.
II. Gemeindegebet – 1. Lobpreis, 2. Dank, 3. Bußgebet, 4. Fürbitten.
III. Gemeinschaft im Hl. Geist – 1. Gemeinschaft mit der Kirche, 2. Gemeinschaft untereinander, 3. Gemeinschaft mit Christus, a. Heiliges Mahl, b. Danksagung.
Segen und Bekanntmachungen – 1. Bekanntmachungen, 2. Segensbitte, 3. Mariengruß.
Unschwer ist festzustellen, daß sich dieser Strukturentwurf in GL Nr. 370 (Kommunionfeier) niedergeschlagen hat.

Dann wurde noch kurz über andere Formen des Wortgottesdienstes beraten. Es wurde eine Abgrenzung zu den Andachten versucht. Am Ende wurden einige Arbeiten für die nächste Sitzung verteilt.
In der 5. Sitzung der HK berichtete Rat Gülden. Die Aussprache führte zu dem Beschluß: „In das EGB sollen einige Wortgottesdienste anstelle von Andachten aufgenommen werden." Schon in die Vorauspublikation sollten zwei Wortgottesdienste kommen. Die konkreten Versuche führten dann zu der Erkenntnis, daß es nicht sinnvoll ist, ausgearbeitete Wortgottesdienste in ein Gesangbuch aufzunehmen. Daher lautete ein Beschluß der HK auf ihrer 6. Sitzung im Januar 1972: „Geschlossene Wortgottesdienste sollen nicht in das EGB aufgenommen werden, nur ein kurzes Wort zur Struktur." Konkrete Vorschläge sollten in das geplante Werkbuch oder in ein eigenes Werkbuch für Wortgottesdienste aufgenommen werden. Einigkeit herrschte darüber, daß ein Modell für den priesterlosen Sonntagsgottesdienst aufgenommen werden soll.

Am 14. März 1972 kam dann die SK III in Ost-Berlin zusammen. Anwesend waren zusätzlich: Prälat Krawinkel, Berlin, P. Höslinger, Klosterneuburg, Pfr. Risi, Arosa, und Sekretär Seuffert, Trier. Entsprechend den Beschlüssen der HK wurde der Vorschlag für einen Wortgottesdienst mit Kommunionausteilung, den Bischof Aufderbeck vorlegte, ausführlich besprochen. Es wurde vorgeschlagen, für diesen Gottesdienst den Namen „Kommunionfeier" zu verwenden, nicht „Stationsgottesdienst", wie in der DDR üblich. Dazu wurde

Subkommission III — Wortgottesdienste

darauf hingewiesen, daß man auch Tauffeier, Begräbnisfeier usw. sagt, wobei immer ein Wortgottesdienst damit verbunden ist.
Den Rest der Zeit widmete man einer Themenliste für Wortgottesdienste als Vorarbeit für ein Werkbuch. Hier die Überschriften der Liste: Menschen um uns herum – Die Welt, in der wir leben – Situationen – Haltungen – Theologische und biblische Aspekte – Kirche.
Es wurden auch Anlässe zu Wortgottesdiensten aufgelistet:
Anlässe im Gemeindeleben – Besondere Ereignisse in Weltkirche und Diözese – Anlässe in bestimmten Gruppen – Anlässe im Kirchenjahr. Sieben Grundmodelle wurden empfohlen, worunter sich auch die Vesper mit Homilie befand.
Eine weitere Sitzung der SK III fand vom 19.-20. Juni 1972 in Ost-Berlin statt. Es konnten nur sieben von zwölf Mitgliedern anwesend sein. Dabei wurde vor allem die „Kommunionfeier" zur textlichen Reife gebracht.
Auf der 7. Sitzung der HK im Juli 1972 wurde dann der Text der Kommunionfeier verabschiedet, vorbehaltlich der Billigung durch die Liturgischen Institute. Die wünschenswerten Themen für Wortgottesdienste wurden zustimmend zur Kenntnis genommen.
Auf der 8. Sitzung der HK wurde das Rohmanuskript verabschiedet. Für die Kommunionfeier wurde eine textliche Änderung beschlossen. Die Bischöfliche Kommission beließ die Vorlage ohne Änderungen.

2.5 Subkommission IV „Andachten"
Josef Seuffert

Die Arbeit an den Andachten im *Gotteslob* nahm wohl die eigenartigste Entwicklung im Rahmen der Gesangbucharbeit. Es sind drei Phasen zu unterscheiden:
1. Die Subkommission Andachten der Gebetskommission 1963-1967;
2. der Versuch der Arbeit mit einer neuen Subkommission 1967-1972;
3. die Arbeit der Redaktionskommission 1972-1974.

2.5.1 Die Subkommission „Andachten" 1963-1966

Auf der ersten Sitzung der Gebetskommission im September 1963 wurde Direktor Huber, Freiburg, beauftragt, sich des Sachgebietes „Andachten" anzunehmen.
Bei der Arbeitssitzung vom 26.-29. Januar 1964 folgte dem einführenden Referat von Direktor Huber eine ausführliche Diskussion. Zunächst wurde die Grundfrage erörtert, ob Andachten im Einheitsgesangbuch erwünscht sind. Die Meinung, man solle die Andachten den Diözesen überlassen, war verbreitet. Außerdem war damals die Andacht eine fast ausgestorbene Frömmigkeitsform. Der „Wortgottesdienst" schien im Kommen zu sein. Als zusammenfassendes Ergebnis der Diskussion wurde jedoch formuliert: „Der Wert der Andacht bleibt unverändert wichtig. Im EGB könnte man sich mit einer begrenzten Zahl von Andachten begnügen... Besondere Andachten gehören ins Proprium."
Anschließend wurde eine Subkommission „Andachten" gegründet. Ihr gehörten an:
Direktor Huber, Freiburg (Vorsitz)
Prälat Schnitzler, Köln
Ordinariatsrat Tewes, München
Dr. Georg Weber (Österreich)
Kaplan Schwaller (Schweiz)
Bei der darauffolgenden Sitzung wurde die Meinungsbildung weitergeführt. Der Wunsch nach Einzelstücken, die in Andachten verwendbar sind, wurde formuliert.

Bei der ersten Sitzung mit den Diözesanvertretern, die im Herbst 1964 stattfand, referierte Direktor Huber über das Thema Andachten. Es fand eine ähnlich allgemeine Diskussion statt wie schon in der Kommission. Grundsätzlich wurde die Andacht als Form gewünscht. Bei der Gestaltung der Andachten solle das theologische Gedankengut des Konzils deutlich werden, damit es zum Besitz der Gläubigen werden kann.
Die Subkommission verschickte in der Folgezeit eine Reihe von Entwürfen: Grundstruktur einer Andacht; Advent; Kreuzweg; Kommen des Herrn; Eucharistische Andacht; Bittandacht; Bußandacht; Herz-Jesu-Andacht. Auf den drei folgenden Plenumssitzungen fanden jedoch nur kurze Diskussionen über allgemeine Fragen statt. Auch Stellungnahmen gegenüber der Subkommission gingen kaum ein. Die Ursache dafür ist wohl eine große Unsicherheit bezüglich der angemessenen Form für die Andacht.
Bei der Umstrukturierung der Arbeit im April 1967 wurde eine Subkommission IV „Wortgottesdienste und Andachten" gebildet. Sie sollte beide Bereiche bearbeiten. Als Referent wurde Direktor Huber bestellt, als Stellvertreter Bischöfl. Rat Gülden (für die Sparte Wortgottesdienste). Einige Zeit danach zog sich Direktor Huber aus der Gesangbucharbeit zurück, da er Domkapitular geworden war.

2.5.2 Der Versuch der Arbeit mit einer neuen Subkommission 1967-1972

Mit Beginn der neuen Arbeitsstruktur der EGB-Kommission und mit Beginn der Arbeit des EGB-Sekretariates bestand auf dem Papier noch eine Subkommission IV „Wortgottesdienste und Andachten". Daß diese Kommission keine Sitzungen hielt, wurde im Lauf des Jahres 1968 deutlich. Der Referent nahm an den Sitzungen der Hauptkommission nicht teil. Rückfragen des Sekretariates und ein Besuch in Freiburg führten dann zum Rücktritt des Referenten. Anfragen bei den übrigen Mitgliedern ergaben, daß keiner als Referent bereitstand.
Daher beschloß die Hauptkommission auf ihrer 3. Sitzung im November 1969, die Subkommission neu zu besetzen, vor allem einen Referenten zu finden. Innerhalb eines Jahres gelang es nicht, eine

Zusage zu erreichen. Auf der 4. Sitzung der HK im November 1970 wurden weitere Namen genannt. Das Sekretariat versuchte vergeblich, eine Zusage zu erhalten. Bei der 5. Sitzung der Hauptkommission im Juni 1971 war es das Gleiche: drei weitere Namen, keine Zusage. Inzwischen war jedoch das Arbeitsgebiet „Wortgottesdienste" ausgegliedert worden. Dafür wurde eine eigene Subkommission (III) gebildet.
Nach der 6. Sitzung der Hauptkommission im Januar 1972 war endlich eine Zusage zu vermelden:
Msgr. Prof. Dr. Herkenrath, Köln, Referent
Mitglieder:
P. Dr. Norbert Höslinger CR, Klosterneuburg
Ordinariatskanzler Dr. Alois Tampier, St. Pölten
Rektor Heribert Schmitz, Mülheim-Ruhr
Pfarrer Walter Risi, Arosa
Weitere Mitglieder sollten von Prof. Herkenrath optiert werden.
Prof. Dr. H. B. Meyer SJ, Innsbruck, legte das Ergebnis eines Seminars über Andachten vor, das um die Klärung der Grundsatzfragen bemüht war. Dieses Papier wurde von der Hauptkommission der neuen Subkommission als Arbeitsgrundlage übergeben.
Bis zur 7. Sitzung der Hauptkommission im Juli 1972 waren die Arbeiten der übrigen Subkommissionen so weit vorangekommen, daß bereits die Redaktionskommission zur Zusammenstellung des Manuskripts gebildet wurde. Von den Andachten lag noch keine Zeile vor. Die neue Subkommission hatte zwei Sitzungen gehalten. Das Protokoll der ersten lag vor. Die Hauptkommission stimmte dem Plan zu, etwa 17 Andachten für das EGB zu erarbeiten. Vorher hatte man eher an weniger Andachten gedacht. Aber die Diözesen, die bereits mit der Arbeit am Diözesananhang begonnen hatten, merkten, wie mühsam die Arbeit an Andachten ist, so daß man mehr Andachten im Stammteil wünschte.
Bei der ersten Sitzung der neuen Subkommission am 2. 5. 1972 war neben dem Referenten Prof. Herkenrath nur eines der benannten Mitglieder, Pfarrer Risi aus Arosa, anwesend. Dazu kamen Religionslehrer Karl Günter Peusquens, Köln, und der Sekretär. Optionen wurden ausgesprochen für Prof. Dr. Josef Dreißen, Aachen, P. Dr. B. Senger OSB, Gerleve, und Pfarrer J. Steffens, Aachen. Die Liste der Andachten enthielt folgende Titel: 1. Advent, 2. Weihnachten, 3. Fastenzeit, 4. Passion (Kreuzweg), 5. Ostern, 6. Pfingsten – Heiliger

Geist, 7. Dreifaltigkeit, 8. Fronleichnam, 9. Herz-Jesu, 10. Christus, 11. Kirche, 12. Maria, 13. Heilige, 14. Gedächtnis der Verstorbenen, 15. Thematische Andachten (Lobpreis, Bitte, Dank, Frieden), 16. Die Welt in der Hand Gottes.
Die konkrete Beratung der einzelnen Bereiche und die Verteilung der Arbeit sollte auf der folgenden Sitzung geschehen. Diese Sitzung hat auch stattgefunden. Aber ein Protokoll lag nicht vor. Da der Referent bei der Sitzung der Hauptkommission nicht anwesend war, gab es auch keine mündliche Auskunft. Da die Einladung zu der zweiten Sitzung nicht über das Sekretariat gelaufen war, lagen auch dort keine Informationen vor. So blieb der Hauptkommission nur übrig, die Vorlage der Andachten bis Dezember 1972 zu erbitten.
Nach der Sitzung der Hauptkommission traf dann das Protokoll der 2. Sitzung ein, die am 3. Juli in Köln stattfand. Die drei Anwesenden (Herkenrath, Peusquens und Steffens) stellten fest:
1. Fertige oder geschlossene Andachten kommen nicht mehr in Betracht.
2. Andachtsstücke, die als Versatzteile verwendet werden können, sollen nach dem Themenkreis (s. Protokoll vom 2. 5. 1972) geliefert werden.
3. Die einzelnen Teile sollten biblisch geformt sein, aber auch aktuelle Gedanken tragen.
4. Nach Möglichkeit sind kurze Sätze ohne Schlußorationen zu bilden.
5. Das Einzelstück soll 20 Zeilen mit 60 Anschlägen betragen, so daß der Gesamtumfang des Andachtsteils sich auf 60-80 Seiten beliefe.
Danach wurden acht der Themen verteilt. Die nächste Sitzung war für September geplant. Wie sich später herausstellte, hat sie nicht stattgefunden.
Bei der 8. Sitzung der Hauptkommission wurde das Rohmanuskript des EGB zur Vorlage an die Bischofskonferenz verabschiedet. Es wurde auch ein Zeitplan für die Drucklegung vom Sekretariat vorgelegt. Er sah für die Fastenzeit 1975 die Auslieferung der ersten Exemplare vor (was auch eingehalten wurde). Das Protokoll verzeichnet in diesem Zusammenhang: „Die Tatsache, daß der Andachtsteil noch nicht vorliegt, braucht den Plan nicht zu verzögern, da der Textsatz nicht so zeitraubend ist wie der Notensatz". – Bei dieser Sitzung war der Referent der Subkommission „Andachten" wiederum nicht anwesend. Es gab auch weder eine schriftliche Äußerung noch

eine Mitteilung über eine Sitzung. Lediglich ein Mitglied der Subkommission hatte einen Andachtsentwurf an das Sekretariat geschickt (daraus wurde GL Nr. 773). Der Vorsitzende und der Sekretär wurden beauftragt, eine Klärung mit Prof. Herkenrath herbeizuführen. Wenn nicht durch ihn, dann solle durch die Redaktionskommission bis Februar 1973 ein Andachtsmanuskript vorgelegt werden.
Ein Besuch bei Prof. Herkenrath, sofort nach der Sitzung der Hauptkommission, ergab, daß auch die zweite Subkommission „Andachten" gescheitert war. So bekam also die Redaktionskommission den zusätzlichen Auftrag, den gesamten Andachtsteil zu erstellen.
Fragt man, warum diese Entwicklung sich so vollzog, dann liegt der Hauptgrund wohl darin, daß die Zeit, in der das Einheitsgesangbuch erstellt wurde, eine andachtsfeindliche Zeit war. Die alten Andachtstexte galten als nicht mehr vollziehbar. Neue Texte gab es nicht. Sie zu machen war eine Aufgabe wider die Zeit. Erst Anfang der siebziger Jahre war langsam wieder etwas von einem Bedürfnis nach Andachten zu spüren. Die EGB-Kommission wollte von Anfang an Andachten. Man stand aber bei der Konkretisierung sozusagen ratlos herum. Bei allen Versuchen, die vorgelegt wurden, war sich keiner sicher, ob diese so richtig seien. Dazu muß man bedenken, daß es in den anderen Sachgebieten eine Fülle von Problemen gab, die heftig diskutiert wurden, so daß die ganze Zeit hindurch nur ein blasses „Problembewußtsein Andachten" vorhanden war. Die vielen angefragten Kandidaten für die Arbeit an den Andachten sahen sich meist nicht in der Lage, das Problem anzupacken. Zehn Jahre danach ist das nur noch schwer zu verstehen.

2.5.3 Die Arbeit der Redaktionskommission 1972-1974

Mitte Dezember 1972 wurde der Auftrag an die Redaktionskommission ausgesprochen, auch den Andachtsteil zu erstellen. Mit Hilfe des Telefons wurden die Vorbereitungen für die Bewältigung dieser Arbeit getroffen. Jede Sitzung der Redaktionskommission wurde um einen ganzen Tag verlängert bis zur Fertigstellung der Andachten. Für diesen „Andachtstag" wurden die Herren Walter Risi, Arosa, und Dr. Hans Hollerweger, Linz, hinzugezogen. Telefonisch wurden auch die Arbeiten verteilt und Vorlagen für die Bearbeitung erbeten. Anfang Februar 1973 kam dann die Redaktionskommission zusammen. Das

Ergebnis von sechs Wochen Hausarbeit wurde besprochen, Änderungen vorgenommen und das Resultat als Andachtsentwürfe für die Hauptkommission vervielfältigt. Diese kam Ende Februar zu ihrer vorletzten Sitzung zusammen. Sieben Entwürfe lagen vor, elf werden im Protokoll als „in Arbeit" bezeichnet. Vorgestellt und besprochen wurden: 1. Advent, O-Antiphonen, 2. Weihnachten, 3. Kreuzweg, 4. Heiliger Geist, 5. Eucharistie, 6. Christus-Andacht, 7. Herz-Jesu. Alle Entwürfe wurden grundsätzlich angenommen. Einzelmodi wurden bis Ende März erbeten. Die Entwürfe wurden, als solche gekennzeichnet, auch den Bischöfen und den Diözesanvertretern mit der Bitte um Modi zugeschickt.

Die Redaktionskommission erstellte aufgrund der Modi einen umfangreichen Redaktionsbericht für die Hauptkommission. Sie arbeitete weiter an den anderen Andachten.

Bei der letzten Sitzung der Hauptkommission wurden zunächst sechs Andachten anhand des Redaktionsberichtes besprochen und verabschiedet. Weitere vier Andachten wurden grundsätzlich angenommen:

1. Die sieben Worte Jesu am Kreuz, 2. Die Eucharistische Andacht (2. Fassung), 3. Andacht für die Osterzeit, 4. Totengedenken. Nach Einarbeitung der Modi sollte den Mitgliedern die Fassung der Redaktionskommission zugeleitet werden. Nach schriftlicher Stellungnahme sollte die um zwei Bischöfe erweiterte Redaktionskommission die endgültige Fassung herstellen. Die Redaktionskommission hatte drei weitere Andachten vor der Fertigstellung: 1. Marienandacht, 2. Bittandacht, 3. Dankandacht. Hier wurde das gleiche Verfahren wie für die vier vorhergehenden Titel beschlossen. Vier weitere Titel in Arbeit wurden nach einigen grundsätzlichen Erwägungen akzeptiert: 4. Andacht zum Gebet des Herrn, 5. Heiligenandacht, 6. Andacht für die Fastenzeit, 7. Andacht von der Kirche.

Die nun insgesamt 17 Titel wurden als das Höchstmaß für den Stammteil angesehen. Zusätzliche Wünsche könnten in den Diözesananhängen und in der Agende (Werkbuch) erfüllt werden.

Wie sich aus dem Bericht über die Redaktionskommission ergibt, trat die erweiterte Redaktionskommission nicht zusammen. Dafür wurde die Bischöfliche Kommission für Fragen des EGB gebildet. Diese nahm sich dann auch der letzten Durchsicht der Andachten an. Vorangegangen war die Einarbeitung vieler Modi der Hauptkommission und der Diözesanvertreter durch die Redaktionskommission. Die

Modi der Bischöfe zum Verabschiedungsmanuskript wurden durch die Bischöfliche Kommission eingearbeitet.
So wurde der Andachtsteil innerhalb eines guten Jahres erarbeitet. Bei einer längeren Arbeitsperiode hätten die Texte sicher noch eine größere Reife erreichen können. Am Ende wurden es 150 Seiten, die der Andachtsteil in der Stammausgabe umfaßt.
Eine Anmerkung zum theologischen „Gesicht" sei noch gestattet. Von zwei Seiten wurden Kritiken laut: 1. Die Andachten seien zu modern und deswegen nicht fromm genug. Besonders heftig waren die Angriffe auf den Abschnitt „Schwester der Menschen" (GL Nr. 783,5). 2. Die Andachten seien zu „adorativ", d. h., Christus würde nur als der Sohn Gottes gesehen und nicht als der Jesus von Nazaret, wie ihn die heutige Theologie sehe. Wer sich auf die Texte einläßt, wird merken, daß die Redaktionskommission versucht hat, die Heilige Schrift und die Theologie des Zweiten Vatikanischen Konzils so in die Texte zu bringen, daß ein Gebet daraus werden kann. So steht der Andachtsteil voll im Kontext des übrigen Buches.

Im Gotteslob sind folgende Andachten abgedruckt:
772 Andacht im Advent (Die großen Antiphonen); 7 Abschnitte, Einleitung und Abschluß.
773 Andacht zur Weihnachtszeit; 7 Abschnitte.
774 Andacht für die Fastenzeit; Eröffnung und 6 Abschnitte (ein Abschnitt zu jedem Sonntag der Fastenzeit).
775 Der Kreuzweg.
776 Die sieben Worte Jesu am Kreuz; mit Eröffnung und Abschluß.
777 Andacht für die Osterzeit; 5 Abschnitte.
778 Andacht zum Heiligen Geist; 7 Abschnitte, Eröffnungsgebet und Abschluß.
779 Eucharistische Andacht; 6 Abschnitte.
780 Andacht zum heiligsten Herzen Jesu; 6 Abschnitte.
781 Andacht zu Jesus Christus; Eröffnungsruf und 9 Abschnitte.
782 Andacht über das Gebet des Herrn; 9 Abschnitte.
783 Marienandacht; 10 Abschnitte.
784/785 Andacht von den Engeln und Heiligen; 16 Abschnitte.
786/787 Andacht von der Kirche; 17 Abschnitte.
788 Dankandacht ; 5 Abschnitte.
789/790 Bittandacht; 12 Abschnitte.

791 Andacht zum Totengedenken; Eröffnung und 3 Abschnitte.
 33 Der Rosenkranz.
Im Werkbuch zum Gotteslob sind über 200 Vorschläge für die Zusammenstellung von Andachten zu finden. Dabei sind neben Liedern und Gesängen zu den Andachtsabschnitten auch Litaneien und Psalmen vorgeschlagen. Gelegentlich werden auch Stücke aus dem Abschnitt „Persönliche Gebete" verwendet.

2.6 Subkommission V „Litaneien und akklamatorische Gesänge"

Franz Schmutz

2.6.1 Vorbericht
Josef Seuffert

Unter den Aufgaben, die auf der ersten Sitzung der sogenannten „Gebetskommission" benannt wurden, ist unter Nr. 8 „Litaneien" aufgeführt. Prof. Dr. Adam, Mainz, wurde gebeten, sich der Sache anzunehmen. Das war im September 1963.
Es folgte eine erste mehrtägige Sitzung vom 26.-29. Januar 1964, bei der Prof. Adam unter TOP 2 ausführlich zum Problembereich „Litaneien" Stellung nahm. Sein Vorschlag: 8 Litaneien in den Stammteil, weitere Litaneien können in das „Vorbeterbuch" (später Werkbuch) oder in die diözesanen Anhänge aufgenommen werden. Nach ausführlicher Diskussion stimmte die Kommission dem Vorschlag von Prof. Adam zu. Es wurde eine Subkommission gebildet, die den Auftrag erhielt, die Texte zu überarbeiten. Ihr gehörten an: Prof. Dr. Adam (Vorsitz), Mainz; Direktor Dr. Huber, Freiburg; Bischöfl. Rat Dr. Gülden, Leipzig; Prälat Dr. Schnitzler, Köln; Bundeskurat Seuffert, Düsseldorf; Dr. Duffrer, Mainz; Referent Schmutz (Österreich); Kaplan Schwaller (Schweiz).
Es ist interessant, die Planung von 1964 mit dem Ergebnis von 1974 zu vergleichen. Daher sind in der folgenden Liste die GL-Nummern zugefügt.
1. Allerheiligen-Litanei – GL 762
2. Lauretanische Litanei – GL 769
3. Namen-Jesu-Litanei (Es wurde bereits bei dieser Sitzung vorgeschlagen, sie „Jesus-Litanei" zu nennen.) – GL 765
4. Herz-Jesu-Litanei – GL 768
5. Göttliche Vorsehung. Diese Litanei kam nicht ins GL.
6. Altarsakrament-Litanei – GL 767
7. Vom bitteren Leiden – GL 766
8. Verstorbene – GL 770
Diskutiert wurde über die Aufnahme der Heilig-Geist-Litanei, jedoch

kein Beschluß gefaßt. Diese Litanei erschien dann im Werkbuch zum Gotteslob Band V, 237-240.

Auch der Vorschlag einer heilsgeschichtlichen Litanei wurde gemacht. Er wurde im „Lobpreis vom Heilswirken Gottes" verwirklicht (GL 284).

Bei der folgenden Sitzung im September 1964 fand unter TOP 1 eine weitere ausführliche Diskussion statt, die sich bereits auch auf Einzelheiten bezog. Neben der Überarbeitung vorhandener Texte lagen zwei neue Entwürfe zur heilsgeschichtlichen Litanei vor. Angeregt wurde eine Christus-Litanei. Die Überlegungen anhand dieses Vorschlags führten später zu den Christus-Rufen (GL 564).

Bei der ersten Sitzung mit den Diözesanvertretern, die einige Zeit später stattfand, berichtete Prof. Adam über den Stand der Planungen. Die Vorschläge der Kommission wurden gutgeheißen. Alle Litaneien sollten zum Singen eingerichtet werden. Dies war ein klares Votum dieser Konferenz. Keine Einigung wurde über die Litaneien vom heiligen Blut, vom Heiligen Geist und vom heiligen Josef erzielt. Die letztere erschien dann auch im Werkbuch zum Gotteslob, Band VI, 430-431.

Bei der Sitzung vom 15.-19. März 1965 wurde in der Gebetskommission an einzelnen Texten weitergearbeitet. Bei der gemeinsamen Beratung mit der gleichzeitig tagenden Liedkommission wurde dem Wunsch der Konferenz der Diözesanvertreter entsprechend eine gemischte „Subkommission für die Singbarkeit der Litaneien" gebildet. Von seiten der Liedkommission wurde dafür Prof. Dr. Haberl, Regensburg, benannt.

Bis zur nächsten Sitzung im Plenum der Gebetskommission verging fast ein Jahr. In der Zwischenzeit hatte die Subkommission die Arbeit an den Texten weiter vorangetrieben. Die Diskussion während der Beratungen vom 20.-23. April 1966 war kurz. Als wichtig ist zu vermerken, daß beschlossen wurde, die Laudes Hincmari aufzunehmen (GL 563).

Im Oktober 1966, auf der 7. Sitzung der „Kommission für den Textteil", gab Prof. Adam einen kurzen Bericht über den Stand der Arbeiten. Drei Litaneien in einem gewissen Reifestadium wurden dem Protokoll angefügt.

Nach dieser Sitzung mußte Prof. Adam aus der Kommissionsarbeit ausscheiden, da er Rektor der Universität Mainz geworden war. Im Zusammenhang mit der Neustrukturierung der gesamten Arbeit wurde im April 1967 die Subkommission V: Litaneien neu konstituiert. Referent dieser Subkommission wurde Franz Schmutz, Linz.

Hauptbericht der Subkommission V
Franz Schmutz
2.6.2 Konstituierung der Subkommission

Im April 1967 wurde im Rahmen der Neustrukturierung der Arbeit am Einheitsgesangbuch auch die Subkommission V „Litaneien" umgebildet. Als Mitglieder wurden bestellt und bei der 1. Sitzung der Hauptkommission im Januar 1968 bestätigt: Franz Schmutz, Linz (Referent); Josef Gülden, Leipzig; Ferdinand Haberl, Regensburg; Franz Huber, Freiburg; Josef Kronsteiner, Linz; Theodor Schnitzler, Köln.
Eine Sitzung mit diesem Personenkreis kam jedoch nicht zustande. So wurde eine Neubesetzung notwendig, die 1969 geschah. Als Mitglieder wurden bestellt:
Franz Schmutz, Linz (Referent)
P. Dr. Kolumban Gschwend, Bozen, Muri-Gries
Adolf Rüdiger, München
Cordelia Spaemann, Salzburg
Rudolf Thomas, München
Wilhelm Willms, Krefeld
Diese Subkommission hielt in der Zeit von 1969-1973 sieben Sitzungen mit folgender Tagesordnung:

21./24. 7. 1969, Puchberg bei Wels
1. Litaneien im allgemeinen
2. Litaneien im einzelnen
3. Funktion der Litaneien
4. Litanei-Formen
5. Themen, Titel, Inhalte für neue Litaneien
6. Litanei-Melodien

25./27. 5. 1970, Freising
1. Stellungnahme zur bisherigen Arbeit
2. Methodische Fragen
3. Aufgaben

Subkommission V – Litaneien

(Im folgenden war der 1. Tagungspunkt jeweils das Protokoll der vorhergehenden Sitzung.)
18./19. 10. 1971, Würzburg
2. Litanei vom Heiligsten Sakrament
3. Lauretanische Litanei
4. Allerheiligen-Litanei
5. Litanei vom Leiden Jesu
6. Programm und Modus für Weiterarbeit

30. 1./1. 2. 1972, München
  2. Bericht in der Hauptkommission
  3. Bericht über Stand des EGB
  4. Änderungs- und Zusatzanträge zu den verabschiedeten Litaneien
  5. Verabschiedung der Grundmelodie
  6. Gottes-Litanei
  7. Namen-Gottes-Litanei
  8. Litanei für die Verstorbenen
  9. Litanei vom Heilswirken Gottes
10. Ausschreibung der Litanei-Melodien
11. Herz-Jesu-Litanei
12. Namen-Jesu-Litanei

8./10. 5. 1972, München
  2. Schreiben von Weihbischof Nordhues
  3. Schreiben von Chordirektor Brauckmann
  4. 2. Lesung der Gottes-Litanei
  5. 2. Lesung der Namen-Gottes-Litanei
  6. 2. Lesung der Litanei für die Verstorbenen
  7. Jesus-Litanei
  8. Marien-Litanei
  9. Litanei vom Heilswirken Gottes
10. Anträge an die Hauptkommission
11. Zur Frage der Litanei-Melodien
12. Modus für Weiterarbeit

10./11. 10. 1972, München
2. Protokoll der letzten Hauptkommission
3. Stellungnahme von Weihbischof Rintelen
4. Endredaktion der Litaneien

5. Musikalisierung der Litaneien

22. 1. 1973, München
2. Bericht über EGB-Hauptkommission
3. Eingelangte Stellungnahmen zu den Litaneien
4. Neue Litaneien
5. Musikalisierung der Litaneien
6. Anträge an die EGB-Hauptkommission

Arbeitsgrundlage und Orientierung bildeten „Una Voce" (die einheitlichen Gebete der deutschen Bistümer), herausgegeben vom Liturgischen Institut (Trier) und eine von Herrn Schmutz zusammengestellte Litaneien-Synopse der österreichischen Bistümer, dazu die Vorarbeiten der früheren Litaneien-Kommission.
Zur Behandlung vorgelegt wurden insgesamt: Allerheiligen-Litanei, Lauretanische Litanei, Namen-Jesu-Litanei, Herz-Jesu-Litanei, Litanei vom hl. Josef, Litanei vom kostbaren Blute, Litanei von der göttlichen Vorsehung, Litanei vom Allerheiligsten Altarsakrament, Litanei vom bitteren Leiden Christi, Litanei für die Verstorbenen, Litanei vom Hl. Geist, Litanei für Kranke, Adventslitanei, Erntedank-Litanei, Christkönigsanrufungen, Muttergottes-Anrufungen, heilsgeschichtliche Litanei, Laudes Hincmari.

2.6.3 Arbeitsergebnisse der Subkommission V

2.6.3.1 Aufgabenstellung der SK V

Erste Aufgabe der Subkommission war es, die Text- und Melodiefassungen aller im deutschen Sprachgebiet bekannten und gebrauchten Litaneien zu sammeln und zu sichten (siehe „Arbeitsrichtlinien" 2.6.5).
Im November 1965 entschied die Hauptkommission vorerst die Aufnahme folgender Litaneien in das Einheitsgesangbuch: Litanei vom Heiligsten Sakrament, Litanei von der göttlichen Vorsehung, Lauretanische Litanei, Allerheiligenlitanei, Litanei für die Verstorbenen, Herz-Jesu-Litanei, Namen-Jesu-Litanei, Litanei vom Leiden Christi, Litanei vom Heilswirken Gottes, Litanei der deutschen Heiligen.

Die Texte sollten im einzelnen geprüft und nach Notwendigkeit überarbeitet werden. Weiter sollte die SK V nicht nur neue Litaneiformen, sondern auch Themen und Inhalte für neue Litaneien überlegen. Besonders betont wurde eine gute Singbarkeit der Litaneien bzw. der akklamatorischen Gesänge.

2.6.3.2 Arbeitsrichtlinien für die SK V

Als Basis für die weitere Arbeit richtet die SK V bei ihrer 7. Sitzung im Juli 1969 elf Voten an die Hauptkommission (siehe 2.6.5). Diese Voten wurden mit Ausnahme von Punkt 6 (Litanei der deutschen Heiligen) im November 1969 von der Hauptkommission gebilligt.

2.6.3.3 Eingebrachte Bedenken

Fragen grundsätzlicher Natur wurden von seiten der Diözesanvertreter eingebracht: Eine nochmalige kritische Prüfung wäre zu empfehlen, weil sich in der Zwischenzeit ein spiritueller Prozeß vollzogen habe. Im einzelnen: Haben Litaneien Chancen? Welche Funktion kommt ihnen zu? Können die traditionellen Strukturen beibehalten werden? Sind die Litaneien nicht stärker im Zusammenhang mit den akklamatorischen Gesängen zu sehen? Gibt es nicht neue aktuelle Themen, Anliegen und Anlässe für neue (Gebetsformen) Litaneien?

2.6.3.4 Gründe für textliche Änderungen

Es ging nicht in erster Linie um textliche Veränderungen aus theologischer Sicht. Es handelte sich ja großteils um kirchlich approbierte Vorlagen. Bei den sogenannten „Andachtslitaneien", die ihre Entstehung einer bestimmten Epoche und einer regional geprägten Volksfrömmigkeit verdanken, bestand die Möglichkeit, sie nicht in den Stammteil aufzunehmen, sondern für die Agende oder den Diözesanteil vorzusehen. Es waren daher sprachliches Empfinden und Glaubensverständnis aus dem Geist des Konzils in Einklang zu bringen, auf Singbarkeit zu achten, zeitgebundene bzw. nicht mehr aktuelle Formulierungen herauszunehmen und neue Anliegen aufzunehmen. Beispiele: „Du Kraft der Sterbenden" für „Du Wegzehr der Sterbenden". Anliegen, die beispielsweise das aktive Handeln des Herrn im Leiden aufgreifen: Jesus verzeiht Petrus, nimmt die Hilfe des Simon von Cyrene an, betet für die Feinde usw.

2.6.3.5 Funktion der Litaneien

Eine bestimmte Funktion kann auch entscheidend für die textliche und musikalische Gestalt sein. Es wurde daher eine Liste über das „Einsatzgebiet" erstellt. Angeführt werden:

Andachten

Prozessionen:
Palmprozession (Namen-Jesu, Vom Leiden Jesu)
Bittprozession (Allerheiligen)
Maiprozession (Lauretanische)
Fronleichnamsprozession (Vom Heiligsten Sakrament)
Allerseelenprozession (Für die Verstorbenen)

Wortgottesdienste:
Kyrie-Litaneien
Fürbitt-Litaneien
Preisungen

Eucharistiefeier

Gemeindegottesdienst:
Introitus-Litanei (Fest Allerheiligen)
Kyrie-Litanei
Fürbitt-Litanei
Gaben-Litanei
Agnus Dei
Danksagung nach der Kommunion (Preisung)

Kirchenjahr

Messe im kleinen Kreis

Kindergottesdienst

Weihe-Messe

Osternacht

Subkommission V – Litaneien 383

Bußgottesdienste

Litanei-Formen:
Traditionelle Litanei
Andere Formen (Preisung)
Kriterien sind näher zu bestimmen.

Themen, Titel, Inhalte für neue Litaneien:
Buße, Lobpreis, Christus, Glaube, Friede, Einheit, Brüderlichkeit, Kirche...

Litanei-Melodien:
Zur grundsätzlichen Behandlung dieses Punktes wurden nach Puchberg/Oberösterreich eingeladen:
Prof. Dr. Mayr-Kern, Pettenbach, Ö;
Prof. Dallinger, Eferding, Ö;
Sekretär Seuffert, Trier.
Es sollten u. a. folgende Gesichtspunkte Berücksichtigung finden:
akklamatorische Form des Singens,
ihre Rückgewinnung und Pflege,
Chorbeteiligung bei Litaneien,
Verwendung von Instrumenten bei Litaneien,
musikalische Gestaltung für die kleine Gruppe,
das Singen von Litaneien bei Prozessionen (im Freien),
meditative Form (Andacht),
demonstrative Form (Prozession).

2.6.3.6 Musikalisierung der Litaneien im einzelnen

Für die Grundmelodie wurden eingerichtet:
Litanei vom Heiligsten Sakrament
Jesus-Litanei
Lauretanische Litanei
Allerheiligen-Litanei
Litanei für die Verstorbenen

Eigene Melodiemodelle wurden vorgesehen für:
Lauretanische Litanei
Litanei vom Leiden Jesu
Litanei vom Heilswirken Gottes

Kein Melodiemodell (nur Text):
Gottes-Litanei

Melodiemodell für Namen-Gottes-Litanei und Marienlitanei „Ave, du neue Eva":
einfache Akklamationen für die Gemeinde wurden gewünscht. Das Modell sollte für das Vorsängerbuch eingerichtet werden.

Melodiemodell für Litanei vom Heilswirken Gottes:
Auftrag wurde an die SK I B weitergegeben.

Melodiemodell für Lauretanische Litanei:
Grundmelodie aus Liber usualis (I); Ausschreibung durch EGB-Sekretariat, Trier. Wunsch: mehrere Anrufungen zusammenzufassen; einstimmige Gemeindeantwort.

Melodiemodell für Litanei vom Leiden Jesu:
Ausschreibung durch das EGB-Sekretariat, Trier. Als Komponisten werden genannt: Hansjörg Böcksler, Krefeld; Josef Friedrich Doppelbauer, Salzburg; Berthold Hummel, Würzburg; Bernhard Rövenstrunk, Ulm; Bruno Zahner, Luzern; Karl Norbert Schmid, Regensburg; Oskar Gottlieb Blarr, Düsseldorf, und Peter Janssens, Telgte.

2.6.3.7 „Neue" Litaneien

Die Subkommission war der Meinung, daß es folgende „neue" Litaneien geben soll: eine Litanei vom Altarssakrament mit neuen theologischen Aspekten; eine Litanei vom Heilshandeln Gottes (statt von der göttlichen Vorsehung); eine zusätzliche Marienlitanei unter dem Aspekt „Maria – unsere Schwester" (nicht als Ersatz für die Lauretanische Litanei); die Litanei für Verstorbene mit mehr österlichem Charakter; die Litanei vom Leiden Jesu mit neuer Struktur. Neufassungen auch nach Charakter und Form sollten die Namen-Gottes-Litanei, die Gottes-Litanei und die Litanei „Ave, du neue Eva" sein. Überlegt wurde eine Litanei, die inhaltlich auf die menschliche Existenzbedrohung eingeht.

2.6.3.8 Endgültig in das Gotteslob aufgenommene Litaneien

Allerheiligen-Litanei	762
Litanei der Osternacht	210
Namen-Gottes-Litanei	763
Litanei von der Gegenwart Gottes	764
Jesus-Litanei	765
Litanei vom Leiden Jesu	766
Litanei vom Heiligsten Sakrament	767
Herz-Jesu-Litanei	768
Lauretanische Litanei	769
Litanei für die Verstorbenen	770
Lobpreis vom Heilswirken Gottes	284
Christus-Rufe	564
Lobpreis und Fürbitte (Laudes Hincmari)	563
Maria – Schwester der Menschen	783, 5

Im Werkbuch erschienen:
Heilig-Geist-Litanei
Litanei von der schmerzensreichen Mutter
Litanei vom heiligen Josef
Keine Aufnahme fanden bzw. für den Diözesanteil vorgesehen wurden:
Litanei vom heiligen Blut
Ave, du neue Eva
Eine „Litanei der deutschen Heiligen" wurde nicht in das Gotteslob aufgenommen.

2.6.4 ANHANG I

Berichte der Subkommission V „Litaneien" in der EGB-Hauptkommission

3. Sitzung der HK im November 1969
Herr Schmutz berichtet an Hand der Drucksache 1074. Die Neubesetzung der SK V ist notwendig, da eine Sitzung in bisheriger Besetzung nicht zustande kam. Als neue Mitglieder werden vorgeschlagen: G. Brummet, München; Erna Woll, Augsburg; Wilhelm Willms, Krefeld; Adolf Rüdiger, München; P. Kolumban Gschwend, Muri-Gries;

Cordelia Spaemann, Stuttgart; P. Kurz SJ, München; Adolf Adam, Mainz. Die Mitgliedschaft von Rudolf Thomas, München, wird bestätigt.
Die Voten an die Hauptkommission (Drucksache 1075) werden besprochen mit folgendem Ergebnis: Bei Einleitung und Schluß soll die gleiche Freiheit herrschen wie in der Messe bei Kyrie und Agnus Dei; bei Agnus einheitlicher Sprachtext, im Gesang Freiheit.
Angenommen: Für die Akklamationen aller Litaneien soll es eine Standardmelodie geben. Daneben mögen Eigenmelodien für einzelne Litaneien geschaffen oder angeboten werden.
Angenommen: Der Text der Litanei vom Heiligsten Sakrament, der Lauretanischen Litanei, der Allerheiligen-Litanei, der Litanei für Verstorbene, der Herz-Jesu-Litanei, der Namen-Jesu-Litanei, der Litanei vom Leiden Jesu möge unter Berücksichtigung der eingebrachten textlichen Änderungen als Grundlage für die Vertonungen angenommen werden.
Angenommen: Neben der Lauretanischen Litanei, die in der traditionellen Form aufgenommen werden soll, möge eine eigene Marienlitanei für das EGB erstellt und die SK V mit der Erstellung einer textlichen Vorlage betraut werden.
Angenommen: Die textliche Fassung der Litanei vom Heilswirken Gottes (Prot. d. SK V, 21.-24. 6. 1969) möge geprüft werden und als Grundlage für eine Ausschreibung zur Vertonung dienen.
Beschluß: Die SK V soll mit der Erarbeitung litaneiartiger Meßgesänge beginnen in Zusammenarbeit mit der SK I B und des AK für poetische Texte.
Angenommen: Es mögen litaneiartige Texte und Modelle erstellt und Anregungen angeboten werden, wie man weitere Anrufungen frei und spontan formuliert.

4. Sitzung der HK im November 1970
Sekretär Seuffert berichtet über die Arbeit dieser SK, die sich neu konstituiert hat. Betont wurde vor allem, daß alle Litaneien zum Singen eingerichtet werden müßten.

5. Sitzung der HK im Juni 1971
Referent Schmutz verweist auf den Bericht über die bisherige Tätigkeit dieser SK, der in *Gottesdienst* vom 4. 11. 1970, Nr. 20/21, Seite 164, veröffentlicht wurde. Da sich diese SK personell stark geändert

Subkommission V – Litaneien

hat, war eine Neuverteilung der Aufgaben erforderlich. Die nächste Sitzung findet im Oktober 1971 statt. Der Termin für die Fertigstellung des Manuskriptes zum EGB kann nach Meinung des Referenten von dieser SK eingehalten werden.
Eine Aussprache über die Form der Heiligen-Namen (lateinische oder deutsche Form) führt zum Beschluß, in den Litaneien, wo es geht, die deutsche Form anzuwenden. Die SK legt den Entwurf der HK vor (einstimmig angenommen).
Der Entwurf soll auch der Übersetzergruppe der Liturg. Institute vorgelegt werden. (Seuffert und Amon hatten darauf hingewiesen, daß dort schon eine Fassung der Allerheiligen-Litanei vorliegt.) (einstimmig angenommen)
Mehrere Mitglieder der HK weisen darauf hin, daß auf die Singbarkeit der Litaneien geachtet werden muß. Das scheint gewährleistet, weil in dieser SK die Herren Thomas und Rüdiger mitarbeiten.

6. Sitzung der HK im Januar 1972
Schmutz legt einen Bericht und bereits schriftlich fixierte Anträge vor, die nach Aussprache angenommen wurden.
Stellungnahmen zu den Litaneien 215, 216, 217 und 218 sind von den Mitgliedern der Hauptkommission in Form von schriftlichen Änderungs- und Zusatzanträgen und mit Begründung bis 1. 3. 1972 an die Subkommission V einzubringen.
Die Subkommission V hat bei der nächsten Sitzung der Hauptkommission zu berichten, in welcher Weise die eingebrachten Anträge Berücksichtigung gefunden haben.
Die Hauptkommission beschließt eine bedingungsweise Annahme der Litanei vom Heiligsten Sakrament, der Lauretanischen Litanei, Allerheiligen-Litanei und der Litanei vom Leiden Jesu.
Betreffs Anwendung der Prinzipien der Allerheiligen-Litanei für die Formulierung der liturgischen Litaneien nimmt die Subkommission V Kontakt mit der entsprechenden Liturgischen Kommission auf.

7. Sitzung der HK im Juli 1972
Die Litaneien 501-520 (Seiten einer Drucksache) werden vorgelegt. Einige werden exemplarisch durchgesprochen.

1. Die Litanei vom Heiligsten Sakrament (502)
Es werden Formulierungsfragen grundsätzlicher Art aufgeworfen.
Welche Formulierungen entsprechen der Litaneiform?
Beispiel: Kann es heißen „Du Verborgener", oder muß es heißen „du verborgener Gott und Heiland"? Eine klare Entscheidung wird nicht erzielt. Die Litanei soll zum Singen eingerichtet werden. Sie soll nach den Notizen aus der Diskussion überarbeitet werden. Vorschläge für diese Überarbeitung sind bis 15. 9. an Referent Schmutz oder an das Sekretariat einzusenden.

2. Lauretanische Litanei (505)
Diese in der EGB-Kommission bereits des öfteren diskutierte Litanei soll in den Anrufungen 33-35 (Kelch) nochmals überarbeitet werden. Vorschläge dazu werden ebenfalls bis 15. 9. erbeten.

3. Allerheiligen-Litanei (507)
Die Liturgischen Kommissionen werden versuchen, die wichtigsten Heiligen aus dem deutschen Sprachgebiet zusammenzustellen.
Die Anrufung „sei mit uns gnädig" wird als nicht gut angesehen. Es soll überlegt werden, ob die „Daß"-Anrufungen nicht anders formuliert werden sollten.
Vorschläge bis 15. 9. an den Referenten.

4. Litanei vom Leiden Christi (516)
Für die Anrufungen 44 ff ist eine eigene Antwort von Vorteil, etwa „Hilf uns, o Herr".
Vorschläge bis 15. 9. an den Referenten.

5. Gottes-Litanei (518)
Ein Textentwurf kam in die Öffentlichkeit, der scharfe kritische Stellungnahmen auslöste. Der HK liegt eine wesentliche überarbeitete Fassung vor, die in ihrer Grundtendenz akzeptabel erscheint. Der Text soll jedoch *nicht* als Litanei aufgenommen werden, zumal keine Akklamation der Gemeinde vorgesehen ist. *11+ 0 – 2 e*
Möglichkeiten der Verwendung des Textes: Gebetsteil, Andachtsteil, Agende.
Stellungnahme zu einzelnen Formulierungen an den Referenten bis 15. 9.

Subkommission V – Litaneien

6. Namen-Gottes-Litanei
Dieser Text wird begrüßt, vor allem auch seine neue Struktur. Statt „Gerücht" (57 u. a.) soll ein anderes Wort stehen. Es wird gefragt, ob 47 „Gott Mensch" nicht gestrichen werden könnte, um theologische Mißverständnisse zu vermeiden.
Für die Aufnahme der Litanei *12+ 0 – 1 e*

7. Litanei vom Heilswirken Gottes (520)
Sie wird inhaltlich und strukturell begrüßt. Es liegen zwei Stellungnahmen zur Umformulierung einzelner Zeilen bereits vor. Weitere Stellungnahmen bis 15. 9. an den Referenten.

8. Jesus-Litanei (503) und Litanei für die Verstorbenen (510)
Diese beiden Litaneien können nicht mehr angesprochen werden. Sie wurden bereits mehrfach seit 1963 behandelt und sind grundsätzlich akzeptiert. Stellungnahmen zu einzelnen Formulierungen bis 15. 9. an den Referenten.

9. Litanei: Ave, du neue Eva
Die SK V wird beauftragt, einen 2. Entwurf zu machen und diesen gleich nach der nächsten Sitzung zuzusenden.
Stellungnahmen bis 15. 9. an den Referenten.

9. Sitzung der HK im Februar 1973
H. Schmutz gibt einen kurzen Bericht und legt folgende Litaneien vor:

1. Lauretanische Litanei
Eine längere Diskussion über die Anrufung „Du Bundeslade" oder „Du Bundeslade des Volkes" oder „Du Bundeslade Gottes". Das letztere wird angenommen mit 10:0:1.
Der Text der Litanei angenommen 11:0:0.
Die Melodie der Litanei angenommen 8:3:0.

2. Allerheiligen-Litanei
Wegen der schlechten Singbarkeit von „Sei uns gnädig" wird vorgeschlagen: „Jesus, sei uns gnädig", was dann in allen anderen Litaneien auch so durchgeführt werden müßte. „Jesus, sei uns gnädig" 4:3:4 angenommen.
Ebenso „Wir armen Sünder" 8:0:2 angenommen.

Statt „Erleuchte ihre Feinde" soll es heißen: „Gib ihren Feinden Einsicht und Umkehr" 8:0:2 angenommen.
Statt „Gib die Macht den Gerechten" soll es heißen: „Bewahre sie vor Mißbrauch der Macht und allem Unrecht" 10:0:0 angenommen.
Nach 83a „Erfülle uns mit Liebe..." soll eine neue Anrufung hinein:
83b „Segne alle, die uns Gutes tun" 8:0:2 angenommen.
87 „Mach uns bereit zu Umkehr und Buße" 8:0:2. angenommen.
Der Text der Litanei angenommen 10:0:0.
Die Melodie der Litanei angenommen 8:0:2.

3. Litanei vom Heilswirken Gottes
Melodie II soll im 3. Ton stehen 7:0:4 angenommen.
Deshalb Umstellung bei 9 „durch die Propheten gesprochen". Es soll gekennzeichnet werden, daß das Initium nur jeweils beim ersten Vers des Vorsängers gesungen werden soll.
Der Text der Litanei angenommen 10:0:1.
Die Melodie der Litanei angenommen 10:0:1.

4. Christus-Rufe
„Christus Sieger"... Text und Melodie angenommen 11:0:0.

5. Laudes Hincmari
Es muß ein anderer Titel gefunden werden!
Im vorletzten Vers soll umgestellt werden... „sei Herrlichkeit und Ehre".
Der Text wurde angenommen 11:0:0.
Die Melodie wurde angenommen 10:0:1.

6. Litanei vom Heiligsten Sakrament
Hinweis nicht Grundmelodie, sondern Melodie der Allerheiligen-Litanei. Text und Melodie angenommen 11:0:0.

7. Jesus-Litanei
Statt „Du zorniger Jesus" heißt es: „Du eifernder Jesus" 10:0:2.
Bei „Lamm Gottes" die gleiche Formulierung wie bei den anderen Litaneien 7:0:5 angenommen; ebenso bei „Sei uns gnädig"... „So spricht Jesus:" „Über sich selbst" weglassen. „Ich bin der gute

Hirt" an die Spitze stellen! Statt „Jesus Weizenkorn" und „Jesus Grundstein" soll es heißen: „Jesus *du* Weizenkorn", „Jesus *du* Grundstein" (8:0:4 angenommen). Statt „Von der Sünde" soll es heißen: „Von Schuld und Sünde" (13:0:0).
Die ganze Litanei angenommen 13:0:0.

8. Litanei für die Verstorbenen
Nach „Heilige Maria" gleich „Aufgenommen in den Himmel", dann „Du unsere Mutter", dann erst „Zuflucht der Sünder..." Nach „Jesus am Kreuz gestorben" muß die Antwort heißen: „Erbarme dich ihrer".
Nach „Ihr Heiligen unseres Landes" soll es nicht heißen: „Ihr Heiligen Gottes", sondern: „Alle Heiligen Gottes".
Für diese Änderungen 13:0:0 (angenommen).
Bedenken wurden geäußert über „Durch dein Blut, für uns vergossen" und darüber, ob die Melodie der Allerheiligen-Litanei zum Kehrvers „Deinen Tod, o Herr..." gut singbar ist. Der Redaktionskommission überlassen!
Für die ganze Litanei 13:0:0 (angenommen).

9. Namen-Gottes-Litanei
In den Vorbemerkungen auch angeben, wie diese Litanei gebetet oder gesungen werden soll, wenn nur ein Vorbeter und das Volk zur Verfügung ist.
Die Gottesnamen entweder weglassen oder eine Auswahl oder auch andere Namen; nur der Vorbeter soll sie sprechen. 12:1:0 angenommen.
Bedenken über „Deine Gegenwart – eine Botschaft..."
Der Redaktionskommission überlassen!
„Lamm Gottes..." wohl besser dreimal, wie bei den anderen Litaneien! Für den Text der ganzen Litanei 11:0:2 (angenommen).

10. Litanei vom Leiden Jesu
Nach „Jesus, Mann der Schmerzen" – „erbarme dich unser".
Es sind immer drei Glieder, am Schluß der Seite 8 (Vorlage) fehlt zweimal ein drittes Glied. Redaktionskommission!
Für den Text der ganzen Litanei 12:0:1 (angenommen).

11. Gottes-Litanei
Antrag: Diese Litanei zum Teil „Persönliche Gebete" oder in die Agende. Dieser Antrag mit 10:2:2 angenommen.

12. Litanei Ave, du neue Eva
Antrag: Diese Litanei in die Agende. Dieser Antrag wurde mit 10:0:4 angenommen.

10. Sitzung der HK im Juni 1973

1. Die Litanei vom Heilswirken Gottes
Änderung der Überschrift: Lobpreis vom Heilswirken Gottes.
Die Litanei wird angenommen.
Abstimmung: 15:0:2.

2. Christusrufe
Abstimmung: Einstimmig angenommen.

3. Litanei vom Heiligsten Sakrament
Abstimmungen: a) Die Redaktionskommission soll neu überdenken die Formulierung: „Durch deinen Leib für uns geopfert, durch dein Blut für uns vergossen".
b) „Du in unserer Mitte" – soll nur einmal vorkommen 12:0:5.
c) 8. „Du Gegenwärtiger" nicht aufnehmen.
d) Antrag: Alle klassischen Litaneien sollen die trinitarische Einleitung haben.
Abstimmung: 14:0:3.
Die anderen Veränderungen, die von der Redaktionskommission vorgeschlagen wurden, werden akzeptiert. Im übrigen wird die Sakramentslitanei an die Redaktionskommission zurückverwiesen.

4. Die Jesus-Litanei
Der Redaktionsbericht wird akzeptiert.
Abstimmung: 12:0:0.

5. Litanei vom Leiden Jesu
Redaktionsbericht wird einstimmig akzeptiert.

6. Litanei für die Verstorbenen
Die Anrufung: „Heilige Maria, aufgenommen in den Himmel" soll eine zusammengefaßte Anrufung sein.
Abstimmung: einstimmig.
Im übrigen wird die Litanei ohne Umstellung und mit den im Redaktionsbericht vorgeschlagenen Zusätzen angenommen.
Abstimmung: 11:0:6.

7. Die Namen-Gottes-Litanei
a) Die Vorschläge des Redaktionsberichtes werden akzeptiert außer:
1. der slawische Gottesname soll hinzugefügt werden (Bosche).
Abstimmung: einstimmig mit einer Enthaltung.
2. Die Anrufung: „Wandernde Wolke", „Morgenwind" soll von der Redaktionskommission in Verbindung mit Bischof Stein geklärt werden.
3. Die Anrufung: „Gott mit tausend Namen, von denen keiner dich nennt"... soll verändert werden in den Text: „Gott mit tausend Namen, von denen jeder dich nennt und keiner dich faßt..."
Abstimmung: 14:0:3.
Die Anrufung: „Gott, Alles und Nichts" wird lange diskutiert. Schließlich wird sie zur Abstimmung gestellt mit folgendem Ergebnis: 5:6:2.
Damit ist die Formulierung „Gott, Alles und Nichts" gestrichen.
(Kardinal Volk schlägt vor, statt dessen zu sagen: „Gott über allem und in allem" oder: „Gott, Höhe und Tiefe".)
Die Anrufung: „Gott unserer Ahnen, Gott unserer Kinder" soll statt „Gott der Götter, Gott der Philosophen" genommen werden.
Abstimmung: 10:1:3.

8. Lobpreis und Bitte
Die Vorschläge der Redaktionskommission werden einstimmig akzeptiert.

9. Die Lauretanische Litanei
Ein Antrag, die Melodie: „Christus, erhöre uns" zu ändern, wird abgelehnt.
Abstimmung: 4:11:2.
Die Anrufung: „Du Königin aller Heiligen" soll eingefügt werden.

Im übrigen werden für die Lauretanische Litanei die Vorschläge der Redaktionskommission akzeptiert.

10. Die Herz-Jesu-Litanei
Sie wird in der Vorlage akzeptiert mit dem Hinweis auf kleine textliche Korrekturen bezüglich der Singbarkeit.
Die Oration soll die offizielle Übersetzung bekommen.
Abstimmung für die Herz-Jesu-Litanei: 15:0:2.

2.6.5 ANHANG II
Arbeitsrichtlinien für die Subkommission V

Als Basis für die Weiterarbeit richtete die Subkommission im Juli 1969 folgende Voten an die Hauptkommission:
1. Die textliche Fassung der Einleitung und der Akklamationen soll bei allen Litaneien gleich sein und auch mit dem Kyrie und dem Agnus Dei der Messe übereinstimmen.
2. Für die Akklamationen aller Litaneien soll es eine Standardmelodie geben. Daneben mögen Eigenmelodien für einzelne Litaneien geschaffen oder angeboten werden.
3. Der Text der Litanei vom Heiligsten Sakrament, von der Lauretanischen Litanei, von der Allerheiligen-Litanei, von der Litanei für Verstorbene, von der Herz-Jesu-Litanei, von der Namen-Jesu-Litanei, von der Litanei vom Leiden Jesu möge unter Berücksichtigung der eingebrachten textlichen Änderungen als Grundlage für die Vertonung angenommen werden.
4. Die Litanei von der göttlichen Vorsehung möge aus dem EGB-Teil herausgenommen und in den diözesanen Anhang verwiesen werden.
5. Neben der Lauretanischen Litanei, die in der traditionellen Form aufgenommen werden soll, möge eine eigene Marienlitanei für das EGB erstellt und die SK V mit der Erstellung einer textlichen Vorlage betraut werden.
6. Eine eigene Litanei der deutschen Heiligen soll nicht in das EGB aufgenommen werden. Es mögen jene deutschen Heiligen in die Allerheiligen-Litanei aufgenommen werden, die für das gesamtdeutsche Kalendarium vorgesehen sind.

7. Bei der Litanei vom Leiden Jesu soll bei allen Anrufungen der Name Jesu vorangestellt werden. Weiter möge die SK V beauftragt werden, Anrufungen einzufügen, die das aktive Wirken des Herrn im Leiden aufgreifen.
8. Die textliche Fassung der Litanei vom Heilswirken Gottes (Protokoll der SK V vom 21.-24. Juli 1969) möge geprüft und als Grundlage für eine Ausschreibung zur Vertonung dienen.
9. Die SK V möge ersucht werden, den Fragenkreis „Funktion der Litaneien" besonders im Hinblick auf den neuen Ordo missae zu prüfen und konkrete Vorschläge vorzulegen.
10. Es möge die Grundsatzfrage überlegt werden, ob weitere litaneiartige Texte und Modelle erstellt oder ob Anregungen angeboten werden sollen, wie man weitere Anrufungen frei und spontan formuliert (vergleiche Fürbitten).
11. Die EGB-Hauptkommission möge die SK V personell neu besetzen. Dabei möge man besondere Sorgfalt für die Bestellung von Musikern verwenden.
Diese Voten wurden mit Ausnahme von 6. (Litanei der deutschen Heiligen) im November 1969 von der Hauptkommission gebilligt.

2.7 Subkommission VI „Sakramente, Sakramentalien"

Josef Seuffert

Bei der ersten Sitzung der Hauptkommission im Januar 1968 wurde die Bildung der Subkommission VI – Sakramente, Sakramentalien beschlossen. Jedoch wurde von einer personellen Besetzung abgesehen, weil noch keine Texte der Liturgischen Kommissionen zu diesem Arbeitsbereich vorlagen.
Während der 3. Sitzung im November 1969 wurde dann Pfr. Dr. Rupert Berger, Bad Tölz, zum Referenten dieser SK bestellt. Es sollte eine Arbeitsgruppe gebildet werden, welche die Beratungsgegenstände auflisten sollte.
Zunächst fand ein längeres Gespräch zwischen Pfr. Berger und dem Sekretär statt. Dabei wurde deutlich, daß man immer noch nicht richtig beginnen konnte. So vermerkt das Protokoll der 4. Sitzung der HK lediglich diesen Sachverhalt. Es wird der Wunsch angefügt, daß das EGB auch Segnungen enthalten solle. Von dieser Meinung rückte man später ab in der Überzeugung, daß der Ort für Texte zu Segnungen ein Benediktionale ist.
Nach dieser Sitzung wurde deutlich, daß die Liturgischen Institute die Heraugabe des Taufritus vorbereiteten. Dazu sollten aus der EGB-Arbeit Gesänge zur Verfügung gestellt werden. Darüber wurde in der 5. Sitzung der HK berichtet. Diese beauftragte die SK VI, neben der Behandlung der Taufliturgie sich auch einer Kranken- und Sterbeliturgie zuzuwenden.
Am 25. 10. 1971 kam dann die Vorbereitungsgruppe in Bad Tölz zusammen, um die Planung der Arbeit zu besprechen. Anwesend waren neben dem Referenten Berger lediglich Dr. Hans Hollerweger und Sekretär Seuffert. Zunächst wurde die personelle Besetzung der SK besprochen. Die gemachten Vorschläge ließen sich allesamt nicht realisieren. Zu den drei genannten kamen später eine Reihe korrespondierender Mitglieder. – Ein zweiter Punkt war der Aufgabenkatalog: Taufe, Firmung, Trauung, Krankensalbung, Begräbnis; jeweils katechetische Hinführung, Erklärung des Ritus, Abdruck der wichtigen Texte und geeigneter Gesänge, letzteres in Verbindung mit den SK I A, I B und II. Dazu der Pro-

Subkommission VI – Sakramente, Sakramentalien 397

blemkreis Eucharistie (Meßfeier und Kommunion sowie Krankenkommunion).
Drittens wurde die Herausgabe von zwei Gemeindeheften mit Gesängen zu Taufe und Begräbnis besprochen, da die entsprechenden liturgischen Bücher in Arbeit waren. Aus diesen Plänen wurden dann die Publikationen EGB 11 und EGB 12 „Gesänge zur Taufe" und „Gesänge zum Begräbnis" (vgl. die Berichte S. 468f. und S. 469ff.).
Die HK nahm auf ihrer 6. Sitzung im Januar 1972 den Bericht über die Planung zur Kenntnis und drängte, mit der Realisierung zu beginnen. Bereits vom 9.-12. Februar 1972 kam die SK VI in Traunstein zusammen. Es folgte eine weitere Zusammenkunft am gleichen Ort am 4. und 5. Mai 1972. Das Ergebnis dieser beiden Sitzungen war eine Auflistung der auszuführenden Arbeiten. Dabei wurde deutlich, daß man auch für andere Teile des Buches katechetische Einführungen brauchen könne. Die SK VI war bereit, auch diese Aufgabe zu übernehmen. Vorarbeiten waren bereits gemacht. Die Entwürfe wurden ebenfalls der HK vorgelegt.
Einige Abschnitte aus der Auflistung der SK VI:
Die Grundlegung des christlichen Lebens in den Sakramenten:
1. Katechetischer Text über die christliche Initiation (vgl. GL 42).
2. Die Taufe: katechetische Einführung, Auszug aus dem Taufritus, Ritus der Nottaufe, Tauferneuerung (vgl. GL 43-50).
3. Die Firmung: katechetische Einführung, Auszug aus dem Firmritus, Firmerneuerung (vgl. GL 51-52).
4. Die Eucharistie: katechetische Einordnung in die Initiation, Hinweise zur Erstkommunion, Hilfen zum meditativen Gebet vor und nach der Kommunion (vgl. GL 53 und 372-375).
7. Vom Sterben des Christen: katechetische Einführung, Wegzehrung, Gebete zur Commendatio, Totenwache (vgl. GL 77-80).
9. Das Leben der Gemeinde im Kirchenjahr: katechetische Einführungen über Kirchenjahr und Sonntag – Adventszeit – Weihnachtszeit – Fastenzeit – Osterfeier (Palmsonntag bis Ostersonntag) – Osterzeit – Pfingsten (vgl. GL vor den jeweiligen Abschnitten).
10. Die Ordnung der Messe: katechetische Einführung, Ablauf der Messe mit katechetischen Hinweisen, alle Volkstexte und zumindest ein Hochgebet (vgl. GL 351-370).
Die HK begrüßte diese Auflistung, bat die SK VI, so weit zu arbeiten, wie es möglich ist, damit in das Rohmanuskript möglichst viele Vorlagen eingebracht werden könnten. Die Liturgischen Kommissio-

nen wurden dringend gebeten, die offiziellen Texte zur Verfügung zu stellen.

Auf der gleichen Sitzung wurde auch die Redaktionskommission gebildet. Der Referent der SK VI wurde deren Mitglied, da die Überlegungen der SK ohne Strukturvorstellungen nicht zum Ziel geführt hätten. So lagen schon wertvolle Vorarbeiten bereit.

Die SK VI tagte noch einmal vom 3. bis 4. 10. 1972 in Traunstein, führte dort ihre Arbeit an den katechetischen Texten weiter und konnte so der Redaktionskommission, die einige Tage später zum ersten Mal zusammenkam, die Texte für das Rohmanuskript zur Verfügung stellen.

In der Folgezeit übernahm die Redaktionskommission die Weiterarbeit am Pensum der SK VI. Die Texte zur Trauung und zur Krankensalbung standen erst sehr spät zur Verfügung.

Auch die Bischöfliche Kommission befaßte sich eingehend mit den katechetischen Einführungen.

Die SK VI war zwar die personell kleinste der gesamten EGB-Arbeit. Sie hat aber mit großer Effektivität gearbeitet. Im GL gehen 12% des Umfangs auf die Arbeit dieser Kommission zurück.

2.8 Subkommission VII „Buße und Beichte"

Hans Bernhard Meyer SJ

2.8.1 Allgemeines zur Kommission

Mitglieder:
P. Dr. Hans Bernhard Meyer, SJ, Innsbruck
Pfarrer Dr. Josef Bommer, Zürich
Pfarrer Dr. Alfons Kirchgässner, Frankfurt
Msgr. Walter Krawinkel, Berlin Ost
Prof. Dr. Franz Nikolasch, Salzburg
P. Dr. Timotheus Rast OSB, Einsiedeln
Frau Dr. Helga Rusche, Münster

Sitzungen
Vorbereitende: 20.-22. 6. 1969 in Freising
1. 6.-8. 11. 1969 in München
2. 4.-6. 3. 1970 in Innsbruck
3. 21.-22. 7. 1970 Innsbruck
4. 30./31. 10. 1970 in Innsbruck
5. 22./23. 4. 1972 in Innsbruck
6. 17./18. 6. 1972 in Beuron

2.8.2 Die Sitzungen der Kommission

2.8.2.1 Vorbereitende Sitzung der neu zu konstituierenden SK VII vom 20.-22. Juni 1969 in Freising

Das EGB-Sekretariat lädt im Auftrag der Hauptkommission eine kleine Gruppe von Mitarbeitern zu einer Sitzung nach Freising ein, bei der die Neukonstituierung der SK VII vorbereitet werden soll. Anwesend sind: Pfarrer Dr. Josef Bommer, Zürich, P. Dr. Hans Bernhard Meyer SJ, Innsbruck, P. Dr. Timotheus Rast OSB, Einsiedeln, und der Sekretär Pfarrer Josef Seuffert, Trier. Entschuldigt hat

sich Pfarrer Dr. Alfons Kirchgässner, Frankfurt, und von der Mitarbeit in der Kommission abgemeldet hat sich Dozent Dr. Günter Lange, Paderborn.
Die Anwesenden sind damit einverstanden, daß, entsprechend dem Wunsch der Hauptkommission für das EGB, P. H. B. Meyer SJ als Referent der SK VII fungieren soll. Außerdem entschließt man sich, folgende Personen, das Einverständnis der Hauptkommission vorausgesetzt, um ihre Mitarbeit in der SK VII zu bitten: Prof. Dr. Franz Nikolasch, Salzburg, Prof. Dr. Otto Betz, Hamburg, P. Dr. Ludwig Bertsch SJ, Frankfurt, Dr. Leonhard Rohr, Mainz, und ein weibliches Kommissionsmitglied, das noch gefunden werden muß.
Die Aufgabe der SK VII wird folgendermaßen umschrieben:
1. Erarbeitung des Abschnittes Buße und Bußsakrament für das EGB.
2. Überprüfung aller diesbezüglichen Texte der übrigen Subkommissionen, um unterschiedliche oder gar gegensätzliche Aussagen über Buße und Bußsakrament zu vermeiden.
Den Teilnehmern an der Freisinger Sitzung liegt ein Entwurf für den Bußteil des EGB vor, der hauptsächlich von Klemens Tilmann redigiert ist und diskutiert wird. Man ist sich von Anfang an darüber einig, daß
1. eine Trennung in zwei Gebetbücher, eines für Erwachsene, ein anderes für Kinder und Jugendliche, nicht sinnvoll sei,
2. Gebets- und Feiertexte in den Entwurf integriert werden sollen,
3. eine Probepublikation ins Auge zu fassen sei, um den Text vor seiner Aufnahme in das endgültige EGB zu erproben und einer möglichst breit gestreuten Kritik auszusetzen.
Für die erste Sitzung der neu konstituierten SK VII beschließt man, ein Arbeitspapier herzustellen, das folgende Teile enthalten soll:
I. Anthropologischer Ansatz (Meyer)
II. Theologischer Ansatz (Bommer)
III. Praktischer Teil: 1. Die Bußformen (Rast), 2. Die Bußfeier (Bommer), 3. Die Einzelbeichte, der Gewissensspiegel (Rast)

2.8.2.2 Erste Sitzung vom 6.-8. November 1969 in München

Zur Mitarbeit nicht in der Lage sehen sich: Dr. O. Betz, Hamburg, Dr. L. Rohr, Mainz. Unsicher ist noch die Mitarbeit von P. Dr. L. Bertsch SJ, Frankfurt (der in der Folge endgültig absagt).

Subkommission VII – Buße und Beichte

Die Hauptarbeit besteht in der Durchsicht und Kritik der Entwürfe für die geplante Probepublikation. Das Arbeitspapier hat jetzt folgenden Aufbau:
I. Besinnung auf unser Leben (Meyer)
II. Sünde und Buße (Bommer)
III. Buße und Vergebung:
   1. Buße im Alltag (Rast)
   2. Bußgottesdienste (Bommer)
   3. Buß-Sakrament (Rast)

Die Anwesenden sind sich darüber einig, daß die SK VII eine Differenzierung des Textes, vor allem aber der Hilfen für die Gewissenserforschung, auf verschiedene Lebensalter hin nicht vornehmen könne. Es wird beschlossen, im Hinblick auf die nächste Sitzung Gebetstexte, Bußpsalmen, Literaturhinweise, römische Dokumente, Material zur Kinderbeichte und für Gewissensspiegel zu sammeln und sich gegenseitig darüber zu informieren.

Die Arbeit am Entwurf der Probepublikation wird aufgrund der Diskussion teilweise neu konzipiert und verteilt:
I. Besinnung auf unser Leben (Meyer)
II. Sünde und Buße (Bommer)
III. Buße und Vergebung: 1. Buße im Alltag (Rast), 2. Bußgottesdienste: Einleitung (Bommer), drei Modelle (Seuffert), 3. Buß-Sakrament (Rusche).

Erwähnt sei noch, daß sich die Subkommission einhellig dafür ausspricht, den Bischöfen der Hauptkommission den Wunsch vorzutragen, der Bußakt am Beginn der Messe möge nicht zu stark betont und möglichst nur für die Bußzeiten angeordnet werden, um einer zu großen Häufigkeit und der damit gegebenen Gefahr der Verflachung vorzubauen.

Der Referent der SK VII erstattet bei der 3. Sitzung der Hauptkommission vom 18.-21. November 1969 in Zürich Bericht über die bisherige Arbeit und erbittet von den anderen Subkommissionen Mitteilung über einschlägige Texte und Gesänge. Er stellt zwei Anträge, die von der Hauptkommission einstimmig angenommen werden:
1. Die SK VII wird ermächtigt, eine Publikation zur Erprobung zu erstellen für die Hand des Gläubigen. Sie soll enthalten: katechetische Einführung, Besinnung „auf mich selbst", Schrifttexte und Gebete, Bußgottesdienste, drei Formen des Gewissensspiegels.

2. Die Behandlung der Bußtexte für Kinder soll in Zusammenarbeit mit der SK IX geschehen. Die Federführung bleibt bei SK VII. (Dieser Beschluß wurde allerdings so nicht verwirklicht.)

2.8.2.3 Zweite Sitzung vom 4.-6. März 1970 in Innsbruck

Man beschäftigt sich vor allem mit der Diskussion und Verbesserung der vorgelegten Entwürfe. Außerdem wird der Aufbau der geplanten Probepublikation weiter besprochen und vorläufig wie folgt festgelegt:
I. Besinnung auf mein Leben (Meyer)
II. Sünde und Buße (Bommer)
III. Buße und Vergebung: 1. Buße im Alltag (Rast), 2. Gewissensspiegel: Einleitung und Modelle (Rusche), 3. Bußfeiern: einleitender Text (Nikolasch), Modelle und Gesänge (Seuffert), 4. Einzelbeichte: Einleitungstext (Rusche), Ritus und „Beichtandacht" (Nikolasch).
Der Referent wird beauftragt, mit von ihm zu bestimmenden Mitarbeitern die verbesserten Entwürfe redaktionell zu überarbeiten und den Text für die nächste Sitzung vorzubereiten.
Folgende Personen (alle Innsbruck) werden in der Folge vom Referenten in verschiedenen Phasen der Entstehung der Probepublikation und des Abschnittes „Buße und Beichte" im EGB zur Mitarbeit herangezogen: Frau Ingrid Jorissen (Journalistin), Frau Prof. Maria Knitel (Germanistik), Frau Dr. Herlinde Pissarek-Hudelist (Theologie), Prof. Dr. Vladimir Satura SJ (Psychologie), Dr. Georg Sporschill (Pädagogik), Dr. Josef Steiner (Theologie); die beiden Letztgenannten sind Assistenten des Referenten am Institut für Pastoraltheologie, Abt. Liturgiewissenschaft.

2.8.2.4 Dritte Sitzung vom 21.-22. Juni 1970 in Innsbruck

Eine endgültige Absage (wegen Überarbeitung) liegt von P. Dr. Ludwig Bertsch SJ, Frankfurt, vor.
Zunächst wird über die Zusammenarbeit mit anderen Subkommissionen gesprochen (Bußlieder: SK IA; Bußgesänge: SK IB; Bußpsalmen: SK II; Bußlitanei: SK V). Auch die Kontaktnahme zur SK IX wegen der Texte für die Kinderbeichte wird erörtert.
Der Referent berichtet, daß von allen Seiten die Probepublikation sehr erwartet wird. Die Heranziehung anderer Personen (s. zweite Sitzung, Abschlußbemerkung) gestaltet sich recht schwierig.

Der Hauptpunkt der Tagesordnung ist die Arbeit an der Probepublikation. Das Inhaltsverzeichnis wird endgültig beschlossen:
1. Besinnung auf mein Leben.
2. Sünde und Buße.
3. Zeichen der Buße: Reue, Vorsatz, Bußwerk.
4. Formen der Buße: Buße im Alltag, Bußgottesdienst, Einzelbeichte.
Zum Bußgottesdienst sind vier Modelle vorgesehen. Bei der Einzelbeichte werden neben den liturgischen Texten auch Gebete zu Reue und Vorsatz und zum Dank abgedruckt.
5. Zur Gewissenserforschung: drei verschiedene Gewissensspiegel.
6. Texte und Gesänge.

Es ist unschwer festzustellen, daß die obige Struktur auch in das *Gotteslob* übernommen wurde.
Anschließend werden die Entwürfe zu den einzelnen Teilen durchgesprochen. Sie haben ein verschiedenes Reifestadium. Die zur Verfügung stehende Zeit wird erstaunlich effektiv genutzt. Es wird beschlossen, innerhalb von fünf Wochen die überarbeiteten bzw. neuen Vorlagen an das Sekretariat einzusenden, das sie sofort an die Mitglieder weiterverschickt. Drei Wochen vor dem nächsten Sitzungstermin sollen diese Vorlagen dann mit Anmerkungen den einzelnen Bearbeitern vorliegen, damit in der nächsten Sitzung die Arbeit an der Probepublikation zum Abschluß kommen kann. Dieser Plan gelingt.

2.8.2.5 Vierte Sitzung vom 30.-31. Oktober 1970 in Innsbruck

Aus der Kommission ist ausgetreten: Dr. A. Kirchgässner, Frankfurt (hilft allenfalls noch korrespondierend mit).
Der Sekretär für das EGB, Pfarrer Josef Seuffert, kann mitteilen, daß die Deutsche Bischofskonferenz den Plan einer Probepublikation „Buße und Beichte" wohlwollend aufgenommen und empfohlen hat.
Die Subkommission nimmt zustimmend zur Kenntnis, daß einige Diözesen, die noch vor Erscheinen des EGB ein neues Gebet- und Gesangbuch herausbringen wollen, um die Überlassung der von der Subkommission erarbeiteten Texte bitten.
Die Hauptarbeit der Sitzung besteht darin, die überarbeiteten Texte und einige neue Entwürfe für die Probepublikation zu diskutieren und zu verbessern. Der Referent wird beauftragt, ein Vorwort zu verfas-

sen und die Endredaktion der Texte für die Probepublikation vorzunehmen, und zwar so rechtzeitig, daß das gesamte Material bei der Sitzung der Hauptkommission am 19./20. November 1970 in Zürich vorgelegt werden kann.
Der Referent legt der Hauptkommission bei der 4. Sitzung vom 19./20. November 1970 in Zürich einen Bericht über die bisherige Arbeit und den Textentwurf für die Probepublikation „Buße und Beichte" vor. Die Hauptkommission beschäftigt sich eingehend mit dem Entwurf und ermächtigt den Referenten, die aufgrund der am Manuskript geäußerten Kritik notwendig gewordenen Änderungen vorzunehmen, damit die Probepublikation, deren Erscheinen die Hauptkommission zustimmt, bis zum Frühjahr 1971 vorliegt.
Außerdem stimmt die Hauptkommission unter Voraussetzung der Klärung der Rechte des EGB der Bitte einiger Diözesen zu, den Text der Probepublikation für die neu erscheinenden Diözesan-Gesang- und Gebetbücher freizugeben.
(Der Bericht des Referenten vor der Hauptkommission ist in gestraffter Form in der Zeitschrift *Gottesdienst* 4 (1970) 165 publiziert worden.)
Die von der Subkommission VII für den 29./30. März 1971 geplante Sitzung fiel aus, weil das für diese Sitzung notwendige Material der anderen Subkommissionen nicht zur Verfügung stand.
Die Probepublikation: Buße und Beichte (Publikation zum Einheitsgesangbuch, EGB 4). Herausgegeben von Weihbischof Paul Nordhues, Paderborn, und Weihbischof Alois Wagner, Linz. Bearbeitet von der Subkommission VII der Kommission für das Einheitsgesangbuch unter der Leitung von H. B. Meyer SJ, Tyrolia-Verlag, Innsbruck – Matthias-Grünewald-Verlag, Mainz 1971.
Auf der 5. Sitzung der Hauptkommission am 24./25. Juni 1971 in Puchberg kann von einer im allgemeinen sehr guten Aufnahme der Probepublikation berichtet werden. Es bleibt jedoch noch die Frage zu klären, welche Teile der Probepublikation in das EGB selbst aufgenommen werden sollen; denn es war von Anfang an nicht beabsichtigt, den gesamten Text der Probepublikation (EGB 4) in das EGB zu bringen.
Im Zusammenhang mit dieser Frage entscheidet sich die Hauptkommission dafür, neben dem EGB ein eigenes Bußbüchlein erscheinen zu lassen. Dieser Plan ist allerdings in der Folge nicht verwirklicht worden.

Ebensowenig wurde der von der Hauptkommission beschlossene Arbeitsauftrag an die SK VII verwirklicht, daß diese die Kinderbeichte unter Heranziehung weiterer Mitarbeiter bearbeiten solle (s. Bericht der Redaktionskommission).
Der weitere Beschluß der Hauptkommission, daß Bußgebete aus der Probepublikation in den Abschnitt „Persönliche Gebete" (SK VIII) aufgenommen werden sollen, wurde hingegen durchgeführt.
Auf der 6. Sitzung der Hauptkommission vom 20.-23. Januar 1972 in Batschuns werden kritische Stellungnahmen zur Probepublikation (EGB 4) ausführlich besprochen. Da der neue römische Ordo Paenitentiae immer noch nicht erschienen ist, besteht die schon früher empfundene Schwierigkeit fort, die Bußgottesdienste, für die in der Probepublikation vier Modelle angeboten sind, für das EGB selbst auszuformulieren. Immerhin ist schon so viel klar, daß das erste Modell der Probepublikation (Einzelbekenntnis während des Bußgottesdienstes) und das vierte Modell (Wortgottesdienst der Eucharistiefeier als Bußgottesdienst) für das EGB kaum in Frage kommen.
Die Hauptkommission beauftragt im Anschluß an die Aussprache die Subkommission VII, anhand der kritischen Stellungnahmen jene Teile der Probepublikation zu überarbeiten, die in das EGB kommen sollen. Außerdem wird der (wie bereits erwähnt nie verwirklichte) Auftrag, ein Beichtbüchlein auf der Basis der Probepublikation zu erstellen, erneuert.
Zusammen mit dem Sekretär für das EGB, Pfr. J. Seuffert, und anderen Referenten war auch der Referent der SK VII eingeladen, vor der Deutschen Bischofskonferenz am 23. 2. 1972 in Freising einen Bericht über die bisherige Arbeit zu geben. Die Bischöfe stellten z.T. sehr kritische Fragen (z.B. Bischof Wetter, Speyer, und Weihbischof Degenhardt, Paderborn), anerkannten jedoch grundsätzlich den Wert der geleisteten Arbeit. Die meisten Fragen und Bedenken betrafen das Verhältnis von Bußgottesdienst und Einzelbeichte, wobei die Sorge vorherrschte, letztere könnte in unbilliger Weise zurückgedrängt werden.

2.8.2.6 Fünfte Sitzung am 22./23. 4. 1972 in Innsbruck

Pfr. Dr. J. Bommer teilte auf die Einladung zur Sitzung hin mit (Brief vom 10. 4. 1972), daß er aus beruflichen Gründen nicht mehr

weiter in der SK VII mitarbeiten könne. Dr. T. Rast ist inzwischen ebenfalls aus der SK VII ausgeschieden.
Wegen des schon fortgeschrittenen Stadiums der Arbeit, deren Ende absehbar erscheint, verzichtet die SK VII darauf, die ausgeschiedenen Mitglieder durch neue zu ersetzen.
Die SK VII befaßt sich auf der 5. Sitzung mit zwei Aufträgen der Hauptkommission: 1. soll bis Anfang Juli 1972 der in das EGB aufzunehmende Text für den Abschnitt „Buße und Beichte" hergestellt werden; 2. soll aufgrund der eingegangenen Stellungnahmen die Probepublikation (EGB 4) überarbeitet werden, da die Hauptkommission ein eigenes Beichtbüchlein neben dem EGB wünscht.
Für den Abschnitt „Buße und Beichte" im EGB wird folgender Arbeitsplan aufgestellt:
I. Sünde – Vergebung – Buße (Kürzung und Bearbeitung: Meyer)
1. Sünde und Schuld
2. Vergebung
3. Buße
II. Zeichen der Buße (Kürzung und Bearbeitung: Meyer)
1. Reue
2. Vorsatz
3. Buße tun (= tätige Buße + Buße im Alltag)
III. Bußgottesdienst
1. Einleitung
(Kürzung und Bearbeitung: Nikolasch)
2. Modell (= dritte Form) (Bearbeitung: Seuffert)
IV. Einzelbeichte
1. Vorbemerkungen (Bearbeitung: Nikolasch)
2. Vorbereitung (Bearbeitung: Krawinkel)
a) Gebet zur Vorbereitung
b) Besinnung auf mein Leben (= Allgem. Gewissensspiegel)
c) Reuegebet
d) Vorsatz
3. Bekenntnis und Lossprechung (Bearbeitung: Nikolasch)
a) Begrüßung
b) Bekenntnis
c) Beichtgespräch
d) Bußauflage
e) Lossprechung
f) Entlassung

4. Danksagung
V. Auswahltexte (Überprüfung: Rusche)
1. Gewissensspiegel
a) Glaube – Hoffnung – Liebe
b) Leben für andere
2. Schrifttexte
3. Gebete

Die Mitglieder der SK VII werden gebeten, ihre überarbeiteten und gekürzten Textvorlagen bis Ende Mai 1972 untereinander auszutauschen, damit auf der nächsten Sitzung die Endredaktion vorgenommen werden kann.

Das Projekt „Beichtbüchlein" wird vorerst nicht weiterverfolgt und schließlich ganz fallengelassen.

2.8.2.7 Sechste Sitzung am 17./18. 6. 1972 in Beuron

Der Referent der SK VII ist inzwischen durch den Sekretär der Gottesdienstkongregation, Erzbischof A. Bugnini, in die Arbeitsgruppe berufen worden, welche das 1969 von den Bischöfen der Commissio specialis ad instaurationem liturgicam absolvendam verabschiedete Schema „De Sacramento Paenitentiae", an dem Prof. Nikolasch mitgearbeitet hat, entsprechend den zwischenzeitlichen Entwicklungen und besonders unter Berücksichtigung der von der Glaubenskongregation herausgegebenen Normae pastorales circa absolutionem sacramentalem generali modo impertiendam (vom 16. 6. 1972) überarbeiten und fertigstellen soll. Die SK VII kann daher seit Juni 1972 die römischen Arbeiten mitberücksichtigen, die zum neuen Ordo paenitentiae (1974) führen.

Aufgrund der auf einer Verlagssitzung vom 27. 4. 1972 bei der Verlagsanstalt Tyrolia in Innsbruck geäußerten Bedenken kommt man zu der Auffassung, daß nach dem fast vollständigen Abverkauf von EGB 4 (Auflage 40000) und in Erwartung des endgültigen EGB mit seinem relativ ausführlichen Bußteil ein eigenes Bußbüchlein keinen entsprechenden Absatz finden werde. Die SK VII beschäftigt sich daher nicht mehr weiter mit diesem Projekt und arbeitet auf der Beuroner Sitzung lediglich an der Endredaktion für den Bußteil im EGB, dessen Text bei der nächsten Hauptkommissionssitzung vorgelegt werden soll. Außerdem werden die für den Bußteil notwendigen Gebetstexte (Vorbereitungs-, Reue-, Dankgebete) zusammenge-

stellt, für die in der Literatur wenige brauchbare Vorlagen gefunden worden waren.
Die Sitzung in Beuron war die letzte gemeinsame Sitzung der SK VII. In der Folge wird die Arbeit der SK VII nur noch korrespondierend weitergeführt.
Der Referent kann auf der 7. Sitzung der Hauptkommission vom 9.-13. 7. 1972 in Nußdorf am Attersee über die weiterhin vorwiegend positiven Stellungnahmen, aber auch über etwa zehn z. T. sehr ausführliche schriftliche Kritiken zu EGB 4 berichten und den Entwurf für den Bußteil des EGB vorstellen. Dieser wird eingehend durchgesprochen. Die Einarbeitung der beschlossenen Änderungen soll der Referent selbst vornehmen. Dazu gehört u. a. ein Hinweis auf die Möglichkeit der Generalabsolution (der später auf bischöfliche Einsprüche hin wieder getilgt wird), auf die wichtigsten Beichtzeiten im Lauf des Kirchenjahres und auf die Kirchengebote. Außerdem soll der Dekalog in das EGB aufgenommen werden.
Sowohl die SK VII als auch die SK IX sprechen sich aufgrund der vorangegangenen Beratungen gegen die Aufnahme eines Kinderbeichtspiegels aus.
Bei der 8. Sitzung der Hauptkommission vom 3.-6. 12. 1972 in Schönberg bei Innsbruck wird der vom Referenten überarbeitete Text erneut zur Diskussion gestellt. Es entwickelt sich eine lange und ausführliche Debatte, in deren Verlauf eine Reihe den Aufbau und den Inhalt des Bußteiles betreffende Beschlüsse gefaßt werden, deren Einarbeitung man dem Referenten überträgt, der wegen der Kürze der zur Verfügung stehenden Zeit ermächtigt wird, ohne Konsultation der Subkommission den verbesserten Text zu redigieren. Da sich die westdeutschen Bischöfe aufgrund einer Umfrage von Weihbischof Nordhues mit großer Mehrheit für die Aufnahme einer Buß- und Beichtandacht für Kinder bzw. für einen Kinderbeichtspiegel ausgesprochen haben, bittet die HK Pfr. Seuffert, sich mit Prof. Dr. Adolf Knauber, Freiburg i. Br., und mit Elmar Gruber, München (evtl. auch mit Josef Quadflieg, Trier), in Verbindung zu setzen, um sie um die Erstellung der gewünschten Stücke zu bitten. Damit sind diese Stücke des Bußteiles endgültig aus dem Aufgabenbereich der SK VII ausgeschieden. (Auf der 9. Sitzung der HK in Puchberg vom 25.-28. 2. 1973 wurde der von Elmar Gruber erarbeitete Entwurf einer Beichtandacht für Kinder diskutiert. Die weiteren Vorgänge bzgl. der genannten Stücke sind dem Bericht der Redaktionskommission zu entnehmen.)

Weihbischof Nordhues holte zwei Vorschläge von Günther Weber, Aachen, ein. Der erste wurde für die Kinder im Erstbeichtalter verwandt.

Ein weiterer Punkt der erwähnten Umfrage von Weihbischof Nordhues betraf die Aufnahme bzw. bloße Erwähnung der Kirchengebote im Bußteil des EGB. Da die Mehrheit der Bischöfe für deren bloße Erwähnung eintritt, beschließt die HK einstimmig, es dabei bewenden zu lassen Das bedeutet, daß der Referent der SK VII einen entsprechenden Hinweis in den von seiner Subkommission erarbeiteten Text einzufügen hat.

Die Frage, ob die Zehn Gebote in den Bußteil aufgenommen werden sollen, war schon auf der 7. Sitzung der HK positiv entschieden worden. Dieser Beschluß, der u. a. wegen des von verschiedenen Seiten geäußerten Wunsches gefaßt wurde, die drei Gewissensspiegel (oder zumindest den ersten) stärker an den Zehn Geboten auszurichten, wird nun auf Antrag des Referenten dahingehend präzisiert, daß

1. der erste Gewissensspiegel so weit wie möglich auf die Zehn Gebote hin ausgerichtet sein soll, auf jeden Fall aber Hinweise auf die Eigenart und Zielsetzung der einzelnen Gewissensspiegel eingefügt werden sollen;

2. die Zehn Gebote als eigener Abschnitt bzw. in der Form eines (ersten) Gewissensspiegels, mit knappen Hinweisen auf die Bedeutung der einzelnen Gebote, in den Bußteil aufzunehmen sind.

Die genannten Präzisierungen werden ebenso einstimmig beschlossen wie der Auftrag an den Referenten, die betreffenden Texte selbst zu erarbeiten.

Unter Berücksichtigung der beschlossenen Änderungen wird der Bußteil des EGB einstimmig angenommen.

Bei der 9. Sitzung der Hauptkommission vom 25.-28. 2. 1973 in Puchberg kann der Referent nicht anwesend sein. Am Bußteil wird nichts mehr geändert. Die inzwischen eingegangenen Stellungnahmen dazu werden an den Referenten gesandt, damit er sie einarbeiten kann, soweit sie berücksichtigenswert erscheinen.

Die von manchen Seiten gewünschte Aufnahme der Beichte der Kinder und der Schülerbeichte wird nicht von der SK VII besorgt, sondern von der Redaktionskommission.

Auf der 10. und letzten Sitzung der Hauptkommission vom 17.-19. Juni 1973 in Puchberg berichtet der Referent über die von ihm eingearbeiteten bzw. nicht berücksichtigten Änderungswünsche zum

Bußteil. Die Hauptkommission stimmt dem Bericht und den vorgenommenen Änderungen zu. Damit ist die Arbeit der Subkommission VII und ihres Referenten abgeschlossen.

2.9 Subkommission VIII „Persönliche Gebete"

Maria Luise Thurmair

2.9.1 Mitarbeiter

Felizitas Betz, München – Hamburg, (Vorsitz), 1963-1967
Dr. Franz Huber, Freiburg, 1964-1968
Prof. Dr. Adolf Knauber, Freiburg, 1964-1968
Regens Leonhard Lüftenegger, Salzburg, 1964-1972
Weihbischof Dr. Paul Nordhues, Paderborn, 1967-1972
Franz Schmutz, Linz, 1967-1972
Weihbischof Ernst Tewes, München, 1964-1968
Dr. Klemens Tilmann, München, 1964-1968
Dr. Maria Luise Thurmair, München, 1963-1972
(Vorsitz mit Frau Betz, Referentin seit 1967)
Paul Schwaller, Schachen, Schweiz, 1964-1968
Als *beratende* Mitarbeiter fungierten Prof. Knauber und Dr. Tilmann, ferner Prof. Wilhelm Gößmann, Neuss; Frau Elisabeth Häuser, München, und Frau Dr. Anneliese Lissner, Düsseldorf, schrieben die Einführung zu dem Abschnitt: Beten mit Kindern (GL 21) und gaben diesem Teil seine Form (GL 22).
Die *Bußgebete* (GL 7) wurden von der SK VII (Buße und Beichte) ausgewählt und zusammengestellt.
Prof. Dr. Franz Calvelli-Adorno, Frankfurt, schrieb schon für die ersten Entwürfe *Einführungen* zu den einzelnen Kapiteln. Sie wurden allerdings von der Kommission nicht angenommen, weil sie zu ausführlich und umfangreich waren und es zudem geraten schien, alle Einführungen erst am Schluß des ganzen EGB-Manuskripts einheitlich zu schreiben, wie dies ja dann auch durch die Arbeit der Redaktionskommission geschehen ist.
Die „Grundgebete" Vaterunser, Ehre sei dem Vater und das Credo wurden nach der von der Arbeitsgemeinschaft für Liturgische Texte der Kirchen des Deutschen Sprachgebietes (ALT) erarbeiteten ökumenischen Fassung übernommen, die seit 1968 allgemein gültig ist.

2.9.2 Bericht über die Arbeit

Am *19./20. September 1963* trat in Mainz die Kommission für den Gebetsteil des EGB unter dem Vorsitz von Bischof Dr. Hermann Volk zusammen. Das Aufgabenfeld wurde erörtert und abgesteckt, die einzelnen Sachgebiete unter die Mitglieder der Kommission zur verantwortlichen Bearbeitung aufgeteilt.Der geplante Abschnitt „Persönliche Gebete" wurde den beiden anwesenden Frauen, Felizitas Betz und Maria Luise Thurmair, beide (damals) München, übertragen.
Die Kommission war bestrebt, zunächst jene Abschnitte des EGB voranzutreiben und fertigzustellen, die nicht von der Beendigung der Liturgiereform abhängig waren. Dies traf vor allem für die „Persönlichen Gebete" zu, deren Zusammenstellung von Frau Betz und Frau Thurmair sofort in Angriff genommen wurde. *Erste Richtlinien für den Inhalt:* Wenngleich das EGB vorrangig als „Rollenbuch der Gemeinde" konzipiert war, sollte es doch den Gläubigen auch zum persönlichen Beten führen und ihm entsprechende Hilfen bieten, nämlich einen Grundstock von Gebeten, die die Grundhaltungen des Betens aufzeigen und die wichtigsten Situationen des menschlichen Lebens berücksichtigen sollten.
Richtlinie für den Umfang: Er wurde mit etwa 45-50 Seiten festgesetzt; Lieder und Gebete, die in anderen Teilen des Buches aufscheinen würden, sollten hier nicht wiederholt werden.
Die *zweite Sitzung der Gebetskommission* vom 26.-29. 1. 1964 in Puchberg/Österreich konnte sich bereits mit dem ersten Entwurf der „Persönlichen Gebete" befassen, den Frau Betz und Frau Thurmair vorlegten. Er wurde folgendermaßen beurteilt: „Es sind wertvolle Gebete enthalten, jedoch ist der Gesamteindruck, daß die Auswahl zu akademisch und zu liturgisch ist." Auch werden verschiedene Lücken festgestellt (sozialer Bereich u.ä.). Es wurde daraufhin die Subkommission „Einzelgebete" gebildet (siehe Mitarbeiterliste S. 412).
Die *3. Sitzung der Gebetskommission,* die vom 7.-11. 9. 1964 in Puchberg stattfand, diskutierte die Grundprinzipien des Gebetsteils, besprach Möglichkeiten der Gruppierung der Gebete und forderte einen mittleren Weg zwischen modernen Gebeten und echtem Anschluß an die Gebetstradition der letzten Jahrhunderte (Diözesangebetbücher).
In der Folgezeit wurde in kleinen Arbeitsgruppen, auf korrespondie-

Subkommission VIII – Persönliche Gebete

rendem Wege und in gemeinsamer Sitzung der Subkommission in München der erste Entwurf der „Persönlichen Gebete" überarbeitet, ergänzt und neu zusammengestellt.
In der *5. Sitzung der Gebetskommission*, die vom 15.-19. 3. 1965 in Puchberg/Österreich stattfand, wurde dieser Entwurf vorgelegt und kursorisch durchgesehen; die einzelnen Mitglieder wurden gebeten, ihre Kritik, Änderungsvorschläge und Ergänzungen an die Vorsitzenden der SK zu schicken.
Die Vorschläge wurden eingearbeitet. In den folgenden Sitzungen der Kommission für den Gebetsteil wurde auch am Faszikel „Persönliche Gebete" kontinuierlich weitergearbeitet. Er erfuhr eine genaue Prüfung, kritische Beurteilung, viele Anregungen und Ergänzungsvorschläge. Ebenso wurde der Faszikel auch anderen Sachverständigen vorgelegt (siehe Mitarbeiterliste!) und teilweise in privaten Kreisen, pfarrlichen Familienkreisen u. ä. erprobt. Dabei wurde manches als zu anspruchsvoll empfunden, einiges als unbrauchbar ausgeschieden, Neues eingebracht, Lücken geschlossen.
So erlebte der erste Entwurf im Laufe der Zeit *vier gründliche Überarbeitungen*. Anfang 1968 gelangte die 5. Fassung der „Persönlichen Gebete" zu einem gewissen Abschluß und wurde am 1. 7. 1968 bei der ersten Informationstagung für die Diözesanvertreter in Paderborn den Diözesanvertretern mit der Bitte um Stellungnahme, Kritik und Ergänzungsvorschläge ausgehändigt.
Inzwischen hatte die gesamte Arbeit am EGB eine *Umstrukturierung* erfahren: 1967 wurde die Hauptkommission gebildet, das Sekretariat eingerichtet und 10 Subkommissionen konstituiert. Die *Subkommission „Persönliche Gebete"* führte als *SK VIII* ihre Arbeit fort.
Frau Betz war 1967 bei ihrer Übersiedlung nach Hamburg aus der Arbeit der SK ausgeschieden, ebenso betrachtete der größte Teil der Mitarbeiter ihre Arbeit an den „Persönlichen Gebeten " als abgeschlossen, da das Manuskript zu diesem Zeitpunkt schon zusammengestellt und den Diözesen übergeben worden war. Die anfallenden Ergänzungen und die Einarbeitung der Modi konnten auch mit einer kleineren SK durchgeführt werden; die letzten drei Sitzungen fanden in München bzw. im Priesterseminar Salzburg statt.
Die *Modi*, die übrigens nicht in der erhofften Zahl eingingen, wurden in den Entwurf eingearbeitet. Als 1969 die ersten Probepublikationen zum EGB erschienen, wurde auch eine Probepublikation der „Persönlichen Gebete" erwogen. Unter diesem Gesichtspunkt wurde das

bisher zusammengestellte Material nochmals überarbeitet und ergänzt, wobei die gerade damals neu erschienenen Diözesangebetbücher (etwa Hildesheim, Essen, Bamberg u.a.) manch wertvolle Anregung brachten.
Um die Fertigstellung des Gesamtmanuskripts des EGB aber nicht noch weiter zu verzögern, wurde der Plan einer Vorauspublikation der Gebete fallengelassen und das Manuskript wieder dem Gesamtrahmen eingepaßt.
In der *letzten Sitzung* der SK VIII, am 28. April 1972 in Salzburg, wurde die Arbeit an den „Persönlichen Gebeten" *abgeschlossen*. Termingerecht wurde das Manuskript im Juli 1972 der Hauptkommission vorgelegt. Es kam in das sogenannte „Rohmanuskript" des EGB, das zum 1. 1. 1973 den Bischöfen übergeben wurde.
Die *weitere Bearbeitung* des Faszikels lag nun in den Händen der *Redaktionskommission,* der kein Mitglied der jeweiligen SK angehörte. Sie hatte die bis zum Oktober 1973 eingegangenen Modi einzuarbeiten und hat dem Abschnitt „Persönliche Gebete" jene Gestalt gegeben, in der er nun im GL aufscheint.

2.9.3 Zum Inhalt der „Persönlichen Gebete"

Die Zeit, in der dieser Teil des EGB erarbeitet wurde, war gekennzeichnet durch eine wachsende Säkularisierung in unserer Wohlstandsgesellschaft, mit der ein rapides *Schwinden der Fähigkeit zum Beten* Hand in Hand ging. Eine der wichtigsten Aufgaben bei der Erstellung des Faszikels „Persönliche Gebete" war es darum, dem Menschen Wege zu zeigen, wie man betet, wie man durch eine entsprechende innere Haltung sein ganzes Leben zum Gebet machen könne, und ihm darüber hinaus Mut zu machen, es (wieder) mit dem Beten zu versuchen.
Diese Aufgabe sollten die katechetischen *Einführungen* erfüllen, die, wie im ganzen Buch, auch dem Gebetsteil vorangestellt sind. Ursprünglich waren diese Einführungen noch zahlreicher und ausführlicher gedacht; wegen der Fülle des Stoffes mußte man sich dann auf einige Einführungen beschränken. So bringt GL 1 eine grundsätzliche Einführung ins Beten. Sie geht auf die Schwierigkeiten des modernen Menschen mit dem Beten und den Gebeten ein, zeigt aber doch klar auf, daß der Mensch auf das Gebet hin angelegt ist.

Subkommission VIII – Persönliche Gebete

Auch bei den einzelnen Abschnitten sind, wo es nötig schien, kurze, erklärende Texte, Hinweise auf weitere Gebetsmöglichkeiten (Seite 21 und 22), eine Einführung in eine bestimmte Art des Betens, etwa in das meditierende Christusgebet (6,1-3) oder in das Rosenkranzgebet (33), eingefügt.

Die angebotenen Gebete sind zum Teil als *feste Formeln,* (2-6, 13-19, 27 u. a.), zum Teil mehr als *Modelle* gedacht, die der jeweiligen Situation angepaßt werden sollen (etwa 9-12, 22 ff., 29 ff.).

Der Abschnitt „Persönliche Gebete" ist nach folgenden Grundgedanken gegliedert:

Die *„Grundgebete",* sozusagen die eiserne Ration des Betens, sind ein kleiner Stamm von Gebeten: Kreuzzeichen, Ehre sei dem Vater, Vaterunser, Glaubensbekenntnis, Ave Maria, der Angelus und das Regina caeli. Zu beachten ist dabei die Anmerkung, daß Gebete aus der Liturgie, etwa das Gloria – ein klassisches Lobgebet – und das Sanctus – die klassische Anbetung –, in diesen Grundstamm hineingehören.

Der nächste Abschnitt, *„Vor Gottes Angesicht"* (3-12), will hinführen zu den Grundhaltungen, die der betende Mensch vor Gott einnehmen soll. Es sind dies nach der Anweisung des Origenes Lob und Dank, Buße und Bitte. So verstehen sich die Gebete, die hier zusammengefaßt sind. Zunächst sollten die Texte der Anbetung und des Lobes zeigen, was das erste ist: Gott zu loben („Gott loben, das ist unser Amt"), und ihm dann – in Texten des Dankes – zu danken für seine Herrlichkeit. („Wir rühmen dich und danken dir, denn groß ist deine Herrlichkeit.") Dem flüchtigen Blick mag es vielleicht scheinen, daß die Texte der Anbetung, des Lobes und des Dankes verhältnismäßig knapp seien. Nimmt man aber das Buch als Ganzes, so wird man in den neutestamentlichen Lobgesängen (Verzeichnis S. 13), in den Psalmen (Verzeichnis S. 14), in manchen litaneiartigen Gesängen (Verzeichnis S. 13f.) und endlich in den Liedern (257-287) eine Fülle von Möglichkeiten finden, Gott in Worten, Gesängen und Hymnen zu loben. Zu Beginn des Abschnittes „Vor Gottes Angesicht" wird ja auf diese Möglichkeit, Gott in Psalmen und Liedern zu preisen, ausdrücklich hingewiesen (S. 22). Gerade beim Loben und Danken geht dem Menschen das Herz über und sein Gebet nimmt die Form des Preisliedes an: dafür sind die Psalmen und Loblieder unvergängliche Zeugen. Im Gebetsteil konnte auf diese Möglichkeit nur hingewiesen werden.

Hier sind dann auch Gebete um Glauben, Hoffnung und Liebe angesiedelt; was die alte „Übung des Glaubens, der Hoffnung und der Liebe" erbitten wollte, das soll nun in entsprechenden biblischen Stoßgebeten sowie in Gebeten aus unserer Zeit und in unserer Sprache erbeten werden (4, 1-4).
Ebenso finden wir hier ein Gebet um den Heiligen Geist (4, 6), die Gebete der Hingabe (5, 1-6), Gebete großer Heiliger von der Mystik bis in unsere Tage und, am Beispiel des Jesusgebetes aus der Ostkirche, (6, 1-3) eine Hinführung zum meditierenden Beten in christlicher Tradition.
Die Gebete der Buße und Umkehr (7, 1-7) wollen zu einer der wichtigsten Grundhaltungen christlichen Lebens verhelfen: zur Haltung der Buße. Dazu finden sich im Sakramententeil unter Buße und Beichte (54-67) weitere Texte.
Als letztes die Haltung der Bitte und des Vertrauens (8-12). Hier mangelte es weder an Motivation noch an Gebetsbeispielen. Es ist eine unbestreitbare Tatsache, daß das Leben des Menschen voller Mühsal ist und wohl ein jeder sein Kreuz zu tragen hat. Solche Situationen des menschlichen Lebens werden in den Gruppen 9-12: „In Not und Dunkel", aufgezeigt: Einsamkeit, Krankheit, Alter, Tod. Hier als Bittende vor Gott hinzutreten, ist durchaus legitim. Jesus selbst ermuntert uns dazu. Doch tritt im Konzert der Gebete die Stimme der Bitte und Klage nicht ungebührlich hervor. Übrigens verstehen sich gerade diese Texte mehr oder weniger als Modelle, die entsprechend der jeweiligen Situation des einzelnen variiert werden müssen.
Ein weiterer Abschnitt *„Meine Zeit in Gottes Händen"* (13-19) trägt die wichtigsten Zeiten des Menschen vor Gott hin. In den Segensbitten wird der Tag, oder ein Abschnitt des Lebens unter Gottes Obhut gestellt. Vor allem Eltern könnten durch diese Formeln sich ihrer Segenskraft wieder bewußt werden.
Morgen-, Tisch- und Abendgebete zeigen dem einzelnen und der Gemeinschaft eine Reihe von Möglichkeiten auf, diese „täglichen Gebete" zu bereichern, zu vertiefen und zu variieren (wobei auch die Möglichkeit des Singens durch einen Kanon, etwa bei Tisch [16, 9], bedacht ist). Die Übung der Schriftlesung ist hier hereingenommen als Möglichkeit der täglichen Gottesbegegnung sowohl für den einzelnen als auch für die Gemeinschaft (19, 1-6).
Bedachte der Abschnitt: „Meine Zeit in Gottes Händen" die *Zeit* des

menschlichen Lebens, so tragen die drei folgenden (Ehe und Familie, Kirche und Gemeinde, Mitten in der Welt) die wichtigsten *Situationen* des menschlichen Lebens vor Gott hin.
Ehe und Familie (20-26). Die hier wiedergegebenen Gebete in verschiedenen Phasen des Lebens (Kinder, Schüler, Liebende, Eheleute, Eltern usw.) müssen ausdrücklich als Modelle verstanden werden, die anregen sollen, aus der jeweiligen Situation heraus zu beten. In den Gebeten zum Thema Ehe und Liebe ist – im Gegensatz zu manchen diesbezüglichen Produkten der Vergangenheit – ein neuer Ton spürbar, ein offener, nüchterner Ton, der von der menschlichen Realität ausgeht, sie als gottgegeben bejaht, für das Glück der Liebe dankbar ist und in schweren Stunden redlich um eine Lösung ringt. So wurde etwa die Aufnahme des in Frage gestellten Gebetes 24, 5 (Zerstörte Liebe) von der Mehrheit der HK befürwortet, weil es eine häufig auftretende Situation in großer Offenheit schildert, keine billige Lösung anbietet, aber doch zeigt, in welcher Richtung ein Ausweg gesucht werden kann.
Zu beachten sind auch die beiden *Einführungen* in diesem Abschnitt (20 und 21). Sie sollen nämlich aufzeigen, *wo* das Gebet und *wie* das Gebet grundgelegt und eingeübt werden muß: in der Familie, im gemeinsamen Beten der Eheleute und im Beten mit den Kindern, die in diese Atmosphäre von Anfang an hineinwachsen sollten.
Die Einführung: Das Gebet in der Familie (20) will aufzeigen, wie lebensnotwendig das Beten für eine Familie ist und wie die Eltern nicht nur die ersten Glaubensboten für ihre Kinder sind, sondern daß die Familie auch die erste Schule ihres Betens ist. Die Familien sollen wieder zum gemeinsamen Beten ermutigt und durch praktische Hinweise dazu befähigt werden. „Beten mit dem jüngeren Kind" (21) zeigt ausführlich, wie das Kleinkind zum Beten hingeführt werden soll, was heute ja besonders dringlich ist.
Vielleicht vermißt mancher hier das eine oder andere liebgewordene Formelgebet. Aber die Einführung soll eben klarmachen, daß das Beten des Kindes nicht mit (unverstandenen) Formeln, sondern in einem lebendigen, spontanen Gespräch mit dem großen und guten Gott beginnen muß.
Diese Grundlegung des Betens beim Kleinkind wird dann für das Schulkind weitergeführt; hier setzt auch die Hinführung zu den Formelgebeten, vor allem zu den Grundgebeten ein. In dem Abschnitt selber finden wir verhältnismäßig wenige Gebete (22, 1-9);

sie haben Modellcharakter und sollen zu eigenem Formulieren aus der jeweiligen Situation heraus anregen. Für die Schulkinder bieten nicht nur der Abschnitt der persönlichen Gebete, sondern auch der Liedteil und der Abschnitt Wortgottesdienst, Stundengebet, Andacht (665-791) viele Anregungen und Möglichkeiten zum Beten und Singen.

Im Abschnitt *„Kirche und Gemeinde"* (27, 28) findet sich der Mensch wieder als Glied der Kirche, des Volkes Gottes. Dies „Wir selbst sind Kirche" ist besonders in den Gebeten 27, 1.4.5; 28, 2.3.6.7.8 ausgesagt; es zieht sich aber durch alle Gebete hindurch, auch durch diejenigen, die für die Amtsträger in der Kirche bitten. Hier schlägt sich im Vergleich zu früher eine neue ekklesiologische Auffassung nieder, in der der einzelne Christ sich seiner Teilhabe und seiner Verantwortung für das Volk Gottes bewußt ist und in echter Solidarität auch zu jenen Menschen steht und für sie bittet, die Gott zu einem besonderen Dienst in dieser Kirche bestimmt oder die er in seine besondere Nachfolge gerufen hat.

Mit dem nächsten Abschnitt *„Mitten in der Welt"* (29-31) sind die Stellung des Christen in der Welt, seine Dienste im sozialen Bereich, in seiner Berufs- und Arbeitswelt, seine Mitverantwortung für den Frieden unter den Menschen und unter den Völkern angesprochen. Diese Seite des Christentums, nämlich die „Verwirklichung des christlichen Auftrags in Staat und Gesellschaft, in Ehe und Familie, in Beruf und Arbeit, im caritativen und missionarischen Bereich, im Einzelleben und in der Gemeinschaft" (P. Nordhues) hat sich in der Vergangenheit nur sehr spärlich in Gebetstexten kristallisiert. Hier setzt das Gotteslob neue Akzente. Die Texte 29-31 versuchen, diesen Weltauftrag des Christen in unser Bewußtsein und in unser Beten kommen zu lassen.

Der folgende Abschnitt bringt *Grundgebete zu Maria, den Engeln und Heiligen* (32-34). Zeigten die vorangehenden Abschnitte die Situationen des Menschen hier auf dieser Erde, also, um mit den Worten des alten Katechismus zu sprechen, seine Solidarität mit der „streitenden Kirche", mit der Kirche auf dem Weg ihrer Pilgerschaft, so wird nun die Verbundenheit des Menschen mit denen betont, die ihren Weg schon vollendet haben: Maria, die Engel und Heiligen, also die „triumphierende Kirche". Hier ist besonders dem Rosenkranzgebet Beachtung geschenkt; die Einführung (33, 1) will zu einem richtigen, meditierenden Beten des Rosenkranzes anleiten; neu ist der Vorschlag der „trostreichen Geheimnisse" (33,6), durch Guardini u. a. in der Gebetsliteratur schon bekanntgemacht, sowie Vorschläge zur Abwechslung und Auflockerung nach dem Modell 6, 2-3 und 679. Dieser Abschnitt scheint auf den ersten Blick nicht so reich bestückt; er muß aber, was Maria betrifft, im Zusammenhang mit den „Grundgebeten" (6-8) und den Liedern, Kehrversen und Gebeten in Teil IV (Gemeinschaft der Heiligen) und in Teil V (Wortgottesdienst, Stundengebet und Andacht) gesehen werden. Hier sind noch eine Fülle von Möglichkeiten und auch weitere einschlägige Gebete enthalten. Ein letzter Abschnitt: *Für die Verstorbenen* (35) zeigt unsere Verbundenheit mit der „leidenden Kirche". Der Gedanke, für die Verstorbenen zu beten, ist auch in anderen Kapiteln ausgesagt (77-81, 661, 664, 770 und 791).

2.9.4 Grundsätze, die bei der Auswahl der Gebete bestimmend waren

Die „Persönlichen Gebete" sollten zunächst für das Beten des *einzelnen*, aber auch *das gemeinsame Gebet* in der Familie und in kleinen Gemeinschaften Hilfen bieten. Viele Gebete – Lob, Dank, Morgen-, Abendgebete etwa – können gemeinsam gesprochen werden; andere wiederum – in Not und Krankheit, in bestimmten Situationen des Lebens, der Ehe – kann nur der einzelne, in dieser Situation sich befindende Mensch nachvollziehen.

Von Anfang an bestand der Grundsatz: *keine Verdoppelungen.* Für die Vielfalt des Betens und Lebens reichen die „Persönlichen Gebete" niemals aus. Aber man muß – worauf ja immer wieder hingewiesen ist – auch verwendbare Lieder, Psalmen, das Ordinarium der Messe, den Bußteil, Stücke aus Litaneien und Andachten miteinbeziehen.

Sprachliche und inhaltliche Gegenwartsnähe. Die Gebete sollten eine Sprache sprechen, die dem Menschen von heute gemäß und verständlich ist. Es mußte nicht unbedingt die Sprache (oder der Jargon) unserer Zeit sein, aber gefordert waren Echtheit, Wahrheit und Redlichkeit im Ausdruck. Diese Maßstäbe bildeten ein Sieb, bei dem einiger Schwulst vergangener Jahrhunderte ausscheiden mußte.

Dabei sollte aber auch an die *Gebetstradition* vergangener Jahrhunderte angeknüpft werden. So fanden etwa das ehrwürdige „Sub tuum praesidium" (32, 1), das „Anima Christi, sanctifica me" (6, 4) und das Jesusgebet der Ostkirche (6, 1) ihren Platz. Ebenso wurden wieder aufgenommen die „Perlen der Gebetsliteratur", die *Gebete großer*

Beter, etwa der Heiligen Augustinus, Franziskus, Theresia von Avila, Ignatius von Loyola, Nikolaus von Flüe, Thomas von Aquin, John Henry Newman u. a. Für manchen Benutzer des EGB werden gerade die genannten Gebete ein paar „Schuhnummern" zu groß sein; aber hinter jedem Gebet steht die Echtheit der Aussage, der ganze lebendige Mensch in seiner Hingabe an Gott, weshalb diese Gebete zeitlos sind und immer gültig bleiben (4, 5.6; 5, 1-6; 6, 6.7; 7,6; 8, 1.3 u. a.).

Stoßgebete. Dem gehetzten Menschen von heute sollten ganz kurze Gebetsrufe angeboten werden, aus denen er sich das eine oder andere aneignen kann, sei es für die jeweilige Situation, sei es in der Art des immerwährenden Jesusgebetes der Ostkirche. Darum ist jedem Gebetsabschnitt eine Reihe von Gebetsrufen (Stoßgebeten) vorangestellt, die fast ohne Ausnahme der Bibel entnommen sind (8, 9 u. a.).

2.9.5 Zur Spiritualität des Gebetsteils

Hier gilt, was Josef Seuffert in einer Einführung zum Gotteslob über die Spiritualität des ganzen Buches schrieb:

Pluralität: Die Gebete sind nicht einer bestimmten Gebetshaltung oder Gebetsrichtung verschrieben – etwa nur liturgisch, pietistisch, marianisch usf. Sie weisen keinen uniformen Frömmigkeitsstil auf, sondern kommen aus dem Gebetsgut aller Jahrhunderte, von Gebeten der frühen Kirche über die Mystiker bis zu Gebeten aus unseren Tagen.

Biblische Ausrichtung: Die Liturgie- und Bibelbewegung unseres Jahrhunderts hat im Gebetsgut des ganzen Buches reichen Niederschlag gefunden. Auch der Teil der „Persönlichen Gebete" will zu biblischem Beten führen: Manches ist der Bibel direkt entnommen: die Stoßgebete, Doxologien und Segensbitten. Manche Texte stammen aus den Briefen des Apostels Paulus und wurden zu Gebeten umgeformt, eine Möglichkeit, auf die schon Romano Guardini hingewiesen hatte (3, 2; 14, 4.5; 15, 1.5).

Stärkere Betonung der *Zuwendung zum Nächsten, Einbeziehung* des sozialen Bereichs auch in unser Beten. Dieses Anliegen war, wie bereits gesagt, in den bisherigen Gebetbüchern meist ganz schwach vertreten; und doch ist die Hinwendung zum Bruder und das Bewußtwerden unserer Verantwortung für die Welt, in der wir leben, eine

eminent christliche Forderung, die auch in unser Gebet hineingenommen werden muß. Hier hat Gotteslob neue Akzente gesetzt.
Endlich die *Öffnung auf die Ökumene hin:* Sie wird deutlich in den Bitten um die Einheit der Kirche (28, 3.8), aber auch in der Aufnahme so manchen Gebets aus dem evangelischen Bereich oder von evangelischen Christen der vergangenen Zeit und unserer Tage (Dag Hammarskjöld 4/5; Dietrich Bonhoeffer 15, 3; 18, 3). Auch das „Gebet der Vereinten Nationen" (31, 1) wurde in dieses Buch, das für den ganzen deutschen Sprachraum gültig ist, hineingenommen, obschon es nichts ausgesprochen Christliches hat; aber es soll uns die Verantwortung des Christen bewußtmachen, der wie sein Herr und Meister in einer wahrhaft weltumfassenden Zuwendung sich mit allen Menschen solidarisch fühlt.

2.10 Subkommission IX „Kindergottesdienste"

Josef Seuffert

Bei der ersten Sitzung der Hauptkommission vom 28.-31. 1. 1968 wurde auch die Subkommission IX „Kinderproprium" gebildet. Später wurde sie in „Kindergottesdienste" umbenannt. Vorausgegangen war eine Debatte darüber, ob nicht ein eigenes Kindergesangbuch sinnvoll sei. Eine große Mehrheit war jedoch der Meinung, Kinder ab dem Lesealter sollten in der Regel das Gesangbuch selbst benutzen, weil sie nicht früh genug damit vertraut gemacht werden können. Darum wurde die Subkommission IX gebildet. Sekretär Seuffert erhielt den Auftrag, Kontakt mit dem katechetischen Institut in München aufzunehmen und inhaltliche und personelle Vorschläge einzubringen.
Während der zweiten Sitzung der Hauptkommission vom 21.-24. 10. 1968 berichtete der Sekretär über den Kontakt mit München und über die Planung eines Vorgesprächs. Einige Namen von möglichen Mitgliedern wurden genannt.

2.10.1 Vorbereitende Konferenz, 7. und 8. Februar 1969 in Freising

Anwesend waren: Wolfgang Langer, Forstinning; Martin Tschurtschenthaler, Innsbruck; Dr. Ralph Sauer, Vechta; Sekretär Josef Seuffert.
Zunächst berichtete Dr. Sauer über die Arbeit der sogenannten „Strukturkommission" für Fragen der Kinder- und Jugendliturgie. Dort werden die grundsätzlichen Fragen behandelt. Von der kommenden SK IX der EGB-Kommission erwartet man die praktische Ausführung. Unter anderem war damals an ein Kinder-Hochgebet gedacht. – Anschließend berichtete Sekretär Seuffert über den Stand der Arbeiten am Einheitsgesangbuch, über Fragen der Arbeitsstruktur und über Erwartungen an die Subkommission IX.
Nach Klärung einiger Fragen aus diesen Berichten wurden Vorschläge für die personelle Besetzung der SK gemacht. In der Folgezeit fragte

der Sekretär bei den Genannten an. Als eine Reihe von Zusagen vorlagen, stimmten die Vorsitzenden der HK der Einladung dieser Personen zur konstituierenden Sitzung zu.
Es folgte ein Gespräch über die Zielsetzung der Arbeit. Zunächst wurde die Meinung bekräftigt, daß ein eigenes Kindergesangbuch nicht anzustreben sei. Dann erfolgte eine erste Auflistung der Beratungsgegenstände. Folgendes sagt das Protokoll:
a) Prüfung aller Lied- und Textvorschläge für das EGB auf ihren möglichen Gebrauch bei Kindern.
b) Erarbeitung und Auswahl besonderer Lieder und Texte für Kinder als Ergänzung zu den einzelnen Teilen des EGB.
c) Formulierung besonderer hinführender Texte für Kinder.
d) Erarbeitung eines Handbuches (Agende) für Kindergottesdienste.
e) Beratungen und Vorschläge für begleitende Hefte zum EGB (z. B. Meßbüchlein für kleine Kinder, Kinderkreuzweg, Jugendgottesdienste).
Dann wurde überlegt, wie man einschlägiges Material am besten sammeln und ordnen könne.
Schließlich wurde die Tagesordnung für die konstituierende Sitzung beraten.

2.10.2 Mitglieder der Subkommission IX

Pfr. Dr. Thomas Blatter, CH-Seon
Dr. Helmut Büsse, Regensburg
Pfr. Anton Kalteyer, Rüsselsheim
Dr. Wolfgang Langer, Forstinning, Referent
Dr. Anneliese Lissner, Monheim-Baumberg
Conrad Misch, Frankfurt
Franz J. Mohr, München, 2. und 3. Sitzung
Heinrich Rohr, Mainz, Kontakt zur SK IA+B ab 4. Sitzung
Prof. Dr. Ralf Sauer, Vechta
Pfr. Martin Tschurtschenthaler, Innsbruck
Elisabeth Unkel, München, 2. bis 6. Sitzung

2.10.3 Sitzungen der Subkommission IX

1. 28.-29. Juni 1969 in Mainz
2. 06.-07. Oktober 1969 in Freising
3. 16.-17. Februar 1970 in München
4. 15.-16. Juni 1970 in München
5. 18.-29. September 1970 in München
6. 15.-16. Februar 1971 in Mainz
7. 20.-23. Juni 1971 in Maria Plain, Salzburg
8. 20.-24. September 1971 in Maria Plain, Salzburg
9. 22.-23. Juni 1972 in Mainz.

2.10.3.1 Erste Sitzung, 28.-29. Juni 1969 in Mainz

Der Referent Dr. Wolfgang Langer konstituiert die Subkommission durch Feststellung der Anwesenheit von acht Mitgliedern. – Es sollen noch zugezogen werden: eine Katechetin, ein Psychologe und ein zweiter Musiker (ab 2. bzw. 4. Sitzung: Unkel, Mohr, Rohr).

Sekretär Seuffert und Dr. Sauer geben einführende Berichte, an die sich eine Debatte über die konkreten Aufgaben der SK anschließt. Man ist sich einig, daß durch eine Agende das EGB für den Kindergottesdienst erschlossen werden soll. Es folgen Beratungen über zwei Einzelaufgaben.

Das Protokoll gibt darüber folgende Auskunft:

I. *Sichten der Lieder* auf ihre Verwendbarkeit für Kinder; aus einer längeren Diskussion ergaben sich folgende Kriterien für die Beurteilung (sie gelten auch für Texte und Agenden):

1. *Qualität*
a) Melodie: brauchbar für Kinder, musikalische Qualität
b) Text: theologischer Inhalt und theologische Sauberkeit, Sprache, Verständlichkeit

2. *Funktion* (wozu zu gebrauchen?): in
a) Meßfeiern
b) selbständigen Wortgottesdiensten (katechetischen Feiern, celebration)
c) Sakramentenfeiern: Taufe – Firmung – Buße
d) Kirchenjahr (besondere Tage)

e) besonderen Lebenssituationen (thematischen Messen, Morgen- und Abendliedern etc.)

3. *Bewertung*
negativ: (allgemein abzulehnen)
positiv: geeignet nur für Erwachsene, für Erwachsene und Kinder, für Kinder allein (Alter 8-10, 10-12, ab 14)
Anmerkung:
1. Die Lieder sollen erprobt werden, was Zeit braucht.
2. Es sollen auch gute Schulmusiker angefragt werden, die angeben können, welchem Alter die Lieder zugeteilt werden können.
3. Es sollen nicht zu enge Raster angewandt werden.

Insgesamt werden 56 Lieder einer Liste der SK IA nach Melodie, Text und Funktion beurteilt. Dieser Arbeitsgang zeigt, wie schwierig es ist, zu einvernehmlichen Beurteilungen zu kommen.

II. *Überlegungen und Modelle zu Wortgottesdiensten*
Der Begriff „Wortgottesdienst" soll möglichst weit gefaßt werden (für verschiedene Möglichkeiten: katechetische Feiern, celebration, Meßfeiern etc.). Aus längerer Diskussion ergeben sich – etwas geordnet – folgende Aufgaben:

a) *Sammeln:* die schon bestehenden Sammlungen in Trier und München sollen – obwohl lückenhaft – verwertet werden. Des weiteren soll angefragt werden bei Herrn Prof. Nastainczyk, bei Kleinschriftenverlagen (sollen bisherige und künftige Publikationen einsenden), bei Bistümern und Pädagogischen Hochschulen (Arbeiten von Dozenten und Schülern).

Dann soll alles auf eine Gesamtliste gebracht und zur Bewertung unter den Mitgliedern der Kommission aufgeteilt werden.

b) *Einteilen* vom Thema her; von einer Einteilung nach der Struktur soll (zunächst) abgesehen werden. Also Wortgottesdienste:
1. in der Meßfeier
2. in Feiern, die zur Eucharistie hinführen
3. in Sakramentenfeiern: Taufe, Firmung, Buße
4. für gewisse Tage: z. B. Karfreitag, Bittag
5. thematische Wortgottesdienste.

c) *Sichten* nach folgenden Kriterien:
1. Funktion
2. Sprache und Form: Verständlichkeit der Sprache (Philologen und Laien hinzuziehen)
Kindliche Aktivität
Realisationsmöglichkeit
3. Inhalt: theologische Sauberkeit. Kann man die Glaubenssituation voraussetzen, oder muß sie erst geschaffen werden?
Lebens- und Wirklichkeitsbezug (Erfahrungshorizont, correspondance)
4. Bewertung: ungeeignet, geeignet für Kinder von 8-12 Jahren, ab 14 Jahren
Anmerkung: Offen ist die Frage: Müssen diese Wortgottesdienste auch offen sein für die Erwachsenen, oder sollen sie nur die Kinder allein ansprechen? Sollten die Kinder nachher umschalten müssen, war es falsch. Der Wortgottesdienst soll transparent sein, bereit für Vertiefung.
Das geplante Gespräch über das Hochgebet in Kindermessen kann aus Zeitmangel nicht stattfinden.
Es werden jedoch Aufgaben für die nächste Sitzung verteilt, vor allem die Durchsicht und Beurteilung vorhandener Publikationen.

2.10.3.2 Zweite Sitzung, 6.-7. Oktober 1969 in Freising

Die Tagesordnung hat folgende Punkte:
1. Protokoll der 1. Sitzung.
Frau Unkel, Katechetin, und Herr Mohr, Diplompsychologe, werden als neue Mitglieder eingeführt.
2. Gesamtliste der vorliegenden Publikationen betr. Kinderliturgie. Diese Liste soll ständig vervollständigt werden.
3. Stand der Arbeiten der „Strukturkommission".
Richtlinien für den Wortgottesdienst der Meßfeier mit Kindern sind in einem solchen Reifestadium, daß die Bischofskonferenz sie nach Redaktion durch die Liturgische Kommission verabschieden wird. Die Richtlinien für die Eucharistiefeier im engeren Sinn werden längere Zeit beanspruchen.

4. Stand der Arbeit der übrigen Subkommissionen.
Vor allem werden Überschneidungen in der Aufgabenstellung angesprochen, und eine Abgrenzung wird versucht. So ist man der Meinung, eine Bußfeier für Kinder solle von der SK VII erstellt werden. Für Tauf- und Firm-Liturgie ist die SK VI zuständig.
5. Informationen über den neuen Ordo Missae.
6. Erfahrungen mit dem neuen Ordo in der Gestaltung von Kindermessen.
7. Berichte über bearbeitete Literatur.
8. Entwurf eines Qualifikationsschemas für die von der SK ausgewählten Texte. Jedes Mitglied kann ein Stück für den Hauptteil des EGB vorschlagen. Dazu ist das Qualifikationsschema auszufüllen. Ähnliches gilt für die Agende.
9. Entwurf eines Frageschemas für Erfahrungsberichte über die Gestaltung von Kindergottesdiensten.
Das Schema wird Modellen beigegeben, die in Pfarrgemeinden erprobt werden sollen.
10. Planung der weiteren Arbeit.
Es wird vor allem über die Realisierung der TOPs 8 und 9 gesprochen.
11. Verschiedenes
12. Termin und Tagesordnung der nächsten Sitzung.

2.10.3.3 Dritte Sitzung, 16.-17. Februar 1970 in München, Georgianum

Inzwischen konnte der Referent in der Hauptkommission über die Arbeit der SK berichten. Die HK ist mit der Vorgehensweise einverstanden. Im Lauf des Sommers wird in der Zeitschrift „Gottesdienst" ausführlich über die Arbeit am EGB berichtet. Dr. Langer schreibt über die SK IX.
Die Umfrage durch Pfarrer Kalteyer bei 15 Pfarreien hat ein enttäuschendes Ergebnis. Nur eine einzige Reaktion, aber auch die nur eine Bitte um Hilfe. Es entwickelt sich ein längeres Gespräch grundsätzlicher Art. Offenbar gibt es zwei Gruppen: die „starken", die es können und die, auf ihre Person bezogen, Gutes fertigbringen. Sie geben ihr Material aber ungern her. Und oft ist es auch nicht anderswo brauchbar, da zu subjektiv. Die andere, größere Gruppe ist hilflos.

Vor allem für sie soll die Agende sein, die vorbereitet wird. Es müssen Wege gesucht werden, die es ermöglichen, unter „normalen" Umständen guten Kindergottesdienst zu feiern. Tschurtschenthaler legt dazu ein „Zuweisungsschema" vor.
Es folgt ein weiteres Grundsatzgespräch, und zwar über die Frage: „Wie sieht die SK IX den Gottesdienst?" Aus der Grundstruktur ergeben sich die Funktionsbeschreibungen der einzelnen Elemente. Diese sind auch im Kindergottesdienst deutlich zu machen, damit die Kinder Rollensicherheit gewinnen. Das hindert nicht Spontaneität. Außerdem wird über die Abgrenzung des Gottesdienstes zur Katechese gesprochen.
Ein drittes Gespräch wendet sich der konkreten Gestalt der geplanten Agende zu. Es kommt zu folgendem Ergebnis: a) Grundsätzliche Einführung. Wie bereitet man Kindergottesdienste vor? b) Grundmodell – Strukturmodelle. c) Zusammengestellte Reihen unter einem Thema. d) Versatzstücke, die in den Reihen nicht erscheinen. e) Die Rollen der einzelnen Gottesdienstteilnehmer.
Danach werden zwei Arbeitsgruppen gebildet, die den Plan in einer ersten Stufe konkretisieren sollen.
Es bleibt noch ein wenig Zeit, einige Einzelstücke durchzusingen und durchzusprechen.

2.10.3.4 Vierte Sitzung, 15.-16. Juni 1970 im Haus am Maiberg, Heppenheim/Bergstraße

Zu Beginn wird Heinrich Rohr als neues Mitglied eingeführt. Er wurde von der Referentenkonferenz vorgeschlagen wegen der dadurch gegebenen Verbindung zu drei wichtigen anderen Subkommissionen (IA, IB, II).
Dann wird eine Auswahl von 11 Stücken aus „111 Kinderlieder zur Bibel" (Watkinson) im einzelnen besprochen. Für die nächsten Sitzungen sollen alle Mitglieder Einzelvorschläge an das Sekretariat einsenden, das durch Vervielfältigung die Beratung vorbereitet.
Frau Lissner legt einige Texte vor, die ein Arbeitskreis zusammengestellt hat. Sie werden kritisch durchgesprochen und zur weiteren Bearbeitung zurückverwiesen.
Dann wendet man sich wieder der geplanten Agende zu. Drei Texte

liegen vor. Einer kann besprochen werden. Die beiden anderen sollen zuhause gründlich durchgearbeitet werden, damit die Behandlung in der nächsten Sitzung einfacher wird.

2.10.3.5 Fünfte Sitzung, 28.-29. September 1970 in München, Georgianum

Das Protokoll dieser Sitzung ist kurz, weil die Arbeit sich auf vorhandene Vorlagen zur Agende und zu Einzelstücken bezog. Die jeweils Federführenden notierten sich Anmerkungen und wurden beauftragt, in der nächsten Sitzung eine überarbeitete Vorlage einzubringen.

2.10.3.6 Sechste Sitzung, 15.-16. Februar 1971 in Mainz, Oblatenkloster

Zu Beginn überbringt Sekretär Seuffert die Wünsche der Hauptkommission: Bis 1. 7. 1972 alle Stücke, die in das EGB sollen, vorlegen und bis September 1971 eine Probepublikation der Agende fertigstellen. Das zweite stellte sich als unmöglich heraus.
Dann wird das folgende Inhaltsverzeichnis der Agende verabschiedet:
Agende für den Kindergottesdienst
Inhaltsverzeichnis (2. Fassung)
A. Struktur und Gestaltung des Kindergottesdienstes
I. Leitsätze zum Kindergottesdienst
II. Der Wortgottesdienst
1. Grundsätzliche Überlegungen
2. Wortgottesdienst außerhalb der Meßfeier
3. Wortgottesdienst im Rahmen der Meßfeier

III. Die Eucharistiefeier
1. Grundsätzliche Überlegungen
2. Richtlinien eines eucharistischen Gottesdienstes
IV. Vorbereitung des Kindergottesdienstes
V. Die Mitarbeiter im Kindergottesdienst

B. Themen für Kindergottesdienste
I. Kirchenjahr
II. Kindliche Umwelt
III. Sakramentale Zeichen
IV. Christliche Grundhaltungen
C. Modelle für Kindergottesdienste
D. Zusätzliche Einzelstücke

Zu Teil A liegen die Leitsätze vor. Sie werden der Hauptkommission vorgelegt und dort gutgeheißen. Die übrigen Teile sind noch nicht im Endstadium. Zu Teil B liegt eine Themenliste vor, die mit Inhalt gefüllt werden muß. Teils sind Vorschläge vorhanden, teils werden Aufgaben verteilt. Ein Schema für die Konkretisierung jedes Themas wird besprochen.

Danach werden Stücke aus „50 Gesänge" (Klein-Rohr) besprochen und einige für die Aufnahme in das EGB ausgewählt.

Anschließend wird der Wunsch der HK nach einer Probepublikation behandelt. Es wird ein Gesangheft für Kinder geplant, dazu ein Büchlein für die Gestalter von Kindergottesdiensten.

2.10.3.7 Siebente Sitzung, 20.-23. Juni 1971 in Maria Plain in Salzburg

Die Hauptarbeitszeit wird in dieser Sitzung der Bearbeitung vorliegender Gottesdienstmodelle gewidmet. Es wird deutlich, wie schwer es ist, überzeugende Modelle zu Papier zu bringen, selbst wenn sie aus einer Erprobung kommen. Ein Mitglied der Kommission hat seine Mitarbeit bereits beendet, weil es die Erarbeitung allgemein brauchbarer Kinderstücke für unmöglich hält. 7 Vorlagen werden besprochen, insgesamt 17 geplant.

In dieser Sitzung wird eine erste Beurteilung von eingesandten Melodien vorgenommen. Die Texte waren je fünf Komponisten zugesandt worden. Daraus ergeben sich einige Stücke, die später in das *Gotteslob* kommen. (Nr. 46 und 670).

Subkommission IX – Kindergottesdienste 431

2.10.3.8 Achte Sitzung, 20.-24. September 1971 in Maria Plain in Salzburg

Der einzige Tagesordnungspunkt dieser Sitzung war: Fertigstellung der Probepublikation „Kindergottesdienst". In fünf Tagen wurde der Versuch unternommen, ein Manuskript fertigzustellen. Es kam jedoch nur zur Verabschiedung eines Inhaltsverzeichnisses, und das auch nur unter großen Nöten. Es wurde auch jedes einzelne Stück besprochen, aber nur besprochen, nicht fertiggestellt. Eine Fülle von Fertigstellungsaufträgen wurde vergeben. Die Frist dafür war ein Monat. Aber es blieb ein vergeblicher Versuch. Ein Grund war, daß lediglich drei Mitglieder während der gesamten Klausurtagung anwesend waren. Das führte dazu, daß häufig Aufträge an Abwesende formuliert wurden, weil sie eine bestimmte Vorarbeit geleistet hatten. Der Hauptgrund aber war, daß es einfach unmöglich war, die Debatten zu einer entscheidungsfähigen Reife zu führen. Damals war fast alles in Frage gestellt. Es gab zwar viele neue Anregungen, aber alles war noch zu unausgegoren. Da konnte eine Kommission auch bei bestem Willen nichts aus dem Boden stampfen, was einige Dauer verhieß. Die Schwierigkeit der Aufgabe führte auch immer wieder zu Grundsatzdebatten. Das kostete Zeit. Auch die Ausklammerung der Bereiche Kindergebete, Kinderbuße und -beichte, Überprüfung der Ergebnisse anderer Kommissionen half nicht viel weiter. Zu allem Überfluß kam noch der Rücktritt des Referenten, zwar nicht wegen der Kommissionsarbeit, sondern aus persönlichen Gründen. Trotzdem erschlafften bei anderen Mitgliedern die Energien sichtlich. Hier nun das beschlossene Inhaltsverzeichnis der Probepublikationen:

Kindergottesdienst
Vorwort
I. Leitsätze zum Kindergottesdienst

II. Vorbereitung des Kindergottesdienstes
1. Vorüberlegungen zum Wortgottesdienst
1a. Der Wortgottesdienst außerhalb der Eucharistiefeier
2. Vorüberlegungen zur Eucharistiefeier
3. Die Vorbereitung des Kindergottesdienstes
4. Die Gebete im Kindergottesdienst

5. Die Mitarbeiter beim Kindergottesdienst

III. Modelle für Kindergottesdienste
1. Adventgottesdienst – Johannes der Wegbereiter
2. Gott ruft die Hirten – Eucharistiefeier als Gruppengottesdienst
3. Hochgepriesen, der kommt im Namen des Herrn – Wortgottesdienst vor der Palmprozession
3a. Jesus, König des Friedens
4. Dem Herrn danken – Gründonnerstag/Eucharistiefeier als Gruppengottesdienst
5. Die Osterfreude weitersagen
6. Überall kann man Jesus begegnen
7. Jeder braucht Freunde
8. Die Ferien sind für die Menschen da
9. Gott schenkt uns die Tiere
10. Menschen müssen sterben
11. Du hast mich bei meinem Namen gerufen
12. Wir haben Macht durch unser Wort – Bußgottesdienst
13. Gott ist bei uns
14. Einander verzeihen – Wortgottesdienst als Bußgottesdienst in der Eucharistiefeier
15. Maria – Abraham: Wagnis des Glaubens

IV. Gesänge

V. Literatur-Hinweise
1. Biblische Texte
2. Nichtbiblische Texte
3. Materialien für den Wortgottesdienst
4. Materialien für die Eucharistiefeier
5. Gesänge
6. Bilder

2.10.3.9 Neunte Sitzung, 22.-23. Juni 1972 in Mainz

Es waren lediglich vier Mitglieder anwesend. Zunächst wird ein neuer Referent gesucht, vergeblich. Da die Arbeit ohnehin zu Ende geht (es sind noch sieben Tage bis zum Ablieferungstermin der Hauptkommission), wird beschlossen, keinen neuen Referenten mehr zu wählen.

Der Sekretär übernimmt die Geschäftsführung und die Gesprächsleitung.
Folgende Punkte werden behandelt:
1. Buße und Beichte. Die Aussprache hat folgendes Ergebnis: „Bei dem derzeitigen Entwicklungsstand können kaum Gebete und Besinnungsstücke zur Buße und Beichte der Kinder allgemein angeboten werden." – Auch die SK VII (Buße und Beichte) sah sich außerstande, für Kinder und Jugendliche etwas zu erarbeiten, jedoch mehr aus Zeitgründen. So kam es, daß der dringende Wunsch der Bischöfe dann von der Redaktionskommission erfüllt wurde.
2. Gebete mit Kindern. Die von der SK VIII (Persönliche Gebete) vorgelegten Texte werden Frau Dr. Lissner zur Bearbeitung übergeben. Diese geschah dann in der Redaktionskommission, deren Mitglied Frau Lissner wurde.
3. Das Inhaltsverzeichnis der geplanten Agende wird noch einmal überarbeitet. Die Fertigstellung soll eine Redaktion übernehmen, also nicht mehr die SK als Ganze.
4. Die Liste der Lieder und Gesänge, die von der SK IX für den Stammteil vorgeschlagen werden, wird zusammengestellt, beschlossen und an die HK weitergeleitet.
5. Für November 1972 wurde noch ein Sitzungstermin beschlossen. Die Sitzung mußte jedoch abgesagt werden. Die Agende kam nicht zustande.

3. Beipublikationen

3.1 Die Probepublikationen EGB 1-8

Josef Seuffert

Schon früh kam der Gedanke auf, einzelne Stücke und Abschnitte des kommenden Gesangbuches zu erproben. Notwendigerweise mußte das Buch viel Neues enthalten, darunter einiges, was auch als Form noch kaum erprobt war, etwa Gesänge aus dem Neuen Testament. Zwischen Herbst 1969 und Januar 1972 erschienen acht Probepublikationen. Von ihnen wurde nicht in dem Maß Gebrauch gemacht, wie sich die EGB-Kommission das erhofft hatte. Kritiken gingen nur spärlich ein. Bei der Auswertung der Kritiken gab es ein überraschendes Ergebnis. Kritiken einzelner, die das jeweilige Heft durchgesehen hatten, waren mehrheitlich negativ, oft sehr pauschal; Kritiken aus Gemeinden und Gemeinschaften, die das Heft erprobt hatten, waren fast ausschließlich positiv. Nur ganz wenige negative Anmerkungen zu einzelnen Stücken trafen ein. Sie erhielten dann entsprechendes Gewicht.
Aus der gleichen Stadt kam am gleichen Tag aus zwei Nachbarpfarreien je ein Brief über „EGB 3 – Gesänge zur Eucharistiefeier während des Jahres" an. Der eine Brief war ein pauschaler Verriß (ohne Erprobung). Für den dort wohnenden Volksstamm sei alles von Anfang bis Ende unzumutbar. Der andere Brief bedankte sich für die vielen guten Gesänge. Er sprach die Erwartung aus, daß zum Advent ein weiteres Heft vorliegen würde.
Die Kommissionen hatten also ihre liebe Not, zu erfahren, ob ihre Entscheidungen hilfreich seien. In der DDR war eine Erprobung von EGB 2 und EGB 3 (Vesper und Gesänge während des Jahres) durch eine eigene Ausgabe auf breiter Basis möglich.
Im folgenden werden die Probepublikationen im einzelnen vorgestellt. Dabei wird deutlich, wie viele Stücke schon lange vor Erscheinen des *Gotteslob* der Öffentlichkeit bekannt waren. Eine systematische Vorbereitung der Gemeinden auf das neue Buch wäre möglich gewesen. Leider wurde sie nur von wenigen genutzt.

3.1.1 EGB 1 – Antwortpsalmen im Advent (PP 1)

Zunächst war ein Heft mit Gesängen für die Adventszeit geplant. Die Subkommission I (Lieder und Gesänge) sah sich jedoch außerstande, eine genügend große Zahl fertig bearbeiteter Stücke zur Verfügung zu stellen. Daher beschränkte man sich auf erste Ergebnisse aus der Subkommission II (Psalmodie). Das wirklich neue Stück, das durch die Liturgiereform in die Messe kam, war der wiedereingeführte Antwortpsalm. Daher galt es, diese Form als erste zu erproben. Die Publikation „EGB 1 – Antwortpsalmen im Advent" erschien im November 1969 im Paulinus-Verlag Trier und im Veritas-Verlag Wien. Sie enthielt 6 Antwortpsalmen und 2 Hallelujarufe mit Versen. Dabei wurden auch verschiedene Psalmenübersetzungen erprobt.

Das Vorwort lautet:

„Die beiden Vorsitzenden der Kommission für das Einheitsgesangbuch übergeben dieses Heft der Öffentlichkeit zur Erprobung. Es enthält Zwischengesänge für den Advent, sechs Antwortpsalmen und zwei Allelujarufe. Es wurden Vorsängerpsalmodien verwendet, die bereits veröffentlicht sind. Damit soll diese Art des Singens weiten Kreisen bekannt gemacht werden. Die zuständige Arbeitskommission für das EGB erwartet Stellungnahmen, die der Weiterarbeit dienlich sein können. Es sind Urteile über Text und Melodie erwünscht. Stellungnahmen werden erbeten an: Sekretariat für das Einheitsgesangbuch, D-55 Trier, Jesuitenstr. 13c.

Sie können nur ausgewertet werden, wenn sie auf die Rückseite einer Postkarte (oder auf Karteiblatt DIN A6) geschrieben sind: links oben Name und Anschrift, rechts oben die Nummer des Gesanges mit einem vorgestellten „APA". Jede Karte soll nur die Stellungnahme zu einem Gesang enthalten.

Es wird gebeten, die Beurteilung zu ordnen nach: 1. Text, 2. Melodie, 3. praktische Verwendbarkeit, 4. Reaktion der Gemeinde."

Inhaltsverzeichnis:
Im folgenden sind die Gotteslobnummern vorangestellt

118,3	Nr 1:	Komm, Herr, komm und erlöse uns. Dazu Ps 108.
118,4	Nr 2:	Komm, o Herr, und bring uns deinen Frieden. Dazu Ps 85.
529,2	Nr 3:	Zu dir, Herr, erhebe ich meine Seele. Dazu Ps 25.
	Nr 4:	Herr, unser Gott, bekehre uns. Dazu Psalm 80.

597,2 Nr 5:	In meinem Gott jubelt mein Herz. Dazu Magnificat.
527,2 Nr 6:	Dein Erbarmen, o Herr, will ich in Ewigkeit preisen. Dazu Psalm 89.
Nr 7:	Hallelujaruf im 1. Ton.
531,1 Nr 8:	Hallelujaruf im 6. Ton. Zu beiden je 8 Verse.

Zwei Stücke kamen also nicht in das endgültige Manuskript.
Zu PP 1 erschien ein vierseitiges Gemeindeblatt.

3.1.2 EGB 2 – Gemeindevesper (PP 2)

Dieses Heft wurde ebenfalls von der Subkommission II (Psalmodie und Gemeindehoren, wie sie inzwischen hieß) erarbeitet. Das Konzil wünscht ja die Einführung der Vesper in allen Gemeinden. Da diese Gottesdienstform in den meisten Diözesen unbekannt war, erschien es sinnvoll, die Gemeinden damit rechtzeitig vertraut zu machen. Außerdem wollte die Subkommission und mit ihr die Hauptkommission erproben, ob der eingeschlagene Weg praktikabel sei. Erfreulicherweise wurde die „Gemeindevesper" von allen Probepublikationen am meisten verwendet. – PP 2 erschien im Mai 1970.
Das Vorwort lautet:
„Mit dieser Ausgabe wird eine Form der gesungenen Gemeindevesper vorgelegt, die im Anschluß an die erneuerte Vesper des römischen Stundengebetes erarbeitet wurde. Sie soll für einfache Verhältnisse geeignet sein und insbesondere auch dort, wo bisher keine Vespern gesungen wurden, Anklang finden. Zugleich wird damit das im ganzen Sprachgebiet sehnlich erwartete Einheitsgesangbuch in einem Teilbereich vorbereitet.
Die Texte der Psalmen und Cantica sind auf dem gegenwärtigen Stand der von der gemeinsamen Übersetzerkommission der evangelischen und katholischen Kirchen vorgelegten (und bisher nur zum Teil veröffentlichten) Fassungen. Die Texte der Kehrverse, Responsorien und Fürbitten sind Zwischenergebnisse der Psalmodiekommission des Einheitsgesangbuches, ebenso auch die zugehörigen Melodien. Wieweit es sich bei diesen und den Psalmodien um Übernahme aus der Tradition, selbstverständlich unter Anpassung an die Notwendigkeiten der deutschen Sprache, handelt und wie weit um Neuschöpfungen, wird der Kundige leicht feststellen können.
Gleichzeitig erscheint eine ‚Orgelbegleitung zur Gemeindevesper'

und eine Schallplatte mit teilweise mehrstimmigen Fassungen im gleichen Verlag.
Um Kritik und Mitteilung der Erfahrungen bei der Erprobung wird gebeten; danach wird sich die endgültige Fassung im EGB zu richten haben. Stellungnahmen bitte mit dem Vermerk EGB 2 senden an: Sekretariat für das Einheitsgesangbuch, D-55 Trier, Jesuitenstraße 13c."

Inhaltsverzeichnis:
Im folgenden sind die Gotteslobnummern vorangestellt.

683	Nr 1:	Herr, öffne meine Lippen.
265	Nr 2:	Nun lobet Gott im hohen Thron, Hymnus, geringe Textabweichung gegenüber Nr 265.
685	Nr 3:	Der Herr hat uns befreit. Mit Ps 111.
531,1	Nr 4:	Hallelujaruf im 6. Ton zum gleichen Psalm.
732	Nr 5:	Die Völker sollen dir danken, o Gott. Mit Ps 67.
686	Nr 6:	Amen, Halleluja. Der vorletzte Vers wurde in der endgültigen Fassung gekürzt.
687	Nr 7:	Dein Wort ist Licht und Wahrheit. Die Doxologie hat in der endgültigen Fassung einen anderen Text.
155	Nr 8:	Christus ist geboren. Die Doxologie hat in der endgültigen Fassung einen anderen Text.
237	Nr 9:	Christus ist erstanden. Die Doxologie hat in der endgültigen Fassung einen anderen Text.
255	Nr 10:	Christus ist erhöht zum Vater. Die Doxologie hat in der endgültigen Fassung einen anderen Text.
688	Nr 11:	Danket dem Herrn, er hat uns erhöht.
256	Nr 12:	Der Herr hat Großes an uns getan.
194	Nr 13:	So sehr hat Gott die Welt geliebt. Zu diesen drei Kehrversen das Magnificat (Nr 689).
358,2	Nr 14:	Fürbitten zum Singen.
691	Nr 15:	Vater unser. Mit Entlassung.
526,1	Nr 16:	Wir sind Gottes Volk.
692	Nr 17:	Der Herr ist unser Friede. Zu beiden Kehrversen Ps 122.
693	Nr 18:	Gepriesen sei der Herr. Mit Ps 113.
530,4	Nr 19:	Hallelujaruf im 4. Ton zum gleichen Psalm.
694	Nr 20:	Jesus Christus ist der Herr (identisch mit Nr 174).

Nr 21: Jesus Christus ist der Herr. Diese Zweitfassung kam nicht in das Gotteslob, wurde jedoch mit dem Kehrvers 176,3 in EGB 12 Gesänge zum Begräbnis, Nr 35, aufgenommen.
Zur Gemeindevesper erschien ein Orgelheft und außer Verantwortung der EGB-Kommission ein Chorheft und eine Schallplatte.

3.1.3 EGB 3 – Gesänge zur Eucharistiefeier während des Jahres (PP 3)

Dieses Heft wurde von drei Subkommissionen gemeinsam erstellt (I A, I B und II). Es erschien Ende 1970.
Das Vorwort lautet:
„Die EGB-Kommission legt in ihrer dritten Probepublikation 82 Meßgesänge für das Kirchenjahr außerhalb der Festzeiten vor. Die Gesänge sind nicht in Meßreihen geordnet. Vielmehr sind die einzelnen Funktionen in Gruppen zusammengefaßt, also Eröffnungsgesänge, Kyrielitaneien usw. Am zahlreichsten sind die Eröffnungsgesänge und die Antwortpsalmen, weil für sie der Bedarf am größten ist. Die Texte der Psalmen sind der ökumenischen Übersetzung entnommen, die von einer gemeinsamen Kommission der evangelischen und katholischen Kirche erarbeitet wurde. Die Vorsängerstücke für den Kantor sind in einem eigenen Vorsängerheft zusammengefaßt.
Die Numerierung der Gesänge beginnt mit 501, weil die EGB-Kommission noch weitere Probepublikationen für die anderen Kirchenjahreszeiten herausgibt (das Adventheft wird mit Nr. 101 beginnen).
Das Heft möchte nicht nur das Einheitsgesangbuch vorbereiten, sondern auch vor der endgültigen Entscheidung neue Gesänge und Gesangsarten erproben. Darum wird um Kritik und Mitteilung der Erfahrungen bei der Erprobung gebeten, besonders um Stellungnahmen zu einzelnen Stücken. Einsendungen bitte mit dem Vermerk „EGB 3, Nr. 53.3.3." versehen und adressieren an: Sekretariat für das Einheitsgesangbuch, D-55 Trier, Postfach 371."

Inhaltsverzeichnis:
In folgenden sind die Gotteslobnummern vorangestellt.

265	Nr 501:	Nun lobet Gott im hohen Thron.
525	Nr 502:	Auf, laßt uns jubeln dem Herrn.
474	Nr 503:	Nun jauchzt dem Herren, alle Welt
526,2	Nr 504:	Singet dem Herrn ein neues Lied.
117,4	Nr 505:	Der Himmel freue sich, die Erde jauchze.
262	Nr 506:	Nun singt ein neues Lied dem Herren. Die vorletzte Zeile der Str 1 wurde später geändert.
171,2	Nr 507:	Erbarme dich meiner, o Gott.
172,1	Nr 508:	Verschone uns, Herr.
	Nr 509:	Gelobt sei Gott der Vater.
310	Nr 510:	Verleih uns Frieden gnädiglich.
526,4	Nr 511:	Herr, wir rufen zu dir: Gib Frieden der Welt. Zu diesem Kehrvers stand auch eine Chorstrophe in PP 3.
172,2	Nr 512:	Herr, hilf uns vor dem Bösen.
644	Nr 513:	Sonne der Gerechtigkeit.
626,1	Nr 514:	Groß und gewaltig ist der Herr.
522	Nr 515:	Jesus Christus, für uns als Mensch geboren.
311	Nr 516:	Mit lauter Stimme ruf ich zum Herrn.
485	Nr 517:	Der in seinem Wort uns hält.
495,1	Nr 518:	Herr Jesus, Sohn des lebendigen Gottes. Diese Kyrielitanei enthält in PP 3 noch 9 Anrufungen. Sie wurden im Gotteslob gemäß den Regeln auf 6 reduziert.
353,6	Nr 519:	Bußakt Form C.
429	Nr 520:	Kyrieruf.
433	Nr 521:	Kyrieruf. In GL sind die ersten Noten im ersten und dritten Ruf verdoppelt.
425	Nr 522:	Kyrieruf.
452	Nr 523:	Kyrieruf.
453	Nr 524:	Kyrieruf.
454	Nr 525:	Kyriegesang.
402	Nr 526:	Gloria (XVI).
430	Nr 527:	Ehre sei Gott in der Höhe. In der endgültigen Fassung ist der ökumenische Text verwendet.
	Nr 528:	Ehre sei Gott in der Höhe.
	Nr 529:	Ehre sei Gott in der Höhe.

476	Nr 530:	Dir, Gott im Himmel Preis und Ehr.
465	Nr 531:	Herr, du hast Worte ewigen Lebens.
487	Nr 532:	Der Herr ist mein Licht und mein Heil.
477	Nr 533:	Preiset den Herrn zu aller Zeit, denn er ist gut.
676,1	Nr 534:	Meine Seele dürstet nach dir, mein Gott.
528,4	Nr 535:	Meine Augen schauen allezeit zum Herrn. Zur gleichen M als 2. Text: Meine Seele dürstet allezeit nach Gott (GL Nr 726,1).
529,1	Nr 536:	Richte uns wieder auf, Gott unser Heil.
528,6	Nr 537:	Der Herr schenkt seinem Volk den Frieden.
528,1	Nr 538:	Du nimmst mich, Herr, bei der Hand.
529,3	Nr 539:	Gott, sei uns gnädig, mache uns frei
527,1	Nr 540:	Singet dem Herrn und preiset seinen Namen.
529,6	Nr 541:	Kündet den Völkern die Herrlichkeit des Herrn.
646,1	Nr 542:	Freut euch, wir sind Gottes Volk.
527,3	Nr 543:	Meine Seele preise den Herrn.
527,5	Nr 544:	Der Herr vergibt die Schuld.
287,1	Nr 545:	Lobsinget Gott, dem Herrn.
496	Nr 546:	Lobet den Herrn, preist seine Huld und Treue.
118,5	Nr 547:	Freut euch allezeit: wir ziehn dem Herrn entgegen.
529,4	Nr 548:	Herr, gib uns Frieden, schenk uns dein Heil.
529,7	Nr 549:	Herr, deine Werke danken dir.
530,1	Nr 550:	Hallelujaruf im 1. Ton.
530,2	Nr 551:	Hallelujaruf im 2. Ton.
530,5	Nr 552:	Hallelujaruf im 4. Ton.
530,6	Nr 553:	Hallelujaruf im 5. Ton.
530,8	Nr 554:	Hallelujaruf im 6. Ton.
531,7	Nr 555:	Hallelujaruf im 1. Ton.
532,3	Nr 556:	Hallelujaruf im 2. Ton.
358,2	Nr 557:	Fürbittruf.
646,4	Nr 558:	Herr, führ uns zusammen.
403	Nr 559:	Sanctus (Vat XVIII).
427	Nr 560:	Heilig, heilig. In der endgültigen Fassung ist der ökumenische Text verwendet.
438	Nr 561:	Heilig, heilig. In der endgültigen Fassung ist der ökumenische Text verwendet.
	Nr 562:	Heilig, heilig.
491	Nr 563:	Heilig, heilig. (Lied)

360,6	Nr 564:	Geheimnis des Glaubens.
360,5	Nr 565:	Geheimnis des Glaubens.
364,1	Nr 566:	Denn dein ist das Reich.
404	Nr 567:	Agnus Dei (Vat XVIII).
	Nr 568:	Lamm Gottes.
446	Nr 569:	Christus, Gotteslamm.
502	Nr 570:	Christe, du Lamm Gottes.
483	Nr 571:	Wir rühmen dich, König der Herrlichkeit.
471	Nr 572:	Kostet und seht, wie gut der Herr
493	Nr 573:	Lob sei dem Herrn. Ein Wort in Str 4 geändert.
527,4	Nr 574:	Der Herr ist mein Hirt, ich leide nicht Not.
503	Nr 575:	O allerhöchste Speise. Endgültig: O wunderbare Speise. In PP 3 eine Str. mehr.
494	Nr 576:	Gott sei gelobt und gebenedeiet.
473	Nr 577:	Im Frieden dein.
267	Nr 578:	Nun danket all. In GL 2 Str mehr.
634	Nr 579:	Dank sei dir, Vater.
688	Nr 580:	Danket dem Herrn. Mit Magnificat 689.
284,1	Nr 581:	Danket dem Herrn, denn er ist gut. Mit Ps 118.
484	Nr 582:	Jubelt, ihr Lande dem Herrn. Mit Ps 98.

Zu PP 3 erschienen ein Vorsängerheft und ein Orgelbuch.

3.1.4 EGB 4 – Buße und Beichte (PP 4)

Die Subkommission VII – Buße und Beichte – hatte ein besonders schwieriges Arbeitsfeld. Die meisten Inhalte dieses Bereiches waren damals sehr im Fluß. Römische Texte der nachkonziliaren Gremien waren noch nicht zur Verfügung. Trotzdem erschien die Herausgabe einer Probepublikation wichtig. Wie sich herausstellte, war das Echo auch größer als auf die Publikationen zum Gemeindegesang, mit Ausnahme der Gemeindevesper (PP 2).

Das Büchlein umfaßt 160 Seiten. Es ist in 6 Kapitel eingeteilt. Das 4. Kapitel hat nochmals drei Hauptabschnitte:
1. Besinnung auf mein Leben
2. Besinnung, Vergebung, Buße
3. Zeichen der Buße
4. Formen der Buße
   a. Buße im Alltag

EGB 4 – Buße und Beichte

    b. Bußgottesdienst
    c. Einzelbeichte
5. Gewissenserforschung
6. Texte und Gesänge

Es war von Anfang an nicht daran gedacht, den ganzen Inhalt des Büchleins für das *Gotteslob* vorzusehen. Vielmehr war man der Auffassung, auch nach Erscheinen des Einheitsgesangbuches solle es ein eigenes ausführliches Bußbüchlein geben. Später jedoch wurde der Bußteil im Gotteslob doch entsprechend umfangreich, so daß auf die Herausgabe eines zusätzlichen Bußbüchleins verzichtet wurde. Ein Vergleich zwischen PP 4 und GL macht dem Interessierten den Reifungsprozeß des Buches besonders deutlich. Allerdings werden dabei die vielen Zwischenschritte nicht deutlich erkennbar.
PP 4 erschien Anfang 1971.

Inhaltsverzeichnis:
Im folgenden sind die Gotteslobnummern vorangestellt.

	Nr 600:	Besinnung auf mein Leben.
	Nr 601:	Verantwortung des Christen.
	Nr 602:	Lebensbereiche: Familie.
	Nr 603:	Beruf.
	Nr 604:	Freizeit.
	Nr 605:	Gesellschaft.
	Nr 606:	Welt.
	Nr 607:	Kirche.
54,1	Nr 608:	Sünde und Schuld.
54,2	Nr 609:	Vergebung.
54,3	Nr 609:	Buße (GL: Umkehr).
54,4	S 27f:	Reue.
54,5	S 29f:	Vorsatz.
54,6	S 30f:	Tätige Buße, Bußzeiten (teilweise in GL)
54,6	S 34f:	Formen der Buße, Buße im Alltag (teilweise in GL).
55	S 37ff:	Bußgottesdienst.
56,2	Nr 611:	Begrüßung (1. Bußgottesdienst).
56,4	Nr 612:	Besinnung.
56,5	Nr 613:	Bekenntnis.
	S 49ff:	Zweite Form des Bußgottesdienstes.
57,1	S 52:	Begrüßung (3. Bußgottesdienst).

57,3	Nr 616:	Bekenntnis 1. Teil (In GL: Besinnung).
57,4	Nr 617:	Bekenntnis 2. Teil (In GL: Bekenntnis).
57,5	Nr 618:	Gegenseitige Vergebung.
57,7	Nr 619:	Bitten.
57,8	S 57f:	Vergebungsbitte.
	S 58ff:	Vierte Form des Bußgottesdienstes.
58	S 62ff:	Einzelbeichte (In GL: Das Sakrament der Buße).
60	S 67ff:	Liturgie der Einzelbeichte (In GL: Beichte. Die Feier der Versöhnung für einzelne).
	S 71f:	Gewissenserforschung, Einführung.
62	Nr 621-629:	Allgemeiner Gewissensspiegel.
63	Nr 630-632:	Gewissensspiegel: Glaube – Hoffnung – Liebe.
64	Nr 633-637:	Gewissensspiegel: Leben für andere.
	Nr 638-645:	Schrifttexte.
190	Nr 646:	Erbarme dich meiner, o Gott. Mit Ps 51.
191	Nr 647:	Beim Herrn ist Barmherzigkeit. Mit Ps 130.
676	Nr 648:	Meine Seele dürstet nach dir, mein Gott. Mit Ps 63.
735,1	Nr 649:	Richte uns wieder auf, Gott, unser Heil.
123	Nr 650:	Der Herr schenkt seinem Volk den Frieden. mit Ps 85.
742	Nr 651:	Der Herr vergibt die Schuld. Mit Ps 103.
172,2	Nr 652:	Herr, hilf uns vor dem Bösen. In PP 4 mit Ps 119.
172,1	Nr 653:	Verschone uns, Herr. In PP 4 mit Versen aus Joel.
723,3	Nr 654:	Preiset den Herrn zu aller Zeit. Mit Ps 34.
194	Nr 655:	So sehr hat Gott die Welt geliebt. Mit Magnificat.
214	Nr 656:	Christus, Sieger über Schuld und Sünde.
56	Nr 657:	Herr Jesus, du rufst die Menschen zur Umkehr.
162	Nr 658:	Aus der Tiefe unserer Todesschuld.
57,2	Nr 659:	Die ganze Welt muß sich schuldig bekennen vor Gott.
56,3	Nr 660:	Vater, ich habe gesündigt vor dir.
57,6	Nr 661:	Vergib uns unsere Schuld.
626,4	Nr 662:	Dies ist mein Gebot: Liebet einander.
163	Nr 663:	Aus tiefer Not schrei ich zu dir. In GL statt 5 nur 3 Str, nur 1. Str identisch.
169	Nr 664:	O Herr, aus tiefer Klage.
499	Nr 665:	Ehre sei dir, Christe.
206	Nr 666:	O du mein Volk, was tat ich dir.
644	Nr 667:	Sonne der Gerechtigkeit.

558	Nr 668:	Ich will dich lieben, meine Stärke.
654	Nr 669:	Mitten wir im Leben.
310	Nr 670:	Verleih uns Frieden gnädiglich.
	Nr 671:	Komm, o Geist der Heiligkeit (nur Text).
	Nr 672:	O mein Gott, ich bekenne.
7,5	Nr 673:	Ich bekenne, Herr, du kennst mich.
7,1	Nr 674:	Herr, Gott, im Lichte deines Sohnes.
7,3	Nr 675:	Ich komme nicht darüber hinweg.
18,4	Nr 676:	Herr, der Tag geht zu Ende.
	Nr 677:	Herr, unser Gott, von allem Anfang an.
7,4	Nr 678:	Herr, unser Gott, wer auch mit dir gebrochen hat.
7,2	Nr 679:	Bitten wir Gott, den Herrn, um Vergebung.
7,7	Nr 680:	Allmächtiger und barmherziger Gott.
	Nr 681:	Erbarme dich meiner, Herr.
	Nr 682:	Barmherziger Gott, höre.
	Nr 683:	Stoßgebete.
29,6	Nr 684:	O Herr, mach mich zum Werkzeug deines Friedens. In GL anderer Wortlaut.
	Nr 685:	Herr und Gott, du läßt uns teilnehmen.
	Nr 686:	Herr Jesus Christus, du hast zu deinen Jüngern gesagt.
	Nr 687:	Herr Jesus Christus, dir hat der Vater.
60,5	Nr 688:	Ich danke dir, Herr.
	Nr 689:	Du leugnest und verkleinerst unsere Sünden nicht.
	Nr 690:	Wie es leicht wird in mir.

3.1.5 EGB 5 – Die Feier der Karwoche (PP 5)

Wie bei PP 3 waren die Subkommissionen I A, I B und II beteiligt. Das Heft wurde in engem Zusammenhang mit den Probeheften zum neuen Meßbuch erarbeitet. Es erschien zur Karwoche 1971 im Veritas-Verlag Wien und im Christophorus-Verlag Freiburg.
Das Vorwort lautet:
„Diese fünfte Probepublikation zum EGB möchte der Feier der Großen Woche in den Gemeinden dienen. Bei guter Vorbereitung mit Kantoren und Sängerchor sollte es nicht allzu schwierig sein, mit dem, was neu ist, vertraut zu werden. Für einen Teil der Gesangsfunktionen werden mehrere Angebote gemacht, so daß man auswählen kann. In

seiner Struktur hält sich das Heft an die Altarausgabe, die für die nächsten Jahre herausgegeben wurde. Sie entspricht dem neuen Römischen Missale. – Die Texte der Psalmen sind der ökumenischen Übersetzung entnommen, die von einer gemeinsamen Kommission der Kirchen erarbeitet wurde. – Die Stücke für den Kantor und für den einstimmigen Sängerchor sind in einem eigenen Vorsängerheft zusammengefaßt.

Eine Reihe Lieder werden bereits in der ökumenischen Fassung geboten. Lieder, die sich in der Melodie von den bisherigen Fassungen ein wenig unterscheiden, können noch auf die gewohnte Weise gesungen werden, wenn ein Umlernen noch nicht möglich erscheint. Eine Reihe der Gesänge findet sich auch in anderen Publikationen zum EGB, so etwa in der Gemeindevesper (314, 337), oder in „Buße und Beichte" (305, 317, 333), insgesamt mehr als zwei Fünftel.

Die Numerierung beginnt entsprechend der Planung der Hefte mit 301. Wichtig sind für die Kommission Urteile und Erfahrungsberichte, besonders Stellungnahmen zu Einzelstücken. Einsendungen werden erbeten an: Sekretariat für das EGB, D-55 Trier, Postfach 371. Bitte jedes Blatt mit dem Vermerk ‚EGB 5, Nr. 3...' versehen."

Inhaltsverzeichnis:
Im folgenden sind die GL-Nummern vorangestellt.

196	Nr 301:	Hosanna dem Sohne Davids.
197	Nr 302:	Ruhm und Preis und Ehre sei dir.
198,1	Nr 303:	Hosanna, hosanna, hosanna in der Höhe
562	Nr 304:	Lob dir, Christus, König und Erlöser.
199	Nr 305:	Hosanna dem Sohne Davids.
198,2	Nr 306:	Gepriesen, der kommt im Namen des Herrn.
176,2	Nr 307:	Mein Gott, mein Gott, warum hast du mich verlassen.
203,2	Nr 308:	Christus war für uns gehorsam bis zum Tod.
181	Nr 309:	O hilf, Christe, Gottes Sohn.
441	Nr 310:	Heilig, heilig, heilig.
161	Nr 311:	Gottes Lamm, Herr Jesu Christ.
483	Nr 312:	Wir rühmen dich, König der Herrlichkeit.
176,4	Nr 313:	Vater, wenn es möglich ist.
174	Nr 314:	Jesus Christus ist der Herr.
178	Nr 315:	Wir danken dir, Herr Jesu Christ. Str 1 und 4.
176,1	Nr 316:	Dem Kreuz Jesu Christi singen wir Preis. Text in GL geändert.

499	Nr 317:	Ehre sei dir, Christe.
463	Nr 318:	Herr, erbarme dich.
457	Nr 319:	Allein Gott in der Höh sei Ehr. In GL Text geringfügig anders.
467	Nr 320:	Dir, Gott im Himmel, Preis und Ehr.
176,5	Nr 321:	Der Kelch, den wir segnen.
626,4	Nr 322:	Dies ist mein Gebot: Liebet einander.
626,5	Nr 323:	Ein neues Gebot gibt uns der Herr.
645,3	Nr 324:	Wo Güte und Liebe, da wohnet Gott.
445	Nr 325:	Heilig, heilig, heilig. In GL ökumenischer Text.
435	Nr 326:	Lamm Gottes. In GL ökumenischer Text.
537	Nr 327:	Beim letzten Abendmahle.
539	Nr 328:	Wir alle essen von einem Brot.
544	Nr 329:	Laßt uns das Geheimnis künden. In GL erste Zeile anderer Text.
203,1	Nr 330:	Vater, in deine Hände empfehle ich meinen Geist.
180	Nr 331:	Herzliebster Jesu.
204,2	Nr 332:	Seht das Kreuz.
206	Nr 333:	O du mein Volk, was tat ich dir
205,2	Nr 334:	Sei uns gegrüßt, o heiliges Kreuz
182	Nr 335:	O du hochheilig Kreuze.
540	Nr 336:	Sei gelobt, Herr Jesus Christ.
177	Nr 337:	So sehr hat Gott die Welt geliebt.
179	Nr 338:	O Haupt voll Blut und Wunden. In GL andere Str-Auswahl.
208	Nr 339:	Lumen Christi.
253,1	Nr 340:	Sende aus deinen Geist.
527,2	Nr 341:	Behüte mich, Gott, denn ich vertraue auf dich.
209,1	Nr 342:	Dem Herrn will ich singen.
527,6	Nr 343:	Herr, du zogst mich empor.
209,2	Nr 344:	All ihr Dürstenden, kommt zum Wasser.
465	Nr 345:	Herr, du hast Worte ewigen Lebens.
209,3	Nr 346:	Meine Seele dürstet allezeit nach Gott.
426	Nr 347:	Ehre sei Gott in der Höhe. In GL ökumenischer Text.
209,4	Nr 348:	Hallelujaruf.
530,7	Nr 349:	Hallelujaruf im 6. Ton.
213	Nr 350:	Christ ist erstanden.
210	Nr 351:	Litanei der Osternacht.

637 Nr 352: Laßt uns loben, Brüder, loben.
481 Nr 353: Heilig, heilig, heilig.
482 Nr 354: Christe, du Lamm Gottes.
530,7 Nr 355: Hallelujaruf im 6. Ton.
218 Nr 356: Gelobt sei Gott im höchsten Thron.
530,2 Nr 357: Hallelujaruf im 2. Ton.
227 Nr 358: Danket Gott, denn er ist gut.
366,5 Nr 359: Gehet hin in Frieden. Halleluja, halleluja.

Zu PP 5 erschien ein Vorsängerheft.

3.1.6 EGB 6 – Gesänge für die Osterzeit (PP 6)

Wie bei PP 3 waren die Subkommissionen I A, I B und II beteiligt. Das Heft erschien zur Osterzeit 1971 im Christophorus-Verlag Freiburg und im Veritas-Verlag Wien.

Das Vorwort lautet:
„Diese Heft enthält 72 Gesänge für die Osterzeit. Nach einem allgemeinen Teil folgt je eine Reihe für Christi Himmelfahrt und Pfingsten. Das Heft wird sich besonders leicht in der Gemeinde einführen lassen. Viele Gesänge sind bereits überall bekannt oder weit verbreitet. Viele Kehrverse können zunächst durch einen Allelujaruf ersetzt werden, so daß man das Erlernen wirklich neuer Melodien auf mehrere Jahre verteilen kann.
Ein Teil der Lieder wird bereits in der ökumenischen Fassung geboten, die eine Arbeitsgemeinschaft der Kirchen für das ganze Sprachgebiet erarbeitet hat. Wo sich Änderungen in der Melodie ergeben haben, kann man zunächst auch die der Gemeinde bekannte Fassung singen.
Die Texte der Psalmen sind der ökumenischen Übersetzung entnommen. Die Vorsängerstücke für den Kantor und für den Sängerchor sind in einem eigenen Vorsängerheft zusammengefaßt.
Die Numerierung der Gesänge beginnt mit 401 entsprechend der Planung der Kommission für das Einheitsgesangbuch für ihre Probepublikationen. Mit ihnen möchte die Kommission den Gemeinden einen Dienst leisten und die Einführung des Einheitsgesangbuches erleichtern. Die EGB-Kommission ist sehr interessiert an Erfahrungsberichten über die Verwendung des Heftes in der Gemeinde, beson-

EGB 6 – Gesänge für die Osterzeit

ders auch an Stellungnahmen zu Einzelstücken. Einsendungen bitte möglichst im Postkartenformat quer, mit dem Vermerk EGB 6, Nr. 4 versehen, adressieren an: Sekretariat für das Einheitsgesangbuch, D-55 Trier, Postfach 371."

Inhaltsverzeichnis:
Im folgenden sind die Gotteslobnummern vorangestellt.

213	Nr 401:	Christ ist erstanden.
225	Nr 402:	Erschienen ist der herrlich Tag.
223	Nr 403:	Wir wollen alle fröhlich sein. In GL leicht geänderter Text und Halleluja-Refrain.
232,2	Nr 404:	Singet dem Herrn ein neues Lied.
231	Nr 405:	Lobsinget dem Herrn, der Wunder vollbracht.
233,7	Nr 406:	Der Herr hat uns befreit, auf ewig besteht sein Bund.
286,2	Nr 407:	Jauchzet Gott, alle Lande.
232,1	Nr 408:	Auferstanden ist der Herr.
214	Nr 409:	Christus, Sieger über Schuld und Sünde.
495,5	Nr 410:	Jesus, du Erstgeborener von den Toten. In GL statt Jesus – Herr Jesus.
410	Nr 411:	Kyrie (Vat I).
443	Nr 412:	Herr, erbarme dich.
451	Nr 413:	Herr, erbarme dich.
411	Nr 414:	Gloria (Vat I).
	Nr 415:	Ehre sei Gott in der Höhe.
426	Nr 416:	Ehre sei Gott in der Höhe. In GL ökumenischer Text.
464	Nr 417:	Gott in der Höh sei Preis und Ehr.
232,4	Nr 418:	Das ist der Tag, den der Herr gemacht.
233,2	Nr 419:	Jubelt dem Herrn, alle Lande: Halleluja.
233,1	Nr 420:	Danket dem Herrn, er ist gütig. Halleluja.
	Nr 421:	Psalm 16 mit Hinweis auf Kehrverse an anderer Stelle.
527,6	Nr 422:	Herr, du zogst mich empor.
527,4	Nr 423:	Der Herr ist mein Hirt, ich leide nicht Not.
646,1	Nr 424:	Freut euch, wir sind Gottes Volk.
	Nr 425:	Psalm 33 mit Hinweis auf Kehrvers Nr 424.
529,7	Nr 426:	Herr, deine Werke danken dir.
731,1	Nr 427:	Die Völker sollen dir danken, o Gott.
	Nr 428:	Psalm 27 mit Hinweis auf Hallelujarufe.

529,8	Nr 429:	Herr, du bist König über alle Welt.
530,7	Nr 430:	Hallelujaruf im 6. Ton.
531,2	Nr 431:	Hallelujaruf im 6. Ton.
530,2	Nr 432:	Hallelujaruf im 2. Ton.
531,4	Nr 433:	Hallelujaruf im 7. Ton.
532,5	Nr 434:	Hallelujaruf im 5. Ton.
358,3	Nr 435:	Fürbittruf.
450	Nr 436:	Wir glauben an Gott Vater. In GL Text leicht geändert.
224	Nr 437:	Vom Tode heut erstanden ist.
627,1	Nr 438:	Mein Leben lobsinge Gott dem Herrn.
233,3	Nr 439:	Christus ist erstanden.
412	Nr 440:	Sanctus (Vat I).
445	Nr 441:	Heilig, heilig, heilig. In GL ökumenischer Text.
441	Nr 442:	Heilig, heilig, heilig.
481	Nr 443:	Heilig, heilig, heilig.
413	Nr 444:	Agnus Dei (Vat I).
492	Nr 445:	Lamm Gottes. In GL ökumenischer Text.
428	Nr 446:	Lamm Gottes. In GL ökumenischer Text.
482	Nr 447:	Christe, du Lamm Gottes.
233,4	Nr 448:	Christus ist unser Osterlamm.
286,1	Nr 449:	Singet dem Herrn, ja singet ihm. In GL M geringfügig anders.
536,4	Nr 450:	Hallelujaruf im 5. Ton.
218	Nr 451:	Gelobt sei Gott in höchsten Thron.
	Nr 452:	Freut euch, alle Christenheit. In GL: Nun freue dich, du Christenheit, Nr 222.
634	Nr 453:	Dank sei dir, Vater, für das ewige Leben.
576	Nr 454:	Freu dich, du Himmelskönigin.
233,6	Nr 455:	Der Herr hat sein Volk befreit. Halleluja.
	Nr 456:	Singet dem Herrn ein neues Lied. Halleluja.
284,1	Nr 457:	Danket dem Herrn, denn er ist gut.
232,3	Nr 458:	Singet dem Herrn ein neues Lied.
228	Nr 459:	Christ fuhr gen Himmel.
232,5	Nr 460:	Gott steigt empor, Erde jauchze.
232,6	Nr 461:	Jubelt dem Herrn, alle Lande.
646,5	Nr 462:	Geht in alle Welt, Halleluja.
233,5	Nr 463:	Der Herr hat den Tod besiegt. Halleluja.
230	Nr 464:	Gen Himmel aufgefahren ist.

251	Nr 465:	Der Heilige Geist erfüllet das All.
248	Nr 466:	Nun bitten wir den Heiligen Geist. In GL ab Str 2 anderer Text.
247	Nr 467:	Komm, Heiliger Geist, Herre Gott.
253,1	Nr 468:	Sende aus deinen Geist und das Antlitz der Erde wird neu.
244	Nr 469:	Komm, o Geist der Heiligkeit. In GL andere Textfassung.
	Nr 470:	Christus ist erhöht zum Vater. T in GL zum Antwortgesang 255 verwendet.
536,3	Nr 471:	Der Geist des Herrn erfüllet sie. In GL M geringfügig anders.
249	Nr 472:	Der Geist des Herrn erfüllt das All. In GL M am Ende geringfügig anders, T um eine Str gekürzt.

Zu PP 6 erschien ein Vorsängerheft.

3.1.7 EGB 7 – Gesänge für Advent und Weihnachten (PP 7)

Wie bei PP 3 waren die Subkommissionen I A, I B und II beteiligt. Das Heft erschien zur Adventszeit 1971 im Paulinus-Verlag Trier und im Veritas-Verlag Wien.

Das Vorwort lautet:
„Diese siebente Publikation zum Einheitsgesangbuch dient dem Gottesdienst im Advent und in der Weihnachtszeit. Im Unterschied zu früheren Heften enthält es wesentlich mehr Lieder. Es wird also leichter im Gottesdienst der Gemeinden einführbar sein.
Eine Reihe der Gesänge sind bereits in anderen EGB-Publikationen veröffentlicht, so daß sich der Umfang des wirklich Neuen auf ein erträgliches Maß reduziert.
Bei einer Reihe von Liedern wurden die Texte geändert oder neu bearbeitet. Auch Melodieänderungen wurden vorgenommen, meist aufgrund der Ergebnisse der Arbeit am ökumenischen Liedkanon. Es eilt aber nicht mit dem Umlernen der Melodien.
Dieses Heft kann noch keine Gesänge mit den neuen gemeinsamen Texten zu Gloria usw. enthalten. Die Ergebnisse der Ausschreibung dieser Texte lagen noch nicht vor. Ebenso bedauert es die EGB-Kommission, daß noch keine „Lieder von heute" in diesem Heft

enthalten sind, da die zuständige Arbeitskommission noch keine Vorschläge machen konnte.
Die bisherigen Publikationen enthielten auch die Texte der Chor- und Vorsängerstücke. Diese Information unterbleibt in EGB 7. So wird es auch im endgültigen EGB sein. Die Stücke für den Kantor und den Sängerchor sind in einem eigenen Vorsängerheft zusammengefaßt.
Die EGB-Kommission ist sehr interessiert an Erfahrungsberichten über die Verwendung des Heftes, ganz besonders an Stellungnahmen zu Einzelstücken. Einsendungen bitte möglichst im Postkartenformat quer, mit dem Vermerk ‚EGB 7' und der Nummer des Stückes versehen, an: Sekretariat für das Einheitsgesangbuch, D-55 Trier, Postfach 371."

Inhaltsverzeichnis:
Im folgenden sind die Gotteslobnummern vorangestellt.

105	Nr 101:	O Heiland, reiß die Himmel auf.
118,2	Nr 102:	Erscheine strahlend über den Himmeln, o Gott.
103	Nr 103:	Tau aus Himmelshöhn.
475	Nr 104:	Herr, erbarme dich.
118,3	Nr 105:	Komm, Herr, komm und erlöse uns.
119,2	Nr 106:	Der Herr steht vor der Tür.
530,3	Nr 107:	Hallelujaruf im 3. Ton
566	Nr 108:	Hebt euer Haupt, ihr Tore all.
119,3	Nr 109:	Bereitet den Weg des Herrn.
481	Nr 110:	Heilig, heilig, heilig.
502	Nr 111:	Christe, du Lamm Gottes.
120,1	Nr 112:	Kündet es den Verzagten: Seid stark.
107	Nr 113:	Macht hoch die Tür, die Tor macht weit.
110	Nr 114:	Wachet auf, ruft uns die Stimme.
120,2	Nr 115:	Kommt, laßt uns danken unserm Herrn.
116	Nr 116:	Gott, heilger Schöpfer aller Stern.
106	Nr 117:	Kündet allen in der Not.
111	Nr 118:	Die Nacht ist vorgedrungen.
114	Nr 119:	Es kommt ein Schiff geladen.
112	Nr 120:	O Weisheit aus des Höchsten Mund. Str 2-8.
112	Nr 121:	Herr, send herab – Herr, wir vertrauen. Str 1 und 9.
577	Nr 122:	Maria, Mutter unsres Herrn.
583	Nr 123:	Ave Maria zart.
580	Nr 124:	Ave Maria, gratia plena.

EGB 7 – Gesänge für Advent und Weihnachten

528,4	Nr 125:	Meine Augen schauen allezeit zum Herrn.
124,1	Nr 126:	Siehe, kommen wird der Herr.
117,3	Nr 127:	Freuet euch allzeit im Herrn.
117,1	Nr 128:	Tu dich auf, o Erde. 2. Teil von GL 117,1.
118,1	Nr 129:	Hebet, Tore, eure Häupter.
597,1	Nr 130:	In Gott, meinem Heiland, jubelt mein Geist.
118,5	Nr 131:	Freut euch allezeit.
	Nr 132:	Herr, unser Gott, bekehre uns.
529,2	Nr 133:	Zu dir, Herr, erhebe ich meine Seele.
526,3	Nr 134:	Seht, unser König kommt.
118,4	Nr 135:	Komm, o Herr, und bring uns deinen Frieden.
753,1	Nr 136:	Der Herr hat Großes an uns getan.
597,2	Nr 137:	In meinem Gott jubelt mein Herz.
119,1	Nr 138:	Hebt euch, ihr Tore. In GL 2. Teil des Textes anders.
527,2	Nr 139:	Dein Erbarmen, o Herr, will ich in Ewigkeit preisen.
119,4	Nr 140:	Gott, unser Herr, spendet seinen Segen.
119,5	Nr 141:	Machet euch auf, steigt empor.
119,6	Nr 142:	Nun kündet laut den verzagten Herzen.
126	Nr 143:	Richtet euch auf und erhebt euer Haupt.
119,7	Nr 144:	Siehe, die Jungfrau wird empfangen.
598	Nr 145:	Selig der Mensch, der trägt den Herrn.
287,2	Nr 146:	Hungrige überhäuft er mit Gutem.
120,3	Nr 147:	Ihr Himmel, tauet den Gerechten.
405	Nr 148:	Kyrie (Vat VIII).
406	Nr 149:	Gloria (Vat VIII).
532,6	Nr 150:	Hallelujaruf im 8. Ton.
531,8	Nr 151:	Hallelujaruf im 8. Ton.
416	Nr 152:	Sanctus (Vat XVII).
408	Nr 153:	Agnus Dei (Vat VIII).
134	Nr 154:	Lobt Gott, ihr Christen alle gleich. In GL eine Str. weniger.
148,1	Nr 155:	Ein Kind ist uns geboren.
524	Nr 156:	Gott des Vaters ewiger Sohn.
440	Nr 157:	Herr, erbarme dich.
464	Nr 158:	Gott in der Höh sei Preis und Ehr.
149,1	Nr 159:	Alle Enden der Erde schauen Gottes Heil.
149,3	Nr 160:	Heute erstrahlt ein Licht über uns.
531,6	Nr 161:	Hallelujaruf im 9. Ton.
491	Nr 162:	Heilig, heilig, heilig.

131	Nr 163:	Sei uns willkommen, Herre Christ.
561,2	Nr 164:	Dein sind die Himmel.
482	Nr 165:	Christe, du Lamm Gottes.
149,6	Nr 166:	Das Wort wurde Fleisch und wohnte bei uns.
141	Nr 167:	Ich steh an deiner Krippen hier.
281	Nr 168:	Danket dem Herrn. In GL ist der Kv allgemein gefaßt.
143	Nr 169:	Nun freut euch, ihr Christen. In GL letzte Zeile von Str 3 anders, Str 4 ausgetauscht.
132	Nr 170:	Es ist ein Ros entsprungen.
130	Nr 171:	Gelobet seist du, Jesu Christ.
136	Nr 172:	Ein Kind ist uns geboren heut.
142	Nr 173:	In dulci jubilo.
	Nr 174:	Nun singet und seid froh.
137	Nr 175:	Tag an Glanz und Freude groß.
138	Nr 176:	Es kam ein Engel hell und klar.
	Nr 177:	Du Kind zu dieser heilgen Zeit.
554	Nr 178:	Wie schön leuchtet der Morgenstern. In GL Str 2 anders.
140	Nr 179:	Zu Betlehem geboren.
158	Nr 180:	Lobpreiset all zu dieser Zeit.
157	Nr 181:	Der du die Zeit in Händen hast.
146	Nr 182:	Ein Kind geborn zu Betlehem.
149,5	Nr 183:	Der Herr spricht zu mir: Mein Sohn bist du.
151,1	Nr 184:	Der Himmel freue sich... uns geboren.
151,2	Nr 185:	Der Himmel freue sich... uns erschienen.
148,2	Nr 186:	Der Herr tut Wunder vor den Augen der Völker.
647,2	Nr 187:	Inmitten deiner Kirche, Herr und Gott.
129	Nr 188:	Licht, das uns erschien.
630,1	Nr 189:	Wohl dem Menschen, der Gottes Wege geht.
149,4	Nr 190:	Der Herr krönt die Jahre mit seinem Segen. In GL: Der Herr krönt das Jahr.
	Nr 191:	Dienen müssen dir, Herr, alle Völker der Erde.
535,1	Nr 192:	Bringet, ihr Völker, herbei, was euch kostbar und herrlich ist.
732,1	Nr 193:	Die Völker sollen dir danken, o Gott.
149,7	Nr 194:	Du bist das Licht, die Völker zu erleuchten.
153,1	Nr 195:	Werde Licht, Jerusalem, Halleluja. In GL Text anders.

EGB 8 – Gesänge für die Fastenzeit 457

354,1 Nr 196: Ehre sei Gott in der Höhe.
360,2 Nr 197: Heilig, heilig, heilig.
364,5 Nr 198: Lamm Gottes.
Zu PP 7 erschien ein Vorsängerheft.

3.1.8 EGB 8 – Gesänge für die Fastenzeit (PP 8)

Wie bei PP 3 waren die Subkommissionen I A, I B und II beteiligt. Das Heft erschien zur Fastenzeit 1972 im Verlag UNI-Druck München und in der Verlagsanstalt Tyrolia Innsbruck.

Das Nachwort lautet:
„Die vorliegende Publikation ist ähnlich aufgebaut wie das Heft zu Advent und Weihnachtszeit. Abweichend davon enthält es erstmals neue Lieder in größerer Anzahl; weiterhin je eine Vertonung des neuen ökumenischen Textes von Sanctus und Agnus Dei und eine Vesper für die Fastenzeit. Wiederum sind eine Reihe der Gesänge bereits in anderen EGB-Publikationen vorhanden.
Die Stücke für den einstimmigen Sängerchor und für den Kantor sind in einem eigenen Vorsängerheft zusammengefaßt, das auch Hinweise auf die Verwendung der Gesänge gibt.
Erfahrungsberichte, ganz besonders Stellungnahmen zu einzelnen Stücken, werden erbeten an: Sekretariat für das Einheitsgesangbuch, D-55 Trier, Postfach 2628. Bitte das Postkartenformat quer verwenden, mit der Angabe EGB 8 und der Nummer des Stückes."

Inhaltsverzeichnis:
Im folgenden sind die Gotteslobnummern vorangestellt.
163 Nr 201: Aus tiefer Not schrei ich zu dir. In GL ab Str 2 anderer Text.
171,2 Nr 202: Erbarme dich meiner, o Gott.
160 Nr 203: Bekehre uns, vergib die Sünde. In PP 8 nur der Kehrvers.
162 Nr 204: Aus der Tiefe unsrer Todesangst.
436 Nr 205: Herr, erbarme dich.
172,4 Nr 206: Herr, du stehst uns bei in aller Not.
172,5 Nr 207: Beim Herrn ist die Huld.
173,1 Nr 208: Lob sei dir, Herr, König der ewigen Herrlichkeit.
264 Nr 209: Mein ganzes Herz erhebet dich.

535,2	Nr 210:	Laß dir gefallen, Herr und Gott.
535,3	Nr 211:	Mit seinen Flügeln schirmt dich Gott.
535,4	Nr 212:	Die Weisung Gottes ist gerecht.
469	Nr 213:	Heilig ist Gott in Herrlichkeit.
	Nr 214:	Heilig, heilig, heilig.
	Nr 215:	Lamm Gottes.
470	Nr 216:	O Lamm Gottes unschuldig.
535,5	Nr 217:	Der Herr ernährt uns mit dem Brote des Lebens.
536,2	Nr 218:	Wer allzeit lebt in deiner Liebe.
535,6	Nr 219:	Der Herr ist mein Hirt.
536,1	Nr 220:	Herr, du rufst uns zu deinem Mahl.
539	Nr 221:	Wir alle essen von einem Brot.
274	Nr 222:	Dich will ich rühmen, Herr und Gott.
548	Nr 223:	Die einen fordern Wunder.
415	Nr 224:	Kyrie eleison (Vat XVII).
420	Nr 225:	Sanctus, sanctus, sanctus (Vat X).
417	Nr 226:	Agnus Dei (Vat XVII).
164	Nr 227:	Erbarme dich, erbarm dich mein.
305	Nr 228:	Gott der Vater, steh uns bei. In GL Anfang der Str anders.
166	Nr 229:	O Mensch, bewein dein Sünde groß.
	Nr 230:	Christus, Herr, auf den wir bauen.
293	Nr 231:	Auf dich allein ich baue.
644	Nr 232:	Sonne der Gerechtigkeit.
169	Nr 233:	O Herr, aus tiefer Klage.
526,5	Nr 234:	Herr, erhebe dich, hilf uns und mach uns frei.
171,1	Nr 235:	Ich ruf dich an, Herr Gott, erhöre mich.
528,5	Nr 236:	Wohl euch, die ihr seht.
646,3	Nr 237:	Wir sind auf Christus getauft.
646,1	Nr 238:	Freut euch, wir sind Gottes Volk.
625,1	Nr 239:	Suchet das Gute, nicht das Böse.
175	Nr 240:	Christus, Gotteslamm.
523	Nr 241:	Du rufst uns, Herr, trotz unsrer Schuld.
528,3	Nr 242:	Ich gehe meinen Weg vor Gott.
487	Nr 243:	Der Herr ist mein Licht und mein Heil.
529,5	Nr 244:	Hört auf die Stimme des Herrn.
465	Nr 245:	Herr, du hast Worte ewigen Lebens.
527,4	Nr 246:	Der Herr ist mein Hirt, ich leide nicht Not.
529,1	Nr 247:	Richte uns wieder auf, Gott unser Heil.

EGB 8 – Gesänge für die Fastenzeit

477	Nr 248:	Preiset den Herrn zu aller Zeit.
753,1	Nr 249:	Der Herr hat Großes an uns getan.
540	Nr 250:	Sei gelobt, Herr Jesus Christ.
483	Nr 251:	Wir rühmen dich, König der Herrlichkeit.
538	Nr 252:	O heilger Leib des Herrn.
289	Nr 253:	Herr, deine Güt ist unbegrenzt.
634	Nr 254:	Dank sei dir, Vater.
280	Nr 255:	Preiset den Herrn, denn er ist gut.
286,3	Nr 256:	Wir rühmen uns in Gott den ganzen Tag.
297	Nr 257:	Gott liebt diese Welt.
461	Nr 258:	Gleich wie mich mein Vater gesandt hat.
(299)	Nr 259:	Manchmal kennen wir Gottes Willen. In GL andere M.
168	Nr 260:	O Herr, nimm unsre Schuld.
	Nr 261:	Die ganze Welt hast du uns überlassen.
298	Nr 262:	Herr, unser Herr, wie bist du zugegen.
183	Nr 263:	Wer wie ein Gott will sein. In GL: Wer leben will wie Gott.
561,1	Nr 264:	So spricht der Herr: Ich bin der Weg.
170	Nr 265:	Lehre uns, Herr, deinen Willen zu tun.
173,2	Nr 266:	Wer nicht von neuem geboren wird.
683	Nr 267:	Herr, öffne meine Lippen.
172,3	Nr 268:	Gott, tilge mein Vergehn. In PP 8 mit Ps 51.
191	Nr 269:	Beim Herrn ist Barmherzigkeit. Mit Ps 130.
742	Nr 270:	Der Herr vergibt die Schuld. Mit Ps 103.
192	Nr 271:	Durch seine Wunden sind wir geheilt.
626,2	Nr 272:	Der Herr gibt ein Beispiel, und wir folgen ihm nach. In GL Text etwas anders.
193	Nr 273:	Herr, unser Gott, bekehre uns.
194	Nr 274:	So sehr hat Gott die Welt geliebt. Mit Magnificat GL Nr 689.
691	Nr 275:	Vater unser.
499	Nr 276:	Ehre sei dir, Christe.
176,1	Nr 277:	Dem Kreuz Jesu Christi singen wir Preis. In GL: Im Kreuz Jesu Christi finden wir Heil.
176,2	Nr 278:	Mein Gott, mein Gott, warum hast du mich verlassen.
176,3	Nr 279:	Christus war für uns gehorsam bis zum Tod.
174	Nr 280:	Jesus Christus ist der Herr. In PP 8 nur Kehrvers.

179 Nr 281:   O Haupt voll Blut und Wunden. In GL andere Auswahl der Str.

Zu PP 8 erschien ein Vorsängerheft.

3.2 Die Vorauspublikation „Gesänge zur Meßfeier aus dem Einheitsgesangbuch"

Josef Seuffert

Von den Probepublikationen wurde nicht der Gebrauch gemacht, den sich die EGB-Kommission erwartet hatte. Bei Rückfragen über die Gründe gaben die Pfarrer und Kirchenmusiker meist die gleiche Antwort: „An vorläufiges Material trauen wir uns nicht heran. Wir brauchen die Sicherheit, daß die Lieder und Gesänge auch so in das endgültige Buch kommen, wie sie im Vorausheft stehen." Darum entschloß sich die Hauptkommission, echte Vorauspublikationen zu planen, die endgültig verabschiedete Stücke enthalten sollten. Wie stichhaltig das genannte Argument war, ergibt sich aus den Auflagezahlen.

PP 1 bis PP 8 hatten eine Gesamtauflage von 500 000, also im Schnitt 62 500. Die VP Gesänge zur Meßfeier erreichte allein eine Auflage von über 2 Millionen.

Die Referentenkonferenz hatte den Plan für die VP intensiv besprochen. Dazu lagen der Hauptkommission zur 5. Sitzung im Juni 1971 zwei Drucksachen vor (1369 und 1380). Beide wurden ausführlich besprochen und angenommen. Als Erscheinungstermin wurde der Sommer 1972 ins Auge gefaßt. Dieser Termin konnte eingehalten werden. Als Redaktionskommission wurden gewählt: Pfarrer Beier, Maria Wörth, Ordinariatsrat Duffrer, Mainz, und Sekretär Seuffert, Trier. Wegen des klaren Aufbauplans brauchte diese Gruppe nicht größer zu sein. Auch die Erarbeitung eines Orgelbuches wurde in Auftrag gegeben. In die Jury und Redaktionskommission wurden gewählt: Prof. H. Kronsteiner, Wien, Domkapellmeister Rahe, Osnabrück, und Kirchenmusikdirektor Thomas, München.

Bei der 6. Sitzung im Januar 1972 legte die Redaktionskommission ein ausführliches Exposé vor. Dies wurde längere Zeit diskutiert. Am Ende stand folgender Beschluß: „Die Hauptkommission beschließt die Herausgabe der Vorauspublikation gemäß Drucksache 1452 mit den beschlossenen Ergänzungen. Alle Stücke sind endgültig für das EGB vorgesehen, vorbehaltlich der nachträglichen Streichung einzelner Stücke."

Inhaltsverzeichnis:
Die VP enthält 14 Meßreihen, dazu in der Mitte die Ordnung der Meßfeier und allgemeine Gesänge zur Eucharistiefeier. Im folgenden sind bei den einzelnen Reihen die Gotteslob-Nummern vorangestellt.

Erste allgemeine Reihe – Lob, Nr 801-815
265   Nun lobet Gott im hohen Thron.
258   Lobe den Herren, den mächtigen König der Ehren.
263   Dein Lob, Herr, ruft der Himmel aus.
525   Auf, laßt uns jubeln dem Herrn.
495,1 Herr Jesus, Sohn des lebendigen Gottes.
477   Preiset den Herrn zu aller Zeit, denn er ist gut.
496   Lobet den Herrn, preist seine Huld und Treue.
534   Herr, wir bringen in Brot und Wein.
693   Gepriesen sei der Herr. Mit Ps 113.
535,6 Der Herr ist mein Hirt, er führt mich.
483   Wir rühmen dich, König der Herrlichkeit.
538   O heilger Leib des Herrn.
494   Gott sei gelobet und gebenedeiet.
484   Jubelt, ihr Lande, dem Herrn. Mit Ps 98.
257   Großer Gott, wir loben dich. Nicht alle Str.

Zweite allgemeine Reihe – Gesänge zu den Grundfunktionen der Meßfeier, Nr 816-826
462   Zu dir, o Gott, erheben wir die Seele.
262   Nun singt ein neues Lied dem Herren.
526,2 Singet dem Herrn ein neues Lied.
522   Jesus Christus, für uns als Mensch geboren.
465   Herr, du hast Worte ewigen Lebens.
487   Der Herr ist mein Licht und mein Heil.
480   Wir weihn der Erde Gaben.
471   Kostet und seht, wie gut der Herr.
493   Lob sei dem Herrn, Ruhm seinem Namen.
267   Nun danket all und bringet Ehr.
688   Danket dem Herrn, er hat uns erhöht.
689   Magnificat.

Dritte allgemeine Reihe – Bitte und Vertrauen, Nr 827-839
291   Wer unterm Schutz des Höchsten steht.

294   Was Gott tut, das ist wohlgetan.
171,1 Ich ruf dich an, Herr Gott, erhöre mich.
353,6 Herr Jesus Christus, du bist vom Vater gesandt.
528,4 Meine Augen schauen allezeit zum Herrn.
527,5 Der Herr vergibt die Schuld.
528,1 Du nimmst mich, Herr, bei der Hand.
264   Mein ganzes Herz erhebet dich.
503   O wunderbare Speise.
535,5 Der Herr ernährt uns mit dem Brote des Lebens.
298   Herr, unser Herr, wie bist du zugegen.
266   Nun danket alle Gott.
686   Amen, Halleluja.

Advent, Nr 840-853
105   O Heiland, reiß die Himmel auf.
116   Gott, heiliger Schöpfer aller Stern.
108   Komm, du Heiland aller Welt.
120,3 Ihr Himmel, tauet den Gerechten.
103   Tau aus Himmelshöhn.
118,3 Komm, Herr, komm und erlöse uns.
119,2 Der Herr steht vor der Tür.
107   Macht hoch die Tür.
119,3 Bereitet den Weg des Herrn.
119,4 Gott, unser Herr, spendet seinen Segen.
119,5 Machet euch auf steigt empor zur Höhe.
119,6 Nun kündet laut den verzagten Herzen.
119,7 Siehe, die Jungfrau wird empfangen.
106   Kündet allen in der Not.
110   Wachet auf, ruft uns die Stimme.
120,2 Kommt, laßt uns danken unserm Herrn.

Weihnachtszeit, Nr 854-867
134   Lobt Gott, ihr Christen alle gleich. Str 4 wurde später gestrichen.
130   Gelobet seist du, Jesu Christ.
131   Sei uns willkommen, Herre Christ.
148,1 Ein Kind ist uns geboren.
129   Licht, das uns erschien.
149,1 Alle Enden der Erde schauen Gottes Heil.

149,3 Heute erstrahlt ein Licht über uns: Christus, der Herr.
132   Es ist ein Ros entsprungen.
149,6 Das Wort wurde Fleisch.
141   Ich steh an deiner Krippe hier.
140   Zu Betlehem geboren.
143   Nun freut euch, ihr Christen.
732,1 Die Völker sollen dir danken, o Gott.
158   Lobpreiset all zu dieser Zeit.

Fastenzeit – Buße, Nr 868-880
499   Ehre sei dir, Christe.
164   Erbarme dich, erbarm dich mein.
163   Aus tiefer Not schrei ich zu dir.
160   Bekehre uns, vergib die Sünde.
523   Du rufst uns, Herr, trotz unsrer Schuld.
172,3 Gott, tilge mein Vergehn.
172,4 Herr, du stehst uns bei in aller Not.
289   Herr, deine Güt ist unbegrenzt.
191   Beim Herrn ist Barmherzigkeit. Mit Ps 130.
536,2 Wer allzeit lebt in deiner Liebe.
537   Beim letzten Abendmahle.
637   Laßt uns loben, Brüder, loben.
548   Die einen fordern Wunder.

Osterzeit, Nr 881-896
213   Christ ist erstanden.
225   Erschienen ist der herrlich Tag.
232,2 Singet dem Herrn ein neues Lied... auferstanden.
232,3 Singet dem Herrn ein neues Lied... aufgefahren.
214   Christus, Sieger über Schuld und Sünde.
232,4 Das ist der Tag, den der Herr gemacht.
232,5 Gott steigt empor, Erde jauchze.
232,6 Jubelt dem Herrn, alle Lande.
224   Vom Tode heut erstanden ist.
233,3 Christus ist erstanden, Halleluja.
646,5 Geht in alle Welt, Halleluja.
233,4 Christus ist unser Osterlamm. Halleluja.
218   Gelobt sei Gott im höchsten Thron.
227   Danket Gott, denn er ist gut.

269 Nun saget Dank und lobt den Herren.
223 Wir wollen alle fröhlich sein.
685 Der Herr hat uns befreit. Mit Ps 111.
229 Ihr Christen, hoch erfreuet euch.

Heiliger Geist – Pfingsten, Nr 897-908
241 Komm, Heilger Geist, der Leben schafft.
248 Nun bitten wir den Heiligen Geist. Eine Str.
251 Der Heilige Geist erfüllet das All.
246 Send uns deines Geistes Kraft.
253,1 Sende aus deinen Geist.
244 Komm herab, o Heilger Geist.
245 Komm, Schöpfer Geist, kehr bei uns ein.
249 Der Geist des Herrn erfüllt das All.
281 Danket dem Herrn. Mit Lobgesang aus Daniel.
282 Lobet und preiset, ihr Völker, den Herrn.

Die Ordnung der Meßfeier (Ordo missae) deutsch, mit dem II. Hochgebet, Nr 909-911
358,2 Christus, höre uns.
358,3 Herr, erbarme dich.
362 und 378 Pater noster, deutsch und lateinisch.

Allgemeine Gesänge zur Eucharistiefeier, Nr 912-945
401 Kyrie (Vat XVI).
405 Kyrie (Vat VIII).
429 Herr, erbarme dich.
433 Herr, erbarme dich unser.
425 Herr, erbarme dich.
452 Herr, erbarme dich.
453 Herr, erbarme dich.
454 Herr, erbarme dich unser.
402 Gloria (Vat XV).
406 Gloria (Vat VIII).
426 Ehre sei Gott in der Höhe.
437 Ehre sei Gott in der Höhe.
464 Gott in der Höh sei Preis und Ehr.
476 Dir, Gott im Himmel, Preis und Ehr.
530,7 Hallelujaruf im 6. Ton.

530,6 Hallelujaruf im 5. Ton.
530,2 Hallelujaruf im 2. Ton.
530,5 Hallelujaruf im 4. Ton.
531,4 Hallelujaruf im 7. Ton.
531,7 Hallelujaruf im 1. Ton.
532,3 Hallelujaruf im 2. Ton.
489 Gott ist dreifaltig einer.
448 Ich glaube an Gott.
356 Das große Glaubensbekenntnis (nur Text).
423 Credo (Vat III).
403 Sanctus (Vat XVIII).
407 Sanctus (Vat VIII).
434 Heilig, heilig, heilig.
501 Heilig, heilig, heilig.
491 Heilig, heilig, heilig.
481 Heilig, heilig, heilig.
469 Heilig ist Gott in Herrlichkeit.
404 Agnus Dei (Vat XVIII).
408 Agnus Dei (Vat VIII).
428 Lamm Gottes.
435 Lamm Gottes.
482 Christe, du Lamm Gottes.
502 Christe, du Lamm Gottes.
161 Gottes Lamm, Herr Jesu Christ.
470 O Lamm Gottes unschuldig.

Kirche, Nr 946-953
474 Nun jauchzt dem Herren, alle Welt.
526,1 Wir sind Gottes Volk und ziehn zum Haus des Vaters.
646,1 Freut euch, wir sind Gottes Volk.
646,4 Herr, führ uns zusammen, daß wir eins sind in dir.
645,3 Wo Güte und Liebe, da wohnet Gott.
638 Nun singe Lob, du Christenheit.
634 Dank sei dir, Vater, für das ewige Leben.
280 Preiset den Herrn, denn er ist gut.

Dienst – Caritas, Nr 954-960
644 Sonne der Gerechtigkeit.
626,1 Groß und gewaltig ist der Herr.

626,4 Dies ist mein Gebot: Liebet einander.
193 Herr, unser Gott, bekehre uns.
536,1 Herr, du rufst uns zu deinem Mahl; Sünder lädst du ein.
260 Singet Lob unserm Gott.
256 Der Herr hat Großes an uns getan.

Friede, Nr 961-970
307 O ewiger Gott, wir bitten dich.
526,4 Herr, wir rufen zu dir: Gib Frieden der Welt.
495,6 Herr Jesus, du bist unser Friede.
528,6 Der Herr schenkt seinem Volk den Frieden.
529,4 Herr, gib uns Frieden, schenk uns dein Heil.
310 Verleih uns Frieden gnädiglich.
526,3 Seht, unser König kommt; er bringt seinem Volk den Frieden.
472 O Jesu, all mein Leben bist du.
473 Im Frieden dein, o Herre mein.
692 Der Herr ist unser Friede. Mit Ps 122.

Maria, Nr 971-983
580 Ave Maria zart.
589 Alle Tage sing und sage Lob der Himmelskönigin.
581 Ave Maria klare.
597,1 In Gott, meinem Heiland, jubelt mein Geist.
524 Gott des Vaters ewiger Sohn.
597,2 In meinem Gott jubelt mein Herz.
527,3 Meine Seele preise den Herrn.
582 O Maria, sei gegrüßt.
598 Selig der Mensch, der trägt den Herrn.
551 Schönster Herr Jesu.
261 Den Herren will ich loben.
287,2 Hungrige überhäuft er mit Gutem.
595 Maria, breit den Mantel aus.

Heilige, Nr 984-986
608 Ihr Freunde Gottes allzugleich.
625,1 Suchet das Gute, nicht das Böse.
630,1 Wohl dem Menschen, der Gottes Wege geht.

Tod und Vollendung, Nr 987-996
654 Mitten wir im Leben sind mit dem Tod umfangen.
565 Komm, Herr Jesus, komm zur Erde.
663 Weder Tod noch Leben trennen uns von Gottes Liebe.
652 Jesus starb den Tod, den alle Menschen sterben.
527,7 Behüte mich, Gott, denn ich vertraue auf dich.
656 Wir sind nur Gast auf Erden.
177 So sehr hat Gott die Welt geliebt.
179 O Haupt voll Blut und Wunden.
178 Wir danken dir, Herr Jesu Christ.
174 Jesus Christus ist der Herr.

Die VP enthält also 84 Lieder, 77 Kehrverse (darunter 5 mit Psalmen und 3 zum Magnifikat) und 44 sonstige Gesänge. 19 Gesänge, also etwa 10 %, sind gregorianisch im engeren Sinn.
Zur VP erschienen ein Vorsängerbuch und ein Orgelbuch. In Österreich wurde eine Schallplatte herausgegeben.

3.3 Beihefte zum EGB

Josef Seuffert

3.3.1 „Gib mir ein Lied", Gesänge aus unserer Zeit (EGB 10)

Dieses Büchlein wurde vom Arbeitskreis 5 „Gesänge von heute" zusammengestellt. Das Zustandekommen und der Inhalt sind ausführlich im Bericht dieses Arbeitskreises S. 218ff. dargestellt. Daher an dieser Stelle nur einige ergänzende Hinweise.
Die Sammlung erschien im Jahr 1974 im Morus-Verlag Berlin und im Fährmann-Verlag Wien.
Sie umfaßt 108 Lieder und Gesänge auf 168 Seiten.
Allen Gesängen sind Gitarrensätze beigegeben.
34 Stücke wurden in den Stammteil des Einheitsgesangbuches übernommen.

3.3.2 Gesänge zur Taufe (EGB 11)

Im Jahr 1971 wurde die offizielle Ausgabe „Die Feier der Kindertaufe in den katholischen Bistümern des deutschen Sprachgebietes" erarbeitet und herausgegeben. Im Anhang 3 dieser Ausgabe sind Taufgesänge zusammengefaßt. Die Gesänge stammen teilweise aus dem Schweizer Kirchengesangbuch und aus den Vorarbeiten zum Gotteslob. Die letzteren wurden in einem kleinen Gemeindeheft von der EGB-Kommission zusammengestellt. Dazu kamen einige katechetische Texte als Vorarbeiten zum Gotteslob. Das Heft EGB 11 – Gesänge zur Taufe – erschien 1972 im Veritas-Verlag Wien und im Verlag J. Pfeiffer München. Die Vorsängerstücke zu den Kehrversen standen im genannten Anhang 3 der offiziellen Ausgabe. Daher war ein eigenes Vorsängerheft nicht nötig.

Inhaltsverzeichnis:
In folgenden sind die Gotteslob-Nummern vorangestellt. Die Nummern in EGB 11 entsprechen den Nummern im Anhang 3 des Tauftritus (mit wenigen Ausnahmen). Unter den im folgenden fehlenden Nummern stehen die liturgischen Texte.

43 ohne Nummer:		Die Taufe (katechetischer Text).
44 ohne Nummer:		Die Kindertaufe (katechetischer Text).
258	Nr 1:	Lobe den Herren, den mächtigen König der Ehren.
248	Nr 2:	Nun bitten wir den Heiligen Geist. Str 1.
209,2	Nr 3:	All ihr Dürstenden, kommt zum Wasser.
741	Nr 4:	Freut euch, wir sind Gottes Volk. Mit Ps 100.
528,2	Nr 5:	Der Herr hat uns befreit. Mit Ps 103 (Auswahl).
46	Nr 6:	Ein kleines Kind, du großer Gott. Nicht im Anhang 3.
535,6	Nr 10:	Der Herr ist mein Hirt; er führt mich an Wasser.
487	Nr 11:	Der Herr ist mein Licht und mein Heil.
477	Nr 12:	Preiset den Herrn zu aller Zeit, denn er ist gut.
213	Nr 18:	Christ ist erstanden.
249	Nr 19:	Der Geist des Herrn erfüllt das All. Str 1 und 4.
231	Nr 20:	Lobsinget dem Herrn, der Wunder vollbracht.
173,2	Nr 21:	Wer nicht von neuem geboren wird.
646,2	Nr 22:	Ihr seid ein heiliges Volk.
448	Nr 27:	Ich glaube an Gott. Nicht im Anhang 3.
489	Nr 28:	Gott ist dreifaltig einer.
530,7	Nr 29:	Hallelujaruf im 6. Ton, mit Vorsängerversen. Nicht im Anhang 3.
211	Nr 30:	Gott redet und Quellen springen auf.
484,1	Nr 31:	Jubelt, ihr Lande, dem Herrn. Mit Psalmversen.
691	Nr 33:	Vater unser (Vesper).
362	Nr 34:	Vater unser (Messe).
637	Nr 35:	Laßt uns loben, Brüder, loben.
267	Nr 36:	Nun danket all und bringet Ehr.
634	Nr 37:	Dank sei dir, Vater, für das ewige Leben.
688/9	Nr 38:	Danket dem Herrn. Mit Magnificat.
257	Nr 39:	Großer Gott, wir loben dich. Nicht im Anhang 3.
595	Nr 40:	Maria, breit den Mantel aus.

3.3.3 Gesänge zum Begräbnis (EGB 12)

Die offizielle Ausgabe „Die kirchliche Begräbnisfeier" erschien während der Schlußphase der Arbeiten am Einheitsgesangbuch. Die Gesänge aus dem Gotteslob wurden in diese Ausgabe eingearbeitet. Die EGB-Kommission gab ein eigenes Gemeindeheft in Auftrag. Es wurde im Lauf des Jahres 1973 erarbeitet und erschien Anfang 1974 im

Matthias-Grünewald-Verlag Mainz und im Tyrolia-Verlag Innsbruck. Ein ursprünglich geplantes Vorsängerheft erschien nicht mehr, da die entsprechenden Stücke im Kantorenbuch und im Chorbuch zum GL zu finden sind.

Das Vorwort lautet:
„Diese Publikation zum Einheitsgesangbuch enthält die Gesänge, die sich zur Begräbnisfeier eignen. Im EGB sind sie an verschiedenen Stellen zu finden, hier sind sie gesammelt, so daß ein längeres Suchen nicht erforderlich ist.

Ein zweiter Vorteil ist, daß man die benötigte Anzahl der Bücher leicht zur Begräbnisfeier mitnehmen kann. Wenn sie in den Friedhofskapellen aufbewahrt werden, nehmen sie weniger Raum ein.

EGB 12 soll helfen, den alten Brauch zu erhalten oder zu festigen, daß die Gemeinde am Grab ihrer verstorbenen Mitglieder singt. So gibt sie den Toten das Geleit und stärkt den Glauben der Lebenden.

Die Gesänge zur Eucharistiefeier (Requiem) und zur Totenwache wurden ebenfalls aufgenommen.

So wird dieses Büchlein neben dem Einheitsgesangbuch einen besonderen Dienst erfüllen."

Inhaltsverzeichnis:
Im folgenden sind die Gotteslobnummern vorangestellt.
Vom Sterben des Christen, Nr 1-3
77,1 Das Sterben des Christen: mit Christus durch den Tod zum Leben (katechetischer Text).
77,2 Das Sterben des Christen in der Gemeinschaft der Kirche (katechetischer Text).
80 Die Ordnung der Begräbnisfeier. In GL teilweise in „Die Totenwache"; (katechetischer Text).

Die Begräbnisfeier, Nr 4-14
81 Die Begräbnisfeier.
656 Wir sind nur Gast auf Erden.
82 Beim Herrn ist Barmherzigkeit. Mit Ps 130.
83 Der Herr vergibt die Schuld. Mit Ps 103 (Auswahl).
472 O Jesu, all mein Leben bist du.
84 Zum Paradies mögen Engel dich geleiten.
86 Ich bin die Auferstehung und das Leben.
87 Gesät wird in Schwachheit, auferweckt in Kraft.

213 Christ ist erstanden.
489 Gott ist dreifaltig einer.
90 Der Herr ist mein Licht und mein Heil. Mit dem Lobgesang des Simeon.

Eucharistiefeier, Nr 15-26
664,2 Ewiges Leben schenke ihnen, o Herr.
664,1 Ewige Freude schenke ihnen, Herr.
652 Jesus starb den Tod, den alle Menschen sterben.
653 Kyrie (Requiem).
535,5 Der Herr ist mein Hirt; er führt mich an Wasser des Lebens.
726,1 Meine Seele dürstet allezeit nach Gott.
528,3 Ich gehe meinen Weg vor Gott im Lande der Lebenden.
539,6 Hallelujaruf im 6. Ton.
491 Heilig, heilig, heilig.
403 Sanctus (Vat XVIII).
470 O Lamm Gottes unschuldig.
404 Agnus Dei (Vat XVIII).

Laudes, Nr 27-32
85 Ewiges Leben schenke ihnen, o Herr. Mit Ps 51.
192 Durch seine Wunden sind wir geheilt. Jedoch mit Jes 53.
746,2 Ich weiß, daß mein Erlöser lebt. Mit Ps 116 A.
746,1 Beim Herrn ist Barmherzigkeit. Zum gleichen Ps.
Ich will dich rühmen, Herr. Antwortgesang nach GL-Modell.
89 Der Herr schenkt seinem Volk den Frieden. Mit Benedictus.

Vesper, Nr 33-38
752 Vertraut auf den Herrn. Mit Ps 121.
176,3 Christus, war für uns gehorsam bis zum Tod. Mit Phil 2.
Herr, ich suche Zuflucht bei dir. Antwortgesang nach GL-Modell.
237 Christus ist erstanden, Halleluja.
194 So sehr hat Gott die Welt geliebt. Mit Magnificat.

Lieder und Gesänge, Nr 39-52
660 Nun lässest du, o Herr.
661 Den Menschen, die aus dieser Zeit.
654 Mitten wir im Leben.

657 Ach wie flüchtig, ach wie nichtig.
179 O Haupt voll Blut und Wunden.
659 O Welt, ich muß dich lassen.
499 Ehre sei dir, Christe.
663 Weder Tod noch Leben trennen uns von Christi Liebe.
662 Christus, der ist mein Leben.
182 O du hochheilig Kreuze.
658 Wenn mein Stündlein vorhanden ist.
473 Im Frieden dein, o Herre mein.
106 Kündet allen in der Not.
678 Alles, was atmet, lobe den Herrn. Mit Ps 150.

Litaneien, Nr 53-54
770 Litanei für die Verstorbenen.
766 Litanei vom Leiden Jesu.

3.4 Das Kantorenbuch zum Gotteslob

Josef Seuffert

Eigentlich sollte dieser Bericht von Johannes Aengenvoort geschrieben werden. Er ist jedoch kurz nach seiner Zusage, diese Aufgabe zu übernehmen, gestorben. Johannes Aengenvoort war der verantwortliche Bearbeiter des Kantorenbuches.
Im Juli 1972 wurde die Gründung einer „Vorsängerbuchkommission A" beschlossen. Im Protokoll heißt es: „Sie hat den Auftrag, ein Manuskript mit Antwortpsalmen für alle Sonn- und Festtage sowie mit Halleluja-Versen zu erstellen. Die Hauptkommission erwartet jeweils einen Bericht." Die Mitglieder konnten noch nicht benannt werden. Von den drei genannten Mitarbeitern war dann Johannes Aengenvoort bereit, die Aufgabe zu übernehmen.
Es wurde zunächst in einem kleinen Kreis eine Konzeption entwickelt. Sie wurde von der Hauptkommission gutgeheißen und dann in die Tat umgesetzt. Dazu schreibt Johannes Aengenvoort im *Vorwort:*
„Die Hauptkommission gab die Weisung, die Kantorenstücke der ‚Vorauspublikation' und der „Probepublikationen' zum EGB zusammenzufassen und so zu ergänzen, daß ein vollständiges ‚Vorsängerbuch' zum Einheitsgesangbuch ‚Gotteslob' daraus entstünde. Es sollte wie das Lektionar ‚Allgemeine Antwortpsalmen' und ‚Halleluja-Verse zur Auswahl' aber auch die speziellen Antwortpsalmen aller Sonn- und Festtage der drei Lesejahre und die der wichtigsten Heiligenfeste und Votivmessen enthalten.
Nach längeren Beratungen präzisierte die EGB-Kommission ihren Auftrag auf dem Hintergrund folgender Überlegungen: Kirchenmusiker und Kantoren höherer Ausbildungsgrade können für sich und für die von ihnen betreuten Vorsänger selbst Vertonungen besorgen, die ihren künstlerischen Vorstellungen entsprechen. Erfahrungsgemäß stellt das freie Angebot der Verlage ebenfalls an Gesangstechnik und künstlerische Gestaltung meist höhere Ansprüche. Die Sorge darum, daß auch in einfacheren Verhältnissen der Kantorendienst wahrgenommen werden kann, bestimmte die Konzeption der EGB-Kommission, die diesem Vorsängerbuch zugrunde liegt. Die Erfahrungen mit den früheren Vorsängerbüchern und Äußerungen aus den Diözesen hatten ergeben, daß manche Kantoren lieber nach Noten, andere lieber mit festen Modellen nach dem Gehör singen; sie brauchen dafür

nur wenige Hilfszeichen im Text. Daraus entstand der *Auftrag,* für die Antwortpsalmen eine A-Fassung und eine leichtere B-Fassung bereitzustellen. Erstere ist in Noten ausgeschrieben, letztere kann mit Hilfe weniger Zusatzzeichen im Text abgelesen werden.
Aus den Gemeindeversen des Gotteslob wurden die Kehrverse für die Antwortpsalmen nach folgenden Grundsätzen ausgesucht:
–Sie müssen dem Lektionar inhaltlich entsprechen. Sie müssen „akklamatorisch", d.h. knapp und einprägsam sein.
–Die Gesamtzahl soll durch mehrfache Verwendung derselben Kehrverse in zumutbaren Grenzen bleiben.
Die Kommission war bestrebt, in den *„A-Fassungen"* den Kantoren eine Vielfalt von musikalischen Lösungen anzubieten. Deshalb wurden möglichst viele, nämlich 47 Komponisten, beteiligt. Zwei Grenzen waren diesem Bestreben gesetzt:
1. die Bindung an die Voraus- und Probepublikationen zum EGB: Was darin schon vorlag, sollte nicht noch einmal neu in Auftrag gegeben werden;
2. das Autorenrecht: Wenigstens die erste Psalmvertonung steht dem Komponisten zu, dessen Kehrvers darin verwendet wird. Erst bei mehrfacher Verwendung des Kehrverses konnten weitere Komponisten beauftragt werden.
Ohne diese zwei Hypotheken hätte die Zahl der beteiligten Komponisten noch größer und der Anteil jedes einzelnen an der Gesamtzahl der Vertonungen ausgeglichener sein können. Die Zielgruppe für dieses Buch wird aber diese Einschränkung der Vielfalt vermutlich mehr begrüßen als beanstanden."
Hier die Namen der Komponisten:

Johannes Aengenvoort	Gert Augst
Adolf Berg	Günter Berger
Herbert Beuerle	Ronald Bisegger
Josef Friedrich Doppelbauer	Heinz Gerd Freimuth
Heinrich Freistedt	Philipp Harnoncourt
Heinz-Albert Heindrichs	Robert M. Helmschrott
Franz Hollerweger	Berthold Hummel
Godehard Joppich	Wilhelm Keller
Richard Rudolf Klein	Kurt Knotzinger
Gerhard Kronberg	Albrecht Kronenberger
Wilhelm Kümpel	Michael Kuntz
Heinz Martin Lonquich	Conrad Misch

Michael Müller
Ernst Pfiffner
Walter Röder
Heinrich Rohr
Hans Sabel
Johanna Schell
Heino Schubert
Josef Seuffert
Rudolf Thomas
Wilhelm Verheggen
Erna Woll
Johann Paul Zehetbauer

Winfried Offele
Erhard Quack
Bernhard Rövenstrunk
Paul Ernst Ruppel
Wernerfritz Schade
Fritz Schieri
Heribert Seiffert
Josef Stein
Georg Trexler
Wolfgang Wiemer
Bruno Zahner

Der Auftrag für die *B-Fassungen* lautete: leichte, einprägsame, nicht zu viele Melodiemodelle, bestimmt für Kantoren, die lieber nach dem Gehör singen. Deshalb beschränkt sich das Buch hier auf vier Typen, deren jeder für die verschiedenen Tonarten der Kehrverse die notwendige Anzahl von Modellen oder Elementen anzubieten hat.

Der Inhalt des Kantorenbuches:
1- 3 Allgemeine APs zum Advent
4- 12 APs zu den Sonntagen im Advent Lj A-C
13- 21 APs für die Weihnachtszeit
22- 24 Allgemeine APs für die Fastenzeit
25- 32 APs für die Sonntage der Fastenzeit Lj A-C
33- 35 APs für Palmsonntag, Gründonnerstag, Karfreitag
36- 42 APs für die Feier der Osternacht
43- 44 Allgemeine APs zur Osterzeit
45- 58 APs für die Sonntage der Osterzeit, für Himmelfahrt und Pfingsten Lj A-C
59- 71 Allgemeine APs im Jahreskreis
72- 96 APs im Jahreskreis Lj A (auch große Herrenfeste)
97-115 APs im Jahreskreis Lj B (auch große Herrenfeste)
116-132 APs im Jahreskreis Lj C (auch große Herrenfeste)
Verzeichnis der APs an Gedenktagen der Heiligen mit Verweisen
Verzeichnis der APs bei verschiedenen Anlässen mit Verweisen
133-150 APs für besondere Hochfeste und Feste im Regionalkalender
151-152 Halleluja-Verse im Advent
153-154 Halleluja-Verse in der Weihnachtszeit

Das Kantorenbuch

155-156 Verse vor dem Evangelium in der Fastenzeit
157 Vers vor dem Evangelium am Palmsonntag und Karfreitag
158-159 Halleluja-Verse in der Osterzeit
160-162 Halleluja-Verse im Jahreskreis
163-164 Halleluja-Verse an den Herrenfesten im Jahreskreis
165-166 Halleluja-Verse an Heiligenfesten
Erläuterung der vier Modelle (B-Fassung) für die Vorsängerpsalmodie

Die Herausgeber:
Aus der Grundkonzeption des Einheitsgesangbuches ergab sich die Bereitstellung einer genügenden Anzahl Kehrverse für den Vollzug des Antwortpsalms. Diese Aufgabe hat die SK II gelöst. Dazu mußte sie notgedrungenerweise auch Überlegungen über die Gestalt des APs anstellen. Auch Formen des APs mußten erprobt werden. Dies geschah durch die Probepublikationen und ihre Beihefte. Da nicht zu erwarten war, daß gleich nach dem Erscheinen des GL auf dem freien Markt Vorlagen mit Antwortpsalmen erscheinen würden, faßte man den Plan, ein Kantorenbuch auf die gleiche Weise herauszugeben wie die Probe- und Vorauspublikationen, nämlich durch die EGB-Kommission, vertreten durch die beiden Vorsitzenden.

Das Vorwort lautet:
„Zum gemeinsamen Gebet- und Gesangbuch der katholischen Bistümer des deutschen Sprachbereichs *Gotteslob* wurden von Anfang an auch die Bücher für die kirchenmusikalischen Dienste in der Gemeinde geplant. Solche Dienste sind: Kantor, Sängerchor einstimmig oder mehrstimmig, Organist, Bläserchor.
Für den einstimmigen Vorsängerdienst gibt die Kommission für das Einheitsgesangbuch je eine Sammlung für den Kantor und für den Sängerchor heraus. Ohne diese Bücher ist *Gotteslob* nur halb brauchbar. Ausdrücklich zählt das II. Vatikanische Konzil ja den Kantor zu den Grundrollen jedes Gottesdienstes – neben Priester, Lektor und Gemeinde.
Das vorliegende Kantorenbuch enthält die Zwischengesänge der Messe für den solistischen Gesang durch den Kantor. Seit je waren diese Gesänge die Domäne des Einzelsängers. Sie sollen es bleiben oder wieder werden. Wir hoffen, daß von dem vielfältigen Angebot an Antwortpsalmen und Versen zum Halleluja-Ruf reicher Gebrauch

gemacht wird zur Freude der Gemeinde und der Sänger. Anhand dieses Buches können nun überall Kantorenschulungen durchgeführt werden. Die Sängergruppen finden für ihren Dienst ein reichhaltiges Angebot im ‚Chorbuch für einstimmigen Gesang zum *Gotteslob*'. Möge das Buch helfen, den Kantorendienst in unseren Gemeinden heimisch zu machen."
Erschienen ist das Kantorenbuch in zwei Ausgaben: Großformat für den Gebrauch im Gottesdienst und Handausgabe.
Verlegt wurde es 1975 im Verlag Styria Graz und Christophorus-Verlag Freiburg i. Br.

3.5 Das Chorbuch für einstimmigen Gesang zum Gotteslob

Josef Seuffert

Im Juli 1972 wurde die Bildung einer „Vorsängerbuchkommission B" beschlossen. Im Protokoll heißt es: „Sie hat den Auftrag, ein Manuskript mit Gesängen zur Eucharistiefeier, zum Wortgottesdienst und zu anderen Gelegenheiten zu erstellen. Die Hauptkommission erwartet jeweils einen Bericht." Als Mitglieder wurden die Herren Niklaus, Schubert und Simeon ernannt.
Von den drei Genannten sah sich keiner in der Lage, die Federführung zu übernehmen. Die Fertigstellung der Stammausgabe nahm sehr viel Zeit und Kraft in Anspruch. Der Sekretär rief die kleine Gruppe mehrmals zusammen. Bei diesen Beratungen wurde die folgende Konzeption entwickelt, die dann auch von der Hauptkommission angenommen wurde. Es wurde beschlossen, zunächst einen ersten Band aus den vorher in Probe- und Vorauspublikationen veröffentlichten Stücken zusammenzustellen und dann bei Gelegenheit einen zweiten Band mit neuen Stücken zu machen. Allerdings mußten die vorhandenen Stücke, die Psalmentexte verwendeten, auf die Endfassung der ökumenischen Übersetzung umgestellt werden. Außerdem gab es einige Kehrverse, für die noch kein Partnerstück vorhanden war. Dafür wurden Aufträge vergeben.
Im Ergebnis enthält das Chorbuch 125 Stücke. Dabei wurden 112 Kehrverse des GL verwendet. 110 Stücke wurden aus vorhandenen Publikationen übernommen. 15 Stücke sind neu, wobei für einige schon vorhandene Modelle benutzt wurden.
Drei Viertel der Stücke bieten zu einem Kehrvers Chorverse an. Das ist die allgemein bekannte Form des „Scholagesangs". 22 Stücke haben eine sogenannte Chorstrophe (Troparion), ein längerer Text, mit dem der Gesang begonnen und abgeschlossen wird. Er ist dann etwa so aufgebaut:
Chorstrophe
Kehrvers V/A
Vorsängervers
Kehrvers
...
Kehrvers

Chorstrophe
12 Stücke haben eine andere Struktur, z. B. Akklamation, Vorsängerverse zu einem Lied oder der Sonnengesang des hl. Franz.
Die Herkunft der Texte ist folgende: 44 mal aus den Psalmen, 22 mal aus den übrigen Büchern des Alten Testamentes, meist aus dem Buch Jesaja, 43 mal aus dem Neuen Testament, und 27 mal handelt es sich um frei formulierte Texte (z. B. Ubi caritas).
Das Chorbuch enthält 4 lateinische Stücke: Rorate, Asperge, Vidi aquam, Ubi caritas.
Die Summe der genannten Zahlen ergibt mehr als 125, weil bei manchen Stücken etwa die Chorstrophe aus dem Neuen Testament, die Verse aber aus den Psalmen stammen.
Auf eine andere Besonderheit ist noch aufmerksam zu machen. Bei der Auswahl der Kehrverse wurde meist auch der Vorsängerteil mitbedacht. In 29 Fällen wurde das gesamte Stück, also Kehrvers und Chorteil, von Anfang an zusammen beraten und auch als Ganzes verabschiedet. Eine Reihe dieser Stücke ist Ergebnis der Ausschreibung eines Gesamttextes. – Dazu drei Beispiele:

I. GL Nr 117,2
Chorstrophe: Seht, unser Gott ist nahe, er kommt und macht uns frei. Sucht nicht den Lebenden unter den Toten; freut euch, denn er ist da.
Kehrvers: Werdet wach, erhebet euch, denn der Herr ist nahe.
1. Vers: Herr, du sprichst zu uns, du lädst uns ein zum Mahl; in dir sind wir versammelt. (Kv)
2. Vers: Du bist Bruder aller Menschen; in jedem, der uns begegnet, kommst du uns entgegen. (Kv)
3. Vers: Als Mensch bist du geboren. An jedem Tag kommst du neu. Du bist die Zukunft der Welt. (Kv-Chorstr.)

II. Gl Nr 526,5
Chorstrophe: Erhebe dich, warum schläfst du, Herr. Erhebe dich und verstoß uns nicht auf immer. Warum wendest du ab dein Angesicht? Warum vergißt du unsre Not? Wer hilft uns auf?
Kehrvers: Herr, erhebe dich, hilf uns und mach uns frei.
1. Vers: Wer befreit uns von Schuld, wer nimmt unsern Herzen die Blindheit? Wer befreit uns vom Streit, wer schützt uns in Not und Verwirrung? (Kv)
2. Vers: Wer befreit uns vom Haß, wer wandelt die Trägheit der

Herzen? Wer befreit uns vom Tod? – Dein Kreuz schenkt uns allen das Leben. (Kv)
3. Vers: Du wandelst Trennung in Einheit, Trauer in Freude. Du wandelst Angst in Vertrauen, Feindschaft in Frieden. (Kv)
4. Vers: Du machst Knechte zu Brüdern, Feinde zu Freunden. Du machst Ferne zu Nahen, gibst Toten das Leben. (Kv-Chorstr.)

III. GL Nr 528,5
Chorstrophe: Mein Herz denkt an dein Wort: „Suchet mein Angesicht!" Verbirg dich nicht vor mir. Dein Angesicht, Herr, will ich suchen.
Kehrvers: Wohl euch, die ihr seht, die ihr hört und versteht.
1. Vers: Herr, zeige uns den Vater! – „Wer mich sieht, sieht den Vater." (Kv)
2. Vers: Sie werden auf den schauen, den sie durchbohrt haben. – „Wenn ich von der Erde erhöht bin, ziehe ich alles an mich." (Kv)
3. Vers: Ein verstocktes Volk hat die Augen geschlossen. – „Selig eure Augen, daß sie sehen!" (Kv-Chorstr.)

Durch solche Stücke steht das Chorbuch in einer sehr engen Verbindung mit dem GL. Viele haben das noch nicht entdeckt. Im Registerband des Werkbuches zum GL (Band IX) finden sich im Schriftstellenverzeichnis und im Verzeichnis der Kehrverse eine Fülle von Hinweisen auf die Stücke des Chorbuches.
Der geplante zweite Band des Chorbuches ist leider noch nicht erschienen. Geplant ist er immer noch.
Das Chorbuch wurde wie das Kantorenbuch von der EGB-Kommission herausgegeben, vertreten durch die beiden Vorsitzenden. Es wurde verlegt im Verlag J. Pfeiffer München und im Verlag Styria Graz.

3.6 Das Orgelbuch zum Gotteslob

Erwin Horn

3.6.1 Die Kommission für das Orgelbuch

3.6.1.1 Organisatorische Rahmenbedingungen

Zeitrahmen
Die Orgelbuchkommission (OBK) wurde vom EGB-Sekretariat Trier zu ihrer 1. Sitzung am 27. 2. 1974 in Würzburg einberufen. Ihre Arbeit war mit der Übergabe des Orgelbuches (zusammen mit dem Kantorenbuch) an Kardinal König am 3. 3. 1976 in Wien beendet.

Mitglieder
Bernhard Ader, Direktor der Kirchenmusikschule Rottenburg
Gustav Biener, Sonderschulrektor und Regionalkantor, Arnsberg
Erwin Horn, Regionalkantor, Würzburg (Vorsitzender)
Peter Planyavsky, Domorganist, Wien
Msgr. Dr. Heinrich Rahe, Domchordirektor i. R., Osnabrück
Prof. Stephan Simeon, Thalwil (Schweiz), Dozent (bis 7. 5. 1975)
Guido Erzer, Kirchenmusikdirektor, Biersfelden Basel (ab 28. 6. 1975 anstelle von Prof. Simeon)
Augustinus Franz Kropfreiter, Stiftsorganist, St. Florian (ab 8. 7. 1975 als 2. österr. Mitglied)

Sitzungstermine
1. 27./28. 2. 1974 Würzburg
2. 22./25. 4. 1974 Würzburg
3. 29./31. 5. 1974 Würzburg
4. 29. 6./2. 7. 1974 Würzburg
5. 28./30. 7. 1974 Würzburg
6. 4./8. 9. 1974 St. Florian
7. 29. 9./2. 10. 1974 Arnsberg
8. 9./11. 10. 1974 Arnsberg
9. 24./27. 10. 1974 Wien
10. 14./17. 11. 1974 Würzburg
11. 16./18. 12. 1974 Würzburg

12. 26./29. 12. 1974 Rottenburg
13. 7./10. 2. 1975 Arnsberg
14. 13./17. 3. 1975 München
15. 24./27. 3. 1975 Rottenburg
16. 3./6. 4. 1975 Würzburg
17. 17./21. 4. 1975 Wien
18. 29. 4./2. 5. 1975 Arnsberg
19. 29. 5./2. 6. 1975 Lemgo
20. 25./27. 6. 1975 Würzburg
21. 6./9. 7. 1975 Arnsberg
22. 22./24. 7. 1975 Würzburg
23. 5./8. 8. 1975 St. Florian
24. 21./26. 8. 1975 Wien und St. Florian
25. 29. 9./1. 10. 1975 Würzburg
26. 13./15. 11. 1975 Würzburg
27. 1./3. 12. 1975 Arnsberg
28. 15./17. 12. 1975 Arnsberg
29. 29. 12. 1975/3. 1. 1976 Würzburg und St. Florian

3.6.1.2 Die Sichtung vorhandener Sätze

Als Arbeitsgrundlage standen der OBK die 3 Bände des „Rohmanuskripts" zur Verfügung. Für sämtliche Melodien sollten leichte Begleitsätze bereitgestellt werden. Das Orgelbuch sollte gleichzeitig mit dem EGB erscheinen. Um Zeit und Aufwand zu sparen, war zunächst vorgesehen, bereits in anderen Orgelbüchern enthaltene Sätze zu übernehmen, sofern sie geeignet schienen. In erster Linie war hier an das Orgelbuch zur Vorauspublikation gedacht sowie an das Orgelbuch zu „Gemeinsame Kirchenlieder". Zusätzlich wurden alle westdeutschen Diözesen gebeten, ein Exemplar ihres damaligen Diözesanorgelbuches zur Verfügung zu stellen. Nicht alle Diözesen konnten diesem Wunsch nachkommen, da in Erwartung des GL-Orgelbuches vergriffene Orgelbücher nicht mehr nachgedruckt wurden. Gesichtet wurden auch die Orgelbücher zum „Kirchenlied", zum schweizerischen katholischen Kirchengesangbuch und zu diversen evangelischen Gesangbüchern. Allerdings konnten nur relativ wenige Sätze gefunden werden, die dem Konzept entsprachen, das die OBK ihrer Arbeit zugrunde legte. Die naheliegende Übernahme von Originalsätzen zu alten Melodien scheiterte aus unterschiedlichen

Gründen: Wo die GL-Liedfassung nicht mit der historischen (Chor-)
Fassung übereinstimmte, war es für die OBK undenkbar, den Satz
eines alten Meisters zu adaptieren; viele alte Sätze (Bach-Choräle)
überschritten das Maß „leichter Spielbarkeit"; Stimmkreuzungen,
überspielte (übersungene) Pausen, Wechsel der Stimmenzahl,
manualiter nicht ausführbare Stellen usw., vor allem jedoch die
spezielle Chorsatzstruktur erwiesen die ins Auge gefaßten Sätze aus
der Entstehungszeit der Lieder fast durchweg als ungeeignet, sie in
neuer Funktion zur Begleitung der Gemeinde zu verwenden. Mit
Bedauern konnte die OBK daher nur bei Nr. 225, 267, 295, 554, 638
Sätze alter Meister übernehmen.

3.6.1.3 Die Vergabe von Vertonungen

Um dem Titel Einheitsgesangbuch auch bei der Erstellung des Orgelbuches gerecht zu werden, beschloß die OBK bereits bei der ersten Sitzung, Komponisten aus dem gesamten deutschen Sprachraum um Mitarbeit zu bitten. Der damit verbundene Mehraufwand an Zeit und Redaktionsarbeit war Hauptgrund für das verspätete Erscheinen des Orgelbuches.

Für urheberrechtlich nicht mehr geschützte oder von den Autoren bzw. Verlagen zur Bearbeitung freigegebene Melodien vergab die OBK selbst die Aufträge zur Erstellung der Begleitsätze. Für die geschützten Melodien wurden gemäß Urheberrecht die betreffenden Autoren bzw. Verlage gebeten, Begleitsätze zur Verfügung zu stellen. In einigen Fällen delegierten diese hierzu andere Komponisten oder die OBK.

3.6.1.4 Die im GL-Orgelbuch vertretenen Autoren

Bundesrepublik Deutschland
Ader Bernhard, Rottenburg
Augst Gert, Mainz
Beuerle Herbert, Gelnhausen
Blank Gerhard, Marburg
Buchholz Georg, Würzburg
Dobrovolskis Kunibertas,
  Freiburg

Aengenvoort Johannes, Essen
Bergner Alois, Münnerstadt
Biener Gustav, Arnsberg
Bonitz Eberhard, Lingen (Ems)
Clausing Franz, Bremen
Ernst Hans Helmut

Faulstich Otmar, Würzburg

Freistedt Heinrich, Aachen
Gottschick Friedemann, Düsseldorf
Helmschrott Robert, Markt Schwaben
Horn Erwin, Würzburg
Kempin Peter, Wiesbaden

Kronberg Gerhard, Nördlingen
Kukuck Felicitas, Hamburg
Lotz Hans Georg, Wuppertal
Metschnabel Joseph, Bamberg
Offele Winfried, Essen
Rahe Heinrich, Osnabrück
Ruppel Paul Ernst, Rheurdt
Schlepphorst Winfried, Osnabrück
Schmid Kurt
Schubert Heino, Nack/Alzey
Sommer Jürgen
Stein Josef, Schifferstadt
Thomas Rudolf, München
Weber Horst
Woll Erna, Augsburg

Freimuth Heinz Gert, Recklinghausen
Gleißner Walter, Aschaffenburg
Haller Hans Peter, Denzlingen

Höne Karl Heinz, Osnabrück

Hummel Bertold, Würzburg
Klein Richard Rudolf, Schloßborn
Kugler Harald, Rottenburg
Lohmann Adolf, Düsseldorf
Marx Karl, Stuttgart
Misch Conrad, Frankfurt
Quack Erhard, Speyer
Rohr Heinrich, Mainz
Schieri Fritz, Dachau
Schlick Johannes, Eichstätt

Schroeder Hermann, Köln
Schweizer Rolf, Pforzheim
Ständer Hatto, Dortmund
Striebel Martin
Verheggen Wilhelm, Krefeld
Weber Paul Ernst
Wünsch Wolfgang, Bamberg

Deutsche Demokratische Republik
Frost Ernestine, Halle
Jonkisch Karl, Görlitz
Kümpel Wilhelm, Erfurt
Schell Johanna, Potsdam

Frost Hedwig, Magdeburg
Kruse Alfred, Meiningen
Reinisch Marianne, Potsdam
Witt Michael, Berlin

Schweiz
Erzer Guido, Biersfelden/Basel

Hügin Karl, Basel
Jenny Markus, Ligerz
Pfiffner Ernst, Basel

Fässler Guido, St. Niklausen/Luzern
Jenny Albert, Ebikon
Meier Daniel, Einsiedeln
Müller Gregor, Bellikon

Rechsteiner Iso, Rorschach
Saladin Josef Anton, Riedholz
Simeon Stephan, Oberbözberg

Zahner Bruno, Kreuzlingen
Zihlmann Hans, Hitzkirch

Italien/Südtirol
Knapp Josef, Brixen

Paulmichl Herbert, Bozen

Österreich
Doppelbauer Josef Friedrich,
Salzburg
Kronsteiner Hermann, Linz

Knotzinger Kurt, Sachsenbrunn

Kropfreiter Augustinus,
St. Florian

Planyavsky Peter, Wien

Sengstschmid Walter, Wien

Niederlande
Biezen Jan van, Pijnacker

Huijbers Bernard, Amsterdam

Alte Meister
Bach Joh. Seb. (1685-1750)
Crüger Johann (1598-1662)
Hermann Nikolaus (1480-1561)
Schein Johann Hermann (1586-1630)
Wöss Josef Venantius von (1863-1943)

Orgelbücher
Orgelbuch zu „Gemeinsame Kirchenlieder", Berlin, Regensburg 1973
Choralbuch zum Evangelischen Kirchengesangbuch, Ausgabe Württemberg, Kassel 1969
Orgelbuch zum Gesang- und Andachtsbuch für das Bistum Rottenburg
Münchner Orgelbuch zum Liedheft, München 1970
Orgelbuch zum Gesangbuch der evangelisch-reformierten Kirchen der deutschsprachigen Schweiz, Biel 1969
Orgelbuch zum Katholischen Kirchengesangbuch der Schweiz, Solothurn 1968
Orgelbuch zum Magnificat, Freiburg 1960
Gesänge zur Meßfeier aus dem EGB (Orgelbuch zur Vorauspublikation), Paderborn 1973
(Bei Übernahme von Begleitsätzen aus vorhandenen Orgelbüchern

wurde grundsätzlich der betreffende Autor angegeben. Fehlte diese Angabe, wurde das Buch selbst als Quelle angegeben.)

3.6.1.5 Arbeitsweise

Die Nummernabfolge im GL bestimmte den Fortgang der Arbeiten am Orgelbuch. Umbruch- und drucktechnische Erfordernisse verlangten die Verabschiedung der Sätze in numerischer Reihenfolge. Die Sichtung vorhandener und die Verteilung noch zu schreibender Sätze erfolgte abschnittweise. Die von den OBK-Mitgliedern und den anderen Autoren gefertigten Sätze wurden an den OBK-Leiter geschickt (Horn, Würzburg). In einer ersten Durchsicht wurde dort überprüft, ob die Sätze den oben beschriebenen Kriterien entsprachen (Stil, Satz, Spielbarkeit). Bei klaren Widersprüchen wurde das Manuskript sogleich an den Autor zurückgegeben, versehen mit Hinweisen für eine Überarbeitung im Sinne des Gesamtkonzepts.
Die eingegangenen Stücke wurden in Fotokopien an die OBK-Mitglieder zur einstweiligen Meinungsbildung geschickt. Wer an einer Sitzung nicht teilnehmen konnte, reichte seine Stellungnahme schriftlich ein. Auf den Sitzungen wurde jeder Satz genauestens nach allen Kriterien besprochen. Sätze von OBK-Mitgliedern wurden an Ort und Stelle in eine Fassung gebracht, die einstimmig akzeptiert wurde. Dabei zeigte sich, daß bei der gemeinsamen Durchsicht Aspekte in die Diskussion kamen, die dem einzelnen entgangen waren. Die Mitarbeiter hatten sich in erstaunlich kurzer Zeit auf das gemeinsam erstellte Konzept eingespielt, entwickelten ein feines Gespür für die satztechnischen Details und konnten dank dieser Voraussetzungen in nahezu allen Fällen Einstimmigkeit für die zum Druck verabschiedeten Fassungen erzielen.
Da den zur Mitarbeit eingeladenen Autoren das Konzept der OBK nicht bis ins letzte vertraut war, ergaben sich hier natürlich immer wieder Änderungswünsche. Wo ein Satz nur in Details geändert werden sollte, wurden Änderungsvorschläge erarbeitet und dem Autor zur Genehmigung vorgelegt. Oftmals wurden Gegenvorschläge gemacht, die teilweise wiederum die OBK zu Änderungswünschen veranlaßten. Sofern es sich um konventionelle Lieder handelte, bestand die Kommission grundsätzlich auf ihren Vorstellungen. Bis auf wenige Fälle konnte mit dem Bearbeiter Einigung erzielt werden. Vereinzelt akzeptierten Bearbeiter die Änderungswünsche der Kom-

mission, zogen aber ihren Namen zurück. Solche Fälle und von der Kommission gemeinsam erarbeitete Begleitungen sind unter die Autorenangabe „EGB" gestellt worden. Wo Melodieautoren die Begleitung selbst verfaßten, hielt sich die Kommission zurück, sofern die Sätze sich im gesteckten Rahmen hielten. Aufgrund des Autorenrechtes war es nicht möglich, Änderungen gegen den Willen des Komponisten vorzunehmen. Erfreulicherweise gelang es, mit sämtlichen Autoren Einigung in der großen Linie zu erzielen. Wo Änderungswünsche im Detail seitens der Kommission offenblieben, gab man selbstverständlich der Eigenverantwortung des zeichnenden Autors den Vorrang.

Die sehr umfassende Korrespondenz (zum Teil auch mündliche Beratungen) mit einzelnen Autoren brachte zwangsläufig starke Verzögerungen in die Arbeit. Im ersten Teil der Sitzungen wurden jeweils die seit der letzten Sitzung eingegangenen Neufassungen besprochen, verabschiedet bzw. zu einer nochmaligen Überarbeitung mit dem Autor zurückverwiesen. Sodann wurden die Neuvorlagen bearbeitet und drucktechnische Fragen besprochen.

Soweit die Sätze in lückenloser Folge verabschiedet waren, wurden sie an die Bonifacius-Druckerei zum Setzen gegeben. Von dort gingen die Korrekturvorlagen an die OBK-Mitglieder: die 1. Korrektur an alle, die 2., 3., 4. bis 7. Korrektur nur an 3 oder 2 Mitglieder. Vereinzelt wurden auch an den bereits gesetzten Begleitungen noch Veränderungen vorgenommen, wenn übersehene Satz- oder Stilfehler oder sonstige Ungereimtheiten entdeckt wurden. Um möglichst alle Fehler vor dem Druck eliminieren zu können, wurde die ganze Arbeit in insgesamt 7 Korrekturdurchläufen gesichtet. Zusätzlich erfolgte eine allerletzte Durchsicht durch den OBK-Leiter in der Pirol-Druckerei in Minden anhand der Drucknegative. Der Umbruch konnte hier allerdings nicht mehr überprüft werden, da die Druckfahnen die Seitenzahlen in verschränkter Folge enthielten.

3.6.1.6 Information der Diözesen während der Arbeit

An zwei Terminen bot die OBK den Diözesanbeauftragten die Möglichkeit, sich besonders im Hinblick auf die Diözesanorgelbücher (zum jeweiligen Diözesanteil im GL) über das in der Entstehung begriffene Stammteil-Orgelbuch zu informieren. In der Einladung vom 30. 10. 1975 hieß es:

Das Orgelbuch

„Die Arbeiten am Orgelbuch zum Stammteil des ‚Gotteslob' sind weitgehend abgeschlossen. Der Druck des Buches wird etwa bis Jahresbeginn fertiggestellt sein (Bonifacius-Druckerei Paderborn). Künftig benötigen die Organisten neben dem Stammteil-Orgelbuch als zweites das Orgelbuch zum Diözesanteil. Es liegt im Interesse der Sache, beide Bücher in der Gestaltung aufeinander abzustimmen. Die bisherigen Anfragen an die EGB-Orgelbuchkommission zeigen die Dringlichkeit, die Bearbeiter der Diözesan-Orgelbücher über Details des Stammteil-Orgelbuches zu informieren. Die EGB-Orgelbuchkommission lädt daher zu einem Gespräch über Konzept und Einzelfragen des Orgelbuches ein. Zusammen mit Verlagsleiter Dr. Bauer von der Bonifacius-Druckerei können Besonderheiten wie Numerierung, Autorenangabe, Verweise, Strophenabdruck, halslose Notation, Psalmodiemodell, Bindebögen, Zäsuren, Satzstil usw. geklärt werden."

19. November 1975 in Paderborn (Kollegium Leonium):
anwesend waren als Vertreter der OBK Erwin Horn und Gustav Biener, als Vertreter der Bonifacius-Druckerei Verlagsleiter Dr. Heinz Bauer, als Diözesanvertreter Hermann Bode für Hildesheim, Karl-Heinz Obernier für Köln. Außerdem war für den Verlag Bachem, Köln, Herr Hachen anwesend.

22. November 1975 in München (Amt für Kirchenmusik):
anwesend waren Horn/Planyavsky (OBK), Dr. Bauer (Bonifacius-Druckerei); als Diözesanvertreter Msgr. Hans Niklaus (Mainz), Josef Caspers (Regensburg), Wolfram Menschick (Eichstätt), Dr. Gert Völkl (Augsburg), Rudolf Thomas (München), Karl Fritz (Fulda). Außerdem für den Verlag Pustet (Regensburg) Karl Wittmann, für den Verlag Pfeiffer (München) Adalbert Rost.
(Die anwesenden Diözesanvertreter stellten bei dieser Gelegenheit den Antrag, die Akklamationen [GL Nr. 353-379] nicht in das Orgelbuch aufzunehmen, weil diese unbegleitet zu singen seien. Der Antrag wurde angenommen. Durch die Herausnahme dieses Teils ergab sich allerdings eine Verschiebung des bereits fertigen Umbruchs von links nach rechts, so daß nun bei einigen Liedern geblättert werden muß.)

3.6.2 Richtlinien für die Kompositionen

Am Beginn der Arbeit der OBK standen Überlegungen, nach welchen Grundsätzen das Orgelbuch zu gestalten sei. Man kam im Meinungsaustausch der ersten Sitzungen zu folgenden Grundlinien:

3.6.2.1 Satzstil

Zunächst stand die Frage an, ob die Orgelbegleitung zum GL in „moderner Satzweise" erfolgen kann und soll. Abgesehen von der Unmöglichkeit zu bestimmen, was unter diesem Titel zu verstehen sei bzw. welche Art von Modernität für ein neu zu schaffendes Orgelbuch angemessen sei, führten gravierende Gründe zur Verneinung dieser Möglichkeit: Die pastorale Rücksicht auf die singend die Liturgie vollziehende Gemeinde wiegt stärker als die (fragliche) Chance, mittels eines gekünstelt „modernen" Orgelbuches Organisten und Gottesdienstbesucher an moderne Musik heranzuführen. Statt zu führen würde eine derartige Begleitung die Sänger verstören. Auch ergibt sich aus der diatonischen Melodiebildung selbst der eigens neu geschaffenen Gesänge keine innermusikalische Notwendigkeit einer konsequenten Dissonantik, vor der die Mehrzahl der Organisten verständnislos kapitulieren würde.

Als praktikabel erwies sich dagegen der Grundsatz, die Melodien in Anlehnung an den Satzstil ihrer Entstehungszeit zu harmonisieren. Konsequent konnte freilich auch hiermit nur das Melodiengut aus dem 16. bis 19. Jh bearbeitet werden. Melodien aus der Zeit vor der Jahrtausendwende – hauptsächlich also gregorianische Melodien – hätten demnach ja eigentlich unbegleitet bleiben müssen; für Melodien des 12. Jh wäre Organum-Technik angemessen, bei der Quinten, Quarten, Oktaven Einklang dominieren; im 15. Jh wurde der cantus firmus in Fauxbourdon-Technik gesetzt, also in Sextakkordreihen; bei neugeschaffenen Melodien wäre die Begleitung in das stilistische Belieben des Autors gestellt. Es war also notwendig, Extreme in beiden Richtungen auszuklammern. Um eine weitgehende stilistische Einheit für das Begleitbuch zu erreichen, wurde der Grundsatz „Satzstil der Entstehungszeit" mehr im Sinne einer sog. „latenten Harmonik" verstanden: die in einer Melodie latent mitschwingende Harmonik galt es herauszulösen. Die Begleitung hat sich also auf jene tonalen Möglichkeiten zu beschränken, die den Verlauf einer Melodie unauffällig „begleiten". Zur Begleitung einer singenden Gemeinde kann nur eine Harmonisierung dienlich sein, die den Sinn der Melodie erläutert, und nicht eine, die die Melodie verfremdet.

Da ja nun alle Melodien des EGB, aus welchem Jahrhundert sie auch stammen, von einfacher tonaler Struktur sind, muß naturgemäß auch ihre Harmonisierung leicht faßlich sein. Deshalb wurden auf die Begleitung der Melodien aus dem 15./16. Jh die strengen Stimmführungsregeln des „Cantionalstils" angewandt, womit freilich nicht intendiert war, Cantionalsätze zu schaffen. Für die Lieder des 17./18. Jh stand die reichere Harmonik der Barockzeit zur Verfügung, für die wenigen Nummern aus dem 19. Jh wurde zurückhaltende harmonische Farbigkeit gewährt. In jedem Fall wurden die üblichen Regeln konventioneller Satztechnik sorgfältig beachtet.

Hierzu rechnete die OBK auch die Vermeidung von unguten verdeckten Parallelen, von Akzentparallelen zwischen den Außenstimmen, von unmotivierten Harmoniewiederholungen, von unsanglichen Sprungfolgen; vermieden wurde auch die unmittelbare Vorwegnahme der Schlußtonika. Besonderer Wert lag auf einer sanglichen Baßführung nach dem Grundsatz einer „übergeordneten Zweistimmigkeit". Die harmonischen Gewichte wurden mit großem Bedacht verteilt; so wurden gleiche Melodieteile möglichst nicht mit derselben Harmoniefolge unterlegt, oder die Akzentwirkung eines betonten Akkordes wurde nicht abgeschwächt durch einen unmittelbar und unbetont davorstehenden terzverwandten Akkord (also nicht a-Moll vor C-Dur, wenn letzteres stark betont ist). Unterstützt werden Melodieakzente immer durch Fortschreiten der Baßstimme. Dies bedeutet jedoch nicht synchronen Verlauf von Melodie und Baßstimme, da ja die letztere im kontrapunktischen Sinne der Melodie „entgegen zu setzen" ist, d. h. möglichst Gegenbewegung; stufenweise Führung der einen Stimme, während die andere springt; keine verdeckten, keine Anti- oder gar offene Parallelen; strenge Dissonanzbehandlung; komplementärer Rhythmus, soweit dies ungezwungen möglich ist.

Diese Prinzipien wurden weitgehend auch auf die Sätze zu zeitgenössischen Melodien übertragen. Da diese Lieder, Kehrverse, Rufe, Ordinarien usw. im Normalfall ebenso einfach erfunden sind wie ältere Melodien, kam auch hierfür nur einfache Harmonisierung in Frage. Jedoch wurden Dissonanzen freier behandelt und vermehrt eingefügt, freilich immer nur in einem Maße, das nicht ein Übergewicht der Begleitung gegenüber der Melodie zuließ. Unmotivierte, nicht aus der Gestalt der Melodie begründbare Akkordgebilde und -folgen wurden auch für „moderne" Melodien nicht akzeptiert. Um die Beiträge der mitarbeitenden Autoren soweit als möglich auf einen gemeinsamen Nenner zu bringen und um die Redaktionsarbeit zu vereinfachen, erstellte die OBK ein Blatt zur Orientierung mit folgenden Hinweisen:

„Das Orgelbuch zum EGB ist vornehmlich gedacht für Kirchenmusiker mit C-Prüfung und für die große Zahl der Organisten mit keiner oder nur geringer Ausbildung. Die Orgelsätze sollen daher keine spieltechnischen Schwierigkeiten bereiten und auch manualiter leicht spielbar sein. Pedalsprünge in gleicher Richtung oder Folgen weiter Griffe u. ä. sind möglichst zu vermeiden.

Die Harmonisierung soll in der Satzweise der Zeit erfolgen, in der die Melodie entstanden ist. Namentlich bei Melodien aus früheren Jahrhunderten ist strenge Satzweise (vgl. Cantionalsatz) angemessen. Bei kirchentonalen Gesängen soll der Charakter der Tonart durch die Begleitung unterstrichen werden.

Klanglich sollen sich die Sätze im wesentlichen auf Grundstellung und Sextakkord des Dreiklangs in homophoner Satzweise mit der üblichen leichten Belebung durch Vorhalts- und Durchgangstöne beschränken. Auf die Vermeidung von Akzent-Oktaven- und -Quintparallelen möge geachtet werden. – In der Begleitung von Melodien aus neuerer Zeit sollen klangliche Härten vermieden werden, die von Spieler und Gemeinde nicht unmittelbar erfaßt werden können.

Die Begleitung soll das Grundmetrum der Melodie verdeutlichen. Dieses ist meist über der Taktangabe vermerkt. Bei syllabischen Gesängen sollen die harmonischen Schwerpunkte mit den Textakzenten übereinstimmen. Pausen in der Melodie gelten auch für die Begleitung.

Im Hinblick auf die „übergeordnete Zweistimmigkeit" möge auf gute Baßführung besondere Sorgfalt gelegt werden.

Die Begleitung der Gemeindegesänge soll 4stimmig, die der Vorsängerstücke 3stimmig sein. Zu Kehrversen sollen zwei Sätze erstellt werden (3- und 4stimmig).

Es wird gebeten, für jeden Satz ein gesondertes Blatt (DIN A4, Hochformat) zu verwenden und möglichst mit schwarzer Tusche zu schreiben (nicht mit Bleistift oder Kugelschreiber). Der Text wird

Das Orgelbuch 493

über der Melodie angebracht, die Nummer des Gesanges am rechten oberen Rand, darunter der Name des Autors. Die Kommission behält sich vor, Sätze, die diesen Grundsätzen nicht entsprechen, abzulehnen. Gegebenenfalls wird sie Änderungswünsche vorlegen. Falls keine Einigung mit dem Autor erzielt werden kann, wird die Kommission ihn bitten, der Erstellung eines für den Zweck des Buches geeigneten Orgelsatzes durch einen anderen Autor zuzustimmen. Bei nichtbegründeter Terminüberschreitung um eine Woche vermutet die Kommission den Verzicht des Autors auf Bearbeitung, so daß ausstehende Sätze an andere Autoren vergeben werden können. Eine Rücksendung der eingesandten Manuskripte kann nicht erfolgen."

3.6.2.2 Begleitfunktion

Bei der Harmonisierung der EGB-Melodien war die besondere Funktion dieser Sätze zu bedenken: Sie sollten durch ihre Struktur geeignet sein, die singende Gemeinde zu begleiten und – wenn notwendig – auch zu führen. Das heißt: Die Orgelbegleitung soll den melodischen und rhythmischen Verlauf der Gesänge klarwerden lassen. Demnach erfüllt der Orgelbegleitsatz dann seine Funktion, wenn er den Sängern hilft, Tempo, Metrum, Pausen, Zäsuren und vor allem Melodie und Rhythmus zu erfassen. Funktionsgerechte und wirklich orgelmäßige Begleitsätze lassen sich am ehesten schaffen, wenn weitere Qualifikationen nicht miteingebracht werden brauchen: Der Orgelbegleitsatz ist kein „Orgelstück", kein Chorsatz, kein Bläsersatz, kein Quartettsatz. Für entsprechende liturgische Angebote sorgen ja andere Begleitpublikationen zum EGB.
Um die Frage, wie denn nun der Orgelsatz zweckmäßig beschaffen sein müsse, wurde vor und nach Erscheinen des EGB-Orgelbuches diskutiert, ohne daß ein allgemein anerkanntes Ergebnis erzielt werden konnte. Die OBK war sich bereits nach kurzer Diskussion einig, welche Prämissen an den Orgelsatz hinsichtlich seiner Begleitfunktion zu legen waren:
Er darf nicht etwa als eine Art „Widerpart" gegenüber der zu begleitenden Melodie verstanden werden mit verselbständigten Stimmenbewegungen, wie das bei einem Chorsatz durchaus der Fall sein kann. Nach übereinstimmenden Erfahrungen der Kommissionsmitglieder eignet sich der plastische, homophone Satz besser zur Beglei-

tung der Gemeinde als der bewegte, kunstreich ausgestaltete. Der Satz braucht deswegen nicht trocken und stereotyp zu sein. Er wird belebt durch bedachte Verwendung der üblichen Durchgangstöne, Vorhalte, Wechselnoten... Schon mit Rücksicht auf die leichte Spielbarkeit ist auf gehäufte Achtelbewegung und sonstiges Füllwerk zu verzichten. Besonders aber das zu Beginn einer Melodie im EGB mit einer kleinen Note angegebene Metrum war für die Bearbeiter maßgebend für die Satzstruktur. Überwiegend bilden Halbe oder punktierte Halbe den Grundschlag. Auch die Begleitung hat in diesen Fällen vom Grundwert des angegebenen Metrums auszugehen. Die Halben der Melodie dürfen daher in der Begleitung nur vereinzelt mit Viertelbewegungen ausgefüllt werden, und wo die Melodie sich (bei Metrum Halbe) in Vierteln bewegt, sollte die Begleitung durch gelegentliche Halbe-Akkorde gelichtet werden. Namentlich bei Liedern im ¾-Takt bewahrt auch der Begleitsatz tunlichst die Halbe-Viertel-Folge der Melodie, um eine flüssige Begleitung zu sichern. Es hat sich nämlich als zwecklos erwiesen, die Halbe durch Viertel-Akkordwerk oder Durchgänge auszubauen, in der wohlgemeinten Absicht, die Gemeinde zum korrekten Einhalten der Halben zu zwingen. Durch derartig fülliges Satzwerk würde der federnde Charakter der Melodie zerstört, die Gemeinde läuft trotz (besser wegen!) massiver Orgelakkorde davon, während der Organist alle Hände voll zu tun hat, um nachzukommen. Bei Liedern im Maß des sog. „alten Dreiers" ist mehr Mühe auf flüssiges Singen als auf exaktes Auszählen der Halben zu verwenden.

Der Organist hat es auch in der Hand, durch die Begleitung Pausen und Zäsuren zu markieren bzw. zu verhindern. Vielfach werden Pausen zu lange ausgehalten und kurze Atemzäsuren zu geruhsamen Pausen gedehnt. Weit verbreitet ist die Meinung, der Organist könne durch Überspielen der Pausen (Zäsuren) die Gemeinde bewegen, innerlich mitzuzählen und rechtzeitig weiterzusingen. Vom Gegenteil sind die OBK-Mitglieder aufgrund praktischer Erprobung überzeugt: Überspielte Pausen verleiten eher zum Ausruhen, da von der Orgel ohnehin kein deutlicher Impuls zum Weitersingen kommt, während der Taktschlag, den die Orgel pausiert, gleichsam wie ein Dirigierzeichen zum Neueinsatz wirkt. Umgekehrt, an jenen Stellen, wo die Gemeinde zum verfrühten Weitersingen tendiert, kann ein unbewegt festgehaltener Akkord ein Innehalten bewirken. Solch kritische Stellen finden sich in ¾-Liedern, wenn auf Taktschlag 1 ein Halbschluß

steht und erst auf Schlag 6 weiterzusingen ist (vgl. GL 107, 669; ausführliche Darlegung im Orgelbuch, Seite XIII,7).
Bei Vorsängerteilen kann sich die Orgelbegleitung damit begnügen, eine klangliche Stütze zu bieten; denn Vorsänger brauchen gewöhnlich von der Orgel nicht geführt, sondern nur begleitet zu werden. Deshalb kann hier das oben Gesagte über harmonisches Gefälle, Akzentuierung und Pausen freier gehandhabt werden.

3.6.2.3 Schwierigkeitsgrad

Die Erfahrungen aus Unterricht und landläufiger Organistenpraxis bedeuteten für die OBK eine stete und eindringliche Mahnung, die Begleitsätze so leicht spielbar als nur möglich zu halten. Diesem Bemühen sind natürlich Grenzen gesetzt im Primat eines einwandfreien und regeltreuen Satzstils, während der Grundsatz „Begleitfunktion" leichte Spielbarkeit miteinschließt. Denn gut begleiten und führen kann ein Organist die Gemeinde nur, wenn er seine Sätze souverän beherrscht, sei es, daß sie leicht sind oder er sie gut geübt hat. Da letzteres nicht in wünschenswertem Maße geschieht, müssen die Sätze eines Orgelbuches auch spieltechnisch so einfach als es geht gehalten sein. Für die Bearbeiter häufen sich nun die Schwierigkeiten; denn man steht manchmal vor schier unlösbaren Problemen, wenn man alle stilistischen, funktionalen und spieltechnischen Einschränkungen, die man sich auferlegt, übereins bringen will.
Die wesentlichen spieltechnischen Rücksichten:
Alle Sätze sind manualiter spielbar. (Bei Kehrversen sind nicht alle 4stimmigen Fassungen manualiter spielbar, da jeweils eine 3stimmige zur Verfügung steht.) Natürlich ist die Ausführung mit Pedal leichter, doch nicht immer ist ein solches vorhanden, und manche „Organisten" können nicht Pedal spielen.
Weite Griffe (z.B. Sext-Folgen) wurden vermieden.
Stummer Fußwechsel im Pedal ist nicht nötig, da Sprungfolgen in derselben Richtung umgangen wurden; zugemutet wird lediglich, eine Terz mit Spitze-Absatz legato zu spielen. Wenn also 2 Sprünge aufeinanderfolgen, sind sie entgegengesetzt oder einer davon ist eine Terz.
Das Satzbild ist möglichst übersichtlich gehalten. Überbindungen sind grundsätzlich nur bei Vorhalten eingetragen. Nur bei halsloser Notation sind Tonwiederholungen angebunden. Entgegen mancher Schul-

tradition vertritt die OBK den Standpunkt, daß Repetitionen in den Mittelstimmen überwiegend neu anzuschlagen sind, während die beiden Außenstimmen legato ausgeführt werden. Diese Gleichzeitigkeit von Legato und Durchlässigkeit kommt der plastischen Wirkung der Begleitung entgegen.
(Die Stimmführung ergibt oftmals Einklang zwischen zwei Stimmen. Besonders wenn dies zwischen Alt und Tenor der Fall ist – die eine Stimme im oberen, die andere im unteren System – sind die Spieler manchmal verunsichert; sie wissen nicht, was mit dem übrigen Finger zu tun ist. Einfache Lösung: beide Finger auf dieselbe Taste. In einem durchweg 4stimmigen Satz ist es selbstverständlich nicht möglich, einen Ton einfach wegzulassen oder eine Pause dafür zu setzen, wie das von Kollegen empfohlen wurde.)

3.6.2.4 Transpositionen

Das GL begrenzt den Tonumfang nach oben mit d'. Während der Arbeit am Orgelbuch kamen ungezählte Anfragen, wann denn das Orgelbuch endlich fertig sei und ob die Begleitung wirklich tief genug gesetzt sei, weil in den bisherigen Gesang- und Orgelbüchern „die meisten Lieder zu hoch" seien. Deshalb wurden die im EGB vorgegebenen Tonhöhen übernommen. Bei mehrfach verwendeten Melodien wurde auch im Orgelbuch der Satz mehrfach abgedruckt, soweit dies umbruchtechnisch passend war. In einigen dieser Fälle wurden die Orgelsätze in unterschiedlicher Tonhöhe abgedruckt, um eine gewisse Wahlmöglichkeit zu bieten (GL 144, 241, 289, 304, 468, 489, 533, 542, 638, 662; nur in tieferer Fassung 111, 142).
Überraschenderweise haben sich inzwischen viele Klagen erhoben über die „viel zu tiefen Lieder" im Gesang- und Orgelbuch; sie würden nicht mehr so gut klingen.

3.6.2.5 Begleitung des Gregorianischen Chorals

Die Frage, wie Gesänge zu begleiten sind, die eigentlich nicht zu begleiten sind, wurde sorgfältig durchbesprochen und in verschiedenen Modellen erprobt. Bereits für die Notation ergaben sich beträchtliche Schwierigkeiten. Die halslosen Notenketten im GL ließen sich nicht unverändert für Begleitsätze übernehmen. Die Notenpunkte mußten auseinandergezogen werden, um Zwischenräume für die unterlegten Akkorde zu gewinnen. Bei syllabischen Gesängen wurden

Das Orgelbuch

für die Ligaturen Bindebögen verwendet, die sich im EGB erübrigten. Für das Satzbild waren nur zwei Notenarten brauchbar: schwarze Punkte und hohle Noten. Die Dauer der hohlen Noten bemißt sich nach der Anzahl der jeweils über ihnen liegenden Melodietöne. Zeichen für Pausen gibt es bei dieser Notationsweise nicht und brauchten auch nicht erfunden werden. Da 4- bzw. 3-Stimmigkeit bei der Begleitung Gregorianischer Gesänge nicht obligat ist und somit gelegentlich auf 3- bzw. 2-Stimmigkeit reduziert werden kann (und soll), brauchte man Pausen und Einklänge nicht eigens zu notieren. Für die Art der Begleitung wurde ausführlich erwogen, eine gewisse Modernität zu wagen, die dank linearer Führung und vorsichtiger Dissonanzreibungen jegliche funktionale Kadenzhaftigkeit vermeiden könnte. So würde die Begleitung der Gefahr entgehen, die gregorianischen Melodien mit einer nicht enthaltenen Harmonik zu befrachten und zu interpretieren. Andererseits war auch hier wieder das Anliegen ausschlaggebend, die Gemeinde im Singen zu unterstützen und nicht etwa durch ungewohnte Hamonien zu irritieren. Deshalb wurde eine möglichst einfache, konventionelle Satzweise vorgezogen, die nur das nötigste akkordliche Beiwerk bringt, um den Fluß der Melodien nicht zu beeinträchtigen, und die Kadenz-Assoziationen (besonders V-I) durchweg vermeidet.

Aus der Notation im GL ist bei Melismen nicht ersichtlich, wie die Akzentverhältnisse liegen. Daraus ergab sich für die Bearbeitung das Hauptproblem. Denn fast jeder Akkordwechsel bedeutet Akzentsetzung, besonders bei authentischen und plagalen Hauptschritten (Quintfall bzw. -steigen des Grundtons). Vatikanische Ausgaben wurden zu Rate gezogen. Da aber auch sie nach neueren wissenschaftlichen Erkenntnissen bezüglich der Akzentverhältnisse nicht zweifelsfrei sind, gab die OBK dem Wortakzent samt seinen Gewichtverteilungen absoluten Primat. In der Begleitung wirkte sich dies etwa darin aus, daß für Wortnebenakzente authentische oder plagale Halbschritte – also akzentschwächere Terzverwandtschaften zur vorausgehenden stärker akzentuierten Stufe – bevorzugt wurden, soweit dies ungezwungen möglich war (vgl. S. 234 „-scen-dit de"; „-fi-xus etiam").

3.6.2.6 Begleitung der Psalmen

Die Begleitung des Psalmengesangs erweist sich als schwierige Aufgabe für den Organisten. Er muß nicht nur den Text der Verse mit dem

Psalmodiemodell verbinden, sondern zugleich die fälligen Akkordwechsel bewältigen. Ursprünglich war nur daran gedacht, das Begleitmodell des Psalmtons voranzusetzen und seine Übertragung auf die Verse der Gewandtheit des Organisten anheimzustellen. Zweifellos wäre das eine unzumutbare Überforderung. Außerdem zeigt sich bei näherem Hinsehen, daß ein und dasselbe Modell nicht allen Akzentverhältnissen gerechtwerden kann. Akkordwechsel soll nur bei Textakzenten erfolgen. Gemäß den Akzentverschiebungen in der Psalmodie muß auch das Begleitmodell modifiziert werden. Nach zeitraubenden Versuchen kam die OBK zu den vorliegenden Lösungen, die exemplarisch und ausführlich im Vorwort S. XVIIf beschrieben sind. Demnach kann der Text der verschiedenen Verse korrekt akzentgerecht begleitet werden, indem der Organist nur jene Akkorde spielt, denen Silben unterlegt sind. Teilweise war es schwierig, Akkordfolgen zu finden, bei denen sich keine offenen Oktav- und Quintparallelen ergaben, wenn einzelne Akkorde wegen unbetonter Silben übergangen werden müssen.

Geplant war, unter die Psalmverse noch ein zweites Begleitmodell zu setzen, um Abwechslung zu ermöglichen. Diese zweite Version sollte 3stimmig sein, besonders im Hinblick auf die Begleitung der Vorsänger, wenn diese mit der Gemeinde alternieren. Aus umbruchtechnischen Gründen mußte das Vorhaben jedoch aufgegeben werden. In vielen Fällen wäre wohl noch Platz gewesen, insgesamt aber wären zuviele zusätzliche Seiten erforderlich gewesen.

3.6.2.7 Besondere Fälle

145   Stille Nacht

Ein Begleitsatz wurde aufgenommen, obwohl im GL keine Melodiefassung steht. Die OBK entschied sich hierzu, da allen Mitgliedern allein diese Fassung bekannt war.

179   O Haupt voll Blut

Die zur Vorlage gekommenen historischen Sätze schienen entweder technisch zu schwierig (Bach) zu sein, oder sie benutzen melodische Varianten. Die OBK lehnte es prinzipiell ab, daran Änderungen vorzunehmen. Ein von Paul Damjakob angefertigter Satz war harmonisch hochinteressant, paßte stilistisch und spieltechnisch jedoch nicht in den gesteckten Rahmen. (Er wurde in die „Orgelstücke zum *Gotteslob*", S. 20, als „Choral" aufgenommen.) Statt dessen wurde aus dem Rottenburger Orgelbuch eine Version übernommen, die relativ „neutral" gehalten ist. Es ist fraglich, ob diese Entscheidung in einem späteren Stadium der Arbeit, als die Prinzipien strenger gehandhabt wurden, ebenso ausgefallen wäre.

184   Wir schlugen ihn
In diesem Fall schien es sinnvoll, die vom Autor mitkomponierten Vor-, Zwischen- und Nachspiele komplett aufzunehmen, da nicht angenommen werden kann, daß die Organisten, die auf das Orgelbuch angewiesen sind, aus eigener Erfindung das Passende treffen würden.

311   Mit lauter Stimme
Hier liegt der Fall ähnlich wie bei 184. Die Einleitung ist mit dem Beginn der Begleitung verzahnt. Die Melodie wurde in einer eigenen Zeile abgesetzt, damit das Satzbild übersichtlich bleibt, besonders hinsichtlich der Stellen, wo die Begleitung über die Melodie steigt.

523   Du rufst uns
Die Melodie wurde wiederum abgesetzt, weil die Orgel bei den Vorsängerteilen sie nicht mitzuspielen braucht.

617   Nahe wollt der Herr
621   Ich steh vor dir
Dem Ersuchen des Autors wurde stattgegeben, die Originalnotierung in Achteln zu übernehmen, da die Notierung in Vierteln ein zu wenig flüssiges Tempo suggeriere.

3.6.3 Richtlinien für die Herausgabe des Buches

Gestaltung des Orgelbuches:
Fragen der Gestaltung wurden bereits in den ersten Sitzungen abgeklärt, soweit sie zu überblicken waren. Sehr viele Details wurden aber erst entschieden, als sie aktuell wurden und sich als problematisch erwiesen. Auch mußten ursprünglich gefaßte Beschlüsse revidiert werden, sobald Probedrucke vorlagen. Vor allem ergaben sich Probleme mit der halslosen Notation. Deshalb finden sich im fertigen Orgelbuch teilweise andere Lösungen, als nach den Sitzungsprotokollen ursprünglich vorgesehen war.

Format und Satzbild:
wie beim Orgelbuch zur Vorauspublikation.
Maße: 23 × 30,5 cm (V „Bach-Format")
Das Orgelbuch hat einen überstehenden Einbandrand. Er wurde gegenüber einem mit den Blättern bündigen Abschluß bevorzugt, weil erfahrungsgemäß eine längere Haltbarkeit zu erwarten ist. (Wenn auf dem Notenpult Blätter herabrutschen, dann nicht wegen des überstehenden Randes, sondern weil die Leiste, auf der das Buch steht, zu schmal ist.)

Vierstimmigkeit:
Alle von der Gemeinde zu singenden Teile werden durchweg 4stimmig gesetzt, Vorsängerteile 3stimmig. Letztere sind ebenfalls 4stimmig, wo der Wechsel V/A ad libitum ist oder wo V-Teile vermutlich überwiegend von der Gemeinde ausgeführt werden (GL 106/135).
Alle Kehrverse sind in einer 3- und einer 4stimmigen Fassung abgedruckt, da sie sowohl von Vorsängern wie von der Gemeinde zu singen sind. Das Seitenpensum des Buches wurde dadurch nur relativ wenig erweitert, denn eine große Zahl der Kehrverse ist kurz genug, um in 1 Zeile 2 mal zu passen. Bei nur 1maligem Abdruck wäre entsprechender Platz frei geblieben. Die 3stimmige Fassung kann auch gut als Intonation verwendet werden.

Keine Vor- und Nachspiele:
Dem vielfach an die OBK herangetragenen Wunsch, die Liedsätze mit einem Vor- und Nachspiel zu versehen, konnte nicht entsprochen werden. Gründe: Der Umfang des Buches wäre außerordentlich erweitert worden. Gewiß wäre bei kürzeren Liedern Platz vorhanden gewesen, aber in den meisten Fällen hätte es beträchtliche umbruchtechnische Probleme gegeben. Die zweiten und weiteren Strophen hätten entfallen müssen. Das Erscheinen des Orgelbuches wäre in unverantwortlicher Weise noch länger verzögert worden. (Es ist ohnehin erst 1 Jahr nach dem GL fertig geworden.)
Außerdem sollte die monotone Beschränkung auf immer dasselbe Vor- und Nachspiel nicht vorprogrammiert werden. Die Spieler haben die Möglichkeit, gemäß den Hinweisen im Abschnitt „Vorspiele" (S. XIV) die Begleitsätze in ganz einfacher Weise als Intonation zu verwenden. Ein variables und nach differenzierten Ansprüchen ausgerichtetes Angebot enthalten die 6 Bände „Orgelstücke zum *Gottes-*

Das Orgelbuch

lob". Sie erschienen in kontinuierlicher Reihenfolge: Teil I – 1976, Teil II – 1977, Teil III – 1978, Teil IV – 1979, Teil V – 1980, Teil VI – 1988.

Zusammenfassung in einem Band:
Bei dem zu erwartenden Umfang des Orgelbuches stellte sich die Frage, ob man das Buch in 2 Teile trennen sollte. Es in 2 gleich große Hälften aufzuteilen, war ausgeschlossen, da sonst während des Gottesdienstes ständig das Buch umgewechselt werden müßte. Ernsthaft zu erwägen war die Abtrennung des Psalmenteils (wie beim ehemaligen Freiburger „Magnificat"). Gerade das aber widersprach der Absicht der EGB-Kommission, die Psalmen als wesentlichen Bestandteil des GL zu profilieren. Zu leicht könnten sie den Organisten als „Nebensache" erscheinen.
Auch die gegenläufige Möglichkeit, die jeweiligen Diözesananhänge in das Orgelbuch einzubinden, mußte erwogen werden, da verschiedentlich angefragt wurde. Zu realisieren war auch dies nicht, weil in etlichen Diözesen die Orgelbücher zum Diözesanteil noch nicht vorlagen, als das Stammteil-Orgelbuch erschien. Außerdem wäre das Orgelbuch + Diözesanteil überdimensional geworden.
Es blieb also wie vorgesehen bei der Einteiligkeit.

Abdruck aller Strophen:
Der Text der 1. Strophe steht über dem Satz. Um ein klares Notenbild zu erhalten, wurde davon abgesehen, weitere Strophen zwischen den beiden Spielsystemen unterzubringen. Statt dessen sind sämtliche Strophen unter dem Satz oder auf der nächsten (rechten) Seite abgedruckt. Die Gesamtseitenzahl wurde dadurch nur ganz unwesentlich erhöht.

Umbruch:
Bei längeren Stücken ist Umblättern unvermeidbar. Soweit möglich wurde der Umbruch so eingerichtet, daß dies an günstigen Stellen geschieht. Dies wurde im Vorwort zwar eigens betont (S. XI), leider muß aber trotzdem mitten in einigen Liedern geblättert werden. Dies ist ein bedauerliches Versehen, das durch ein Mißverständnis im Zusammenhang mit der Streichung einiger eingeplanter Seiten erfolgte. Die Gesänge „Feier der Gemeindemesse" (GL 353-379) sollten ursprünglich ins Orgelbuch aufgenommen werden, sogar in

drei verschiedenen Tonhöhen. Dies entsprach dem Auftrag, für sämtliche im GL abgedruckten Melodien eine Begleitung zu schaffen. In zahlreichen mündlichen Rückfragen (bei Tagungen und Fortbildungen) ließen Organisten und Pfarrer Interesse an diesen Begleitungen erkennen. Erst bei einer Informationstagung am 22. 11. 1975 in München wurde der Anstoß für die Eliminierung dieser Teile gegeben. In einer gemeinsamen Eingabe der bayerischen Diözesanvertreter wurde darauf gedrängt, eine Begleitung für die Akklamationen erst gar nicht anzubieten, da sie ja ohne Orgelbegleitung gesungen werden sollen. Durch ihre Beseitigung ergab sich im Umbruch eine Seitenverschiebung von links nach rechts und damit ein unbequemes Umblättern bei GL 462 und 472. Da die Druckarbeiten bereits sehr weit vorangetrieben waren, konnte leider eine Umbruchänderung nicht mehr vorgenommen werden. Ab Seite 366 stimmt der vorher festgelegte Umbruch wieder, weil die Seite davor ursprünglich unbedruckt war, um den Gesang GL 563 über 2 Seiten strecken zu können.

3.7 Das Vesperbuch zum Gotteslob

Josef Seuffert

Eines der wesentlichen Anliegen der Liturgiereform ist die Beteiligung der Gemeinde am Stundengebet, vor allem an den alten Gemeindehoren Vesper und Laudes. Daher enthält das Gotteslob zehn Vespern und eine Laudes. Mehr konnte das Buch nicht verkraften. Es war jedoch der Kommission klar, daß ein Angebot vorliegen müsse, das einer häufigeren Beteiligung am Stundengebet der Kirche dient. Daher wurde früh ein Vesperbuch geplant.
Bereits 1974 wurden Totenvesper und Totenlaudes in „EGB 12 – Gesänge zum Begräbnis" veröffentlicht. Außerdem enthalten die Bände des Werkbuches zum GL Hinweise für die Gestaltung weiterer Vespern aus dem Gotteslob.
Im Jahr 1978 konnte das geplante Vesperbuch erarbeitet werden. Es ist 1979 im Verlag Bonifacius-Druckerei Paderborn erschienen. Die beiden Vorsitzenden der GL-Kommission haben es herausgegeben. Bearbeitet wurde es in ihrem Auftrag von Pfr. Dr. Berger, Bad Tölz, Prof. Dr. Duffrer, Mainz, und Ordinariatsrat Seuffert, Mainz.
Im Vorwort heißt es:
„Viele Gemeinden singen inzwischen nach dem Wunsch des Zweiten Vatikanischen Konzils an Sonn- und Feiertagen wieder regelmäßig die Vesper, meist mit Hilfe des ‚Gotteslob', das dafür zehn Vespern (Zusammenstellung siehe Werkbuch zum Gotteslob, Band III, S. 230) anbietet und darüber hinaus eine beträchtliche Anzahl weiterer Psalmen (Verzeichnis im ‚Gotteslob', S. 14). Aber viele interessierte Gruppen: Priester, die in Gemeinschaft leben oder aus einem Anlaß zusammenkommen, apostolisch tätige Gruppen, kleine Kommunitäten, die Gemeinschaft eines Pfarrhauses, möchten die Vesper öfter gemeinsam miteinander singen. Auch dazu kann das Gesangbuch mit seinen Kehrversen und Liedern Hilfe geben.
Dieses Vesperbuch schlüsselt den Stoff des ‚Gotteslob' für diese Aufgabe weiter auf. Es bietet alle Vesperpsalmen des vierwöchentlichen Zyklus, sangbar gemacht mit Kehrversen aus dem ‚Gotteslob', und eine reiche Auswahl von Kehrversen für das Magnificat in allen neun Psalmtönen. Dann folgt weiteres Material, um die Kirchenjahresvespern des ‚Gotteslob' abwechslungsreicher gestalten zu können,

und schließlich Hilfen zur Ausgestaltung der Marien- und der Heiligenvesper. Dazu kommen die Sonntagslaudes mit einem Alternativvorschlag sowie Totenlaudes und -vesper. Die Schriftlesung wird dabei jeweils aus dem Lektionar oder in Kurzfassung aus dem Stundenbuch verkündet; ebenso benötigt der Leiter für Fürbitten und Gebet das Stundenbuch. Um aber beim Fehlen dieser Bücher dennoch eine Feier zu ermöglichen, ist ein Mindestprogramm von Kurzlesungen, Fürbitten und Tagesgebeten auch in dieses Vesperbuch aufgenommen worden.
Ausführliche Darlegungen über die Gemeindevesper mit dem ‚Gotteslob' sind zu finden im Werkbuch zum Gotteslob, Band III, S. 207-236."

Nun einige Zahlen zu diesen Angaben des Vorwortes:
Das Vesperbuch (VB) verwendet 159 Kehrverse, darunter 143 aus dem GL und 16 neue. Unter diesen 16 sind die 7 O-Antiphonen in deutscher Fassung (vgl. Werkbuch zum GL Band I), drei sind nach Modellen des GL gestaltet, eine ist ein Halleluja-Vers aus dem Kantorenbuch. – 84 dieser Kehrverse sind für den Gesang des Magnificat vorgesehen.
Das VB enthält 79 Psalmen bzw. Psalmenabschnitte, dazu (außer Magnificat, Benedictus und Nunc dimittis) 15 Cantica (4 alttestamentliche und 11 neutestamentliche), darunter 10 dem Gl entnommen und 5 aus dem Stundenbuch zum Singen eingerichtet.
Die Zahl der Hymnen beträgt 45. Davon sind 39 dem GL entnommen. 5 Texte sind aus dem Stundengebet, auf Melodien des GL eingerichtet. Ein Text ist Ergänzung eines GL-Liedes (Petrus und Paulus).
Die aus dem Stundenbuch übernommenen Antwortgesänge sind auf ein Modell aus dem GL eingerichtet.
Der Psalm 95 (Invitatorium) ist aus dem Chorbuch zum GL abgedruckt. Eine zweite Fassung dieses Psalms ist neu aufgenommen. Dazu ist ein Kehrversmodell aus dem GL abgedruckt, auf das die meisten der Invitatorial-Kehrverse des Stundenbuches gesungen werden können.

Das Vesperbuch

Der Aufbau des Vesperbuches:

1. Das Morgenlob 9-26
Dieser Abschnitt enthält zwei vollständige Vorlagen für die Laudes einschließlich des Invitatoriums.

2. Terz – Sext – Non 26-31
Eine Vorlage und Hinweis auf eine zweite.

3. Sonntagsvesper 32-45
Die vier Sonntagsvespern im Jahreskreis mit zunächst drei Stammkehrversen zum Magnificat im 9. Ton.

4. Komplet 46-59
Mit den Sonntagspsalmen und den Marianischen Antiphonen.

5. Die Vesper im Vierwochenkreis 60-127
Alle 24 Vespern mit je einer Magnificat-Antiphon und 6 Hymnen.

Das Jahr des Herrn 128-213

6. Zum Jahreskreis 128-146
Magnificat an den Sonntagen im Jahreskreis in den 8 Psalmtönen mit 24 Kehrversen. – Halleluja-Antiphonen in den neun Tönen. – Gebete an den Sonntagen im Jahreskreis.

7. Die Festzeiten 147-193
Vesper im Advent (11 Kv zum Magn) – Vesper in der Weihnachtszeit (6 Kv zum Magn) – Vesper in der Fastenzeit (8 Kv zum Magn) – Vesper in der Osterzeit (8 Kv zum Magn) – Vesper am Pfingstsonntag.

8. Weitere Herrenfeste 194-213
Dreifaltigkeitssonntag – Fronleichnam – Herz-Jesu-Fest – Verklärung Christi – Kreuzerhöhung – Kirchweihfest – Christkönig.

Das Jahr der Heiligen 214-244

9. Marienvesper 214-223

Mit Sondertexten zu: Verkündigung des Herrn - Mariä Heimsuchung – Mariä Aufnahme in den Himmel – Mariä Geburt – Mariä Namen – Unsere liebe Frau in Jerusalem – Hochfest der ohne Erbsünde empfangenen Jungfrau und Gottesmutter Maria.

10. Vesper an Heiligenfesten 224-244
Mit Sondertexten zu: Apostelfeste (Peter und Paul) – Märtyrer – hl. Männer – Jungfrauen – hl. Josef – hl. Johannes der Täufer – hl. Laurentius – Erzengel/Schutzengel.

11. Gedächtnis der Verstorbenen 245-258
Laudes und Vesper.

12. Zweite Fassung des Invitatoriums (Psalm 95) 258-261

4. Nummernbericht

4.1 Einleitung

Im folgenden Abschnitt wird Auskunft gegeben über die einzelnen Stücke des *Gotteslob*. Die Informationen werden in folgender Reihenfolge gegeben:
1. Nummer im *Gotteslob* und Textanfang
2. Herkunft des Textes (T)
3. Herkunft der Melodie (M)
4. Verwalter der Autorenrechte (R)
5. Publikationen, die als Vorlage dienten (V)
6. (bei Kehrversen) Stücke im Kantorenbuch zum GL und im Chorbuch zum GL, die diesem Kehrvers zugeordnet sind (K/Ch)
7. Kommission, die das Stück zur Aufnahme in das *Gotteslob* vorgelegt hat.
8. Anmerkungen zum Stück bzw. zu Text und Melodie gesondert.

Auf der rechten Seite finden sich folgende Angaben:
1. Die Gattung des Stückes
2. Hinweise auf wissenschaftliche Sammlungen
3. Hinweis auf den Ort der Besprechung des Stückes im *Werkbuch zum Gotteslob* (WB)

Unter den Anmerkungen finden sich Namens-Siegel. Die folgende Aufstellung gibt zugleich Auskunft über die Mitarbeiter am Nummernbericht.

CH = Christof Hahn
EH = Ernst Hoffmann
MJ = Markus Jenny
HN = Hans Niklaus
EQ = Erhard Quack
FS = Fritz Schieri
HS = Hubert Sidler
JS = Josef Seuffert
MT = Maria Luise Thurmair

4.2 Verzeichnis der Abkürzungen

AK	= Arbeitskreis
ALT	= Liturgische Texte in ökumenischer Fassung (Arbeitskreis Liturgische Texte)
AÖL	= Arbeitskreis für ökumenisches Liedgut
APs	= Antwortpsalm
(B)	= Bearbeitung
B	= Wilhelm Bäumker, Das katholische deutsche Kirchenlied 1886-1911 (Nachdruck 1962)
Ch	= Chorbuch für einstimmigen Gesang zum *Gotteslob* – erster Band
DGsb	= Diözesangesangbuch
E	= Einheitslieder der deutschen Bistümer 1947
e	= Einheitslieder der nordwestdeutschen Bistümer, nach 1947
EGB	= Einheitsgesangbuch / Kommission für das Einheitsgesangbuch
EGB 10ff.	= Publikationen zum EGB
EKG	= Evangelisches Kirchengesangbuch, Stammausgabe 1950
Fg	= Fassung
GKL	= Gemeinsame Kirchenlieder 1973
Gsb	= Gesangbuch
GzB	= Gesänge zur Bestattung 1978
HEK	= Handbuch der deutschen evangelischen Kirchenmusik. Band I,1, die einstimmigen Weisen, 1941
HK	= Hauptkommission
Jh	= Jahrhundert
K	= Kantorenbuch zum *Gotteslob* 1975
KKG	= Katholisches Kirchengesangbuch der Schweiz 1966
KL	= Kirchenlied 1938, KL II 1967
Kv	= Kehrvers
M	= Melodie
ML	= Marienlied 1954
MMH	= Monumenta monodica medii aevi, Band I Hymnen 1956
NP	= Neues Psalmbuch 1971
Nr	= Nummer

Abkürzungen

ntl	=	neutestamentlich
ö	=	Ökumenische Text- und Melodienfassung
P	=	Pierre Pidaux, Le Psautier Hugenot, Vol. I Les Melodies 1962
PP	=	Probepublikation zum *Gotteslob* (EGB 1-8)
R	=	Verwaltung der Autorenrechte
RK	=	Redaktionskommission
RKG	=	Gesangbuch der evangelisch reformierten Kirchen der deutschsprachigen Schweiz
S	=	Seite
SG	=	Singende Gemeinde, Heft ab 1961
SK	=	Subkommission
Str	=	Strophe
T	=	Text
V	=	Vorlage(n)
VP	=	Vorauspublikation zum *Gotteslob* – Gesänge zur Meßfeier 1972
WB	=	Werkbuch zum *Gotteslob*, 9 Bände ab 1975
Z	=	Johannes Zahn, die Melodien der deutschen evangelischen Kirchenlieder 1889-1893
Zl	=	Zeile

4.3 Berichte zu GL 1-791

1 Unser Beten   Katechetischer Text

T: Alois Albrecht 1970
R: St. Otto Verlag Bamberg
V: DGsb Bamberg 1970
SK VIII

Der Text wurde von der SK etwas überarbeitet und erfuhr durch die RK noch einige Ergänzungen. *MT*

2,1 Herr, lehre uns beten   Gebet

T: Romano Guardini 1944
R: Knecht Verlag Frankfurt
V: Romano Guardini: Theologische Gebete
SK VIII

2,2 Zum Kreuzzeichen   Grundgebet

T: Einheitstext
SK VIII

2,3 ö Ehre sei dem Vater   Grundgebet

T: Übertragung ALT 1971
SK VIII

2,4 ö Das Gebet des Herrn   Grundgebet

T: Übertragung ALT 1968
SK VIII

2,5 ö Das Apostolische Glaubensbekenntnis

T: Übertragung ALT 1971
SK VIII

2,6 Ave Maria Grundgebet

T: Einheitstext
SK VIII

2,7 Angelus — Der Engel des Herrn Grundgebet

T: die im deutschen Sprachraum gebräuchliche Übersetzung
SK VIII

2,8 Regina caeli — Freu dich, du Himmelskönigin Grundgebet

T: die im deutschen Sprachraum gebräuchliche Übersetzung
SK VIII

3 Anbetung, Lob und Dank Gebetsrufe

T: Stoßgebete aus den Psalmen, dem NT und der Liturgie
R: EGB
SK VIII

3,1 O Gott, ich bete dich an Gebet

T: Klemens Tilmann (1967) 1975
R: Autor
SK VIII

Originalbeitrag.

3,2 Gott, unerschöpflich ist deine Weisheit Gebet

T: nach Röm 11, 33.36
R: EGB
SK VIII

Originalbeitrag.

3,3 Herr, du bist groß und hoch zu loben Gebet

T: Aurelius Augustinus
V: „Bekenntnisse" des hl. Augustinus
SK VIII

Herkunft der Übersetzung unbekannt.

3,4 Du bist heilig, Herr, unser Gott Gebet

T: Franziskus von Assisi, Übertragung von Otto Karrer
R: Manesse Verlag Conzett & Huber Zürich
SK VIII

3,5 Vater, wir danken dir für die Gnade Gebet

T: nach 1 Kor 1,4.5a.7a.8.9
R: EGB
SK VIII

Originalbeitrag.

4 Glaube, Hoffnung, Liebe Gebetsrufe

T: Stoßgebete aus den Psalmen, dem NT und der Liturgie
R: EGB
SK VIII

4,1 O mein Gott, ich glaube an dich Gebet

T: Identisch mit Nr. 8,1 Zl 1-3

4,2-3 Um Glauben, um Hoffnung Gebet

T: DGsb Bamberg 1970, leicht verändert
R: St. Otto Verlag Bamberg
SK VIII

Die bisher in vielen DGsb gebräuchliche „Übung des Glaubens, der Hoffnung und der Liebe" konnte in ihrer theologischen und sprachlichen Aussage nicht mehr befriedigen. Sie wurde durch die obenstehenden Gebete ersetzt. Siehe auch Nr 4,4. *MT*

4,4 Um Liebe Gebet

T: RK nach mehreren Vorlagen
R: EGB
RK

Die Vorlage der SK VIII wurde in der Bischöflichen Kommission wesentlich abgeändert. *JS*

4,5 Erbarme dich unser Gebet

T: Dag Hammarskjöld
R: Verlag Droemer und Knaur München
V: Zeichen am Weg
SK VIII

4,6 Atme in mir, du Heiliger Geist Gebet

T: Aurelius Augustinus zugeschrieben
V: DGsb München 1951
SK VIII

5,1   Mein Herr und mein Gott, nimm alles von mir   Gebet

T: Nikolaus von Flüe
V: verschiedene Gebetssammlungen; KKG - PP 4
SK VIII

5,2   Nichts soll dich ängstigen   Gebet

T: Theresia von Avila
V: verschiedene Gebetssammlungen
SK VIII

5,3   Ewiges Wort, eingeborener Sohn Gottes   Gebet

T: Ignatius von Loyola zugeschrieben
V: verschiedene Gebetssammlungen
SK VIII

5,4   O Herr, ich gebe mich ganz in deine Hände   Gebet

T: John Henry Newman
SK VIII

Herkunft der Übersetzung unbekannt.

5,5   Mein Vater, ich überlasse mich dir   Gebet

T: Charles de Foucauld
V: verschiedene Übersetzungen, hier die von der Fraternité Freiburg
   in ihrer Zeitschrift „Mitten in der Welt" autorisierte Fassung
SK VIII

5,6 Nimm hin, o Herr, meine ganze Freiheit   Gebet

T: Ignatius von Loyola
V: verschiedene Gebetssammlungen
RK

6,1 Das immerwährende Jesusgebet   Gebet / Einführungstext

T: aus der Ostkirche / Einführung: Josef Seuffert
R: EGB
V: verschiedene Gebetssammlungen
SK VIII

Originalbeitrag.

6,2 Christus, du Sohn des lebendigen Gottes
    Gebet / Einführungstext

T: aus dem Stundengebet / Einführung: Josef Seuffert
R: EGB
RK

Dies abendländische Christusgebet steht mit M unter Nr 125 und 679. *JS*

6,3 Sei gepriesen, Herr Jesus Christus   Gebet / Einführungstext

T: Klemens Tilmann (1967) 1975
R: Autor
SK VIII

Originalbeitrag.

6,4 Herr Jesus Christus, du hast mich berufen Gebet

T: Klemens Tilmann (1967) 1975
R: Autor
SK VIII

Originalbeitrag.

6,5 Jesus, Sohn Davids, erbarme dich meiner Gebet

T: Alkuin
R: Herder Verlag Freiburg
V: Scheele: Vater, die Stunde ist da. Ökumenische Gebete
SK VIII

6,6 Wachse, Jesus, wachse in mir Gebet

T: Pierre Olivaint
R: Herder Verlag Freiburg
V: Scheele: Vater, die Stunde ist da, Ökumenische Gebete
SK VIII

6,7 Seele Christi, heilige mich Gebet

T: Anima Christi, sanctifica me, 14. Jh
V: verschiedene DGsb
SK VIII

7,1 Herr Gott, im Lichte Jesu Gebet

T: Huub Oosterhuis
R: Herder Verlag Wien
V: „Ganz nah ist dein Wort" – PP 4
SK VII

7,2 Bitten wir Gott, den Herrn, um Vergebung   Gebet

T: Huub Oosterhuis
R: Herder Verlag Wien
V: „Ganz nah ist dein Wort" – PP 4
SK VII

7,3 Ich komme nicht darüber hinweg   Gebet

T: Wilhelm Gößmann
R: Benziger Verlag Einsiedeln
V: PP 4
SK VII

7,4 Herr, unser Gott, wer auch mit dir gebrochen hat   Gebet

T: Huub Oosterhuis
R: Herder Verlag Wien
V: „Ganz nah ist dein Wort" – PP 4
SK VII

7,5 Ich bekenne: Herr, du kennst mich   Gebet

T: Eleonore Beck und Gabriele Miller
R: Verlag Butzon & Bercker Kevelaer
V: PP 4
SK VII

7,6 Allmächtiger Gott, gewähre mir die Gnade   Gebet

T: Thomas von Aquin / Übertragung Anneliese Lissner und Josef Seuffert
R: EGB
RK

In der Vorlage der SK VIII war ein Teil des Gebetes enthalten. Es wurde dann ganz aufgenommen und neu übersetzt. *JS*

7,7   Allmächtiger und barmherziger Gott, du weißt   Gebet

T: Missale Romanum, 4. Sonntag nach Erscheinung / Übertragung EGB
R: EGB
V: PP 4
SK VII

8   Bitte und Vertrauen   Gebetsrufe

T: Stoßgebete aus den Psalmen, dem NT und der Liturgie
R: EGB
SK VIII

8,1   O mein Gott, ich glaube an dich   Gebet

T: Papst Clemens XI.
R: Verlag Habbel Regensburg
V: Gülden: Herr, lehre mich beten
SK VIII

8,2   Herr, laß das Böse geringer werden   Gebet

T: Wilhelm Gößmann
R: Verlag Benziger Einsiedeln
SK VIII

8,3   Um Humor   Gebet

T: T. H. Webb vor 1917
V: „Bibel heute" 1971
SK VIII

Der weitverbreitete, Thomas Morus irrtümlich zugeschriebene T stammt aus dem frühen 20. Jh und gehört in den geistigen Umkreis englischer Publik-School-Devotion der Vorweltkriegszeit.
Der Original-T besteht aus fünf Vierzeilern, wurde aber bereits in

einigen anglo-amerikanischen Gedicht-Anthologien in Str 1 und 2 um die jeweils letzten beiden Z gekürzt und diente so als Vorlage für Übertragungen ins Deutsche.
(Vgl. Hubertus Schulte Herbrüggen, Noch einmal: Gebet um Humor, in: Religionsunterricht an höheren Schulen, 23 (1980) 5, S 267 bis 269)
CH

## 9 In Not und Dunkel	Gebetsrufe

T: Stoßgebete aus der Heiligen Schrift und der Überlieferung
R: EGB
SK VIII

### 9,1 Ich habe keinen anderen Helfer	Gebet

T: aus Afrika
R: Verlag Aussaat Wuppertal
V: Ich liege auf meiner Matte. Afrikanische Gebete
SK VIII

### 9,2 Herr, Gott, großes Elend	Gebet

T: Dietrich Bonhoeffer
R: Verlag Christian Kaiser München
SK VIII

### 9,3 Im Alleinsein	Gebet

T: aus DGsb Bamberg 1970
R: St. Otto Verlag Bamberg
SK VIII

10 In Krankheit   Gebetsrufe

T: Stoßgebete aus dem NT
R: EGB
SK VIII

10,1 Vater, es fällt mit schwer   Gebet

T: DGsb Hildesheim 1969
R: Bernward Verlag Hildesheim
SK VIII

10,2 Herr, wenn du willst   Gebet

T: Theodor Schnitzler
R: Autor
SK VIII

Originalbeitrag.

10,3 Vater im Himmel, es will mir nicht gelingen   Gebet

T: DGsb Hildesheim 1969
R: Bernward Verlag Hildesheim
SK VIII

11 Im Alter   Gebetsrufe

T: Stoßgebete aus der Heiligen Schrift und der Liturgie
R: EGB
SK VIII

11,1   Herr, ich bin alt, schwach und krank   Gebet

T: Gebet der Familie 1970
R: Verlag Butzon & Bercker Kevelaer
RK

11,2   Himmlischer Vater, ich fühle   Gebet

T: DGsb Hildesheim 1969
R: Bernward Verlag Hildesheim
SK VIII

11,3   O Herr, bitter ist das Brot des Alters   Gebet

T: Michelangelo Buonarotti
V: Allgemeines evangelisches Gebetbuch
R: Furche Verlag Hamburg
SK VIII

11,4   Herr und Heiland, schau auf mich   Gebet

T: Theodor Schnitzler
R: Autor
SK VIII

Originalbeitrag.

12   Im Angesicht des Todes   Gebetsrufe

T: Stoßgebete aus der Heiligen Schrift und der Liturgie
R: EGB
SK VIII

12,1   Herr, ich weiß, daß du mich liebst   Gebet

T: DGsb Bamberg 1970
R: St. Otto Verlag Bamberg
RK

12,2   Allmächtiger Gott, unergründlich   Gebet

T: DGsb Hildesheim 1969
R: Bernward Verlag Hildesheim
SK VIII

12,3   Herr Jesus Christus, du willst mich jetzt   Gebet

T: DGsb Bamberg 1970
R: St. Otto Verlag Bamberg
SK VIII

13,1   Es segne mich Gott der Vater   Gebet

SK VIII

13,2   Der Herr segne und behüte uns   Gebet

T: nach Aarons Segen Num 6,24−26
SK VIII

13,3   Es segne mich der Vater   Gebet

T: verschiedene Gebetssammlungen
SK VIII

13,4—6 Der Herr des Friedens — Die Gnade — Reisesegen
Gebete

T: nach der Heiligen Schrift und der Liturgie
SK VIII

14 Morgengebete
Gebetsrufe

T: Stoßgebete aus der Heiligen Schrift und der Liturgie
R: EGB
SK VIII

14,1 Im Namen meines gekreuzigten Heilandes
Gebet

T: altes Morgengebet
RK

14,2 Herr, allmächtiger Gott, am Beginn
Gebet

T: altes kirchliches Morgengebet
SK VIII

14,3 Herr, schau herab auf uns
Gebet

T: altes kirchliches Morgengebet nach Ps 90
SK VIII

14,4 Herr, unser Vater, du Gott des Friedens
Gebet

T: nach 1 Thess 5,23.24
R: EGB
SK VIII

Originalbeitrag.

14,5 Gott, unser Vater, du liebst uns Gebet

T: nach 2 Thess 2,16.17
R: EGB
SK VIII

Originalbeitrag.

15,1 Herr, unser Gott, laß uns nicht im Finstern sein Gebet

T: nach 1 Thess 5,4−7
R: EGB
SK VIII

Originalbeitrag.

15,2 Beim aufgehenden Morgenlicht Gebet

T: ostsyrische Christen
R: Furche Verlag Hamburg
V: Allgemeines evangelisches Gebetbuch
SK VIII

15,3 Vater im Himmel, Lob und Dank Gebet

T: Dietrich Bonhoeffer
R: Christian Kaiser Verlag München
SK VIII

15,4 Wir sind erwacht Gebet

T: aus Afrika
V: Ich liege auf meiner Matte. Afrikanische Gebete
R: Aussaat Verlag Wuppertal
SK VIII

15,5 Herr Jesus, laß uns wachsen und reich werden Gebet

T: nach 1 Thess 3,12
R: EGB
SK VIII

15,6 Herr, du schenkst mir jeden neuen Tag Gebet

T: Verfasser unbekannt
R: Jugenddienst Verlag Wuppertal
SK VIII

Der Text wurde nach zahlreichen Modi durch die RK bearbeitet. *JS*

15,7 Heilige Jungfrau und Gottesmutter Maria Gebet

T: Franz von Sales
RK

Herkunft der Übersetzung unbekannt.

15,8 Engel Gottes, mein Beschützer Gebet

T: altes Gebet
RK

16,1 Aller Augen Gebet

T: aus dem kirchlichen Tischgebet (Ps 145,15-16)
SK VIII

16,2 Herr, segne uns und diese Gaben Gebet

T: aus dem kirchlichen Tischgebet
V: Kirchengebet 1931
SK VIII

16,3 Zum Gastmahl des ewigen Lebens   Gebet

T: aus dem kirchlichen Tischgebet
SK VIII

16,4 Alles Gute kommt von dir, o Herr   Gebet

T: mündlich überliefert
SK VIII

16,5 Segne, Vater, unser Essen   Gebet

T: Verfasser unbekannt, 1931
V: Deutsches Kantual von Guardini, Messerschmid
SK VIII

16,6 Gelobt sei der himmlische Vater   Gebet

T: Claus Schedl
R: Autor
SK VIII

Originalbeitrag.

16,7 Vater, wir leben von deinen Gaben   Gebet

T: mündlich überliefert
SK VIII

16,8 O Gott, von dem wir alles haben   Gebet

T: mündlich überliefert
SK VIII

16,9 Segne, Vater, diese Gaben   Kanon

T: mündlich überliefert
M: mündlich überliefert
RK

17,1 Wir danken dir, allmächtiger Gott   Gebet

T: aus dem kirchlichen Tischgebet
SK VIII

17,2 Im täglichen Mahl, o Herr   Gebet

T: mündlich überliefert
SK VIII

17,3 Wir danken dir, Herr, Gott, himmlischer Vater   Gebet

T: mündlich überliefert
SK VIII

17,4 Dir sei, o Gott, für Speis und Trank   Gebet

T: mündlich überliefert
SK VIII

17,5 Herr, vergilt in Güte allen   Gebet

T: aus dem kirchlichen Tischgebet
RK

17,6 Herr und Vater, wir danken dir für dieses Mahl   Gebet

T: mündlich überliefert
SK VIII

17,7   Wir wollen danken für unser Brot   Gebet

T: mündlich überliefert
RK

18   Abendgebete   Gebetsrufe

T: Stoßgebete aus der Liturgie
SK VIII

18,1   Deinen Frieden, Herr, gib uns vom Himmel   Gebet

T: Alkuin
R: Furche Verlag Hamburg
V: Allgemeines evangelisches Gebetbuch
SK VIII

18,2   Herr Jesus Christus, sei nahe denen   Gebet

T: unbekannter Herkunft, angeblich von Aurelius Augustinus
R: Furche Verlag Hamburg
V: Allgemeines evangelisches Gebetbuch
SK VIII

18,3   Herr, mein Gott, ich danke dir   Gebet

T: Dietrich Bonhoeffer
R: Christian Kaiser Verlag München
SK VIII

18,4   Herr, der Tag geht zu Ende   Gebet

T: Hubert Frankemoelle und Joop Bergsma
R: Verlag Butzon & Bercker Kevelaer
V: Gebete für heute
SK VIII

18,5　Vater, ich danke dir für diesen Tag　　　　　　　　　Gebet

T: nach DGsb Hildesheim 1969
R: Bernward Verlag Hildesheim
V: DGsb Hildesheim
SK VIII

18,6　Wir beten für unsre Eltern　　　　　　　　　　　　　Gebet

T: John Henry Newman
R: Grünewald Verlag Mainz
V: Laßt uns preisen den Herrn
SK VIII

18,7　Bleibe bei uns, Herr　　　　　　　　　　　　　　　　Gebet

T: Karl Bernhard Ritter und Josef Gülden
R: Verlag Friedrich Pustet Regensburg
V: Lehre uns beten
SK VIII

18,8 ö　Herr, bleibe bei uns　　　　　　　　　　　　　　　Kanon

T: Lk 24,29
M: Albert Thate 1935
R: Bärenreiter Verlag Kassel
RK

19,1　Rede, Herr　　　　　　　　　　　　　　　　　　　　Gebet

T: SK VIII nach verschiedenen Vorlagen
R: EGB
SK VIII

19,2 Herr, gib mir immer wieder   Gebet

T: SK VIII nach verschiedenen Vorlagen
R: EGB
SK VIII

19,3 Herr, mein Gott, du Licht der Blinden   Gebet

T: nach Aurelius Augustinus
R: EGB
SK VIII

Übertragung Originalbeitrag.

19,4 Heiliger Geist, erleuchte und führe mich   Gebet

T: nach verschiedenen Vorlagen
R: EGB
SK VIII

19,5 Herr und Gott, vieles wird geredet   Gebet

T: DGsb Bamberg 1970
R: St. Otto Verlag Bamberg
SK VIII

19,6 Herr und Gott, ich danke dir für dein Wort   Gebet

T: DGsb Bamberg 1970
R: St. Otto Verlag Bamberg
SK VIII

20 Das Gebet in der Familie Katechetischer Text

T: Maria Luise Thurmair
R: Autor
SK VIII

Originalbeitrag.

21 Beten mit dem jüngeren Kind Katechetischer Text

T: Elisabeth Häuser und Anneliese Lissner
R: Autoren
SK IX

Originalbeitrag.

22,1 Großer Gott, ich danke dir Gebet

T: Marielene Leist
R: Herder Verlag Freiburg
V: Gebetbuch für Kinder und ihre Eltern
SK VIII

22,2 Lieber Vater im Himmel, ich habe Gebet

T: Felicitas Betz
R: Pfeiffer Verlag München
V: Schau her, lieber Gott
SK VIII

22,3 Großer guter Gott, vielen Dank Gebet

T: Marielene Leist
R: Herder Verlag Freiburg
V: Gebetbuch für Kinder und ihre Eltern
SK VIII

22,4 Vater im Himmel, ich bin krank   Gebet

T: Anneliese Lissner
R: Autor
RK

Originalbeitrag.

22,5 Lieber Gott, wir hatten heute Streit   Gebet

T: Anneliese Lissner
R: Autor
RK

Originalbeitrag.

22,6 Gott im Himmel, ich habe heute ein Bild gesehen   Gebet

T: Josef Seuffert
R: Autor
RK

Originalbeitrag.

22,7 In meiner Schule sind viele Kinder   Gebet

T: Gebet der Familie 1970
R: Verlag Butzon & Bercker Kevelaer
RK

22,8 Gott, Vater im Himmel, ein neuer Tag   Gebet

T: DGsb Hildesheim 1969
R: Bernward Verlag Hildesheim
SK VIII

22,9 Ich bin müde   Gebet

T: DGsb Bamberg 1970
R: St. Otto Verlag Bamberg
SK VIII

23,1 Herr, ich möchte frei und selbständig sein   Gebet

T: Gebet der Familie 1970
R: Verlag Butzon & Bercker Kevelaer
RK

23,2 Herr, unser Gott, hab Dank   Gebet

T: aus der evangelischen Studentengemeinde
R: Jugenddienst Verlag Wuppertal
V: Mitten unter uns
SK VIII

23,3 Solange ich lebe   Gebet

T: Paul Roth
R: Echter Verlag Würzburg
SK VIII

24,1 Herr, ich wünsche mir so sehr   Gebet

T: Anneliese Lissner
R: Autor
RK

Originalbeitrag.

24,2 Vater, ich danke dir, daß du uns   Gebet

T: DGsb Hildesheim 1969
R: Bernward Verlag Hildesheim
SK VIII

24,3 Wir haben zueinander Ja gesagt   Gebet

T: Gebet der Familie 1970
R: Verlag Butzon & Bercker Kevelaer
RK

24,4 Vater im Himmel, ich hätte nie gedacht   Gebet

T: DGsb Hildesheim 1969
R: Bernward Verlag Hildesheim
SK VIII

24,5 Zerstörte Liebe   Gebet

T: Wilhelm Gößmann
R: Benziger Einsiedeln
SK VIII

24,6 Was befleckt ist, wasche rein   Gebet

identisch mit Nr 244 Str 7.8

25,1 Herr und Gott, wir erwarten   Gebet

T: DGsb Bamberg 1970
R: St. Otto Verlag Bamberg
SK VIII

25,2 Vater im Himmel, du hast uns unsere Kinder Gebet

T: DGsb Bamberg 1970
R: St. Otto Verlag Bamberg
SK VIII

25,3 Vater, du hast uns Jesus Gebet

T: Gebet der Familie 1970
R: Verlag Butzon & Bercker Kevelaer
RK

25,4 Herr, unser Kind ist fröhlich Gebet

T: Gebet der Familie 1970
R: Verlag Butzon & Bercker Kevelaer
RK

25,5 Für die Freunde meiner Kinder Gebet

T: Gebet der Familie 1970
R: Verlag Butzon & Bercker Kevelaer
RK

25,6 Herr, mein Sohn Gebet

T: Maria Liepelt
R: Verlag Butzon & Bercker Kevelaer
V: Gebet der Familie 1970
RK

26,1 Wir danken dir, Herr Gott   Gebet

T: Huub Oosterhuis
R: Herder Verlag Wien
V: Ganz nah ist dein Wort
SK VIII

26,2 Vater, du hast   Gebet

T: DGsb Bamberg 1970
R: St. Otto Verlag Bamberg
SK VIII

26,3 Herr, (. . .) ist tot   Gebet

T: Gebet der Familie 1970
R: Butzon & Bercker Kevelaer
RK

27,1 Barmherziger Vater   Gebet

T: William Laud (1573−1645)
R: EGB
V: Textblatt der christlichen Studentenbewegung Englands
SK VIII

in anderer Übersetzung im Allgemeinen evangelischen Gebetbuch, Furche Verlag Hamburg. *MT*

27,2 Herr, wir glauben   Gebet

T: John Henry Newman
R: Kösel Verlag München
V: Betrachtungen und Gebete von J. H. Newman
SK VIII

27,3 Herr Jesus Christus   Gebet

T: Johann Michael Sailer
V: mehrere Gebetssammlungen
RK

27,4 Wir bitten dich, Herr   Gebet

T: Emil Spath
R: Autor
V: Päpstliches Werk für geistliche Berufe
RK

27,5 Jesus, göttlicher Hirt   Gebet

T: Papst Paul VI.
V: Päpstliches Werk für geistliche Berufe
RK

28,1 Herr, unser Gott, du berufst   Gebet

T: Deutsches Meßbuch
R: Kommission zur Herausgabe der Liturgischen Bücher
RK

28,2 Herr, unser Gott, du selbst   Gebet

T: Deutsches Meßbuch
R: Kommission zur Herausgabe der Liturgischen Bücher
RK

28,3 Herr Jesus Christus, du hast gebetet   Gebet

T: DGsb Hildesheim 1969
R: Bernward Verlag Hildesheim
SK VIII

28,4   Gott, nach dem geheimnisvollen Ratschluß   Gebet

T: nach dem Deutschen Meßbuch
R: EGB
RK

28,5   Herr, du hast uns befohlen   Gebet

T: RK
R: EGB
RK

Originalbeitrag.

28,6   Herr Jesus Christus, du bist das Haupt   Gebet

T: nach Josef Gülden
R: Verlag Habbel Regensburg
RK

28,7   Komm, Heiliger Geist, komm   Gebet

T: Vaticanum II
RK

28,8   Gedenke deiner Kirche   Gebet

T: Zwölfapostellehre, Übertragung SK VIII
SK VIII

29,1   Hilf uns, Herr, daß wir Liebe haben   Gebet

T: vgl Röm 12,10
R: EGB
SK VIII

29,2 Herr Jesus Christus, in dir sind   Gebet

T: Franz Schmutz
R: Autor
SK VIII

Originalbeitrag.

29,3 Herr, öffne meine Augen   Gebet

T: Autor unbekannt
RK

29,4 Jesus Christus, unser Bruder   Gebet

T: DGsb Hildesheim 1969
R: Bernward Verlag Hildesheim
SK VIII

29,5 Mein Gott, laß mir im Leben des andern   Gebet

T: Pierre Teilhard de Chardin
R: Walter Verlag Olten
V: Das göttliche Milieu
SK VIII

29,6 Herr, mach mich zu einem Werkzeug   Gebet

T: Frankreich 1913, Übertragung EGB
R: EGB
V: in vielen Gebetssammlungen – PP 4
SK VIII

Das Gebet wird fälschlich Franz von Assisi zugeschrieben wegen der Überschrift: Gebet im Geist des hl. Franz. *JS*

30,1 Herr und Gott, guter Vater Gebet

T: Franz Schmutz
R: Autor
SK VIII

Originalbeitrag.

30,2 Herr, gib uns allen Gebet

T: Manfred Seitz und Friedrich Thiele
R: MBK Verlag Salzuflen
V: Wir beten
SK VIII

30,3 Herr, du hast uns zur Freude berufen Gebet

T: Katholische Studierende Jugend
R: Verlag KSJ Köln
V: Zweites Senfkorn
SK VIII

30,4 Gott, ich danke dir für die Freude Gebet

T: Walter Röder
R: Christophorus Verlag Freiburg
RK

Originalbeitrag.

31,1 Herr, unsere Erde ist nur ein kleines Gestirn Gebet

T: Gebet der Vereinten Nationen
V: DGsb Bamberg 1970
RK

31,2   Herr aller Herren, du willst   Gebet

T: nach Manfred Seitz und Friedrich Thiele
R: MBK Verlag Salzuflen
V: Wir beten
SK VIII

31,3   Herr der Welt, gib uns einen Blick   Gebet

T: SK VIII
R: EGB
SK VIII

Originalbeitrag

31,4   Herr, zeig uns die Welt   Gebet

T: Felicitas Betz
R: Autor
SK VIII

Originalbeitrag.

32,1   Salve Regina: Sei gegrüßt, o Königin   Gebet

T: 11. Jh Übertragung Einheitstext
SK VIII

32,2   Gesegnet bist du, o Tochter   Gebet

T: Judit 13,18−20
SK VIII

Übersetzung Originalbeitrag.

32,3 Unter deinen Schutz und Schirm Gebet

T: nach dem lateinischen Sub tuum praesidium
SK VIII

33,1—5 Der Rosenkranz

SK VIII

33,6 Die trostreichen Geheimnisse Gebet

T: nach verschiedenen Vorlagen
SK VIII

34,1 Heiliger Schutzengel, Gottes liebende Sorge Gebet

T: SK VIII
R: EGB
SK VIII

Originalbeitrag.

34,2 Heilige(r) . . ., seit der Taufe Gebet

T: SK VIII
R: EGB
SK VIII

Originalbeitrag.

35,1 Herr, gib ihm (ihr) die Erfüllung seiner (ihrer) Sehnsucht
Gebet

T: SK VIII nach der Liturgie
R: EGB
SK VIII

35,2 Gott, du hast deine Heiligen Gebet

T: RK nach dem Begräbnisritus
RK

35,3 Herr, unser Gott, du bist allen nahe Gebet

T: RK nach dem Begräbnisritus
RK

35,4 Herr Jesus Christus, wir bitten dich Gebet

T: RK nach dem Begräbnisritus
RK

35,5 ö Gott des Lebens, viele Menschen ereilt der Tod Gebet

T: Walter Röder
R: Christophorus Verlag Freiburg
RK

Originalbeitrag. Das Gebet wurde in die ökumenische Publikation „Gesänge zur Bestattung" aufgenommen. *JS*

35,6 ö Allmächtiger Gott, hilflos stehen wir Gebet

T: RK nach dem Begräbnisritus
RK

35,7 Herr, gib ihnen die ewige Ruhe Gebet

T: aus der Liturgie
SK VIII

36—40 freie Nummern

41,1−2 Christliches Leben aus den Sakramenten
Katechetischer Text

T: Hermann Volk
R: EGB
RK

Originalbeitrag.

42,1 Grundlegung des christlichen Lebens − In unsere Welt
Katechetischer Text

T: SK VI
R: EGB
SK VI

Originalbeitrag.

42,2 Lobpreis
Schrifttext

T: Eph 1,3−10
R: Katholische Bibelanstalt Stuttgart
SK VI

Aus dem Entwurf zur Einheitsübersetzung. *JS*

43,1−2 Die Taufe
Katechetischer Text

T: Rupert Berger
R: EGB
V: EGB 11
SK VI

Originalbeitrag.

44,1−4 Die Kindertaufe Katechetischer Text

T: Rupert Berger
R: EGB
V: EGB 11
SK VI

Originalbeitrag.

45 Die Feier der Kindertaufe Gesamtüberschrift

In den Nummern 46−48 ist der Verlauf der Kindertaufe ausführlich abgedruckt.

46 ö Ein kleines Kind, du großer Gott Ruflied mit Refrain

T: Rosemarie Harbert (1971) 1972
M: Gerhard Blank (1971) 1972
R: Autoren
V: EGB 11
SK IX   WB VII 227

Text und Melodie: Originalbeitrag. Ergebnis einer Ausschreibung der SK IX. JS

47,1−9 Taufritus, erster Teil

T: Die Feier der Kindertaufe 1971 / Zwischentexte SK VI
R: Kommission zur Herausgabe der Liturgischen Bücher / EGB
V: EGB 11
SK VI

48,1—7 Taufritus, zweiter Teil

T: Die Feier der Kindertaufe 1971 / Zwischentexte SK VI
R: Kommission zur Herausgabe der Liturgischen Bücher / EGB
V: EGB 11
SK VI

48,2 Halleluja-Ruf

identisch mit Nr 530,7

49 Die Nottaufe

T: Die Feier der Kindertaufe 1971 / Zwischentext SK VI
R: Kommission zur Herausgabe der Liturgischen Bücher / EGB
SK VI

50,1 Erneuerung des Taufversprechens   Katechetischer Text

T: Rupert Berger
R: EGB
SK VI

Originalbeitrag.

50,2 Dank für die Taufe   Gebet

T: Josef Seuffert
R: Christophorus Verlag Freiburg
RK

Originalbeitrag.

Nr 48,1-53

51,1−3 Die Firmung Katechetischer Text

T: SK VI
R: EGB
SK VI

Originalbeitrag.

52,1−4 Die Spendung der Firmung

T: Die Feier der Firmung / Zwischentexte SK VI
R: Kommission zur Herausgabe der Liturgischen Bücher / EGB
SK VI

52,5 Gebet zur Firmerneuerung Gebet

T: Josef Seuffert
R: Christophorus Verlag Freiburg
RK

Originalbeitrag.

53 Die Eucharistie Katechetischer Text

T: Rupert Berger
R: EGB
SK VI

Originalbeitrag. Der Text behandelt nur die heilige Kommunion, nicht die Eucharistiefeier. Siehe Nr 351−369. *JS*

54,1–7 Sünde und Vergebung, Umkehr   Katechetischer Text

T: SK VII
R: EGB
V: PP 4
SK VII

Originalbeitrag. Der Text wurde nach Konzilsaussagen und nach Vorarbeiten zur Synode der Deutschen Bischofskonferenz abgefaßt, zur Probe in PP 4 veröffentlicht und nach mehrfacher Überarbeitung verabschiedet. *JS*

55 Bußgottesdienst   Katechetischer Text

T: Franz Nikolasch
R: EGB
V: PP 4
SK VII

Originalbeitrag. Der Text wurde in PP 4 veröffentlicht und nach Überarbeitung verabschiedet. *JS*

56,1 Herr Jesus, du rufst die Menschen zur Umkehr

identisch mit Nr. 495,4.

56,2 Begrüßung

T: Josef Seuffert
R: EGB
V: PP 4
SK VII

Originalbeitrag.

56,3 Vater, ich habe gesündigt vor dir   Kehrvers

T: Lk 15,21
M: Josef Seuffert 1968
R: Verlag Haus Altenberg Düsseldorf
V: Wortgottesdienste – PP 4
K: Nr 125 APs 51
Ch: S 8f Verse aus Lk 15
SK VII   WB VII 229

Text und Melodie: wie Vorlage.

56,4 Besinnung

T: Josef Seuffert
R: EGB
V: PP 4
SK VII

Originalbeitrag.

56,5 Bekenntnis

T: Josef Seuffert 1968
R: Verlag Haus Altenberg Düsseldorf
V: Wortgottesdienste – PP 4
SK VII

Der Text wurde leicht geändert.

56,6 Entlassung

T: nach Aarons Segen Num 6,24–26
R: EGB
V: PP 4
SK VII

57,1 Begrüßung

T: Josef Seuffert
R: EGB
V: PP 4
SK VII

Originalbeitrag.

57,2 Die ganze Welt muß sich schuldig bekennen vor Gott
Kehrvers

T: nach Röm 3,19
M: Josef Seuffert 1968
R: Verlag Haus Altenberg Düsseldorf
V: Wortgottesdienste – PP 4
Ch: S 10 Verse aus Röm 3
SK VII   WB VII 229

Text und Melodie: wie Vorlage.

57,3—5 Besinnung, Bekenntnis, gegenseitige Vergebung

T: Arbeitskreis einer Werkwoche 1969
R: EGB
V: PP 4
SK VII

Die von einem Arbeitskreis in einer Werkwoche gestalteten Texte wurden leicht überarbeitet. *JS*

57,6 Vergib uns unsre Schuld   Kehrvers

T: Gebet des Herrn
M: Josef Seuffert (1961) 1968
R: Verlag Haus Altenberg Düsseldorf
V: Wortgottesdienste − PP 4
Ch: S 11f Verse aus Mt 18, Lk 6, Mt 5
SK VII   WB VII 230

Text und Melodie: geringfügige Änderung gegenüber der Vorlage.

57,7−8 Bitte, Gebet

T: Josef Seuffert
R: EGB
V: PP 4
SK VII

Originalbeitrag.

58 Das Sakrament der Buße   Katechetischer Text

T: Hans Bernhard Meyer
R: EGB
V: PP 4
SK VII

Originalbeitrag.

59,1 Gott, du bist der Herr   Gebet

T: Walter Krawinkel
R: Autor
V: PP 4
SK VII

Originalbeitrag.

59,2 Gott, du bist mein Vater   Gebet

T: Johann Auer
R: Autor
SK VII

Originalbeitrag.

59,3 Herr, ich kenne mich oft bei mir selber nicht aus   Gebet

T: Hans Bernhard Meyer
R: Autor
V: PP 4
SK VII

Originalbeitrag.

59,4 Besinnung auf mein Leben

T: SK VII
R: EGB
V: PP 4
SK VII

Originalbeitrag.

59,5 Gott, himmlischer Vater, ich habe gesündigt   Gebet

T: Autor unbekannt
SK VII

59,6 Herr, du liebst mich   Gebet

T: Hans Bernhard Meyer
R: Autor
V: PP 4
SK: VII

Originalbeitrag.

59,7 Gütiger Gott. Ich habe gesündigt   Gebet

T: Johann Auer
R: Autor
SK VII
Originalbeitrag

59,8 Dich liebt, o Gott, mein ganzes Herz   Gebet (Liedtext)

T: Friedrich Spee 1637
V: viele Gsb
RK

60, 1—4 Beichte

T: Die Feier der Buße 1974; Zwischentext: SK VII
R: Kommission zur Herausgabe der Liturgischen Bücher / EGB
SK VII

60,5 Ich danke dir, Herr, für die Vergebung   Gebet

T: Hans Bernhard Meyer
R: Autor
V: PP 4
SK VII

Originalbeitrag.

61 Erster Gewissensspiegel: Die Zehn Gebote

T: Hans Bernhard Meyer
R: Autor
V: PP 4
SK VII

Originalbeitrag.

62,1−8 Allgemeiner Gewissensspiegel

T: Walter Krawinkel
R: Autor
V: PP 4
SK VII

Originalbeitrag.

63,1−3 Dritter Gewissensspiegel: Glaube − Hoffnung − Liebe

T: Helga Rusche
R: Autor
V: PP 4
SK VII

Originalbeitrag.

64,1−6 Vierter Gewissensspiegel: Leben für andere

T: Helga Rusche
R: Autor
V: PP 4
SK VII

Originalbeitrag.

65,1—5 Beichte für Kinder

T: Günther Weber
R: Autor
RK

Originalbeitrag.

66,1—8 Schülerbeichte

T: Elmar Gruber
R: Don Bosco Verlag München
RK

Originalbeitrag.

66,9 Schülerbeichte — Vater, ich habe gesündigt Gebet

T: Albert Höfer
R: Autor
RK

Originalbeitrag.

66,10.11 Schülerbeichte — Beichte — Nach der Beichte

T: RK
R: EGB
RK

Originalbeitrag.

66,12 Schülerbeichte — Gott, ich danke dir, daß du mich liebst
Gebet

T: Elmar Gruber
R: Don Bosco Verlag München
RK

Originalbeitrag.

67,1—5 Weisungen der Kirche

T: Hugo Aufderbeck
R: Autor
RK

Originalbeitrag. Die Formulierung der Kirchengebote wurde mit der Bischofskonferenz abgestimmt. *JS*

68   Dienst des Christen in Kirche und Welt   Katechetischer Text

T: SK VI
R: EGB
SK VI

Originalbeitrag nach Beiträgen von W. Hörmer. *RB*

69   Dienste in der Kirche   Katechetischer Text

T: SK VI
R: EGB
SK VI

Originalbeitrag.

70 Der Ordensstand Katechetischer Text

T: SK VI
R: EGB
SK VI

Originalbeitrag.

71,1 Die Priesterweihe — das Weihesakrament
Katechetischer Text

T: SK VI
R: EGB
SK VI

Originalbeitrag.

71,2 Aus dem Weihegebet für Priester Gebet

T: Liber de Ordinatione, deutsche Ausgabe 1971
R: Kommission zur Herausgabe der Liturgischen Bücher
SK VI

71,3 Sorge um geistliche Berufe Katechetischer Text

T: SK VI
R: EGB
SK VI

Originalbeitrag.

72 Das Sakrament der Ehe Katechetischer Text

T: Paul Nordhues
R: EGB
RK

Originalbeitrag.

73,1—7 Die Feier der Trauung

T: Die Feier der Trauung 1974 / SK VI
R: Kommission zur Herausgabe der Liturgischen Bücher
SK VI

74 Gott, der nach seinem Bilde Stollenlied

T: Huub Oosterhuis 1964 „God die in het begin", nach der Übertragung von Nikolaus Greitemann und Peter Pawlowsky 1967
M: Erhard Quack 1971
R: (T) Herder Wien (M) Christophorus Verlag Freiburg
V: NP – EGB 10
SK I A WB VII 231

Text: wie Vorlagen. Gegenüber Greitemann / Pawlowsky geringe Änderungen mit Zustimmung des Autors, z. B. 1,2 „Staub" statt „Lehm".
2,3/4 „solange er nicht Liebe des anderen erfährt" statt „wenn er nicht eines andern Liebe zutiefst erfährt".

Melodie: Mit Taktvorzeichnung versehen. Auf Vorschlag des AK5 aufgenommen. *EQ*

75 Der Christ in der Krankheit Katechetischer Text

T: SK VI
R: EGB
SK VI

Originalbeitrag.

76 Die Krankensalbung

T: Die Feier der Krankensakramente 1972 / RK
R: Kommission zur Herausgabe der Liturgischen Bücher / EGB
RK

77,1—3 Vom Sterben des Christen Katechetischer Text

T: Rupert Berger
R: EGB
V: EGB 12
SK VI

Originalbeitrag.

78 Die Wegzehrung

T: Die Feier der Krankensakramente 1972 / RK
R: Kommission zur Herausgabe der Liturgischen Bücher / EGB
RK

79,1—6 Sterbegebete

T: RK
R: Kommission zur Herausgabe der Liturgischen Bücher / EGB
RK

80 Die Totenwache Katechetischer Text

T: RK
R: EGB
RK

Originalbeitrag.

81 Die Begräbnisfeier Katechetischer Text

T: Rupert Berger
R: EGB
V: EGB 12
SK VI

Originalbeitrag.

82,1 Beim Herrn ist Barmherzigkeit

identisch mit Nr 191,1.

82,2 Psalm 130

identisch mit Nr 191,2.

82,3 Herr Jesus Christus, du hast Kyrieruf

T: Die kirchliche Begräbnisfeier 1972
R: Kommission zur Herausgabe der Liturgischen Bücher / EGB
V: EGB 12
SK VI

83,1 Der Herr vergibt die Schuld

identisch mit Nr 527,5.

83,2 Psalm 103: Der gütige und verzeihende Gott   Psalm

An dieser Stelle ist eine Versauswahl des Psalms abgedruckt (8.11–17); der gesamte Psalmtext findet sich Nr 742,3. *JS*

83,3 Zu unserem Herrn Jesus Christus   Fürbitt-Rufe

T: Die kirchliche Begräbnisfeier 1972
R: Kommission zur Herausgabe der Liturgischen Bücher
V: EGB 12
SK V

84 ö Zum Paradies mögen Engel dich geleiten   Kehrvers

T: Antiphon „In paradisum" Übertragung EGB 1974
M: Josef Seuffert nach der Antiphon „In paradisum" 1963/1974
R: EGB
V: Collectio Rituum 1949; Deutsche Proprien 4
Ch: S 12ff Verse aus Offb 7,14,6
SK I B   WB VII 235

Text und Melodie: Der Gesang wurde in die ökumenische Sammlung „Gesänge zur Bestattung" aufgenommen. *JS*

85,1 Ewiges Leben schenke ihnen

identisch mit Nr 664,2.

85,2 Gott, tilge mein Vergehn

identisch mit Nr 172,3.

85,3 Psalm 51: Bitte um Vergebung und Neuschöpfung Psalm

T: Freie Übertragung durch den AK „Theologische Lücken im Liedgut"
M: Psalmodie aus Frankreich
R: EGB
V: EGB 12
SK I B

Text: Originalbeitrag.

86 ö Ich bin die Auferstehung und das Leben Kehrvers

T: Joh 11,25
M: Michael Müller
R: Christophorus Verlag Freiburg
V: EGB 12
Ch: S 14f Verse aus 1 Thess 4 und Röm 8
SK I B   WB VII 237

Text und Melodie: Originalbeitrag. Der Gesang wurde in die ökumenische Sammlung „Gesänge zur Bestattung" aufgenommen. *JS*

87 ö Gesät wird in Schwachheit Neutestamentlicher Gesang

T: Walter Röder nach 1 Kor 15,43–57/1973
M: Walter Röder 1972
R: Christophorus Verlag Freiburg
V: EGB 12
SK I B   WB VII 238

Text und Melodie: Originalbeitrag. Der Gesang wurde in die ökumenische Sammlung „Gesänge zur Bestattung" aufgenommen. Melodie wie Nr 548. *JS*

88 Wir übergeben den Leib Gebet

T: Die kirchliche Begräbnisfeier 1972
R: Kommission zur Herausgabe der Liturgischen Bücher
V: EGB 12
SK VI

89,1 Der Herr schenkt seinem Volk den Frieden

identisch mit Nr 123,1.

89,2 Benedictus ntl. Gesang

Vom vollständigen Text in den Laudes Nr 681 sind die Verse 7 und 8 weggelassen. *JS.*

90,1 Der Herr ist mein Licht und mein Heil

identisch mit Nr 487.

90,2 Nunc dimittis

identisch mit Nr 700,3.

91 Abschließendes Gebet Gebet

T: Die kirchliche Begräbnisfeier 1972 / SK VI
R: Kommission zur Herausgabe der Liturgischen Bücher / EGB
V: EGB 12
SK VI

92–100 freie Nummern

101 Das Leben der Gemeinde im Kirchenjahr
Katechetischer Text

T: Rupert Berger
R: EGB
SK VI

Originalbeitrag.

102 Der Advent
Katechetischer Text

T: Rupert Berger
R: EGB
SK VI

Originalbeitrag.

103 Tau aus Himmelshöhn
Kyrie-Litanei

T: Maria Luise Thurmair 1952
M: Heinrich Rohr 1952
R: Christophorus Verlag Freiburg
V: DGsb Mainz 1952–PP 7; VP
SK I B   WB I 105

Text und Melodie: wie Vorlage. Gleiche Melodie wie Nr 129 und 175.
JS

104 Tauet, Himmel, aus den Höhn
Lied

T: Johannes Schlick (1970) 1975 nach Texten der Adventsliturgie
M: bei Johann Spangenberg, Erfurt 1544   Z 1158
R: (T) Autor
SK I A   WB I 107

Text: Originalbeitrag.

Melodie: wie Spangenberg. *HS*

105 ö O Heiland, reiß die Himmel auf   Lied

T: Friedrich Spee 1622
M: Rheinfelsisches Gesangbuch, Augsburg 1666   B I 24 b
V: 35 Dgsb; E; KL; EKG; KKG: GKL — PP 7; VP
SK I A   WB I 109

Text: Ihm liegt die Original-Fg von Friedrich Spee zugrunde, weil sie durchaus verständlich ist und zu keinen Mißdeutungen Anlaß gibt. Gegenüber dem E-T kommt es dadurch zu kleinen Änderungen:
1,3 „Tor und Tür" statt „Tür und Tor"; 4 „für" statt „vor".
2,1 „ein Tau" statt „den Tau".
3,3 „herfür" statt „hervor".
4,2 „darauf sie all" statt „darauf die Welt". MT

Melodie: Entgegen E wurden in den Takten 2, 4 und 8 die Synkopen wie im Original und in ö beibehalten. EQ

106 Kündet allen in der Not   Stollenlied mit Refrain

T: Friedrich Dörr 1971
M: „Morgenglanz der Ewigkeit" Nr 668
R: (T) Autor
V: PP 7; EGB 12; VP
SK I A   WB I 111

Text: Originalbeitrag.

Melodie: siehe zu Nr 668. HS

107 ö Macht hoch die Tür, die Tor macht weit   Refrainlied

T: Georg Weißel (1623) 1642
M: bei Johann Anastasius Freylinghausen, Halle 1704   Z 5846
V: 29 DGsb; KL; EKG; RKG; KKG; GKL – PP 7; VP
SK I A   WB I 113

Text: Während KL auf 3 Str gekürzt hat (1.4.5), steht in GL der ganze T, dessen origineller Aufbau durch jede Kürzung gestört wird. In 5,1 wurde statt „O komm" die ursprüngliche Wortfolge wiederhergestellt. So stimmt der T mit EKG und GKL überein.

Melodie: wie KL, EKG und GKL. *MJ*

108 ö Komm, du Heiland aller Welt   Hymnus

T: Ambrosius von Mailand um 386 „Veni redemptor gentium", Übertragung Markus Jenny 1971
M: Einsiedeln 12. Jh / Erfurt 1524   MMH 503; B I 1 b; Z 1174
R: (T) Theologischer Verlag Zürich
V: 15 DGsb; EKG; RKG; KKG; KL II; GKL – VP
SK I A   WB I 115

Text: Als ökumenischer T kam weder die auf evangelischer Seite verbreitete Übertragung Luthers (Nun komm, der Heiden Heiland), noch die auf katholischer Seite verbreitete Nachdichtung von Petronia Steiner (Komm, der Völker Heiland du) in Frage, weil beide in Hinsicht auf die sprachliche Gestaltung nicht befriedigten. In mehreren Anläufen entstand im Laufe der EGB-Arbeit die vorliegende Übertragung, die dann auch in GKL übernommen wurde.

Melodie: Die reformatorische Umformung der alten Hymnenweise ist heute in allen Gsb in der ursprünglichen Form verbreitet. *MJ*

109 Aus hartem Weh die Menschheit klagt — Stollenlied

T: um 1525 / KL
M: nach Michael Vehes Gesangbuch, Leipzig 1537   B I 12
V: 31 DGsb; E; KL; KKG
SK I A   WB I 117

Text: 1,1/2 „klagt / steht" beidemal präsentisch statt „klagt' / stand". 2,2 „verlangt'" statt „verlangt"; „Erden" statt „Erde"; 3 „Heilig" statt „Heilge"; 4 „das Wort sollt Fleisch uns werden" statt „damit das Wort Fleisch werde". Bisherige Str 2 entfiel wegen ihres überstarken Anthropomorphismus, Str 4, weil sie den adventlichen Rahmen sprengt. *EH*

Melodie: wie E, jedoch halbierte Notenwerte (♩ ♪). *EQ*

110 ö „Wachet auf", ruft uns die Stimme — Stollenlied

T und M: Philipp Nicolai (1597) 1599
V: 21 DGsb; KL; EKG; RKG; KKG; GKL; GzB – PP 7; VP
    Z 8405; B IV 106
SK I A   WB I 119

Text: Die durch KL begründete neuere katholische Tradition stimmt mit der evangelischen überein.

Melodie: In der Wiedereinführung des originalen Melismas am Ende der 1. Zl sind sich die katholischen Gsb mit den evangelischen (außer RKG) einig; auch GKL hat deshalb diese Fg. Hingegen bestand über die vorletzte Zl (zu der Hochzeit) Uneinigkeit. Als ö-Fg gilt nun die ursprüngliche, welche in der 1. Str eine natürliche Wortbetonung ergibt, auf welche aber auch die entsprechenden Worte in Str 2 und 3 durchaus gesungen werden können. Der Stollenschluß ist in GL ungenau notiert: nach dem ersten Stollen muß dort eine Halbe-Pause eingehalten werden (vgl. Nr 111). *MJ*

111 ö   Die Nacht ist vorgedrungen   Stollenlied

T: Jochen Klepper 1938
M: Johannes Petzold 1939
R: (T) Verlag Merseburger Berlin; (M) Bärenreiter Verlag Kassel
V: EGK; GKL – PP 7
SK I A   WB I 123

Text: unverändert nach dem Original wie EGK und GKL.

Melodie: Eine Nachlässigkeit der M-Notation in der Quelle und im EGK wurde beseitigt: Die ganze Note am Stollenende kann nur beim ersten Stollen gelten; beim zweiten muß es ein halbe sein, sonst wird der Abstand zum Abgesang zu groß. Um einer Notierung mit prima und seconda volta auszuweichen, wurde am Stollenende nur eine halbe notiert und vor die erste Note eine Halbe-Pause gesetzt. *MJ*

112   Herr, send herab uns deinen Sohn   Lied

T: nach Heinrich Bone 1847, Str 9 EGB (1969) 1971
M: Andernacher Gsb, Köln 1608   B I 2
R: (T) EGB
V: 31 DGsb; KKG – PP 7
SK I A   WB I 125

Text: umgearbeitet 1969 von der SK. In manchen DGsb ging den O-Str die Einleitungs-Str „Herr, send herab" voraus. Sie wurde für GL übernommen und durch eine entsprechende Schlußrahmen-Str ergänzt. *EH*

Melodie: Die von der SK gewählte ernste und eindringliche M entspricht dem T weit besser als die M in den DGsb. *HS*

113 ö   Mit Ernst, o Menschenkinder　　　　　　Stollenlied

T: Valentin Thilo 1642, Str 3 Hannoversches Gsb, Lüneburg 1657
M: Lyon 1557 / geistlich Erfurt 1563　　　　　　　　Z 5264
V: EKG; RKG; GKL
SK I A　　　　　　　　　　　　　　　　　　　　WB I 127

Text: Aus der GKL-Fg wurde Str 3 (Ein Herz, das Demut liebet) weggelassen. Str 2 dieses bisher nur auf evangelischer Seite verbreiteten Liedes lautet in EKG: „Bereitet doch fein tüchtig / den Weg dem großen Gast; / macht seine Steige richtig, / laßt alles, was er haßt; / macht alle Bahnen recht, / die Tal laßt sein erhöhet, / macht niedrig, was hoch stehet, / was krumm ist, gleich und schlecht (schlicht)."
Die erste Hälfte der Str wurde von der AÖL in die vorliegende Fg gebracht; in der zweiten Hälfte wurde für ö die vor 1950 weit verbreitete Fg gewählt, wie sie heute in RKG steht.

Melodie: wie EKG und GKL. *MJ*

114 ö   Es kommt ein Schiff, geladen　　　　　　Lied
　　　ö nur Str 1–6

T: Elsaß 15. Jh, bearbeitet von Daniel Sudermann um 1626; Str 7
　　Andernacher Gsb, Köln 1608
M: Andernacher Gsb, Köln 1608　　　　　　　　B I 85; Z 131
V: 10 DGsb; KL (Uns kommt ein Schiff gefahren); EKG; KKG; GKL
　– PP 7
SK I A　　　　　　　　　　　　　　　　　　　　WB I 129

Text: Der GKL-Fg wurde durch die EGB-Hauptkommission Str 2 des Andernacher T als Schluß-Str beigefügt.

Melodie: wie KL und GKL. *MT*

115 ö Wir sagen euch an den lieben Advent Refrainlied

T: Maria Ferschl 1954
M: Heinrich Rohr 1954
R: Christophorus Verlag Freiburg
V: Weihnachtssingbuch II Freiburg 1954
SK IX WB I 131

Text und Melodie: wie Vorlage.

116 ö Gott, heilger Schöpfer aller Stern Hymnus

T: „Conditor alme siderum". 9./10. Jh, Übertragung Thomas Müntzer 1523
M: Kempten um 1000 MMH 23; Z 339; B I 4
V: Antiphonale Romanum 1912; 28 DGsb; E; KL; KKG (O Schöpfer aller Herrlichkeit); GKL – PP 7; VP
SK I A WB I 133

Text: Gegenüber E steht:
1,3/4 „daß wir erkennen Jesus Christ, / der für uns Mensch geworden ist" statt „und höre uns, Herr Jesus Christ, der du der Welt Erlöser bist".
2,2 „da" statt „daß".
3 lautete in E (wörtlich Leisentrit nach Müntzer): „Da sich die Welt zum Abend wandt / der Bräutgam Christus ward bekannt / aus seiner Mutter Kämmerlein, / die Jungfrau bleibt, zart, rein und fein." Dabei war die Ausdrucksweise „ward bekannt aus seiner Mutter Kämmerlein" zu fremdartig. Die Neu-Fg „ward gesandt" bot sich von selbst an. Für die Zl 3 und 4 mußte eine neue Lösung gesucht werden. Ein erster Vorschlag „Die neue Sonn durchbricht die Nacht; / dies Licht hat uns die Jungfrau bracht" vermochte sich nicht durchzusetzen, weil dabei unklar blieb, ob „Licht" oder „Jungfrau" Subjekt der Aussage ist. Man ging deshalb wieder näher an den Ur-T zurück mit: „Aus seiner Mutter Kämmerlein / ging er hervor als klarer Schein".
4,3/4 „sich beugen müssen alle Knie / im Himmel und auf Erden hie" statt „es müssen beugen sich die Knie / im Himmel, Höllen und auch hie".
5,1/4 „o heilger Christ, / der du zukünftig Richter bist, / lehr uns zuvor dein' Willen tun / und an dem Glauben nehmen zu" statt „Herr Jesus

Christ, / der du der Welten Richter bist, / du mögest uns die Gnade dein / und vor den Feinden Schutz verleihn".

6,2/4 „und deinem Sohn, der all Ding schafft, / dem heilgen Tröster auch zugleich / so hier wie dort im Himmelreich" statt „dem Sohn, der mit dir wirkt und schafft, / dem Geiste, der uns Trost verleiht, / jetzt und in alle Ewigkeit".

Der ö-T steht also dem T Müntzers und damit auch Leisentrits näher als der E-T. KL 1938 und 1949 hatte in den Str 1,4 und 5 noch die Fg Leisentrits (= Müntzers).

Melodie: wie Antiphonale Romanum und E. *HS*

117,1 Tauet, ihr Himmel, von oben   Kehrvers

T: Jes 45,8
M: Josef Seuffert 1965
R: Verlag Haus Altenberg Düsseldorf
V: Ministrant – PP 7
Ch: S 16ff Verse aus Ps 85; Jes 55; Jes 32, und Verse aus Lk 1,30–31.28b + 42b
SK I B   WB I 135/136

Text und Melodie: wie Vorlage.

117,2 Werdet wach, erhebet euch   Kehrvers

T: Joop Bergsma nach Röm 13,11
M: Bertold Hummel
R: (T) EGB; (M) Christophorus Verlag Freiburg
V: PP 7
Ch: S 18 f Chorstrophe und Verse
SK I B   WB I 136

Text: Originalbeitrag, AK „Theologische Lücken im Liedgut". Der gesamte T wurde ausgeschrieben.

Melodie: Originalbeitrag. Ergebnis einer Ausschreibung. *JS*

117,3 Freuet euch allzeit im Herrn   Kehrvers

T: Phil 4,4−5
M: Heinrich Rohr 1961
R: Christophorus Verlag Freiburg
V: SG I − PP 7
Ch: S 20 f Chorstrophe (Phil 4) und Verse aus Ps 96-98
SK I B   WB I 137

Melodie: Die Note über „denn" wurde von d in e geändert. *JS*

117,4 Der Himmel freue sich   Kehrvers

T: Ps 96,11 a.13 a
M: Erhard Quack 1961
R: Christophorus Verlag Freiburg
V: NP − PP 3
Ch: S 22 ff Ps 96, zwei Fassungen
SK I B   WB I 137/138

Text und Melodie: wie Vorlage.

118,1 Hebet, Tore, eure Häupter   Kehrvers

T: Ps 24,7
M: Bertold Hummel 1961
R: Christophorus Verlag Freiburg
V: NP − PP 7
Ch: S 28 f Verse Ps 24,7−10
SK I B   WB I 138

Text und Melodie: wie Vorlage.

118,2 Erscheine strahlend über den Himmeln   Kehrvers

T: Ps 57,12 und Ps 108,6
M: Fritz Schieri 1963
R: Christophorus Verlag Freiburg
V: SG VIII – PP 7
Ch: S 30 Verse Ps 57,8–11; Seite 31 f Verse Jes 65,17–18; 66,12.15
SK I B   WB I 139

Text und Melodie: wie Vorlage.

118,3 Komm, Herr, komm und erlöse uns   Kehrvers

T: Lektionare I–III
M: Johannes Aengenvoort 1969
R: Autor
V: PP 1 – VP
K: Nr 1 APs 108; Nr 5 APs 146
SK II   WB I 139

Melodie: Originalbeitrag. Ergebnis einer Ausschreibung. *JS*

118,4 Komm, o Herr, und bring uns deinen Frieden   Kehrvers

T: Lektionare I–III
M: Heinrich Rohr 1969
R: Christophorus Verlag Freiburg
V: PP 1
K: Nr 2 APs 85
SK II   WB I 140

Melodie: Originalbeitrag nach einem Modell aus SG. *JS*

118,5   Freut euch allezeit   Kehrvers

T: SK II nach Ps 122,1
M: SK II 1970
R: EGB
V: PP 3
K: Nr 71 APs 122
SK II   WB I 141

Melodie: Da die Ausschreibung kein befriedigendes Ergebnis brachte, entstand die M während einer Sitzung der SK II. *JS*

119,1   Hebt euch, ihr Tore, unser König kommt   Kehrvers

T: nach Ps 24,7
M: Fritz Schieri (1960) 1969
R: Verlag UNI-Druck München
V: Kehrverse – PP 7
K: Nr 6 APs 24, Nr 130 APs 98, Nr 13 B APs 124
SK II   WB I 141

Text: Stamm-Kv zu Ps 24, identisch mit Nr 122,1. Ursprünglicher T (noch in PP 7) „Hebt euch, ihr Tore; Einzug hält der Herr".

Melodie: komponiert um 1960 (Angabe im WB falsch). Zur selben M andere T in Nr 529,8; 727,1; 738,1. *FS*

119,2   Der Herr steht vor der Tür   Kehrvers

T: Walter Röder nach Offb 3,20
M: Walter Röder 1971
R: Christophorus Verlag Freiburg
V: PP 7 – VP
K: Nr 3 APs 24
Ch: S 33 f Verse Offb 3,20; Lk 12,36; Mt 24,42.44; 25,6–10.34–35.40
SK II   WB I 142

Text und Melodie: Originalbeitrag.

119,3 Bereitet den Weg des Herrn   Kehrvers

T: nach Jes 40,3
M: Heinrich Rohr 1971
R: Christophorus Verlag Freiburg
V: PP 7
Ch: S 35 Verse Jes 40,2−3
Sk I B   WB I 143

Text und Melodie: Originalbeitrag.

119,4 Gott, unser Herr, spendet seinen Segen   Kehrvers

T: Team Singende Gemeinde nach Ps 85,13
M: Heinrich Rohr 1961
R: Christophorus Verlag Freiburg
V: SG I − PP 7
K: Nr 82 APs 65
Ch: S 36 f Verse Ps 104,1−2. 14−15 a.24.27−28.30
SK I B   WB I 144

Text und Melodie: wie Vorlage. Zur selben M anderer T in Nr 119,5 und 119,6. *HN*

119,5 Machet euch auf, steigt empor zur Höhe   Kehrvers

T: Team Singende Gemeinde nach Bar 5,5
M: Heinrich Rohr 1961
R: Christophorus Verlag Freiburg
V: SG I − PP 7
Ch: S 38 f Verse Ps 98,1.2.3 b−4 a. 6 b−7.8−9 a
SK I B   WB I 144

Text und Melodie: wie Vorlage. Zur selben M anderer T in Nr 119,4 und 119,6. *HN*

119,6   Nun kündet laut den verzagten Herzen   Kehrvers

T: Team Singende Gemeinde nach Jes 35,4
M: Heinrich Rohr 1961
R: Christophorus Verlag Freiburg
V: SG I – PP 7
Ch: S 39 ff Verse aus Jes
SK I B   WB I 144

Text und Melodie: wie Vorlage. Zur selben M anderer T in Nr 119,4 und 119,5. *HN*

119,7   Siehe, die Jungfrau wird empfangen   Kehrvers

T: Jes 7,14 und Mt 1,23
M: Josef Seuffert 1965
R: Verlag Haus Altenberg Düsseldorf
V: Ministrant – PP 7; VP
Ch: S 41 ff Verse Mt 1,22–33; Jes 2,4; 11,1–2; 43,5–7; 25,6–8; 11,6–9
SK I B   WB I 145

Text und Melodie: wie Vorlage, statt „Emanuel" jedoch „Immanuel". *JS*

120,1   Kündet es den Verzagten   Kehrvers

T: nach Jes 35,4
M: Josef Seuffert 1967
R: Verlag Haus Altenberg Düsseldorf
V: Ministrant – PP 7
Ch: S 44 f Verse Jes 49,13; 51,12.16; 40,3.5; 55,1–2; 65,14–18
SK I B   WB I 145/146

Text und Melodie: wie Vorlage.

120,2 Kommt, laßt uns danken unserm Herrn Kehrvers

T und M: nach „Regem venturum Dominum"
R: EGB
V: DGsb Mainz 1952 – PP 7; VP
Ch: S 46 f Verse Jes 35
SK I B   WB I 146

Text: ursprünglich „Den König, der da kommen wird, laßt freudig uns anbeten".

Melodie: Die Herkunft konnte nicht geklärt werden. Der Gesang, in einem Kriegsgefangenenlager 1945 lateinisch aufgezeichnet, wurde über das Priesterseminar in Mainz in einer deutschen Übersetzung bekannt. *JS*

120,3 Ihr Himmel, tauet den Gerechten Kehrvers

T: nach Jes 45
M: Frankreich um 1610
V: DGsB Innsbruck 1949 – PP 7; VP
Ch: S 48 f Verse nach Jesaja
SK I B   WB I 147

Text und Melodie: wie Vorlage. Lateinische Fassung Nr 120,4.

120,4 Rorate caeli desuper Kehrvers

T: Jes 45,8
M: Frankreich um 1610
V: Liber usualis
Ch: S 50 f lat. Verse nach Jes 45
SK I B   WB I 147

Text und Melodie: wie Vorlage.

121 Vesper in der Adventszeit

Der Text der Nr 683 ist hier abgedruckt.

122,1 Hebt euch, ihr Tore; unser König kommt

identisch mit Nr 119,1.

122,2 Psalm 24: Einzug des Herrn in sein Heiligtum   Psalm

T: ökumenische Übersetzung 1974
R: Katholische Bibelanstalt Stuttgart
SK II   WB VIII 323

123,1 Der Herr schenkt seinem Volk den Frieden   Kehrvers

T: Jes 9,6; 26,11; Sach 9,10
M: Josef Seuffert 1968
R: Verlag Haus Altenberg Düsseldorf
V: Wortgottesdienste 4 − PP 3 − VP
K: Nr 63 APs 85
SK II   WB I 148, V 112

Text und Melodie: Übernommen wurde der erste Teil der Vorlage: „Der Herr schenkt seinem Volk den Frieden; kommt, laßt uns ihm dienen."
Stammkehrvers zu Ps 85 und zum Lobgesang des Zacharias.
Identisch mit Nr 89,1 und 528,6. *JS*

123,2 Psalm 85: Bitte um das verheißene Heil   Psalm

T: ökumenische Übersetzung 1974
R: Katholische Bibelanstalt Stuttgart
SK II   WB VIII 346

124,1 Siehe, kommen wird der Herr Kehrvers

T: Team Singende Gemeinde nach Jes 35
M: Heinrich Rohr 1961
R: Christophorus Verlag Freiburg
V: SG I – PP 7
Ch: S 52 Verse aus Jeremia 19,11–13; 31,3.31
SK I B   WB I 149

Text und Melodie: wie Vorlage. Stammkehrvers zum Gesang aus Jesaja 35. *JS*

124,2 Das Volk schaut

T: Jes 35,1–2.3–5 b.5 d–6 b.10
R: Katholische Bibelanstalt Stuttgart
V: Entwurf zur Einheitsübersetzung
SK II

125 Christus, du Sohn des lebendigen Gottes

identisch mit Nr 679.

126 Richtet euch auf und erhebt euer Haupt Kehrvers

T: Lk 21,28
M: Heinrich Rohr 1961
R: Christophorus Verlag Freiburg
V: SG I – PP 7
Ch: S 53 ff Verse aus Jesaja
SK II   WB I 149

Text und Melodie: wie Vorlage. Kehrvers zum Magnificat.

127 Magnificat

T: Lk 1,46−55 ökumenische Übersetzung
R: Katholische Bibelanstalt Stuttgart
SK II

128 Die weihnachtliche Festzeit   Katechetischer Text

T: Rupert Berger
R: EGB
SK VI

Originalbeitrag.

129 Licht, das uns erschien   Kyrie-Litanei

T: Maria Luise Thurmair 1952
M: Heinrich Rohr 1952
R: Christophorus Verlag Freiburg
V: DGsb Mainz 1952; SG II − VP
SK I B   WB I 150

Text und Melodie: wie Vorlage. Gleiche Melodie wie Nr 103 und 175.
JS

130 ö Gelobet seist du, Jesu Christ   Leise

T: Medingen bei Lüneburg um 1380, Str 2−7 Martin Luther 1524
M: Medingen um 1460 / Wittenberg 1524   B I 30; Z 1947
V: 27 DGsb; E; KL; EKG; KKG; GKL − PP 7; VP
SK I A   WB I 151

Text: Gegenüber E steht:
2,3/4 „in unser armes ... / verkleidet" (Original) statt „mit unserm armen ... / bekleidet"; vgl Anmerkung in GL.
3,1 „Welt Kreis" (Original) statt „Weltkreis".
4,1 „ewig" (Original) statt „ewge"; 4 „und uns zu Lichtes Kindern macht" statt „dies Licht hat uns das Kindlein bracht", in Abweichung

vom originalen „und uns des Lichtes Kinder macht", wo das Fehlen der Präposition stört. 5 zusätzlich aufgenommen aus dem Original. *EH*

Melodie: mensural notiert entsprechend dem Original und GKL. *EQ.*

131 ö   Sei uns willkommen, Herre Christ   Leise

T: Aachen 13./14. Jh, Str 2 (1970) 1971
M: Aachen 13./14. Jh   B III S 315
R: (T) EGB (Str 2)
V: 7 DGsb; KKG; GKL – PP 7; VP
SK I A   WB I 153

Text: Übertragung ins Hochdeutsche aufgrund der Quellen aus dem 11. und 13. Jh. Bisher verbreitet mit dem Anfang „Nun sei uns willkommen". Str 2 ist neu.

Melodie: war bisher in einer jüngeren Dur-Fg verbreitet. GL (=GKL) folgt der ältesten vollständigen Überlieferung Erfurt um 1394. *HS*

132/133 ö   Es ist ein Ros entsprungen   Stollenlied
ö: 132, 1–3 außer 2,7; 133, 1–3

T: Mainz um 1587/88, Str 3 bei Friedrich Layritz 1844
M: Speyerer Gsb, Köln 1599   B I 78 a; Z 4296
V: 35 DGsb; E; KL; EKG; KKG; GKL – PP 7; VP
SK I A   WB I 155

Text: Der durch das Quempas-Heft (Kassel 1930) und KL verbreitete 3strophige T, den auch E übernommen hat, wurde der ö-Fg dieses Liedes zugrunde gelegt.
In 2,3/4 wurde statt der seit Prätorius 1609 weit verbreiteten, aber die Auflösung des Rätsel-Bildes von Str 1 verfälschenden Fg „hat uns gebracht allein / Marie, die reine Magd" wieder der Original-T gewählt, jedoch nicht in der E-Fg „Maria ist's die Reine, / die uns das Blümlein bracht", sondern in der schlichteren ursprünglichen, welche die hebräisch-griechisch-germanische Namensbetonung „Mária" statt der uns geläufigen lateinischen in Kauf nimmt: „ist Mária, die Reine".

In 2,7 hat sich die AÖL entgegen EKG (Wiederholung von 1,7 „wohl zu der halben Nacht") auf die Fg des Quempas-Hefts geeinigt, die auf handschriftlicher Tradition aus dem Anfang des 17. Jh beruht; denn der evangelischen Seite in der AÖL konnte nicht zugemutet werden, zu der ursprünglichen Fg dieser Zl, die sich klar zur Lehre von der virginitas Mariae post partum bekennt, ja zu sagen. Auch die SK wollte die Quempas-Fg übernehmen (vgl PP 7 und VP). Auf Grund gewichtiger Einwände entschied dann aber die Deutsche Bischofskonferenz, der alte T dieser Zl sei zu belassen, wobei leider die E-Fg und nicht der Ur-T (und blieb ein reine Magd) gewählt wurde. Unter dem ökumenischen Aspekt wurde Str 2 aus ö unter besonderer Nr (133) aufgenommen.

Melodie: Die ebenfalls vor allem durch das Quempas-Heft zu weiter Verbreitung gelangte ursprüngliche polymetrische Fg der M war auch von KL übernommen worden. Sie hat sich überall so eingesungen, daß die von E wiederaufgenommene isometrische Überlieferung endgültig fallengelassen werden konnte, zumal die ursprüngliche rhythmische Form einen intensiven Wortausdruck begünstigt. *MJ*

134 ö   Lobt Gott, ihr Christen alle gleich   Lied

T: Nikolaus Herman 1560
M: Nikolaus Herman 1554   Z 198; B III 27
V: 20 DGsb; KL; EKG; RKG; GKL – PP 7; VP
SK   I A   WB I 157

Text: Von den 6 Str des EKG hat GKL die vierte (Er wechselt mit uns wunderlich) und von den verbleibenden 5 hat GL wiederum die vierte (Er wird ein Knecht und ich ein Herr) weggelassen.
In den verbleibenden 4 Str steht in GKL und GL gegenüber EKG:
1,3 „schließt" statt des veralteten „schleußt".
3,1 unmittelbarer Anschluß an die vorhergehende Str mit „entäußert sich" statt des sprachlich nicht mehr möglichen „Er äußert sich"; „all seiner Gewalt" statt „all seiner Gwalt", weil sich hier dem Durchgangs-Achtel leicht eine eigene Silbe unterlegen läßt; 3 „und nimmt an eines Knechts Gestalt" statt „und nimmt an sich eins Knechts Gestalt", weil „an sich nehmen" heute einen anderen Sinn hat und so „eines" nicht mehr kontrahiert zu werden braucht.
4,1 wie 1,3

Melodie: KL gibt die M in einer Fg des 18. Jh; KL I 1962 stellt die durch das Quempas-Heft und EKG verbreitete ursprüngliche Fg davor. In dieser Form ist die M für GKL und GL übernommen worden. *MJ*

135 Singen wir mit Fröhlichkeit   Kehrstrophenlied

T: nach „Resonet in laudibus" 14. Jh, nach KL 1938, Str 2–4 EGB 1973
M: Seckau 1345 / Moosburg um 1360 / KL 1938   B I 48; Z 8573 A
R: (T) EGB
V: 8 DGsb; KL
SK I A   WB I 159

Anmerkung zur Form: Die Lied-Str ist vierzeilig, wobei allerdings Zl 4 („Erschienen ist . . .") in allen Str gleich lautet. Die Kehr-Str beginnt erst bei „Nun erfüllt sich . . ."

Text: Gegenüber KL steht:
1,3 „seinen Sohn gibt er uns heut" statt „da geboren ein Kindelein", um den Dreierreim des lateinischen Originals zu wahren; 4 „Erschienen ist, den uns geborn Maria" statt „von einer Jungfrau zart und rein, Maria" (Apparuit quem genuit Maria).
Kehr-Str 1 „Nun erfüllt sich, was verkündet Gabriel" statt des sprachlich unbeholfenen „'s ist erfüllt, was uns verkündigt Gabriel".
2–4 wurden von der SK nach dem Gedankengut und dem Reimschema des lateinischen T neu gefaßt. *MT*

Melodie: Wie KL, nur bei „(Gott den Heiland) uns ge(bar)" wie Speyer 1599 und Mainz 1605, um den Gleichklang mit der Schluß-Zl zu vermeiden. *HS*

136 Ein Kind ist uns geboren heut Ruflied

T: EGB 1971 nach „Natus est nobis hodie" 15. Jh
M: Böhmen 1450 / bei Michael Weiße 1531 B I 69 c; Z 1941 a
R: (T) EGB
V: PP 7
SK I A WB I 161

Text: freie Übertragung der lateinischen Cantio.

Melodie: Neben den Werten des T war die originelle asymmetrische Rufform (Schema a b c / d c') ein Grund für die Aufnahme des Liedes. *EQ*

137 Tag an Glanz und Freuden groß Stollenlied

T: nach „Dies est laetitiae" um 1320, Übertragung Maria Luise Thurmair 1969
M: Medingen bei Lüneburg um 1320 / Hohenfurt 1410 B I 43; Z 7869
R: (T) Christophorus Verlag Freiburg
V: 20 DGsb; KL; EKG; KKG – PP 7
SK I A WB I 163

Text: Die Rückkehr zur älteren, auftaktlosen M-Fg der lateinischen Cantio verlangte eine neue T-Fg des Liedes „Der Tag, der ist so freudenreich", das zudem einige schwer verständliche Stellen hatte. Die Neuübertragung des lateinischen Hymnus wurde im Auftrag der SK I A geschaffen. *MT*

Melodie: Statt der verzierten Fg in KL und vielen anderen Gsb (Melisma bei „freu(denreich)" und Ligatur am Ende jeder Doppelzeile) bringt GL mit Rücksicht auf die leichtere Singbarkeit die ältere, rein syllabische Fg; wie in dieser wird auch hier auf die kurzen Auftakte verzichtet. *EQ*

138 ö Es kam ein Engel hell und klar Lied
ö ohne Str 1

T: Martin Luther 1535; Str 1 Valentin Triller 1555
M: Leipzig 1539 Z 346; B I 82
V: 35 DGsb; E; KL; EKG; KKG; GKL (Vom Himmel hoch, da komm ich her) – PP 7
SK I A WB I 165

Text: E brachte das Lied mit der Einleitungs-Str von Triller. Die E-Str 6–10 stammen nicht von Luther. GL ging aus sprachlichen und ökumenischen Gründen auf das Original zurück. *MT*

Melodie: Die bisherige unangebrachte Choralnotation in E wurde aufgegeben. Dabei wurden auch die kurzen Auftakte der ursprünglichen Fg wiederhergestellt. Die spätere Variante e-f über „. . . nen fröh . . ." im vorletzten Takt in E und KL ist gemäß der Original-Fg berichtigt. Diese Änderungen beruhen auf ökumenischer Übereinkunft. *HS*

139 ö Hört, es singt und klingt mit Schalle Cantio

T: Markus Jenny 1971 frei nach „Quem pastores laudavere" 15. Jh
M: Hohenfurt um 1450 / Prag 1541 B I 45; Z 1380
R: (T) Bärenreiter Verlag Kassel
V: 14 DGsb; KL; EKG; RKG; „Gottesdienst und Kirchenmusik" München 1971 S 139; „Musik und Kirche" Kassel 1971 S 308. (In den V verschiedene T: Lob erschallt aus Hirtenmunde; Preis sei Gott im höchsten Throne; Den die Hirten lobeten sehre; Kommt und laßt uns Christum ehren)
SK I A WB I 167

Text: An Stelle früherer Übertragungsversuche, die z. T. unter einem zu engen Anschluß an die lateinische Vorlage litten (KL) oder eine zu altertümliche Sprache redeten (EKG), wurde dieser neue T gewählt, der 1973 nach Fertigstellung der GKL auch von der AÖL angenommen wurde.

Melodie: wie EGK und Original, an zwei Stellen abweichend von KL. *MJ*

140 ö Zu Betlehem geboren   Lied

T: Friedrich Spee 1637
M: Paris 1599 / geistlich Köln 1638   B I 169
V: 34 DGsb; E; KL; KKG − PP 7; VP
SK I A   WB I 169

Text: Gegenüber E entschied sich die SK für den Verzicht auf Str 6 wegen „Knüpf zu, knüpf zu das Band − die Liebe zwischen beiden". „Nimm hin mein Herz zum Pfand" ist ähnlich schon in Str 2 ausgesprochen. Demzufolge wurde Str 4 der Vorlage mit ihrer Bitte an den Schluß des Liedes gerückt. In 4,1 entfielen sinngemäß die Kommata vor und nach „wahren Gott".

Melodie: wie E. *EH*

141 ö Ich steh an deiner Krippe hier   Stollenlied

T: Paul Gerhardt 1653
M: Martin Luther 1529   Z 4429 a; B II 295
V: 7 DGsb; EKG; RKG; KKG; GKL − PP 7; VP
SK I A   WB I 171

Text: ö umfaßt die Str 1−4 der EKG-Auswahl. Diese Str wurden auch in GL übernommen.
1,1 „Krippe" statt der veralteten Form „Krippen" wie EKG.

Melodie: wie Original und RKG. GKL bietet zu diesem T zwei M an: neben der alten, auf welche Gerhardt dichtete (so RKG), diejenige J. S. Bachs (so EKG und KKG). Die SK entschied sich für die erstgenannte, die für den liturgischen Gebrauch geeigneter erschien und bereits für ein anderes Lied dieses Festkreises in Gebrauch stand (Nr 158). *MJ*

142 ö In dulci jubilo Cantio

T und M: 14. Jh   B I 50; Z 4947
V: 34 DGsb; E; KL; KKG; GKL – PP 7
SK I A   WB I 173

Text: Gegenüber E steht:
1,3 „wie" statt „als", das nicht mehr im gemeinten Sinn verstanden wird. 3,1 „nirgends" statt „nirgend", das nicht mehr gebräuchlich ist; 3 „wo" statt „da", das nicht mehr örtlich-relativisch gebraucht wird; 5 „Zimbeln" statt „Schellen", weil die Wortbedeutung enger geworden ist.

Melodie: wie E und GKL. *EH*

143 ö Nun freut euch, ihr Chisten Refrainlied

T: Jean François Borderies um 1790 „Adeste fideles", Str 2 und 3, Str 1 und 4 älter; Übertragung EGB 1971
M: John Reading (geb. vor 1692) um 1743   B IV 25
R: (T) EGB
V: 25 DGsb; KKG – PP 7; VP
SK I A   WB I 175

Text: Die bekanntesten Übertragungen von „Adeste fideles" waren „Herbei, o ihr Gläubigen" und „Auf, gläubige Seelen". Da beide teilweise unzulänglich waren, hat die SK den T neu übertragen. *MT*

Melodie: Um eine einheitliche Fg zu erreichen, wurde die bisher mit manchen Varianten weit verbreitete M dem Original besser angeglichen, vor allem in den antizipierend punktierten Hauptschlüssen. *HS*

**144 ö Jauchzet, ihr Himmel, frohlocket, ihr Engel,
in Chören** Stollenlied

T: Gerhard Tersteegen 1731
M: „Lobe den Herren, den mächtigen König der Ehren" Nr 258
V: EKG; RKG; GKL
SK I A   WB I 177

Text: ö wählt aus den 7 im evangelischen Kirchengesang üblichen Str die 4 ersten und die letzte aus. Der T stimmt in den ersten 4 Str mit den Vorlagen überein. In 5,1 steht mit RKG gegen EKG „Treuer Immanuel" statt „Süßer Immanuel", in 4 „mache mich eins nun mit dir" statt „mach mich ganz eines mit dir" (Original) oder „mache mich eines mit dir" (RKG) oder „mache ganz eins mich mit dir" (EKG). *MJ*

145 ö   Stille Nacht, heilige Nacht   Lied

T: Joseph Mohr 1818
M: Franz Xaver Gruber 1818   B IV 28
V: 20 DGsb; KKG
HK   WB I 179

Text: Das Lied, kein E-Lied, war nicht für GL vorgesehen. Wegen seiner internationalen Verbreitung wurde es durch Beschluß der HK mit den drei bekanntesten Str des 6strophigen Originals aufgenommen und zwar in der Urfassung. Da über die M-Varianten keine Einigung erzielt werden konnte, kam nur der T ins GL. *MT*

146 ö   Ein Kind geborn zu Betlehem   Cantio

T: „Puer natus in Betlehem" 14. Jh, Übertragung 15./16. Jh
M: bei Lucas Lossius 1553
V: 13 DGsb; GKL – PP 7
SK I A   WB I 181

Text: Vom Original fehlt in Übereinstimmung mit GKL Str 3 „Das Öchslein und das Eselein / erkannten Gott den Herren sein".

Melodie: Von den verschiedenen M und ihren Varianten, mit denen dieses Lied verbreitet ist, wurde in GKL die heute meistgebrauchte gewählt. *HS*

147 Sieh, dein Licht will kommen Refrainlied

T: Maria Luise Thurmair (1971) 1975
M: Markus Jenny (1971) 1975
R: Christophorus Verlag Freiburg
SK I A   WB I 183

Text: Da für Erscheinung des Herrn keine befriedigenden liturgiefähigen Lieder vorlagen, wurde von der SK dieser T veranlaßt.

Melodie: Ergebnis einer gezielten Ausschreibung der SK. *MT*

148,1 Ein Kind ist uns geboren Kehrvers

T: Team Singende Gemeinde nach Jes 9,5
M: Heinrich Rohr 1961
R: Christophorus Verlag Freiburg
V: SG II – PP 7; VP
Ch: S 54 f Verse aus Jesaja 9
SK I B   WB I 185

Text und Melodie: wie Vorlage. Zur selben M anderer T in Nr 172,2 bzw. 739,1. *JS*

148,2 Der Herr tut Wunder vor den Augen der Völker
Kehrvers

T: nach Ps 98,1b.2c
M: Fritz Schieri 1965
R: Verlag UNI-Druck München
V: Kehrverse – PP 7
K: Nr 139 APs 34
Ch: S 58 f Chorstrophe und Verse aus Jes 60
SK I B   WB I 186

Text und Melodie: wie Vorlage. Zur selben M anderer T in Nr 535,5. *JS*

149,1 Alle Enden der Erde schauen Gottes Heil Kehrvers

T: nach Ps 98, 3cd
M: Heinrich Rohr 1961
R: Christophorus Verlag Freiburg
V: SG I − PP 7 − VP
K: Nr 15 APs 98
SK II   WB I 186

Text und Melodie: Kurzfassung des Kehrverses Nr 156.

149,2 Heute ist uns der Heiland geboren Kehrverse
149,3 Heute erstrahlt ein Licht über uns

T: nach Lk 2,11 (2); nach Jes 60,1 (3)
M: Josef Seuffert 1971
R: Christophorus Verlag Freiburg
V: PP 7 − VP 860
K: Nr 13 APs 96; 14 APs 97
SK II   WB I 187

Text und Melodie: Originalbeitrag. Ergebnis einer Ausschreibung. *JS*

149,4 Der Herr krönt das Jahr mit seinem Segen Kehrvers

T: nach Ps 65,12
M: Walter Röder 1971
R: Christophorus Verlag Freiburg
V: PP 7
K: Nr 18 APs 67
SK II   WB I 187

Text und Melodie: Originalbeitrag, geringfügig gegenüber PP 7 geändert („. . . die Jahre . . ."). Identisch mit Nr 731,1. Dort Stammkehrvers zu Ps 65. *JS*

Nr 149,1-7

149,5   Der Herr spricht zu mir: Mein Sohn bist du   Kehrvers

T: Ps 2,7b c
M: Heinrich Rohr 1952
R: Christophorus Verlag Freiburg
V: DGsb Mainz – PP 7
Ch: S 58 Verse aus Ps 100
SK I B   WB I 188

Text und Melodie: wie Vorlage.

149,6   Das Wort wurde Fleisch und wohnte bei uns   Kehrvers

T: nach Joh 1,14
M: Fritz Schieri 1967
R: Verlag UNI-Druck München
V: PP 7
K: Nr 19 APs 147
Ch: S 59 f Verse aus Joh 1
SK I B   WB I 189

Text: Einer öfter vorkommenden Melodie unterlegt.

Melodie: ebenso Nr 176,1; 198,2; 529,3 und 4; 597,1. JS

149,7   Du bist das Licht, die Völker zu erleuchten   Kehrvers

T: Lk 2,32
M: Heinrich Rohr 1962
R: Christophorus Verlag Freiburg
V: SG II – PP 7
Ch: S 60 ff Verse aus Joh 8,12 und 14; und deutsche Übertragung des
    Gesangs „Adorna"
SK I B   WB I 189/190

150 Vesper in der Weihnachtszeit

151,1 Der Himmel freue sich ... der Herr ist uns geboren
151,2 Der Himmel freue sich ... der Herr ist uns erschienen
Kehrverse

T: nach Psalm 96,11
M: (B) DGsb Mainz 1952 (gregorianisches Modell)
R: Christophorus Verlag Freiburg
V: PP 7
Ch: S 63 ff Verse aus dem Weihnachtsofficium (151,1); Chorstrophe und Verse zur Erscheinung aus Mt 2 und 3, Joh 2 (151,2)
SK II   WB I 190

Text und Melodie: Änderung des Textanfangs („Es freue sich der Himmel"). Stammkehrvers zu Ps 96. Zur selben M anderer T Nr 684,1. *JS*

151,3 Psalm 96: Der König und Richter aller Welt   Psalm

T: ökumenische Übersetzung 1974
R: Katholische Bibelanstalt Stuttgart
SK II   WB VIII 351

152,1 Seht, unser König kommt; er bringt seinem Volk den Frieden   Kehrvers

T: nach Ps 29,10–11
M: Josef Seuffert 1968
R: Verlag Haus Altenberg Düsseldorf
V: Deutsche Proprien – PP 7; VP
K: Nr 4 APs 72; Nr 21 APs 29
Ch: S 130 ff Verse aus dem Neuen Testament
SK II   WB I 191, V 101

Text und Melodie: wie Vorlage; identisch mit Nr 526,3. Stammkehrvers zu Ps 72 A. *JS*

152,2 Psalm 72 A: Der Friedenskönig und sein Reich   Psalm

T: ökumenische Übersetzung 1974
R: Katholische Bibelanstalt Stuttgart
SK II   WB VIII 341

Der Psalmabschnitt enthält die Verse 1–8. *JS*

153,1 Werde Licht, Jerusalem   Kehrvers

T: Jes 60,1
M: nach einem gregorianischen Modell
R: EGB
V: DGsb Mainz 1952 – PP 7
K: Nr 20 APs 72
Ch: S 67 Verse aus Jes 60
SK I B   WB I 192

Text: Gegenüber der Vorlage geringfügig geändert („uns erschienen" statt „... ja gekommen"). *JS*

153,2 Psalm 72 B: Der Friedenskönig und sein Reich   Psalm

T: ökumenische Übersetzung 1974
R: Katholische Bibelanstalt Stuttgart
SK II   WB VIII 341

Der Psalmabschnitt enthält die Verse 10–19; Vers 9 wurde nicht aufgenommen. *JS*

154 Dankt dem Vater mit Freude   Neutestamentlicher Gesang

T: Kol 1,12–20 (ökumenische Übersetzung)
M: Heinrich Rohr
R: Christophorus Verlag Freiburg
SK II   WB I 193

Originalbeitrag. Ergebnis einer Ausschreibung.

155 Christus ist geboren   Antwortgesang

T: SK II
M: gregorianisches Modell
R: EGB
V: PP 2
SK II   WB I 193

Melodie: Gleiches Modell Nr 237 und 255.

156 Jubelt, ihr Lande, dem Herrn   Kehrvers

T: nach Ps 98, 4a, 3cd
M: Heinrich Rohr 1961
R: Christophorus Verlag Freiburg
V: Kleiner Psalter, Mainz 1961 – PP 3; VP
SK II   WB I 194 – IV 15

Text und Melodie: wie Vorlage; identisch mit Nr 484,1. Stammkehrvers zum Magnificat und zu Ps 98. Vgl Nr 149,1. *JS*

157 ö   Der du die Zeit in Händen hast   Lied

T: Jochen Klepper 1938
M: Siegfried Reda 1960
R: (T) Verlag Merseburger Berlin; (M) Bärenreiter Verlag Kassel
V: 8 DGsb; EKG; KKG; KL II; GKL – PP 7
SK I A   WB I 195

Text: Original wie GKL.

Melodie: in EKG, KKG, KL II und den DGsb im Lindenschmied-Ton. Die textgemäßere Reda-M wurde übereinstimmend mit GKL gewählt. *MJ*

158 Lobpreiset all zu dieser Zeit Stollenlied mit Refrain

T: nach Heinrich Bone 1852; Str 3 EGB (1969) 1971
M: „Ich steh an deiner Krippe hier" Nr 141
R: (T) Str 3 EGB
V: 6 DGsb; KL II – PP 7; VP
SK I A   WB I 197

Text: Die Vorlage KL II wurde wie folgt geändert: Von den 5 Str wurden die beiden ersten übernommen. Der Refrain-T wurde deutlicher auf den Jahreswechsel abgestimmt. Str 3 ist neu. *EH*

Melodie: Dem T zur Jahreswende wurde eine M aus dem gleichen Festkreis beigesellt (erstmals in DGsb Paderborn 1948). Im Gegensatz zu KL wurde auf Taktstriche verzichtet, da die Taktgliederung mehrdeutig ist. *EQ*

159 Die Fastenzeit Katechetischer Text

T: Rupert Berger
R: EGB
SK VI

Originalbeitrag.

160 Bekehre uns Kehrversgesang

T: Walter Röder (1971) 1972
M: „Attende Domine", Frankreich 17. Jh
R: (T) Christophorus Verlag Freiburg
V: Liber usualis – PP 8; VP
SK I B   WB II 107

Text: Originalbeitrag.

Melodie: Die M des Kv wurde zu Beginn etwas gerafft und in Zl 2 durch Wiederholung des a auf „(schen-)ke Herr" für die Gemeinde leichter singbar gemacht.
In der Str-M wurde die erste Zl rein syllabisch gestaltet. *JS*

161 Gottes Lamm Herr Jesu Christ Lied

T: Erhard Quack 1945/1970
M: Erhard Quack 1945
R: Christophorus Verlag Freiburg
V: „Laßt uns loben" Freiburg 1948/1949 – PP 5; VP
SK I A   WB II 109

Text: Hier wird die mittelalterliche Praxis der Tropierung liturgischer T aufgegriffen, d. h. in das Agnus Dei werden ergänzende, ausdeutende Worte eingeführt, die hier den Sinn einer Vorbereitung auf die Kommunion haben. Die ursprüngliche Vorlage wurde in Str 3 geändert. Statt „in dem Brote, das du bist" heißt es jetzt zur Verdeutlichung des Inhalts „in dem Brot, das Leben ist".

Melodie: Der 4/2-Takt wurde in 4/4 geändert. EQ

162 Aus der Tiefe unserer Todesangst Kyrie-Litanei

T: Team Singende Gemeinde 1962
M: Heinrich Rohr 1962
R: Christophorus Verlag Freiburg
V: SG III – PP 8; PP 4
SK I B   WB II 111

Text und Melodie: wie Vorlage.

163 ö Aus tiefer Not schrei ich zu dir Stollenlied
ö Str 1

T: Str 1 Martin Luther 1524; Str 2–3 EGB 1972 nach Martin Luther
M: Martin Luther 1524   Z 4437; B II 274
V: 12 DGsb; EKG; RKG; KKG; GKL; GzB – PP 4; 8; VP
SK I A   WB II 113

Text: Die Bereimung des Bußpsalms 130 durch Luther war zunächst (PP 4) in ihrem vollen Wortlaut zur Diskussion gestellt worden. Str 2 erschien dann aber doch manchen Gutachtern zu sehr Ausdruck der lutherischen Rechtfertigungslehre und über den Psalmtext hinausgehend, so daß auf Beschluß der HK Str 2 und 3 mit Luthers Anspielung auf paulinische Gedankengänge fortgelassen wurden. Das konnte geschehen, indem man in Übereinstimmung mit Luthers Erstfassung (vgl. „Musik und Kirche" 1979, S 267–278) die Str 2 und 3 in eine zusammenzog. Dasselbe geschah dann mit den Str 4 und 5: Aus deren ö-Fg zog man die erste Hälfte von 4 und die zweite Hälfte von 5 in eine einzige Str zusammen. Str 1 und die beiden Hälften der Str 3 geben genau den ö-T wieder. – Im Orgelbuch steht in 3,3 fälschlich „soll doch" statt „doch soll".

Melodie: Übereinstimmend mit GKL und den evangelischen Gsb. *MJ*

164 ö   Erbarme dich, erbarm dich mein   Lied

T: Maria Luise Thurmair (1971) 1972 nach Psalm 51
M: Caspar Ulenberg 1582   B II 363
R: (T) Christophorus Verlag Freiburg
V: Adolf Lohmann „33 Psalmlieder"; GKL – PP 8; VP
SK I A   WB II 115

Text: Da Ulenbergs Bereimung des Psalms 51 wegen ihrer Länge (15 Str) und ihrer archaischen Sprache unbrauchbar war, regte die SK eine knappere Neu-Fg an. Die neue 6strophige Fg wurde von der SK gebilligt und 1972 in GKL aufgenommen. *MT*

Melodie: wurde aus „33 Psalmlieder" übernommen, jedoch ohne Takteinteilung (wie bei Ulenberg), was der polyvalenten Metrik der verschiedenen Str am besten entspricht. *EQ*

165   Sag ja zu mir, wenn alles nein sagt   Refrainlied

T: Diethard Zils (1970) 1971
M: Ignace de Sutter (1958) 1959
R: (T) Burckhardthaus Gelnhausen und Berlin (M) Autor
V: „Psalmliederen voor het Volk" 1959; „Schalom" 1971 – EGB 10
SK I A   WB II 117

Text: Wie „Schalom", außer 6,2 „es kann für andre" statt „für andre kann es".

Melodie: Die auf die Bereimung des Bußpsalms 51 durch Maurits van Vossole (1958) 1959 „Erbarm U God, en delg genadig" komponierte M wurde ohne Takteinteilung und ohne Unterstimme im Refrain, aber dem Original entsprechend und im Unterschied zu EGB 10 auch ohne Wiederholung des Refrains „Tu meinen Mund auf, dich zu loben" übernommen.

Da der Name des Komponisten bei Drucklegung des EGB nicht bekannt war, muß er in EGB 10, GL, Orgelbuch und WB nachgetragen werden; dabei ist die irreführende Angabe „aus Holland" zu tilgen. Das Lied wurde auf Vorschlag des AK 5 aufgenommen. *CH.*

166 ö   O Mensch, bewein dein Sünde groß   Stollenlied

T: nach Sebald Heyden um 1530
M: Matthäus Greiter 1525   P 36; Z 8303; B I 221, IV 82
R: (T) AÖL
V: EKG; RKG; GKL – PP 8
SK I A   WB II 119

Text: ö hat gegenüber EKG:
1,2 „derhalb" statt „darum", weil der Relativ-Anschluß (die Sünde, derentwegen) heute nicht mehr mit dem neutrischen „darum" gemacht werden kann; 3 „verließ" statt „äußert", weil „etwas äußern" heute nicht mehr im Sinne von „etwas veräußern, drangeben, preisgeben" verstanden wird; 4 „auserkorn" statt „rein und zart", weil diese Epitheta in der damaligen Sprache in diesem Zusammenhang nicht leibliche Eigenschaften meinen, sondern eine umfassendere Aussage über die so bezeichnete Person machen wollen; 5 „ward er für uns ein Mensch geborn" statt „für uns er hie geboren ward", weil so die grammatikalische Zusammengehörigkeit mit Zl 4 und der Sinn des „hie" deutlicher wird; 8 „nahm vielen ihre Krankheit ab" statt „und legt' dabei all Krankheit ab" oder „und half auch aller Krankheit ab" (RKG), weil der Ur-T mißverständlich (als ob Jesus seine Krankheit abgelegt hätte) und sachlich unrichtig ist (Jesus hat nicht alle Krankheit beseitigt); 9 „bis es sich sollt erfüllen, / daß" statt „bis sich die Zeit herdrange, / daß", obwohl in dem vom Dichter gewählten, aber leider schwerverständlich gewordenen Verb für den aufmerksamen Leser noch mehr steckt als in dem nun dastehenden; 12 „am Kreuz nach Gottes Willen" statt „wohl an dem Kreuze lange": Diese Änderung wurde nicht nur durch den Reim mit der geänderten Zl 9 nötig, sondern

auch, weil heute mit dem an hervorgehobener Stelle stehenden und durch die Nachstellung betonten Adjektiv „lange" wenig mehr anzufangen ist, ob man es nun auf die Dauer des Kreuzesleidens oder auf die Gestalt des Kreuzes bezieht.
2,5 „weil Gottes Wort so helle scheint" statt „weil uns Gotts Wort so helle scheint" zur Vermeidung der häßlichen Kontraktion „Gotts";
6 „Tag und Nacht danach streben" statt „Tag, Nacht darnach tun streben", um unnötige sprachliche Härten zu vermeiden; 9 „mit seinem bittern Sterben" statt der erneuten Aneinanderfügung zweier Substantive ohne „und": „mit seinem Leiden, Sterben". Am schwierigsten war die Schluß-Zl, die im Original (und EKG) reimlos bleibt (tu dich davor bewahren). Die Fg des RKG („und tu sie ernstlich meiden", mit „Leiden" am Ende von Zl 9) erschien als zu moralisch. Die Neu-Fg „daß du nicht mögst verderben" trifft die Intention des Ur-T, aber ohne erhobenen Zeigefinger. Diese von der AÖL erarbeitete Neu-Fg der beiden Str wurde für GL übernommen.

Melodie: Wie EKG, aber mit den originalen Pausen zwischen den Zl.
MJ

167 O höre, Herr, erhöre mich Ruf

T: Georg Thurmair (1963) 1967
M: Nikolaus Beuttners Gsb, Graz 1602   B II 441
R: (T) Christophorus Verlag Freiburg
V: KL II; NP
SK I A   WB II 121

Text: Von den 25 Bußrufen, die in Anlehnung an Psalm 51 in KL II stehen, wurden 7 übernommen.

Melodie: wie KL II. *MT*

168 ö   O Herr, nimm unsre Schuld   Lied

T und M: Hans-Georg Lotz 1964
R: Verlag Singende Gemeinde Wuppertal
V: „Gsb für die Ev-methodistische Kirche", Zürich 1969; GKl –
    PP 8; EGB 10
SK IA   WB II 123

Text und Melodie: wie Vorlage. Von AÖL und AK 5 zugeleitet.

169 ö   O Herr, aus tiefer Klage   Lied

T: Georg Thurmair (1935) 1938
M: Adolf Lohmann (1935) 1938
R: Christophorus Verlag Freiburg
V: 8 DGsb; KL; GKL – PP 4; 8
SK I A   WB II 125

Text und Melodie: Wie KL.

170   Lehre uns, Herr, deinen Willen zu tun   Kehrversgesang

T und M: Josef Seuffert 1965/1970
R: Verlag Haus Altenberg Düsseldorf
V: Ministrant – PP 8
K: Nr 72 APs 40, Nr 89 APs 25 (zum Kv)
SK I A   WB II 127

Text und Melodie: Der Kv der Vorlage wurde für EGB textlich und rhythmisch geringfügig geändert und durch Rufe ergänzt. Ruf 4 „Deine Weisung" statt „Die Weisung". *JS*

171,1 Ich ruf dich an Kehrvers

T: nach Jer 19,12
M: Rudolf Thomas 1964
R: Autor
V: Liedblatt „Herr, erhöre uns" München 1964
Ch: S 68 Chorstrophe und Verse
SK I B   WB II 127/128

Text und Melodie: wie Vorlage; identisch mit Nr 697,1. Stammkehrvers der Psalmen 4 und 134 (Komplet). *JS*

171,2 Erbarme dich meiner, o Gott Kehrvers

T: nach Ps 56,3a
M: Heino Schubert 1971
R: Christophorus Verlag Freiburg
V: NP
K: Nr 150 APs 123
Ch: S 70 Chorstrophe und Psalmverse aus Ps 51
SK I B   WB II 178

Text und Melodie: wie Vorlage; identisch mit Nr 190,1. Stammkehrvers zum Psalm 51. *JS*

172,1 Verschone uns, Herr, und schenk uns neues Leben
Kehrvers

T: EGB nach Joel 2,17
M: Heinrich Rohr 1962
R: Christophorus Verlag Freiburg
V: SG III
Ch: S 71 Verse aus Joel 1,2 und 3
SK I B   WB II 129

Text: neu zur M aus SG.

Melodie: wie Vorlage.

172,2 Herr, hilf uns vor dem Bösen Kehrvers

T: Team Singende Gemeinde nach Psalm 119,23.86
M: Heinrich Rohr 1962
R: Christophorus Verlag Freiburg
V: SG II
Ch: S 72 Psalmverse aus Ps 119
SK I B WB II 129

Text und Melodie: wie Vorlage; identisch mit Nr 739,1. Stammkehrvers zu Ps 94. Zur selben M anderer T in Nr 148,1. *JS*

172,3 Gott, tilge mein Vergehn, denn du bist reich an Erbarmen Kehrvers

T: nach Ps 51,3
M: Heinrich Rohr
R: Christophorus Verlag Freiburg
V: PP 8; VP
K: Nr 22 APs 51
SK II WB II 130

Text und Melodie: Originalbeitrag. Identisch mit Nr 85,2. *FS*

172,4 Herr, du stehst uns bei in aller Not Kehrvers

T: nach Ps 91,15
M: Heinrich Rohr
R: Christophorus Verlag Freiburg
V: PP 8; VP
K: Nr 24 APs 91
SK II WB II 131

Originalbeitrag.

172,5 Beim Herrn ist die Huld, bei ihm Erlösung in Fülle
Kehrvers

T: Ps 130,7
M: Erhard Quack 1961
R: Christophorus Verlag Freiburg
V: NP
K: Nr 23 APs 130
SK II WB II 131

Text und Melodie: geringfügige Änderung. Der T wurde der Einheitsübersetzung angepaßt. Die M in einigen Notenwerten gekürzt. *JS*

173,1 Lob sei dir, Herr, König der ewigen Herrlichkeit
Kehrvers

T: Liturgie (Breviarium Romanum)
M: Heinrich Rohr 1962
R: Christophorus Verlag Freiburg
V: SG III
K: Nr 155/156 Rufe vor dem Evangelium
SK I B WB II 132

Text und Melodie: wie Vorlage.

173,2 Wer nicht von neuem geboren wird
Kehrvers

T: Joh 3,3
M: „Laudes festivae" 1940
R: EGB
V: EGB 11
Ch: S 73 Verse aus Joh 3
SK I B WB II 132

Melodie: Das gleiche Modell ist für Nr 646,2 und für Antwortgesänge in Vespern verwendet. *JS*

174 ö Jesus Christus ist der Herr Neutestamentlicher Gesang

T: Phil 2,6–11 (ökumenische Übersetzung)
M: Walter Röder 1970
R: Christophorus Verlag Freiburg
V: PP 2 – VP
SK II   WB II 133

Melodie: Originalbeitrag, Ergebnis eines Wettbewerbs, identisch mit Nr 694. *JS*

175 Christus, Gotteslamm, Opfer am Kreuzesstamm
Kyrie-Litanei

T: Maria Luise Thurmair 1964
M: Heinrich Rohr 1952
R: Christophorus Verlag Freiburg
V: SG IV – PP 8
SK I B   WB II 134

Text: wie Vorlage.

Melodie: DGsb Mainz 1952. *MT*

176,1 Im Kreuz Jesu Christi   Kehrvers

T: nach „In cruce salus"
M: Fritz Schieri 1967
R: Verlag UNI-Druck München
V: Kehrverse – PP 5
Ch: S 74 ff Chorstrophe und Verse aus Ps 62; und Chorstrophe und
    Verse aus 1 Tim 2; 1 Kor 1 und 10
SK I B   WB II 135

Melodie: identisch mit Nr 149,6; 198,2; 529,3 und 4; 597,1. *JS*

176,2 Mein Gott, mein Gott, warum hast du mich verlassen
Kehrvers

T: Ps 22,2
M: Johannes Aengenvoort
R: Autor
V: PP 5
K: Nr 33 APs 22
SK II   WB II 135

Text und Melodie: Originalbeitrag, identisch mit Nr 715,1. *JS*

176,3 Christus war für uns gehorsam bis zum Tod   Kehrvers

T: Phil 2,8
M: Josef Seuffert 1966
R: Verlag Haus Altenberg Düsseldorf
V: Ministrant – PP 5; EGB 12
K: Nr 152 Ruf vor dem Evangelium
SK II   WB II 136

Text und Melodie: T gerafft, M dadurch geändert. In EGB 12 dazu der gesamte Text Phil 2,6–11. Identisch mit Nr 203,2. *JS*

176,4 Vater, wenn es möglich ist
Kehrvers

T: Mt 26,39
M: Heinrich Rohr
R: Christophorus Verlag Freiburg
V: PP 5
Ch: S 76 f Verse aus Ps 116
SK I B   WB II 137

Text und Melodie: Originalbeitrag.

176,5 Der Kelch, den wir segnen Kehrvers

T: nach 1 Kor 10,16
M: Heinrich Rohr
R: Christophorus Verlag Freiburg
V: PP 5
K: Nr 34 APs 116
Ch: S 78 f Verse Kol 1; 1 Kor 11; 1 Petr 1; 1 Joh 1
SK I B WB II 137/138

Originalbeitrag.

177 So sehr hat Gott die Welt geliebt Kehrvers

T: Joh 3,16
M: Anton Wesely
R: Autor
V: PP 2, 4, 5 – VP
Ch: S 80 f Verse aus Joh 3,8.10.12
SK II WB II 138

Originalbeitrag; identisch mit Nr 194. Stammkehrvers zum Magnificat.
FS

178 ö Wir danken dir, Herr Jesu Christ Lied

T: Christoph Fischer (1589) 1589
M: Nikolaus Herman 1551 Z 366
V: EKG; RKG; KKG; GKL; GzB – PP 5; VP
SK I A WB II 139

Text: Abweichend von EKG steht:
2,1/2 „Wir bitten, wahrer Mensch und Gott: / Durch deine Wunden, Schmach und Spott" statt „und bitten dich, wahr' Mensch und Gott, / durch deine heilgen Wunden rot:". Die Versetzung des Doppelpunkts vom Ende der Zl 2 ans Ende der Zl 1 ergibt eine leichte Sinnverschiebung: Nicht die Bitte, sondern die Erlösung geschieht durch das Leiden Christi. Die Apostrophierung (wahr') und das nachgestellte Adjektiv (rot) wurden hier als störend empfunden.

3,4 „getröstet durch dein schwere Pein" statt „uns trösten deiner schweren Pein", weil „sich trösten" kaum mehr im Sinne von „sich getrösten" verwendet wird.
4,2 „wirst" statt „werdst".

Melodie: wie EGK. *MJ*

179 ö   O Haupt voll Blut und Wunden   Lied

T: Paul Gerhardt 1656 nach „Salve caput cruentatum" des Arnulf von Löwen vor 1250
M: Hans Leo Haßler 1601 / geistlich Brieg nach 1601   Z 5385; B II 395
V: 34 DGsb; E; KL; EKG; KKG; GKL − PP 5; 8; EGB 12; VP
SK I A   WB II 141

Text: Str-Auswahl wie E, was gegenüber GKL (= ö) die Hinzufügung von Str 2−3 und die Streichung der dortigen Str 3 (Ich will hier bei dir stehen) mit sich brachte.

Gegenüber E steht:
1,2 „und voller" (Original) statt „bedeckt mit"; 3 „gebunden" (Original) statt „umwunden".
2,2/3 „vor dem sonst alle Welt / erzittert im Gerichte" statt „davor sonst schrickt und scheut / das große Weltgerichte", weil beide Verben so nicht mehr gebraucht werden; 4 „entstellt" statt „bespeit" zufolge 2 „Welt"; 6 „sonst ein Licht nicht gleichet" statt „sonst kein Licht mehr gleichet", weil näher am Original.
4,1 „Was du, Herr, hast" (GKL) statt „Ach, Herr, was du"; 3 „ich, ich hab es" statt „denn ich hab das", weil näher am Original.
5,3 „deines Todes Schmerzen" (Original) statt „deine Todesschmerzen".
7,3 „sehn" (Original) statt „schaun"; 7 „dich fest an mein Herz" (Original) statt „fest an mein Herz dich". *EH*

Melodie: GKL bringt zwei Fg: die erste mit 3/2-Takt im Stollen und in der zweiten Hälfte des Abgesangs wie ursprünglich bei Haßler, die zweite im durchgehenden 4/4-Takt. Der katholischen Tradition entsprechend wurde die isometrische Fg übernommen. Im Gegensatz zu E wurden 2/2-Takt vorgezeichnet und am Anfang der Zl 1, 3 und 7 Halbe statt Viertel gesetzt, weil diese breiten Auftakte dem Fluß der M besser entsprechen. *EQ*

180 ö   Herzliebster Jesu, was hast du verbrochen   Lied

T: Johann Heermann 1630
M: Johann Crüger 1640 nach Psalm 23, Genf 1543
                                              P 23b; Z 983; B IV 68
V: 21 Dgsb; KL; EKG; RKG; KKG; GKL − PP 5
SK I A   WB II 143

Text: Für ö sind die Str 1−4 des Originals übernommen worden, weil sie innerhalb des 15strophigen Liedes eine gedankliche Einheit bilden. Im einzelnen steht:
3,1 „Was ist doch wohl die Ursach solcher Plagen" wie Ur-T statt „Was ist die Ursach aller solcher Plagen" wie KL; 3 „Ich, mein Herr Jesu, habe dies verschuldet" wie KL statt „Ach mein Herr Jesu, ich hab dies verschuldet" wie EKG.

Melodie: wie Vorlage. *HS*

181 ö   O hilf, Christe, Gottes Sohn   Cantio

T: Michael Weiße 1531
M: Leipzig um 1500   B I 188; Z 6283 a
V: DGsb Speyer (Christus, der uns selig macht); EGK; RKG; GKL −
    PP 5
SK I A   WB II 145

Text: Gegenüber EKG steht:
4 „Sünd und Unrecht" statt „all Untugend", weil der Dichter diesen Ausdruck umfassender verstand, als wir ihn heute verstehen; 6 „fruchtbar nun" statt des veralteten „fruchtbarlich"; 7 „obwohl" statt „wiewohl".

Melodie: EKG hat die M-Fg aus Weißes Gsb von 1531 übernommen, in welcher die Ligaturen am Ende jeder zweiten Zl auf den doppelten Wert gedehnt und punktiert sind. Da diese Dehnung der M nicht zum Vorteil gereicht, für den Gemeindegesang eine nicht unbeträchtliche Erschwerung schafft und sich in der katholischen Überlieferung dieser M nicht findet, wurde für GL darauf verzichtet.
In dieser T- und M-Fg wurde die Str einstimmig auch von der AÖL angenommen. *MJ*

182 O du hochheilig Kreuze Lied

T: nach Konstanz 1594
M: Straubing 1607 B I 317 a
V: 26 DGsb; E; KL; KKG − PP 5; EGB 12
SK I A WB II 147

Text: wie E (T schon Konstanz 1594; s M. Härting in „Musica sacra" 1966, S 285).

Melodie: Anstatt der tänzerisch bewegten und − da die Str dreiteilig bleibt − zwecklos um eine Zl erweiterten Fg von KL und E steht nun die schlichte ältere Weise aus dem Straubinger „Rueff-Büchlein" 1607, das die seltene Dreizeiligkeit der Str respektiert. Diese Fg wurde erstmals von KKG übernommen. *HS*

183 Wer leben will wie Gott auf dieser Erde Ruflied

T: Huub Oosterhuis 1965 „Wie als een god wil leven", Übertragung Johannes Bergsma (1969) 1972
M: Flämische Volksweise, bei Ch. E. H. de Coussemaker 1856
R: (T) Christophorus Verlag Freiburg
V: „Liturgische Gezangen", Hilversum 1969 − PP 8; EGB 10
SK I A WB II 149

Text: Übertragung Originalbeitrag. Das Lied wurde auf Vorschlag des AK 5 aufgenommen.

Melodie: wie Vorlage. *EQ*

184 Wir schlugen ihn Litaneigesang

T: Wilhelm Willms (1971) 1972
M: Winfried Offele (1971) 1972
R: Autoren
V: „Jubelt nicht unbedacht", Essen 1972 − EGB 10
SK I A WB II 151

Text und Melodie: Auf Vorschlag des AK 5 aus EGB 10 übernommen. Hier waren mit Zustimmung des Autors die Str 5 und 6 von „Jubelt nicht unbedacht" zur jetzigen Reihenfolge vertauscht worden. Durch diese veränderte Abfolge von Quell und Begraben / Säen bekommt der T eine neue Sinnspitze und einen überzeugenderen Abschluß. *EQ*

185 Du schweigst, Herr, da der Richter feige Lied

T: Maria Luise Thurmair (1959) 1960; (1972) 1975
M: Bertold Hummel (1965) 1967
R: Christophorus Verlag Freiburg
V: DGsb Freiburg 1960; KL II; KKG
SK I A   WB II 153

Text: Für das Freiburger DGsb 1960 zu der Melodie „Ich sehe dich, mein Jesus, schweigen" geschaffen, wurde der T 1967 in KL II mit der neuen M von Bertold Hummel veröffentlicht. Für die Aufnahme ins GL wurde der T nochmals überarbeitet.

Melodie: wie KL II. *MT*

186 ö Es sungen drei Engel ein' süßen Gesang Ruflied

T: Paderborn 1591 / Mainz 1605
M: Paderborn 1591 / Mainz 1605   B I 307
V: 2 DGsb; KL; KKG
SK I A   WB II 155

Text: Von den 15 Str, mit denen dieses Lied zum erstenmal handschriftlich 1591 („Musikforschung" 1974, S 472) zu finden ist, hat KL deren 11 mit geringfügigen Änderungen übernommen.
GL bringt die Fg KL mit folgenden Änderungen:
2,1 „alle so" statt „alles so" (phonetische Gründe).
4,2 „das Jesus" statt „das Gott wohl" (zur theologischen Präzisierung),
7,2 „verriet den Herren" statt „Er verriet den Herren" (zur leichteren Textunterlegung).

Melodie: wie KL. *MT*

187 Da Jesus an dem Kreuze stund   Lied

T: Wien um 1495 / nach Michael Vehe 1537
M: Wien um 1495 / bei Johannes Leisentrit 1567   B I 197 a; Z 1706
V: 28 DGsb; E; KL; KKG
SK I A   WB II 157

Text: Str 1–8 wie E. Die in E fehlende Schluß-Str wurde aus KKG in der Fg Leisentrits wieder beigegeben, da sie mit der Eingangs-Str den Rahmen zu den Sieben Worten bildet.

Melodie: Wie E. MT

188 O Traurigkeit, o Herzeleid   Lied

T: Friedrich Spee, Paderborner Gsb 1628
M: Würzburger Gsb 1628   B I 223; Z 1915
V: 34 DGsb; E; KL
SK I A   WB II 159

Text: Der Brauch der Grablegung, zu dem das Lied ursprünglich gedacht war (so in Corners Gsb 1631), besteht heute noch in manchen Gemeinden. Aus diesem Grund und für den Karsamstag überhaupt wurde das Lied in GL übernommen.

Melodie: Statt der wechseltaktigen Notierung in Kl und E wurde die isometrische Weise im 2/2-Takt notiert.
In WB II 159 muß der Vorname des vermutlichen M-Schöpfers Gippenbusch nicht Georg, sondern Jacob lauten. EQ

189 Vesper in der Fastenzeit

190,1 Erbarme dich meiner, o Gott

identisch mit Nr 171,2

190,2 Psalm 51: Bitte um Vergebung und Neuschöpfung Psalm

T: ökumenische Übersetzung 1974
R: Katholische Bibelanstalt Stuttgart
SK II WB VIII 336

191,1 ö Beim Herrn ist Barmherzigkeit Kehrvers

T: Ps 130, 7 b c
M: nach einem gregorianischen Modell (Josef Seuffert)
R: EGB
V: PP 4; EGB 12; GzB
K: Nr 101 APs 130
SK VII (I B) WB II 161

Text und Melodie: identisch mit Nr 82,1 und 746,1. Stammkehrvers zu Ps 130 (Begräbnisfeier und Fastenvesper) und zu Ps 116 A. *JS*

191,2 Psalm 130: Aus tiefer Not Psalm

T: ökumenische Übersetzung 1974
R: Katholische Bibelanstalt Stuttgart
SK II WB VIII 370

192 Durch seine Wunden sind wir geheilt
Neutestamentlicher Gesang

T: nach 1 Petr 2,21–24
M: Walter Röder 1971
R: Christophorus Verlag Freiburg
V: PP 8
SK II WB II 161

Melodie: Originalbeitrag; Ergebnis eines Wettbewerbs. *JS*

193 Herr, unser Gott, bekehre uns   Antwortgesang

T: SK II
M: „Laudes festivae" 1940
R: EGB
V: PP – VP
Ch: S 82 Verse aus Joh
SK II   WB II 163

Nach dem gleichen Modell in mehreren Antwortgesängen in GL und Kv-Gesängen im Chorbuch I gestaltet. (Nr 125; 173,2; 602; 646,2; 651; 679). *JS*

194 So sehr hat Gott die Welt geliebt   Kehrvers

identisch mit Nr 177

195,1–2 Die Feier der Karwoche   Katechetischer Text

T: Rupert Berger
R: EGB
SK VI

Originalbeitrag.

196 Hosanna dem Sohne Davids   Kehrvers

T: Mt 21,9
M: Heinrich Rohr 1964
R: Christophorus Verlag Freiburg
V: SG IV – PP 5
Ch: S 83 zwei Verse
SK I B   WB II 164

Text und Melodie: wie Vorlage.

197 Ruhm und Preis und Ehre sei dir   Hymnus mit Kehrstrophe

T: Theodulf von Orleans um 815 „Gloria, laus et honor", Übertragung EGB 1971
M: EGB 1971 nach dem Prozessionshymnus 9. Jh   MMH 1011; B I 193
R: EGB
V: Graduale Romanum – PP 5
SK I A   WB II 165

Text: Neue Übertragung der ersten 6 Str des Prozessionshymnus in Distichen wie die lateinische Vorlage.
1,4 muß heißen „als der Gesegnete kommt" laut Beschluß der SK I A vom 16. Oktober 1972.
2,2 „ewig der Seligen Chöre" ("die seligen Chöre" beruht auf einem Irrtum). *MT*

Melodie: Liedhafte Fgn des verdeutschten Psalmsonntagshymnus gab es in verschiedenen Diözesen. Die vorliegende M ist eine Vereinfachung der Choralmelodie. Durch die Bindung an Versmaß und Takt ist sie für den Volksgesang geeignet. *EQ*

198,1 Hosanna, hosanna, hosanna in der Höhe   Kehrvers

T: Mt 21,9
M: Bertold Hummel 1971
R: Christophorus Verlag Freiburg
V: NP – PP 5
Ch: S 28 f Chorstrophe und Verse aus Ps 24
SK I B   WB II 167

Text und Melodie: wie Vorlage.

198,2 Gepriesen, der kommt im Namen des Herrn Kehrvers

T: Mt 21,9; Ps 118.26a
M: Fritz Schieri vor 1967
R: Verlag UNI-Druck München
V: Kehrverse – PP 5
Ch: S 84 Verse aus der Liturgie
SK I B   WB II 167

Text und Melodie: wie Vorlage. Gleiche M: Nr 149,6; 176,1; 529,3 und 4; 597,1. *JS*

199 Hosanna dem Sohne Davids Kyrie-Litanei

T: Josef Seuffert 1970
M: Josef Seuffert (1960) 1963
R: Christophorus Verlag Freiburg
V: PP 5
SK I B   WB II 168

Der Text ist Originalbeitrag zum M-Modell GL 495. *JS*

200 Die drei österlichen Tage Katechetischer Text

T: Rupert Berger
R: EGB
SK VI

Originalbeitrag.

201 Gründonnerstagabend Katechetischer Text

T: Rupert Berger
R: EGB
SK VI

Originalbeitrag.

202 Karfreitag

Katechetischer Text

T: Rupert Berger
R: EGB
SK VI

Originalbeitrag.

203,1 Vater, in deine Hände empfehle ich meinen Geist
Kehrvers

T: nach Ps 31,6; Lk 23,46
M: Walther Lipphardt
R: Autor
V: PP 5
K: Nr 16 APs 31; Nr 35 APs 31
SK II   WB II 169

Melodie: Für dieses Stück ergibt sich eine seltsame Quellenlage. Bei der EGB-Kommission wurden zwei melodisch völlig identische Vorlagen eingereicht. Lediglich rhythmisch unterschieden sie sich an einer Stelle. Die eine Fassung aus den Manuskriptdrucken in der Wies bei Steingaden, die andere (rhythmisch etwas veränderte) aus der (damals in Planung befindlichen) Neubearbeitung des „Neuen Psalmbuches". Mit Zustimmung von Erhard Quack gibt das EGB als Autor Walther Lipphardt an. *JS*

203,2 Christus war für uns gehorsam

identisch mit Nr 176,3

204,1 Ecce lignum crucis Ruf

T: Missale Romanum
M: gregorianisch
V: Missale Romanum
RK   WB II 170

Text und Melodie: wie Vorlage. Die Prinzipien für die Notenschrift im Fünfliniensystem wurden in der SK I B erarbeitet. *JS*

204,2 Seht das Kreuz Ruf

T: Übersetzung des Ecce lignum crucis
M: Walther Lipphardt
R: Autor
V: Manuskriptdruck zur Karwochenfeier – PP 5
SK I B   WB II 170

Text und Melodie: wie Vorlage.

205,1 Im Kreuz ist Heil Ruf

T: nach dem früheren Introitus von Gründonnerstag
M: Eröffnungsruf der „Laudes Hincmari", 8. Jh
R: EGB
V: DGsb Freiburg
K: Nr 142 APs 72
Ch: S 85 Verse zur Kreuzverehrung
SK I B   WB II 171

Text und Melodie: geringfügige Änderung der Vorlage. *JS*

205,2 Sei uns gegrüßt, du heiliges Kreuz   Ruf

T: nach „O crux ave"
M: Rudolf Thomas 1964
R: Autor
V: „Rufe zur Kreuzverehrung" – PP 5
Ch: S 86 Zwischenrufe des Chores
SK I B   WB I 171

Text und Melodie: wie Vorlage.

206 O du mein Volk, was tat ich dir   Refrainlied

T: nach Markus Fidelis Jäck 1817 nach „Popule meus", Missale Romanum 1574
M: nach Köln 1814   B IV 87
V: 21 DGsb; KKG – PP 4; 5
SK I A   WB II 172

Text: Nach der Fg des DGsb Eichstätt 1952. Ihr gegenüber steht:
1,4 „des Kreuzes Joch" statt „das Kreuzesjoch".
2,1/2 „Ich führte dich durch vierzig Jahr / und" statt „Dein Führer war ich vierzig Jahr, / ich".
3,4 „Retters" statt „Heilands".
4,1/2 wie 3/4 der Vorlage; 3/4 „Der Heiden Macht entriß ich dich, / du übergabst den Heiden mich" statt „Ägyptens Erstgeburt schlug ich: / du schlugst zum Dank mit Geißeln mich". *HS*

Melodie: Aus den verschiedenen Fg in den DGsb wurde die von Eichstätt 1952 gewählt und rhythmisch geringfügig geändert: Die 1., 43., 44., 45., 53. und 54. Note bekamen doppelten Wert. Angesichts der unterschiedlichen metrischen Gliederung in den DGsb wurde auf Taktstriche verzichtet. *EQ*

207 Die Osternacht Katechetischer Text

T: Rupert Berger
R: EGB
SK VI

Originalbeitrag. Das „Lumen Christi" ist aus dem Meßbuch übernommen. *JS*

208 O Licht der wunderbaren Nacht Stollenlied

T: Georg Thurmair (1963) 1967
M: „Nun freue dich, du Christenheit" Nr 222
R: (T) Christophorus Verlag Freiburg
V: KL II (Erfreue dich, du Christenheit) Str 3–5
SK I A   WB II 175

Text: War von Anfang an als Lied nach dem Exsultet gedacht und wurde zur vorliegenden österlichen M neu gefaßt. *MT*

209,1 ö Dem Herrn will ich singen, machtvoll hat er sich kundgetan Kehrvers

T: Ex 15,1
M: Heinrich Rohr
R: Christophorus Verlag Freiburg
V: PP 5
K: Nr 38 Antwortgesang aus Ex 15
SK II   WB II 177

Text und Melodie: Originalbeitrag; identisch mit Nr 680, Stammkehrvers zum Lobgesang des Zacharias. *FS*

209,2 All ihr Dürstenden, kommt zum Wasser, kommt und trinkt mit Freuden   Kehrvers

T: Jes 55,1
M: Josef Seuffert 1967
R: Verlag Haus Altenberg Düsseldorf
V: Ministrant – PP 5 – EGB 11
K: Nr 40 Antwortgesang aus Jes 12;
Ch: S 136 f Verse aus AT und NT
SK II   WB II 177, V 103

Text und Melodie: wie Vorlage. Identisch mit Nr 526,6. *JS*

209,3 Meine Seele dürstet allezeit nach Gott   Kehrvers

T: nach Ps 42,3 und Ps 63,2
M: Fritz Schieri 1959
R: Verlag UNI-Druck München
V: Kehrverse – PP 3,5
K: Nr 41 APs 42/43
SK II   WB II 178

Text und Melodie: Unterlegung des T unter eine vorhanden M; identisch mit Nr 726,1. Stammkehrvers zu Ps 42/43. Zur gleichen M anderer T Nr 528,4. *FS*

209,4 Halleluja   Ruf

M: Missale Romanum
K: Nr 42 A APs 118
SK I B   WB II 179

Melodie: Die Prinzipien für die Notenschrift im Fünfliniensystem wurden in der SK I B erarbeitet. *JS*

209,5 Halleluja
Ruf

M: nach dem österlichen „Ite missa est"
V: Graduale simplex 1967
K: Nr 42 B APs 118
SK I B
WB II 179

210 Litanei in der Osternacht

T: Deutsches Meßbuch 1975
R: Kommission zur Herausgabe der Liturgischen Bücher

211 Gott redet, und Quellen springen auf
Kehrvers

T: Team Singende Gemeinde
M: Heinrich Rohr 1962
R: Christophorus Verlag Freiburg
V: SG V
SK I B
WB II 179

Text und Melodie: wie Vorlage, zur gleichen M anderer T Nr 627,1. *JS*

212 Osterzeit
Katechetischer Text

T: Rupert Berger
R: EGB
SK VI

Originalbeitrag.

213 ö Christ ist erstanden Leise

T: Bayern / Österreich 12.–15. Jh
M: Salzburg 1160/1433 / Tegernsee 15. Jh / Wittenberg 1529
    B I 242; B IV 99; Z 8584; HEK 179
V: 35 DGsb; E; KL; EKG; KKG; GKL; GzB – PP 5; 6; EGB 11; 12; VP
SK I A   WB II 315

Text: Gegenüber E steht:
1,4 und 3,5 „will" statt „soll", weil „soll" nach heutigem Sprachgebrauch einen Wunsch ausdrückt, hier aber eine Tatsache gemeint ist; „will" schon im 15. Jh. *EH*

Melodie: Die AÖL hat sich um eine einheitliche Fg bemüht. Diese beruht auf einem Kompromiß zwischen den verschiedenen Fg. Abweichend von E wurde die rhythmische Struktur der evangelischen Tradition übernommen; daher Mensuralnotation an Stelle der choralischen Notierung. Der Unterschied tritt am deutlichsten bei der Synkopenbildung in den Str-Schlüssen in Erscheinung. Statt des bisherigen

"Trost sein. Ky - ri - e - leis". heißt es jetzt

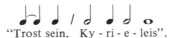
"Trost sein. Ky - ri - e - leis".

Im melodischen Duktus wurde die katholische Tradition gewahrt, die im Gegensatz zur evangelischen beim ersten Halleluja der Str 3 das Eingangsmotiv des Liedes nicht variiert, sondern tongetreu übernimmt. *EQ*

214 ö Christus, Sieger über Schuld und Sünde Kyrie-Litanei

T: Mainzer Arbeitskreis 1962
M: Heinrich Rohr 1962
R: Christophorus Verlag Freiburg
V: SG V – PP 4
SK I B   WB II 317

Text und Melodie: wie Vorlage.

215 Victimae paschali laudes Sequenz

T: Wipo von Burgund vor 1050
M: 11. Jh
V: Graduale Romanum 1908
HK

B I 2636

WB II 319

Text: Die erste Hälfte der Doppel-Str 4 „Credendum est magis soli / Mariae veraci / quam Judaeorum / turbae fallaci", die dem Judenhaß Vorschub leisten konnte, ist seit 1570 im Meßbuch gestrichen, freilich zum Schaden der poetischen und musikalischen Form.

Melodie: Wie Graduale Romanum. Jedoch läßt GL auch die Doppel-Str 3 deutlich als zwei 4zeilige Str erkennen: nach „via" und „vestes" kein Doppelstrich. Der berechtigte Tadel in WB II 321 gilt nur für das Graduale Romanum, aber nicht für GL 215 und 216. *HS*

216 Singt das Lob dem Osterlamme Sequenz

T: Nr 215, Übertragung EGB (1972) 1975
M: Nr 215
R: EGB
SK I A

WB II 325

Text: Die 1972 geschaffene Übersetzung der Ostersequenz folgt genau der überlieferten M, und zwar in der heute üblichen frei deklamierenden Ausführung.
In der Str 3 wird, um einem häufigen Mißverständnis vorzubeugen, ausdrücklich Maria Magdalena genannt. Die im lateinischen T seit Trient weggefallene Str „Credendum est magis" wurde, ihrer antisemitisch deutbaren Schärfe entkleidet, wieder in den deutschen Text aufgenommen. So ist die von der Formstruktur her erforderliche Doppelstrophigkeit wiederhergestellt. *MT*

217   Weihet dem Osterlamm   Gesang
Kv ö

T: Nr 215, Übertragung Deutsches Meßantiphonar 1951
M: Heinrich Rohr (1972) 1975 in Anlehnung an Nr 215
R: (M) Christophorus Verlag Freiburg
HK   WB II 326

Text: Stimmt, abgesehen von wenigen musikalisch bedingten Wortumstellungen, auch mit dem offiziellen Meßbuch 1975 überein.

Melodie: Dieser Gesang würde auf Antrag einiger HK-Mitglieder von der HK aufgenommen. *EQ*

218 ö   Gelobt sei Gott im höchsten Thron   Refrainlied

T: Michael Weiße 1531
M: Melchior Vulpius 1609   Z 283
V: 11 DGsb; KL; EKG; RKG; KKG; GKL – PP 5; 6; VP
SK I A   WB II 327

Text: Gegenüber KL steht: 5,3 „selig" (wie Original und EKG) statt „heilsam". 6,2 „damit von Sünden wir befreit" statt „damit wir von der Sünd befreit". Ferner wurde Str 3 aus dem EKG-T neu aufgenommen, weil nur so deutlich wird, daß auch Str 4 die Botschaft des Engels am Grabe wiedergibt.

Melodie: wie Vorlagen. *MJ*

219 ö   Die ganze Welt, Herr Jesu Christ   Lied

T: Friedrich Spee 1622
M: Köln 1623   B I 275 a
V: 12 DGsb; GKL
SK I A   WB II 329

Text: Folgt dem Original. „Halleluja" statt „hilariter". *EH*

Melodie: Schluß der Zl 2 und 4 mit Subsemitonium wie im „Psalteriorum harmonicum" Köln 1642 ausdrücklich notiert; von dort auch die Durchgangsnote g auf „Ur(ständ"). *HS*

220 Das ist der Tag, den Gott gemacht   Lied

T: Nach Heinrich Bone 1851; Str 3—4 Friedrich Dörr (1972) 1975
M: nach Johannes Leisentrit 1567 / Joseph Mohr 1891   B I 41
R: (T) Str 3—4 Autor
V: 28 DGsb; E; KKG (Nun singt dem Herrn ein neues Lied)
SK I A   WB II 331

Text: Gegenüber E steht:
1,1/2 „Das ist der Tag, den Gott gemacht, / der Freud in alle Welt gebracht" (Leisentrit) statt „Nun singt dem Herrn ein neues Lied, / in aller Welt ist Freud und Fried". Diese Zl bilden jetzt den Anfang der Str 5 mit „das neue Lied" statt „ein neues Lied".
2,2 „des Todes Dunkel ist" statt „die Gräber sind vom Glanz"; 3/4 „Der Herr erstand in Gottes Macht, / hat neues Leben uns gebracht" statt „der Tod hat keinen Stachel mehr, / gebunden liegt das Höllenheer", einer dichteren Glaubensbotschaft zuliebe.
3 und 4 wurden neu gefaßt, weil ihre Bilderfülle und deren theologische Aussagen mißdeutet werden konnten.
5, 1/2 siehe zu 1, 1/2.

Melodie: wie E. *EH*

221 Halleluja. Ihr Christen, singet hocherfreut   Kehrverslied

T: Jean Tisserand „O filii et filiae" vor 1494, Übertragung Christoph
   Moufang 1865 / EGB (1972) 1975
M: Volksweise aus Frankreich (provenzalische Cantinella)   B I 292
R: (T) EGB
V: Liber usualis 1934; „Das bunte Boot" Freiburg 1962
SK I B   WB II 333

Text: Der Text aus Moufangs Volksmeßbuch „Officium divinum" ist wiederholt überarbeitet worden. Die vorliegende Fg wurde für GL geschaffen.

Melodie: wie Vorlagen. *HS*

222 Nun freue dich, du Christenheit — Stollenlied mit Refrain

T: EGB 1975 nach „Freut euch, alle Christenheit" Mainz um 1390
M: Mainz um 1390 / Mainz 1947   B I 267; 4430
R: (T) EGB
V: 21 DGsb; E; KL II; KKG – PP 6 (Freu dich, du werte Christenheit; Erfreue dich, du Christenheit; Freut euch, alle Christenheit)
SK I A   WB II 335

Text: In einem Mainzer Prozessionale um 1390 findet sich das 5strophige Osterlied „Freut euch, alle Christenheit", das sich großer Beliebtheit erfreute und dessen T in der Folge mannigfache Überarbeitungen erfahren hat. Auch das E-Lied „Freu dich, du werte Christenheit" überliefert eine solche. Die SK ging wieder auf das Original zurück und schuf auf Grund der beiden ersten und der letzten Str den vorliegenden T, bei dem jede Str in die Osterbotschaft mündet: „Der Herr ist auferstanden." *MT*

Melodie: Die Choralnotation in E war willkürlich; denn schon die ältesten Drucke haben Mensuralnotation wie KL II. Statt der kurzen Auftakte hat jedoch GL melodie- und atemstützende Notendehnungen nach dem Vorbild ähnlich strukturierter M wie 141 und 226. *HS*

223 ö Wir wollen alle fröhlich sein — Cantio mit Kehrstrophe

T: Medingen bei Lüneburg um 1380, Str 2–5 Eisleben 1568
M: Hohenfurt 1410 / Wittenberg 1573   B I 260; II 116; Z 25 b
V: 2 DGsb; EKG; GKL – PP 6; VP
SK I A   WB II 337

Text: Gegenüber EKG steht in GKL und danach in GL:
2,3 „ihm" statt „dem".
3,2 „die Seinen all" statt „und all die Sein'".
4,1/2 „Es singt der ganze Erdenkreis / dem Gottessohne Lob und Preis" statt „Wir singen alle Lob und Preis / dem einen Gottessohne weis."
5,1 „Des" statt „Es". *EH*

Melodie: Die in verschiedenen Varianten überlieferte M wurde in der ö-Fg übernommen, wo sich Zl 3 „denn un . . ." von EKG unterscheidet: d e statt fis e fis. *EQ*

224 Vom Tode heut erstanden ist   Cantio

T: Str 1 EGB 1968 nach „Surrexit Christus hodie" Engelberg 1372, Str 2–4 Silja Walter (1968) 1971
M: Böhmen 15. Jh / bei Michael Weiße 1531   B I 244; Z 287
R: (T) Autor
V: 9 DGsb und EKG (Erstanden ist der heilig Christ) – PP 6; VP
SK I A   WB II 339

Text: Das Lied war in DGsb mit dem T „Erstanden ist der heilig Christ", einer 2zeiligen Str mit je zwei Halleluja in der Mitte und am Schluß, verbreitet. Es wurde jedoch der älteren Form der Str mit 3 Zl und einem Halleluja am Schluß der Vorrang gegeben.
2–4 Originalbeitrag.

Melodie: wie Weiße 1531. Für die Aufnahme sprach der seltene Str-Bau: 3 Zl und Halleluja. *HS*

225 ö Erschienen ist der herrlich Tag   Lied

T und M: Nikolaus Herman 1560   Z 1743; B I 243 a; II 233
V: 10 DGsb; KL; EKG; RKG; GKL – PP 6; VP
SK I A   WB II 341

Text: Gegenüber EKG steht wie in RKG:
1,2 „dran niemand gnug sich" statt „dran sich niemánd gnug"; 4 „sein' Feind' er all" statt „all séin Feind ér", und 5,2 „das Halleluja singen fein" statt „singén das Halleluja fein", weil das Nichtübereinstimmen von Wort- und Versakzent für das heutige Empfinden bei einer Dreitakt-M besonders störend ist
5,1 „Drum wollen wir auch fröhlich sein" statt „Drum wir auch billig fröhlich sein" (Original und EKG) oder „Drum sollen wir auch" (KL) oder „Drum wir auch sollen" (RKG), weil „sein" im Ur-T 1. Person Plural ist (alte Form für „sind") und „billig" seine ursprüngliche Bedeutung (nur noch erhalten in dem Ausdruck „recht und billig") verloren hat; „wollen" trifft das Gemeinte besser als „sollen".

Melodie: In Zl 3 lautet die Note über „heut" mit EGK und entsprechend dem Original d; das e in KL und RKG ist eine jüngere Variante. *MJ*

226 Nun freut euch hier und überall   Stollenlied

T: nach Paul Gerhardt 1653
M: Johann Crüger 1653 nach M 269   Z 4545
R: EGB
V: EKG (233); RKG
SK I A   WB II 343

Text: Als man in der SK die wichtigsten der heute in Gebrauch stehenden evangelischen Gsb daraufhin durchsah, ob sie weitere Lieder enthalten, deren Übernahme in den katholischen Kirchengesang ein Gewinn sein könnte, stieß man im RKG auf diesen Ausschnitt aus einem Oster-Erzähllied Paul Gerhardts, das sich nicht zuletzt auch wegen seiner mitreißenden M empfahl. Während das RKG an Gerhardts T, von der Str-Auswahl abgesehen, nur drei kleine Retuschen anbrachte (1,3 „Der Heiland" statt „Das Heil, das"; 3,2 „Judas" statt „Judä"; 3,5 „zum Lohn" statt „zu Lohn"), hielt die SK zwei stärkere Eingriffe für nötig:
1,2/4 „der Herr ist auferstanden; im Tod bracht er den Tod zu Fall / und macht die Höll zuschanden" ist Neudichtung statt „ihr Christen, liebe Brüder. / Der Heiland, durch den Todesfall / gesunken, stehet wieder"; vor allem das Wort „Todesfall" ist heute derart zu einem Terminus technicus verengt, daß es in einem Kirchenlied, das neu eingeführt werden soll, nicht mehr brauchbar ist.
3,1/4 „O Lebensfürst, o starker Held, / von Gott vorzeit versprochen, / vor dir die Hölle niederfällt, / da du ihr Tor zerbrochen" statt „O Lebensfürst, o starker Leu, / aus Judas Stamm erstanden, / so bist du nun wahrhaftig frei / von Todes Strick und Banden", wobei vor allem die Anspielung auf den Jakobssegen (Gen 49,9a) in der Deutung von Offb 5,5 eine zu hohe Anforderung an den durchschnittlichen Gsb-Benutzer darstellt. Außerdem steht gegenüber RKG und Original in 2,6 „da wachte und ging auf voll Macht" statt „da wacht' und ging in voller Macht".

Melodie: Die von RKG zu diesem T gewählte M wurde übernommen, nicht nur weil sie aus dem gleichen Jahre wie der T und von der Hand eines Freundes von Gerhardt stammt, sondern weil sie von hoher Qualität ist und den T ausgezeichnet trägt. Nur wurde sie nicht in der Fg des RKG übernommen, sondern in ihrer ursprünglichen Form, welche sich in EKG (zu einem anderen T) findet. *MJ*

227 Danket Gott, denn er ist gut   Refrainlied

T: EGB 1970 nach Psalm 136
M: Pierre Dagues 1562   P 136; Z 1181
R: (T) EGB
V: KKG (Lobt den Herrn, denn was er tut) – PP 5; VP
SK I A   WB II 345

Text: Neuformung durch die SK.

Melodie: wie Original. EH

228 ö Christ fuhr gen Himmel   Leise

T: Crailsheim 1480, Str 2 bei Johannes Leisentrit 1567
M: „Christ ist erstanden" Nr 213
V: 26 DGsb; E; KKG; GKL – PP 6; VP
SK I A   WB II 347 und 315

Text: Gegenüber E steht:
1,4 „armen" wie Original statt „ganzen".
2,3 „segnet'" statt „segnet"; 4 „sandte sie in" statt „benedeiet" (vgl Mt 28,19; Mk 16,15; Lk 24,51).

Melodie: wie Nr 213. EH

229 Ihr Christen, hoch erfreuet euch   Lied

T: nach Erasmus Alber 1549; Str 2–5 nach Johann Samuel Diterich 1765
M: nach Johannes Leisentrit 1584 / Erhard Quack 1941   B I 103
R: (M) Christophorus Verlag Freiburg
V: 31 DGsb; E; KKG; „Lobsinget dem Herrn", Speyer 1941 – VP
SK I A   WB II 348

Text: Die Str 3–4 standen in E in umgekehrter Reihenfolge; 6–7 wurden gestrichen. Gegenüber E steht:
4,4 „im Siege Christi ward sie neu" statt „durch Christi Sieg sie wurde neu".

5,1/2 „Er ist das Haupt der Christenheit, / regiert sein Volk in Ewigkeit" statt „Beschirmer deiner Christenheit / bist du, Herr Christ, in Ewigkeit"; 3/4 „Er triumphiert, lobsinget ihm, / lobsinget ihm mit lauter Stimm" (wie 1,3/4) statt „Dir, unserm Haupte, jubeln wir, / Mittler beim Vater für und für". *EH*

Melodie: Steht in Leisentrits Gsb zu dem T „Nun wolle Gott, daß unser Gsang". Sie wurde in Joseph Mohrs Psälterlein 1891 dem Himmelfahrts-T zugeordnet und steht um die Jh-Wende mit verschiedenen Varianten in katholischen Gsb. Die Fg von Erhard Quack in „Lobsinget dem Herrn" wurde in E übernommen, jedoch mit einer Halbe-Pause nach Zl 2; so auch in GL. *EQ*

230 ö   Gen Himmel aufgefahren ist   Cantio

T: Frankfurt/O 1601 nach „Coelos ascendit hodie" 16. Jh
M: Melchior Franck 1627   Z 189
V: 3 DGsb; KL; EKG; RKG; GKL – PP 6
SK I A   WB II 350

Text: wie EGK außer 1,2 „der Ehren König" (KL) statt „der Ehrenkönig". Somit steht gegenüber KL:
2,2 „herrscht über Himmel und alle Land" statt „herrscht über Himmel und all Land" (EKG: Himml).
3,1 „Nun ist erfüllt, was gschrieben ist" statt „Erfüllt ward, was geschrieben ist", wobei um der Betonung „Nun ist" willen die Kontraktion „gschrieben" in Kauf genommen wird, die KL hatte vermeiden wollen.
4,1 „Schalln" statt „Schall", um den Reim mit „Wohlgefalln" aufrechtzuerhalten.
5,1/2 „Der heiligen Dreieinigkeit / sei Lob und Preis in Ewigkeit" statt „Wir loben die Dreifaltigkeit, / Gott Vater, Sohn und Heilgen Geist".

Melodie: wie EKG. Die „sprechende" M der evangelischen Tradition überzeugte weit mehr als die (ebenfalls evangelische), welche seit Corner 1625 auf katholischer Seite verbreitet war und von KL wieder aufgenommen wurde. *MJ*

231 Lobsinget dem Herrn, der Wunder vollbracht   Kehrvers

T: Team Singende Gemeinde nach Ps 98,1−2
M: Heinrich Rohr 1962
R: Christophorus Verlag Freiburg
V: SG V
K: Nr 145 APs 98
Ch: S 90 f Chorstrophe und Verse aus Kol 3
SK I B   WB II 352

Text und Melodie: wie Vorlage; zur gleichen M anderer T Nr 251. *JS*

232,1 Auferstanden ist der Herr, Halleluja   Kehrvers

T: Team Singende Gemeinde
M: Heinrich Rohr 1962
R: Christophorus Verlag Freiburg
V: SG V
Ch: S 92 f Verse aus Ps 118
SK I B   WB II 353

Text und Melodie: wie Vorlage; identisch mit Nr 238. *JS*

232,2 Singet dem Herrn ein neues Lied: er ist auferstanden aus dem Grab   Kehrvers

T: Fritz Schieri nach Ps 98,1
M: Fritz Schieri 1965
R: Verlag UNI-Druck München
V: Kehrverse − PP 6
Ch: S 93 f Chorstrophe und Psalmverse aus Ps 98
SK I B   WB II 353

Text und Melodie: wie Vorlage; M identisch mit Nr 232,3 und 284,1.

**232,3 Singet dem Herrn ein neues Lied: er ist aufgefahren in
sein Reich** Kehrvers

T: Fritz Schieri nach Ps 98,1
M: Fritz Schieri 1965
R: Verlag UNI-Druck München
V: Kehrverse – PP 6
Ch: S 94 f Chorstrophe und Psalmverse aus Ps 93
SK I B   WB II 353

Text und Melodie: wie Vorlage; M identisch mit Nr 232,2 und 184,1. *FS*

232,4 Das ist der Tag, den der Herr gemacht Kehrvers

T: Ps 118,24
M: Josef Seuffert 1963
R: Verlag Haus Altenberg Düsseldorf
V: Ministrant – PP 6; VP
K: Nr 44 APs 118
SK II   WB II 354

Text und Melodie: wie Vorlage; identisch mit Nr 236,1. Stammkehrvers
zu Ps 118 C. *FS*

232,5 Gott steigt empor, Erde jauchze, Halleluja
232,6 Jubelt dem Herrn, alle Lande, Halleluja Kehrverse

T: Ps 47,2.6; nach Ps 66,1
M: Heinrich Rohr 1968
R: Christopherus Verlag Freiburg
V: Die Zwischengesänge, Mainz – PP 6; VP
K: Nr 44 APs 66 (232,6); Nr 53 APs 47
SK II   WB II 355

Text und Melodie: wie Vorlage. *JS*

233,1—2 Danket dem Herrn, er ist gütig. Halleluja
  Jubelt dem Herrn, alle Lande: Halleluja Kehrverse

T: Ps 118,1; nach Ps 66,1b
M: Josef Seuffert 1968
R: Christopherus Verlag Freiburg
V: Die Zwischengesänge, Mainz – PP 6
K: Nr 44 APs 66; Nr 45 APs 118; Nr 50 APs 118; Nr 103 APs 107
SK II   WB II 355

Text und Melodie: wie Vorlage; 233,1 identisch mit Nr 235,1. Stammkehrvers zu Ps 118 A. *FS*

233,3 Christus ist erstanden. Halleluja   Kehrvers

T: SK II
M: gregorianisches Modell
R: (B) EGB
Ch: S 96 Verse aus dem NT
SK I B   WB II 356

Text und Melodie: vergleiche den Antwortgesang Nr 237. *JS*

233,4 Christus ist unser Osterlamm. Halleluja   Kehrvers

T: 1 Kor 5,7 b–8 a
M: Josef Seuffert 1963
R: Verlag Haus Altenberg Düsseldorf
V: Minidztsnz – PP 6
CH: S 97 f Verse aus dem NT
SK I B   WB II 357

Text und Melodie: wie Vorlage. M ö

233,5 Der Herr hat den Tod besiegt. Halleluja Kehrvers

T: Fritz Schieri
M: Fritz Schieri 1965
R: Verlag UNI-Druck München
V: Kehrverse – PP 6
K: Nr 49 APs 4
Ch: S 99 f Verse nach Texten aus Paulusbriefen
SK I B   WB II 358

Melodie: identisch mit Nr 233,6

233,6 Der Herr hat sein Volk befreit. Halleluja Kehrvers

T: Fritz Schieri
M: Fritz Schieri 1965
R: Verlag UNI-Druck München
V: Kehrverse 1969 – PP 6
Ch: S 101 f Chorstrophe und Verse nach Texten aus Paulusbriefen
SK I B   WB II 358

Melodie: identisch mit Nr 233,5.

233,7 Der Herr hat uns befreit; auf ewig besteht sein Bund
Kehrvers

T: nach Ps 111,9
M: Josef Seuffert 1970
R: Christophorus Verlag Freiburg
V: PP 2,6; VP
K: Nr 28 APs 25; Nr 134 APs 89
Ch: S 102 f Chorstrophe (Jes) und Verse aus Ps 126
SK II   WB II 359

Text und Melodie: Originalbeitrag, identisch mit Nr 685,1; Stammkehrvers zum Ps 111. *JS*

234 Vesper in der Osterzeit

235,1 Danket dem Herrn

identisch mit Nr 233,1

235,2 Psalm 118 A: Loblied am Festtag Psalm

T: ökumenische Übersetzung 1974
R: Katholische Bibelanstalt Stuttgart
SK II WB VIII 383

Der Abschnitt enthält die Verse 1–9.

235,3 Halleluja

identisch mit Nr 530,7

235,4 Psalm 118 B Psalm

T: ökumenische Übersetzung 1974
R: Katholische Bibelanstalt Stuttgart
SK II WB VIII 363

Der Abschnitt beginnt wieder mit dem ersten Vers und enthält dann die Verse 10–18.

236,1 Das ist der Tag

identisch mit Nr 232,4.

236,2 Psalm 118 C — Dank für die Rettung Psalm

T: ökumenische Übersetzung 1974
R: Katholische Bibelanstalt Stuttgart
SK II   WB VIII 363

Der Abschnitt enthält die Verse 19—29.

237 Christus ist erstanden Antwortgesang

T: SK II
M: gregorianisches Modell
R: EGB
V: PP 2
SK II   WB II 360

Text und Melodie: Vergleiche den Kehrvers Nr 233,3; gleiches Modell Nr 155 und 255. *JS*

238 Auferstanden ist der Herr, Halleluja

identisch mit Nr 232,1.

239 Pfingsten — Heiliger Geist Katechetischer Text

T: Rupert Berger
R: EGB
SK VI

Originalbeitrag.

240 Veni, Creator Spiritus Hymnus

T: Hrabanus Maurus 809
M: Kempten um 1000   MMH 17; B I 344
V: (T) „Hymni instaurandi Breviarii Romani" 1968 (M) Graduale und
    Antiphonale Romanum
SK I A   WB II 361

Text und Melodie: wie Vorlagen. Zur Autorschaft Hrabans und zur Datierung des Hymnus siehe Heinrich Lausberg: Der Hymnus „Veni creator Spiritus", Opladen 1979. *HS*

241   Komm, Heilger Geist, der Leben schafft   Hymnus

T: Nr 240, Übertragung Friedrich Dörr (1969) 1972
M: Kempten um 1000 / Wittenberg 1524 / Mainz 1947
                                      MMH 17; B I 344; Z 295
R: (T) Autor
V: 20 DGsb; E; KL; KKG (Komm, Heilger Geist, o Schöpfer du) – VP
SK I A   WB II 363

Text: Die neue Übertragung ersetzt u. a. den E-T „Komm, Heilger Geist, o Schöpfer du", der stellenweise zu stark das besondere Gepräge des 17. Jh trägt.

Melodie: wie E. *EH*

242 ö   Komm, allgewaltig heilger Hauch   Hymnus

T: Nr 240, Übertragung Markus Jenny (1971) 1973
R: Theologischer Verlag Zürich
V: GKL
SK I A   WB II 365

Text: In der AÖL war man sich darüber einig, daß eine Übertragung dieses ehrwürdigen und weitverbreiteten Hymnus unter den ökumenischen Gesängen nicht fehlen dürfe. Weiter wurde man sich darüber klar, daß Martin Luthers Übertragung (EKG 97) weder unverändert übernommen noch einer Bearbeitung unterworfen werden könne. Aus mehr als einem Dutzend älterer und neuer Übertragungen – die letzteren anonym vorgelegt – wählte die AÖL die vorliegende aus und nahm sie 1971 mit der M-Fg Nr 241 einstimmig als ökumenischen T an. Im Jahr darauf lag dieser ö-T auch der SK vor, die in Rücksprache mit dem Autor einige Stellen änderte, so vor allem den Anfang, der zunächst „Du allgewaltig heilger Hauch" gelautet hatte. Diese Änderungen wurden von der AÖL akzeptiert. Die SK beschloß daraufhin, den ö-T neben Nr 241 in GL aufzunehmen. Er stellt insofern eine echte Alternative dar, als er ohne Reim ist wie die Vorlage und konsequent versucht, die substantivischen Aussagen des lateinischen T in verbale umzuformen. *MJ*

243 Veni Sancte Spiritus   Sequenz

T: Stephan Langton um 1200
M: Paris um 1200   B I 346; Z 8621
V: Graduale Romanum 1908
RK   WB II 367

Text und Melodie: wie Vorlage. (In WB II 367 Zl 3 muß stehen „Adam von St. Victor", nicht Hugo). *HS*

244 ö Komm herab, o heilger Geist   Sequenz

T: Nr 243, Übertragung Maria Luise Thurmair und Markus Jenny (1971) 1972
M: Nr 243
R: (T) Christophorus Verlag Freiburg
V: 27 DGsb; E; KKG; GKL – VP
SK I A   WB II 369

Text: Ursprünglich hatte die SK für diese Sequenz eine nur geringfügig abgeänderte Fg der in E stehenden Übertragung von Heinrich Bone (Komm, o Geist der Heiligkeit) vorgesehen. Sie konnte aber nicht voll befriedigen und stieß vor allem in der AÖL auf unüberwindlichen Widerstand. Daraufhin mühte man sich um eine Neuübertragung, die in Inhalt und Form der lateinischen Vorlage besser gerecht würde. Sie wurde in GKL und GL aufgenommen.

Melodie: Wie Vorlagen. *MT*

245 Komm, Schöpfer Geist, kehr bei uns ein Lied

T: Nr 240, Übertragung nach Heinrich Bone 1847 und Joseph Mohr 1891
M: bei Heinrich Lindenborn Köln 1741   B III 54
V: 35 DGsb; E; KKG — VP
SK I A   WB II 370

Text: Gegenüber E steht:
1,3/4 „die deine Macht erschaffen hat, / erfülle nun mit deiner Gnad" statt „erfüll uns all mit deiner Gnad, / die deine Macht erschaffen hat"; so entfällt der mißverständliche Anschluß „Gnad, die".
4,1 (in Übereinstimmung mit Bones Ur-T) „des Lichtes Schein" statt „dein Gnadenlicht": „Licht" ist theologisch und sprachlich besser als „Gnadenlicht";
2 (näher bei Bone) „gieß Liebe in die Herzen ein" statt „gieß Lieb ins Herz, die ihm gebricht" vermeidet „Lieb" und den Relativsatz; 3 „unsres" statt „unsers".
5,4 „in Sünd und Elend fallen" statt „in Sünd und Leid verfallen", weil „verfallen" nicht mehr in diesem Sinn gebraucht wird.
6 Die Kraft dieser genuinen Doxologie-Str kommt in der Neu-Fg besser zur Geltung, zumal E die drei im Original direkten Bitten in einen einzigen, zweigliedrigen Nebensatz gefaßt hatte.
7 konnte als Doppelung der Original-Doxologie entfallen. *EH*

Melodie: Steht in dieser vereinfachten Fg schon in den E-Liedern von 1916 und in E. Die Taktstriche wurden, dem melodischen Akzent entsprechend, um 2 Viertel verschoben. *EQ*

246 Send uns deines Geistes Kraft Kyrie-Litanei

T: Maria Luise Thurmair 1952
M: Heinrich Rohr (1950) 1952
R: Christophorus Verlag Freiburg
V: DGsb Mainz 1952; SG VIII — VP
SK I B   WB II 371

Text und Melodie: Wie Vorlage.

247 ö Komm, Heiliger Geist, Herre Gott   Lied

T: Ebersberg um 1480 nach der Antiphon „Veni Sancte Spiritus",
11. Jh
M: Ebersberg um 1480 / Erfurt 1524   B I 342; IV 118; Z 7445
V: 3 DGsb; EKG; RKG; GKL – PP 6
SK I A   WB II 372

Text: Gegenüber EKG steht:
4 „brennend" statt „brünstig"; 5 „Glanz" statt „Glast" unter Verzicht auf den Reim; 6 „zum Glauben du" statt „zu dém Glaubén", um die starke Betonung, welche die 2. Silbe dieser Zl durch die M erhält, auf ein wichtiges Wort fallen zu lassen. Der ö-T verzichtet auf die beiden von Luther dem spätmittelalterlichen Gesang beigefügten weiteren Str, und so hat auch GL das Lied in seiner ursprünglichen Einstrophigkeit übernommen und auf die katholischen Fortdichtungen ebenfalls verzichtet.

Melodie: Wie EKG. MJ

248 ö Nun bitten wir den Heiligen Geist   Leise
ö nur Str 1

T: bei Berthold von Regensburg 13. Jh, Str 2–4 Maria Luise Thurmair 1972, Str 5 nach Michael Vehe 1537
M: 14. Jh / Neufassung 1970   B I 337; Z 2029
R: (T Str 2–4) Christophorus Verlag Freiburg
V: 33 DGsb; E; KL; EKG; RKG; KKG; GKL – PP 6; EGB 11; VP
SK I A   WB II 374

Text: Diese Pfingstleise bestand ursprünglich nur aus einer, der jetzigen Str 1. Schon 1524 hat Martin Luther den sehr verbreiteten Leis um 3 Str erweitert. Wenige Jahre danach findet sich in dem katholischen Gsb des Michael Vehe eine „Gegen-Erweiterung" von ebenfalls 3 Str. Alle drei Fg kommen in den katholischen Gsb der Folgezeit vor, wobei meist die Str von Vehe den Vorrang hatten und auch in E eingingen. Die AÖL entschied sich für Str 1 und übernahm für GKL noch zwei Zusatz-Str, den bearbeiteten Luther-T. Für das GL wollte man sich zunächst mit Str 1 begnügen, da Vehes T als gedankenblaß und schematisch empfunden wurde. Doch wurde auch hier der Wunsch nach weiteren Str laut. 1973 wurden die vorliegenden Str dem Lied angefügt. Bei der Endredaktion wurde diesen Str durch die HK noch eine Str der Vehe-Zudichtung, die bisherige Str 2 des E-Liedes, angehängt. *MT*

Melodie: Die ö-Fg ist ein Kompromiß zwischen der choralen Fg in E und der mensurierten Fg in EKG. Letztere hat in Zl 1−2 auf die breite Halbe-Bewegung zugunsten durchlaufender Viertel verzichtet und so eine Anpassung an E erreicht. Im zweiten Teil wird der melodische Duktus der EKG-Fg beibehalten. *EQ*

249 Der Geist des Herrn erfüllt das All   Stollenlied

T: Maria Luise Thurmair (1941) 1946
M: „Zieh an die Macht, du Arm des Herrn" Nr 304
R: (T) Christophorus Verlag Freiburg
V: 24 DGsb; KL II − PP 6; EGB 11; VP
SK I A   WB II 377

Text: Das Lied ist für das Innsbrucker DGsb 1946 geschaffen und stellte in 7 Str das Wirken des Heiligen Geistes in der Heilsgeschichte dar. Mit einigen Änderungen kam es in KL II. GL übernahm die Str 1,2,3 und 5 in der Fg von KL II. Gegenüber KL II steht: 4,3 „Wohin" statt „und wo". *MT*

Melodie: Siehe Nr 304. Die Bemerkung in WB II 377 über die kleine Änderung der M am Schluß gilt nur im Vergleich mit dem einen oder anderen DGsb (z. B. München 1950); denn in KL II und den meisten anderen Gsb steht als vorletzte Note das authentische e. *HS*

250 ö Komm, o Tröster, Heilger Geist   Lied

T: Maria Luise Thurmair (1970) 1972
M: Bremen 1633   Z 37 a
R: (T) Christophorus Verlag Freiburg
V: EKG (Heilger Geist, du Tröster mein); GKL; − VP
SK I A   WB II 379

Text: Der in EKG mit dieser M stehende T von Martin Moller erwies sich als nicht mehr verwendbar. So wurde auf Anregung der SK ein neuer T in Anlehnung an die Pfingstsequenz Nr 243 geschaffen.

Melodie: wie Vorlage. Das Lied wurde in GzB aufgenommen. *MT*

251 Der Heilige Geist erfüllet das All   Kehrvers

T: Team Singende Gemeinde nach Weish 1,7
M: Heinrich Rohr 1962
R: Christophorus Verlag Freiburg
V: SG V – PP 6
Ch: S 104 f Chorstrophe und Verse aus Ps 68
SK I B   WB II 381

Text und Melodie: wie Vorlage; M identisch mit Nr 231. *JS*

252 Vesper vom Heiligen Geist

253,1 Sende aus deinen Geist, und das Antlitz der Erde wird neu   Kehrvers

T: nach Ps 104,30
M: KKG 1966
R: Verein zur Herausgabe des Katholischen Kirchengesangbuches der Schweiz
V: PP 5,6; VP
K: Nr 36 und 57 APs 104
SK II   WB II 381

Text und Melodie: wie Vorlage. Im KKG sind die Autoren der Kehrverse nicht angegeben. *JS*

253,2 Psalm 104 C: Lob des Schöpfers Psalm

T: ökumenische Übersetzung 1974
R: Katholische Bibelanstalt Stuttgart
SK II   WB II 355

Der Abschnitt enthält die Verse 24 und 27–35. Die Abschnitte A und B des Psalms 104 siehe Nr 743 und 744. *JS*

254,1 Der Geist des Herrn erfüllet sie Kehrvers

T: nach Apg 2,4
M: Heinrich Rohr 1962
R: Christophorus Verlag Freiburg
V: SG V – PP 6
Ch: 157 f Verse aus Joh 20
SK I B   WB II 382

Text und Melodie: identisch mit Nr 536,3. Die 6. und 7. Note der M wurden umgestellt: e-fis statt fis-e. Auf dieselbe M ein anderer T in Nr 286,1. *JS*

254,2 Psalm 147: Jerusalem, preise den Herrn Psalm

T: ökumenische Übersetzung 1974
R: Katholische Bibelanstalt Stuttgart
SK II   WB VIII 376

Die Auswahl enthält die Verse 1–3, 6–7, 12–15, 19–20. *JS*

255 Christus ist erhöht zum Vater Antwortgesang

T: SK II
M: gregorianisches Modell
R: EGB
V: PP 2
SK II   WB II 383

Melodie: gleiches Modell Nr 155 und 237. *JS*

256 Der Herr hat Großes an uns getan   Kehrvers

T: Lk 1,49 und Lk 24,48 nach Ps 126,3 a
M: Fritz Schieri 1970
R: Christophorus Verlag Freiburg
V: PP 2; VP
SK II   WB II 383

Text und Melodie: Originalbeitrag.

257 ö   Großer Gott, wir loben dich   Stollenlied
ö nur Str 1–5, 9,11

T: Ignaz Franz 1768 nach „Te Deum laudamus", 4. Jh
M: Lüneburg 1668 / Wien um 1776 / bei Heinrich Bone 1852
                                    Z 3448 a und 3495; B III 219
V: 35 DGsb; E; KL; RKG; KKG; GKL – EGB 11; VP
SK I A   WB III 85

Text: Gegenüber E steht:
4,1 „heilger" statt „Christi", weil der lateinischen Vorlage näher.
5 vereinigt in dieser Fg die bisherigen Str 5–6.
9,5 „führe es durch diese" statt „wart und pfleg es in der", weil die beiden Verben eine andere bzw. unpräzisere Bedeutung angenommen haben; 6 „nimm es auf" statt „heb es hoch", der Vorlage gemäßer.
11 wurde in der Fg von Johann Heinrich Schlosser „Die Kirche in ihren Liedern" II, Freiburg 1863 S 197, übernommen: 2 „Laß uns deine Güte schauen" statt „über uns sei stets dein Segen" gibt die Vorlage besser wieder; dasselbe gilt für 4 „wie wir fest auf dich vertrauen" statt „uns auf allen unsern Wegen".

Melodie: wie E; auch von GKL übernommen. *EH*

258 ö   Lobe den Herren, den mächtigen König der Ehren
Stollenlied

T: Joachim Neander 1680
M: Stralsund 1665 / Halle 1741   Z 1912; B III 210
V: 34 DGsb; E; KL; EKG; RKG; KKG; GKL – EGB 11; VP
SK I A   WB III 87

Text: ö hat gegenüber E:
2,2 „Adelers" (Original=EKG) statt „Adlers", weil die für das zweisilbige „Adlers" erforderliche Ligatur a g allein für diese eine Stelle schwierig ist; 4 „selber" (Original=EKG) statt „immer" (Verlegenheitslösung).
4,1 „Lobe den Herren, was in mir ist, lobe den Namen" (Original nach Psalm 103,1) statt „Lobe den Herren und seinen hochheiligen Namen; 2 „die seine Verheißung bekamen" (EKG) statt „die von ihm den Odem bekamen", weil die EKG-Fg gefüllter ist und dem Original (alles, was Odem hat, lobe mit Abrahams Samen) inhaltlich näher steht.
Zwischen Str 3 und 4 ist eine Str des Ur-T und der gesamten evangelischen Überlieferung, die auch in GKL steht, von der HK gestrichen worden, weil sie nicht „jugendgemäß" schien. Sie lautet: „Lobe den Herren, der sichtbar dein Leben gesegnet, / der aus dem Himmel mit Strömen der Liebe geregnet. / Denke daran, / was der Allmächtige kann, / der dir mit Liebe begegnet."

Melodie: wie alle Vorlagen. *MJ*

259 ö   Erfreue dich, Himmel, erfreue dich, Erde   Refrainlied

T: Straßburg 1697, Str 2–5 Maria Luise Thurmair (1963) 1967 nach Psalm 148
M: Augsburg 1659 / Bamberg 1691   B I 168 und 336
R: (T Str 2–5) Christophorus Verlag Freiburg
V: KL II
SK I A   WB III 89

Text: Das ursprünglich 2strophige Weihnachtslied wurde um die Str 2–5 erweitert und damit zum Psalmlied umgestaltet. Der frühere

Refrain ist durch einen allgemeinen Lobpreis ersetzt: „den gütigen Vater" statt „das Kindlein im Krippelein".
Gegenüber KL II steht:
1,1 „Erde" statt „Erden" gemäß heutigem Sprachgebrauch unter Preisgabe des Reims; 4 „Vater, den" statt „Va-ater", um die Ligatur aufzulösen. *MT*

Melodie: Wie KL II, jedoch im 6/4 Takt. Die Angabe im WB III 89 ist zu verbessern: Die M steht zum T „Mit hallenden Stimmen" (Psalm 47) schon in der ersten Ausgabe der „Harpffen Davids" Augsburg 1659. *HS*

260 Singet Lob unserm Gott Refrainlied

T: Georg Thurmair 1940/1971
M: Erhard Quack 1941/1951
R: Christophorus Verlag Freiburg
V: „Lobsinget dem Herrn" Speyer 1941; „Salve Regina" Speyer 1951; NP – VP
SK IA   WB III 91

Text: Wurde für ein Ergänzungsbüchlein zum Speyerer DGsb geschaffen. Auf Anregung der SK wurde er vom Autor für GL überarbeitet.

Melodie: Die erste Fg in C-Dur findet sich in „Lobsinget dem Herrn" 1941. Bei der Übernahme in das Speyerer DGsb wurden Zl 1,2 und 5 in Anpassung an das Wort so überarbeitet, daß die Weise nun im äolischen Ton steht. *EQ*

261ö Den Herren will ich loben Stollenlied
  ö ist nur der T (öM = Nr 74)
T: Maria Luise Thurmair (1954/1971) 1967/1972 nach dem Magnificat
M: „O Gott, nimm an die Gaben" Nr 468
R: (T) Christophorus Verlag Freiburg
V: KL II – VP
SK IA   WB III 93

Text: Aus den vorgelegten Bereimungen des Magnificat wurde dieser T aus KL II angenommen. Er wurde auf Wunsch der SK der bekannten

M Teschners angepaßt, was im Abgesang jeder Str Umstellungen und kleine Änderungen bedingte. Als ö-Lied mit der M 74 angenommen.
MT

262 ö Nun singt ein neues Lied dem Herren Lied

T: Georg Thurmair (1965/1971) 1967/1972 nach Psalm 98
M: „Nun saget Dank und lobt den Herren" Nr 269
R: (T) Christophorus Verlag Freiburg
V: KL II (Singet ein neues Lied dem Herren); GKL – PP 3; VP
SK I A   WB III 95

Text: Diese neue deutsche Bereimung von Psalm 98, 1967 in KL II, wurde auf Wunsch der SK und der AÖL überarbeitet, um den T dem Versrhythmus besser anzupassen.
Gegenüber KL II steht:
1,1 „Nun singt" statt „Singet"; 3 „kommt, singt" statt „singet"; 7 „als Zeichen seiner Huld" statt „der Güte eingedenk".
2,1 „Frohlockt" statt „Jubelt"; 2 „singt und" statt „singet"; 5 „Frohlockt" statt „Jubelt".
3,6 „in Gerechtigkeit" statt „nach Gerechtigkeit".

Melodie: wie Nr 269. *MT*

263 Dein Lob, Herr, ruft der Himmel aus Lied

T: nach Albert Curtz 1659 nach Psalm 19
M: Augsburg 1669
R: (T) Christophorus Verlag Freiburg
V: 22 DGsb; KL – VP
SK I A   WB III 97

Text: Die SK übernahm den T in der Bearbeitung des Originals, die durch KL weite Verbreitung gefunden hatte.
Gegenüber KL steht:
4,1 „Behüt mich vor der stolzen Welt" statt „Erlös mich von der fremden Welt"; letzteres konnte als Weltverachtung mißdeutet werden.

5,1 „all mein Gebet" statt „mein Herzgebet", was weithin auf Ablehnung gestoßen war.

Melodie: Wie KL. *MT*

264 (ö)   Mein ganzes Herz erhebet dich   Stollenlied

T: Zürich 1941 / EGB 1972 nach älteren Fg, nach Psalm 138
M: Loys Bourgeois 1547/1551   P 138 c; Z 8268
R: (T) Verein zur Herausgabe des Gsb der ev.-ref. Kirchen der deutschsprachigen Schweiz
V: RKG; KKG – PP 8; VP
SK I A   WB III 99

Text: Im Probeband zum RKG (1941) findet sich erstmals die vorliegende Bereimung des Psalms 138 (Str 1 nach Matthias Jorissen 1798, Str 2 Christoph Johannes Riggenbach 1868 nach Johannes Stapfer 1775 und Schaffhausen 1841, Str 3 Zürich 1886 nach Schaffhausen 1841, diese nach Johann Jakob Spreng 1741). KKG hat diese Fg ohne Änderungen übernommen. Die SK hat in Zusammenarbeit mit der AÖL die folgenden Änderungen angebracht:
1,5/6 „Dein Name strahlt an allem Ort / und durch dein Wort wird hell das Leben" statt „Den Namen dein an allem Ort, / Herr, durch dein Wort hast du erhöhet", um jeder dieser beiden in sich geschlossenen und deutlich voneinander getrennten M-Zl eine geschlossene Aussage zu geben; 7/8 „Anbetung, Ehr und Herrlichkeit / bin ich bereit, dir, Gott, zu geben" statt „du gibst der Seel, was ihr gebricht; / um Kraft und Licht sie zu dir flehet", um nicht schon Gedanken aus dem Psalm-Vers 3, der in Str 2 verwendet wird, vorauszunehmen und um damit der Str mehr Geschlossenheit zu geben.
2,5/6 „Die Völker werden preisen dich / und Mächtge sich zu dir hin kehren" statt „Einst werden alle Völker dich / demütiglich und dankbar ehren", wieder zur Vermeidung des Enjambements, ferner um das altertümliche „demütiglich" zu vermeiden, vor allem aber, weil im Psalm-T ja nicht von Völkern, sondern von Königen die Rede ist; in 7/8 wurde die natürlichere und dem Verständnis entgegenkommende Wortstellung gewählt und „Gnadenbund" durch „ewgen Bund" ersetzt: „wenn sie das Wort vom ewgen Bund / aus deinem Mund verkünden hören" statt „wenn sie das Wort aus deinem Mund / vom Gnadenbund verkünden hören".

3,2 „und siehest doch die Tiefgebeugten" statt „und siehest doch, die zu dir schreien", um die Pointe des Psalm-Verses 6 a deutlicher herauszustellen (Luther: der Herr ist hoch und sieht auf den Niedrigen); 4 „wird mir allzeit dein Antlitz leuchten" statt „wird mich allzeit dein Trost erfreuen" wegen des Reims, wobei der unreine Reim beim Singen wesentlich weniger stört als beim Lesen; 5/6 „Mach mich von allem Elend frei; / denn deine Treu wird niemals enden" statt „Wie Not und Jammer mich bedräu, / Gott, deine Treu wird alles wenden", weil der Ausdruck „Jammer" und vor allem die Verbform „bedräu" als altertümlich empfunden wurden.

Bei all diesen Änderungen war zu beachten, daß jede zweite Zl durch Binnenreim mit dem Ende der vorangehenden verbunden ist.

Melodie: Wie Vorlagen. *MJ*

265 ö   Nun lobet Gott im hohen Thron   Lied

T: nach Caspar Ulenberg 1582/1603 nach Psalm 117
M: Guillaume Franc 1542 / Caspar Ulenberg 1603   P 9 b; Z 702; B II 111
V: 22 DGsb; E; KL; KKG; GKL – PP 3; VP
SK I A   WB III 101

Text: Steht mit vorliegender M bei Ulenberg; Str 3 ist späteren Datums. Gegenüber E steht:
1,2 „Menschen" statt „Völker", um das zweimalige Vorkommen dieser Vokabel in der gleichen Str zu beseitigen.
2,2 „er" statt „sich".

Melodie: Wurde in der Fg Ulenbergs übernommen und auch von der AÖL nicht dem Genfer Original angepaßt. *EQ*

266 ö   Nun danket alle Gott   Stollenlied

T: Martin Rinckart (um 1630) 1636
M: Martin Rinckart (um 1630) 1636 / Johann Crüger 1647
                                                   Z 5142; B III 209
V: EKG; RKG; KKG; GKL – VP
SK I A   WB III 103

Text: 1,4 „an uns und allen Enden" (wie EKG) statt „an uns und aller Enden" (RKG, KKG); 5/6 „der uns von Mutterleib / und Kindesbeinen an" (EKG) statt „der uns an Leib und Seel / von früher Kindheit an" (RKG, KKG); 8 „bis hieher hat getan" (RKG, KKG) statt „und noch jetzund getan" (EKG).
2,2 „in unserm Leben" (RKG, KKG) statt „bei unserm Leben" (EKG).
3,3 „und Gott dem Heilgen Geist" (RKG, KKG) statt „und dem, der beiden gleich" (EKG), weil es wichtiger erschien, in dieser trinitarischen Doxologie-Str den Heiligen Geist ausdrücklich zu nennen, als die dogmatische Aussage zu machen, daß er dem Vater und dem Sohn gleich ist; 5 „ihm, dem dreieinen Gott" (KKG) statt „dem dreimal einen Gott" (EKG) oder „ihm, dem dreieingen Gott" (RKG); 6 „wie es im Anfang war" statt „wie es ursprünglich war" (EKG) oder „wie er im Anfang war" (RKG, KKG), weil diese Fg auf einer Fehlinterpretation der lateinischen Vorlage beruht: es soll nicht gesagt werden, daß Gott von Anfang an der Dreieinige war, sondern daß sein Lob schon immer erklang; 8 „so jetzt und immerdar" statt „jetzund und immerdar" (EKG) oder „ihm danket immerdar" (RKG, KKG), weil hier die Vorlage wiedergegeben werden muß: „et nunc et semper et in saecula saeculorum".

Melodie: Eine Gegenüberstellung der Fg Crügers (EKG) mit der späteren isometrischen (RKG, als Zweit-Fg auch im EKG) fiel zugunsten der Fg Crügers aus. Die Kompromiß-Fg des KKG mit den langen Auftakten in den ZL 1,3,5 und 8 bereitet sie in entscheidender Weise vor. An zwei Stellen jedoch weicht die ö-Fg von der des EKG ab: Die M wird nicht schon am Stollenende über den Leitton in den Grundton geführt, sondern an dieser Stelle wird die M-Führung der isometrischen Fg berücksichtigt. Ferner wird die zweite Punktierung am Anfang des Abgesangs (Mut-ter-) nicht mitgemacht. *MJ*

267 ö Nun danket all und bringet Ehr Lied

T: Paul Gerhardt 1647
M: Johann Crüger 1653 nach Pierre Dagues 1562   P 89; Z 3211 und 207
V: 29 DGsb; E; KL; EKG; RKG; KKG; GKL–PP 3; EGB 11; VP
SK I A WB III 105

Text: E übernahm die Str 1,2, 5 und 6 des Gerhardt-T. Sie kamen unverändert in GL. Die beiden letzten Str des Originals sind aus der ö-Fg als Str 5 und 6 dazugekommen.

Melodie: Wie E, aber ohne Taktstriche. MT

268 Singt dem Herrn ein neues Lied Stollenlied

T: Georg A. Kempf 1941
M: Adolf Lohmann (1952) 1956
R: Christophorus Verlag Freiburg
V: 2 DGsb; „Die Volkskirche", Elsäss. Kirchenblatt 1941; Adolf Lohmann „Kleine Liedkantate: Singt dem Herrn ein neues Lied" Freiburg 1956; KL II
SK I A WB III 107

Text und Melodie: Wie KL II. MT

269 ö Nun saget Dank und lobt den Herren Lied

T: nach Ambrosius Lobwasser 1573 (Str 1 und 4) und Fritz Enderlin 1952 (Str 2 und 3) nach Psalm 118
M: Guillaume Franc 1543 / Loys Bourgeois 1551
  P 118 c; Z 6002; B I 28
R: (T) Verein zur Herausgabe des Gsb der ev.-ref. Kirchen der deutschsprachigen Schweiz.
V: EKG; KL II; RKG; GKL – Vp
SK I A WB III 109

Text: Gegenüber RKG steht:
1,5 „Du, Gottes Volk, sollst es verkünden" statt „Volk Gottes, halt es im Gemüte", weil diese etwas betuliche Ausdrucksweise der Intention

des Psalms (So spreche nun Israel ... So spreche das Haus Aaron ... So sollen sprechen ...) widerspricht; 7/8 „er will sich selbst mit uns verbünden / und wird uns tragen durch die Zeit" statt „verkünd es laut, daß seine Güte / und Wahrheit bleibt in Ewigkeit", was schon wegen des Reims nicht stehen bleiben konnte, aber auch wegen des bei dieser M-Struktur ungünstigen Enjambements nach einer Neu-Fg verlangte. Sie gibt nun statt des dritten Rufs im Psalm „Denn seine Huld währt ewig" eine interpretierende Umschreibung. 2,1 „Nicht sterben werd ich, sondern leben" statt „Nicht sterben werd ich, werde leben" in genauem Anschluß an den Psalm-Vers 17; 2 „gezüchtigt wurde ich„ statt „gezüchtigt ward ich wohl", weil das „wohl" nicht sofort als dem „aber" der folgenden Zl gegenüberstehend erkannt wird; 6 „in neuen Liedern" statt „in ihren Hütten", weil das Wort „Hütten" aus dem Luther-T des Psalms (aber auch „Zelten" gemäß dem ökumenischen Psalm-T) zuviel Bibelkenntnis und Umsetzungsvermögen voraussetzt, um unmittelbar verstanden zu werden; darum wurde der Neu-Fg der Vorzug gegeben, obwohl sie sich vom Psalm-T weiter entfernt als die Vorlage.
4,1/2 „Er, der da kommt in Gottes Namen, / sei hochgelobt" statt „Gelobt sei, der da kommt im Namen / des Herrn! Gelobt" wiederum zur Vermeidung des hier als besonders störend empfundenen Enjambements; 5 wie 1,1 statt „Mit Danken nahet euch dem Herren", weil so die zweite Hälfte der letzten Str genau gleich lautet wie die erste Hälfte der ersten. Str 2 des RKG-T, welche die Psalm-Verse 5−6 wiedergibt, wurde weggelassen, weil sie im Gesamtduktus des Liedes entbehrlich schien und vorauszusehen war, daß sie beim Gebrauch des Liedes ohnehin fast immer weggelassen werden würde.

Melodie: Wie RKG. MJ

270 Kommt herbei, singt dem Herrn   Lied

T: Diethard Zils 1972/1974 nach Psalm 95
M: Volkslied aus Israel
R: (T) Autor
V: „Schalom" 1971; „Jubelt nicht unbedacht" Essen 1972 − EGB 10
SK I A   WB III 111

Text: Stand schon in einigen neueren DGsb und wurde auf Antrag des AK 5 aufgenommen. Wie EGB 10 außer 6,1 „Menschen, kommt" statt „kommt herbei". Die frühere T-Fg steht in der 1. Auflage von „Jubelt nicht unbedacht" (1969) noch nicht (Irrtum in WB III 111).

Melodie: Wie EGB 10. *HS*

271 ö Das ist ein köstlich Ding, dem Herrn danken
Kehrverslied

T: Psalm 92,2−6.9 nach der Luther-Übersetzung
M: Rolf Schweizer 1966
R: Hänssler Verlag Stuttgart
V: „Bausteine für den Gottesdienst" Stuttgart 1966 − EGB 10
SK I A   WB III 113

Text und Melodie: Wie Vorlage. Stand schon in einigen neueren DGsb und wurde auf Vorschlag des AK 5 aufgenommen. *HS*

272 ö Singt das Lied der Freude über Gott
Lied

T: Dieter Hechtenberg 1968 nach Psalm 148 bei Jörg Zink
M: Dieter Hechtenberg 1968
R: Christophorus Verlag Freiburg
V: „111 Kinderlieder zur Bibel" 1968; NP − EGB 10
SK I A   WB III 115

Text und Melodie: Das Lied wurde auf Antrag des AK 5 übernommen. *EQ*

273 ö Singet dem Herrn ein neues Lied, denn er tut Wunder
Kehrverslied

T: Psalm 98, 1−2, Str 2−4 Paulus Stein 1963
M: Rolf Schweizer 1963
R: Hänssler Verlag Stuttgart
V: „Bausteine für den Gottesdienst" 1963 − EGB 10
SK I A   WB III 117

Text und Melodie: Wie Vorlage. Auf Vorschlag des AK 5 aufgenommen. *MT*

274　Dich will ich rühmen, Herr und Gott　　　　　Refrainlied

T: Maria Luise Thurmair (1971) 1972 nach Psalm 145
M: Paul Ernst Ruppel (1971) 1972
R: (T) Christophorus Verlag Freiburg (M) Verlag „Singende Gemeinde" Wuppertal
V: PP 8
SK I A　　　　　　　　　　　　　　　　　　　WB III 119

Text: Die Verse 15–16 des Psalms 145 „Aller Augen warten auf dich" sollten als Refrain der Gemeinde in einem Lied zum Kommuniongang dienen. Aus diesem Auftrag der SK entstand das Lied als Begleitgesang zur Kommunion und zugleich als allgemeines Lob- und Danklied. *MT*

Melodie: Wurde nach einer gezielten Ausschreibung aus den Einsendungen ausgewählt. *EQ*

275 ö　König ist der Herr　　　　　　　　　Refrainlied

T: Maria Luise Thurmair (1971) 1975 nach Psalm 99
M: Pierre Dagues 1562　　　　　　　　　P 99; Z 6002; B I 28
T: (T) Christophorus Verlag Freiburg
V: RKG; KKG; KL II
SK I A　　　　　　　　　　　　　　　　　　　WB III 121

Text: Ausgehend von der 3strophigen Bereimung dieses Genfer Psalms in RKG wurde unter Übernahme der Kopf-Zl und des Refrains eine neue Übertragung geschaffen und von der SK angenommen.

Melodie: Wie Original und KL II. *MT*

276 ö   Wir glauben Gott im höchsten Thron   Lied

T: Rudolf Alexander Schröder 1937
M: Paul Ernst Ruppel (1967) 1968
R: (T) Suhrkamp Verlag Frankfurt/M (M) Hänssler Verlag Stuttgart
V: „Ein Lobgesang" Frankfurt 1937; EKG; KL II; EKG Rheinland-Westfalen 1968; GKL
SK I A   WB III 123

Text: Wie Vorlagen.

Melodie: Wie GKL 62. Das Lied wurde in GzB aufgenommen. *JS*

277   Singet, danket unserm Gott   Lied

T: Kurt Rommel 1963
M: Horst Weber 1963
R: Burckhardthaus Verlag Gelnhausen und Berlin
V: „Schöne Musika" Gelnhausen 1963 – EGB 10
SK I A   WB III 125

Text und Melodie: Wie Vorlage. Aufgenommen auf Vorschlag des AK 5. *EQ*

278 ö   Ich will dir danken, Herr   Kehrverslied

T: Psalm 108, 4–6 nach der Luther-Übersetzung
M: Paul Ernst Ruppel 1964
R: Verlag Singende Gemeinde Wuppertal
V: „Bausteine für den Gottesdienst" Stuttgart 1964 – EGB 10
SK I A   WB III 127

Text und Melodie: Auf Antrag des AK 5 in der Version von EGB 10 aufgenommen. Das dort vor der viertletzten Note fehlende Erniedrigungszeichen wurde eingefügt. *EQ*

279 ö Dreifaltiger verborgner Gott Hymnus

T: Friedrich Dörr (1969) 1975
M: nach Kempten um 1000   MMH 22; B I 355; Z 335 a
R: (T) Autor
V: MMH
SK I A   WB III 129

Text: wurde als selbständige Dichtung auf die M des Vesperhymnus „O lux beata Trinitas" geschaffen. *MT*

Melodie: syllabische Vereinfachung der Vorlage, weil die vier originalen Zweiergruppen für das Deutsche zu lastend sind. *HS*

280 Preiset den Herrn, denn er ist gut   Litaneigesang
  Kv ö
T: 50 Gesänge mit Kindern / EGB
M: Heinrich Rohr
R: Christophorus Verlag Freiburg
V: VP
SK I B   WB III 131

Text: wurde in der Subkommission neu gestaltet. *JS*

281 ö Danket dem Herrn, denn er ist gut. Halleluja
                                                                    Litaneigesang
T: nach Ps 118,1 (Kv) und nach Dan 3
M: Josef Seuffert 1964
R: Verlag Haus Altenberg Düsseldorf
V: „Kirche auf dem Weg" – VP
SK IB   WBIII133

Text: Die dritte Achtergruppe des Lobpreises wurde gegenüber der Vorlage vom Bekenntnistag der Jugend 1964 geändert. *JS*

282 ö Lobet und preiset, ihr Völker, den Herrn Kanon

T und M: mündlich überliefert
V: viele Publikationen
SK I B WB III 135

283 ö Danket, danket dem Herrn Kanon

T und M: 18. Jh
V: viele Publikationen
SK I B WB III 136

284 Lobpreis vom Heilswirken Gottes Litaneigesang

T: Kv: Ps 118,1; Anrufungen: Josef Seuffert 1965
M: (Kv) Fritz Schieri 1965; Psalmodie IV. und III. Psalmton
R: (Kv) Verlag UNI-Druck München; (T) Don Bosco Verlag München
V: Kehrverse (Kv) − PP 3 (Kv)
Ch: S 106 zum Kv Verse des Ps 136
SK I B / SK V WB III 137

Text: Der T des Litaneigesangs wurde in der SK V bearbeitet und verabschiedet. Ursprünglich war eine Litanei von der Göttlichen Vorsehung geplant. Man entschied sich dann für diesen Lobpreis vom Heilswirken Gottes, der die fünf Stufen der Heilswirklichkeit besingt. Der Lobpreis wurde dann mit einem von der SK I B verabschiedeten Kv verbunden.

Melodie: Die M des Kv ist identisch mit Nr 232,2 und 3. *JS*

285   Der Sonnengesang   Gesang

T: Franz von Assisi, Übertragung EGB 1973
M: Kurt Knotzinger 1973
R: EGB (T) Autor (M)
Ch: S 107 ff die M zu dem im Ch abgedruckten T für die Vorsänger
SK I B   WB III 139

Text: Für das GL von einem Arbeitskreis neu übersetzt.

Melodie: Originalbeitrag; Ergebnis der Ausschreibung des Textes durch die SK I B. *JS*

286,1   Singet dem Herrn, ja singet ihm   Kehrvers

T: nach Ps 47,7
M: Heinrich Rohr 1962
R: Christophorus Verlag Freiburg
V: SG V
Ch: S 111 Psalmverse aus Ps 145
SK I B   WB III 141

Melodie: Die 6. und 7. Note der M wurden umgestellt: e-fis statt fis-e. Auf dieselbe M anderer T in Nr 254,1 bzw 536,3. *JS*

286,2   Jauchzet Gott, alle Lande   Kehrvers

T: Ps 66,1+2
M: Johannes Aengenvoort
R: Autor
V: PP 6
Ch: S 112 f Verse aus Ps 100
SK I B   WB III 142

Text und Melodie: Originalbeitrag.

286,3 Wir rühmen uns in Gott den ganzen Tag   Kehrvers

T: Ps 44,9
M: Johanna Schell
R: Autor
V: PP 8
Ch: S 113 f Verse aus Ps 44
SK I B   WB III 143

Text und Melodie: Originalbeitrag.

287,1 ö Lobsinget Gott, dem Herrn; dankt ihm   Kehrvers

T: nach Ps 107,1; 136,1
M: Fritz Schieri 1965
R: Verlag UNI-Druck München
V: Kehrverse – PP 3
K: Nr 69 APs 107
SK II   WB III 143

Melodie: Der 6. Ton wurde von a in g geändert. *FS*

287,2 Hungrige überhäuft er mit Gutem   Kehrvers

T: Lk 1,53
M: Heino Schubert 1961
R: Christophorus Verlag Freiburg
V: NP – VP
Ch: S 115 f Verse aus dem Magnificat
SK I B   WB III 144

Text und Melodie: wie Vorlage.

288 Vertrauen und Bitte   Katechetischer Text

T: Josef Seuffert
R: EGB
SK VI

Originalbeitrag.

289 Herr, deine Güt ist unbegrenzt   Stollenlied

T: Maria Luise Thurmair (1971) 1972 nach Psalm 36
M: „O Mensch, bewein dein Sünde groß" Nr 166
R: (T) Christophorus Verlag Freiburg
V: RKG – PP 8; VP
SK I A   WB III 145

Text: Die in RKG vorliegende Bereimung von Psalm 36 konnte nicht überzeugen; so wurde auf Wunsch der SK zur M 166 diese Dichtung geschaffen.

Melodie: Nr 166. *MT*

290 ö Gott wohnt in einem Lichte   Lied

T: Jochen Klepper 1938
M: „Gott ist dreifaltig einer" Nr 489
R: (T) Verlag Merseburger Berlin
V: (T) Jochen Klepper „Kyrie" Berlin 1938
SK I A   WB III 147

Text: wie Vorlage.

Melodie: von der SK diesem T zugeordnet. *HS*

291 Wer unterm Schutz des Höchsten steht Stollenlied

T: EGB 1972 nach Psalm 91, Michael Vehe 1537 und E
M: nach Michael Vehe 1537   B II 302
R: (T) EGB
V: 24 DGsb; E und KL (Wer heimlich seine Wohnestatt) – VP
SK I A   WB III 149

Text: Die vielfache Kritik an der etwas altertümlichen E-Fg war Anlaß zu einer Neu-Fg, die dem T des Psalms näher steht und leichter verständlich ist. Die Str-Zahl (Vehe 7, E 4) wurde auf 3 herabgesetzt. *MT*

Melodie: Die bei Vehe polymetrische Weise wurde in „Cantica spiritualia" Augsburg 1845 und in KL im 6/4 Takt notiert, bei E im 3/4 Takt. In GL wurden die 6/4 beibehalten, jedoch mit der leichteren Takthälfte beginnend, wie es den T-Akzenten entspricht. *EQ*

292 ö Herr, dir ist nichts verborgen Stollenlied

T: Maria Luise Thurmair (1971) 1973 nach Psalm 139
M: Caspar Ulenberg 1582   B II 385
R: (T) Christophorus Verlag Freiburg
V: GKL
SK I A   WB III 151

Text: Ulenbergs Paraphrase zu Psalm 139 (Nichts ist an mir verborgen, o Herr, den Augen dein) erwies sich als nicht verwendbar. Im Auftrag der SK entstand diese neue Bereimung. *MT*

Melodie: Die Pause nach Zl 5 (bei Ulenberg) wurde gestrichen, um den T nicht zu zerreißen. In den Schlüssen von Stollen und Abgesang wurde dem damaligen Brauch entsprechend beim vorletzten Ton das Subsemitonium gesetzt. *EQ*

293 ö Auf dich allein ich baue   Stollenlied

T: Caspar Ulenberg 1582 / EGB (1971) 1973 nach Psalm 31
M: Donauwörth 1546 / Caspar Ulenberg 1582   B II 366; Z 5356
R: (T) EGB
V: Adolf Lohmann „33 Psalmlieder" 1963; KL II (Von Herzen will ich schauen); NP; GKL; GzB − PP 8
SK I A   WB III 153

Text: Zugrunde liegt das 20strophige Lied Ulenbergs über Psalm 31 (30). In Anlehnung an die 6strophige Bearbeitung Lohmanns wurde der T in 5 Str neu gefaßt, welche die wesentlichen Motive des Psalms enthalten, alsdann in Zusammenarbeit mit der AÖL stellenweise umgeformt und auf die jetzigen 4 Str verkürzt. *MT*

Melodie: Wie Ulenberg, Lohmann und KL II. (Die durchgehende b-Vorzeichnung bei B II 366 entspricht nicht der Notierung Ulenbergs, der nur in Zl 2 ein akzidentelles b setzt, nicht aber in der vorletzten Zl. *HS*

294 ö Was Gott tut, das ist wohlgetan   Stollenlied

T: Samuel Rodigast 1675
M: Severus Gastorius (1675) 1679
V: 26 DGsb; KL; EKG; RKG; KKG; GKL; GzB − VP
SK I A   WB III 155

Text: Zu den drei Str, die KL aus dem ursprünglich 6strophigen Lied ausgewählt hatte, kommt im ö-T noch eine, hier die 3., hinzu.
Gegenüber KL steht:
1,3 „seine Sachen" statt „meine Sachen" (KL, RKG, KKG), was zwar auch sinnvoll wäre, aber nicht so hintergründig ist, wie die Aussage des Dichters; 4 „will ich ihm halten stille" statt „so will ich halten stille", weil nicht ein allgemeines Dulden, sondern gerade das Hinnehmen des Geschicks aus Gottes Hand betont werden soll.
2,4 „so laß ich mir genügen" statt „so laß ich mich begnügen".

Melodie: Wie KL, was gegenüber EGK die Einfügung der Achtelbewegung in der vorletzten und letzten Zl bedeutet. RKG und KKG haben sie nur in der vorletzten Zl. *MJ*

295 (ö)   Wer nur den lieben Gott läßt walten   Stollenlied
ö ist nur der T; die ö-M-Fg folgt unter Nr 296

T: Georg Neumark (1641) 1657
M: nach Georg Neumark (1641) 1657　　　　　　Z 2778; B IV 328
V: 15 DGsb; KL; EKG; RKG; KKG
SK I A　　　　　　　　　　　　　　　　　　　　WB III 157

Text: Str-Auswahl (1,2 und letzte des 7strophigen Originals) wie KL. T wie alle Vorlagen, außer 3,5, wo EKG gefolgt wird (RKG und KKG: „wer nur" statt „welcher").

Melodie: Die isometrische M-Fg des 18. Jh, die durch Bachs Kantaten bekannt geworden ist, hat durch die 1. Auflage von KL (1938) weite Verbreitung gefunden und sich so eingesungen, daß das Angebot auch der ursprünglichen Fg (in der 3. Auflage von KL 1962), die heute im evangelischen Kirchengesang allein verbreitet ist, keinen großen Einfluß mehr hatte. Die HK befürchtete daher Widerstände in den Diözesen, wenn nur die ursprüngliche Fg aufgenommen würde, wie es die SK vorgesehen hatte. So steht nun zu dem Lied als Haupt-M die isometrische Fg. *MJ*

296 ö   Wer nur den lieben Gott läßt walten   Stollenlied

T und M: Georg Neumark (1641) 1657　　　　　Z 2778; B IV 328 a
V: 15 DGsb; KL; EKG; RKG; KKG; GzB
SK I A　　　　　　　　　　　　　　　　　　　　WB III 157

Text: Siehe Nr 295.

Melodie: Durch die 3. Auflage von KL (1962) wurde die auf evangelischer Seite heute allein verbreitete ursprüngliche M-Fg im 6/4-Takt auch auf katholischer Seite bekannt. In KKG steht nur sie, und auch die AÖL hat schon 1975 sie allein als ö erklärt. Deshalb wollte man sie als Zweit-M doch anbieten. Da sie sich ebenso leicht einsingt wie die isometrische, darf man hoffen, sie werde im Laufe der Zeit die flachere isometrische ganz verdrängen. Die 3. Note der Zl 2 lautet im Original e. Die AÖL entschied sich für die stärker eingesungene Fg mit es. *MJ*

297 ö   Gott liebt diese Welt, und wir sind sein Eigen   Lied

T und M: Walter Schulz 1962
R: Buckhardthaus Verlag Gelnhausen und Berlin
V: „Schöne Musika" Gelnhausen 1962; „Schalom" 1971; GKL – PP 8; EGB 10
SK I A   WB III 159

Text: Wie „Schalom" außer 5,2 „zu des Reiches Erben" statt „sein Reich zu ererben".

Melodie: Wie Vorlagen. Von AÖL und AK 5 zugeleitet. *MT*

298   Herr, unser Herr, wie bist du zugegen   Lied

T: Huub Oosterhuis 1965 „Heer, onze Heer", Übertragung Peter Pawlowsky und Nicolaas Greitemann 1969
M: Niederländische Volksweise
R: (T) Christophorus Verlag Freiburg
V: H. Oosterhuis „Im Vorübergehen" Wien 1969; NP – PP 8; EGB 10; VP
SK I A   WB III 161

Text: Aufgenommen auf Vorschlag des AK 5. Gegenüber NP steht: 1,4 „in deiner Liebe birgst" statt „mit deinen Flügeln schützt".

Melodie: Notierung in 6/8 im Unterschied zu 3/8 der holländischen Vorlage. (In NP lautet die viertletzte Note irrig e statt fis.) *EQ*

299 ö   Manchmal kennen wir Gottes Willen   Lied

T: Kurt Marti 1966
M: Felicitas Kukuck 1967
R: Gustav Bosse Verlag Regensburg
V: „Der Frieden ist unter uns" Regensburg 1967 – PP 8; EGB 10
SK I A   WB III 163

Text und Melodie: Wie Vorlage; auf Vorschlag des AK 5 aufgenommen. Gegenüber der Vertonung von Friedemann Gottschick in PP 8 wurde für EGB 10 und GL diese leichtere und weit verbreitete M bevorzugt. *HS*

300 ö Solang es Menschen gibt auf Erden Lied

T: Huub Oosterhuis 1959 „Zolang er mensen zijn op aarde", Übertragung Dieter Trautwein 1966/1972
M: Tera de Marez Oyens-Wansink 1959
R: (T) Burckhardthaus Verlag Gelnhausen und Berlin
V: „30 Liederen" Hilversum 1964; „Schalom" 1971; DGsb Aachen 1971 – EGB 10
SK I A WB III 165

Text: Das Lied wurde für einen ökumenischen Gottesdienst in Amsterdam geschaffen. Die deutsche Übertragung 1966 wurde 1972 überarbeitet. Die Str-Folge entspricht dem Original.
Auf Antrag des AK 5 übernommen.

Melodie: Abweichend von der Vorlage in doppelten Notenwerten, so auch in „Liturgische Gezangen" Hilversum 1972 und EGB 10. *EQ*

301 ö Herr, deine Güte reicht, so weit der Himmel ist
Kehrversgesang

T: Psalm 36,6 (Luther-Übersetzung), Str 2–5 Gerhard Valentin 1965
M: Herbert Beuerle 1965
R: Burckhardthaus Verlag Gelnhausen und Berlin
V: „Schöne Musika" Gelnhausen 1965; GKL – EGB 10
SK I A WB III 167

Text: Im Kv hieß es, da es so in der Luther-Übersetzung steht, zuerst: „willst du ein Gehilfe sein", was aber schon in „Schalom" 1971 und anderen Sammlungen in „willst du, Herr, ein Helfer sein" geändert wurde. Sonst wie Vorlagen. Auf Vorschlag des AK 5 aufgenommen.

Melodie: Wie Vorlagen. *MJ*

302 Erhör, o Gott, mein Flehen   Lied

T: Edith Stein (1936) 1957/1967 nach Psalm 61
M: Guillaume Franc 1543 (Psalm 128)   P 128; Z 5360; B IV 388
R: (T) Christophorus Verlag Freiburg
V: KL II
SK I A   WB III 169

Text und Melodie: Wie KL II. Der T ist 1936 in Köln entstanden und in Freiburg 1957 gedruckt. Mit geringfügigen Änderungen ging er in KL II über. *HS*

303 In Gottes Namen fahren wir   Leise

T: 15. Jh / bei Michael Vehe 1537
M: bei Johann Leisentrit 1567   B I 296
V: 30 DGsb; E; KL; KKG
SK I A   WB III 171

Text: Gegenüber E steht:
9,3 „Erde" statt „Erden".
11,3 „Bewahr dein" statt „Wahr deine".
12,4 „Heilgen" statt „Engel". *EH*

Melodie: Das Lied ist mit zwei M verbreitet. Die ältere dorische Weise aus Vehes Gsb steht in KL, die jüngere Dur-Weise aus Leisentrit wurde von E übernommen. GL folgt der Original-Fg Leisentrits, die mit schwerer Taktzeit beginnt. *EQ*

304 ö Zieht an die Macht, du Arm des Herrn   Stollenlied

T: Friedrich Oser 1845
M: Melchior Vulpius 1609   Z 4533
V: 24 DGsb; KL; EKG; RKG
SK I A   WB III 173

Text: Str 2 des Original-T „Mit dir, du starker Heiland du" klingt zu kämpferisch und wurde daher weggelassen.

3,3 „Wie du uns Hilfe zugesandt" statt „Wie du geholfen unserm Land", um den ursprünglich national bezogenen T allgemeingültig zu machen.

Melodie: Wie KL (= EKG). *HS*

305 Gott der Vater, steh uns bei — Leise

T: 15. Jh / bei Michael Vehe 1537
M: Halberstadt um 1500   B I 297 a; Z 8507
V: 22 DGsb; E; KL – PP 8
SK I A   WB III 175

Text: Gegenüber E steht:
1,1 „steh" statt des altertümlichen „wohn", 7/8 „bewahre uns in deiner Güt / ein unbegrenzt Vertrauen" statt „bewahr uns vor der Höllen Glut / durch ein herzlich Vertrauen"; 9 „befehln uns dir, Herr Gott" statt „befehlen uns dir gar"; 10 „allen unsern Nöten" statt „aller unsrer Note"; 11/12 „vor Sünd und ewgem Tod / wollst gnädig uns behüten" statt „uns all behüten wollst / vor Sünd und ewgem Tode".
EH

Melodie: Wie E, jedoch mit verkürzten Notenwerten. Die bisher erstmals in einem Orgelsatz Leonhard Klebers belegte M steht in der auch bei Vehe 1537 vorhandenen Fg schon in einer Berliner Handschrift aus Halberstadt um 1500. *HS*

306 O Gott, streck aus dein milde Hand — Refrainlied

T: Köln 1642 / EGB 1971, Str 2 DGsb Bamberg 1970, Str 3 Ernst Hofmann 1971
M: Jakob Gippenbusch 1642   B II 322
R: (T) Autoren
V: 18 DGsb; KL
SK I A   WB III 177

Text: bearbeitet von der SK. Gegenüber KL steht:
Refrain: „o heilger" statt „heiliger"; zweimal „du" statt „o".

4,1 „Herr, segne auch" statt „Ach segne, Herr"; 2 „was wächst und reift in unsrem" statt „die lieben Früchte auf dem"; 3 „Blitz und Hagelschlag", wie in manchen DGsb (z. B. Rottenburg) statt „Hagel, Donnerschlag".
5,1/2 „Behüt die Welt vor Krieg und Streit, / vor Hunger, Krankheit, Haß und Neid" statt „O Herr, zu deines Namens Ehr / halt ab von uns der Feinde Wehr"; 3 „gib, daß" statt „damit"; 4 „diene alle" statt „dienen mög all".
6 ersetzt Str 4–5 und stand in verschiedenen DGsb. *EH*

Melodie: Anstatt da und dort verwendeter jüngerer Singweisen zu diesem Bittlied (z. B. Bäumker I 324) wählte schon KL diese eindringliche Original-M aus dem 4stimmigen Jesuiten-Gsb „Psalteriolum harmonicum" Köln 1642, herausgegeben von Jakob Gippenbusch SJ, der höchstwahrscheinlich auch ihr Autor ist. Entgegen dem Original setzte KL über „Plagen" Viertelnoten; GL hat die originalen Halbe-Noten wiederhergestellt. *HS*

307 O ewger Gott, wir bitten dich   Stollenlied

T: nach Caspar Querhamer 1537 / EGB 1971
M: bei Michael Vehe 1537   B II 275
V: 18 DGsb; KL II; Kath Gsb Leipzig 1971 – VP
SK I A   WB III 179

Text: Gegenüber KL II steht:
1,2 „Frieden" statt „Fried in"; 3 „gib, daß wir stets" statt „daß wir in Lieb".
2,2 „Frieden" statt „Fried in"; 6 „Frieden stiftet und" statt „Sieg verleiht und Fried".
3 (bisher 4), 1 „gnädger" statt „einger"; 3 „allhier so freventlich" statt „also vielfältiglich"; 6/7 „werden wir friedfertig sein durch dich" statt „wird das Herz recht friedlich sein in dir".
4 (bisher 3), 1 „starker" statt „gnädger".
5 wurde als unzulänglich empfunden und gestrichen. *EH*

Melodie: Steht in Vehes Gsb zu dem T „Ach Herr, dein Ohren neig zu mir". In neueren DGsb finden wir sie in vereinfachter Fg ohne die ursprünglichen Ligaturen. KL II stellt die alte Form wieder her; so auch das Kath. Gsb Leipzig 1971, dessen Fg übernommen wurde. *EQ*

308 ö   Gott, mein Gott, warum hast du mich verlassen   Lied

T und M: Friedemann Gottschick (1965) 1967
R: Gustav Bosse Verlag Regensburg
V: „Neue Geistliche Lieder" Regensburg 1967 — EGB 10
SK I A   WB III 181

Text und Melodie: Wie Vorlagen; auf Vorschlag des AK 5 übernommen. *EQ*

309   Da pacem, Domine   gregorianischer Gesang

T und M: 9. Jh
V: Liber usualis 1947
HK RK   WB III 183

Text und Melodie: Wie Vorlage. Stand schon in älteren DGsb; wurde von der HK aufgenommen. *HS*

310 ö   Verleih uns Frieden gnädiglich   Lied

T: Nr 309, Übertragung Martin Luther 1529
M: Einsiedeln 12. Jh / Wittenberg 1529
                    MMH 503; B II 280; Z 1945 a; HEK 333
V: 6 DGsb; EKG; RKG; KKG; GKL — PP 3; 4; VP
SK I A   WB III 183

Text: Wie Original und EKG.

Melodie: Wie EKG, aber ohne Verdoppelung der Anfangsnoten der Zl 1, 4 und 5. Auch GKL und GL entschieden sich für die chorale Notation. *HS*

311 ö Mit lauter Stimme ruf ich zum Herrn   Litanei

T: Psalm 142, 2–4a.6 (Übersetzung Romano Guardini 1950)
M: Peter Janssens 1965
R: Musikverlag Schwann Düsseldorf
V: „Alles, was atmet, lobe den Herrn. Fünf Psalmen für die Messe"
   Düsseldorf 1965; GKL – EGB 10
SK I A   WB III 185

Text und Melodie: Wie Vorlagen; doch ist die ö-Fg gegenüber dem Original um die Psalmverse 5b, 7a und 8a gekürzt. Die Psalmverse 5a, 7b und 8b sind schon von Janssens weggelassen worden. Auf Vorschlag von AK 5 übernommen. *MJ*

312–350   freie Nummern

351,1–5 Die Feier der heiligen Messe   Katechetischer Text

T: Hermann Volk
R: EGB
SK VI

Originalbeitrag.

352,1–4 Der Aufbau der Meßfeier   Katechetischer Text

T: SK VI
R: EGB
SK VI

Originalbeitrag.

353–369 Die Feier der Gemeindemesse

T: Deutsches Meßbuch / Zwischentexte SK VI
R: Kommission zur Herausgabe der Liturgischen Bücher / EGB
SK VI

353,6 Herr Jesus Christus, du bist

T: Deutsches Meßbuch 1975
M: Josef Seuffert (mit Kyrie XVIII Nr 401 und Nr 463)
R: Kommission zur Herausgabe der Liturgischen Bücher
RK

353,8 Herr Jesus, Sohn des lebendigen Gottes

identisch mit Nr 495,1

355,2 Herr, du hast Worte ewigen Lebens

identisch mit Nr 465

355,4 Halleluja

identisch mit Nr 530,6

356 ö Das Große Glaubensbekenntnis   Symbolum

T: Konzil von Chalkedon 451, Übertragung ALT 1971
V: W. Beinert u. a., Glaubensbekenntnis und Gotteslob der Kirche, Freiburg i. Br. 1971
R: Kommission zur Herausgabe der Liturgischen Bücher

Dieser T wird auch als das Nizänisch-Konstantinopolitanische bzw. als das Nizänische Glaubensbekenntnis bezeichnet. *HS*

358,1 Schenke der Welt den Frieden: Wir bitten

identisch mit Nr 766,5

358,2   Christus, höre uns   Fürbittruf

M: SK II
V: PP 2; VP
SK II

Originalbeitrag.

358,3 ö   Herr, erbarme dich   Fürbittruf

M: Josef Seuffert 1964
R: Verlag Haus Altenberg Düsseldorf
V: Wortgottesdienste 2 – PP 6; VP
Ch: S 117 ein Modell zum Singen längerer Fürbitt-Texte.
SK VI

362 ö   Vater unser im Himmel (I)   Sprechgesang

T: Mt 6,9-13, Übertragung ALT 1968
M: nach dem Missale Romanum / Meßbuch 1975
V: Ergänzung zu „Der Römische Meß-Kanon" 1968 – GKL – VP
HK

Text: ökumenische Fg (ALT).

Melodie: im Auftrag der Liturgischen Kommission von einer Arbeitsgruppe (Quack, Rohr, Schieri) nach der lateinischen Vorlage geformt.
EQ

363   Vater unser im Himmel (II)   Sprechgesang

T: Mt 6,9–13, Übertragung ALT 1968
M: Mozarabische (westgotische) Singweise 6./7. Jh
V: 3 DGsb; KKG; Meßbuch 1975
HK

Text: ökumenische Fg (ALT) mit eingefügten Amen-Rufen ad libitum.

Melodie: Wie Vorlagen. Abweichend von KKG und Meßbuch stehen über „Schuldigern" die Töne f d d statt f f d, was vom deutschen Wortakzent her geboten scheint und schon in DGsb Eichstädt 1952 und Freiburg 1960 stand. *HS*

364,1 ö   Denn dein ist das Reich   Doxologie

T: nach 1 Chr 29, 10b–11b, Übertragung ALT 1968
M: nach Missale Romanum 1970
V: Die Osterfeier. Handreichung für die Liturgischen Feiern von Palmsonntag bis Ostern mit ausgewählten Studientexten für das künftige deutsche Meßbuch, 1971

370,1–5   Kommunionfeier

T: Hugo Aufderbeck
R: EGB
SK III / SK VI

Originalbeitrag.

371   Krankenkommunion   Katechetischer Text

T: SK VI
R: EGB
SK VI

Originalbeitrag.

372–375   Texte zu Gebet und Meditation

Zusammenstellung: Josef Seuffert
R: EGB mit Ausnahme der folgenden Stücke

374,4 Steh auf und iß   Gebet

T: Josef Seuffert
R: EGB
SK VI

Originalbeitrag.

375,3 Das Mahl des Herrn   Gebet

T: Josef Seuffert
R: Klens-Verlag Düsseldorf
V: Gottesdienste für Frauen
SK VI

375,4 Gott, wir brechen das Brot   Gebet

T: Huub Oosterhuis 1967
R: Verlag Herder Wien
V: Ganz nah ist dein Wort
SK VI

376—379 Lateinische Akklamationen und Gesänge

T und M: Missale Romanum
SK VI

380—400   freie Nummern

401—404 Erste Choralmesse   gregorianische Gesänge

T: Liturgie
M: gregorianisch
V: PP 3; VP
SK I B   WB IV 87/88

405–409 Zweite Choralmesse	gregorianische Gesänge
T: Liturgie	
M: gregorianisch	
SK I B	WB IV 89

410–414 Dritte Choralmesse	gregorianische Gesänge
T: Liturgie	
M: gregorianisch	
V: PP 6	
SK I B	WB IV 90

415–418 Vierte Choralmesse	gregorianische Gesänge
T: Liturgie	
M: gregorianisch	
V: PP 8 (415/417)	
SK I B	WB IV 91

419–422 Fünfte Choralmesse	gregorianische Gesänge
T: Liturgie	
M: gregorianisch	
V: PP 8 (420)	
SK I B	WB IV 92

423 Credo	gregorianischer Gesang
T: Liturgie	
M: gregorianisch	
V: VP	
SK I B	WB IV 93

Die Entscheidung für das Credo Vat. III fiel endgültig, als Papst Paul VI. wünschte, daß dieses Stück in der ganzen Welt bekannt sein sollte. *JS*

424,1 Aspérge me   gregorianischer Gesang

T: Liturgie
M: gregorianisch
Ch: S 118 Vers Ps 51,2 und „Gloria Patri"
SK I B   WB IV 93

424,2 Vidi aquam   gregorianischer Gesang

T: Liturgie
M: gregorianisch
Ch: S 119 Vers Ps 118,1 und „Gloria Patri"
SK I B   WB IV 93

425–428 Alban-Messe

T: ökumenischer Text 1968
M: Heinrich Rohr 1943/1972
R: Christophorus Verlag Freiburg
V: DGsb Mainz 1952 – PP 6; VP
SK I B   WB IV 94 f

Die ursprüngliche Komposition wurde dem neuen ökumenischen Einheitstext angepaßt. *JS*

429–432 Florian-Messe

T: ökumenischer Text 1968
M: Josef Kronsteiner 1945/1972
R: Veritas Verlag Linz
SK I B   WB IB 96 f

Die ursprüngliche Komposition wurde dem neuen ökumenischen Einheitstext angepaßt. *JS*

433—435 Leopold-Messe

T: ökumenischer Text 1968
M: Vinzenz Goller 1928 (1972)
R: Veritas Verlag Linz
V: PP 3 (433); VP
SK I B   WB IV 97

Die ursprüngliche Komposition wurden dem neuen ökumenischen Einheitstext angepaßt durch Hermann Kronsteiner. *JS*

436—439 Paulus-Messe

T: ökumenischer Text 1968
M: Heino Schubert 1965/1973
R: Orbis Wort und Bild Münster
V: Fünf deutsche Ordinarien − PP 8 (436); VP
SK I B   WB IV 99

Die ursprüngliche Komposition wurde dem neuen ökumenischen Einheitstext angepaßt. *JS*

440—442 Mainzer Dom-Messe

T: Paraphrase von Heinrich Kahlefeld
M: Heinrich Rohr 1964
R: Christophorus Verlag Freiburg
V: Mainzer Dom-Messe
SK I B   WB IV 101

Außer dem Gloria und dem Credo wurden die Stücke einzeln aufgenommen und dann als Reihe zusammengestellt. *JS*

443 Herr, erbarme dich Allerheiligen-Messe

M: Hermann Schroeder 1965
R: Orbis Wort und Bild Münster
V: Fünf deutsche Ordinarien
SK I B WB IV 102

Die Allerheiligen-Messe wurde aus verschiedenen Stücken zusammengestellt, deswegen werden die Stücke hier einzeln besprochen. *JS*

444 Ehre sei Gott in der Höhe Allerheiligen-Messe

T: ökumenischer Text 1968
M: Heinrich Rohr 1951/1972
R: Christophorus Verlag Freiburg
V: DGsb Speyer 1951
SK I B WB IV 103

Der Gesang wurde auf den ökumenischen Text umgearbeitet. *JS*

445 Heilig, heilig Allerheiligen-Messe

T: ökumenischer Text 1968
M: Hermann Schroeder 1965/1972
R: Orbis Wort und Bild, Münster
V: Fünf deutsche Ordinarien
SK I B WB IV 103

Der Gesang wurde auf den ökumenischen Text umgearbeitet. *JS*

446 Christus, Gottes Lamm Allerheiligen-Messe

T: Paraphrase nach dem früheren Einheitstext
M: Fritz Schieri 1957
R: Christophorus Verlag Freiburg
V: Deutsche Ordinariumsmesse
SK I B WB IV 104

447 Ich glaube an Gott   Apostolisches Glaubensbekenntnis II

T: ökumenischer Text 1968
M: Karl Norbert Schmid 1972
R: Autor
SK I B   WB IV 104

Originalbeitrag; Ergebnis eines Wettbewerbs. *JS*

448 Ich glaube an Gott   Apostolisches Glaubensbekenntnis III

T: ökumenischer Text 1968
M: Fritz Schieri 1972
R: Christophorus Verlag Freiburg
V: VP
SK I B   WB IV 105

Originalbeitrag; Ergebnis eines Wettbewerbs. *JS*

449 Wir glauben an den einen Gott

T: ökumenischer Text 1968
M: Heinrich Kahlefeld 1972; nach Credo III
R: Autor
SK I B   WB IV 106

Originalbeitrag; Ergebnis eines Wettbewerbs. *JS*

450 ö   Wir glauben an Gott Vater, den Schöpfer aller Welt Lied

T: EGB (1970) 1971 nach dem Nizänokonstantinopolitanum
M: 15. Jh / Wittenberg 1524   B I 366; Z 7971; HEK 65
R: (T) EGB
V: EKG (Wir glauben all an einen Gott); Deutsches Kantual 1931 (Wir glauben an den einen Gott); GKL − PP 6
SK I A   WB IV 107

Text: Vor allem auf Grund der Chor- und Orgelliteratur hatte Luthers

3strophige Bearbeitung eines spätmittelalterlichen Credoliedes auf evangelischer Seite eine gewisse Verbreitung erlangt. Ihrem liturgischen Gebrauch stand jedoch die übermäßige Länge im Weg. Weil aber die M verbreitet und von hohem Wert ist, hatte man schon früher versucht, sie für den Gottesdienst dadurch zu retten, daß man den Credo-T auf eine Str zusammendrängte (Julius Smend, Guardini-Messerschmid). Der Verzicht auf den Reim und die weitgehende Auflösung der Melismen erlaubten der SK I A, diesen Versuch mit mehr Aussicht auf Erfolg neu zu unternehmen. Das Ergebnis wurde mit wenigen kleinen Änderungen auch von der AÖL übernommen.

Melodie: Wie EKG, nur Schlußnote von Zl 7 über „(Ge)richt" eine Ganze statt eine Halbe, ebenso die erste Note des „Amen". *MJ*

451   Herr, erbarme dich   Kyrie-Ruf

M: Josef Friedrich Doppelbauer 1967
R: Verlag Coppenrath Altötting
V: Deutsches Ordinarium – PP 6
SK I B   WB IV 109

452   Herr, erbarme dich   Kyrie-Ruf

M: Fritz Schieri 1957
R: Christophorus Verlag Freiburg
V: Deutsche Ordinariumsmesse
SK II   WB IV 109

453   Herr, erbarme dich   Kyrie-Ruf

M: Erhard Quack 1964
R: Christophorus Verlag Freiburg
V: Deutsche Messe mit Gemeinderufen
SK II   WB IV 110

454 Herr, erbarme dich unser   Ruf

M: Erhard Quack 1941   vgl B II 401
R: Christophorus Verlag Freiburg
V: 17 DGsb; „Lobsinget dem Herrn" Speyer 1941; Kath Gsb Leipzig
   1971 – PP 3; VP
SK I A   WB IV 110

Melodie: Wie Vorlage.

455 Ehre sei Gott in der Höhe   Meßgesang

T: ökumenischer Text 1968
M: Albrecht Kronenberger 1972 nach einem Lektionston
R: Autor
SK I B   WB IV 112

Originalbeitrag; Ergebnis eines Wettbewerbs. *JS*

456 Ehre dir, Gott im heilgen Thron Lied

T: Erhard Quack (1965) 1975 nach dem Gloria
M: Caspar Ulenberg 1582   B I 15
R: (T) Christophorus Verlag Freiburg
SK I A   WB IV 113

Text: Originalbeitrag.

Melodie: Ulenbergs M (Groß ist der Herr im heilgen Thron) wurde übernommen. *EQ*

457 ö Allein Gott in der Höh sei Ehr   Stollenlied

T: Nikolaus Decius (1523) 1525 nach dem Gloria
M: Nikolaus Decius (1523) 1539 nach dem Gloria Nr 411
   Z 4457; HEK 60; B II 291
V: 29 DGsb; E; KL; EKG; RKG; KKG; GKL – PP 5
SK I A   WB IV 115

Text: ö stimmt mit Ausnahme von drei Stellen mit E überein: In 2,1 wurde der Original-T (EKG) übernommen, aber unter Auflösung einer Halben in zwei Viertel, wie das in Zl 5 in allen drei Str durchgeführt ist; so ist es nicht nötig, „preisen" in „preisn" zusammenzuziehen (EKG), und doch bleiben die drei Verben der Vorlage (loben, preisen, anbeten), von denen das dritte in E zugunsten eines eingeflickten „Herr" ausfiel, erhalten.
In 2,7 heißt es im Original: „Wohl uns des feinen Herren." Auch E mit „guten" statt „feinen" konnte nicht befriedigen. Ihr wurde die Fg von RKG und KKG (so auch viele evangelische Gsb des 19. Jh) vorgezogen; sie kommt der Intention des Originals näher.
In 3,6 heißt es im Ur-T „von unsrer Not", in E „in unsrer Not", während nach heutigem Sprachgebrauch nur „aus" in Frage kommt. Da Str 4 nicht den Schlußteil des Gloria wiedergibt und überdies dem T nachträglich angefügt wurde, ließ man sie weg und schloß Str 3 wie ursprünglich mit „Amen" (statt „aller"). Damit ist auch das Mißverständnis, es handle sich hier um ein Dreifaltigkeitslied (E), unmöglich geworden.

Melodie: Wie E, KL und EKG. *MJ*

458 Herr, Gott im Himmel, dir sei Ehre   Stollenlied

T: Maria Luise Thurmair (1970) 1975 nach dem Gloria
M: Otmar Faulstich (1971) 1975
R: (T) Christophorus Verlag Freiburg (M) Autor
SK I A   WB IV 117

Text: Liedmäßige Kurzform des Gloria unter Berücksichtigung des neuen ökumenischen Wortlauts. Originalbeitrag. *MT*

Melodie: Ergebnis einer gezielten Ausschreibung. *EQ*

459 Heilig, heilig   Meßgesang

T: ökumenischer Text 1968
M: Heinrich Rohr 1972
R: Christophorus Verlag Freiburg
SK I B   WB IV 119

Originalbeitrag; Ergebnis eines Wettbewerbs. *JS*

460 Lamm Gottes   Meßgesang

T: ökumenischer Text 1968
M: Fritz Schieri 1972
R: Christophorus Verlag Freiburg
SK I B   WB IV 119

Originalbeitrag; Ergebnis eines Wettbewerbs. *JS*

461 Lamm Gottes   Meßgesang

T: ökumenischer Text 1968
M: Heinrich Rohr 1951
R: Christophorus Verlag Freiburg
V: Hildegardis-Messe
SK I B   WB IV 120

462 Zu dir, o Gott, erheben wir   Lied

T: EGB (1972) 1975 nach Heinrich Bone 1851, nach Psalm 25
M: nach Caspar Ulenberg 1582   B IV 379 a + b
R: EGB
V: 34 DGsb; E; KL; KKG – VP
SK I A   WB IV 121

Text: Die SK hat den einstrophigen T von E um eine Str erweitert, um ihn nach Inhalt und Gewicht für die Eröffnung der Meßfeier noch geeigneter zu machen. Im Zusammenhang damit wurde der Schluß des bisherigen Wortlautes umgearbeitet:

1,6 „uns mit der" statt „mit deiner"; 7 „und schenk uns dein Erbarmen" statt „die Diener deines Thrones". *EH*

Melodie: Die M aus Ulenbergs Psalter zu Psalm 42 ist schon seit langem in vielen DGsb zu Bones T zu finden. Nachdem sie dort in einem simplifizierten Rhythmus ausschließlich in Viertelnoten aufgezeichnet war, wurde sie in KL mit gedehnter Anfangs- und Schlußnote in jeder Zl notiert. Ein Vergleich mit der ursprünglichen polymetrischen Fg hat dazu geführt, die drei letzten Noten der ersten Zl und die drei ersten Noten der letzten Zl als Halbe zu notieren, um die T-Aussage zu profilieren. Im melodischen Ablauf wurde E mit Rücksicht auf die weite Verbreitung nicht der Ur-Fg angeglichen; doch wurde die später eingeführte unorganische Wiederholung der drei letzten M-Zl gestrichen. *EQ*

463 ö Herr, erbarme dich   Kyrie-Ruf

M: Heinrich Rohr 1952 nach Kyrie XVI
R: Christophorus Verlag Freiburg
V: DGsb Mainz 1952
SK I B   WB IV 124

464 ö Gott in der Höh sei Preis und Ehr   Stollenlied

T: EGB (1970) 1971 nach dem Gloria
M: bei Albert Curtz („Harpffen Davids") Augsburg 1659   B IV 381
R: EGB
V: 33 DGsb; E; KL; KKG; NP; GKL – PP 6; 7; VP
SK I A   WB IV 125

Text: Die SK wollte den E-T, der sich allein an Gott den Vater wendet, dem Gloria gemäß ausweiten. Gegenüber E steht: 3/4 „Allmächtiger Vater, höchster Herr, / du sollst verherrlicht werden" statt „die durch die Gnade immer mehr / von ihm geheiligt werden". Die zweite Halb-Str wurde zu einem Christuslob umgestaltet, das mit der trinitarischen Doxologie schließt. *EH*

Melodie: Das ursprüngliche Psalmlied wird seit Gereon Steins Kölner DGsb 1852 für eine Gloria-Paraphrase verwendet; so auch in KL. Ein

Vergleich mit der M-Fg von 1659 zeigt, daß die ursprüngliche rhythmische Struktur in den späteren Fg mißachtet wurde. Sie weist in den drei Teilen parallele Schlußbildungen auf (großer Dreier ♩ ♩ ♩ ♩ ♩.).

Diese wurden in der Neu-Fg wiederhergestellt, was den T besser zum Ausdruck bringt. *EQ*

465 Herr, du hast Worte ewigen Lebens   Kehrvers

T: Joh 6,68
M: Heinrich Rohr
R: Christophorus Verlag Freiburg
V: Die Zwischengesänge (Mainz) – PP 3; VP
K: Nr 59 APs; Nr 84 APs 119
SK II   WB IV 127

Text und Melodie: wie Vorlage; identisch mit Nr 355,2; 714,1; 750,1. Stammkehrvers zu Ps 19 B und 119 A. *JS*

466 Halleluja

identisch mit Nr 530,6

467 Wir glauben an den einen Gott   Lied

T: Limburg 1931
M: Innsbruck 1588 / Erhard Quack 1941   B II 199
R: (M) Christophorus Verlag Freiburg
V: 24 DGsb; E; „Lobsinget dem Herrn" Speyer 1941; KKG (Ich glaub an Gott, den Vater mein)
SK I A   WB IV 129

Text: Wie E außer Zl 7 „Leibes" statt „Fleisches".

Melodie: Ist ursprünglich 10zeilig (KKG). Mit Rücksicht auf E wurde die auf 8 Zl gekürzte Fg beibehalten, bei der Zl 4–6 eliminiert und durch ein neues Bindeglied ersetzt sind. Bei der Vorlage der ursprünglichen und der gekürzten Fg entschieden sich die Diözesanbeauftragten für die letztere. Im Gegensatz zu E wurden die originalen Pausen nach jeder Zl wieder eingefügt, um so den Eigenwert der einzelnen Glieder zu verdeutlichen. *EQ*

468   O Gott, nimm an die Gaben   Stollenlied

T: Mainz 1947 / EGB (1972) 1975
M: Melchior Teschner (1613) 1614   Z 5404 a; B IV 327
R: (T) EGB
V: 31 DGsb; E; KL; KKG (alle: „Du hast, o Herr, dein Leben")
SK I A   WB IV 131

Text: Gemäß den Erfordernissen der liturgischen Erneuerung bearbeitet von der SK. Der Gesang zur Gabenbereitung soll sich nicht schon dem Opfer Christi zuwenden, da dieses erst im Hochgebet bei der Konsekration gegenwärtig wird. Deshalb beginnt das Lied jetzt mit der zweiten Hälfte von Str 1 des E-T, und die erste Hälfte von Str 2 schließt sich daran an. Dies brachte kleine T-Änderungen mit sich.

Melodie: Wie E, an zwei Stellen abweichend vom Original (3. Takt 3. Note g; drittletzter Takt 4. Note d.) *EH*

469 ö   Heilig ist Gott in Herrlichkeit   Lied

T: Erhard Quack (1965) 1966/1972 nach dem Sanctus
M: Caspar Ulenberg 1582   B IV 380
R: (T) Christophorus Verlag Freiburg
V: 30 DGsb; E und KL (Laßt uns erheben Herz und Stimm); KKG; GKL – PP 8; VP
SK I A   WB IV 133

Text: Originalbeitrag; gegenüber KKG steht Zl 2 „Himmel" statt „Erde".
Die jahrhundertealte Tradition, als Ordinarium Missae deutsche Lieder zu singen, wurde durch die Liturgiereform einerseits bestätigt, andererseits dahin korrigiert, daß die T dem liturgischen Wortlaut möglichst angepaßt werden sollten. Deshalb war „Laßt uns erheben Herz und Stimm" zugunsten einer sanctusartigen Akklamation zur Präfation aufzugeben.

Melodie: Die M aus Ulenbergs Psalter zu Psalm 81 (82) wurde in Heinrich Bones „Cantate" 1888 für „Laßt uns erheben Herz und Stimm" verwendet. Dabei wurde ihre Form mißachtet: die analogen Schlußbildungen in Zl 3 und 5 weisen auf eine asymmetrische Gliederung (A abc B de) hin, die keine Wiederholung der zwei ersten und der drei letzten Zl duldet. Zl 2 schließt im Original nicht mit zwei Halben, sondern mit zwei Vierteln und einer Halben. Mit dem neuen T konnte die Urform der M wiederhergestellt werden. *EQ*

470 ö O Lamm Gottes unschuldig Stollenlied

T: Nikolaus Decius (1523) 1531
M: Nikolaus Decius (1523) 1542 / GKL 1973
  Z 4360/4361 a; B I 202; HEK 93
R: AÖL
V: 32 DGsb (O du Lamm Gottes unschuldig); E; KL; EKG; RKG; KKG; GKL; GzB − PP 8; EGB 12; VP
SK I A WB IV 135

Text: Die von der AÖL erarbeitete Fg dieses wichtigen Liedes hat im T nur drei kleine Änderungen gegenüber E mit sich gebracht: Zu Beginn steht „O Lamm (wie Original und Corner 1625) statt „O du Lamm"; am Schluß steht „Gib deinen Frieden" statt „Gib uns den Frieden", und die wörtliche Wiederholung der Str 1 gemäß dem dreimaligen Agnus Dei-Ruf wurde weggelassen, weil das mehr als zweimalige Singen dieses Rufs in der vorliegenden paraphrasierenden Form nicht als notwendig und sinnvoll erschien.

Melodie: Ist seit 1545 in zwei voneinander stark verschiedenen Fg überliefert. Die eine − charakterisiert durch den Aufstieg über die Dreiklangstöne zu Beginn, durch den Einsatz in der Oberoktav des Grundtons zu Beginn des Abgesangs und durch den Quintfall auf „o (Jesu)" am Schluß − hat sich vor allem in Süddeutschland durchgesetzt, während die von Johann Spangenberg 1545 verwendete Fg mit dem Quintsprung aufwärts am Anfang und mit dem Abstieg bis zur Unterquarte in der 1.Abgesangs-Zl vorwiegend in Norddeutschland verbreitet ist. Als David Gregor Corner das Lied 1625 in den katholischen Kirchengesang übernahm, geschah das in einer Misch-Fg, die sich im Stollen und in der mittleren Abgesangs-Zl an die süddeutsche, in der 1. und 3. jedoch an die norddeutsche Fg hält. Im wesentlichen in

dieser Form ist die M für E übernommen worden. Die AÖL ließ sich von der Notwendigkeit überzeugen, an Stelle der beiden Fg (die im EKG nebeneinander stehen) eine gemeinsame Fg dieser M anzustreben, die nicht nur die interkonfessionellen, sondern auch die innerevangelischen Fg-Differenzen bei dieser M beheben könnte. Als solche bot sich die E-Fg an, die für den Abgesang mit zwei kleinen Änderungen übernommen wurde: Verkürzung der Anfangstöne aller drei Zl und der Schlußtöne der beiden ersten auf die Hälfte und Wiedereinführung der originalen Punktierung auf „müßten". Für den Stollen hingegen bevorzugte man die M-Führung der norddeutschen Fg, allerdings rhythmisch der nun sehr schlichten Fg des Abgesangs angepaßt.
Weil die 2. Note der Stollen-M für den 2. Stollen gespalten werden muß, wurde die Wiederholung hier ausnahmsweise ausgeschrieben. *MJ*

471 Kostet und seht, wie gut der Herr   Kehrvers

T: Ps 34, 9 a
M: DGsb Mainz 1952, nach einem gregorianischen Modell
R: Christophorus Verlag Freiburg
V: DGsb Mainz – PP 3
K: Nr 106 APs 34
Ch: S 120 f Verse aus Ps 34
SK I B   WB IV 137

Text und Melodie: statt „fürchtet ihn, ihr seine Frommen" wurde ein doppeltes Halleluja eingefügt. Identisch mit Nr 723,1. Stammkehrvers zu Ps 34. *JS*

472 ö   O Jesu, all mein Leben bist du   Lied

T: Schulgesangbuch Fulda, Hannover 1838; Str 2 Georg Thurmair 1938
M: Michael Henkel 1838 / Albert Gereon Stein 1852   B IV 421/422
R: (Str 2) Christophorus Verlag Freiburg
V: 33 DGsb; E; KL – EGB 12; VP
SK I A   WB IV 138

Text: Das ursprünglich einstrophige E-Lied wurde für KL um eine Str erweitert und so übernommen. Weitere in verschiedenen DGsb befindliche Str schienen der SK keine Bereicherung zu sein.

Melodie: Wie E, aber wie bei Stein ohne Pausen. *MT*

473 ö   Im Frieden dein, o Herre mein   Lied

T: Friedrich Spitta 1899 nach Johann Englisch vor 1530
M: Wolfgang Dachstein vor 1530   Z 7168
V: 25 DGsb; EKG; RKG; KKG; KL – PP 3; EGB 12; VP
SK I A   WB IV 141

Text: Wie KL außer 1,6 „das selge Licht, den Heiland" statt „das selge Licht des Himmels" (KL) bzw. „des Heilands" (EKG, RGK, KKG): ö wollte hier das Wort „Heiland", mit welchem Luther in seiner Übersetzung von Lukas 2,30 das griechische „sotērion" interpretierend wiedergegeben hatte, bewahren. So kam die Fg von KL (Licht des Himmels) als zu starke Abschwächung des biblischen Wortlautes nicht in Frage. Der Ur-T Englischs (EKG, RKG, KKG) konnte jedoch nicht befriedigen, weil er nur vom „Licht des Heilands" spricht, während Simeon sagt, er habe das Heil (bzw. den Heiland) selbst gesehen. Deswegen wurde „den Heiland" als zweites Objekt neben „Licht" gesetzt. *MJ*

Melodie: Das Schlußmelisma in KL wurde entsprechend dem von EKG, RKG und KKG weiter vereinfacht. *EQ*

474 ö   Nun jauchzt dem Herren, alle Welt   Lied (M: Cantio)

T: Hannover 1646 (nach Cornelius Becker 1602) nach Psalm 100; Str 7
   Hannover 1652
M: um 1358 / Hamburg 1598 / Hannover 1646   B I 95; Z 449 c
V: 5 DGsb; EKG; RKG; KKG; KL II; NP – PP 3; VP
SK I A   WB IV 143

Text: Gegenüber KL II steht:
2,2 die ältere, aber immer noch verständliche Form des Reflexivpronomens „ihm" (Original) statt des modernen „sich".
3 ist gegenüber KL II (das hier mit Ausnahme von Zl 3 „zur Herde"

statt „zu Schafen" mit der evangelischen Überlieferung übereinstimmt) durch die AÖL neu gefaßt worden: „Wie reich hat uns der Herr bedacht, / der uns zu seinem Volk gemacht. / Als guter Hirt ist er bereit, / zu führen uns auf seine Weid" statt „Er hat uns ferner wohl bedacht / und uns zu seinem Volk gemacht, / zu Schafen, die er ist bereit, / zu führen stets auf gute Weid", weil der Anschluß mit „ferner" und das „wohl" veraltet erschienen und die Apposition mit einem dazugehörigen Relativsatz in der zweiten Str-Hälfte als syntaktisch zu schwerfällig empfunden wurde. Der Alternative „Schafe" oder „Herde" (s. o.) wurde dadurch ausgewichen, daß man, obwohl es im biblischen Psalm-T nicht steht, unter Bezug auf Joh 10 die Bezeichnung „guter Hirt" einführte.

4,1 „Die ihr nun wollet bei ihm sein" (KL II, EKG) statt „Die ihr sein eigen wollet sein" (RKG, KKG); 4 „Hause" statt „Vorhof" (in allen Vorlagen), obwohl im Psalm-T „Vorhöfen" steht, weil für den Psalmdichter hier auf dem Unterschied Vorhof − Tempel kein Gewicht liegt und somit der für viele heute erklärungsbedürftige Ausdruck „Vorhof" durch den in ähnlichem Zusammenhang in den Psalmen (z. B. Psalm 42,5) auch vorkommenden und ohne weiteres christlich umsetzbaren Begriff „Haus Gottes" ersetzt werden durfte.

5,2 konnte der Ur-T stehen bleiben, indem man die Notenspaltungs-Klammer setzte: „rühmt seinen Namen mit lauter Stimm" (was bei dem dreizeitigen M-Rhythmus besonders nahe lag) statt der häßlichen Zusammenziehung „Namn" (EKG) oder der blasseren und vom biblischen T unnötig abweichenden Fg „und rühmet ihn" (KL II, RKG, KKG); 3 Umstellung „lobsingt und danket" wie KL II statt „dankt und lobsinget" wie in allen anderen Vorlagen, weil „und" dann nicht auf eine betonte Zeit zu liegen kommt.

7 wurde von der AÖL in Anlehnung an KL II neu gefaßt. Den Anstoß dazu gab vor allem das letzte Wort im Ur-T „gepreist", das zwar einen reinen Reim auf „Geist" ergab, in unserem Sprachgebrauch aber durch „gepriesen" abgelöst ist.

Melodie: Wie alle Vorlagen. *MJ*

475   Herr, erbarme dich   Kyrie-Ruf

M: Ronald Bisegger 1965
R: Verlag Orbis Wort und Bild Münster
V: „Fünf Deutsche Ordinarien"; KKG 1966
SK I B   WB IV 145

Text und Melodie: wie Vorlage.

476   Dir Gott im Himmel Preis und Ehr   Stollenlied

T: EGB 1970 nach dem Gloria
M: „Allein Gott in der Höh sei Ehr" Nr 457
R: (T) EGB
V: NP − PP 3; VP
SK I A   WB IV 146 und 115

Text: Kurz-Fg des Gloria auf die M Nr 457. *EH*

477   Preiset den Herrn zu aller Zeit, denn er ist gut   Kehrvers

T: nach Ps 34,2 und 118,1
M: Josef Seuffert (1964) 1970
R: Christophorus Verlag Freiburg
V: Die Zwischengesänge (Mainz) − PP 3; VP
K: Nr 61 APs 34; Nr 81 APs 145; Nr 11 APs 128
SK II   WB IV 147

Text und Melodie: wie Vorlage; identisch mit Nr 723. *JS*

478   Halleluja

identisch mit Nr 530,8

479 Apostolisches Glaubensbekenntnis I   Sprechgesang

T: ökumenischer Text 1968
M: Josef Seuffert 1963/1973
R: Christophorus Verlag Freiburg
SK I B   WB IV 148

Melodie: starke Umarbeitung der Vorlage von 1963; Ergebnis eines Wettbewerbs. *JS*

480 Wir weihn der Erde Gaben   Stollenlied

T: Bernhard Verspoell, Gsb 1810 / Petronia Steiner (1945) 1947
M: vor 1526 / Michael Töpler 1832   B II 244, IV 153; Z 5354
R: (T) Christophorus Verlag Freiburg
V: 34 DGsb (Wir weihn, wie du geboten; Wir weihn der Erde Gaben); E; KKG – VP
SK I A   WB IV 149

Text: Wie E. Dieser T von Petronia Steiner hat mit Verspoells „Wir weihn, wie du geboten, dir, Herr Gott, Brot und Wein" nur die zwei ersten Worte, das Metrum und die liturgische Funktion gemeinsam.

Melodie: Wie E. *EH*

481 Heilig, heilig, heilig ist Gott   Gesang

T: Übertragung des Sanctus
M: Erhard Quack (1940) 1947
R: Christophorus Verlag Freiburg
V: 23 DGsb; E – PP 6; 7; VP
SK I A   WB IV 151

Text: Im Unterschied zu den Sanctus-Paraphrasen der meisten deutschen Liedmessen wird hier der liturgische T verwendet. Bei der Übernahme in GL wurde „Heere" durch „Mächte" ersetzt und am Schluß „Hosanna" wiederholt statt „in der Höhe".

Melodie: Wie E mit Ausnahme einer Ligatur beim vorletzten „Hosanna". *EQ*

482 ö Christe, du Lamm Gottes   Ruf

T: Braunschweig 1528 nach dem Agnus Dei
M: Braunschweig 1528 nach dem Kyrie Wittenberg 1526 Z 58; HEK 87
V: 17 Dgsb; EKG; NP; RKG; KKG – PP 5; 6; 7; VP
SK I A   WB IV 153

Text: Abgesehen davon, daß „qui tollis" hier anders übersetzt ist als in der ö-Fassung des T, besteht die Besonderheit dieses lutherischen Agnus Dei darin, daß es mit der Anrede „Christe, du" beginnt. Im Unterschied zu dem als e-Lied verbreiteten früheren T und in Übereinstimmung mit dem Original wird am Schluß die Friedensbitte nicht wiederholt, sondern „Amen" gesungen. Zwar schließt dieser Gesang im offiziellen Meß-T nicht mit Amen; aber es kann nichts dagegen eingewendet werden, daß das Amen angefügt wird. Außerdem ist das in e-T stehende „Schuld" durch das originale „Sünd" ersetzt, wie es auch in ö (ALT) steht (so auch KKG). Der T, von der AÖL angenommen, aber in GKL noch nicht publiziert, stimmt nun mit dem der evangelischen Gsb überein.

Melodie: Stimmt mit der des e-Liedes (so auch KKG) überein. Die Verlängerung der Spitzentöne auf „Sünd" und „Amen", wie EKG sie hat, wurde nicht übernommen, da sie auf irrtümlicher Interpretation der Quellen beruht. Ebenfalls auf Grund der Quellen wurde hingegen die Ligatur f-g auf der letzten Silbe wiederhergestellt. In dieser Form von AÖL angenommen. *MJ*

483 Wir rühmen dich, König der Herrlichkeit   Ruflied

T: Albert Höfer 1967
M: „Es sungen drei Engel ein' süßen Gesang" Nr 186
R: (T) Christophorus Verlag Freiburg
V: KL II – PP 3; 5; 8; VP
SK I A   WB IV 155

Text: Von den ursprünglich 15 Str wurden die folgenden 10 ausgewählt und in einem Fall anders geordnet: 1, 2, 6, 7, 8, 9, 12, 14, 10, 15. *MT*

484,1 Jubelt, ihr Lande, dem Herrn

identisch mit Nr 156

484,2 Psalm 98: Ein neues Lied auf den Richter und Retter
Psalm

T: ökumenische Übersetzung 1974
R: Katholische Bibelanstalt Stuttgart
SK II   WB VIII 352

485 Der in seinem Wort uns hält   Kyrie-Litanei

T: Maria Luise Thurmair (1958) 1963
M: „Send uns deines Geistes Kraft" Nr 246
R: Christophorus Verlag Freiburg
V: DGsb Mainz 1952; SG VIII – PP 3; VP
SK I B   WB IV 158

Text: Wie Vorlage. *MT*

486 Preis und Ehre Gott dem Herren   Stollenlied

T: Maria Luise Thurmair 1962 / (1969) 1971 nach dem Gloria
M: Heinrich Rohr 1962
R: Christophorus Verlag Freiburg
V: SG II
SK I A   WB IV 159

Text: Wurde gegenüber dem Original auf Wunsch der SK im engeren Anschluß an den liturgischen Wortlaut umgeformt. Gegenüber der Vorlage steht:
2 „Friede soll den Menschen sein" statt „ihm sei Dank in Ewigkeit"; 3/4 „Herr, wir loben, Herr, wir danken, / beten an den Namen dein" statt „Jesus Christus, Sohn des Vaters, / Gott und Herr, sei benedeit"; 5 „Jesus Christus, Gottes Lamm" statt „Lamm, das tilget alle Schuld".

Melodie: Wie Vorlage. *MT*

487 ö Der Herr ist mein Licht und mein Heil   Kehrvers

T: Ps 27,1
M: Philipp Harnoncourt
R: Autor
V: PP 3, 8; VP; GzB
K: Nr 60 APs 27
SK II   WB IV 161

Text und Melodie: Originalbeitrag; identisch mit Nr 90,1; 719,1. vgl die ähnlichen Melodien Nr 192; 528,6; 753,1. *FS*

488 Halleluja

identisch mit Nr 530,1

489 ö Gott ist dreifaltig einer   Lied

T: Maria Luise Thurmair (1943) 1970
M: Straßburg 1539 / Guillaume Franc 1542   P 130 c; Z 5351; B II 390
R: (T) Christophorus Verlag Freiburg
V: 18 DGsb; KKG; GzB – EGB 11; 12; VP
SK I A   WB IV 163

Text: Auf Wunsch der SK steht gegenüber dem Original in Zl 7 „in meinem Leibe" statt „in diesem Leibe". *MT*

Melodie: Auf die Pausen nach den ungeraden Zl wurde verzichtet, weil die M so eingesungen war. Aus demselben Grund in Zl 6 über „Tod ver(traun)" zwei Viertelnoten (Bourgeois 1547) statt zwei Halbe (Franc 1542). *HS*

490   Was uns die Erde Gutes spendet   Lied

T: Friedrich Dörr (1971) 1975
M: Guillaume Franc 1543 (Zehn-Gebote-Lied) P 201 d; Z 750; B II 242
R: (T) Autor
V: EKG und RKG (O daß doch bald dein Feuer brennte)
SK I A   WB IV 165

Text: Originalbeitrag.

Melodie: Wie RKG. *EQ*

491   Heilig, heilig, heilig, Herr, Gott der Mächte   Lied

T und M: nach dem Choralbuch Steinau 1726; Neu-Fg EGB 1970
                                                        Z 8634; B IV 419
V: 13 DGsb; „Lobsinget dem Herrn" Speyer 1941 − PP 3; 7; EGB 12;
   VP
SK I A   WB IV 167

Text: Hier liegt die frühere deutsche Fg des Sanctus vor. Die neue ö-Fg war mit Rücksicht auf die M nicht verwendbar.

Melodie: Unsere Fg stützt sich auf J. S. Bachs Choralsatz. Jedoch sind die Parallelbildungen bei „Heilig . . ." − „Hochgelobt . . ." und „Herr, Gott der Mächte" − „Namen des Herren" auf Grund früherer Varianten wiederhergestellt; auch die beiden „Hosianna" wurden gleichgestaltet, um das Singen zu erleichtern. Zu „Hosianna" (statt „Hosanna") vgl Nr 110,2 und 197 Kv. *EQ*

492   Lamm Gottes   Ruf

T: ökumenischer Text
M: Erhard Quack 1964
R: Christophorus Verlag Freiburg
V: „Deutsche Messe mit Gemeinderufen"
SK I B   WB IV 169

Text: Wie Vorlage. *EQ*

493 ö Lob sei dem Herrn, Ruhm seinem Namen   Refrainlied

T: Erhard Quack (1940) 1941 (Str 1, 3, 5) und Manuel Thomas (1967) 1970 (Str 2, 4, 6–8) nach Psalm 34
M: Erhard Quack (1940) 1941
R: Christophorus Verlag Freiburg
V: 5 DGsb; „Lobsinget dem Herrn" Speyer 1941; KKG; NP – PP 3; VP
SK I A   WB IV 170

Text: Str 1, 3, 5 wie Speyer 1941. Die nicht aus dem Psalm-T stammende damalige Str 4 wurde weggelassen. Die von Manuel Thomas auf Grund des Psalm-T geschaffenen Str sind Originalbeitrag zu GL.

Melodie: Wie Speyer 1941. *EQ*

494 ö Gott sei gelobet und gebenedeiet
Str 1 ö   Kehrstrophenlied, Doppelleise

T: nach Medingen um 1350, Str 2 und 3 nach Martin Luther 1524
M: Mainz um 1390   B I 384 c; Z 8078; HEK 215
V: 24 DGsb; E; KL; EKG – PP 3; VP
SK I A   WB IV 173

Text: Die erste Hälfte aller drei Str E, ausgenommen 2,4 „dabei wir solln sein gedenken" (Luther „dabei wír sein solln gedenken") statt bisher, unrichtig betonend, „dabei sólln wir sein gedenken".
Die Kehr-Str wurde wegen des heute mißverständlichen „Fronleichnam" (Herren-Leib) in Zl 1 und 3 so geändert: „Herr, du nahmest menschlichen Leib an" und „Durch dein Fleisch und dein Blut" statt „Herr, durch deinen heilgen Fronleichnam" und „und das heilige Blut".

Melodie: Wie E. *HS*

495,1—8 Herr Jesus, Sohn des lebendigen Gottes Kyrie-Litanei
495,8 ö (GzB)

T: Josef Seuffert 1960—1971
M: Josef Seuffert, unter Verwendung des Kyrie Nr 401 (1960) 1962
R: Christophorus Verlag Freiburg
V: SG VI — PP 3, 4, 6; VP
SK I B   WB IV 177

Text: Weitere Texte zu diesem Litaneimodell sind im Werkbuch abgedruckt. *JS*

496 Lobet den Herrn, preist seine Huld und Treue   Kehrvers

T: nach Ps 117
M: Heinrich Rohr 1961
R: Matthias Grünewald Verlag Mainz
V: Kleiner Psalter — PP 3; VP
K: Nr 69 APs 102
SK II   WB IV 178

Text und Melodie: wie Vorlage.

497 Heilig, heilig   Meßgesang

T: ökumenischer Text 1968
M: SK I B 1972 nach Sanctus XVIII
R: EGB
SK I B   WB IV 179

Melodie: Keine der eingereichten Adaptionen an Sanctus XVIII konnte befriedigen, daher wurde die vorliegende Fassung in der Subkommission erarbeitet. *JS*

498 Lamm Gottes

Meßgesang

T: ökumenischer Text 1968
M: SK I B 1972 nach Agnus Dei XVIII
R: EGB
SK I B

WB IV 180

Melodie: Keine der eingereichten Adaptionen an Agnus Dei XVIII konnte befriedigen, daher wurde die vorliegende Fassung in der Subkommission erarbeitet. *JS*

499 ö   Ehre sei dir, Christe

Leise

ö nur mit dem ersten Kyrie eleison

T und M: Salzburg um 1350   B I 205; Z 8187
V: 5 DGsb; EKG; RKG; KKG (O wir armen Sünder); NP; GKL
  − PP 4; 5; 8; EGB 12; VP
SK I A   WB IV 181

Text: Wie EKG.

Melodie: Da der T in beiden Hälften jeder Zl volltaktig beginnt, wurde die M rhythmisch dementsprechend notiert. Im übrigen weicht die ö-Fg (abgesehen vom Kyrie) an folgenden drei Stellen vom EKG ab: Zl 1, 8. Note f statt e; Zl 4, 4. Note a statt g; 8./9. Note f d statt e e. Das ist für Zl 4 die konsequente Rückkehr zur Fg Königsberg 1527, die das EKG zwar in der Herkunftsangabe nennt, aber nicht befolgt.
Was das „Kyrie eleison" am Schluß angeht, hat die AÖL die Fg Königsberg mit nur einem Ruf und Schluß auf g beschlossen, es den Konfessionen aber freigestellt, daran weitere Rufe je nach eigener Tradition anzuschließen. Während EKG, RKG und KKG die Fg von Lucas Lossius 1559 mit drei Rufen und dem nochmaligen Abstieg zum c wählten, wurde für GL entsprechend älterer Tradition eine Fg mit fünf Rufen gewählt, die auf g schließt.
Abweichend von der katholischen Überlieferung (so noch in den PP und der VP) wurde für das erste und letzte „Kyrie eleison" die Fg g a b b g f g statt f g a b g f g genommen, weil die AÖL sich für nur ein Kyrie, und zwar in dieser Fg, entschied. *MJ*

500 Halleluja

identisch mit Nr 531,1

501 Heilig, heilig   Meßgesang

T: ökumenischer Text 1968
M: Heinrich Rohr 1951/1972
R: Christophorus Verlag Freiburg
V: Hildegardis-Messe 1951 — VP
SK I B   WB IV 184

Melodie: Der Gesang wurde 1972 auf den ökumenischen Text umgearbeitet. *JS*

502 ö   Christe, du Lamm Gottes   Ruf

T: Erhard Quack (1964) 1966 nach dem Agnus Dei
M: bei Nicolaus Beuttner 1602   B II 437
V: KKG; GKL — PP 3; 7; VP
SK I A   WB IV 185

Text: Unterlegt von Erhard Quack, erstmals so gedruckt in KKG.

Melodie: Bäumker brachte die M-Fg der lange nach Beuttners Tod erschienenen 7. Auflage von 1660, wo die M mit dem Grundton (f f b as) beginnt; so übernommen in KKG. Nun aber beginnt in der von Walther Lipphardt aufgefundenen und im Faksimile 1968 veröffentlichten Erstausgabe — ebenso in den wiederentdeckten weiteren Auflagen vor 1660 — die M mit der zweimaligen Quint über dem Grundton (c c b as). Diese ursprüngliche Lesart steht nun in GL. Vermutlicher Grund der Änderung in Beuttners Gsb 1660 bis 1718: Weil die M im Original eine Sekund höher notiert ist (dorisch g), schien der Beginn auf der Oberquint zu hoch; bei unserer Tiefertransposition fällt dieses Bedenken dahin. *HS*

503 O wunderbare Speise　　　　　　　　　　Lied

T: Würzburg 1649 / EGB 1970
M: „O Welt, ich muß dich lassen" Nr 659
R: EGB
V: 35 DGsb; E und KKG (O heilge Seelenspeise) – PP 3; VP
SK I A　　　　　　　　　　　　　　　　　　WB IV 187

Text: 1,1 „wunderbare Speise" statt „heilge Seelenspeise". Diese Änderung will zum Ausdruck bringen, daß die heilige Eucharistie für den ganzen Menschen, nicht allein für seine Seele das „phármakon athanasías" ist, die Arznei zur Unsterblichkeit.
4: Diese Neu-Fg der bisherigen Str 5 möchte die Aufmerksamkeit des Beters deutlicher auf die volle Christusbegegnung im jenseitigen Leben lenken.
Auf die bisherige Str 4 „O süßer Bronn des Lebens" wurde wegen ihrer unzulänglichen Aussagen über das Blut Christi verzichtet. *EH*

504 O Herr, wir loben und preisen dich　　　　Ruf

T: Joseph Klein, Heinrich Rohr 1969
M: Heinrich Rohr 1969
R: Christophorus Verlag Freiburg
V: „50 Gesänge zu Meßfeier und Wortgottesdienst mit Kindern"
Ch: S 122 f Verse aus „50 Gesänge"
SK IX　　　　　　　　　　　　　　　　　　WB IV 190

Text und Melodie: Aus der Vorlage wurden nur der Kv und die dazugehörigen Wechsel-T übernommen. M identisch mit Nr 508. *EH*

505 ö Du hast uns, Herr, gerufen　　　　　　Lied

T und M: Kurt Rommel 1967
R: Verlag Ernst Kaufmann Lahr und Christophorus Verlag Freiburg
V: Kurt Rommel „Familiengottesdienst I" Schwenningen 1967; „111 Kinderlieder zur Bibel" Freiburg und Lahr 1968
SK IX　　　　　　　　　　　　　　　　　　WB IV 191

Text und Melodie: wie Vorlage. *JS*

506 Christus, Herr, erbarme dich Kyrie-Gesang

M: Heinrich Rohr
R: Christophorus Verlag Freiburg.
V: DGsb Mainz 1952
SK I B WB IV 192

Melodie: identisch mit Nr 524.

507 Ehre sei Gott im Himmel und auf Erden Gloria-Gesang

T: Joseph Klein, Heinrich Rohr 1969
M: Heinrich Rohr 1969
R: Christophorus Verlag Freiburg
V: „50 Gesänge zu Meßfeier und Wortgottesdienst mit Kindern" 1969
SK IX WB IV 193

Text und Melodie: wie Vorlage. JS

508 Dein Wort, o Herr, geleite uns Ruf

T: Joseph Klein, Heinrich Rohr 1969
M: Heinrich Rohr 1969
R: Christophorus Verlag Freiburg
V: „50 Gesänge zu Meßfeier und Wortgottesdienst mit Kindern"
Ch: S 123 Vers aus „50 Gesänge"
SK IX WB IV 193

Melodie: identisch mit Nr 504.

509 Halleluja

identisch mit Nr 530,2

510 Heilig, Heilig Sanctus-Gesang

T: Joseph Klein, Heinrich Rohr 1969
M: Heinrich Rohr 1969
R: Christophorus Verlag Freiburg
V: „50 Gesänge zu Meßfeier und Wortgottesdienst mit Kindern"
SK IX WB IV 194

Text und Melodie: wie Vorlage. *JS*

511 Herr Jesus, du bist das Lamm Agnus Dei-Gesang

T: Joseph Klein, Heinrich Rohr 1969
M: Heinrich Rohr 1969
R: Christophorus Verlag Freiburg
V: „50 Gesänge zu Meßfeier und Wortgottesdienst mit Kindern"
SK IX WB IV 195

Text und Melodie: wie Vorlage. *JS*

512 Jesus ist bei uns Kehrvers

T und M: SK IX
R: EGB
SK IX WB IV 195 / 196

Text und Melodie: Originalbeitrag.

513 ö Singet dem Herrn! Singet ihm mit Freuden Kehrvers

T: nach Ps 47,7
M: Heinrich Rohr
R: Christophorus Verlag Freiburg
V: „50 Gesänge zu Meßfeier und Wortgottesdienst mit Kindern"
Ch: S 513 Verse nach Ps 148
SK IX WB IV 196

Text und Melodie: wie Vorlage. *JS*

514 ö Wenn wir jetzt weitergehen Lied

T: Kurt Rommel 1967
R: Burckhardthaus Gelnhausen und Berlin
V: Kurt Rommel, Familiengottesdienst I, Schwenningen 1967
SK IX   WB IV 191

Text: wie Vorlage. *JS*

515 O Heiland, Herr der Herrlichkeit Refrainlied

T: Erhard Quack 1966/1971/1975
M: bei Johann Leisentrit 1584   B II 400
R: (T) Christophorus Verlag Freiburg
V: KKG; NP
SK I A   WB V 83

Text: Ihm liegt eine Kyrielitanei von Leisentrit (O Heiland Herre Jesu Christ) zugrunde. Der T aus KKG wurde für GL neu gefaßt.

Melodie: wie Leisentrit. *EQ*

516 ö Herr Jesu Christ, dich zu uns wend Lied

T: Altenburg 1648, Str 3 Gotha 1651
M: Görlitz 1648   Z 624; B IV 343
V: EKG; RKG; KKG; GKL
SK I A   WB V 85

Text: Gegenüber den Vorlagen wurde die vorletzte Str mit dem Ausblick auf das endzeitliche Lob weggelassen.
1,3 „Hilf" (Original und EKG) statt „Lieb" (RKG, KKG).
3,3 „Dreifaltigkeit" statt „Dreieinigkeit" (EKG, RKG, KKG, GKL).

Melodie: wie alle Vorlagen. *MJ*

517 Herr Jesus, öffne unsern Mund

Ruflied

T: Georg Thurmair (1963) 1967
M: Wien 1552 / Prag 1581
T: (T) Christophorus Verlag Freiburg
V: KL II
SK I A

B I 304

WB V 87

Text: Aus der 10strophigen Vorlage wurden 8 Str in dieser Reihenfolge übernommen: 1, 2, 9, 4–8. Gegenüber der Vorlage steht 5,2 „darin" statt „in dem".

Melodie: wie Vorlage. *MT*

518 Herr Jesus, König ewiglich

Ruflied

T: Maria Luise Thurmair (1962) 1967
M: bei Johann Koler 1601
R: (T) Christophorus Verlag Freiburg
V: KL II
SK I A

B II 414

WB V 89

Text: Die Vorlage hat 8 Gruppen von je 5 Bittrufen für die verschiedenen Zeiten des Kirchenjahres. Daraus wurden 15 Str ausgewählt und in 5 Gruppen neu geordnet. *MT*

Melodie: Gegenüber der Vorlage einen Ton tiefer gesetzt. Beim Übergang von Zl 2 zu 3 stehen Viertel, Achtelpause, Achtel statt Halbe, Viertelpause, Viertel; in Zl 4 die 2. Note as statt b, weil das im Original stehende a nach damals geltender Regel (una nota super la semper est canendum fa) so zu lesen ist und nicht nach oben (b) korrigiert werden darf. *MJ*

519 ö   **Komm her, freu dich mit uns**   Refrainlied

T und M: Charles Heap (1970) 1971 nach einem amerikanischen Lied
R: Christophorus Verlag Freiburg
V: NP – EGB 10
SK I A   WB V 91

Text: Gegenüber NP steht 1,2 „unter uns" statt „mit uns" zur Vermeidung der Ligatur und zur Übereinstimmung mit 2,2 und 3,2.

Melodie: Nach 1,2 fehlt das Phrasierungszeichen. Auf Vorschlag des AK 5 aufgenommen. *EQ*

520 ö   **Liebster Jesu, wir sind hier**   Stollenlied

T: Tobias Clausnizer 1663
M: Johann Rudolf Ahle 1664 / Wolfgang Carl Briegel 1687
                                                           Z 3498 b; B IV 320
V: 11 DGsb; KL; EKG; RKG; KKG
SK I A   WB V 93

Text: 1,4 „hin zu deinen Himmelslehren" (KL, KKG) statt „auf die süßen Himmelslehren" (EKG, RKG). 2,1 „umhüllet" (KL, RKG, KKG) statt „verhüllet" (EKG), weil dieses Verb das absichtliche Verbergen meint, während hier einfach der Zustand des Umhülltseins gemeint ist; 3/4 „wo nicht deines Geistes Hand / uns mit hellem Licht erfüllet" (Original, KL, EKG) statt „wo der Geist, den du gesandt, / nicht mit hellem Licht uns füllet", weil kein Anlaß besteht, die zwar ungewohntere, aber nicht unverständliche Ausdrucksweise des Originals zu verändern; 5 „dichten" wurde nicht geändert, obwohl es heute den hier gemeinten Sinn von „planen, ersinnen" (so eine Fußnote in KKG) nicht mehr hat.

Melodie: Wie KL und EKG, nicht wie RKG und KKG; hier steht in Zl 1 statt der Achtel c–b ein Viertel c, ebenso in Zl 5 statt der Achtel g–f ein Viertel g; außerdem sind in RKG und KKG die drei Punktierungen zu je zwei Vierteln verflacht. *MJ*

521 Herr, gib uns Mut zum Hören Lied

T und M: Kurt Rommel 1964
R: Burckhardthaus Verlag Gelnhausen und Berlin
V: 4 DGsb; „Schöne Musika" Gelnhausen 1964 – EGB 10
SK I A   WB V 95

Text: Von den ursprünglich 6 Str hat EGB 10 die Str 1, 4 und 6 ausgewählt, GL nur 1 und 6. Auf Vorschlag des AK 5 übernommen.

Melodie: wie Vorlage. *JS*

522 Jesus Christus, für uns als Mensch geboren Kyrie-Litanei

T und M: Josef Seuffert 1964
R: Verlag Haus Altenberg Düsseldorf
V: Ordinarium mit Akklamationen – VP
SK I B   WB V 97

Text und Melodie: wie Vorlage. *JS*

523 Du rufst uns, Herr, trotz unsrer Schuld Kyrie-Litanei

T: Johannes Bergsma 1971
M: Josef Stein 1971
R: bei den Autoren
V: PP 8; VP
SK I B   WB V 98

Text und Melodie: Der Text wurde durch die SK I B vorgelegt und zur Komposition ausgeschrieben. *JS*

524   Gott des Vaters ewger Sohn   Kyrie-Litanei

T: Maria Luise Thurmair 1952
M: „Christus, Herr, erbarme dich" Nr 506
R: Christophorus Verlag Freiburg
V: DGsb Mainz 1952 – PP 7; VP
SK I B   WB IV 99

Text: wie Vorlage. *JS*

525   Auf, laßt uns jubeln dem Herrn   Kehrvers

T: aus Ps 95
M: Bertold Hummel 1961
R: Christophorus Verlag Freiburg
V: NP
Ch: S 125 ff Verse aus Ps 95 (Invitatorium)
SK I B   WB V 99

Text und Melodie: wie Vorlage. *JS*

526,1   Wir sind Gottes Volk und ziehn zum Haus des Vaters
                                                Kehrvers

T: 1 Petr 2,10 und nach Ps 122,1
M: Heinrich Rohr 1970
R: Christophorus Verlag Freiburg
V: PP 2 – VP
Ch: S 128 ff Verse von Leander von Sevilla (6. Jh)
SK II   WB V 100

Text und Melodie: Originalbeitrag; identisch mit Nr 645,2. *FS*

526,2 Singet dem Herrn ein neues Lied Kehrvers

T: Ps 96, 1 a. 2. a
M: Erhard Quack 1961
R: Christophorus Verlag Freiburg
V: NP
Ch: S 22 ff Verse aus Ps 96 (2 Fassungen)
SK I B   WB V 101

Text und Melodie: wie Vorlage. *JS*

526,3 Seht, unser König kommt

identisch mit Nr 152,1

526,4 Herr, wir rufen zu dir: Gib Frieden der Welt Kehrvers

T und M: Josef Seuffert 1966
R: Verlag Haus Alenberg Düsseldorf
V: Ministrant – PP 3
Ch: S 132 f Chorstrophe und Verse aus Ps 85 sowie „Ehre sei dem Vater"
SK I B   WB V 102

Text und Melodie: wie Vorlage. *JS*

526,5 Herr, erhebe dich Kehrvers

T: nach Ps 44
M: Josef Seuffert 1960
R: Verlag Haus Altenberg Düsseldorf
V: Deutsche Proprien – PP 8
Ch: S 134 f Chorstrophe und Verse
SK I B   WB V 103

Text und Melodie: identisch mit Nr 711,1 und 756,1. Stammkehrvers zu den Psalmen 12 und 142. Über „mach" e statt d. *JS*

526,6 All ihr Dürstenden, kommt zum Wasser

identisch mit Nr 209,2

527,1 Singet dem Herrn und preiset seinen Namen Kehrvers

T: Ps 96,2 a
M: KKG 1966
R: Verein zur Herausgabe des KKG Solothurn
V: KKG – PP 3
K: Nr 65 APs 96; Nr 117 APs 138
SK II   WB V 104

Text und Melodie: wie Vorlage. *FS*

527,2 Dein Erbarmen, o Herr, will ich in Ewigkeit preisen
Kehrvers

T: nach Ps 89,2
M: Johannes Aengenvoort
R: beim Autor
V: PP 1,7
K: Nr 9 APs; Nr 80 APs 89
SK II   WB V 105

Text und Melodie: Originalbeitrag.

527,3 Meine Seele preise den Herrn Kehrvers

T: nach Ps 103,1; Lk 1,46
M: KKG 1966
R: Verein zur Herausgabe des KKG Solothurn
V: KKG – PP 3 – VP
K: Nr 67 APs 103; 108 APs 146
SK II   WB V 105

Text und Melodie: wie Vorlage; identisch mit Nr 743,1. Stammkehrvers zu Ps 104 A. *FS*

527,4   Der Herr ist mein Hirt, ich leide nicht Not   Kehrvers

T: nach Ps 23,1
M: KKG 1966
R: Verein zur Herausgabe des KKG Solothurn
V: KKG – PP 3
K: Nr 27 APs 23; Nr 123 APs 68
SK II   WB V 106

Text und Melodie: wie Vorlage; M vgl. Nr 645,3. *FS*

527,5 ö   Der Herr vergibt die Schuld und rettet unser Leben
Kehrvers

T: nach Ps 78,38; Jes 48,9
M: Josef Seuffert
R: Verlag Haus Altenberg Düsseldorf
V: Ministrant – PP 3,8; EGB 12; VP
K: Nr 68 APs 103; Nr 83 APs 86; Nr 98 APs 32; Nr 99 APs 41
SK II   WB V 107

Text und Melodie: in T und M leicht geändert: statt „errettet" – „und rettet"; über diesen Silben statt a-c-h – h-c-a. Identisch mit Nr 83,1; 721,1; 742,1. M identisch mit Nr 528,2 und 716,1. Stammkehrvers zu den Psalmen 32 und 103. Der Kv wurde in GzB und LbR aufgenommen. *JS*

527,6   Herr, du zogst mich empor. Herr, mein Gott, ich will dir danken auf ewig   Kehrvers

T: nach Ps 30,2 ab – 13 c
M: Fritz Schieri 1965
R: Verlag UNI-Druck München
V: Kehrverse – PP 5
K: Nr 39 APs 30
SK II   WB V 107

Text: Unterlegung neu.

Melodie: leicht verändert. *FS*

527,7 Behüte mich, Gott, denn ich vertraue auf dich Kehrvers

T: Ps 16,1
M: Fritz Schieri vor 1965
R: Verlag UNI-Druck München
V: Kehrverse – PP 5; VP
K: Nr 37 APs 16
SK II   WB V 108

Text: Unterlegung neu.

Melodie: identisch mit Nr 626,2; 646,4. *FS*

528,1 Du nimmst mich, Herr, bei der Hand und führst mich nach deinem Willen Kehrvers

T: Mk 8,23; nach Ps 143,10
M: Johannes Aengenvoort
R: beim Autor
V: PP 3; VP
K: Nr 64 APs 86; Nr 86 APs 138
SK II   WB V 109

Text und Melodie: Originalbeitrag.

528,2 Der Herr hat uns befreit; er schenkt uns neues Leben Kehrvers

T: Dtn 15,15; Röm 6,4
M: Josef Seuffert
R: Verlag Haus Altenberg Düsseldorf
V: Ministrant – EGB 11
K: Nr 31 APs 51; Nr 97 APs 147; Nr 146 APs 124
SK II   WB V 109

Text: Unterlegung neu.

Melodie: identisch mit Nr 83,1; 527,5; 716,1; 721,1; 742,1. *JS*

528,3 Ich gehe meinen Weg vor Gott im Lande der Lebenden
Kehrvers

T: nach Ps 27,13
M: Heinrich Rohr
R: Christophorus Verlag Freiburg
V: PP 8 – EGB 12
K: Nr 29 APs 116; Nr 46 APs 16; Nr 54 APs 27; Nr 109 APs 116; Nr 129 APs 17
SK II WB V 110

Text und Melodie: Originalbeitrag.

528,4 Meine Augen schauen allezeit zum Herrn
Kehrvers

T: nach Ps 123,2; 25,15 a
M: Fritz Schieri 1959
R: Verlag UNI-Druck München
V: Kehrverse 1969 PP 3, 7; VP
K: Nr 62 APs 63; Nr 91 APs 18; Nr 104 APs 123;
Ch: S 138 Chorstrophe und Psalmverse aus Ps 25
SK II WB V 111

Text: statt „immerdar" – „allezeit".

Melodie: identisch mit Nr 209,3 und 726,1. *FS*

528,5 Wohl euch, die ihr seht, die ihr hört und versteht
Kehrvers

T: Günter Duffrer nach Lk 10,23
M: Fritz Schieri 1968
R: Christophorus Verlag Freiburg
V: PP 8
Ch: S 139 f Chorstrophe mit Versen
SK I B WB V 111

Text und Melodie: Originalbeitrag; Ergebnis einer Ausschreibung des T mit Zwischenversen. *JS*

528,6 Der Herr schenkt seinem Volk den Frieden

identisch mit Nr 123,1.

529,1 Richte uns wieder auf, Gott, unser Heil   Kehrvers

T: nach Ps 80,4.8.20
M: Heinrich Rohr
R: Christophorus Verlag Freiburg
V: Die Zwischengesänge, Mainz – PP 3
K: Nr 7 APs 80; Nr 30 APs 137; Nr 63 APs 85; Nr 90 APs 80
SK II   WB V 113

Text und Melodie: Originalbeitrag; identisch mit Nr 735,1. Stammkehrvers zu Ps 80. *FS*

529,2 Zu dir, Herr, erhebe ich meine Seele   Kehrvers

T: Ps 25,1
M: Rudolf Thomas
R: beim Autor
V: PP 1
K: Nr 10 APs 25
SK II   WB V 113

Text und Melodie: Originalbeitrag.

529,3 Gott, sei uns gnädig, mache uns frei
529,4 Herr, gib uns Frieden, schenk uns dein Heil   Kehrverse

T: Nr 529,3: nach Ps 86,3; Nr 529,4: nach Ps 122
M: Fritz Schieri vor 1967
R: Verlag UNI-Druck München
V: Kehrverse – PP 3; VP
K: Nr 64 APs 86; Nr 71 APs 122
SK II   WB V 114

Text und Melodie: wie Vorlage. T bei 529,4 bzw. M identisch mit Nr 149,6; 176,1; 198,2; 597,1. *FS*

529,5 Hört auf die Stimme des Herrn, verschließt ihm nicht das Herz
       Kehrvers

T: nach Ps 95,7 d. 8 a
M: Heinrich Rohr
R: Christophorus Verlag Freiburg
V: PP 8
K: Nr 26 APs 95
SK II   WB V 115

Text und Melodie: Originalbeitrag.

529,6 Kündet den Völkern die Herrlichkeit des Herrn
       Kehrvers

T: nach Ps 96,3 a
M: Heinrich Rohr 1970
R: Christophorus Verlag Freiburg
V: PP 3
K: Nr 65 APs 96; Nr 119 APs 117; Nr 137 APs 19
SK II   WB V 115

Text und Melodie: identisch mit Nr 740,1. Stammkehrvers zu Ps 96. *JS*

529,7 Herr, deine Werke danken dir, die Völker sollen dich preisen
       Kehrvers

T: nach Ps 145,10
M: Fritz Schieri 1967
R: Verlag UNI-Druck München
V: Kehrverse – PP 3
K: Nr 70 APs 145
SK II   WB V 116

Text: Unterlegung neu. *FS*

529,8   Herr, du bist König über alle Welt   Kehrvers

T: nach Ps 47,9
M: Fritz Schieri 1960
R: Verlag UNI-Druck München
V: Kehrverse
K: Nr 55 APs 103; Nr 56 APs 97; Nr 114 APs 93
SK II   WB V 116

Text und Melodie: wie Vorlage; identisch mit Nr 727,1 und 738,1. M identisch mit Nr 119,1 und 122,1. Stammkehrvers zu den Ps 47 und 93. *JS*

530,1   Halleluja I. Ton   Ruf

M: Heinrich Rohr 1961
R: Christophorus Verlag Freiburg
V: SG I – PP 3
K: Nr 165 Verse aus Mt 5
SK I B   WB V 117

Melodie: wie Vorlage; identisch mit Nr. 488. *JS*

530,2 ö   Halleluja II. Ton   Ruf

M: Heino Schubert 1961
R: Christophorus Verlag Freiburg
V: NP – PP 3
K: Nr 161 5 Verse
SK I B   WB V 117

Melodie: wie Vorlage; identisch mit Nr. 509. *JS*

530,3 Halleluja III. Ton   Ruf

M: Heinrich Rohr
R: Christophorus Verlag Freiburg
V: PP 7
K: Nr 151 5 Verse
SK I B   WB V 117/118

Melodie: Originalbeitrag.

530,4 Halleluja IV. Ton   Ruf

M: Heinrich Rohr
R: Christophorus Verlag Freiburg
K: Nr 160 6 Verse
SK I B   WB V 118

Melodie: Originalbeitrag.

530,5 Halleluja IV. Ton   Ruf

M: Heino Schubert
R: Autor
V: PP 2
K: Nr 160 6 Verse
SK I B   WB V 118

Melodie: Originalbeitrag.

530,6 Halleluja V. Ton   Ruf

M: Josef Seuffert 1952 (B)
R: Christophorus Verlag Freiburg
V: DGsb Mainz − PP 3; VP
K: Nr 152 9 Verse; Nr 158 6 Verse
SK I B   WB V 118

Melodie: Die M ist aus gregorianischen Elementen zusammengesetzt. Identisch mit Nr 355,4, 466 und 748,1. *JS*

530,7 ö   Halleluja VI. Ton   Ruf

M: gregorianisch
V: Missale Romanum
K: Nr 159 13 Verse
Ch: S 7 f Verse zur Taufe
SK I B   WB V 119

Melodie: Die M wurde metrisch notiert. Identisch mit Nr 48,2 und 235,3. *JS*

530,8   Halleluja VI. Ton   Ruf

M: KKG 1966
R: Verein zur Herausgabe des KKG Solothurn
V: KKG – PP 3
K: Nr 165 (Mt 5,3–10)
SK I B   WB V 119

Melodie: wie Vorlage; identisch mit Nr. 478. *JS*

531,1   Halleluja VI. Ton   Ruf

M: Johannes Aengenvoort
R: Autor
V: PP 1
K: Nr 166 6 Verse
SK I B   WB V 119

Melodie: Originalbeitrag.

531,2   Halleluja VI. Ton   Ruf

M: Heinrich Rohr 1962
R: Christophorus Verlag Freiburg
V: SG V – PP 6
K: Nr 164 5 Verse
SK I B   WB V 119

Melodie: wie Vorlage. *JS*

531,3 Halleluja VII. Ton — Ruf

M: gregorianisch
V: Liber usualis
K: Nr 153 11 Verse
SK I B   WB V 120

Melodie: Die M wurde metrisch notiert. *JS*

531,4 Halleluja VII. Ton — Ruf

M: Heinrich Rohr 1962
R: Christophorus Verlag Freiburg
V: SG V – PP 6
K: Nr 153 11 Verse
SK I B   WB V 120

Melodie: wie Vorlage. *JS*

531,5 ö Halleluja VIII. Ton — Ruf

M: gregorianisch
V: Liber usualis
K: Nr 154 11 Verse
SK I B   WB V 120

Melodie: Die M wurde metrisch notiert. *JS*

531,6 ö Halleluja IX. Ton — Ruf

M: Heinrich Rohr
R: Christophorus Verlag Freiburg
V: PP 7
K: Nr 166 6 Verse
SK I B   WB V 120

Melodie: Originalbeitrag.

531,7 Halleluja I. Ton Ruf

M: Fritz Schieri 1965
R: Verlag UNI-Druck München
V: Kehrverse
K: Nr 162 6 Verse
SK I B   WB V 120

Melodie: wie Vorlage. *JS*

531,8 Halleluja V. Ton Ruf

M: Fritz Schieri 1966
R: Verlag UNI-Druck München
V: Kehrverse
K: Nr 152 9 Verse; Nr 158 6 Verse
SK I B   WB V 120

Melodie: wie Vorlage. *JS*

532,1 Halleluja VIII. Ton Ruf

M: Fritz Schieri 1965
R: Verlag UNI-Druck München
V: Kehrverse
SK I B   WB V 120

Melodie: wie Vorlage. *JS*

532,2 Halleluja VII. Ton Ruf

M: Fritz Schieri 1965
R: Verlag UNI-Druck München
V: Kehrverse
K: Nr 154 11 Verse
SK I B   WB V 120

Melodie: wie Vorlage. *JS*

532,3 Halleluja II. Ton   Ruf

M: gregorianisch vor 600
V: Liber usualis
SK I B   WB V 121

Melodie: wie Vorlage. *JS*

532,4 Halleluja IV. Ton   Ruf

M: gregorianisch nach 600
V: Liber usualis
SK I B   WB V 122

Melodie: wie Vorlage. *JS*

532,5 Halleluja V. Ton   Ruf

M: gregorianisch 7. Jh
V: Liber usualis
SK I B   WB V 122

Melodie: wie Vorlage. *JS*

532,6 Halleluja VIII. Ton   Ruf

M: gregorianisch vor 600
V: Liber usualis
SK I B   WB V 122

Melodie: wie Vorlage. *JS*

532,7 Halleluja   Ruf

M: Graduale simplex 1967
V: Graduale simplex 1967 / Jubilate Deo 1974
SK I B   WB V 123

Melodie: wie Vorlage. Vgl Nr 531,6 2. und 3. Halleluja. *JS*

533 Dir Vater Lobpreis werde Stollenlied

T: Maria Luise Thurmair (1973) 1975
M: „Herr, dir ist nichts verborgen" Nr 292
R: (T) Christophorus Verlag Freiburg
SK I A   WB V 123

Text: Dieser Originalbeitrag ersetzt das bisherige Gabenbereitungslied „Nun bringen wir die Gaben", das aus liturgietheologischen Gründen und wegen der wiederhergestellten Ulenberg-M nicht mehr aufgenommen werden konnte. *MT*

534 Herr, wir bringen in Brot und Wein Kehrvers

T: Hans Bernhard Meyer 1970
M: Peter Janssens 1970
R: Peter Janssens Verlag Vechta
Ch: S 140 f Verse
SK I B   WB V 125

Text und Melodie: wie Vorlage. *JS*

535,1 Bringet, ihr Völker, herbei Kehrvers

T: Nach Ps 72,10–11
M: Heinrich Rohr
R: Christophorus Verlag Freiburg
V: PP 7
Ch: S 142 Verse aus Jes 60
SK I B   WB V 125

Text und Melodie: Originalbeitrag.

535,2 Laß dir gefallen, Herr und Gott Kehrvers

T: Team Singende Gemeinde
M: Heinrich Rohr 1962
R: Christophorus Verlag Freiburg
V: SG 3 – PP 8
Ch: S 143 f Verse aus Dan 3
SK I B   WB V 176

Text und Melodie: wie Vorlage. M identisch mit Nr 535,3 und Nr 535,4.
JS

535,3 Mit seinen Flügeln schirmt dich Gott Kehrvers

T: Team Singende Gemeinde nach Ps 91,4
M: Heinrich Rohr 1962
R: Christophorus Verlag Freiburg
V: SG 3 – PP 8
Ch: S 144 f Verse aus Ps 91
SK I B   WB V 126

Text und Melodie: wie Vorlage. M identisch mit Nr 535,2 und Nr 535,4.
JS

535,4 Die Weisung Gottes ist gerecht Kehrvers

T: Team Singende Gemeinde nach Ps 19,8–15
M: Heinrich Rohr 1962
R: Christophorus Verlag Freiburg
V: SG 3 – PP 8
Ch: S 146 f Verse aus Ps 19
SK I B   WB V 126

Text und Melodie: wie Vorlage. M identisch mit Nr 535,2 und Nr 535,3.
JS

535,5   Der Herr ernährt uns mit dem Brote des Lebens   Kehrvers

T: nach Ps 81,17
M: Fritz Schieri 1965
R: Verlag UNI-Druck München
V: Kehrverse – PP 8
K: Nr 95 APs 147; Nr 105 APs 78
Ch: S 147 ff Verse aus Ps 146 (2 Fassungen) und Verse aus Ps 145/104
SK I B   WB V 127

Text und Melodie: wie Vorlage. Zur gleichen M anderer T in Nr 148,2.
FS

535,6   Der Herr ist mein Hirt; er führt mich an Wasser des Lebens   Kehrvers

T: nach Ps 23,1 a. 2 b; Offb 7,17
M: Josef Seuffert
R: Verlag Haus Altenberg Düsseldorf
V: Ministrant – PP 8; VP
K: Nr 47 APs 23
Ch: S 151 ff Verse aus Joh
SK I B   WB V 127/128

Text und Melodie: Beide geringfügig geändert: Hirt statt Hirte, entsprechend in der M. Identisch mit Nr 718,1. Stammkehrvers zu Ps 23.
JS

536,1   Herr, du rufst uns zu deinem Mahl   Kehrvers

T: Johannes Bergsma
M: Fritz Schieri 1966
R: Christophorus Verlag Freiburg
V: PP 8
Ch: S 154 f Chorstrophe mit Versen
SK I B   WB V 128

Text und Melodie: Originalbeitrag. Ergebnis einer Ausschreibung des T mit Zwischenversen. *JS*

536,2 Wer allzeit lebt in deiner Liebe　　　　　Kehrvers

T: nach Joh 15,5; Ps 1,3 b
M: Heinrich Rohr 1962
R: Christophorus Verlag Freiburg
V: SG 3 − PP 8
Ch: S 156 Verse aus Joh
SK I B　　　　　　　　　　　　　　　　　　WB V 129

Text: Der T in SG 3: Wer allzeit dein Gesetz betrachtet. *JS*

536,3 Der Geist des Herrn erfüllet sie

identisch mit Nr 254,1.

536,4 Halleluja, Halleluja, Halleluja　　　　　Kehrvers

M: Graduale simplex 1967
V: Graduale simplex 1967
Ch: S 159 Verse aus dem NT
SK I B　　　　　　　　　　　　　　　　　　WB V 130

Melodie: Mancherorts ist die M mit geringfügigen Änderungen bekannt. *JS*

537 Beim letzten Abendmahle　　　　　　　　Lied

T: Christoph von Schmid 1807
M: „Christus, der ist mein Leben" Nr 662
V: 31 DGsb; KL; KKG − PP 5; VP
SK I A　　　　　　　　　　　　　　　　　　WB V 131

Text: Wurde übernommen, wie er sich durch KL überregional eingebürgert hatte. *EH*

538 O heilger Leib des Herrn Lied

T: Friedrich Dörr (1954/1971) 1957/1975
M: Hans Kulla (1956) 1957
R: Bischöfl Ordinariat Eichstätt
V: DGsb Eichstätt, Anhang 1957; KL II – PP 8; VP
SK I A WB V 133

Text: Neu-Fg durch den Autor auf Wunsch der SK.

Melodie: wie Vorlage. *EQ*

539 Wir alle essen von einem Brot Lied

T: Lothar Zenetti (1969) 1971
M: Ingrid Hirschfeldt (1969) 1971
R: Burckhardthaus Gelnhausen und Berlin; Verlag J. Pfeiffer München
V: „Schalom" Gelnhausen und München 1971 – PP 5; 8; EGB 10
SK I A WB V 135

Text und Melodie: wie „Schalom" und EGB 10; aufgenommen auf Vorschlag des AK 5. *MT*

540 Sei gelobt, Herr Jesus Christ Lied

T: Georg Thurmair (1943) 1951
M: Erhard Quack (1944/1970) 1951/1975
R: Christophorus Verlag Freiburg
V: DGsb Speyer 1951 und Eichstädt 1952; NPB – PP 5; 8
SK I A WB V 137

Text: Wie Speyer 1951.

Melodie: Die GL-Fg weicht an zwei Stellen von der ursprünglichen ab: Über der dritten Silbe von „wunderbaren" wurde f statt g gesetzt; die Schlußbildung über „Leben ist" wurde durch die eingefügte Synkope spannungsreicher:

EQ

541 Tantum ergo sacramentum   Hymnus

T: Str 5 und 6 von Nr 543
M: Luxemburg 1768   B IV 49 a
V: (M) 33 DGsb und E (Jesus, du bist hier zugegen); KKG
SK I A   WB V 139

Text: Diese beiden Schluß-Str des Hymnus „Pange, lingua, gloriosi" (Nr 543) pflegen zum eucharistischen Segen gesungen zu werden.

Melodie: wie Vorlagen. *EH*

542 Sakrament der Liebe Gottes   Hymnus

T: „Tantum ergo sacramentum" Nr 541, Übertragung Friedrich Dörr (1970) 1975
M: Nr 541
R: (T) Autor
V: 33 DGsb und E (Jesus, du bist hier zugegen)
SK I A   WB V 139

Text: Originalbeitrag. Er ging wie der T 544 aus einer Ausschreibung hervor und wurde wie jener auf Entscheid der HK aufgenommen. Die beiden Schluß-Str des „Pange lingua gloriosi" pflegen zum eucharistischen Segen gesungen zu werden. Durch diese Übertragung wird der mit der gleichen M verbundene unzulängliche E-T „Jesus, du bist hier zugegen" entbehrlich. *EH*

543 Pange, lingua, gloriosi   Hymnus

T: Thomas von Aquin 1263/64
M: 12. Jh
V: Antiphonale und Graduale Romanum; 26 DGsb; KKG
SK I A   WB V 141

Text und Melodie: wie Antiphonale und Graduale Romanum. *HS*

544 Das Geheimnis laßt uns künden Hymnus

T: „Pange, lingua, gloriosi" Nr 543, Übertragung Maria Luise Thurmair (1969) 1971
M: Nr 543
R: (T) Christophorus Verlag Freiburg
V: 26 DGsb, E und KKG (Preise, Zunge, das Geheimnis) – PP 5
SK I A   WB V 141

Text: Originalbeitrag. Er ging wie der T 542 aus einer Ausschreibung hervor und wurde wie jener auf Entscheid der HK aufgenommen. Die SK hatte angeregt, den T von Heinrich Bone „Preise, Zunge, das Geheimnis" durch eine Übertragung zu ersetzen, die das Reimschema des Thomas-Hymnus beibehalten und den Akzenten der Original-M gerecht werden sollte. Der vorliegende T bemüht sich überdies, die schwierigen theologischen Aussagen des lateinischen T verständlich und in einem Lied vollziehbar zu machen. *MT*

Melodie: E hatte die M in der Melismensetzung dem Bone-T angepaßt, was den Mißstand mit sich brachte, daß der lateinische und der deutsche T des gleichen Liedes auf zwei verschiedene Fg ein und derselben M zu singen waren. Die vorliegende Übertragung macht es möglich, beide T auf die gleiche M zu singen. *MJ*

545 Lobe, Zion, deinen Hirten Sequenz

T: Thomas von Aquin „Lauda, Sion, Salvatorem", 1263/64, Übertragung Maria Luise Thurmair (1972) 1975
M: Frankreich 12. Jh   B I 373
R: (T) Christophorus Verlag Freiburg
V: Graduale Romanum; DGsb Speyer 1951 und weitere 32 DGsb (Deinem Heiland, deinem Lehrer; Sion, laß dein Lied erklingen); KKG
SK I A   WB V 143

Text: Der Rückgriff auf die gregorianische M erforderte eine neue Übertragung. Dabei wurden von den 12 Doppel-Str des Originals die leichter verständlichen 1,2,3,5,11 und 12 gewählt. *MT*

Melodie: Von den 12 Str-M der Sequenz wurden unter Wahrung der Ligaturen die ersten drei gewählt. Sie werden sowohl für die Doppel-Str 1–3 als auch 4–6 verwendet. So schon im DGsb Speyer 1951. *EQ*

546   Gottheit tief verborgen   Hymnus

T: Thomas von Aquin 13. Jh „Adoro te devote", Übertragung Petronia Steiner (1947) 1950
M: Frankreich 17./18. Jh / Liber usualis 1934/1947
R: (T) Christophorus Verlag Freiburg
V: DGsb Fulda 1950 und weitere 21 DGsb (auch: Verborgener Gott, ich bete); KKG
SK I A   WB V 147

Text: Gegenüber DGsb Fulda steht:
1,3 „dir mich" statt „mich dir".
2,3 „gesprochen" statt „verkündet"; „nehm ich glaubend an" statt „glaube ich allein"; 4 „die nicht trügen kann" statt „nichts kann wahrer sein".
6,4 „Gottes Heil und Huld" statt „Heil und Gotteshuld".

Melodie: wie in den meisten DGsb. *EH*

547   Das Heil der Welt, Herr Jesus Christ   Lied

T: Friedrich Spee 1638
M: Köln 1638
V: 26 DGsb; KL
SK I A   WB V 149

Text: Gegenüber dem Original steht:
1, 1 „Christ,". Dieses Komma ist zu streichen. Es entstellt den Sinn des Satzes, dessen Aussage von „Herr" bis „ist" reicht. „Das Heil der Welt" ist vorausgestellte Apposition zum Satzsubjekt „Herr Jesus Christ". In 4, 1/2 liegen die Dinge bei nahe verwandtem Wortlaut und gleichem Duktus anders; dort bildet „Herr Jesus Christ" eine in den Satzverlauf eingefügte Anrede und ist deshalb zwischen Kommata gesetzt. Diese Parallelität hat wohl zu der beinahe durchgängigen Verkennung der Aussage von 1, 1/2 geführt. Im Original von Spee

steht, wie zu vermuten war, jenes Komma nicht. 2 „wahrhaftig hier zugegen ist" (Bone 1847, Mohr 1874, KL) statt „in Hostia wahrhaftig ist"; 4 „verborgen ist" (Mohr, KL) statt „verborgen liegt".
2,2 „das für uns starb" (Bone, Mohr, KL) statt „für uns geschlacht"; 3/4 „hinweg der Sünden Schuld / und schenkt uns wieder Gottes Huld" statt „hinweg von uns die Sünd / und macht uns wieder Gottes Freund".
3,1 „Das wahre Manna" (Bone, Mohr, KL) statt „Das himmlisch Manna"; 4 „das wendet unsres Hungers Not" statt „das unsern Hunger stillen tut".
Die ursprüngliche Str 4 „O Arch, o Manna, o Monstranz" wurde weggelassen wie in KL.
4,2: „erwiesen" statt „bewiesen"; 3 „wer die genießt" statt „wer der geneust". *EH / HS*

Melodie: Weicht an zwei Stellen von der ursprünglichen Fg ab: in Zl 3 vorletzte Note g statt h, in Zl 4 drittletzte Note a statt c. Diese Änderungen sind durch die Tradition vieler DGsb begründet. *EQ*

548 Die einen fordern Wunder   Neutestamentlicher Gesang

T: Walter Röder 1971 nach 1 Kor 1,22–30
M: Walter Röder 1971
R: Christophorus Verlag Freiburg
V: PP 8 – VP
SK I B   WB V 151

Text und Melodie: Originalbeitrag. Die Modell-M ist identisch mit Nr 87. *JS*

549 O Herz des Königs aller Welt   Lied

T: nach Paul Gerhardt 1656 nach „Summi regis cor aveto" des Arnulf von Löwen vor 1250
M: bei Christoph Hecyrus 1581 / Erhard Quack 1941   B I 199
R: (M) Christophorus Verlag Freiburg
V: 24 DGsb; KL; „Lobsinget dem Herrn" Speyer 1941; E; KKG
SK I A   WB V 152

Text: Gegenüber E steht:
3,5 „und Dankbarkeit" (Original, KKG) statt „Herr, jederzeit", weil kein Anlaß besteht, den ebenso schlichten wie reichen Original-T abzuändern.

Melodie: wie Speyer 1941, E und KL seit 1962. Der T dieser M bei Hecyrus lautet „Gottes Sohn auf Erd ist kommen" (Fehler im WB V 152). *MJ*

550   O lieber Jesu, denk ich dein   Hymnus

T: „Jesu, dulcis memoria" Oxford 12. Jh, Übertragung Friedrich Dörr (1969) 1975
M: Antiphonale Romanum 1912
T: (T) Autor
V: 7 DGsb mit verschiedenen Übertragungen (z. B.: O Jesu, süß ist denken dein)
SK I A   WB V 155

Text: Originalbeitrag.

Melodie: wie Antiphonale Romanum. *HS*

551 ö   Schönster Herr Jesu, Herrscher aller Herren   Lied

T und M: Münster i. W. 1677   B II 294 b; I 421; IV 183; Z 3975
V: 35 DGsb; E; KL; EKG; GKL − VP
SK I A   WB V 157

Text: Gegenüber E steht:
1,2 „Marien Sohn" statt „Mariä Sohn".
3,1 „der Monde" statt „das Mondlicht"; 2 „sind auch die Sterne all" statt „der Sterne große Zahl".
5,1 „Schönster Herr Jesu, bei uns" statt „Liebster Herr Jesu, du bist"; 2 „durch dein Wort und Sakrament" statt „im hochheilgen Sakrament" wegen der Gegenwart Christi auch im Wort; 3 „Herr, sei uns gnädig" statt „sei du mir gnädig" zur besseren Betonung im M-Ablauf und zur Einbeziehung aller in die Bitte um Erbarmen. *MT*

Melodie: Ist mit verschiedenen Fg der Schluß-Zl überliefert. Statt der schwierigen originalen Fg in KL

   hat E die einfachere:

GL hat in Anlehnung an eine Fg von 1682 (B I 421) den Schluß neu so geformt, daß die Charakteristika der beiden anderen Fg (Subsemitonium und Tonleiterfigur) darin Platz finden:

EQ

552 Alles Leben ist dunkel   Lied

T: Maria Luise Thurmair (1971) 1975
M: Wolfram Menschick (1973) 1975
R: (T) Christophorus Verlag Freiburg; (M) Autor
SK I A   WB V 159

Text: Die Bemühungen der SK um ein neuzeitliches Herz Jesu-Lied führten zu einer Ausschreibung. Bei dem anonymen Wettbewerb wurde der vorliegende T gewählt und fand die überwiegende Zustimmnung der Diözesanvertreter. *MT*

Melodie: Ergebnis einer gezielten Ausschreibung. Unter fünf anonym eingereichten M wurde die vorliegende gewählt. *EQ*

553 Du König auf dem Kreuzesthron   Lied

T: Friedrich Dörr (1972) 1975
M: Caspar Ulenberg 1582   B I 360
R: (T) Autor
SK I A   WB V 161

Text: Originalbeitrag.

Melodie: Wie Ulenberg zu Psalm 87 (88). In manchen DGsb stand diese M zu Spees „O heiligste Dreifaltigkeit, gib deiner lieben Christenheit". Dieser T, den die SK bearbeitet und angenommen hatte, wurde von der Mehrheit der Diözesanvertreter und von der HK abgelehnt. Die wertvolle M wurde alsdann mit dem vorliegenden T verbunden und so dem Mangel an Herz Jesu-Liedern gesteuert. *HS*

554 ö Wie schön leuchtet der Morgenstern   Stollenlied

T: nach Philipp Nicolai (1597) 1599 / AÖL (1970) 1971
M: Philipp Nicolai (1597) 1599   Z 8359; B II 296
R: (T) EGB
V: 24 Dgsb; KL; EKG; RKG; KKG; GKL – PP 7
SK I A   WB V 163

Text: Dieser T stellt eines der schwierigsten Probleme dar, die Gsb-Bearbeitern begegnen. Sogar das EKG, das sich sonst möglichst großer Treue gegenüber dem Original befleißigt, bietet ihn in sehr stark überarbeiteter Form. Nicht anders steht es mit älteren und neueren katholischen Gsb. Aufgrund einer eingehenden Vorarbeit von Markus Jenny (Zur Textfassung von „Wie schön leuchtet der Morgenstern" in: Monatsschrift für Pastoraltheologie 53, Göttingen 1964, S 214–233) ließ sich die SK davon überzeugen, daß hier ein kostbares Zeugnis von im Grunde spätmittelalterlicher und damit echt katholischer Christusfrömmigkeit vorliegt, das zunächst einmal in seiner ursprünglichen Form ernst genommen zu werden verdient und nicht vorschnell im Sinne traditioneller Liedaussagen verwässert werden sollte, wie das in den auf evangelischer und katholischer Seite verbreiteten Fg mehr oder weniger überall der Fall ist. Das Ergebnis dieser Einsicht ist die Fußnote, die bei diesem Lied nun steht; sie soll dem Gsb-Benutzer helfen, die Fremdheit, die er bei diesem T empfindet, zu überwinden. Einige Stellen freilich mußten überarbeitet werden, um jene Anstöße zu beseitigen, die von dem Nichtübereinstimmen von Vers- und Wortakzent, von uns fremd gewordenem Sprachgebrauch oder von schwer verständlichen Bildern und Anspielungen herkommen. Außer der in der genannten Arbeit Jennys vorgeschlagenen Neu-Fg lag auch eine von Friedrich Dörr vor. Die Autoren einigten sich auf einen gemeinsamen Vorschlag, mit nur wenigen Veränderungen von der SK angenommen wurde. In der AÖL, wo das Lied wenig später ebenfalls auf der Tagesordnung stand, lag zuerst ein Antrag vor, auf dieses Lied zu verzichten, da wenig Aussicht auf eine allseits befriedigende Neu-Fg bestehe. Der Gegenantrag von Jenny, es mit dem Lied doch wenigstens zu versuchen, drang aber durch, und in erstaunlich kurzer Zeit war der für das EGB erarbeitete T angenommen.
Es würde zu weit führen und auch nicht dem Gang der Verhandlungen in den beiden genannten Gremien entsprechen, wollte man nun im einzelnen begründen, warum die bisherigen Bearbeitungen verlassen wurden. Es genügt, wenn die Stellen angeführt werden, an denen

Nicolais T geändert wurde. In wenigen Fällen wird das Belassen des Original-T begründet.

1,1: Die Differenz zwischen Vers- und Wortbetonung „Wie schön leuch-tét" konnte bedenkenlos bestehen bleiben, weil durch den M-Verlauf die richtige Wortbetonung unterstützt wird. In 1,3 wird der Original-T „die süße Wurzel Jesse" (Röm 15,12 nach Jes 11,10, vgl Offb 5,5 und 22,16) nur von einem sehr bibelkundigen Christen ohne Erläuterung verstanden. Der Änderung Albert Knapps (1850) „aus Juda aufgegangen" wurde die inhaltlich blassere, aber dem Stil des Liedes sich gut einfügende Fg „uns herrlich aufgegangen" vorgezogen. 1,6 „du hältst mein Herz gefangen" ist der schon durch den Reim geforderte Ersatz für das ohnehin von unserem Sprachempfinden her mißverständliche originale „hast mir mein Herz besessen" (= in Besitz genommen). 1,8: „schön und herrlich, groß und ehrlich" mußte zu „schön und prächtig, groß und mächtig" geändert werden, weil „ehrlich" für uns auf die moralische Bedeutung (Gegenteil von unehrlich) eingeengt ist; „herrlich" war dann wegen des Reims zu ändern und ist außerdem durch die Änderung in 1,3 schon besetzt.

In 2,1 zog man dem Original „Ei mein Perle" die Fg „Du meine Perl" vor, welche die schlichtere Anrede und die Übereinstimmung von Wort- und Versakzent bringt. In 2,3 „ein hochgeborner König" (Original) mußte das Adjektiv nachgestellt werden, damit der Reim mit dem geänderten Vers 6 wieder zustandekommt: „ein König hochgeboren. 2,4/6 „Mein Herz heißt dich ein Lilium; / dein süßes Evangelium / ist lauter Milch und Honig" (Original) mußte wegen des lateinischen „lilium" und der ohne Erklärung zu schwer verständlichen Aussage neu gefaßt werden: „Mein Kleinod du, mein Preis und Ruhm, / dein ewig Evangelium, / das hab ich mir erkoren" bleibt besser im Stil und Duktus des Originals als frühere Änderungen. Unter 33 Varianten für das Adjektiv zu „Evangelium" wurde nach Offb 14,6 „ewig" gewählt, weil „süß" nun, ohne das Bild von Milch und Honig, unverständlich wäre. Und weil das Bild mit der Lilie in Zl 4 nicht erhalten werden konnte, mußte auch 7 „Ei mein Blümlein" (Original) ersetzt werden: Im Blick auf die weiteren Aussagen der Str, die (im Gegensatz zu früheren Bearbeitungen) unverändert stehen blieben, wurde ein Ausruf der Sehnsucht gewählt: „Herr, dich such ich" (vgl Hld 3,2).

3,2 ist im Original durch die Nennung zweier Edelsteine „du heller Jaspis und Rubin" zwar sehr farbig, aber doch schwierig, weil Jaspis kein sehr bekannter Edelstein ist und „Rubin" um des Reimes willen als „Rubein" gelesen werden müßte. Mit „du leuchtend Kleinod, edler

Stein" blieb man bei der gegenständlichen Aussage und vermied das Eintragen der Deutung ins Bild (etwa: du Gottesglanz und Himmelsschein). 4/6 mußte wegen des Reims „Liebe – Riebe (= Rippe)" und wegen der dunklen Anspielung auf Gen 2,21–24 / Eph 5,31, „und erfreu mich, daß ich doch bleib / an deinem auserwählten Leib / ein lebendige Riebe" völlig neu gefaßt werden. Dafür bot sich die Bildrede vom Weinstock (Joh 15) an, wobei das Adjektiv „auserwählt" im Blick auf Psalm 80,9 beibehalten werden konnte: „und gib, daß ich an deinem Leib, / dem auserwählten Weinstock, bleib / ein Zweig in frischem Triebe". Schließlich kann auch im Abgesang (7/9) außer den ersten beiden Worten nur die Intention übernommen werden, denn das Original „Nach dir ist mir, / gratiosa coeli rosa, krank, und glümmet / mein Herz, durch Liebe verwundet" ist eine Zungenrede, die nicht mehr nachvollziehbar ist: Die lateinischen Einsprengsel stören hier (im Gegensatz zu GL 142), und für das Wort „glümmet" können uns nicht einmal die Germanisten eine ganz sichere Erklärung geben; zudem fehlt der Reim zwischen 8 und 9. Die nun angebotene Neu-Fg „Nach dir steht mir mein Gemüte, ewge Güte, bis es findet / dich, des Liebe mich entzündet" stammt mit Ausnahme des „steht" in 7 von Albert Knapp. In Str 4 konnte der neue T wieder sehr viel näher am Original bleiben. In 2 „wenn du mit deinen Äugelein / mich" (Original) mußte das allzu zärtliche Diminutiv weichen; hingegen war kein Anlaß, mit früheren Fg die Augen durch „Angesicht" zu ersetzen: „wenn du mich mit den Augen dein / gar". 4 „Herr Jesu, du" statt „O Herr Jesú", um Wort- und Versakzent zur Deckung zu bringen. 8 „und erbarme dich in Gnaden" statt „daß ich warme werd von Gnaden", weil befürchtet wurde, daß die konkrete Ausgestaltung des Bildes nach dieser Richtung auf manche Leser peinlich wirken könnte.

5,4: Die Aussage des Ur-T „dein Sohn hat mich ihm selbst vertraut", die nun zur Mitte vorstößt, zur Hochzeit selbst und dem Faktum des „Getrautseins", durfte nicht abgeschwächt werden; nur mußte das für uns nicht mehr deutliche Verb „sich jemandem vertrauen" durch „sich jemanden anvertrauen" ersetzt werden. Das Subjekt der Handlung ist in der vorhergehenden Zl genannt, und so kann es nun gut heißen: „Er hat mich ganz sich angetraut." In 5 kommt ein erstes Mal das Wort „Schatz" vor „er ist mein Schatz, ich bin sein Braut" (Original) das hier offensichtlich nicht „kostbarer Besitz" bedeutet, sondern das, was es in diesem Sinnzusammenhang jetzt noch besagt. Weil es aber heute, vom Volkslied vielleicht abgesehen, mehr in den Bereich der Umgangssprache gehört und in einem hymnischen Zusammenhang wie dem dieses Liedes nicht erwartet wird, wäre die Gefahr eines Mißverständnisses zu

groß. Daher: „er ist nun mein, ich seine Braut". 6 „drum mich auch nichts betrübet" versucht eine Schwäche des Ur-T „sehr hoch in ihm erfreuet" zu beheben, der an dieser Stelle den Reim außer acht läßt.
6,1: Hier ist vom Hochzeitstanz und von der ihn begleitenden Instrumentalmusik die Rede, was manche Bearbeiter nicht beachtet haben. Das von Nicolai genannte Instrument „Zwingt die Saiten in Cythara" konnte trotz der lateinischen Bezeichnung stehen bleiben („Kitara" ist ja sachlich und sprachlich nahe bei „Gitarre"); hingegen mußte das Verb so wiedergegeben werden, wie es gemeint ist: „Stimmt die Saiten der Kitara". 4/5 „daß ich möge mit Jesus Christ, / der meines Herzens Bräutgam ist" versucht das Diminutiv in der Anrede des Ur-T „daß ich möge mit Jesulein, / dem wunderschönen Bräutgam mein" zu vermeiden.
7,2: Hier steht im Ur-T nochmals das Wort „Schatz": „daß mein Schatz ist das A und O". Der Sinn, der in allen bisherigen Bearbeitungen verfehlt wurde, ist: Ich freue mich, daß Christus („das A und O" genannt) mein Schatz, mein angetrauter Eheherr ist. Deshalb jetzt: „daß mein nun ist das A und O". 6 „des schlag ich in die Hände" statt des klopf ich in die Hände". 8 „säum nicht lange" statt „bleib nicht lange", weil „bleiben" im Sinn von „ausbleiben" nicht mehr geläufig ist.

Melodie: wie Original. Auch die Pause am Stollenende, die in manchen Gsb weggelassen wurde, ist original und zur Gliederung der M unentbehrlich. *MJ*

555 ö Morgenstern der finstern Nacht   Lied

T: Angelus Silesius (Johann Scheffler) 1657
M: Georg Joseph 1657   B IV 52 a; Z 1852
V: 28 DGsb; KL; KKG; GKL
SK I A   WB V 166

Text: Die in KL fehlende Str 2 wurde wieder eingefügt, weil sie das Bild und Thema des Liedes „Jesus-Morgenstern" poetisch-geistlich einzigartig ausmalt. Der Beter sagt: Wie der Morgenstern an dem Himmel, so gehörst du, Jesus, in mein Herz: „Sieh, dein Himmel ist in mir, er begehrt dich, seine Zier . . . Komm, eh der Tag anbricht" und die Stunde des Morgensterns vorüber ist. *EH*

Melodie: wie KL, jedoch 9/4 statt 3/4, um dem Fluß der M besser gerecht zu werden. *EQ*

556 Völker aller Land, schlaget Hand in Hand Lied

T: Georg Thurmair (1964/1971) 1967/1975 nach Psalm 47
M: Loys Bourgeois 1551 P 47; Z 8337
R: (T) Christophorus Verlag Freiburg
V: KL II; RKG; KKG (Singt mit froher Stimme; Völker, jauchzet ihm)
SK I A WB V 169

Text: Auf Wunsch der SK wurden vom Autor an der Erst-Fg folgende Änderungen vorgenommen:
1,5 „geschenkt" statt „erwählt".
2,2 „Der Posaune Schall mächtig füllt das All"; statt „mit Posaunenschall auf den Thron im All"; 6 „und des Himmels" statt „der des Himmels".
3,4/6 „lenkt der Völker Sinn zu dem Volke hin, / das er auserwählt, dem er sich vermählt, / das sein Eigentum. Ihm sei Preis und Ruhm" statt „sammelt, was zerstreut, daß in ihm sich freut / alles, was da lebt, zu dem Volke strebt, / das sein Eigentum, seiner Hoheit Ruhm".

Melodie: wie KL II. *MT*

557 ö Du höchstes Licht, du ewger Schein Lied

T: Johannes Zwick (vor 1542) 1545
M: Gsb der Böhmischen Brüder, Nürnberg 1544 Z 309
V: EKG; RKG; GKL
SK I A WB V 171

Text: Die AÖL hat hier durch eine kleine Änderung in der letzten Str (siehe unten) aus dem Morgenlied ein Christuslied gemacht und es daher einer anderen Liedergruppe zugeteilt.
1,1 „du ewger" statt „ewiger" (Original, EKG), um Wortakzent und Versakzent zusammenzubringen, was der RKG-Fg „und ewger" vorgezogen wurde; 4 „so früh bis spät" statt „so früh als spät" (EKG) oder „gleich früh und spät" (RKG) oder „gleich früh wie spät" (Original),

weil nach heutigem Sprachgebrauch allein das Präpositionenpaar „so – wie" die nötige Klarheit schafft.
2,4 „sich" statt des heute nicht mehr reflexiv verwendeten gewöhnlichen Dativpronomens „ihm" (RKG).
3,1/2 „Er ist das Licht der ganzen Welt, / das jedem klar vor Augen stellt" (RKG) statt „Er ist der ganzen Welte Licht, / stellt jedem vor sein Angesicht" (Original, EKG), vor allem wegen des veralteten Genitivs „Welte".
Zwischen Str 3 und 4 sind drei Str des ö-T weggelassen.
4,2 „Nacht" statt des alemannischen Plurals „Nächt"; 3 „da du, Gott, strahlst voll Herrlichkeit" statt des originalen „da du, Gott, leuchtst, die recht Klarheit" mit der zungenbrecherischen Kontraktion „leuchtst" und einer häßlichen Nichtübereinstimmung zwischen Wort- und Versakzent (vom EKG in Kauf genommen); die Neu-Fg stammt aus RKG, wobei es aber nicht „in", sondern „voll" heißen muß, weil der Ur-T nicht von einem Glanz reden will, in welchem Gott sich befindet, sondern der er selbst ist.
In 5,2 sagt Zwick „nimm an von uns den Morgengsang", das EKG „nimm von uns diesen Morgensang" (was bei bösem Willen im Sinne von „nimm von uns weg" mißverstanden werden könnte), das RKG „nimm an von uns den Morgensang" und der ö-T nun, das Lied zum allgemeinen Christuslob ausweitend, „nimm von uns an den Lobgesang"; 4 „zum Guten" statt „zu Gutem" (alle Vorlagen).

Melodie: unverändert wie RKG und Original. *MJ*

558 ö Ich will dich lieben, meine Stärke   Lied

T: Angelus Silesius (Johann Scheffler) 1657
M: Georg Joseph 1657   B III 202; Z 2763
V: 35 DGsb; E; KL; KKG – PP 4
SK I A   WB V 173

Text: Der originale Str-Schluß mit der jeweiligen Zl 6 als Kurz-Zl wurde mit Zustimmung der HK wiederhergestellt. Daher steht gegenüber E:
1,6 „bis mir das Herze bricht" statt „bis mir das Herz im Tode bricht".
2,6 „das starb am Kreuzesstamm" statt „als meiner Seele Bräutigam".
3,6 „daß ich so spät geliebt" statt „daß ich dich, ach, so spät geliebt".
4,6 „daß ich dich hab ersehn" statt „daß ich dich habe ausersehn".

5,6 „daß du mich machst gesund" statt „daß du mein Herze machst gesund".
6,6 „du starker Himmelsglanz" statt „mit deines Himmelslichtes Glanz".
7,6 wie 1,6.
Ferner 3,5 „ich bin betrübt" statt „bin tief betrübt". *MT*

Melodie: Die Verkürzung der Schluß-Zl um zwei Silben führte zwangsläufig zur Wiederherstellung des Melismas über der drittletzten Silbe, wozu die HK ausdrücklich ihre Zustimmung gegeben hat. Die M hat damit an Ausdruckskraft gewonnen. *EQ*

559 ö Mein schönste Zier und Kleinod bist   Lied

T: Königsberg 1598
M: Leipzig 1573 / bei Sethus Calvisius 1594   Z 2461 c
V: 5 DGsb; KL (Mit meinem Gott geh ich zur Ruh); EKG; RKG; KKG; GKL
SK I A   WB V 177

Text: Wie EKG, RKG und KKG. In KL waren nur die erste und die letzte Str aufgenommen und an das zur selben M gesungene Abendlied „Mit meinem Gott geh ich zur Ruh" angehängt, womit aber nur das Mißverständnis gefördert wurde, in Str 4 sei der Abend jedes Tages gemeint. Dadurch, daß diese beiden Str nun wieder das selbständige Lied geworden sind, das sie ursprünglich waren, wird erst deutlich, daß es sich um ein Christuslied handelt, dessen Schluß-Str eschatalogisch zu verstehen ist (Abend = Endzeit).
Zur korrigierten Herkunftsangabe siehe „zwingliana" XIV, Heft 9, Zürich 1978, S 525.

Melodie: wie Vorlagen. *MJ*

560 Gelobt seist du, Herr Jesu Christ Refrainlied

T: nach Guido Maria Dreves 1886
M: Josef Venantius von Wöß 1928
R: (M) Anton Böhm und Sohn Augsburg
V: 31 DGsb; E; KKG
SK I A   WB V 179

Text: Bisherige Str 2 entfiel angesichts der unzulänglichen Bilder.

Melodie: wie E. *EH*

**561,1 So spricht der Herr: Ich bin der Weg, die Wahrheit und
das Leben**   Kehrvers

T: Joh 14,6
M: Heinrich Rohr
R: Christophorus Verlag Freiburg
V: PP 8
Ch: S 160 Verse aus Joh
SK I B   WB V 181

Text und Melodie: Originalbeitrag.

561,2 Dein sind die Himmel, dein ist die Erde   Kehrvers

T: nach Ps 89,12.37
M: Heinrich Rohr 1962
R: Christophorus Verlag Freiburg
V: SG II – PP 7
K: Nr 144 APs 138
Ch: S 161 Verse aus Ps 89
SK I B   WB V 181

Text und Melodie: wie Vorlage. *JS*

562 Lob dir, Christus, König und Erlöser   Ruf

T: nach „Gloria, laus et honor"
M: Heinrich Rohr 1964
R: Christophorus Verlag Freiburg
V: SG IV – PP 4
Ch: S 162 Zwischenrufe
SK I B   WB V 182

Text und Melodie: wie Vorlage. *JS*

563 Christus gestern, Christus heute, Christus in Ewigkeit
Litaneigesang

T und M: EGB 1973 nach den „Laudes Hincmari" 8./9. Jh
R: EGB
SK I B / SK V   WB V 183/184

Text und Melodie: nach verschiedenen Vorlagen und Adaptionen neu gestaltet; M des Kv identisch mit Nr 205,1 und 766,1 bzw. 770,1. *JS*

564 Christus Sieger, Christus König   Litaneigesang

T: EGB 1973 „Christus vincit" Übertragung / Litanei: nach Grüssau
M: „Christus vincit" 1940 / Litanei: Josef Seuffert 1973
R: EGB
V: Grüssauer Christusrufe
SK I B / SK V   WB V 185/186

Text und Melodie: Der Kv wurde lateinisch von Beat Reiser in „Laudes festivae" 1940 veröffentlicht. Die deutsche Vorlage aus der Abtei Grüssau wurde wesentlich umgearbeitet. *JS*

565 Komm, Herr Jesus, komm zur Erde Stollenlied

T: Georg Thurmair (1939) 1941
M: Erhard Quack (1950) 1951 / (1968) 1972
R: Christophorus Verlag Freiburg
V: DGsb Speyer 1951 und 3 weitere DGsb; KL II – VP
SK I A   WB V 187

Text: wie Vorlagen.

Melodie: Gegenüber KL II steht zur stärkeren Profilierung:
Rhythmisch: Abgesang Zl 1: 1. Note Halbe statt Viertel, 4. Note Viertel statt Halbe; letzte Zl 3. Note Halbe statt Viertel, vorletzte Note Viertel statt Halbe.
Melodisch: Zl 1: 2. Note a statt b; Abgesang Zl 2: letzte 2 Noten g e statt d c; vorletzte Zl: 1. und 2. Note a a statt f g. *EQ*

566 Hebt euer Haupt, ihr Tore all Lied

T: Caspar Ulenberg 1582 / Adolf Lohmann 1963 / EGB 1971 nach Psalm 24 B
M: Caspar Ulenberg 1582 zu Psalm 23 (24)
R: (T) EGB
V: A. Lohmann „33 Psalmlieder" Freiburg 1963 – PP 7
SK I A   WB V 189

Text: Gegenüber Lohmann steht:
1,5 „aller Ehr" statt „ehrenhaft"; 6 „der Mächtige, der Herr" statt „der Herr voll Macht und Kraft".
2,5 „aller Ehr" statt „hochgeachtet"; 6 „Es ist der Herrliche, der Herr" statt „voll Herrlichkeit und Ehrenpracht"; 7/8 „Gott Zebaot, Herr aller Herren, / er ist der König aller Ehren" statt „Der Herr der Heerscharen mächtig, / er ist der König ehrenprächtig".

Melodie: wie Vorlagen. *HS*

567 Der Herr bricht ein um Mitternacht   Lied

T: nach Johann Christoph Rube 1712
M: Johann Crüger 1640   Z 200
V: RKG
SK I A   WB V 191

Text: von der Fg des RKG wurden 4 Str weggelassen (2 nach Str 4 und je eine nach Str 5 und 6).
In 4,1 „kluger" statt „frommer"; denn „fromm" bedeutete damals soviel wie „treu", doch war diese Vokabel verwehrt durch das „getreu" in Zl 2. Im Blick auf Mt 25,1–13 wurde dafür „klug" gesetzt.
In 6,2 steht in der Vorlage „du hast es Macht", was um besserer Verständlichkeit willen in „du hast's in Macht" geändert wurde.
7,3 „der nun bereit sich macht" statt „der nun sich fertig macht".

Melodie: wie Vorlage außer: In Zl 1 wurde auf der 6. Silbe die Ligatur des Originals wiederhergestellt, statt welcher das RKG unnötig vereinfachend nur eine Halbe c hat. *MJ*

568 Komm, Herr Jesu, komm, führ die Welt zum Ende   Lied

T: Maria Luise Thurmair 1951 (1973) 1975
M: Heinrich Rohr (1951) 1952
R: Christophorus Verlag Freiburg
V: DGsb Mainz 1952; SG VIII; KL II
HK   WB V 193

Text: Ursprünglich als Singmesse von der Wiederkunft des Herrn konzipiert, folgte der T in 9 Str dem Gang der Meßfeier. Da diese Form der erneuerten Liturgie nicht mehr entsprach, die HK das Lied aber wegen seiner eschatologischen Aussage aufnehmen wollte, wurde es entsprechend gekürzt. Dabei blieb Str 1 unverändert; die übrigen Str wurden teils überarbeitet, teils neu gefaßt. So von der HK aufgenommen.

Melodie: wie Vorlage. *MT*

569 Gemeinschaft der Heiligen — Katechetischer Text

T: Rupert Berger
R: EGB
SK VI

Originalbeitrag.

570 Salve, Regina — Marianische Antiphon

T: 11. Jh
M: 17. Jh nach Henri Du Mont
SK I B   WB VI 307

571 Sei gegrüßt, o Königin — Marianische Antiphon

T: Übertragung des „Salve, Regina"
M: Heinrich Rohr 1949
R: (M) Christophorus Verlag Freiburg
V: Deutsche Komplet 1949
SK I B   WB VI 310

Text und Melodie: Der Gesang wurde nach dem neuen Einheits-T leicht überarbeitet. *JS*

572 Salve! Maria Königin, Mutter und Helferin — Lied

T: Maria Luise Thurmair 1969 nach dem Salve Regina-Lied im Rheinfelsischen Gsb 1666
M: Rheinfelsisches Gesangbuch, Augsburg 1666   B II 4
R: (T) Christophorus Verlag Freiburg
V: 14 DGsb; ML; NP
SK I A   WB VI 311

Text: Neu-Fg nach dem lateinischen T, da die barocke sowie die jüngeren T-Bearbeitungen nicht befriedigen konnten. *MT*

Melodie: Im 6/4-Takt entgegen dem Original (6/1) und ML (3/4). *HS*

573 Gegrüßet seist du, Königin   Stollenlied, Refrainlied

T: Köln 1852 nach dem Salve Regina-Lied von Johann Georg Seidenbusch 1687
M: Mainz 1700/1712   B III 105
V: 33 DGsb; E; ML; KKG
SK I A   WB VI 313

Text: Gegenüber E steht:
2,2 „du unsres Lebens Süßigkeit" statt „sei uns gegrüßt, gebenedeit" aus der bisherigen Str 3, die entfiel.
4,2 „Tod und Elend" statt „der Verbannung", weil urtextgetreuer und aussagereicher.
5,2 „Helferin" statt „Mittlerin", weil dogmatisch gesicherter (so z. B. schon Franz Hoffbauer 1928). *EH*

Melodie: wie E, doch Grundschlag c^J bzw. c^J, weil der Bewegung und dem Taktgefüge angemessener. *EQ*

574/575 Regina caeli — O Himmelskönigin, frohlocke
Marianische Antiphon

T: Rom um 1170 (574), Deutsche Komplet 1949 (575)
M: 16. Jh vereinfachte Fg der M aus dem 12. Jh
V: Liber usualis 1934 (574), Deutsche Komplet 1949 (575)
SK I B   WB VI 315

Text und Melodie: wie Vorlage. *JS*

576 Freu dich, du Himmelskönigin   Refrainlied

T: nach Konstanz 1600, nach „Regina caeli" 12. Jh
M: Konstanz 1600   B II 10
V: 35 DGsb; E; KL; ML; KKG — PP 6
SK I A   WB VI 317

Text: Gegenüber E steht: 1,3 „all dahin" statt „alles hin"; „Halleluja" beim Vorsängerpart.

Melodie: wie E ohne die später hinzugefügten Taktstriche. *EH*

577 Maria, Mutter unsres Herrn   Lied

T: Maria Luise Thurmair 1969 nach dem Alma Redemptoris Mater-Lied von Franz Joseph Weinzierl 1816
M: Speyerer Gsb, Köln 1599   B II 203 a
R: (T) Christophorus Verlag Freiburg
V: 29 DGsb (Erhabne Mutter unsres Herrn); ML – PP 7
SK I A   WB VI 319

Text: Neu-Fg nach dem lateinischen T, da keine der vorliegenden Fg befriedigte.

Melodie: Gegenüber den DGsb hat GL wie schon DGsb Meißen 1950 den lebendigen Originalrhythmus samt den Pausen wiederhergestellt. Im WB VI 319 ist bei der M die Jahreszahl 1699 in 1599 zu verbessern.
EQ

578 Meerstern, sei gegrüßet   Hymnus

T: „Ave, maris stella" Nr 596, Übertragung EGB (1971) 1975
M: EGB 1971 nach dem Antiphonale Romanum 1912
R: EGB
V: 12 DGsb, ML und KKG („Meerstern, ich dich grüße" und andere Übertragungen)
SK I A   WB VI 321

Text: Originalbeitrag. Die Str 5 steht im lateinischen T an dritter Stelle. Die Umstellung erfolgte zugunsten eines klaren Aufbaus.

Melodie: Da keine der verschiedenen M der DGsb befriedigte, wurde ähnlich wie in ML eine der vier M des Antiphonale zu diesem T in die vorliegende rhythmisch-melodische Form umgearbeitet. *EQ*

579 Maria, Himmelskönigin — Lied

T: „Ave Regina caelorum" um 1100, Übertragung EGB (1969) 1975
M: Nikolaus Herman 1562   Z 382
R: (T) EGB
V: 19 DGsb („Ave, du Himmelskönigin" und andere Übertragungen); EKG (M)
SK I A   WB VI 323

Text: SK nach älteren Übertragungen, z. B. DGsb Rottenburg 1867.

Melodie: Da keine der M in den DGsb befriedigte, wurde aus vier vorgeschlagenen alten M die vorliegende aus EKG (Wir danken Gott für seine Gaben) gewählt. Dabei wurde das Schlußmelisma fallen gelassen. *HS*

580 ö   Ave Maria, gratia plena — Lied

T: nach Paderborn 1617
M: Paderborn 1617   B II 35 a und S 377
V: 13 DGsb; KL; ML – PP 7
SK I A   WB VI 325

Text: Ist in verschiedenen Bearbeitungen überliefert. Die vorliegende Fg wurde aus KL übernommen. Die ungleiche Silbenzahl in den einzelnen Str ließ sich aus Gründen einer einwandfreien theologischen und poetischen Aussage nicht vermeiden. Die daraus entstehenden Schwierigkeiten wurden durch die Einführung der Wiederholung der Zl 1 und 3 (V/A) überwunden.

Melodie: Abweichend von KL wurde die Pause nach Zl 1 gestrichen. Damit wird ein durchgehender Fluß des 6/4-Taktes und eine sinngemäße Betonung der ersten Silbe in Zl 2 erreicht. *EQ*

581 Ave Maria klare — Lied

T und M: Olmütz um 1500 / Mainz 1947   B II 15 o
V: 35 DGsb; E; KL ML – VP
SK I A   WB VI 327

Text: Gegenüber E steht:
1,4 Komma statt Punkt nach „Erd"; dadurch wird die Beifügung „erwählt" bis „Christenheit" sprachlich richtig in die Aussage des Hauptsatzes „Du" bis „Erd" eingebunden.
4,3 „Gesegnete" statt „Gesegnetste".
5,5 „wohnt'" statt „wohnt" und 6 „ruht'" statt „ruht" im Einklang mit „war"; 6 „gar lieblich ruht' er drinnen" statt „er lieblich ruht darinnen", weil einfacher gesagt.
6,2 „hochgebenedeit"; statt „hoch gebenedeit"; 5/7 „Empfiehl uns deinem Sohn / und bitte für uns Sünder / allzeit an Gottes Thron" statt „Hilf uns zur Engelschar, / daß wir samt deinem Kinde / dich loben immerdar". Das sprachlich doppeldeutige „wir samt deinem Kinde dich loben" wurde beseitigt und im Zusammenhang damit der ganze Passus als Bitte um die fürsprechende Hilfe Marias formuliert. *EH*

Melodie: wie E. Die auf Grund der älteren Quellen (Olmütz um 1500, Leisentrit 1584) gestaltete M in VP wurde wegen vieler Proteste von der HK durch die unveränderte E-Fg ersetzt. *HS*

582 O Maria, sei gegrüßt   Lied

T: nach Philipp von Schönborn 1656 / EGB (1971) 1972
M: Böhmen 1467 / Michael Weisse 1531   Z 1176
V: ML; KL II – VP
SK I A   WB VI 329

Text: Gegenüber KL II steht:
1,2 „Gnade" statt „Gnaden".
2 und 3 wurden neu bearbeitet, um dem „Gegrüßet seist du, Maria" möglichst nahezukommen.

Melodie: wie GKL 77 (Sonne der Gerechtigkeit). *EH*

583 Ave Maria zart, du edler Rosengart   Lied

T und M: Johann Georg Braun 1675   B 121
V: 33 DGsb; E; KL; ML; KKG – PP 7; VP
SK I A   WB VI 331

Text: Gegenüber E steht:
2,4/6 „den Heiland Jesus Christ, der unser Retter ist aus aller Sünd und allem Schaden" statt „Jesum, das liebe Kind, das da die Sünder blind errettet hat aus allem Schaden", zu leichterem Verständnis neu gefaßt.
4 wurde wegen einiger veralteter Ausdrücke gestrichen. *MT*

Melodie: wie E, jedoch mit Takteinteilung, – und zwar entsprechend der heutigen Notationspraxis 6/4-Takt statt dem 3/2-Takt des Originals. *HS*

584 Christi Mutter stand mit Schmerzen   Sequenzlied

T: Jacopone da Todi „Stabat mater" vor 1306, Übertragung EGB 1968/1970 nach Heinrich Bone 1847
M: Köln 1638   B I 214a; Z 41
V: 34 DGsb; E; „Deutsches Kantual" 1931; KL; ML; KKG
SK I A   WB VI 333

Text: Auf Grund praktischer Erfahrung wurde der 10strophige E–T auf 5 Str konzentriert. Beibehalten wurden die Str 1,2,4 und 6.
Gegenüber E steht:
4,2 „wie du selber sie empfunden" statt „so wie du sie selbst empfunden"; 6 „deinem" statt „seinem".
5 wurde nach der letzten Doppel-Str des lateinischen T neu gefaßt in Anlehnung an Felix Messerschmid und Romano Guardini 1931. *MT*

Melodie: wie E, jedoch 4/4-Takt statt 4/2-Takt und mit betonungsgerechter Setzung der Taktstriche. *HS*

585 ö Laßt uns erfreuen herzlich sehr   Stollenlied mit Refrain

T: Friedrich Spee 1623
M: Köln 1623   B I 280
V: 33 DGsb; E; KL; ML
SK I A   WB VI 335

Text: wie E ohne Aufteilung V/A. Die Bedenken mancher Diözesanbeauftragter gegen die bilderreiche Str 4 wurden von der SK nicht geteilt.

Melodie: entsprechend den alten Drucken ohne Pause vor dem drittletzten „Halleluja" und ohne Taktstriche. *EQ*

586   Gruß dir, Mutter, in Gottes Herrlichkeit   Kehrstrophenlied

T: „Salve, mater misericordiae" 14. Jh, Übertragung Josef Klein 1951/ 1973 nach früheren Gsb
M: Joseph Pothier vor 1923
R: (T) Autor
V: DGsb Mainz 1952; KKG (Hohe Mutter, voll der Barmherzigkeit)
SK I B   WB VI 337

Text: Neu-Fg für GL.

Melodie: wie Vorlage. *JS*

587   Maria aufgenommen ist   Ruflied

T: Heinrich Bone 1847 (Str 4 nach Corner 1631) / EGB (1972) 1975
M: Konstanz 1613 / David Gregor Corner 1631   B I 138
R: (T) EGB
V: 10 DGsb; ML; KKG
SK I A   WB IV 339

Text: Das in verschiedenen Fg und mit unterschiedlicher Str-Zahl verbreitete Lied wurde von der SK neu bearbeitet. Aus ML stammen die Str 1, 3, (jetzt 2), 4 (jetzt 5), 9 (jetzt 4), 11 (jetzt 3) und 12 (jetzt 6). Gegenüber ML steht: 2,1 „Grab und Tod" statt „Tod und Grab"; 2 „Tod" statt „Grab".
4 (9) lautete „Ihr Schuh der Mond, zwölf Stern ihr Kron, / ihr Kleid die Sonn, o welche Wonn"; die letzten 2 Zl wurden gestrichen.
6,2 „eine" statt „gnädge".

Melodie: bei „(auf) genommen ist" und beim ersten „Halleluja" neuere Fg, sonst Original. *EH*

588 Sagt an, wer ist doch diese   Stollenlied

T: Johann Khuen 1638 / Guido Maria Dreves 1885 / EGB (1972) 1975
M: bei Joseph Clauder 1631 / bei Heinrich Meier 1647 B IV 192; Z 4308
R: (T) EGB
V: 31 DGsb; E; KL; ML; KKG
SK I A   WB VI 341

Text: Die E-Fg wurde als barock überladen und zum Teil als theologisch fragwürdig erachtet. Darum wurde der T gestrafft und der biblischen Aussage und der Ur-Fg angenähert.
Gegenüber E steht:
1,2 „die vor dem Tag aufgeht" statt „die auf am Himmel geht"; 7 „im Sonnenglanz erhöht" statt „die Braut von Nazareth" („electa ut sol" Hld 6,9).
2,1 „edle" statt „reinste".
Die E-Str 3 und 4 wurden weggelassen, dafür die Schluß-Str in engem Anschluß an Khuen geformt. Gestrichen waren schon zuvor Str 3 in DGsb Bamberg 1970, Aachen 1971, Essen 1971, Köln 1971; Str 4 in KKG 1966, Köln 1971; Str 5 in Graz 1967, Bamberg 1970, Aachen 1971, Essen 1971, Köln 1971. *HS*

Melodie: wie E außer der letzten Zl: statt der von der Unterquarte her aufsteigenden Schlußfigur, die den Tonumfang auf eine Undezime erweitert und daher für den Volksgesang ungeeignet ist, übernimmt GL die Schlußfigur von Meier 1647, die analog dem Stollenschluß gebildet ist und den Grundton nicht unterschreitet:

E

GL

Diese schon in Mainz 1712, in den Gsb Mohrs und in KKG befolgte M-Fg wurde von der HK angenommen. *EQ*

589 Alle Tage sing und sage Lob der Himmelskönigin Lied

T: Bernhard von Morlas um 1140 „Omni die dic Mariae", Übertragung nach Heinrich Bone 1847
M: Ingolstadt 1613   B II 19 d und S 382
V: 29 DGsb mit unterschiedlicher M, Str-Gestalt und Str-Zahl; ML; KKG – VP
SK I A   WB VI 343

Text: Aus ML wurden im Interesse einer konzentrierten Aussage nur Str 1,2,4 und 8 aufgenommen. Gegenüber ML steht:
1,4 „Christ" statt „Seel", um den ganzen „Christenmenschen" als Beter anzusprechen; „Herz und Sinn" statt „Demut(s)sinn", weil damit sein Inneres und Äußeres benannt ist.
3,1 „Gotterkoren" statt „Gott erkoren" bringt das Gemeinte sprachlich richtig zum Ausdruck.
4,2 „von Herzen" statt „o Seele" wie zu 1,4. *EH*

Melodie: Unter den verschiedenen Singweisen wurde die aus ML als die am besten entsprechende gewählt, jedoch mit Halbpause nach Zl 2. *HS*

590–592 Maria, sei gegrüßt mit deinem lieben Sohn Lied

T: Georg Thurmair (1940) 1941 / (1970) 1975
M: Christian Lahusen (1947) 1949
R: (T) Christophorus Verlag Freiburg; (M) Bärenreiter Verlag Kassel
V: DGsb Innsbruck 1941 und 5 weitere DGsb; „Ave Maria, dich lobt Musica" Freiburg 1949; ML
SK I A   WB VI 345

Text: Wurde 1970 mit Zustimmung des Autors an mehreren Stellen umgeformt; Gegenüber ML steht:
590: 2,2 „voll Freud auf deinem Gang" statt „mit Jubel und Gesang".
3,2/3 „in einem armen Stall / zum Heil der Menschen all" statt „mit großem Freudenschall / in einem armen Stall".
4,2/3 „im Tempel dargestellt, / das Licht der ganzen Welt" statt „und das von Herzen gern / im Hause deines Herrn".
5,2/3 „im Tempel wohlbewahrt, / wo er sich offenbart" statt „im Tempel hochgelehrt, / von allen tief verehrt."

591: 2,3 „so daß sein Blut" statt „daß all sein Blut".
4,3 „und Wunden" statt „mit Wunden".
5,2/3 „und uns durch seinen Tod / versöhnet hat mit Gott" statt „dem Vater treu zu sein / zu unserm Heil allein."
592: 2,3 „herrscht in" statt „regiert".
5,1 „der herrlich dich gekrönt" statt „der dich so reich gekrönt".

Melodie: wie ML. *MT*

593   Königin im Himmelreich   Refrainlied

T: Johann Leisentrit 1567, Str 3–5 Petronia Steiner 1947
M: Frankfurt/M 1565   B II 9 a; Z 1979
R: (T) Christophorus Verlag Freiburg
V: DGsb Speyer 1951; ML
SK I A   WB VI 347

Text: Mit der Übertragung auf die Frankfurter M-Fg, deren Zl 3 zwei Töne mehr hat als Leisentrit, wurden folgende T-Korrekturen notwendig:
1,3 „Den du hast empfangen, der ist von dem Tode auferstanden" statt „Den du hast getragen, er ist von dem Tode erstanden"
2,3 „Den du hast getragen, der ist zu den Himmeln aufgefahren" statt „Den du arm geboren, er stieg herrlich auf zum Himmel".
3,3 „Den du hast geboren, der hat seinen Geist herabgesendet" statt „Den du hast genähret, er hat seinen Geist gesendet".
4,3 „Dem du hast gedienet, der hat in den Himmel dich erhoben" statt „Dem du treu gedienet, er hob dich empor zum Himmel".
5,3 „der hat dich mit Ehr und Ruhm gekrönet" statt „er hat dich gar hoch gekrönet".

Melodie: Speyer 1951 und ML haben die M in der Fg Leisentrit 1567 und Speyer 1599. Die SK entschied sich für die ältere Version Frankfurt 1565, die in der Zl 3 ausgedehnter und geschmeidiger ist. *EQ*

594 Maria, dich lieben ist allzeit mein Sinn Stollenlied

T: Friedrich Dörr (1972) 1975
M: Paderborn 1765   B III 121
R: (T) Autor
V: 35 DGsb, E und KKG (Maria zu lieben, ist allzeit mein Sinn)
SK I A   WB VI 349

Text: Originalbeitrag. Der weitverbreitete E–T war gleichermaßen beliebt wie beanstandet. Um beiden Fakten Rechnung zu tragen, versuchte die SK zur bisherigen M einen neuen, ebenso frommen und volksnahen T zu erlangen. Die Erst-Fg des jetzigen T wurde gemeinsam mit dem Autor durchgearbeitet und modifiziert, bis sie in der vorliegenden Gestalt die Billigung der SK und die Zustimmung der Diözesanvertreter und der HK fand. Inzwischen hat sich das Lied das ehrende Prädikat eines wahrhaft „evangelischen" Marienliedes erworben.

Melodie: wie E. EH

595 Maria, breit den Mantel aus Refrainlied

T: nach Innsbruck 1640, Str 1,2 und 4 Joseph Mohr 1891, Str 3 Neu-Fg EGB 1971
M: nach Innsbruck 1640   B IV 237
R: (T Str 3) EGB
V: 34 DGsb; KL; ML; KKG – EGB 11; VP
SK I A   WB VI 353

Text: Gegenüber KL steht:
2,3 „weite, weite Welt" statt „weite, breite Welt".
3,2 „dein Hilf erzeig" statt „zeig deine Hilf"; 3/4 „komm uns zu Hilf in allem Streit, / verjag die Feind all von uns weit" statt „mit deiner Gnade bei uns bleib, / bewahre uns an Seel und Leib", weil „mit deiner Gnade" mißverstanden werden kann.
Weggelassen wurde die Str „Wann alle Feind zusammenstehn", die auf den Dreißigjährigen Krieg anspielt und deren Sinn in 3,3/4 mitenthalten ist.
Versehentlich ausgefallen ist die Str „Dein Sohn dir alles gern

gewährt", die in künftigen Ausgaben vor der Schluß-Str stehen sollte.
Beide Str fehlen in KKG, Aachen 1971, Essen 1971, Köln 1971 und
seinem Diözesananhang 1975.
Die Str „Maria, schöner Gnadenthron" in VP wurde 1973 von der HK
gestrichen.

Melodie: wie KL mit Ausnahme der 2. und 3. Note, die dem Original
gemäß in punktiertem Rhythmus gesetzt sind. Die nicht originalen
kurzen Auftakte wurden aus KL übernommen. *HS*

596 Ave, maris stella Hymnus

T: Ambrosius Autpertus vor 784
M: 11./12. Jh MMH 67; B II 7
V: Antiphonale Romanum 1912; ML; Hymni instaurandi Breviarii
    Romani, Rom 1968
HK WB VI 355

Text: Als älteste Quelle galt bisher ein St. Gallen Codex aus dem 9. Jh,
als Dichter ein Anonymus des 8./9. Jh. Seit den überzeugenden
Forschungsergebnissen von Heinrich Lausberg: Der Hymnus „Ave
maris stella", Opladen 1976, steht jedoch fest, daß der Hymnus vom
Benediktiner Ambrosius Autpertus, von ungefähr 740 bis zu seinem
Tode 784 Mönch des Klosters „ad Vulturnum" im Herzogtum Benevent, stammt.

Melodie: wie Antiphonale Romanum. *HS*

597,1 In Gott, meinem Heiland, jubelt mein Geist Kehrvers

T: Lk 1,47
M: Fritz Schieri 1967
R: Verlag UNI-Druck München
V: Kehrverse
CH: S 162 f Chor-Str und Psalmverse aus Ps 30
SK I B WB VI 357

Melodie: identisch mit Nr. 149,6; 176,1; 198,2; 529,3 und 4.

597,2 In meinem Gott jubelt mein Herz   Kehrvers

T: Jes 61,10
M: Walter Röder
R: Christophorus Verlag Freiburg
V: PP 1
K: Nr 8 Antwortgesang „Magnificat"; Nr 12 Antwortgesang Jes 12
SK II   WB VI 357

Text und Melodie: Originalbeitrag.

598 Selig der Mensch, der trägt den Herrn   Kehrvers

T: Team Singende Gemeinde
M: Heinrich Rohr 1964
R: Christophorus Verlag Freiburg
V: SG X – PP 7
Ch: S 164 f Verse aus Joh
SK I B   WB VI 358

Text und Melodie: wie Vorlage.

599 Vesper an Marienfesten

600,1 Sei gegrüßt, Maria, voll der Gnade   Kehrvers

T: Lk 1,28
M: SK II
R: EGB
K: Nr 141 APs 45
SK II   WB VI 359

Text und Melodie: Originalbeitrag; Stammkehrvers zu Ps 96. Da unter vielen Einsendungen keine befriedigende M zu finden war, wurde in der SK II die vorliegende M gemeinsam erarbeitet. *JS*

600,2 Psalm 85: Bitte um das verheißene Heil

identisch mit Nr 123,2.

601,1 Siehe, ich bin die Magd des Herrn Kehrvers

T: Lk 1,38
M: Michael Kuntz
R: Autor
K: Nr 135 APs 40; Nr 143 APs 31
SK II WB VI 360

Text und Melodie: Originalbeitrag; Stammkehrvers zu Ps 57.

601,2 Psalm 57: Geborgenheit im Schutz Gottes

identisch mit Nr 730,2.

602 Gegrüßet seist du, Maria Antwortgesang

T: SK II
M: „Laudes festivae" Rom 1940
R: EGB
SK II WB VI 361

Melodie: Nach dem gleichen Modell sind mehrere Antwortgesänge im GL und Kv-Gesänge in Ch gestaltet (Nr 125; 173,2; 193; 646,2; 651; 679). 75

603 Der Herr hat Großes an dir getan Kehrvers

T: Lk 1,48.49
M: Michael Kuntz
R: Autor
K: Nr 148 Antwortgesang aus Judit 13
SK II WB VI 362

Text und Melodie: Originalbeitrag.

604 Engel und Heilige – Leben aus dem Glauben
　　　　　　　　　　　　　　　　　　　Katechetischer Text

T: Rupert Berger
R: EGB
SK VI

Originalbeitrag.

605 ö Gott, aller Schöpfung heiliger Herr　　　　　Lied

T: Ernst Hofmann (1971) 1975
M: Loys Bourgeois 1551　　　　　　　　P 134; Z 368; B II 93 c
R: (T) Autor
V: 16 DGsb, EKG, RKG, KL II, KKG (Dem Schöpfer Gott sei Dank
　gebracht; Herr Gott, dich loben alle wir; Dreifaltigkeit, urewig
　Licht; Ihr Knechte Gottes allzugleich)
SK I A　　　　　　　　　　　　　　　　　　　　　WB VI 363

Text: Die bisher im Gebrauch befindlichen Engellieder hatten entweder die Erzengel oder die Schutzengel im Auge. Ein Lied von den Engeln insgesamt fehlte, und diese Lücke sollte durch den vorliegenden T geschlossen werden. Seine Erst-Fg wurde in der SK gemeinsam mit dem Autor durchgearbeitet und in dieser Form angenommen. Der mit unserer M seit langem verbundene T „Dem Schöpfer Gott sei Dank gebracht" steht in der Andacht von den Engeln und Heiligen Nr 784, 2–5.

Melodie: wie RKG, KKG und KL II. *EH*

606 Unüberwindlich starker Held　　　　　　　Refrainlied

T: Friedrich Spee 1621
M: Antwerpen 1614 / Köln 1623　　　　　　　　　B II 96
V: 33 DGsb; E; KL; KKG
SK I A　　　　　　　　　　　　　　　　　　　　　WB VI 365

Text: Gegenüber den Vorlagen zwei Änderungen: Str 4 und 6 aus E wurden gestrichen, da sie eine entbehrliche Ausweitung der vorausgehenden Str 3 und 5 darstellen und zum Thema des geistigen Kampfes nichts Neues aussagen. Der Refrain wurde wegen des mit dieser Bedeutung nicht mehr gebräuchlichen „dämpfen" umgeformt wie schon DGsb Eichstätt 1952.

Melodie: Entgegen KL 1938 und 1948 lautet der 3. Ton in Zl 2 nicht h, sondern originalgetreu cis wie E, KL 1962 und KKG. Statt des dortigen 3/4-Taktes wurde im Interesse eines zügigen Singens die 6/4-Gliederung bevorzugt. *EQ*

607 Laßt uns den Engel preisen Stollenlied

T: Maria Luise Thurmair 1941/1967/(1970) 1975
M: „O Gott, nimm an die Gaben" Nr 468
R: (T) Christophorus Verlag Freiburg
V: DGsb Innsbruck 1941; KL II
SK I A   WB VI 367

Text: Die in KL II weggelassene Str 4 des Originals wurde für GL umgestaltet.

Melodie: Auf Veranlassung der HK wurde dem T die bekannte M Nr 468 beigegeben. *MT*

608 Ihr Freunde Gottes allzugleich Stollenlied mit Refrain

T: bei Gregor Corner 1625 / Joseph Mohr 1891 / EGB 1972
M: Innsbruck 1588   B II 114 a
V: 35 DGsb; E; KL; KKG − VP
SK I A   WB VI 369

Text: Gegenüber E steht:
2,4 „auf uns" statt „unser".
In Str 3 und 4 wurden die Anrufungen der bisherigen Str 3−5 zusammengefügt, so daß auch in 3 die zweite Str-Hälfte eine neue Gruppe von Heiligen nennt; dadurch entfiel „der Herr hat euch das Reich bereit'; / führt uns zur ewgen Seligkeit".
3,3/4 „o ihr Apostel allesamt, / erwählt zu solchem hohen Amt"

(Corner) statt „Apostel Christi, hoch gestellt, / zu leuchten durch die ganze Welt".
In 4,1/2 werden nunmehr die Märtyrer anders gekennzeichnet und die Bekenner eigens genannt: „O ihr gekrönten Märtyrer" (Corner) / „und der Bekenner großes Heer" (Corner: „und ihr viel tausend Beichtiger") statt „ihr Heilgen, die dem höchsten Gut / ihr alles schenktet, selbst das Blut"; 3 „Gott geweiht" statt „licht und rein", / 4 „ihr Fraun, zu treuem Dienst bereit" statt „ihr heilgen Frauen tugendreich".
5 (bisher 6), 2 „für uns bei Gott stets Fürsprach tut" (Corner) statt „die ihr nun weilt beim höchsten Gut"; 3 und 4 wurden gemäß dem Original umgestellt. *EH*

Melodie: Die ursprünglich polymetrische Weise mit kontrastreichen Rhythmen wurde im 18. und 19. Jh in vielen Gsb isometrisch in Viertelnoten und im 4/4-Takt ohne Pausen aufgezeichnet. KL hat die langen Auftaktnoten, die Pausen und die breiten Zl-Schlüsse wiederhergestellt; E übernahm nur die letzteren. KKG hat die volle rhythmische Mannigfaltigkeit. Seinem Beispiel folgte GL mit weitgehender Zustimmung der Diözesanbeauftragten. *EQ*

609   Sankt Josef, Sproß aus Davids Stamm   Stollenlied

T: EGB (1973) 1975
M: „Herr, sei gelobt durch deinen Knecht" Nr 612
R: (T) EGB
SK I A   WB VI 371

Text: Originalbeitrag.

Melodie: Es schien der SK angebracht, für das Josefslied keine eigene M zu verwenden. Die in mehreren DGsb vorhandene Weise des Bekennerliedes bot sich auch für diesen „Bekenner" an. *EQ*

610 ö Gelobet sei Gott in aller Welt Stollenlied

T: Maria Luise Thurmair (1970) 1975
M: Erhard Quack (1970) 1975
R: Christophorus Verlag Freiburg
V: 16 DGsb und „Lobsinget dem Herrn" Speyer 1941 (Gelobt sei Gott im hohen Thron)
SK I A   WB VI 373

Text: Das 1941 veröffentlichte Apostellied „Gelobt sei Gott im hohen Thron" wurde auf Wunsch der SK neu gefaßt. *MT*

Melodie: Vorstufe dieser M ist das Apostellied „Gelobt sei Gott im hohen Thron" (Speyer 1941), das auch in 7 DGsb aufgenommen wurde. Der Autor, der diese für GL nicht zur Verfügung stellen wollte, wurde mit einer Neu-Fg beauftragt. Diese ist nur im allgemeinen Duktus mit der früheren M verwandt. *EQ*

611 In Jubel, Herr, wir dich erheben Stollenlied

T: Maria Luise Thurmair (1940) 1941
M: Erhard Quack (1970) 1975
R: Christophorus Verlag Freiburg
V: 4 DGsb; „Lobsinget dem Herrn" Speyer 1941; KKG
SK I A   WB VI 375

Text: Gegenüber den Vorlagen steht:
1,3 „die sich mit ihrem ganzen Leben" statt „die ihre Seele und ihr Leben".
3,2 „widerstanden bis zum Tod" statt „sich bewährt bis in den Tod";
4 „des Lebens Kron" statt „des Reiches Kron" (Jak 1,12; Offb 2,10);
7 „Herrlichkeit" statt „Ewigkeit". *MT*

Melodie: Der Autor wollte die M der Vorlagen durch eine neue ersetzen, die dem T besser entspricht. *EQ*

612 Herr, sei gelobt durch deinen Knecht Stollenlied

T: Maria Luise Thurmair (1940) 1941 / (1970) 1975
M: Erhard Quack (1940) 1941
R: Christophorus Verlag Freiburg
V: „Lobsinget dem Herrn" Speyer 1941 (Gelobt und hochgepriesen sei)
SK I A WB VI 377

Text: Wurde völlig neu gefaßt. *MT*

Melodie: In der früheren Fg schloß der Stollen zuerst auf dem Grundton und bei der Wiederholung in der Terz (Paralleltonart). Die Erfahrung legte nahe, beidemale mit der Terz zu enden. *EQ*

613 Gott sei durch euch gepriesen Stollenlied

T: Maria Luise Thurmair (1972) 1975
M: „Gott, der nach seinem Bilde" Nr 74
R: Christophorus Verlag Freiburg
SK I A WB VI 379

Text: Originalbeitrag. Er ersetzt den früheren T „Herr Jesu Christ, der Jungfrauen Krone", der als unzulänglich empfunden wurde. *MT*

Melodie: Für den neuen T zu Ehren der heiligen Jungfrauen wurde eine schon vorliegende Weise gewünscht. Dafür bot sich die des Hochzeitliedes „Gott, der nach seinem Bilde" als inhaltlich und formal passend an. *EQ*

614 ö Wohl denen, die da wandeln Stollenlied

T: nach Cornelius Becker 1602 nach Psalm 119
M: Heinrich Schütz 1661 Z 4341
V: EKG; KKG; GKL
SK I A WB VI 381

Text: Aus den 88 Str des Ur-T hat das EKG 4 ausgewählt. Davon übernahm das KKG nur die beiden ersten, während GKL eine weitere

hinzufügte. Aus dieser 5strophigen Fg wurden in GL wieder 2 Str (Str 2 „Von Herzensgrund ich spreche" und 3 „Mein Herz hängt treu und feste") weggelassen. So steht von den nun vorliegenden 3 Str die 1. in allen drei Vorlagen, die 2. nur in GKL und die 3. bildet in EKG und GKL ebenfalls die Schluß-Str.
Gegenüber EKG steht:
1,6 „seiner Weisung folgen" statt „seine Zeugniss' halten", weil die apostrophierte Mehrzahlform Zeugniss sich kaum von der Einzahl unterscheidet und in dem kurzen Lied nicht wie im Psalm Veranlassung besteht, möglichst viele Synonyme für „Gesetz Gottes" zu verwenden.
3,6 „Erde" statt „Erden", weil die Zl ohne Reim ist und deshalb keine Notwendigkeit besteht, die außer Gebrauch gekommene Genitiv-Form zu verwenden.

Melodie: wie Original und alle Vorlagen. *MJ*

615 Alles meinem Gott zu Ehren Stollenlied

T: Duderstadt 1724, Str 2 und 3 Georg Thurmair (1963) 1967
M: Bamberg 1732 / bei Melchior Ludolf Herold 1808
                                                                                              B III 185; IV 344
R: (T Str 2 und 3) Christophorus Verlag Freiburg
V: 35 Dgsb; E; KL II; KKG
SK I A   WB VI 383

Text: Das Lied war zunächst wegen des unzulänglichen T nicht für GL vorgesehen, zumal es nicht an Morgenliedern fehlte. 1972 wurde die Debatte über das bekannte E-Lied wiederaufgenommen. In Frage kamen eine Neudichtung des Liedes von Georg Thurmair in KL II und eine überarbeitete Fg des E–T. Angenommen wurde eine Kombination aus beiden: Str 1 wie E, Str 2 und 3 aus KL II, etwas verändert: 1,5 „nur will ich geben" statt „allein will geben" aus grammatikalischen Gründen. *MT*

Melodie: Die Wiederherstellung der überzeugenden und im Tonumfang kleineren Ur-Fg (wie KL II) scheiterte am Widerstand der Diözesanbeauftragten. Der Gewinn liegt in der Übereinstimmung mit E. *EQ*

616 ö   Mir nach, spricht Christus, unser Held   Stollenlied

T: Angelus Silesius (Johann Scheffler) 1668
M: Bartholomäus Gesius 1605 / Johann Hermann Schein 1628
Z 481 und 2383; B IV 128
V: 25 Dgsb; KL; EKG; RKG; KKG; GKL
SK I A   WB VI 385

Text: Den T des großen Dichters hatten manche Gsb an mehreren Stellen nach Gutdünken verschiedenartig und unnötig geändert, ja verwässert; die ö-Fg bietet wieder den Ur-T, ausgenommen 2,2 („mit heilgem Tugendleben") und 3,6 („wenn er den Feldherrn an sieht gehn").
Gegenüber KL steht:
2,2 und 4 „mit meinem heilgen Leben. / . . . im Finstern schweben" statt „mit heilgem Tugendstreben. / . . . im Finstern leben".
Die dortige Str 3 „Ich zeig euch das, was schädlich ist", ein späterer Zusatz aus dem lutherischen Gsb Frankfurt 1695, ist als entbehrlich weggelassen, ebenso die allzu zeitgebundene Original-Str „Mein Herz ist voll Demütigkeit" wie schon in EKG, RKG und KKG.
3,1 „Fällt's euch zu schwer? Ich geh voran" – selbständiger Fragesatz – statt „Fällt's euch zu schwer, ich geh voran"; 5 „der still kann stehn" statt des originalen, heute mißverständlichen „der still darf stehn" (KKG) und „mag stehn".
4,3/4 „Wer sie um mich verlieren scheint, / wird sie nach Hause führen" (Mt 16,25) statt „wer sie hier zu verlieren scheint, / wird sie zu Gott einführen".
5,4 „in allen Leiden" statt „bei ihm im Leiden".

Melodie: bei Gesius zu „Ein wahrer Glaub Gottes Zorn stillt", umgeformt von J. H. Schein zu „Mach's mit mir, Gott, nach deiner Güt" (EKG 321); im Gsb Freylinghausens, Halle 1704 erstmals mit unserem T verbunden. In manchen DGsb von 1950 an ist sie ersetzt durch die 1944 von Wilhelm Waldbroel komponierte Weise. Da diese jedoch betonungsmäßig nur auf Str 1 paßt und die vorliegende M durch KL weiter verbreitet war, kam sie auf vielfachen Wunsch in GL. Sie zu wählen, legte sich auch nahe, weil in den evangelischen Kirchen nur sie in Gebrauch ist. *HS*

617 Nahe wollt der Herr uns sein   Refrainlied

T: Huub Oosterhuis (1964) 1969 „Omdat Hij niet ver wou zijn",
Übertragung Nicolas Schalz (1970) 1971
M: Bernard Huijbers (1964) 1969
R: (T) Christophorus Verlag Freiburg
V: „Liturgische Gezangen" Hilversum 1969; NP – EGB 10
SK I A   WB VI 387

Text: Gegenüber NP steht 3,2 „unser aller" statt „aller Menschen". Das Lied wurde auf Vorschlag des AK 5 aufgenommen.

Melodie: wie NP. Gegenüber dem Original wurden die Notenwerte entsprechend der in GL angewandten Notationspraxis verdoppelt. *EQ*

618 ö   Brich dem Hungrigen dein Brot   Lied

T: Martin Jentzsch 1951
M: Gerhard Häußler 1953
R: Verlag Merseburger Berlin
V: GKL – EGB 10
SK I A   WB VI 389

Text und Melodie: wie GKL; von AÖL und AK 5 zugeleitet.

619 Was ihr dem geringsten Menschen tut
Stollenlied mit Refrain

T: Herbert Schaal (1968) 1972/1974
M: aus Island
R: (T) Lahn Verlag Limburg
V: „Jubelt nicht unbedacht" Essen 1972 – EGB 10
HK   WB VI 391

Text: Str 1 und 3 wie Vorlagen, in EGB 10 erweitert um Str 2. So auf Antrag des AK 5 von der HK angenommen.

Melodie: wie Vorlagen. *HS*

620   Das Weizenkorn muß sterben   Refrainlied

T: Lothar Zenetti 1971
M: Johann Lauermann (1972) 1974
R: (T) J. Pfeiffer Verlag München; (M) Autor
V: „Texte der Zuversicht" München 1971; Beiheft zum DGsb Limburg 1972 – EGB 10
SK I A   WB VI 393

Text: Steht mit geringen Varianten im Beiheft des Limburger DGsb. Das Lied, im T leicht überarbeitet, wurde vom AK 5 vorgeschlagen.

Melodie: Da die M des Limburger Beiheftes nicht die Zustimmung des AK 5 fand, wurde dort eine gezielte Ausschreibung gemacht, deren Ergebnis vorliegt. *EQ*

621 ö   Ich steh vor dir mit leeren Händen, Herr   Lied

T: Huub Oosterhuis 1964 „Ik sta voor U", Übertragung Lothar Zenetti (1973) 1974
M: Bernard Huijbers 1964
R: (T) Christophorus Verlag Freiburg; (M) Gooi en Sticht Hilversum
V: „Liturgische Gezangen" Hilversum 1969; GzB – EGB 10
SK I A   WB VI 395

Text: Übertragung im Auftrag der SK.

Melodie: wie Original, jedoch in doppelten Notenwerten entsprechend der im GL üblichen Notationsweise. Auf Vorschlag des AK 5 aufgenommen. *EH*

622 ö   Hilf, Herr meines Lebens   Lied

T: Gustav Lohmann 1962; Str 3 Markus Jenny 1970
M: Hans Puls 1962
R: Gustav Bosse Verlag Regensburg
V: „Neue geistliche Lieder" Regensburg 1962; GKL – EGB 10
SK I A   WB VI 397

Text: Der AÖL lag auch eine teilweise Neu-Fg und Erweiterung des T durch Markus Jenny vor (in „Neues Singen in der Kirche" Mappe 2, Zürich 1970), welche jedoch abgelehnt wurde, weil sie im Gegensatz zum Ur-T in Zl 2 in einzelnen Str positive statt konsequent negative Formulierungen brachte. So beschränkte man sich darauf, aus der Fg Jenny die dem Schema sich einpassende Str 3 in den Ur-T einzufügen.

Melodie: wie Vorlagen. Von AÖL und AK 5 zugeleitet. *MJ*

623 Worauf sollen wir hören, sag uns, worauf Lied

T: Lothar Zenetti 1971
M: Peter Kempin (1971) 1972
R: (T) J. Pfeiffer Verlag München; (M) Autor
V: „Texte der Zuversicht" München 1971; Beiheft zum DGsb Limburg 1972 – EGB 10
SK I A   WB VI 399

Text und Melodie: wie Vorlage; aufgenommen auf Antrag des AK 5.

624 Auf dein Wort, Herr, laß uns vertrauen Kehrverslied

T: Herbert Schaal (1968) 1972/1974
M: Kehrvers aus Israel, Vorsänger-Str Winfried Offele 1971
R: (T) Lahn Verlag Limburg; (M) Autor
V: „Jubelt nicht unbedacht" Essen 1972 – EGB 10
SK I A   WB VI 401

Text: Gegenüber „Jubelt nicht unbedacht" steht in EGB 10 und GL: 1,5 „Doch hat er" statt „Er hat uns".
2,5 „will uns" statt „kennt uns", beide Änderungen mit Billigung des Autors. Auf Antrag des AK 5 aufgenommen.

Melodie: wie Vorlagen. Im WB verwechselt der M-Kommentar die israelische Kv-M mit der Vorsänger-M. *HS*

625,1   Suchet das Gute, nicht das Böse   Kehrvers

T: Hans Niklaus nach Amos 5,14
M: Walter Röder
R: Christophorus Verlag Freiburg
V: PP 8
Ch: S 165 f Verse nach Joh
SK I B   WB VI 403

Text und Melodie: Originalbeitrag; Ergebnis der Ausschreibung eines T mit Zwischenversen. *JS*

625,2   Ubi caritas et amor, Deus ibi est   Kehrvers

T: 8. Jh
M: Herkunft unbekannt
V: Graduale Romanum
Ch: S 166 f Verse aus dem Graduale Romanum
SK I B   WB VI 404

Text und Melodie: wie Vorlage. Die neue Fg „Ubi caritas est vera" wurde nicht übernommen. *JS*

626,1   Groß und gewaltig ist der Herr   Kehrvers

T: nach Ps 145,3; Apg 1,8
M: Heinrich Rohr 1961
R: Matthias Grünewald Verlag Mainz
V: „Kleiner Psalter" Mainz 1961 – PP 3
Ch: S 168 Psalmverse aus Ps 145
SK I B   WB VI 405

Text und Melodie: wie Vorlage; identisch mit Nr 757,1. Stamm-Kv zu Ps 145 A. *JS*

626,2 Der Herr gibt ein Beispiel   Kehrvers

T: 1 Petr 2,21
M: Fritz Schieri 1960
R: Verlag UNI-Druck München
V: Kehrverse − PP 8
Ch: S 169 f Verse aus 1 Petr 2
SK II   WB VI 405

Text: gegenüber „Kehrverse" und PP 8 geändert.

Melodie: identisch mit Nr 527,7; 646,4.

626,3 Herr, wer darf Gast sein in deinem Zelt   Kehrvers

T: Ps 15,1
M: Heinrich Rohr
R: Christophorus Verlag Freiburg
K: Nr 107 APs 15
Ch: S 170 f Verse aus Ps 15
SK II   WB VI 406

Text und Melodie: Originalbeitrag. Siehe Verweis auf Ps 15 in K und Ch vor Nr 712. *JS*

626,4 Dies ist mein Gebot: Liebet einander   Kehrvers

T: nach Joh 13,34
M: Johann Baptist Hilber 1960
R: Verlag Coppenrath Altötting
V: PP 5
K: Nr 17A APs 119
Ch: S 172 Verse aus dem NT
SK I B   WB VI 407

Text und Melodie: wie Vorlage; identisch mit Nr 751,1. Stamm-Kv zu Ps 119B.

626,5 Ein neues Gebot gibt uns der Herr Kehrvers

T: nach Joh 13,34
M: Richard Rudolf Klein 1971
R: Christophorus Verlag Freiburg
V: NP – PP 5
Ch: S 173 f Verse aus Ps 119
SK I B   WB VI 407/408

Text und Melodie: wie Vorlage.

627,1 Mein Leben lobsinge Gott dem Herrn Kehrvers

T: nach Ps 146,2
M: Heinrich Rohr 1962
R: Christophorus Verlag Freiburg
V: SG V – PP 6
Ch: S 174 f Verse aus Ps 146
SK I B   WB VI 408

Text und Melodie: wie Vorlage. M identisch mit Nr 211.

627,2 Die Freude an Gott, Halleluja Kehrvers

T: Neh 8,10
M: Josef Seuffert 1964
R: Verlag Haus Altenberg Düsseldorf
V: Bekenntnisfeier der Jugend 1964
SK I B   WB VI 409

Text und Melodie: wie Vorlage.

628   Vesper an Heiligenfesten

629,1 Deine Heiligen krönst du mit Ehre und Herrlichkeit
Kehrvers

T: nach Ps 8,6
M: Rudolf Thomas
R: Autor
K: Nr 116 APs 71
SK II   WB VI 410

Text und Melodie: Originalbeitrag; Stamm-Kv zu Ps 8.

629,2 Psalm 8: Herrlichkeit des Schöpfers – Würde des Menschen

identisch mit Nr 710,2.

630,1 Wohl dem Menschen, der Gottes Wege geht   Kehrvers

T: nach Ps 119,1
M: Walter Röder
R: Christophorus Verlag Freiburg
V: Die Zwischengesänge, Mainz – VP
K: Nr 17B APs 119; Nr 74 APs 112; Nr 75 APs 119; Nr 93 APs 128; Nr 118 APs 1; Nr 136 APs 90
SK II   WB VI 410

Text und Melodie: M geringfügig verändert. Identisch mit Nr 708,1; Stamm-Kv zu Ps 1 und Ps 112. *JS*

630,2 Psalm 112: Segen der Gottesfurcht   Psalm

T: ökumenische Übersetzung 1974
R: Katholische Bibelanstalt Stuttgart
SK II   WB VIII 358

631 Freut euch und jubelt Gesang aus dem NT

T: Die acht Seligkeiten Mt 5,3−10, T-Fg AK Texte
M: Bertold Hummel 1972
R: EGB (T); Christophorus Verlag Freiburg (M)
K: Nr 165 die Verse des Gesangs als Halleluja-Verse.
SK II WB VI 411

Text und Melodie: Originalbeitrag; Ergebnis eines Wettbewerbs.

632 Du hast uns erlöst mit deinem Blut Antwortgesang

T: SK II
M: gregorianisches Modell
R: EGB
SK II WB VI 412

Text und Melodie: Originalbeitrag.

633 Wie herrlich ist das Reich Kehrvers

T: EGB
M: Robert M. Helmschrott
R: Autor
SK II WB VI 413

Text und Melodie: Originalbeitrag.

634 ö Dank sei dir, Vater, für das ewge Leben Lied

T: Maria Luise Thurmair (1969) 1970
M: Johann Crüger 1640 Z 991
R: (T) Christophorus Verlag Freiburg
V: EKG (Das sollt ihr, Jesu Jünger, nie vergessen); GKL − PP 3; 6; 8;
    EGB 11; VP
SK I A WB VII 241

Text: Da der im EKG bei dieser M stehende T nicht in Frage kam, suchte die SK einen Dankgesang nach der Kommunion, der die Aussagen des ältesten eucharistischen Gebetes aus der Zwölfapostellehre enthalten sollte. In ihrem Auftrag entstand dieser T, der dann auch unter die ö-Lieder aufgenommen wurde. Instruktives über seine ökumenische „Redaktionsgeschichte" berichtet das WB.
In den PP und in EGB 11 lautet 6,2 noch „sie zu befrein aus der Gewalt des Bösen".

Melodie: wie Original, EKG und GKL. *MT*

635 Ich bin getauft und Gott geweiht Stollenlied

T: Friedrich Dörr (1970) 1975
M: Caspar Ulenberg 1603 (Lobgesang des Mose) (nicht bei B)
R: (T) Autor
SK I A WB VII 243

Text: Originalbeitrag.

Melodie: wie Original.

636 Segne dieses Kind und hilf uns, ihm zu helfen Lied

T: Lothar Zenetti (1971) 1972
M: Erna Woll (1971) 1972
R: (T) J. Pfeiffer Verlag München 1972; (M) Fidula Verlag Boppard
V: „Lieder vom neuen Leben" Boppard 1972 – EGB 10
SK I A WB VII 245

Text: Das Tauflied wurde vom AK 5 vorgeschlagen. Trotz einiger Bedenken gegen Str 3 haben SK und HK zugestimmt.

Melodie: Auf die ursprünglichen Synkopen in den Takten 9, 11 und 15 wurde mit Zustimmung der Autorin verzichtet. *HS*

637 ö Laßt uns loben, Brüder, loben   Lied

T: Georg Thurmair 1948
M: Erhard Quack 1948/1971
R: Christophorus Verlag Freiburg
V: 5 DGsb; „Laßt uns loben" Freiburg 1948; KKG; KL II; NP; GKL
– PP 5; EGB 11; VP
SK I A   WB VII 247

Text: wie Vorlagen.

Melodie: Auf Vorschlag der SK hat der Autor den Rhythmus der letzten Zl so geändert, daß er dem Wortakzent besser gerecht wird:

(♩♩♩♩♩♩ o   statt   ♩♩♩♩ ♩♩ o).
Die breiten Werte auf den letzten drei Noten bilden zugleich ein natürliches ritardando. *EQ*

638 ö Nun singe Lob, du Christenheit   Lied

T: Georg Thurmair (1964) 1967
M: „Nun danket all und bringet Ehr" Nr 267
R: (T) Christophorus Verlag Freiburg
V: KL II; NP – VP
SK I A   WB VII 249

Text: Aus diesem vielstrophigen Lied, als Prozessionsgesang für den Katholikentag in Stuttgart 1964 geschaffen, veröffentlichte KL II als Nr 73 12 Str und als Nr 137 5 Str. Für GL wurden aus Nr 137 die Str 1 und 2 und aus Nr 73 die Str 7, 8 und 9 zu einem Lied über die Kirche zusammengestellt.

Melodie: siehe Nr 267. *MT*

639 Ein Haus voll Glorie schauet   Refrainlied

T: Str 1 Joseph Mohr 1874, Str 2–5 Hans W. Marx (1972) 1975
M: Joseph Mohr 1874   B IV 359
R: (T 2–5) Christophorus Verlag Freiburg
V: 35 DGsb; E; KL; KKG
SK I A   WB VII 251

Text: Der bisherige T zählte viele Freunde, begegnete aber auch begründeten Einwänden. Deshalb bemühte sich die SK um einen T, der von Str 2 an die Kirche gemäß den Aussagen des II. Vaticanums vorwiegend als Gemeinde in der Bewährung und als wanderndes Gottesvolk sieht. Nach einem Wettbewerb mit diesem Ziel wurde von zwei eingereichten T der vorliegende für geeigneter erachtet. Einer seiner Vorzüge besteht darin, daß an die Stelle des immer gleichen Refrains ein wechselnder getreten ist. *EH*

Melodie: wie E. Zur Datierung des Liedes: Es steht schon in Mohrs Gsb „Cantate", 3. Auflage 1875, mit Imprimatur vom Februar 1874, und in seiner „Cäcilia", 8. Auflage 1876, mit Imprimatur des Bischofs von Regensburg vom August 1873. *HS*

640 Gott ruft sein Volk zusammen Lied

T: Friedrich Dörr (1972) 1975
M: „Gott ist dreifaltig einer" Nr 489
R: (T) Autor
SK I A   WB VII 255

Text: Originalbeitrag, um für das Thema Kirche in heutiger Sicht ein weiteres Lied zur Verfügung zu stellen.

Melodie: siehe Nr 489. *EH*

641 ö Gleichwie mich mein Vater gesandt hat
                                                          Kehrversgesang
T: Joh 20,21 / Lk 4,18 (Luther-Übersetzung)
M: Paul Ernst Ruppel 1963
R: (M) Hänssler Verlag Stuttgart
V: „Singsprüche" Reihe „Bausteine für den Gottesdienst" Stuttgart
    1963 – EGB 10
SK I A   WB VII 257

Text und Melodie: wie Vorlagen, nur fehlt in GL die Angabe, daß der Kv auch im 2stimmigen Kanon gesungen werden kann (Einsatz nach dem Zäsurzeichen in der Mitte). Aufgenommen auf Antrag des AK 5. *MJ*

642 Eine große Stadt ersteht   Lied

T: Silja Walter (1965) 1966
M: Josef Anton Saladin (1965/1972) 1975
R: Autoren
V: KKG
SK I A   WB VII 259

Text: 2,1 muß lauten „Durch dein Tor laß uns herein". Die Fg „Laß uns durch dein Tor herein" beruht auf einem Irrtum.

Melodie: Entstand im Rahmen eines Wettbewerbs für KKG; dort wurde ihr eine andere vorgezogen. Da diese für GL zu schwierig erschien, wurde die vorliegende M nach mehrfacher Überarbeitung für GL angenommen. *HS*

643 O Jesu Christe, wahres Licht   Lied

T: nach Johann Heermann 1630
M: Nürnberg 1676/1854   Z 535
V: 15 DGsb; KL; EKG; RKG; KKG
SK I A   WB VII 261

Text: Der bisherige T war weithin als konfessionskontrovers abgelehnt worden. Die SK formte daher Str 2–3 zu einer Str so um, daß sie allgemein, positiv und, die Beter einschließend, um Glauben in Einheit bittet. Den ungewöhnlich ökumenischen Werdegang des T schildert das WB.
Gegenüber KL steht:
2 statt 2–3
3,3 „daß sie bekennen mögen frei" statt „die nicht bekennen wollen frei".
4,2 „bring heim, die sich von dir getrennt" statt „bring her, die sich von uns getrennt"; 4 „und stärke" statt „mach feste".
5,1 „alle wir" statt „sie mit uns".

Melodie: wie Vorlagen. *EH*

644 ö Sonne der Gerechtigkeit Refrainlied

T: nach einem von Otto Riethmüller 1932 aus älteren Str zusammengestellten Lied von der AÖL 1970 überarbeitet.
M: Nürnberg 1556 / geistlich im Gsb der Böhmischen Brüder; Eibenschütz 1566 Z 1974
R: (T) Burckhardthaus Verlag Gelnhausen und Berlin
V: 5 DGsb; EKG; RKG; KKG; KL II; GKL – PP 3; 4; 8; VP
SK I A WB VII 265

Text: Die ö-Fg hat gegenüber EKG:
2,3/4 „daß sie deine Stimme hört, / sich zu deinem Wort bekehrt" statt „mache deinen Ruhm bekannt / überall im ganzen Land", was als triumphalistisch mißverstanden werden könnte, während die Bitte der ersten Str-Hälfte eine demütigere Fortführung verlangt.
3,2 „sonst niemand" statt „kein Mensch sonst", weil der auch heute noch geläufige Ausdruck „kein Mensch" für „niemand" in diesem Zusammenhang merkwürdig tönt, als ob auch Gott ein Mensch wäre.
5,2 „Glauben, Hoffnung, Liebesglut" statt „Glaubenshoffnung, Liebesglut" weil die an sich schon häßliche Wortbildung „Glaubenshoffnung" hier einem Bezug zur Trias von 1 Kor 13,13 im Wege steht; 3/4 „und laß reiche Frucht aufgehn, / wo sie unter Tränen sä'n" statt des schwerfälligen „laß viel Früchte deiner Gnad / folgen ihrer Tränensaat".
6,2 „sehen auch in dieser Zeit" statt „ferner sehn in dieser Zeit", weil dieser Wortgebrauch von „ferner" in der vorliegenden syntaktischen Stellung heute nicht mehr gebräuchlich ist; 4 „suchen, was den Frieden schafft" (nach Mt 5,9) paßt besser in den Duktus des Liedes als das dem heutigen Menschen nicht mehr viel sagende Bild „üben gute Ritterschaft".
7: Die Doxologie-Str „Kraft, Lob, Ehr und Herrlichkeit / sei dem Höchsten allezeit, / der, wie er ist drei in ein, / uns in ihm läßt eines sein", die Riethmüller derselben Quelle wie Str 3 entnommen hatte, bringt den Gedanken der Einheit der Christen, der diesem Lied einen gewichtigen Abschluß geben muß, zu sehr nebenbei und in dieser Formulierung kaum erfaßbar. RKG hatte an dieser Stelle eine weitere Str aus dem Liede gewählt, dem Riethmüller die erste und die vorletzte Str entnommen hatte (Laß die ganze Brüderschar / lieben, loben immerdar, / in dir bleiben allezeit, / heute wie in Ewigkeit). In diese Str brachte die AÖL den Gedanken der Einheit noch deutlicher ein durch die Neuformulierung der Zl 1/2: „Laß uns eins sein, Jesu Christ, / wie

du mit dem Vater bist." Damit hat das Lied durch Kombination des sprachlich überzeugenderen RKG-Schlusses mit dem Gedanken des EKG-Schlusses jene gültige Abrundung erfahren, die ihm in der KL-Fg, die auf eine Str 7 überhaupt verzichtete, noch abging.

Melodie: Die AÖL ließ sich davon überzeugen, daß die M, welche das RKG — ebenfalls aus dem reichen M-Schatz der alten Brüderkirche — dem T beigab und die in der deutschsprachigen reformierten Schweiz fest eingesungen ist, die wertvollere und dem T gemäßere Weise ist. Der erst durch die M-Wahl zum T hinzugekommene Refrain „Erbarm dich, Herr", den die RKG-Melodie nicht hat, ist keineswegs unentbehrlich. Weil aber das Lied mit der von Riethmüller gewählten M durch EKG, KKG und KL II eine derart weite und starke Verbreitung gefunden hat, konnte darauf nicht verzichtet werden. Deshalb wurde auch für GL diese M übernommen, zumal diejenige des RKG für das Lied 582 schon vorher aufgenommen worden war. — Der Schlußton der Zl 3 hatte bei Riethmüller (infolge eines Irrtums oder durch willkürliche Veränderung?) e statt d gelautet. Das ist aber durch EKG und KL II längst richtiggestellt. *MJ*

645,1   Tu es Petrus   Kehrvers

T: Mt 16,18
M: Antiphonale Romanum
V: Liber usualis; „Jubilate Deo" Rom 1974
RK   WB VII 268

Text und Melodie: wie Vorlage. Auf Wunsch von Papst Paul VI. aus „Jubilate Deo" übernommen. *JS*

645,2   Wir sind Gottes Volk

identisch mit Nr. 526,1.

645,3 Wo Güte und Liebe, da wohnet Gott   Kehrvers

T: Übertragung von „Ubi caritas" vgl. Nr 625,2.
M: Erhard Quack 1971
R: Christophorus Verlag Freiburg
V: NP – PP 4
Ch: S 176 f Str von „Ubi caritas" deutsch
SK I B   WB VII 269/270

Text und Melodie: wie Vorlage. M vgl. mit Nr 527,4.

646,1 ö Freut euch, wir sind Gottes Volk   Kehrvers

T: nach Ps 100
M: Heinrich Rohr
R: Christophorus Verlag Freiburg
V: PP 3; PP 6; PP 8
K: Nr 48 APs 33; Nr 66 APs 100; Nr 115 APs 33
Ch: S 178 ff Chor-Str (2) und Verse nach Jes
SK I B   WB VII 270

Text und Melodie: Originalbeitrag; identisch mit Nr 741,1 und Nr 722,1.

646,2 Ihr seid ein heiliges Volk   Kehrvers

T: 1 Petr 2,9
M: Unterlegung eines Modells
R: EGB
V: „Laudes festivae" Rom 1940 – PP 11
Ch: S 181 Verse aus dem NT
SK I B   WB VII 271

Melodie: Das gleiche Modell ist für Nr 173,2 und für Antwortgesänge in Vespern verwendet. *JS*

646,3   Wir sind auf Christus getauft   Kehrvers

T: nach Röm 6,3.11
M: Robert M. Helmschrott 1971
R: Christophorus Verlag Freiburg
V: NP – PP 8
Ch: S 182 f Verse aus dem Brief an Titus
SK I B   WB VII 271

Text und Melodie: wie Vorlage.

646,4   Herr, führ uns zusammen   Kehrvers

T: Günter Duffrer
M: Fritz Schieri 1960
R: Verlag UNI-Druck München
V: Kehrverse – PP 3
K: Nr 92 APs 106
Ch: S 183 Verse nach Paulus
SK I B   WB VII 272

Melodie: Identisch mit Nr 527,7 und Nr 626,2.

646,5   Geht in alle Welt, Halleluja   Kehrvers

T: Mk 16,15; Lk 24,48
M: gregorianisches Modell
R: EGB
V: PP 6
K: Nr 58 APs 117
Ch: S 184 Verse aus dem NT
SK I B   WB VII 273

Melodie: identisch mit Nr 153,1 und 233,3; vgl. die Antwortgesänge Nr 155, 237 und 255.

647,1 So spricht der Herr: Bleibet in meiner Liebe Kehrvers

T: Joh 15,9
M: unbekannt
R: unbekannt
V: mehrere DGsb
SK I B   WB VII 273

Text und Melodie: Trotz vieler Nachfragen konnte der Autor nicht ermittelt werden. *JS*

647,2 Inmitten deiner Kirche, Herr und Gott Kehrvers

T: nach Ps 48,9−11
M: Heinrich Rohr 1963
R: Christophorus Verlag Freiburg
V: SG VI − PP 7
Ch: S 185 f Verse aus dem ersten Petrusbrief
SK I B   WB VII 274

Text und Melodie: wie Vorlage.

647,3 Vollende, o Gott, vom Himmel Kehrvers

T: nach der Antiphon „Confirma hoc"
M: Erhard Quack nach „Confirma hoc"
R: Christophorus Verlag Freiburg
V: Diözesane Beihefte zur Firmung
Ch: S 186 f Verse aus Ps 68
RK   WB VII 275

Text und Melodie: wie Vorlage. Der Kehrvers wurde auf Wunsch der Bischöflichen Kommission aufgenommen. *JS*

648 Vesper an Kirchweih

649,1   Selig, die bei dir wohnen, Herr   Kehrvers

T: nach Ps 84,5
M: Michael Müller
R: Christophorus Verlag Freiburg
K: Nr 54 APs 27; Nr 147 APs 84
SK II   WB VII 275

Text und Melodie: Originalbeitrag; Stamm-Kv zu Ps 84.

649,2   Psalm 84: Freude am Heiligtum   Psalm

T: ökumenische Übersetzung 1974
R: Katholische Bibelanstalt Stuttgart
SK II   WB VIII 345

650,1   Geheiligt hat der Herr sein Volk   Kehrvers

T: nach Ps 46,6
M: Fritz Schieri 1968
R: Christophorus Verlag Freiburg
K: Nr 32 APs 103
SK II   WB VII 276

Text und Melodie: Originalbeitrag. Stamm-Kv zu Ps 46.

650,2   Psalm 46: Gott, unsere Burg   Psalm

T: ökumenische Übersetzung 1974
R: Katholische Bibelanstalt Stuttgart
SK II   WB VIII 332

651   Ihr seid der Tempel Gottes   Antwortgesang

T: SK II
M: Modell aus „Laudes festivae" Rom 1940
R: EGB
SK II   WB VII 277

Text und Melodie: Das gleiche Modell siehe Nr 125; 173,2; 193; 602; 646,2; 679. *JS*

652 Jesus starb den Tod   Kyrie-Litanei

T: Walter Röder 1972
M: Walter Röder 1972
R: Christophorus Verlag Freiburg
V: EGB 12; VP
SK IB   WB VII 277

Text und Melodie: Originalbeitrag. Ergebnis einer Ausschreibung.

653 Kyrie eleison   gregorianischer Gesang

M: gregorianisch (Messe für Verstorbene)
SK IB   WB VII 278

654 ö Mitten wir im Leben sind mit dem Tod umfangen   Leise

T: Salzburg 1456 / Martin Luther 1524 nach „Media vita in morte sumus" 11. Jh
M: Salzburg 1456 / Johann Walter 1524   B I 300 a; Z 8502
V: 33 DGsb; E; KL; EKG; RKG; KKG; GKL; GzB − PP 4; EGB 12; VP
SK I A   WB VII 279

Text: Nur eine Str, jedoch mit T-Aufteilung zwischen V und A wie E. Für ö wurde auf die Erweiterung durch Luther um zwei Str verzichtet. Gegenüber E steht in Zl 1 die ursprüngliche Wortfolge statt „Mitten in dem Leben sind wir vom Tod umfangen". Zl 2 hat im Wortlaut Luthers „Wen suchen wir, der Hilfe tu" (EKG) aufgegeben zugunsten des historisch und reimmäßig gut begründeten „Wer ist, der uns Hilfe bringt" (GKL). Am Schluß steht die authentische (mittelalterliche) Zusammenziehung „Kyrieleison" statt „Kyrie eleison".

Melodie: Gegenüber E die Notenwerte zum Teil halbiert, keine Taktstriche. Über „(Das bist du,) Herr" punktierte Note; bei „(barmherziger) Hei-land, du e-wi-ger Gott" nun die ursprünglichen Notenwerte, ohne die willkürlich eingefügten Pausen von KL und E; bei „Kyrieleison" T-Fg und Notenwerte wie in den ältesten Drucken. Jedoch hat GKL (= GL) bei „heiliger barmherziger (Heiland)" die gut bezeugten Notenwerte des E (= KL) übernommen. *HS*

655 ö Wir sind mitten im Leben zum Sterben bestimmt   Lied

T: Lothar Zenetti (1970) 1971
M: Herbert Beuerle (1970) 1971
R: Burckhardthaus Verlag Gelnhausen und Berlin
V: „Schalom" Gelnhausen 1971; GzB – EGB 10
SK I A   WB VII 283

Text und Melodie: wie Vorlagen. Wurde auf Vorschlag von AK 5 aufgenommen. *EQ*

656 ö Wir sind nur Gast auf Erden   Lied

T: Georg Thurmair (1935) 1938
M: Adolf Lohmann (1935) 1938
R: Christophorus Verlag Freiburg
V: 24 DGsb; KL; GKL; GzB – EGB 12; VP
SK I A   WB VII 285

Text: Gegenüber KL steht 3,2 „Herre Christ" statt „liebe Christ".

Melodie: wie KL. *MT*

657 ö Ach wie flüchtig, ach wie nichtig   Lied

T: Michael Franck 1652
M: Michael Franck 1652 / Johann Crüger 1661   Z 1887
V: 7 DGsb; KL; EKG; RKG; GzB – EGB 12
SK I A   WB VII 287

Text: Dieses durch KL in den katholischen Kirchengesang eingeführte Lied stammt aus der evangelischen Tradition und wurde daher 1973 (nach Abschluß der GKL, deshalb dort nicht enthalten) der AÖL vorgelegt und von dieser in der vorliegenden Form angenommen, die mit EKG übereinstimmt. T unterscheidet sich von demjenigen in KL dadurch, daß entsprechend dem Original die Worte „flüchtig" und „nichtig" in den geradzahligen Str in umgekehrter Reihenfolge stehen. Die Str 3–5 fehlten in KL.

Melodie: In Übereinstimmung mit EKG wurde für den Beginn die ursprüngliche Fg gewählt, die bereits in KL in einer Fußnote angeführt war. *MJ*

658 ö Wenn mein Stündlein vorhanden ist   Lied

T: Nikolaus Herman vor 1561
M: Frankfurt/M 1569   Z 4482; B II 332 b
V: 10 DGsb; KL; EKG; RKG; KKG; GKL; GzB – EGB 12
SK I A   WB VII 289

Text: Von den 5 Str in KL wurden Str 1,3 und 4 in GKL und GL übernommen.
Gegenüber KL steht:
1,2 „soll hinfahrn" statt „ich soll fahrn".
2,6 „ewig" statt „ew'ges" (1962 „ewigs"); 7 „mit deinem" statt „durch deinen".
3,4 „Todsfurcht" statt „all Furcht".

Melodie: wie Vorlagen. *EQ*

659 ö O Welt, ich muß dich lassen   Lied

T: Nürnberg um 1555
M: bei Heinrich Isaak vor 1517   B I 407 a; Z 229
V: EKG; GzB – EGB 12
SK I A   WB VII 291

Text: Von den 9 Str in EKG wurden die 3 ersten übernommen, welche die wesentlichen theologischen Aussagen des T in einer dem heutigen Menschen zugänglichen Sprache enthalten. In 3,6 steht „und so mein Mittler worden ist" statt „mein Mittler er auch worden ist". In 1,4 muß es heißen „Mein' Geist will ich" und nicht „Mein' Geist ich will".

Melodie: Statt der Fg von Gesius wurde die ursprüngliche von Isaak (wie Nr 503 „O wunderbare Speise") verwandt, die dem Wortakzent besser gerecht wird. *EQ*

660 ö Nun lässest du, o Herr   Lied

T: Georg Thurmair (1966) 1967
M: Loys Bourgeois 1547/1551   P 202 f; Z 2126; B II 50 a
R: (T) Christophorus Verlag Freiburg
V: KL II; GzB – EGB 12
SK I A   WB VII 293

Text und Melodie: wie KL II, jedoch Ende der Zl 1,2,4 und 5 ganze Note statt halber mit halber Pause. *HS*

661 Den Menschen, die aus dieser Zeit   Stollenlied

T: nach Melchior Ludolf Herold 1808 / KKG 1966 / EGB (1973) 1974
M: Johann Khuen 1637
R: (T) EGB
V: 25 DGsb, E und KL (Wie mein Gott will, bin ich bereit); KKG –
EGB 12
SK I A   WB VII 295

Text: Gegenüber KKG steht:
1,1/2 „Den Menschen, die aus dieser Zeit / im Glauben sind geschieden" statt „Den Seelen, die aus dieser Welt / vom Leibe sind geschieden", um die Ganzheit des christlichen Menschenbildes zu wahren, insbesondere im Hinblick auf die „Auferstehung der Toten" und das jenseitige Leben; 5 „doch dein freundlich" statt „durch Dein ewig"; 7/8 „daß sie . . . / sich deiner ewig freuen" statt „damit . . . / sie ewig Dein sich freuen".
2 wurde zu Gunsten einer gehaltvolleren Glaubensaussage und sprachlichen Glättung neu geformt.
Statt dieses T hat die AÖL zu vorliegender M einen anderen T verwandten Inhalts als ö-Lied angenommen und in GzB veröffentlicht (Herr, unser Gott, wir bitten dich).

Melodie: wie E. Sie fehlt bei Bäumker, ist jedoch in BI, S 96 (Soll's sein, so sei's) erwähnt. *EH*

662 ö   Christus, der ist mein Leben   Lied

T: Jena 1609 / EGB (1971) 1974
M: Melchior Vulpius 1609   Z 132; B II 337
V: EKG; GzB – EGB 12
SK I A   WB VII 297

Text: Gegenüber EKG steht:
1,3 „Ihm will" statt „dem tu".
3,3 „seine heilgen Wunden" statt „sein heilig fünf Wunden".
5,2 „zergehen wie" statt „zergehn als wie".
6,1 „laß" statt „fein"; 2 „o Herr" statt „Herr, laß".
7 wurde inhaltlich und sprachlich umgeformt.

Melodie: wie Original von Melchior Vulpius und entsprechend Nr 537 (Beim letzten Abendmahle). *EH*

663 ö   Weder Tod noch Leben trennen uns von Gottes Liebe
                                                    Kehrversgesang

T: Lothar Zenetti (1971) 1972
M: Erna Woll (1971) 1972
R: (T) J. Pfeiffer Verlag München; (M) Fidula Verlag Boppard
V: „Lieder vom neuen Leben" Boppard; GzB – EGB 10; 12; VP
SK I A   WB VII 299

Text und Melodie: Aufgenommen auf Antrag des AK 5. Die M wurde zwar von manchen Diözesanvertretern abgelehnt, jedoch das ganze Lied von der HK im Dezember 1972 bestätigt. *HS*

664,1   Ewige Freude schenke ihnen   Kehrvers

T und M: Paul Joseph Metschnabel 1971
R: Anton Böhm & Sohn Augsburg
V: DGsb Bamberg
SK I B   WB VII 361

Text und Melodie: wie Vorlage.

664,2 Ewiges Leben schenke ihnen Kehrvers

T: nach „Requiem aeternam"
M: Josef Seuffert 1964
R: Verlag Haus Altenberg Düsseldorf
V: Ministrant – EGB 12
Ch: Seite 188 f Verse aus Ps 90
SK I B   WB VII 276

Text und Melodie: wie Vorlage; identisch mit Nr 85,1.
Stamm-Kv zu Ps 51. *JS*

665 Wortgottesdienst, Stundengebet, Andacht
                                                   Katechetischer Text

T: Josef Seuffert
R: EGB
SK VI

Originalbeitrag.

666 ö All Morgen ist ganz frisch und neu   Lied

T: Johannes Zwick um 1541
M: Johann Walter 1541   Z 345
V: EKG, RKG; GKL
SK I A   WB VII 302

Text: Bei diesem Morgenlied, das für den katholischen Kirchengesang neu ist, wurde die ö-Fg übernommen. Diese hält sich in der Str-Auswahl an das EKG, in der T-Fg von Str 2 aber an das RKG.
3,4 „reich" statt „beut" (Original und RKG) oder „biet" (revidierter EKG-T), was heutiger Redeweise besser entspricht.

Melodie: Nach einem Hinweis der Schweizer Altkatholiken wurde die Silbenverteilung am M-Schluß in Übereinstimmung mit dem Original so geregelt wie am Ende von Zl 1 und 2: Die vorletzte Note war bisher in zwei Viertel von gleicher Höhe gespalten und die vorletzte Silbe trat ein Viertel später ein. Es stört nicht, wenn beide Fg gleichzeitig gesungen werden, aber die ursprüngliche ist schlichter und konsequenter. *MJ*

667 ö   Die helle Sonn leucht' jetzt herfür   Lied

T: Nikolaus Herman 1560
M: Melchior Vulpius 1609   Z 504
V: KL; EKG; RKG; GKL
SK I A   WB VI 305

Text: Die ö-Fg dieses durch KL in den katholischen Kirchengesang in leicht überarbeiteter T-Fg eingeführten Liedes stimmt mit keiner der bisher verbreiteten Fg überein.
In 1,3/4 wird das originale „heint diese Nacht / behüt' hat" von EKG mit „heut diese Nacht / behüt' hat", in KL mit „hat diese Nacht / behütet", in RKG mit „in dieser Nacht / behüt' hat" wiedergegeben. Da „heint" (= heute Nacht) kaum mehr verstanden wird, in der unpräzisen Wiedergabe durch „heut" aber mit der Neu-Fg von 2,4 und 4,2 in Konkurrenz geriete, wurde die dem Original am nächsten stehende Fg des RKG gewählt.
In 2,3 konnte die von EKG und KL übernommene ursprüngliche Fg „Laß deine lieben Engelein" nicht stehen bleiben, weil gegen das Diminutiv von Engel energische und ernstzunehmende Bedenken angemeldet wurden. Die Fg des RKG „und laß die lieben Engel," welche gewählt wurde, hilft sich mit der Nachstellung des Possessivpronomens, die zwar heute verpönt ist, sich aber noch bei neueren Dichtern findet und durch den Gebetsanfang „Vater unser" jedermann vertraut ist. In 4 konnte die Ur-Fg „unsré Hütér und Wächter sein" (EKG) nicht übernommen werden, weil die Differenz zwischen Wortbetonung und Versakzent hier durch die M noch verschärft wird. Der KL-Fg (uns Wächter und Begleiter sein) wurde die dem Ur-T näher stehende des RKG „uns Hüter heut und Wächter sein" vorgezogen.
In 3,1 wurde der Ur-T (EKG) trotz der mundartlich kontrahierten Form „in Ghorsam" belassen, weil die Fg des KL „gehorsam" inhaltlich eine kleine Abschwächung darstellt. Auch die Kontraktion „deim" in 3,2 konnte stehen bleiben, während bei „Willn" (EKG) in der M die Notenspaltung leicht möglich ist, so daß das Wort in der vollen Schreibung stehen bleiben kann. 4 „Anheben" wird im allgemeinen Sprachgebrauch heute nur noch im Sinne von „einen Gegenstand hochheben" verstanden, weshalb es am Ende der Str statt „heben an" (Ur-Fg, EKG, RKG) mit KL „fangen an" heißen muß.
In 4,2 „was éin jedér ausrichten soll" (Ur-Fg, EKG) war der Widerspruch zwischen Wort- und Versbetonung leicht zu beheben durch „was jeder heut ausrichten soll" (KL, RKG); in 3 konnte die originale

Form „unser" (Arbeit, Müh und Fleiß) stehenbleiben, da „unsre" (KL, RKG) für Fleiß auch nicht zuträfe; in 4 konnte die Kontraktion „deim" wiederum stehenbleiben gegen KL, das zu glätten versuchte (gereich zu deinem Lob und Preis); die hymnische Häufung „Lob, Ehr und Preis" sollte stehenbleiben.

Melodie: wie Vorlagen. *MJ*

668 ö   Morgenglanz der Ewigkeit   Stollenlied
Str 1 ö

T: Christian Knorr von Rosenroth (1654) 1684, Str 2–4 Maria Luise Thurmair (1969) 1975
M: Halle 1704/1708   Z 3427
R: (T) Christophorus Verlag Freiburg
V: 9 DGsb; KL; EKG; RKG
SK I A   WB VII 307

Text: Str 2 und 3 des Knorrschen Morgenliedes stießen in der SK mehrheitlich auf Ablehnung. So wurden Zusatz-Str in Auftrag gegeben, die einerseits an das Bild vom „Aufgang aus der Höhe" anknüpfen, andererseits die Morgensituation des modernen Menschen berücksichtigen sollten. In dieser Form wurde das Lied aufgenommen. *MT*

Melodie: wie Original (EKG) und KL 1962. Am Stollenschluß hat das Original eine ganze Note ohne Pause; die Notation in GL (Halbenote und Halbpause) ist daher in Ordnung. *HS*

669 ö   Aus meines Herzens Grunde   Stollenlied

T: nach Georg Niege um 1586
M: vor 1598 / Eisleben 1598   Z 5269; B II 237
V: 23 DGsb; E; KL; EKG; RKG; KKG; GKL
SK I A   WB VII 309

Text: Gegenüber E steht:
1,2 „dazu" statt „und all"; 5/8 bilden wieder wie im Original zusammen mit 1/4 einen einzigen Satz: „dir . . . zu Lob und Preis und Ehren" statt „Dich . . . will preisen ich und ehren"; so stellt die zweite Hälfte der Str

die innere Struktur des christlichen Lob- und Dankgebets heraus, das in der ersten Hälfte angestimmt wurde.
Auch in 2 wurde der ursprüngliche kunstvolle Satzbau wiederhergestellt und sprachlich verbessert: „Der du mich hast . . . bewacht, demütig bitt ich dich" statt „Du hast mich, Herr . . . bewacht. Ich bitt demütiglich".
3,2 „denn er all Ding vermag" statt „der alle Ding vermag"; 4 „an diesem neuen Tag" statt „mein Werk an diesem Tag"; 6 „mein' Leib, mein Seel, mein Leben" statt „den Leib, die Seel, das Leben", jeweils dem Original zufolge. Entfallen sind die bisherigen Str 3 und 4 im Einklang mit KKG und GKL, außerdem die letzte Str. *EH*

Melodie: wie E.

670 Lieber Gott, ich bin hier — Lied

T: Rosemarie Harbert (1970) 1975, Str. 2 Anneliese Lissner (1971) 1975
M: Heinz Gert Freimuth (1971) 1975
R: Autoren
SK IX   WB VII 311

Text und Melodie: Originalbeitrag, Ergebnis einer Ausschreibung.

671 ö Lobet den Herren alle, die ihn ehren — Refrainlied

T: Paul Gerhardt 1653
M: Johann Crüger 1653   Z 996
V: 19 DGsb; KL; EKG; RKG; KKG; GKL
SK I A   WB VII 313

Text: Von den 10 Str des Originals (EKG) hat ö Str 4 und 5 weggelassen. Von den 8 ö-Str hat GL die vorletzte, nicht leicht zugängliche gestrichen. KL hatte vom vorliegenden T nur die Str 1, 2, 4 und 5.
Gegenüber KL steht:
4,3 „Huld" statt „Gnad".
5,2 „unverhindert" statt „ungehindert".
Gegenüber EKG und RKG steht:

6,2 „hilf uns gehorsam wirken deine Werke" statt „lehr uns verrichten heilige Geschäfte"; 3 „Stärke" statt „Kräfte". *HS*

Melodie: wie Vorlagen.

672 Das Stundengebet Katechetischer Text

T: Rupert Berger
R: EGB
SK VI

Originalbeitrag.

673 Laudes

674 Der Herr wird kommen als König. Kommt, wir beten ihn an Kehrverse

T: Liturgie (Invitatorium), 16 Texte zur Auswahl
M: Fritz Schieri 1969
R: Christophorus Verlag Freiburg
Ch: S 125 ff Psalm 95 (Invitatoriumspsalm)
SK II WB VII 315

Text und Melodie: Originalbeitrag.

675 Christus, du Sonne unsres Heils Hymnus

T: „Jam Christe sol justitiae" 6. Jh, Übertragung EGB (1970/1972) 1975
M: Einsiedeln 12. Jh / Antiphonale Romanum 1912 MMH 5; B II 232 b
R: (T) EGB
V: Neues Stundenbuch 1, Freiburg 1970, S 19
SK I A WB VII 317

Text: In Anlehnung an „Neues Stundenbuch" 1970 und Richard Zoozmann „Lobet den Herrn" München 1928.

Melodie: wie Vorlage; das Amen wurde vereinfacht. *EH*

676,1 Meine Seele dürstet nach dir, mein Gott   Kehrvers

T: Ps 42,3
M: Heinrich Rohr
R: Christophorus Verlag Freiburg
V: Die Zwischengesänge, Mainz – PP 3
SK II   WB VII 329

Text und Melodie: wie Vorlage; identisch mit Nr 754,1. Stammkehrvers zu den Psalmen 63 und 137.

676,2 Psalm 63: Sehnsucht nach Gott   Psalm

T: ökumenische Übersetzung 1974
R: Katholische Bibelanstalt Stuttgart
SK II   WB VIII 338

Die drei letzten Verse (10–12) sind weggelassen. Sie wenden sich gegen die, die dem Sänger nach dem Leben trachten, und sprechen von denen, die beim König von Israel schwören. *JS*

677,1 Preist den dreifaltigen Gott   Kehrvers

T: nach dem alten Introitus vom Dreifaltigkeitsfest
M: SK II
R: EGB
SK II   WB VII 319

Melodie: Da keine befriedigende Vertonung eingesandt wurde, erarbeitete die SK II gemeinsam die M. *JS*

677,2 Lobgesang aus Daniel

T: nach dem Entwurf der Einheitsübersetzung; Dan 3, 52–56
R: Katholische Bibelanstalt Stuttgart
SK II

Als Psalmodie wurde eine Form des Tonus peregrinus gewählt.

678,1 Alles, was atmet, lobe den Herrn   Kehrvers

T: Ps 150,6
M: Robert M. Helmschrott
R: Autor
SK II   WB VII 320

Text und Melodie: Originalbeitrag. Stammkehrvers zu Ps 150.

678,2 Psalm 150: Der große Lobpreis   Psalm

T: ökumenische Übersetzung 1974
R: Katholische Bibelanstalt Stuttgart
SK II   WB VIII 377

679 Christus, du Sohn des lebendigen Gottes   Antwortgesang

T: Das abendländische Christusgebet (siehe Nr 6,2)
M: Modell aus „Laudes festivae" 1940
R: EGB (B)
SK II   WB VII 321

Text: Der Antwortgesang ist mit einer großen Anzahl von Zwischenversen versehen. Vgl Nr 125, 193, 602 und 651. *JS*

680 Dem Herrn will ich singen

identisch mit Nr 209,1.

681 Benedictus   ntl. Gesang

T: Lk 1,68−79 ökumenische Übersetzung
R: Katholische Bibelanstalt Stuttgart
SK II

Vgl Nr 89,2; dort fehlen die Verse 76 und 77 (hier: Verse 7 und 8). *JS*

682 Sonntagsvesper

683 Herr, öffne meine Lippen   Eröffnungsruf

T: Liturgie
M: gregorianisch
R: EGB
V: PP 2
SK II   WB VII 322

Die Fassung galt bei der Aufnahme in PP 2 als vorläufig; die von der Hauptkommission beschlossene Fassung: „O Gott, komm uns zu Hilfe, daß wir dein Lob verkünden", wurde von Seiten der Liturgischen Kommission zurückgestellt, aber später nicht wieder aufgegriffen.
Das Halleluja wurde aufgrund einer Information aus der Liturgischen Kommission weggelassen. *JS*

684,1 Jesus Christus, du bist Priester auf ewig   Kehrvers

T: RK nach Ps 110
M: gregorianisches Modell
R: EGB
K: Nr 132 APs 110
RK   WB VII 323

Text und Melodie: Originalbeitrag. Stammkehrvers zum Ps 110. Nach dem gleichen Modell Nr 151,1 und 2. *JS*

684,2 Psalm 110: Einsetzung des priesterlichen Königs   Psalm

T: ökumenische Übersetzung 1974
R: Katholische Bibelanstalt Stuttgart
RK   WB VIII 356

Es fehlt, wie im Stundengebet, der Vers 6. *JS*

685,1 Der Herr hat uns befreit

identisch mit Nr 233,7.

685,2 Psalm 111: Gedenken an die Wunder Gottes Psalm

T: ökumenische Übersetzung 1974
R: Katholische Bibelanstalt Stuttgart
SK II   WB VIII 357

686 Amen, Halleluja Neutestamentlicher Gesang

T: Offb 19,1–2.5–7 ökumenische Textfassung
M: Josef Seuffert
R: Christophorus Verlag Freiburg
V: PP 2
SK II   WB VII 325

Text und Melodie: Originalbeitrag. Ergebnis eines Wettbewerbs. Die Melodiefassung variiert den sogenannten germanischen ersten Psalmton. *JS*

687 Dein Wort ist Licht und Wahrheit Antwortgesang

T: SK II
M: gregorianisches Modell
R: EGB
V: PP 2
SK II   WB VII 326

Text und Melodie: Originalbeitrag, gleiches Modell Nr 632 und 699. *FS*

688 ö   Danket dem Herrn, er hat uns erhöht   Kehrvers

T: SK II
M: Josef Seuffert 1970
R: Christophorus Verlag Freiburg
V: PP 2; PP 3 — VP; GKL
SK II   WB VII 327

Text und Melodie: Originalbeitrag; Ergebnis eines Wettbewerbs.
Stammkehrvers zum Magnificat.

689 ö   Magnificat   ntl. Gesang

T: Lk 1,46—55 ökumenische Übersetzung
R: Katholische Bibelanstalt Stuttgart
SK II

Vgl Nr 127.

690   Magnificat — lateinisch

691 ö   Vater unser im Himmel

T: ökumenischer Text
M: gregorianisch
R: EGB
V: PP 2
SK II   WB VII 327

Schon die „Deutsche Vesper" von 1949 enthielt eine Bearbeitung der gregorianischen Weise. Die SK II paßte das Melodiemodell dem ökumenischen Text an und ergänzte Einleitung und Doxologie. *JS*

692,1 Der Herr ist unser Friede Kehrvers

T: EGB
M: Heinrich Rohr
R: Christophorus Verlag Freiburg
V: PP 2; VP
SK II WB VII 328

Text und Melodie: Originalbeitrag; Ergebnis eines Wettbewerbs. Stammkehrvers zu Ps 122.

692,2 Psalm 122: Wallfahrt nach Jerusalem Psalm

T: ökumenische Übersetzung 1974
R: Katholische Bibelanstalt Stuttgart
SK II WB VIII 368

Es fehlen die Verse 4 b und 5. *JS*

693,1 Gepriesen sei der Herr von nun an Kehrvers

T: Ps 113,2
M: Erhard Quack
R: Christophorus Verlag Freiburg
V: PP 2; VP
K: Nr 138 APs 113
SK II WB VII 328

Text und Melodie: Originalbeitrag; Ergebnis eines Wettbewerbs. Stammkehrvers zum Ps 113.

693,2 Psalm 113: Gottes Hoheit und Huld Psalm

T: ökumenische Übersetzung 1974
R: Katholische Bibelanstalt Stuttgart
SK II WB VIII 358

694 Jesus Christus ist der Herr

identisch mit Nr 174.

695 Komplet

696 ö Bevor des Tages Licht vergeht Hymnus

T: Friedrich Dörr (1969) 1973 nach „Te lucis ante terminum" 5./6. Jh
M: Verona 11. Jh / Antiphonale Romanum 1912   MMH 8; B II 247 b
R: (T) Autor
V: 30 DGsb; E; KKG; GKL
SK I A   WB VII 331

Text: Erhielt gegenüber E im neuen Brevier „Liturgia horarum" eine neue Str 2, deren Übertragung die Neu-Fg der Str 1 und 3 mit sich brachte. *EH*

Melodie: wie E. Die Quellenangabe „Kempten um 1000" ist irrig. *HS*

697,1 Ich ruf dich an

identisch mit Nr 171,1.

697,2 Psalm 4: Gottes Schutz in der Nacht Psalm

T: ökumenische Übersetzung 1974
R: Katholische Bibelanstalt Stuttgart
SK II   WB VIII 317

697,3 Psalm 134: Nächtliches Loblied im Tempel Psalm

T: ökumenische Übersetzung 1974
R: Katholische Bibelanstalt Stuttgart
SK II

Im WB wurde die Besprechung dieses Psalmes vergessen. *JS*

698,1 ö   Der Herr ist nahe allen, die ihn rufen   Kehrvers

T: Ps 145,18 a
M: Josef Friedrich Doppelbauer 1971
R: Christophorus Verlag Freiburg
V: NP
K: Nr 88 APs 145; Nr 120 APs 69; Nr 121 APs 138; Nr 128 APs 34
SK II   WB VII 334

Text und Melodie: identisch mit Nr 720,1.
Stammkehrvers zu den Psalmen 91 und 28. M wie Vorlage. T dort:
„Der Herr wird hören, wann ich zu ihm rufe. *JS*

698,2   Psalm 91: Zuflucht bei Gott   Psalm

T: ökumenische Übersetzung 1974
R: Katholische Bibelanstalt Stuttgart
SK II   WB VIII 348

699   In deine Hände   Antwortgesang

T: Stundengebet (Ps 31,6)
M: gregorianisches Modell
R: EGB
SK II   WB VII 335

Text und Melodie: Originalbeitrag; gleiches Modell Nr 632 und 687. *FS*

700,1   Sei unser Heil, o Herr, derweil wir wachen   Kehrvers

T: Komplet 1912, Übertragung: Deutsche Komplet, Grüssau 1938
M: gregorianisch
V: Deutsche Komplet, Christophorus Verlag Freiburg
SK II   WB VII 335

Text und Melodie: wie Vorlage.

700,2 Sei unser Heil, Herr, im Wachen Kehrvers

T: Kurzfassung von Nr 700,1
M: Bruno Zahner 1971
R: Christophorus Verlag Freiburg
V: NP
SK II WB VII 336

Text und Melodie: wie Vorlage.

700,3 Nunc dimittis ntl. Gesang

T: Lk 2,29−32; ökumenische Übersetzung
R: Katholische Bibelanstalt Stuttgart
SK II

auch in Nr 90,2 abgedruckt. Nach dem Lobgesang folgen ohne Nummer Gebet und Segen. *JS*

701 Angelangt an der Schwelle des Abends Hymnus

T: Vinzenz Stebler 1970
M: Karl Norbert Schmid (1972) 1975
R: Autoren
V: Neues Stundenbuch 1, Freiburg 1970
SK I B WB VII 337

Text: gegenüber Stundenbuch steht:
2,3 „ewigen Vaters" statt „ewigen Gottes".
3,1 „Ja, es ist würdig, dich zu besingen" statt „Ja, du bist würdig, besungen zu werden"; 2 „Gottes Sohn, Urheber ewigen Lebens" statt „Sohn Gottes, Urheber unsterblichen Lebens".

Melodie: Originalbeitrag. *EH*

702 ö Bevor die Sonne sinkt   Lied

T: Christa Weiß und Kurt Rommel 1965
M: Martin Striebel und Kurt Schmid 1965
R: Gustav Bosse Verlag Regensburg
V: „Überdenk ich die Zeit" Regensburg 1965; GKL – EGB 10
SK I A   WB VII 339

Text: wie Vorlagen. Von AÖL und AK 5 zugeleitet.

Melodie: wie GKL und EGB 10, nämlich mit d als 2. Note, nicht f, wie ursprünglich und wie es noch in manchen Sammlungen steht. *MJ*

703 In dieser Nacht   Lied

T: Köln 1727
M: bei Christian Clodius 1669 / geistlich Straßburg 1698 / Frankfurt/M
   1745 / Düsseldorf 1759   Z 5040 b; B III 161
V: 34 DGsb; E; KL; RKG (Nun schläfet man); KKG
SK I A   WB VII 341

Text: Wurde ursprünglich von der SK aus theologischen Gründen abgelehnt, jedoch auf Wunsch vieler Diözesanvertreter aufgenommen. Gegenüber E steht: 2,4 „den Leib und alles Gut ich dir befehle" statt „den Leib und alles tu ich dir befehlen". *EQ*

Melodie: wie E. Zur Überlieferung siehe „Zwingliana" XIV, Heft 9, 1978, S 524, Anm 95. *MJ*

704 Christus, du bist der helle Tag   Hymnus

T: „Christe, qui lux es et dies" vor 534, Übertragung Friedrich Dörr
   (1969) 1975
M: bei Erasmus Alber um 1557 / Seth Calvisius 1597   B II 246; Z 384
R: (T) Autor
V: EKG (Christe, der du bist Tag und Licht); RKG (Christus, du bist
   uns Licht und Tag)
SK I A   WB VII 343

Text: Die im evangelischen Bereich gebräuchlichen Fg von Erasmus Alber (EKG) wurde durch diese zeitgemäße Übertragung ersetzt. *MT*

Melodie: Das Schlußmelisma des Originals wurde mit Rücksicht auf den Volksgesang verkürzt. *HS*

705 ö Hinunter ist der Sonne Schein   Lied

T: Nikolaus Herman 1560
M: Melchior Vulpius 1608   Z 506
V: KL; EKG; RKG; GKL
SK I A   WB VII 345

Text: Gegenüber KL 1962 steht:
2,1 „Dir sei Dank" statt „Wir danken"; 3 „behüt'" statt „behüt".
3,1 „heut" statt „han".
4 übernommen aus GKL. *EH*

Melodie: wie Vorlagen. Weil Zl 2 stimmlich einige Anforderungen stellt, war die Aufnahme dieses Liedes in GL zunächst umstritten. Da es aber durch KL weithin bekannt ist und die Schwierigkeit so groß auch wieder nicht ist, wollte man dieses Gegenstück zu Nr 667 nicht missen. *MJ*

706,1–4 Te Deum   Hymnus

T: „Te Deum laudamus" 4. Jh, Übertragung Romano Guardini 1950
M: EGB (1974) 1975 nach den gregorianischen Modellen   B I 363
R: (T) Kösel Verlag München; (M) EGB
V: Antiphonale Romanum 1912; „Deutscher Psalter" München 1950
SK I B   WB VII 347

Text: Gegenüber der Vorlage steht (wie auch im „Stundengebet"):
2,3 „Märtyrer leuchtendes" statt „Martyrer weißgewandetes"; 6 „deinen wahren" statt „deinen verehrungswürdigen, wahren"; 7 „Heiligen Fürsprecher" statt „Heiligen auch, den Fürsprecher".
4,2 „in Ewigkeit" statt „in die Ewigkeit"; 5 „Gnaden" statt „Hulden"; 7 „Laß über uns dein Erbarmen" statt „Laß dein Erbarmen, Herr, über uns".

Melodie: Fg ist Originalbeitrag. *EH*

707 Psalmen Katechetischer Text

T: Rupert Berger
R: EGB
SK VI

Originalbeitrag.

708,1 Wohl dem Menschen, der Gottes Wege geht

identisch mit Nr 630,1.

708,2 Psalm 1: Die beiden Wege Psalm

T: ökumenische Übersetzung 1974
R: Katholische Bibelanstalt Stuttgart
SK II WB VIII 315

709,1 Dient dem Herrn in Furcht Kehrvers

T: Ps 2,11 a.12 d
M: Michael Müller
R: Christophorus Verlag Freiburg
SK II WB VIII 299

Text und Melodie: Originalbeitrag. Stammkehrvers zu Ps 2.

709,2 Psalm 2: Der Herr und sein Gesalbter Psalm

T: ökumenische Übersetzung 1974
R: Katholische Bibelanstalt Stuttgart
SK II WB VIII 316

710,1 Herr, unser Herrscher, wie gewaltig ist dein Name
Kehrvers

T: Ps 8,2 ab
M: Anton Wesely
R: Autor
K: Nr 131 APs 8
SK II   WB VIII 299

Text und Melodie: Originalbeitrag. Stammkehrvers zu Ps 8.

710,2 Psalm 8: Herrlichkeit des Schöpfers — Würde des Menschen
Psalm

T: ökumenische Übersetzung 1974
R: Katholische Bibelanstalt Stuttgart
SK II   WB VIII 318

Versauswahl. Es fehlen die Verse 8 und 9. Identisch mit Nr 629,2. *JS*

711,1 Herr, erhebe dich

identisch mit Nr 526,5 und 756,1.

711,2 Du, Herr, wirst uns behüten
Kehrvers

T: Ps 12,8
M: Heinrich Rohr
R: Christophorus Verlag Freiburg
K: Nr 124 APs 90; Nr 127 APs 121
SK II   WB VIII 300

Text und Melodie: Originalbeitrag. Stammkehrvers zu Ps 12.

711,3 Psalm 12: Falschheit der Menschen — Treue Gottes
Psalm

T: ökumenische Übersetzung 1974
R: Katholische Bibelanstalt Stuttgart
SK II   WB VIII 319

712,1 Du führst mich hinaus ins Weite
Kehrvers

T: nach Ps 18,20 a.29 b
M: Gerhard Kronberg
R: Autor
K: Nr 112 APs 90
SK II   WB VIII 301

Text und Melodie: Originalbeitrag. Stammkehrvers zu Ps 18.

712,2 Psalm 18: Danklied des Königs für Rettung und Sieg
Psalm

T: ökumenische Übersetzung 1974
R: Katholische Bibelanstalt Stuttgart
SK II   WB VIII 319

Versauswahl. Von den 51 Versen des Psalms wurden 10 ausgewählt. *JS*

713,1 Die Himmel rühmen die Herrlichkeit Gottes
Kehrvers

T: Ps 19,2 a
M: Michael Müller
R: Christophorus Verlag Freiburg
SK II   WB VIII 301

Text und Melodie: Originalbeitrag. Stammkehrvers zu Ps 19 A.

713,2 Psalm 19 A: Lob der Schöpfung   Psalm

T: ökumenische Übersetzung 1974
R: Katholische Bibelanstalt
SK II   WB VIII 320

Der Abschnitt enthält die Verse 2–7. *JS*

714,1 Herr, du hast Worte ewigen Lebens

identisch mit Nr 465.

714,2 Psalm 19 B: Lob des Gesetzes   Psalm

T: ökumenische Übersetzung 1974
R: Katholische Bibelanstalt Stuttgart
SK II   WB VIII 320

Der Abschnitt enthält die Verse 8–15. *JS*

715,1 Mein Gott, mein Gott, warum hast du mich verlassen?

identisch mit Nr 176,2.

715,2 Psalm 22 A: Gottverlassenheit und Heilsgewißheit
Psalm

T: ökumenische Übersetzung 1974
R: Katholische Bibelanstalt Stuttgart
SK II   WB VIII 321

Der Abschnitt enthält die Verse 2–12. *JS*

716,1 Herr, bleibe mir nicht fern   Kehrvers

T: nach Ps 22,20
M: Josef Seuffert
R: Verlag Haus Altenberg Düsseldorf
V: Ministrant (M)
K: Nr 110 APs 54; Nr 122 APs 40; Nr 149 A APs 102
SK II   WB VIII 302

Text und Melodie: Der T wurde der M Nr 527,5 unterlegt. Stammkehrvers zu Ps 22 B. M identisch mit Nr 83,1; Nr 527,5; Nr 528,2; Nr 721,1; Nr 742,1. *JS*

716,2 Psalm 22 B: Gottverlassenheit und Heilsgewißheit
Psalm

T: ökumenische Übersetzung 1974
R: Katholische Bibelanstalt Stuttgart
SK II   WB VIII 321

Am Anfang dieses Psalmabschnittes fehlen die Verse 13 und 14; der Abschnitt enthält die Verse 15–22. *JS*

717,1 Herr, deine Treue will ich künden in der Gemeinde
Kehrvers

T: nach Ps 22,26; Ps 40,11
M: Michael Müller
R: Christophorus Verlag Freiburg
K: Nr 51 APs 22; Nr 116 APs 71
SK II   WB VIII 303

Text und Melodie: Originalbeitrag; identisch mit Nr 725,1. Stammkehrvers zu den Psalmen 22 C und 40. *JS*

717,2 Psalm 22 C: Gottverlassenheit und Heilsgewißheit
Psalm

T: ökumenische Übersetzung 1974
R: Katholische Bibelanstalt Stuttgart
SK II WB VIII 321

Der Abschnitt enthält die Verse 23−32. *JS*

718,1 Der Herr ist mein Hirt

identisch mit Nr 535,6.

718,2 Psalm 23: Der Herr mein Hirte
Psalm

T: ökumenische Übersetzung 1974
R: Katholische Bibelanstalt Stuttgart
SK II WB VIII 322

719,1 Der Herr ist mein Licht und mein Heil

identisch mit Nr 487.

719,2 Psalm 27: Gemeinschaft mit Gott
Psalm

T: ökumenische Übersetzung 1974
R: Katholische Bibelanstalt Stuttgart
SK II WB VIII 324

Versauswahl. Es fehlen die Verse 3, 6 ab und 12. *JS*

720,1 Der Herr ist nahe allen, die ihn rufen

identisch mit Nr 698,1.

720,2 Psalm 28: Hilferuf in Todesgefahr und Dank für Erhörung
Psalm

T: ökumenische Übersetzung 1974
R: Katholische Bibelanstalt Stuttgart
SK II   WB VIII 325

Versauswahl. Es fehlen die Verse 3–5. *JS*

721,1 Der Herr vergibt die Schuld

identisch mit Nr 527,5.

721,2 Psalm 32: Freude über die Vergebung
Psalm

T: ökumenische Übersetzung 1974
R: Katholische Bibelanstalt Stuttgart
SK II   WB VIII 326

722,1 Freut euch, wir sind Gottes Volk

identisch mit Nr 646,1.

722,2 Psalm 33: Loblied auf den mächtigen und gütigen Gott
Psalm

T: ökumenische Übersetzung 1974
R: Katholische Bibelanstalt Stuttgart
SK II   WB VIII 327

Versauswahl. Es fehlen die Verse 6–10. *JS*

723,1 Kostet und seht, wie gut der Herr

identisch mit Nr 471.

723,3 Preiset den Herrn zu aller Zeit

identisch mit Nr 477.

723,2 und 4 Psalm 34: Unter Gottes Schutz — Psalm

T: ökumenische Übersetzung 1974
R: Katholische Bibelanstalt Stuttgart
SK II   WB VIII 327

724,1 Halleluja, Halleluja, Halleluja

identisch mit Nr 530,6.

724,2 Psalm 36: Gott, die Quelle des Lebens — Psalm

T: ökumenische Übersetzung 1974
R: Katholische Bibelanstalt Stuttgart
SK II   WB VIII 329

T: Lediglich das Mittelstück des Psalms wurde aufgenommen als kurzer Lobpreis der Güte Gottes. Es fehlen die Verse 2–5 und 11–13. *JS*
M: Als Psalmodie wurde eine Form des Tonus peregrinus gewählt (vgl. Nr. 677,2).

725,1 Herr, deine Treue will ich künden

identisch mit Nr. 717,1.

725,2.3 Psalm 40: Opfer und Lob — Psalm

T: ökumenische Übersetzung 1974
R: Katholische Bibelanstalt Stuttgart
SK II   WB VIII 330

Der erste in sich geschlossene Text des Psalms wurde aufgenommen. Es fehlen die Verse 13–18. *JS*

726,1 Meine Seele dürstet allezeit nach Gott

identisch mit Nr. 209,3.

726,2 und 3 Psalm 42/43: Sehnsucht nach dem lebendigen Gott
Psalm

T: ökumenische Übersetzung 1974
R: Katholische Bibelanstalt Stuttgart
SK II   WB VIII 331

Der (Doppel-)Psalm besteht aus drei großen Strophen. Zwei wurden aufgenommen. Es fehlen die Verse 42,7–12. *JS*

727,1 Herr, du bist König über alle Welt

identisch mit Nr 529,8.

727,2 Psalm 47: Gott, der König aller Völker
Psalm

T: ökumenische Übersetzung 1974
R: Katholische Bibelanstalt Stuttgart
SK II   WB VIII 333

Versauswahl: Es fehlt der Vers 4: „Er unterwirft uns Völker und zwingt Nationen unter unsere Füße". *JS*

728,1 Hängt euer Herz nicht an Reichtum
Kehrvers

T: EGB nach Mt 6,19 ff und Lk 12,33 ff
M: Gerhard Kronberg
R: Autor
K: Nr 126 APs 113
SK II   WB VIII 303

Text und Melodie: Originalbeitrag. Stammkehrvers zu Ps 49. *JS*

728,2   Psalm 49: Vergänglichkeit des Menschen   Psalm

T: ökumenische Übersetzung 1974
R: Katholische Bibelanstalt Stuttgart
SK II   WB VIII 335

Es fehlen die Verse 4 und 5. *JS*

729,1   Bring dem Höchsten als Opfer dein Lob   Kehrvers

T: nach Ps 50,14 a
M: Wilhelm Verheggen
R: Autor
K: Nr 78 APs 50
SK II   WB VIII 304

Text und Melodie: Originalbeitrag; identisch mit Nr 747,1. Stammkehrvers zu den Psalmen 50 und 116 B. *JS*

729,2   Psalm 50: Der rechte Gottesdienst   Psalm

T: ökumenische Übersetzung 1974
R: Katholische Bibelanstalt Stuttgart
SK II   WB VIII 335

Versauswahl. Es fehlen die Verse 2—6, 11—13 und 16—22. Es ging bei der Auswahl um die mittlere Strophe des Psalms. *JS*

730,1   Mein Herz ist bereit, o Gott   Kehrvers

T: Ps 57,8 = Ps 108,2
M: Heinrich Rohr
R: Christophorus Verlag Freiburg
SK II   WB VIII 305

Text und Melodie: Originalbeitrag. Stammkehrvers zu Ps 57/108.

730,2 Psalm 57: Geborgenheit im Schutz Gottes   Psalm

T: ökumenische Übersetzung 1974
R: Katholische Bibelanstalt Stuttgart
SK II   WB VIII 337

Die dritte Strophe des Psalms wurde aufgenommen. Sie ist identisch mit den Versen 2–6 des Psalms 108. Von Psalm 57 fehlen die Verse 2–6. Die gleiche Versauswahl in Nr 601,2. *JS*

731,1 Der Herr krönt das Jahr mit seinem Segen

identisch mit Nr 149,4.

731,2 Psalm 65: Dank für Gottes Gaben   Psalm

T: ökumenische Übersetzung 1974
R: Katholische Bibelanstalt Stuttgart
SK II   WB VIII 339

732,1 Die Völker sollen dir danken, o Gott   Kehrvers

T: Ps 67,4.6
M: Heinrich Rohr
R: Christophorus Verlag Freiburg
V: PP 2; PP 6; VP
K: Nr 52 APs 67
SK II   WB VIII 306

Text und Melodie: Originalbeitrag. Stammkehrvers zu Ps 67.

732,2 Psalm 67: Dank für den Segen Gottes   Psalm

T: ökumenische Übersetzung 1974
R: Katholische Bibelanstalt Stuttgart
SK II   WB VIII 340

733,1 Gott, bleib nicht fern von mir Kehrvers

T: nach Ps 71,12
M: Anton Wesely
R: Autor
K: Nr 79 APs 69; Nr 149 B Antwortgesang aus Jes 38
SK II   WB VIII 306

Text und Melodie: Originalbeitrag. Stammkehrvers zu Ps 71.

733,2 Psalm 71: Zuflucht bei Gott bis ins Alter Psalm

T: ökumenische Übersetzung 1974
R: Katholische Bibelanstalt Stuttgart
SK II   WB VIII 341

Versauswahl. Es fehlen die Verse 4, 10–11, 13–17, 18 c–19. *JS*

734,1 Ich suche dich, Gott; höre mein Rufen Kehrvers

T: nach Ps 77,2
M: Anton Wesely
R: Autor
SK II   WB VIII 307

Text und Melodie: Originalbeitrag. Stammkehrvers zu Ps 77.

734,2 Psalm 77: Gottes Weg mit seinem Volk Psalm

T: ökumenische Übersetzung 1974
R: Katholische Bibelanstalt Stuttgart
SK II   WB VIII 343

Versauswahl. Es fehlt die letzte Strophe des Psalms, die Verse 14–21. *JS*

735,1 Richte uns wieder auf, Gott, unser Heil

identisch mit Nr 529,1.

735,2 Psalm 80: Israel, Gottes Weinstock   Psalm

T: ökumenische Übersetzung 1974
R: Katholische Bibelanstalt Stuttgart
SK II   WB VIII 344

736,1 Vor dir sind tausend Jahre wie ein Tag   Kehrvers

T: nach Ps 90,4 ab.12 a
M: Heinrich Freistedt
R: Autor
SK II   WB VIII 307

Text und Melodie: Originalbeitrag. Stammkehrvers zu Ps 90.

736,2 Psalm 90: Der ewige Gott – der vergängliche Mensch
     Psalm

T: ökumenische Übersetzung 1974
R: Katholische Bibelanstalt Stuttgart
SK II   WB VIII 347

737,1 ö Wie schön ist es, dem Herrn zu danken   Kehrvers

T: Ps 92,2 a
M: Josef Seuffert
R: Christophorus Verlag Freiburg
K: Nr 102 APs 92
SK II   WB VIII 308

Text und Melodie: Originalbeitrag. Stammkehrvers zu Ps 92.

737,2 Psalm 92: Loblied auf die Treue Gottes   Psalm

T: ökumenische Übersetzung 1974
R: Katholische Bibelanstalt Stuttgart
SK II   WB VIII 349

Versauswahl. Es fehlen die Verse 8 und 11–12. *JS*

738,1 Herr, du bist König über alle Welt

identisch mit Nr 529,8.

738,2 Psalm 93: Das Königtum Gottes   Psalm

T: ökumenische Übersetzung 1974
R: Katholische Bibelanstalt Stuttgart
SK II   WB VIII 349

739,1 Herr, hilf uns vor dem Bösen

identisch mit Nr 172,2.

739,2 Psalm 94: Gott, Richter der Welt   Psalm

T: ökumenische Übersetzung 1974
R: Katholische Bibelanstalt Stuttgart
SK II   WB VIII 350

Versauswahl. Es fehlen die Verse 1,3 und 13. *JS*

740,1 Kündet den Völkern die Herrlichkeit des Herrn

identisch mit Nr 529,6.

740,2 Psalm 96: Der König und Richter aller Welt   Psalm

T: ökumenische Übersetzung 1974
R: Katholische Bibelanstalt Stuttgart
SK II   WB VIII 351

741,1 Freut euch, wir sind Gottes Volk

identisch mit Nr 646,1.

741,2 Psalm 100: Lobgesang der Gemeinde beim Einzug ins Heiligtum   Psalm

T: ökumenische Übersetzung 1974
R: Katholische Bibelanstalt Stuttgart
SK II   WB VIII 353

742,1 Der Herr vergibt die Schuld

identisch mit Nr 527,5.

742,2 Lobe den Herrn, meine Seele, für alles   Kehrvers

T: nach Ps 103 A
M: Michael Müller
R: Christophorus Verlag Freiburg
K: Nr 96 APs 103
SK II   WB VIII 309

Text und Melodie: Originalbeitrag; identisch mit Nr 759,1. Stammkehrvers zu den Psalmen 103 und 149.

742,3 Psalm 103: Der gütige und verzeihende Gott   Psalm

T: ökumenische Übersetzung 1974
R: Katholische Bibelanstalt Stuttgart
SK II   WB VIII 354

743,1 Meine Seele preise den Herrn

identisch mit Nr 527,3.

743,2 Psalm 104 A: Lob des Schöpfers   Psalm

T: ökumenische Übersetzung 1974
R: Katholische Bibelanstalt Stuttgart
SK II   WB VIII 355

Der Abschnitt enthält die Verse 1–9. *JS*

744,1 Wie groß sind deine Werke, Herr   Kehrvers

T: nach Ps 104,24 ab
M: Erhard Quack
R: Christophorus Verlag Freiburg
V: NP
Ch: S 190 f Verse aus Ps 104
SK II   WB VIII 309

Text und Melodie: wie Vorlage. Stammkehrvers zu Ps 104.

744,2 Psalm 104 B: Lob des Schöpfers   Psalm

T: ökumenische Übersetzung 1974
R: Katholische Bibelanstalt Stuttgart
SK II   WB VIII 355

Der Abschnitt enthält die Verse 10–23. Abschnitt C siehe Nr 253,2. *JS*

745,1 ö   Vertraut auf den Herrn   Kehrvers

T: nach Ps 115,9—11
M: Michael Müller
R: Christophorus Verlag Freiburg
K: Nr 25 APs 33; Nr 76 APs 62; Nr 77 APs 31; Nr 113 APs 33
SK II   WB VIII 310

Text und Melodie: Originalbeitrag; identisch mit Nr 752,1.
Stammkehrvers zu Ps 115 und 121.

745,2   Psalm 115: Gott und die Götter   Psalm

T: ökumenische Übersetzung 1974
R: Katholische Bibelanstalt Stuttgart
SK II   WB VIII 359

746,1   Beim Herrn ist Barmherzigkeit und reiche Erlösung

identisch mit Nr 191,1.

746,2   Ich weiß, daß mein Erlöser lebt   Kehrvers

T: Ijob 19,25
M: Erna Woll
R: Christophorus Verlag Freiburg
V: NP — EGB 12
Ch: S 193 f Verse aus Ps 116
SK II   WB VIII 311

Text und Melodie: wie Vorlage. Stammkehrvers zu Ps 116 A.

746,3   Psalm 116 A: Rettung in Todesnot   Psalm

T: ökumenische Übersetzung 1974
R: Katholische Bibelanstalt Stuttgart
SK II   WB VIII 360

Der Abschnitt enthält die Verse 1—9. *JS*

747,1 Bring dem Höchsten als Opfer dein Lob

identisch mit Nr 729,1.

747,2 Psalm 116 B: Lied zum Dankopfer   Psalm

T: ökumenische Übersetzung 1974
R: Katholische Bibelanstalt Stuttgart
SK II   WB VIII 361

Der Abschnitt enthält die Verse 10−19. *JS*

748,1 Halleluja, Halleluja, Halleluja

identisch mit Nr 530,6.

748,2 Psalm 117: Aufruf an die Völker zum Lob Gottes
    Psalm

T: ökumenische Übersetzung 1974
R: Katholische Bibelanstalt Stuttgart
SK II   WB VIII 362

749 Psalm 117: Lateinischer Text

750,1 Herr, du hast Worte ewigen Lebens

identisch mit Nr 465.

750,2 Psalm 119 A: Freude an Gottes Wort   Psalm

T: ökumenische Übersetzung 1974
R: Katholische Bibelanstalt Stuttgart
SK II   WB VIII 365

Versauswahl: Anton Wesely. Aus den 176 Versen des Psalms wurden 10 ausgewählt. *JS*

751,1 Dies ist mein Gebot

identisch mit Nr 626,4.

751,2 Psalm 119 B: Dein Wort — mein Licht   Psalm

T: ökumenische Übersetzung 1974
R: Katholische Bibelanstalt Stuttgart
SK II   WB VIII 366

Versauswahl: Anton Wesely. Aus den 176 Versen des Psalms wurden 10 ausgewählt. *JS*

752,1 Vertraut auf den Herrn

identisch mit Nr 745,1.

752,2 Psalm 121: Der Wächter Israels   Psalm

T: ökumenische Übersetzung 1974
R: Katholische Bibelanstalt Stuttgart
SK II   WB VIII 367

753,1 Der Herr hat Großes an uns getan   Kehrvers

T: nach Ps 126,3
M: Heinrich Rohr
R: Christophorus Verlag Freiburg
V: PP 7 und 8
K: Nr 11 APs 126; Nr 140 APs 130
SK II   WB VIII 311

Text und Melodie: Originalbeitrag. Stammkehrvers zu Ps 126. Vgl die sehr ähnlichen Kehrvers-Melodien Nr 192; 487; 528,6. *JS*

753,2 Psalm 126: Tränen und Jubel Psalm

T: ökumenische Übersetzung 1974
R: Katholische Bibelanstalt Stuttgart
SK II   WB VIII 369

754,1 Meine Seele dürstet nach dir, mein Gott

identisch mit Nr 676,1.

754,2 Psalm 137: An den Strömen Babels Psalm

T: ökumenische Übersetzung 1974
R: Katholische Bibelanstalt Stuttgart
SK II   WB VIII 371

Es fehlt die abschließende Fluchstrophe, Verse 7–9. *JS*

755,1 Herr, du kennst mein Herz Kehrvers

T: EGB (nach Ps 139,1.23)
M: Conrad Misch
R: Autor
SK II   WB VIII 312

Text und Melodie: Originalbeitrag. Stammkehrvers zu Ps 139.

755,2 Psalm 139: Der Mensch vor dem allwissenden Gott
Psalm

T: ökumenische Übersetzung 1974
R: Katholische Bibelanstalt Stuttgart
SK II   WB VIII 372

Es fehlt die Strophe Verse 19–22, in der vom Haß die Rede ist. *JS*

756,1   Herr, erhebe dich

identisch mit Nr 526,5 und 711,1.

756,2   Psalm 142: Hilferuf in schwerer Bedrängnis   Psalm

T: ökumenische Übersetzung 1974
R: Katholische Bibelanstalt Stuttgart
SK II   WB VIII 373

757,1   Groß und gewaltig ist der Herr

identisch mit Nr 626,1.

757,2   Psalm 145 A: Gottes Größe und Güte   Psalm

T: ökumenische Übersetzung 1974
R: Katholische Bibelanstalt Stuttgart
SK II   WB VIII 374

Der Abschnitt enthält die Verse 1–13 b. *JS*

758,1   Aller Augen warten auf dich   Kehrvers

T: nach Ps 145,15
M: Hans Peter Haller 1971
R: Christophorus Verlag Freiburg
V: NP
K: Nr 85 APs 145
Ch: S 194 ff Verse aus Ps 145
SK II   WB VIII 313

Text und Melodie: wie Vorlage. Stammkehrvers zu Ps 145 B.

758,2 Psalm 145 B: Aller Augen warten auf dich Psalm

T: ökumenische Übersetzung 1974
R: Katholische Bibelanstalt Stuttgart
SK II WB VIII 374

Der Abschnitt enthält die Verse 13 c−21. *JS*

759,1 Lobe den Herrn, meine Seele

identisch mit Nr 742,2

759,2 Psalm 146: Gott, Herr und Helfer Psalm

T: ökumenische Übersetzung 1974
R: Katholische Bibelanstalt Stuttgart
SK II WB VIII 375

760,1 Gut ist's, dem Herrn zu danken Kehrvers

T: nach Ps 147,1
M: Karl Marx 1971
R: Christophorus Verlag Freiburg
V: NP
Ch: S 197 f Verse aus Ps 92
SK II WB VIII 313

Text und Melodie: wie Vorlage. Stammkehrvers zu Ps 147.

760,2 Psalm 147: Jerusalem, preise den Herrn Psalm

T: ökumenische Übersetzung 1974
R: Katholische Bibelanstalt Stuttgart
SK II WB VIII 376

Aus dem Doppelpsalm wurden 10 Verse ausgewählt. Es fehlen die Verse 1 (= Kv), 4−5, 8−11 und 16−18 (vgl Nr 254,2).*JS*

761,1 Himmel und Erde, lobet den Herrn Kehrvers

T: Gsb Mainz 1952 (nach Ps 148,1.7)
M: Gerhard Kronberg
R: Autor
SK II WB VIII 314

Text und Melodie: Originalbeitrag. Stammkehrvers zu Ps 148.

761,2 Psalm 148: Gott im Himmel und auf der Erde Psalm

T: ökumenische Übersetzung 1974
R: Katholische Bibelanstalt Stuttgart
SK II WB VIII 377

Es fehlt der letzte Vers (14). *JS*

762,1−8 Allerheiligen-Litanei Litanei

T: SK V
M: gregorianisch / SK V
R: EGB
SK V

Die vorliegende Fassung wurde in vielen Arbeitsgängen als Grundlitanei für das deutsche Sprachgebiet erarbeitet. *JS*

763,1−5 Namen-Gottes-Litanei Litanei

T: Cordelia Spaemann
R: Autor
SK V

Originalbeitrag.

764,1–13 Litanei von der Gegenwart Gottes   Litanei

T: · Huub Oosterhuis / Übertragung Lothar Zenetti
M: Bernard Huijbers
R: Christophorus Verlag Freiburg
V: Gib mir ein Lied (EGB 10)
SK IB

Der Gesang wurde im Arbeitskreis 5 der SK I behandelt und auf Vorschlag der SK IB aufgenommen. *JS*

765,1–5 Jesus-Litanei   Litanei

T: SK V
R: EGB
SK V

Grundlage der Bearbeitung war die Namen-Jesu-Litanei. *JS*

766,1–6 Litanei vom Leiden Jesu   Litanei

T: Franz Schmutz nach vielen Vorlagen
M: SK V; 766,4 nach einer Vorlage von Josef Friedrich Doppelbauer
R: EGB
SK V

Originalbeitrag. Vgl Nr 205,1; 358,1; 563 und 770.

767,1–5 Litanei vom heiligsten Sakrament   Litanei

T: SK V
R: EGB
SK V

Unter Verwendung mehrerer Vorlagen neu konzipiert. *JS*

768,1—3   Herz-Jesu-Litanei   Litanei

T: SK V
R: EGB
SK V

Durch die Anrufung „Du Herz . . ." in vier Abschnitte geordnet. *JS*

769,1—7   Lauretanische Litanei   Litanei

T: SK V
M: nach „Liber usualis" / Gsb Mainz 1952
R: EGB
SK V

Text: Neufassung vor allem mit Rücksicht auf die Singbarkeit.

Melodie: Eine zweite Melodie ist in WB VI 425 abgedruckt. *JS*

770,1—8   Litanei für die Verstorbenen   Litanei

T: SK V
M: SK V
R: EGB
SK V

Originalbeitrag. Vgl Nr 205,1; 358,1; 563 und 766.

771   Andachten   Katechetischer Text

T: Rupert Berger
R: EGB
SK VI

Originalbeitrag.

772,1—8 Andacht im Advent

T: Josef Seuffert (1967) 1974
R: Don Bosco Verlag München
V: Gebet im Alltag
RK

Der ursprüngliche Text enthält zwischen Schriftlesung und Gebet eine Kurzmeditation. *JS*

773,1—7 Andacht zur Weihnachtszeit

T: Walter Risi (1—6), Hans Hollerweger (7)
R: Autoren
RK

Originalbeitrag.

774,1—7 Andacht für die Fastenzeit

T: Josef Seuffert (1971) 1974
R: Don Bosco Verlag München
V: Gebet im Alltag
RK

Der ursprüngliche Text enthält zu jedem Abschnitt eine Kurzmeditation. *JS*

775,1—15 Der Kreuzweg

T: Rupert Berger (Bearbeitung mehrerer Vorlagen)
R: EGB
RK

776,1—8 Die sieben Worte Jesu am Kreuz

T: Josef Seuffert (1972) 1974
R: Don Bosco Verlag München
V: Gebet im Alltag
RK

Die Meditationen des ursprünglichen Textes (nach der Schriftlesung) sind durch kürzere Texte ersetzt. *JS*

777,1—5 Andacht für die Osterzeit

T: Günter Duffrer
R: Autor
RK

Originalbeitrag.

778,1—8 Andacht zum Heiligen Geist

T: Josef Seuffert (1973) 1974
R: Don Bosco Verlag München
V: Gebet im Alltag
RK

Die Meditationen des ursprünglichen Textes (nach der Schriftlesung) sind durch kürzere Texte ersetzt. *JS*

779,1—6 Eucharistische Andacht

T: Günter Duffrer
R: Autor
RK

Originalbeitrag.

780,1−6 Andacht zum heiligsten Herzen Jesu

T: Hans Hollerweger
R: Autor
RK

Originalbeitrag. Der Abschnitt 6 wurde von der RK ergänzt. *JS*

781 Andacht zu Jesus Christus, Eröffnungsruf

T: Katholisches Kirchengesangbuch der Schweiz 1966
R: Verein zur Herausgabe des KKG Solothurn
RK

781,1−4 Andacht zu Jesus Christus

T: RK Bearbeitung von Vorlagen
R: EGB
RK

781,5 Der gute Hirt

T: Anneliese Lissner
R: Autor
RK

Originalbeitrag.

781,6−9 Andacht zu Jesus Christus

T: RK Bearbeitung von Vorlagen
R: EGB
RK

782,1−8 Andacht über das Gebet des Herrn

T: Josef Seuffert (1961) 1974
R: Don Bosco Verlag München
V: Gebet im Alltag
RK

Der ursprüngliche Text enthält vor den Bitten jeweils eine Meditation. *JS*

783 Marien-Andacht, Lobpreis

T: Günter Duffrer
R: Autor
RK

Originalbeitrag.

783,1 Aus königlichem Stamm

T: Josef Seuffert 1974
R: Don Bosco Verlag München
V: Gebet im Alltag
RK

Der ursprüngliche Text enthält außerdem eine Kurzmeditation. *JS*

783,2 Ohne Erbsünde empfangen

T: Rupert Berger
R: Autor
RK

Originalbeitrag.

783,3 Jungfrau

T: Günter Duffrer
R: Autor
RK

Originalbeitrag.

783,4 Mutter Gottes

T: Anneliese Lissner
R: Autor
RK

Originalbeitrag.

783,5 Schwester der Menschen

T: Paul Ringseisen
R: Autor
SK V / RK

Originalbeitrag.

783,6 Schmerzhafte Mutter

T: Josef Seuffert (1973) 1974
R: Don Bosco Verlag München
V: Gebet im Alltag
RK

Die sieben Kurzandachten des ursprünglichen Textes sind unter Wegfall der Meditationen zu einem Abschnitt zusammengefaßt. Vgl. auch WB II 201 ff. Litanei von der schmerzensreichen Mutter: WB II 207 f.
JS

783,7 Aufgenommen in den Himmel

T: Rupert Berger
R: Autor
RK

Originalbeitrag.

783,8 Mutter der Glaubenden

T: Anneliese Lissner
R: Autor
RK

Originalbeitrag.

783,9 Urbild der Kirche

T: RK nach mehreren Vorlagen
R: EGB
RK

Originalbeitrag.

784,1−9/785,1−7 Andacht von den Engeln und Heiligen

T: Josef Seuffert 1974
R: Don Bosco Verlag München
V: Gebet im Alltag
RK

Der ursprüngliche Text enthält zusätzlich Kurzmeditationen. *JS*

786,1−8/787,1−9 Von der Kirche

T: Josef Seuffert (1973) 1974
R: Don Bosco Verlag München
V: Gebet im Alltag
RK

Der ursprüngliche Text enthält zusätzlich Kurzmeditationen. *JS*

788,1−4 Dankandacht

T: Rupert Berger
R: Autor
RK

Originalbeitrag.

789,1 Bittandacht / Jesus heißt uns bitten

T: Toni Mitterdorfer
R: Autor
RK

Originalbeitrag.

789,2 Frieden in der Welt

T: Josef Seuffert
R: Autor
RK

Originalbeitrag.

789,3 Für alle, die Verantwortung und Einfluß haben

T: Anneliese Lissner
R: Autor
RK

Originalbeitrag.

789,4−9 Plagen der Menschheit

T: Josef Seuffert (1972) 1974
R: Don Bosco Verlag München
V: Gebet im Alltag
RK

Die längeren Meditationen des ursprünglichen Textes (nach dem Schriftwort) sind durch kurze Texte ersetzt. *JS*

790,1 Zusammenleben der Menschen

T: Anneliese Lissner
R: Autor
RK

Originalbeitrag.

790,2 Das allgemeine Gebet

T: Petrus Canisius
R: EGB
RK

Der Text wurde leicht bearbeitet.

790,3 Vor einer Reise

T: Anneliese Lissner
R: Autor
RK

Originalbeitrag.

791,1—3 Andacht zum Totengedenken

T: Walter Risi
R: Autor
RK

Originalbeitrag.

5. Die Autoren der GL-Stammausgabe

5.1 Alphabetisches Verzeichnis zu den Herkunftsangaben im GL und im RB — Einleitung

Markus Jenny / P. Hubert Sidler

Dieses Verzeichnis mit biographischen und bibliographischen Erläuterungen bezieht sich wie der ganze Redaktionsbericht ausschließlich auf den Stammteil des GL; die Diözesan-Anhänge sind nicht berücksichtigt.

Verarbeitet sind alle Angaben über die Herkunft der Texte und Melodien, die unter den Liedern, den übrigen Gesängen und den Gebetstexten stehen, ferner die von den dort stehenden Angaben abweichenden oder sie ergänzenden Angaben im vorliegenden Redaktionsbericht. Damit sind auch jene Autoren berücksichtigt, die im GL selbst nur im „Quellenverzeichnis" der Stamm-Ausgabe (S 911f.) unter II. und III. genannt sind, aber auch weitere Autoren und Quellen, die im GL selbst aus verschiedenen Gründen nicht genannt werden konnten.

Es sind nicht nur die Personen-Namen aufgenommen worden, sondern auch die bei anonymen T und M mit dem Entstehungs-, Verwendungs- oder Druckort angeführten Quellen. Die Herkunftsangaben, welche nur aus der Nennung eines Jh oder einer Jahreszahl bestehen, sind beim Buchstaben J chronologisch eingereiht.

Wenn eine Nummer eingeklammert ist, so bedeutet das,

– daß der T oder die M des betreffenden Autors bzw. aus der betreffenden Quelle hier in überarbeiteter Form vorliegt („nach" oder mit Angabe des Bearbeiters), oder eine Überarbeitung eines (einer) älteren darstellt,

– daß der T des betreffenden Autors oder aus der betreffenden Quelle in Übersetzung vorliegt oder die Übersetzung eines fremdsprachigen T darstellt (auf Prosatexte nicht angewandt)

– daß es sich um eine nur teilweise Autorschaft an dem betreffenden T oder der betreffenden M handelt (Zusammenarbeit mehrerer Autoren, Zufügungen zu einem fremden Text, Cento aus Texten verschiedener Herkunft) oder

– daß der betreffende Name nur als Überlieferer, nicht als Autor genannt ist („bei").

Ein Fragezeichen hinter einer Nummer bedeutet, daß die Verfasserschaft des betreffenden Autors unsicher oder umstritten ist.
Ungleichheiten in der Genauigkeit und Länge der Biographien beruhen größtenteils auf Unterschieden in den verfügbaren Kenntnissen bzw. in den von den Autoren erhaltenen Angaben. Differenzen zwischen den verschiedenen Nachschlagewerken konnten nicht in allen Fällen behoben werden.
Die Endredaktion besorgte Markus Jenny.

5.2 Verzeichnis der Abkürzungen

A	=	Andacht
ACV	=	Allgemeiner Cäcilien-Verband
DGsb	=	Diözesangesangbuch
G	=	Gebet
GL	=	Gotteslob
GS	=	Gewissensspiegel
Gsb	=	Gesangbuch
Hrsg	=	Herausgeber
Jh	=	Jahrhundert
KKg	=	Katholisches Kirchen-Gesangbuch (Schweiz)
KT	=	Katechetischer Text
Kv	=	Kehrvers
LT	=	Liturgischer Text
M	=	Melodie
Q	=	Quellen-Nummer im Gotteslob
RB	=	Redaktionsbericht
RKG	=	Reformiertes Kirchen-Gesangbuch (Schweiz)
S	=	Seite
T	=	Text
V	=	Vers(e)

Die Autoren 845

5.3 Alphabetisches Verzeichnis

Aachen 13./14. Jh: Evangeliar im Aachener Domschatz
TM 131
Aengenvoort, Johannes, 1917-1979, aus Geldern, Priester der Diözese Essen, Musikwissenschaftler, viele Jahre Dozent an der Kirchenmusik-Abteilung der Folkwangschule Essen-Werden, Mitarbeiter bei der Werkgemeinschaft „Lied und Musik", bei „Universa Laus", am GL und dessen WB, Vorsitzender der Kommission für das Kantorenbuch zum GL.
M 500 = 531,1
Kv (Q 1) 118,3 176,2 286,2 500 527,2 528,1 715,1
Afrika G 9,1 15,4
Ahle, Johann Rudolf, 1625-1673, aus Mühlhausen (Thüringen), evangelischer Theologe und Kantor in Erfurt, später Organist und Bürgermeister in seiner Vaterstadt.
M (520)
Alber, Erasmus, um 1500-1553, aus Bruchenbrücken bei Friedberg (Hessen), Schüler und Freund Luthers, Reformator in Hessen, vielseitiger Schriftsteller, zuletzt Pfarrer und Generalsuperintendent in Neubrandenburg (Mecklenburg).
T (229) *M* (704)
Albrecht, Alois, geb. 1936 in Backnang/Württ., Studium der kath. Theologie an der Phil.-theol. Hochschule Bamberg 1956-1962, 1965 Jugendseelsorger der Erzdiözese Bamberg, 1973 Pfarrer in St. Gangolf, Bamberg, seit 1983 Pfarrer in St. Martin, Bamberg, Dekan seit 1981, Autor zahlreicher Lieder und mehrerer geistlicher Spiele in Zusammenarbeit mit mehreren Komponisten, Mitarbeiter an den Katholikentagen 1978 und 1982, Mitherausgeber von „Vom Wort zum Leben" (KBW), Verfasser von Meditationsgottesdiensten (KBW), Gedanken zum Sonntag Lesejahr A und B (Bergmoser und Höller).
KT (1)
Alkuin, um 730-804, aus northumbrischem Adelsgeschlecht, Lehrer an der Domschule zu York, seit 781 zeitweise, seit 793 ganz dem Kreis von Gelehrten um Karl den Großen als einflußreicher Lehrer und führender kulturpolitischer Berater angehörend, seit 796 Abt

von St. Martin in Tours, hatte bedeutenden Anteil an der Liturgiereform Karls des Großen.
  G 6,5   18,1
Altenburg 1648: „Lutherisch Hand-Büchlein", ein von dem in Altenburg (Thüringen) tätigen Schulmann Johann Niedling (1602-1668) hrsg Erbauungsbuch.
  T 516
Ambrosius, Aurelius, 339-397, aus römischem Adel, geb. in Trier, Studium in Rom, bekleidete hohe Staatsämter, 374 noch vor seiner Taufe zum Bischof von Mailand erwählt, die führende Gestalt der abendländischen Kirche seiner Zeit neben Augustinus, großer Prediger und theologischer Schriftsteller, deshalb zu den vier großen Kirchenlehrern des Abendlandes gezählt, zugleich begabter Dichter, führte nach östlichem Vorbild den Hymnengesang in der abendländischen Kirche ein.
  T (108)
Ambrosius Autpertus, um 720-784, aus der Provence stammend, seit etwa 740 Benediktiner im Vinzenz-Kloster „ad Vulturnum" (Benevent), 777-778 dort Abt, Dichter des Hymnus „Ave maris stella" (Dieses Forschungsergebnis Heinrich Lausbergs in: Der Hymnus ‚Ave maris stella', Opladen 1976, und Nachtrag dazu in: Der Hymnus ‚Veni creator Spiritus', Opladen 1979, S 186-190, war beim Erscheinen des GL und des WB VI dazu noch nicht bekannt.).
  T 596 = (578)
Amerika   TM (519)
Andernacher Gsb, Köln 1608, hrsg. von der Andernacher Cäcilien-Bruderschaft.
  T (114)   M 112   114
Angelus, der neue Familienname, den Johann Scheffler (s dort) nach seiner Konversion zur römisch-katholischen Kirche annahm.
  T 558   558   616
Antiphonale Romanum 1912, das offizielle Gsb für das lateinische kirchliche Stundengebet, Rom 1912.
  M 550   (578)   675   696
Antwerpen 1614: Jesuiten-Gsb „Het Prieel (= Gartenlaube) der gheestelicker melodiie".
  M (606)
AÖL = Arbeitsgemeinschaft für ökumenisches Liedgut, s GKL

Arbeitskreis einer Werkwoche 1969, Werkgemeinschaft Lied und Musik.
LT 57, 3-5
Arnoni-Wansink, s de Marez Oyens-Wansink, Tera
Arnulf von Löwen (Belgien), um 1200-1248, Zisterzienser des Klosters Villers-en-Brabant, ab 1240 daselbst Abt, Verfasser eines Zyklus lateinischer Passionsgedichte.
T (179)
Auer, Johann, geb. 1910 in Steinweg bei Regensburg, Studium der Philosophie in München, Dr. phil. 1936, Studium der katholischen Theologie in Münster, Dr. theol. 1940, Habilitation 1947 in München, seit 1947 Professor an der Philologisch-Theologischen Hochschule in Freising, seit 1950 Professor an der Universität Bonn, 1968-1978 an derjenigen in Regensburg, lebt in Sinzing.
G 59,2
Aufderbeck, Hugo, 1909-1981, geb. in Hellefeld/Westfalen, Studium der Philosophie und Theologie in Paderborn, Wien und München, Vikar in Gelsenkirchen und Halle/Saale, Geistlicher Rat und Leiter des Seelsorgeamtes in Magdeburg, Mitglied der Internationalen Liturgischen Arbeitsgemeinschaft, der Liturgischen Kommission und der Kommission für das Einheitsgesangbuch, 1962 in Erfurt zum Bischof geweiht, Apostolischer Administrator.
KT 67   370.
Augsburg 1659: „Harpffen Davids mit teutschen Saiten bespannet", Psalmbereimungen von A. Curtz (s. dort), Melodieschöpfer unbekannt (2. Auflage 1669).
M 259 (schon in der 1. Auflage!)   263   464 (erst in der 2. Auflage)
Augustinus, Aurelius, 354-430, aus Thagaste in Numidien (heute: Souk-Ahras in Ost-Algerien), durch seine Mutter, die hl. Monika, im christlichen Glauben erzogen, ihm aber in einem ausschweifenden Leben als Rhetoriklehrer in Karthago und Rom entfremdet, in Mailand durch Bischof Ambrosius seit 384 der Kirche wieder zugeführt (Taufe in der Osternacht 387), seit 388 wieder in seiner Heimat, wo er 391 die Priesterweihe empfing und 395 Bischof der Diözese Hippo wurde (bis zu seinem Tode während der Belagerung Hippos durch die Vandalen), durch eine große Zahl bedeutender theologischer Schriften einer der vier großen abendländischen Kirchenlehrer, der größte Mann der alten Kirche überhaupt.
G 3,3   4,6 (?)   18,2 (?)   19,3   374,1

Babst 1545: letztes unter Luthers Augen hrsg. evangelisches Gsb, gedruckt in Leipzig durch Valentin Babst.
T (146)
Bach, Johann Sebastian, 1685-1750, bei *M* 295 zu Unrecht als Autor dieser rhythmisch ausgeglichenen Fassung genannt.
Bamberg 1691: Neuausgabe des erstmals 1628 erschienenen vierstimmigen Gsb des Bamberger Kaplans und Organisten Johann Degen.
M (259)
Bamberg 1732: 4. Auflage des oben erwähnten Gsb.
M (615)
Bamberg
1970: Bamberger DGsb.
T (306)
G 4,2.3   9,3   12,1.3   19,5   19,6   22,9   25,1   25,2   26,2   31,1
Beck Eleonore, geb. 1926 in Berlingen, Studium der katholischen Theologie, Redaktorin der Internationalen Zeitschriftenschau für Bibelwissenschaft und Grenzgebiete in Tübingen.
G (7,5)
Becker, Cornelius, 1561-1604, aus Leipzig, lutherischer Pfarrer, seit 1588 in Rochlitz, seit 1592 in Leipzig, dort später auch Professor der Theologie, dichtete als Gegenstück zu Lobwassers Bereimung den ganzen Psalter zu Kirchenliedern nach Luthers Art auf lutherische Kirchenliedweisen um.
T (474) (614)
Begräbnisfeier, Die kirchliche:
Kv (Q 50)   82,1   83,1   84   85,1   86   89,1   90,1
LT 82,3   83,3   88
G 91
Berger, Rupert, geb. 1926 in Traunstein (Oberbayern), Studium der Theologie in Freising und München, Dr. theol. 1961, seit 1968 Pfarrer in Bad Tölz.
A (775)   783,2   783,7   788
KT 77   81   101   102   128   159   195   200   201   202   207   212   239   569   604   707   771
Bergsma, Joop, geb. 1928 in Rotterdam, Studium der Philosophie und der katholischen Theologie in Warmond (Niederlande), am Priesterseminar Hildesheim, an der Gregoriana in Rom und am Johann-Adam-Möhler-Institut in Paderborn, Dr. theol. (Rom),

1963-1969 Direktor und Pastor an der Akademie der Diözese Hildesheim in Goslar, 1967-1978 Professor für Liturgik am Priesterseminar Hildesheim, 1974-1978 an der Staatlichen Hochschule für Musik und Theater in Hannover, seit 1976 Pfarrer und Dechant in Göttingen.
G 18,4
T (183) 523

Bernhard von Morlas (in den französischen Pyrenäen), englischer Abkunft, Benediktiner, wirkte um 1140 in Cluny, durch sein Mariale und andere Dichtungen als gewandter und fruchtbarer Verskünstler ausgewiesen.
T (589)

Berthold von Regensburg, um 1210-1272, Franziskaner, der größte Volksprediger des deutschen Mittelalters, durchzog als Wanderprediger halb Europa, starb in seiner Vaterstadt (in einer seiner Predigten wird *T* 248,1 zitiert).

Betz, Felicitas, geb. 1926 in Ratibor (Oberschlesien), Ausbildung in München als katholische Laienkatechetin, 1948-1953 Religionslehrerin an Volks- und Sonderschulen in München, Hausfrau und Mutter, seit 1970 Referententätigkeit in der Erzieherinnenfortbildung, Seminarleitung von meditativer Arbeit in der Erwachsenenbildung, Märchenerzählerin, lebt in Ellerbek.
G 22,2 31,4

Beuerle, Herbert, geb. 1911 in Düsseldorf, Studium an der Kirchenmusikschule Berlin (u. a. bei Distler und Pepping), seit 1937 evangelischer Kantor in Berlin und Dassel, später beim freikirchlichen Christlichen Sängerbund, 1952-1976 Mitarbeiter im Burckhardthaus-Verlag in Gelnhausen.
M 301 655

Beuttner, Nikolaus, Geburts- und Todesjahr unbekannt, aus Gerolzhofen (Unterfranken), Schulmeister und Kantor in St. Lorenzen im Mürztal (Steiermark), kundiger Sammler und Bearbeiter von Kirchenliedern, Herausgeber des „Catholisch Gsb", Graz 1602, das bis 1718 elf Auflagen erlebte.
M 167 502

Bibel (nur die im biblischen Wortlaut singbar gemachten Bibeltexte, keine Paraphrasen oder Bibeltexte in Liedern, keine Kv mit Bibeltext) Psalmen und Psalmausschnitte *T* 708-761 (wo an den entsprechenden Stellen auch die außerhalb dieser Reihe stehenden

Psalmen aufgeführt sind; dabei wären zu Ps 85 noch die Nr. 600 und
zu Ps 130 die Nr. 82 nachzutragen)
Psalm 36,6-7   T (301)
Psalm 92,2-6.9   T 271
Psalm 98,1.2   T 273
Psalm 108,4-6   T 278
Psalm 142,2-4a.6   T 311
Daniel 3,57ff.   T 281
Matthäus 5,3-10   T 631,2
Matthäus 6,9-13   T 62 363
Lukas 1,46-55   T 127 689 690
Lukas 1,68-79   T 89,2 681
Lukas 2,29-32   T 90,2 700,3
Lukas 4,18   T 641
Lukas 24,29   T 18,8
Johannes 20,21   T 641
1. Korinther 1,22-30   T 548
1. Korinther 15,43-57   T 87
Philipper 2,6-11   T 174 694
Kolosser 1,12-20   T 154
1. Petrus 2,21-24   T 192

Bisegger, Ronald, geb. 1923 in Wohlen (Aargau), katholischer Schweizer Kirchenmusiker, Komponist und Schriftsteller, seit 1948 Chorleiter in Zürich, während 18 Jahren auch Dozent an der Akademie für Kirchen- und Schulmusik in Luzern und am Priesterseminar Luzern, Redaktor der schweizerischen Zeitschrift „Katholische Kirchenmusik", Mitarbeiter am KKG, seit 1984 Landespräses des ACV für die Schweiz.
M 475

Blank, Gerhard M., geb. 1933 in Karlsruhe, Kirchenmusikstudium in Dortmund, 1955 Organist in Mannheim, 1957 in Bad Driburg (Westfalen), dann in Gelsenkirchen und seit 1966 in Marburg, gleichzeitig auch Dozent am katholischen Institut für Kirchenmusik in Fulda, seit 1972 Bezirkskantor in Marburg.
M 46

Böhmen 1450   *T* (136)

Böhmen 1467: vermutliche Entstehungszeit der *M* 582 (Synode der Böhmischen Brüder in Lhotka bei Reichenau, östlich von Königgrätz).

Böhmische Brüder: Reformationsbewegung im 15. Jh, erstes tschechisches Gsb gedruckt 1501, erstes deutsches 1531 (s Weiße), stark erweitert 1544.
M 557
Bone, Heinrich, 1813-1893, aus Drolshagen (Westfalen), katholischer Gymnasiallehrer in Recklinghausen, Düsseldorf und Mainz, Verfasser gediegener Schullesebücher, Bearbeiter, Dichter und Hrsg von Kirchenliedersammlungen, so des bahnbrechenden Gsb Cantate 1847 (noch zehn weitere Auflagen bis 1905).
T 112   158   220   245   257   462   584   587   589
Bonhoeffer, Dietrich, 1906-1945, aus Breslau, evangelischer Theologe, Studium in Tübingen und Berlin, 1930 Habilitation für systematische Theologie, Dozent in New York, Studentenpfarrer in Berlin, Auslandspfarrer in London und theologischer Berater des Ökumenischen Rates der Kirchen, seit 1935 Leiter des illegalen Predigerseminars der Bekennenden Kirche in Finkenwalde, wegen seines Widerstandes gegen den Nationalsozialismus in seiner Tätigkeit mehr und mehr eingeengt, 1943 verhaftet und in den letzten Kriegstagen mit anderen führenden Männern der Abwehr zusammen im Konzentrationslager Flossenbürg umgebracht, weshalb er zu den Märtyrern unseres Jh zählt.
G 9,2   15,3   18,3
Borderies, Jean François, 1764-1832, katholischer Priester, ging während der Französischen Revolution nach London ins Exil, wo er Seelsorger der dorthin geflohenen königtreuen Franzosen war und wo er auch die schon früher bestehende Cantio „Adeste fideles" um einige Strophen bereicherte, nach seiner Rückkehr 1827 Bischof von Versailles.
T (143)
Bourgeois, Loys, um 1510 – nach 1561, aus Paris, wurde 1545 in Genf reformierter Kantor an St. Pierre, wirkte von 1552 an in Lyon und Paris, begabter Komponist, schuf die Melodien zu den 1551 neu erschienenen Genfer Psalmen.
M (262 = 269)   (264)   556   605 = 784   660
Braun, Johann Georg, gebürtig aus Ubthal (genauere Lebensdaten fehlen), war katholischer Chorregent in Eger (Nordwestböhmen), schuf aus früheren und zeitgenössischen Quellen sein Gsb „Echo hymnodiae caelestis, Nachklang der himmlischen Singchöre", Sulzbach (Oberpfalz) 1675.
TM 583

Braunschweig 1528: die lutherische „Braunschweigische Kirchenordnung", redigiert vom Wittenberger Stadtpfarrer Johannes Bugenhagen und gedruckt in Wittenberg (das darin enthaltene deutsche „Agnus Dei" stammt höchstwahrscheinlich von Luther).
(T)M 482
Bremen 1633: reformiertes Gsb „Auserlesene Psalmen und Geistliche Lieder".
M 50
Brieg (Schlesien) nach 1601: undatierter Druck mit dem ersten Vorkommen von
M (179) mit geistlichem T.
Briegel, Wolfgang Carl, 1626-1712, aus Königsberg (Unterfranken), evangelischer Organist, Hofkapellmeister und Musiklehrer der fürstlichen Familie in Gotha, ab 1670 Hofkapellmeister in Darmstadt, komponierte viele geistliche und weltliche Werke, Bearbeiter des großen Darmstädter Kantionals von 1687.
M 520
Calvisius (eig. Kallwitz), Seth(us), 1556-1615, aus Gorsleben bei Heldrungen (Unstrut), zuerst Kantor an der evangelischen Fürstenschule zu Pforta (Schulpforta), seit 1594 Thomaskantor in Leipzig, vielseitiger Sprachwissenschaftler, Musiktheoretiker und Komponist.
M (559) (704)
Canisius, Petrus, 1521-1597, aus Nijmegen, Priester des Jesuitenordens, Studium der Theologie in Köln, Teilnehmer am Trienter Konzil, Professor, zeitweise Rektor und Vizekanzler in Ingolstadt, später Professor, Dom- und Hofprediger in Wien, führend in der Abwehr des Protestantismus in Bayern und Österreich und im Kampf um die Erneuerung der katholischen Kirche in Deutschland, seit 1580 in Freiburg (Schweiz), 1864 selig- und 1925 heiliggesprochen, Verfasser von drei bedeutenden Katechismen.
G 374,3
A 790,2
Clauder, Joseph, Rektor der evangelischen Lateinschule in Altenburg (Thüringen), Hrsg. des Gsb Psalmodia nova 1631.
M (588)
Clausnitzer, Tobias, 1618-1684, aus Thum bei Annaberg (im sächsischen Erzgebirge), wurde 1644 evangelischer Feldprediger in

schwedischen Diensten, nach Kriegsende Pfarrer in Weiden (Oberpfalz).
T 520
Clemens XI., Papst, 1649-1721, aus Urbino (Giovanni Francesco Albani), seit 1687 an der Kurie, 1690 Kardinaldiakon, im März 1700 Kardinalpriester, im November 1700 Papst, den Wissenschaften und den Künsten zugetan, Gegner der französischen Reformbewegung des Jansenismus.
G 8,1 (der Anfang auch 4,1)
Clodius (Klöde), Christian, 1647-1717, aus Neustadt in Sachsen, Studium in Leipzig, dann Lehrer, seit 1675 Rektor der Lateinschule in seiner Vaterstadt (ein von ihm während seiner Studentenzeit angelegtes Liederbuch stellt eine wichtige Quelle für das damalige Studentenlied dar).
M (703)
Corner, David Gregor, 1585-1648, aus Hirschberg (Schlesien), 1614 Stadtpfarrer in Retz, später in Mautern bei Krems (Niederösterreich), promovierte in Prag zum Dr. phil. und in Wien zum Dr. theol., 1625 Benediktiner im Stift Göttweig, 1629 daselbst Prior, 1631 Abt, 1637 kaiserlicher Rat, 1638 Rektor der Wiener Universität, starb in Wien, Sammler und Dichter von Kirchenliedern. (Sein „Groß Catholisch Gsb" erschien erstmals 1625; die 2. Aufl. von 1631 vermehrte er um viele Lieder aus der evangelischen Tradition, die er mit Incerti Authoris bezeichnete. Von der 3. Aufl. an lautet der Titel: „Geistliche Nachtigal der Catholischen Teutschen".)
TM (587) *T* (608)
Coussemaker, Charles Edmond Henri de, 1805-1876, französischer Jurist und Musikforscher, gab u. a. das Werk Chants populaires des Flamands de France (1856) heraus.
M (183)
Crailsheim 1480: Schulordnung der Lateinschule der Stadt Crailsheim (Württemberg) mit aufschlußreichen Angaben über die liturgische Verwendung mittelalterlicher deutscher Kirchenlieder und enthält auch deren Text.
T (228)
Crüger, Johann, 1598-1662, aus Großbeesen bei Guben (Niederlausitz), war ab 1622 Kantor und Organist an der Berliner Nikolaikirche, wo Paul Gerhardt Pfarrer war, nach Luther der bedeutendste Melodienschöpfer des evangelischen Kirchenliedes, Hrsg des ein-

flußreichen Gsb Praxis pietatis melica (42 Aufl zwischen 1647 und 1737).
M 180   226   266   267   (= 638)   567   634   (657)   671

Curtz, Albert, um 1595-1671, aus München, seit 1616 Jesuit, Lehrer der Mathematik und Philosophie, Gymnasialrektor in Eichstätt, Luzern und Neuburg an der Donau, zuletzt in München, schuf – mit Hilfe musikalischer Kollegen – eine volkstümliche Umdichtung aller 150 Psalmen samt volkstümlichen Melodien mit beziffertem Baß: „Harpffen Davids mit Teutschen Saiten bespannet", anonym erschienen in Augsburg (1. Aufl. 1659, 2. Aufl. 1669).
T (263)   *M* (259)   (263)

Dachstein, Wolfgang, spätestens 1487-1553, aus Offenburg (Baden), Dominikaner, 1520 Münsterorganist in Straßburg, ab 1523 musikalischer Mitarbeiter der dortigen Reformatoren, seit 1550 wieder im Dienst der römischen Kirche.
M 473

Dagues, Pierre, vor 1525-1571, aus Montricoux (Département Quercy), wurde 1555 Kantor in Genf, nach bisheriger Ansicht Schöpfer der Genfer Psalmmelodien von 1562 (nach neuesten Forschungen stammen die betreffenden Melodien nicht von Dagues, sondern von Pierre Davantès, s dort).
M 227   (267)   275

Davantès (Antesignanus), Pierre, gest 1561, aus Rabastenne (Diözese Tarbes), seit 1559 im reformierten Genf, Musiker, Erfinder einer Buchstaben-Notenschrift, die er auf den Genfer Psalter anwandte (1560), wahrscheinlich der Schöpfer der in der letzten und vollständigen Ausgabe des Genfer Psalters neu erschienenen Melodien.
M 227   (267)   275

Decius (eig. Deeg oder Tech), Nikolaus, um 1485 – nach 1546, aus Hof (Oberfranken), Studium an der Universität Leipzig, dann Mönch, seit etwa 1515 in Braunschweig, wo er 1519 zur Reformation übertritt und 1522 Lehrer wird, 1523 Studium in Wittenberg, 1524 Mitreformator von Stettin, dann Hofprediger und Unterkantor in Königsberg, seit 1543 Prediger in Mühlhausen bei Elbing (Westpreußen), Schöpfer der frühesten Gemeindegesänge der deutschen Reformation (Ostern 1523).
T (457)   (470)   *M* (457 = 476)   (470)

Diterich, Johann Samuel, 1721-1797, aus Berlin, lutherischer Pfarrer und Oberkonsistorialrat, Hrsg des rationalistischen Berliner Gsb

von 1765 und 1787 mit sehr willkürlicher Bearbeitung der Liedtexte.
T (229)
Donauwörth 1546: Liedblatt, gedruckt im evangelischen Kriegslager bei Donauwörth.
M (293) (zum Text „Wohlauf, ihr deutsche Christen", vgl. EKG 202; die Melodie ist jedoch schon früher belegt.)
Doppelbauer, Josef Friedrich, geb. 1918 in Wels (Oberösterreich), Ausbildung an der Musikhochschule Graz, 1947 Organist an der Stadtpfarrkirche Wels, 1951 auch Leiter des dortigen Bachchors, 1957 Professor am Bruckner-Konservatorium Linz, seit 1960 am Mozarteum in Salzburg, fruchtbarer Komponist liturgischer und außerliturgischer Musik.
M 451 (766,4)
Kv (Q 2) 698,1 720,1
Dörr, Friedrich, geb. 1908 in Wolframs-Eschenbach (Mittelfranken), Dr. phil. et theol., 1933 Priester, 1935-1940 in der Seelsorge tätig, während des Zweiten Weltkrieges Militärpfarrer, von 1945-1976 Professor für Systematische Philosophie an der Hochschule Eichstätt, Mitarbeit am Eichstätter Gsb 1952, in der EGB-Kommission seit 1966, am Eigenteil des Kölner und Augsburger Anhangs zum „Gotteslob" sowie am neuen „Stundenbuch".
T 106 (220) (241) 279 490 538 (542) (550) 553 594 635 640 (696) (704)
Dreves, Guido Maria, 1854-1909, aus Hamburg, Jesuit, Hymnenforscher, Förderer und Erneuerer des Kirchenliedes, zuletzt in Mitwitz (Oberfranken).
T 560 (588)
Duderstadt 1724: das katholische Duderstädter oder Eichsfelder Gsb, dessen Erstausgabe 1668 erschienen war.
T (615)
Duffrer, Günter August Michael, geb. 1922 in Bingen/Rhein, Studium der katholischen Theologie in Mainz, der Liturgik in Rom, Dr. theol. 1961, 1948 Kaplan in Oppenheim/Rhein, 1950 in Bad Nauheim, 1953-1958 Bischöflicher Sekretär in Mainz, seit 1962 Hochschullehrer am Priesterseminar und der Fachhochschule in Mainz, Ordinariatsrat.
A 777 779 783 (Eröffnung und 3)
Du Mont(Dumont), Henri, 1610-1684, Priester, Hofkapellmeister in

Paris, ein Vertreter des sog. „plain-chant musical" (= neugregorianischer, mensurierter Choral), Komponist zahlreicher geistlicher Werke prunkvollen Stils.

M (570)

Düsseldorf 1759: ein Missionsbüchlein der Rheinländer Jesuiten („Geistliche Übungen bey der Heiligen Mission").

M (703)

E = Einheitslieder der deutschen Bistümer, s Mainz 1947.

EGB: vorbereitende Kommission für das Einheitsgesangbuch, das 1975 unter dem Titel „Gotteslob" erschien.

TM (563) (197)

T (136) (143) (158) (163) (216) (222) (227) (264) (285) 291 (307) (462) 464 (468) 476 (498) (503) 564 (566) (578) (595) (608) 609 631 (661) (662) (675)

M (497) (498) (706)

Kv (Q 29, Q 41) 118,5 120,2 153,1 173,2 191,1 = 74,6 = 82,1 205,1 233,3 246,1 512 600,1 646,2 646,5 677,1 684,1

Eibenschütz 1566: deutschsprachiges Gsb der Böhmischen Brüder, erschienen in Eibenschütz (Mähren), s auch „Böhmische Brüder" und „Weiße.

M 644

Einheitslieder der deutschen Bistümer s. Mainz 1947.

Einsiedeln 12. Jh: Hymnar der dortigen Benediktinerabtei, geschrieben um 1120.

M (108 = 310) 675

Eisleben 1568: Evangelisches Gsb des Cyriacus Spangenberg (1528-1604) aus Nordhausen (Harz), Nachfolger seines Vaters Johannes Spangenberg als Pfarrer in Eisleben, zuletzt in Straßburg.

T 223

Eisleben 1598: lutherisches Gsb.

M 669

Elsaß 15. Jh: Vorlagen zu *T* 114 finden sich in mehreren aus dem Elsaß stammenden Hs des 15. Jh, von denen Daniel Sudermann eine unter den Schriften des Straßburger Mystikers Johannes Tauler gefunden hat, was aber keineswegs bedeutet, daß Tauler etwas mit diesem *T* zu tun hat.

Enderlin, Fritz, 1883-1971, aus Arbon, Dr. phil., Germanist, Gymnasiallehrer in Bellinzona, später in Zürich, zuletzt als Rektor, Schriftsteller, Mitarbeiter am RKG.

T (269)

Die Autoren 857

Engelberg 1372: Handschrift der Benediktinerabtei Engelberg (Schweiz).
T (224) (dort auch Nachtrag aus dem 15. Jh mit dem deutschen T „Erstanden ist der helig Crist")
Englisch(Endlich), Johann, um 1500-1577, aus Buchsweiler (Elsaß), Anhänger Martin Bucers, evangelischer Theologe, Vikar am Straßburger Münster, später freier Prediger.
T (473)
Erfurt 1524: „Enchiridion oder Handbüchlein geistlicher Gesänge und Psalmen" (25 Lieder mit 15 Melodien), das älteste erhalten gebliebene evangelische Gsb.
M (108) (247)
Erfurt 1563: Einzeldruck des Liedes „Von Gott will ich nicht lassen" von Ludwig Helmbold mit der
M 113
Faulstich, Otmar, geb. 1938 in Schonungen, Studium der Philosophie, der katholischen Theologie und der Musikwissenschaft an der Universität und der katholischen Kirchenmusik am Bayerischen Staatskonservatorium der Musik in Würzburg, 1965-1983 Domkantor in Würzburg, seit 1983 Dozent für Musiktheorie an der Fachakademie für katholische Kirchenmusik und Musikerziehung Regensburg, komponiert Messen, Proprien, Motetten und Liedsätze für den gottesdienstlichen Gebrauch, lebt in Würzburg.
M 458
Feier die, der Buße 1974, *G* 60, 1-4
Feier die, der Firmung, *G* 52, 1-4
Feier die, der Kindertaufe 1971, *G* 47-49
Feier die, der Krankensakramente 1972, *G* 76 78
Feier die, der Trauung, *G* 73
vgl. auch: Begräbnisfeier, die
Ferschl, Maria, 1895-1982, aus Melk (Österreich), Hauptschullehrerin, gestorben in Saulgau.
T 115
Fischer, Christoph, 1518-1598, aus Joachimsthal (Böhmen), daselbst Schüler von Nikolaus Herman, war evangelischer Pfarrer in der Grafschaft Henneberg (Schmalkalden), zuletzt Hofprediger und Generalsuperintendent in Celle (Niedersachsen).
T 178
Foucauld, Charles de, 1858-1916, aus Straßburg, zuerst französischer

Kolonialoffizier, dann Erforscher Marokkos, seit 1890 Trappist in Frankreich, Syrien und Algerien, 1897-1900 Eremit in Nazareth, 1901 Priester, zog sich in die Oase Beni Abbès (Südalgerien) und später in die Oase Tamanrasset im Hoggargebirge als Einsiedler zurück, um die Mohammedaner-Mission vorzubereiten, von den Tuaregs erschossen, hat über seinen Tod hinaus eine starke Auswirkung auf geistliches und klösterliches Leben.
G 5,5
Franc, Guillaume, um 1515-1570, aus Rouen, zuerst Musiker in Paris, 1541 reformierter Kantor an St. Pierre in Genf, seit 1545 in Lausanne, der musikalische Bearbeiter des Genfer Psalters 1542 und 1543.
M (262 = 269) (265) 302 (489) 490
Franck, Melchior, um 1580-1639, aus Zittau (Sachsen), zuerst Ratsmusiker in Nürnberg, seit 1603 Hofkapellmeister in Coburg (Thüringen), fruchtbarer evangelischer Komponist geistlicher und weltlicher Musik.
M 230
Franck, Michael, 1609-1667, aus Schleusingen (Thüringen), zuerst Bäcker, aufgrund autodidaktischer Ausbildung seit 1640 Lehrer an der Coburger Stadtschule, auch als Dichter und Musiker geschätzt.
T (M) 657
Frankemölle, Hubert, geb. 1939 in Stadtlohn (Westfalen), Studium der katholischen Theologie und der Altphilologie in München, Tübingen und Münster, Dr. theol., seit 1972 akademischer Rat für Exegese des NT und Bibelgriechisch an der Universität Münster, seit 1979 Professor für Exegese des NT an der Universität Paderborn.
G (18,4)
Frankemölle-Stieler, Renate, geb. 1939 in Bad Homburg v. d. H., Studium der katholischen Theologie und der Germanistik in Marburg, Tübingen und Münster, Tätigkeit an verschiedenen Gymnasien in Münster, seit 1971 Studienrätin, Oberstudienrätin für Deutsch und Religion am Gymnasium Schloß Neuhaus in Paderborn.
G (18,4)
Frankfurt a. M. um 1557
M 704
Frankfurt a. M. 1565
M 593

Frankfurt a. M. 1569: „Kirchengesäng", großformatiges evangelisches Kantorenbuch, gedruckt bei Johannes Wolff.
M 658
Frankfurt a. M. 1745
M (703)
Frankfurt a. O. 1601: „Geistliche deutsche Lieder", das mehrstimmige Gsb des Bartholomäus Gesius (s dort).
T (230)
Frankreich 12. Jh
M 545 (ursprünglich zur Sequenz „Laudes Crucis attollamus")
Frankreich 17. Jh
T 60
Frankreich um 1610
Kv (Q 47) 120, 3.4
Frankreich 17./18. Jh
M 546
Frankreich um 1913 (Normandie)
G 29, 6
Franz von Assisi (Giovanni Bernardone), 1181/82-1226, Gründer des Franziskanerordens, schon 1228 heiliggesprochen, auch dichterisch und musikalisch begabt.
T (285)
G 3,4 (G 29,6 wird ihm fälschlich zugeschrieben)
Franz, Ignaz, 1719-1790, aus Protzau (Schlesien), 1742 Kaplan in Groß-Glogau, 1753 Pfarrer in Schlawa, seit 1766 Rektor des Priesterseminars Breslau, dichtete über 350 Kirchenlieder, meist lehrhaft und ohne poetischen Wert.
T (257)
Franz von Sales, 1567-1622, vom Schloß Sales bei Thorens (Savoyen), Studium der Rechte in Paris und Padua, 1594 zum Priester geweiht, rekatholisierte die Gegend südlich des Genfer Sees und wurde dann Bischof von Genf-Annecy, hochgeschätzt wegen seiner von der spanischen Mystik beeinflußten Erbauungsschriften, Gründer des Ordens der Salesianerinnen, 1661 selig- und 1665 heiliggesprochen, Kirchenlehrer und Patron der katholischen Presse und der katholischen Schriftsteller.
G (15,7)
Freimuth, Heinz-Gert, geb. 1939 in Recklinghausen, Musikstudium in Darmstadt, Freiburg, Hamburg, Köln und Münster (Kirchenmu-

sik, Gesang, Dirigieren, Komposition), 1964-1973 Kantor an der Propsteikirche St. Peter in Recklinghausen, seit 1973 Domchordirektor an der Kathedralkirche des Bistums Münster, Lehrtätigkeit in der Priester- und Kirchenmusikerausbildung, Chorleiter, Musikkritiker, internationale Konzerttätigkeit, Komposition von Bühnenwerken, Chor- und Instrumentalmusik, Schul- und Kirchenmusik.
M 670

Freistedt, Heinrich, geb. 1903 in Essen-Borbeck, Studium der Philosophie, katholischen Theologie und Musikwissenschaft an der Universität Bonn, der Choralwissenschaft in Freiburg (Schweiz, Peter Wagner), 1929 Kaplan in Köln-Wahn, 1933 in Wuppertal-Elberfeld, 1940-1969 Direktor der Kirchenmusikschule Aachen, 1963-1971 Referent für Kirchenmusik im Bistum, 1964-1971 Diözesanpräses des DCV Aachen, gleichzeitig Professor am Priesterseminar daselbst, Komponist von Chor- und Instrumentalwerken sowie Messen.
Kv (Q 3) 736,1

Freylinghausen, Johann Anastasius, 1670-1739, aus Gandersheim (Harz), evangelischer Theologe pietistischer Prägung, Pfarrer und Leiter des Waisenhauses in Halle, s Halle 1704.

Fulda 1838: „Gsb für katholische Gymnasien" des Fuldaer Gymnasialrektors Nikolaus Bach, gedruckt in Hannover.
TM (472)

Gastorius (eig. Bauchspies), Severus, 1646-1682, war seit 1670 evangelischer Kantor in Jena, befreundet mit Rodigast.
M 294

Gebet der Familie Kevelaer 1970
G 11,1   22,7   23,1   24,3   25,3   25,4   25,5   26,3

Genf 1542: „La forme des prières et chants ecclésiastiques", die erste Genfer Ausgabe des französischen reformierten Psalters.
M (265) (489=290=640)

Genf 1543: die zweite Genfer Ausgabe des französischen reformierten Psalters, heute verschollen.
M (180) (269=262) 490

Genf 1562: „Les Pseaumes de David, mis en rime françoise, par Clément Marot et Théodore de Bèze", die erste vollständige und damit endgültige Ausgabe des reformierten Genfer Psalters.
M 227 (267) 275

Die Autoren 861

Gerhardt, Paul, 1607-1676, aus Gräfenhainichen (Sachsen), studierte lutherische Theologie in Wittenberg, Hauslehrer daselbst und in Berlin, 1631 Propst in Mittenwalde (Mark), 1657-1667 Pfarrer in Berlin, hernach Archidiakon in Lübben (Spreewald), der bedeutendste evangelische Liederdichter des 17. Jh.
T 141 (179) (226) 267 (549) 671

Gesius (eig. Göß), Bartholomäus, um 1560-1613, aus Münchberg bei Frankfurt/Oder, seit 1582 evangelischer Kantor daselbst, seit 1593 in Frankfurt/Oder, begabter Komponist geistlicher Werke.
M (616)

Gippenbusch, Jakob, 1612-1664, aus Speyer, seit 1629 Jesuit, 1632-1650 Lehrer für alte Sprachen und Chorpräfekt am Kölner Jesuitengymnasium, Bearbeiter des mehrstimmigen Chorgesangbuches „Psalteriolum harmonicum", Köln 1642, unter dem Pseudonym Philarétus (=Tugendfreund) auch Komponist anderer geistlicher Werke.
M 306

GKL: „Gemeinsame Kirchenlieder". Gesänge der deutschsprachigen Christenheit, im Auftrag der christlichen Kirchen des deutschen Sprachbereichs hrsg von der Arbeitsgemeinschaft für ökumenisches Liedgut, 1973.
T (644)
M (470)

Goller, Vinzenz, 1873-1953, aus St. Andrä bei Brixen (Südtirol), kam 1888 an das Lehrerseminar Innsbruck, 1892-1903 Volksschullehrer im Pustertal, 1898 beurlaubt für ein Studienjahr an der Kirchenmusikschule in Regensburg, 1903 Kirchenmusiker in Deggendorf (Bayern), 1910-1931 Leiter der Kirchenmusikabteilung an der Staatsakademie Wien, zusammen mit Pius Parsch Förderer des liturgischen Volksgesangs, ein Mann der volksnahen Praxis mit reichem kompositorischem Schaffen, das vor allem auf die kleineren Chöre Bedacht nahm.
M 433-435

Görlitz 1648: „Pensum sacrum", sechs lateinische geistliche Oden eines ungenannten lutherischen Autors.
M 516 (wahrscheinlich älter)

Gössmann, Wilhelm, geb. 1926 in Rüthen-Langenstraße bei Soest, Studium der Germanistik, Philosophie und der katholischen Theologie in Münster und München, 1954 Dr. phil., 1955-1960 Lehrtätig-

keit an der Sophia- und der Tokyo-Universität in Japan, 1962-1968 an der Pädagogischen Hochschule Weingarten (Baden-Württemberg), 1968-1980 an der Pädagogischen Hochschule Rheinland, Abteilung Neuss, seit 1980 Professor für Didaktik der deutschen Sprache und Literatur an der Universität Düsseldorf, wissenschaftliche und literarische Veröffentlichungen.
G 7,3   8,2   24,5
Gotha 1651: Cantionale sacrum, lutherisches Gsb (1. Teil, 2. Ausg.).
T (516)
Gottschick, Friedemann, geb. 1928 in Breslau, Musikstudium bei Grote, Pepping, Schwarz und David, seit 1953 Kantor an der Lutherkirche in Düsseldorf, zudem Dozent an der Evangelischen Kirchenmusikschule, seit 1975 am Robert-Schumann-Institut, seit 1976 Kantor in Bethel.
TM 308
Graduale simplex, Rom 1967
Kv (Q 44)   209,5   532,7   536,4
Graz 1602: das „Catholisch Gsb" des Nicolaus Beuttner (s. dort), der Melodien aus der volkstümlichen Überlieferung sammelte.
M 167   502
gregorianisch, s. auch Graduale simplex, Meßantiphonar, Meßbuch, Missale romanum, Vat.
Kv (Q 43)   48,2 = 235,3 = 530,7   209,4   235,3   531,3.5   532,3-6
625,2   645,1   700,1
Gregor I., der Große, Papst, um 540-604, aus römischem Adel, 572/73 Stadtpräfekt von Rom, 575 Mönch in einem der sieben von ihm gegründeten Klöster, 590 Papst, Begründer des späteren Kirchenstaates, Förderer der Mission bei Westgoten, Franken und Angelsachsen, mit seinen Schriften von großem Einfluß auf das abendländische Mittelalter, der vierte und letzte der großen abendländischen Kirchenlehrer. Welchen Einfluß Gregor I. auf die liturgische Entwicklung hatte, ist ungewiß, und der später nach ihm benannte gregorianische Choral geht kaum unmittelbar auf ihn zurück.
G 374,2
Greitemann, Nicolaas, geb. 1903 in Amsterdam, Ausbildung am Priesterseminar in Warmond (Niederlande) und am „Istituto pontificale biblico" in Rom, 1935 Doktorat der Bibelwissenschaft, 1927/1928 Kaplan, 1931-1941 Professor für biblische Exegese am Priesterseminar Warmond, 1945-1952 Lektor des altphilologischen

Die Autoren

Verlags Rohrer in Wien und 1945-1968 des Herder Verlags Wien sowie Berater für den Herder Verlag Freiburg, 1952-1968 ständiger Korrespondent niederländischer Zeitungen und des Rundfunks, entdeckte Huub Oosterhuis für den deutschen Sprachraum, lebt in Wien.

T (74)

Greiter, Matthäus (nicht Matthias!), um 1490-1550, aus Aichach bei Augsburg, zuerst Dominikaner und Münsterkantor in Straßburg, trat 1524 zur Reformation über und wirkte daselbst als Kantor und Prediger, 1549 wieder katholisch und Chorleiter am Münster, Autor von Kirchenliedtexten und -melodien und weltlichen Chorsätzen.

M 166=289

Gruber, Elmar, geb. 1931 in Prien am Chiemsee, Studium der katholischen Theologie in Freising, seit 1957 Pfarrer im Schulreferat der Diözese München, praktische Religionspädagogik, Fachbereichsleiter, Lehrerseelsorge, lebt in München.

GS 66, 1-8
G 66,12

Gruber, Franz Xaver, 1787-1863, um 1818 Lehrer und Organist in Arnsdorf bei Salzburg, mit dem Hilfspriester Josef Mohr befreundet, später Chorleiter in Hallein.

M 145

Guardini, Romano, 1885-1968, aus Verona, katholischer Priester, Theologe und Religionsphilosoph, 1923-1939 Universitätsprofessor in Breslau und Berlin, 1945-47 in Tübingen, seit 1948 in München, war führend in der katholischen Jugendbewegung (Quickborn) und in der Liturgischen Bewegung, von ökumenischem Weitblick, reiches Schrifttum in meisterlichem Stil.

T (311) (706)
G 2,1

Gülden, Josef, geb. 1907, Studium der katholischen Theologie in Innsbruck, Mitglied des werdenden ersten deutschen Oratoriums in Leipzig, 1928/1929 Gastnoviziat in Beuron (Liturgie), 1932 Priesterweihe in Aachen, seit 1934 in der Liebfrauengemeinde Leipzig-Lindenau des Oratoriums, Mitbegründer des St.-Benno-Verlags in Leipzig, 1951-1976 Cheflektor, 1951-1982 Chefredakteur von „Tag des Herrn", 1967-1974 Mitglied der Hauptkommissionen des EGB und bis 1970 der Subkommission für Persönliche Gebete, Litaneien

und Andachten, 1964 Dr. theol. h.c. der Theologischen Fakultät Mainz, bischöflicher Rat mit dem Amt für das kirchliche Presse- und Verlagswesen in der DDR, seit 1976 in Leipzig weiter in der Seelsorge und im St.-Benno-Verlag tätig.
G (18,7) (28,6)
Häuser, Elisabet, geb. 1929 in Duisburg, Ausbildung zur Erzieherin in Duisburg und zur Eheberaterin in München, 1949-1952 Erzieherin in Kinderheimen, Hausfrau und Mutter, 1960-1975 Mitarbeit in der katholischen kirchlichen Bildungsarbeit, seit 1970 auch Arbeit in Ehe-, Partnerschafts- und Familienberatung, seit 1973 Gestaltung von Meditations- und Besinnungstagen, Tätigkeit in Gruppen- und Einzelseelsorge.
KT (21)
Häußler, Gerhard, geb. 1920 in Grimmen (Mecklenburg), wirkt als evangelischer Kantor in Erfurt.
M 618
Halberstadt um 1500
M (305)
Halle 1704: „Geist-reiches Gsb", hrsg. von Johann Anastasius Frey- linghausen, das einflußreichste Gsb des deutschen evangelischen Pietismus (musikalischer Mitarbeiter unbekannt).
M 668 = 106 107
Halle 1741: die von Gotthilf August Francke besorgte Neu-Ausgabe des Freylinghausenschen Gsb.
M 258 = 144
Haller, Hans-Peter, geb. 1929 in Radolfszell, Studium der evangeli- schen Kirchenmusik (als Katholik) am Kirchenmusikinstitut Hei- delberg und der Musikwissenschaft in Freiburg (Gurlitt) bis 1958, Leiter des Experimentalstudios der Heinrich Strobel-Stiftung des Südwestfunks und Professor an der Hochschule für Musik in Freiburg, Lektor an der Universität Basel, lebt in Denzlingen.
Kv (Q 4) 758,1
Hammarskjöld, Dag, 1905-1961, aus Jönköping (Schweden), Präsi- dent der schwedischen Staatsbank, später im Außenministerium und dann Minister ohne Portefeuille, seit 1953 Generalsekretär der UNO, Träger des Friedensnobelpreises, kam auf mysteriöse Weise bei einem Flugzeugabsturz in der Nähe von Ndola (Sambia) ums Leben.
G 4,5

Die Autoren 865

Hamburg 1598: Lutherisches „New Catechismus Gesangbüchlein", hrsg. von Theodosius Wolder.
M (474)
Hannover 1646: das lutherische „New ordentlich Gsb", bearbeitet von Justus Gesenius und David Denicke.
TM (474)
Hannoversches Gsb, Lüneburg 1657, spätere Ausgabe des vorangehenden.
T (113)
Hannover 1838: „Gsb für katholische Gymnasien" des Fuldaer Gymnasialrektors Nikolaus Bach.
TM (472)
Harbert (Bottländer-Harbert), Rosemarie, geb. 1926, Studium der Pädagogik, Redaktorin einer katholischen Jugendzeitschrift, seit 1955 freiberufliche Schriftstellerin und Journalistin.
T 46 (670)
Harnoncourt, Philipp, geb. 1931 in Berlin, 1949-1954 Studium in Graz und München, Priesterweihe 1954, Seelsorgedienst in der Diözese Graz-Seckau, 1963-1972 Vorstand der Abteilung Kirchenmusik und Lehrbeauftragter für Liturgik und deutschen Kirchengesang an der Musikhochschule Graz, seit 1972 Professor der Liturgiewissenschaft und Vorstand des Instituts für Liturgiewissenschaft, Hymnologie und christliche Kunst an der Theologischen Fakultät der Universität Graz, Mitarbeit in vielen Kommissionen und leitende Verantwortung in mehreren wissenschaftlichen Fachgremien.
Kv (Q 5) 90 = 487 = 719,1
Haßler, Hans Leo, 1564-1612, aus Nürnberg, Studium in Venedig, hervorragender Organist in Augsburg, Prag, Nürnberg, Ulm und Dresden, bedeutend als Komponist geistlicher und weltlicher Werke, von Haus aus katholisch, wurde später lutherisch, starb in Frankfurt/M.
M 179
Heap, Charles, Pseudonym für Hucke, Helmut (s dort)
TM 519
Hechtenberg, Dieter, geb. 1936 in Neufechingen (Saar), Studium an der evangelischen Kirchenmusikschule in Düsseldorf, 1960-68 Kantor und Katechet an der Thomaskirche in Düsseldorf, seit 1969 Kantor, Organist und Musiklehrer in Oppenheim.
TM 272

Hécyrus (eigentlich Schweher), Christoph, nach 1520-1593, 1541-58 Lehrer an der Lateinschule in Budweis, hernach Stadtschreiber, studierte dann Theologie in Prag, 1571 Priester, 1572 Pfarrer in Komotau, 1573-81 in Kaaden, 1581 Dechant in Budweis, seit 1590 Resignat in Prag, Dichter und Bearbeiter von Kirchenliedern, befreundet mit Leisentrit.
TM (549)   *M* (517)
Heermann, Johann, 1585-1647, aus Raudten (Schlesien), lutherischer Theologe und gekrönter Dichter, 1611-1637 Pfarrer in Köben bei Glogau (Schlesien), hernach, zunehmend kränklich, in Lissa (Polen), in viel Leid und Anfechtung bewährt, der bedeutendste evangelische Kirchenlieddichter zwischen Luther und Gerhardt.
T 180 (643)
Helmschrott, Robert Maximilian, geb. 1938 in Weilheim/Oberbayern, Studium der katholischen Kirchenmusik an der Musikhochschule in München, private Kompositionsstudien bei Petrassi (Siena), Froidebise (Lüttich) und Büchtger (München), 1959-1967 im Kirchendienst tätig (Augsburg, Erding, München), 1969-1972 Orgellehrer am Richard-Strauß-Konservatorium der Stadt München, seit 1972 Dozent an der Hochschule für Musik in München, 1967-1969 Aufenthalt in Villa-Massimo in Rom, 1975 Cité d'Arts-Stipendium Paris, 1979 Gründung der „Musica sacra viva München", lebt in Ottobrunn, Komponist (u. a. Orgel-, Kirchen- und Kammermusik).
Kv (Q 6 und 45) 633   646,3   678,1
Henkel, Michael, nennt sich 1838 und 1848 Gesanglehrer am katholischen Gymnasium in Fulda, Mitherausgeber von zwei Gesangbüchern für Gymnasien (s Fulda 1838).
T (472)
Herman, Nikolaus, 1500-1561, aus Altdorf bei Nürnberg, 42 Jahre lang evangelischer Lehrer und Kantor in Joachimsthal (Böhmen), bedeutender Kinder- und volkstümlicher Dichter und Melodieschöpfer.
TM 134   225
T 658   667   705
M 178   579
Herold, Melchior Ludolf, 1753-1810, katholischer Pfarrer in Höinkhausen (Westfalen), Herausgeber des Gsb „Der heilige Gesang...", das zwischen 1803 und 1852 zwanzig Auflagen erlebte.
T (661)   *M* 615

Heyden, Sebald, 1499-1561, aus Bruck bei Erlangen, aufgewachsen in Nürnberg, Studium in Ingolstadt, 1519 Kantor an der Spitalschule zum Heiligen Geist, seit 1525 Rektor der St. Sebaldus-Schule in Nürnberg, mit Dürer, Sachs und anderen Förderer der Reformation, vielgelesener Musiktheoretiker.
T (166)
Hilber, Johann Baptist, 1891-1973, aus Wil (St. Gallen), Musikstudium am Gymnasium Engelberg und am Konservatorium Köln, 1916-1928 Musiklehrer und -direktor am Gymnasium Stans, seit 1928 Chordirigent in Luzern, gründete 1940 dort die schweizerische katholische Kirchenmusikschule, an der er bis 1965 Dozent war, 1950 Dr. h. c. der Universität Freiburg (Schweiz), Komponist weltlicher Chorwerke und Festspielmusiken, vor allem aber kirchlicher Werke, auch als Redner, Schriftsteller und als Wortführer des Cäcilien-Verbandes weit bekannt.
Kv (Q 7) 626,4 = 751,1
Hildesheim, DGsb, 1969
G 10,1   10,3   11,2   (18,5)   22,8   24,2   24,4   28,3   29,4
Hinkmar, um 806-832, einflußreicher Erzbischof von Reims, dem nachträglich die schon um 750 entstandenen „Laudes" (= Lob- und Bittrufe) zugeschrieben wurden.
TM (563)
Hirschfeldt, Ingrid, geb. 1935, seit 1959 evangelische Gemeindehelferin in Frankfurt-Unterliederbach, besonders tätig für Kinderchorarbeit und für neue Lieder.
M 539
Höfer, Albert, geb. 1932 in Lamprechtshausen bei Salzburg, Studium der katholischen Theologie und Philosophie in Salzburg, Wien, München und Graz, Pfarr- und Studentenseelsorger, Professor für Religionspädagogik und Kerygmatik an der Universität Graz, dort auch Direktor der Religionspädagogischen Akademie, Vorstand des Instituts für integrative Gestaltpädagogik und Seelsorge, lebt in Graz.
G 66,9
Hofmann, Ernst, geb. 1904 in Ulm, Studium der katholischen Theologie mit Philologie und Geschichte in Tübingen, München und Freiburg/Br., Dr. phil., nach der Priesterweihe 1928 tätig als Gemeindeseelsorger bis 1970, zuletzt als Pfarrer in Stuttgart,

seither tätig als geistlicher Schriftsteller sowie als Mitarbeiter beim „Gotteslob" und dessen Werkbüchern.
T 605
Hohenfurt 1410 bzw. um 1450: Handschrift aus der Zisterzienser-Abtei Hohenfurt (Böhmen).
M (137) (139) (223)
Holland, mündliche Überlieferung
M 165 298
Hollerweger, Hans, geb. 1930 in St. Georgen im Attergau (Oberösterreich), Studium der katholischen Theologie in Linz und Salzburg, Priesterweihe, 1964-1966 Liturgiewissenschaftliche Studien in Trier, seit 1967 Professor an der Katholisch-Theologischen Hochschule in Linz.
A 773,7 780
Hrabanus (Rabanus) Maurus, um 780-856, aus Mainz, Benediktiner, ausgebildet im Kloster Fulda und bei Alkuin in Tours, Leiter der Klosterschule in Fulda, 822 daselbst Abt, 847 Erzbischof von Mainz, der berühmteste theologische Lehrer und Schriftsteller seiner Zeit in Deutschland, auch gewandter Dichter, dessen Verfasserschaft des für die Aachener Filioque-Synode 809 gedichteten Hymnus „Veni Creator Spiritus" heute gesichert ist.
T 240 (241) (242)
Hucke, Helmut, geb. 1927 in Kassel, 1947-1949 Orgel- (Walter Kraft) und Schulmusikstudium an der Musikhochschule Freiburg/Br., 1948-1952 Studium der Musikwissenschaft an der Universität daselbst, Dr. phil. 1952, 1953-1956 Stipendiat der Görres-Gesellschaft, 1956/1957 Redakteur beim Herder-Verlag, Wissenschaftlicher Assistent an der Universität Frankfurt 1957-1961 und 1964-1967, dazwischen Leiter der Musikabteilung des Deutschen Historischen Instituts in Rom, 1967 Habilitation in Frankfurt, Dozent daselbst, 1969/1970 Visiting Associate Professor an der Brandeis University Waltham (Mass.), seit 1971 Professor an der Universität Frankfurt, 1977/1978 beurlaubt und Visiting Professor an der State University of New York in Stony Brook, seit 1940 im nebenamtlichen katholischen kirchenmusikalischen Dienst tätig, lebt in Friedrichsdorf.
TM 519
Huijbers, Bernard, geb. 1922 in Rotterdam, Komponist niederländischer kirchlicher Vokalmusik, häufig in enger Zusammenarbeit mit

Huub Oosterhuis, Dirigent, längere Zeit Dozent am Ignatius-Kollegium und am Konservatorium Amsterdam und an der Kirchenmusikschule in Utrecht, Mitbegründer der Studiengruppe „Universa Laus", lebt heute in Frankreich.
M 617   621   764
Hummel, Bertold, geb. 1925 in Hüfingen (Baden), Studium an der Musikhochschule in Freiburg/Br. (Komposition bei H. Genzmer, Violoncello bei Atis Teichmanis), 1954-1956 Konzertreisen, 1956-1963 Kantor in Freiburg und freier Mitarbeiter des Südwestfunks Baden-Baden, 1963-1974 Kompositionslehrer am Staatskonservatorium in Würzburg, Leiter des Studios für neue Musik, 1974 Professor und seit 1979 Präsident der Hochschule für Musik in Würzburg, seit 1982 Mitglied der Bayerischen Akademie der schönen Künste, Komponist von Bühnen- und Orchesterwerken, Chor-, Orgel- und Kammermusik, auch elektronischen Werken und von Musik für den Gottesdienst.
M 185   631
Kv (Q 8 und 31)   117,2   118,1   198,1   525
Ignatius von Loyóla, s Loyóla, Ignatius von
Ingolstadt /1613: das Gsb „Paradeisvogel" des Jesuiten Conrad Vetter mit Übersetzungen und neuen Vertonungen alter lateinischer Hymnen und Cantionen.
M 589
Innsbruck 1588: das seit 100 Jahren verschollene Innsbrucker „Catholisch Gesangbüchlein".
M (467) 608
Innsbruck 1640: „Vier schöne newe geistliche Lieder", ein kleines Singheft ohne Verfasserangabe.
TM (595)
Isaak, Heinrich, um 1450-1517, gebürtig aus Flandern, wirkte 1480-94 in Florenz als Domorganist und Hofmusiker der Medici, dann als Hofkapellmeister des Kaisers Maximilian I. in Innsbruck und Wien, seit 1513 wieder in Florenz, einer der urwüchsigsten und genialsten Komponisten seiner Zeit, vielleicht Schöpfer des von ihm mehrfach überlieferten Liedes „Innsbruck, ich muß dich lassen".
M 659 = 503
Island
M 619
Israel
M 270   624

Jäck, Markus Fidelis, war um 1817 katholischer Pfarrer in Triberg (Schwarzwald), Bearbeiter der „Psalmen, Gesänge... und Hymnen", Freiburg/B 1817.
T (206)
Jacopone von Todi, um 1230-1306, aus dem Adelsgeschlecht de Benedetti, Doktor beider Rechte, Advokat in Todi, wurde 1268 Einsiedler, 1278 Franziskaner, schrieb meisterliche Gedichte in altitalienischer und in lateinischer Sprache.
T (584)
Janssens, Peter (eig. Piet), niederländischer Abkunft, geb. 1934 in Telgte bei Münster (Westfalen), Studium an der Musikhochschule Köln und an der Universität Münster, Jugendmusikerzieher, Komponist von Kinderliedern, Theatermusiken und Musicals, dessen kirchenmusikalische Kompositionen durch katholische und evangelische Jugendtreffen und Kirchentage weit bekannt wurden, lebt als Komponist, Musiker und Musikverleger in Telgte.
M 311   534   (Q 9)
Jena 1609: „Ein schön geistlich Gsb", von Melchior Vulpius (s. dort) mit vierstimmigen Kantionalsätzen versehen.
T 662
Jenny, Markus, geb. 1924 in Stein (St. Gallen), Studium der evangelischen Theologie in Basel und Zürich, Dr. theol., reformierter Pfarrer in Saas/GR, Weinfelden und Zürich, seit 1973 in Ligerz (Bern), gleichzeitig Beauftragter für Liturgik und Hymnologie der evangelisch-reformierten Kirchen in der deutschsprachigen Schweiz, seit 1964 Dozent an der Universität Zürich, Hymnologe, Mitarbeiter an evangelischen und ökumenischen Gsb, auch am „Gotteslob", Mitglied der AÖL.
T (108) (139) (242) (244) (622)
M 147
4. Jh: T (257) (706)
5./6. Jh: T 696
6. Jh: T (675) (704)
9. Jh: TM 309   *T* (197) (578, vgl. 596 und Ambrosius Autpertus)
9./10. Jh: T (116)
11. Jh: T (247) 570 (654)   *M* 215   *G* 32,1
11./12. Jh: M 596
um 1100: T (579)
12. Jh: T (550) (576)   *M* 543 = 544 (574/575)

14. Jh: TM 142   T (135) (146) (586)   M (248) (474)
um 1320: T (157)
um 1358: M (474)
15. Jh: T (136) (139) (303) (305)   M (450)
15./16. Jh: T (146)
16. Jh: M (574/575)
um 1525: T (109)
vor 1526: M (480)
17. Jh: M (570)
18. Jh: TM 283
(NB: Im vorstehenden sind nur die Stücke erfaßt, bei denen als Herkunftsangabe lediglich ein Jahrhundert oder eine Jahreszahl gegeben wird; steht ein Orts- oder Personenname dabei, so sind die Stücke dort erfaßt.)
Johannes Angelus, Silesius (= aus Schlesien), mit bürgerlichem Namen Johann Scheffler (s dort).
T 555   558   616
Joseph, Georg, Lebensdaten unbekannt, war Musiker im Dienst des Fürstbischofs von Breslau, komponierte den Großteil der Melodien (mit beziffertem Baß) der „Heiligen Seelenlust" seines Freundes Johann Scheffler (Johannes Angelus, Silesius).
M 555   558
Juhre, Arnim, geb. 1925 in Berlin, nach Kriegsende und Gefangenschaft tätig als freier Schriftsteller, von 1962 an Redakteur im Evangelischen Rundfunkdienst Berlin, von 1969 an Verlagslektor in Wuppertal und seit 1977 im Lutherischen Verlagshaus Hamburg, Erzähler, Lyriker, Autor von Sachbüchern.
T (299) (Juhres Name steht im GL, wurde aber hier im RB weggelassen, weil Juhres Anteil als zu geringfügig erschien.)
Kahlefeld, Heinrich, 1903-1980, aus Boppard, Studium der Philosophie und der katholischen Theologie in Innsbruck, Freiburg/Br. und Tübingen 1921-1928, Dr. phil., 1928 und 1929 Kaplan in Leipzig Gohlis und St. Trinitatis, zugleich Religionslehrer für die Oberschule, mit Lehrauftrag am Pädagogischen Institut der Universität und Mitarbeit an der Akademikerseelsorge, auch Vorlesungen an der Görresschule, 1930 Mitbegründer des Leipziger Oratoriums, 1940 in Berlin, nach Krieg und Gefangenschaft 1948 zu den Mitbrüdern in München Solln, bis 1959 Burgleiter in Rothenfels, 1953 Mitglied der Perikopenkommission der Deutschen

Bischöfe, 1954 Superior des Münchner Oratoriums, 1954 Dozent für NT und von 1965-1973 Direktor beim IKH, schrieb viele liturgische Texte, starb in Oberursel.
M (449)
T (440-442)
Kempf, Georg(es) Alfred, geb. 1916 in kleinbäuerlichen Verhältnissen, als Spätberufener Eintritt in das evangelische Missionsseminar Hermannsburg (Niedersachsen), nach dem Abitur 1940 Studium der evangelischen Theologie in Erlangen und Tübingen, dann Pastor zweier Landgemeinden im Elsaß, von 1946-1964 zugleich Redaktor der Zeitschriften „Fraternité évangélique" und „Le messager évangélique".
T 268
Kempten um 1000: Hymnar aus dem ehemaligen Benediktinerkloster Kempten, jetzt in der Zürcher Zentralbibliothek, das älteste lateinische Hymnar aus dem deutschen Sprachraum mit Melodien (was nicht bedeutet, daß die dort erstmals überlieferten Melodien aus dieser Zeit stammen müssen).
M 116   240   279   (M 696 nicht, Irrtum)
Khuen (Kuen), Johann, um 1606-1675, wurde 1630 Hauskaplan des Grafen von Wartenberg, 1631 Benefiziat in München, begabter Dichter und Komponist geistlicher Liederzyklen (s. a. München 1637).
T (588)   *M* 661
„Kirchenlied", eine Auslese geistlicher Lieder, hrsg. von Josef Diewald, Adolf Lohmann und Georg Thurmair, 1. Bändchen Freiburg/ Br. 1938, 1948 und 1962; 2. Bändchen 1967, bedeutsame private Sammlung, aus welcher viele Stücke in die offiziellen E-Lieder 1947 und dann in die „Gemeinsamen Kirchenlieder" 1973 und in das „Gotteslob" 1975 kamen.
T 109 (135)
M 135
KKG: „Kirchengesangbuch. Katholisches Gesang- und Gebetbuch der Schweiz", 1966
T (661)
Kv (Q 39)   253,1   478   527,1.3.4   530,8   743,1
A 781
GS 62
Kleber, Leonhard, um 1490-1556, wirkte in Horb, Eßlingen und

Pforzheim, württembergischer Organist, dessen handschriftliche Orgeltabulatur von 1524 zahlreiche deutsche Lieder sowie Stücke zeitgenössischer Meister enthält.
M (305)

Klein, Peter Joseph, geb. 1913 in Offenbach Bieber, Studium der Philosophie und der katholischen Theologie am Priesterseminar Mainz, von 1938-1950 Kaplan und Pfarrverwalter an mehreren Orten im Bistum Mainz, seit 1950 Pfarrer in Lützelbach (Odenwald), Initiator und Mitherausgeber der Hefte „Singende Gemeinde" und „50 Gesänge zu Meßfeier und Wortgottesdienst mit Kindern".
T (504) (507) (510) (586)

Klein, Richard Rudolf, geb. 1921 in Nußdorf (Pfalz), Musikstudium (Komposition und Dirigieren) in Trossingen und Stuttgart, Privatstudium bei Wolfgang Fortner, 1948/49 Tonsatzlehrer an der Musikhochschule in Stuttgart, dann bis 1960 an der Nordwestdeutschen Musikakademie Detmold, seit 1960 an der Musikhochschule Frankfurt/M, Professor 1965, umfangreiches kompositorisches Schaffen auf allen Gebieten, vom Kinderlied bis zum Orchester- und Bühnenwerk.
Kv (Q 10) 626,5

Klepper, Jochen, 1903-1942, aus Beuthen an der Oder, nach evangelischem Theologiestudium tätig für Presse und Rundfunk bis 1933, dann freier Schriftsteller in Berlin, wegen seiner Ehe mit einer Jüdin durch den nationalsozialistischen Terror in den Tod getrieben.
T 111   157   290

Knorr von Rosenroth, Christian Anton Philipp, 1636-1689, aus Alt-Raudten (Schlesien), Gelehrter, Forscher, mystischer Dichter und Staatsmann, Alchimist und Kabbalist, nach weiten Reisen, obwohl selbst evangelisch, Hofrat des katholisch gewordenen Pfalzgrafen zu Sulzbach (Oberpfalz).
T 668

Knotzinger, Kurt, geb. 1928 in Wien, Musikstudium am Konservatorium und an der Hochschule für Musik (bei Ernst Tittel und Anton Heiller), dann Studium der katholischen Theologie, 1961 Dr. theol., seit 1966 Spiritual (Religionslehrer), Musiklehrer und Chorleiter am Diözesan-Seminar Sachsenbrunn (Niederösterreich), Leiter von Singwochen.
M 285

Koler, Johann, Lebensdaten unbekannt, war um 1600 „Schulmeister zu Dachau", hinterließ ein handschriftliches „Christliches Catholisches Rufbüchl" (1601), das volkstümliche „Rufe" samt Melodie enthält.
M 518
Köln 1623: „Auserlesene Catholische Geistliche Kirchengesäng", heute verschollenes Jesuitengsb.
M 219 585 (606)
Köln 1638: „Geistlicher Psalter" mit vielen Liedern von Spee, einflußreiches Gsb, das bekannteste katholische Gsb der Barockzeit, bis zu Beginn des 19. Jh immer wieder aufgelegt.
TM 547
M (140) 584
Köln 1642: „Psalteriolum harmonicum", mehrstimmiges katholisches Chorgesangbuch, bearbeitet von Jakob Gippenbusch (s dort).
T 306
Köln 1727: Wallfahrtsbüchlein „Geistlicher Wegweiser der Prozession nach Kevelaer", verfaßt von Pastor Johannes Fenger.
T 703
Köln 1741: Heinrich Lindenborns Gsb „Tochter Sion", das lauter Lieder im neuen Stil enthält, teils von ihm, teils von befreundeten Dichtern und Musikern.
M 245
Köln 1844: das schon 1841 erstmals erschienene katholische Gebet- und Gsb. „Die christliche Gemeinde in der Andacht", hrsg von Pfarrer Peter Christian Schnepper.
M (206)
Köln 1852 und 1853: das schon 1852 erstmals erschienene „Kölnische Gsb" des Albert Gereon Stein (Orgelbuch dazu 1869).
T (573)
M (472)
Königsberg 1598: Johann Eccards, des evangelischen preußischen Hofkapellmeisters in Königsberg „Preußische Festlieder", in denen sich der *T* 559 anonym erstmals findet
Konstanz 1594/1600: „Catholisch Gesangbüchlein, bey dem Catechismo... sehr nutzlich zu gebrauchen", erstmals 1594 erschienen, Neuausgabe 1600.
T (182) (576)

Die Autoren 875

Konstanz 1613: erweiterte Auflage des Gsb Konstanz 1600.
M 587
Krawinkel, Walter, Msgr., geb. 1906 in Münster, Studium der katholischen Theologie an der Universität Innsbruck, Priesterweihe 1930, 1931 Kaplan in Heeßen (Westfalen), 1933 an Liebfrauen in Leipzig, 1938 Kuratus an Franz Xaverius in Berlin, 1949 Pfarrer, von 1948-1953 Häftlings-, danach Studentenseelsorger, seit 1967 Domzeremoniar an der Hedwigskathedrale in Berlin, Vorsitzender der Arbeitsgemeinschaft für pastorale Aufgaben der Liturgie im Bistum Berlin und Sekretär der Liturgischen Kommission der Berliner Ordinarienkonferenz.
G 59,1
GS 62
Kronberg, Gerhard, geb. 1913 in Ocsad (Ungarn) als Sohn eines oberschlesischen Forstbeamten, musikalische Ausbildung am Konservatorium Gleiwitz (Oberschlesien) und an der Kirchenmusikschule Regensburg, langjährige Tätigkeit in der katholischen Jugendbewegung (Quickborn), wobei er Anregungen zur Pflege des Volksliedes empfing, die sich in seinen Liedern und Chorsätzen, ganz besonders in seinen deutschen Antiphonen niederschlagen, später Musiklehrer an Mittelschulen und Seminarien, jetzt Chorleiter und Organist an der Salvatorkirche und als Musiklehrer an der Mädchenschule der Franziskanerinnen in Nördlingen.
Kv (Q 11) 712,1 728,1 761,1
Kronenberger, Albrecht, geb. 1940 in Würzburg, Studium der katholischen Theologie in Eichstätt, Frankfurt (St. Georgen) und Speyer, 1966 Priesterweihe daselbst, seither Oberstudienrat im Kirchendienst und Fachlehrer für Religion am Staatlichen Leibniz-Gymnasium in Neustadt an der Weinstraße, lebt in Neustadt (Haardt).
M (455)
Kronsteiner, Josef, geb. 1910 in Losenstein (Ennstal), Musikstudium am Priesterseminar in Linz und in Wien (Lechthaler, Tittel), später in Leipzig (Straube, David), Priesterweihe 1933, zuerst zehn Jahre in der Seelsorge tätig, dann Musikprofessor in Linz (Gymnasium „Petrinum", Priesterseminar, Bruckner-Konservatorium), seit 1943 Dirigent des Domchors, 1957-1974 Landespräses des ACV in Österreich, einer der profiliertesten österreichischen Kirchenmusiker und Kirchenmusikkomponisten unserer Zeit,

Mitarbeiter am „Gotteslob", komponierte zahlreiche Messen, lateinische und deutsche Proprien.
M 429-432

Kukuck, Felicitas, geb. 1914 in Hamburg, Musikstudium in Berlin (Hindemith), wirkt als Musikpädagogin, Pianistin und Komponistin in Hamburg, schrieb u. a. viele Lieder und andere Werke für Kinder.
M 299

Kulla, Hans, 1910-1956, wirkte als Studienrat an höheren Schulen in Bamberg, war sehr bemüht um die Förderung und Hebung des Volksgesanges, besonders in den Kreisen der Jugendbewegung und der studierenden Jugend, schuf viele mehrstimmige Sätze zu Volksliedern und eigene Melodien.
M 538

Kuntz, Michael, geb. 1915 in München, Ausbildung an der Hochschule für Musik in München mit Hauptfach Komposition bei Joseph Haas, nach dem Krieg Studium der katholischen Kirchenmusik an der Hochschule für Musik in München, von 1948 bis 1983 Kirchenmusikdirektor bei St. Martin in Landshut (Niederbayern), Mitglied der Kirchenmusikkommission in München (Erzdiözese München-Freising), Komponist von geistlichen und weltlichen Kantaten, Chorsätzen zum GL, sowie Orgelwerken und Jugendmusik, lebt in Landshut.
Kv (Q 12) 601,1 603

Lahusen, Christian, 1886-1975, geb. in Buenos Aires, Studium am Leipziger Konservatorium, zuerst Kapellmeister in München, Hamburg und Frankfurt/M, erfolgreich mit Ballett- und Bühnenmusiken, beginnt nach einigen Jahren musikalischen Weiterstudiums in Berlin und nach seiner Übersiedlung nach Überlingen, wo er seit 1931 als Chorleiter und Musiklehrer wirkte, wieder zu komponieren, nun fast aussschließlich Lieder und Chorwerke.
M 590

Langton, Stephan, um 1150-1228, aus England, studierte in Paris, wurde dort nach 1180 Professor der Theologie und der Exegese, 1206 Kardinal, seit 1207 Erzbischof von Canterbury.
T 243 (244)

Layritz, Fridrich, 1808-1859, aus Nemmersdorf (Oberfranken), evangelischer Pfarrer in mehreren bayrischen Orten, zuletzt in Schwandorf.
T (132)

Leipzig um 1500: der sog. Apelsche Mensuralcodex, ein mehrstimmiges liturgisches Chorbuch.
M 181
Leipzig 1539: erstes offizielles evangelisches Leipziger Gsb „Geistliche Lieder auffs new gebessert und gemehrt zu Wittenberg", gedruckt bei Valentin Schumann, ein wenig erweiterter Nachdruck von Luthers Wittenberger Gsb.
M 138 (ohne Zweifel von Luther)
Leipzig 1573: Lutherisches Gsb, gedruckt bei Johannes Martroff.
M (599)
Leipzig 1581 ist bei M 559 ein Irrtum; es muß 1573 heißen.
Leipzig 1597 bei T 559 ist ein Irrtum; diese Quelle enthält den Text noch nicht.
Leisentrit, Johannes, 1527-1586, aus Olmütz (Mähren), seit 1559 Kanonikus und Domdekan in Bautzen, seit 1560 Generalvikar der beiden Lausitzen, ein kluger, mutiger und ökumenisch gesinnter Verteidiger der katholischen Lehre durch Wort und Schrift, Sammler und Bearbeiter von Kirchenliedern, Hrsg des schönsten und bedeutendsten katholischen Gsb im 16. Jh (1567).
T (146) (228) (593)
M (187) (220) (229) 303 (?) 515
Leist, Marielene, geb. 1925 in Köln, Studium der Germanistik, Dr. phil., 1963-1971 Studium der Psychotherapie an der Akademie für Psychoanalyse und Psychotherapie in München, Hausfrau und Mutter, Psychoanalytikerin in freier Praxis, katholische Schriftstellerin, lebt in München.
G 22,1   22,3
Liber de ordinatione, deutsche Ausgabe 1971
G 71,2
Liepelt, Maria, geb. 1923 in Bad Honnef, Studium der Germanistik, Philosohie und Psychologie an der Rheinischen Friedrich-Wilhelm-Universität, Dr. phil., 1951-1955 Haus Altenberg und Düsseldorf, Redakteurin der ZS „morgen" und Mitarbeit bei „Wacht", Hausfrau und Mutter, freie journalistische Mitarbeit bei „morgen" und „Frau und Mutter", seit 1971 Gymnasiallehrerin für Deutsch und katholische Religionslehre am Petersberggymnasium in Königswinter, lebt in Bad Honnef.
G 25,6
Limburg 1931: Limburger DGsb
T 467   *Kv* (Q 49) 647,1

Lindenborn, Heinrich, 1712-1750, aus Köln, gelehrter Journalist, Satiriker und Dichter, zuletzt in Bonn, geschworener Gegner der alten Kirchenlieder.
TM (245)
Lipphardt, Walther, 1906-1981, aus Wiescherhöfen bei Hamm (Westfalen), Studium der Musikwissenschaft, Germanistik und Geschichte in Heidelberg und Freiburg/Br., Mittelschullehrer und Schulmusiker, daneben Dozent für Musikgeschichte und Kirchenmusik an der Hochschule für Musik in Frankfurt/M, Hymnologe, Erforscher und Herausgeber alter, vor allem liturgischer Musik, Vorkämpfer für die Erneuerung der katholischen Liturgie und Kirchenmusik, Mitglied der SK IA für das GL und der AÖL, Ehrendoktor der Theologischen Fakultät der Universität Graz.
Kv (Q 13)   203,1   204,2
Lissner, Anneliese, geb. 1925 in Remscheid, Studium der Germanistik, Philosophie und der katholischen Theologie in Breslau, Dillingen (Donau) und Würzburg, Dr. phil. Tätigkeit als Journalistin, seit 1973 Generalsekretärin der Katholischen Frauengemeinschaft Deutschlands, lebt in Monheim-Baumberg.
G (21)   22,4.5   24,1   781,5   783,4.8
A 781,5   783,4.8   789,3   790,1.3
Lobwasser, Ambrosius, 1515-1586, aus Schneeberg (Sachsen), Dr. iur. beider Rechte in Königsberg, Autor der ersten vollständigen Übertragung des Genfer Psalters ins Deutsche (1573), die für 200 Jahre das maßgebende Gsb der Reformierten deutscher Zunge wurde.
T (269)
Lohmann, Adolf, 1907-1983, aus Düsseldorf, nach dem Studium im Schuldienst, hauptsächlich in Düsseldorf tätig, 1937-1949 in Goch am Niederrhein, seit 1926 in der Musikarbeit der katholischen Jugend im Haus Altenberg, Mitarbeit in der Singbewegung, Mitherausgeber von Kirchenlied I und II, Komponist von Liedern, Chor- und Instrumentalsätzen, starb in Düsseldorf.
M 169   268   656
Lohmann, Gustav Karl Robert, 1876-1967, aus Witten (Ruhr), 1910-18 evangelisch-freikirchlicher Pfarrer in Remscheid-Lüttringhausen und 1918-1946 in Stolberg bei Aachen.
T 622
Lossius, Lucas, 1508-1582, aus Vacha (Hessen), Mitarbeiter des Lüneburger Reformators Urbanus Rhegius, Lehrer (u. a. für

Musik) und später Rektor der Lateinschule „Johanneum" daselbst, Hrsg der „Psalmodia", einer bedeutenden und weitverbreiteten Sammlung meist lateinischer einstimmiger evangelischer Kirchengesänge.
M (146)

Lotz, Hans Georg, geb. 1934 in Gießen, Musikstudium (Klavier, Komposition) in Hamburg, seit 1962 daselbst Dozent am Konservatorium, daneben Chorleiter einer evangelisch-freikirchlichen Gemeinde in Altona.
M 168

Loyóla, Ignatius von (Iñigo López de Oñaz y Loyóla), 1491-1556, aus baskischem Adelsgeschlecht, 1506/1507 Page beim Großschatzmeister des spanischen Königs in Arévalo, 1517 Offizier, nach äußeren (Kriegsverletzung) und inneren Krisen Büßer auf dem Montserrat, 1523 Pilgerfahrt über Rom und Venedig nach Jerusalm, danach Studien in Barcelona und auf den Universitäten von Alcalá und Salamanca, später Theologiestudium in Paris, wo er erstmals durch seine Exerzitien Gleichgesinnte um sich zu sammeln beginnt, 1537 zum Priester geweiht und Seelsorgetätigkeit in Vicenza und Rom, päpstliche Bestätigung der „Compañía de Jesús", deren erster Ordensgeneral er wird, 1609 selig- und 1622 heiliggesprochen, ein von der deutschen Mystik des Mittelalters geprägter hochbegabter Seelsorger.
G 5,3 (?) 5,6

Lüneburg 1668: „Lüneburgisches Gesangbuch", 2002 Lieder mit nur 110 Melodien enthaltendes lutherisches Gsb, bearbeitet von Friedrich Funke.
M (257)

Luther, Martin, 1483 oder 1484-1546, aus Eisleben, Student der Rechte, 1505 Augustiner in Erfurt, 1507 Priester, Dr. und Prof. der Theologie in Wittenberg, Führer der deutschen Reformation, hat der evangelischen Christenheit deutscher Zunge außer der deutschen Bibel auch das deutsche Gesangbuch geschenkt und das Gemeindelied zum gültigen Bestandteil der Liturgie gemacht, womit er weit über die konfessionellen Grenzen hinaus wirkte, Autor von Kirchenliedern und anderen Gemeindegesängen, die er zum Teil selbst mit Melodien versah.
T 130 (163) 310 (482) (494) (654)
M (130?) 141 163 (310) 482
TM 138

Luxemburg 1768: Anhang zum lateinischen Kyriale.
M 541 (zur Cantio Dulcis Jesu, dulce nomen)
Lyon 1547: „Pseaumes cinquante... mis en musique par Loys Bourgeoys à 4 parties", erste vierstimmige Ausgabe zum reformierten Genfer Psalter, für manche M aus der verschollenen zweiten Genfer Ausgabe von 1543 die älteste erhaltene Quelle.
M 302
Lyon 1557: weltliche Chanson-Sammlung „Recueil des plusiers chansons divisé en trois parties".
M 113
Mainz um 1390 (nicht erst um 1410 oder um 1400?): handschriftliches Prozessionale (Gsb für Prozessionen), ehemals im Franziskanerkloster Miltenberg (Unterfranken), entstanden in Mainz.
TM (222)
M 494
Mainz um 1587: handschriftliches Gebetbüchlein des Kartäuser-Fraters Conradus in Mainz, einst im Besitz der Trierer Kartause.
T (132)
Mainz 1605: „Catholisch Cantual oder Psalmbüchlein", volkstümliches Gsb, oft neu aufgelegt.
TM 186
Mainz 1712: „Allgemeines Gsb", hrsg von Martin con Cochem, erstmals erschienen 1683, seit 1697 überdiözesanes Gsb, bis 1821 immer wieder neu aufgelegt.
M 573
Mainz 1952: DGsb
Kv (Q 38 und 48) (151,1.2) 355,4 466 471 530,6 723,1 748,1
Mainz 1947: „Einheitslieder der deutschen Bistümer" (sog. E-Lieder), Freiburg/Br. und Mainz 1947.
TM (581)
T (291) (468)
M (222) (241)
Mainzer Arbeitskreis: die T-Bearbeiter von „Singende Gemeinde" (s dort)
de Marez-Oyens-Wansink (jetzt: Arnoni-Wansink), Tera (= Woltera), geb. 1932 in Velsen (Niederlande), Musikstudium am Konservatorium Amsterdam, Kantorin der Hervormde-Gemeinde in Hilversum, Dozentin daselbst am Musik-Lyzeum und Dirigentin

des Hilversumer Kammerchors, Komponistin (Werke für Orchester, Chor, Kammermusik, elektronische sowie Kirchen- und Kindermusik).
M 300
Marti, Kurt, geb. 1921 in Bern, reformierter Pfarrer in Leimiswil (Bern), Niederlenz (Aargau) und 1961-1983 an der Nydegg-Kirche in Bern, Dr. theol. h. c., weit über die Schweiz hinaus bekannter Dichter und Schriftsteller, lebt im Ruhestand in Bern.
T 299
Martin von Cochem (urspr. Linius), 1634-1712, aus Cochem an der Mosel, Kapuziner, 1682-1685 erzbischöflicher Visitator für Mainz, 1698-1700 für Trier, einflußreicher Prediger, Volksmissionar und Volksschriftsteller, Kenner und Förderer des deutschen Kirchenliedes, Hrsg eines oft aufgelegten Gsb (s Mainz 1712), starb in Waghäusel bei Bruchsal.
M (573)
Marx, Hans W., Pseudonym.
T (639)
Marx, Karl, geb. 1897 in München, Studium der Musik an der dortigen Akademie der Tonkunst, wo er bis 1939 auch Lehrer für Musiktheorie war; bis 1945 Kompositionslehrer an der Hochschule für Musikerziehung in Graz und dann bis 1966 Professor für Komposition und Leiter der Abteilung für Schulmusik an der Stuttgarter Musikhochschule, einer der namhaftesten Komponisten der Jugendmusikbewegung.
Kv (Q 14) 760,1
Medingen um 1320, um 1350, um 1380, um 1460: handschriftliche liturgische Stundenbücher mit einzelnen deutschen Kirchenliedern aus dem Zisterzienserinnenkloster Medingen bei Lüneburg.
TM 130 (T um 1380, M um 1460)
T 223 (um 1380) (494) (um 1350)
M 137 (um 1320)
Meier, Heinrich, 1584-1658, aus Seesen (Harz), Ausbildung als Färber, welchen Beruf er in Soest 8 Jahre ausübt, 1615 Gymnasiallehrer daselbst, seit 1622 evangelischer Pfarrer in Dinker bei Soest, Hrsg des Hsb. „Hauß-Capell", Frankfurt/M 1647, dessen Texte größerenteils auf weltliche Melodien gedichtet sind, zu welchen auch die *M* (588) zählt, die allerdings schon 1631 geistlich verwendet wurde.
Menschick, Wolfram, geb. 1937 in Pielenhofen bei Regensburg,

Studium an der Staatlichen Hochschule für Musik in München, seit 1968 Domkapellmeister und Domorganist in Eichstätt.
M 552

Meßantiphonar, deutsches, 1951
T (217)

Meßbuch, deutsches, 1975
T 362   363/364

Metschnabl, Paul Joseph, geb. 1910, Studium der Medizin, Philosophie und der katholischen Theologie in München und Bamberg, Kaplan, 1946-1980 Domkapellmeister in Bamberg, Komponist, lebt in Bamberg.
Kv (Q 15) 664,1

Meyer, Hans Bernhard, geb. 1924 in Mannheim, Studium der Philosophie und der katholischen Theologie in Freiburg/Br. und im Berchmanskolleg in Pullach bei München, an der Philosophischen Hochschule SJ Chantilly bei Paris, an der Philosophisch-Theologischen Hochschule SJ St. Georgen, Frankfurt/M und an der Universität Innsbruck, 1946 Eintritt in die Gesellschaft Jesu, 1956 Priesterweihe, 1957/1958 Studienaufenthalte in Salamanca, 1959-1961 in München, Rom, Trier und Tübingen, 1959 Dr. theol., seit 1962 Schriftleiter der „Zeitschrift für katholische Theologie", 1964 Dozent, 1966 Professor für Moraltheologie an der Universität Innsbruck, 1966-1969 Vorstand des Instituts für Moraltheologie und christliche Gesellschaftslehre, seit 1969 Professor für Liturgiewissenschaft in Innsbruck und 1978 Vorstand des Instituts für Liturgiewissenschaft.
T (Q 9) 534   *GS* 61   *G* 59,3.6   60,5   *KT* 58

Michelangelo, Buonarotti, 1475-1564, aus vornehmer Florentiner Familie, geb. in Caprese, Schüler des Malers Ghirlandajo und des Bildhauers Bertoldo, seit 1496 hauptsächlich in Rom, der größte Maler und Bildhauer der italienischen Spätrenaissance, als Architekt Retter und Vollender des Neubaus des Petersdoms, hat sich auch als begabter Dichter einen Namen gemacht.
G 11,3

Miller, Gabriele, geb. 1923 in Winzingen, Kreis Göppingen, Studium an der Pädagogischen Hochschule in Reutlingen, 1949-1953 Studium der katholischen Theologie in Tübingen, Dr. theol., Religionslehrerin in Tübingen, seit 1948 Studienrätin im Bischöflichen Ordinariat in Rottenburg, Religionspädagogin, als

theologische Beraterin im Amt für Öffentlichkeitsarbeit, lebt in Rottenburg.
G (7,5)

Misch, Conrad, geb. 1934 in Helbra, Kreis Eisleben, Studium der katholischen Kirchenmusik in Halle, Weimar und Frankfurt/M, 1958-1962 Cembalostudien daselbst, 1958-1977 Kantor, 1965 Kirchenmusikdirektor an St. Michael in Frankfurt, 1971-1973 Studien in Stimmtherapie- und Sprechwissenschaft in Mainz und München, seit 1978 Kantor an Cantate Domino in Frankfurt.
Kv (Q 16) 755,1
Missale Romanum 1474
T (206)
Missale Romanum 1975
M (362)   *TM* 376-379   *G* 7,7
Missa pro defunctis
M 653
Mittelalter
G 375,1

Mitterdorfer, Toni, geb. 1937, Studium der katholischen Theologie an der Universität Innsbruck, Seelsorgetätigkeit in Zams bei Landeck, seit 1966 geistlicher Erzieher am Studienheim Paulinum in Schwaz, 1971/1972 Studium der Liturgiewissenschaft in Innsbruck (H. B. Meyer), Erziehertätigkeit (Schwerpunkt: Musikalische Freizeitbeschäftigung und musikalische Ausgestaltung der Liturgie), Lehrtätigkeit an der religionspädagogischen Akademie in der Ausbildung für Kirchengesang und Liturgie.
T 789,1

Mohr, Josef, 1792-1848, aus Salzburg, Priester, um 1818 Kaplan (Kooperator) in Oberndorf bei Salzburg, 1827 Pfarrer in Hintersee, 1837 in Wagrain bei Salzburg, befreundet mit F. X. Gruber.
T 145

Mohr, Joseph, 1843-1892, aus Siegburg (Rheinland), 1853-1882 Jesuit, dann Weltpriester, Erneuerer des deutschen Kirchenliedes nach den Reformplänen des Allgemeinen Cäcilienvereins, unermüdlicher Sammler und Bearbeiter, auch Hrsg einflußreicher Gsb, von denen zwei in mehreren Diözesen als offizielle Gsb übernommen wurden
T (245) (595) (608) (639)
M (220) 639

Moosburg um 1360 (nicht: um 1365): handschriftliches Graduale des ehemaligen Chorherrenstifts Moosburg (Bistum Freising), geschrieben 1354-1360, in dessen Anhang für die Klosterschüler bestimmte volkstümliche Cantiones aufgezeichnet sind.
M (135)
Morus (More), Thomas, 1478-1535, aus London, mit 26 Jahren Parlamentsmitglied, Vertrauter und seit 1529 Lordkanzler König Heinrichs VIII., mit Erasmus und Holbein befreundet, der Reformation gegenüber ablehnend, widerspricht aus religiösen Gründen der Ehescheidung des Königs und dessen Oberhoheit über die Kirche und wird deshalb eingekerkert und hingerichtet, was er glaubensstark und zuversichtlich erträgt und wodurch er einer der Märtyrer der Neuzeit wird, 1886 selig- und 1935 heiliggesprochen.
G 8,3 (Morus zu Unrecht zugeschrieben, s Webb, Th.)
Moufang, Christoph, 1817-1890, katholischer Theologe, jahrzehntelang Professor der Moral und Pastoral am Priesterseminar Mainz, einflußreicher Sozialpolitiker und Parlamentarier im Reichstag, Prediger und Schriftsteller.
T (221)
Mozarabische (spanische) Singweise
M 363
Müller, Michael, Pseudonym
Kv (Q 30) 649,1 709,1 713,1 717,1 = 725,1 742,2 = 759,1 745,1 = 752,1
München 1637: „Drei geistliche Lieder" von Johannes Khuen (s dort).
M 661
mündlich überliefert
TM 16,9 282
Münster (Westfalen) 1677: „Münsterisch Gsb", sehr umfangreiches Gsb, mit 304 Liedern zur Meßfeier (auch für das Hochamt) sowie für die verschiedenen Zeiten und Feste des Kirchenjahres.
TM 551
Müntzer (Münzer), Thomas, 1490-1525, aus Stolberg (Harz), zuerst Weltpriester, Seelsorger in Frauenklöstern, 1520-21 evangelischer Pfarrer in Zwickau, 1523-24 in Alstedt (Thüringen), schuf 1523/24 die erste vollständig deutschsprachige Liturgie, wurde aber Luthers Gegner, geistlicher Führer der aufständischen thüringischen Bauern, nach deren Niederlage in Mühlhausen/Thüringen hingerichtet.
T (116)

Neander (eig. Neumann), Joachim, 1650-1680, aus Bremen, pietistischer reformierter Theologe, 1674 Rektor der Lateinschule und Prediger in Düsseldorf, 1679 Prediger in Bremen, Schöpfer eines Gsb („Glaub- und Liebes-Übung" 1680), nach ihm wurde das Neandertal bei Düsseldorf benannt, der Fundort des prähistorischen Neandertalmenschen (1856).
  T 258
Neumark, Georg, 1621-1681, aus Langensalza (Thüringen), erst Hauslehrer, dann in Königsberg Studium bei Simon Dach und Heinrich Albert, hierauf Schriftsteller in Danzig und Thorn, seit 1652 Hofbibliothekar des Herzogs von Weimar, Jurist, Dichter und Musiker.
  TM 295
Newman, John Henry, 1801-1890, aus London, Studium der Rechte, dann der anglikanischen Theologie in Oxford, als Vikar in Oxford der Begründer des Traktarianismus, der den Weg der anglikanischen Kirche zwischen Rom und dem Protestantismus als den wahren pries, 1845 Übertritt zur römisch-katholischen Kirche und 1847 in Rom zum Priester geweiht, dann Rektor der katholischen Universität in Dublin, 1879 Kardinal, zuletzt in einem Kloster bei Birmingham als hochangesehener theologischer und religiöser Schriftsteller lebend.
  G 5,4   18,6   27,2   375,2   787,3
Nicolai (eig. Rafflenböhl), Philipp, 1556-1608, aus Mengeringhausen (Waldeck), lutherischer Theologe, Dr. theol., Pfarrer in Herdecke (Ruhr), wo er dem katholischen Widerstand weichen mußte, dann Erzieher in Wildungen, Pfarrer in Unna (Westfalen), seit 1601 Hauptpfarrer an St. Katharinen in Hamburg, bekämpfte in Wort und Schrift das reformierte Bekenntnis ebenso scharf wie das römisch-katholische, hat aber seinen Glauben in der Not der Pestzeiten bewährt.
  TM 110   *T* (554)   *M* 554
niederländische Volksweise: M 298
Niege, Georg, 1525-1589, aus Allendorf an der Werra (Hessen), nach humanistischen und musikalischen Studien 1546 Landsknecht auf evangelischer Seite, im Schmalkaldischen Krieg Hauptmann in mehreren Feldzügen, dazwischen Verwaltungsbeamter in Buxtehude, Stade, Minden, Lage, Herford, zuletzt in Rinteln (Nieder-

sachsen), hinterließ fünf Bände eigener Dichtungen (zwei Bände mit geistlichem Inhalt), manche von ihm selber vertont.
T (669)

Niklaus von Flüe, 1417-1487, aus dem Flüeli ob Sachseln (Obwalden), bäuerlicher Herkunft, diente der Heimat als Soldat, Ratsherr, Richter und Tagsatzungsabgeordneter, fühlte sich als Fünfzigjähriger zur Mystik der Gottesfreunde hingezogen und verließ seine Familie, um sein Leben als Einsiedler und Asket in der nahegelegenen Ranft-Schlucht zu beschließen, von wo aus er als Mahner zum Frieden 1481 seine Stimme mit Erfolg erhob, als Landespatron der Schweiz 1947 heiliggesprochen.
G 5,1

Nikolasch, Franz, geb. 1933 in Millstatt/See, Studium der Philosophie und Theologie an der Gregoriana in Rom, Dr. theol., seit 1961 Seelsorgetätigkeit in Kärnten, dann Dozent für Liturgiewissenschaft an der Theologischen Lehranstalt in Klagenfurt und Rektor des Bildungsheims der Diözese Gurk-Klagenfurt; 1965 an der Theologischen Fakultät der Universität Salzburg habilitiert, seit 1968 ordentlicher Professor für Liturgiewissenschaft und Sakramententheologie daselbst.
KT 55

Nordhues, Paul, geb. 1915 in Dortmund, Studium der Philosophie und Theologie in Paderborn und Würzburg, 1945-1952 Vikar, 1952-1961 Subregens und Regens, seit 1961 Weihbischof der Erzdiözese Paderborn, Mitglied der Internationalen Liturgischen Arbeitsgemeinschaft und der Liturgischen Kommission der Bischofskonferenz, Vorsitzender der Hauptkommission für das Einheitsgesangbuch (bis 1975), katholischer Vorsitzender der Arbeitsgemeinschaft für ökumenisches Liedgut.
KT 72

Nürnberg 1544: s Böhmische Brüder
M 557

Nürnberg 1555: „Zwey hübsche newe Lieder" (evangelische geistliche Lieder).
T 659

Nürnberg 1556: „Teutsche Liedlein" (weltliche Lieder) des Georg Forster. Im Werkbuch-*Kommentar* zu GL 644 wird das im Kopf genannte „Nürnberg 1556" nicht erwähnt, dafür das Gsb der

Böhmischen Brüder von 1541, also eine noch zu behebende Diskrepanz!
M 644
Nürnberg 1676: das evangelische Nürnbergische Gsb 1676.
M (643)
Nürnberg 1854: Evangelisch-lutherisches Gsb für Bayern.
M (643)
Olivaint, Pierre, 1816-1871, aus Paris, in seiner Jugend areligiös, 1845 Jesuit, 1850 Priesterweihe, Lehrer und dann Rektor am Collège de Vaugirard in Paris, fiel einem Massaker während des Deutsch-Französischen Kriegs zum Opfer.
G 6,6
Olmütz um 1500: vom Franziskaner Rafel Hanisch zwischen 1505 und 1530 in Olmütz geschriebene Liederhandschrift, heute in der Benediktinerabtei Pannonhalma (Ungarn).
TM (581)
Oosterhuis, Huub, geb. 1933 in Amsterdam, eine Zeitlang Jesuit, Führer der Amsterdamer Studenten-Ekklesia, schrieb viele neuzeitliche geistliche Lieder in enger Zusammenarbeit mit seinem Kollegen Bernard Huijbers (s dort).
T (74) (183) (298) (300) (617) (621) (764)
G 7,1.2.4   26,1
Oser, Friedrich, 1820-1891, aus Basel, reformierter Pfarrer in Waldenburg (Baselland), an der Strafanstalt Basel, zuletzt in Benken (Baselland), volkstümlicher Dichter.
T 304
Ostkirche
G 1
Ostsyrien
G 15,2
Oxford 12. Jh
T (550)
Paderborn 1591: handschriftlicher „Catholischer Catechismus".
TM (186)
Paderborn 1617: DGsb „Catholische Kirchen-Gesänge auff alle Fest des gantzen Jahrs".
T (580)
M 580
Paderborn 1765: DGsb (Neues catholisch-Paderbornisches Gsb), von

dessen 320 Liedern ein Viertel aus dem evangelischen Liedschatz stammt, in dem aber, laut Vorrede, nichts enthalten ist, „was dem römisch-katholischen Glauben widerstreite".

M 594

Paris 1599: ein weltliches Pariser Chanson (Tanzlied) „Une petite feste" (= fête).

M (140)

Paul VI., Papst, 1897-1978, aus Concesio bei Brescia (Giovanni Battista Montini), Studium der Theologie in Brescia, 1920 zum Priester geweiht, danach Studium in Rom, 1922 ins vatikanische Staatssekretariat berufen, 1954 Erzbischof von Mailand, 1958 Kardinal, 1963 als Nachfolger von Johannes XXIII. Papst, der „Architekt" des 2. Vatikanischen Konzils.

G 27,5

Pawlowsky, Peter, geb. 1937 in Wien, Studium der Germanistik, Kunstgeschichte und Philosophie an der Universität Wien, 1960 Dr. phil., Studium der katholischen Theologie seit 1964, Ausbildung zum Buchhändler, Werbeleiter, Hersteller und Lektor in Wiener Verlagen, Übersetzer von vielen niederländischen Büchern, seit 1969 publizistisch tätig an der Wiener Wochenzeitung „präsent", in Hörfunk- und Fernseh-Sendungen.

T (74)

Petzold, Johannes, geb. 1912 in Plauen (Vogtland), evangelischer Lehrer und Kirchenmusiker im Vogtland und in Thüringen, 1952-1963 Kantor in Bad Berka bei Weimar, seit 1961 Lehrer an der Kirchenmusikschule in Eisenach.

M 111

Pothier, Joseph, 1835-1923, Benediktiner von Solesmes, 1898 Abt, Erforscher und Erneuerer des Gregorianischen Gesanges auf wissenschaftlicher Grundlage, Hauptredaktor des Graduale Vaticanum 1908, Autor choralwissenschaftlicher Werke sowie neugregorianischer Melodien.

M 586

Prag 1541: dritte Ausgabe des tschechischen Gsb der Böhmischen Brüder.

M (139)

Prag 1581: „Christliche Gebet und Gesäng", hrsg von Christoph Hecyrus.

M (517)

Die Autoren

Puls, Hans, geb. 1914 in Straßburg, studierte Romanistik und Germanistik, trat in den französischen Staatsdienst, wurde 1950 Lehrer der französischen Sprache am Lehrerseminar Ottweiler (Saarland) und hernach Studiendirektor am dortigen Gymnasium, Romanist in Saarbrücken.
M 622
Quack, Erhard, 1904-1984, aus Trippstadt (Pfalz), Volksschullehrer, Musikstudium in Mannheim (M. H. Wette, Arno Landmann, P. Willibrord Ballmann OSB), Diözesanmusikdirektor und Domkapellmeister in Speyer 1946-1969, Gründer des Bischöflichen Kirchenmusikalischen Instituts in Speyer, Komponist liturgischer Werke, Mitbegründer von „Musik und Altar" und der Vereinigung „Universa Laus", Mitglied der Kommission für die„Deutschen Einheitslieder" 1947, für das Einheitsgsb „Gotteslob", der Arbeitsgemeinschaft für ökumenisches Liedgut und der Liturgiekommission.
TM 161
T (456) (469) (481) (493) 515
M 74 = 613 260 453 454 481 492 493 540 565 610 611 612
= 609 637
Kv (Q 17, 46) 117,4 172,5 526,2 645,3 647,3 693,1 744,1
Querhamer, Caspar, gest. 1557, 1534-1556 Bürgermeister in Halle, hielt an seinem katholischen Glauben fest, auch als die Stadt 1539 evangelisch wurde, schuf für das Gsb seines Freundes Michael Vehe (1537) viele Strophenlieder und „etliche" Melodien.
T (307)
Reading, John, Kirchenkomponist in London, gest. 1692.
M 143 (?) s Wade
Reda, Siegfried, 1916-1968, aus Bochum, evangelischer Organist in Bochum, Berlin und Mülheim (Ruhr), dann Lehrer und Leiter der Kirchenmusikabteilung an der Folkwangschule Essen, bedeutender Komponist von Chor- und Orgelmusik.
M 157
Redaktionskommission für das EGB
GS 66, 10. 11
G 79
KT 80
A (781,1-4.6-9) 783,9
KT+LT 76 78

Reiser, Beat, gest. 1940, Dr. phil., Benediktiner von Einsiedeln, daselbst 1904-1919 Lehrer der Philosophie, seit 1920 an der Ordenshochschule San Anselmo in Rom, zugleich Kirchenmusiker, 1920-1930 Redaktor der schweizerischen Zeitschrift „Der Chorwächter", Förderer des gregorianischen Gesangs, edierte u. a. das für den liturgischen Gebrauch bestimmte gregorianische Gsb „Laudes festivae" (1932, erweiterte Ausgabe 1940).
M (564)

Rheinfelsisches Gsb 1666: „Christliches Catholisches zu St. Goar übliches Gsb", gedruckt in Augsburg, hrsg vom Jesuiten Johann Morren, der damals die katholische Diasporagemeinde St. Goar (bei Bingen) betreute, ein bereits „ökumenisch" zu nennendes Gsb, von dessen 180 Liedern die Hälfte aus dem evangelischen Liedschatz stammt, „Rheinfelsisch" genannt nach der Burg Rheinfels bei St. Goar.
M 105 572
T (572)

Riethmüller, Otto, 1889-1938, aus Bad Cannstadt-Stuttgart, evangelischer Pfarrer in Eßlingen am Neckar, Leiter des evangelischen Mädchenwerkes in Württemberg, seit 1928 des evangelischen Reichsverbandes weiblicher Jugend, Leiter Burckhardthaus in Berlin-Dahlem, Hrsg der richtungsweisenden Jugendgesangbücher „Heller Ton" und „Ein neues Lied" (1932).
T (644)

Rinckart, Martin, 1586-1649, aus Eilenburg (Sachsen-Anhalt), Theologe, Dichter und Musiker, zuerst Kantor, dann Pfarrer in Eisleben, später in Eilenburg.
M 266
T (266)

Risi, Walter, geb. 1911 in Lachen (Schwyz), Studium der katholischen Theologie in Mailand und am Priesterseminar in Chur, Pfarrer in Wädenswil (Zürich), während der Arbeit am GL Präsident der Diözesan-Liturgiekommission Chur, Mitglied der Schweizerischen Liturgiekommission, seit 1977 Auslandseelsorger in Marbella (Spanien).
A 773, 1-6   791

Ritter, Karl Bernhard,
G (18, 7)

Röder, Walter: Pseudonym für Seuffert, Josef (s dort)
TM 87 548 652
T 160
M 174 = 694 192
Kv (Q 18) 119,2 149,4 = 731,1 597,2 625,1 630,1 = 708,1
731,1
G 30,4 35,5
Rodigast, Samuel, 1649-1708, aus Gröben bei Jena, lutherischer Theologe, um 1675 Magister an der Universität Jena, 1680 Konrektor und ab 1698 Rektor des Gymnasiums zum Grauen Kloster in Berlin, befreundet mit Spener und Gastorius.
T 294
Rohr, Heinrich, geb. 1902 in Abtsteinach (Odenwald), 1914-1917 Organist an der Kirche in Abtsteinach, 1917-1922 Ausbildung am Lehrerseminar in Bensheim (Bergstraße), 1922-1925 Lehrer in Mainz, daneben Studium an der dortigen Musikhochschule (Hans Rosbaud), Tätigkeit als Musiklehrer, seit 1922 interessiert an der Liturgischen Bewegung (Guardini und Neundörfer), an der Erneuerung der Schulmusik (Jöde) und der evangelischen Kirchenmusik (u. a. Kasseler Musiktage), von 1947-1973 Diözesan-Kirchenmusikdirektor und Leiter des neu gegründeten Bischöflichen Instituts für katholische Kirchenmusik in Mainz, lebt in Mainz.
T (504) (510)
M 103 = 129 = 175 115 154 162 175 214 217 246 = 485
425-428 440-442 444 459 461 (463) 486 501 504 506 = 524
507 510 571
Kv (Q 19, 33, 36, 40) 85,2 = 172,3 117,3 118,4 119,3-6
124,1 126 148,1 149,1.5.7 156 = 484,1 172,1.4 173,1
176,4.5 196 209,1 = 680 211 231 = 251 232,1.5.6 238
251 254 280 286,1 355,2 465 = 714,1 488 504 = 508
513 526,1 528,3 529,5 530,1.3.4 531,2.4.(6) 535,1-4
536,2.3 561,1.2 562 598 626,1.3 627,1 645,2 646,1 = 722,1
= 741,1 647,2 680 692,1 711,2 722,1 724,1 730,1 732,1
735,1 = 529,1 739,1 = 172,2 740,1 = 529,6 753,1 754,1 757,1
Rom um 1170: Antiphonar nach (!) 1170
T 574 (575)
Rommel, Kurt, geb. 1926 in Kirchheim (Teck), während seiner Kriegsgefangenschaft 1943-47 Studium der evangelischen Theologie in Montpellier, nachher in Heidelberg und Tübingen, dann Pfarrer in

Friedrichshafen, Stuttgart-Bad Cannstadt und Schwenning (Neckar), heute Redaktor des Evangelischen Gemeindeblattes für Württemberg.
TM 505   514   521
T 277   702

Roth, Paul, geb. 1925 in Berlin, Studium der katholischen Theologie, Philosophie, Geschichte, Psychologie und Zeitungswissenschaft in Berlin, Erlangen, Frankfurt/M und München, Dr. phil., 1954-1962 Journalist und Redakteur, seit 1962 Dozent und Professor für Politikwissenschaft und Publizistik an der Hochschule der Bundeswehr in München, lebt in Kirchheim bei München.
G 23,3

Rottenburger Gsb 1867: Erstausgabe 1865, mehrere Neuauflagen bis 1904, unterstützte die von Heinrich Bone angebahnte Erneuerung des Kirchenliedes.
T (579)

Rube, Johann Christian, 1665-1746, aus Hohenebra (Thüringen), Jurist, Verwaltungsbeamter in Burg-Gemünden (Oberhessen) und später in Battenberg (Hessen-Nassau), evangelischer Pietist.
T (567)

Ruppel, Paul Ernst, geb. 1913 in Eßlingen am Neckar, Kirchenmusikstudium in Stuttgart, 1936-1977 tätig als Kantor der reformierten Gemeinde Rheurdt, daneben Landeskantor der freikirchlichen Singarbeit in Deutschland, Komponist vorwiegend geistlicher Musik, Mitglied der AÖL, lebt in Rheurdt (Niederrhein).
M 274   276   278   641

Rusche, Helga, geb. in Bremen, Studium der katholischen Theologie, Studentenseelsorge an Ausländern in Münster, wissenschaftliche Assistentin an der Universität Münster, Gastdozentin für NT an der Marquette-University in den USA, Dozentin für NT an der Ordenshochschule der Franziskaner und Kapuziner in Münster, Hrsg der ZS „Bibel und Leben", Mitarbeit beim Theologischen Fernkurs Düsseldorf (AT), schriftstellerische bibelwissenschaftliche Tätigkeit.
GS 63   64

Sailer, Johann Michael, 1751-1832, praktischer Theologe, führend bei der Erneuerung der kath. Kirche in Süddeutschland und beim Aufbau einer neuen christlichen Pädagogik. Professor in Dillingen, Ingolstadt und Landshut, ab 1822 Koadjutor und ab 1829 Bischof

von Regensburg. Bekanntestes Werk: „Vollständiges Lese- und Betbuch zum Gebrauch des Katholiken" 1789.
G 27,3

Saladin, Josef Anton, geb. 1908 in Dornach (Solothurn), 1933 Priester, musikwissenschaftliche Studien in Rom und Zürich, Dr. phil., Katechet, Organist und Chorleiter in Zug und von 1945 an in Luzern, 1957-1968 Pfarrer in Schaffhausen, 1952-1959 Präses des Diözesan-Cäcilien-Verbandes Basel, 1971 bis 1984 Generalpräses des Allgemeinen Cäcilien-Verbandes, Komponist geistlicher und auch weltlicher Werke, Hrsg von Liederbüchern.
M 642

*Salzburg*1160: lateinische liturgische Handschrift der dortigen Studienbibliothek.
M (213)

Salzburg 14. Jh:
TM 499

Salzburg 1433:
M (213)

Salzburg 1456: Salzburger Hs von 1456
TM (654)

Schaal, Herbert, geb. 1940 in Neunkirchen (Saar), Studium der evangelischen Theologie, dann u. a. Jugendpfarrer in Neuwied, aus Interesse am Folksong Schöpfer neuer geistlicher Lieder, wirkt seit 1973 als Lehrer an der Berufsschule in Merzig.
T 619   624

Schedl, Claus, geb. 1914 in Oberloisdorf (Burgenland), Studium der katholischen Theologie, Priesterweihe 1939, Redemptorist, Dr. theol. (Wien 1941), Dr. phil. (Tübingen 1943), Habilitation für Biblische Theologie (Wien 1947), seit 1967 Ordinarius für Biblische Theologie und Religionswissenschaft an der theologischen Fakultät der Universität Graz.
G 16,6

Scheffler, Johann, 1624-1677, aus Breslau, Studium der Medizin, Dr. med. et phil., 1649-1653 Leibarzt des Herzogs von Oels (Schlesien), wurde – durch das Studium mystischer Schriften und das mangelnde Einfühlungsvermögen der orthodoxen Theologen – der lutherischen Kirche entfremdet, trat 1653 zur römisch-katholischen Kirche über und nannte sich fortan nach dem spanischen Mystiker Johannes de Angelis „Johannes Angelus" (auf dem Titel seiner

Schriften fügt er nach damaligem Brauch die Herkunftsbezeichnung „Silesius" [= aus Schlesien] bei), 1661 zum Priester geweiht, Hofmarschall des Fürstbischofs von Breslau, als Kirchenpolitiker und Schriftsteller ein entschlossener Vorkämpfer der Gegenreformation, als Dichter der Wegbereiter der modernen seelenhaften Erlebnisdichtung des einzelnen Ich.
T 555   558   616

Schein, Johann Hermann, 1586-1630, aus Grünhain (Erzgebirge), Studium der Rechte, erst Musiklehrer in Weißenfels, dann Hofkapellmeister in Weimar, seit 1616 Thomaskantor in Leipzig, einer der großen Komponisten seiner Zeit, neben Schütz einer der Hauptvertreter der frühbarocken evangelischen Kirchenmusik.
M 616

Schell, Johanna, geb. 1927 in Erfurt, Studium der katholischen Kirchenmusik an der Hochschule für Musik in Berlin-Charlottenburg, 1954-1961 Studium der Musikwissenschaft an der Freien Universität Berlin, Dr. phil., seit 1950 Organistin und Chorleiterin von St. Peter und Paul in Potsdam, seit 1961 Leitung der Ausbildung für Organisten im Nebenamt und Orgelsachverständige für das Bistum Berlin(Ost), Konzertreisen im In- und Ausland.
Kv (Q 37) 286,3

Schieri, Fritz, geb. 1922 in München, studierte an der dortigen Musikhochschule, von 1948 an Leiter des Instituts für Volks- und Jugendmusik in Köln und Dozent für Kirchenmusik, dann Professor, Chorleiter und Chor-Erzieher an der Münchner Musikhochschule, Förderer der liturgischen Musik im Sinn des Konzils, auch durch eigene Kompositionen.
M 446   448   452   460
Kv (Q 20, 32, 35) 118,2   119,1 = 122,1 = M 727,1 148,2 = 535,5
149,6 = 597,1   176,1 = 198,2   209,3 = 726,1   232,2.3   233,5.6
256   284,1   287,1   527,6   528,4.5   529,3.4.7   531,7.8   532,1.2
535,5   536,1   597,1   626,2 = 646,4 = 527,7   650,1   674   726,1
727,1   738,1 = 529,8

Schlick, Johannes, 1901-1985, aus Obermoschel (Rheinpfalz), 1927 Priester, 1927-1930 Studium an der Universität und an der Musikhochschule München (Kirchenmusik), von 1930 an Musikpräfekt am Priesterseminar Eichstätt, von 1946 an daselbst Domvikar und Referent für Kirchenmusik, 1953-1968 Domkapellmeister, Gründer und Leiter des Instituts für Musikpädagogik und Kirchenmusik

bis 1964, Mitschöpfer des Eichstätter DGsb (1952) und des dazugehörigen Orgelbuchs (1956), Mitglied der Liedkommission für das EGB.
T 104

Schmid, Christoph von, 1768-1854, bayerischer Priester, hochverdienter Schulmann, Verfasser von Katechismen, Lesebüchern, Erzählungen für die Jugend und Hrsg des Gsb „Christliche Gesänge" (auch aus dem evangelischen Liedschatz).
T 537

Schmid, Karl Norbert, geb. 1926 in Ochsenhausen (Württemberg), Musikstudium in Regensburg und Stuttgart, von 1952 an Chorleiter in Schwäbisch-Gmünd, seit 1954 Lehrer für Orgelspiel und Chorleitung an der Regensburger katholischen Kirchenmusikschule, Komponist eingänglicher, jedoch gediegener liturgischer Werke.
M 447   701

Schmid, Kurt, geb. 1941 in Stuttgart-Stammheim, Kaufmann und evangelischer Jugendleiter in Stuttgart-Stammheim.
M (702)

Schmutz, Franz, geb. 1925 in St. Nikola/Donau (Österreich), Studium der Theologie an der Katholischen Theologischen Hochschule in Linz, Laientheologe, 1952-1979 Liturgie-Referent in der Diözese Linz, 1968-1979 Mitglied des Redaktionsbeirates der Zeitschrift Gottesdienst, 1970-1972 Sekretär der Linzer Diözesansynode, seit 1979 Chefredakteur der Linzer Kirchenzeitung, Mitarbeit am EGB und Sekretär der österreichischen EGB-Kommission für den Österreich- und den Diözesan-Anhang, lebt in Linz.
G 29,2   30,1

Schnitzler, Theodor Simon, geb. 1910 in Düsseldorf-Wersten, Studium der Philosophie und der katholischen Theologie in Freiburg und Rom, Dr. phil. 1931, Dr. theol. 1936, Priesterweihe 1934 (Rom), 1936-1941 Kaplan an St. Maximilian in Düsseldorf und an St. Josef in Köln-Nippes, 1941-1960 Geistlicher Rektor am Alexianerkrankenhaus in Porz-Ensen und seit 1943 Professor für Liturgik am Priesterseminar in Köln, 1960-1977 Pfarrer an St. Aposteln in Köln, 1977-1982 Studienleiter der Erzbischöflichen Liturgieschule Köln, seit 1947 Consultor der Liturgischen Kommission der Fuldaer Bischofskonferenzen, seit 1960 Consultor der vorbereitenden Kommission für Liturgie des Konzils, später des

Rates für die Ausführung der Liturgiekonstitution, dann der Kongregation für den Gottesdienst.

G 10,2   11,4

Schönborn, Philipp von, 1605-1673, 1642 Bischof von Würzburg, 1647 zugleich Erzbischof und Kurfürst von Mainz, war von 1643 an Friedensvermittler im Dreißigjährigen Krieg, verdient um Kirchenreform, Abschaffung der Hexenprozesse, Schulwesen und Kirchenlied, Hrsg des liturgischen Text- und Gsb „Sonn- und feiertägliche Evangelien, Episteln samt zugehörigen Gesängen", Würzburg 1653 (zweite, erweiterte Ausgabe 1656).

T (582)

Schroeder, Hermann, 1904-1984, aus Bernkastel, Studium der katholischen Theologie in Innsbruck, der Kirchen- und Schulmusik in Köln, Dr. phil., 1930-1981 Hochschullehrer und Chorleiter, Komponist von Orgel- und Vokalwerken.

M 443   445

Schröder, Rudolf Alexander, 1878-1962, aus Bremen, Innenarchitekt, und Maler, Lyriker, Essayist, meisterlicher Übersetzer aus alten und neuen Sprachen, Dr. phil. h. c., Dr. theol. h. c., lebte in Bremen, Berlin und von 1936 an in Bergen bei Traunstein (Oberbayern), als treuer lutherischer Christ zur Zeit des Kirchenkampfes auch als Lektor und Laienprediger in seiner lutherischen Wohngemeinde tätig.

T 276

Schubert, Heino, geb. 1928 in Glogau, Studium der Musik in Detmold (Dirigieren, Komposition, Schulmusik, Orgel) und Freiburg (Komposition und katholische Kirchenmusik), 1953/1954 Musiklehrer am Landerziehungsheim Schondorf, nach den Studien in Freiburg 1957-1961 Kantor an der Heilig-Geist-Kirche zu Heidelberg, daneben seit 1960 Dozent an der Musischen Bildungsstätte Remscheid, 1961-1981 Domorganist an der Bischofskirche in Essen, dazu bis 1978 Dozent an der Folkwangschule in Essen und an der Kölner Hochschule, seit 1978 Professor für Tonsatz an der Universität in Mainz, Komponist von Kirchenmusik u. a., lebt in Nack.

M 436-439

Kv (Q 22 und 42) 171,2 = 190,1   287,2   509   530,2.5

Schulz, Walter, geb. 1925 in Burg Stargard (Mecklenburg), Studium der evangelischen Theologie in Hamburg, Erlangen, Zürich und Kiel, 1953-1956 Pfarrer in Neddemin (Mecklenburg), 1956-1965 in

Schwerin, 1965-1970 in Rerik (Ostsee), 1970-1975 Rektor des Kirchlichen Oberseminars in Potsdam, seit 1975 Pfarrer und Oberkirchenrat in Schwerin, Mitglied der AÖL seit 1973.
T 297
Schütz, Heinrich (eig. Henrich), 1585-1672, aus Köstritz (Thüringen), zuerst Jurist, in Venedig zum Musiker ausgebildet, Hoforganist in Kassel, von 1617 an Hofkapellmeister in Dresden, seit 1665 im Ruhestand in Weißenfels, hervorragender Komponist geistlicher Werke, der Großmeister der evangelischen Kirchenmusik vor J. S. Bach.
M 614
Schweizer, Rolf, geb. 1936 in Emmendingen bei Freiburg/B, Studium der evangelischen Kirchenmusik in Heidelberg (Poppen, Fortner, Zimmermann), dann 10 Jahre Kantor in Mannheim und Pforzheim, 1969 Kirchenmusikdirektor, 1975 Landeskantor für Mittelbaden, schuf hauptsächlich geistliche Lieder, aber auch Chor-, Orchester- und Orgelwerke.
M 271 273
Seckau 1345: Cantionale aus dem damaligen Augustiner-Chorherren-Stift.
M (135)
Seidenbusch, Johann Georg, 1641-1729, bayerischer Priester und später Oratorianer, ab 1668 Wallfahrtspriester in „Maria zum Schnee" in Aufhausen bei Regensburg, Hrsg des Wallfahrtsbüchleins „Marianischer Schneeberg" (erstmals 1687).
T (573)
Seitz, Manfred, geb. 1928 in Winterhausen am Main, Studium der evangelischen Theologie in Neuendettelsau, Heidelberg und Erlangen, 1958 Dr. theol., 1966-1972 Professor für Praktische Theologie an der Universität in Heidelberg, seit 1972 in Erlangen-Nürnberg, lebt in Bubenreuth.
G (30,2) (31,2)
Serapion von Thmuis, um die Mitte des 4. Jh Bischof von Thmuis (Timay el-Amdid im Nildelta), Schüler des ersten Einsiedlers Antonius, hinterließ neben Schriften gegen verschiedene Irrlehren ein bedeutendes Liturgiewerk.
G 373,6
Seuffert, Josef, geb. 1926 in Steinheim (Main), Studium der katholischen Theologie in Chartres und Mainz, daselbst auch der Musik,

1952-1960 Kaplan, 1960-1967 Bundeskurat der Katholischen Jungmänner-Gemeinschaft, 1967/68 Hauptschriftleiter der Zeitschrift „Gottesdienst", 1967-1975 Sekretär der Kommission für das EGB, seit 1975 Seelsorgeamtsleiter in Mainz, seit 1981 Domkapitular, Schriftsteller, Mitglied der AÖL.
TM 170   199   495,1-8 (4 = 56,1)   522
M 281   479   564 (V)   686
LT 56,4.5   57,1.7.8
T 284
Kv (Q 23,34)   56,3   57,2.6   83,1 = 527,5 = 742,1   89,1 = 123,1
= 528,6   117,1   119,7   120,1   123,1   149,2.3   152,1 = 526,3
170,1   176,3 = 203,2   209,2   232,4   233,1.2.4   235,1   236,1   477
526,4.6   528,2   535,6   627,2   664,2   685,1 = 233,7   688   711,1
= 526,5 = 756,1   716,1   718,1   721,1   723,3   737,1   742,1
KT 6,1.2   288   665
G (7,6) 22,6   50,2   52,5   374,4   375,3
A 772   774   776   778   782   783,1.6   784/785
786/787   789,2.4-9

Silesius ist nicht der angenommene neue Familienname des Johann Scheffler (s dort), wie man gewöhnlich annimmt, sondern Herkunftsbezeichnung (aus Schlesien).

Singende Gemeinde: Deutsche Gesänge zur sonntäglichen Feier der heiligen Eucharistie mit vertonten Kehrversen, Psalmen, Rufen und Ordinariums-Gesängen, hrsg von Joseph Klein, Georg und Maria Luise Thurmair, Heinrich Rohr und mehreren Mitarbeitern, 10 Hefte Freiburg/Br. 1961-1964.
TM 162   214   495

Spaemann, Cordelia, geb. 1925, Studium der Philologie in Münster und Marburg, freie katholische Schriftstellerin (u. a. Arbeiten über Kirchenlied und geistliches Volkslied), Übersetzerin, lebt in Stuttgart.
G 763

Spangenberg, Johann, 1484-1550, aus Hardegen bei Göttingen, lutherischer Theologe, Pfarrer in Stolberg und Nordhausen (Harz), wurde 1546 Superintendent in Eisleben, gab 1544 eine Sammlung von Weihnachtsgesängen heraus.
M (104)

Spath, Emil, geb. 1931 in Schonach (Schwarzwald), Studium der katholischen Theologie an den Universitäten Freiburg und Münster

und im Priesterseminar St. Peter (Schwarzwald), seit 1968 Leiter der Arbeitsstelle Berufe der Kirche der Deutschen Bischofskonferenz in Freiburg, lebt in Freiburg.
G 7,4

Spee, Friedrich (von Langenfeld), 1591-1635, aus Kaiserswerth-Düsseldorf, wurde 1610 Jesuit, hervorragender Gymnasiallehrer, Seelsorger, Prediger und asketischer Schriftsteller, wirkte in Speyer, Worms, Mainz, Paderborn, Köln, Würzburg, zuletzt in Trier im Dienste der Pestkranken, gehört zu den bedeutendsten Dichtern geistlicher Lieder, zusammen mit Opitz ein Bahnbrecher der deutschen Verskunst, bedeutend wegen seiner mutigen Mahnung zur Mäßigung in den Hexenprozessen seiner Zeit.
T 105   140   188   219   547   585   606   608
G 59,8

Speyer 1599: „Alte Catholische Geistliche Kirchengeseng", in Köln von Arnold Quentel gedrucktes DGsb der Diözese Speyer.
M (132) (577)

Spitta, Friedrich Adolf Wilhelm, 1852-1924, aus Wittingen (Hannover), lutherischer Theologe, Pfarrer in Oberkassel bei Bonn, Professor für Neues Testament und Praktische Theologie in Bonn, von 1887 an in Straßburg, seit 1919 in Göttingen, bedeutender Liturgiker und Hymnologe, Bearbeiter des bahnbrechenden lutherischen Elsässer Gsb von 1899.
T (473)

Stebler, Vinzenz (Taufname Ernst), geb. 1917, Benediktiner des Klosters Mariastein (Solothurn), Priester 1939, Dr. theol., Dozent an der theologischen Hausschule, Redaktor und Schriftsteller, war Mitarbeiter beim Deutschen Meßbuch und beim Stundenbuch, Verfasser (bzw. Übesetzer) einer Reihe von Liedtexten und Hymnen im Katholischen Kirchengsb der Schweiz 1966.
T 701

Stein, Albert Gereon, 1809-1881, Pfarrer in Köln und Musikprofessor am dortigen Priesterseminar, Sammler, Dichter, Komponist und Bearbeiter von Kirchenliedern.
T (573)

Stein, Edith, 1891-1942, aus Breslau, Jüdin, 1922 katholisch, 1922-1931 Lehrerin in Speyer, 1933 Karmelitin in Köln (Ordensname: Teresia Benedicta a Cruce), schrieb Werke philosophischer und

mystischer Art, auch geistliche Gedichte, im nationalsozialistischen Konzentrationslager Auschwitz umgebracht.
T 302

Stein, Josef, geb. 1910 in Edenkoben (Pfalz), Ausbildung und Tätigkeit als Lehrer und Rektor an der Hauptschule, kirchenmusikalische Ausbildung am Bischöflichen Kirchenmusikalischen Institut in Speyer (Quack und Waldbroel) bis 1951, seit 1930 Leiter von Kirchen- und Kinderchören sowie Organist, seit 1948 an St. Jakobus in Schifferstadt, 1951-1969 Mitarbeiter des Bischöflichen Amtes für Kirchenmusik in Speyer, 1972-1982 Dozent am Bischöflichen Kirchenmusikalischen Institut Speyer, 1959 Kirchenmusikdirektor, als Komponist Mitarbeit am Orgelbuch zum Speyerer Gesangbuch 1953, Sätze und Choralvorspiele zum GL, deutsche und lateinische Chormusik für den Gottsdienst, lebt in Schifferstadt.
M 523

Stein, Paulus, geb 1931 in Dresden, seit 1960 evangelischer Pfarrer in Mannheim, Schuldekan in Karlsruhe.
T 273

Steinau 1726: handschriftliches evangelisches Choralbuch aus Steinau/O (Niederschlesien), heute polnisch Ścináwa.
M (491)

Steiner, Petronia, geb. 1908 in Venningen bei Landau (Rheinpfalz), Dominikanerin, Ordensprofeß in Speyer, 1939 Dr. phil., seit 1953 Leiterin der Nikolaus-von-Weis-Schule in Speyer, seit 1942 Mitglied der Kommission für das Speyerer DGsb, Dichterin weit bekannt gewordener Kirchenliedtexte.
T 480 (546) (593)

St. Gallen 9. Jh: Codex 95 der St. Galler Stiftsbibliothek.
596 (s Ambrosius Autpertus)

Stralsund 1665: das lutherische „Ernewerte Gsb" Stralsund (Pommern) 1665.
M (258 = 144)

Straßburg 1539: Johannes Calvins kleines Gsb „Aulcuns pseaulmes et cantiques mys en chant" (einige Psalmen und Lobgesänge gesangsweise gesetzt).
M (489 = 290 = 640)

Straßburg 1697: „Neuvollkommen Catholisches Gsb des Bischthums Straßburg" mit vielen Melodien, die bereits den neuen Stil vertreten.
T (259)

Straßburg 1698: „Geistliche Lieder mit neuen Melodeyen von Hartwig Zisisch".
M (703)
Straubing 1607: „Ein new Rueff-Büchlein", Sammlung kurzer, volkstümlicher Rufe, die als Liedmelodien verwendet sind.
M 182
Striebel, Martin, geb. 1929 in Geislingen/Steige, zuerst zehn Jahre Schreiner, aufgeschlossen für Jugendseelsorge und Kirchenmusik, 1954-1959 Ausbildung zum evangelischen Diakon auf der Karlshöhe/Ludwigsburg, 1959/60 Studium an der Kirchenmusikschule in Eßlingen, 1959-1968 Landesjugendsingwart in Württemberg, von 1971-1980 Pfarrer in Baiersbronn/Schwarzwald.
M (702)
Stundenbuch, Neues, Salzburg-Trier-Zürich 1970.
T 701 (s Stebler)
Stundengebet
G 6,2
Sudermann, Daniel, 1550-1631, aus Lüttich, Hofmeister und Erzieher in mehreren adeligen Häusern, von 1585 an im Schwenckfelder „Brüderhof" zu Straßburg, Anhänger Caspar Schwenckfelds und der mittelalterlichen Mystiker.
T (114)
de Sutter, Ignace August Hendrik, geb. 1911 in Gent (Ost-Flandern), Studium an der Musikhochschule in Kortrijk (Belgien) und katholische Theologie am Priesterseminar in Gent, 1937 Priesterweihe, Musiklehrer an der Pädagogischen Hochschule in Sint-Niklaas, von 1968-1977 Dozent für Gregorianik und Hymnologie an der Kirchenmusikschule (Lemmens-Institut) in Löwen, 25 Jahre lang für den flämischen Rundfunk tätig in Schulsendungen über Musik, Mitarbeit an „Psalmliederen voor het Volk" (1959) und „Een Nieuw Lied" (Kirchengesangbuch 1962), lebt in Sint-Niklaas (Belgien).
M 165
Subkommission VI für das EGB
KT 42,1   51   68-70   71,1.3   75   371   372
LT 49   52,1-4
LT 73   353-369
Subkommission VII für das EGB
KT 54   59,4   *LT* 60,1-4

Subkommission VIII für das EGB
G 1,3   33,1-5   34,1.2   35,1

Tegernsee 15. Jh: Handschriften aus der ehemaligen Benediktinerabtei Tegernsee (Oberbayern).
M (213)

Teilhard de Chardin, Pierre, 1881-1955, aus Sarcenat bei Clermont (Puy-de-Dôme), seit 1899 Jesuit, studierte in Paris Paläontologie und arbeitete (u. a. in China) an der Erforschung der Frühgeschichte des Menschen, geriet mit den dabei gewonnenen Erkenntnissen zum Evolutionsproblem als Philosoph in Gegensatz zur kirchlichen Lehre, weshalb seine Werke erst nach seinem Tod erscheinen konnten, dann aber bis heute eine starke und zunehmende Wirkung erlangten.
G 29,5

Tersteegen, Gerhard, 1697-1769, aus Moers bei Krefeld (Niederrhein), reformierter Laientheologe, zuerst Kaufmann, von 1719 an, um abgeschieden leben zu können, Bandwirker in Mülheim/Ruhr, durch Wort und Schrift Seelsorger vieler, der bedeutendste, theologisch tiefste und gedankenreichste evangelische Mystiker, auch als Dichter bedeutend.
T 144

Teschner, Melchior, 1584-1635, aus Fraustadt (Posen), lutherischer Theologe und Musiker, Kantor und Lehrer in Schmiegel, von 1609 an in Fraustadt, von 1614 an bis zu seinem Tode Pfarrer im benachbarten Oberpritschen.
M 468 = 261 = 607

Thate, Albert, 1903-1982, aus Düren (Rheinland), Studium der Musik in Köln, 1932 evangelischer Kirchenmusiker in Düsseldorf, seit 1949 Lehrer an der Landeskirchenmusikschule der Evangelischen Kirche im Rheinland in Düsseldorf.
M 18,8

Theodulf von Orléans, 750/760-821, Westgote, kam 778/788 an den Hof Karls des Großen als Hoftheologe und -dichter, wurde vor 798 Bischof von Orléans, war 809 Mitglied der Aachener Filioque-Synode (s. Hrabanus), 818 der Teilnahme an einer Empörung gegen Ludwig den Frommen bezichtigt und zu Klosterhaft verurteilt, Autor wertvoller theologischer Werke und formvollendeter

lateinischer Dichtungen, Förderer der schönen Künste, der Liturgie und der Pfarreischulen.
T (197)
Theresia von Ávila, 1515-1582, aus kastilischem Adel in Ávila, wurde mit 20 Jahren Karmelitin im Kloster der Menschwerdung zu Ávila, von wo aus sie eine rege Tätigkeit der Klostergründung und durch ihre zahlreichen Schriften der geistlichen Anregung über ganz Spanien hin entfaltete, hat mit ihrer Mystik starken Einfluß auf ihren geistlichen Freund Johannes vom Kreuz und auf die deutsche Mystik des Frühbarock ausgeübt, schon 1622 heiliggesprochen.
G 5,2
Thiele, Friedrich, geb. 1926 in Wisconsin/USA, Studium der evangelischen Theologie in Bethel, Uppsala, Heidelberg, Münster und Amsterdam, Dr. theol., Landespfarrer und Leiter des Diakonischen Werkes in Kurhessen-Waldeck, publizistische Tätigkeit auf dem Gebiet von Religion, Ethik und Diakonie, lebt in Kassel-Sandershausen.
G (30,2) (31,2)
Thilo, Valentin, 1607-1662, aus Königsberg, lutherischer Theologe und Philologe, von 1634 an Professor der Beredsamkeit in Königsberg an der Seite von Simon Dach.
T 113
Thomas von Aquino, um 1225-1274, aus süditalienischer Grafenfamilie, geb. in Roccasecca bei Aquino, 1243 Dominikaner, der überragende Philosoph und Theologe des Hochmittelalters, Professor in Köln, Paris, Rom und Neapel, auch als Hymnendichter berühmt, gest. in Fossanuova.
T 541 = (542) 543 = (544) (545) (546)
G 7,6   374,5
Thomas, Manuel, geb. 1940, Studium der Theologie, Philosophie, Malerei, Theaterwissenschaft, Germanistik, Tätigkeit als Schriftsteller, Zeichner und Kritiker.
T 493
Thomas, Rudolf, geb. 1924 in Wörth/Main, Studium der katholischen Kirchenmusik in Regensburg und München, seit 1948 Chorleiter und Organist an der Pfarr- und Universitätskirche St. Ludwig in München, 1965 Kirchenmusikdirektor und Leiter des Amtes für Kirchenmusik im Erzbistum München und Freising,

1972 bis 1981 Inhaber eines Lehrauftrags an der Staatlichen Musikhochschule München, gest. 1987.
Kv (Q 24) 171,1 = 697,1   205,2   529,2   629,1

Thurmair, Georg, 1909-1984, aus München, Dichter und Schriftsteller, Redaktor verschiedener katholischer Zeitschriften, Referent beim erzbischöflichen Ordinariat München-Freising, Mitherausgeber der Sammlung „Kirchenlied" (s dort) und des ökumenischen geistlichen Liederbuches „Singe, Christenheit" (1969).
T 167   169   208   260   262   (472)   517   540   556   565   590-592   (615)   637   638   656   660, die vier Str des Engelliedes in 784

Thurmair-Mumelter, Maria Luise, geb. 1912 in Bozen, Studium der Germanistik und der Geschichte, Dr. phil., Gattin von Georg Thurmair, Verfasserin von Erzählungen, Laienspielen sowie vieler Kirchenlieder in manchen DGsb, im „Kirchenlied" und in „Singende Kirche", Mitglied der Liedkommission für das GL und der Arbeitsgemeinschaft für ökumenisches Liedgut.
T 103   129   (137)   147   164   175   185   (244)   246   (248)   249   250   (259)   261   274   275   289   292   458   485   486   489   518   524   533   (544)   (545)   552   568   (572)   (577)   607   610   611   612   613   634   (668)
KT 20
G (24,6, aus 244)

Tilmann, Klemens, 1904-1984, Studium der Philosophie und der katholischen Theologie in Innsbruck, Tübingen und am Priesterseminar Schmochtitz (Bistum Meißen), Dr. phil., Seelsorgetätigkeit in Dresden, Leipzig und nach dem Krieg in München-Solln, seit 1936 Mitarbeit im Jugendhaus Düsseldorf, 1939-1955 Arbeit am Katholischen Katechismus für die Bistümer Deutschlands, Lehraufträge an der Pädagogischen Hochschule Pasing und am Institut für Katechetik und Homiletik in München, Verfasser zahlreicher Schriften und Bücher zu katechetischen Themen und zur Meditation, Dr. theol. h.c.
G 3,1   6,3.4

Tisserand, Jean, Franziskaner, berühmter Prediger in Paris, gest. daselbst 1494.
T (221)

Toepler, Michael 1803-1877, Seminarlehrer in Brühl bei Köln, Hrsg der Sammlung „Alte Choralmelodien", Köln 1832.
M (480)

Die Autoren 905

Trautwein, Dieter, geb. 1928 in Holzhausen (Hünstein), Studium der evangelischen Theologie, von 1954 an Pfarrer in mehreren hessischen Gemeinden, seit 1963 Jugendpfarrer in Frankfurt/M, 1970 Propst, 1971 Dr. theol., besonders um neuzeitliche Lieder und Gottesdienstformen bemüht.
T (300)
Triller, Valentin, um 1493-1573, aus Guhrau (Schlesien), 1511 Student in Krakau, evangelischer Pfarrer in Pantenau bei Nimptsch (Schlesien), Bearbeiter eines sehr eigenständigen, auch von katholischer Seite stark beachteten Gsb (Breslau 1555).
T (138)
Ulenberg, Caspar, 1549-1617, gebürtiger Westfale, zuerst lutherischer Theologe, 1572 in Köln zum katholischen Glauben konvertiert, Promotion zum Dr. phil., 1575 zum Priester geweiht, dann Pfarrer in Kaiserswerth und Köln, 1593-1615 Rektor des Kölner Lorenz-Gymnasiums, 1610-1612 Rektor der Universität, Schöpfer einer auch literarisch bedeutenden deutschen Bereimung der 150 Psalmen, denen er meist im Stil der Genfer Psalmweisen gehaltene Melodien gab.
T (293) (566)
M 164 (265) 292 = 533 (293) 456 (462) 469   553   566   635
Valentin, Gerhard, 1919-1975, aus Berlin, Studium der Pädagogik, Germanistik, Anglistik und der Schauspielkunst, Spielleiter in Berlin, 1967-1974 Referent für musisch-kulturelle Bildungsarbeit der evangelischen Kirche im Rheinland in Düsseldorf und 1975 in Westfalen.
T 301
Vat.: die Editio Vaticana, die offizielle Ausgabe des Gregorianischen Chorals für die Ordinariumsstücke der Meßfeier (seit 1905).
TM 376-379 und die Choral-Ordinarien 401-404   405-409   410-414   415-418   419-422 sowie das Credo 423 und das Kyrie 653, ferner 424, 1 und 2
Vaticanum II
G 28,7
Vehe, Michael, um 1480-1539, aus Biberach (Württemberg), um 1500 Dominikaner in Wimpfen, später auch Prior, von 1506 an Studium in Heidelberg, 1513 Dr. theol., 1515 Regens des Heidelberger Dominikaner-Konvents, nahm als „Inquisitor Germaniae" auf katholischer Seite an allen wichtigen Vorgängen der Reformations-

zeit teil, so am Leipziger Gespräch 1519 und am Augsburger
Reichstag 1530, seit 1530 Propst an dem von Kardinal Albrecht von
Mainz gegründeten Stift „ad velum aureum" in Halle, Hrsg. des
ersten katholischen Gsb der Reformationszeit (Leipzig 1537).
TM (305)
T (187) (248) (303)
M (109) (291) (307)
Vereinte Nationen, Gebet der
G 31,1
Verheggen, Wilhelm, geb. 1927 in St. Hubert/Kempen, Studium an
der Kirchenmusikschule „Gregoriushaus" in Aachen und an der
Musikhochschule Köln, seit 1955 Organist und Chorleiter an der
Liebfrauenkirche Krefeld und seit 1963 zugleich Musiklehrer an der
Frauenfachschule Krefeld.
Kv (Q 25) 729,1 = 747,1
Verona 11. Jh: Hymnar in der Kapitelsbibliothek zu Verona.
M (696)
Vetter, Conrad, 1542-1622, aus Engen (Schwaben), zuerst Kaplan in
Hall, seit 1576 Jesuit, apologetisch-polemischer Schriftsteller,
Domprediger in Regensburg, zuletzt in München, Hrsg des Gsb
„Paradeisvogel", Ingolstadt 1613 (s dort).
M 589
Volk, Hermann, 1903-1988, aus Steinheim am Main, Studium der
Philosophie und der katholischen Theologie am Priesterseminar in
Mainz, 1935-1938 Studien in Freiburg (Schweiz) und Münster
(Westfalen), 1938 Dr. phil. (Freiburg, Schweiz), 1939 Dr. theol.
(Münster), 1943 Habilitation in Münster (Dogmatik), 1927-1945
Kaplan und Pfarrer, 1946-1962 Professor für Dogmatik in Münster,
1962-1982 Bischof von Mainz, seit 1973 Kardinal, 1962-1982 Mitglied und von 1969-1978 Vorsitzender der Glaubenskommission der
Deutschen Bischofskonferenz, 1962-1967 Vorsitzender der Gebetskommission für das Einheitsgesangbuch, 1964-1970 Mitglied der
Liturgiekommission (Vorsitzender bis 1969), am Konzil Mitglied
der Päpstlichen Kommission für die heilige Liturgie, 1964-1970
Mitglied des Rates zur Ausführung der Konstitution über die
heilige Liturgie, 1966 Mitglied des Sekretariates für die Einheit der
Christen, 1946-1982 Mitglied und Vorsitzender vieler ökumenischer Einrichtungen in der Bundesrepublik.
KT 41   351

Vulpius (eig. Fuchs), Melchior, 1570-1615, aus Wasungen (Thüringen), zuerst Lehrer und Kantor in Schleusingen (Thüringen), von 1596 an evangelischer Stadtkantor in Weimar, bedeutender Komponist (s Jena 1609).
M 218   304 = 249   662 = 537   667   705
Wade, John Francis, 1711-1786, Lateinlehrer an einem englischen römisch-katholischen College und Musikkopist in Douai (Frankreich), lebte im Ruhestand in Lancashire, einer der wichtigsten Überlieferer des lateinischen T und der M von 143, aber mit Sicherheit nicht deren Schöpfer, wie manche meinen (s Reading).
Wagner, Sieglinde, geb. 1938 in Bamberg, Ausbildung zur katholischen Gemeindehelferin in Freiburg, Gemeindereferentin in der Erzdiözese Bamberg für die Gemeinde St. Otto in Nürnberg.
Walter (eig. Blankenmüller oder Blankenmöller), Johann, 1496-1570, aus Großpürschütz bei Kahla (Thüringen), Besuch der Lateinschulen in Torgau und Rochlitz (Sachsen), seit 1517 Studium an der Universität Leipzig, spätestens 1521 Bassist in der kursächsischen Hofkapelle in Altenburg, Luthers musikalischer Mitarbeiter, Bearbeiter des ersten evangelischen mehrstimmigen Chorgesangbuches (Wittenberg 1524) und Gründer der ersten evangelischen Stadtkantorei (Torgau 1526), 1548-1554 Hofkapellmeister in Dresden, danach im Ruhestand in Torgau.
M (654) 666
Walter, Silja, geb. 1919, Tochter des Schriftstellers und Verlegers Otto Walter in Olten, studierte Literatur in Freiburg (Schweiz), seit 1948 als Sr. Hedwig Benediktinerin im Kloster Fahr bei Zürich, europäisch anerkannte christliche Schriftstellerin (Lyrik, Spiele, Erzählungen, Romane, Meditationen).
T (224) 642
Webb, Thomas Henry Basil, 1898-1917, Schüler des Winchester College, gefallen 1917 an der Somme.
G 8,3
Weber, Günther, geb. 1927 in Köln, Studium der Pädagogik, der katholischen Theologie und der Heilpädagogik in Köln, Volksschullehrer, Sonderschuldirektor, 1966-1971 Direktor des Katechetischen Institutes Aachen, seither wieder im Schuldienst in Jülich, Verfasser zahlreicher Bücher zur Theorie und Praxis des Religionsunterrichts.
G 65

Weber, Horst, geb. 1926 in Wuppertal, Schulrat, Leiter des Instituts für Musikerziehung und evangelischer Kantor in Duisburg.
M 277
Weinzierl, Franz Joseph, 1777-1829, aus Pfaffenberg (Bayern), Prediger am Domstift zu Regensburg, religiöser Schriftsteller und Übersetzer.
T (577)
Weiß (Werner-Weiß), Christa, geb. 1925 in Essen-Werden, Lehrerin, Verlagsmitarbeiterin, 1962 Dozentin für Literatur und Pädagogik in Altenkirchen (Westerwald), dann freiberuflich tätig.
T (702)
Weiße, Michael, um 1488-1534, aus Neiße (Schlesien), Student in Krakau, dann Franziskaner in Breslau, schloß sich 1518 den Böhmischen Brüdern (s dort) an, für die er fünfmal zu Luther reiste, von 1531 an Pfarrer an der deutschen Brüdergemeine in Landskron und Fulneck (Böhmen), Mitglied des Bruderrates, Hrsg des ersten deutschen Gsb der Böhmischen Brüder (1531), bedeutender Schöpfer und Bearbeiter von Kirchenliedern.
T 181 218   *M* (136) (224) (582)
Weißel, Georg, 1590-1635, aus Domnau (Ostpreußen), evangelischer Theologe und Musiker, Rektor in Friedland, 1623 Pfarrer in Königsberg, Mitglied des Dichterkreises um Simon Dach.
T 107
Wesely, Anton, 1908-1983, aus Wien, Studium der katholischen Theologie und später der Kirchenmusik in Wien, Kaplan in Wien und Perchtoldsdorf bis 1936, dann Domvikar und Domprediger bis 1946, dann Domkapellmeister am Wiener Stephansdom, später auch Kanonikus, Prälat und Kirchenmeister, Mitglied der Diözesankommission für Kirchenmusik und der Diözesankommission für Liturgie.
Kv (Q 26) 177 = 194   710,4   733,1   734,1
Wien um 1495: das sog. Wienhäuser Liederbuch, eine um 1494/95 entstandene Handschrift der Wiener Hofbibliothek, offenbar aus einem Codex des 14. Jh abgeschrieben.
TM (187)
Wien 1552: Liedheftchen „Ein schöner Christlicher Ruff... zu Jesu Christo" mit 145 Strophen.
Wien um 1776: Katholisches Gsb, auf allerhöchsten Befehl Ihrer k. u. k. Majestät Marien Theresiens zum Druck befördert.
M (257)

Die Autoren 909

Willms (nicht: Wilms), Wilhelm, geb. 1930, seit 1976 katholischer Pfarrer in Heinsberg bei Köln, bedeutender Schöpfer von geistlicher Gegenwartslyrik.
T 184
Wipo von Burgund, um 995 – nach 1084, wahrscheinlich aus Solothurn, Geschichtsschreiber und Dichter, Kaplan der Stephanskirche in Solothurn, Hofkaplan der deutschen Kaiser Konrad II. und Heinrich III., von 1038 an krankheitshalber in Solothurn, von 1045 an Einsiedler im Böhmerwald.
T 215 = (216) = (217)   *M* 215 = 216 = (217)
Wittenberg 1524: Geystliche gesangk Buchleyn, Johann Walters (s dort) Chorgesangbuch, der früheste erhaltene unter den Wittenberger Lieddrucken, dem Einzeldrucke vorausgegangen sind, die sich jedoch nur in Nachdrucken aus anderen Orten erhalten haben.
M (130) (241) (450) (654)
Wittenberg 1529: „Geistliche Lieder auffs new gebessert zu Wittenberg", das grundlegende und epochemachende erste Gemeindegsb Luthers.
M 141 (213) (310)
Wittenberg 1573: „Kirchen Gesenge Latinisch und Deudsch", hrsg von Johannes Keuchenthal, eines der wichtigsten lutherischen Gsb aus der 2. Hälfte des 16. Jh.
M 223
Woll, Erna, geb. 1917 in St. Ingbert/Saar, studierte Komposition, Kirchen- und Schulmusik (u. a. bei H. Lemacher, J. Haas, W. Fortner), zuerst Kirchenmusikerin, Kantorin und Professor am musischen Gymnasium in Weißenborn, dann Dozentin an der Pädagogischen Hochschule und an der Universität Augsburg, Komponistin geistlicher und weltlicher Vokalmusik.
M 636   663   *Kv* (Q 27) 746,2
von Wöß, Josef Venantius, 1863-1943, aus Kotor (Dalmatien), Schüler Bruckners, von 1892 an Professor in Wien, Komponist kirchlicher Chormusik.
M 560
Würzburg 1628: „Alte und Newe Geistliche Catholische Gesäng", das erste katholische Generalbaß-Gsb.
M 188
Würzburg 1649: „Sirenes Parthéniae oder Keusche Meerfräulein"

(= Jungfräuliche Sirenen), zweistimmige Jesus- und Marienlieder, lateinisch und deutsch.
T (503)
Zahner, Bruno, geb. 1919 in Sirnach (Thurgau), Ausbildung als Lehrer in Kreuzlingen, als Cellist in Winterthur und als Organist (mit Musiktheorie und Komposition) in Zürich (Funk, Paul Müller-Zürich), tätig als Organist und Lehrer in Kreuzlingen und Rickenbach (Thurgau), als Komponist und Kursleiter für Lehrerbildung und neue Kirchenmusik.
Kv (Q 28) 700,2
Zenetti, Lothar, geb. 1926 in Frankfurt/M, nach der Priesterweihe 1952 Kaplan an mehreren Orten, u. a. in Wiesbaden, von 1962 an Jugendpfarrer in Frankfurt/M, von 1969 an Pfarrer an St. Wendel, 1976 überdies Dekan, begabter Autor zeitgemäßer Kirchenliedtexte.
T 539   620   623   636   655   663   (764)
Zils, Diethard, geb. 1935 in Bottrop (Westfalen), seit 1955 Dominikaner, Jugendseelsorger in Düsseldorf, 1962 Priesterweihe, seit 1965 Referent für Liturgie, publizistisch tätig als Autor, Redakteur und Hrsg von Werkbüchern.
T 165   270
Zürich 1941: Probeband zum RKG.
T (264)
Zwick, Johannes, um 1496-1542, aus Konstanz, 1518 Priester, Dr. jur., Dozent der Rechtskunde in Freiburg/Br. und Basel, 1522 in Riedlingen/Donau, wegen evangelischer Gesinnung von dort vertrieben, 1525 Mitreformator und Pfarrer in Konstanz, Mithrsg des Konstanzer Gsb, starb in Bischofszell (Thurgau), wo er die wegen der Pest verwaiste Gemeinde betreute.
T 557   666
Zwölfapostellehre (Didaché): die älteste nachneutestamentliche Kirchenordnung, wahrscheinlich im Anfang des 2. Jh in Syrien entstanden, enthält auch liturgische Texte.
G 28,8   373,6

6. Anhang:
Die Diözesananhänge zum EGB GOTTESLOB der deutschsprachigen Diözesen

6.1 Die Diözesananhänge zum Einheitsgesangbuch
Vorwort

Georg Wagener

Dies soll ein Versuch sein, eine Bestandsaufnahme der Diözesananhänge des Einheitsgesangbuches *Gotteslob* vorzunehmen.
Die Idee zu dieser Arbeit entstand in einer Seminarveranstaltung des Wintersemesters 1980/81 an der Theologischen Fakultät Paderborn. Ganz besonders möchte ich mich für die gute Begleitung während der Entstehung der Arbeit durch Herrn Prof. DDr. Heinrich Rennings sowie durch die Mitstudenten des damaligen liturgiewissenschaftlichen Seminars, die eine gewisse Vorarbeit geleistet haben, bedanken.
Weiterhin möchte ich mich bedanken bei den Ordinariaten der deutschen und österreichischen sowie auch der Luxemburger Diözesen, die mich mit viel Material unterstützt haben.
Der zweite Teil der Arbeit soll einen Gesamtüberblick über das Liedgut in den Diözesananhängen geben. Es konnte aber nicht auf kleinere Unterschiede in der Melodieführung, in Rhythmus oder Tempovarianten eingegangen werden, denn das würde noch einmal eine Arbeit ergeben, die sich über Jahre erstrecken würde.
Sicherlich gibt es auch noch genug andere Punkte, die innerhalb einer solchen Arbeit hätten beleuchtet werden können, aber da es noch keine Literatur zu den Anhängen gibt, die Grundlage für weitere Studien sein kann, ist diese Arbeit zunächst einmal angefertigt worden.

6.2 Einleitung

Fast zehn Jahre sind vergangen, seit das Einheitsgesangbuch (EGB) *Gotteslob* in den deutschsprachigen Diözesen eingeführt worden ist. Neben dem Stammteil hat jede Diözese auch einen eigenen Diözesananhang erstellt, um die ihr besonders wichtigen Lieder, die keine Aufnahme im Stammteil gefunden haben, nicht verlorengehen zu lassen.
Zur Erstellung der Diözesananhänge wurden Leitlinien herausgegeben, die auch dort eine gewisse Einheitlichkeit herstellen sollten:
Der Diözesananhang sollte enthalten
1. besondere Diözesangebete (zu Heiligen und für Prozessionen usw.),
2. besondere Diözesanlieder (Heiligenlieder, Wallfahrtslieder usw.),
3. einige wichtige neue Lieder, die im EGB keine Aufnahme fanden,
4. wichtige Lieder älterer Art, auf die man sich auf gesamtdeutscher Ebene nicht einigen konnte (z. B.: Tauet, Himmel, den Gerechten).

Folgende Regeln sollten beachtet werden:
1. Das Diözesanproprium sollte nicht mehr als 50 Lieder enthalten. Es darf ja auch nicht zu teuer werden.
2. Lieder, die bereits im EGB stehen, dürften nicht in einer Sonderfassung im Proprium erscheinen.
3. Nachbardiözesen sollten sich wegen der aufzunehmenden Eigenlieder u. U. abstimmen.[1]
Inwieweit diese Leitlinien beachtet bzw. zugrunde gelegt wurden, soll diese Arbeit nachweisen.

---

[1] Diese Leitlinien entnahm der Verfasser einer Mitteilung von Weihbischof Nordhues v. 20. 11. 1972.

Die Diözesananhänge 915

6.3 Vorstellung der einzelnen Diözesananhänge

Im ersten Kapitel der Arbeit sollen zunächst die Eigenteile der Diözesen vorgestellt werden. Es soll einen Überblick geben über den Umfang der Anhänge und die Arbeitsweise der Kommissionen, die dem Verfasser teilweise von den Ordinariaten oder den Verantwortlichen der Diözesankommissionen mitgeteilt wurde. Zu Beginn einer jeden Beschreibung wird eine Übersicht über die Literatur zu dem jeweiligen Anhang gegeben, soweit diese dem Verfasser bekannt war.

AACHEN/LÜTTICH
Lit.: keine spezielle Literatur
Titel des Anhangs: Diözesananhang für das Bistum Aachen
Verlag: B. Kühlen Verlag, Mönchengladbach
Ort/Jahr: Aachen 1975
Seite: 893-1068
Summe der Seiten: 175
Nummer: 801-983, Nr. 826 fehlt
Aufbau:
801 Diözesangebete
802-825 Texte aus dem Meßbuch zu den Sonntagen und Hochfesten des Jahres
827-983 Lieder und Gesänge
Leiter/Mitarbeiter der Kommission: Pfarrer Hans Steffens, Düren
Arbeit der Kommission: keine Angaben

AUGSBURG
Lit.:
1. Veröffentlichung der Kommission für Liturgik im Bistum Augsburg vom 5. 4. 1978: „Werdegang des *Gotteslob*-Anhangs"
2. Veröffentlichung der Kommission für Liturgik im Bistum Augsburg vom 6. 11. 1980: „Zum Diözesanteil Augsburg des *Gotteslob*"
Titel des Anhangs: Diözesanteil Augsburg
Verlag: Kösel Verlag, München
Ort/Jahr: München 1975
Seite: 893-970
Summe der Seiten: 77

Nummer: 801-894
Aufbau:
801-893 Lieder und Gesänge
894 Gebet zum heiligen Ulrich
Leiter/Mitarbeiter der Kommission:
Msgr. Johannes Dischinger, Augsburg
Arbeit der Kommission:
Die Auswahl der Lieder fand statt durch die Kommissionen für Liturgie und Kirchenmusik. Die Kommission für Liturgie wählte aus den vorhergehenden Gesangbüchern Lieder aus. Verschiedene Kriterien waren dabei maßgebend:
1. Die Aussage des Textes mußte glaubenstreu und liturgiegemäß sein.
2. Der Text sollte als Ausdruck der Überzeugung und des Erlebens echt vollziehbar sein.
3. Es sollte zu manchem Thema mehr und besseres Liedgut geboten werden.
Es wurden an alle Chorleiter und Geistlichen Listen gesandt mit den vorgeschlagenen Liedern, um eine erste Orientierung zu geben.
Liste I: Lieder und Gesänge, die im EGB-Rohmanuskript enthalten sind.
Liste II: Für den diözesanen EGB-Anhang vorgesehene Lieder.
Die Aussendung der Listen erfolgte im Juli 1973.
Es wurde die Möglichkeit gegeben, Meinungsäußerungen und Verbesserungsvorschläge kundzutun. Jedoch es kam nur zu einer geringen Reaktion. Im Oktober 1974 waren die Verhandlungen abgeschlossen, und das Manuskript wurde in Druck gegeben.

BAMBERG
Lit.: keine spezielle Literatur
Titel des Anhangs: IV. Diözesanteil des Erzbistums Bamberg
Verlag: St. Otto Verlag GmbH, Bamberg
Ort/Jahr: Bamberg 1975
Seite: 893-1033
Summe der Seiten: 140
Nummer: 801-924 (815-819 fehlen)
Aufbau:
801 Zur Geschichte des Erzbistums Bamberg
802 Unsere Diözesanheiligen

Die Diözesananhänge 917

803-813 Gebete im Kirchenjahr
814 Versikel nach dem Te Deum
820-894 Lieder und Gesänge
Leiter/Mitarbeiter der Kommission: nicht bekannt
Arbeit der Kommission: keine Angaben

BERLIN
Lit.: keine spezielle Literatur
Titel des Anhangs: Berliner Anhang zum Gotteslob
Verlag: Morus Verlag, Berlin
Ort/Jahr: Berlin 1975
Seite: 1-75
Summe der Seiten: 75
Nummer: 800-876
Aufbau:
800 Die Eigenfeiern des Bistums Berlin
801-875 Lieder und Gesänge
876 Namenstagskalender
Leiter/Mitarbeiter der Kommission: Ordinariatsrat Peter Tanzmann, Berlin
Arbeit der Kommission:
Im Bistum Berlin besteht die Schwierigkeit, daß es ein zweigeteiltes Bistum ist. Daher gibt es auch einen eigenen Diözesanteil für den Bereich der DDR. Bei der Auswahl der Lieder sind auch verschiedene Kriterien zu unterscheiden:
a) Bekanntheitsgrad des Liedes in den Gemeinden
b) Wert von Text und Melodie
c) für die Gestaltung der Liturgie wichtige Lieder, die aber nicht im Stammteil stehen (z. B.: 816, 830, 846)
Der Anhang entstand durch Vergleich des im Manuskript vorgelegten Stammteils sowie der damals erreichbaren Planung für den Anhang der DDR mit dem früheren Gesangbuch „Ehre sei Gott".

EICHSTÄTT
Lit.: keine spezielle Literatur
Titel des Anhangs: Eigenteil des Bistums Eichstätt
Verlag: Brönner & Daentler KG, Eichstätt
Ort/Jahr: Eichstätt 1975
Seite: 893-1010

Summe der Seiten: 117
Nummer: 801-889
Aufbau:
801-877 Lieder und Gesänge
878 Vesper zu Ehren des hl. Willibald
879 Andacht zu Ehren des hl. Willibald
880 Andacht zu Ehren der hl. Walburga
881 Fürbitten zur Erneuerung des Gottesvolkes in unserer Diözese im Geist ihrer Patrone
882 Wallfahrtsorte in unserm Bistum
883 Gebet zur Mutter Gottes von der Immerwährenden Hilfe
884 Andacht um Vertrauen auf Gottes Vorsehung
885 Andacht um Gottes Segen für unsere Arbeit
886-889 Allgemeine Gebete
Leiter/Mitarbeiter der Kommission: Domkapitular Dr. Ludwig Rug, Eichstätt
Arbeit der Kommission:
Bei der Arbeit der Diözesankommission kann man verschiedene Beurteilungskriterien für die Auswahl der Lieder unterscheiden:
a) diözesaneigene Lieder im strengen Sinn (Diözesanpatrone, Wallfahrtslieder mit Bezug auf diözesane Wallfahrtsorte),
b) Lieder aus dem alten Diözesangesangbuch, die in der Diözese sehr verwurzelt und beliebt waren (unter der Voraussetzung, daß sie in Text und Melodie einigermaßen vertretbar waren und keine Überschneidungen mit Liedern aus dem Hauptteil des EGB ergaben),
c) einige Lieder aus den alten Diözesangesangbüchern, die vom Text her vertretbar waren und als Ergänzung zum Hauptteil des EGB eine wünschenswerte Bereicherung darstellten, und
d) diözesaneigene Gesänge im weiteren Sinn (zum Teil bekannt, zum Teil unbekannt), die bis dahin noch nicht im alten Diözesangesangbuch standen, die aber textlich und melodisch gut sind, eine wichtige liturgische Funktion erfüllen und den Hauptteil des EGB thematisch ergänzen konnten.
Wie die Auswahl der Lieder praktisch vor sich ging, kann mangels Information nicht ausgeführt werden.

ESSEN
Lit.: keine spezielle Literatur
Titel des Anhangs: Anhang für das Bistum Essen

Verlag: Ferdinand Kamp, Bochum
Ort/Jahr: Bochum 1975
Seite: 893-986
Summe der Seiten: 93
Nummer: 801-888
Aufbau:
801-886 Lieder und Gesänge
887 Diözesankalender des Bistums Essen
888 Kalender der Namenstage
Leiter/Mitarbeiter der Kommission: Prof. Dr. Josef Jenne, Essen
Arbeit der Kommission: Kriterien für die Auswahl der Lieder waren:
a) Ergänzung des Stammteils
b) Beliebtheit und Verbreitung der Eigenlieder
Die Kirchenmusik-Kommission wurde um drei Priester aus dem ehemaligen Paderborner, Kölner und Münsterschen Gebiet erweitert. Es fanden mehrere Sitzungen statt. Im Vordergrund stand die Frage: Was fehlt in dem Stammteil, welche beliebten Lieder müssen erhalten werden?

FREIBURG/ROTTENBURG-STUTTGART s. Rottenburg S. 927

FULDA
Lit.: keine spezielle Literatur
Titel des Anhangs: VI Gesänge und Gebete unseres Bistums
Verlag: Verlagsgemeinschaft Parzeller & Co. und L. Fleischmann, Fulda
Ort/Jahr: Fulda 1975
Seite: 893-1028
Summe der Seiten: 136
Nummer: 792-920
Aufbau:
792-915 Lieder und Gesänge
916 Litanei zum Hl. Geist
917 Zum hl. Michael, dem Patron des deutschen Volkes
918 Bonifatius-Andacht
919 Lioba-Andacht
920 Elisabeth-Andacht
Bewegliche kirchliche Feiertage
Kirchliche Feste und Namenstage

Leiter/Mitarbeiter der Kommission: Dommusikdirektor Fritz, Fulda
Arbeit der Kommission: keine Angaben

HILDESHEIM
Lit.: keine spezielle Literatur
Titel des Anhangs: Anhang Bistum Hildesheim
Verlag: Bernward-Verlag, Hildesheim
Ort/Jahr: Hildesheim 1975
Seite: 895-1003
Summe der Seiten: 109
Nummer: 792-904
Aufbau:
792-894 Lieder und Gesänge
895 Gebete und Fürbitten: Hl. Altfried
896 Hl. Bernward
897 Hl. Godehard
898 Hl. Bischof Ansgar
899 Sel. Bischof Bernhard
900 Hl. Hedwig
901 Hl. Martin
902 Niels Stensen
903 Oliver Plunkett
904 Bitte um Segen
Leiter/Mitarbeiter der Kommission: nicht bekannt
Arbeit der Kommission: keine Angaben

KÖLN
Lit: keine spezielle Literatur
Titel: Diözesananhang für das Erzbistum Köln
Verlag: J. P. Bachem, Köln
Ort/Jahr: Köln 1975
Seite: 895-1114
Summe der Seiten: 220
Nummer: 801-984
Aufbau:
801-828 Texte aus dem Meßbuch zu den Sonntagen und Festen
829-977 Lieder und Gesänge
978 Fürbitten
979 Verehrung des Hl. Kreuzes

980 Ostern
981 Pfingsten
982 Maria
983 Persönliche Gebete zu Maria
984 Zu den Kölner Heiligen
Leiter/Mitarbeiter der Kommission: Prälat Karl Günter Peusquens, Köln
Arbeit der Kommission: 1974 fand eine umfangreiche Umfrage unter allen Priestern und Kirchenmusikern statt. Darin wurden alle Gesänge des Kölner Gesangbuches – Übergangsausgabe 1971 – aufgeführt mit sechs Antwortmöglichkeiten.
Eine Kommission, bestehend ausschließlich aus Fachmusikern und Priestern aus der Seelsorge, hat anschließend Lied für Lied durchgesprochen. Es galt die Regel: Wenn die Abstimmung mehr als 2/3 Ja-Stimmen ergab, wurde das Lied ohne weitere Diskussion aufgenommen. Der Anhang bringt ca. 30 Lieder des Stammteils in Zweitfassung.

LIMBURG
Lit.: Mitteilungen des Bistums Limburg 4/75 vom 15. 11. 1975, hrsg. vom Bischöflichen Ordinariat, Diözesansynodalamt
Titel des Anhangs: Limburger Diözesanteil
Verlag: Josef Knecht, Frankfurt a. M.
Ort/Jahr: Frankfurt a. M. 1975
Seite: 893-1062
Summe der Seiten: 169
Nummer: 800-963
Aufbau:
Unser Bistum
800 Lieder im Bistum Limburg – Inhaltsübersicht. Erklärung der Akkordbuchstaben
801-963 Lieder und Gesänge
Leiter/Mitarbeiter der Kommission: Eigentlicher Diözesanbeauftragter Pfr. Heinz Bergmann, maßgeblich beteiligt Kirchenmusikdirektor Dr. Herbert Heine, Wiesbaden
Arbeit der Kommission: 1972 „Beiheft zum Gebet- und Gesangbuch füi das Bistum Limburg".
Das Beiheft sollte eine Brücke sein – vor allem im Hinblick auf die Kinder- und Gemeindegottesdienste – zwischen dem noch gültigen alten Limburger Gesangbuch von 1957 und dem EGB.

Alle Lieder und Gesänge, soweit sie nicht im Stammteil des EGB erscheinen, sollten in den Diözesanteil aufgenommen werden. Im Sommer 1972 wurde eine Umfrage an die Pfarrämter gerichtet betreffs Aufnahme beliebter Lieder aus dem Gesangbuch von 1957. Von Juli 1972 an – etwa in vierteljährlichem Abstand – fanden Gespräche mit den benachbarten Diözesen Fulda, Mainz, Trier und Speyer statt.

MAINZ
Lit.: keine spezielle Literatur
Titel des Anhangs: Anhang für das Bistum Mainz
Verlag: Matthias-Grünewald-Verlag, Mainz
Ort/Jahr: Mainz 1975
Seite: 893-1062
Summe der Seiten: 169
Nummer: 801-945
Aufbau:
801-809 Advent
810-819 Weihnachten – Epiphanie
820-840 Österliche Bußzeit
841-857 Ostern – Pfingsten
858-863 Jahreskreis
864-915 Lieder
916-923 Heilige
924-929 Tod und Vollendung
930-943 Psalmen und Psallierweisen
944 Andacht zu Heiligen des Mainzer Bistums
945 Litanei zu den Heiligen des Mainzer Bistums
Leiter/Mitarbeiter der Kommission: Ordinariatsrat Prof. Dr. Günter Duffrer
Arbeit der Kommission: keine Angaben.

MÜNCHEN-FREISING
Lit.: Kirchenmusikalische Mitteilungen, hrsg. vom Amt für Kirchenmusik im Ordinariat des Erzbistums München und Freising, Nr. 73/4; 74/1; 74/4; 75/1; 75/2; 75/3; 75/4; 76/3; 77/1
Titel des Anhangs: Diözesanteil des Erzbistums München-Freising
Verlag: J. Pfeiffer, München
Ort/Jahr: München 1975

Die Diözesananhänge 923

Seite: 893-977
Summe der Seiten: 84
Nummer: 801-866, 901-924
Aufbau:
801 Zur Geschichte der Erzdiözese
802 Die wichtigsten Wallfahrtsorte im Erzbistum
803 Die bedeutendsten Diözesanheiligen
804 Gebet am Fest Marias, der Schutzfrau Bayerns
805 Gebet am Fest der hl. Benno
806 Zum hl. Korbinian und andern Diözesanheiligen
807-809 Glaubenszeugen der Gegenwart: Alfred Delp SJ, Kaplan Dr. Hermann Joseph Wehrle, P. Rupert Mayer SJ
810-866 Lieder und Gesänge
901-924 Gemeindeverse
Leiter/Mitarbeiter der Kommission: Rudolf Thomas, Kirchenmusik-Kommission; Regionalbischof Ernst Tewes, Liturgie-Kommission
Arbeit der Kommission: Es wurden verschiedene Listen innerhalb der Diözese versandt, in denen über die vorgeschlagenen Lieder abgestimmt werden konnte und auch andere Vorschläge gemacht werden konnten.

MÜNSTER
Lit.: Keine spezielle Literatur
Titel des Anhangs: Eigenteil des Bistums Münster
Verlag: Aschendorff, Münster
Ort/Jahr: Münster 1975
Seite: 893-1032
Summe der Seiten: 139
Nummer: 801-816 und 901-996
Aufbau:
801 Heilige des Bistums Münster
802 Litanei zu den Heiligen
803-806 Hl. Liudger
807-813 Gebet zu den Heiligen des Bistums
814 Im Rufe der Heiligkeit
815 Wallfahrtsorte im Bistum Münster
816 Kalender der Namenstage
817-900 fehlen
901-996 Lieder und Gesänge

Leiter/Mitarbeiter der Kommission: P. Dr. Basilius Senger OSB
Arbeit der Kommission: keine Angaben

OSNABRÜCK

Lit.: Kirchenbote für das Bistum Osnabrück vom 20. 2. 1972; 8. 10. 1972; 29. 7. 1973; 12. 7. 1973; 1. 6. 1975 Informationen 4/75, hrsg. vom Diözesanrat der Katholiken, Osnabrück S. 91f und S. 98.
Titel des Anhangs: Gotteslob Diözesanteil Osnabrück
Verlag: A. Fromm, Osnabrück
Ort/Jahr: Osnabrück 1975
Seite: 895-1004
Summe der Seiten: 109
Nummer: 801-907
Aufbau:
801 Jahrestag der Domkirchweihe 5. 10.
802 Gemeinsamer Jahrestag der Kirchweihe
803 Feier des Patronatsfestes
804 Eucharistische Anbetung
805-806 Über die Verehrung des Herzens Jesu
807-809 Zur Erneuerung der Marienweihe, Mariengebet
810 Gruß dir, du festlicher Tag
811 Prozessionen, Wallfahrten, Buß- und Bittgänge
812-826 Heilige unserer Heimat
827 Litanei zu den Heiligen der Heimat
828-905 Lieder und Gesänge
906 Regionalkalender für das deutsche Sprachgebiet
Diözesankalender für das Bistum Osnabrück
907 Namentagskalender
Leiter/Mitarbeiter der Kommission: Domkapitular em. Stephan Vosse
Arbeit der Kommission: „Die Lieder des Diözesanteils sind unter Mitarbeit der verschiedensten Gremien der Diözese zusammengestellt. Neben textlichen und musikalischen Kriterien haben vor allem pastorale Gesichtspunkte diese Auswahl bestimmt. Manche Texte mußten verbessert werden, gelegentlich auch Strophen gestrichen werden. Der leitende Grundsatz bei der Zusammenstellung des Diözesanteils war, daß ein großer Teil des traditionellen Liedgutes erhalten bleiben möge" (aus: Informationen 4/5, S. 98).

PADERBORN
Lit.: Im Dienst der Seelsorge,
Beilage zum Kirchlichen Amtsblatt des Erzbistums Paderborn,
August 1973, S. 39-52; Dezember 1974, S. 97-105
Titel des Anhangs: Anhang für das Erzbistum Paderborn
Aus der Tradition des Sursum Corda (1874-1974)
Verlag: Junfermann, Paderborn
Ort/Jahr: Paderborn 1975
Seite: 1-110
Summe der Seiten: 110
Nummer: 800-917
Aufbau:
800 Vorbemerkungen
801 Regionalkalender
802 Namenstagskalender
803-907 Lieder und Gesänge
908 Verehrung der hl. Eucharistie
909 Zur hl. Kommunion
910 Die jährliche feierliche Aussetzung
911 Eucharistische Prozessionen
912 Gebet zum hl. Bonifatius
913 Gebet zum hl. Liborius
914 Gebet zur hl. Elisabeth
915-917 Gebet für die österlichen Tage
Leiter/Mitarbeiter der Kommission: Weihbischof Dr. Paul Nordhues, später Domvikar Alexander Kuhne
Arbeit der Kommission: Im März 1972 erschien im „Kirchlichen Amtsblatt" eine Aufforderung an Theologen, Kirchenmusiker und interessierte Laien, Vorschläge für den Diözesananhang zu machen. Es ergab sich eine sehr dürftige Reaktion der Angesprochenen. Im August 1973 wurden Protokolle und Liedvorschläge der Kommission in „Im Dienst der Seelsorge" zur Diskussion gestellt. Die Endredaktion nahm der Erzbischof mit einigen Mitarbeitern vor.

PASSAU
Lit.: keine spezielle Literatur
Titel des Anhangs: VI. Diözesanteil des Bistums Passau
Verlag: Passavia, Passau
Ort/Jahr: Passau 1976

Seite: 893-1034
Summe der Seiten: 141
Nummer: 801-941
Aufbau:
801 Zur Geschichte des Bistums
802 Eigenfeste des Bistums Passau
803-807 Gebete zu verschiedenen Anlässen
808 Zu den Heiligen der Heimat
809 Weihnachtszeit in der Familie
810-941 Lieder und Gesänge
Leiter/Mitarbeiter der Kommission: P. Norbert Weber, Passau
Arbeit der Kommission: Es wurde zunächst an alle Seelsorger und Kirchenmusiker eine Liste der im Stammteil fehlenden und voraussichtlich erwünschten Gesänge und Gebete herausgegeben. Daraufhin wurde ein vorläufiger Anhang zusammengestellt und durch die Diözese gesichtet. Danach wurde für oder gegen die Aufnahme eines Liedes entschieden.

REGENSBURG
Lit.: keine spezielle Literatur
Titel des Anhangs: Diözesanteil
Verlag: Friedrich Pustet, Regensburg
Ort/Jahr: Regensburg 1975
Seite: 895-991
Summe der Seiten: 96
Nummer: 801-920
Aufbau:
801 Aus der Geschichte des Bistums
802 Leben des hl. Wolfgang
803 Hl. Wolfgang
804 Glaubensboten und Bischöfe
805 Priester, Mönche und Einsiedler
806 Männer und Frauen des Glaubens
807 Gebet am Fest Marias
808-930 Lieder und Gesänge
Leiter/Mitarbeiter der Kommission: Dr. Karl Wölfl, Regensburg
Arbeit der Kommission: keine Angaben.

Die Diözesananhänge 927

ROTTENBURG/STUTTGART und FREIBURG
Lit.: Informationen der Diözese Freiburg 1973/1974/1975
Übersicht, die für die Tagungen zur Einführung des „Gotteslob" in der Diözese Rottenburg/Stuttgart aus dem Jahre 1975 erarbeitet wurde.
Titel des Anhangs: Gemeinsamer Anhang für die Diözesen Freiburg und Rottenburg/Stuttgart
Verlag: Herder, Freiburg; Schwabenverlag, Ostfildern 1
Ort/Jahr: Freiburg 1975 Ostfildern 1975
Seite: 893-1087
Summe der Seiten: 194
Nummer: 801-955
Aufbau:
801-916 Lieder und Gesänge
917-932 Psalmen aus dem Konstanzer Gesangbuch
933 Vesper am Fest des Diözesanpatrons
934-935 Mette und Laudes an den Kartagen
936 Andacht am Herrentag
937 Andacht von der Todesangst Jesu am Ölberg
938-939 Allgemeine Gebete
940 Öschprozession – Flurprozession
941 Wettersegen
942 Pfingstnovene
943 Litanei vom Hl. Geist
944 Andacht zur Hl. Dreifaltigkeit
945 Andacht zu den fünf Wunden unseres Erlösers
946 Fürbitten der Corporis-Christi Bruderschaft
947 Ewige Anbetung
948 Gräberbesuch
949 Andacht vom Kommen des Herrn
950 Wortgottesdienst zum Jahresschluß
951 Andacht von den Freuden Mariens
952 Altchristliches Marienlob
953 Weihegebet an Maria
954 Wortgottesdienst zum Fest des Diözesanpatrons Martinus
955 Litanei zu den Heiligen unserer Heimat
Leiter/Mitarbeiter der Kommission: Dr. Herbert Gabel, Freiburg; Dr. Werner Groß, Rottenburg
Arbeit der Kommission: In einem Umfrageverfahren bei den Dekana-

ten wurde festgestellt, welche Lieder des bisherigen Diözesangesangbuches in das *Gotteslob* übernommen werden sollten. Das Ergebnis bildete dann die Grundlage für ein Auswahlverfahren, in dem sowohl eine Punktzahl, die ein Lied bei der Umfrage erhalten hatte, wie auch Fragen nach der im Blick auf den Stammteil bestehenden Notwendigkeit sowie Wertung des Textes und der Melodie eine Rolle spielten. Die Diözesen Rottenburg und Freiburg entschieden sich für einen gemeinsamen Eigenteil, da sie einem Bundesland angehören, in welchem starke regionale Überschneidungen durch politische Neuaufteilung (Gebietsreform) entstanden sind und wo die Fluktuation der Bevölkerung von einer Diözese zur anderen viel stärker ist als anderswo. Ein gemeinsamer Eigenteil mußte deshalb notgedrungen umfangreicher werden.

SPEYER
Lit.: keine spezielle Literatur
Titel des Anhangs: Speyerer Anhang
Verlag: Pilger Verlag, Speyer
Ort/Jahr: Speyer 1975
Seite: 893-1014
Summe der Seiten: 121
Nummer: 801-916
Aufbau:
801-916 Lieder und Gesänge
Liturgischer Kalender für das Bistum Speyer
Leiter/Mitarbeiter der Kommission: Bischof Dr. Friedrich Wetter
Arbeit der Kommission: Leitlinien für die Auswahl der Lieder:
Ausgewählt wurde in erster Linie nach pastoralen Gesichtspunkten, erst in zweiter Linie nach musikalischen.
1. Thematische Lücken des Stammteils sollten ausgefüllt werden.
Thematische Lücken:
a) Marienlieder
b) Prozessionslieder
c) Tageslieder
d) Gesänge für Totenmesse
e) Lieder für besondere Andachten (Miserere-Andacht, Mai- und Erstkommunionandacht).
2. Lieder, die nach Text und Melodie oder nach beidem aus der Diözese stammen.

3. Lieder und Gesänge, die in der Übergangszeit zwischen Liturgiereform und Gesangbuchreform eingesungen waren (z.B.: 804, 805, 814, 815, 872, 910).
4. Alle Lieder wurden nicht unverändert übernommen. Die textlichen Fassungen wurden mit den Nachbardiözesen beraten und einheitlich gefaßt (sog. Regionallieder).
Methode der Liedarbeit:
Meinungsumfrage: Welche Lieder werden für den Diözesanteil gewünscht, wenn sie im Stammteil nicht enthalten sein werden? Die Adressaten waren die Pfarreien und die Kirchenmusiker.
Zum Abschluß der Liedarbeit erstellte das „Bischöfliche Amt für Kirchenmusik" eine Synopse für alle ehemaligen „Salve-Regina"-Lieder, die im Stammteil enthalten sind.

TRIER
Lit.: Sonderausgabe der „Pastoralen Handreichungen", hrsg. vom Bischöfl. Generalvikariat, Abt. Pastorale Dienste, vom 3. 10. 1975
Titel des Anhangs: Anhang für das Bistum Tier
Verlag: Paulinus-Verlag, Trier
Ort/Jahr: Trier 1975
Seite: 893-1030
Summe der Seiten: 137
Nummer: 801-944
Aufbau:
Aus der Geschichte des Bistums Trier
801-932 Lieder und Gesänge
933 Fürbitten am Schluß des ewigen Gebetes
934 Litanei von den Heiligen des Bistums Trier
935-936 Pilgergebete zum Hl. Rock
937 Andacht vom Vertrauen auf Gott
938-941 Verschiedene Gebete
942 Andacht in den Anliegen des Reiches Gottes
943 Fürbitten für die Pfarrgemeinde
944 Persönliche Gebete zu Maria
Leiter/Mitarbeiter der Kommission: Ordinariatsrat Nikolaus Föhr, Trier
Arbeit der Kommission: Zunächst ging ein 3facher Fragebogen an alle Pfarrämter des Bistums, der ermitteln sollte, welche Lieder die Gemeinden in den Anhang haben wollten. In einem zweiten Schritt

wurde anhand der Rückläufe ein Rohmanuskript erstellt. In diesem Rohmanuskript standen alle vorgesehenen Lieder mit einigen Textänderungen. Melodieänderungen wurden nicht vorgenommen. Dieses Rohmanuskript ging an alle Dechanten des Bistums. Nach dem Rücklauf wurden die Änderungswünsche eingearbeitet, vor allem eine Erweiterung des Liedangebotes und Textkorrekturen. Die Erarbeitung der Manuskripte geschah durch die Musikkommission des diözesanen Rates für gottesdienstliche Fragen.

WÜRZBURG
Lit.: keine spezielle Literatur
Titel des Anhangs: VI. Eigenteil für das Bistum Würzburg
Verlag: Echter Verlag, Würzburg
Ort/Jahr: Würzburg 1975
Seite: 893-1024
Summe der Seiten: 131
Nummer: 800-916
Aufbau:
800,1 Aus der Vergangenheit des Bistums
800,2 Fränkische Heilige und Selige
801-916 Lieder und Gesänge
Leiter/Mitarbeiter der Kommission: Prälat Prof. Dr. Schömig
Arbeit der Kommission: Der Auswahl der Lieder für den Anhang ging eine Befragung der Gemeinden über die Gremien der Dekanate voraus. Es nahmen daran teil die Gläubigen über die Pfarrgemeinderäte, die Seelsorger über den Dekanatsklerus, die Theologen des Priesterseminars, die Liturgische Kommission und die Abteilung für Kirchenmusik. Die Befragung geschah nach einem Punktesystem. Beabsichtigt war, jene Lieder, die ein besonderes textliches und musikalisches Eigengepräge zeigten, zu einem Anhang zusammenzufassen, der in maßvollem Umfang fränkisches Liedgut aus der Überlieferung sammelte und für den gottesdienstlichen Gebrauch enthiel*

BERLINER BISCHOFSKONFERENZ (DDR)
Lit.: keine spezielle Literatur
Titel des Anhangs: Liedanhang
Verlag: St. Benno Verlag, Leipzig
Ort/Jahr: Leipzig 1975
Seite: 894-948

Die Diözesananhänge 931

Summe der Seiten: 52
Nummer: 800-855
Aufbau:
800-855 Lieder und Gesänge
Namenstagskalender
Die Heiligen unseres Landes
Leiter/Mitarbeiter der Kommission: keine Angaben
Arbeit der Kommission: Der Anhang ist gültig für alle Jurisdiktionsbereiche in der DDR.

ÖSTERREICHTEIL
Lit.: Wiener Diözesanblatt, 109. Jg. (1971), S. 53 f; 110. Jg. (1972), S. 47 f, S. 104 und S. 129; 111. Jg. (1973), S. 7 und S. 124; SINGENDE KIRCHE, Zeitschrift für kath. Kirchenmusik, hrsg. v. d. Arbeitsgemeinschaft der Kirchenmusik – Kommissionen und Referenten der österreichischen Bistümer, Nr. XVIII/1 1969/70, S. 8-11; Nr. XIX/3 1971/72, S. 116-120 und XIX/4, S. 159-161; Nr. XX/4 1972/73, S. 171-172 und Nr. XXIII/4 1975/76, S. 168ff.
Titel des Anhangs: Österreichteil
Verlag: Arbeitsgemeinschaft für den Verlag des EGBÖ: Verlag Carinthia, Klagenfurt – St. Martins Verlag, Eisenstadt – Niederösterreichisches Pressehaus, St. Pölten – Verlag „Die Quelle", Feldkirch – Verlag Felizian Rauch, Innsbruck – Verlag der Salzburger Druckerei, Salzburg – Verlag Styria, Graz – Veritas GmbH, Linz – Wiener Dom Verlag GmbH, Wien.
Ort/Jahr: 1975
Seite: 893-942
Summe der Seiten: 50
Nummer: 801-855
Aufbau:
801-855 Lieder und Gesänge
Leiter/Mitarbeiter der Kommission: Weihbischof Dr. Alois Wagner, Linz
Arbeit der Kommission: Bereits 1948 hatte Bischof Dr. Josephus Fließer, Linz, als Liturgiereferent der Österreichischen Bischofskonferenz eine Kommission gebildet mit dem Auftrag, einen österreichischen Einheitsliederkanon zu erarbeiten. 1949 konnte die österreichische Bischofskonferenz (ÖBK) den E- und e-Kanon beschließen. Er sollte bei Neuauflagen der Diözesanliederbücher Berücksichtigung

finden. E-Kanon heißt *Pflicht*kanon, e-Kanon ist *Wahl*kanon. Dieser Beschluß bildete die Grundlage für den allgemeinen Österreich-Anhang im *Gotteslob*. Er setzt sich aus jenen Liedern des österreichischen E- und e-Kanons zusammen, die keine Aufnahme in den Stammteil des *Gotteslob* gefunden hatten. Hier ging es weniger um die Frage der literarisch-theologischen Qualität als um die Frage der Verbreitung.
Grundsätzlich war ein Diözesananhang für das *Gotteslob* konzipiert. Es gab in den einzelnen Diözesen Lieder, die schon 1948/49 keine Aufnahme in den Ö-Kanon gefunden hatten. Österreich hat zwei Kirchenprovinzen (Salzburg und Wien) mit eigenständigen Traditionen (Donauraum, Alpenraum). Während beim Ö-Anhang lit.-theol. Qualität und Verbreitung die maßgeblichen Kriterien bildeten, spielten bei den zusätzlichen Diözesananhängen neben der Verbreitung pastorale Gesichtspunkte eine Rolle, d. h. die Frage, unter welchen Gesichtspunkten wird das *Gotteslob* angenommen.
Für den Ö-Anhang wurde in jeder der neun Diözesen eine Begutachtungskommission gebildet. Dieser lagen zwei Listen vor. Eine Liste enthielt jene Lieder, die für den Österreichanhang vorgeschlagen wurden, die andere Liste enthielt Lieder, die entweder nur für die Diözesananhänge gedacht waren oder auf die man ganz verzichten zu können glaubte.

Ö-EISENSTADT
Lit.: Keine spezielle Literatur
Titel des Anhangs: Diözesananhang
Verlag: Arbeitsgemeinschaft für den Verlag des EGB
Ort/Jahr: Eisenstadt 1975
Seite: 943-983
Summe der Seiten: 40
Nummer: 901-930
Aufbau:
901-930 Lieder und Gesänge
Leiter/Mitarbeiter der Kommission: Seelsorgeamtsleiter Johann Bauer, Eisenstadt
Arbeit der Kommission: keine Angaben

Ö-GRAZ-SECKAU
Lit.: keine spezielle Literatur

Die Diözesananhänge

Titel des Anhangs: Diözesananhang
Verlag: Arbeitsgemeinschaft für den Verlag des EGB
Ort/Jahr: Graz 1975
Seite: 943-970
Summe der Seiten: 26
Nummer: 901-941
Aufbau:
901-941 Lieder und Gesänge
Leiter/Mitarbeiter der Kommission: Dr. Johann Trummer, Graz
Arbeit der Kommission: keine Angaben

Ö-GURK-KLAGENFURT
Lit.: keine spezielle Literatur
Titel des Anhangs: Diözesananhang
Verlag: Arbeitsgemeinschaft für den Verlag des EGB
Ort/Jahr: Klagenfurt 1975
Seite: 943-979
Summe der Seiten: 36
Nummer: 901-971
Aufbau:
901-971 Lieder und Gesänge
Leiter/Mitarbeiter der Kommission: Pfarrer Paul Beier, Maria Wörth
Arbeit der Kommission: keine Angaben

Ö-INNSBRUCK-FELDKIRCH
Lit.: keine spezielle Literatur
Titel des Anhangs: Diözesananhang
Verlag: Arbeitsgemeinschaft für den Verlag des EGB
Ort/Jahr: Innsbruck 1975
Seite: 943-964
Summe der Seiten: 22
Nummer: 901-936
Aufbau: 901-936 Lieder und Gesänge
Leiter/Mitarbeiter der Kommission: Dr. Peter Webhofer, Innsbruck
Arbeit der Kommission: keine Angaben

Ö-LINZ
Lit.: keine spezielle Literatur
Titel des Anhangs: Diözesananhang

Verlag: Arbeitsgemeinschaft für den Verlag des EGB
Ort/Jahr: Linz 1975
Seite: 943-970
Summe der Seiten: 28
Nummer: 901-933
Aufbau:
901-933 Lieder und Gesänge
Leiter/Mitarbeiter der Kommission: Franz Schmutz, Linz
Arbeit der Kommission: Die Diözese Linz hat auch sog. rhythmische Lieder aufgenommen. So sollte auch die Jugend das *Gotteslob* als ihr Buch annehmen.
In der Diözese gab es zum Diözesananhang Abstimmungsvorgänge. Es wurde ein Gesamtverzeichnis der Lieder an die Pfarrer mit der Bitte um Streichungen ausgeschickt. Außerdem wurde gebeten, jene Lieder positiv anzukreuzen, die unbedingt Aufnahme finden sollten. Ähnlich war es mit den rhythmischen; die Jugendseelsorger konnten ihre Vorstellungen konkret einbringen.

Ö-ST. PÖLTEN
Lit.: keine spezielle Literatur
Titel des Anhangs: Diözesananhang
Verlag: Arbeitsgemeinschaft für den Verlag des EGB
Ort/Jahr: St. Pölten 1975
Seite: 943-970
Summe der Seiten: 28
Nummer: 901-937
Aufbau:
901-927 Lieder und Gesänge
929 Geschichte der Kirche in der Diözese St. Pölten
928 Gebet zu Maria
930-931 Hl. Hippolyt
932.933 Hl. Leopold
934-935 Hl. Florian
936-937 Sel. Maria Theresia Ledechowska
Bistumsgeschichte
Leiter/Mitarbeiter der Kommission: Dr. Walter Graf, St. Pölten
Arbeit der Kommission: keine Angaben

Die Diözesananhänge 935

Ö-SALZBURG
Lit.: keine spezielle Literatur
Titel des Anhangs: Diözesananhang
Verlag: Arbeitsgemeinschaft für den Verlag des EGB
Ort/Jahr: Salzburg 1975
Seite: 943-970
Summe der Seiten: 28
Nummer: 901-937
Aufbau:
901-933 Lieder und Gesänge
934-937 Allgemeine Gebete
Leiter/Mitarbeiter der Kommission: Seelsorgeamtsleiter Bruno Regner, Salzburg
Arbeit der Kommission: keine Angaben

Ö-WIEN
Lit.: Wiener Diözesanblatt, 113. Jg. (1975), S. 119
Titel des Anhangs: Diözesananhang
Verlag: Arbeitsgemeinschaft für den Verlag des EGB
Ort/Jahr: Wien 1975
Seite: 943-960
Summe der Seiten: 18
Nummer: 901-922
Aufbau:
901-922 Lieder und Gesänge
Leiter/Mitarbeiter der Kommission: Dr. Rudolf Schwarzenberger, Wien
Arbeit der Kommission: keine Angaben

BOZEN/BRIXEN
Lit.: keine spezielle Literatur
Titel des Anhangs: Diözesanteil Bozen-Brixen
Verlag: J. Pfeiffer, München
Ort/Jahr: Bozen; Brixen 1975
Seite: 893-945
Summe der Seiten: 53
Nummer: 801-862
Aufbau:
801-862 Lieder und Gesänge

Leiter/Mitarbeiter der Kommission: keine Angaben
Arbeit der Kommission: keine Angaben

LUXEMBURG
Lit.: Gottesdienst 4/1977, S. 25; „Magnificat" in: Paulinus, Trierer Bistumsblatt, vom 17. 4. 1977, S. 15; „Das neue MAGNIFICAT: Impulse zum Beten", in: Luxemburger Wort, vom 12. 2. und 19. 2. 1977; „Das neue Magnificat: seine Entstehung", in: a.a.O. vom 5. 2. 1977; „Neues Magnificat für die Kirche Luxemburgs", in: a.a.O. vom 24. 1. 1977; „MAGNIFICAT – Ein Luxemburger Gesang- und Gebetbuch", in: a.a.O. vom 24. 1. 1977
Titel des Anhangs:
a) Gesamtausgabe: MAGNIFICAT. „Gotteslob" für das Bistum Luxemburg
b) Anhang: Eigenteil für das Bistum Luxemburg
Verlag: Verlag der St.-Paulus-Druckerei, AG, Luxemburg; A.E.L.F., Paris, pour les textes liturgiques en langue française
Ort/Jahr: Luxemburg 1975
Seite: 895-1207
Summe der Seiten: 312
Nummer: 801-1082
Aufbau:
Texte aus dem Meßbuch – Diözesanproprium
801 Hl. Irmina, Äbtissin in Trier
802 Maria, Trösterin der Betrübten
803 Seliger Schetzel, Einsiedler
804 Jahrestag der Weihe der Kathedrale von Luxemburg
805 Hl. Willibrord, Bischof, Glaubensbote
806 Betstunde für Gründonnerstag
807 Nach Marianischen Texten des Lehramts
808 Ave, Spes Nostra
809 Weitere Elemente für eine Oktavandacht
810 Gebiet vun den Oktavpilger
811 Gebet zum hl. Willibrord
812 Anrufungen zu den in Luxemburg verehrten Heiligen
813-912 Lieder und Gesänge
913-1082 Textes et Chants français
Leiter/Mitarbeiter der Kommission: Emil Seiler, Sekretär der Liturgie-Kommission, Echternach

Die Diözesananhänge 937

Arbeit der Kommission: Gesänge und Lieder bilden das dritte Kapitel des Luxemburger Gesangbuches. Hier galt folgender Grundsatz: Aus dem Magnificat von 1963 und den 3 Beiheften soll alles aufgenommen werden, was nicht schon im gemeinsamen ‚Gotteslob' steht. Nur wenige Lieder wurden (durch Mehrheitsbeschluß der betr. Arbeitsgruppe) ausgeschieden. Dabei handelt es sich um solche, die überhaupt nie gesungen wurden, und um solche, mit denen sich die meisten Gläubigen von heute nicht mehr identifizieren können. Kein Lied wird ohne Melodie abgedruckt. Die Texte der Lieder sind fast nicht geändert. Es wurden sogar fünf Lieder in der uns bekannten Form aufgenommen, obschon sie in einer anderen Fassung im gemeinsamen ‚Gotteslob' stehen (Ave Maria, gratia plena; Ein Kind geborn zu Betlehem; Christi Mutter stand mit Schmerzen; Maria zu lieben; Du Heil der Welt)" (aus: Magnificat – Ein Luxemburger Gebet- und Gesangbuch, in: Luxemburger Wort, vom 29. 1. 1977).

RUMÄNIEN
Lit.: keine spezielle Literatur
Titel des Anhangs: Anhang für Rumänien
Verlag: Butzon und Bercker, Kevelaer
Ort/Jahr: Kevelaer o. J.
Seite: 893-937
Summe der Seiten: 45
Nummer: 801-832
Aufbau:
801-832 Lieder und Gesänge
Leiter/Mitarbeiter der Kommission: keine Angaben
Arbeit der Kommission: keine Angaben

BEIHEFT ZUM GOTTESLOB
mit Kirchenliedern aus den Diözesen Böhmens und Mähren-Schlesiens, aus den deutschen Sprachgebieten der Karpaten und des Südostens
Lit.: keine spezielle Literatur
Titel des Anhangs: s.o.
Verlag: Sudetendeutsches Priesterwerk (Hrsg.)
Ort/Jahr: Königstein im Taunus 1981
Seite: 3-108
Summe der Seiten: 105

Nummer: 001-099
Aufbau:
Zur Geschichte unserer (Erz-)Bistümer
001-099 Lieder und Gesänge
Grüssauer Marienrufe
Gebete zu Maria
Litanei zu den Heiligen unserer Heimat
Fürbitten bei Wallfahrten der Heimatvertriebenen
Fürbitten für die Glaubensbrüder in der Bedrängnis
Gebet zum Gnadenreichen Prager Jesuskind
Abendlied
Leiter und Arbeit der Kommission: keine Angaben

Die Diözesananhänge

6.4 Zahl der Lieder, nichtliedmäßigen Gesänge, Kehrverse und lateinischen Gesänge in den Diözesananhängen (DT)

In diesem Kapitel soll deutlich gemacht werden, in welchem Umfang Lieder, nichtliedmäßige Gesänge, Kehrverse und lateinische Gesänge in die DT Eingang gefunden haben. Diese Feststellung erscheint wichtig, da durch eine zu große Anzahl zusätzlicher Lieder zum Stammteil (ST) – und dann gerade solcher Lieder, die durch die Tradition gewachsen sind – die Verwendung neuerer oder unbekannterer Lieder aus dem ST für einen Teil der Gemeinden ad absurdum geführt wird. Der Anhang soll ja nicht ein neues, zusätzliches Gesangbuch sein, das den ST als unnötig erscheinen läßt. Andererseits sind sicherlich auch im ST thematische Lücken zu finden, die dann im Anhang aufgefüllt werden können, eben durch traditionsgewachsene Diözesanlieder.

Vor der Übersicht über die Anzahl der Gesänge in den DT sollen die einzelnen Typen etwas näher charakterisiert werden:

6.4.1 *Lied (L)*

„Ein Lied ist textlich und musikalisch daraufhin angelegt, daß ein straff-symmetrisch gegliedertes Formschema mehrmals wiederholt wird. Während die inhaltliche Aussage des Textes fortschreitet, sich steigert und schließlich zum Abschluß kommt, laufen das metrisch-strophische Schema und die ihm angepaßte Melodie immer wieder ab, in sich gerundet, nur so unbestimmt auf den Textinhalt bezogen, daß das Strophenschema zu vielen Abschnitten des fortschreitenden Textinhaltes paßt. Das Strophenschema selbst ist in Zeilen gegliedert, die paarweise oder durchgehend dasselbe Metrum haben und durch Reim oder Assonanz miteinander verklammert sind. Diesen Zeilen entsprechen ebensolche musikalische Phrasen, die jeweils Zeilenschluß und Reim kadenzierend bestätigen. So stellt die Strophe eine geschlossene, sich selbst genügende Gestalt dar, die man auch ohne Text skandieren, summen, lallen, sich vorstellen, ja bei der man den Textinhalt auch dann vergessen oder nur halb beachtet mitlaufen lassen kann, wenn man ihn singt oder hört... Durch eine in sich kreisende Gestalt lädt ein Lied also zum Innehalten, zum ruhigen Meditieren ein. Die textliche und musikalische Form des Liedes dämpft den Anspruch des Textinhalts, gedanklich fortzuschreiten und sich auf anderes, auf eine Situation, auf den Ablauf einer Handlung zu Gesang beziehen."[2]

6.4.2 Nichtliedmäßiger Gesang (G)

Zunächst ist festzuhalten, daß es sich bei diesem Ausdruck um eine Bezeichnung handelt, die zur Abgrenzung der neben dem Lied existierenden Gesänge dient. Man kann verschiedene Gattungen unterscheiden:
a) Für sehr knappe Einzeiler:
1. „Ruf", wenn die Melodik überwiegend kantabel,
2. „Akklamation", wenn sie mehr rezitativisch ist.
b) Für längere Einzeiler und für Zweizeiler: „Kehrvers".
c) Für Drei- und Mehrzeiler:
1. „Kehrversstrophe", wenn sie als Art Refrain-Strophe in eine größere Wechselgesangsform,
2. „Groß-Akklamation", wenn sie in eine breitangelegte Gebetsrezitation eingefügt sind.
d) Für eine Reihung gleicher oder ähnlicher Rufe: „Litanei".
e) Für eine Reihung meist zweiteiliger Verse mit Hilfe eines Melodiemodells, das nur die Zeilenschlüsse melodisch und rhythmisch kadenzierend profiliert, die übrigen Textpartien auf einem Tenorton rezitiert: „Psalmodie".
f) Für eine Reihung von Rufen und psalmodischen Versen in unregelmäßiger Folge: „Hymnodie".

---

2 Aengenvoort, J.: Grundformen für die Begleitgesänge der Messe, in: Musik und Altar 19 (1967), S. 126 f., hier zitiert aus: Dach, Simon: Handbuch des Kantorendienstes I, Paderborn 1977

6.4.3 Kehrvers (Kv)

„Seiner inhaltlichen Funktion entsprechend früher meist Leitvers genannt, das Volksresponsum bei der responsorialen und antiphonalen Psalmodie. Vom Ruf unterscheidet sich der Kehrvers durch eine gewisse Breite; er soll im allgemeinen wenigstens zweiteilig gebaut sein, damit er neben den Psalmversen überhaupt bestehen kann. Von der lateinischen Antiphon, vor allem von den Chortroparien der Prozessionsgesänge und Festoffizien, unterscheidet er sich durch seine knappe einprägsame Fassung; er entspricht darin dem lateinischen versus ad repetendum. Erste Aufgabe des Kehrverses ist es, der ganzen Gemeinde Beteiligung an der Psalmodie zu ermöglichen. Musikalisch schafft er durch seine melodisch-rhythmische Fassung den notwendigen starken Gegenpol zu dem einfachen Spannungsbogen der Psalmodie. Durch die ständige Wiederholung und durch die melodische Fassung prägt der Text sich den Mitfeiernden stark ein und schafft Resonanz in den tieferen Schichten des Menschen; inhaltlich gibt er dem Psalm die spezielle Färbung des einzelnen Gottesdienstes; funktional bindet er Gemeinde und Vorsängergruppe zur gemeinsamen Feier zusammen."[3]

6.4.4 Gesamtüberblick

Die folgende Aufstellung wurde angefertigt im Hinblick auf die Unterteilung innerhalb der Inhaltsverzeichnisse in den einzelnen DT. Allerdings war dies nicht bei allen Anhängen möglich. Daher wurde bei den anderen durch Vergleich eine Unterteilung erarbeitet.

Die lateinischen Gesänge (lG) werden zwar gesondert aufgeführt, sind aber bereits in die nicht-liedmäßigen Gesänge (G) oder Kehrverse (Kv) aufgenommen.

Zum besseren Verständnis sei hier angemerkt, daß bei den 37 Liedern in dem Anhang Ö-St. Pölten ebenfalls die Lieder des „Ergänzungsteils zum Gotteslob" mitaufgeführt worden sind, während bei dem Luxemburger Anhang die französischen Texte keine Berücksichtigung fanden, da diese für den Vergleich der einzelnen Anhänge nicht in Betracht kommen.

---

3 Adam/Berger, Pastoralliturgisches Handlexikon, Freiburg 1980, S. 241f.

Abkzg.	Diözese	L	Kv	lG	G
Ac	Aachen/Lüttich	129	29	11	15
Au	Augsburg	82	2	1	6
Ba	Bamberg	94	6	2	4
Be	Berlin	64	0	5	8
Eic	Eichstätt	61	25	0	10
Es	Essen	78	0	1	5
–	Freiburg s. Rottenburg-Stuttgart				
Fu	Fulda	96	0	3	28
Hi	Hildesheim	96	1	3	6
Kö	Köln	124	10	21	24
Lim	Limburg	110	3	1	43
Mz	Mainz	115	87	0	56
Mün	München/Freising	51	27	2	16
Ms	Münster	84	5	14	19
Os	Osnabrück	74	0	0	4
Pd	Paderborn	99	0	4	4
Pa	Passau	99	54	2	14
Re	Regensburg	81	7	16	23
Ro	Rottenburg-Stuttgart/Freiburg	79	31	1	40
Sp	Speyer	98	5	3	8
Tr	Trier	100	19	6	11
Wü	Würzburg	102	7	3	3
DDR	DDR	52	0	1	1
Ö	Österreich-Teil	52	16	0	1
Ö-Ei	Ö-Eisenstadt	34	0	0	2
Ö-GrS	Ö-Graz-Seckau	29	11	0	1
Ö-GK	Ö-Gurk-Klagenfurt	21	155	2	9
Ö-IF	Ö-Innsbruck/Feldkirch	30	4	0	2
Ö-Li	Ö-Linz	20	0	0	13
Ö-Sa	Ö-Salzburg	30	0	0	1
Ö-SP	Ö-St. Pölten	36	7	0	7
Ö-Wi	Ö-Wien	17	3	0	1
Bz	Bozen/Brixen	43	18	1	3
Lux	Luxemburg	76	32	14	13
Rum	Rumänien	55	0	0	0
BHG	Beiheft zum GL: Böhmen-Mähren	91	2	1	3

Die Diözesananhänge 943

6.5 Vergleich der Anhänge innerhalb der einzelnen Abschnitte des Kirchenjahres

In diesem Kapitel soll ein Überblick gegeben werden, wie innerhalb der einzelnen Anhänge die verschiedenen Abschnitte des Kirchenjahres berücksichtigt werden. Er kann Aufschluß darüber geben, wo nach Meinung der Diözesankommissionen Lücken im ST zu finden sind, die durch entsprechende Lieder in den DT aufgefüllt werden sollten. Die Übersicht wurde in die entsprechenden Rubriken des ST eingeteilt:
a   Advent
b   Weihnachten
c   Österliche Bußzeit
d   Ostern – Himmelfahrt
e   Pfingsten – Heiliger Geist
f   Eucharistie
g   Christus – Herz Jesu
h   Maria
i   Engel und Heilige
j   Verstorbene – Tod und Vollendung
k   Morgen und Abend
l   Lob und Dank
m   Bitte und Vertrauen
n   Meßgesänge
o   Leben aus dem Glauben

Es muß vorausgeschickt werden, daß die Anhänge, in denen keine eigene Unterteilung angegeben ist, nach subjektiven Kriterien – Vergleich mit anderen Anhängen – bearbeitet wurden, um so einen Überblick zu gewinnen.

Abkzg.	Diözese	a	b	c	d	e	f	g	h
Ac	Aachen/Lüttich	8	12	11	13	4	8	11	9
Au	Augsburg	6	5	6	4	3	6	16	8
Ba	Bamberg	3	6	4	7	0	12	6	17
Be	Berlin	5	7	8	5	1	9	3	11
Eic	Eichstätt	2	0	6	3	3	10	12	7
Es	Essen	3	10	8	5	2	6	10	4
–	Freiburg	s. Rottenburg-Stuttgart							
Fu	Fulda	5	9	14	9	3	7	4	11
Hi	Hildesheim	5	6	9	9	1	12	6	10
Kö	Köln	8	11	14	9	4	9	9	10
Lim	Limburg	5	10	10	14	7	16	4	3
Mz	Mainz	4	8	15	5	2	7	8	12
Mün	München/Freising	1	6	4	3	0	5	2	9
Ms	Münster	5	9	10	6	4	5	4	6
Os	Osnabrück	1	11	10	6	3	5	4	4
Pb	Paderborn	3	14	9	7	4	6	6	8
Pa	Passau	6	4	12	7	2	8	14	18
Re	Regensburg	4	7	4	3	3	12	4	14
Ro	Rottenburg-Stuttgart/Freiburg	4	2	9	10	3	6	2	5
Sp	Speyer	3	7	7	9	1	8	4	13
Tr	Trier	4	11	7	9	5	12	7	10
Wü	Würzburg	2	7	9	5	3	11	5	13
DDR	DDR	1	8	8	7	1	10	2	7
Ö	Österreich-Teil	4	2	4	2	2	5	2	6
Ö-Ei	Ö-Eisenstadt	0	0	5	1	1	3	6	3
Ö-GrS	Ö-Graz-Seckau	2	4	2	1	1	5	2	5
Ö-GK	Ö-Gurk-Klagenfurt	1	3	2	3	0	0	4	7
Ö-IF	Ö-Innsbruck-Feldkirch	0	0	4	2	0	0	0	0
Ö-Li	Ö-Linz	1	2	0	2	0	0	4	3
Ö-Sa	Ö-Salzburg	1	2	2	0	4	6	3	
Ö-SP	Ö-St. Pölten	0	6	5	3	1	3	3	6
Ö-Wi	Ö-Wien	2	1	2	1	0	3	0	1
Bz	Bozen/Brixen	2	2	2	1	0	4	5	5
Lux	Luxemburg	2	6	6	4	3	12	3	18
Rum	Rumänien	0	3	1	1	0	7	2	10
BHG	Beiheft zum GL: Böhmen-Mähren	7	11	8	5	3	7	2	12

Die Diözesananhänge

Abkzg.	Diözese	i	j	k	l	m	n	o
Ac	Aachen/Lüttich	8	2	0	13	7	23	9
Au	Augsburg	2	0	4	7	0	20	5
Ba	Bamberg	5	3	0	7	0	20	0
Be	Berlin	1	0	0	2	5	15	0
Eic	Eichstätt	8	3	2	3	3	9	0
Es	Essen	4	3	1	6	7	15	0
–	Freiburg	s. Rottenburg-Stuttgart						
Fu	Fulda	8	9	4	4	9	21	7
Hi	Hildesheim	10	3	1	9	6	14	2
Kö	Köln	6	3	1	9	7	38	4
Lim	Limburg	6	2	6	12	12	35	11
Mz	Mainz	8	5	0	7	13	25	0
Mün	München/Freising	1	0	3	1	22	27	2
Ms	Münster	3	5	2	7	3	30	0
Os	Osnabrück	4	1	0	7	3	19	0
Pb	Paderborn	11	8	0	0	9	18	0
Pa	Passau	2	0	1	4	6	27	2
Re	Regensburg	4	6	3	3	4	33	0
Ro	Rottenburg-Stuttgart/Freiburg	5	0	3	3	24	31	9
Sp	Speyer	5	7	3	2	7	29	5
Tr	Trier	7	5	3	0	4	27	0
Wü	Würzburg	9	9	2	0	8	22	0
DDR	DDR	2	0	0	2	5	0	0
Ö	Österreich- Teil	0	1	0	3	3	19	0
Ö-Ei	Ö-Eisenstadt	2	3	0	1	0	11	0
Ö-GrS	Ö-Graz-Seckau	0	1	3	0	1	4	0
Ö-GK	Ö-Gurk-Klagenf.	3	0	0	0	1	5	0
Ö-IF	Ö-Innsbruck-Feldkirch	2	0	0	0	2	21	1
Ö-Sa	Ö-Salzburg	1	0	0	3	0	8	0
Ö-Li	Ö-Linz	0	0	0	0	1	20	0
Ö-SP	Ö-St. Pölten	0		0	0	1	12	0
Ö-Wi	Ö-Wien	0	1	0	3	1	4	0
Bz	Bozen/Brixen	0	2	0	0	1	21	0
Lux	Luxemburg	6	7	0	7	4	11	0
Rum	Rumänien	2	0	0	0	0	29	0
BHG	Beiheft zum GL: Böhmen-Mähren	8	0	0	0	0	29	2

6.6 Aufstellung der bereits im Stammteil vorhandenen Lieder

Eine nicht geringe Anzahl von Liedern des ST hat nochmals Eingang gefunden in die DT, entweder als eine textliche Variante oder als Zweit-Melodie, die durch die Tradition des Liedes in einer Diözese bedingt sind. Die Schwierigkeit besteht dann im Gebrauch durch die Gemeinde, wenn einmal die alte und dann wieder die neue Melodie – wenn diese überhaupt – gesungen wird. Dasselbe gilt auch für die verschiedenen Textfassungen. Im folgenden nun die Auflistung der einzelnen Lieder, bei denen jeweils außer den Nummern der Anhänge auch die Nummer des Liedes im ST angegeben ist. Die Abkürzungen der Namen der Diözesen finden sich auf Seite 942.

1. Alle Tage sing und sage
   ST 589; Pa 922
2. Alles meinem Gott zu Ehren
   ST 615; Ac 972
3. Aus Herzensgrund ruf ich zu dir
   ST 163; Kö 849; Ms 915; Os 828; Re 853; Ro 807; Wü 801; Lux 856; Rum 803,1
4. Ave Maria, gratia plena
   ST 580; Ac 835; Kö 950; Ö-GK 961,3; Lux 876
5. Ave Maria klare
   ST 581; Pa 929
6. Beim letzten Abendmahle
   ST 537; Ac 856; Kö 922
7. Christ fuhr gen Himmel
   ST 228; Ac 874; Kö 868,2
8. Christ ist erstanden
   ST 213; Ac 863; Kö 868,1
9. Christi Mutter stand mit Schmerzen
   ST 584; Ro 896; Lux 877
10. Das Weizenkorn muß sterben
    ST 620; Lim 929
11. Der du die Zeit in Händen hast
    ST 157; Lim 813
12. Der Geist des Herrn erfüllt das All
    ST 249; Lim 840; Ms 938; Sp 871

Die Diözesananhänge

13. Du hast, o Herr, dein Leben
    ST 468; Ac 916; Kö 912; Hi 798; Ö-IF 917
14. Ein Haus voll Glorie schauet
    ST 639; Hi 871
15. Ein Kind geborn zu Betlehem
    ST 146; Lux 815
16. Erhabne Mutter, unsres Herrn
    ST 577; Rum 824
17. Es ist ein Ros entsprungen
    ST 132; Ac 841; Kö 846; Re 812; Ba 846
18. Gelobt sei Gott im hohen Thron
    ST 610; Ac 962; Kö 962
19. Gott ruft sein Volk zusammen
    ST 640; Eic 851
20. Herr, send herab uns deinen Sohn
    ST 112; Re 811
21. Ich steh an deiner Krippe hier
    ST 141; Os 849
22. Ihr Freunde Gottes allzugleich
    ST 608; Ac 963; Kö 960; Lim 946; Os 893
23. Im Frieden dein, o Herre mein
    ST 473; Ö-IF 920
24. Komm der Völker Heiland du
    ST 108; Ac 831; Kö 834
25. Lobt Gott, ihr Christen allzugleich
    ST 134; Ac 846; Kö 839
26. Maria breit den Mantel aus
    ST 595; Ac 957; Kö 949
27. Maria zu lieben ist allzeit mein Sinn
    ST 594; Lux 880
28. Mir nach, spricht Christus
    ST 616; Sp 853
29. Mitten in dem Leben sind wir
    ST 654; Ac 979; Os 841; Lux 904
30. Nun bitten wir den Heiligen Geist
    ST 248; Ac 881; Kö 870
31. Nun singt dem Herrn
    ST 220; Ac 867
32. O du hochheilig Kreuze
    ST 182; Ac 861; Kö 857; Re 825

33. O du Lamm Gottes unschuldig
    ST 470; Ac 925; Kö 921
34. O ewger Gott, wir bitten dich
    ST 307; Ac 896; Kö 887
35. O Gott, streck aus deine milde Hand
    ST 306; Ac 897; Kö 886; Ö-GK 969
36. O heilge Seelenspeise
    ST 503; Ac 935; Kö 924; Pa 907; Re 888; Rum 803,7
37. O Maria, sei gegrüßt
    ST 582; Rum 829
38. Sagt an, wer ist doch diese
    ST 588; Ac 953; Kö 953
39. Schönster Herr Jesu
    ST 551; Ac 937; Kö 940; Ö-Sa 933
40. Stille Nacht
    ST 145; Ba 849; Mün 830; Re 814; Wü 840; Ö-GK 941; Ö-Sa 931; Ö-Wi 911; Bz 842; BHG 044
41. Was Gott tut, das ist wohlgetan
    ST 294; Eic 834; Ms 952
42. Wie schön leucht uns der Morgenstern
    ST 554; Ac 939; Kö 939
43. Wir danken dir, Herr Jesu Christ
    ST 178; Pa 839
44. Wir glauben Gott im höchsten Thron
    ST 276; Hi 796
45. Wir weihn, wie du geboten
    ST 480; Fu 857; Ms 984; Os 833; Ro 873
46. Zu dir, o Gott, erheben wir
    ST 462; Ac 898; Kö 897; Ö-IF 915

6.7 Aufstellung der mindestens fünfmal und öfter in den Diözesananhängen auftauchenden Lieder

Eine interessante und vielleicht auch erst im nachhinein bemerkte Übereinstimmung zwischen den DT findet sich in den Liedern, die in mehreren Anhängen vorkommen. Sicherlich gibt es auch noch geringe Unterschiede in Text und Melodie, die aber durch die verschiedenen Traditionsstränge bedingt sind. Es kann nicht im einzelnen auf jede Veränderung eingegangen werden, da dieses den Rahmen der Arbeit sprengen würde.
Bei der Zählung der Anhänge sei noch angemerkt, daß der „Österreichteil" nur als ein Anhang gezählt wird, obwohl er ja in allen neun Diözesen Österreichs mitgezählt wird. Würde man den „Österreichteil" einzeln für jede Diözese zählen, besteht die Gefahr, das Bild der mehrmals vorkommenden Lieder zu verzerren. Denn jedes Lied aus dem „Österreichteil" wäre ja dann schon neunmal vertreten. Folglich müßten dann auch die Anhänge von Aachen/Lüttich, Rottenburg/Freiburg und Innsbruck/Feldkirch doppelt gezählt werden. Die folgende Zählung richtet sich also nach den vorhandenen Anhängen. Die eingeklammerte Zahl gibt an, wie oft ein Lied/Gesang in den Anhängen auftaucht.

1. (5) Alma redemptoris mater
2. (7) Anbetung, Dank und Ehre
3. (5) Apostel, du von Gott gesandt
4. (9) Auf Christen, singt festliche Lieder
5. (8) Aus der Tiefe rufen wir zu dir
6. (8) Aus Herzensgrund ruf ich zu dir
7. (5) Ave regina caelorum
8. (5) Bei stiller Nacht
9. (9) Betrachtend deine Huld und Güte
10. (8) Christen singt mit frohem Herzen
11. (14) Das alte Jahr vergangen ist
12. (13) Das Grab ist leer
13. (17) Dein Gnad, dein Macht und Herrlichkeit
14. (6) Dein Tag, Herr Christ, wirft seinen Schein
15. (6) Dein Tag, o Herr, uns hell anbricht

16. (21) Deinem Heiland, deinem Lehrer
17. (12) Dem Herzen Jesu singe
18. (8) Der Heiland ist erstanden
19. (14) Der Tag ist aufgegangen
20. (15) Des Königs Banner wallt empor
21. (12) Dich König loben wir
22. (10) Dich liebt, o Gott, mein ganzes Herz
23. (12) Die Schönste von allen
24. (6) Du aus Davids Stamm geboren
25. (5) Du gabst, o Herr, mir Sein und Leben
26. (6) Du, Herr, gabst uns dein festes Wort
27. (6) Ehre, Ehre sei Gott in der Höhe
28. (10) Ein Danklied sei dem Herrn
29. (5) Ein Herz ist uns geschenket
30. (5) Ein schöne Ros im Heilgen Land
31. (17) Erde singe
32. (9) Erhöre, Herr, erhöre mich
33. (5) Es führt drei König Gottes Hand
34. (22) Fest soll mein Taufbund immer stehn
35. (10) Freu dich, Erd und Sternenzelt
36. (15) Freu dich, erlöste Christenheit
37. (11) Freut euch im Herrn
38. (5) Fröhlich laßt uns Gott lobsingen
39. (6) Gelobt sei Gott der Vater
40. (17) Gelobt sei Jesus Christus
41. (8) Gib, Herr, uns deinen Segen
42. (5) Gib uns Frieden jeden Tag
43. (7) Glorwürdige Königin
44. (10) Gott soll gepriesen werden
45. (5) Gott Vater, sei gepriesen
46. (8) Halleluja laßt uns singen
47. (5) Heb die Augen
48. (5) Heilger Josef, hör uns flehen
49. (9) Heilges Kreuz, sei hoch verehret
50. (17) Heilig bist du großer Gott
51. (9) Heilig, heilig, dreimal heilig
52. (10) Heilig, heilig, heilig ist der Herr
53. (11) Heilig, heilig, heilig, ist der Herr Gott Zebaoth
54. (13) Heiligste Nacht

55. (15) Herr, gib Frieden dieser Seele
56. (7) Herr, ich bin dein Eigentum
57. (13) Herr, sei gepriesen immerfort
58. (8) Herr, wir hören auf dein Wort
59. (18) Herz Jesu, Gottes Opferbrand
60. (7) Hier liegt vor deiner Majestät
61. (7) Ich glaub an Gott in aller Not
62. (6) Ich glaube an den einen Gott, den Vater groß an Macht
63. (8) Ich glaube, Herr, daß du es bist
64. (5) Ihr Hirten erwacht, erhellt ist die Nacht
65. (6) Ihr Kinderlein kommet
66. (5) Im Maien hebt die Schöpfung an
67. (19) Ist das der Leib, Herr Jesus Christ
68. (9) Jesus, dir leb ich
69. (13) Jesus, du bist hier zugegen
70. (7) Kommet, lobet ohne End
71. (13) Kommt her, ihr Kreaturen all
72. (7) Kommt und lobet ohne End
73. (6) Kyrie eleison, du Heiland der Barmherzigkeit
74. (20) Laßt uns Gott dem Herrn lobsingen
75. (14) Laßt uns heilig, heilig singen
76. (5) Laut dein Lob wir heben an
77. (5) Lobt froh den Herren, ihr jugendlichen Chöre
78. (6) Lux aeterna
79. (14) Macht weit die Pforten in der Welt
80. (5) Maria Maienkönigin
81. (11) Maria, wir dich grüßen
82. (21) Meerstern, ich dich grüße
83. (5) Mein Heiland, Herr und Meister
84. (18) Mein Hirt ist Gott der Herr
85. (10) Menschen, die ihr wart verloren
86. (16) Mutter Gottes, wir rufen zu dir
87. (6) Nimm an, o Gott, in Gnaden
88. (8) Nimm an, o Herr, die Gaben
89. (10) Nun, Brüder, sind wir frohgemut
90. (11) Nun segne, Herr, uns allzumal
91. (13) O du fröhliche
92. (7) O du Lamm Gottes, das du hinwegnimmst
93. (10) O du Lamm Gottes, das getragen

94. (5) O du mein Heiland
 95. (6) Öffnet eure Tore, Fürsten, öffnet sie
 96. (5) O heilge Seelenspeise
 97. (7) O heiligste Dreifaltigkeit
 98. (6) O Herr, ich bin nicht würdig
 99. (15) O komm, o komm, Emmanuel
100. (5) O Lamm Gottes, das die Sünden
101. (7) O mein Christ, laß Gott nur walten
102. (9) O selige Nacht
103. (5) Pange lingua (Ett)
104. (7) O Seligkeit, getauft zu sein
105. (10) Preis dem Todesüberwinder
106. (6) Requiem aeternam
107. (9) Rosenkranzkönigin
108. (6) Segne du, Maria
109. (5) Seht, uns führt zusammen
110. (7) Sei gegrüßt, du Gnadenreiche
111. (8) Send deinen Geist, Herr Jesus Christ
112. (5) Singt dem Herrn der Herrlichkeit
113. (24) Singt dem König Freudenpsalmen
114. (8) Singt heilig, heilig, heilig
115. (9) Stille Nacht, heilige Nacht
116. (7) Tantum ergo (Ett)
117. (28) Tauet, Himmel, den Gerechten
118. (5) Tu auf, tu auf, du schönes Blut
119. (9) Vater, von dem höchsten Thron
120. (5) Wacht auf, ihr Christen, seid bereit
121. (16) Wahrer Gott, wir glauben dir
122. (14) Wahrer Leib, sei uns gegrüßt
123. (11) Wie mein Gott will
124. (11) Wir beten an, dich wahres Engelsbrot
125. (5) Wir bringen gläubig Brot und Wein
126. (5) Wir glauben an den einen Gott
127. (10) Wo die Güte und die Liebe wohnt
128. (6) Wohin soll ich mich wenden
129. (5) Wort des Vaters, Licht der Heiden
130. (19) Wunderschön prächtige
131. (5) Zu dir schick ich mein Gebet

Die Diözesananhänge 953

6.8 Alphabetisches Verzeichnis der Lieder und Kehrverse in den Diözesananhängen

Dieser Abschnitt bringt eine Aufstellung der verschiedenen Lieder und Kehrverse in den Diözesananhängen des Einheitsgesangbuches „GOTTESLOB". Es ist eine numerische Aufstellung und beinhaltet keinerlei Wertung. Ebenso konnte nicht auf die Unterschiede der Lieder in Melodie, Rhythmus und Text eingegangen werden, weil dieses den Rahmen des Anhangs sprengen würde. Trotz gleichlautender Anfänge (z. B. Nr. 27-29) mußte oft differenziert werden, weil im folgenden Text Unterschiede bestehen.

Abkürzungen
L   – Lied
Kv – Kehrvers
G   – nichtliedmäßiger Gesang
Die Abkürzungen der Namen der Diözesen finden sich auf S. 944.

  1. L   Aachen, Kaiserstadt du hehre
          Ac 967
  2. G   Absolve, Domine, animas omnium
          Re 839
  3. L   Ach bleib bei uns, Herr Jesu Christ
          Ac 948
  4. L   Ach bleib mit deiner Gnade bei uns
          Ö 836
  5. Kv Ach, daß ihr doch heute noch hört
          Ö-GK 906,5
  6. G   Adoro te devote
          Re 883
  7. G   Agnus Dei (Requiem)
          Ms 968,4
  8. G   Agnus Dei (ad lib II)
          Ac 909; Kö 896
  9. G   Agnus Dei (XI/IX)
          Lux 854/849

10. Kv Alleluja
        Pa 887,8
11. L   Alleluja, laßt uns singen
        s. Nr. 642
12. Kv All deine Wege, o Herr, sind Erbarmen
        Ö-GK 906,2
13. L   Alle Menschen, die es gibt
        Lim 930
14. L   Alle Menschen, höret auf dies neue Lied
        Lim 928
15. L   Alle Tage sing und sage
        Pa 922
16. L   Alle Völker in der Welt
        Ac 875
17. Kv Alle Völker ziehn hinauf
        Mün 901
18. Kv Alle Welt bete dich an
        Eic 885
19. L   Aller Augen harren dein
        Mz 860,4
20. Kv Aller Augen warten auf dich, o Herr
        Ro 881
21. G   Aller Augen warten auf dich (Kanon)
        Lim 915; Mz 880
22. G   Allerheiligen-Litanei
        Kö 963
23. G   Allerheiligen-Litanei (Kurzform)
        Ac 968
24. G   Aller Toten Ruh
        Fu 905; Lux 901, Mz 924,2
25. L   Alles ist unser, das Brot und der Wein
        Ac 919; Es 813; Kö 911; Os 835
26. L   Alles meinem Gott zu Ehren
        Ac 972
27. Kv Alles, was Atem hat, preise den Herrn
        Ö-GrS 938
28. Kv Alles, was Odem hat, lobe den Herrn
        Ac 982,1

29. G   Alles, was Odem hat, lobe den Herrn
        Lim 854/55; Mz 865/66
30. Kv Alles, was Odem hat, lobe den Herrn
        Mz 861,12
31. Kv Alles, was Odem hat, lobe den Herrn
        Ac 887; Tr 927
32. Kv All ihr Gerechten, freut euch im Herrn
        Ö-GK 926,7
33. L   Allmächtiger, vor dir im Staube
        Be 840; Wü 820; Ö 801,4; Rum 801,3; BHG 012
34. Kv Allzeit freuet euch im Herrn
        Mz 804,6
35. G   Alma redemptoris mater
        Ac 950; Be 860; Kö 955; Ms 956; Re 896
36. L   Als Jesus, dein Sohn, am Kreuze hing
        Lux 889
37. L   Als Maria übers Gebirge ging
        Mün 865
38. L   Also hat Gott die Welt geliebt
        Tr 810
39. L   Also sprach beim Abendmahle
        Au 860; Es 860
40. L   Am Abend vor seinem Leiden
        Lux 870
41. L   Am Kreuze um die neunte Stund
        Mün 846; Sp 881
42. L   Am Ölberg in nächtlicher Stille
        Ba 899; Os 865; Wü 852; BHG 057
43. L   Am Pfingstfest um die dritte Stunde
        Au 823
44. L   Am Sonntag, eh die Sonn aufging
        Hi 828
45. L   An der grousser hellger Nuecht
        Lux 818
46. L   An dich glaub ich
        Sp 909; Wü 889
47. L   Anbetend sink ich nieder
        Ö-Sp 910

48. L   Anbetung, Dank und Ehre
         Ba 906; Kö 902; Os 895; Pa 886; Tr 898; Wü 810; Ö-Sa 903
49. G   Andere Lieder wollen wir singen
         Lim 934
50. L   Ans Kreuz mit ihm, der Stab zerbricht
         Ö-Ei 910; Ö-SP 922; BHG 056
51. L   Apostel der Deutschen
         Pb 886; DDR 852
52. L   Apostelfürsten, seid gegrüßt
         Ö-GK 967
53. L   Apostel Petrus, sei gegrüßt
         Au 882; Eic 870
54. G   Asperges me
         Ms 971; Re 850; Tr 894
55. L   Auf! Auf! Ihr Hirten in dem Feld
         Mün 862
56. L   Auf, Christen, singt festliche Lieder
         Ba 847; Be 811; Es 824; Fu 798; Lim 811; Pb 831; Tr 808;
         Wü 837; Lux 816
57. L   Auf ewig gilt, o Herr, dein Wort
         Sp 812
58. L   Auf, gläubige Seelen
         Ö-SP 920
59. L   Auf, ihr Hirten, von dem Schlaf
         Rum 818
60. L   Auf meinen lieben Gott
         Lim 861
61. L   Auf, Sion, dein Verlangen
         Pb 823
62. L   Auf, Sion, preise deinen König
         Fu 866
63. L   Auf zum Schwur, Volk und Land
         Ö-Sa 915
64. L   Auf zum Schwur, Tirolerland
         Ö-Sa 916; Bz 852; Ö-IF 936
65. Kv   Aufgefahren ist der Herr
         Pa 855,4
66. L   Aus dem Himmelssaal
         Lux 819

67. Kv Aus der Tiefe rufe ich zu dir
        Ö-GK 908,1
68. Kv Aus der Tiefe rufe ich, Herr, zu dir
        Ac 982,2
69. Kv Aus der Tiefe rufe ich, Herr, zu dir
        Pa 848,4
70. L   Aus der Tiefe rufen wir zu dir
        Au 813; Ba 913; Fu 844; Mün 834; Pa 838; Re 820; Wü 848;
        Ö-IF 927
71. L   Aus Gottes Munde geht das Evangelium
        Ö 801,3; BHG 011
72. L   Aus Herzensgrund ruf ich zu dir
        Kö 849; Ms 915; Os 828; Re 853; Ro 807; Wü 801; Lux 856;
        Rum 803,1
73. L   Aus Not und tiefem Bangen
        Au 815; Eic 818; Mz 829; Ö-IF 928
74. Kv Aus Tiefen ruf ich dich, Herr
        Lux 909,1
75. L   Ave Maria, gratia plena
        Ac 835; Kö 950; Lux 876
76. G   Ave Maria, gratia plena
        Ö-GK 961,3
77. L   Ave Maria, Kaiserin du bist
        Ac 960
78. L   Ave Maria klare
        Pa 929
79. Kv Ave Maria, voll der Gnade
        Kö 973,8
80. G   Ave regina caelorum
        Ac 951; Be 861; Kö 956; Ms 957; Re 897
81. L   Ave, Sankt Hildegard
        Mz 922
82. G   Ave, spes nostra
        Lux 884
83. L   Ave, Stern der Meere
        Lim 941; Mz 904; Sp 886
84. G   Ave, verum corpus
        Ms 940
85. Kv Barmherzig bist du, Herr
        Mz 824,6

86. Kv Barmherzig ist der Herr und gütig
     Pa 887,7
87. Kv Barmherzig, gnädig ist der Herr
     Ö-GK 907,5
88. Kv Barmherzig ist der Herr und gütig
     Ö-GK 920,1
89. Kv Bedenk, o Mensch, Staub bist du
     Eic 815
90. L Befiehl du deine Wege
     Be 829; Wü 888
91. L Bei des Abendmahles Schlusse
     Lim 927
92. L Bei finstrer Nacht
     Ba 855; Ro 812; Wü 851
93. L Bei stiller Nacht
     Fu 817; Hi 824; Kö 859; Mz 834; Tr 824
94. L Bei Gott in hohen Ehren steht
     Pb 890
95. L Beim frühen Morgenlicht
     Ba 881; Sp 803; Wü 882
96. Kv Beim Herrn ist die Huld und Erlösung
     Ö-GK 928,4
97. Kv Beim Herrn ist Hilfe, er ist unser Heil
     Ms 982,4; Ö-GrS 940
98. L Beim letzten Abendmahle
     Ac 856; Kö 922
99. L Beim Mahl des Lammes
     Fu 825; Mz 854
100. Kv Beim Schall der Posaunen wird kommen
     Ac 949
101. L Beistand, Tröster, Heilger Geist
     Ro 827
102. Kv Bekehret euch, auf daß ihr lebet
     Mün 902
103. Kv Bekennen will ich den Herrn
     Ac 969
104. G Benedictus Dominus Deus Israel
     Ms 968,6

Die Diözesananhänge

105. G   Bereit liegt nun das heilige Brot
         Mz 862,10
106. L   Beschirme uns, Herr Jesus Christ
         Mz 872; Tr 853
107. L   Bespreng mich, Herr
         Re 851; Ö-Sa 901
108. L   Betrachtend deine Huld und Güte
         Ba 836; Pa 876; Re 848; Ö 802,6; Rum 802,6; BHG 006
109. L   Betrachtet ihn in Schmerzen
         BHG 016; Ö 801,8
110. Kv Biete auf deine Macht
         Pa 831,3
111. Kv Bis an den Himmel, Herr
         Bz 806
112. L   Brich an, du schönes Morgenlicht
         Be 808
113. L   Brot, das die Hoffnung nährt
         Lim 933
114. Kv Brot vom Himmel gab er ihnen
         Ö-GK 927,3
115. L   Christ fuhr gen Himmel
         Ac 874; Kö 868,2
116. L   Christ ist erstanden
         Ac 863; Kö 868,1
117. L   Christ ist zugegen
         Ms 994
118. L   Christen, laßt die Knie uns beugen
         s. Nr. 119
119. L   Christen, laßt uns niederbeugen
         Lim 925; Ö-Ei 916; Ö-GrS 922; BHG 072
120. L   Christen, seht der Engel Speise
         Hi 865
121. L   Christen, singt aus frohem Herzen
         s. Nr. 122
122. L   Christen, singt mit frohem Herzen
         Ba 869; Be 850; Es 865; Pb 861; Wü 874; Lux 860; DDR 836; Rum 812
123. L   Christi Mutter stand in Schmerzen
         s. Nr. 124

124. L   Christi Mutter stand mit Schmerzen
         Ro 896; Lux 877
125. Kv Christus, das Heil aller Völker
         Eic 852,13
126. Kv Christus, das Licht, das alle Welt erleuchtet
         Eic 852,4
127. Kv Christus, das lebendige Brot
         Ro 915,2; Bz 835
128. Kv Christus, den Hirten aller Heiligen
         Eic 852,15
129. Kv Christus, den Hirten seines Volkes
         Ro 915,3
130. Kv Christus, den König aller Zeiten
         Eic 852,12
131. Kv Christus, den König der Engel
         Eic 852,14
132. Kv Christus, den König und Beherrscher
         Ro 915,4
133. L   Christus, der den Tod bezwang
         Au 859
134. Kv Christus, der Heiland ist uns geboren
         Bz 835; Eic 852,2
135. Kv Christus, der Herr ist uns heute erschienen
         Eic 852,3; Pa 813; Ro 914,3
136. Kv Christus, der Herr ist auferstanden
         Kö 973,4
137. Kv Christus, der Herr, ist uns heute geboren
         Pa 812; Ro 914,3
138. Kv Christus, der Herr ist vom Tode erstanden
         Pa 816; Eic 852,7
139. Kv Christus, der Herr ist zum Himmel aufgefahren
         Pa 817
140. Kv Christus, der seine Kirche auf Petrus gegründet
         Eic 852,11
141. Kv Christus, der uns mit seinem Blut erkauft hat
         Eic 852,5
142. Kv Christus, du bist das Licht
         Ö-GK 946,2
143. G   Christus, du hast den Tod besiegt
         Eic 805,3

Die Diözesananhänge

144. L Christus, Erlöser und König
    Fu 815
145. L Christus fährt auf mit Freudenschall
    Ac 876; Kö 869; BHG 064
146. Kv Christus, für uns erhöht am Kreuze
    Ro 914,4; 934,1; Eic 852,6
147. G Christus gestern, Christus heute
    Ö-GrS 923; Lux 909,5
148. Kv Christus, gestern und heute
    Mün 903
149. G Christus, Gotteslamm
    Mün 810,5
150. L Christus, Haupt, wir deine Glieder
    Au 871
151. L Christus ist auferstanden
    Ac 868; DDR 818
152. Kv Christus ist das Versöhnungsopfer
    Ro 935,5
153. L Christus ist erstanden! O freut euch
    Ro 818
154. L Christus ist erstanden! O tönt ihr Jubellieder
    Lim 830; Tr 826; Ö-IF 931; Ö-SP 943; Lux 828
155. L Christus ist erstanden! Von des Todesbanden
    Ro 819
156. Kv Christus ist erstanden
    Lux 909,4
157. Kv Christus ist geboren
    Lux 908,2
158. Kv Christus ist König über alle Völker
    Pa 835,3
159. Kv Christus ist Sieger
    Ac 943
160. Kv Christus ist uns erschienen
    Ac 933; Kö 973,2; Ö 819
161. Kv Christus ist uns geboren
    Mün 904; Ö 819; Kö 973,2
162. Kv Christus ist uns heute geboren
    Wü 842

163. Kv Christus Jesus, das Brot des Lebens
     Eic 852,9
164. Kv Christus Jesus Wahrheit, Weg und Leben
     Eic 880,4
165. L Christus, König aller Zeiten
     Tr 861
166. G Christus, König, wir rufen zu dir
     Ö-Li 906; Ö-SP 926
167. L Christus, Schöpfer aller Welt
     Wü 878
168. G Christus Sieger, Christus König, Christus Herrscher
     Tr 863; Lux 875,2
169. Kv Christus Sieger, Christus König, Christus Herr in Ewigkeit
     Lux 875,2
170. G Christus, unser Licht
     Au 837; Fu 845; Lim 890; Mz 859,2
171. Kv Christus vincit
     Lux 874; 875,1
172. Kv Christus ward für uns gehorsam
     Ac 982,3; Ba 854; Pa 848,5; Lux 909,3
173. G Conditor alme siderum
     Kö 835
174. G Confiteor Deo omnipotenti
     Kö 898,5
175. G Credo I
     Ac 907; Au 893; Es 804; Kö 893; Ms 981; Re 835; Tr 902;
     Wü 834
176. G Credo (deutsch)
     Ro 846
177. Kv Da wir essen deiner Liebe Gaben
     Pa 896,1
178. L Da wir im Glauben schauen
     Pb 896
179. G Dank und Ehre sei dir
     Es 866; Ms 951
180. L Danke für diesen guten Morgen
     Pa 941
181. Kv Danket dem Herrn, denn auf ewig währet
     Ö-GK 910,2

Die Diözesananhänge

182. Kv Danket dem Herrn, denn er ist gut
         Tr 926
183. L   Danket dem Herrn, denn er ist gut
         Os 896; Ro 833; Sp 904
184. Kv Danket dem Herrn, er ist gütig, seine Liebe
         Mz 843,4
185. Kv Dankt unserm Gott, dem ewigen Vater
         Mz 863,12
186. L   Darum laßt uns tief verehren
         Bz 849
187. L   Das alte Jahr verflossen ist
         Ba 851; Es 826; Fu 803; Mz 817; Lim 812; Ms 910; Os 853;
         Pb 837; Re 815; Ro 805; Sp 850; Tr 814; Wü 846; BHG 049
188. L   Das eine Brot wächst auf vielen Halmen
         Lim 931
189. L   Das ewge Wort, der Sünder Freund
         Mz 818,1 und 12
190. L   Das ewge Wort vom Himmel
         Ro 889
191. L   Das Geheimnis laßt uns künden
         Ö-Sa 932
192. L   Das Grab ist leer, der Held erwacht
         Ac 869; Be 823; Es 841; Fu 822; Kö 862; Lim 831; Ms 927;
         Os 869; Pb 848; Sp 863; Tr 827; Ö-GK 952; DDR 819
193. G   Das große Glaubensbekenntnis
         Es 805
194. L   Das ist der Leib, Herr Jesus Christ
         Au 862; Ba 824; Eic 834; BHG 029
195. Kv Das ist mein Gebot, daß ihr einander liebet
         Ö-GrS 905; Ö-GK 931,2
196. Kv Das ist der Tag, den der Herr gemacht
         Pa 855,1; Tr 919; Ö-GK 910,1
197. Kv Das ist der Tag . . . Laßt uns jubeln
         Mz 842,4
198. G   Das ist mein Leib
         Ö-Li 926
199. L   Das könnte den Herrn der Welt ja so passen
         Lim 837
200. L   Das neue Morgenrot erglüht
         Ba 859; Sp 862; Wü 857

201. L   Das Opfer will bereitet sein
         Re 867; Ro 853
202. L   Das sollt ihr, Jesu Jünger, nie vergessen
         Ac 934; Ö-GrS 926
203. L   Das Tagwerk nun vollendet ist
         Re 920; Ro 913; Wü 916; Ö-GrS 937
204. L   Das Weizenkorn muß sterben
         Lim 929
205. L   Das Wort des Vaters, Gott der Sohn
         Eic 832
206. L   Das Zeichen ist geschehen
         Hi 807
207. Kv Defensor noster aspice
         Tr 852
208. Kv Dein Brot erquickt des Menschen Herz
         Mz 861,11
209. Kv Dein Gesetz, o Herr, liebe ich von Herzen
         Mün 905
210. L   Dein Gnad, dein Macht und Herrlichkeit
         Ac 889; Au 826; Ba 914; Be 845; Es 848; Hi 843; Kö 928;
         Lim 845; Mz 870; Mün 824; Ms 996; Os 844; Re 879; Ro
         882; Sp 826; Tr 913; DDR 834
211. Kv Dein heilig Kreuz, o Herr
         Ba 857; Tr 930; Mz 835
212. L   Dein Knecht darf jetzt in Frieden gehn
         Kö 976
213. Kv Dein Kreuz, o Herr, verehren wir
         s. Nr. 211
214. L   Dein Leib, Herr Christ, jetzt bei uns ist
         Ö-IF 912
215. G   Dein Lob, Herr, wollen wir besingen
         Mz 935; Ro 920
216. L   Dein Reich, o Herr, wird kommen
         Au 803; Mz 820,13; Ms 967; Pa 847
217. L   Dein Tag, Herr Christ, wirft seinen Schein
         Ac 947; Au 805; Es 868; Fu 901; Ms 905; Sp 843
218. L   Dein Tag, o Herr, uns hell anbricht
         Au 833; Eic 876; Mz 868; Mün 849; Sp 806; Ö-GrS 935

Die Diözesananhänge

219. L Dein Tod hätte genügen sollen
        Lim 825
220. L Dein Weinberg, Herr, wird leer und öd
        Eic 850
221. Kv Dein Wort, o Herr, ist Leben und Geist
        Ö-GK 926,4
222. Kv Dein Wort, o Herr, ist Licht über meinem Pfad
        Mün 906; Pa 831,4; Re 861; Ro 864; Ö 804
223. Kv Deine Gebote, o Herr, bringen Freude
        Ö-GK 906,6
224. L Deinem Heiland, deinem Lehrer
        Ac 930/31; Ba 870; Be 849; Es 859; Fu 868; Hi 861; Kö 930; Lim 921; Mz 889; Mün 843; Os 878; Pb 862; Pa 901; Re 889; Tr 844; Wü 870; Ö 831; Lux 863; DDR 838; Rum 809; BHG 075
225. G Deine Vorschriften sind der Bewunderung wert
        Re 862
226. L Deiner hohen Herrlichkeit
        Mün 860
227. Kv Dem einen Gott dreifaltiglich
        Kö 973,7
228. Kv Dem großen Herrn und König (15 Gemeindeverse)
        Mz 930,1-15
229. L Dem großen Märtyrer sei Ehre
        Lim 948
230. L Dem Heiland galt der Witwe Pfennig
        Bz 803
231. G Dem Herrn des Himmels bringet Lob
        Mz 933
232. L Dem Herrn sei Dank, ich bin getauft
        Ö-Sa 923
233. L Dem Herrn sei Lob in seinen Höhen
        Mz 916,3
234. L Dem Herzen Jesu singe
        Ba 878; Eic 839; Es 871; Pb 871; Pa 909; Re 892; Ö-Ei 920; Ö-GK 958; Ö-Li 907; Lux 873; Rum 815; BHG 076
235. Kv Dem König, der da kommen wird
        Pa 811; Ro 914,1

236. Kv Dem König der Könige, Jesus Christus
       Pa 819; Ro 915,5; Bz 835
237. Kv Den Erlöser, dessen Herz
       Bz 835
238. G Den Gott des Himmels loben wir
       Ö-Li 931
239. Kv Den Herrn will ich preisen zu aller Zeit
       Ö-GK 916,1; Pa 887,3
240. Kv Den Kelch des Herrn will ich erheben
       Ö-GK 921,1
241. Kv Den König, der da kommen wird
       Ö-GK 939,1
242. L Den Knecht des Herrn will ich besingen
       Ö-Wi 913
243. G Den sie aus Haß getötet hatten
       Mz 934; Ro 921
244. L Den Taufbund wir erneuern
       Pb 818
245. L Denk an deine Güte, Herr
       Pa 841
246. L Der am Kreuz ist meine Liebe
       Fu 812; Lim 820; Tr 819; Ö-SP 942
247. L Der du das blinde Heidentum
       Hi 886; Wü 908
248. L Der du die Zeit in Händen hast
       Lim 813
249. G Der Engel des Herrn
       Fu 877; Mz 910; Mün 861; BHG 089
250. L Der Engel begrüßte die Jungfrau
       Ö-GK 962
251. L Der Engel des Herrn aus Gottes Macht
       Pa 920; Ö 843
252. L Der Geist, der alle Wesen schafft
       Eic 857
253. L Der Geist des Herrn erfüllt das All
       Lim 840; Ms 938; Sp 871
254. Kv Der Geist des Herrn erfüllt den Erdkreis
       Bz 835; Ö-GK 956; Pa 818; Kö 973,6; Ro 914,5; Eic 852,8

Die Diözesananhänge 967

255. L   Der Geist des Herrn erfüllt den Erdkreis
         Tr 836
256. G   Der Geist des Herrn wirkt überall
         Lim 841
257. L   Der Glaube ist nun fest verbürgt
         Pb 850
258. L   Der güldene Rosenkranz
         Mün 864; Ö-GrS 933; BHG 083
259. Kv Der gute Hirte erstand vom Tod
         Mz 845,11
260. L   Der Heiland erstand
         Re 828
261. L   Der Heiland ist erstanden
         Fu 823; Ö 827; Ö-GK 953; Ö-Li 905; Ö-Sa 909; Ö-Wi 915;
         Rum 820; BHG 062
262. L   Der Heiland ist geboren
         Ö-GrS 913
263. Kv Der Heiland ist uns heute erschienen
         Lux 907,5
264. Kv Der Heiland ist uns heute geboren
         Lux 907,4
265. Kv Der Herr beschützt mein Leben allezeit
         Ö-GK 904,4
266. Kv Der Herr fuhr auf gen Himmel
         Kö 973,5
267. Kv Der Herr hat Großes uns getan
         Mz 803,6
268. Kv Der Herr hört auf den Ruf der Armen
         Ö-GK 920,5
269. Kv Der Herr ist allen Menschen nah
         Ö-GK 907,6
270. Kv Der Herr ist groß in seinen Heiligen
         Mün 907
271. G   Der Herr ist König, es zittern die Völker
         Ro 934,2
272. Kv Der Herr ist König, mit Hoheit bekleidet
         Ö-GK 922,1

273. Kv Der Herr ist König über die Erde
         Ö-GK 922,2
274. G   Der Herr ist mein Hirte
         Lim 871
275. Kv Der Herr ist mein Hirt, mir wird nichts mangeln
         Ro 867; Lux 910,1; Ö-GrS 908
276. G   Der Herr ist mein Hirt, nichts wird mir fehlen
         Re 877
277. Kv Der Herr ist mein Hirte, nichts wird mir fehlen
         Ö-GK 928,1
278. Kv Der Herr ist mein Hirt, ich leide nicht Not
         Ac 903
279. Kv Der Herr ist mein Licht und mein Heil
         Pa 887,2
280. Kv Der Herr ist mein Schutz, meine Burg
         Lux 911,3
281. Kv Der Herr ist wahrhaft auferstanden
         Ö-GK 955
282. Kv Der Herr kommt zu richten die Völker
         Ö-GK 916,6
283. Kv Der Herr ruft uns alle zum heiligen Mahl
         Mz 843,1
284. Kv Der Herr wird kommen, alleluja
         Hi 811
285. Kv Der Herr wird kommen mit großer Herrlichkeit
         Kö 973,1
286. L   Der Himmel, der ist, ist nicht der Himmel
         Lux 905
287. L   Der Himmel soll sich heute freuen
         Ro 897
288. G   Der im ewgen Lichte wohnt
         Au 838
289. L   Der lieben Sonne Licht und Pracht
         Tr 918
290. L   Der Mai mit seinen Rosen
         Fu 836
291. L   Der Mensch auch lag in Geistesnacht
         Re 844

Die Diözesananhänge 969

292. L Der Mutter und dem Sohne
        Tr 871
293. Kv Der Name des Herrn sei gepriesen
        Ac 982,4
294. Kv Der Same fiel auf guten Grund
        Ö-GK 913,4
295. L Der Satan löscht die Lichter aus
        Mz 809
296. L Der Tag, der ist so freudenreich
        BHG 041
297. L Der Tag ist aufgegangen
        Au 889; Es 815; Fu 912; Hi 805; Lim 956; Mz 877; Mün 851; Ms 972; Re 918; Ro 911; Sp 801; Tr 916; Wü 915; Ö 846
298. G Der vom Geist empfangen war
        Mz 903,2
299. G Der vom Grab erstand
        Au 836; Fu 820; Lim 826; Re 855; Mz 841,2
300. G Der von den Toten auferstanden
        Ro 930
301. L Der vor dem Morgenstern
        Sp 846
302. Kv Der Weinberg unseres Herrn ist Israels Haus
        Ö-GK 931,9
303. G Der zur Rechten Gottes thront
        Mz 858,2
304. L Des ewgen Friedens Licht und Ruh
        Ö-SP 903,4
305. Kv Des Herren Engel ist uns nah
        Ö-GK 907,8
306. Kv Des Herren Glanz will sich uns enthüllen
        Mz 805,11
307. G Des Höchsten Güte preis ich ewig
        Mz 942; Ro 919
308. L Des Königs Banner wallt empor
        Ac 862; Es 834; Be 820; Fu 819; Kö 858; Lim 824; Mz 832; Mün 836; Ms 924; Os 866; Pb 844; Ro 813; Sp 859; DDR 814; BHG 059
309. L Des Königs Fahnen gehn hervor
        s. Nr. 308

310. L   Des Königs Fahne schwebt empor
         s. Nr. 308
311. L   Des Königs Fahne tritt hervor
         s. Nr. 308
312. L   Des Königs Fahne weht empor
         s. Nr. 308
313. L   Des Königs Zeichen tritt hervor
         s. Nr. 308
314. L   Des Vaters Sohn von Ewigkeit
         Fu 800
315. L   Dich all' Kreaturen loben
         Kö 880
316. L   Dich, Gott und Vater, liebe ich
         Tr 816; Lux 824
317. Kv Dich, Herr und Gott, will ich rühmen
         Mz 846,6
318. L   Dich, König, loben wir
         Ac 944; Es 872; Fu 876; Hi 853; Kö 943; Lim 937; Mz 888;
         Ms 946; Os 885; Pb 868; Sp 884; Tr 860; Ro 891
319. L   Dich liebt, o Gott, mein ganzes Herz
         Ac 852; Be 814; Eic 856; Es 833; Fu 808; Kö 851; Ms 916;
         Os 860; Pb 846; DDR 810
320. L   Dich, o Jesus, ruf ich an
         BHG 052
321. L   Dich, o Gott, wir Vater nennen
         Pb 813
322. L   Dich, o Heil der Welt, zu grüßen
         Ms 925
323. Kv Dich will ich rühmen, mein König
         Mz 844,6
324. L   Die Boten, Gott, die du bestellt
         Eic 875
325. Kv Die du mir gegeben
         Eic 878,5
326. L   Die Erde ist schön
         Pa 866; Ö-Li 920; Ö-Sa 930
327. L   Die Felder alle reifen
         DDR 830
328. Kv Die Gnaden des Herrn will ewig ich singen
         Ö-GK 928,3

329. L Die güldene Sonne bringt Leben und Wonne
        Au 890; Lim 957; Re 919; Sp 802
330. L Die güldene Sonne voll Freud
        Au 891; Ro 912
331. Kv Die Güte des Herrn werd ich schauen
        Ö-GK 924,4
332. G Die Heiden werden deinen Namen fürchten
        Ö-Li 930
333. L Die Herrlichkeit des Herrn erscheint
        Kö 847; Sp 852
334. Kv Die Hilfe kommt vom Herrn allein
        Ö-GK 913,6
335. G Die Himmel rühmen Gottes Größe
        Mz 932; Ro 917
336. L Die Jungfrau auserkoren
        Hi 872; Pb 876; Fu 878; Mz 908
337. Kv Die Kinder der Hebräer
        Ac 860; Ro 816
338. Kv Die Königin, mit Gold geschmückt
        Ö-GK 909,8
339. Kv Die Liebe des Herrn durchwaltet die Welt
        Mz 845,1
340. G Die Rechte des Herrn wirket Wunder
        Ö-Li 925
341. L Die Schönste von allen
        Au 876; Ba 884; Be 864; Fu 880; Hi 876; Lim 940; Mz 909;
        Pa 926; Re 901; Ro 895; Sp 889; Tr 865
342. L Die Stadt ist uns gegeben
        Lux 835
343. Kv Die unter Tränen sä'n
        Ö-GK 925,8
344. Kv Dies Brot ist mein Leib
        Pa 896,2; Re 876; Ro 879; Bz 830
345. L Dies Lied singt über Jesus
        Lim 938
346. L Dir, dir, o Höchster, will ich singen
        Lim 851
347. L Dir, großer Gott
        Tr 833

348. L   Dir, Herr, sei Dank für Brot und Trank
         Mz 859,12
349. L   Dir jubeln Engelchöre
         Ba 823; Kö 918
350. Kv Dir, o Gott, sei Lob und Preis
         Ac 982,5
351. G   Dir, o Herr, bringen wir Gebete dar
         Fu 907; Mz 925,8
352. L   Dir opfern, Gott, wir im Gedenken
         Bz 805
353. L   Dir sei Ehre, großer Gott
         Eic 806
354. L   Dir, Vater, tönt der Lobgesang
         Es 847; Ms 953; Pb 808
355. G   Domine Jesu Christe, Rex gloriae
         Re 840
356. L   Drei Kön'ge führte Gottes Hand
         Be 812; Ms 911; Os 856
357. L   Drei Weise ziehen fromm zum Herrn
         Os 857
358. L   Dreimal heilig ist der Herr
         Wü 827
359. L   Droben in des Himmels Höhen
         Tr 880
360. L   Du aus Davids Stamm geboren
         Fu 889; Hi 885; Lim 944; Ms 963; Pb 884; Lux 894
361. L   Du bist bei uns, Herr Jesus Christ
         Pb 866
362. Kv Du bist der Eckstein des Glaubens
         Mz 845,5
363. Kv Du bist der Höchste über der Erde
         Ö-GK 922,9
364. Kv Du bist der Priester in Ewigkeit
         Ö-GK 910,3
365. L   Du bist ein Menschensohn
         Lux 872
366. Kv Du bist mein Gott
         Ro 866

Die Diözesananhänge 973

367. L   Du Bote Gottes, ausgesandt
         Fu 890
368. L   Du, die gesegnet von himmlischer Huld
         Lux 890
369. Kv Du führst, o Herr, dein Volk
         Mz 822,5
370. L   Du gabst, o Herr, mir Sein und Leben
         Ba 833; Pa 873; Re 845; Ö 802,4; Rum 802,4; BHG 004
371. Kv Du gibst uns Herr, dein heilig Brot
         Mz 844,11
372. L   Du, Gott, liebst uns in Ewigkeit
         Lim 817; Mz 831
373. L   Du, Gottmensch, bist mit Fleisch und Blut
         Be 851; Os 882; Lux 858; DDR 833
374. L   Du großer Hirt und Gottesmann, Liborius
         Pb 889
375. Kv Du guter und getreuer Knecht
         Pa 940,1
376. L   Du hast, o Herr, dein Leben
         Ac 916; Hi 798; Kö 912; Ö-IF 917
377. L   Du hast uns eingeladen
         Ro 859
378. L   Du Heil der Welt
         Lux 864
379. Kv Du heilge Stadt des Herrn
         Mz 825,5
380. G   Du heiliger... (N.N.)
         Sp 900
381. L   Du heiligfrommer Gottesmann
         Pa 939
382. L   Du heiligste Dreifaltigkeit
         Pb 898
383. Kv Du bist mir Zuflucht, Herr und Gott
         Ö-GK 909,5
384. G   Du, Herr, bist groß, bist hocherhaben
         Mz 937; Ro 923
385. L   Du, Herr, gabst uns dein festes Wort
         Ac 973; Pa 858; Ro 830; Sp 914; Ö-Li 917; Ö-Sa 928
386. L   Du, Herr, hast dich gegeben
         Au 865

387. Kv Du, Herr, trägst Sorge für die Armen
         Ö-GK 931,8
388. L   Du, König auf dem ewgen Thron
         Lux 871
389. L   Du Krone der Engel
         Os 891
390. L   Du, mein Schutzgeist, Gottes Engel
         Ac 961; Hi 882; Ö-Ei 925
391. L   Du Mutter, dreimal wunderbar
         Eic 863
392. Kv Du reichst uns, Herr, das Brot des Lebens
         Au 850; Pa 898; Ö 809; BHG 031
393. L   Du rufst die Kinder all
         Ro 856
394. L   Du rufst uns, Herr, an deinen Tisch
         Ro 880
395. L   Du schenkst uns, Vater
         Tr 903
396. G   Du sollst Gott, deinen Herrn, lieben
         Ro 907
397. L   Du sprachst, o Herr, ein Gnadenwort
         Sp 841; Wü 831
398. Kv Du thronst zur Rechten des Vaters
         Mz 849,5
399. L   Du Trost in allem Leiden
         Lux 903
400. L   Du wahrer Gottessohn
         Hi 855
401. L   Du Weltenheiland, Jesus Christ
         Pb 830
402. Kv Du zeigst mir, Herr, deine Wege
         Mz 844,4
403. Kv Du zeigst mir, Herr, den Pfad des Lebens
         Ö-GK 920,2
404. G   Ecce, Dominus veniet
         Be 804; Hi 810; DDR 800
405. L   Ecce homo, Mensch betrachte
         Kö 853

Die Diözesananhänge 975

406. G   Ecce panis angelorum
         Pb 865; Tr 851
407. L   Ech hu mäi Leed bei dech gedron
         Lux 893
408. L   Ehre, Ehre sei Gott in der Höhe
         Ba 831; Mün 815; Pa 871; Re 843; Ö-802,2; Rum 802,2;
         BHG 002
409. L   Ehre sei dir, Christe, unser Opferlamm
         Au 854
410. L   Ehre sei dir, Gott, in der Höhe
         Sp 809
411. L   Ehre sei Gott in den Höhen
         Fu 850
412. L   Ehre sei Gott in der Höh'
         Mz 810,3
413. G   Ehre sei Gott in der Höhe (Albertus)
         Mün 811,2; Fu 849
414. G   Ehre sei Gott in der Höhe (Kahlefeld)
         Mün 813; Pa 869,2
415. L   Ehre sei Gott in der Höhe (Janssens)
         Ö-Li 914; Ö-Sa 926
416. G   Ehre sei Gott in der Höhe (Pretzenberger)
         Ö-GK 901,2; Ö-SP 901,2
417. G   Ehre sei Gott in der Höhe (Rohr)
         Mz 861,3
418. G   Ehre sei Gott in der Höhe (Rövenstrunk)
         Ro 845
419. G   Ehre sei in der Höhe (Schieri)
         Mün 810,2
420. L   Ehre sei Gott in der Höhe (Verspoell)
         Hi 794; Os 829
421. L   Ehre sei Gott in der Höhe (Wüstefeld)
         Hi 793
422. L   Ehre sei Gott in der Höhe
         Rum 806,2
423. L   Ehre sei Gott in Himmelshöhen
         Rum 817
424. L   Ehre sei in Himmelshöhn
         Lim 893; Sp 810

425. L   Ein Danklied sei dem Herrn
         Ac 892; Es 846; Kö 881; Os 897; Pb 809; Ro 832; Sp 903;
         Ö-Ei 927; Ö-Wi 917; DDR 829
426. L   Ein Haus steht wohl gegründet
         Au 873; Pa 918
427. L   Ein Haus voll Glorie schauet
         Hi 871
428. L   Ein Herz hat sich erschlossen
         Ac 816
429. L   Ein Herz ist uns geschenket
         Es 870; Fu 873; Hi 856; Ms 948; Os 884
430. L   Ein Jubellied erschalle
         Ö-Sa 925
431. L   Ein Jungfrau ist erkoren
         s. Nr. 336
432. L   Ein Jungfrau ist geboren
         s. Nr. 336
433. L   Ein Kind geborn zu Betlehem
         Lux 815
434. Kv Ein Kind ist uns geboren
         Ö-GK 945; Wü 844; Lux 908,1
435. L   Ein König siegt
         Eic 819
436. L   Ein Kranz der Sterne um dein Haupt
         BHG 095
437. G   Ein Licht, das die Heiden erleuchtet
         Re 819
438. Kv Ein Licht erstrahlt uns heute
         Ac 839
439. Kv Ein Licht ging strahlend auf
         Ö-GK 944
440. L   Ein Mensch liegt am Wege
         Lim 881
441. L   Ein neues Lied singt Gott dem Herrn
         Hi 844; Kö 875; Bz 836
442. L   Ein neues Zion leuchtet
         Ro 910; Wü 804

Die Diözesananhänge 977

443. L Ein Quell der Gnade sich ergießt
        Re 852; Ro 822; Ö-Sa 902
444. Kv Ein reines Herz erschaffe mir Gott
        Ö-GK 926,1; Ö-GrS 918
445. L Ein Schiff, das sich Gemeinde nennt
        Pa 919
446. L Ein schöne Ros' im Heil'gen Land
        Be 863; Pa 924; Re 900
447. L Ein Segen hat ergossen
        Ac 955; Ms 903; BHG 037
448. L Ein Stern ging auf im Osten
        Lux 820
449. L Ein Stern ist aufgegangen
        Mün 832,1
450. L Ein Stern mit hellem Brande
        Ö 818
451. G Einer ist euer Meister
        Mz 883
452. G Einer ist unser Leben
        Lim 939
453. G Eines nur erbat ich mir vom Herrn
        Ö-Li 928
454. L Einst nicht dein Volk, auf Sündenpfade
        Bz 801
455. L Elisabeth, du Fürstin mild
        Fu 894
456. L Engel auf den Feldern singen
        Ac 837
457. L Engel Gottes, eure Hände tragen
        Rum 806,4
458. L Erbarm dich, Gotteslamm
        Mz 858,10
459. L Erbarm dich, Herr, ich bitte dich
        Ac 855
460. G Erbarm dich meiner, Gott
        Ro 808
461. G Erbarm dich meiner, o Gott
        Ö-Ei 907

462. Kv Erbarme dich meiner, o Herr
        Pa 848,2
463. L   Erd und Himmel sollen singen
        Kö 877; Os 899
464. L   Erfreut euch, liebe Seelen
        Ö-GrS 924
465. L   Erhabne Mutter, die den Herrn gebar
        Mz 911
466. L   Erde singe, daß es klinge
        Au 827; Ba 907; Be 828; Eic 853; Fu 832; Hi 841; Lim 848;
        Mz 869; Mün 852; Pa 859; Re 832; Sp 848; Tr 807; Wü 808;
        Ö 847; DDR 826; BHG 078
467. L   Erhabne Mutter unseres Herrn
        Rum 824
468. L   Erhabner Fürst der Ewigkeit
        Ro 826
469. L   Erhabner Gott, hilf uns, wir bitten dich
        Lim 863
470. Kv Erhalte mein Leben in deinem Frieden
        Ö-GK 928,2
471. Kv Erhebe dich, Herr, und rette uns
        Ö-GrS 919
472. L   Erhebet die Stimmen mit mächtigem Schalle
        Ö-Sa 911
473. L   Erhebt in vollen Chören
        Tr 873; Ö-GrS 929; BHG 080
474. L   Erhöre, Herr, erhöre mich
        Ba 915; Lim 862; Mz 878; Mün 853; Pa 863; Re 914; Sp 907;
        Wü 809; Ö-IF 929
475. L   Erhöre uns, Herr, unser Gott
        Ro 836
476. Kv Erhöre uns, Herr, wir rufen zu dir
        Mz 849,1
477. Kv Erhöre, Vater, unsern Ruf
        Mz 849,11
478. Kv Erlösung in Fülle und Huld ist beim Herrn
        Ö-GK 916,2
479. Kv Er ist der treue und kluge Verwalter
        Eic 878,4

480.	G	Erretter, dir will ich jetzt danken
		Mz 936; Ro 922
481.	L	Erschalle laut, Triumphgesang
		Ac 866; Kö 864
482.	L	Er schwebt hinauf der Gottessohn
		Tr 834
483.	Kv	Erstanden ist Christus, erstanden vom Tod
		Mz 842,1
484.	Kv	Er verleiht seinem Volk Stärke
		Ro 829
485.	Kv	Erweise uns, Herr, deine Huld
		Ö-GK 923,3
486.	Kv	Erzählt bei den Völkern die Wunder des Herrn
		Ö-GK 916,4
487.	L	Es blühen drei Rosen auf einem Zweig
		Fu 886; Pa 923; Ö-GrS 930; BHG 086
488.	L	Es blühen drei Rosen im Garten
		BHG 088
489.	L	Es blüht den Engeln wohlbekannt
		Tr 867
490.	L	Es blüht der Blumen eine
		Rum 821
491.	L	Es führt drei König Gottes Hand
		Ac 848; Es 829; Fu 804; Kö 846; Mz 819
492.	L	Es ist ein Gott! Das lehret uns
		Rum 806,3
493.	L	Es ist ein Ros entsprungen
		Ac 841; Kö 840; Re 812; Ba 846
494.	L	Es jubelt aller Engel Chor
		Mün 839; Pb 817; Rum 803,2
495.	L	Es kam die gnadenvolle Nacht
		Au 808
496.	L	Es kam ein treuer Bote
		Hi 806
497.	Kv	Es kommt der Herr der Herren
		Mz 818,1
498.	L	Es ragt ein hehrer Königsthron
		Ac 945; Kö 942

499. L Es schlägt kein Herz auf Erden
        Eic 841
500. L Es schritt vor alters Zeiten
        Lux 899
501. Kv Es ziehe ein der König der Ehren
        Ö-GK 922,3
502. L Ewge Ruhe
        Sp 838
503. Kv Ewige Ruhe schenke ihnen
        Mz 925,1
504. Kv Ewiges Licht
        Fu 908
505. G Ewiges Licht
        Tr 890
506. L Fahr hin, o Seel, zu deinem Gott
        Ö-Ei 930; Ö-GrS 941
507. L Fest soll mein Taufbund immer stehn
        Ac 970; Ba 910; Be 872; Es 852; Fu 897; Kö 964; Lim 951;
        Mz 867; Mün 848; Ms 955,4; Os 902; Pb 902; Pa 860; Re
        833; Sp 912; Tr 881; Wü 913; Ö 852; Lux 836; DDR 855;
        Rum 803,3; BHG 079
508. G Festlicher Lobgesang (Ps 94)
        Os 901
509. L Freu dich, du Himmelskönigin
        Mz 913
510. L Freu dich, Erd und Sternenzelt
        Es 819; Fu 802; Hi 813; Lim 809; Mz 813; Pa 833; Sp 849;
        Tr 811; Wü 838; BHG 040
511. L Freu dich, erlöste Christenheit
        Ac 865; Au 820; Ba 860; Eic 823; Kö 863; Lim 829; Mün
        837; Pa 851; Ro 820; Sp 865; Tr 828; Wü 861; Ö 826; Bz
        847; BHG 060
512. Kv Freudig laßt uns schöpfen
        Ö 803
513. L Freud über Freud, ja Freud verkünd ich
        BHG 046
514. Kv Freud über Freude
        Sp 805

Die Diözesananhänge 981

515. L Freu dich, du Gottesstadt
        Pa 843
516. Kv Freuet euch, Himmel und Erde
        Mz 848,6
517. Kv Freuet euch im Herrn
        Ö-SP 904
518. Kv Freuen sollen sich am Festtag
        Ro 933,2
519. L Freunde Gottes, wir verehren
        Ba 903
520. Kv Freut euch allezeit im Herrn
        Ac 982,6; Lux 907,2
521. L Freut euch der frohen Botschaft all
        Mz 841,4
522. L Freut euch, freut euch, Ostern ist da
        Ac 86 4
523. L Freut euch, ihr Christen allezeit
        Es 818
524. L Freut euch, ihr Hirten, singt allezumal
        Rum 816
525. Kv Freut euch im Herrn
        Lux 907,3
526. L Freut euch im Herrn
        Au 807; Ba 845; Eic 813; Fu 792; Hi 808; Lim 801; Mz 808;
        Pa 828; Tr 804; Ö 814; Lux 814
527. L Friede den Entschlafenen
        Ö-Ei 905,1
528. L Frieden gib uns allezeit
        Mz 873
529. L Frohe Jubellieder
        Tr 848
530. L Fröhlich laßt uns Gott lobsingen
        Ba 909; Re 856; Ro 863; Ö-IF 902; Ö-Wi 903
531. Kv Frohlocket dem Herrn
        Mz 844,1
532. L Frohlocket nun und jubelt laut
        Kö 874; Mün 850
533. Kv Frohlocket nun und jubelt laut
        Mün 908

534. Kv Froh sollen alle dir dienen
Mz 847,6
535. L Ganz schön bist du, Maria
Fu 881
536. L Gebenedeit bist du, Jungfrau Maria
Ö 844
537. G Gebenedeit und hochgelobt bist du
Ö-Li 933
538. L Gedenk, o Mensch
Ö-SP 913
539. L Gegrüßet seist du, Königin
Ö-SP 948
540. Kv Gegrüßet seist du, Gnadenvolle
Bz 833
541. G Gegrüßet seist du, Maria
Au 874; Ö-GK 961,1;
542 G Gegrüßet seist du, Maria
Ö-Li 932
543. Kv Gegrüßet seist du, Maria
Ö-GK 931,3
544. G Gegrüßet seist du, Maria rein
Be 870
545. L Geh aus, mein Herz
Os 900
546. G Geheimnis des Glaubens III
Kö 920; Mün 821; Pa 893; Re 871
547. L Geht alle zu Josef, dem Vater der Armen
Rum 831
548. L Geist des Herrn, du wahres Leben
Kö 873
549. L Geister, ihr aus Gottes Geist
Eic 868
550. L Gelobet sei der Herr
Lim 847
551. L Gelobt sei Gott der Vater
Au 828; Es 845; Hi 837; Mün 838; Pb 860; Re 830
552. L Gelobt sei Gott im hohen Thron
Ac 962; Kö 962

553. L Gelobt sei Jesus Christus
        Ac 936; Au 856; Ba 880; Be 857; Es 864; Hi 854; Kö 938; Ms 947; Os 883; Pb 867; Re 894; Tr 859; Ö-Ei 918; Ö-SP 945; Bz 838; Lux 821; DDR 843
554. G Gelobt seist du, Herr Jesus
        Mz 895
555. G Gepriesen seist du, Herr des Lebens
        Ro 932
556. Kv Gerechtigkeit blüht auf in seinen Tagen
        Ö-GK 931,4
557. L Gestärkt durch wunderbare Speise
        Bz 807
558. L Getröst, getröst, wir sind erlöst
        Be 825
559. L Gewaltiger Herrscher im seligen Reich
        Hi 832
560. L Gib, Herr, uns deinen Segen
        Ba 919; Kö 925; Lim 917; Re 917; Ro 883; Sp 828; Wü 890; Rum 803,8
561. L Gib ihnen, Herr, die ewge Ruh
        Ö-SP 903,1
562. L Gib uns Frieden jeden Tag
        Ac 974; Ba 921; Es 849; Pa 867; Sp 911
563. L Glänzender Stern
        Wü 892
564. G Gloria IX
        Lux 847
565. G Gloria XI
        Lux 853
566. G Gloria XII
        Ac 906; Kö 892
567. G Gloria, laus et honor
        Kö 805,3
568. L Gloria wollen wir dir singen
        Ac 911
569. L Glorreiche Himmelskönigin
        Au 821; Tr 864
570. L Glorreiche Königin
        s. Nr. 572

571. L Glorreiche Mutter in den Höhn
        Ba 900
572. L Glorwürdge Königin
        Au 881; Be 868; Pa 921; Ö 838; Bz 854; Lux 879; Rum 823;
        BHG 081
573. Kv Glücklich das Volk
        Ö-GK 913,9
574. L Gnädigster Erbarmer
        Au 892; Be 831; Fu 913; Hi 894
575. L Gott, den Dreieinen
        Fu 855; Mz 801,7
576. L Gott, dir sei Ehre in der Höh
        Ms 979
577. L Gott, du bist aller Wesen einer
        Lim 843
578. L Gott, du bist Sonne und Schild
        Es 851; Lim 856; Ro 834
579. L Gott, du Fülle aller Liebe
        Lim 874; Mz 899
580. L Gott erwartet euch
        Ro 905
581. Kv Gott gab die Engel dir zum Schutz
        Ö-GK 907,9
582. Kv Gott gab ihm einen Sitz unter den Edlen
        Ö-GK 925,7
583. L Gott, heilig, heilig, heilig
        Eic 808
584. Kv Gott herrscht mit Macht
        Ö-GK 903,6
585. L Gott in der Höh sei Ehre
        Fu 799
586. L Gott in der Höh' sei Preis und Ehr
        Ö-IF 916
587. Kv Gott ist der Hirt unsres Lebens
        Mz 845,4
588. G Gott möge unser sich erbarmen
        Ö-Li 929

Die Diözesananhänge

589. L   Gott, nimm an, was wir dir schenken
Pb 842
590. Kv Gott rettet mich aus allen meinen Ängsten
Ö-GK 903,8
591. L   Gott ruft sein Volk zusammen
Eic 851
592. Kv Gott segne uns, solange wir leben
Ö-GK 922,6
593. L   Gott sei gelobt in aller Welt
Lux 841
594. G   Gott sei mir gnädig nach seinem Erbarmen
Ö-GK 915,5
595. L   Gott soll gepriesen werden
Au 839; Be 839; Hi 795; Ms 978; Pa 880; Sp 830; Wü 818; Bz 809; Rum 801,2; Ö 801,2; BHG 010
596. L   Gott und Vater, voll Vertrauen
Ö-Wi 916
597. L   Gott und Vater, wir erscheinen
Ö-Ei 903; Rum 804
598. G   Gott, unser Herr, du hast uns gerufen
Lim 883
599. G   Gott, unser Vater
Ms 982,3
600. L   Gott, Vater aller
Tr 892
601. L   Gott Vater, schau auf deine Kinder
Ba 911; Wü 884
602. L   Gott Vater, sei gepriesen
Fu 839; Lim 846; Tr 842; Mz 871; Lux 840
603. L   Gott, vor deinem Angesichte
Ac 854; Wü 849
604. G   Gott, weil er groß ist (Kanon)
Lim 870
605. Kv Gott, wende dich zu uns
Mün 910
606. L   Gott, wir preisen deine Güte
Fu 833
607. L   Gottes Engel, zum Begleiter
Kö 958

608. L Gotteslamm, Herr Jesus Christ
        Au 846; Mz 859,10
609. L Gottes Sohn ist hier zugegen
        Ö-SP 939
610. Kv Gottes Volk sind wir
        Pa 887,6; Ö-GK 918,1
611. L Groß ist der Herr in seiner Stadt
        Lim 952; Mün 847; Ms 954
612. L Großer Godhard, wir verehren
        Hi 889
613. L Großer Gott, in deinen Freunden
        Pb 888
614. L Großer Gott, wir loben dich
        Es 885
615. L Großer König aller Völker
        Pa 865
616. L Gruß dir, du Heilige
        Mün 858
617. Kv Gruß dir, heilige Mutter
        Bz 831
618. G Guter Jesu, Herre du
        Es 857
619. Kv Halleluja (4. Ton)
        Ö-GK 933
620. Kv Halleluja (5. Ton)
        Ro 869; Ö-Sp 915; Ö-GK 935
621. Kv Halleluja (6. Ton)
        Lim 898; Ö 807; 829; Ö-GrS 906; Ö-GK 934
622. Kv Halleluja (7. Ton)
        Ö 805; Bz 824
623. Kv Halleluja (8. Ton)
        Ro 870; Ö 806
624. G Halleluja, halleluja (Kanon)
        Lim 899
625. Kv Halleluja
        Sp 815
626. Kv Halleluja
        Wü 819
627. Kv Halleluja
        Wü 811

Die Diözesananhänge 987

628. Kv Halleluja
Bz 828
629. Kv Halleluja, halleluja
Lim 897; Mz 863,4
630. Kv Halleluja
Tr 920
631. Kv Halleluja
Tr 837
632. Kv Halleluja
Tr 825
633. Kv Halleluja
Eic 812
634. Kv Halleluja
Pa 887,9
635. Kv Halleluja
Re 838
636. L Halleluja! Auferstanden
Pb 852
637. G Halleluja, Christus Jesus, unser Gott
Eic 844
638. G Halleluja, das ist der Tag, den der Herr gemacht
Eic 824
639. G Halleluja, Frieden verkündet der Herr
Ro 871
640. G Halleluja, geht hinaus in die Welt
Ro 872
641. Kv Halleluja, ich bin dein
Tr 922
642. L Halleluja, laßt uns singen
Es 842; Hi 833; Re 827; Ro 817; Ms 928; Ö-GK 954; Ö-Li 904; Ö-Sa 910; Ö-SP 916
643. L Halleluja, lobet Gott
Eic 837; Ö-IF 932
644. L Halleluja, voll Vertrauen
Pb 897
645. Kv Halleluja, wahrhaft ist der Herr
Ö-IF 925
646. L Heb dein Aug und dein Gemüte
s. Nr. 648

647. L   Hebe Augen und Gemüte
s. Nr. 648
648. L   Heb die Augen, dein Gemüte
Ac 853; Be 817; Kö 854; Tr 820; Lux 825
649. Kv Heil dir, Christus König
Tr 928
650. L   Heilige Anna, Hoffnungsstern
BHG 092
651. L   Heiliger Bernward, groß im Leben
Hi 888
652. L   Heilger Engel
Tr 874
653. L   Heilger Geist, du Geist der Wahrheit
Pb 857
654. L   Heilger Geist, o Tröster mein
Es 844; Ms 937; Os 876
655. L   Heilger Georg, hilf in Stürmen
Lim 947
656. L   Heilger Herzog Wenzel
BHG 094
657. L   Heilger Josef, hör uns flehn
Ac 964; Kö 961; Os 892; Tr 876; Lux 895
658. L   Heilger Klemens, schau hernieder
BHG 096
659. L   Heilges Kreuz, sei hoch verehret
Hi 823; Kö 856; Pa 850; Ö 820; Bz 844; Lux 826; DDR 815; Rum 819; BHG 054
660. L   Heilig, heilig (Albertus)
Mün 811,3
661. L   Heilig, heilig (Kahlefeld)
Os 838
662. G   Heilig, heilig (Kahlefeld)
Pa 869,3
663. L   Heilig, heilig (Ludwig)
Mün 812,2
664. L   Heilig, heilig (Hofen/Rohr)
Sp 822
665. G   Heilig, ..., Herr Gott der Herrscharen
Ro 847

Die Diözesananhänge 989

666. G Heilig, heilig (Schieri)
 Mün 810,4
667. L Heilig, heilig (Steinau)
 Ac 922; Kö 916
668. L Heilig bist du, Gott, unser Herr
 Ac 921
669. L Heilig bist du, großer Gott
 Au 843; Be 837; Eic 804; Es 809; Fu 863; Kö 919; Ms 987; Pa 891; Re 870; Ro 875; Sp 820; Wü 829; Ö-GrS 902; Ö-Sa 905; Bz 820; BHG 021,2; BHG 027
670. L Heilig bist du, o großer Gott
 Ö-SP 902,4; Ö-Wi 902
671. L Heilig, ..., bist du Herr der Heere
 Lim 908; Mün 819; Ms 860,9
672. L Heilig, ..., bist du Vater, Sohn
 Lim 909; Tr 909
673. L Heilig, ..., bist du, unser Herr
 Ö-Wi 904
674. L Heilig, ..., der Herr
 Ro 876
675. L Heilig, heilig, dreimal heilig
 Au 844; Hi 801; Mz 903,9; Mün 820; Pa 892; Re 868; Sp 832; Tr 906; 832; Wü 805; Kö 917
676. L Heilig, ..., du Gott Vater
 Pb 807
677. L Heilig, ..., du großer Gott
 Lim 910; Mz 862,9
678. L Heilig, heilig, Herr
 Os 837
679. L Heilig, ..., Herr, Gott der Engelscharen
 Ro 854
680. L Heilig, heilig, immerdar
 Mz 801,9
681. L Heilig, ..., ist der Herr
 Au 84 5; Ba 834; Fu 861; Mün 818; Pa 874/875; Re 846; Sp 821; Bz 819; Ö 802,5; Rum 802,5; BHG 005
682. L Heilig, ..., ist der Herr, Gott
 Ö-SP 903,2

683. L Heilig, ..., ist der Herr, Gott
        Kö 914; Ms 988; Pa 890; Re 869; Ro 874; Tr 907; Wü 814;
        Ö-GrS 901; Ö-GK 901,3; Ö-SP 901,3; Bz 817; Ac 923; Os
        836
684. L Heilig ist Gott Zebaoth
        s. Nr. 634
685. L Heilig, ..., jubelnd singen's
        Bz 804
686. L Heilig, ..., unaussprechlich heilig
        Hi 867; Mz 954,9
687. L Heilig, ..., über alles heilig
        Pb 820
688. L Heilig, heilig in den Höhen
        Pb 814
689. L Heilig, heilig sei gepriesen
        Hi 802
690. L Heilig Kreuz, du Baum der Treue
        Mz 840
691. G Heilige(r)... N.N., wir rufen dich an
        Fu 895
692. L Heilige Namen, allzeit beisammen
        Kö 844; Pb 903; Ö-Ei 917; Re 817; BHG 050
693. L Heiliger Geist, komm, sende vom Himmel
        Mz 856
694. Kv Heiliger Herr und Gott, heiliger starker Gott
        Pa 848,1; Ö-GK 951
695. L Heiliger Konrad
        Pa 938
696. L Heiligste Nacht
        Ac 847; Ba 848; Be 806; Es 827; Hi 815; Kö 838; Mz 811;
        Ms 906; Os 848; Pb 835; Tr 805; DDR 803; BHG 047
697. L Heil uns, Heil! Alleluja
        Ba 863; Wü 858
698. L Hemma von Gurk
        Ö-GK 968
699. L Herr, auf dein Wort erscheinen wir
        Sp 829
700. Kv Herr, bleibe bei uns
        Tr 925

701. L   Herr, bleib mit deiner Gnade
         Au 869; Be 846; Eic 848
702. L   Herr Christe, König aller Welt
         Mz 820,4
703. L   Herr Christ, mach uns zu deinem Dienst bereit
         Au 886
704. Kv Herr, dein Erbarmen ist über uns
         Mz 821,1
705. L   Herr, deine Liebe will ich preisen
         Pb 869
706. Kv Herr, deine Güte und Huld währen ewig
         Ö-GK 915,7
707. Kv Herr, deine Güte und Treue
         Mz 846,5
708. Kv Herr, deine Liebe und Güte
         Mz 849,4
709. Kv Herr, deine Weisungen lehr mich verstehen
         Ö-GK 914,8
710. Kv Herr, deinen Geist send uns allen
         Mz 850,4
711. Kv Herr, denk an dein Erbarmen, deine Huld
         Ö-GK 904,3
712. Kv Herr, denke meiner voll Erbarmen
         Ro 935,2
713. L   Herr, der du willig wie ein Lamm
         Ms 990; Os 840
714. L   Herr der Könige der Erde
         Hi 817
715. Kv Herr des Himmels, König aller Welt
         Ba 839;
716. G   Herr des Himmels, König aller Welt
         Mz 801,2
717. L   Herr des Himmels, Herr der Welt
         Ö-SP 924; Ö-Wi 918
718. L   Herr, die Klagen sind erdichtet
         Bz 845/46
719. Kv Herr, du bist bei uns alle Zeit
         Mz 847,11
720. L   Herr, du bist das Brot des Lebens
         Au 864

721. Kv Herr, du bist gütig, bereit zu verzeihen
Ö-GK 914,5
722. L Herr, du bist heilig
Ö-Li 915; Ö-Sa 927
723. Kv Herr, du bist mein Trost
Ö-SP 906
724. L Herr, du bist meine Zuversicht
Lim 963; Wü 833; Lux 906
725. Kv Herr, du bist unser Heil
Mz 823,6
726. Kv Herr, du bist unser Hirt
Mz 825,4
727. L Herr, du hast mein Flehn vernommen
Ba 837; Pa 878; Re 849; Ö 802,9; BHG 008
728. Kv Herr, du hast Worte ewigen Lebens
Pa 887,1; Wü 803; Ö-GK 914,1
729. L Herr, du kamst uns zu erlösen
Pb 841
730. Kv Herr, du machst kund allen Völkern
Mz 847,5
731. Kv Herr, du öffnest deine Hände
Ö-GK 929,2
732. Kv Herr, du stehst zu deinem Volk
Mz 805,5
733. L Herr, du warst gnädig deinem Land
Kö 884
734. L Herr, du willst dein Reich vollenden
Fu 909
735. Kv Herr, durch die Kraft deines Wortes
Ac 982,7; Mz 861,4
736. G Herr, erbarme dich
Pa 869,1
737. G Herr, erbarme dich (Allerheiligenlit.)
Ac 968
738. G Herr, erbarme dich (Albertus)
Mün 811,1
739. G Herr, erbarme dich (Föhr)
Tr 896

Die Diözesananhänge 993

740. G Herr, erbarme dich (Janssens)
        Lim 889
741. G Herr, erbarme dich (Quack)
        Au 835; Sp 807
742. G Herr, erbarme dich
        Ms 974
743. G Herr, erbarme dich (Rohr)
        Mz 861,2
744. G Herr, erbarme dich (Rohr)
        Fu 846; Lim 887; Re 854; Bz 813
745. G Herr, erbarme dich unser (Rohr)
        Fu 847; Hi 792; Lim 885
746. G Herr, erbarme dich (Schieri)
        Mün 810,1
747. G Herr, erbarme dich, erbarm dich
        Lim 892
748. G Herr, erbarm dich unser (Ludwig)
        Mün 812,1
749. G Herr, erbarm dich unser (Pretzenberger)
        Ö-SP 901,1
750. G Herr, erbarme dich unser (Sabel)
        Tr 887
751. L Herr, gib acht auf uns
        Lim 869
752. L Herr, gib Frieden allen Seelen
        s. Nr. 708
753. L Herr, gib Frieden dieser Seele
        Ac 980; Ba 923; Eic 860; Es 855; Fu 911; Hi 893; Kö 969; Ms 970; Pb 892; Sp 842; Wü 832; Ö-Wi 920; Bz 861; Lux 900
754. L Herr, gib Frieden diesem Menschen
        Lim 962; Mz 926; Os 905; Lux 902
755. Kv Herr, gib ihnen die ewige Ruhe
        Tr 886; Ö 854; Ö-GK 971
756. Kv Herr, gib uns deinen heilgen Geist
        Mz 848,11
757. L Herr, gib uns die Einheit wieder
        Kö 967

758. L   Herr, gib uns helle Augen
         BHG 067
759. G   Herr, Gott, dich loben wir (Te Deum)
         Mz 864
760. L   Herr, Gott, höre mein Gebet
         Sp 910
761. L   Herr, Gott, erleucht mich durch dein Licht
         Eic 855; Ö-IF 933
762. L   Herr Gott, vor den wir treten
         Pb 840
763. L   Herr, großer Gott, dich loben wir
         Ac 882; Kö 878; Tr 843
764. L   Herr, ich bin dein Eigentum
         Au 885; Ba 916; Eic 858; Es 850; Pa 864; Ö 851; Bz 862
765. Kv Herr, hilf uns, richt uns wieder auf
         Ö-GK 907,1
766. L   Herr, ich glaube fest an dich
         Fu 856
767. L   Herr, ich glaube, Herr, ich hoffe
         Ö 830; BHG 066
768. G   Herr, ich höre die Kunde
         Ro 935,3
769. Kv Herr, ich leg in deine Hände
         Ö-GK 929,3
770. Kv Herr, ich vertraue auf dich
         Eic 884
771. Kv Herr, in deine Hände befehl ich meinen Geist
         Ö-GK 918,5
772. L   Herr Jesus Christ, der Jungfraun Krone
         Sp 901
773. L   Herr Jesu Christ, du höchstes Gut
         Ro 858
774. L   Herr Jesu Christ, wir suchen dich
         Ö 823
775. L   Herr Jesus Christ im Sakrament
         Lux 869
776. G   Herr Jesus Christus, du Sohn des lebendigen Gottes
         Eic 822; Fu 816

Die Diözesananhänge 995

777. G   Herr Jesus Christus, Gott bist du
         Ro 844
778. G   Herr Jesus Christus, Sohn Davids, Erlöser der Welt
         Eic 821; Fu 813
779. G   Herr Jesus Christus von Ewigkeit her
         Eic 861
780. Kv Herr, komm und eile mir zu helfen
         Ö-GK 920,4
781. Kv Herr, laß dein Angesicht über uns leuchten
         Ö-GK 915,3
782. Kv Herr, laß gelingen das Werk unsrer Hände
         Ö-GK 914,7
783. Kv Herr, laß sehn uns deine Huld
         Lux 907,1
784. Kv Herr, laß uns leuchten dein Antlitz
         Mz 844,5
785. Kv Herr, laß uns schauen dein Angesicht
         Mz 823,1
786. L   Herr, mache unser Herz bereit
         Mz 858,4
787. L   Herr, mein Gott, ich glaub an dich
         Be 830; Eic 828
788. Kv Herr, nimm an unsre Gaben
         Mz 861,8
789. Kv Herr, nur zu dir hin wird still meine Seele
         Ö-GK 914,4
790. G   Herr, öffne meine Lippen
         Ro 934
791. L   Herr, öffne Ohren und das Herz
         Au 834; Lim 894; Sp 811
792. G   Herr, Pflicht ist es und hohe Freude
         Ro 928
793. L   Herr, segne ihn, den du erwählt
         Kö 968; Sp 913
794. L   Herr, segne uns
         Lim 919
795. Kv Herr, sei barmherzig
         Mün 924,2
796. Kv Herr, sei bei mir in jeglicher Bedrängnis
         Ö-GK 903,4

797. L   Herr, sei gepriesen immerfort
         Ac 893; Au 853; Ba 825; Be 847; Eic 838; Es 812; Kö 927;
         Mün 825; Os 846; Pb 815; Sp 827; Tr 915; DDR 835
798. L   Herr, sende den du senden willst
         Ac 829; Kö 831; Ö-GrS 909
799. L   Herr, send herab uns deinen Sohn
         Re 811
800. Kv Herr, send uns Hilfe und errette uns
         Ö-GK 904,6
801. L   Herr, sprich zu uns dein heilig Wort
         Lim 895
802. Kv Herr, stärke uns in deiner Huld
         Ö-GK 909,6
803. Kv Herr, steh mir bei und errette mich
         Mz 826,1
804. Kv Herr, steh uns gnädig bei
         Mz 822,6
805. G   Herr, unser Gott, wir loben dich
         Lim 916; Mz 876
806. L   Herr, unser Herr! Wie herrlich ist dein Name
         Ac 888
807. Kv Herr, voll Huld sei uns nahe
         Mz 846,4
808. L   Herr, vor deines Thrones Stufen
         Wü 825
809. L   Herr, was im Alten Bunde
         Ac 920; Kö 908; Ms 985; Pb 806; Bz 816
810. Kv Herr, wenn ich deinem Volk noch nötig bin
         Ro 933,1
811. Kv Herr, wer auf dich vertraut
         Mz 823,5
812. Kv Herr, wer dich ruft, den erhörest du
         Mz 822,1
813. L   Herr, wir bitten dich, ach denke
         Ö-Ei 929
814. L   Herr, wir bringen Brot und Wein
         Wü 813

Die Diözesananhänge 997

815. L Herr, wir hören auf dein Wort
        Ac 976; Es 803; Fu 852; Kö 905; Ms 980; Re 860; Ro 851;
        Ö-GrS 928
816. L Herr, wir kommen mit Vertrauen
        Tr 818
817. L Herr, wir kommen schuldbeladen
        Kö 900; Pb 839; Ö-IF 901; Mz 820,1
818. L Herr, wir sind dein
        Pb 905
819. G Herr, wir verehren dein Kreuz
        Ro 934,8
820. L Herz Jesu, das die Welt umschließt
        Fu 874; Mz 898
821. L Herz Jesu, Gottes Opferbrand
        Ac 940; Au 867; Ba 879; Be 858; Eic 840; Es 869; Kö 944;
        Lim 936; Mz 897; Mün 845; Pb 870; Pa 914; Re 895; Ro
        890; Sp 882; Wü 880; Ö 837; DDR 844
822. L Heut ist der Himmel fließend word'n
        Ö-Li 903
823. L Heut ist der Tag, vom Herrn gemacht
        Lim 828; Ro 824
824. L Heut ist gefahren Gottes Sohn
        Hi 835; Ms 934
825. L Heut singt dem Herrn die Christenheit
        Ms 964
826. L Heut triumphieret Gottes Sohn
        Lux 830
827. Kv Heut ist uns der Heiland geboren
        Ö-GK 943
828. Kv Heute hört auf seine Stimme
        Ö-GK 929,1
829. L Heute ist erschienen
        DDR 807
830. Kv Heute ist uns der König der Himmel
        Wü 845
831. L Hier liegt vor deiner Majestät
        Be 838; Pa 879; Wü 817; Ö 801,1; Bz 808; Rum 801,1;
        BHG 009

832. Kv Hilf uns, Gott, unser Heil
         Eic 816
833. L   Himmelsau, licht und blau
         Au 830; Rum 813
834. L   Hirten, auf um Mitternacht
         Ö-SP 941; BHG 045
835. Kv Hoch erhebt meine Seele
         Ac 959; Pa 898,2; Bz 858
836. G   Hochgelobt sei, der da kommt
         Lim 823; Mz 885
837. Kv Hochgelobt und hoch erhoben
         Ö-GK 931,6
838. L   Hochheilig Gott der Ewigkeit
         Mz 820,9
839. L   Hocheilig Gott im höchsten Thron
         Mz 810,9
840. L   Hochheilig, Gott in Herrlichkeit
         Tr 908
841. L   Hochheilig, dreimal heilig
         Bz 821
842. L   Hochpreiset meine Seele
         Hi 874; Kö 974; Bz 857
843. L   Hoch meine Seele Gott nun preist
         s. Nr. 842
844. L   Hoch sei gepriesen Gott, der Herr
         Kö 975
845. L   Hoch über allen Herzen
         Be 859; Wü 881
846. G   Höchster, allmächtiger, gütiger Herr
         Pa 899
847. L   Hör, Schöpfer mild, den Bittgesang
         Ac 857; Es 830; Kö 848
848. L   Hör uns, o Schöpfer, voller Huld
         Hi 818; Mz 830; Ö-GrS 916; Ö-SP 914
849. Kv Höret heute meine Stimme
         Ö-GK 927,1
850. L   Hört, eine helle Stimm erklingt
         Ro 801

851. Kv Hört heute Gottes Ruf
        Mz 824,4
852. L   Hört, wen Jesus glücklich preist
        Pa 916; Ö-Li 923
853. L   Hosanna, dir, o starker Gott
        Ö-Ei 901,2
854. G   Hosanna, Filio David
        Kö 805,1
855. L   Hosanna, ..., in der Höhe
        Ac 895
856. Kv Hosanna, ..., in der Höhe
        Ö-GK 984
857. Kv Huldigen müssen dem Herrn
        Pa 835,2
858. Kv Huldigen müssen dir, Herr, alle Völker
        Ö-GK 905,1
859. Kv Ich bin die Auferstehung und das Leben
        Ö-Wi 914
860. L   Ich danke dir für deinen Tod
        Mz 928; Ro 814
861. L   Ich danke dir, Herr Jesus Christ
        Ac 886
862. L   Ich erhebe mein Gemüte
        Lux 844
863. L   Ich glaub an dich, allmächt'ger Gott
        Os 831
864. L   Ich glaube an Gott Vater
        Es 807
865. L   Ich glaub an Gott in aller Not
        Re 916; Ro 904; Fu 842; Mz 874; Ms 917; Sp 908; Tr 884
866. L   Ich glaube an den einen Gott, den Vater groß an Macht
        Es 808; Hi 797; Lim 901; Mz 810,7; Os 832; Sp 816
867. G   Ich glaube an Gott
        Mün 810,3
868. G   Ich glaube an Gott, den Vater
        Lim 904; Mz 861,7
869. L   Ich glaube an Gott Vater
        Ro 852

870. L   Ich glaube an den einen Gott, den Vater waltend
         Au 841; Lim 900; Ö-IF 909
871. L   Ich glaube Herr, daß du es bist
         Ac 914; Be 836; Eic 802; Es 806; Kö 907; Pb 805; Re 865;
         Wü 812; Bz 815
872. L   Ich glaube, Herr, mit Zuversicht
         Pb 900; Ms 983
873. Kv Ich habe gesündigt vor dir, erbarme
         Ö-GK 924,1
874. Kv Ich habe gesündigt vor dir, so mach
         Ö-GK 924,5
875. Kv Ich preise dich, daß du mich, Herr
         Ö-GK 907,7
876. L   Ich seh den Morgensterne
         BHG 090
877. L   Ich sehe dich, o Jesus, schweigen
         Ba 856; Wü 853; Ö-GrS 917
878. Kv Ich trete hin zu Gottes Altar
         Sp 804
879. L   Ich weiß, daß mein Erlöser lebet
         Ba 922
880. L   Ich will aus ganzem Herzen mein
         Hi 847
881. L   Ich steh an deiner Krippe hier
         Os 849
882. G   Ich will den Herren allzeit preisen
         Re 864
883. Kv Ich will dich rühmen, du Herr, meine Stärke
         Ö-GK 915,1
884. Kv Ich will dich rühmen, Herr, du mein Gott
         Ö-GK 926,8
885. Kv Ich will dich rühmen, Herr und Gott
         Ö-GK 907,2
886. Kv Ich will dich rühmen, mein Herr
         Ö-GK 915,6
887. Kv Ich will frohlocken im Herrn
         Ö-GK 917,3

Die Diözesananhänge 1001

888. Kv Ich will preisen meinen Herrn
         Mz 804,5
889. Kv Ich will zu meinem Vater gehn
         Ö-GK 917,4
890. L   Ihr Christen herkommet
         Ö-GrS 912
891. L   Ihr Diener Gottes alle
         Ö-GrS 936
892. L   Ihr Engel allzumal
         Be 852; Es 858; DDR 837
893. L   Ihr Freunde Gottes allzugleich
         Ac 963; Kö 960; Lim 946; Os 893
894. L   Ihr Geschöpfe kommt heran
         Tr 847
895. L   Ihr Heiligen beim Herrn verklärt
         Ba 902
896. L   Ihr Hirten erwacht! Erhellt ist die Nacht
         Ac 845; Au 810; Es 823; Kö 842; Tr 813
897. L   Ihr Kinderlein kommet
         Be 807; Ö-GK 942
898. L   Ihr Knechte Gottes, preist den Herrn
         Fu 835
899. L   Ihr lieben Christen, freut euch nun
         Ac 830
900. Kv Ihr Reiche der Erde, singet Gott
         Ro 828
901. L   Ihr seid das Licht der Welt
         Ro 906
902. L   Ihr Völker all erfreuet euch
         Au 863; Be 855
903. Kv Ihr werdet meine Zeugen sein
         Ö-GK 909,3
904. L   Im Frieden dein, o Herre mein
         Ö-IF 920
905. L   Im Frieden laßt uns gehen
         Ö 801,10; BHG 018
906. L   Im Himmel hoch verherrlicht ist
         Lim 838; Mz 855; Fu 828
907. G   Im Kreuz ist Heil
         Ro 811

908. L   Im Kreuz ist Sieg, Christus der Held
         Fu 826
909. L   Im Maien hebt die Schöpfung an
         Au 877; Eic 866; Fu 885; Sp 897; Tr 868
910. L   Immerfort will ich singen
         Pa 861
911. L   Im Namen Gottes fang ich an
         Ac 971
912. Kv Im Schutz des Herrn bist du geborgen
         Mz 822,11
913. G   Im Wasser der Taufe hat Gott uns erwählt
         Lim 950
914. L   In allen meinen Stunden
         Ö-SP 950
915. L   In aller Stürme Toben
         Au 832
916. L   In Brots- und Weinsgestalten
         Ba 871; Sp 877; Wü 876
917. Kv In deine Hände lege ich vertrauensvoll
         Ö-GK 913,2
918. Kv In deinen Händen liegt mein Los
         Ö-GK 913,5
919. Kv In deiner großen Huld erhöre mich
         Ö-GK 904,2
920. Kv In deiner Güte versorgst du den Armen
         Ö-GK 914,9
921. L   In Demut knien wir nieder
         Ö-SP 938
922. L   In des Himmels Höhen lobet Gott
         Ac 894
923. Kv In Fernen schau ich aus
         Ö-GrS 911; Ö-IF 923
924. Kv In Freude singe, du Gottesvolk
         Mz 825,1
925. Kv In Freude sollen singen
         Au 851
926. L   In Not und Tod gefangen
         Pa 846

Die Diözesananhänge 1003

927. G In paradisum
Ms 968,7
928. L In Sorgen schau ich auf zu dir
Pa 849
929. L Ist das der Leib, Herr Jesus Christ
Ac 871; Au 822; Ba 862; Be 824; Es 839; Hi 829; Kö 867;
Lim 833; Ms 932; Os 870; Pa 852; Re 826; Ro 823; Sp 866;
Tr 829; Wü 859; DDR 821; Ö-EI 911; Ö-GrS 920
930. G Ite, missa est (IX und XI)
Lux 850 und 855
931. L Ja, freut euch im Herrn
Ö-Li 918; Ö-Sa 929
932. Kv Ja, freut euch, denn groß ist in unserer Mitte
Ö-GK 923,2
933. Kv Ja, Großes tat an mir der Herr
Ö-GK 913,8
934. Kv Ja, Großes tat an uns der Herr
Ö-GK 909,2
935. L Jauchzet dem Herrn, der siegreich
Hi 827
936. Kv Jauchzet dem Herrn . . . kommt mit Freude
Mz 845,6
937. Kv Jauchzet ihr Himmel, freue dich, Erde
Ö-IF 924
938. Kv Jauchzet zu Gott, alle Lande
Mz 847,4
939. Kv Jauchzt, alle Lande, dem Herrn
Ö-GK 917,5
940. L Jauchzt, alle Lande, Gott zu Ehren
Ms 950
941. L Ja, wenn der Herr einst wiederkommt
Pa 911; Ö-Li 921
942. Kv Jedem, der rechtschaffen lebt
Ö-GK 906,3
943. L Jerusalem, du Himmelsstadt
Fu 900; Wü 914
944. L Jerusalem, du selge Stadt
s. Nr. 943

945. G   Jerusalem, Jerusalem, bekehre dich
         Ro 934,5
946. Kv Jerusalem, lobpreise den Herren
         Ö-GK 922,5
947. L   Jesu, du treuer Heiland mein
         Ms 973
948. L   Jesu Herz, dich preist mein Glaube
         Ö-Li 908; Ö-Sa 914; Bz 853
949. Kv Jesu, Jesu! Der du deines Vaters Willen
         Ac 851
950. L   Jesu, meine Freude
         Os 886
951. L   Jesu, zu dir rufen wir
         Os 861
952. Kv Jesus, aus Liebe für uns im Herzen verwundet
         Eic 852,10
953. Kv Jesus Christus, das Haupt seiner Kirche
         Pa 824
954. Kv Jesus Christus, das Licht zur Erleuchtung
         Pa 814
955. Kv Jesus Christus, den König der Engel
         Pa 822
956. Kv Jesus Christus, den Sohn der Jungfrau
         Pa 820
957. Kv Jesus Christus, der seine Mutter auserwählt
         Pa 821
958. Kv Jesus Christus, der uns mit seinem Blut
         Pa 815
959. Kv Jesus Christus, die Freude aller Heiligen
         Pa 823
960. G   Jesus Christus, für uns am Kreuz gestorben
         Mz 839; Sp 857
961. L   Jesus Christus, Gotteslamm
         Sp 823
962. L   Jesus Christus, Gott und Mensch
         Eic 833
963. G   Jesus Christus, Sohn Gottes, du Licht
         Eic 814; Fu 805
964. L   Jesus, der du Blut und Leben
         Ö-Ei 915; Ö-SP 911; Ö-Wi 905

Die Diözesananhänge 1005

965. L Jesus, dir leb ich
        Au 868; Ba 882; Be 853; Pa 910; Pb 6,1; Re 893; Ö 832; Lux 822; DDR 841; BHG 069
966. L Jesus, du bist hier zugegen
        Ac 929; Ba 868; Es 862; Fu 872; Hi 864; Ms 942; Lim 920; Mz 896; Re 885; Sp 878; Tr 854; Lux 868; BHG 073
967. L Jesus, du mein Leben
        Es 867; Kö 923; Ö-Wi 908
968. L Jesus, du rufst uns, siehe wir kommen
        Ac 978; Lim 884; Mz 862,1
969. L Jesus, Erlöser aller Welt
        Mz 815
970. L Jesus ist ein großer Nam
        Eic 845
971. L Jesus, Jesus komm zu mir
        Rum 808
972. L Jesus lebt, mit ihm auch ich
        Au 819; Hi 831; Pa 853; DDR 820
973. L Jesus ruft dir, o Sünder mein
        Mz 828
974. Kv Jesus, wie gut bist du
        Mz 862,11
975. L Jesus zieht in Jerusalem ein
        Ac 858
976. L Jetzt, Christen, stimmet an
        Hi 890
977. L Jetzt ist die große Gnadenzeit
        Es 831; Fu 807; Hi 819; Mz 827
978. L Johannes auserkoren, du starker Gottesmann
        Hi 883; Wü 906
979. L Johannes Neumann (Ihr Freunde Gottes)
        BHG 097
980. L Johann von Nepomuk
        BHG 093
981. L Josef, Davids Sohn geboren
        Pb 884
982. Kv Jubeln soll mein Herz in Gott, dem Herrn
        Ö-GK 903,3

983. Kv Jubeln soll mein Herz in meinem Gott
         Ö-GK 918,2
984. Kv Jubelt dem Herrn, alle Lande
         Ac 982,8; Pa 855,2; Ö-GK 911
985. Kv Jubelt Gott, dem Herrn, der unser Helfer ist
         Ö-GK 918,3
986. L   Jungfrau, wir dich grüßen
         Bz 855
987. L   Kein Auge hat es gesehen
         Pa 917
988. L   Klagt in Leid das arme Herz
         Lux 885
989. L   König, dessen Reich nicht endet
         Wü 828
990. L   Komm der Völker Heiland du
         Ac 831; Kö 834
991. Kv Komm, errette uns, o Herr
         Mz 804,4
992. L   Komm, Gott des Lebens, Heilger Geist
         Au 825; Eic 826; Fu 829
993. L   Komm, Heilger Geist, auf uns herab
         Pa 857; Re 829; Lux 832; Ö-GrS 921
994. L   Komm, Heilger Geist, du Gotteskraft
         s. Nr. 995
995. L   Komm, Heilger Geist, im Sturmgebraus
         Fu 831; (Pb 858)
996. L   Komm, Heilger Geist, komm Schöpfer aller Welt
         Mz 857
997. L   Komm, Heilger Geist, o dritte Person
         Tr 840; Ö-SP 944
998. L   Komm herab, o Heilger Geist
         Os 875
999. Kv Komm, Herr, komm und erlöse uns
         Pa 831,1
1000. L Komm, o Geist der Heiligkeit
         Ac 878; Kö 871; Wü 862; BHG 065
1001. Kv Komm, o Herr, und bring uns deinen Frieden
         Pa 831,2; Ö-GK 903,1

Die Diözesananhänge

1002. L Komm, o komm, du Geist des Lebens
         Be 826; Wü 863
1003. L Komm, o komm, du Tröster mein
         Ö 828
1004. L Kommet, ihr Hirten
         Hi 816; Lim 810; Tr 812; BHG 043
1005. G Kommet, lasset uns zujauchzen (Ps 95)
         Pa 825
1006. L Kommet, lobet ohne End
         Be 854; Hi 866; Sp 879; Ö 833; Bz 850; Rum 807; BHG 070
1007. Kv Komm, o Herr, und bring uns Heil
         Ö-GK 903,2
1008. L Kommt und laßt uns den König
         Au 857
1009. L Kommt, ach kommt nach Betlehem
         Ac 840
1010. L Kommt, Cherubim hernieder
         Ms 941
1011. L Kommt, Christen, kommt zu loben
         Ba 885; Sp 896; Wü 899
1012. L Kommt, Christen, singt zum Preise
         Ba 826
1013. L Kommt herab, ihr Himmelsfürsten
         Re 891; Ö-Sa 912; Rum 811
1014. L Kommt her, ihr Kreaturen all
         Be 856; Es 861; Hi 860; Kö 933; Lim 923; Mz 891; Ms 944;
         Os 879; Re 890; Sp 880; Tr 850; Wü 872; DDR 839
1015. L Kommt her, ihr seid geladen
         Eic 835
1016. L Kommt her, kommt laßt den Herrn uns preisen
         Kö 972
1017. Kv Kommt her zum Mahl des Osterlamms
         Mz 842,11
1018. Kv Kommt, kehren wir um zu Gott
         Lux 908,4
1019. L Kommt, ihr Christen all zusamm
         Ö-SP 912
1020. G Kommt, jubelt Gott
         Mz 931

1021. Kv Kommt, lasset uns anbeten Christus
         Kö 973,3
1022. L   Kommt, laßt uns aus der Seele Grund
         s. Nr. 1233
1023. Kv Kommt laßt uns jubeln dem Herrn
         Pa 887,5; Ro 916; Ö-GK 917,1
1024. L   Kommt, laßt uns niederfallen
         Pb 829; DDR 840
1025. L   Kommt, laßt uns unserm Gott
         Ba 865; Tr 841; Wü 816; Lux 839
1026. L   Kommt, sagt es allen weiter
         Pa 913; Ö-Li 922
1027. L   Kommt und laßt uns tief verehren
         Kö 937
1028. L   Kommt und lobet ohne End
         Fu 867; Lim 922; Mz 892; Os 880; Wü 875; Lux 861;
         DDR 842
1029. Kv Kommt, wir danken Gott, dem Vater
         Mz 863,1
1030. L   Kommt zum großen Gnadenmahl
         Mz 894
1031. L   Kommt zu des Lammes Ostermahl
         Ms 933
1032. G   Komplet (lat./deutsch)
         Kö 977
1033. Kv Kostet und seht, wie gut der Herr
         Mün 911; Pa 896,4; Lux 910,4; Ö-GK 926,2
1034. Kv Kostet und seht, wie gütig der Herr
         s. Nr. 1033
1035. G   Kraft im Erdenstreit
         Fu 806; Lim 816; Mz 820,2
1036. L   Krone aller Frauen
         Fu 883; Mz 907
1037. Kv Künder des Evangeliums bin ich
         Eic 878,3
1038. Kv Kündet den Völkern
         Lux 912,4
1039. Kv Kundgetan hat der Herr sein Heil
         Wü 843

Die Diözesananhänge

1040.	G	Kyrie (Requiem)
		Ms 968,2
1041.	G	Kyrie (IX und XI)
		Lux 846 und 851
1042.	G	Kyrie (XII)
		Ac 904; Kö 890
1043.	G	Kyrie (XVIII)
		Ac 905; Kö 891
1044.	G	Kyrie (Rövenstrunk)
		Ro 843
1045.	G	Kyrie eleison
		Ro 810
1046.	G	Kyrie eleison! Du Sohn (Rövenstrunck)
		Ro 860
1047.	L	Kyrie eleison! Zu Gott dem Vater
		Lim 891; Pb 810
1048.	L	Kyrie eleison! Du Heiland der Barmherzigkeit
		Ac 910; Es 801; Ms 975; Pb 811; Wü 826; Kö 901; BHG 020
1049.	G	Kyrie, Kyrie (Kanon)
		Lim 888; Fu 902
1050.	G	Lamm Gottes (Albertus)
		Mün 811,4
1051.	G	Lamm Gottes (Janssens)
		Ö-Li 916
1052.	G	Lamm Gottes (Ludwig)
		Mün 812,3
1053.	G	Lamm Gottes (Kahlefeld)
		Mün 822; Pa 869,4
1054.	G	Lamm Gottes (Pretzenberger)
		Ö-GK 901,4; Ö-SP 901,4
1055.	G	Lamm Gottes (Pretzenberger)
		Ö-SP 901,5
1056.	G	Lamm Gottes (Pretzenberger)
		Ö-SP 901,3
1057.	G	Lamm Gottes (Schröder)
		Fu 864
1058.	L	Lamm Gottes, das den bittern Tod
		Au 848; Ö-IF 913

1059. L Lamm Gottes, das zur Erde kam
        Mz 801,10
1060. L Lamm Gottes, du hast die Sünden
        Ro 855
1061. L Lamm Gottes, Herr in Knechtsgestalt
        Eic 809
1062. L Lamm Gottes, nimm weg unsre Schuld
        Ö-Ei 901,3
1063. L Land der Berge
        Ö 855
1064. Kv Laß deine Güte stets über uns walten
        Ö-GK 915,4
1065. L Laß dich durch unser Flehen rühren
        Pb 822
1066. L Laß die Wurzel unsres Handelns
        Tr 858
1067. L Laß erschallen die Posaune
        Lim 803; Mz 803,1
1068. Kv Laß ihnen leuchten, o Gott, dein ewiges Licht
        Lux 912,5
1069. L Laß mich deine Leiden singen
        Fu 811; Ö 821; BHG 053
1070. L Lasset am heiligen Fest
        Ro 884
1071. Kv Lasset uns singen, halleluja
        Ac 895,2
1072. L Laßt, Christen, hoch den Jubel schallen
        Pb 863; Wü 871
1073. L Laßt die Kinder zu mir kommen
        Pb 904
1074. L Laßt freudig uns der Heilgen Tag begehen
        Mz 916,1
1075. L Laßt die Stimmen hoch erklingen
        Rum 806,5
1076. L Laßt preisen uns den Quell der Güte
        Ac 941; Kö 946
1077. G Laßt uns anbeten und verehren
        Mz 893

Die Diözesananhänge 1011

1078. L Laßt uns das Kindlein grüßen
         Ö-GrS 915
1079. G Laßt uns das Lied singen vom Tod und vom Leben
         Lim 827
1080. L Laßt uns dem Herrn lobsingen
         Fu 830
1081. L Laßt uns den Herrn erheben
         Au 861; Ba 924; Ö 853
1082. L Laßt uns erheben Herz und Stimm
         Ac 885; Kö 915; Ö-IF 918; Rum 803,5
1083. L Laßt uns fröhlich singen
         Lux 867
1084. L Laßt uns Gott, dem Herrn, lobsingen
         Ac 912; Ba 820; Be 833; Es 802; Fu 851; Hi 840; Kö 903;
         Lim 849; Mün 814; Ms 977; Os 830; Pb 804; Pa 885; Re 857;
         Ro 862; Sp 808; Tr 899; Wü 802; Bz 814; DDR 828
1085. L Laßt uns heilig, heilig singen
         Ba 872; Fu 870; Hi 859; Kö 929; Lim 924; Ms 943; Pa 904;
         Re 887; Ro 885; Sp 876; Tr 846; Wü 877; Ö-Sa 913; Lux 865
1086. L Laßt uns mit Lobpreisen deinem Opfer nahn
         Ö-IF 906
1087. L Laßt uns preisen, Dank erweisen
         Lim 850; Fu 848; Mz 860,3
1088. L Laßt uns preisen, laßt uns rühmen
         Lim 821
1089. L Laßt uns rufen mit den Engeln
         Bz 822
1090. L Laß uns in deinem Namen, Herr
         Ac 977; Lim 864; Ro 903
1091. Kv Lauda, Jerusalem
         Lux 838
1092. G Lauda, Sion
         Lux 859
1093. G Lauretanische Litanei
         Be 874; Kö 957
1094. L Laut dein Lob wir heben an
         Es 879; Lim 945; Mz 920; Ms 904; Sp 899
1095. L Leif Mamm, ech weess et net ze son
         Lux 891

1096. G Licht, das uns erschien
         Fu 797; Lim 806
1097. L Liebe ist nicht nur ein Wort
         Lim 873
1098. L Liebend gabst du, Herr, dein Leben
         Tr 895
1099. L Liebreicher Jünger, sei gegrüßt
         Mz 921
1100. L Lobe den Herrn (mehrsprachig)
         Es 886
1101. G Lobe den Herrn, meine Seele
         Kö 876; Ro 840
1102. Kv Loben will ich, o Herr, all deine Güte
         Ö-GK 925,3
1103. L Lobe, o Seele, den Herrn
         Ö-GK 917,2
1104. L Lob erschallt aus Hirtenmunde
         Be 810
1105. L Lobet den Herrn, ihr Werke des Herrn
         Ba 908
1106. L Lobet den Herrn und dankt ihm seine Gabe
         Es 811
1107. L Lobet froh unsern Herrn, stimmt an
         Ac 891
1108. Kv Lobet, ihr Kinder
         Tr 923
1109. Kv Lobet und preiset den Herrn, denn er heilt alles Leid
         Ö'GK 905,4
1110. Kv Lobet und preiset den Herrn, der die Armen erhöht
         Ö-GK 905,6
1111. Kv Lobet und schauet, ihr Völker
         Mz 849,6
1112. L Lobe, Zion, deinen Hirten
         Ro 888; SP 874
1113. L Lob, meine Seele, lobe den Herren
         Ac 890
1114. L Lobpreisend dankt dem Herrn und Gott
         Ö-IF 911
1115. L Lobpreiset Gott
         Ö-IF 907

Die Diözesananhänge 1013

1116. L Lobpreis sei Gott im hohen Thron
        BHG 022
1117. L Lobpreist den Herrn der Herrlichkeit
        Mz 916,4
1118. L Lob sei dem Herrn, dem König aller Zeiten
        Re 858; Ro 850
1119. L Lob sei Gott, der uns im Glanze
        Ro 901
1120. L Lobsing, erlöste Christenschar
        Pb 849
1121. L Lobsinget, Christen, dankt und preist
        Pb 856
1122. L Lobsingt in vollen Chören
        Ö-Ei 922
1123. L Lobt froh den Herren, ihr jugendlichen Chöre
        Be 827; Pa 862; Ö 848; Re 834; DDR 827; Hi 842
1124. L Lobt Gott, den Herrn, ihr Menschen all
        Au 829; BHG 019
1125. L Lobt Gott, ihr Christen allzugleich
        Ac 846; Kö 839
1126. G Lobt vom Himmel her den Ewgen
        Ro 926
1127. G Lob und Ehre sei dir, Herr Christus
        Es 837; Ms 921; Os 863
1128. Kv Lob und Preis und Ruhm
        Tr 929
1129. G Lumen ad revelationem gentium
        Kö 820,2; Re 818; Ö-GK 946,1
1130. G Lux aeterna
        Fu 904; Ms 968,5; Pb 895; Re 841; Sp 837; Tr 889
1131. Kv Mach rein, o Gott mein Herz
        Mz 826,5
1132. L Macht weit die Pforten in der Welt
        Ac 946; Au 804; Ba 844; Es 873; Fu 875; Hi 852; Kö 941;
        Lim 953; Mz 887; Pa 826; Re 810; Ro 802; Sp 883; Tr 862
1133. G Mach uns bereit
        Lim 896
1134. L Maranatha
        Pa 830

1135.	L	Maria aufgenommen ist Ö-SP 949
1136.	L	Maria, breit den Mantel aus Ac 957; Kö 949
1137.	L	Maria, du Mutter am himmlischen Thron Eic 867
1138.	L	Maria, du Schöne Mz 905
1139.	L	Maria ging geschwind Hi 873; Sp 895; DDR 809
1140.	L	Maria hat im Herzen dein Wort bewahrt Mz 903,4
1141.	L	Maria, Himmelsfreud Ba 886
1142.	L	Maria, Himmelskönigin, dich will der Mai begrüßen Kö 951; Re 898
1143.	L	Maria, Himmelskönigin, ein Braut des Heiligen Geistes BHG 085; Ö-GrS 931
1144.	L	Maria, Jungfrau rein Rum 822
1145.	L	Maria, Jungfrau schön Au 879
1146.	L	Maria, Maienkönigin Ac 954; Au 878; Ba 887; (Kö 951); Os 888; (Re 898); Wü 900; (Ö-GrS 931)
1147.	L	Maria, Maria, du übertriffst gar weit Rum 826
1148.	L	Maria, Mutter, Friedenshort DDR 847
1149.	L	Maria, Mutter unsres Herrn Mz 915
1150.	L	Maria, sei gegrüßet Lim 805; Ö 815; Rum 825
1151.	L	Maria, Trösterin, du hehre Lux 887
1152.	L	Maria war alleine im Gebet Fu 794; Ro 804

Die Diözesananhänge

1153. L   Maria war mit Gott allein
          Wü 902
1154. L   Maria, wir dich grüßen
          Ba 888; Kö 947; Ms 959; Os 889; Pb 878; Pa 30; Sp 893;
          Wü 893; Ö 840; Lux 883; DDR 848
1155. L   Maria, wir verehren
          Ms 961
1156. L   Maria zu lieben
          Lux 880
1157. L   Martinus, heil'ger Gottesmann
          Mz 919
1158. L   Meerstern, ich dich grüße
          Au 880; Ba 889; Be 867; Eic 864; Es 877; Fu 882; Hi 878;
          Kö 954; Mün 857; Pb 879; Pa 925; Re 907; Ro 951; Sp 887;
          Tr 870; Wü 898; Ö 839; Bz 856; Lux 882; DDR 851; BHG
          082
1159. Kv Mein Erlöser lebt
          Mün 912
1160. G   Mein Geist ergieße sich in Liedern
          Mz 940
1161. G   Mein Geist ergießt sich in Liedern
          Ro 918
1162. Kv Mein Gott, auf dich vertraue ich
          Pa 848,3; Ö-GK 909,1
1163. G   Mein Gott, dich will ich ewig rühmen
          Mz 939; Ro 924
1164. L   Mein Gott, nun ist es wieder Morgen
          Lim 958
1165. Kv Mein Gott, mein Gott, warum hast du mich verlassen
          Ö-GK 914,3
1166. L   Mein Gott, wie schön ist deine Welt
          Au 831; Lim 852
1167. L   Mein Heiland, Herr und Meister
          Ba 835; Pa 877; Re 847; Rum 802,7; Ö 802,7; BHG 007,1
1168. G   Mein Herz ist bereit
          Lim 859
1169. Kv Mein Herz und mein Leib
          Mz 861,1

1170. Kv Mein Hirte bist du, Jesus Christ
Tr 924
1171. L Mein Hirte ist der liebe Gott
Es 853
1172. L Mein Hirt ist Gott der Herr
Ac 899; Ba 827; Be 832; Es 863; Fu 841; Hi 849; Kö 883; Lim 860; Mün 823; Ms 965; Os 842; Pb 899; Pa 900; Sp 905; Wü 807; Bz 837; Lux 842; DDR 831
1173. L Mein Jesus, in dein Herz hinein
Ö-SP 946
1174. Kv Mein Mund soll von deiner Gerechtigkeit künden, o Gott
Ö-GK 923,4
1175. L Mein Seel verlangt nach dir
Hi 892
1176. L Mein Zuflucht alleine, Maria
Ac 958; Be 862; Sp 892
1177. L Meine Augen, schauet auf
Pa 842
1178. G Meine Augen vergehen mir vor Tränen
Ro 934,6
1179. L Meinem Gott gehört die Welt
Es 854; Lim 867
1180. L Meinen Jesus laß ich nicht
Hi 820
1181. L Meine Seele, auf und singe
s. Nr. 1182
1182. L Meine Seele, dank und singe
Lim 804; Mz 807; Tr 802
1183. Kv Meine Seele dürstet nach dir
Pa 887,4; Ö-GK 919
1184. Kv Meine Seele erhebt den Herrn
Ö-GrS 934
1185. G Meine Seele preist die Größe des Herrn
Pa 898,3
1186. L Menschen, die ihr wart verloren
Ac 843/44; Es 821; Fu 801; Kö 843; Ms 908; Os 850; Pb 834; Tr 809; Lux 817; DDR 805
1187. L Menschen, dient aus frohem Triebe
Lux 866

1188. L   Messias, Jesus, einzger Sohn
          Ms 912; Os 854
1189. G   Milder Jesus
          Fu 906
1190. L   Milde Königin, gedenke
          Pa 937; Re 905; Ö-SP 950
1191. L   Mir nach, spricht Christus
          Sp 853
1192. L   Mit dem Chor der Seraphinen
          Ö-IF 904
1193. Kv Mit diesem Opfermahl
          Mün 913; Pa 896,3; Ö-SP 909
1194. L   Mit einem Stern führt Gottes Hand
          s. Nr. 491
1195. L   Mit Freude kommen wir zu dir
          O-Ei 919
1196. Kv Mit Gaben kommt zum Heiligtum
          Mün 914; Bz 829
1197. L   Mit gläubigem Verlangen
          Sp 813
1198. L   Mit Maria laßt uns singen
          Mz 801,8
1199. L   Mit meinem Gott geh ich zur Ruh
          Fu 914; Lim 959; Mz 879
1200. L   Mit reinen Lippen
          Bz 802
1201. L   Mitten in dem Leben sind wir
          Ac 979;
1202. L   Mitten in dem Tod finden wir das Leben
          Os 841; Lux 904
1203. L   Mittler, König, Herr ich glaube
          Sp 834
1204. L   Mutter Anna, dir sei Preis
          Pb 882
1205. L   Mutter Christi, hoch erhaben
          Ba 890; Fu 884
1206. G   Mutter Gottes, wir huldigen dir

1207. G Mutter Gottes, wir rufen zu dir
        Fu 887; Hi 879; Lim 942; Mz 914; Os 890; Pa 935; Re 902;
        Sp 894; Tr 872; Ö-Ei 924; Ö-Li 910; Ö-SP 925; Ö-Sa 921;
        Ö-Wi 921; Bz 859; Lux 881; Ö-GK 965
1208. Kv Nach der Fülle deines Erbarmens
        Lux 908,3
1209. Kv Nach Gott, dem Lebendigen, dürstet meine Seele
        Ö-IF 922; Bz 823
1210. Kv Nahe ist der Herr, der Erlöser
        Ro 914,2
1211. Kv Nahe ist nun schon der Herr
        Ö-GK 939,2
1212. L Näher mein Gott zu dir
        Ö-Ei 928; Ö-Li 913
1213. G Nicht vom Brot allein werden wir leben
        Lim 932
1214. Kv Nimm an das Brot, nimm an den Wein
        Ba 842; Tr 921
1215. L Nimm an der Gaben Weihe
        Ö-IF 903
1216. L Nimm an, o Gott, in Gnaden
        Ba 821; Pa 888; Re 866; Sp 831; Lux 857; BHG 026
1217. L Nimm an, o Herr, die Gaben
        Be 841; Hi 800; Kö 910; Pa 881; Wü 821; Bz 810; Ö 801,5;
        Rum 801,4; BHG 013
1218. L Nimm an, o Vater, Brot und Wein
        Au 842
1219. L Nimm auf, o heilger Vater
        Eic 803; Sp 819; Tr 905
1220. L Nimm, heilger Vater, ewger Gott
        Mün 816; Sp 818; Hi 799
1221. L Nimm, o Herr, was wir dir spenden
        s. Nr. 1222
1222. L Nimm, o Vater, was wir spenden
        Ac 917; Kö 913; Os 834; Fu 859
1223. L Nimm uns als treue Knechte nun
        Lim 918; Mz 859,13
1224. L Nimm, Vater, diese Gabe hin
        Pb 894

Die Diözesananhänge 1019

1225. L   Noch lag die Schöpfung formlos da
          Ba 832; Pa 872; Ö 802,3; Rum 802,3; BHG 003,1
1226. L   Nun bitten wir den Heiligen Geist
          Ac 881; Kö 870
1227. L   Nun bringen wir die Gaben
          Ac 918; Kö 909
1228. L   Nun, Brüder, sind wir frohgemut
          Ba 891; Eic 865; Hi 880; Mün 856; Pa 927; Re 899; Sp 885;
          Wü 895; Ö 841; BHG 091
1229. Kv Nun geht hinaus in alle Welt
          Ö-GK 909,7
1230. L   Nun geh uns auf, du Morgenstern
          Ms 913
1231. L   Nun heben wir zu singen an
          Eic 874
1232. L   Nun laßt uns alle loben St. Bonifatium
          Es 883; Fu 893; Mz 918
1233. L   Nun laßt uns aus der Seele Grund
          Hi 845; Pb 901
1234. L   Nun lobet Gott und singet
          Hi 862
1235. L   Nun lob mein Seel den Herren
          Hi 848; Ms 949; Os 898
1236. L   Nun machen wir den Tisch bereit
          Ba 841
1237. Kv Nun schauen alle Lande Gottes Heil
          Pa 835,1; Ö-GK 904,1
1238. L   Nun segne, Herr, uns allzumal
          Ac 926; Au 852; Ba 920; Kö 926; Mün 827; Ms 995; Os 845;
          Sp 835; Tr 914; Wü 824; Ö-Ei 901,4
1239. L   Nun sei uns willkommen, Herre Christ
          Ac 842; Kö 837; Lim 807
1240. L   Nun seid fröhlich
          Tr 806
1241. L   Nun singe Lob, Jerusalem
          Es 814
1242. L   Nun singet froh im weißen Kleid
          Os 871
1243. Kv Nun singet mit Freude und kündet es weit
          Mz 847,1

1244.	L	Nun singt dem Herrn ein neues Lied
		Ac 867
1245.	L	O bester Vater, Herr der Welt
		Ba 918; Ro 842
1246.	L	O blutend Herz, wir grüßen dich
		Rum 814
1247.	L	O Bräutigam der Himmelsbraut
		Es 880
1248.	L	O Christ, hie merk
		Hi 858; Pa 903
1249.	L	O Christ, schau an das Wunder groß
		Ö 834
1250.	L	O Christe, wahres Osterlamm
		Ac 871,4; Ms 931; Pb 851
1251.	G	O crux ave, spes unica
		Ms 923; Pb 845
1252.	L	O du fröhliche
		Ba 850; Be 809; Es 822; Mün 831; Os 855; Pb 836; Pa 834; Re 813; Wü 841; Ö 817; Bz 841; DDR 806; BHG 042
1253.	L	O du heilige, du jungfräuliche
		Pa 933
1254.	L	O du hochheilig Kreuze
		Ac 861; Kö 857; Re 825
1255.	L	O du Lamm Gottes
		Pa 894; Re 872; Sp 824; Wü 815
1256.	L	O du Lamm Gottes, das du hinwegnimmst
		Ac 924; Hi 804
1257.	L	O du Lamm Gottes, das getragen
		Es 810; Ms 991; Os 839; Pa 895; Re 873; Ro 877; Sp 825; Tr 910; Bz 818; Ö-GrS 903
1258.	G	O du Lamm Gottes, du nimmst hinweg
		Ro 848
1259.	L	O du Lamm Gottes unschuldig
		Ac 925; Kö 921; Ö-IF 919
1260.	L	O du Lamm Gottes, welches du hinwegnimmst
		Ms 989; Tr 911; Wü 806
1261.	L	O du mein Heiland
		Ö-Ei 921; Ö-GrS 927; Ö-GK 959; Ö-SP 947; Ö-Sa 918
1262.	L	O du mein Volk, was tat ich dir
		Mz 838

Die Diözesananhänge 1021

1263. L O Engel Gottes, eilt hernieder
         s. Nr. 1265
1264. L O Engel aus den Scharen
         Re 910; Wü 904
1265. L O Engel Gottes, eilt herbei
         Rum 810; BHG 074
1266. L O Engel rein
         s. Nr. 1519
1267. L O ewger Gott, wir bitten dich
         Ac 896; Kö 887
1268. L Öffne, Herr, die Herzen weit
         Pa 915
1269. L Öffne meine Augen, Herr
         Au 887; Eic 847; Ö-GK 970
1270. L Öffnet euch, ihr Tore, öffnet euch nun weit
         s. Nr. 1271
1271. L Öffnet eure Tore, Fürsten, öffnet sie
         Lim 839; Os 874; Ro 825; Sp 870; Tr 835; Lux 831
1272. Kv O Geist der Liebe
         Sp 872
1273. L O Geist, vom Vater ausgesandt
         Au 824; Eic 827
1274. L O Geheimnis unsres Glaubens
         Eic 830
1275. L O Gottes eingeborner Sohn
         Pb 828
1276. L O Gottes ewger Sohn
         Fu 869
1277. L O Gotteslamm, dein Leben
         Sp 833
1278. L O Gottesstreiter, Christi Held (Johannes)
         Ö-IF 935
1279. L O Gott im höchsten Himmelsthron
         Ac 827; Kö 832
1280. L O göttliches Geheimnis groß
         Au 812
1281. L O Gott, streck aus dein milde Hand
         Ac 897; Kö 886; Ö-GK 969
1282. L O Gott und Herr der Ewigkeit
         Fu 910

1283. G O Gott und Herr, du Heiliger
         Ms 976
1284. L O Gott und Vater voll der Huld
         Kö 971
1285. L O Gott, wir kommen voll Vertrauen
         Ö-Ei 902,1; Ö-GK 902
1286. L O heilger Josef, hochgeehrt
         s. Nr. 1287
1287. L O heilger Josef, Schutzpatron
         Ba 901; Wü 905; Sp 898
1288. L O heilge Seelenspeise
         Ac 935; Kö 924; Pa 907; Re 888; Rum 803,7
1289. L O heilges Kreuz, sei uns gegrüßt
         Wü 855
1290. L O heiligste Dreifaltigkeit
         Ac 883; Fu 838; Hi 838; Kö 879; Lim 844; Mz 927; Tr 893
1291. L O heiligster der Namen all
         Ac 938; Kö 845; Re 816
1292. L O Herr, bleib unser Schirm und Hort
         Lux 843
1293. L O Herr des Lebens, Jesus Christ
         Ö-SP 903,5
1294. Kv Herr, die Werke deiner Hand verkünden dein Erbarmen
         Ö-GK 907,4
1295. Kv O Herr, du bist allzeit unsere Zuflucht
         Ö-GK 928,5
1296. L O Herr, ich bin nicht würdig
         Be 844; Pa 883; Wü 823; Bz 812; Rum 801,7; Ö 801,9;
         BHG 017
1297. L O Herr, in diesen Gaben
         Mün 817
1298. L O Herr, mit diesen Gaben
         s. Nr. 1297
1299. L O Herr, in dunklen Tagen
         Lim 819
1300. L O Herr Jesu, gib, daß wir auf dein Wort
         BHG 032
1301. G O Herr, mach mich zu einem Werkzeug
         Kö 966; Lim 875; Os 843; Ro 908

Die Diözesananhänge 1023

1302. L O Herr, nun offenbare
Ö-IF 908
1303. Kv Herr, unser Gott, wie wunderbar
Mün 915,1
1304. Kv O Herr, unser Heil, erbarme dich
Mün 915,2
1305. Kv O Herr, vergib mir alle meine Schuld
Ö-GK 904,5
1306. Kv O Herr, wer darf Gast sein in deinem Zelt
Ö-GK 916,7
1307. Kv O Herr, wer darf weilen in deinem Zelt
Ö-GK 916,3
1308. Kv O Herr, wir loben und preisen dich
Ba 838
1309. L O Herr, wir rufen alle zu dir
Pa 868
1310. Kv O Herr, wir schauen zu dir empor
Mz 824,1
1311. L O Herz unsres Königs
Ö-GK 957
1312. L O Herz, daraus uns überfließt
Kö 945; Tr 857
1313. L O Himmelsspeis, du Lebensbrot
Ba 873
1314. L O himmlische Frau Königin
Ba 892; Mün 855; Wü 897
1315. L O höchster Tröster und wahrer Gott
Ms 936
1316. L O höchstes Gut, o Heil der Welt
Ac 932; Ba 874; Kö 934
1317. L O hört, wie ernst die Stimme klingt
BHG 035
1318. L O ihr hochheilgen Gottesfreund
Fu 888; Ms 962
1319. L O ihr großen Kirchensäulen
Tr 878
1320. L O Jubel, o Freud
Ö-GrS 914

1321. L O Jungfrau Maria
         Lux 878
1322. L O Jungfrau ohne Makel
         Ac 956; Es 875; Kö 948
1323. L O Jungfrau, wir dich grüßen
         s. Nr. 1154
1324. L O komme, Herr, uns beizustehn
         Ro 837
1325. L O komm, o komm, Emmanuel
         Ac 833; Au 806; Be 802; Es 817; Kö 829; Ms 902; Pa 827; Re 808; Sp 845; Tr 803; Wü 836; Ö 813; Bz 839; DDR 801; BHG 038
1326. L O König, Sehnsucht aller Welt
         Mz 801,4
1327. L O Königin, o liebe Frau
         Mz 906
1328. L O Königin voll Herrlichkeit
         Pa 931; Pb 877; Re 904; Sp 891
1329. L O Kreuz der hohen Ehren
         Au 818; Sp 860
1330. L O Kreuz des Herren Jesus Christ
         Au 817
1331. G O Lamm Gottes
         Fu 865
1332. L O Lamm Gottes,
         Tr 912
1333. L O Lamm Gottes, das die Sünden
         Au 849; Lim 914; Mz 860,10; Wü 830; Ö-IF 905; Ö-Sa 906
1334. L O Lamm Gottes, erstanden
         Au 847
1335. L O Licht aus Himmelshöhn
         Pa 845
1336. L O Mamm, leif Mamm
         Lux 892
1337. L O Maria, denk der Stunde
         Ba 898
1338. L O Maria, edler Nam, reines Herz dich rufet an
         Rum 830

Die Diözesananhänge 1025

1339. L O Maria, licht und schön
         Be 865
1340 . L O Maria, schöner noch als der Mond
         Ö-Sa 920
1341. L O Maria, sei gegrüßt
         Rum 829
1342. L O Maria, voll der Gnaden
         Kö 970; Rum 828
1343. L O mein Christ, laß Gott nur walten
         Ac 902; Ba 917; Fu 840; Kö 889; Re 915; Ro 839; Wü 887
1344. L O Mutter Jesu, freue dich
         Ro 894
1345. L O Mutter mein, Maria, Jungfrau
         Hi 881
1346. G O salutaris hostia
         Re 884
1347. L O Sankt Bonifatius
         s. Nr. 51
1348. L O Sankt Fidelis, Gottesmann
         Ro 898
1349. L O Schöpfer, dessen Allmachtwort
         Wü 885
1350. L O Seel in aller Angst und Not
         Os 867
1351. L O Seele Christi, heilge mich
         Ms 992
1352. L O selige Nacht
         Es 825; Hi 814; Kö 841; Ms 907; Os 851; Pb 832; Pa 836;
         Sp 847; BHG 048
1353. L O Seligkeit, getauft zu sein
         Ac 970,2; Au 884; Fu 896; Hi 870; Lim 949; Mz 852; Ms 955
1354. L O Sonn des Heiles
         Os 862; DDR 811
1355. L O Sonne aller Sonnen
         Mz 820,11
1356. L O tönt, ihr Jubellieder, tönt
         Fu 824; Mz 853; Sp 867

1357. L O Welterlöser Jesus Christ
         Hi 891
1358. L O Wunder groß
         Mz 812
1359. L O Zierde der Apostelschar
         Pb 885; Wü 907; Lux 896
1360. G Pange lingua (greg.)
         Re 880
1361. G Pange lingua I (Ett)
         Ba 866; Mün 841; Pa 905; Re 881; BHG 071
1362. G Pange lingua II (Witt)
         Ba 867; Mün 842; Pa 906; Re 882
1363. Kv Parce Domine
         Re 821
1364. G Pater noster (tonus usualis)
         Kö 895
1365. L Preis dem Todesüberwinder
         Ba 861; Fu 821; Os 872; Pa 854; Sp 864; Tr 831; Wü 856;
         Lux 829; DDR 822; BHG 061
1366. L Preis dir, o Gott, auf höchstem Thron
         Au 840; Eic 801; Ö-SP 902,2; Ö-Wi 901; BHG 021.1
1367. Kv Preis sei Gott, dem Vater
         Pa 810; Eic 852,9; Ro 915,1
1368. Kv Preise meine Seele den Herrn
         Lux 910,5
1369. Kv Preise, ..., und vergiß nicht
         Lux 911,1
1370. L Preiset alle Nationen
         Tr 849
1371. L Preiset, Christen, das Geheimnis
         Ba 875; Wü 869
1372. Kv Preiset den Herrn, all ihr Werke
         Mün 916
1373. Kv Preiset den Herrn, denn er ist gut
         Ro 868
1374. L Preiset den Herrn, der uns erlöst
         Ba 876

Die Diözesananhänge 1027

1375. G   Preiset den lieben Gott einmütig
          Fu 834
1376. Kv Preiset den Vater, den Sohn und den Geist
          Mün 917
1377. L   Preist Gott, ihr Völker all
          Pa 856
1378.   Psalmtöne 1.-8.
          Ac 981
1379. G   Pueri hebraeorum
          Kö 805,2
1380. Kv Redlichen Herzen erstrahlt Licht im Dunkel
          Ö-GK 905,3
1381. L   Reinste Jungfrau von uns Sündern
          Pb 875
1382. G   Requiem aeternam
          Fu 903; Ms 968,1; Pb 891; Re 836; Sp 836; Tr 885
1383. L   Rett uns vom Tode, Vater du
          DDR 812
1384. Kv Richte, Herr, uns wieder auf
          Mz 802,5
1385. Kv Rorate caeli desuper
          Ac 834; Kö 836
1386. L   Rosenkranzkönigin
          Mün 859; Pa 932; Re 909; Ö-Ei 923; Ö-GrS 932; Ö-GK 963; Ö-Li 911; Ö-SP 917; Ö-Sa 919
1387. L   Ruft mich an, so spricht der Herr
          Pa 840
1388. G   Ruf zu den Heiligen
          Fu 895; Mz 923
1389. Kv Ruhm und Ehre und Preis sei dir
          Ö-GK 947
1390. L   Sagt an, wer ist doch diese
          Ac 953; Kö 953
1391. Kv Sagt Dank dem Herrn, denn er ist gütig
          Ö 849
1392. Kv Salve, festa dies
          Ms 926
1393. G   Sanctus IX und XI
          Lux 848 und 853

1394.	G	Sanctus XVI
		Ac 908; Kö 894
1395.	L	Sankt Johannes, hoch in Gnaden
		Pb 883
1396.	L	Sankt Josef, dich hat Gott bestellt
		Eic 869
1397.	L	Sankt Josef, der von Gott erkoren
		Mz 917
1398.	L	Sankt Martin, dir ist anvertraut
		Ro 899
1399.	L	Sankt Martin, laßt uns singen
		Ö-Ei 926
1400.	L	Sankt Willibald, von Gott gesandt
		Eic 872
1401.	G	Seele Christi, heilge mich
		Eic 836
1402.	Kv	Satt will ich mich sehen an Gottes Herrlichkeit
		Ö-GK 918,4
1403.	L	Seele, dein Heiland ist frei von Banden
		Ac 873; Kö 866; Tr 830
1404.	L	Segne du, Maria
		Ba 893; Pa 934; Re 906; Wü 896; Ö-GK 964; Ö-SP 919
1405.	Kv	Segne, o Herr, dein Volk mit Frieden
		Ö-GK 920,6
1406.	Kv	Segne, o Herr, mit Frieden dein Volk
		Ö-GK 926,5
1407.	Kv	Sehet, der Bräutigam kommt
		Ö-GK 906,8
1408.	Kv	Sehet und folget dem Stern
		Mz 818,11
1409.	L	Seht, auferstanden ist der Herr
		BHG 063
1410.	G	Seht, das Holz des Kreuzes
		Ö-GK 949
1411.	L	Seht, der König, der Herrscher ist da
		Sp 851
1412.	L	Seht, der Stein ist weggerückt
		Lim 836
1413.	G	Seht, er lebt! Ja, er lebt
		Lim 835

1414. L Seht, gekommen ist der Herr
Au 811
1415. L Seht, Gott, der Heiland aller Welt
Ms 914
1416. G Seht, uns alle hat geeint Christi Liebe
Pa 897,2
1417. L Seht, unsers Herrn Erbarmen
Pa 837
1418. G Seht, uns führt zusammen
Ba 828; Be 819; Fu 899; Hi 857; Sp 916
1419. L Sei besungen, Herre Christ
Au 858
1420. Kv Seid bereit und wachsam
Ö-GK 940
1421. L Seid nun fröhlich, jubilieret
Es 820; Ms 909; Os 852; Pb 833
1422. L Sei gegrüßet, o Libori
Pb 887
1423. L Sei gegrüßt, du edle Speis
Ba 829; Eic 831; Pb 843; Ro 878
1424. L Sei gegrüßt, du Gnadenreiche
Ba 894; Eic 862; Hi 877; Pa 936; Re 908; DDR 849; BHG 084
1425. L Sei gegrüßt, o Born der Gnade
Pb 874
1426. G Sei gegrüßt, o Born der Gütigkeit
Ö-IF 926
1427. Kv Sei gegrüßt, o Gnadenvolle
Lux 912,1
1428. L Sei gegrüßt, o Jungfrau rein
Es 874; Ms 958
1429. L Sei gelobt, Herr Jesus Christ
Ö-GrS 925
1430. L Sei gelobt und hoch gepriesen
Ba 912; Fu 837; Hi 839; Wü 864
1431. G Sei gepriesen, Herr Jesus Christus
Mz 886

1432. Kv Sei gepriesen, o Herr
       Mün 918
1433. L Sei, heilges Kreuz, gegrüßet
       Ba 858
1434. Kv Sei mir ein schützender Fels
       Ö-GK 906,4
1435. Kv Sei mir gnädig, o Gott
       Bz 843
1436. L Sei Mutter der Barmherzigkeit
       Ba 895; Be 869; Wü 901; DDR 846
1437. Kv Sein Stamm soll bleiben, immer und ewig
       Ö-GK 922,8
1438. Kv Seine Gnade währet durch alle Zeit
       Ö-GrS 907
1439. Kv Sei uns barmherzig, o Gott, schenk uns Segen und Heil
       Ö-GK 906,1
1440. Kv Selig bist du, Maria
       Lux 911,4
1441. Kv Selig das Volk, Herr
       Lux 912,2
1442. Kv Selig das Volk, überaus so erwählt
       Lux 888
1443. Kv Selig, der du fürchtest den Herrn
       Ac 983,1
1444. Kv Selig, der Mann, der auf Gott sein Vertrauen gesetzt
       Ö-GK 905,5
1445. Kv Selig der Mann, der hilfreich ist
       Ö-GK 913,7
1446. Kv Selig, die geladen sind
       Mz 925,11
1447. Kv Selig, die in deinem Hause wohnen
       Lux 912,3
1448. Kv Selig die Menschen all, die Gottes Angesicht suchen
       Ö-GK 925,9
1449. Kv Selig, Maria, die uns geboren
       Ö 845
1450. Kv Selig, Maria, du hast getragen
       Ö-GK 966

Die Diözesananhänge 1031

1451. L   Selig sind, die arm im Geiste
          Wü 910,1
1452. L   Selig sind die Toten nun
          Ms 969; Tr 891
1453. L   Selig zu preisen ist der Mann
          Lim 943; Sp 902; Wü 912
1454. L   Send deinen Geist, Herr Jesus Christ
          Ac 879; Es 843; Hi 836; Kö 872; Ms 935; Os 877; Pb 859;
          DDR 825
1455. Kv Sende aus deinen Geist
          Pa 855,5; Ö-GK 912
1456. Kv Serve bone et fidelis
          Ms 968,3
1457. L   Sieh nieder und erbarme dich
          Tr 882
1458. L   Sieh deinen Heiland an
          BHG 055
1459. Kv Sieh, der Herr kommt
          Ö 816
1460. L   Sieh, es wird der Herr sich nahn
          Pa 829; BHG 033
1461. L   Sieh, Vater, huldvoll nieder
          Rum 806,1
1462. L   Sieh, Vater, von dem höchsten Thron
          Be 843; Ö 801,7; BHG 015; Rum 801,6
1463. L   Siehe, der Herr wird kommen
          Be 805; BHG 034
1464. Kv Siehe, die Jungfrau bringt den Sohn
          Ac 952
1465. Kv Siehe, ich komme, o Herr, deinen Willen zu tun
          Ö-GK 905,2
1466. Kv Siehe, ich steh an der Türe und klopfe
          Ö-GK 914,6
1467. Kv Siehe, kommen wird der Herr
          Mz 801,4
1468. Kv Siehe, wir kommen, kommen mit Jauchzen
          Ac 983,2; Pa 889; Ö 808; Bz 825
1469. Kv Singe Lob dem Herren, meine Seele
          Ö-GK 903,7

1470. Kv Singen will ich dem Herrn
          Ö-GK 925,1
1471. Kv Singen will ich dir, Herr
          Ö-GK 925,6
1472. G   Singt dem Herrn (Kanon)
          Lim 857; Mz 884
1473. G   Singt dem Herrn ein neues Lied
          Lim 935
1474. L   Singt dem Herrn der Herrlichkeit
          Ac 884; Be 834; Kö 904; Re 859; Tr 897
1475. L   Singt dem König Freudenpsalmen
          Ac 859; Au 816; Ba 852; Be 818; Es 836; Fu 814; Hi 825; Kö 860; Lim 822; Mz 833; Mün 835; Os 864; Pb 847; Re 824; Ro 815; Sp 856; Tr 823; Wü 854; Ö-Ei 909; Ö-IF 930; Ö-Wi 912; Lux 827; BHG 058; DDR 813; Ms 920
1476. L   Singt heilig, heilig, heilig
          Be 842; Fu 862; Hi 803; Pa 882; Wü 822; Bz 811; Rum 801,5; BHG 014; Ö 801,6
1477. L   Singt, Völker, singt und freuet euch
          Pb 825
1478. L   Sion, singe Jubelpsalmen
          s. Nr. 1475
1479. Kv Sion, schmücke dein Brautgemach
          Mün 919
1480. L   Sing, o Zunge, Ruhm, o Seele
          Fu 818
1481. L   Singet dem Herrn Lob
          Mz 903,12
1482. Kv Singet dem Herrn ein neues Lied
          Ac 983,3
1483. G   Singet dem Herrn, singet ihm mit Freude
          Lim 853
1484. Kv Singet dem Herrn und preiset seinen Namen
          Ac 877
1485. G   Singet in den Kirchen
          Lim 834
1486. L   Singet dem Herrn der Herrlichkeit
          Tr 897

1487. L Singet, preiset Gott mit Freuden
        Tr 815
1488. Kv Singet und jubelt
        Ac 872
1489. L Singt auf, lobt Gott, schweig niemand
        Ac 832; Kö 833
1490. G Singt dem Herrn (Kanon)
        Lim 961
1491. L So jemand spricht: Ich liebe Gott
        Ö-Wi 919; Lux 823
1492. Kv So kann ich noch wandeln vor Gott
        Ö-GK 924,2
1493. Kv Sooft ihr eßt von diesem Brot
        Mün 920
1494. Kv Sooft ihr dieses Brot eßt
        Lux 910,2
1495. L Sooft wir essen dieses Brot
        Ö-GK 937
1496. Kv So sehr hat Gott die Welt geliebt
        Ro 935,1
1497. L So sollen die Erlösten singen
        Ö-Li 919
1498. Kv So spricht der Herr: Bleibet
        Re 874
1499. Kv So spricht der Herr: Ich bin gekommen
        Eic 878,7
1500. Kv So spricht der Herr: Liebet einander
        Ac 983,4
1501. L So spricht der Herr: Ich bin der Weinstock
        Ms 993
1502. G So viele Kinder weinen
        Lim 882; Mz 902
1503. Kv Sucht, ihr Gebeugten, den Herrn
        Ö-GK 906,7
1504. G Schalom Chaverim (Kanon)
        Lim 880
1505. G Schalom, schalom, wo die Liebe wohnt
        Lim 879

1506.	L	Schau an, o Herr, in Gnaden
		Fu 809; Pa 844; Sp 854
1507.	L	Schau erbarmend auf uns nieder
		Pb 873
1508.	L	Schauet, wie der Hoffnung Sterne
		Mz 802,1
1509.	L	Schau, heilger Apostel, o Willibrord
		Lux 898
1510.	L	Schau herab, du Gott der Gnaden
		Pb 821
1511.	Kv	Schenke, Herr, uns deine Huld
		Mz 803,5
1512.	L	Schenke unsern Toten
		Sp 840
1513.	Kv	Schone, o Herr, schone deines Volkes
		Ms 982,2; Pa 848,6; Ö 824; Sp 855; BHG 051
1514.	Kv	Schone, Herr, verschone dein Volk
		Re 822
1515.	Kv	Schone, o Herr, verschone dein Volk
		Mün 909
1516.	L	Schon läuft zu End die Zeit
		Fu 796
1517.	L	Schön glänzt in der Nacht
		Wü 903
1518.	L	Schönster Herr Jesu
		Ac 937; Kö 940; Ö-Sa 933
1519.	L	Schutzengel rein, du Schützer mein
		Pb 880; Re 911
1520.	L	Schweigend sank der Abend nieder
		Ö-Ei 908
1521.	Kv	Stärke, o Gott
		Tr 838
1522.	G	Stark wie der Tod ist die Liebe
		Ö-IF 921
1523.	Kv	Steh uns bei, Gott unser Heil
		Tr 821
1524.	L	Stern über Betlehem, zeig uns den Weg
		Lim 814
1525.	L	Stern auf diesem Lebensmeere
		Ba 896; Ro 893; Wü 891

Die Diözesananhänge 1035

1526. L Stille Nacht, heilige Nacht
Ba 849; Mün 830; Re 814; Wü 840; Ö-GK 941; Bz 842; Ö-Sa 931; Ö-Wi 911; BHG 044
1527. L Still leuchtete der Sterne Pracht
Au 809; Mün 829; Wü 839
1528. L Streiter in der Not (Ulrich)
Au 883
1529. L Strenger Richter, aller Sünder
Ms 918; Ö-Ei 912; Ö-SP 923
1530. G Tantum ergo (Ett)
Ac 928; Be 848; Hi 869; Kö 935; Sp 873; Wü 867; Bz 848
1531. G Tantum ergo (I. Ton)
Hi 868; Kö 936
1532. G Tantum ergo (Witt)
Wü 868
1533. Kv Tauet, Himmel, den Gerechten
Ac 836
1534. L Tauet, Himmel, den Gerechten
Ac 828; Au 801; Ba 843; Be 801; Es 816; Fu 795; Hi 809; Kö 830; Lim 802; Mz 806; Mün 828; Ms 901; Os 847; Pb 824; Pa 832; Re 809; Ro 803; Sp 844; Tr 801; Wü 835; Ö 812; Ö-GK 938; Ö-Li 901; Ö-Sa 907; Ö-Wi 909; Lux 813; DDR 802; BHG 039
1535. L Tauet, Himmel von den Höhen
Mz 805,1
1536. L Tausendmal ich dich begrüße
BHG 077
1537. G Te Deum
Kö 882; Ms 939; Lux 837
1538. L Triumph, der Tod ist überwunden
Be 821; Hi 834; DDR 823
1539. L Trost ist mir in allen Leiden
Mz 924,11
1540. L Tu auf, tu auf, du Sünderherz
Ö-Ei 906
1541. L Tu auf, tu auf, du schönes Blut
Be 813; Kö 850; Os 859; Re 823; Ö-Sa 922

1542. Kv Tu dich auf, o Erde
         Mün 921
1543. Kv Über die Erde eilet ihr Schall
         Ö-GK 926,6
1544. L   Uns erklang das Wort der ewgen Wahrheit
         BHG 098
1545. Kv Und alle wurden erfüllt
         Tr 839
1546. L   Überall weht Gottes Geist
         Lux 834
1547. L   Und unserer lieben Frauen
         Ö-GrS 910
1548. L   Unserm Herzen soll die Stunde
         Pb 906; Lux 866,4
1549. L   Unser Vater in dem Himmel
         Lim 865
1550. L   Uns ist geborn ein Kindelein
         Hi 812
1551. L   Uns wird erzählt von Jesus Christ
         Ac 838; Lim 808
1552. L   Uns zum Himmel zu erheben
         Ö-Ei 914; Ö-Li 909; Ö-SP 927; Ö-Wi 906
1553. Kv Unsre Augen schauen auf zum Herrn
         Ö-GK 908,2
1554. L   Unter dem Kreuze, dran der Herr gehangen
         DDR 817
1555. L   Urbs Aquensis, urbs regalis
         Ac 966
1556. L   Vater, deine Kinder treten in dein Haus
         Ö-SP 902,1
1557. L   Vater, dir empfehlen wir
         Eic 859
1558. L   Vater, du schenkst alles Leben
         Mz 929
1559. L   Vater, hör den Ruf der Armen
         Mün 833
1560. G   Vater im Himmel, sieh an, was wir bringen
         Mz 862,8; Lim 906
1561 Kv Vater im Himmel, vergib uns unsre Schuld
         Lux 909,2

1562.	L	Vater, nimm aus Priesterhänden
		Ö-SP 902,3
1563.	L	Vater nimm die Opfergaben
		Pb 819
1564.	G	Vater unser
		Ö-GK 960
1565.	G	Vater unser beten wir
		Fu 843
1566.	L	Vater unser, der du bist hoch im Himmel
		Lim 913
1567.	L	Vater unser, der du wohnest
		Hi 850
1568.	G	Vater unser im Himmel
		Lim 911
1569.	G	Vater unser im Himmel
		Lim 912
1570.	L	Vater von dem höchsten Thron
		Ac 850; Be 815; Es 835; Hi 821; Kö 855; Ms 919; Os 868; Wü 850; DDR 816
1571.	Kv	Vergeßt nicht diue herrlichen Werke des Herrn
		Ö-GK 916,8
1572.	L	Verklärter Leib, o sei gegrüßt
		ES 838; Pb 853
1573.	G	Verkündet es laut
		Ö-Li 927
1574.	L	Vernimm mein Wort
		Ö 850
1575.	L	Verschmähe, Herr, die reine, geringe Gabe nicht
		Mz 820,8
1576.	L	Vierzehnheilige Schutzpatrone
		Ba 904
1577.	G	Volk Gottes, sieh dein König
		Eic 820
1578.	L	Voll Freude singen wir
		Au 872
1579.	Kv	Voll Freude war ich
		Mün 922
1580.	L	Vom Anfang bis zum Niedergang
		Mz 814

1581. G Vom Aufgang der Sonne (Kanon)
        Fu 915; Lim 858; Mz 881
1582. L Vom ewgen Thron bist du, Gott Sohn
        Eic 842
1583. L Vom Frieden reden hilft nicht viel
        Lim 876
1584. L Vom Lob erschalle
        Tr 877; Lux 897
1585. L Vom Vater, der die Liebe ist
        Au 855; Eic 843; Pb 907; Sp 915
1586. L Von allen heiligen Propheten
        Tr 875
1587. Kv Von deiner Huld, Herr, will ich ewig singen
        Ö-GK 915,2
1588. Kv Von deiner Huld, o Herr, will ich in Ewigkeit singen
        Ö-GK 925,2
1589. Kv Von deiner Huld will ich singen, o Herr, auf ewig
        Ö-GK 931,5
1590. Kv Von deiner Liebe, Herr, will ich allezeit singen
        Ac 942
1591. L Von dem Anbeginn der Zeiten herrschte
        BHG 036
1592. L Von dem Himmel wird jetzt kommen
        Ö-Ei 904,1
1593. L Von Gott bist du so hoch geehrt
        Os 894
1594. L Von Gott erkoren, heilge Frau
        Eic 873
1595. G Von Herzen, Gott, will ich dir singen
        Mz 938; Ro 931
1596. Kv Vor aller Augen hat enthüllt Gott sein gerechtes Walten
        Ö-GK 907,3
1597. L Vor deinem heilgen Angesicht
        Fu 871
1598. L Wach auf, du junge Christenheit
        Ö-IF 934; Ö-Sa 924
1599. L Wacht auf, ihr Christen in aller Welt
        Es 832

Die Diözesananhänge 1039

1600. L   Wacht auf, ihr Christen! Seid bereit
        Au 814; Be 816; Eic 817; Hi 822; Ö 822
1601. L   Wahrer Gott, wir glauben dir
        Ac 870; Ba 864; Be 822; Es 840; Fu 827; Hi 830; Kö 865;
        Lim 832; Mz 851; Ms 930; Os 873; Pb 854; Sp 868;
        Tr 856; Wü 860; DDR 824
1602. L   Wahrer Leib, sei uns gegrüßt
        Ac 927; Ba 877; Kö 931; Mün 840; Os 881; Pa 908; Re 878;
        Ro 886; Sp 875; Tr 845; Wü 873; Rum 803,6
1603. Kv Wahrer Leib, sei uns gegrüßt
        Ö 810,1; Bz 834
1604. L   Was der Herr im Kreis der Jünger
        Lim 926
1605. L   Was Gott tut, das ist wohlgetan
        Eic 854; Ms 952
1606. L   Was ihr gelobt
        Eic 849; Fu 898
1607. L   Was immer ihr betend erfleht
        DDR 832
1608. Kv Was immer ihr tut dem Geringsten
        Ö-GK 931,1
1609. L   Was ist nicht heut für eine heilige Nacht
        Mün 863
1610. L   Was mein Gott will, gescheh allzeit
        Ms 966
1611. Kv Weihet dem Herrn der Welt Anbetung
        Ö-GK 925,5
1612. L   Weil Gott in tiefster Nacht erschienen
        Pa 912
1613. L   Wende das Böse, tue das Gute
        Ac 975; Lim 878; Ro 902
1614. Kv Wende dich her, o Gott
        Tr 822
1615. L   Wenn wir in höchsten Nöten sein
        Hi 846; Os 904
1616. Kv Wer allzeit dein Gesetz betrachtet
        Ac 983,5
1617. Kv Wer an mich glaubt, wird den Tod nicht schauen
        Pa 855,3

1618. G   Wer darf, o Herr, dein Haus betreten
           Ro 925
1619. Kv   Wer dieses heilge Brot empfängt
           Mz 846,11
1620. Kv   Wer mein Fleisch ißt
           Ö-SP 908; Ö-Wi 907
1621. L   Wer sich will freun von Herzen
           Ms 929
1622. Kv   Wer von diesem Brot ißt
           Lux 910,3
1623   Wettersegen (lat./deutsch)
           Wü 865/866
1624. L   Wie der Hirsch nach frischer Quelle
           Lux 845
1625. L   Wie die Jünger alle sind wir, Herr
           Ro 849
1626. L   Wie freue ich der Botschaft mich
           Pb 803
1627. G   Wie freundlich ist deine Wohnung, Herr
           Re 875
1628. Kv   Wie gewaltig ist dein Name, o Herr
           Ö-GK 930,7
1629. L   Wie groß sind deine Werke, Herr
           Ms 945
1630. Kv   Wie gütig bist du, Herr
           Mz 825,6
1631. Kv   Wie gut bist du, o Vater
           Mz 863,11
1632. L   Wie heilig hast du, Gottesfreund Bonifatius
           Fu 891/892
1633. Kv   Wie ist es schön, dem Herren zu danken
           Ö-GK 922,7
1634. Kv   Wie jubelt unser Herz
           Mz 826,6
1635. Kv   Wie könnt ich deiner, o Herr, je vergessen
           Ö-GK 914,2
1636. L   Wie könnt ich je vergelten dir
           Ö-GK 936

Die Diözesananhänge 1041

1637. L Wie langsam seid ihr zum Erhören
         Fu 793
1638. G Wie lieblich ists in deinem Hause
         Mz 941; Ro 927
1639. Kv Wie lieb ist mir, o Herr, dein Gesetz
         Ö-GK 926,3
1640. L Wie mein Gott will, bin ich bereit
         Ac 901; Au 888; Hi 851; Kö 888; Mün 854; Os 903; Ro 835;
         Sp 906; Tr 883; Wü 886; Ö-GrS 939
1641. L Wie schön glänzet die Sonn
         Mün 866; BHG 087
1642. Kv Wie schön ist es, dem Herrn zu danken
         Ö-GK 920,3
1643. L Wie schön leucht uns der Morgenstern
         Ac 939; Kö 939
1644. L Wie tröstlich ist, was Jesus lehrt
         Es 856; Pb 893
1645. L Wie unsre Väter flehten
         Lux 886
1646. Kv Wie war ich froh, als man mir sagte
         Ö-GK 921,2/930
1647. L Wie wunderbar ist Gottes Wort
         Mz 900
1648. Kv Wie wunderbar, o Herr, sind alle deine Werke
         Ö-SP 907
1649. L Willkommen, Gottes ewger Sohn
         Be 803
1650. L Wir aber solln uns rühmen
         Hi 826; Ö-Li 924
1651. Kv Wir bauen, Herr auf deine Treue
         Mz 826,11
1652. L Wir beten an, dich wahres Engelsbrot
         Hi 863; Kö 932; Mün 844; Pb 864; Pa 902; Re 886; Tr 855;
         Ö 835; Bz 851; Lux 862; BHG 068
1653. L Wir beten an, dich wahres Lebensbrot
         s. Nr. 1652
1654. L Wir beten an, dich wahrer Mensch und Gott
         s. Nr. 1652

1655.	L	Wir beten an und loben
		Pb 812
1656.	G	Wir beten dich an, Herr Jesus Christus
		Mz 836; Ö 825; Ö-GK 950
1657.	L	Wir beten drei Personen in einer Gottheit an
		Re 831; Ro 831; Ö-Ei 913
1658.	L	Wir bitten, Christus, bleib bei uns
		Eic 877
1659.	G	Wir bitten dich, erhöre uns
		Ac 915; Ms 982,1
1660.	L	Wir bitten dich, Herr Jesus Christ
		Lim 960; Tr 917
1661.	L	Wir bitten Herr, um deinen Geist
		Ac 880; Lim 842; Lux 833
1662.	Kv	Wir bringen als Könige dir Gaben
		Mz 850,8
1663.	L	Wir bringen dir das reine Brot
		Ba 822; Sp 817
1664.	L	Wir bringen dir, o Vater
		Fu 858; Mz 859,8; Tr 904
1665.	Kv	Wir bringen dir, o Vater
		Mün 923
1666.	L	Wir bringen gläubig Wein und Brot
		Fu 860; Lim 905; Mz 860,8; Ö-IF 910; Ö-Sa 904
1667.	L	Wir danken dir für deinen Tod
		Fu 810
1668.	L	Wir danken dir, Herr Jesus Christ
		Pa 839
1669.	L	Wir danken dir, Herr Jesus Christ, für alle deine Schmerzen
		Mz 820,12
1670.	Kv	Wir danken, Herr, für deine Liebe
		Mz 823,11
1671.	Kv	Wir freuen uns, wir danken dir
		Mz 862,12
1672.	L	Wir glauben all an einen Gott
		Lim 902
1673.	L	Wir glauben an den einen Gott
		Eic 807; Fu 853; Mz 820,7; Tr 900

Die Diözesananhänge 1043

1674. G Wir glauben an den einen Gott
         Es 805
1675. G Wir glauben an den großen Gott
         Fu 854; Lim 903; Mz 862,7
1676. L Wir glauben . . . den Vater, der uns schuf
         Mz 860,7
1677. L Wir glauben fest, Herr Jesus Christ
         Mz 841,7
1678. L Wir glauben Gott den Vater
         Mz 858,7
1679. L Wir glauben Gott im höchsten Thron
         Ac 913; Hi 796
1680. L Wir glauben, Herr, daß du es bist
         s. Nr. 871
1681. L Wir glauben und bekennen
         Be 835; Tr 901
1682. L Wir grüßen dich, o Schutzpatron (Konrad)
         Ro 900
1683. Kv Wir hoffen, Herr, auf dich
         Mz 823,4
1684. L Wir kommen vor dein Angesicht
         Mz 858,1
1685. Kv Wir kommen zu dir, o Gott
         Ba 840; Lim 907; Mz 863,8
1686. L Wir loben dich . . . weil du uns Weg und Wahrheit bist
         Mz 859,4
1687. L Wir opfern dir das Beste
         Rum 803,4
1688. L Wir pflügen und wir streuen
         Bz 860
1689. L Wir preisen dich, Herr Jesus Christ
         Ro 857
1690. L Wir preisen, Vater, deinen Namen
         Ö-IF 914
1691. L Wir rufen an den teuren Mann (Kilian)
         Wü 909
1692. L Wir rufen dich, St. Wolfgang, an
         Re 913
1693. Kv Wir rühmen uns im Kreuz des Herrn
         Ba 853

1694. L Wir sind dein Leib
        Au 870; Eic 846; Mün 826
1695. Kv Wir sind getauft auf Christi Tod
        Pa 884,1
1696. Kv Wir sind sein Volk
        Ö-GK 903,5
1697. G Wir sind weit gewandert
        Pa 896,6
1698. L Wir singen mit dem Engelheer
        Pb 826
1699. L Wir sprechen verschiedene Sprachen
        Lim 954
1700. Kv Wir treten hin zu Gottes Altar
        Mün 924,1
1701. L Wir warten dein, o Gottessohn
        Ö-Wi 910
1702. L Wir weihn, wie du geboten
        Fu 857; Ms 984; Os 833; Ro 873; Mz 924,8
1703. L Wir werfen uns darnieder
        Rum 805
1704. G Wir wissen nicht, was wir tun sollen
        Ro 861
1705. L Wir wollen helle Leuchten sein
        Ö-Sa 917
1706. L Wir ziehn zur Mutter der Gnade
        Ö-Li 912; Ö-SP 918
1707. Kv Wo die Güte und die Liebe wohnt
        Ms 922; Ro 909; Ö 811; Bz 826
1708. G Wo die Güte und die Liebe wohnt
        Kö 861; Lim 872; Mz 901; Pa 897,1; DDR 854; BHG 030
1709. L Wo ein Mensch Vertrauen gibt
        Lim 877
1710. L Wo sich Petri Dom erhebet
        Rum 832; BHG 099
1711. L Wohin soll ich mich wenden
        Ba 830; Pa 870; Re 842; Ö 802; Rum 802,1; BHG 001
1712. Kv Wohl allen, Herr, die bei dir wohnen
        Mz 824,11

1713. L   Wohlauf mit hellem Singen
          Ro 841
1714. Kv Wohl dem, der glaubt, was Jesus sagt
          Mz 843,11
1715. Kv Wohl dem, der Gott, den Herren ehrt
          Ö-GK 909,4
1716. Kv Wohl dem Knechte
          Pa 940,2
1717. Kv Wohl denen, die arm sind vor Gott
          Ö-GK 924,3
1718. Kv Wohl denen, welche allezeit nach Gottes Weisung leben
          Ö-GK 913,3
1719. Kv Wohnen darf ich im Haus des Herrn
          Ö-GK 909,9
1720. Kv Wohnen im Haus des Herrn
          Ö-GK 925,4
1721. G   Wo ich bin und was ich tu
          Lim 868; Mz 875
1722. L   Wort des Vaters, Licht der Heiden
          Ac 849; Ms 920; Os 858; Pb 838; DDR 808
1723. G   Wort des Vaters, uns geboren
          Mz 816
1724. G   Wo zwei oder drei in meinem Namen (Kanon)
          Lim 955; Mz 882
1725. L   Wunderbar erstrahlt der Stern
          Mz 810,8 und 12
1726. L   Wunderbar ist dies Geheimnis
          Eic 829
1727. L   Wunderschön prächtige
          Au 875; Ba 897; Be 866; Es 876; Fu 879; Hi 875; Kö 952; Mz 912; Ms 960; Os 887; Pa 928; Re 903; Ro 892; Sp 890; Tr 866; Wü 894; Ö 842; DDR 850; Rum 827
1728. L   Zdrava Maria
          Ö-GK 961,2
1729. Kv Zeige, Herr, mir deine Pfade
          Ö-GK 927,2
1730. Kv Zieht hinauf zum Berg des Herrn
          Mz 802,4
1731. L   Zion, auf werde Licht
          Lim 815; Wü 847

1732.	L	Zion, öffne deine Pforte
		Ro 806
1733.	L	Zu deiner Ehr, Gott, wollen wir
		Wü 883
1734.	L	Zu der Apostel Preis und Ruhm
		Hi 884
1735.	L	Zu der Apostel Zahl
		Tr 879
1736.	Kv	Zu dir erhebe ich mein Herz
		Mz 802,6
1737.	G	Zu dir erheb ich aus der Tiefen
		Ro 809
1738.	Kv	Zu dir erheb ich meine Seele
		Ö-GrS 904; Bz 827; Lux 911,2
1739.	L	Zu dir in schwerem Leid
		Kö 852; Tr 817
1740.	Kv	Zu dir, o Gott, erhebe ich die Seele
		Ö-GK 913,1
1741.	L	Zu dir, o Gott, erheben wir die Seele
		Ac 898; Kö 897; Ö-IF 915
1742.	L	Zu dir, o Vater, flehen wir
		Pb 872
1743.	L	Zu dir, Sankt Burkhard, in schwerer Zeit
		Wü 911
1744.	L	Zu dir schick ich mein Gebet
		Ac 965; Es 884; Kö 959; Pb 881; DDR 853
1745.	L	Zu Gott erhebt sich meine Seele
		Ac 900; Kö 885
1746.	G	Zu dir sprach, Herr, dein Gott und Vater
		Ro 929
1747.	Kv	Zu jeder Stunde
		Pa 896,5; Re 863; Ro 865; Ö-Wi 922
1748.	Kv	Zum Altare Gottes laßt uns treten
		Pa 884,2
1749.	Kv	Zum Altare Gottes will ich treten
		Sp 905
1750.	L	Zum Altare sieh uns treten
		Pb 816

Die Diözesananhänge   1047

1751. L   Zum ewgen Hohenpriester
           Ba 883; Wü 879
1752. L   Zum Haus des Herren wollen wir pilgern
           Ö-GK 922,4
1753. L   Zum königlichen Ostermahl
           Ro 821; Sp 869
1754. L   Zum Mahl des Lammes eilt herbei
           Eic 825
1755. L   Zunge, sing das Lob
           Sp 858
1756. Kv   Zur Himmelsstadt wir sind berufen
           Mz 825,11
1757. Kv   Zur Rechten des Vaters thront Christus
           Mz 848,1
1758. L   Zur Welt herab vom Himmelreich
           Pb 827
1759. Kv   Zur Zeit, da ich rief, hast du, Herr, mich erhört
           Ö-GK 916,5
1760. Kv   Zu uns kommt der Herr der Welt
           Mz 803,4
1761. G   Zu wem sollen wir gehn
           Lim 866
1762.   Zwischengesänge I und II
           Eic 810 und 811

6.9 Verzeichnisse

6.9.1 Quellen

„Gotteslob", Einheitsgesangbuch der deutschsprachigen Diözesen mit dem Anhang
- für das Bistum Aachen, Aachen 1975
- für das Bistum Augsburg, München 1975
- für das Erzbistum Bamberg, Bamberg 1975
- für das Bistum Berlin, Berlin 1975
- für das Bistum Eichstätt, Eichstätt 1975
- für das Bistum Essen, Bochum 1975
- für das Erzbistum Freiburg s. Rottenburg
- für das Bistum Fulda, Fulda 1975
- für das Bistum Hildesheim, Hildesheim 1975
- für das Erzbistum Köln, Köln 1975
- für das Bistum Limburg, Frankfurt a. M. 1975
- für das Bistum Lüttich s. Aachen
- für das Bistum Mainz, Mainz 1975
- für das Erzbistum München und Freising, München 1975
- für das Bistum Münster, Münster 1975
- für das Bistum Osnabrück, Osnabrück 1975
- für das Erzbistum Paderborn, Paderborn 1975
- für das Bistum Passau, Passau 1976
- für das Bistum Regensburg, Regensburg 1975
- für das Erzbistum Freiburg und das Bistum Rottenburg, Freiburg und Ostfildern 1975
- für das Bistum Speyer, Speyer 1975
- für das Bistum Trier, Trier 1975
- für das Bistum Würzburg, Würzburg 1975
- für den Bereich der Berliner Bischofskonferenz, Leipzig 1975
- für die Diözesen Österreichs, Klagenfurt – Eisenstadt – St. Pölten – Feldkirch – Innsbruck – Salzburg – Graz – Linz – Wien 1975
- für das Bistum Eisenstadt, Eisenstadt 1975
- für das Bistum Graz-Seckau, Graz 1975

- für das Bistum Gurk-Klagenfurt, Klagenfurt 1975
- für das Bistum Innsbruck/Feldkirch, Innsbruck 1975
- für das Bistum Linz, Linz 1975
- für das Bistum St. Pölten, St. Pölten 1975
- für das Erzbistum Salzburg, Salzburg 1975
- für das Erzbistum Wien, Wien 1975
- für das Bistum Bozen-Brixen, Bozen-Brixen 1975
- für das Bistum Luxemburg, Luxemburg 1975
- für Rumänien, Kevelaer o. J.
- Beiheft zum Gotteslob mit Kirchenliedern aus den Diözesen Böhmens und Mähren-Schlesiens, aus den deutschen Sprachgebieten der Karpaten und des Südostens, hrsg. vom Sudetendeutschen Priesterwerk, Königstein i. Taunus, 1981

6.9.2 Sekundärliteratur

„Gottesdienst", Information und Handreichung der Liturgischen Institute Deutschlands, Österreichs und der Schweiz, Freiburg-Wien-Einsiedeln: 4/1969, S. 28; 1-2/1970, S. 7; 19/1971, S. 145; 1/1972, S. 8; 10/1972, S. 75; 12/1972, S. 90; 14/1972, S. 111; 11/1973, S. 81; 1/1974, S. 1; 5/1974, S. 33; 16/1974, S. 123; 16-17/1976, S. 125; 4/1977, S. 25; 15-16/1977, S. 126;

EGB-Information, 2, Beilage zu Gottesdienst 10/74, S. 5;

Veröffentlichung der Kommission für Liturgik im Bistum Augsburg vom 5. 4. 1978: „Werdegang des Gotteslob-Anhangs"; vom 6. 11. 1980: „Zum Diözesanteil Augsburg des ‚Gotteslob'";

Mitteilungen des Bistums Limburg 4/75 vom 15. 11. 1975, hrsg. vom Bischöflichen Ordinariat, Diözesansynodalamt; Informationen des Referates Kirchenmusik im Erzbistum Köln für Kirchenchöre und Kirchenmusiker, April 1982, S. 6;

Kirchenmusikalische Mitteilungen 73/4; 74/1; 74/4; 75/1; 75/2; 75/3; 75/4; 76/3; 77/1; hrsg. vom Amt für Kirchenmusik im Ordinariat des Erzbistums München und Freising;

Kirchenbote für das Bistum Osnabrück vom 20. 2. 1972; 8. 10. 1972; 12. 7. 1973; 29. 7. 1973; 1. 6. 1975;

Informationen 4/75, S. 91f. und S. 98, hrsg. vom Diözesanrat der Katholiken, Priesterrat im Bistum Osnabrück, Bischöfliches Seelsorgeamt;

„Im Dienst der Seelsorge", Beilage zum Kirchlichen Amtsblatt des Erzbistums Paderborn, Dezember 1974 Nr. 4, S. 97-105; August 1973, S. 39-52;

Informationen der Diözese Freiburg 1973/1974/1975;

Sonderausgabe der „Pastoralen Handreichungen", hrsg. vom Bischöflichen Generalvikariat Trier, Abt. Pastorale Dienste, vom 3. 10. 1975;

Wiener Diözesanblatt 109. Jg. (1971) S. 53f.; 110. Jg. (1972) S. 47f.; 110. Jg. (1972) S. 104; 110. Jg. (1972) S. 129; 111. Jg. (1973) S. 7; 111. Jg. (1973) S. 124; 113. Jg. (1975) S. 119;

Singende Kirche, Zeitschrift der Kirchenmusik-Kommissionen und -referenten der österreichischen Bistümer XVII/1 1969/70 S. 8-11; XIX/3 1971/72 S. 116-120; XIX/4 1971/72 S. 159-161; XX/4 1972/73 S. 171-172; XXIII/4 1975/76 S. 168ff.

„Paulinus", Trierer Bistumsblatt vom 17. 4. 1977, S. 15;

„Luxemburger Wort" vom 24. 1. 1977; 5. 2. 1977; 12. 2. und 19. 2. 1977.

6.9.3 Korrespondenz

Aachen/Lüttich: Pfr. Hans Steffens, Joachimstr. 3, 5160 Düren, vom 17. 5. 1981

Augsburg: Msgr. Johannes Dischinger, Bischoffstr. 9, 8900 Augsburg 22, vom 29. 1. 1981

Bamberg: Erzbischöfliches Ordinariat Bamberg, Domplatz 3, 8600 Bamberg, vom 29. 1. 1981

Berlin: Ordinariatsrat Peter Tanzmann, Wundtstr. 48, 1000 Berlin 19, vom 26. 1. 1981

Eichstätt: Domkapitular Dr. Ludwig Rug, Leonrodplatz 3, 8078 Eichstätt, vom 30. 1. 1981

Die Diözesananhänge 1051

Essen: Bischöfliches Generalvikariat Essen, Klosterstr. 4, 4300 Essen 1, vom 4. 2. 1981, Prof. Dr. Josef Jenne, Klosterstr. 4, 4300 Essen 1, vom 21. 6. 1982
Freiburg: s. Rottenburg
Fulda: Dommusikdirektor Fritz, Paulustor 5, 6400 Fulda, vom 2. 2. 1981
Köln: Prälat Karl Günter Peusquens, Neumarkt 30, 5000 Köln 1, vom 11. 2. 1981
Limburg: Dr. H. Heine, Roßmarkt 4, 6250 Limburg, vom 1. 4. 1981
Mainz: Ordinariatsrat Prof. Dr. Günter Duffrer, Bischofsplatz 2, 6500 Mainz 1, vom 10. 2. 1981
München: Diözesanmusikdirektor Rudolf Thomas, 8000 München 33, vom 28. 1. 1981
Münster: P. Dr. Basilius Senger, Rosenstr. 17, 4400 Münster, vom 23. 1. 1981
Osnabrück: Domkapitular Stephan Vosse, Kleine Domsfreiheit 2, 4500 Osnabrück, vom 11. 2. 1981
Passau: P. Norbert Weber, Domplatz 3, 8390 Passau, vom 28. 1. 1981
Regensburg: Dr. Karl Wölfl, Seelsorgeamt Regensburg, Niedermünstergasse 1, 8400 Regensburg 11, vom 13. 2. 1981
Rottenburg/Freiburg: Dr. Herbert Gabel, Herrenstr, 35, 7800 Freiburg, vom 27. 1. 1981
Speyer: Diözesanmusikdirektor a.D. Georg Pfeifer, Wasgaustr. 32, 6783 Dahn/Pf., vom 17. 2. 1981
Trier: Ordinariatsrat Nikolaus Föhr, Hinter dem Dom 6, 5500 Trier, vom 12. 3. 1981
Würzburg: Prälat Prof. Dr. Schömig, Domerschulstr. 2, 8700 Würzburg 11, vom 27. 1. 1981
Österreich: Franz Schmutz, Kapuzinerstr. 84, A-4021 Linz, vom 26. 2. 1981; Prof. Dr. Philipp Harnoncourt, Bürgergasse 3, A-8010 Graz, vom 5. 2. 1981
Luxemburg: Emil Seiler, 6 Rue Alf, L-6411 Echternach, Luxemburg, vom 11. 5. 1982